北京朝阳年鉴

BEIJING CHAOYANG

NIAN JIAN

2016

北京市朝阳区地方志编纂委员会 编

方志出版社

图书在版编目（CIP）数据

北京朝阳年鉴．2018 / 北京市朝阳区地方志编纂委员会编．— 北京：方志出版社，2019.5
ISBN 978-7-5144-3763-8

Ⅰ．①北… Ⅱ．①北… Ⅲ．①朝阳区—2018—年鉴
Ⅳ．①Z521.3

中国版本图书馆 CIP 数据核字（2019）第 102988 号

北京朝阳年鉴（2018）

编　　者： 北京市朝阳区地方志编纂委员会
责任编辑： 丛　珺
出 版 者： 方志出版社
地址　北京市朝阳区潘家园东里 9 号（国家方志馆 4 层）
邮编　100021
网址　http://www.fzph.org
发　　行： 方志出版社图书经销中心
电话（010）67110500
经　　销： 各地新华书店
印　　刷： 北京中科印刷有限公司
开　　本： 889×1194　1/16
印　　张： 36.5
字　　数： 1584 千字
版　　次： 2019 年 5 月第 1 版　2019 年 5 月第 1 次印刷
印　　数： 0001 ～ 2000 册
ISBN 978－7－5144－3763－8　**定价：** 260.00 元

北京市朝阳区地方志编纂委员会

顾　　　问: 王　灏

主　　　任: 文　献

副　主　任: 甘靖中　何　明　刘军胜　朱春霞　王志勉(常务)
王文远　关三多

委　　　员: 许嘉宁　郑　晶　赵海东　王玉华　王春清　张中华　毕重伟
胡杰华　赵红伟　邓献云　李晓霞　王文军　郭　勋　蒋东燕
宝月凤　连文胜　肖　汶　王春平　朱　晟　邵建云　张士华
刘炳起　高春利　冯守华　师　伟　谭林坤　田志刚　梅诗曙
张　岩　陈庆华　欧晓勋　李　晋　朱怀志　王炯东　张　翅
于晓军　杨兆生　陈义成

《北京朝阳年鉴》编辑部

主　　编: 王春清

副 主 编: 王维成　黄海舰　关　捷

执行主编: 王　源

统　　稿: 姜　原

编　　辑: 姜　原　李　静　周　娟　李　娜　赵万顺　王爱君　张计成

编辑说明

一、《北京朝阳年鉴》是由北京市朝阳区地方志编纂委员会办公室承编的地方综合年鉴。自2005年开始逐年编纂并公开出版，一年一卷，本卷为第14卷。

二、《北京朝阳年鉴》坚持以马克思列宁主义、毛泽东思想、邓小平理论、“三个代表”重要思想、科学发展观、习近平新时代中国特色社会主义思想为指导，坚持辩证唯物主义和历史唯物主义的立场、观点、方法，求真务实，全面、客观、系统地记述区域发展情况。

三、《北京朝阳年鉴（2018）》全面记述朝阳区2017年政治、经济、文化和社会发展的基本情况，记述时限为2017年1月1日至2017年12月31日（部分内容根据实际情况，时限略有前后延伸）。凡在文中直书月、日的，均指2017年内的日期，文中“年内”指2017年。书中涉及其他年份的时间均标明年份。

四、《北京朝阳年鉴》采用文章体和条目体两种体裁，以条目体为主，用规范的语体文、记述体，直陈其事，文字力求简洁、朴实。全书条目标题统一加【】表示。

五、本卷设有31个一级栏目：（1）区情概览、（2）特载、（3）专文、（4）大事记、（5）中共朝阳区委、（6）朝阳区人民代表大会、（7）朝阳区人民政府、（8）政协朝阳区委员会、（9）纪检监察、（10）民主党派、（11）人民团体、（12）法治、（13）军事、（14）城乡规划与建设、（15）城乡管理、（16）功能区建设、（17）财税金融、（18）经济管理与监督、（19）工业　商贸服务业、（20）农业与农村经济、（21）旅游业、（22）科技　教育、（23）文化、（24）卫生　体育、（25）社会生活、（26）街道　地区（乡）、（27）人物与荣誉、（28）统计资料、（29）附录、（30）索引、（31）勘误。除区情概览、特载、专文、大事记、人物与荣誉、统计资料、附录、索引和勘误外，其余均为条目体。

六、文中除“民主党派”部分外，未标明党派的“市委”均指“中共北京市委”，“区委”均指“中共朝阳区委”，“党员”均指“中共党员”，“党建”工作均指“中国共产党建设”工作。

七、为方便读者使用，本年鉴一级栏目“街道　地区（乡）”内容，依据各街道、地区（乡）名称第一个字汉语拼音的英文字母顺序排列，第一个字相同的，按第二个字排列，以此类推。

八、《北京朝阳年鉴》配有双重检索系统：书前刊有详细目录，书后附有索引。

九、入鉴的资料、图片均由各撰稿单位确定专人撰写或提供，并经主要负责人审核。部分资料由编辑部收集。主要数据和统计资料由朝阳区统计局提供，部分数据由各相关部门提供。由于统计口径等原因，相关部门的个别数据与统计资料不一致的，以统计资料为准。

数字朝阳

辖区面积	470.8平方千米	银行个人存款	5946.8亿元
年末户籍人口	209.8万人	居民人均可支配收入	64841元
年末常住人口	373.9万人	居民人均消费支出	41579元
地区生产总值	5635.5亿元	城镇单位职工年平均工资	146630元
第一产业增加值	1.2亿元	幼儿园	250所
第二产业增加值	422.7亿元	小学学校	87所
第三产业增加值	5211.5亿元	中学学校	94所
规模以上工业企业总产值	715.4亿元	职业高中	5所
一般公共预算收入	508.2亿元	医疗卫生机构	1426个
一般公共预算支出	513.4亿元	每千人拥有医院床位	6.2张
全社会固定资产投资	1356.1亿元	房屋施工面积	2158.0万平方米
社会消费品零售总额	2762.3亿元	房屋竣工面积	236.5万平方米
银行人民币存款	23770.2亿元	商品房销售面积	102.5万平方米
银行人民币贷款	8771.2亿元	开工建设保障房	7276套

12月26日，中共北京市朝阳区委十二届六次全体（扩大）会议召开

1月26日，中共北京市朝阳区纪委十二届二次全会暨2017年全区党风廉政建设工作会议召开

4月7日，北京市朝阳区监察委员会成立大会召开

5月26日，区纪检监察派驻机构成立大会召开

8月25日，中共北京市朝阳区第十二届委员会巡察工作动员部署会召开

3月21日，区2017年基层党代表培训会举办

10月13日，区四套班子领导到北京展览馆参观“砥砺奋进的五年”大型成就展

6月29日，区委书记吴桂英（右二）到金盏乡调研市党代会精神贯彻落实情况

10月6日，区长王灏（前排左二）调研东坝乡北西区域项目腾退工作

5月25日，区人大常委会主任陈宏志（前排右二）带领区人大代表视察孙河湿地公园建设情况

7月20日，区政协主席陈涛（前排右三）带领区政协委员视察区水环境治理及疏解整治工作

11月30日，区人大代表视察牛王庙村环境整治工作

11月22日，区政协委员视察区文化事业与产业协调发展工作

8月7日，中共北京市委、市政府安全生产第一督察组进驻朝阳区动员会召开

1月5日，北京市朝阳区法学会成立大会召开

1月14日，区政府与未来论坛战略合作签约仪式举行

7月19日，市公安局朝阳分局忠诚教育基地揭牌仪式举行

8月18日，朝阳区第二届人民调解员协会代表大会第一次全体会议召开

11月23日，区残联第七次代表大会召开

9月17日，2017年高碑店村金秋表彰大会召开

12月11日，区第一期处级干部学习贯彻党的十九大精神专题研讨班举办

>>> 11月4日，民进朝阳区委学习中共十九大精神座谈会举办

<<< 6月13日，“清风朝阳讲坛”全区纪检监察干部演讲比赛举办

>>> 7月6日，区委宣传系统“学党章、知党史、守党纪”知识竞赛举办

<<< 6月28日，东湖街道举办“2017年七一表彰暨榜样宣讲”活动

7月21日，区直机关系统开展“不忘初心跟党走，圆梦京华谱新篇”百姓宣讲汇讲活动

7月7日，区直机关举行“共产党员献爱心”捐款活动

4月26日，区获全国五一劳动奖状、奖章和全国工人先锋号以及首都劳动奖状、奖章和北京市工人先锋号的先进集体和个人合影留念

4月13日，区侨联举办侨情侨史研修班

8月25日，区团干部培训班开展“不忘初心，重走长征路”活动

10月18日，建外街道工地党员群众收看中共十九大开幕式

7月21日，榜样人物基层巡讲巡演进军营活动在安贞街道举办

6月15日，酒仙桥街道开展“党员践承诺，党旗耀家园”志愿服务活动

7月6日，环卫中心开展“党史筑党魂，不忘初心跟党走，奋发有为做贡献”主题党日活动

8月31日，民革朝阳区委人员看望抗战老战士

7月1日，民建朝阳区委新会员在学习班上举行入会宣誓仪式

>>> 6月27日，农工党朝阳区委和农工党秦皇岛市委举行京津冀协同发展联合共建基地签约及揭牌仪式

>>> 2017年，由区志办编纂的《高碑店村志》入选全国首批“中国名村志丛书”。12月29日，高碑店村党总支副书记王娟（前排右一）在人民大会堂领取奖牌和证书

>>> 7月7日，2017年常营地区社区创享计划提案发布会召开

9月15日，区人民法院举办以“员额法官的责任与担当”为主题的第十九届法官讲坛

12月4日，区政法系统开展纪念国家宪法日活动

4月16日,青春朝阳记者团成立

4月28日，国家文化产业创新实验区12330分中心、工作站成立

2月26日，金台书院启动仪式举行

8月30日，市公安局朝阳分局交通支队实行双重管理体制揭牌仪式举行

5月26日，区信访办在蓝岛大厦东门前举办《信访条例》宣传日活动

5月2日，朝阳区外国人出入境服务大厅在电子城IT产业园揭牌

9月16日，朝阳区文化创意产业领导小组办公室在凤凰中心举办2017国家文化产业创新实验区发展论坛

4月27日，2016年朝阳区“凤凰计划”暨国际高端商务人才认定仪式举行

^ 5月8日，区教委举办民办中小学校长幼儿园园长岗位培训班

^ 5月17日至19日，朝阳区学生活动管理中心举办2017年朝阳区中小学生经典诵读活动

^ 12月27日，区委教工委举办朝阳区教育系统第三届青年教师风采大赛决赛

^ 九三学社朝阳区委举行优秀青年培训启动仪式

^ 2月28日，区教委召开小、初衔接课程改革项目启动会

3月13日，中华民族园开展民族教育进校园活动

5月12日，中华民族园国家级羌族文化生态保护试验区（阿坝）建设成果展在园内举办

6月1日，九三学社朝阳区委赴河北平山北冶小学开展捐赠活动

6月28日，区精神文明委、区教工委、区教委举办“童心向党”为主题的朝阳区中小学生歌咏活动优秀节目展演

7月14日，团区委组织朝阳区第六期少年先锋团校学员到区规划艺术馆参观国家文化产业创新实验区沙盘

8月24日，农工党朝阳区委赴秦皇岛市青龙县举行精准扶贫青龙行爱心捐赠仪式

8月24日，民盟朝阳区委举行“烛光行动 ”助力教育扶贫寻甸行——2017全学科教师培训启动仪式

9月29日，区侨联举办喜迎党的十九大 庆祝建国68周年“亲情中华·重温经典”朗诵音乐会

12月29日，北京2022年冬奥会运动员村项目奠基仪式在奥体中心南侧举行

4月28日，国家速滑馆项目奠基仪式在北郊森林公园内举行

9月22日，朝阳区冬奥大讲堂活动主题标志揭幕仪式在奥林匹克森林公园举行

4月27日，区政协开展纪念“五一口号”发布69周年健步走活动

5月26日，区总工会在奥林匹克森林公园举行2017年朝阳职工健步走暨健步121线上线下活动启动仪式

5月21日（全国助残日），朝阳区第五届残疾人运动会开幕式在朝阳区体育中心举行

12月23日，奥林匹克森林公园首届儿童冰雪乐园活动举办

4月8日，区体育局在东风国际体育场举办朝阳区首届小学生足球赛

1月24日，区直机关工委、区总工会、区文联人员联合到区环卫中心开展“迎新春，送祝福”慰问活动

9月25日，第二届朝阳SUN RUN健身跑步节在望和公园南园举办

6月2日，区民防局参加天津宝坻人防办在河北承德举办的京津冀跨区支援野外拉动演练

5月12日（母亲节），东坝乡工作人员慰问失独和困难家庭母亲

12月6日，麦子店街道举办“丝路风情‘一带一路’国家主题文化周”活动

5月14日，老挝副总理本通·吉玛尼（前左二）到高碑店乡访问

11月21日，斯里兰卡驻华大使Karunasena Kodituwakku（右二）到朝阳循环经济产业园参观

8月3日至7日，日本东京都大田区青少年代表团到朝阳区访问

9月14日，中国人民大学公共管理学院“发展中国家中国公共管理和公共政策高级研究班”学员到区城管监督中心参观学习

9月19日，台湾参访团到麦子店街道社区访问

11月12日至16日，第二期“携手共成长”京港两地中学生伙伴行动举行

5月16日，大屯街道世纪村社区养老驿站启用

5月17日，常营社区卫生服务中心为65岁以上老人免费健康体检

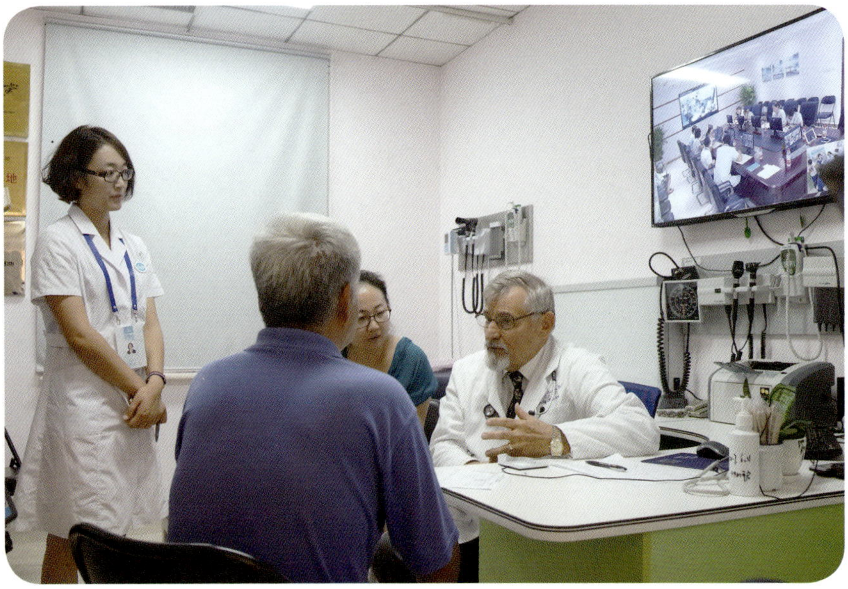

6月15日,美国全科医师在高碑店社区卫生服务中心开展培训

7月18日，管庄地区养老驿站成立

3月7日，团结湖社区卫生服务中心在中心院举行“签约 家医 健康相伴”义诊活动

▶▶▶ 7月19日，区委社会工委、区社会办联合举办“小楼门大天地”楼门文化巡礼活动

▶▶▶ 5月27日，朝阳循环经济产业园举办“垃圾分类我们一起来”主题政务开放日活动

▲ 9月26日，区政协、区委统战部召开“文化创新添动力 疏解增绿上水平”议政会

▲ 10月23日，三里屯街道东三里社区开展学雷锋志愿服务队活动

◀◀◀ 6月，区环保局监测站工作人员监测辖区水质

◀◀◀ 5月8日，朝阳环卫中心纯电动作业车辆投入使用

5月9日，区民防局在鸿博家园第三社区广场开展应急演练

6月2日，北京商务中心区管委会、区住建委举办朝阳区建设系统安全生产月暨防汛应急演练

5月12日，区红十字会在欢乐谷开展“防灾减灾日”宣传活动

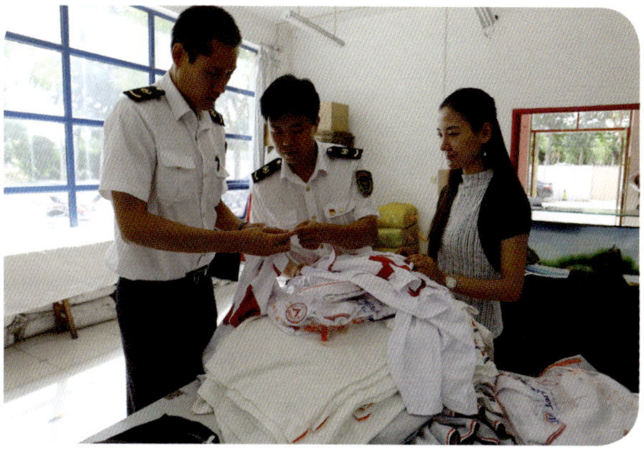

8月29日，区质监局稽查队检查学生装生产企业

12月15日，市公安局朝阳分局多警联动开展消防隐患清理整治

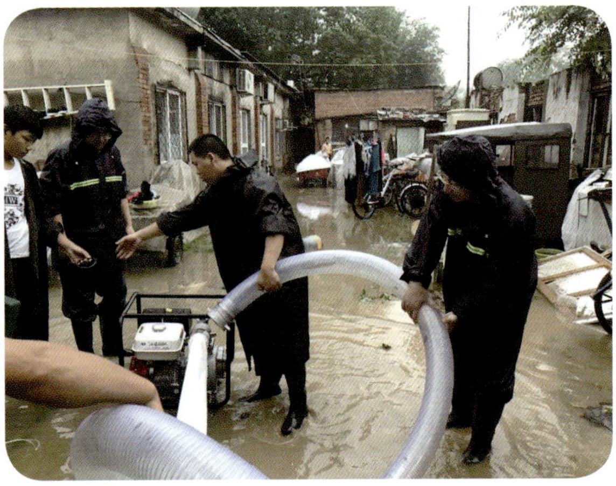

7月15日，奥运村街道清理双泉社区水源九厂北墙外平房区积水

12月13日，成寿寺广告城拆除现场

5月26日，孙河乡前苇沟村非宅腾退拆除现场

8月29日，崔各庄乡奶西村棚户区拆迁现场

4月，东坝华瀚福园经济适用房项目工程完工

7月，亮马河270米河段景观提升工程完工

^ 5月14日，区水务局联合区教委在央美附中举办2017年节水宣传周活动，学生共唱《节水拍手歌》

^ 5月14日，区水务局联合区教委在央美附中举办“节约用水　从点滴开始”节水宣传周活动现场

“一带一路”国际合作高峰论坛景观——北辰西路立体花坛

“一带一路”国际合作高峰论坛主题景观——“丝路金桥”

8月，萧太后河滨水绿色文化休闲景观廊道重要节点工程基本完成

6月至7月，奥林匹克森林公园举办第六届葵花展

建设中的北京商务中心区

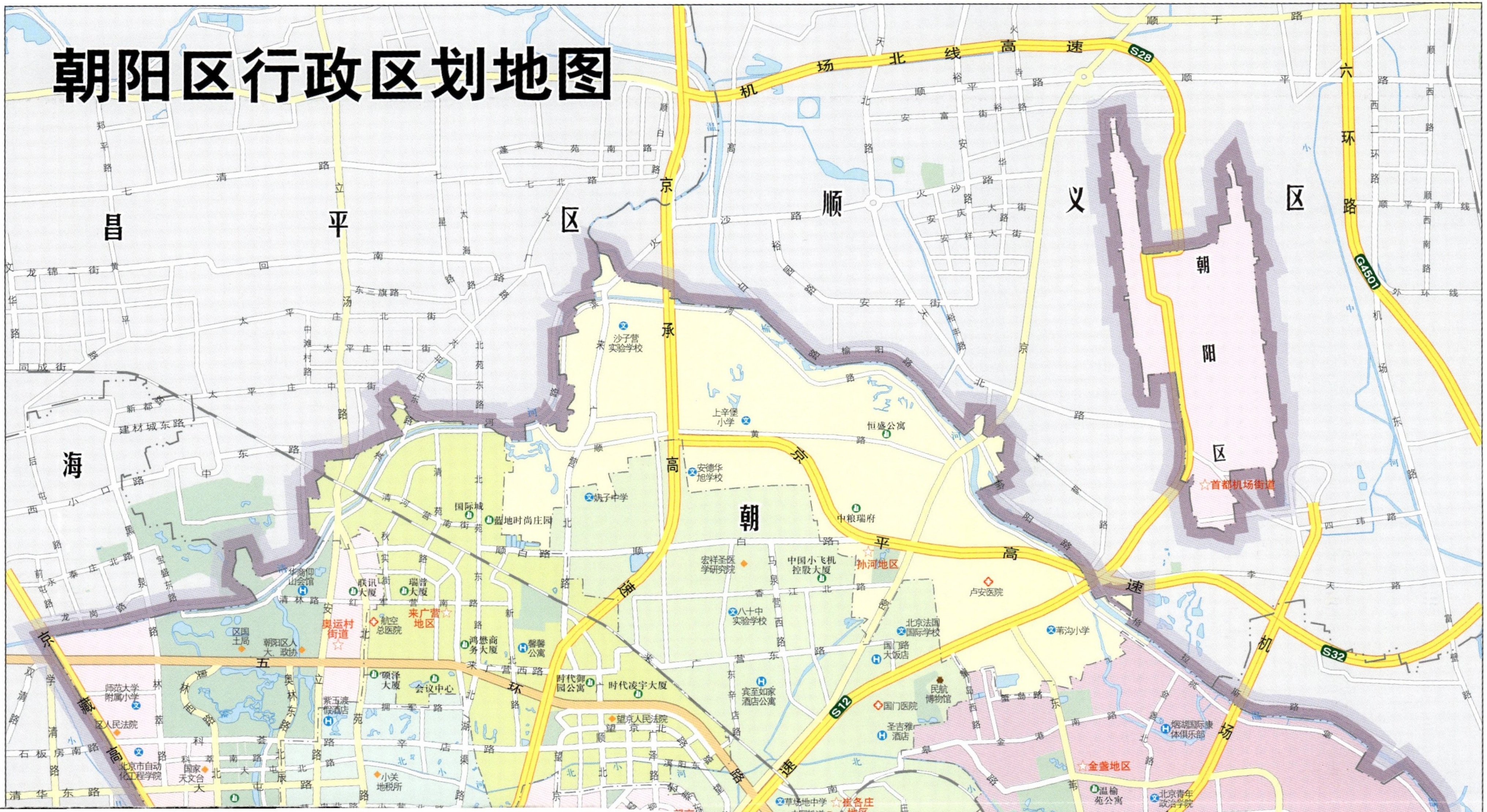

朝阳区行政区划地图
昌平区
海淀区
顺义区
朝阳区
奥运村街道
来广营地区
孙河地区
首都机场街道
崔各庄地区
金盏地区
沙子营实验学校
上辛堡小学
恒盛公寓
安德华旭学校
中粮瑞府
宏祥圣医学研究院
中国小飞机控股大厦
卢安医院
八十中实验学校
北京法国国际学校
国门路大饭店
国门医院
苇沟小学
民航博物馆
圣吉雅酒店
宾至如家酒店公寓
时代凌宇大厦
时代御园公寓
望京人民法院
鸿懋商务大厦
馨馨公寓
会议中心
硕泽大厦
航空总医院
联讯大厦
瑞普大厦
国际城
蓝地时尚庄园
姚子中学
华商仰山会馆
朝阳区人大 政协
区国土局
师范大学附属小学
区人民法院
北京市自动化工程学校
国家天文台
紫玉渡假酒店
小关地税所
温榆苑公寓
北京青年政治学院
梅地亚国际康体俱乐部
新世纪购物中心
草场地中学
中国铁道
机场北线高速
京承高速
京平高速
机场高速
京藏高速
五环路
六环路
S28
S12
S32
G4501

目　录

区情概览

特载

专　文

大事记

中共朝阳区委

综述

重点工作

重要会议和活动

重大决策

组织工作

宣传与精神文明建设

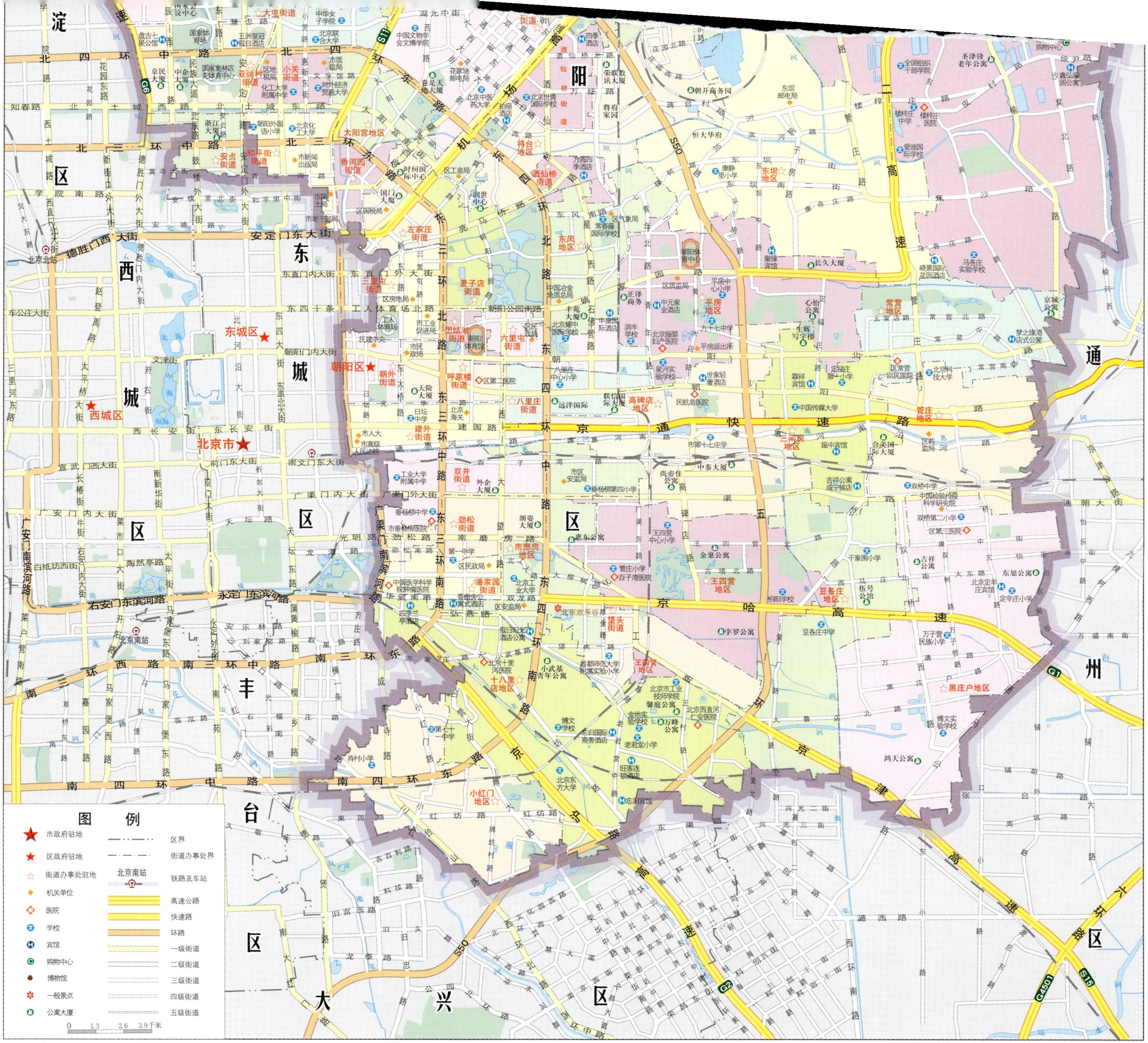

审图号：京S(2018)010号

中国地图出版社编制

统战工作

区直机关工委工作

老干部工作

保密工作

党校工作

党史工作

朝阳区人民代表大会

综述

重要会议

议案办理和信访受理

代表活动

专门委员会工作

朝阳区人民政府

综述

主要工作和重大活动

政府信息公开

电子政务建设

行政服务

招商引资

外事及港澳台事务

信访工作

机关后勤服务与管理

政协朝阳区委员会

综述

重要会议

协商议政

提案工作

调研与视察

理论学习

专门委员会工作

纪检监察

综述

重要会议

纪检监察体制改革

党风政风监督

九三学社朝阳区委

台盟朝阳区工委

人民团体

朝阳区总工会

共青团朝阳区委

朝阳区妇女联合会

朝阳区科学技术协会

朝阳区归国华侨联合会

朝阳区青年联合会

朝阳区工商业联合会

法　治

政法委工作

社会治安综合治理

维护稳定

流动人口和出租房屋管理

法治政府建设

公安

交通管理

检察

法院

司法行政

军　事

人民武装

人民防空

城乡规划与建设

城乡规划

国土资源管理

建设工程

宝嘉恒基础设施投资有限公司

昆泰房地产开发集团有限公司

园林绿化

城乡管理

市政管理

城管执法监察

数字化城市管理

交通运输管理

环保保护

市容环卫

循环经济产业园

水务

防汛

节水

消防

功能区建设

北京商务中心区

北京奥林匹克公园

中关村朝阳园

温榆河生态走廊

金盏金融商务区

国家文化产业创新实验区

财税金融

财政

税务

国家税务

质量技术监督

安全生产监督管理

审计

国有资产监督管理

食品药品监督管理

烟草专卖与管理

工商行政管理

弘朝伟业公司

农业与农村经济

农村城市化

农村经济管理

种植养殖服务

农业综合执法

农村人才培训

旅游业

综述

景区景点建设

旅游节庆活动

旅游公共服务

旅游监督管理

旅游宣传

旅游区域合作

科技　教育

科技

科技工作

地震服务

气象服务

教育

综述

学前教育

基础教育

高等教育

职业教育

继续教育

民办教育

特殊教育

教育督导

文　化

综述

公共文化服务

文化遗产保护

文化市场管理

文化创意产业

798 艺术区

北京潘家园国际民间文化发展有限公司

朝阳规划艺术馆

新闻传播

档案工作

地方志工作

社会建设管理

人力资源管理

社会保障

居民生活

民族　宗教

老龄事业

残疾人事业

慈善事业

街道　地区（乡）

街道

安贞街道

奥运村街道

八里庄街道

朝外街道

大屯街道

黑庄户地区（乡）

将台地区（乡）

金盏地区（乡）

来广营地区（乡）

南磨房地区（乡）

平房地区（乡）

三间房地区（乡）

十八里店地区（乡）

孙河地区（乡）

太阳宫地区（乡）

人物与荣誉

领导干部

先进人物

先进集体

统计资料

附 录

朝阳区委、区政府主要文件

索 引

勘 误

CONTENTS

Beijing Chaoyang District Committee of Chinese People's Political Consultative Conference

Discipline Inspection and Supervision

Democratic Parties

People's Organizations

Rule by Law

Military Affairs

Urban and Rural Planning and Construction

Urban and Rural Management

Construction of Functional Areas

Taxation and Finance

Economic Management and Supervision

Industry Business and Trade Services

Agriculture and Rural Economy

Tourism Industry

Science and Technology Education

Cultural

Health Sports

Social Life

Sub-District Area(Township)

People and Honors

Ststistical Data

Appendix

Index

Erratum

区情概览

2018

北京朝阳年鉴

区 情 概 览

基本地情

朝阳区是北京市城六区之一，因位于朝阳门外而得名。地处北京市中南部，位于北纬39°49′至40°5′，东经116°21′至116°38′。北接顺义区昌平区，东与通州区接壤，南连丰台区、大兴区，西同海淀区、东城区、西城区毗邻。面积470.8平方千米。辖域地貌平坦，地势从西北向东南缓缓倾斜，平均海拔34米，最高处海拔46米，最低处海拔20米。轮廓南北长，最长约28千米；东西窄，最宽约17千米。元代开凿通惠河流经辖区内，该河在元、明、清三朝曾是南方粮食漕运到北京的重要河道。境内有温榆河、清河、坝河、亮马河、萧太后河、凉水河、北小河等河流。根据《北京城市总体规划（2016年—2035年）》，朝阳区属于北京中心城区，功能定位是：东部、北部地区强化国际交往功能，建设成为国际一流的商务中心区、国际科技文化体育交流区、各类国际化社区的承载地；南部地区将传统工业区改造为文化创意与科技创新融合发展区。

建置沿革与区划设置 朝阳区境夏、商、周时属冀州地、幽州地。元、明、清时，分属大都路（中都路改）大兴府大兴县、宛平县和通州潞县、漷阴县等。1912—1928年，北洋政府统治时期，分属京北和京北所属之大兴县、通县等。1949年2月，北平市政府临时划定全市为32个区，辖域分属第十三区、第十四区、第十五区、第十九区、第二十区和河北省顺义县、通县。1950年8月，北京近郊7个区顺序改为第十区至第十六区后，辖域分属第十区、第十一区、第十四区和河北省顺义县、通县。1952年9月，撤销北郊第十四区，第十区更名东郊区，第十一区更名南苑区，辖域分属北京市东郊区、南苑区和河北省顺义县、通县。1955年8月，朝阳门关厢、东便门关厢、广渠门关厢区划调整，辖域分属北京市东郊区、东单区、东四区、南苑区和河北省顺义县、通县。1958年5月，东郊区更名朝阳区。1959年，辖域全部隶属朝阳区。1959年，顺义区境的首都机场地区划入朝阳区管辖。1987年，市政府将安贞里街道、安华里街道辖域内0.6平方千米及裕民路以南的裕中东里、裕中西里以及西黄寺西地区划归西城区管辖。1988年4月，将农场局家委会等6个居（家）委会移交西城区德外办事处。其后辖域无变化。2017年，朝阳区辖24个街道、19个地区，设446个社区、144个村。

历史文化 朝阳区历史文化资源丰富。有东岳庙，日坛，清净化城塔院，元大都城墙遗址（朝阳段），大运河（通惠河朝阳段）永通桥、平津闸，四九一电台旧址6个国家级重点文物保护单位；有十方诸佛宝塔、北顶娘娘庙、顺承郡王府3个市级文物保护单位。有“聚元号”弓箭制作技艺、小红门地秧歌、北京东岳庙会、罗氏正骨法、北京灯彩、傅氏幻术、北京兔儿爷、古琴艺术（九嶷派古琴艺术）、高跷秧歌、相声、老北京跤艺、“张三”功夫、八极拳、杨式太极拳、古彩戏法、北京宫廷补绣、京绣、内画鼻烟壶、北京点翠、京作硬木家具制作技艺、北刘动物标本制作技艺、孔伯华中医世家医术、同春堂皮肤病诊疗方法、蝴蝶手指穴疗法、东岳庙行业祖师信仰习俗、幡鼓齐动十三档、奶子房庙会等27项市级以上非物质文化遗产。有文字记载的历代名人墓、清代王爷坟、清代公主坟有一百多座。

中华人民共和国成立后，特别是中共十一届三中全会以来，朝阳区日益成为资源丰厚的文化强区。驻区单位有：中国文联、中国作协、现代文学馆等国家级文化权威机构，中央美术学院、中国音乐学院、中国传媒大学等20余家文化艺术类院校；中国交响乐团、东方歌舞团、北京交响乐团、北京歌剧舞剧院等40余家专业文艺团体；《人民日报》《中国日报》《农民日报》及中央电视台、北京电视台等20余家主流媒体；中国农业展览馆、中国电影博物馆等博物馆。北京奥运会的成功举办为朝阳区留下宝贵财富，直接提升文化发展的吸引力和影响力，奥运文化成为朝阳区重要的、持久的软实力资源。并开展国际商务节、国际风情节、国际旅游节等大型时尚文化品牌活动，培育798艺术区、新三里屯、朝阳公园等特色文化园区。

人口 2017年，境内常住人口373.9万人，比上年减少11.7万人，比上年下降3.0%。其中，常住外来人口168.8万人，比上年减少6.0万人，比上年下降3.4%，占常住人口的45.1%。从性别构成看，男性人口190.1万人，占常住人口的50.8%；女性人口183.8万人，占常住人口的49.2%。从年龄构成看，0-14岁人口36.8万人，占常住人口的9.8%；15~64岁人口294.8万人，占常住人口的78.9%；65岁及以上人口42.3万人，占常住人口的11.3%。常住人口中：出生人数32559人，出生率8.57‰；死亡人数16454人，死亡率4.33‰；自然增长率4.24‰。户籍人口209.8万人，比上年减少1.1万人，比上年下降0.5%。计划生育率99.07%。

区情特色 朝阳区是北京市对外交往的重要窗口。聚集近100%的外国驻华使馆、全市90%的国际传媒机构、80%的国际组织和国际商会、70%以上的国际投资性公司和地区总部、65%以上的外资金融机构、50%的外籍人口。辖区还拥有长城饭店、昆仑饭店、京广中心、中国大饭店等几十家涉外饭店，以及国际会议中心、国际贸易中心、国际展览中心、中日友好交流中心、燕莎购物中心、友谊商店等涉外机构（场所），是首都重要的外事活动区。朝阳区外籍人士集中，望京、麦子店、亚运村、三里屯、建外等街道均拥有国际化社区。

朝阳区是北京市的经济强区，具备以金融业、租赁业和商务服务业占主导，高新技术产业支撑、文化创意产业集群发展的多元化产业格局。CBD、奥运、中关村朝阳园三大功能区聚集在朝阳。汇聚中央电视台、中国国际贸易中心等一批标志性建筑，以及北京财富中心、北京电视中心、银泰中心等商务楼宇，成为北京地标性建筑展示区。拥有国贸、华贸、环球三大金融中心，秀水服装市场、雅宝路服装市场、三里屯酒吧街、潘家园旧货市场等一批特色街市，以及世贸天阶、三里屯Village、蓝色港湾、赛特奥莱等一批时尚消费聚集区。

朝阳区是北京市的国际科技文化体育交流区。中关村朝阳园作为国家级高新技术园区，大力发展移动通讯和信息服务、新能源、先进装备、生物医药等高端产业，是国际研发创新聚集地、战略性新兴产业增长极。工人体育场、奥林匹克体育中心、首都图书馆等一大批国家级文化设施，使朝阳区拥有丰厚的文化和体育资源。中央美术学院、中国音乐学院等20余家文化艺术类高等院校，中国交响乐团、北京交响乐团等40余家专业文艺团体，《人民日报》《中国日报》及中央电视台、北京电视台等20余家主流媒体繁荣地方文化。中国国际展览中心、中国国际贸易中心、全国农业展览馆的场馆每年举办的各种展览，使朝阳区成为全国会展文化的焦点。

经济建设

2017年，全区地区生产总值（GDP）5635.5亿元，按不变价计算，比上年增长6.6%。其中，第一产业增加值1.2亿元，第二产业增加值422.7亿元，第三产业增加值5211.5亿元。三次产业结构为0.02：7.50：92.48。全社会固定资产投资1356.1亿元，比上年增长7.8%。社会消费品零售额2762.3亿元，比上年增长4.1%。进出口总额1446.7亿美元，比上年增长22.7%。辖区居民人均可支配收入64841元，比上年增长8.0%。全年完成一般公共预算收入508.2亿元，比上年增长6.5%。

建立“高精尖”产业指导目录，编制新一轮四大重点产业三年行动计划，制定完善扶持总部经济、企业上市与并购、楼宇经济和中小企业发展等一系列政策，设立文化创意产业发展引导基金，国际商务中心功能优势进一步巩固。新增5个跨国公司地区总部和5家标志性金融机构，引入30余家国际研发机构，新认定国家级高新技术企业700余家、“独角兽”企业24家，36家文创企业实现上市（含新三板）。

深化科技体制改革，实施科技创新“八大工程”“22项重点任务”，未来论坛永久会址确定落户朝阳区，科学普及、产学研对接、创新创业更加深入。推进全国文化中心核心区建设，开展“文化三里屯”建设研究，集成优质创新资源，国家文化产业创新实验区产业培育和空间转型利用进一步深化。

重点功能区建设步伐加快。CBD 核心区中信、泰康等5个项目结构封顶。中关村朝阳园融新科创中心等4个项目竣工，苹果中国研发中心、戴姆勒中国孵化器等项目落户，大望京科技商务创新区对区域经济的贡献初步显现。奥林匹克公园中国国学中心、国家速滑馆和亚投行总部等重点项目加快建设。

出台《朝阳区关于率先打造一流营商环境的意见》，实施“三个一百”企业服务计划，推动10项外籍人才新政落地，外国人出入境服务大厅建成运营，望京国际人才社区加快构建，企业和人才发展环境进一步改善。持续深化服务业扩大开放试点，率先设立外资企业一体化窗口，实施外商投资企业审批备案与注册登记一体化改革，首批81项重点任务全部完成。深化“放管服”改革，取消13项行政职权事项，行政审批流程进一步优化。

继续开展“疏解整治促提升”专项行动。拆除腾退建筑面积1234万平方米，拆除违法建设1003万平方米，拆除量居历年之首，是2016年的2.5倍。聚焦重点领域、重点地区、重点项目和综合整治，强化依法依规，调动社会参与，赢得群众支持，温榆河公园项目占地5个村实现整体腾退，小武基组团完成连片疏解，朝阳疏解经验在全市推广。全年疏解升级商品交易市场100家，退出一般制造业99家，清退物流基地93家、再生资源回收场站24家，清理违法群租房2138户、住人地下空间437处，整治“开墙打洞”4475家，疏解整治综合排名始终位居全市第1。

城乡建设与管理

加强区域规划研究，编制街区设计导则，形成街区环境整治提升的导引。推进“一廊两带三区”建设，“一廊”地区“五大提升工程”和城乡发展“六个一百”工程275项重点任务加快推进，累计完成五年总任务量的45%。“一路、一街、一线、一园、一河”环境建设成效明显。广渠路、长安街延长线、京哈铁路沿线拆迁腾退78万平方米。立足于打造首都生态文明建设“金名片”，编制温榆河公园规划。创新道路建设工作模式，建立道路项目储备库，30条道路实施方案确定，前期审批、征地拆迁、施工建设各项工作压茬滚动实施，道路建设效率提升。新增道路里程25千米，辛店村路东延等3条主干路竣工通车，陈家营东路等19条次支路建设完成。采用PPP模式建设的建筑废弃物资源化利用中心实现开工。

全年淘汰高排放老旧机动车8.65万辆，依法清理整治“散乱污”企业660家，完成5736蒸吨燃气锅炉低氮改造，煤改清洁能源4.6万户，全域基本实现“无煤化”。改善河湖生态水环境，层层落实“河长制”，33条段黑臭水体全部治理完成，5处国家、市级考核断面和流入城市副中心的9条河道及13处出境补偿断面水质全面达标。加大垃圾分类和精准投放力度，餐厨废弃物资源化利用和无害化管理试点城区创建工作通过国家验收。生活垃圾产生量同比减少4.5%。14个非正规垃圾填埋场治理完成。创新性提出“将建筑垃圾资源循环利用形成有效闭环”的理念，在全国率先采用棚户区改造建筑垃圾就地处理模式，有效提升垃圾资源化利用水平。10项年度疏堵工程完工。中日友好医院等6处立体停车设施投入使用，通过共享停车、错时停车、社区挖潜、新增新建等多种方式，扩充停车泊位1.6万个。在东大桥路、文学馆路等4条道路推行路侧静态停车改革试点。创建133个交通安全示范社区（村），团结湖交通安全示范社区治理经验成为全国推广的典型。完成50条背街小巷整治提升，形成三里屯“一纵一横一后街”由“脏街”到“靓街”的全市整治样板。

成立区级城市管理委员会，构建三级城市管理格局，解决制约城市发展的深层次问题。持续开展安全生产“护航”“深耕”“金秋”专项行动，实施安全隐患大排查大清理大整治，整改消除各类隐患48.2万项，全年安全生产事故起数和死亡人数分别下降26.7%和17.9%，火灾事故起数下降40.5%。实施“阳光餐饮”工程，食品药品抽检抽验合格率达98%以上。推动应急管理“一案三制”，提高应急平台智能化水平，实现24小时互联网突发事件态势感知。加强重大决策社会稳定风险评估，及时排查化解社会矛盾纠纷。完善立体化社会治安防控体系，推进警务科技建设，开展119个挂账重点地区专项整治。严厉打击网络诈骗、涉众型经济犯罪等行为，妥善化解金融风险。进一步发挥“朝阳群众”在公共安全治理中的作用，群众安全感指数显著提升。

利用疏解腾退空间，还绿230公顷，新建改造坝河休闲公园等25个大中小微型公园，高标准改造提升166个便民商业网点和60余处居民文体活动场所，建成一批书画长廊、休闲广场，城市环境和服务功能有效提升。

社会服务管理和保障

新增30家养老驿站，基本实现街乡全覆盖。全市首家PPP模式养老机构——恭和老年公寓投入运营。加强对就业困难人员的帮扶力度，2.3万名登记失业人员实现再就业。保障性住房开工7276套、竣工2.2万套。完成北工大家属院老旧小区综合整治。崔各庄乡奶西村等9个棚户区改造项目8503户完成征收和拆迁。开展“全民参保登记计划”，依托全区43个基层服务网点完成全区11.6万人的信息采集工作。推进建筑业农民工参加工伤保险工作，建立区级层面的联席会议制度，将参保指标纳入街乡劳动保障工作考核体系，促进新开工项目100%参保，已开工项目98%以上参保。

16个老旧小区准物业向市场化物业过渡转型。建成35个绿色智慧平安社区，设立便民智能终端1026处，公共服务综合信息平台上线运行。区社会动员中心投入使用，社会力量参与社会治理的渠道有效拓展。购买240个社会公益服务项目，群众多样化需求进一步得到满足。

科技 教育 文化 卫生 体育

全区有效发明专利41966件，在全市各区排名第二。全区拥有各类孵化器和众创空间71家，其中市级以上孵化器9家、国家级4家，市级众创空间34家，18家国家级众创空间纳入国家孵化器管理服务体系。

扩大教育资源供给，增加学前教育学位近1万个、义务教育学位3680个，市级示范园达到30所，4个新建中小学校址竣工投入使用。实施第四轮“双名工程”，正高级和特级教师数量均居全市前列。中考综合优秀率超过70%，高考一本上线率首次突破60%，名列全市前茅。积极应对红黄蓝幼儿园事件，回应群众关切，开展幼儿园安全隐患排查治理，在全区幼儿园加装视频监控、配备责任督学，出台“家园共育”十条措施，加强学前教育规范管理。

清华大学附属垂杨柳医院正式授牌，改扩建工程主体结构封顶。完成370家医疗机构医药分开综合改革，紧密型医联体实现全覆盖。5家卫生服务中心被评为全国百强社区卫生服务中心。开展国家级医养结合试点，实施“十助”居家养老服务。

梳理大运河历史文脉，制定沿岸重点文物修缮计划。增加多样化文化产品供给，全年开展惠民文化活动2500余场，建成社区流动美术馆、城市书屋、图书馆分馆等便民文化设施30余处。开展“一带一路”主题系列国际文化交流活动，推动具有朝阳特色的文化精品传播到近30个国家和地区。结合萧太后河河道治理、孙河湿地公园建设，启动孙河古镇、萧太后河、坝河（东坝古镇）、朝阳门石道等民俗文脉研究课题。

制发《朝阳区全民健身实施计划（2016—2020年）》和《朝阳区全民健身实施计划（2016—2020年）任务分工方案》，并建立朝阳区全民健身监测评价体系。举办朝阳区第二届北京新年徒步大会暨朝阳区长走大会、朝阳区羽毛球联赛、朝阳区社区篮球联赛、朝阳区乒乓球联赛等区级品牌活动，承办北京国际风情节冬奥宣传展示项目，完成第十一届北京市全民健身体育节开幕式任务，全年组织基层健身活动2000余场次，参与人数130余万人次。新建全民健身设施170套。在第十三届全国运动会中，朝阳籍运动员取得2枚金牌、5枚银牌和2枚铜牌的优异成绩。推广普及冰雪运动，建成全国面积最大的四季旱滑雪场和全市首家四季露天滑冰场。打造“欢乐冬奥 冰雪家庭”系列活动。完成朝阳区冰雪产业调研，朝阳区有冰雪产业单位19家。

农村城市化建设

设立农村城市化发展基金，加快农村地区拆迁腾退和转型提质，腾退低级次产业1210万平方米，新建6个重点产业项目，基本形成环中心城的生态公园环。“一绿”试点乡建设全面提速，第一批6个试点乡转居转工全部完成，拆迁腾退完成95%，绿化完成83%；第二批5个试点乡腾退326.2万平方米，绿化600亩；第三批试点乡建设全面启动。推动产业项目建设，24个重点项目中常营东方华瑞、豆各庄金丰置业等6个项目实现开工，朝来体育商务休闲城等18个项目手续加快办理。东坝乡国际商业中心等5个产业项目通过一绿试点项目联审会审议。太阳宫、将台2个乡重点项目获得24亿元资金支持。

加强集体“三资”监管，完善“三资”监管制度体系，出台集体经济组织财务公开、合同清理规范调整及村级组织负责人经济责任审计等管理文件。落实合同联预审制度，清理规范合同1434份，增加收益1190万元。出台集体产业用地管理等制度，稳步推进农村集体产权制度改革，将台、王四营、三间房、平房等4个乡41个村完成三榜公示，管庄乡12个村完成二榜公示，小红门乡和太阳宫乡劳龄统计登记率分别达到95.71%和98%。着力改善农村地区面貌，5个环境标杆乡建设加快实施，16处“三起来”工程全部完成。第三次全国农业普查有序开展。

精神文明 民主法治建设

培育社会主义核心价值观，打造“我是朝阳群众”故事会品牌。在全区17个街乡开展12场榜样人物基层巡演、9场基层巡讲活动。推出“我们的节日”中华长歌行系列视频5部。深化“五大创建”，朝阳区蝉联“全国文明城区”称号。成立“朝阳区志愿服务联合会”，发布“心际阳光”心灵成长、“掌上悦读”优秀志愿者激励等项目。发挥家庭教育平台作用，开展第二届“朝阳好家长之星”评选活动，推选出100名“好家长之星”。推选“美德少年”20名、“美德少年提名”30名，11名美德少年获评首都百名“最美少年”。

深入落实中央八项规定，持续整治“四风”问题，不断改善政风行风。开展“周暗访、月通报”，紧盯重要节点反“四风”。畅通“四风”问题一键拍举报渠道，建立与城管监督中心、国有企业等的常态联动机制，利用大数据提供ETC记录、发票使用情况等监督信息。深化“两个专项”工作，严肃查处群众身边不正之风和腐败问题。积极践行监督执纪“四种形态”，全区各级党组织和党员领导干部实施提醒谈话6000人次。全年职务违法立案27件，政务处分34人，行政问责5人。

全年办复全国、市、区人大代表建议和政协提案429件。建立39个市级“社区之家”示范点，社区居民议事厅规范化建设实现全覆盖，1195个党政群共商共治项目取得实效。运用法治思维和法治方式开展工作，推进“七五”普法，严格规范行政执法，全面推行“双随机、一公开”。健全政府法律顾问考评制度，专家顾问参与区政府规范性文件、重大行政决策和重大合同行为合法性审查、法律风险评估和论证、法制培训等事项100余件。深化重大行政决策合法性审查，提高依法决策水平。加强政务服务体系建设，推进政务服务标准化。加大政府信息和政务公开力度。推进督查督办精准化、绩效管理精细化，进一步提升政府服务水平和行政效能。

推动京津冀协同发展

完善与雄安新区、津冀协作地区合作机制，实施一批重点产业合作项目，形成一批协同发展的标志性成果。成立京津冀文化产业协同发展中心，中关村朝阳园西青科技产业园等合作项目实现运营。一批企业将制造环节转移至天津、河北。举办2017北京CBD创新发展年会区域协同发展座谈交流会，会上朝阳区与河北省保定市、承德市分别签署协同发展框架协议等及相关合作协议。加强对河北省保定市唐县、张家口市康保县等地区的对口帮扶与协作，与对口帮扶地区分别签署对口帮扶框架协议，并制定出台《朝阳区对口帮扶河北省保定市唐县等三个贫困县工作方案》《北京市朝阳区深入开展携手奔小康行动和对口协作的工作实施方案》等相关文件。

特 载

2016
北京朝阳年鉴

特　　载

在朝阳区委十二届六次全体（扩大）会议上的报告

中共朝阳区委书记　吴桂英

（2017 年 12 月 26 日）

2017 年工作回顾

2017年是党的十九大胜利召开之年，是深入贯彻习近平总书记对北京重要讲话精神，落实首都城市战略定位，建设国际一流的和谐宜居之都的重要一年，也是新一届区委的届首之年。一年来，在市委市政府的坚强领导下，区委深入学习贯彻党的十九大和市第十二次党代会精神，按照区第十二次党代会部署要求，团结带领全区各级党组织和广大党员干部群众，担当作为、攻坚克难，全面完成各项任务目标。预计全年GDP突破5550亿元，不变价增速达到6.5%；预计一般公共预算收入全年实现508亿元左右，增长6.5%；居民人均可支配收入增速预计继续高于经济增速。PM2.5年均浓度预计控制在每立方米58微克左右，比去年下降22.7%。累计疏解腾退1222.2万平方米，拆除违法建设1008万平方米，腾退土地900公顷，新增改造绿化面积618公顷，常住人口继续保持负增长，预计完成全年调减任务。

年初以来，区委常委会着眼于全区工作大局，重点抓四件大事：

*一是以党的十九大精神为指引，加强思想政治建设。*牢固树立政治意识、大局意识、核心意识、看齐意识，坚决同以习近平同志为核心的党中央保持高度一致，不折不扣落实党中央精神和市委决策部署。把全面学习宣传贯彻十九大精神作为首要政治任务，召开区委十二届五次全会，出台《关于认真学习宣传贯彻党的十九大精神的实施意见》，对学习宣传贯彻做出全面部署。区四套班子领导带头到基层联系点宣讲调研，区委委员、二级班子“一把手”在所在单位宣讲，组织处级领导干部专题研讨班深入研习。组建区委宣讲团，建立四级百姓宣讲体系，广泛开展“不忘初心、筑梦祖国”等系列文化活动，推动党的十九大精神进企业、进农村、进机关、进校园、进社区、进军营、进网站，形成以上率下、步步深入的生动局面。紧紧围绕市第十二次党代会确定的目标要求，认真抓好“两贯彻一落实”，引导全区党员干部群众更加自觉地扛起使命、担起责任，把宏伟蓝图转化为生动实践。

*二是提高政治站位，高水平完成重大活动服务保障任务。*始终从政治高度、全局角度把握服务保障职责，深刻认识维护首都安全稳定的极端重要性，加强统筹、通力协作、动员社会、发动群众，作好主战场，当好主人翁。连续开展“护航”“深耕”“金秋”专项行动，以最高标准、最强组织、最实举措、最佳状态，做好安全保卫、环境美化、城市安全运行、污染防治和气象保障、新闻宣传等工作，圆满完成党的十九大、“一带一路”国际合作高峰论坛、市党代会等重大活动服务保障任务。坚持党政同责、一岗双责、齐抓共管、失职追责，狠抓安全生产责任制落实，推进安全监管改革创新;聚焦重点行业领域、重点场所、重点企业、重点部位，开展安全隐患大排查大清理大整治专项行动，全面迅速整改，全年生产安全事故起数、死亡人数同比分别下降20.83%、16.67%。完善立体化社会治安防控体系建设，积极拓展“朝阳群众”参与平安建设的有效方式，织密织牢公共安全网；加强重大社会矛盾防范化解，稳妥处置e租宝、“善心汇”等涉众型经济案件，有效应对各类突发事件，群众安全感指数大幅提升。出台《朝阳区全面推进法治建设的实施意见》，依法治区进一步深化。

*三是坚定不移抓疏解，优化提升首都功能。*紧紧牵住疏解非首都功能牛鼻子，在“疏”上持续用力，在“舍”上保持定力，在“优”上集中发力，把疏解功能谋发展大文章做得更实更深。科学处理舍和得、疏和补、低和高、拆和管、进和稳的关系，聚焦重点领域、重点地区、重点项目和综合整治，强化思想、组织、政策、法治和纪律保障，深入推进疏解整治促提升专项行动，累计疏解商品交易市场、区域性物流基地188个，关停一般性制造业企业99家，清理整治出租大院和出租公寓498个，整治“开墙打洞”4475家，综合排名始终保持全市首位。“雅宝路市场”近5000商户腾退、十八里店乡400多万平方米拆迁腾退、东坝乡北西区域棚户区改造等大体量疏解经验得到各方肯定。统筹利用疏解腾退空间，还绿230公顷，新建或规

范提升便民服务网点166个，提升城市环境和服务功能。

四是紧抓机遇推进全国文化中心建设，提升区域文化软实力。发挥朝阳文化优势，统筹全区文化资源和力量，加快推进文化中心建设，努力在“两区”建设上求突破、树标杆、作示范。构建推进全国文化中心建设的组织、制度和政策体系，成立朝阳区推进全国文化中心建设领导小组，制定“1+6”制度文件，打造“文化三里屯”，推动各项任务落实具体化、项目化。落细落小落实社会主义核心价值观，深化群众性精神文明创建活动，蝉联全国文明城区称号。修改完善《关于推进国家文化产业创新实验区建设的若干意见》，设立区文化创意产业发展引导基金，集成优质创新资源，深挖工业遗存富矿，发展多层次文化产品、要素市场，新增文化创意产业企业9800多家，汇聚上市文创企业182家，实验区的资源聚集优势、产业比较优势、发展空间格局基本形成。实施百个基层文化品牌创建工程，多层次增加文化产品供给，推动“文化+治理”建设，促进公共文化服务均等化、标准化、社会化和数字化。深度挖掘历史文脉，研究制定通惠河沿岸文物保护方案，加快八里桥交通功能退出和公园建设，推进神木厂历史景观保护，挖掘萧太后河漕运文化和人文历史，丰富大运河历史文化，区域文化底蕴不断增强。

在抓好大事的同时，区委常委会认真贯彻党中央大政方针和市委决策，统筹推动改革发展稳定各项工作，各方面工作都展现新气象，取得新成效。

一是区域功能定位更加清晰。组织全区深入学习领会新版北京城市总体规划及党中央、国务院《批复》精神，牢固树立依规发展、减量发展、绿色发展理念，坚决维护法定蓝图严肃性。以更宽广的视野，着眼区域功能布局，做好与总规的全方位对接，开展区域“两规合一”试点研究，探索建立城市规划与土地规划相互协调统一的用地规划图，部署研究相关领域落实总规具体方案和各地区规划任务落实思路，明确在国际化、文化发展、生态建设、城乡综合配套改革等区域特色优势的提升方向。统筹推进总规确定的功能定位、目标任务、城市规模和空间结构在朝阳落地，形成“五个当好”的思想自觉和行动自觉。

二是经济发展稳中有进。加强经济形势分析研判和运行调度，强化投资促进，推动产业升级，确保经济运行总体平稳，形成一批新的经济增长点。制定“高精尖”产业指导目录，完善高新技术、总部经济、企业上市等扶持政策，推动高端要素落地，促进产业空间高效利用。商务服务业总部化发展态势明显，金融业国际化特征更加凸显，文化、科技创新动力强劲，电子商务、新媒体等业态蓬勃发展，“独角兽”企业快速涌现，国际商务中心优势功能进一步巩固。加大重点功能性项目引进力度，CBD、奥运、中关村朝阳园等重点功能区的环境、管理和服务品质进一步提升。出台《朝阳区率先打造一流营商环境的意见》，实施“三个一百”企业服务计划，推动10项外籍人才新政落地，建设望京国际人才社区，完善国际化生活配套服务体系，为企业和人才发展营造良好环境。健全集体“三资”监管制度体系，促进集体产业用地集约高效利用，推动24个重点产业项目建设，农村地区经济贡献得到新提升。

三是改革动力不断积聚。坚持把全面深化改革作为破解发展难题、激发发展活力的根本路径，推进35项年度改革任务、12项重点推进改革事项落地见效。建立农村城市化发展基金，加快“一绿”城市化试点建设，第一批6个乡城市化试点建设迈入收官阶段，第二批5个试点乡建设全面推进，累计实现1.98万农民整建制转居，2.6万农民就业，拆迁腾退750万平方米，建成森林绿地5800亩，将台、王四营、三间房等3个乡20个村产权制度改革基本完成，城乡一体协同发展取得新突破。服务业扩大开放综合试点33项政策全部落地，81项重点任务全部完成，形成多个全国领先、北京首创的可复制、可推广开放模式。开展国家级医养结合试点，完善三级养老服务体系建设，基本养老服务实现全覆盖。完成监察体制改革试点任务，成立区监察委员会，实现派驻监督的全覆盖，完成首轮巡察，推动反腐败向基层末端延伸。深化司法体制改革，完成司法责任制、侦审一体化、认罪认罚从宽制度等试点改革任务。“放管服”、城市管理体制、国资国企等改革均取得重要进展。

四是环境建设取得突破。严格落实中央、北京市环保督察要求，聚焦“五治一增”，加快补齐环境建设短板。聚焦燃煤污染、机动车污染、工业污染、扬尘污染等突出问题，强化大气污染防治，依法清理整治“散乱污”企业660家，全面完成煤改清洁能源工作，全区基本实现“无煤化”。完善三级“河长制”管理体系，完成33条段黑臭水体治理，5处国考、市考断面水质全部达标，水污染治理工作得到环保部充分肯定。高标准推进“一廊”地区“五大提升工程”和城乡发展“六个一百”工程，萧太后河滨水绿色文化休闲廊道完成源头广场、马家湾蓄滞洪区等重要景观节点建设，亮马河（四环路以上段）景观提升工程取得阶段性成果，温榆河公园建设完成拆迁腾退423万平方米，规划方案全球征集进展顺利，前期6项研究成果已应用于公园建设。完成广渠路沿街整治，推进长安街及其延长线、京哈铁路沿线环境景观提升，实施背街小巷环境整治提升计划，“开墙打洞”治理成效明显，三里屯“脏街”变靓街。

五是民生福祉持续提升。坚持以人民为中心的发展思想，积极回应百姓期盼，千方百计办好民生实事。构建区域联动的促进就业工作格局，立体化社会救助体系逐步完善。扩大优质教育资源供给，实施第四轮“双名”工程，增加学前教育学位近1万个，中高考成绩持续位居全市前列。深入开展幼儿园安全隐患排查和治理，全面加强幼儿园规范管理，提高保育教育质量。开展医药分开综合改革，推进分级诊疗服务体系建设，垂杨柳医院改扩建等重大建设项目取得明显进展。新建保障房7276套，建成2.2万套；完成棚户区征收、拆迁7803户，奶西村、前苇沟组团、永安里旧城区改造等项目有序推进。在全市率先启动道路项目储备库建设，辛店村路东延、陈家营东路等22条主次支路竣工通车，10项疏堵工程全部完工。试点推进社区服务站改革，全面落实社区减负，16个老旧小区物业管理转型升级。创享计划覆盖293个社区，社会力量参与社会治理有效渠道进一步拓展，党政群共商共治成效显著。

六是管党治党成效显著。坚持把抓好党建作为最大的政绩，深入落实管党治党政治责任，凝聚力、战斗力、执行力全面提升。制定实施区委《关于维护党中央集中统一领导的规定》，自觉在思想上政治上行动上同党中央保持高度一致。扎实推进“两学一做”学习教育常态化制度化，学习教育开展以来，处级班子共查摆整改问题2715条，各党支部查摆整改问题12579条，取得丰硕成果。成立区委意识形态工作领导小组，实施《朝阳区意识形态工作考评标准（试行）》，健全舆情工作联动机制，意识形态工作得到进一步加强。坚持新时期好干部标准，结合换届调整，拓宽选任视野，加大干部引进和交流轮岗力度，稳妥推进能上能下，系统培养储备年轻干部和专业型干部，建立健全干部管理监督体系，优化领导班子和干部队伍结构功能。以区域化党建体系建设为抓手，实施“四大工程”，深入开展基层党建9项重点任务和党支部规范化建设试点。7个市级软弱涣散村党组织、4个市级后进社区实现整顿提升，社会组织和非公企业党组织覆盖率分别达到71%和85.6%，基层党组织运转能力有效提升。开展“强党建、勇担当、重实效”作风建设年活动，“千名干部下基层”通过“三带去三带回”，有效指导服务基层工作，锤炼干部能力作风。积极用好监督执纪“四种形态”，全年运用第一种形态1146人次，第二种形态225人次，第三种形态48人次，第四种形态5人次。出台区委《进一步贯彻落实中央八项规定精神实施办法》，加强领导干部警示教育，开展“两个专项”和国有资产出租出借整治等专项治理，大力整治群众身边的不正之风和腐败问题。全区共立案281件，处分271人，问责71人，其中，处分处级干部29人，为当事人澄清反映失实问题545件，查办职务犯罪、留置、追逃等任务均居全市首位，保持和巩固良好政治生态。

一年来，区委紧紧围绕全区发展目标，着眼于届首之年班子队伍建设，提出“忠诚坚定、勤政为民、团结务实、担当有为、清正廉洁”的要求，坚持以身作则、率先垂范，增进协同、提升效能，实现四套班子之间团结协作和紧密联动。认真落实《中国共产党地方委员会工作条例》，构建区委工作“1+3+N”制度体系，健全各级党委（党组）向区委常委会汇报工作制度，制定《朝阳区四套班子主要领导会商会组织管理办法》，完善班子运行的制度保障，强化对重点工作议事决策的科学把握、统筹推动和督查督办。发挥总揽全局、协调各方作用，大力支持人大围绕“构建格局、健全机制、提供支撑”的工作思路依法履职尽责，支持政府加快转变职能、依法行政、从严治政，推动重点工作落实、行政效能提升，支持政协围绕履行政治协商、民主监督、参政议政三大职能发挥作用，支持司法机关依法独立公正行使职权，统战、党管武装、民族宗教、老干部、双拥等工作不断加强，各民主党派、工商联、群团组织作用充分发挥，凝聚起推动发展的强大合力，形成一条心干事业、一盘棋抓工作、一股劲促发展的生动局面。

同志们，2017年是朝阳经受重大考验、谱写发展新篇的一年。一年来，全区各级党组织和党员干部讲政治、顾大局、守纪律，坚决维护党中央权威和集中统一领导，保障政令畅通，确保党中央精神和市委决策不折不扣贯彻落实，展示朝阳人信念坚定、对党忠诚的政治品格。一年来，全区人民不辞劳苦、忘我奋战，以首善标准、创新思维努力争创一流的工作业绩，展现朝阳人只争朝夕、真抓实干的精神风貌。一年来，全区上下勇挑重担、攻坚克难，以“钉钉子”精神落实任务，啃下一个又一个硬骨头，执行力和战斗力不断提升，彰显朝阳人敢于担当、务实创新的顽强作风。

成绩的取得，是市委市政府正确领导、悉心指导的结果，是全区上下团结协作、拼搏进取的结果。尤其是基层一线的同志们，面对任务奋勇当先，面对挑战迎难而上，展现出强烈的责任感、使命感和良好的作风状态。社会各界和广大人民群众热情参与、热忱奉献，提出许多好的意见建议。各位区委委员和与会同志在各自岗位上认真履职、勤勉工作，对常委会的工作给予大力支持。在此，我代表区委，向辛勤奋战在全区各条战线的同志们，表示衷心的感谢，并致以诚挚的慰问！

当前面临的发展形势

党的十九大就新时代坚持和发展中国特色社会主义的一系列重大理论和实践问题阐明大政方针，就推进党和国家各方面工作制定战略部署，开启全面建设社会主义现代化国家的新征程。12月18日—20日，中央召开经济工作会议。会议指出，5年来，我们在实践中形成以新发展理念为主要内容的习近平新时代中国特色社会主义经济思想，我国经济已由高速增长阶段转向高质量发展阶段。做好2018年经济工作，要全面贯彻党的十九大精神，以习近平新时代中国特色社会主义思想为指导，加强党对经济工作的领导，坚持稳中求进工作总基调，坚持新发展理念，紧扣我国社会主要矛盾变化，按照高质量发展的要求，统筹推进“五位一体”总体布局和协调推进“四个全面”战略布局，坚持以供给侧结构性改革为主线，统筹推进稳增长、促改革、调结构、惠民生、防风险各项工作。12月22日至23日，市委召开十二届四次全会，全面总结2017年全市工作，明确2018年要加强“四个中心”功能建设，提高“四个服务”水平，抓好“三件大事”，打好“三大攻坚战”，更加奋发有为地推动首都新发展。中央的要求、市委的部署，是明年全区工作的主旋律，为我们提供新方位和新坐标。

2018年是贯彻党的十九大精神的开局之年，是改革开放40周年，是决胜全面建成小康社会、实施“十三五”规划承上启下的关键一年，也是朝阳建区60周年。新时代、新气象，新发展、新作为。要推进朝阳新发展，必须把思想统一到十九大精神上来，统一到全市发展大局上来，统一到区域发展要求上来。

一要深刻把握党的十九大精神蕴含的新思想。党的十九大在政治上、理论上、实践上、制度上取得一系列重大成果，是我们党在新时代开启新征程、续写新篇章的政治宣言和行动纲领。面向新时代，我们要进一步以习近平新时代中国特色社会主义思想武装头脑，坚持不懈读原著、学原文、悟原理，准确把握“8个明确”丰富内涵和“14个坚持”基本方略，切实把精神实质领会深、领会透。进一步统一思想、更新观念，把学习成果转化成具体工作思路、措施和办法，把党的十九大精神全面贯彻到全区党的建设各方面，体现到现代化建设全过程、改革发展稳定各环节，做到知行合一、学用相长。

二要深刻把握首都城市功能建设的新目标。进入新时代，首都的发展与党和国家的使命更加紧密地联系在一起，正在加快建设伟大社会主义祖国的首都、迈向中华民族伟大复兴的大国首都、国际一流的和谐宜居之都。以首善标准加强“四个中心”功能建设，做好“四个服务”，是首都发展的全部要义所在。推动区域高质量发展的大多数支撑点也是源于首都功能。我们要深刻把握好“都”与“城”、“舍”与“得”、“疏解”与“提升”、“一核”与“两翼”的关系，把握好首都发展、减量集约、创新驱动、改善民生的要求，立足京津冀协同发展，牢固树立全市“一盘棋”的思想，把首都功能建设作为中心任务来抓，全面优化提升区域功能，推动朝阳在实现高质量发展上不断取得新进展。

三要深刻把握区域主要矛盾变化的新特点。社会主要矛盾的变化反映我国发展的阶段性特点，也反映党和国家事业发展的重点要求。身处首都北京，我们要看到，市民对美好生活的需要呈现出新的特点，更加追求便利性、宜居性、多样性、公正性。广大群众对享受优质便利的教育、医疗、养老等公共服务更加渴望，对天更蓝、水更清、地更绿、空气更清新的追求更加迫切，对城乡统筹、融合发展的愿望更加强烈，对用好手中的参与权、知情权、表达权、监督权更加看重，在民主、法治、公平、正义、安全等方面的需求也日益增长。我们要时刻不忘初心，增强为人民美好生活奋斗的自觉，牢牢把握新时代社会主要矛盾变化的新特点，坚持把人民群众的小事当成自己的大事，着力解决发展不平衡、不充分问题，促进人的全面发展，推进社会全面进步，不断提升人民群众的获得感、幸福感、安全感。

*四要深刻把握区域发展的新优势。*当前，我区发展面临着一系列难得的历史机遇和有利的发展条件。中国日益走近世界舞台中央，为朝阳巩固提升国际化特色优势，不断拓展国际交流合作提供更加广阔的空间。我国经济由高速增长阶段转向高质量发展阶段，对我们始终保持转型发展战略定力，推动新旧动能接续转换，不断提高发展质量和效益，提供强大动力。随着城市总规的深入实施，朝阳在发展空间、资源要素、地理区位、回旋余地等方面的比较优势进一步显现。全区各项改革举措正在加速全面落地，逐步释放出丰厚的改革红利，文化创新和科技创新的引领作用日益凸显，增强未来发展的动力和后劲。为解决发展不平衡不充分的问题，中央和北京市推出一系列重大政策举措，为我们推进发展、改善民生提供有力支撑。经过多年的接续奋斗，全区各项建设取得显著成就，发展环境持续优化，发展水平全面提升，培养出一支敢打硬仗、能打胜仗、坚强有力的干部人才队伍，为实现更高层次发展打下坚实基础。我们要准确把握、用足用好这些新优势，紧抓机遇，乘势而上，再创佳绩。

*五要深刻把握坚守底线面临的新挑战。*当前，我区发展面临的各方面风险和不确定因素不断积累，相互交织、相互影响。风险扛不住，给经济社会发展造成危险，就会扰乱发展节奏，制约建设“三区”、建成小康的进程。前段时间发生的红黄蓝新天地幼儿园事件、十八里店乡“12.13”火灾事故，从不同角度触及安全底线，引发社会舆情关注。在市委市政府的坚强领导下，在市有关部门的指导支持下，我们及时处置，妥善应对，确保社会大局稳定。我们要深刻汲取教训，更加深刻认识到维护安全稳定的极端重要性和艰巨性、复杂性。必须把守底线、防风险摆在突出位置，增强忧患意识，居安思危、未雨绸缪，以120%的努力去防范1%的风险可能。坚决做到不让小风险演化为大风险，不让局部风险演化为区域性或系统性风险，不让经济风险、社会风险演化为政治风险。特别是要牢固树立安全发展的理念，弘扬“生命至上，安全第一”的思想，坚决消除各类安全隐患，切实维护人民群众生命财产安全。

*六要深刻把握全面从严治党的新要求。*党的十九大从党和国家事业发展全局出发，提出新时代党的建设总要求，对推动全面从严治党向纵深发展做出新部署。我们要深刻认识到，全面从严治党永远在路上。要把政治建设摆在首位，保证党的建设正确的政治方向。要把思想建设作为基础性建设，在习近平新时代中国特色社会主义思想指导下不忘初心、不懈奋斗。要坚持党管干部的原则，建设高素质专业化干部队伍。要以提升组织力为重点，突出政治功能，加强基层组织建设。要持之以恒正风肃纪，保持同人民群众血肉联系，不断厚植党执政的群众基础。要夺取反腐败斗争压倒性胜利，保证干部清正、政府清廉、政治清明。要健全监督体系，强化自我监督和群众监督，增强自我净化能力。要营造善于学习、勇于实践的良好氛围，全面增强执政本领，推进党的建设和党的事业顺利发展。

在坚定发展信心、保持战略定力的同时，我们要清醒认识到，区域发展还面临一些困难和挑战。人口资源环境不平衡的矛盾还很突出，城乡发展不均衡，基础设施、公共服务设施存在短板，国际化特色优势尚未充分发挥，城市管理标准、治理水平、服务能力有待提升，维护安全稳定任重道远。同时，一些党委（党组）主责主业意识还不够强，一些党组织引领作用不突出，一些党员干部落实主体责任不力，顶风违纪现象还没有杜绝，以首善标准管党治党还有差距。我们必须直面挑战，勇于担当，认真解决，努力开创朝阳工作新局面。

进入新时代，迈向新征程，实现新作为。我们要不忘初心、牢记使命，锐意进取、埋头苦干，努力在新一轮首都发展大局中勇当主力军，争做排头兵，创造新业绩。一要在首都功能建设上有新作为。牢牢把握首都城市战略定位，立足朝阳特色优势，深入实施总体规划，优化城市空间布局，全力当好“四个中心”建设主力军，全面提升“四个服务”水平。二要在疏解整治提升上有新作为。紧紧围绕疏解非首都功能、提升优化首都功能，全面疏解改造低级次产业和低效空间，更加注重提升，为发展留后劲，为群众添便利，为城市增活力。三要在城乡协同发展上有新作为。把城市和乡村作为互相促进、互相联系的有机整体，抓重点、补短板、强弱项，切实解决好城乡发展不平衡、农村发展不充分问题。四要在增进民生福祉上有新作为。把人民群众的利益放在最高位置，积极回应群众的期盼和关切，为群众提供更多的优质生态产品、优美城乡环境、优质公共服务和优良城市管理，使人民获得感、幸福感、安全感更加充实、更有保障、更可持续。五要在全面从严治党上有新作为。坚持党要管党、全面从严治党，全面推进政治建设、思想建设、组织建设、作风建设、纪律建设，把制度建设贯穿其中，深入推进反腐败斗争，不断提高党的建设质量，为做好各项工作提供坚强的政治保证。

2018年工作重点

*2018年全区工作的总体思路是：*全面深入学习贯彻党的十九大精神，坚持以习近平新时代中国特色社会主义思想为指引，坚持稳中求进工作总基调，坚持新发展理念，紧扣社会主要矛盾变化，按照高质量发展的要求，根据市委十二届四次全会部署，统筹推进疏功能、稳增长、促改革、调结构、惠民生、防风险各项工作，积极推动疏解整治提升、城乡协同发展、环境质量改善、民生福祉增进、文化繁荣兴盛、社会和谐稳定，全面提高党的建设质量，奋力谱写新时代朝阳发展新篇章。

重点推进六方面工作：

（一）抓学习贯彻，推动党的十九大精神落地见效

全面学习贯彻党的十九大精神，对实现“两个一百年”奋斗目标和中华民族伟大复兴的中国梦，具有重大意义，必须始终作为全区首要政治任务，在“深入”上下功夫，切实学懂弄通做实，进一步形成生动实践。

一要在“学”上步步深入。把学习党的十九大精神，特别是习近平新时代中国特色社会主义思想作为理论武装的核心任务，在学深悟透、把握精髓上持续深入，在真学真懂、真信真用上下功夫。将学习贯彻纳入各级党委（党组）中心组学习安排，系统制订学习计划。各级领导干部要带头示范，全面深入领会精神实质，筑牢思想根基。组织处级干部进行集中轮训，抓好科级干部、基层党组织书记、新发展党员集中示范培训，不断扩大学习教育覆盖面。

二要在“研”上有的放矢。围绕党的十九大提出的重大理论观点、重大方针政策、重大工作部署，围绕市委十二届四次全会精神要求，在联系实际、研究问题上下功夫。紧扣疏解整治提升、高质量发展、环境质量改善、城乡协同发展、社会治理创新、增强执政本领、基层党组织建设等重点问题，开展专题、专项调研，提出务实管用的思路和举措。领导干部要到群众中、一线去，了解基层和群众需求，加强工作指导，推动工作落实。

三要在“干”上见响见效。深入学习贯彻党的十九大精神，最终要用实实在在的业绩来检验成效。要与抓好当前各项工作结合起来，制定任务清单，拿出工作方案，排出时间表、路线图。把党中央的战略安排、市委的决策部署，转化为本地区本部门的工作任务，抓重点、补短板、强弱项，严格责任、落细落实，不断取得阶段性成果。

（二）抓总规落实，做强区域特色功能

注重长远发展、减量集约、生态保护、多规合一，抢占新一轮发展先机，找准特色优势，突出主攻方向，推动规划落地。

一要强化功能定位。落实总规要紧紧围绕加强“四个中心”功能建设、提高“四个服务”水平来展开，集中力量推进。围绕全国政治中心建设，要抓好重点地区的规划管控和综合整治，抓实政务、安全和环境保障，高效服务中央政务运行。围绕全国文化中心建设，盘活存量资源，培育功能性、平台性项目，打造具有核心竞争力的知名文化品牌。围绕国际交往中心建设，要健全国际交往重要设施体系，着力提升国际交往服务能力，发挥日益走近世界舞台中央的大国首都的国际化窗口作用。围绕全国科技创新中心建设，要发挥中关村朝阳园主阵地作用，加快电子城北扩区和垡头地区规划落地，优化“一园六区”功能布局，打造国际研发创新高地。聚焦“国际一流的商务中心区、国际科技文化体育交流区、创新引领的首都文化窗口区、大尺度生态环境建设示范区、高水平城市化综合改革先行区”的功能定位，科学配置资源要素，优化“一廊两带三区”空间布局。突出两条轴线，在中轴线及其延长线、长安街及其延长线上，将保护与有机更新紧密衔接，完善国际交往、文化等功能，增加生态空间，打造靓丽城市名片。

二要推进规划任务实施。统筹把握生产、生活、生态空间的内在联系，对接市级指标，系统盘点未来疏解减量空间，合理规划产业空间、公共服务设施、重点功能区布局。加强区域规划深化与管控研究，加快编制朝阳规划实施要点、分区规划和控制性详细规划，实施街区规划设计导则，加强城市设计和风貌管控。建立健全规划管理机制，统筹平衡区域内建设规模、用地指标，做好各专项规划衔接。科学做好“十三五”规划纲要和各专项规划实施情况的中期评估，调整完善任务指标。

三要推进特色优势提升。紧密对接总规，加强功能优化重组，强化发展特色，提升比较优势。突出国际化交往功能，持续优化软硬件环境，配合加快第四使馆区、亚投行总部建设，营造良好国际化氛围。突出首都文化窗口区优势，落实《朝阳区全面加强文化建设的意见》及配套文件，推进“文化三里屯”建设。突出生态文明建设，高水平建设温榆河公园和黑庄户农业生态公园，打造生态环境建设“金名片”，用最坚决的行动、最严厉的执法、最严格的制度和最科学的手段守护绿水青山。突出城市化综合改革，坚持规划引领、区域统筹，建立健全城乡融合发展体制机制，建设高水平城市化综合改革先行区。

（三）抓疏解提升，促进发展提质增效

坚持以减重减负减量倒逼发展方式转变、产业结构转型升级、区域功能优化调整，不断提升城市发展质量、人居环境质量、人民生活品质、城市竞争力。

一要坚定不移疏解非首都功能。疏解非首都功能，是中央为北京指明的发展方向，也是为实践证明的正确发展路径。要加强制度设计，健全完善政策体系，加大资金投入，纵深推进疏解整治促提升专项行动，完成市级下达任务，在稳定可控的前提下，力争标准更高、力度更大，完成效果更好。实施2018—2020年疏解工作方案，严守“双控”“三线”底线，以红线约束方式调控好人口、管控好建设、保护好生态。主动融入京津冀协同发展大局，完善与雄安新区、津冀协作地区以及对口支援地区的合作框架，深入研究受援地资源禀赋、产业基础和脱贫要求，坚决落实好对口支援、对口帮扶各项任务，促进区域联动、协同发展。

二要统筹做好优化提升。坚持在量上做减法，在质上做加法。制定疏解腾退空间再利用实施意见，统筹考虑保障中央政务功能，预留重要国事活动空间，发展文化与科技创新功能，增加绿地和公共空间。利用腾退空间，补充公共服务设施，增加公共租赁住房，完善交通市政基础设施，新建或规范提升便民服务网点150个。严格执行建设用地增减挂钩，推进乡级低效用地与功能区、轨道周边高效用地置换，促进国有土地提升利用，进一步盘活存量空间。

三要推动经济高质量发展。深化供给侧结构性改革，推动经济发展质量变革、效率变革、动力变革，提高经济发展质量和效益。实施好《朝阳区高精尖产业指导目录》，建立产业筛选机制，集中力量做好“菜心”。加大龙头企业、高端要素集聚力度，大力发展总部经济，支持创新型总部发展，打造一批文化金融、科技金融、国际金融品牌，建设全市文化与科技融合发展重点示范区。加大重点项目引进力度，转型利用产业空间，完善综合服务功能，提高CBD、奥运、中关村朝阳园等重点功能区发展品质。加强投资统筹管理，推进投融资体制改革，促进民间投资增长。强化行业消费支撑，培育新兴消费模式。搭建国际化招商引资平台，优化外资利用质量。推进营商环境改革，落实“三个一百”企业服务计划，实施企业“助力计划”，完善人才引进、培养和激励、奖励政策，推进服务便利化、精准化和立体化。

（四）抓改革创新，持续积聚发展动能

坚持问题导向，强化四级统筹，推动改革精准对接发展所需、基层所盼、民心所向，增强发展内生动力。

一要深入推进农村城市化改革发展。坚持城乡协同，加快打破城乡二元结构，力争2020年基本实现农村城市化。全面完成“一绿”第一批试点建设任务，深入推进第二批试点，启动第三批试点，统筹好“二绿”地区建设。全面落实“实施乡村振兴战略推进美丽乡村建设”专项行动，综合整治农村人居环境，提升基础设施和公共服务设施建设水平，保护传承乡土文化。推进东风六里屯、管庄郭家场等7个棚户区改造项目，加大城乡接合部地区以及南部地区基础设施、村庄整治、民生保障、绿化环境等投入，促进区域均衡发展。推进农村集体产业用地区级统筹利用，明确产业定位、瞄准高端环节，提高集体经济组织化程度，提升农村地区产业发展能级。加强“三资”管理，加快集体产权制度改革。

二要持续深化服务业扩大开放。落实新一轮54项试点任务，培育新兴业态，推动体制机制创新。优化开放空间格局，加大在金融管理、服务贸易便利化等方面改革力度，积极吸引跨国公司、地区总部、国际组织落户。在外资审批便利化、企业服务精准化、配套扶持高效化等方面推动实现更大突破，形成全域开放、全域服务、全域推进的良好格局，进一步凸显国际化优势，提升对外开放水平。

三要提高文化创新引领水平。发挥国家文化创新实验区先行先试作用，加快推进文化领域供给侧结构性改革，积极研究文化市场准入、工业遗存改造利用等方面的政策创新，建立多层次投融资服务体系，促进文化创意产业提质增效升级发展。深入实施“文化+”“互联网+”战略，推动文化与金融、商务、体育、旅游等行业的融合联动发展。重视文化人才、汇聚文化大师、服务文化大家，促进文化创新要素聚集。大力培育和践行社会主义核心价值观，扎实推进精神文明建设工作，坚持教育引导、实践养成、制度保障，强化党员干部、榜样、公众人物的示范带动，开展核心价值观品牌活动，培育良好社会风尚。完善公共文化服务设施网络和服务体系，构建与四级服务网络相对应的产品供给体系。挖掘朝阳传统文脉，保护好、传承好、利用好大运河文化遗存。全力筹办2022年北京冬奥会和冬残奥会，加快冬奥会场馆和基础设施规划建设，推广和普及冰雪运动。

四要强化科技创新作用。瞄准世界科技前沿，增强对国际前沿科技趋势和新兴产业的敏锐把握和前瞻布局，着力推动区域科技创新能力建设。加速聚集创新资源，大力发展互联网、大数据、人工智能等符合国际前沿科技趋势的新兴产业。持续深化与未来论坛的战略合作，加快培育一批具有全球影响力的前沿领军企业和“独角兽”企业，加快推进苹果创新小镇、360国家网络安全科技创新中心等重点项目建设。鼓励支持科技服务企业发展，加强国际技术合作，强化知识产权保护，完善技术市场，拓展创新创业服务平台，打造科技创新成果转化高地。

五要稳步做好其他领域改革任务。纵深推进城市管理体制改革，发挥区城管委统筹管理作用，增强街乡在治理中的基础地位和统筹职能，组建街乡综合执法中心，实现联合执法基层化、实体化、常态化。优化国有资本布局，开展国有企业资产重组试点，推进区属国企领导班子和领导人员管理体制改革，启动公司制改革和事业单位转企改制，发挥国企在疏解整治、城市运行和改善民生中的示范带头和保障支撑作用。深化养老服务改革。有序推进司法体制改革。

（五）抓民生改善，建设美丽宜居家园

坚持以人为本，注重人文关怀，着力解决群众关心关注的热点难点问题，让全区人民生活更美好。

一要加强生态文明建设。坚持多措并举、多方联动、多管齐下，全力打好蓝天保卫战、碧水攻坚战、突出问题歼灭战。落实新一轮百万亩造林工程任务，争创国家森林城区。持续实施大气污染防治行动，坚持工程减排和管理减排并重，保持空气质量稳中向好。实施第二个污水治理三年行动，启动萧太后河综合治理二期工程，完成年度黑臭水体、污水管线和乡管沟渠等治理任务。

二要建设优美城市环境。开展综合治理行动，抓好东部廊道建设、广渠路沿线整治、长安街延长线环境整治等重点项目，提升环境品质和景观水平。加大对重点区域、重点领域巡查执法力度，加强老旧小区公共区域及遗留城中村、边角地整治，保持市容整洁干净。综合整治20个重点村，整治提升336条背街小巷，建设22条环境优美大街，实现整治“开墙打洞”与街道设计、完善便民服务同步，整治“城市天际线”与规范重设同步，努力让城市每一个角落都整洁干净有序。完善东部东南部地区骨干路网，推进路侧停车改革，疏导交通，排堵保畅。抓好生活垃圾管理试点，推进垃圾分类。

三要持续保障和改善民生。加强就业促进，精准帮扶困难群众。加大政府投入，扩大幼儿园、中小学学位供给，探索教育均衡发展新模式，推进教育增量、提质、均衡、公平。落实加强学前教育管理的若干意见，强化办园者主体责任，突出政府部门监管责任，加强社会力量办学监督管理，让孩子安全、家长放心。推进优质医疗资源向农村地区、东南部区域调整，加快重点工程建设，提高社区卫生、公共卫生、分级诊疗服务水平。建设保障性住房1万套，继续开展老旧小区改造和加装电梯试点，建好管好集体土地公租房项目，改善群众居住条件。

四要加强和创新社会治理。坚持城乡统筹、重心下移，健全社区分类治理和乡村治理体系，适时调整社区规模，实现城乡社区结对互帮互促交流常态化。聚焦重点难点问题，深化党政群共商共治，加强社区民主协商，丰富社区创享实践，引导社会组织健康发展。不断完善“五化协同”社会治理模式，提升社会治理社会化、法治化、智能化、专业化水平，创建全国和谐社区建设示范城区。

五要全力维护安全稳定。牢固树立国家总体安全观，夯实安全发展根基。严格落实安全生产责任制，制定实施三年行动计划，健全公共安全体系，坚定有序消除安全隐患，坚决遏制重特大安全事故。全面落实重大决策社会稳定风险评估，发挥科学维稳体系作用，抓好矛盾排查化解。完善立体化社会治安防控体系，推进“雪亮工程”，巩固全民参与、共治共享的平安建设格局。要积极防范地方债务潜在风险，严控增量、逐步消化存量。自觉从党和国家大局出发，严厉打击违法违规金融行为，实现对所有金融活动监管全覆盖、无例外，坚决守住不发生系统性金融风险的底线，保障群众合法权益。

（六）抓管党治党，提高全面从严治党水平

紧紧围绕新时代党的建设的总要求，毫不动摇地坚持和完善党的领导，提高把方向、谋大局、定政策、促改革的能力和定力，推动全面从严治党向纵深发展。

一要加强政治建设。认真贯彻区委《关于维护党中央集中统一领导的规定》，真正把党中央集中统一领导体现在政治、思想、组织上，体现在坚定理想信念、执行党的路线上，体现在坚持党管干部、树立鲜明导向上，坚决做到市委关于“三个一”“四个决不允许”的要求。尊崇党章，严格执行新形势下党内生活若干准则，切实增强党内政治生活的政治性、时代性、原则性、战斗性。坚持和完善民主集中制，加强领导班子制度建设，发展积极健康的党内政治文化。把坚定理想信念作为思想建设的首要任务，抓好理论宣讲、百姓宣讲和形势政策教育，推进“两学一做”学习教育常态化制度化，按照党中央部署认真开展“不忘初心、牢记使命”主题教育，弘扬红船精神，坚守中国共产党人的精神支柱。落实意识形态工作责任制，牢牢把握意识形态领域主导权和话语权，加强自媒体建设，积极有效应对舆情，及时回应社会关切，释放正能量。

二要层层压实主体责任。坚持“党建就是主责主业，党建就是最大政绩”，健全党建工作格局，完善大统筹机制，逐级压实责任。各级党委（党组）要坚持把党建工作和中心工作同谋划、同部署、同考核，明确责任分工，细化任务举措，严格督查考核，强化压力传导。党组织书记要认真履行党建工作第一人责任，对党负责，对本地区本系统本单位的政治生态负责，对干部健康成长负责。班子成员要坚持“一岗双责”、共同负责、形成合力。

三要建设高素质专业化干部队伍。坚持正确选人用人导向，匡正选人用人风气，推动班子干部队伍政治过硬、能力过硬、作风过硬。制定高素质专业化干部队伍建设意见，做好街乡领导班子届（任）中考察，以班子结构、功能和运行状态，干部政治表现和专业能力、专业精神为重点，开展班子干部队伍综合分析，统筹调整优化，增强整体功能和合力。实施干部队伍专业化提升工程，探索国际化培养机制，重视发现储备、选拔使用优秀年轻干部，强化干部队伍梯队建设和长远发展。坚持严管和厚爱结合、激励和约束并重，推动从严管理监督常态化。建立实绩考核机制，研究完善激励机制和容错纠错机制，加大对基层同志、一线干部的关爱力度。实行更加积极、开放、有效的人才政策，推进望京国际人才社区建设，完善高层次人才认定体系、党委联系服务专家办法，建设人才强区。

四要夯实基层基础。坚持强功能、抓基本、补短板、重创新，打牢党的建设基层基础。强化重心下移、力量下沉、资源下移，真正做到“街乡吹哨、部门报到”。以区域化党建和支部规范化建设为重点，以推进基础规范、功能强化、示范引领“三大工程”为抓手，加快破解基层党建突出问题，推动基层党建全面进步、全面过硬。创新党建引领基层社会治理模式，建设城市基层党建工作示范区，培育和提升一批基层党建品牌。

五要加强作风建设和纪律建设。严格落实习近平总书记关于进一步纠正“四风”、加强作风建设重要批示精神，按照《中共北京市朝阳区委关于进一步贯彻落实中央八项规定精神实施办法》要求，紧盯“四风”问题新变种，完善作风建设长效机制。坚持挺纪在前，强化正风肃纪，聚焦反腐败重点领域、关键环节和突出问题，严肃查处群众反映强烈、侵害群众切身利益、破坏生态环境本身及其背后的腐败问题。深化国家监察体制改革，推进派驻机构改革，用好巡察利器，扎紧制度的笼子，强化不敢腐的震慑，扎牢不能腐的笼子，增强不想腐的自觉，不断巩固风清气正的良好政治生态。

做好2018年各项工作，区委要坚持把方向、管全局，广泛凝心聚力，加强统筹引领。大力支持区人大及其常委会依法履行宪法和法律赋予的各项职责。支持区政府深化“放管服”改革、依法行政，加快法治政府建设。支持区政协规范协商形式、丰富协商内容，议政建言、民主监督。支持法院、检察院依法独立公正履行职能、开展工作、发挥作用。积极贯彻《中国共产党统一战线工作条例（试行）》，构建具有朝阳特色的大统战工作格局。完善民主党派参加政党协商的工作机制，建设高素质的党外代表人士队伍，发挥新阶层人士作用。加强对群团工作的组织领导，发挥联系群众的桥梁纽带作用。创新推进民族宗教工作，促进民族团结、宗教和睦。加大依法治区力度，提高重大决策合法性审查质量，加强法律顾问服务保障，不断完善朝阳法治建设工作体系。

同志们，蓝图催人奋进，实干托举梦想。让我们更加紧密地团结在以习近平同志为核心的党中央周围，高举中国特色社会主义伟大旗帜，恪尽职守、担当奉献，锐意进取、开拓创新，努力开创朝阳发展更加美好的明天，为北京建设国际一流的和谐宜居之都，为实现中华民族伟大复兴的中国梦而不懈奋斗！

朝阳区政府工作报告

——在朝阳区第十六届人民代表大会第四次会议上

朝阳区人民政府区长　王　灏

（2018年1月9日）

一、2017年工作回顾

2017年是党的十九大胜利召开之年，是深入贯彻落实习近平总书记对北京重要讲话精神，落实首都城市战略定位，建设国际一流的和谐宜居之都的重要一年，也是新一届区政府的届首之年。在市委市政府和区委的坚强领导下，在区人大、区政协的监督支持下，我们以习近平新时代中国特色社会主义思想为指引，牢固树立新发展理念，深刻把握首都城市战略定位，抢抓机遇，攻坚克难，全面完成全年各项任务，保持经济社会持续健康发展的良好局面。2017年，预计地区生产总值突破5550亿元、不变价增速达到6.5%。居民人均可支配收入增长6.5%以上。城镇登记失业率控制在1%以内。完成一般公共预算收入508亿元、增长6.5%，剔除"营改增"影响同口径增长11.5%。万元GDP能耗下降3.9%。新增改造绿化面积671公顷。PM2.5年均浓度降至58微克每立方米，同比下降22.7%。

（一）坚持理念创新、功能优化，转型发展迈出坚实步伐

深入推进供给侧结构性改革，着力构建"高精尖"经济结构，实现疏解与提升并举、转型与提质并进。

*"疏解整治促提升"专项行动成效显著。*紧紧抓住疏解非首都功能这个"牛鼻子"，以更加坚定的决心，以前所未有的力度，自我加压，多点突破，拆除腾退建筑面积1234万平方米，拆除违法建设1003万平方米，拆除量居历年之首，是2016年的2.5倍。聚焦重点领域、重点地区、重点项目和综合整治，强化依法依规，调动社会参与，赢得群众支持，温榆河公园项目占地5个村实现整体腾退，小武基组团完成连片疏解，朝阳疏解经验在全市推广。全年疏解升级商品交易市场100家，退出一般制造业99家，清退物流基地93家、再生资源回收场站24家，清理违法群租房2138户、住人地下空间437处，整治"开墙打洞"4475家，疏解整治综合排名始终位居全市第1。高效利用疏解腾退空间，还绿230公顷，新建改造坝河休闲公园等25个大中小微型公园，高标准改造提升166个便民商业网点和60余处居民文体活动场所，建成一批书画长廊、休闲广场，城市环境和服务功能有效提升。积极推动区域协同发展，成立京津冀文化产业协同发展中心，中关村朝阳园西青科技产业园等合作项目实现运营。一批企业将制造环节转移至天津、河北。投入5.18亿元，全面加强对河北唐县、内蒙古卓资县等6个地区的对口帮扶与协作。

*经济发展质量效益持续提升。*产业结构调整深入推进。建立"高精尖"产业指导目录，编制新一轮四大重点产业三年行动计划，制定完善扶持总部经济、企业上市与并购、楼宇经济和中小企业发展等一系列政策，设立文化创意产业发展引导基金，国际商务中心功能优势进一步巩固。新增5个跨国公司地区总部和5家标志性金融机构，引入30余家国际研发机构，新认定国家级高新技术企业700余家、"独角兽"企业24家，36家文创企业实现上市（含新三板）。科技创新、文化创新动力强劲。深化科技体制改革，实施科技创新"八大工程""22项重点任务"，未来论坛永久会址确定落户我区，科学普及、产学研对接、创新创业更加深入。推进全国文化中心核心区建设，开展"文化三里屯"建设研究，集成优质创新资源，国家文化产业创新实验区产业培育和空间转型利用进一步深化。重点功能区建设步伐加快。CBD核心区中信、泰康等5个项目结构封顶。中关村朝阳园融新科创中心等4个项目竣工，苹果中国研发中心、戴姆勒中国孵化器等项目落户，大望京对区域经济的贡献初步显现。奥林匹克公园中国国学中心、国家速滑馆和亚投行总部等重点项目加快建设。营商环境持续优化。出台《朝阳区关于率先打造一流营商环境的意见》，实施"三个一百"企业服务计划，推动10项外籍人才新政落地，外国人出入境服务大厅建成运营，望京国际人才社区正在加快构建，企业和人才发展环境进一步改善。改革动能不断积聚。持续深化服务业扩大开放试点，率先设立外资企业一体化窗口，实施外商投资企业审批备案与注册登记一体化改革，首批81项重点任务全部完成。深化"放管服"改革，取消13项行政职权事项，行政审批流程进一步优化。

*城市化进程不断加快。*坚持规划引领、城乡统筹、分类推进，设立农村城市化发展基金，加快农村地区拆迁腾退和转型提质，腾退低级次产业1210万平方米，新建6个重点产业项目，基本形成环中心城的生态公园环。"一绿"试点乡建设全面提速，第一批6个试点乡转居转工全部完成，拆迁腾退完成95%，绿化完成83%；第二批5个试点乡腾退326.2万平方米，绿化600亩；第三批试点乡建设全面启动。加强集体"三资"监管，出台集体产业用地管理等制度，稳步推进农村集体产权制度改革，20个村的产权制度改革基本完成。着力改善农村地区面貌，5个环境标杆乡建设加快实施，16处"三起来"工程全部完成。第三次全国农业普查有序开展。

（二）坚持生态优先、精准精细，城市治理水平明显提升。

加快补齐环境短板，提高生态空间品质，持续推进"五治一增"，高标准完成党的十九大和"一带一路"国际合作高峰论坛等重大活动服务保障，全力确保城市环境优美文明、社会大局和谐稳定。

*规划建设全面加强。*深入落实北京城市总体规划，加强区域规划研究，编制街区设计导则，形成街区环境整治提升的

重要导引。高标准推进“一廊两带三区”建设，“一廊”地区“五大提升工程”和城乡发展“六个一百”工程275项重点任务加快推进，累计完成五年总任务量的45%。“一路、一街、一线、一园、一河”环境建设成效明显。广渠路、长安街延长线、京哈铁路沿线拆迁腾退78万平方米。立足于打造首都生态文明建设“金名片”，高标准编制温榆河公园规划。萧太后河滨水绿色文化休闲廊道呈现出“水清、岸绿、景美、蕴深”的城市水岸景观，马家湾湿地公园吸引白鹭驻足停留，邻水相依、绿水相间的河畔美景重现朝阳。创新道路建设工作模式，建立道路项目储备库，30条道路实施方案确定，前期审批、征地拆迁、施工建设各项工作压茬滚动实施，道路建设效率大幅提升。新增道路里程25公里，辛店村路东延等3条主干路竣工通车，陈家营东路等19条次支路建设完成。采用PPP模式建设的建筑废弃物资源化利用中心实现开工。

*“大城市病”治理深入推进。*2013—2017年清洁空气行动计划任务顺利完成，全年淘汰高排放老旧机动车8.65万辆，依法清理整治“散乱污”企业660家，完成5736蒸吨燃气锅炉低氮改造，煤改清洁能源4.6万户，全域基本实现“无煤化”，蓝天保卫战取得重要胜利。大力改善河湖生态水环境，层层落实“河长制”，经过两年集中奋战，打赢全区水污染治理翻身仗，33条段黑臭水体全部治理完成，5处国家、市级考核断面和流入城市副中心的9条河道及13处出境补偿断面水质全面达标。加大垃圾分类和精准投放力度，餐厨废弃物资源化利用和无害化管理试点城区创建工作通过国家验收。生活垃圾产生量同比减少4.5%。14个非正规垃圾填埋场治理完成。创新性提出“将建筑垃圾资源循环利用形成有效闭环”的理念，在全国率先采用棚户区改造建筑垃圾就地处理模式，有效提升垃圾资源化利用水平。10项年度疏堵工程完工。中日友好医院等6处立体停车设施投入使用，通过共享停车、错时停车、社区挖潜、新增新建等多种方式，扩充停车泊位1.6万个。在东大桥路、文学馆路等4条道路推行路侧静态停车改革试点。创建133个交通安全示范社区（村），团结湖交通安全示范社区治理经验成为全国推广的典型。完成50条背街小巷整治提升，形成三里屯“一纵一横一后街”由“脏街”到“靓街”的全市整治样板。

*城市运行安全有序。*成立区级城市管理委员会，构建三级城市管理新格局，深入解决制约城市发展的深层次问题。持续开展安全生产“护航”“深耕”“金秋”专项行动，实施安全隐患大排查大清理大整治，整改消除各类隐患48.2万项，全年安全生产事故起数和死亡人数分别下降26.7%和17.9%，火灾事故起数下降40.5%。实施“阳光餐饮”工程，食品药品抽检抽验合格率达98%以上。落实质量发展纲要，全面加强质量安全管理。推动应急管理“一案三制”，提高应急平台智能化水平，实现24小时互联网突发事件态势感知。加强重大决策社会稳定风险评估，及时排查化解社会矛盾纠纷。完善立体化社会治安防控体系，推进警务科技建设，开展119个挂账重点地区专项整治。严厉打击网络诈骗、涉众型经济犯罪等行为，妥善化解金融风险。“朝阳群众”在公共安全治理中的作用进一步发挥，群众安全感指数显著提升。

（三）坚持共治共享、优质均衡，人民群众生活不断改善

围绕兜底线、抓重点、强机制、补短板，下大力气保障和改善民生，促进一批惠民措施落地实施。

*公共服务水平持续提升。*扩大教育资源供给，增加学前教育学位近1万个、义务教育学位3680个，市级示范园达到30所，4个新建中小学校址竣工投入使用。实施第四轮“双名工程”，正高级和特级教师数量均居全市前列。中考综合优秀率超过70%，高考一本上线率首次突破60%，名列全市前茅。积极应对红黄蓝幼儿园事件，回应群众关切，深入开展幼儿园安全隐患排查治理，在全区幼儿园加装视频监控、配备责任督学，出台“家园共育”十条措施，全面加强学前教育规范管理。清华大学附属垂杨柳医院正式授牌，改扩建工程主体结构封顶。完成370家医疗机构医药分开综合改革，紧密型医联体实现全覆盖。5家卫生服务中心被评为全国百强社区卫生服务中心。开展国家级医养结合试点，实施“十助”居家养老服务。新增30家养老驿站，基本实现街乡全覆盖。全市首家PPP模式养老机构——恭和老年公寓投入运营。加强对就业困难人员的帮扶力度，2.3万名登记失业人员实现再就业。保障性住房开工7276套、竣工2.2万套。完成北工大家属院老旧小区综合整治。崔各庄乡奶西村等9个棚户区改造项目8503户完成征收和拆迁。

*社会治理创新呈现亮点。*深化社会治理体制改革，建立39个市级“社区之家”示范点，社区居民议事厅规范化建设实现全覆盖，1195个党政群共商共治项目取得实效。16个老旧小区准物业向市场化物业过渡转型。建成35个绿色智慧平安社区，设立便民智能终端1026处，公共服务综合信息平台上线运行。区社会动员中心投入使用，社会力量参与社会治理的渠道有效拓展。购买240个社会公益服务项目，群众多样化需求进一步得到满足。

*文化文明建设成效突出。*大力培育社会主义核心价值观，全面深化“五大创建”，我区蝉联“全国文明城区”称号。梳理大运河历史文脉，制定沿岸重点文物修缮计划。增加多样化文化产品供给，全年开展惠民文化活动2500余场，建成社区流动美术馆、城市书屋、图书馆分馆等便民文化设施30余处，新建全民健身设施170套。推广普及冰雪运动，建成全国面积最大的四季旱滑雪场和全市首家四季露天滑冰场。开展“一带一路”主题系列国际文化交流活动，推动具有朝阳特色的文化精品传播到近30个国家和地区。与此同时，双拥共建、民族宗教、妇女儿童、侨务对台、外事旅游、人防地震、档案区志等各项事业全面进步。

2017年，区政府全面加强自身建设，深入学习宣传贯彻党的十九大精神，推动十九大精神进企业、进农村、进机关、进校园、进社区、进军营、进网站，引导干部群众更加自觉扛起使命、担起责任，努力把宏伟蓝图转化为生动实践。一年来，我们着力推进“两学一做”学习教育常态化制度化，牢固树立“四个意识”，严格执行全面从严治党各项要求，严明政治纪律和政治规矩。坚持依法行政，认真执行区人大及其常委会决议和决定，自觉接受人大工作监督、法律监督和政协民主监督，主动向人大报告工作、向政协通报情况。认真办理人大议案和政协建议案，办复全国、市、区人大代表建议和政协提案429件。深入落实中央八项规定，持续整治“四风”问题，不断改善政风行风，全年职务违法立案27件，政务处分34人，行政问责5人。坚持运用法治思维和法治方式开展工作，深入推进“七五”普法，严格规范行政执法，全面推行“双随机一公开”。健全政府法律顾问考评制度，深化重大行政决策合法性审查，依法决策水平不断提高。加强政务服务体系建设，推进政务服务标准化。加大政府信息和政务公开力度。推进督查督办精准化、绩效管理精细化，政府服务水平和行政效能进一步提升。

各位代表，过去一年，全区上下坚定不移融入首都大局，思想聚焦、行动有力，服务保障水平显著提升。坚定不移全面改革创新，重点突破、纵深推进，区域发展优势更加凸显。坚定不移夯实基层基础，压实责任、善作善成，干事创业信心极大提振。广大干部群众扎根一线、夜以继日，啃下一个个硬骨头，打赢一场场攻坚战，凝聚起担当作为、敢为人先的强大正能量，推动全区发展迈上新台阶。

成绩来之不易，这是市委市政府和区委坚强领导的结果，是区人大、区政协监督支持的结果，是全区干部群众团结奋斗的结果。在此，我代表区政府，向奋战在各条战线上的全区人民，向人大代表、政协委员、各民主党派、人民团体、社会各界人士，向大力支持我们工作的驻区中央、市属单位和解放军、武警部队、公安干警，表示崇高的敬意和衷心的感谢！

在总结成绩的同时，我们也清醒地认识到，中国特色社会主义进入新时代，社会主要矛盾转化为人民日益增长的美好生活需要和不平衡不充分的发展之间的矛盾，群众对美好生活的需求呈现出新的特点，需要充分认清前进道路上存在的困难和不足。城乡不平衡、南北不平衡、经济社会发展不平衡、人口资源环境不平衡等问题还很突出，基础设施、公共服务、生态环境、社会治理、高端产业发展不充分等短板问题亟待解决。疏解非首都功能任重道远，加快疏解后的转型提升，构建“高精尖”经济结构，实现高质量发展，还需要瞄准国际一流，精准发力、创新突破。“大城市病”治理还要下更大力气，治理大气、水、土壤污染任务繁重，垃圾治理水平亟待提升，绿化建设的规模和尺度还有不足，缓解交通拥堵、加强城市精细化、专业化、智能化管理还有大量工作要做。高质量的公共服务供给不足，在幼有所育、学有所教、劳有所得、病有所医、老有所养、住有所居、弱有所扶上还有很大进步空间。面对新的使命和要求，政府职能转变还不到位，监管方式相对滞后，服务效能仍需提升，履职不到位、衔接不紧密问题仍然存在，干部能力和工作本领需要进一步增强。这些问题，我们将在今后工作中认真加以解决。

二、2018年工作任务

2018年是贯彻党的十九大精神的开局之年，是改革开放40周年，是决胜全面建成小康社会、实施“十三五”规划承上启下的关键一年，也是朝阳建区60周年。进入新时代，我们的发展迎来新的黄金机遇期。发展信心更加坚定。党的十九大提出的一系列战略部署和使命要求，为我们未来发展提供根本遵循，激励着我们在习近平新时代中国特色社会主义思想的指引下，坚定前进方向，服务首都发展，在建设伟大社会主义祖国的首都、迈向中华民族伟大复兴的大国首都、国际一流的和谐宜居之都的征程中，贡献朝阳力量，展现朝阳担当。发展目标更加明确。围绕新时代、新使命，北京市进一步明确发展的职责和任务，把全市上下的思想和行动统一到落实北京城市总体规划上，统一到加强“四个中心”功能建设、做好“四个服务”的核心要义上。这要求我们更加自觉地聚焦首都发展目标，深刻认识朝阳发展的阶段性特征，切实做到“五个当好”，在首都各项事业发展中冲锋在前、勇拔头筹。发展任务更加紧迫。当前和今后一个时期，我们工作的重中之重就是精心组织实施北京城市总体规划、以疏解北京非首都功能为“牛鼻子”推动京津冀协同发展、全力筹办好2022年北京冬奥会和冬残奥会“三件大事”，坚决打好防范化解重大风险、精准脱贫、污染防治“三场攻坚战”。与此同时，要深刻领会和把握我国经济已由高速增长阶段转向高质量发展阶段的重大判断，明确新方位、新坐标，以首善标准推动朝阳区在高质量发展上不断取得新进展。

2018年政府工作的总体要求是：全面深入学习贯彻党的十九大精神，坚持以习近平新时代中国特色社会主义思想为指引，坚持稳中求进工作总基调，坚持新发展理念，紧扣社会主要矛盾变化，按照高质量发展的要求，根据市委十二届四次全会部署，统筹推进疏功能、稳增长、促改革、调结构、惠民生、防风险各项工作，积极推动疏解整治提升、城乡协同发展、环境质量改善、民生福祉增进、文化繁荣兴盛、社会和谐稳定，奋力谱写新时代朝阳发展新篇章。经济社会发展主要预期目标是：地区生产总值增长6.5%左右，居民人均可支配收入增长6.5%以上，城镇登记失业率控制在1.5%以内，一般公共预算收入增长5%左右。

2018年，我们将按照区委“六个深刻把握”“五个新作为”要求，始终坚持以人民为中心，积极回应群众期盼和关切，以“七个对标、七个着力”为主线，突出全面深化改革，突出创新引领发展，突出聚力攻克难点，推动发展质量更高、区域品质更优、人民生活更好。

（一）对标城市总体规划，着力抓好区域转型发展

自觉把握好“都”与“城”、“舍”与“得”、“一核”与“两翼”的关系，调整优化空间布局，推动城市总体规划落地生根。

加快规划任务落实。坚决维护法定蓝图严肃性，聚焦“国际一流的商务中心区、国际科技文化体育交流区、创新引领的首都文化窗口区、大尺度生态环境建设示范区、高水平城市化综合改革先行区”的功能定位，研究制定细化实施方案，做好我区分区规划和控制性详规的编制和实施工作。加强城市设计和风貌管控，做好专项规划之间的统筹。促进城乡规划和土地利用总体规划衔接，实现“一本规划、一张蓝图”。扎实做好“十三五”中期评估和调整。按照“一核一主一副、两轴多点一区”的城市空间结构，优化我区“一廊两带三区”功能布局，服务城市副中心建设。突出两条轴线，在中轴线及其延长线、长安街及其延长线上，将保护与有机更新、功能完善紧密衔接。推进“一廊”地区“五大提升工程”和城乡发展“六个一百”工程，构建绿色生态屏障、连通畅通廊道、产业协同典范。强化中部总部经济和国际商务功能，东部文创产业聚集功能，东北部国际文体会展窗口、国际研发创新聚集功能，南部科技文化融合发展功能，加快形成功能聚焦、特色鲜明、多点支撑的发展局面。

推进减量集约发展。把握生产、生活、生态空间的内在联系，统筹未来疏解减量空间，加强空间与产业的互动，合理规划产业空间、公共服务设施、重点功能区布局。坚决守住人口总量上限、生态控制线和城市开发边界三条红线，切实减重、减负、减量，到2020年城乡建设用地规模减小33平方公里。加大规划统筹力度，加强农村地区集体产业空间统筹利用，探索集体建设用地指标跨区域置换。分类研究制定国有企业空间转型升级方案，进一步盘活国有企业土地存量空间。

优化城市生态空间。启动全区绿地系统规划编制，围绕

"一带两环三楔四河十线"，大尺度增加绿化容量。实施新一轮百万亩造林绿化任务，大力推进绿化隔离地区"绿色项链"建设，新增改造绿化1000公顷。建立拆迁腾退土地"留白增绿"台账，着力抓好疏解腾退空间还绿增绿。高标准推进温榆河公园、黑庄户农业生态公园建设，新建改造十八里店横街子公园、小红门芳林城市森林公园等25个大中小微型公园。建设一批特色、精致的街角公园和口袋公园。增加郊野公园体育、文化、休闲设施，满足各类人群的绿色需求。加快实施萧太后河（二期）滨水廊道、亮马河国际风情水岸、坝河生态廊道工程。高品质做好公园、道路、河道绿地景观建设，增强色彩的多样性、植被的层次性、景观的观赏性、服务的功能性，形成各具特色、水城共生、绿道相连的生态综合体，争创国家森林城区。

（二）对标首都核心功能，着力深化"疏解整治促提升"工作

坚定不移疏解非首都功能，在"疏"字上持续用力，在"舍"字上保持定力，在"优"字上集中发力，不断提升城市发展质量、人居环境质量、人民生活品质和城市竞争力。

坚持大体量疏解。强化源头管控，严格执行北京市新增产业的禁止和限制目录，建立健全责任倒逼机制和疏解提升激励机制，坚决守住禁止和限制底线。强化存量疏解，实施2018年"疏解整治促提升"行动计划，聚焦一般制造业、仓储物流基地、商品交易市场等重点领域实现精准疏解，聚焦"一绿"第二批试点乡等重点地区实现集中疏解，聚焦违法群租房、无证无照经营、地下空间管理等综合整治实现联动疏解。全年疏解升级商品交易市场34家，退出一般制造业34家，清退再生资源回收场站11家。坚决遏制新增违建，持续加大存量违建拆除力度，全年拆除不少于600万平方米。强化协同发展，完善与雄安新区、津冀协作地区以及对口支援地区的合作机制，坚决落实好对口支援、帮扶与协作各项任务，实施一批重点产业合作项目，形成一批协同发展的标志性成果。

推进高标准提升。制定疏解腾退空间再利用实施意见，高起点规划、高品位设计，为发展留好后劲，为百姓提供便利。突出把握首都发展、减量集约、创新驱动、改善民生的要求，统筹考虑保障中央政务功能，预留重要国事活动空间，发展文化与科技创新功能，补充市政、文化、卫生、养老等公共服务设施，增加公共租赁住房供给，新建提升便民服务网点150个。大力推进雅宝路区域街区重塑，打造精品街区示范工程。

增强"四个中心"服务保障能力。围绕全国政治中心建设，抓好重点地区的规划管控和综合整治，提高政务、安全和环境保障水平，高效服务中央政务运行。围绕全国文化中心建设，培育功能性、平台性项目，加快"文化三里屯"建设，在公共文化服务体系示范区和文化创意产业引领区建设上求突破、树标杆、作示范。围绕国际交往中心建设，完善多样化、国际化的城市服务功能，打造国际交往活跃、国际影响力凸显的重大国际活动聚集区。配合加快第四使馆区、亚投行总部建设。全力筹办2022年北京冬奥会和冬残奥会，大力普及冰雪运动。围绕全国科技创新中心建设，充分利用国际化资源和科技创新优势，加快望京国际人才社区等配套设施建设，促进功能提升、要素集聚、环境优化。

（三）对标"高精尖"经济结构，着力推动经济高质量发展

坚持发展是第一要务，以供给侧结构性改革为主线，推动经济发展质量变革、效率变革、动力变革，不断增强经济创新力和竞争力。

促进产业高端化发展。牢牢把握"高""精""尖"的核心要义，实施"高精尖"产业指导目录，设置差异化准入门槛，建立产业筛选机制，培育产业核心优势。大力发展总部经济，吸引研发型、创新性总部落户。聚焦国际金融主聚集区建设，加快引入区域性国际金融组织和外资法人银行等金融机构。促进文化传媒、数字内容、创意设计等文化创意重点行业发展。引进培育具有全球影响力的高新技术领军企业，大力发展基于大数据、云计算、人工智能的新兴业态。加快培育"独角兽"和上市企业。促进生活性服务业发展，重点发展体育、健康、养老等服务领域，提升便利店、蔬菜零售、家政服务等行业品质。深化国资国企改革，推进混合所有制改革和国企资产重组，启动公司制改革和事业单位转企改制。推进投融资体制改革，促进民间投资增长。强化重点行业消费支撑，培育新兴消费模式。做好第四次全国经济普查工作。

强化国际商务中心功能。加快国际要素集聚，搭建国际化招商引资引智平台，积极引入国际金融、国际传媒、国际组织和国际人才。紧抓国家"一带一路"发展机遇，实施企业"助力计划"，探索建立"走出去"服务平台，大力发展跨境电商，提升开放型经济发展水平。深化服务业扩大开放，深入落实新一轮54项试点任务，结合重点产业发展需要，在培育新兴业态和体制机制创新方面取得新成效。优化开放空间格局，统筹做好CBD核心区建设项目集中竣工和产业招商工作，吸引跨国公司、地区总部、国际组织落户；加快中关村朝阳园功能性项目引入，推进电子城北扩区和垡头地区规划建设，打造国际研发创新高地；提升奥林匹克公园国际交往功能，加快冬奥会场馆和基础设施建设，配合推进国家会议中心二期项目实施。深入实施"三个一百"企业服务计划，推进审批便利化、服务精准化，不断完善人才引进、培养和激励政策，构建"亲""清"政商关系，为企业家和创业者打造国际一流的营商环境。

提高创新引领水平。创新是引领发展的第一动力，是建设现代化经济体系的战略支撑。要加快汇聚全球高端创新要素，聚集国际科技组织和国际智库，吸引具有国际水平的战略人才、科技领军人才、青年科技人才和高水平创新团队。整合区内外科技创新资源，激发高等院校、科研院所、各领域专家的创新活力。加快建设科技信息交流、研发资源共享、技术展示交易、高端科普活动等服务平台，提升未来论坛功能。强化知识产权保护，完善技术市场，拓展创新创业服务平台，加快科技创新成果转化。推进苹果创新小镇、360国家网络安全科技创新中心等项目建设。实施"文化+"战略，推动文化与科技、金融、商务、旅游、体育的深度融合，提升产业附加值。抓好国家文化产业创新实验区建设，推进体制机制、政策环境、市场体系、金融服务、人才培养、发展模式等领域改革创新，支持"蜂鸟企业"发展，推进神华国华北京热电厂、北京齿轮厂（二期）等一批项目转型利用，实现产业集群和城市功能的互动融合。发挥文化、科技产业发展引导基金的撬动作用，加大对高成长性企业的支持力度。

（四）对标城市化目标，着力加快农村地区发展

围绕2020年基本实现农村城市化，创新路径、倒排工期，推动城与乡优势互补、融合发展。

统筹破解农村发展瓶颈。聚焦疏解任务全部完成、区域空间形态和管理机制基本定型的目标，按照"四统筹"工作原则，明确城市化路径，落实乡域规划，加快破除城乡二元结

构。到2018年底，10个乡30个村（社区）搬迁上楼或改造，1.1万农民实现转居，拆、转、绿等城市化任务取得实质突破。“一绿”第一批试点任务全面完成；第二批5个试点乡拆迁腾退173万平方米，绿化970亩；加快第三批试点乡城市化实施方案和规划调整方案审批。推动二绿地区金盏乡集体经营性建设用地统筹使用试点。提升“三资”管理水平，做好土地资源和合同管理规范工作。加快推进乡、村两级集体产权制度改革，保障农民财产权益。

全面提升农村发展水平。落实“三倾斜”政策机制，加大农村地区基础设施、村庄整治、民生保障、绿化环境等投入力度，着力促进城乡融通，实现农村生态化、产业高端化、建设精品化，以农村转型升级带动全区品质提升。大力引导科技、体育、文化要素向农村布局，引进高附加值、高成长性产业项目。扎实推进“实施乡村振兴战略推进美丽乡村建设”专项行动，建成东风、常营等5个环境标杆乡，建设郎辛庄、马泉营等10个美丽乡村，综合整治20个重点村，努力实现农村环境美、人文美。

（五）对标现代城市治理体系，着力改善城市环境秩序

坚持绿水青山就是金山银山，以法治为保障、精治为手段、共治为基础，加快提升城市治理的现代化水平，打造高颜值城市环境。

打好污染防治攻坚战。坚决落实中央、北京市环保督察反馈问题整改工作，围绕大气、水、土壤、垃圾等重点领域，多措并举、多方联动，打好蓝天保卫战、碧水攻坚战、突出问题歼灭战。持续实施大气污染防治行动，锲而不舍抓好机动车、扬尘等污染源防治工作，确保空气质量持续改善。加快实施水系规划，开展河道水系循环调度工作，实现主要河道水系连通。全面落实“河长制”，开展污水溯源治理，推进雨污合流管线改造，实现13处出境补偿断面及5处国家、市级考核断面稳定达标。实施最严格的水资源管理制度，加快区域自备井置换，做好“两田一园”高效节水工作，高标准完成节水型区创建。认真落实土壤污染防治工作方案，加大土壤环境监管力度。开展生活垃圾管理试点，推行垃圾强制分类，创建垃圾分类示范片区，推动焚烧中心三期、建筑垃圾资源化处理厂、餐厨垃圾厂等设施建设，提升垃圾处理能力，推动垃圾管理体系再造。开展全国第二次污染源普查工作。

提高城市精细化管理水平。像绣花一样精心打理城市，以钉钉子精神解决好城市管理突出问题。建立“街（巷）长制”，把每条大街小巷、每一个社区都管好治理好，完成336条背街小巷环境整治，创建48条精品街巷，实现整治“开墙打洞”与街道设计、完善便民设施同步。加大对重点区域、重点领域巡查执法力度，加强对老旧小区公共区域及遗留城中村、边角地整治力度，保持市容整洁干净。建立街乡实体化综合执法平台和常态化基层执法协同机制，优化执法力量、减少执法层级、缩短执法半径、下移执法重心，构建部门协同、全域覆盖、不留缝隙、长效管理的综合执法体系。全面加快道路建设进度，重点完善东部、东南部地区骨干路网，继续推进化工路等20条在建道路建设，启动通马路等45条主次支路建设，同步做好道路项目储备工作。大力实施疏堵工程，完成10个疏堵改造项目，开展2处区域交通综合治理工程，改造125公里慢行系统。全面创建交通安全示范社区（村），鼓励错时停车，推广智慧共享停车。推进5处立体停车设施建设，多种方式扩充停车泊位1.8万个。推进智慧城市建设，扩大智慧物业覆盖面。引导共享单车、快递物流等行业提升管理水平和服务品质，实现有序发展。

增强安全运行保障能力。牢固树立安全发展理念，坚定有序消除安全隐患，坚决遏制重特大安全事故发生。推进安全生产领域改革，不断提高城市安全运行社会化、法治化、专业化水平。围绕公共安全、生产安全、城市运行安全、食品药品安全（农产品质量安全）、特种设备安全等领域，持续开展排查清理整治行动，守护千家万户的幸福平安。严格落实安全生产责任制，加强安全教育，提高居民安全意识和自救能力。高标准通过国家食品安全示范城区创建验收。完善城市运行常态化管理机制，做好水电气热管网综合保障。健全应急管理机制，强化预警和风险管理，提高社区（村）应急管理水平。进一步完善立体化社会治安防控体系，着力构建“五张网”，加强专项维稳，推进“雪亮工程”，进一步发挥“朝阳群众”品牌作用，巩固全民参与、共治共享的平安建设格局。加强信访工作体系建设，健全常态化矛盾纠纷排查化解机制，最大限度预防和化解社会矛盾。严格防范化解互联网金融风险、交易场所违规经营风险、非法集资风险。加强对各类风险源的分析研判，既防“灰犀牛”、也防“黑天鹅”，守住不发生系统性风险的底线，切实维护区域安全稳定。

（六）对标群众对美好生活的向往，着力加强社会治理和民生改善

围绕满足群众便利性、宜居性、多样性、公正性、安全性需求，多谋民生之利、多解民生之忧，使人民群众获得感、幸福感、安全感更加充实、更有保障、更可持续。

加快发展教育事业。按照增量提质、安全公平的原则，不断提升教育服务水平。积极应对学龄人口变化，启动新一期教育资源扩充计划，新改扩建7所中小学，加快北京中学东坝北校区等重点工程建设。实施第三期学前教育行动计划，新增学前教育学位约1万个。支持国际人才社区学校建设发展，满足多样化教育需求。深化义务教育学区化改革，推动集团化、九年一贯等办学模式创新，促进高中教育多样化、特色化发展。深化课程改革和育人方式改革，推进分层教学、走班选课、学分制、导师制等教育教学改革，提高教育质量。全面加大教育监管力度，健全幼儿园办园准入机制，强化办园者主体责任，加强师德师风教育，建设平安校园。

全力打造健康朝阳。推进优质医疗资源向农村、五环外边缘集团、东南部等地区调整，加快北京中医医院垡头院区、朝阳医院常营院区和垂杨柳医院改扩建等重点工程建设，力争北京市第一中西医结合医院来广营院区、妇儿医院北院区竣工。深化医药卫生体制改革，完善分级诊疗服务体系，推进公立医院薪酬制度改革试点。提升社区卫生服务能力，落实落细家庭医生签约服务。引入国际先进医疗理念，鼓励社会资本举办高水平、国际化的医疗机构。大力开展爱国卫生运动，全力创建国家卫生区。广泛开展全民健身活动，完善全民健身公共服务体系，努力提供全生命周期的卫生与健康服务。

不断完善社会保障体系。全面深化养老服务改革，深入推进医养结合，精准实施居家养老“四进”服务，新增10个养老服务驿站。坚持住房的居住属性，加快东坝福园经适房、东郊农场保障房等项目建设，开工各类保障房约1万套。加快实施3个集体土地租赁住房项目。推进棚户区改造，加快酒仙桥、

东风六里屯、管庄郭家场等重点项目征收和拆迁。实施老旧小区综合整治，加快推进电梯加装工作。促进更高质量和更充分就业，在疏解整治中保持就业稳定，在产业升级中推动就业转型，在技能培训中促进就业充分。加强劳动市场监管，研究制定欠薪预防工作机制。建成朝阳区公共法律服务中心。建立困难群众救助服务指导中心，完善社会救助制度，加强精准救助和帮扶，不让一个人在小康路上掉队。

全面加强文化文明建设。实施基层文化设施达标工程，提升服务效能。开展“艺术朝阳”原创文化节等惠民项目，推出一批精品佳作。搭建公共文化共建共享平台，构建公共文化服务品牌体系。充分发挥文化类社会组织作用，探索基层文化治理模式。抓好大运河文化带项目建设，加强文物保护利用和文化遗产传承，留住历史记忆、传统文化和乡土故事。加快档案馆新馆建设。大力推动社会主义核心价值观融入社会生活，广泛开展思想道德建设，提高群众道德水准和文明素养。

大力提升社会治理能力。落实社会治理体制改革意见，深化“五化协同”社会治理模式，争创全国和谐社区建设示范城区。强化街乡的统筹职能，健全“街乡吹哨、部门报到”的条块联动机制，切实破解社会治理难题。深化党政群共商共治，开展社区创享计划，聚焦居家安全、物业纠纷、环境秩序等问题，动员多元主体参与，探索基层治理新路径。深化社区分类治理，全面整治突出隐患，精心打造美丽宜居幸福的“全景楼院”和“全要素小区”。完善全模式社会服务管理体系，全面实现“三网融合”，推广社区公共服务综合信息平台应用，打造“互联网+”特色服务圈，提升社区智能惠民水平。

（七）对标新时代新要求，着力增强政府执行力

深入学习贯彻落实党的十九大精神，认真开展“不忘初心，牢记使命”主题教育，全面落实好中央、市委市政府和区委各项部署，努力建设群众满意的服务型政府。

提高政治站位。学习贯彻习近平新时代中国特色社会主义思想，旗帜鲜明讲政治，坚决执行党的政治路线，牢固树立“四个意识”，坚定“四个自信”，严明政治纪律和政治规矩，自觉维护以习近平同志为核心的党中央权威和集中统一领导。全面贯彻党的基本理论、基本路线、基本方略，在联系实际、深化落实、推动发展上下功夫，形成更多生动实践。不断加强党风廉政建设，强化监督问责，驰而不息整治“四风”问题，做好人民公仆。

提高行政实效。坚决执行区人大及其常委会决议和决定，加强与政协委员、民主党派、无党派人士和人民团体的民主协商，认真办理人大代表建议和政协提案。完善重大行政决策的公众参与、专家论证、风险评估等程序，构建决策科学、执行坚决、监督有力的运行机制。进一步做好政府信息和政务公开工作，让权力在阳光下运行。加大审计监督力度。严格绩效管理，强化督查督办。完善区政务服务中心和基层服务窗口功能，提供面向群众的“一站式”服务，打通服务群众“最后一公里”。深化“放管服”改革，利用“互联网+”等技术手段改进政务服务。注重工作的系统谋划、有序推进，加强跨部门统筹、多领域协作，上下联动、齐抓共管，推动各项任务取得更大成效。

练就高强本领。努力锻造一支政治过硬、本领高强、作风严实的高素质专业化干部队伍。坚持深入群众、深入基层、深入调研，大兴调查研究之风。认真对待群众关心的问题，坚决纠正损害群众利益的行为，切实增强服务群众本领。研究法治政府评估指标体系，完善行政执法程序，建立行政执法公示制度，提高行政执法能力。创新人才培养模式，培养具有国际视野、创新精神的公务员队伍，切实增强破难点、抓落实的本领。坚持干字当头，谋实事、创新招，永不懈怠推动发展，满怀激情创造业绩。

各位代表，责任呼唤担当，使命引领未来。让我们以习近平新时代中国特色社会主义思想为指引，在市委市政府和区委的坚强领导下，振奋精神，逐梦前行，在谱写中华民族伟大复兴中国梦的北京篇章中，绘就朝阳美好画卷！

以习近平新时代中国特色社会主义思想为指引 以永远在路上的执着推动朝阳全面从严治党向纵深发展

——在中国共产党朝阳区第十二届纪律检查委员会第三次全体会议上的工作报告

朝阳区纪委书记、监委主任　席成坡

（2018年1月31日）

一、2017年工作回顾

2017年，在市纪委市监委和区委的坚强领导下，全区各级纪检监察组织牢固树立政治意识、大局意识、核心意识、看齐意识，坚决维护习近平总书记在党中央和全党的核心地位，坚决维护党中央权威和集中统一领导，以迎接服务和学习贯彻党的十九大为主线，紧紧围绕党的领导、党的建设、全面从严治党，着力推进监察体制改革试点工作，坚定履行监督执纪问责、监督调查处置职责，构建新机制，履行新职能，实现新作为，党风廉政建设和反腐败工作取得明显成效，为朝阳经济社会发展提供有力保障。

（一）忠诚履行党章赋予的政治责任，以管党治党新成效推动朝阳新发展

把学习宣传贯彻党的十九大精神作为首要政治任务。区纪委区监委召开常委会、中心组学习会议，领导班子成员带头宣讲、带头谈体会，推动全区纪检监察干部深入学习研讨，自觉用习近平新时代中国特色社会主义思想武装头脑、指导实践、推动工作。把党的政治建设摆在首位，协助区委坚决落实全面从严治党新要求新部署，严明政治纪律和政治规矩，按照区委《关于认真学习宣传贯彻党的十九大精神的实施意见》，精心制定专项监督检查方案，督促全区各级党组织把学习宣传贯彻党的十九大精神纳入党委（党组）中心组学习，举办专题研讨班，建立百姓宣讲体系。扎实开展“两贯彻一落实”监督检查，坚决贯彻落实市委“三个一”“四个决不允许”、区委《关于维护党中央集中统一领导的规定》和“五个当好”要求，督促各级党员干部牢固树立“四个意识”，始终在政治立场、政治方向、政治原则、政治道路上同以习近平同志为核心的党中央保持高度一致。

以上率下压紧压实全面从严治党责任。坚持区委挂帅、纪委协调、系统主抓、二级班子落实，推动责任落地生根。区委常委会全年研究党风廉政建设和反腐败工作20次，组织专题学习11次，定期听取各级党委（党组）加强党的建设、推进党风廉政建设工作汇报。区委主要领导率先垂范履行管党治党第一责任人职责，听取重大案件进展情况报告，审批处置区管干部问题线索43件，逐一听取班子副职廉政工作汇报，以谈心谈话的方式警示下级党组织负责人成为常态。区委区政府领导认真落实“一岗双责”，抓好基层联系点。区四套班子领导建立党风廉政建设责任清单28份，与分管单位领导签订责任书297份，全区逐级签订责任清单、责任书2.3万余份。区纪委深化党风廉政建设责任制考核，强化日常监督检查。各级纪检监察组织自觉履行监督责任，强化监督执纪问责，营造管党治党责任层层传导的良好氛围。

强化对重大决策部署的监督检查。聚焦中心工作，持续深化“两个专项”治理。围绕党的十九大服务保障工作，制定专项监督方案，开展日查夜巡，圆满完成保障任务。围绕疏解整治促提升专项行动，开展专项监督检查，严肃查处在拆违控违等工作中的“两为”和腐败问题。开展国有资产出租出借专项治理，重点整治租期长、租金低、私设小金库等10类问题，清理出租房产3444处、面积293万平方米。围绕安全隐患大排查大清理大整治专项行动，成立专项督导工作组，以“十二个严查”为重点，采取“四不两直”方式，一线督察133个问题点位。全年共通报问责党组织6个，问责94人，警示约谈200余人，下发纪律检查建议书和监察建议书53份。

（二）坚定不移推进改革，构建党统一领导、全面覆盖、权威高效的监督体系

顺利完成监察体制改革试点任务。区委把试点工作列为改革“一号工程”，成立改革试点工作小组，制定实施方案，明确时间表、路线图，先后11次召开区委常委会和工作小组会，研究解决重点难点问题。区人大周密组织、加开会议，确保区监委班子按期产生并及时调整。区委组织部、区委政法委、区检察院等部门紧密配合、细致工作，配齐配强监委领导班子，平稳转隶检察院干部59名，多渠道充实干部58名，为改革试点提供坚强组织保障。区教委、区机关后勤服务中心等部门积极配合选址和装修改造工作，为搬入新址提供硬件保障。完成纪委、监委合署办公，推动全面融合磨合，优化设置内设机构，力量配备向主业倾斜，业务干部比例达到77.1%。向43个街乡派出监察组（办公室），在612个社区、村设置监察员，实现监察组织全覆盖。坚持执纪监督与审查（调查）部门分设，分类健全考核评价体系，促进干部履职尽责。深入探索“日常+专项”监督模式、“留置+直诉”调查模式、“处分+移送”处置模式，全面试用12项调查措施，率先在全市建立案件移送前监、检、法三方论证工作机制。改革试点期间，共查办职务

犯罪案件22件22人，留置11件11人，追回在逃人员7人，数量均居全市前列。中央纪委、市纪委把朝阳确定为重点调研地区，先后6次到我区调研指导试点工作。

全面推进派驻机构改革。下发《关于加强朝阳区纪委区监委派驻机构建设的实施意见》及配套制度，采取“单独+综合”模式，设立20个派驻纪检监察组，实现对78家区级党和国家机关派驻监督全覆盖。坚持统一管理，明确履职清单，规范派驻机构运行，近距离、深层次开展日常监督和专项监督，充分发挥“探头”和“前哨”作用，共提出规范性建议1000余条，叫停不规范议题36个，督促完善制度70余项，立案73件，同比增长170%，“派”的权威和“驻”的优势初步显现。

扎实推进巡察工作。成立区委巡察工作领导小组及办公室，组建6个巡察组，确定巡察范围和五年规划。突出政治巡察，对12个区属单位开展两轮巡察工作，形成巡察情况、问题线索、领导干部有关情况汇总、干部选拔任用监督四个报告，发现各类问题348个，移送问题线索83个，向被巡察单位提出整改意见101个，向区委、区政府有关职能部门提出建议36个。

（三）持之以恒纠正“四风”，营造朝阳政治生态的山清水秀

始终牢记作风建设永远在路上。深入落实区委《关于进一步贯彻落实中央八项规定精神实施办法》，紧盯重要节点，聚焦“关键少数”，建立警示提醒、“周暗访、月通报”、大数据核查、快查快办、“六必查”五项机制，对“四风”问题紧盯不放、寸步不让，共发现问题线索202条。重点查办东坝乡焦庄村公款旅游，水务局节水中心公车私用、私车公养，区疾控中心违规发放津贴补贴等一批典型案件。全年共查处违反中央八项规定精神问题45起88人，同比增长4.4倍，发现一起、查处一起、曝光一起，持续释放执纪必严、违纪必究的强烈信号。

积极回应群众关心关切。不断强化“首都无小事，事事连政治”意识，对群众关心、社会关注、媒体曝光的敏感事件和典型案件，及时启动问责程序，一案双查，推动责任单位以点带面查找问题，举一反三全面整改。针对“葛宇路”事件，督促规划、交通等相关部门对全区未命名代征道路进行排查整改；针对“红黄蓝幼儿园”事件，督促区教委全面加强幼儿园教育规范管理；针对单位充电桩私用问题，督促区机关后勤服务中心出台规范制度，推动从根本上解决问题。

（四）持续形成强大震慑，反腐败斗争压倒性态势得到巩固发展

以坚如磐石的决心和韧劲惩治腐败。全年共受理群众信访举报1434件次，接待群众来访614批次1253人次，共处置问题线索762件，立案291件，同比增长72.2%；处分271人，同比增长78.3%，其中处级干部29人。查处“小官贪腐”“微腐败”51人。坚决治“病树”、拔“烂树”，严肃查处“疏整促”工作中白志荣滥用职权、受贿案，土地拆迁腾退工作中战晓波等人贪污案，房地产交易环节桑涛等人受贿案，社会保障领域朱博等人骗取社保资金等一批重大典型案件，严肃党纪国法，形成强大震慑。按照“六查六看”标准，对十八大以来全区258名受处分的公职人员处分执行情况开展专项检查，强化执纪审查的政治效果和社会效果。

坚持标本兼治。积极实践监督执纪“四种形态”，制定《朝阳区关于运用监督执纪“四种形态”实施办法》《朝阳区关于运用监督执纪“第一种形态”实施细则》等制度，准确把握“树木”与“森林”的关系，抓早抓小、挺纪在前、治病救人。全区各级党组织运用第一种形态批评教育、谈话函询1355人次、占82.5%，使红脸出汗成为常态，为当事人澄清反映失实问题580件，体现党对干部的关爱保护；第二种形态纪律轻处分218人次、占13.3%，第三种形态纪律重处分47人次、占2.9%，有力维护纪律的严肃性；第四种形态严重违纪涉嫌犯罪立案审查22人次、占1.3%，使被开除党籍、移送司法机关的真正成为极少数，“四种形态”结构性特征初步形成。坚持把管党治党实践成果固化为长效机制，出台党风廉政建设和反腐败制度41项，推进治标向治本转变。加大党风廉政宣传教育力度，选树“勤廉榜样”，发挥先进榜样示范引领作用。召开全区党员干部警示教育大会，举办警示教育展，加大典型案件曝光力度，发挥反面典型教育震慑作用。

一年来，全区各级党组织落实全面从严治党政治责任的主动性明显提高，广大党员干部遵章守纪的意识明显增强。全区各级纪检监察组织和纪检监察干部牢记使命责任，忠实履职尽责，在服务大局中找准定位，在稳中求进中积极作为，以钉钉子精神脚踏实地干工作抓落实，助力全面从严治党，经受住锤炼和考验。全面从严治党成效显著，党内政治生活气象更新，纪检监察工作为我区经济社会发展各项任务完成并取得优异成绩提供坚强纪律保障。执纪监督、执纪审查、执纪审理、宣传教育培训以及纪检监察体制改革等工作多次受到中央纪委、市纪委肯定，多项考核指标均居全市前列。

这些成绩的取得，得益于市纪委市监委和区委的坚强领导，得益于各级党组织的大力支持和人民群众的广泛参与，得益于全区纪检监察组织和广大纪检监察干部的忠诚干净担当。在此，我代表区纪委常委会向大家表示衷心的感谢和崇高的敬意！

在肯定成绩的同时，必须清醒地看到，全区党风廉政建设和反腐败斗争形势依然严峻复杂，全面从严治党依然任重道远。一是有的基层党组织执行党章党规党纪不严格，贯彻执行区委决策部署不坚决不到位，有的二级班子执行“三重一大”制度不规范，甚至以行政会代替党委决策，有的党支部“三会一课”制度不落实，组织生活流于形式。二是有的领导干部政治站位不高，管党治党责任意识不强，落实主体责任不力，存在惯性思维，缺乏担当精神，压力传导存在层层递减现象，社区、村、科队站所落实责任还存在盲区。在实践“四种形态”特别是用好第一种形态方面，有的领导干部还存在不愿用、不敢用、不会用的现象，没有真正做到红脸出汗、抓早抓小，没有真正做到关心爱护干部。三是“四风”问题反弹回潮隐患尚存，形式主义、官僚主义现象仍然存在，“小官贪腐”“微腐败”问题仍有发生。四是有的纪检监察组织和干部还存在责任担当不够，专业能力不足，自身管理不严等问题，与市纪委市监委和区委高标准、快节奏的要求还有差距。对此，我们必须高度重视，认真研究解决。

二、2018年重点工作

2018年是全面贯彻落实党的十九大精神开局之年，是改革开放40周年，是决胜全面建成小康社会、实施“十三五”规划承上启下的关键一年，也是朝阳建区60周年，做好纪检监察工作责任重大。要以习近平新时代中国特色社会主义思想为指引，认真学习贯彻党的十九大和中央纪委二次全会精神，落实市纪委全会和区委全会决策部署，不忘初心，牢记使命，坚持首善标准，忠实履行党章和宪法赋予的职责，紧紧围绕坚持和加强党的全面领导，紧紧围绕维护习近平总书记在党中央和全党的核心地位，紧紧围绕维护党中央权威和集中统一领导，坚持稳中求进工作总基调，聚焦纪检监察工作主责主业，以永远在路上的执着推进全面从严治党，以坚如磐石的决心正风肃纪反腐，以改革创新的精神深化监察体制改革试点工作，以打铁必须自身硬的标准打造一支忠诚干净担当的纪检监察队伍，营造风清气正的良好政治生态，为朝阳实现新发展提供坚强保障。

（一）把党的政治建设摆在首位

加强对党内政治生活的监督。严格执行新形势下党内政治生活准则，认真落实《中共北京市朝阳区委关于维护党中央集中统一领导的规定》，坚决维护习近平总书记在党中央和全党的核心地位，坚决维护党中央权威和集中统一领导，自觉在思想上政治上行动上同以习近平同志为核心的党中央保持高度一致。加强对党内政治生活状况、党的路线方针政策执行情况、民主集中制等各项制度执行情况的监督检查，推动各级党组织和党员干部遵守党章党规；加强对选人用人监督，严把选人用人政治关、廉洁关、形象关。各级纪委要坚持每半年向同级党委和上级纪委报告工作，做到步调一致、令行禁止。

严明政治纪律和政治规矩。加强对执行党章和学习贯彻落实党的十九大精神情况的监督检查，及时发现、报告和查处“七个有之”问题，坚决清除对党不忠诚老实、阳奉阴违的两面人、两面派。把贯彻落实党中央、市委重大决策部署和区委重点任务作为严肃的政治纪律，坚决做到“三个一”“四个决不允许”。围绕改革开放40周年、建区60周年重大活动，围绕“三件大事”“三大攻坚战”，聚焦区委“六个深刻把握”、区政府“七个对标”中心工作，加强监督检查，加大对拆违控违、环境治理、安全生产、应急防灾等工作的监督力度，重点检查工作推进中各级党组织作用发挥情况，严肃查处党员干部有令不行、有禁不止等问题。对巡视巡察、环保督察、审计督查、责任制检查考核和纪律检查建议、监察建议等反馈问题整改情况开展监督检查，切实维护纪律的严肃性。

（二）进一步深化纪检监察体制改革工作

深入推进监察体制改革试点工作。对标中央改革试点的目标任务，落实市委《关于继续深化监察体制改革试点工作的意见》，对我区改革试点工作进行再动员、再部署，明确继续深化改革试点的主攻方向，在做深做实做细上见真章，在探索总结提升上下功夫。健全党委对纪检监察工作的全过程领导机制，把党对反腐败工作的统一领导体现在决策、执行、反馈各环节；健全监察组织体系，延伸监察触角，推动监察“全覆盖”落到实处；继续探索合署办公的有效机制，强化职能整合，深化流程再造，提升工作规范化、精细化水平，实现纪检程序与监察程序深度融合；完善问题线索移送、协作配合调查、职务犯罪移送等关键环节的工作机制，实现监察程序与司法程序有效衔接，切实把监察体制改革形成的制度优势转化为治理效能。

深化派驻改革。进一步健全派驻机构工作机制，理顺派出机关、驻在部门和派驻机构的相互关系、职责范围和任务分工，真正做到各负其责、互相支持、运转顺畅。推进区属国有企业纪检监察体制改革。强化派驻机构纪检、监察两项职责，深入把握监督单位的政治生态和行业特点，加强系统风险综合分析，提高发现问题、依纪依法审查（调查）能力。切实把派驻监督的“探头”擦亮、用足，形成派驻监督、监察监督、巡察监督相互协同、相互制约、相互贯通的运行机制。

坚定不移深化政治巡察。以实现区委一届任期内巡察全覆盖为目标，认真落实区委巡察工作实施意见，充实巡察力量，加速提质增效。深化政治巡察，紧盯党组织政治立场和政治生态，重点检查党的十九大精神贯彻落实情况，加强党的领导、推进党的建设、全面从严治党、执行党的路线方针政策情况，着力解决弱化、虚化、边缘化问题。加强常规巡察，探索实践专项巡察和机动巡察。强化巡察成果运用，分类处置问题线索，健全巡察工作领导小组盯反馈、区领导抓整改的工作机制，定期督查整改进度，确保条条要整改，件件有着落。

（三）锲而不舍落实中央八项规定精神

打好作风建设持久战。坚决贯彻习近平总书记关于进一步纠正“四风”、加强作风建设重要批示精神，落实市委《关于进一步纠正“四风”锲而不舍抓好作风建设的若干措施》，重点整治对待决策部署“表态多调门高，行动少落实差”等形式主义、官僚主义问题。深化“两为”专项治理，对疏解整治促提升专项行动等重大任务中存在的抓落实变调走样、做群众工作不深不细、方法简单粗暴等问题，督促整改；对不作为、乱作为、冷硬横推问题严肃问责。严格落实区委《关于进一步贯彻落实中央八项规定精神实施办法》，密切关注作风问题新动向，坚持“周暗访、月通报”、大数据分析等方式，推进“四风问题一键拍”与“清风朝阳”微信公众号功能融合，畅通群众监督渠道，以钉钉子精神，一个节点一个节点坚守、一个问题一个问题突破，扭住不放、寸步不让，管出习惯、化风成俗。全区各级领导干部要带头改进作风，形成“头雁效应”，对“四风”问题多发的部门和单位严肃追究领导责任。

大力弘扬优良传统作风。把坚决反对特权思想和特权现象作为着力点，教育引导党员干部严格执行廉洁自律准则，严守党纪国法。凡是群众反映强烈的问题都要严肃认真对待，凡是损害群众利益的行为都要坚决纠正，不断增进与人民群众的感情，厚植党执政的政治基础和群众基础。

（四）全面加强党的纪律建设

强化日常纪律教育和监督。开展经常性纪律教育，把党章党规党纪作为党校、党委（党组）中心组学习的必修课，作为各级党组织开展组织生活的重要内容，使党员干部知纪、明纪。运用“一正一反”教育方式，充分发挥“勤廉榜样”典型示范和违纪违法案件教育警示作用。凡被查结的党员干部违纪违法案件，都要在本部门本单位开展警示教育，用好忏悔录这个反面教材，召开专题民主生活会，汲取教训，以案明纪。继续开展对受处分公职人员处分执行情况的检查，对不严格执行处分决定的严肃问责。根据党章对纪律建设的新要求，推动各级党组织严格执行党内监督条例，探索日常监督和专项监督有效途径，提高监督实效。

深化运用监督执纪“四种形态”。深入落实区委运用监督执纪“四种形态”实施办法，坚持抓早抓小、防微杜渐，惩前毖后、治病救人。着力用好第一种形态，更加注重谈话函询质量，既严肃认真，又让干部感受到组织的温暖。创新“谈话函询＋”监督模式，提高精准把握政策能力，做到强化监督有态度、执纪问责有力度、治病救人有温度。定期对全区各级党组织运用第一种形态情况开展检查，对落实不力的及时督促整改。对遭到不实举报的党员干部，在一定范围内予以澄清；对

侮辱诽谤陷害他人的，要依纪严肃处理，旗帜鲜明为敢于担当、踏实做事、不谋私利的干部撑腰鼓劲，最大限度防止干部出问题，最大限度激发干部积极性。

（五）巩固发展反腐败斗争压倒性态势

持续保持高压态势。坚持无禁区、全覆盖、零容忍，坚持重遏制、强高压、长震慑，坚持受贿行贿一起查，更有效地遏制增量，更有力地消减存量，推动反腐败斗争压倒性态势向压倒性胜利转化。准确把握具有首都特性和朝阳区域特点的反腐败工作规律，紧盯重点领域和关键环节，重点查处政治问题和经济问题相互交织形成利益集团的腐败案件；重点查处党的十八大后不收敛不收手，问题线索集中，群众反映强烈，现在重要岗位并且可能还要提拔使用的领导干部；重点查处选人用人、审批监管、土地出让、生态环保、工程招投标、政府采购等方面腐败问题。严格依纪依法审查调查，立足教育挽救，确保办案安全，实现查办案件政治效果、纪法效果、社会效果的有机统一。加强问题线索分级管辖、分类管理，强化协作片区联合办案，完善对基层初核、立案工作的指导与审核把关机制，综合运用考核、约谈等方式，充分调动基层纪检监察组织监督执纪的主动性。建立全区党政机关、人大、政协向区纪委区监委移送问题线索的常态化机制。加大追逃追赃和防逃力度，筑牢防逃堤坝，切断腐败分子后路。

深化标本兼治。紧紧围绕构建不敢腐、不能腐、不想腐的体制机制，精准施治，认真总结日常监督、审查调查、巡察中发现的体制机制问题和制度漏洞，推动以案治本。督促各级党组织加强思想建设，解决好理想信念“总开关”问题。健全舆情快速反应机制，加强分析研判，及时回应社会关切。增强党风廉政宣传教育的政治性和针对性，开展家风展等系列廉政文化活动，评选廉政文化特色基地，拍摄系列警示教育片，借助各级各类媒体资源平台，传播朝阳正风反腐好声音，讲好朝阳全面从严治党好故事。

（六）坚决惩治群众身边腐败问题

加大整治“小官贪腐”力度。持续开展群众身边的不正之风和腐败问题专项治理，严肃查处在教育、医疗、住房、社保等领域惠民政策落实中的“微腐败”问题。对社会救助、对口援建、困难群众帮扶等工作中的吃拿卡要、盘剥克扣、优亲厚友等行为决不姑息；对侵害群众利益、利用执法监管等公权力搞权钱交易等腐败问题严厉惩治；对易发多发的农村“三资”管理、国有资产经营管理、土地腾退、房产交易征税等工作中的违纪违法问题严惩不贷。开展村匪村霸和宗族恶势力专项整治行动，坚决打掉黑恶势力的“保护伞”，切实增强基层群众获得感。

加强基层党风廉政建设。严格落实《关于加强基层党风廉政建设的意见》，紧盯群众反映强烈的突出问题，加大对基层具有执法审批权限部门的监督力度，强化对社区、村、科队站所干部履职情况的监督检查，着力发现和查处侵害群众利益的违纪违法问题，切实维护好群众切身利益。

（七）从严落实管党治党政治责任

牢牢抓住主体责任“牛鼻子”。认真落实《区委常委会带头落实全面从严治党主体责任的实施意见》，抓住“关键少数”，督促班子成员履职尽责，推动全区各级党组织落实主体责任，强化对全面从严治党、党风廉政建设和反腐败工作的领导。加大日常检查力度，推动责任落实到基层末梢，打通全面从严治党“最后一公里”。落实好党章赋予有干部管理权限的党组相应纪律处分权限的规定，强化监督执纪。严格执行问责制度，对主体责任缺失、监督责任缺位、党内监督不力以及作风和腐败问题多发频发、违纪违规现象屡禁不止的党组织及其负责人，严肃追究责任。

加强对下级纪检监察组织的领导。认真落实党章要求，坚持同级党委、上级纪委双重领导制度。区纪委区监委在队伍建设、开展日常监督、处置问题线索等方面，加强对街乡纪（工）委、派驻机构、区属国有企业纪委的领导，督促持续深化“三转”，切实担负起协助党委推进全面从严治党政治责任。街乡纪（工）委要加强对社区、村纪检监察组织的领导，健全工作机制，充分发挥基层组织的监督作用。

三、加强纪检监察机关队伍建设

打铁必须自身硬。纪检监察机关是党内的“纪律部队”，干的就是监督的活，得罪人的活，必须有对党绝对忠诚的高度自觉和责任担当。要始终做到忠诚坚定、担当尽责、遵纪守法、清正廉洁，始终坚持人民立场，增强居安思危的忧患意识、许党许国的担当精神，保持做好新时代纪检监察工作的定力、耐力、活力，建设学习型、创新型、廉洁型机关，确保党和人民赋予的权力不被滥用、惩恶扬善的利剑永不蒙尘。

加强政治建设。扎实开展以学习实践习近平新时代中国特色社会主义思想为重点的“不忘初心、牢记使命”主题教育，坚定理想信念宗旨，切实提高思想政治水平。突出政治标准，抓住届中考察契机，把政治过硬、勇担重任的优秀干部选出来，用起来。强化政治功能，抓好机关党组织建设，严肃党内政治生活，充分发挥巡察组、审查调查组临时党支部战斗堡垒作用。

强化培养储备。探索建立纪检监察干部综合分析机制，会同组织部门建立后备干部库、专业人才库、巡察人才库。加强精准培训，围绕提升专业能力、专业精神和监督执纪核心业务水平，推进全员培训和全流程业务培训，大力培养纪法皆通的“专才”。突出实践锻炼，建立机关、基层双向挂职交流制度，在一线锤炼培养干部。

从严管理监督。严格执行监督执纪工作规则，严守集体决策、请示报告、备案回避等规定，强化自我监督。加强干部日常管理，对纪检监察干部存在的苗头性问题，做到早发现早提醒。完善考核评价体系，把能否坚持原则、能否坚决同违纪违法行为做斗争、能否严格自律，作为考核评价的重点。对不适合从事纪检监察工作的坚决调整，对日常监督中该发现没发现、该报告没报告、该处理不处理的坚决问责，对打听案情、跑风漏气、说情干预、以权谋私的坚决查处，严防“灯下黑”。

加强文化建设。围绕传统文化、革命文化、社会主义先进文化，围绕纪检监察工作特点，开展文化讲堂、文化论坛等活动，打造具有朝阳特色的纪检监察文化品牌。坚持以党建引领文化建设，发挥群团组织在文化建设中的作用，选树先进典型，用文化教育人、感染人。

同志们，全面从严治党永远在路上，让我们更加紧密地团结在以习近平同志为核心的党中央周围，不忘初心、牢记使命，一刻不停、半步不歇，重整行装再出发，以时不我待、只争朝夕的精神投入工作，以脚步为亲，向行动致敬，不断谱写朝阳全面从严治党、党风廉政建设和反腐败工作新篇章，为北京建设国际一流的和谐宜居之都而不懈奋斗！

专 文

2018

北京朝阳年鉴

专　　文

朝阳区2017年国民经济和社会发展统计公报

北京市朝阳区统计局
北京市朝阳区经济社会调查队

2017年是党的十九大胜利召开之年，是深入贯彻落实习近平总书记对北京重要讲话精神，落实首都城市战略定位，建设国际一流的和谐宜居之都的重要一年，也是新一届区政府的届首之年。区委、区政府以习近平新时代中国特色社会主义思想为指引，牢固树立新发展理念，深刻把握首都城市战略定位，抢抓机遇，攻坚克难，保持经济社会持续健康发展的良好局面。

一、综合经济

◇ 经济增长

据初步核算数据显示：朝阳区全年实现地区生产总值（GDP）5629.4亿元，按不变价计算，比上年增长6.6%。其中，第一产业增加值1.2亿元，比上年增长8.7%；第二产业增加值386.8亿元，比上年增长6.8%；第三产业增加值5241.4亿元，比上年增长6.5%。三次产业结构为0.02：6.87：93.11。按年平均常住人口计算，全区人均GDP达到148240元。

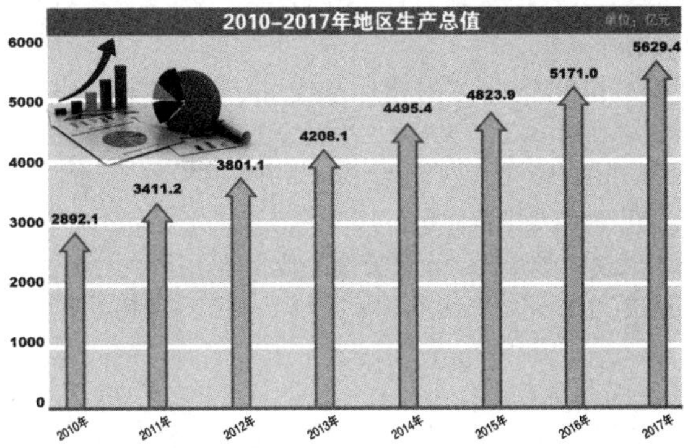

◇ 财政、金融

全年完成一般公共预算收入508.2亿元，比上年增长6.5%。其中，国内增值税154.9亿元，比上年增长29.8%；企业所得税121.8亿元，比上年增长10.3%；房产税88.5亿元，比上年增长53.5%；城市维护建设税40.2亿元，比上年下降1.7%。四项税种共完成405.4亿元，占一般公共预算收入的79.8%。

全年一般公共预算支出513.4亿元，比上年增长13.3%。其中，用于社会保障和就业、教育、城乡社区、公共安全、医疗卫生与计划生育的支出分别为146.8亿元、96.8亿元、57.2亿元、54.8亿元和43.5亿元，增速依次为28.6%、9.3%、12.8%、11.2%和6.2%。上述五项支出合计占一般公共预算支出的77.7%。

年末全区中资银行人民币各项存款余额23770.2亿元，比上年增长0.9%。其中，单位存款余额12340.4亿元，比上年增长4.5%；储蓄存款余额4835.9亿元，比上年下降2.1%。全区中资银行人民币各项贷款余额8771.2亿元，比上年增长12.5%。其中，中长期贷款余额5948.9亿元，比上年增长11.2%；短期贷款余额2747.3亿元，比上年增长14.7%。

◇ 消费

全年实现社会消费品零售额2762.3亿元，比上年增长4.1%。

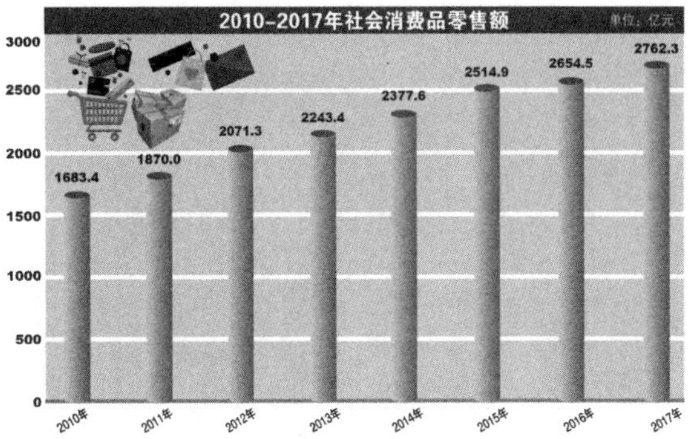

限额以上企业中，汽车及配件销售企业实现零售额740.5亿元，比上年增长0.6%；家用电器、计算机及电子产品销售企业实现零售额468.0亿元，比上年增长20.6%；综合零售企业实现零售额380.5亿元，比上年增长5.6%；餐饮业实现零售额164.9亿元，比上年增长9.1%；石油及制品销售企业实现零售额108.3亿元，比上年增长4.1%；互联网零售实现零售额72.7亿元，比上年下降53.7%；医药及医疗器材销售企业实现零售额69.6亿元，比上年增长2.8倍。

◇ 固定资产投资

全年完成全社会固定资产投资1356.1亿元，比上年增长7.8%。其中，房地产开发投资815.8亿元，比上年增长22.4%。民间投资499.2亿元，比上年增长6.4%。

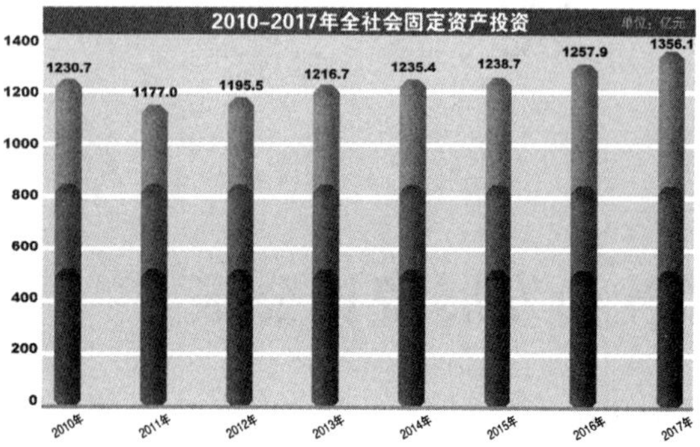

在全社会固定资产投资中，基础设施投资470.8亿元，比上年增长9.2%，占全社会固定资产投资的34.7%。其中，交通运输领域完成投资294.6亿元，比上年增长16.1%；公共服务领域完成投资102.1亿元，比上年增长47.3%；能源领域完成投资40.2亿元，比上年下降48.6%。

房地产开发投资中，住宅投资314.7亿元，比上年增长1.0%；办公楼投资225.2亿元，比上年增长85.2%；商业营业用房投资49.0亿元，比上年下降49.8%。住宅投资中，自住型商品房投资为8.4亿元，占住宅投资的2.7%。

从产业投资看，第二产业投资42.8亿元，比上年下降46.4%；第三产业投资973.4亿元，比上年增长19.5%。

◇ 对外经济

全年实现进出口总额1446.7亿美元，比上年增长22.7%。其中，出口141.2亿美元，比上年下降7.6%；进口1305.5亿美元，比上年增长27.2%。

全年新设外商投资企业631家；新增跨国公司总部5家。全年批准合同外资额47.2亿美元，比上年下降3.7%；实际利用外资58.8亿美元，比上年下降21.1%。

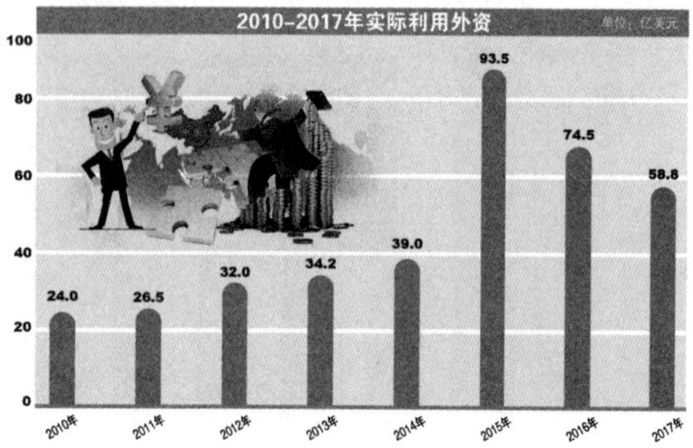

二、行业及重点产业发展

◇ 农业

农林牧渔业全年实现增加值1.3亿元，比上年增长7.9%，占全区GDP的0.02%。

全年完成农林牧渔业总产值33280.2万元，比上年增长4.2%。其中，农业产值4968.7万元，比上年下降6.0%；林业产值22926.0万元，比上年增长13.6%；畜牧业产值283.3万元，比上年增长75.7%；渔业产值2097.9万元，比上年下降36.2%。

全区共有农业观光园11个，接待旅游人数69.8万人次，观光园总收入5.0亿元。民俗旅游接待户30户，接待旅游人数547人次。设施农业实现收入2806.4万元，比上年下降24.4%；已利用设施农业占地面积1526.0亩，比上年增长11.0%。

◇ 工业

工业全年实现增加值316.2亿元，比上年增长7.2%，占全区GDP的5.6%。

全年规模以上工业企业实现工业总产值723.4亿元，比上年增长6.2%；实现销售产值703.6亿元，比上年增长4.3%；实现出口18.8亿元，比上年下降15.3%。从内部结构看，电力、热力生产和供应业实现工业总产值179.5亿元，比上年下降0.7%；医药制造业实现工业总产值99.4亿元，比上年增长36.7%；开采辅助活动实现工业总产值91.1亿元，比上年增长5.7%；电气机械和器材制造业实现工业总产值71.4亿元，比上年增长29.1%；非金属矿物制品业实现工业总产值55.5亿元，比上年增长17.6%。上述五大行业共实现工业总产值496.9亿元，占全区规模以上工业企业总产值的68.7%。

全年规模以上工业企业实现主营业务收入828.7亿元，比上年增长6.9%；实现利润88.2亿元，比上年增长14.7%。

◇ 建筑业

建筑业全年实现增加值138.9亿元，比上年增长5.8%，占全区GDP的2.5%。

具有资质等级的总承包和专业承包建筑业企业完成总产值1329.3亿元，比上年增长15.1%。其中，在京内完成产值629.5亿元，比上年增长12.9%；在京外完成产值699.8亿元，比上年增长17.2%。全年累计签订合同额3135.9亿元，比上年增长22.2%。房屋建筑施工面积7973.9万平方米，比上年增长9.5%。

◇ 批发和零售业

批发和零售业全年实现增加值1060.7亿元，比上年增长5.6%，占全区GDP的18.8%。

全年限额以上批发和零售业企业实现营业收入16350.3亿元，比上年增长11.1%；实现利润501.1亿元，比上年增长14.5%。

◇ 房地产业

房地产业全年实现增加值516.9亿元，比上年下降3.9%，占全区GDP的9.2%。

全年房屋施工面积2158.0万平方米，比上年增长6.1%，其中政策性住房636.6万平方米；房屋竣工面积236.5万平方米，比上年下降14.8%，其中政策性住房43.7万平方米。

全年商品房销售面积102.5万平方米，比上年下降36.9%，其中住宅销售面积77.5万平方米，比上年下降19.8%；商品房销售额379.2亿元，比上年下降45.5%，其中住宅销售额335.8亿元，比上年下降31.0%。

◇ 高技术产业

全年规模以上高技术产业单位实现收入555.4亿元，比上年增长8.0%。其中，高技术制造业实现营业收入197.1亿元，比上年增长7.5%；软件开发实现收入358.3亿元，比上年增长8.3%。全年高技术产业实现利润91.9亿元，比上年增长53.4%。其中，高技术制造业实现利润38.5亿元，比上年增长39.0%；软件开发实现利润53.4亿元，比上年增长65.8%。

全年规模以上高技术制造业企业实现工业总产值180.2亿元，比上年增长9.4%，占全区工业总产值的24.9%。其中，产值排名前3位的是医药制造业、电子及通信设备制造业、医疗设备及仪器仪表制造业，分别实现工业总产值99.4亿元、47.6亿元和29.4亿元，增速分别为36.7%、-14.8%和-3.9%。

◇ 商务服务业

全年规模以上商务服务业单位实现收入4374.3亿元，比上年增长10.4%。其中，企业管理服务实现收入1782.4亿元，比上年增长17.3%；咨询与调查实现收入629.4亿元，比上年增长18.2%；人力资源服务实现收入616.6亿元，比上年增长18.6%。

全年规模以上商务服务业单位实现利润709.6亿元，比上年下降11.2%。其中，企业管理服务实现利润597.9亿元，比上年下降19.8%；其他商务服务业实现利润42.4亿元，比上年增长5.0倍；法律服务实现利润24.4亿元，比上年增长16.6%。

◇ 文化创意产业

全年规模以上文化创意产业单位实现收入3204.8亿元，比上年增长7.9%。其中，软件和信息技术服务、广告和会展服务、文化休闲娱乐服务分别实现收入963.5亿元、669.2亿元和523.4亿元，增速分别为14.7%、-2.3%和1.0%。

全年规模以上文化创意产业单位实现利润231.3亿元，比上年增长175.0%。其中，软件和信息技术服务、文化用品设备生产销售及其他辅助、广播电视电影服务分别实现利润107.0亿元、26.4亿元和22.5亿元，比上年分别增长2.4倍、3.3倍和37.5倍。

◇ 金融业

金融业全年实现增加值669.3亿元，比上年增长5.8%，占全区GDP的11.9%。

全年金融业单位实现收入4301.0亿元，比上年增长10.4%。其中，保险业、货币金融服务和资本市场服务分别实现收入3288.7亿元、527.2亿元和164.2亿元，增速分别为10.5%、20.1%和7.2%。全年金融业单位实现利润2629.3亿元，比上年增长15.1%。其中，保险业、货币金融服务和资本市场服务分别实现利润1987.5亿元、310.2亿元和74.8亿元，增速分别为14.7%、37.8%和-3.1%。

三、功能区发展

◇ CBD功能区

CBD功能区全年完成投资489.1亿元，比上年增长51.6%，占全区投资总量的36.1%。全年CBD功能区商务服务业实现收入3105.6亿元，比上年增长8.0%，占全区商务服务业收入的71.0%；金融业实现收入4067.0亿元，比上年增长9.5%，占全区金融业收入的94.6%。全年CBD功能区限额以上批发和零售业企业实现营业收入10314.5亿元，比上年增长10.9%，占全区批发和零售业营业收入的63.1%。

按北京商务中心区（CBD）范围统计，CBD全年完成投资131.0亿元，比上年增长7.6%；实现社会消费品零售额375.0亿元，比上年增长16.4%。全年CBD规模以上文化创意产业单位实现收入860.9亿元，比上年下降2.1%，占全区文化创意产业收入的26.9%；限额以上批发和零售业企业实现营业收入2813.1亿元，比上年下降0.6%，占全区批发和零售业营业收入的17.2%。

◇ 电子城功能区

电子城功能区全年完成投资193.2亿元，比上年下降34.7%，占全区投资总量的14.2%；功能区内规模以上工业企业实现工业总产值223.1亿元，比上年增长2.6%，占全区工业总产值的30.8%。

全年电子城功能区规模以上高技术产业单位实现收入277.4亿元，比上年增长13.5%，占全区高技术产业收入的49.9%。其中，高技术制造业实现营业收入115.1亿元，比上年增长1.4%；软件开发实现收入162.3亿元，比上年增长24.1%。全年电子城功能区规模以上高技术产业单位实现利润59.2亿元，比上年增长53.4%，占全区高技术产业利润的64.4%。其中，高技术制造业实现利润21.4亿元，比上年增长28.1%；软件开发实现利润37.8亿元，比上年增长72.7%。全年电子城功能区限额以上批发和零售业实现营业收入2334.7亿元，比上年增长14.5%，占全区批发和零售业营业收入的14.3%。

1—11月中关村朝阳园单位实现总收入4474.4亿元，同比增长14.3%。其中，技术收入和产品销售收入分别为815.7亿元和533.2亿元，同比分别增长11.1%和-15.5%。实现利润432.6亿元，同比增长33.4%。实现工业总产值352.6亿元，同比增长6.7%。其中，新产品产值127.6亿元，同比增长7.6%。

◇ 奥运功能区

奥运功能区全年完成投资173.5亿元，比上年增长74.9%，占全区投资总量的12.8%。全年奥运功能区规模以上商务服务业实现收入800.0亿元，比上年增长26.2%，占全区商务服务业收入的18.3%；规模以上文化创意产业单位实现收入653.9亿元，比上年增长20.5%，占全区文化创意产业收入的20.4%。全年奥运功能区限额以上批发和零售业企业实现营业收入2829.4亿元，比上年增长9.7%，占全区批发和零售业营业收入的17.3%。

四、人口、就业和人民生活

◇ 人口

年末全区常住人口373.9万人，比上年末减少11.7万人，比上年下降3.0%。其中，常住外来人口168.8万人，比上年末减少6.0万人，比上年下降3.4%，占常住人口的45.1%。从性别构成看，男性人口190.1万人，占常住人口的50.8%；女性人口183.8万人，占常住人口的49.2%。从年龄构成看，0~14岁人口36.8万人，占常住人口的9.8%；15~64岁人口294.8万人，占常住人口的78.9%；65岁及以上人口42.3万人，占常住人口的11.3%。常住人口中：全年出生人数32559人，出生率为8.57‰；死亡人数16454人，死亡率4.33‰；自然增长率为4.24‰。

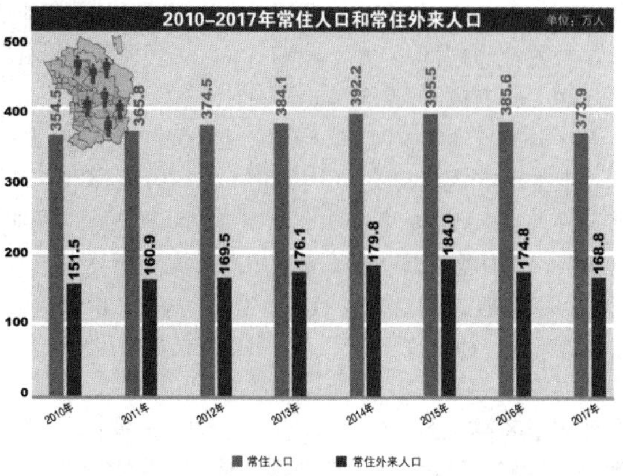

年末全区户籍人口209.8万人，比上年末减少1.1万人，比上年下降0.5%。全区计划生育率为99.07%。

◇ 就业和社会保障

年末全区城镇登记失业率为0.81%，较上年末下降0.01个百分点。全年开发就业岗位10.7万个，比上年下降0.3%。城乡登记失业人员现就业人数2.3万人，比上年下降2.9%。

年末全区参加基本养老、基本医疗、失业、工伤和生育保险的人数分别为326.9万人、346.4万人、249.8万人、230.0万人和219.2万人，分别比上年增长4.6%、5.7%、5.7%、7.6%和8.7%。城镇社会保险各项基金征缴额达720.7亿元，比上年增长15.2%；各项基金收缴率均达到99.6%以上。全区农民参加城乡居民养老保险的人数为3.0万人，比上年下降8.3%。参加农村新型合作医疗的人数为6.8万人，新型农村合作医疗参合率达99.81%。全区城乡居民最低生活保障人数为12525人，比上年下降4.1%；最低生活保障金发放总金额为14267.7万元，比上年增长10.7%。

◇ 居民生活

全年居民人均可支配收入达到64841元，比上年增长8.0%。其中，人均工资性收入37688元，比上年增长7.1%；人均财产净收入12916元，比上年增长9.5%；人均转移净收入12537元，比上年增长10.2%；人均经营净收入1700元，比上年增长0.4%。

全年居民人均消费支出达到41579元，比上年增长3.9%。其中，居住、食品烟酒和交通通信支出在居民消费支出中所占比重位居前3，比重分别为37.0%、19.6%和11.5%；医疗保健、生活用品及服务支出增长最快，增速分别为16.4%和10.4%。居民恩格尔系数为19.6%。截至年末，居民每百户家庭拥有家用汽车47辆，家用电脑104台，空调176台，手机222部。

五、社会事业

◇ 科技

全年专利申请量34030件，比上年下降11.9%；专利授权量19417件，比上年增长9.2%。其中，发明专利申请量19441件，比上年下降18.5%；授权量8930件，比上年增长11.2%。全年技术市场成交量6552项，比上年下降3.3%；技术合同成交额930.0亿元，比上年增长23.2%。

◇ 教育

年末全区共有幼儿园250所，在园幼儿78764人，示范幼儿园比例为25.6%，一级（优质）幼儿园比例为64.3%，学前三年入园率为95.0%。

全区共有普通小学87所，当年招生24693人，在校生137932人，毕业生17964人；小学入学率100%，小学规范建设硬件达标率100%；拥有教职工7431人，其中专任教师7005人。

全区共有普通中学94所，当年招生18833人，在校生48675人，毕业生13451人；初中入学率100%，初中毕业率99.87%，初中校硬件办学标准达标率100%；高中录取率94.79%，高中毕业率96.48%；拥有教职工13305人，其中专任教师10754人。

全区共有职业高中5所，当年招生1029人，在校生5623人，毕业生2017人；拥有教职工937人，其中专任教师723人。

◇ 文化

年末全区共有公共图书馆3个，社区图书馆44个，图书馆馆藏图书达348.3万册。全区共有博物馆36个，电影院56个，街乡级文化服务中心43个，社区（村）文化活动室覆盖率100%。广泛开展基层文化演出，公益性演出2576场次；基层数字电影放映1480场次；文化广场达到260个。

◇ 卫生

年末全区共有卫生机构1516个。其中，医院170个，社区卫生服务中心49个，社区卫生服务站221个。共有床位23176张，卫生技术人员50137人，其中，执业（助理）医师19774人，注册护士21544人。婴儿死亡率2.68‰，比上年提高0.55个千分点；每十万人甲乙类传染病发病率138.66例，比上年增加5.89例；人均期望寿命82.57岁，比上年提高0.11岁。

◇ 体育

年末全区共有体育场地2523个；组织各项体育活动参与人数135.0万人；全民健身工程1730个，比上年增加170个；全民健身工程面积165.1万平方米，比上年增加8.5万平方米。获得市级以上奖牌873枚，比上年减少55枚。其中，金牌358枚，银牌281枚，铜牌234枚。

六、资源、环境与城市管理

◇ 能源消耗

初步核算，全年能源消费总量888.55万吨标准煤，比上年增长1.61%。其中，第一产业能源消费量1.24万吨标准煤，比上年下降3.47%；第二产业能源消费量103.33万吨标准煤，比上年下降8.52%；第三产业能源消费量495.06万吨标准煤，比上年增长1.00%；生活用能288.91万吨标准煤，比上年增长6.99%。全区万元GDP能耗0.1578吨标准煤，按不变价计算，比上年下降4.64%。

◇ 环境保护

全区空气中悬浮颗粒物平均浓度（PM10）为82微克/立方米，比上年下降9.9%。空气中细颗粒物平均浓度（PM2.5）58微克/立方米，比上年下降22.7%。平均每月降尘量5.4吨/平方公里，比上年下降15.2%。

◇ 环卫

年末全区共有密闭压缩式垃圾转运站281个，比上年增加38个；生活垃圾无害化处理率为100%。全区共有公共卫生间995个，比上年增加12个；公共卫生间达标率为100%。

◇ 道路

年末全区城市道路总长度1940.0公里，比上年增加24.2公里。其中快速路231.5公里。新改扩道路长度55.9公里。其中，新建、改建和大中修道路分别为25.0公里、5.9公里和25.0公里。路网密度达到每平方公里4.1公里。

◇ 安全生产 全年共发生非正常死亡事故166起，非正常事故死亡人数181人。其中，生产安全事故22起，死亡23人；公共安全事故144起，死亡158人。亿元GDP安全生产事故死亡率为0.0322。

公报注释：

1. 2017年地区生产总值及各产业增加值、能源消费量和万元GDP能耗数据为北京市统计局反馈的初步核算数据，正式数据以《2018年朝阳区统计年鉴》为准。

2. 本公报中的地区生产总值及各产业、行业增加值绝对数按现价计算，增长速度按不变价计算；GDP产业划分执行国家统计局2012年制定的《三次产业划分规定》，行业划分执行《国民经济行业分类》（GB/T4754-2011）。按照北京市统计局部署，2017年3季度开始各区县实施地区研发支出核算方法改革，将研发支出未计入地区生产总值（GDP）部分进行补充核算。根据北京统计局反馈的核算结果，朝阳区2010年以来各年度GDP总量予以相应调整。

3. 除特殊说明外，本公报中所有增长速度指标均未扣除物价上涨因素。

4. 本公报中如无特殊注明均为区域口径。

5. 本公报中社会消费品零售额2005—2007年数据按第二次经济普查数据进行修正，2008年为第二次经济普查数据，2009—2012年数据按第三次经济普查数据进行修正，2013年为第三次经济普查数据，2014年数据按第三次经济普查数据进行修正。

6. 本公报中涉及收入利润等财务指标、工业总产值为快报数据，正式数据以《2018年朝阳区统计年鉴》为准。

7. 本公报中产业投资是指全社会固定资产投资扣除住宅投资和农村农户投资之后的投资。

8. 规模以上工业划分标准：年主营业务收入2000万元及以上的工业法人单位。限额以上批发业划分标准：年主营业务收入2000万元及以上的批发业法人单位，年经营性单位收入2000万元及以上的批发业产业活动单位，年营业收入2000万元及以上的批发业个体经营户。限额以上零售业划分标准：年主营业务收入500万元及以上的零售业法人单位，年经营性单位收入500万元及以上的零售业产业活动单位，年营业收入500万元及以上的零售业个体经营户。限额以上住宿业划分标准：星级饭店和星级饭店以外年主营业务收入200万元及以上的住宿业法人单位，年经营性单位收入200万元及以上的住宿业产业活动单位，年营业收入200万元及以上的住宿业个体经营户。限额以上餐饮业划分标准：年主营业务收入200万元及以上餐饮业法人单位，年经营性单位收入200万元及以上的餐饮业产业活动单位，年营业收入200万元及以上的餐饮业个体经营户。规模以上服务业划分标准：（1）执行企业会计制度的年末从业人员50人及以上，或年营业收入1000万元及以上（其中居民服务、修理和其他服务业，文化、体育和娱乐业年营业收入500万元及以上）的服务业法人单位；（2）执行行政事业会计制度或民间非营利组织会计制度的年收入合计1000万元及以上的服务业法人单位；（3）全部旅行社；（4）A级及以上旅游区（点）和其他主要旅游区（点）。

9. CBD功能区、电子城功能区和奥运功能区数据按照朝阳区“十一五”规划确定的范围计算。CBD功能区：按照区“十一五”规划确定的统计口径，CBD功能区地域范围包括建外、朝外、呼家楼、三里屯、六里屯、麦子店、团结湖、八里庄、双井、劲松、潘家园、左家庄、东风、高碑店、平房、南磨房北部、太阳宫南部17个街道和地区办事处；电子城功能区：按照区“十一五”规划确定的统计口径，电子城功能区地域范围包括望京、来广营东部、酒仙桥、将台、东坝、崔各庄西部6个街道和地区办事处及望京高新技术产业区；奥运功能区：按照区“十一五”规划确定的统计口径，奥运功能区地域范围包括奥运村、大屯、亚运村、来广营西部、安贞、和平街、小关、香河园、太阳宫北部9个街道和地区办事处；北京商务中心区（CBD）地域范围涉及建外、呼家楼、六里屯、八里庄、高碑店五个街乡，包括南郎家园社区、北郎家园社区、永安里社区、光华里社区、建国里社区、秀水社区、北郎东社区、永安里东社区、金台里社区、小庄社区、关东店北街社区、核桃园社区、呼家楼北社区、呼家楼南社区、人民日报社社区、东大桥社区、关东店社区、新街社区、道家园社区、甜水园社区、红庙社区、红庙北里社区、延静里社区、华贸中心社区、八里庄社区25个社区。功能区数据不包含直报北京市统计局的保密单位数据。

10. 人口数据中，常住人口、常住外来人口、常住人口性别构成和年龄构成、常住人口出生人数、出生率、死亡人数、死亡率、自然增长率为北京市统计局反馈数据；户籍人口取自北京市公安局朝阳分局；计划生育率取自朝阳区卫生和计划生育委员会。

11. 本公报部分指标数据取自国家统计局朝阳调查队、朝阳区教育委员会、朝阳区科学技术委员会、朝阳区城市管理委员会、朝阳区商务委员会、朝阳区文化委员会、朝阳区卫生和计划生育委员会、朝阳区人力资源和社会保障局、朝阳区财政局、朝阳区安全生产监督管理局、朝阳区体育局、朝阳区环境保护局、朝阳区民政局、北京市公安局朝阳分局提供的相关数据；相关指标增长速度以上述部门上报数据表中的计量单位为准计算得出。

大 事 记

2018

北京朝阳年鉴

大 事 记

1月

3日　区长王灏与到访的西藏拉萨市堆龙德庆区政府代表团进行座谈交流。堆龙德庆区区长杜江、区委常务副书记（朝阳区挂职干部）张勇及区委副书记、常务副区长（朝阳区挂职干部）赵涛，朝阳区委常委、常务副区长马继业和副区长杨建海参加座谈。

5日　朝阳区举行法学会成立大会。全区法学、法律界170余名会员参加会议。北京市委常委、政法委书记张延昆，朝阳区委书记吴桂英出席会议。

10日　政协北京市朝阳区第十三届委员会常务委员会第二次（扩大）会议召开。会议审议通过《区政协常委会2017年工作要点（草案）》《政协北京市朝阳区第十三届委员会常务委员会关于设置专门委员会及任命主任、副主任的决定（草案）》《政协北京市朝阳区第十三届委员会常务委员会关于任命副秘书长的决定（草案）》；书面通报各专委会2017年工作计划。提出未来五年议政重点。

△　区召开2017年治环境、保安全工作会。总结2016年全区大气污染防治和食品药品安全、消防安全和社会治安、绿化和水务、环境建设与城市管理、安全生产等工作，部署2017年工作任务。

20日　区委十二届二次全会召开。通过《中共北京市朝阳区委员会工作规则》《中共北京市朝阳区委员会全体会议工作制度》，推荐提名北京市出席中共十九大代表候选人人选。

23日　市人大常委会主任李伟一行到区慰问退休劳模和困难党员。

△　区召开2017年军政领导迎新春座谈会。战略支援部队、武警北京总队、武警交通指挥部等驻区部队领导，区四套班子领导出席座谈会。

24日　区召开2017年老干部工作会，总结2016年老干部工作，部署2017年工作任务。

26日　区纪委十二届二次全会暨全区党风廉政建设工作会召开。总结2016年全区党风廉政建设工作，部署2017年重点工作任务。区委、区政府领导与相关单位主要负责人签订2017年党风廉政建设责任书。区四套班子领导出席会议。

27日　除夕夜，国务委员、公安部部长郭声琨到朝外大街派出所巡逻警务站，向坚守在工作岗位的执勤人员致以慰问和新春祝福。市委副书记、市长蔡奇等北京市和公安部领导参加检查慰问。

26日至29日　区文化馆公共文化创意产品——42尊“漂亮的兵马俑”在曼彻斯特交易所广场展出。

2月

4日　区召开非首都功能疏解工作专题会。

6日　市委常委、副市长林克庆带领市有关部门负责人到朝阳区调研广渠路二期景观绿化、水环境治理、“一绿”二批试点工作。

10日　集中整治沙黄路区域121万平方米低级次产业。拆除腾退违法建设、低级次产业223万余平方米，停退一般性制造业10家。

13日　公安朝阳分局推出“朝阳群众HD”APP。

14日　召开2017年党建工作会议。部署全区工会、共青团、妇联、组织、宣传、统战工作。区直机关工委、国资委、民宗办、劲松街道和东坝地区等党（工）委介绍党建工作经验汇报。区四套班子领导等出席会议。

16日　区召开2017年社会建设和农村城市化工作会。会议听取《抢抓战略机遇深化改革创新努力开创农村城市化工作新局面》和《改革创新共治共享大力推进朝阳社会治理现代化》工作报告。总结2016年朝阳区社会建设和农村城市化工作，部署2017年工作任务。区委书记吴桂英与街乡代表分别签订《朝阳区城市地区环境提升和重大活动服务保障工作责任书》《2017年一绿试点年度工作任务责任书》。区四套班子领导出席会议。

△　召开2017年政法工作会，总结2016年政法工作，分析当前形势，研究部署2017年政法工作。

17日至18日　昆明市委常委、市委秘书长柳文炜率考察团一行到朝阳区，参观考察区域国际化建设工作。

21日　召开街乡党（工）委书记、区委主管工委书记抓基层党建述职评议考核工作会。市委常委、组织部部长姜志刚就基层党建工作提出指导意见。区领导吴桂英、王灏、甘靖中、何明、马继业、刘军胜、张维刚、席成坡、孙其军、黄晓伟进行点评。

23日　朝阳区第十六届人大常委会第一次会议举行。会议决定，朝阳区第十六届人民代表大会第二次会议于2017年4月召开，选举朝阳区监察委员会主任。审议通过《北京市朝阳区人民代表大会常务委员会工作规则（草案）》等相关制度和《朝阳区第十六届人民代表大会常务委员会代表资格审查委员会名单》。通过赵海东等34位区人民政府有关组成部门主要负责人的任命，并向宪法宣誓。

24日　朝阳区“凤凰计划”海外高

层次人才认定与资助入选人员名单正式公布。23人被认定为海外高层次人才，2支团队、93家企业获资助。“凤凰计划”启动7年来为朝阳引进海外硕士研究生2121名，海外博士研究生141名。

25日 区委书记吴桂英主持召开常委（扩大）会议，传达学习贯彻习近平总书记视察北京重要讲话精神和市委提出的学习贯彻要求。

26日 和平街一中教师金毓岚获选第七届“首都十大教育新闻人物”，是朝阳区唯一入选者。

是月 朝阳区人民建议征集办公室公布《北京市朝阳区2017年为群众拟办重要民生实事（征求意见稿）》，有7个方面、30件初选项目。

是月 朝阳区作为北京市电动汽车充电基础设施建设示范试点之一，在20个社区建设电动汽车充电桩107个，总功率3000千瓦，覆盖居民约3万余户。

是月 朝阳区推出“互联网+智慧养老”可远程诊疗覆盖36个养老驿站。

3月

9日至10日 区委书记吴桂英率领朝阳区党政代表团赴杭州学习交流。学习杭州生态城市建设、城市规划、城市精细化管理、服务保障G20杭州峰会等方面经验做法。与杭州市萧山区签订“建立友好城区协议书”。

10日 “北京朝阳商标受理窗口”在朝阳区行政服务大厅正式挂牌并对外受理业务。是北京市第一家受工商总局商标局委托设立的集商标注册受理、商标法律咨询、商标品牌指导、商标维权保护于一体的“一对一”“面对面”商标服务对外窗口。

20日 朝阳区列入在国务院教育督导委员会公布首批11个省29个全国中小学校责任督学挂牌督导创新县（市、区）名单。

23日 在科技部发布的中国“独角兽”企业名单中，朝阳区有“独角兽”企业24家，总估值878.7亿美元，分别占全市37%、18%。

28日 区政协召开十三届三次常委（扩大）会议，学习传达全国“两会”精神。审议通过《区政协2017年协商工作计划（草案）》《政协北京市朝阳区委员会全体委员会议工作规则（草案）》《政协北京市朝阳区委员会常务委员会工作规则（草案）》《政协北京市朝阳区委员会专门委员会通则（草案）》。

29日 党和国家领导人习近平、张德江、俞正声、刘云山、王岐山、张高丽等到将台乡参加首都义务植树活动。

30日 朝阳区人民政府与国家电网北京市电力公司签订《建设朝阳区国际一流配电网合作协议》。

是月 43个街乡配发133套北斗应急报灾终端。

是月 全区有总部企业913家，占全市23.5%。其中，跨国公司总量113家，占全市七成。

是月 朝阳区志愿者关爱行动首个“亮居美屋”项目在红星美凯龙（北四环店）启动实施。

4月

1日 区召开卫生与健康大会。贯彻落实全国和北京市卫生与健康大会精神，部署朝阳区卫生与健康事业改革发展任务，启动朝阳区医药分开综合改革工作。

6日 区第十六届人民代表大会第二次会议举行。席成坡当选朝阳区首位监察委主任。

7日 召开区监察委员会成立大会。

8日 全区382家医疗机构启动医药分开综合改革。

14日 召开“一带一路”国际合作高峰论坛服务保障动员部署会。部署高峰论坛安全保卫和维稳工作、高峰论坛环境整治和城市运行工作。北京市公安局朝阳分局、区市政市容委、区安监局、奥林匹克公园管委会、奥运村街道、来广营乡等6家单位进行表态发言。

21日 市委书记郭金龙到孙河乡调研“学习贯彻习近平总书记视察北京重要讲话精神，加快疏解非首都功能”情况。

△ 中共北京市朝阳区委十二届三次全会举行。确定提名朝阳区出席北京市第十二次党代会代表候选人预备人选，审议通过《关于召开中国共产党北京市朝阳区代表会议的决议》。

26日 召开2017年庆祝五一劳动节暨先进集体和先进个人座谈会，表彰获2017年全国及首都劳动奖章、奖状及工人先锋号集体和个人。

△ 朝阳区文学艺术界联合会召开第二次代表大会。选举产生区文联第二届理事会组织机构成员29人，谢莹当选新一届文联主席。

27日 发布朝阳区2017年义务教育阶段入学工作意见。

是月 中国环球广播电视有限公司落户国家文化产业创新实验区。

是月 朝阳区推出普法标识。朝阳普法标识是由“普”字、凤凰、太阳和“法”字组成。

5月

2日 朝阳区外国人出入境服务大厅正式揭牌。

3日 国务院安委会第一巡查组巡查区安全生产工作。

9日 区政协组织召开“一河”文化工作会，研讨挖掘萧太后河文化底蕴工作。

16日 区长王灏会见法国中欧企业家峰会联席主席、法国前总理拉法兰一行。朝阳区与中欧企业家峰会组委会签署战略合作协议。

18日 “创立方·自空间CBD写字园”在高碑店乡正式揭牌。

21日 190户家庭被评为2017年区级“最美家庭”。

24日 应中共中央对外联络部邀请到访北京的巴勒斯坦法塔赫考察团一行19人到朝阳区观摩区委常委会。考察团观摩十二届区委常委会2017年第十九次会议，听取关于党建、统战、民生等领域的工作介绍。

26日 市委常委、市委宣传部部长杜飞进到区调研宣传文化工作。到朝阳规划艺术馆、莱锦创意产业园、垡头地区文化中心，实地察看朝阳区文化事业发展和文化产业运营情况。听取近年来朝阳区文化创意产业、国家文化产业创新实验区建设情况汇报。

△ 召开派驻纪检监察机构成立大会。制发《关于加强朝阳区纪委区监委派驻机构建设的实施意见》。撤销或不再保留原有36家区级机关内设或派驻纪检监察机构，通过采取以综合派驻为主、单独派驻为辅的形式，设置20个派驻机构，由区纪委区监委统一管理，其中综合派驻机构16个，单独派驻机构4个，对78家区级党政群机关、区直属事业单位的派驻机构监督全覆盖。会议宣布各派驻纪检监察组组长任命和各组监

督单位名单。

是月 全区有金融机构1532家，占全市1/4。

是月 朝阳区在2017年“4·26”知识产权宣传周活动，首次发布2016年朝阳区知识产权发展情况报告白皮书。

是月 朝阳区作为北京市服务业扩大开放综合试点示范区，33项服务业扩大开放试点政策落地85%。

6月

1日 在2017京交会“北京主题日”活动中，“欧洲文化特色小镇”“现在支付”“中国盛腾”“华力必维”等朝阳区服务业扩大开放成果展览展示板块4大项目签约，签约额328亿元人民币，约占全市签约额四成。北京国际海洋文化周将永久落户朝阳。

5日 市委常委、组织部部长魏小东到朝阳区调研党建相关工作。在孙河乡沙黄路区域功能疏解项目现场，实地察看疏解腾退整体情况。在外国人出入境服务大厅，了解朝阳区国际人才社区建设情况。在中关村朝阳园党群活动中心，了解中心整体运行情况。在八里庄街道华贸社区，实地了解基层党建工作。

6日 市委副书记景俊海带领调研组调研区域整体规划、疏解非首都功能、非公党建等重点工作。到朝阳规划艺术馆，察看朝阳区“十三五”规划展区，整体了解朝阳区“十三五”期间发展思路、总体布局、重点功能区规划等情况。在孙河乡，了解温榆河湿地公园规划建设情况，以及全区功能疏解工作进展情况。在洛娃集团，了解朝阳区非公党建工作亮点。

△ 全国妇联副主席、书记处书记谭琳率领全国妇联调研督导组到区调研妇联改革情况，实地走访三里屯首开铂郡商务楼宇服务站、高碑店乡高井村委会及非公党组织叶青大厦“妇女之家”。

△ 召开深化“千名干部下基层”活动工作部署会。选派1000名机关干部到街乡基层单位挂职锻炼。活动2018年1月结束。

7日 召开“一带一路”国际合作高峰论坛朝阳区服务保障工作总结大会。

8日 区长王灏会见英国太古集团行政总裁施铭伦，商讨太古集团参与三里屯区域升级改造规划与建设情况以及加强合作等。

△ 2017年度征兵体检工作启动。

8日至10日 朝阳区在以“科技引领·融合创新”为主题的第二十届中国北京国际科技产业博览会上，展示区内高新技术企业自主创新的科技成果、产品、技术和企业形象，其中9家以“科技+”为特色的企业参展。

9日至11日 举办首个“文化和自然遗产日”系列活动，推出30个非遗体验项目。

15日 朝阳区教育系统第四轮“双名工程”（名师工程和名校长工程）启动。

16日 区委书记吴桂英做客北京人民广播电台《做好城市建设加减法——谈首都疏解发展的“舍”与“得”》系列访谈节目，介绍朝阳区功能疏解工作情况。

23日 区召开社会领域纪念建党96周年暨基层服务型党组织建设成果交流会。评选出2017年朝阳区社会领域基层服务型党组织“十大优秀服务品牌”。

27日至28日 中共北京市朝阳区委十二届四次全会召开。深入学习贯彻习近平总书记系列重要讲话精神和市第十二次党代会、市委十二届一次全会精神，总结上半年工作，部署下半年工作任务。

29日 市委常委、市纪委书记、市监委主任张硕辅到区检查指导学习贯彻市第十二次党代会精神有关工作。区委常委、区纪委书记、区监委主任席成坡汇报朝阳区学习贯彻落实十一届市纪委工作报告和市纪委十二届一次全会精神有关情况。潘家园、东坝、十八里店、奥运村等街乡党（工）委书记、社区党委书记，分别汇报学习贯彻市第十二次党代会精神有关情况。

是月 完成900余家社会组织统一社会信用代码赋码工作。

是月 朝阳区北京秀水街市场有限公司和北京城环城国际汽车配件城有限公司入选第四批国家级知识产权保护规范化培育市场名单，培育期限为2017年6月至2019年6月。

是月 引入全国首例棚改现场建筑垃圾资源化处置生产线。生产线可将疏解腾退90%以上建筑垃圾转化为再生骨料，投入到基础设施建设。

是月 完成全区1900余蒸吨燃气锅炉低氮改造。

是月 全国首个“公共电子围栏”在三里屯、左家庄街道建立。覆盖工人体育场、三里屯商圈、新源里等地区。

是月 朝阳区作为北京市首个中医药服务贸易试点区，开通“朝（zhāo）阳国际中医健康网”、初步建成中医药服务贸易统计指标体系。北京黄枢微创骨伤中医医院等区内3家社会资本医疗机构落户海外。

7月

4日 区委组织部、区慈善协会联合启动第19次生活困难党员帮扶资金发放工作。224.3万元专项帮扶资金以现金形式发放到1882名困难党员手中。

7日 区直机关工委举办“共产党员献爱心”捐款活动。区四套班子领导参加活动并捐款。收到捐款117310元。

10日 “海外院士考察首都国际人才社区——朝阳站”活动由北京市人才工作领导小组举办，来自11个国家的海外院士考察团了解引进高水平人才相关政策。

11日 朝阳区人民政府教育督导委员会成立。教育督导委员会由区发改委、区教委、区科委等14个政府部门组成。

13日 朝阳区政府与上海银行签署战略合作协议。

18日 北京奥林匹克公园举办“国家体育产业示范基地”“北京市体育产业示范基地”揭牌仪式。举行体育产业研究成果《北京奥林匹克公园体育产业影响力及指数研究》出版首发式。

20日 区委宣传部、区文化委、区国资委、中国收藏家协会红色收藏委员会、北京潘家园国际民间文化发展有限公司联合举办“听党指挥铸军魂光辉历程九十载——朝阳区纪念中国人民解放军建军九十周年暨迎接党的十九大胜利召开全国红色收藏展览”。

是月 雅宝路完成“老番街”“东方圣元”“奥特利玛”等10座商业楼宇疏解工作，涉及经营商户4700余户。

是月 工商朝阳分局发布《朝阳区实施商标品牌战略白皮书》。

是月 推动精准帮扶开发就业岗位5.96万个。

8月

1日 朝阳区首个名中医工作站在太阳宫地区西坝河北里社区卫生服务站成立。

7日 市委市政府安全生产第一督察组进驻朝阳区并召开安全生产督察工作动员会议。

△ 召开全面推进河长制工作电视电话会。宣布区级河长名单。吴桂英、王灏任朝阳区总河长，甘靖中、杨建海任朝阳区副总河长，马继业任清河—温榆河河系河长，王志勉任萧太后河河系河长，杨建海任坝河河系河长，刘海涛任通惠河河系河长，席成坡负责统筹对河长制落实情况的监督检查工作。

8日 召开创建国家卫生区启动大会。启动国家卫生区创建工作。

10日 2017年夏秋季征兵工作动员大会召开。

24日 区召开2017年党政群共商共治区级民主协商会，确定8个实事项目。

25日 区委启动巡察工作。

26日 市委常委、宣传部部长杜飞进到朝阳区调研“两贯彻一落实”和宣传文化工作。

30日 市第一环境保护督察组进驻朝阳区，开展环境保护督察工作。

是月 全区上半年专利申请量为15557件，专利授权量9599件。朝阳区通过《专利合作条约》（PCT）途径提交的国际专利申请累计944件，位列全市首位。

9月

1日 文化部党组成员、副部长张旭一行到区调研国家文化产业创新实验区发展情况。

4日 区长王灏主持召开朝阳区虚拟货币交易场所清理整治工作动员会，部署相关清理整顿工作。

5日 迎接文明城区复查工作动员部署会召开。

6日 服务保障中共十九大动员部署会召开。

9日 市公共文化服务体系建设现场推进会在朝阳区举行。市委常委、宣传部部长杜飞进，副市长王宁实地走访调研并出席座谈交流会。

11日至30日 首届中国北京国际语言文化博览会举行，朝阳区语委作为唯一展示地区语言文化成果的基层政府单位参加活动。

12日 区长王灏会见白俄罗斯明斯克市五一区区长伊戈尔·阿列克谢耶维奇·古德列维奇一行。签署《友好交流合作协议》。

13日至16日 2017北京CBD创新发展年会在朝阳区举行。

19日 “未来论坛青年科学家创新联盟”在朝阳区成立。

△ 启动2017年朝阳区“凤凰计划”评审工作。

21日 市委书记蔡奇到区督察深化监察体制改革试点工作完成情况，召开深化监察体制改革试点工作督察座谈会。

26日 区政协、区委统战部围绕“文化创新添动力疏解增绿上水平”议题召开议政会。

28日 区召开重大活动空气质量保障工作会。

29日 区委召开常委扩大会议，传达贯彻北京城市总体规划实施动员和部署大会精神。

30日 全市首个共有产权住房项目——位于朝阳区锦都家园项目摇号。

是月 西门子亚太地区首个“数字化体验中心”落户朝阳区。该中心展示西门子面向“工业4.0”的数字化企业（Digital Enterprise）理念。

是月 完成“疏解整治促提升”16项工作全年任务，新增改造15个中小微型公园，停车位2360个。

是月 朝阳区召开代币交易和代币融资发行平台清理整治工作动员会。

10月

9日 朝阳区城市管理委员会挂牌成立。

10日 召开学习贯彻落实北京城市总体规划动员部署会。

△ 朝阳区与清华大学签署《朝阳区人民政府清华大学全面合作框架协议》。

14日 市委常委、副市长、北京推进科技创新中心建设办公室副主任阴和俊带领十六区负责人和市属相关部门负责人调研朝阳文化科技融合发展。

15日 北京市党的十九大安全服务保障第三督查组入驻朝阳区，检查指导全区中共十九大安全服务保障工作。

是月 全区15个学区的区级示范校以上水平的优质资源学校校址数达236个（部分学校为“一校多址”办学），占中小学校址总数83.6%。实现优质教育资源在43个街乡、15个学区全覆盖。

11月

8日 中共北京市朝阳区委十二届五次全体（扩大）会议召开。传达市委十二届三次全会精神。

17日 奥运村街道党员刘玉杰被授予“全国道德模范”荣誉称号，是朝阳区首位获此殊荣者。

△ 朝阳实现全国文明城区“三连冠”。

18日 全国首家独立法人直销银行落户朝阳。中信银行与百度公司联合发起成立的百信银行正式在朝阳区开业。

21日至23日 朝阳区第十六届人民代表大会第三次会议召开。选举产生朝阳区100名代表出席北京市第十五届人民代表大会。

22日 全国政协副主席、民建中央第一副主席马培华到朝阳调研民建朝阳区委组织建设工作。

23日至24日 召开朝阳区残疾人联合会第七次代表大会。大会选举产生新一届主席团主席、副主席；推举产生出席市残联第七次代表大会的代表和主席团委员候选人。区委常委、副区长孙其军当选为朝阳区残疾人联合会第七届主席团主席。

30日 全市首家“爱心相连‘邮’我传递、志愿服务‘邮’我践行”志愿服务主题邮局在垡头街道揭牌成立。

是月 集中关停一般制造业企业99家，清理整治出租大院和出租公寓498个，清理整治“散乱污”企业658家，疏解升级商品交易市场100家，疏解区域性物流基地89个和再生资源回收场站23个，拆除违法建设935.3万平方米。

是月 朝阳农村地区“一刻钟服务圈”有68个，覆盖农村地区134个社区。

是月 完成首批充电场所和充电桩建设并投入使用。包括八里庄街道、来广营乡等街乡电动汽车固定充电场所20个，建设电动自行车充电桩（箱）150个。

12月

5日 全国首家“可视化为侨服务示范基地”在望京地区中护航大厦挂牌。

12日 区党政代表团赴河北省张家口市康保县考察，就对口帮扶工作进行交流。

13日1时许 十八里店乡白墙子村

一村民自建房发生火灾，造成5人死亡、9人受伤。事故为电动自行车起火引发。

△ 举办首届以“欢歌礼赞十九大，激情唱响新农村”为题的乡村大舞台朝阳区农村地区原创节目大赛（选拔）活动。

18日 市委常委、宣传部部长杜飞进带领市党风廉政建设责任制检查考核第九督查组督查2017年朝阳区党风廉政建设责任制落实情况。

21日 朝阳区社会工作者联合会成立，107名朝阳社会工作者成为联合会首批会员。

26日 中国共产党北京市朝阳区第十二届委员会第六次全体（扩大）会议召开。全会审议区委常委会工作报告、区委常委会抓党建工作报告，增补苏向东、殷金凤、董会生、谭国忠为中国共产党北京市朝阳区第十二届委员会委员，审议通过《中共北京市朝阳区第十二届委员会第六次全体（扩大）会议决议》。

27日 “首届朝阳区科技企业孵化器联盟年会暨新时代下的创业投资与孵化高峰论坛”在望京科技园举行。

△ 全国首家24小时医院图书馆——朝阳城市书屋·东区儿童医院馆在北京东区儿童医院正式揭牌。

△ 朝阳区人力资源服务促进会成立。

28日 朝阳区首批家医签约服务中心，即团结湖社区卫生服务中心、高碑店社区卫生服务中心、六里屯社区卫生服务中心、香河园社区卫生服务中心、安贞社区卫生服务中心家庭医生签约服务中心揭牌并投入使用。

△ 区长王灏带领朝阳区党政代表团赴河北省保定市唐县考察，双方召开“携手奔小康”交流座谈会。

29日 区志办组织编纂的《高碑店村志》入选首批“中国名村志丛书”，是全市唯一一部入选的村志，并参加中国地方志指导小组办公室在人民大会堂举办的首届全国名村论坛和暨第一批中国名村志丛书首发式。

31日 国内首家影视音乐产业联盟筹委会在朝阳成立。

△ 全区登记注册文创企业超过8.6万家，上市文创企业182家（含新三板170家）。

是月 朝阳区完成全域水系系统规划。形成“一纵，四横，河网交织，湖泊湿地星罗棋布”的水系总体布局。

是月 农村地区拆除建筑958万平方米，新增绿化面积154万平方米，建成25处小微绿地，实现绿化面积9300余万平方米。

是月 全区商标注册量达23.57万件，排名居全市各区第2位。

是月 塞尔维亚大使馆与七星集团正式签约，标志着塞尔维亚文化中心成功落户798艺术区。

是月 “首都国际人才港”首个示范园区正式落地朝阳区，并面向全球发布和招商。

是月 新增文创类上市公司19家。实验区内文创类上市公司达到81家。

是月 完成486家1806台锅炉4817.9626蒸吨改造，完成年度任务的301%。369家1286台锅炉4411.732蒸吨签订改造合同。

是月 区人力社保局全年组织各类招聘洽谈活动130余场，为各类群体提供10.49万个就业岗位。

是月 实现城乡社区居民议事厅全覆盖，全年通过党政群共商共治工作平台解决1195件街道级、社区级民生实事。

中共朝阳区委

2018
北京朝阳年鉴

综　述

【概况】 2017年，在市委市政府领导下，区委深入学习贯彻中共十九大和市第十二次党代会精神，按照区第十二次党代会部署要求，团结带领全区各级党组织和广大党员干部群众，全面完成各项任务目标。GDP完成5629.4亿元，不变价增速达6.6%；一般公共预算收入508.17亿元，增长6.6%；居民人均可支配收入64841元，同比增长8%。PM2.5年均浓度控制在每立方米58微克左右，比上年下降22.7%。累计疏解腾退1234万平方米，拆除违法建设1003万平方米，腾退土地900公顷，新增改造绿化面积618公顷，常住人口继续保持负增长，完成全年调减任务。

年内，区委常委会重点开展四项工作：

以中共十九大精神为指引，加强思想政治建设。全面学习宣传贯彻十九大精神，召开区委十二届五次全会，出台《关于认真学习宣传贯彻党的十九大精神的实施意见》。区四套班子领导带头到基层联系点宣讲调研，区委委员、二级班子“一把手”在所在单位宣讲，组织处级领导干部开展专题学习。组建区委宣讲团、建立四级百姓宣讲体系，开展“不忘初心、筑梦祖国”等系列宣讲活动。

提高政治站位，完成重大活动服务保障任务。开展“护航”“深耕”“金秋”专项行动，做好安全保卫、环境美化、城市安全运行、污染防治和气象保障、新闻宣传等工作，完成中共十九大、“一带一路”国际合作高峰论坛、市党代会等重大活动服务保障任务。坚持党政同责、一岗双责、失职追责，狠抓安全生产责任制落实;开展安全隐患大排查大清理大整治专项行动，全年生产安全事故起数、死亡人数同比分别下降20.83%、16.67%。拓展“朝阳群众”参与平安建设有效方式，加强公共安全网建设；稳妥处置“e租宝”“善心汇”等涉众型经济案件。出台《朝阳区全面推进法治建设的实施意见》，依法治区进一步深化。

坚定不移抓疏解，优化提升首都功能。累计疏解商品交易市场、区域性物流基地188个，关停一般性制造业企业99家，清理整治出租大院和出租公寓498个，整治“开墙打洞”4475家，综合排名继续保持全市首位。“雅宝路市场”腾退近5000商户、十八里店乡拆迁腾退400多万平方米、东坝乡北西区域棚户区改造等疏解经验得到肯定。统筹利用疏解腾退空间，还绿230公顷，新建或规范提升便民服务网点166个。

推进全国文化中心建设，提升区域文化软实力。成立朝阳区推进全国文化中心建设领导小组，制定“1+6”制度文件，打造“文化三里屯”，推动各项任务落实具体化、项目化。蝉联全国文明城区称号。修改完善《关于推进国家文化产业创新实验区建设的若干意见》，设立区文化创意产业发展引导基金，新增文化创意产业企业9800多家，上市文创企业182家。实施百个基层文化品牌创建工程，推动“文化+治理”建设，促进公共文化服务均等化、标准化、社会化和数字化。研究制定通惠河沿岸文物保护方案，加快八里桥交通功能退出和公园建设，推进神木厂历史景观保护，挖掘萧太后河漕运文化和人文历史，丰富大运河历史文化，区域文化底蕴不断增强。

区各方面工作取得新成效：

区域功能定位更加清晰。学习领会新版北京城市总体规划及党中央、国务院《批复》精神，维护法定蓝图严肃性。做好与总规全方位对接，开展区域“两规合一”试点研究，探索建立城市规划与土地规划相互协调统一用地规划图，统筹推进总规功能定位、目标任务、城市规模和空间结构在朝阳落地。

经济发展稳中有进。制定“高精尖”产业指导目录，完善高新技术、总部经济、企业上市等扶持政策。“独角兽”企业快速涌现，国际商务中心优势功能进一步巩固。CBD、奥运、中关村朝阳园等重点功能区环境、管理和服务品质进一步提升。出台《朝阳区率先打造一流营商环境的意见》，实施“三个一百”企业服务计划（在项目选址、登记注册、投资运营等重点环节，为100家经济贡献突出企业、100家高成长性准规模企业和100家拟引进高精尖目标企业/项目提供点对点服务），推动10项外籍人才新政落地，建设望京国际人才社区，完善配套服务体系。健全集体“三资”监管制度体系，推动24个重点产业项目建设，农村地区经济贡献得到新提升。

改革动力不断积聚。推进35项年度改革任务、12项重点推进改革事项落地见效。建立农村城市化发展基金，加快“一绿”城市化试点建设，第一批6个乡城市化试点建设进入收官阶段，第二批5个试点乡建设全面推进，累计实现1.98万名农民整建制转居，2.6万名农民就业，拆迁腾退750万平方米，建成森林绿地5800亩，将台、王四营、三间房等3个乡20个村产权制度改革基本完成。服务业扩大开放综合试点33项政策全部落地，81项重点任务全部完成，形成多个全国领先、北京首创可复制、可推广开放模式。开展国家级医养结合试点，基本养老服务实现全覆盖。完成监察体制改革试点任务，成立区监察委员会，实现派驻监督全覆盖，完成首轮巡察，推动反腐败向基层延伸。完成司法责任制、侦审一体化、认罪认罚从宽制度等试点改革任务。

环境建设取得突破。聚焦燃煤污染、机动车污染、工业污染、扬尘污染等突出问题，依法清理整治“散乱污”企业660家，全面完成煤改清洁能源工作，全区基本实现“无煤化”。完善三级“河长制”管理体系，完成33条段黑臭水体治理，5处国考、市考断面水质全部达标。高标准推进“一廊”地区“五大提升工程”和城乡发展“六个一百”工程，萧太后河滨水绿色文化休闲廊道完成源头广场、马家湾蓄滞洪区等重要景观节点建设，亮马河（四环路以上段）景观提升工程取得阶段性成果，温榆河公园建设完成拆迁腾退423万平方米，规划方案全球征集，前期6项研究成果应用于公园建设。完成广渠路沿街整治，推进长安街及其延长线、京哈铁路沿线环境景观提升，实施背街小巷环境整治提升计划，三里屯“脏街”变靓街。

民生福祉持续提升。实施第四轮“双名”工程，增加学前教育学位近1万个，中高考成绩持续位居全市前列。开展幼儿园安全隐患排查和治理。开展医药分开综合改革，推进分级诊疗服务体系建设，垂杨柳医院改扩建等建设项目取得进展。新建保障房7276套，建成2.2万套；完成棚户区征收、拆迁7803户，奶西村、前苇沟组团、永安里旧城区改造等项目有序推进。在全市率先启动道路项目储备库建设，辛店村路东延、陈家营东路等22条主次支路竣工通车，10项疏堵工程全部完工。试点推进社区服务站改革，全面落实社区减负，16个老旧小区物业管理转型升级。创享计划覆盖293个社区，社会力量参与社会治理有效渠道进一步拓展，党政群共商共治成效显著。

管党治党成效显著。制定实施区委《关于维护党中央集中统一领导的规定》。推进“两学一做”学习教育常态化制度化，处级班子查摆整改问题2715条，各党支部查摆整改问题12579条。成立区委意识形态工作领导小组，实施《朝阳区意识形态工作考评标准（试行）》。以区域化党建体系建设为抓手，开展基层党建9项重点任务和党支部规范化建设试点。7个市级软弱涣散村党组织、4个市级后进社区实现整顿提升，社会组织和非公企业党组织覆盖率分别达到71%和85.6%。开展“强党建、勇担当、重实效”作风建设年活动，“千名干部下基层”通过“三带去三带回”，有效指导服务基层工作。用好监督执纪“四种形态”，全年运用第一种形态1146人次，第二种形态225人次，第三种形态48人次，第四种形态5人次。出台区委《进一步贯彻落实中央八项规定精神实施办法》，加强领导干部警示教育，开展“两个专项”和国有资产出租出借整治等专项治理，全区立案281件，处分271人，问责71人。其中，处分处级干部29人，为当事人澄清反映失实问题545件，查办职务犯罪、留置、追逃等任务均居全市首位。

地址：日坛北街33号
邮编：100020
电话：65094217

（牛菁源）

重点工作

【疏功能减人口稳增长工作会】 1月10日，召开朝阳区2017年疏功能减人口稳增长工作会。区四套班子领导出席会议，区长王灏主持会议。区委常委、常务副区长马继业作《朝阳区2017年疏功能减人口稳增长报告》，部署2017年工作。

（牛菁源）

【区委政法工作电视电话会】 2月16日，召开2017年区委政法工作电视电话会。区四套班子领导、法检两长出席会议，区委副书记甘靖中主持会议。区委常委、政法委书记张维刚作2017年朝阳区政法工作报告，区委书记吴桂英与街乡代表签订综治、维稳、信访工作责任书。

（牛菁源）

【社会建设和农村城市化工作会】 2月16日，召开社会建设和农村城市化工作会。区四套班子领导出席会议，区委副书记甘靖中主持会议并作《抢抓战略机遇深化改革创新努力开创农村城市化工作新局面》工作报告，区委常委、宣传部部长刘军胜作《改革创新共治共享大力推进朝阳社会治理现代化》工作报告。区委书记吴桂英与街乡代表分别签订《朝阳区城市地区环境提升和重大活动服务保障工作责任书》《2017年一绿试点年度工作任务责任书》。

（牛菁源）

【朝阳区监察委员会成立大会】 4月7日，召开朝阳区监察委员会成立大会，市纪委常委、市监察委员会委员韩索华，以及区四套班子主要领导、区委常委、法检两长出席会议，区长王灏主持会议。区委常委、区纪律检查委员会书记、区监察委员会主任席成坡代表区监察委员会领导班子作表态发言。

（牛菁源）

【文明委全委（扩大）会】 6月7日，召开2017年朝阳区文明委全委（扩大）会暨背街小巷环境整治提升动员部署大会。区四套班子领导出席会议，区长王灏主持会议。区委常委、宣传部部长刘军胜传达全国创建文明城市工作经验交流会和中央文明办反馈北京市全国文明城区督查情况工作会精神，区委常委、区政府副区长孙其军作关于《朝阳区精神文明建设2016年工作总结和2017年工作安排》报告，副区长刘海涛部署朝阳区背街小巷环境整治提升三年（2017—2019年）工作。

（牛菁源）

【推进“两学一做”学习教育常态化制度化工作会】 6月8日，召开推进“两学一做”学习教育常态化制度化工作会。区四套班子领导出席会议，区长王灏主持会议。王灏传达中央和市委有关精神，区委书记吴桂英强调要切实增强推进“两学一做”学习教育常态化制度化的思想自觉、政治自觉和行动自觉，加强组织领导，确保取得实效。

（牛菁源）

【北京市安全生产督察组进驻朝阳区动员会】 8月7日，召开中共北京市委、北京市人民政府安全生产第一督察组进驻朝阳区动员会。区委、区政府班子成员，区人大常委会主任陈宏志，区政协主席陈涛出席会议，区长王灏主持会议。督察组组长王建东部署工作任务、提出工作要求，督察组副组长唐明明通报督察计划安排。区委书记吴桂英作表态发言，对安全生产不遮不掩接受督察、精心组织全力配合、不打折扣整改隐患、加强社会监督严肃纪律，全力以赴配合做好督察试点工作，确保督察工作进展顺利、取得实效。

（牛菁源）

【创建国家卫生区启动大会】 8月8日，召开创建国家卫生区启动大会。市卫生计生委委员刘泽军，区领导吴桂英、王灏、陈宏志、陈涛、张维刚、席成坡、孙其军、黄晓伟、王志勉、杨建海、刘海涛出席会议，区长王灏主持会议。区委常委、副区长孙其军部署朝阳区创建国家卫生区工作，刘泽军专题讲解国家卫生区创建工作，区领导向朝阳区爱国卫生工作顾问组专家颁发聘书，吴桂英、王灏与区创建国家卫生区领导小组成员单位、街乡代表签订《朝阳区创建国家卫生区目标管理责任书》。

（牛菁源）

【市环保督察组进驻朝阳区动员会】 8月30日，召开中共北京市委、北京市人民政府第一环保督察组进驻朝阳区动员会，接受北京市第一环境保护督察组在朝阳区开展环境保护督察工作。北京市第一环境保护督察组组长于建明，区四套班子领导出席会议，区长王灏主持会议。于建明部署督察工作任务，副组长李晓华就工作开展作说明。吴桂英作表态发言，一是提高政治站位，切实提升做好环境保护工作的思想自觉和行动自觉。二是大力发扬钉钉子精神，把生态文明建设一抓到底。三是动真碰硬解决难题，提高实际工作成效。自觉接受督察检查、扎实进行问题整改、全力做好服务保障、做好宣传动员工作，确保督察工作有力有序有效开展。

（牛菁源）

【服务保障中共十九大召开动员部署会】9月6日，朝阳区召开开展“金秋”专项行动部署会，服务保障中共十九大召开。区四套班子领导出席会议，区长王灏主持会议。副区长、公安朝阳分局党委书记牛国泉部署安全保卫和维稳工作，副区长刘海涛部署环境保障和城市安全运行工作。区委书记吴桂英讲话。

（牛菁源）

【学习贯彻落实北京城市总体规划动员部署会】 10月10日，召开学习贯彻落实北京城市总体规划动员部署会。北京市城市规划设计研究院副院长石晓冬、区四套班子领导、法检两长出席会议，区长王灏主持会议。石晓冬作学习贯彻落实《北京城市总体规划（2016年—2035年）》辅导报告，王灏部署朝阳区贯彻落实北京城市总体规划相关工作。区委书记吴桂英讲话。

（牛菁源）

重要会议和活动

【法学会成立大会】 1月5日，朝阳区法学会成立大会召开。市委常委、政法委书记张延昆，区领导吴桂英、张维刚出席会议。张延昆就做好朝阳区法学会工作提要求。吴桂英对朝阳区法学会建设提出希望。区法学会由政法干警、法学专家、新闻工作者、基层法律工作者等联合发起成立，会员173名。区法学会受市法学会业务指导，根据朝阳区区域特点，开展法学研究、学术交流、法制宣传和法律服务等各项工作，承担行政机关、司法机关专项研究任务，开展相关法学应用研究，参与法治咨询，为执法、司法和法学研究提供法学信息。

（牛菁源）

【区委十二届二次全体会议】 1月20日，区委十二届二次全体会议召开。会议讨论通过《中共北京市朝阳区委员会工作规则》《中共北京市朝阳区委员会全体会议工作制度》，讨论通过朝阳区推荐提名出席北京市中共十九大代表候选人人选。

（牛菁源）

【基层党建述职评议考核工作会】 2月21日，朝阳区街乡党（工）委书记、区委主管工委书记抓基层党建述职评议考核工作会召开。市委常委、组织部部长姜志刚，区四套班子领导出席会议，王灏主持会议。姜志刚对朝阳区党建工作提出要求。吴桂英强调，要注重基层，突出实效，强化廉政建设，在基层党建中不断提高党建引领发展水平。

（牛菁源）

【学习考察浙江省杭州市建设情况】 3月8日至11日，区委书记吴桂英带领朝阳区党政代表团，到浙江省杭州市实地考察西溪湿地建设、G20杭州峰会属地服务保障、城市规划和环境整治等相关内容，与萧山区签订友好城区协议。3月14日，召开赴杭州市学习交流总结会。参会单位围绕学习交流主题，结合实地学习情况交流发言。吴桂英强调，要学习杭州坚持建设发展“一张蓝图绘到底”的气魄和追求，学习杭州践行“绿水青山就是金山银山”和以人为本的发展理念，学习杭州植根人文挖掘传承历史文化内涵，借鉴杭州市推进工作的高标准、开展管理的精细化、落实责任的务实作风，将学习成果转化为朝阳区各部门工作实践，进一步提升各项工作整体水平。要着力做好孙河地区湿地公园建设和“一带一路”国际合作高峰论坛服务保障，总结提升朝阳区文化历史内涵，强化干部队伍作风建设。

（牛菁源）

【区领导与拆违重点单位集体谈话】 3月22日，召开区领导与拆违重点单位集体谈话会议，区领导吴桂英、王灏、甘靖中、刘军胜、席成坡、杨建海、刘海涛出席会议，刘海涛主持会议。围绕做好拆违控违工作，吴桂英发表讲话。

（牛菁源）

【第十六届人民代表大会第二次会议】 4月6日，召开朝阳区第十六届人民代表大会第二次会议。会议表决通过《北京市朝阳区第十六届人民代表大会第二次会议选举办法》，选举席成坡为朝阳区监察委员会主任。围绕做好监察体制改革工作，吴桂英强调，要全面完善制度机制，高标准监督，严明纪律规矩，做好下一阶段工作。

（牛菁源）

【区委十二届三次全体会议】 4月21日，召开区委十二届三次全体会议。会议选举产生朝阳区出席会议北京市第十二次党代会代表候选人预备人选，审议通过《关于召开中国共产党北京市朝阳区代表会议的决议》。

（牛菁源）

【国务院安委会巡查工作座谈会】 5月3日，召开国务院安委会巡查工作座谈会。国务院安委会第一巡查组赵铁锤，北京市副市长王宁，北京市安全监管局局长张树森，朝阳区领导吴桂英、王灏出席。赵铁锤讲话，王灏汇报安全生产情况。围绕做好区域安全工作，吴桂英表态发言。

（牛菁源）

【接待巴勒斯坦法塔赫干部考察团】 5月24日，以陶菲克·提拉维为团长的巴勒斯坦法塔赫干部考察团到朝阳区访问、观摩区委常委会会议。吴桂英代表朝阳区委介绍朝阳区情和区委党建工作情况，法塔赫干部考察团列席观摩朝阳区十二届区委常委会第十九次会议。

（牛菁源）

【创享空间揭牌和授书仪式暨优秀项目展示会】 6月9日，创享空间揭牌和中国社会工作联合会授书仪式暨朝阳区社会领域第三届社会治理创新优秀项目展示会召开。中国社会工作联合会副会长王国英、市委社会工委副书记陈建领、区四套班子领导出席会议。区委常委、宣传部部长刘军胜致辞，王国英为社区工作者授书并讲话，陈建领点评并讲话。吴桂英围绕做好社会治理工作提出希望。

（牛菁源）

【链家房地产经纪有限公司党委成立大会】 6月26日，北京链家房地产经纪有限公司召开党员大会，正式成立公司党委。中央统战部五局处长冯克非，市领导张革、徐颖、陈建领、王爱民、李荣庆，区领导吴桂英、何明、黄晓伟出席会议，链家集团副总经理刘海琦主持会议。链家公司副总裁魏勇做《链家公司党委筹备工作报告》，何明宣读区组织部对链家公司请示成立党委的批复，链家公司董事长左晖致辞，冯克非致贺词。吴桂英提出三点希望：1. 是深刻认识加强非公企业党建工作重要意义，2. 是创新方法扎实做好非公党建工作，3. 是切实发挥非公企业党组织作用。链家是北京首家成立党委的房地产中介公司，员工14.69万多人，党员11061名，占员工总数7.52%。成立党委是落实非公经济组织加强党建工作具体举措。

（牛菁源）

【区委十二届四次全体（扩大）会议】 6月27日，召开区委十二届四次全体（扩大）会议。全会传达市第十二次党代会、市委十二届一次全会精神和十一届市纪委工作报告、市纪委十二届一次全会精神，区委书记吴桂英代表区委常委会做工作报告，区长王灏做2017年上半年经济社会发展情况和下半年重点工作专题报告。会议审议通过《中共北京市朝阳区委十二届四次全体（扩大）会议决议》。

（牛菁源）

【“疏解整治促提升”专项行动现场推进会】 6月29日，召开“疏解整治促提升”专项行动现场推进会，实地查看呼家楼街道、十八里店乡“疏解整治促提升”专项行动落实情况。区四套班子领导出席会议，区委书记吴桂英主持会议。区委常委、副区长马继业传达市委书记蔡奇在市委市政府疏解整治促提升现场推进会上讲话精神，部署下半年重点工作。

（牛菁源）

【召开区安全生产工作汇报会】 8月7日，召开市委市政府安全生产第一督察组进驻朝阳区安全生产工作汇报会。区委、区政府班子成员，区安监局局长出席会议，市委市政府安全生产第一督察组组长王建东主持会议。吴桂英汇报朝阳区安全生产工作情况，强调要以此次督察为契机，在坚决完成好督察组整改要求的基础上，扎实推进全区安全生产领域改革发展，深入落实各项安全防范措施，确保区域安全生产形势持续稳定。

（牛菁源）

【2017年教师节座谈会】 9月8日，召开朝阳区2017年教师节座谈会。区领导吴桂英、王灏、甘靖中、何明、孙其军出席会议，孙其军主持会议。会上，吴桂英慰问朝阳教育家、星河实验小学校长马芯兰。

（牛菁源）

【2017北京CBD国际论坛】 9月13日，召开2017北京CBD国际论坛。区委书记吴桂英致欢迎词，市政府副秘书长徐志军代表北京市致辞，国务院发展研究中心主任李伟发表题为《加快新旧动能转换，推动经济转型升级》主旨演讲，区长王灏作朝阳区深化服务业扩大开放主题发布。吴桂英强调，朝阳区始终把营商环境优化作为重点，全面提升服务品质，尊重企业市场主体地位，持续增强入驻企业获得感，提升区域吸引力。

（牛菁源）

【朝阳区城市管理委员会揭牌】 10月9日，举办朝阳区城市管理委员会揭牌仪式。市城管委副主任柴文忠，区领导吴桂英、王灏、何明、马继业、李俊杰、杨建海、刘海涛出席会议，刘海涛主持会议。柴文忠对区管理委员会提出工作要求。围绕做好城市管理委员会工作，吴桂英强调，要做好划转交接，加强统筹协作，提高工作实效，推动这一改革早见效果、多出成绩。朝阳区城市管理委员会为朝阳区城市管理主管部门，在原区市政市容委职能职责基础上，整合并承担区发展改革委煤电等能源日常运行管理和行业管理职责、区水务局城市河湖管理范围内（不含水域）的环境卫生管理职责、区商务委的再生资源回收行业管理职责、区园林绿化局的城市建成区区管道路两侧绿化带的环境卫生管理职责，并增加地下管廊综合监督管理职责、新能源汽车充电桩（站）建设和运营管理职责。

（牛菁源）

【第十六届人民代表大会第三次会议】 11月20日至23日，朝阳区第十六届人民代表大会第三次会议举办。会议选举产生市十五届人大代表100名。围绕做好人大工作，区委书记吴桂英发表讲话。

（牛菁源）

【环保督察组督察朝阳区情况反馈会】 12月15日，召开北京市第一环境保护督察组督察意见反馈会。区四套班子领导、法检两长出席会议，王灏主持会议。督察组组长于建明宣读督察反馈意见。吴桂英针对督察反馈意见，围绕做好全区生态文明建设和环境保护工作，作表态发言。吴桂英强调，对督察组反馈的情况诚恳接受，坚决整改，全区各单位将严格按照督察组意见，在思想上高度重视、整改上雷厉风行、落实上立竿见影，持续推动生态文明建设向纵深发展。并以本次督察组反馈意见为契机，进一步强化责任落实，提升环境保护成效。

（牛菁源）

【区委十二届六次全体（扩大）会议】 12月26日，召开区委十二届六次全体（扩大）会议。会议传达市委十二届三次全会精神，区长王灏传达市委十二届四次全会精神，区委书记吴桂英代表区委常委会做工作报告，审议通过《区委常委会抓党建工作情况报告》《中共北京市朝阳区委十二届六次全体（扩大）会议决议》。

（牛菁源）

【区委常委会】 全年召开区委常委会49次，研究议题261个，议题涉及党的建设、经济发展、农村城市化、社会建设、民生工作、安全稳定、干部工作等内容。

（牛菁源）

重大决策

【《中共北京市朝阳区委员会工作规则》等制度制定】 1月26日，区委制发《中共北京市朝阳区委员会工作规则》《中共北京市朝阳区委员会全体会议工作制度》《中共北京市朝阳区委员会常务委员会工作规则》《中共北京市朝阳区委员会书记专题会议工作制度》，规范区委员会、区委员会全体会议、区委员会常务委员会、区委员会书记专题会议的工作机制和决策程序，提高区委科学执政、民主执政、依法执政水平。

（牛菁源）

【推进供给侧结构性改革】 3月23日，区委、区政府制发《关于朝阳区推进供给侧结构性改革的实施意见》，要求把供给侧结构性改革作为解决朝阳区发展中深层次矛盾和问题的治本之策，提出6个方面实施意见：推进功能疏解，清理低效产能；加快结构调整，实现精明增长；推进城乡一体化，加快释放库存；注重开放创新，强化高端供给；以“五治”为重点，做好城市工作；深化改革创新，激发市场活力。

（牛菁源）

【“强党建、勇担当、重实效”作风建设年活动】 5月15日，区委印发《关于在全区开展“强党建、勇担当、重实效”作风建设年活动的通知》，部署开展以“疏解整治促提升”为主线，以“强党建、勇担当、重实效”为主题的作风建设年活动。提出5个方面的活动形式和内容：开展主题宣讲活动；开展“千名干部下基层”活动；开展岗位建功活动；开展“党建引领聚合力”活动；开展作风监督专项行动。

（牛菁源）

【创建国家卫生区】 8月7日，区委、区政府印发《创建国家卫生区工作实施方案》。结合全区工作实际，明确2020年创建成国家卫生区工作目标和工作步骤，完善组织领导。方案提出4个方面工作要求：加强组织领导，建立创卫工作机制；责任分工明确，全面落实各项职责；加大宣传力度，建立完善宣传体系；加大督查力度，完善督导考核体系；开展多层次多领域法治创建；推进法治教育与道德教育相结合。

（牛菁源）

【朝阳区推进全国文化中心建设领导小组设立】 12月15日，区委印发《关于设立朝阳区推进全国文化中心建设领导小组的通知》，设立朝阳区推进全国文化中心建设领导小组。为朝阳区全面落实首都城市战略定位，推进全国文化中心建设和北京历史文化传承发展工作，抓好大运河文化带建设，发挥凝聚荟萃、辐射带动、创新引领、展示交流和服务保障功能奠定基础。

（牛菁源）

【《关于率先打造一流营商环境的意见》制发】 12月21日，为进一步优化营商环境，区委、区政府制发《关于率先打造一流营商环境的意见》，提出6方面主要任务：营造开放投资贸易环境；建设良好经营环境；完善政策扶持环境；优化人才发展环境；构建公平法治环境；优化政务服务环境。

（牛菁源）

【全面推进朝阳区法治建设】 12月29日，区委制发《关于全面推进朝阳区法治建设的实施意见》，在指导思想和工作目标；加强和改进党对法治建设的领导；推动民主政治领域的法治建设；率先实现基本建成法治政府的规划目标；坚持公正司法，维护社会公平正义；构建体系严密的法治监督网络；夯实推进法治建设的社会基础；全面推进法治建设的保障措施8个方面提出主要任务。

（牛菁源）

组织工作

【概况】 中共朝阳区委组织部是区委主管组织建设、干部队伍建设和人才队伍建设职能部门。设干部科、干部监督科、人才科、组织科、党员教育管理科、干部教育培训科、调研室、党代表联络室、办公室等9个科室。年内，全区组织系统坚持以习近平新时代中国特色社会主义思想为指导，把讲政治要求融入组织工作各个方面，围绕朝阳区争当“五个排头兵”目标，抓落实，统筹推进基层党建、干部、人才工作。

地址：日坛北街33号
邮编：100020
电话：65094313

（尹　聪）

【慰问党组织和党员】 1月5日，联合区委老干部局制发《关于转发中央组织部〈关于在元旦春节期间开展走访慰问生活困难党员、老党员和老干部活动的通知〉的通知》，启动2017年“两节”走访慰问活动，全区走访慰问党员10181人、基层党组织529个，发放慰问金、慰问品357万元。七一前夕，结合纪念建党96周年，对先进基层党组织，优秀党员、优秀党务工作者、新中国成立前老党员、生活困难党员、因公牺牲党员家属、长期交纳大额党费党员、村（社区）老骨干及因病致贫特困群众普遍开展走访慰问，了解基层党组织建设情况，解决实际困难。其中，区领导慰问党员13人，发放慰问金6.5万元，组织部领导慰问党员5人，发放慰问金2.5万元。

（欧阳龙）

【慰问专家人才】 1月，落实领导干部联系专家人才制度，由区四套班子领导分别带队深入企业、医院、基层单位和生产一线，走访慰问区“凤凰计划”海外高层次人才、商务精英等9名专家人才代表，并送上新春慰问和祝福。同时，了解专家人才工作生活等情况，并听取专家人才对区域经济社会发展的意见和建议。1月21日、23日，举办2场人才专场慰问演出活动，全区经济和社会建设各领域人才代表约1600人观看演出。

（曹　原）

【树立“两学一做”先进典型】 1月，广泛征集基层党组织在“两学一做”学习教育中开展组织生活的特色做法，提炼形成常营丽景园社区“以微型党课为载体探索党员组织生活新形式”等典型案例，梳理总结基层党建工作创新方面的典型经验，形成八里庄街道“一轴两轮驱动+”模式的探索与实践等创新案例，进一步发挥先进典型的示范引领作用，提升基层党建工作水平。

（欧阳龙）

【严肃党内政治生活】 1月至2月，统筹召开局、处级班子2016年度民主生活会，各党支部普遍召开专题组织生活会，民主评议党员，查摆整改问题。学习教育活动开展以来，处级以上党员领导干部结合自身实际建立个人问题清单，查摆整改问题2715条，各党支部查摆整改问题12579条，进一步严肃党内政治生活。

（欧阳龙）

【基层党代表列席区委重要会议】 2月14日，组织街道、农村系统43名区第十二次党代会基层代表参加2017年朝阳区党建工作（电视电话）会议。5月24日，为更好地落实党代表对党委决策事项的知情权、参与权和监督权，朝阳区首次组织2名区第十二次党代会基层代表列席十二届区委常委会2017年第19次会议。8月24日，组织部分区第十二次党代会基层代表参加党政群共商共治区级民主协商会。10月12日，组织8名区第十二次党代会基层代表参加迎接中共十九大基层党代表座谈会。

（李　锋）

【基层党建述职评议考核】 2月21日，召开工作会，对2016年度街乡党（工）委书记、区委主管工委书记抓基层党建工作进行述职评议考核。市委常委、组织部部长姜志刚出席会议并讲话，市委组织部部委委员、组织处处长徐颖出席会议；区领导吴桂英、王灏、甘靖中、何明、马继业等10人参加会议。吴桂英逐一点评各街乡党（工）委书记、区委主管工委书记的述职，并从讲政治、善统筹、重基层、出实效、严纪律等五个方面提出工作要求。姜志刚从落实党建责任、加强党建引领发展、坚持问题导向等三个方面提出工作意见。区委党建工作领导小组成员、各街乡党（工）委书记、基层代表等约260人参会。

（陈　冰）

【流动党员管理】 3月至5月，按照中央和市委要求，会同各主管工委对流出和流入朝阳区党员进行全面摸排。截至5月31日，朝阳区有流动党员22822人，其中组织关系在京流动党员3538人，组织关系不在京流动党员19284人。通过开展摸排工作，进一步补全流动党员基本信息，采取针对性措施，加强流动党员管理。9月中旬，会同区流动人才党委，总结提炼朝阳区创新流动党员管理模式的主要做法和成效，并就流动党员管理相关工作接受新华网“组织工作经验谈——迎接党的十九大系列访谈”采访。

（欧阳龙）

【“凤凰计划”暨国际高端商务人才认定仪式】 4月27日，在北京会议中心举办2016年朝阳区“凤凰计划”暨国际高端商务人才认定仪式。认定资助第七批“凤凰计划”海外高层次人才23人、创新团队2个、初创企业71家以及引进留学人员单位19家、引进海外高层次人才单位3家；认定第二批高端商务人才66人，其中商务精英20人、青年英才46人。4名高层次人才代表在会上发言。“凤凰计划”入选人才及企业代表、国际高端商务人才代表、区海外学人工作联席会和区国际高端商务人才发展区建设工作协调小组成员单位主要领导等200余人参加仪式。

（曹　原）

【市党代表、市人大代表和区监察委主任选举】 4月，完成区监察委主任选举工作，选举席成坡为区监察委主任。5月，完成朝阳区出席市十二次党代会代表选举工作，选举代表29人。11月，完成市十五届人大代表选举工作，选举代表100人。

（夏　位）

【外国人出入境服务大厅建成启用】 5月2日，朝阳区外国人出入境服务大厅建成并启用。服务大厅位于电子城IT产业园，建筑面积3912.14平方米，设有外籍人才资格认定窗口、外国人签证业务窗口、永居业务办理窗口，配备公安民警12人、文职人员30人。服务大厅落实公安部外籍人才出入境新政，为外籍人才出入境、停留居留更加高效便捷的“一站式”服务。截至12月底，15名高层次人才递交办理永久推荐函申报材料，均获由市商务委开具的推荐函件，4名高层次人才获外国人永久居留身份证。

（曹　原）

【高层次人才昆明、贵阳行】 5月23日至26日，朝阳区高层次人才到云南省昆明市、贵州省贵阳市进行高新技术、教育领域合作交流。与昆明市委组织部签订人才合作协议，进一步明确构建人才引进互通、协同创新、联合培养、人才工作市场化4项长效机制；设立朝阳—昆明人才驿站，向昆明市移交人才驿站启动经费300万元。对贵阳市干部、人才、教育工作开展交流考察，观摩2017中国国际大数据产业博览会。

（曹　原）

【党费使用管理规范】 5月至7月，开展2016年度“两新”组织（新经济组织和新社会组织）党组织党费集中返还工作，指导“两新”党组织严格落实党费工作相关规定要求，规范党费管理和使用。制发《朝阳区关于党费收缴工作专项检查中清理收缴的党费使用方案》，明确补交党费使用的3方面12个项目，指导基层党组织制定清理收缴党费使用方案，并备案。12月下旬，对全区62家单位的主管领导、科室负责人或党务工作者电话随访；成立13个督查组，结合2017年基层党建工作重点任务开展专项督查；会同区审计部门对13个划拨经费数额较大的党（工）委、承担区委重点基层党建项目的基层党组织及受到区委全额返还党费的“两新”党组织进行重点督查，及时向相关单位反馈督查中发现的问题，监督问题整改情况，确保各级党组织管好用好清理收缴的党费。

（欧阳龙）

【党代表参与干部人才工作】 6月7日，为发挥党代表民主监督评议作用，组织5名区第十二次党代会基层代表参加全区领导干部大会。11月3日，组织5名区第十二次党代会基层代表列席全区领导干部大会。11月28日，组织5名区第十二次党代会基层代表列席全区领导干部大会。

（李　锋）

【优秀人才培养资助申报】 6月12日，按照市委组织部关于做好2017年度优秀人才培养资助工作通知要求，向区人才工作领导小组各成员单位下发通知，启动青年骨干个人项目申报工作。经个人申报、单位提名、区人才办审核筛选后，向市评选办公室推荐上报申报项目70个，经市委组织部组织专家评审，最终郑涛、秦雪、林颖3名青年骨干个人项目获得资助。

（曹　原）

【基层党代表列席区委全会】 6月27日至28日、11月8日、12月26日，为落实党代表对党委决策事项的知情权、参与权和监督权，推荐18名区第十二次党代会基层代表分别列席区委十二届四次全体（扩大）会议、区委十二届五次全体（扩大）会议和区委十二届六次全体（扩大）会议。

（李　锋）

【外国院士考察望京国际人才社区】 7月10日，欧美同学会与北京市人才工作领导小组联合举办“外国院士考察首都国际人才社区”活动，来自11个国家近20位外国科学院或工程院院士到朝阳区考察望京国际人才社区并进行交流座谈。

（曹　原）

【望京国际人才社区建设】 7月14日，区委组织部委托北京国际城市发展研究院完成《朝阳望京国际人才社区建设工作方案》。9月8日，由朝阳区人才工作领导小组正式印发。方案明确确定4方面16项重点任务及主责单位和配合单位，16家主责单位研究制定相应工作方案。组织协调专项工作组赴深圳、南京考察人才公寓工作，赴杭州、上海考察行政服务中心工作。全年召开20余次国际人才社区建设重点任务工作推进会，推进人才公寓、社区服务、智能交通管理体系、国际人才交流驿站等建设工作。10月，国际人才公寓电子城北扩区项目通过市政府专题会，纳入全市建设计划，按照“一会三函”流程有序推进建设。12月，上报市委组织部2017年国际人才社区建设工作情况及以及在全市启动大会签约重点项目清单。

（曹　原）

【党组织党员管理信息化】 7月，启动党组织和党员基本信息采集工作。8月27日，完成全区7000余个党组织和19万余名党员的信息采集任务。通过基层党（工）委报送—区委各主管工委预审—区委组织部审核—上报市委组织部的流程，规范全区新发展党员等相关党员数据录入库程序，提高党员管理信息化、精细化水平。

（欧阳龙）

【OTEC创业大会系列活动】 8月18日至19日，OTEC创新峰会在朝阳规划艺术馆举办，大会设ABC论坛、斯坦福GSB论坛及开展OTEC创业大赛全球总决赛。全球11个国家15个赛区1096个项目脱颖而出，24个优秀创业项目参加总决赛，最终来自美国哈佛赛区的“顶探科技”获冠军，中国北京赛区的“考拉阅读”和以色列特拉维夫赛区的“Brightway Vision”获亚军。

（曹　原）

【朝阳区人才工作项目】 9月6日至13日，开展2016年人才工作项目结题评审工作，完成对2016年24个人才项目的结题验收评审。12月19日至27日，组织开展2017年人才工作项目立项评审工作，根据专家评审意见和人才工作整体要求，对29个人才工作项目形成立项，其中重大项目4个、重点项目10个、一般项目15个。

（曹　原）

【市城乡基层三级联创工作】 9月13日至14日，迎接市城乡基层党建三级联创暨基层党建重点任务督查工作。市督查组先后到金盏乡黎各庄村、皮村、CBD工委、朝阳区国际绿色经济协会、发改委、朝阳公园、建外街道秀水社区、北郎东社区调研、督查党建工作，与部分党组织书记和党务工作者进行访谈，查阅相关档案资料。督查组形成调研检查情况报告，指出工作机制、责任落实、基础规范性等三方面问题，提出压实责任、发挥主体、夯实基础等工作建议。

（陈　冰）

【人才国际化发展论坛】 9月15日，北京CBD创新发展年会——“人才国际化发展论坛”在朝阳规划艺术馆举行，论坛以“人才国际化助力朝阳创新发展”为主题，通过主旨演讲、圆桌对话等形式，对国家“一带一路”背景下的人才战略等热点话题进行经验分享、行业分析与趋势解读，为朝阳区域人才创新发展提供智力支撑。朝阳人才咨询服务机构协会在论坛上成立并挂牌。

（曹　原）

【区人才工作海外联络站硅谷站成立】 9月17日，海外人才引进工作组赴加拿大温哥华、美国硅谷、洛杉矶企业孵化器走访交流。9月20日，在美国旧金山硅谷揭牌成立朝阳区人才工作海外联络站硅谷站，建立两地人才交流、培养、引进互动机制，共同实施人才交流合作项目，推动人才引进和合作计划。

（曹　原）

【第八批“凤凰计划”评审认定】 9月19日至21日，开展2017年“凤凰计划”评审工作。83名专家对251名“凤凰计划”申报人进行评审，最终认定资助第八批“凤凰计划”海外高层次人才25人，创业团队4个，初创企业85家以及引进优秀海外人才单位10家、引进海外高层次人才单位1家。

（曹　原）

【国际人才交流驿站揭牌成立】 9月25日至26日，参加市委组织部举办的“首都专家延庆张家口行”活动，9月26日在张家口举行朝阳、延庆、张家口三地“国际人才交流驿站”揭牌仪式。驿站理事会由北京市委组织部、朝阳区委组织部、延庆区委组织部和河北张家口市委组织部构成，负责驿站运行管理和业务指导，对驿站建设和发展提供必要的经费和条件支持。驿站在朝阳区、延庆区、张家口市分别设立常驻办公室，由三地组织部指派工作人员开展工作。

（曹　原）

【第三批朝阳区国际高端商务人才评审认定】 9月26日至29日，开展第三批朝阳区国际高端商务人才评审工作，54名专家对137名申报国际高端商务人才进行评审。最终认定资助国际高端商务人才68人，其中商务精英20人，青年英才48人。

（曹　原）

【党支部规范化建设试点工作】 9月，开展党支部规范化建设试点工作。制定《朝阳区关于开展党支部规范化建设试点工作的方案》，印制朝阳区《党支部工作规范》《党支部工作手册》，按照22%比例确定1939个党支部规范化建设试点。9月19日，组织区委各主管工委、部分试点党支部所在单位党组织召开党支部规范化建设试点工作部署培训会，部署试点工作，并对试点党支部进行培训。

(陈　冰)

【党员关心关爱】 10月，落实市委组织部、市民政局、市财政局相关要求，对新中国成立前入党的农村老党员和未享受离退休待遇的城镇老党员，普遍上调市级生活补贴标准。调整朝阳区18名抗日战争时期入党老党员市级生活补贴至1420元/人·月，调整36名解放战争时期入党老党员市级生活补贴至1180元/人·月。12月，联合慈善协会发放帮扶资金216.9万余元，对1837名区级困难党员开展帮扶活动。

（欧阳龙）

【基层党群活动阵地规范化建设】 10月至12月，制定《关于开展基层党群活动阵地规范化建设的方案》。梳理全区各街乡、社区（村）320余家党员活动阵地基本信息和管理运行情况，研究制定标准化管理制度，编制朝阳区基层党员阵地地图和阵地手册，会同软件公司设计开发“朝阳党群之家”手机APP，促进活动中心发挥教育党员、凝聚群众的作用。

（欧阳龙）

【党员电化教育】 11月，配合党支部评星定级和党员积分管理等工作开展，对全区43个街乡154个行政村和430个社区远程教育终端站点建设情况进行摸底调查。截至12月，全区站点520个，其中社区站点数371个、农村站点数99个、机关事业单位站点数43个、国有企业和“两新”组织站点数7个。对全区53个需要进行信息变更的站点，在平台系统中进行信息维护。

（欧阳龙）

【处级班子干部调整】 年内，区委常委会对处级干部任免168人次。其中，提拔71人次，平职交流改任32人次，转任非领导职务25人次，挂职兼职等其他任命40人次。

（夏　位）

【挂职干部】 年内，选派4名干部赴新疆开展对口援建；选派8名干部赴河北、内蒙古对口协作；选派8名干部赴河南、云南、辽宁、雄安新区挂职交流。接收中央国家机关和金融机构挂职干部7名，市级机关和企事业单位挂职干部19名，河南、河北、云南、山东、江苏、浙江、宁夏、辽宁等外省市挂职干部71名。在尊重派出单位及本人挂职意向基础上，按照“专业对口”的原则拟定安置方案，将挂职干部分别安置在相关委办局及部分街乡等单位。

（夏　位）

【干部选拔任用监督和重点监督任务】 年内，开展二级班子选人用人和贯彻落实民主集中制工作专项检查，对存在的共性、规律性问题，研究提出改进意见，规范班子运行和用权行为。强化各级党委（党组）在干部选拔任用中的领导把关责任，完成二级班子“一报告两评议”工作，对于班子存在的制度不健全、程序不规范等问题，要求限期整改、纠正。对28名书记进行离任检查。组织开展《领导干部报告个人有关事项规定》《领导干部报告个人有关事项报告查核结果处理办法》“两项法规”学习研讨、专项培训，完成2017年度个人有关事项报告填报、信息录入、统计分析和随机抽查工作。加大对市党代表、市人大代表初步人选等个人有关事项报告的查核力度。从严加强出国境审批和证件管理，配合做好局、处级领导干部违规办理和持有因私出国（境）证件专项治理工作，做好领导干部在社会团体、基金会、民办非企业单位等社会组织兼职清理规范工作，推进党政分设清理、超职数清理、规范经商办企业等专项整治工作。制发《中共北京市朝阳区委关于新形势下落实全面从严要求推进干部监督体系建设的意见》。

（夏　位）

【政工职称评定工作】 年内，完成常年政工职称评审工作，2人获政工师资格，1人获助理政工师资格。

（陶文鑫）

【党内年度统计数据】 年内，朝阳区委共有党员194363名，其中新增党员8953名，同比增长4.83%。党员中，女党员86572名，占总数的44.5%；35岁及以下青年党员31572名，占总数的16.2%；少数民族党员9014名，占总数的4.6%；离退休党员111699名，占总数的57.5%；农民党员2237名，占总数1.15%；非公有制单位党员28150名，占总数的14.5%。有基层党组织7551个（不包括流动党员党支部或功能型支部），其中党委538个、党总支415个、党支部6598个。全区有机关党组织878个，事业单位党组织771个，国有企业党组织176个，集体企业党组织145个。社区级党组织443个，其中城市社区党组织240个、乡镇社区党组织203个。社区（委员会）基层党组织2517个，其中党委388个、党总支80个、党支部2049个。村级党组织154个。建制村基层党组织361个，其中党总支66个、党支部295个。全区非公企业党组织2175个，其中党委79个、党总支65个、党支部2031个，覆盖企业26326家。民办非企业单位党组织63个，律师事务所党组织287个，社会团体党组织71个。

（陈　冰）

【成立委员会工作】 年内，区委组织部批复成立委员会46个。

2017年朝阳区委组织部批复成立委员会一览表

表1

序号	成立委员会名单
1	中共北京市朝阳区东坝地区坝鑫家园社区委员会
2	中共北京市朝阳区东坝地区景和园社区委员会
3	中共北京市朝阳区东坝地区十六局社区委员会
4	中共北京市朝阳区东坝地区丽富嘉园社区委员会
5	中共北京市朝阳区东坝地区常青藤社区委员会
6	中共北京市朝阳区东坝地区东泽园社区委员会
7	中共北京市朝阳区东坝地区福润四季社区委员会
8	中共北京市朝阳区东坝地区金驹家园第一社区委员会
9	中共北京市朝阳区东坝地区金驹家园第二社区委员会
10	中共北京市朝阳区东坝地区悦和园社区委员会

续表 1

序号	成立委员会名单
11	中共北京市朝阳区东坝地区朝阳新城第二社区委员会
12	中共北京市朝阳区东坝地区汇景苑社区委员会
13	中共北京市朝阳区小关街道惠新东街社区委员会
14	中共北京链家房地产经纪有限公司委员会
15	中共北京市朝阳区高碑店地区古街社区委员会
16	中共北京市朝阳区南磨房地区百子湾北社区委员会
17	中共北京市朝阳区南磨房地区广百西路社区委员会
18	中共北京市朝阳区社会组织综合委员会
19	中共北京市朝阳区管庄地区管庄北里社区委员会
20	中共北京市朝阳区安贞街道涌溪社区委员会
21	中共北京市朝阳区安贞街道五路居社区委员会
22	中共北京市朝阳区安贞街道安外社区委员会
23	中共北京市朝阳区安贞街道外馆社区委员会
24	中共北京市朝阳区常营地区万象新天社区委员会
25	中共北京市朝阳区常营地区鑫兆佳园社区委员会
26	中共北京市朝阳区常营地区畅心阳光社区委员会
27	中共北京市朝阳区常营地区荟万鸿社区委员会
28	中共北京市朝阳区常营地区东方华庭社区委员会
29	中共北京市朝阳区常营地区常营福第社区委员会
30	中共北京市朝阳区常营地区丽景园社区委员会
31	中共北京市朝阳区常营地区苹果派社区委员会
32	中共北京市朝阳区常营地区常营保利社区委员会
33	中共北京市朝阳区常营地区住欣家园社区委员会
34	中共北京市朝阳区金盏地区金盏嘉园第一社区委员会
35	中共北京市朝阳区金盏地区金盏嘉园第二社区委员会
36	中共北京市朝阳区金盏地区金泽家园社区委员会
37	中共北京市朝阳区金盏地区金泽家园北社区委员会
38	中共北京市朝阳区英迈时代科技有限公司委员会
39	中共北京市朝阳区常营地区北京像素治理中心委员会
40	中共北京市朝阳区纪律检查委员会北京市朝阳区监察委员会机关委员会
41	中共北京市朝阳区民政局机关委员会
42	中共北京市朝阳水务集团有限公司总支部委员会
43	中共北京市朝阳区高碑店地区汇星苑社区委员会
44	中共北京我爱我家房地产经纪有限公司委员会
45	中共北京市康达律师事务所委员会
46	中共北京市朝阳区双井街道百子园社区委员会

（陈　冰）

【党建研究】 年内，区党建研究会承担中组部党建所“十八大以来党的基层组织建设新创造新成就新经验研究”子课题“十八大以来党的基层组织建设的主要成效和经验”，获中组部党建所2017年度课题成果二等奖；完成中组部党建所《全面从严治党这五年——党的十八大以来全面从严治党的主要成效和经验》第六章“全面从严治党向基层延伸——基层建设全面从严过硬的主要成效和经验”的撰写工作；承担北京市党建研究会重点课题“基层党组织在城市基层治理中发挥作用问题研究”，调研成果《朝阳区基层党组织在城市基层治理中发挥作用问题研究》获北京市党建研究会2017年度课题成果一等奖。创新开展基层党建重点项目研究工作，确立基层党组织在中心工作中功能发挥、商务楼宇党建标准化、基层党建阵地建设、基层党建大数据建设、基层党务工作者队伍建设等7个基层党建重点项目。全年立项课题32项（含1项2年课题），其中重点课题11项、指导性课题21项，经中组部党建所、中央党校、全国党建研究会等单位19位专家评审，获一等奖6项、二等奖11项、三等奖15项。区党建研究会第五届自选课题评选收到投稿67篇，经专家评审，评出一等奖6篇、二等奖12篇、三等奖18篇。研究会推荐参加市党建研究基层课题8篇，有3篇分获一、二、三等奖。区党建研究会会刊《基层党建与社会》全年编发正刊4期和《非公党建研究》专刊及十九大《学习资料》专刊，刊登稿件166篇。

（吴双娜）

【发展党员工作】 年内，按照“控制总量、优化结构、提高质量、发挥作用”的原则，发展党员1480名。其中，发展35岁以下青年党员820名，发展大专及以上学历党员1282名，发展工人190名，发展农牧渔民62名。发展党员工作侧重向生产、工作第一线、青年党员、高学历党员倾斜，党员队伍素质显著提升。

（欧阳龙）

【失联党员规范管理和组织处置】 年内，按照市委组织部有关要求，制定下发《关于做好失联党员规范管理和组织处置工作的通知》，指导基层党支部进一步梳理党员组织关系管理情况，深入查找失联党员，按照支部调查核实情况，形成初步意见—基层党（工）委提出初步审核意见—区委各主管工委预审—区委组织部审核—党支部召开党员大会的处置程序，对无法取得联系的336名党员，做出“停止党籍”的决定，做到一人一档、全程留痕，使处置结果经得起历史检验。

（欧阳龙）

【党员教育培训】 年内，贯彻实施《朝阳区2014—2018年党员教育培训工作实施意见》，以建设服务型党员队伍为目标，以加强党员思想教育为重点，健全和完善“区级示范培训—各主管工委重点培训—基层党组织普遍培训”的三级培训网络。组织部先后举办基层党务工作者、新发展党员、流动党员、“两新”党组织书记、基层干部赴新加坡城市精细化管理等一批示范培训班，指导全区各级党组织举办各类党员培训1926次，培训16.5万余人次。拍摄《悟新十年》基层干部赴新加坡培训十周年专题片，举办十周年专题座谈会，总结提炼境外培训经验做法，交流社区党建工作经验，推动培训成果转化。

（欧阳龙）

宣传与精神文明建设

【概况】 中共北京市朝阳区委宣传部（简称区委宣传部）是主管全区意识形态、对外宣传的区委工作部门，代行宣传系统工委职能，并负责区文化创意产业领导小组办公室日常工作。北京市朝阳区精神文明建设委员会办公室（简称区文明办）是区委、区政府精神文明建设工作的综合协调部门，是区精神文明建设委员会的办事机构，设在区委宣传部。设置办公室、宣传科、理论科、综合科、创建科（志愿者工作科）、研究室、区委对外宣传领导小组办公室（区政府新闻办公室）、文化创意产业发展科、基层工作科、未成年人工作科10个科室。北京市朝阳区精神文明建设委员会办公室（简称区文明办）是区委、区政府精神文明建设工作的综合协调部门，是区精神文明建设委员会的办事机构，设在区委宣传部。北京市朝阳区关心下一代工作委员会办公室设在区文明办，主要职责是负责朝阳区关心下一代工作委员会的日常工作，内设公共文明引导行动协调指导小组办公室（简称公共文明协调办）。朝阳区文化创意产业发展中心为区委宣传部所属纳入工资规范管理事业单位。区委宣传部（文明办）人员编制60人，其中公务员编42人、纳入机关工资规范管理事业编14人、工勤编4人。年内实际在编52人，其中公务员39人，包括部长1人、副部长6人（兼任文明办主任1人）、文明办副主任1人；纳入工资规范事业编9人，包括主任1人；工勤4人。2013年8月，经区编制委员会办公室批准，北京市朝阳区规划艺术馆划入区委宣传部；为事业单位，经费形式、机构规格和人员编制不变；设有综合办公室、运营保障部、社会教育部、媒体宣传部、文创中心、展陈技术部、活动策划部7个部门；人员编制16名，实有8人，允许使用劳动合同制人员52人，实际聘用45人，以劳务派遣的方式聘用保安、保洁、监控人员30人，总计83人。

地址：日坛北街33号
邮编：100020
电话：65099322
邮箱：xcbwmb@bjchy.gov.cn

（孙　翀）

【2017年“我们的节日”主题活动】 1月5日至2月1日，“匠心传技艺 · 文化润朝阳”为主题的“我们的节日 · 春节”系列文化活动在北京民俗博物馆举办。3月31日至4月1日，第五届“北京二闸清明踏青节”在庆丰公园举办。5月27日至30日，“感悟端午文化 · 弘扬民族精神”主题的“我们的节日 · 端午”系列文化活动在北京民俗博物馆举办。8月28日，“我们的节日 · 浓情七夕”系列文化活动在北京民俗博物馆举办。9月30日，“花好月圆 · 团圆美满”为主题的“我们的节日 · 中秋”系列文化活动在北京民俗博物馆举办。10月27日，“夕

阳美·家庭和·社会安”为主题的“我们的节日·重阳”系列文化活动在北京民俗博物馆举办。持续推出“我们的节日”中华长歌行系列视频5部，在中国文明网刊播。

（黄建祥）

【“艺术朝阳”作品征集和展示活动】 1月6日，区委宣传部、区文化委、区文明办、区广电中心、区文联，在朝阳剧场共同举办第二届“艺术朝阳”社会主义核心价值观原创文化节成果展示活动。征集原创作品122件5个门类，每类分别评出一、二、三等奖。活动现场为获奖单位和个人颁奖，并进行优秀作品展演。

（杨 帆 徐志浩）

【推动移风易俗、树立文明新风工作会】 1月，朝阳区召开推动移风易俗、树立文明新风工作会。传达学习中宣部、中央文明办推动移风易俗、树立文明乡风电视电话会议精神，部署朝阳区移风易俗、树立文明新风工作。要求把反对铺张浪费、反对婚丧大操大办作为农村精神文明建设的重要内容。安贞街道、管庄乡、区妇联、区委教工委分别介绍社区“三微”联动、红白理事会、文明家庭、“小手拉大手”等先进经验。区委组织部、区纪委、区直机关工委等15个重点部门和43个街乡领导参加会议。区委常委、副区长孙其军主持会议。区委常委、宣传部长刘军胜出席会议并讲话。

（周 密）

【宣传榜样人物】 2月8日，制定下发《2017年度朝阳区开展榜样人物基层巡演巡讲活动工作方案》。2月23日，邀请2016年度“北京榜样”提名奖获得者王子惠等和“朝阳榜样”刘兰芳等代表8人进行互动访谈，访谈内容在朝阳有线播出，北京朝阳文明网同步推出活动专题。4月至11月，在全区17个街乡开展12场榜样人物基层巡演、9场基层巡讲活动。

（黄建祥）

【志愿者关爱行动】 2月28日，举办“朝阳区志愿者关爱行动”启动仪式，发布《志愿者关爱行动宣言》、“心际阳光”心灵成长、“掌上悦读”优秀志愿者激励等项目，建立全市首个困难志愿者救助慈善捐助金。首都文明办调研员杨秀卿，北京慈善义工联合会副会长陈志斌，区委常委、区宣传部长刘军胜出席活动并共同启动“志愿者关爱行动”。3月22日至23日、28日至29日，朝阳区志愿者关爱行动——志愿者骨干“心际阳光”能力提升系列活动第1、2期培训在潘家园创享空间举办，全区各街乡、志愿服务相关部门志愿者骨干、大学生志愿者、公共文明引导志愿者近100人参加。心理咨询专家亓昕，围绕倾听模式、沟通技巧等内容作专题讲座。

（左向军）

【市党代会代表人选推荐工作】 3月6日至7日，区委宣传部常务副部长毕重伟带队，对组织宣传系出席北京市第十二次党代会代表候选人李利、赵伟、刘金娟进行考察，确定李利、赵伟2人当选市党代表，并参加北京市第十二次党代会。

（庞永顺 李 晨）

【爱国主义教育基地调研工作会召开】 3月15日，在北京税务博物馆组织召开朝阳区爱国主义教育基地调研工作会暨北京税务博物馆、北京中医药大学中医药博物馆、北京陶瓷艺术馆3家爱国主义教育基地授牌仪式。区委常委、区宣传部长刘军胜为3家爱国主义教育基地授牌。

（杨 帆 徐志浩）

【原创歌曲《榜样》发布】 3月21日，为榜样人物量身定做的歌曲《榜样》发布。邀请各级各类道德模范、榜样人物原型出镜录制MV，以此向全区多年来荣获各类荣誉的先进人物致敬，传达出凡人善举就在身边、学习榜样处处可为这一主题。

（黄建祥）

【百姓宣讲工作】 3月31日，区委宣传部在朝阳区图书馆召开2017年朝阳区百姓宣讲工作部署座谈会，并为获2016年市级优秀宣讲员代表颁发证书，区委常委、区宣传部长刘军胜出席会议。7月25日至26日，举办“不忘初心跟党走 圆梦京华谱新篇”2017年朝阳区百姓宣讲汇讲活动，来自全区系统工委的8支宣讲团50名宣讲员进行宣讲。市委讲师团副团长刘梅、区委宣传部常务副部长毕重伟出席活动，并为获2017年北京市和朝阳区优秀宣讲员代表颁发荣誉证书。年内，制定《朝阳区学习宣传贯彻党的十九大精神百姓宣讲工作实施方案》，针对非首都功能疏解、生态环境治理、增进民生福祉等百姓关注的热点问题，以“绿动首都的先锋使者”“明星公厕星级管家”“托举生命的安全网”等为主题，组建“朝阳群众 圆梦京华”区级宣讲团，巡讲1200余场，受众达9.6万人；梳理汇总2012年以来优秀百姓宣讲故事，印制《讲声印记——朝阳群众宣讲故事集》5000册，下发全区各单位。截至年底，全区全年开展百姓宣讲1450余场，受众12.5万人。

（杨 帆 徐志浩）

【公益广告宣传】 3月至8月，邀请北京国际广告传媒集团等5家单位开展朝阳区原创公益广告设计工作，设计完成原创公益广告作品63幅。全年印发“图说我们的价值观”“讲文明树新风”等主题公益广告海报50余万张，设计布置完成三环、四环主路过街天桥宣传标语广告牌378幅。

（黄建祥）

【群众文化活动巡礼进朝阳活动举办】 5月11日，由区委宣传部（文明办）主办的“风好朝阳 文明之光”——“‘文明有礼北京人’群众文化活动巡礼进朝阳”在来广营地区蕴实园文化广场举办。北京电视台对活动录制并制作专题片，在北京文艺频道播出。

（黄建祥）

【全国文明城区荣誉称号继续保留】 5月16日，中央文明办对北京市包括朝阳区在内的4个文明城区创建工作暗访督查情况进行集中反馈，其中涉及朝阳区14类34处问题。针对反馈意见，朝阳区委制发《关于迅速整改落实中央文明办反馈督查朝阳区创建文明城区有关问题的紧急通知》，要求相关主责单位限期整改。7月13日，中央文明办正式制发《全国文明城区测评体系（2017版）》。根据新版标准要求，制定《朝阳区迎接全国文明城区复查工作任务分解书》、档案提交工作要求、实地考察操作手册。对指标涉及的67个部门、43个街乡主管领导及科室负责人进行集中培训。召开由区委书记吴桂英和区委副书记、区长王灏参加并主持的2017年深化全国文明城区建设动员部署大会。8月14日，召开全国文明城区综合测评点位申报专题调度会。按照中央文明办通知精神，开展2017年点位申报工作，申报39类2002个点位。9月4日至8日，委托专业调查公司对申报点位进行全口径测评，抽取200条背街小巷环境秩序和100个随机点位实地考察，查找梳理出5大类21个方面共性问题。区文明办及时启动整改进度日报机制，实行问题点位挂销账制度。11月14日，经中央文明办复查考核，确认北京市朝阳区继续保留全国文明城区荣誉称号。

（左向军　周　密）

【重大会议活动新闻宣传】 5月28日至6月1日，2017北京国际服务贸易交易会举行，围绕朝阳区推进服务业扩大开放、服务贸易创新及国际服务贸易发展最新成效和发展趋势，策划5场新闻发布会，重点对六大领域推进33项试点政策落地、创新高端人才聚集机制、推进服务业转型升级、提高居民生活品质，以及三大功能区推动金融、科技、文创意、商务重点领域的开放创新等内容进行集中宣传报道。9月11日至13日，朝阳区参加第十二届北京文博会。文博会设朝阳区分会场20个，围绕首都“四个中心”建设，策划1个新闻通气会、3个主会场新闻发布、19场分会场文化活动等系列新闻宣传活动，集中展现朝阳区文化创意产业发展、国家文化产业创新实验区建设等方面成果。9月13日至16日，2017北京CBD创新发展年会召开。举办5场新闻发布会、5场直播和4场集中采访，展现5年来朝阳区经济社会发展成果。

（单艺伟　冯　烨）

【“朝阳榜样”评选工作】 5月至9月，每月评选“朝阳榜样”月榜人物10名，制作《朝阳报》专版7版、网络专题6期予以宣传。11月16日至26日，在朝阳文明网开展为2017年度“朝阳榜样”候选人点赞评议活动，推选出2017年度“朝阳榜样”10名，“朝阳榜样”提名奖32名。

（黄建祥）

【13人入选“北京榜样”周榜样人物】 5月至10月，朝阳区向“北京榜样”活动组委会推荐上报“2017北京榜样”候选人43名，13人入选“北京榜样”周榜样人物。其中，殷金凤获“北京榜样”荣誉称号，6人获“北京榜样”提名奖。

（黄建祥）

【“我是朝阳群众”故事会巡讲】 5月至12月，通过“讲故事、说历史、树典型”宣讲方式，深入街乡、学校、单位、驻区部队，举办“致敬最可爱的人——我是朝阳群众”巡演走进首都机场街道暨八一慰问演出、“不忘初心 牢记使命 高举旗帜 团结奋进——深入学习宣传贯彻党的十九大精神，我是朝阳群众”进机关巡讲活动等15场演出。

（黄建祥）

【“童心向党”歌咏活动优秀节目展演】 6月22日，朝阳区2017年“童心向党”中小学生歌咏展演活动在朝阳剧场举行。展演主要包括10所学校的13首歌曲，部分学校德育干部、师生及家长代表参加展演活动。

（李孟阳）

【“六小”主题实践活动总结会召开】 6月24日，朝阳区“参与社会实践，争当‘六星’少年”总结推进会在双井街道召开。2016年，20个街乡2300余名少年儿童争当“社区小楼门长”“文明小引导员”“文明小宣传员”“环保小卫士”“爱心小使者”“家庭小孝星”，151名“六星少年”脱颖而出。会议总结“六小”主题实践活动情况，为20位“六星”少年代表颁发徽章、证书。区委常委、宣传部部长刘军胜出席并讲话，主办单位有关领导、43个街乡主管领导、学生及家长代表150余人出席会议。

（王　峰）

【未成年人思想道德建设工作会召开】 7月14日，未成年人思想道德建设工作会召开。总结、部署未成年人思想道德建设工作，交流典型经验做法，表彰百名“好家长之星”和20名“美德少年”。区委常委、宣传部部长刘军胜出席会议并讲话，区委宣传部副部长、区文明办主任张爽主持会议。

（王　峰）

【“全国红色收藏展览”活动举办】 7月20日至8月13日，为纪念中国人民解放军建军90周年，迎接中共十九大胜利召开，区委宣传部联合区国资委、区文化委、中国收藏家协会红色收藏委员会、北京潘家园国际民间文化发展有限公司在朝阳规划艺术馆组织举办“听党指挥 铸军魂 光辉历程九十载——朝阳区纪念中国人民解放军建军九十周年暨迎接党的十九大胜利召开全国红色收藏展览”活动。红色收藏展由主题展区“听党指挥铸军魂光辉历程九十载”和专题展区“将帅英模”“军服军衔”“人民军队忠于党”组成，全面展现人民军队在中国共产党领导下走过的光辉历程。展品1500余件，近8000人参观。区委常委、宣传部部长刘军胜出席开幕式并发表致辞，区委宣传部常务副部长毕重伟主持开幕式。

（杨　帆　徐志浩）

【刘玉杰荣获第六届全国道德模范荣誉称号】 11月17日，朝阳区奥运村街道双泉社区第二党支部书记刘玉杰在全国精神文明建设表彰大会上获第六届全国道德模范荣誉称号，并在人民大会堂接受中央领导接见。

（黄建祥）

【区文明办荣获全国表彰】 11月，朝阳区文明办被中央文明办评为第四届全国未成年人思想道德建设工作先进单位。

（王　峰）

【“核心价值观百场讲坛”举办】 12月21日，由中宣部宣教局、光明日报社主办，朝阳区委、光明网、中国伦理学会承办的“核心价值观百场讲坛”第67场活动在朝阳区举办。全国政协外事委员会委员于洪君作题为“新时代中国特色大国外交的指导思想和总体布局”讲座，并与观众和网友互动。中宣部宣教局局长常勃，光明日报社副总编辑沈卫星，光明网总裁杨谷，市委宣传部副巡视员，市文促中心主任梅松，区领导甘靖中、刘军胜、黄晓伟出席活动。200余名干部群众现场聆听，全国303万名网友收看节目，40.2万名网友通过微博、论坛等参与交流互动。

（左向军）

【宣传贯彻中共十九大精神舆论氛围营造】 年内，制定《朝阳区关于进一步深化迎接党的十九大宣传报道的实施方案》《朝阳区庆祝中华人民共和国成立68周年和迎接党的十九大胜利召开宣传环境布置方案》《朝阳区学习宣传贯彻党的十九大精神环境布置方案》《关于进一步做好朝阳区学习宣传贯彻党的十九大精神环境布置的通知》等文件。10月底，全区拆除与中共十九大无关的横幅标语6038条，布置迎接中共十九大胜利召开宣传标语横幅3930条，更换学习宣传贯彻中共十九大精神宣传标语1023条，升挂国旗2.1万余面，协调37根单立柱、7块大型电子屏，三环路、四环路13块大型墙体广告，196块落地灯箱进行十九大精神宣传。

（杨　帆　徐志浩）

【意识形态工作】 年内，成立区委意识形态工作领导小组，区委宣传部将意识形态工作纳入区委理论学习中心组年度学习计划、二级班子中心组学习重点和各项党员干部培训计划。制发《朝阳区意识形态工作考评标准（试行）》，围绕意识形态领导权、管理权、话语权和意识形态工作创新四个方面，指导全区各单位落实意识形态各项工作任务。8月起，每月召开区意识形态领域情况会商研判和通气会，全年开展区级会商研判会议11次。区委书记与全区155家单位党（工）委（党组）书记签订意识形态工作责任书。区委办、区纪委、区委组织部、区委宣传部及各主管工委，采取书面督查、现场汇报和查看档案等方式，在全区开展2017年意识形态工作责任制暨理论学习中心组学习规则落实情况专题督查，对58家重点单位开展现场督查。组织开展全区二级单位班子意识形态责任制年终考评工作；梳理全区范围内50人以上各类活动场所649个，汇总形成全区工作台账。开展“朝阳区意识形态领域现状及应用策略研究”“涉意识形态突发事件应急处置机制研究及演练项目”等课题研究，探索加强意识形态工作的方法和路径。

（权英淑　徐祯卿）

【全国文化中心建设工作】 年内，成立朝阳区推进全国文化中心建设领导小组，办公室设在区委宣传部。根据市委相关部署要求，区委区政府主要领导和主管领导分别主持召开专题部署会、专题调度会、研讨会10余次，确立领导小组办公室及历史文化保护组、大运河文化带建设组、文化内涵挖掘组、文化建设组、产业发展组的“一办五组”组织架构，制定《朝阳区推进全国文化中心建设领导小组及办公室工作规则》和《朝阳区推进全国文化中心建设领导小组运行机制》2个配套文件，建立文化中心建设领导小组办公室例会制度。11月2日，召开全国文化中心领导小组办公室第一次例会，明确工作抓手和责任分工，以《朝阳区全面加强文化建设的意见》为统领，实施核心价值观、公共文化服务、优秀传统文化、文化创意产业、对外文化交流、大运河文化带6个专项行动工作。吸纳39名文化事业、文化产业、城市发展规划等类专家学者成立专家顾问团，推进中心建设。围绕中心建设，承办全市公共文化服务体系示范区建设现场推进会、全市保护利用老旧厂房拓展文化空间现场推进会，参与承办北京市促进文化与科技融合发展现场推进会，组织开展CBD创新发展年会、2017年国家文化产业创新实验区发展论坛等会议活动，参与北京文博会等工作。

（孙　翀　杨　帆　张秋佳）

【文化活动和文艺创作】 年内，举办“东岳雅集”“我们的节日”“书香朝阳”“社区一家亲”等品牌活动，“北京朝阳森林演出季暨‘喜迎十九大’朝阳区基层文化展演”覆盖全区43个街乡，举办演出、现场展览、播放宣传片130场，500余支团队参与，现场观众10余万人，直播及点播平台观看850余万人次。开展各类文化活动2576场次，其中公益性演出281场，受益人群1958万人次。

（杨　帆　徐志浩）

【思想政治和理论宣讲获奖】 年内，奥运村街道南沙滩社区党委、朝阳区人民法院政治处、朝阳区社会体育管理中心、朝阳区工商业联合会等4家单位及孔祥雨、吉明月、何向东、顾美平、王娟5人获第十三届北京市思想政治工作优秀单位、优秀思想政治工作者。完成北京市第28届“丹柯杯”优秀研究成果征选、推荐工作，其中获得一等奖3个、二等奖4个、三等奖3个，区委宣传部获优秀组织奖。完成北京市2017年度“宣讲家杯”优秀报告（党课）征集展播活动评审推荐工作，朝阳区获评优秀报告作品3件，并获得先进组织单位和优秀组织员荣誉。完成2017年度北京市理论宣讲示范基地评优工作，评选出优秀单位2家、优秀工作者2名、优秀组织员1名。

（张秋佳　徐祯卿　徐冬冬）

【原创话剧创作及巡演】 年内，为深入贯彻落实习近平总书记关于“注重家庭、注重家教、注重家风”的重要讲话精神，围绕家风家教建设，区委宣传部、区文化委、区妇联等相关单位共同打造原创话剧《最美家庭》，自11月18日起，在全区开展“学习宣传贯彻党的十九大精神——朝阳区原创话剧《最美家庭》展演暨精品文艺演出进基层活动”30余场。

（杨　帆　徐志浩）

【2人入选“中国好人榜”】 年内，向中央文明办“中国好人榜”推荐候选人24人。其中，焦翔当选1月“中国好人榜”敬业奉献好人，秦洪涛当选9月“中国好人榜”诚实守信好人。

（黄建祥）

【新媒体宣传】 年内，“北京朝阳”政务微信策划“喜迎十九大”“新时代新征程”“新党章学习园地”“砥砺奋进的五年”等近20个系列栏目，利用H5、小视频、VR、动画等形式，报道朝阳建设发展动态。全年推送内容345条，粉丝数近5万人，同比增长243%。“北京朝阳”政务微博围绕朝阳区“十三五”规划、“疏解整治促提升”专项行动策划“我们的节日”、中共十九大、“一带一路”等13个微话题，展示朝阳区经济社会发展和文化创意产业发展新成果。依托微博互动平台，策划组织“绿满朝阳”线下义务植树活动、“跟民俗大师学手艺”暑期亲子民间手工艺体验活动、第二届“朝阳SUN RUN”健身跑步节等微活动，全年在新浪网、腾讯网、人民网三网平台发布微博8000条，粉丝近150万人。“北京朝阳”APP改版上线，新增直播、搜索等新功能，围绕各街乡和各部门工作亮点、政策解读、文化活动等内容发布报道2833篇次，阅读量超148万。“北京朝阳”今日头条号客户端每日编发朝阳新闻，推出“聚焦两会”“聚焦文博会”“聚焦一带一路”“砥砺奋进的五年”“十九大”等系列专题内容，全年编发198篇，阅读近80万次，推荐达700余万次。为推广朝阳区独特魅力，围绕朝阳商务科技、公共服务、百姓生活、文化创新、奥运风采等多个角度，更新《朝阳区参观体验线手册》；采用新媒体，策划制作1条宣传动画和1个围绕朝阳生态环境点线的H5互动游戏。

（单艺伟　冯　烨　蔺　凯）

【新闻应急处置】 年内，服务保障中共党的十九大、“一带一路”国际合作高峰论坛，参与“红黄蓝新天地幼儿园”、皮村安全隐患整治、费家村人员聚集、“12·13”火灾等突发事件舆情应急处置，启动专项媒体舆情监测299次，参与突发事件新闻应急处置137次，现场应急值守150余人次。

（康　艺）

【北京朝阳文明网信息发布】 年内，北京朝阳文明网发布信息4554条，策划制作综合专题16个，17篇原创评论被中国文明网总站首页采用。完成总站宣传配合、承担工作等各类宣传任务31项，81条信息被中国文明网首页栏目采用，15条信息在头条、要闻、图片、深度评论等重点区域面向全国展示。

（黄建祥）

【“中外记者看朝阳”品牌外宣活动】 年内，围绕养老服务、北京中轴线文化脉络、轨道交通运输等方面，配合市外宣办接待德国、巴西、巴基斯坦、泰国、加拿大、澳大利亚、日本、南非、埃及等30多个国家和中央电视台、新华社、中国日报社、北京电视台等国内媒体200余人次中外记者对奥运塔、朝阳区养老服务指导中心、寸草春晖养老院、恭和苑养老院以及北京市轨道交通指挥中心集中采访工作。

（蔺　凯）

【《从心开始——群众身边的思想政治工作》出版】 年内，为充分展示近年来朝阳区基层思想政治工作在宣传群众、动员群众、服务群众等方面的丰硕成果，总结朝阳区基层思想政治工作新特点，选取全区25个基层案例，编辑出版《从心开始——群众身边的思想政治工作》一书。

（张秋佳　李　尚）

【首都劳动奖章和北京市工人先锋号推荐工作】 年内，宣传系统确定吕鑫、刘薇、王宇轩3人为首都劳动奖章推荐对象；确定北京五洲妇儿医院妇科和区委宣传部（文明办）创建科（志愿者工作科）为北京市工人先锋号推荐对象。最终，吕鑫、刘薇、王宇轩3人获首都劳动奖章；北京五洲妇儿医院妇科获北京市工人先锋号。

（庞永顺　李　晨）

【《网络文明传播工作方案》制发】 年内，印发《2017年朝阳区网络文明传播工作方案》，围绕文明朝阳微博、微信、QQ群等载体，线上线下互动，突出“文明风尚标”和“文明风尚行”板块，新增“文明微透视”“文明正当时”2个特色栏目，促进网络文明健康有序发展。

（周　密）

【群众性精神文明创建规范化建设文明单位命名】 年内，通过基层单位创建申报、主管工委（部门）择优推荐、资格评审、检查验收、社会公示、会议审定等程序，区文明委命名944家2016年度朝阳区群众性精神文明创建规范化建设文明单位。命名东坝乡等15个乡为2016年度群众性精神文明创建工作规范化建设文明乡，崔各庄乡黑桥村等39个村为文明村，区科委等465个单位为文明单位，中国人民解放军61302部队等部队为军（警）民共建文明单位，六里屯街道六里屯北里社区、金盏地区金泽家园北社区等351个社区为文明社区，将府郊野公园等10个景区为文明风景旅游区。

（周　密）

【第二批文明校园创建活动启动】 年内，区文明办联合区委教工委、区教委共同开展2017年朝阳区文明校园创建活动。全区38所中小学校被评为“北京市文明校园”。

（李孟阳）

【百名“好家长之星”推选活动】 年内，组织开展第二届“朝阳好家长之星”推选活动，从“善于学习、履行职责，以身作则、家庭和睦，科学教子、家校协作，全面发展、热心公益”等方面推选区级“好家长之星”候选人235名，经专家初评、复评，最终选出2017年度“好家长之星”100名。

（李孟阳）

【“美德少年”选树活动】 年内，在全区开展“最美少年在身边——学习和争做美德少年”活动。推选“朝阳区2017美德少年”20名、“朝阳区2017美德少年”提名30名，其中11名朝阳区“美德少年”被评为首都百名“最美少年”。同时，面向街乡、社区（村）组织开展“朝阳区2017美德少年”事迹巡展活动。

（董姝媛）

【“嘉禾四时”获奖】 年内，为推动全区未成年人思想道德建设出品牌、出亮点，进一步培育基层关心下一代工作典型，面向全区各未成年人思想道德建设协调委员会成员单位、各街乡和各中小学校开展2016年以来未成年人思想道德建设创新案例征集工作。劲松四小“嘉禾四时”课堂获“2017年首都未成年人思想道德建设创新案例奖”。

（董姝媛）

统战工作

【概况】 中共朝阳区委统战部、中共朝阳区委台湾工作办公室、朝阳区人民政府台湾事务办公室、朝阳区人民政府侨务办公室3个机构合署办公，在编人员19人。设部长1人，由区委常委兼任；常务副部长1人；副部长、台办主任1人；副部长、侨办主任1人；副部长、工商联党组书记1人（编制在工商联）；副部长、区民宗办主任1人（编制在民宗办）。部内设办公室、对台联络科、侨务办公室、党派工作科、综合科。年内，全区统一战线围绕中心、服务大局，不断提高工作能力和水平，促进朝阳区政党关系、民族关系、宗教关系、阶层关系和海内外同胞关系和谐，在朝阳区各项事业发展中发挥重要而又独特作用。

地址：团结湖北五条5号
邮编：100026
电话：65099439
邮箱：chytzb@126.com

（姚德文）

【两岸基层交流活动】 1月9日，台湾省澎湖县马公市市长叶竹林一行35人到京参观访问，在海峡两岸交流中心和区台办负责人陪同下，参观劲松街道劲松西社区老年家园、文体活动中心，了解社区养老服务和老年人业余文化生活情况。2月8日至15日，区台办与区社会办联合举办“以舞会友——2017京台基层新春文化拜年及定向结对交流之旅”活动。组织团结湖街道、八里庄街道、垡头街道等10个街乡社区干部及文化演出队52人参访团，元宵节期间在台湾开展拜年之旅。2月24日，由台湾高雄市议员、党团总召曾俊杰为团长的参访团到朝阳区劲松街道西社区，对社区治理、环境维护、居家养老等方面进行考察和交流。市人大民宗侨委员会主任吴宝华、市台办综合处处长刘清等陪同。5月15日，台湾新同盟会屏东分会参访团一行38人在区统战部副部长、区台办主任李波陪同下，到团结湖文体文化中心、朝阳区规划艺术馆进行参观访问。6月19日，由国台办、市台办共同指导，区台办承办，驻京台湾媒体《旺报》和《联合报》及TVBS电视台、东森电视台、中天新闻、年代电视台、三立电视台记者等一行13人到亚运村街道地瓜社区进行采访，参观地下空间资源利用。市台办副主任马振生，市台办宣传处处长孙方遒，区委统战部副部长、台办主任李波出席活动。9月26日，朝阳区社区社会组织联合会、与台湾高雄市青溪总会、苓雅区里长联谊会共同主举办中秋晚会，晚会在团结湖街道文化中心和高雄师范大学演艺厅同时演出。高雄市苓雅区里民约800余人观看两岸社区文艺团队精彩演出。团结湖街道文化中心视频连线现场社区居民，通过大屏幕送去对宝岛同胞的问候和祝福。

（姚德文）

【慰问东岳庙宗教人士】 1月22日，区委常委、统战部部长黄晓伟，常务副部长胡杰华，副部长、区民宗办主任梅诗曙，区文化委主任高春利到东岳庙走访慰问宗教人士。

（姚德文）

【走访慰问】 1月至2月两节期间，区委常委、统战部部长黄晓伟，统战部副部长、台办主任李波一行走访慰问侨福芳草地台资企业，看望慰问陈宏、关槐秀等台胞台属。区委统战部副部长、侨办主任李晓霞看望在京居住智利华人华侨妇女联合会负责人张文利母亲等归侨侨眷，并送上新年问候与祝福；走访中国科学院动物研究所所长周琪、精进电动创始人蔡蔚、美国世纪发展集团董事长于学文等侨界代表人士。

（姚德文）

【侨服务公共事项办理】 4月28日，区侨办与区招生考试中心义务教育办公室负责人就2017年义务教育阶段入学政策和办理要求进行工作对接，在政策范围内简化华侨、港澳同胞、外籍华人学生、华侨子女上学相关手续方面进行沟通。并在区侨办网站上公布公共服务事项清单和办理流程，制作《朝阳区为侨服务指南》，发放到43个街乡和相关单位。全年办理“归侨子女、华侨在京子女、归侨学生中考身份证明”9份，开具“华侨子女接受义务教育证明信”6份和“华侨、港澳同胞、外籍学生来京上中小学批准书”22份，解答政策咨询数千余人次。

（姚德文）

【宗教活动】 5月9日，为让民族宗教界人士知朝阳、爱朝阳、为朝阳做贡献，区委统战部、区民宗办组织朝阳区民族宗教界代表人士参观朝阳规划艺术馆，32人参加。

（姚德文）

【朝阳统战微信公众号开通】 5月10日，“朝阳统战”微信公众号开通，实现统战工作 “网上、网下”有机融合，拓展统战宣传的深度与广度。

（姚德文）

【侨务工作调研】 5月11日，北京印尼归侨联谊会会长叶小平、副会长沈小红、副会长兼秘书长刘达民一行到朝阳区，就印尼归侨相关事宜进行座谈，区委统战部副部长、侨办主任李晓霞、区侨联主席参加座谈。5月18日，市侨办副主任贺淑晶一行到朝阳区调研，与副区长李国红及区委组织部、区侨办、朝阳海外学人中心等相关人员就朝阳区海外人才引进工作开展会谈。

（姚德文）

【侨界代表人士培训班举办】 5月26日，区侨办举办以“关注侨资企业发展，助力中小企业成长”为主题的涉侨政策法规培训班，邀请市侨办侨政处处长刘云艳讲解首都侨务工作以及涉侨政策的发展，区内60余家涉侨中小企业负责人参加培训。6月15日举办以“关注国际安全形势，助力涉侨企业成长”为主题的安全形势宣讲培训班，邀请国际安全形势分析专家吕卫讲解国际安全局势与“一带一路”倡议，引导企业根据国际形势维护自身利益，50余家涉侨中小企业参加培训。9月28日，举办以“统一侨界思想，喜迎十九大召开”为主题的侨务政策学习交流培训班，邀请中国华侨华人历史研究所副所长张秀明以“侨史、侨情、侨务”为主题进行讲座。市级以上侨务示范单位、明星社区侨务干部、侨界代表50余人参加培训。

（姚德文）

【悦动高屏在台湾举办】 5月至6月，第三届“北京朝阳‘悦动高雄·悦动屏东’社区文化大舞台”交流活动在台湾高雄和屏东两地举办。区台办、区社会办、区文联组织67人赴台，为台湾民众带去彰显京味、展现中华文化魅力的活动和演出。在宣传方式上，首创“互联网+”新模式，通过网络媒体平台，实时转播，加强同台湾民众互动交流，增进了解、提升效果。活动演出3场，其中2场为两岸同步网络直播，受到两岸同胞4.6万人次点赞。朝阳区政协副主席杨树旗，区文联常务副主席、秘书长金童参加活动。

（姚德文）

【新社会阶层人士统战工作会】 7月14日，区委常委、统战部部长黄晓伟主持召开新社会阶层人士统战工作会。新社会阶层人士统战工作联席会议成员单位领导，市区相关政府部门、人民团体、中介组织和社会组织领导参加会议。新社会阶层统战工作主要对象为新社会阶层中的党外知识分子、非公有制经济代表人士、民主党派成员、留学归国创业人员，重点是新社会阶层中有影响有造诣的党外各类高级管理人员和专业技术人员。

（姚德文）

【赴台参加武术文化交流】 7月24日至8月1日，应台湾中华洪门武术联盟总会、台湾武术协会邀请，由市台办和市体育局牵头，区台办和区体育局选派16名运动员、8名工作人员组成朝阳区赴台体育文化交流团，参加 “2017第四届台湾武术文化节”和“2017年洪门武术锦标赛”，获23枚金牌、4枚银牌和4枚铜牌，团体排名第2。

（姚德文）

【海外华裔青少年夏令营活动】 7月30日至8月8日，区政府侨务办协助市政府侨务办举办2017海外华裔青少年“中国寻根之旅·魅力北京”夏令营——京味文化营活动。开营仪式在北京青年政治学院举行，市侨办副主任史立臣，市侨办信息中心处长李飞，朝阳区委统战部副部长、侨办主任李晓霞等出席活动。来自美国、法国、意大利、日本4个国家5个团组近100名师生参加夏令营活动。

（姚德文）

【海外学人创业大会】 8月19日至20日，由市侨办、中关村管委会、区人才工作领导小组主办，区侨办协办的 “2017朝阳海外学人创业大会”总决赛在朝阳区规划艺术馆举行。活动内容包括参观朝阳区“凤凰计划”和 “2017中关村华侨华人创新创业大会”优秀项目路演。来自9个国家20个优秀创业项目代表进行路演。

（姚德文）

【海外院士专家朝阳分站建立】 8月23日，区侨办配合鑫达中投（北京）投资控股有限公司建立“海外院士专家朝阳分站”。与区委组织部共同召开海外院士对接座谈会，配合相关委办局开展与海外院士专家项目对接工作。

（姚德文）

【慰问宗教人士】 9月1日古尔邦节，区委统战部常务副部长胡杰华，副部长、区民宗办主任梅诗曙，朝外街道相关领导到南下坡清真寺向广大穆斯林祝贺节日。12月24日平安夜，北京市委常委、统战部部长齐静到朝阳基督教堂、平房天主教堂走访慰问宗教界人士，并送去慰问金。区委书记吴桂英，区委副书记、区长王灏，区委常委、统战部部长黄晓伟等参加慰问。

（姚德文）

【2017年度议政会召开】 9月26日，区政协、区委统战部联合召开2017年度议政会，区内各民主党派、工商联、无党派人士和各界委员围绕“文化创新添动力，疏解增绿上水平”协商议政。区委书记吴桂英，区委副书记、区长王灏，区委常委、统战部部长黄晓伟出席会议并讲话，区政协主席陈涛主持会议。副区长王志勉，区政协副主席杨树旗等出席。

（姚德文）

【侨法宣传月活动启动仪式举办】 12月5日，北京市2017年中华人民共和国归侨侨眷权益保护法宣传月活动启动仪式在朝阳区举行。启动仪式上，首家“可视化为侨服务示范基地”在朝阳区中护航大厦挂牌。

（姚德文）

【侨界学习中共十九大精神座谈会】 12月9日，举办“海外留学归国青年学习贯彻党的十九大精神座谈会”。区委统战部副部长、侨办主任李晓霞向海外留学归国青年进行学习贯彻中共十九大精神宣讲，北京海归孵化器科协会员代表50余人参加座谈。

（姚德文）

【参观“砥砺奋进的五年”大型成就展】 12月19日，组织新社会阶层人士参观“砥砺奋进的五年”大型成就展，来自朝阳区社会组织联合会、建外街道永安里东社区、双井街道“13区”等社会组织、外企民企管理技术人员、新媒体从业人员代表30多人参观。

（姚德文）

【协办海外华裔青少年冬令营】 12月27日，区侨办协办的海外华裔青少年“中国寻根之旅魅力北京”迎冬奥冰雪冬令营在朝阳区开营，营期12天。市侨办副主任史立臣，区委统战部副部长、侨办主任李晓霞，北京青年政治学院党委书记程晓君，北京青年政治学院党委副书记高世英，以及来自美国、加拿大、澳大利亚、新西兰、日本等10个国家的110多位营员参加开营仪式。

（姚德文）

【困侨救助】 年内，在各重大节日，区委统战部副部长、侨办主任李晓霞同基层相关工作主管领导走访慰问20余个街乡和驻区单位50余户困难归侨侨眷。8月，对全区范围内困难归侨侨眷开展摸底统计工作，首次覆盖中央单位、市属单位困难归侨侨眷，健全困难归侨侨眷台账。

（姚德文）

区直机关工委工作

【概况】 中共北京市朝阳区委区直属机关工作委员会，是区委派出机构，主管区直属机关系统党的建设和思想政治工作，领导区直属机关纪律检查工作委员会，人员编制13人。设办公室、组织科、宣教科、监察科（群团办）。年内，区直机关工委所辖68个基层党组织，其中7个基层党委、6个机关党委、26个直属党总支、29个直属党支部，有在岗党员6022人，离退休党员1258名。区直机关系统新发展党员125人，转正99人，27个党组织完成换届、8个党组织补选。

地址：日坛北街33号

邮编：100020

电话：65094320

网址：http://jggw.chy.egov.cn

（王海君）

【“迎新春、送祝福”慰问活动开展】 1月20日至24日，联合区总工会、区文联、区诗书画研究会，组织6场文化笔会。慰问区委大院、区城管执法监察局、区环卫中心、区人大和区政协机关、区委统战部、区侨联、区工商联、区民宗办、区旅游委、区红十字会、区行政服务中心、区投促局、工商朝阳分局一线干部职工、各民主党派干部和基层党务工作者近3000人，3位书法家和民俗专家参加慰问活动。

（王海君）

【述职评议考核会举行】 3月14日、21日、22日，对机关系统6个党委书记、3个机关党委书记、16个党总支书记、13个党支部书记进行述职评议考核。

（王海君）

【“千名干部下基层”活动】 6月，朝阳区全面开展“千名干部下基层”活动，作为区委“强党建、勇担当、重实效”作风建设年系列活动的重要内容。全区78个机关部门和国资、政法、教育3个系统，派出2批1041名挂职干部到街乡、社区（村）和基层一线实践锻炼。挂职干部利用自身优势，参与各类宣讲活动3380余场次，覆盖党员群众11万余人次。接待群众2.15万人，协助办理审批事项693件，解决突出问题1923个。撰写调查报告、主题征文546篇，记录挂职日志、挂职故事2.47万篇。

（王海君）

【献爱心活动】 7月7日，举行“共产党员献爱心”捐款活动启动仪式。区直机关工委常务副书记邵水平主持活动并讲话。区纪委、区统计局、区商务委、区科委、区信息办5家单位党组织向全区共产党员发出捐款倡议，用于助医、助学、助老、助残、助困。仪式当天有780名党员参加，收到捐款11.731万元。

（王海君）

【百姓宣讲活动】 7月21日，组织机关系统“不忘初心跟党走，圆梦京华谱新篇”百姓宣讲汇讲活动，来自19个单位23名宣讲员参加汇讲。活动邀请8位领导担任评委现场打分，传媒大学教授现场点评，最终选出6名宣讲员组成机关系统宣讲团。7月25日，机关宣讲团参加区委宣传部组织汇讲，被评为优秀宣讲团，环卫中心王思远、住建委苏志成和工商分局马迪被评为区级优秀宣讲员。

（王海君）

【基层党建工作重点任务专项督查】 7月31日至8月4日，根据《朝阳区2017年基层党建工作重点任务专项督查工作方案》和《机关系统2017年基层党建重点任务自查表》，区直机关工委所在的第九督查组对机关系统落实2017年基层党建重点任务情况进行督查。督查采取机关单位普遍自查、督查组对部分单位重点督查方式进行，对9家单位进行重点督查。督查结果总体良好，个别存在党建工作体制不健全、基层党支部书记精力投向不聚焦、支部活力不充分、两个作用发挥不明显等问题。

（王海君）

【参观活动】 8月1日至3日，为纪念中国人民解放军建军九十周年、迎接中共十九大胜利召开，组织机关系统1500名党员干部在朝阳规划艺术馆，参观“听党指挥铸军魂 光辉历程九十载——朝阳区纪念中国人民解放军建军九十周年暨迎接党的十九大胜利召开全国红色收藏展览”活动。

（王海君）

【党风廉政建设联席会举行】 9月8日，区直机关纪工委携同区纪委区监委相关部室，及19家派驻机关各单位的派驻纪检组，在中关村朝阳园党群活动中心召开第一次区直机关系统党风廉政建设联席会。会议通过《区直机关系统党风廉政建设联席会制度（征求意见稿）》，通报近期机关系统党风廉政建设情况，区纪委相关部室通报部署近期工作，并围绕如何抓好机关系统执纪监督工作进行研讨。

（王海君）

【网上展馆参观】 10月，组织系统各单位关注和浏览由中央宣传部、国家发展改革委、中央军委政治工作部、北京市委主办的“砥砺奋进的五年”大型成就展网上展馆，展览集中展出十八大以来，以习近平同志为核心的党中央团结带领全党全国各族人民取得辉煌成就。广大党员干部群众通过PC端、手机端等方式浏览网上展馆，有5000余名党员网上浏览并留言。

（王海君）

【党风廉政建设工作培训班举办】 11月3日，区直机关系统举办党风廉政建设工作培训班。学习宣传贯彻党的十九大精神，解读十九大报告中关于党风廉政建设方面有关内容，结合具体工作讲解如何有效履行主体责任。68家单位的党风廉政建设工作主管领导、具体负责人和直属党组织纪检委员及部分纪检监察派驻组成员150人参加培训。邀请中共中央党校党建教研部教授、党内监督问题专家任铁缨讲解十八大以来中央在党风廉政反腐败工作取得的重大成效，解读十九大报告中关于对党风廉政建设工作新要求。区纪委、区监委党风政风监督室副主任那珊珊作题为“适应派驻监督新形势，切实有效履行主体责任”主题讲座。会议决定建立机关系统党风廉政建设定期汇报、述职评议和签字背书三项制度。

（王海君）

【党的十九大精神宣讲分团宣讲活动】 11月14日，机关工委根据《朝阳区学习贯彻党的十九大精神宣讲活动实施方案》和区委工作安排，组建区直机关系统宣讲分团，16个单位的17名领导担任宣讲员，深入系统各成员单位，结合机关党建实际，开展分层分众分类宣讲，推动中共十九大精神宣传进机关、进单位。截至12月8日，宣讲28场，听众5800余人，宣讲对象涉及机关系统党员干部、入党积极分子、民主党派人士、群众、退休老干部等。

（王海君）

【走访慰问和困难帮扶】 12月底，完成区直机关系统区委领导走访慰问工作的推荐工作和困难党员的帮扶工作。推荐3名优秀党员和2名生活困难党员为走访慰问对象，为机关系统困难党员申请困难党员帮扶资金52人次，其中2人获市级帮扶资金。完成机关系统因病致贫的20名特困群众的申报工作，其中2人申报区级困难群众帮扶。

（王海君）

老干部工作

【概况】 中共北京市朝阳区委老干部局为区委直属的公务员法管理单位，隶属区委组织部领导，负责落实党的老干部政策，为本区离休和副处级以上退休干部开展服务管理工作。设有办公室、政治待遇科、生活待遇科、老干部活动中心4个科室，编制41人，实有38人。截至年底，全区有离休干部430人，副处级以上退休干部1595人。年内，加强离退休干部思想政治建设和党组织建设，落实离退休干部政治待遇和生活待遇，引导离退休干部为党和人民事业增添正能量，举办读书班、学习班7期、报告会12场，2000人次参加学习。组织离退休干部体检1900人次，走访慰问离退休干部及去世离休干部配偶5811人次，完成市和区为离休干部办实事8件。

地址：团结湖南里甲1号

邮编：100026

电话：85975641

网址：http://lgb.bjchy.gov.cn

（吴晓东）

【老干部工作会】 1月24日，朝阳区召开老干部工作会，区委书记吴桂英，区委副书记、区长王灏，区人大常委会主任陈宏志，区政协主席陈涛，区委副书记甘靖中，区委常委、组织部长何明，区委常委、常务副区长马继业出席会议。区委老干部工作领导小组成员，区原四套班子老领导，区党建研究会老干部分会成员，各单位离退休干部党支部书记、支委及离退休干部代表，各单位党委（党组）主要负责人300余人参加会议。甘靖中传达全国老干部工作“双先”表彰大会主要精神；何明作《学习贯彻老干部工作“双先”表彰大会精神，全面做好新形势下老干部工作》报告，吴桂英讲话。王灏主持会议。

（吴晓东）

【离退休干部思想政治建设和党组织建设】 年内，以纪念建党96周年、喜迎十九大、学习宣传十九大等重大纪念活动、重要会议为契机，依托区委老干部党校，举办局职离退休干部读书班、离退休干部党支部书记培训班、理论骨干学习班等7期，并将科级退休干部党支部书记纳入培训范围。全年参加学习活动、报告会、通报会等各类政治学习老干部近2000人次。推动离退休干部党支部“两学一做”学习教育常态化制度化，启动离退休干部特色党支部之星和离退休干部发挥作用党员之星争创活动，垡头街道离退休干部党支部书记王中才在市离退休干部纪念建党96周年座谈会上，介绍《坚持“六心”工作法，加强党员教育管理》实践。创新组织设置，全区离退休干部党支部达到116个。

（吴晓东）

【增添正能量活动】 年内，以“不忘初心、继续前行”为主题，聚焦喜迎、学习宣传贯彻十九大精神，搭建和健全参与时政、团结引领、宣传展示等平台，着力打造老干部智囊团、老党员先锋队、党建指导员、宣传骨干等队伍，建成老党员先锋队125支，在册5775人，覆盖全区43个街乡、118个社区；组织老干部宣讲团进基层，开展以“不忘初心、砥砺前行”为主题的宣讲活动，影响和带动广大群众投身到正能量活动当中，成为“朝阳群众”特色品牌骨干力量。

（吴晓东）

【离休干部生活待遇落实】 年内，落实离休干部生活待遇政策，在定点医院为全区离退休干部健康体检1900人次。在元旦、春节、“七一”等重大节日、重要活动期间，慰问老红军和高龄、重病、特困等部分离退休党员干部5811人次，安排解困帮扶慰问金、慰问品等经费789.3万元。

（吴晓东）

【离退休干部实际问题解决】 年内，落实市为离休干部解决的6个实际问题。包括，提高离休干部特需经费标准，由每人每年1000元提高到1500元；调整离休干部离休费和离休补贴标准，对抗日战争时期参加革命工作的科级及以下离休干部统一执行副处级标准（不涉及其他生活待遇标准）；提高对部分离休干部自付医药费用的困难补助标准。一年内，自付医药费达到1万元以上的困难离休干部和抗日战争时期参加革命工作的全部按100%给予困难补助，补助金额不超过17万元；解放战争时期参加革命工作的困难补助比例由60%提高到80%，年度补助金额上限从10万元提高到15万元。由北京福寿山福海养老服务中心划定床位100张，为生活不能自理和家庭照料有困难的离休干部提供集中养老服务；对未享受医疗照顾的易地来京安置离休干部，参照市离休干部享受优诊医疗的政策规定，享受优诊医疗服务。易地来京安置离休干部已经参加市离休干部医疗统筹的，其本人住院床位费报销标准与本市同类人员一致。为109名企业离休干部发放采暖补贴和住房补贴。朝阳区为离休干部解决1个实际问题，为2059名离退休干部购买北京市老年人意外伤害保险。

（吴晓东）

【文化养老】 年内，整合教育资源，构建“1+X+N”三级老干部教育体系，老干部在社区步行不超过500米就能有学习活动场所。全年在老干部大学（分校）、老干部党校（分校）及社区课堂等地参加学习、活动的老干部近6万人次。开办“朝阳老干部之家”微信公众号，开设朝阳老干部大学云课堂，连续6年举办老干部文化节。

（吴晓东）

【离退休干部工作领导责任制修订】 年内，修订《朝阳区离退休干部工作领导责任制》，制定落实北京市《关于进一步加强和改进离退休干部工作实施意见》任务书。开展全区工作人员业务培训3期，500余人次参加。

（吴晓东）

保密工作

【概况】 中共朝阳区委保密委员会办公室和区国家保密局为一个机构、两块牌子，既是区委保密委员会的办事机构，又是区政府管理保密工作的职能部门，由区委办公室管理。设综合科和检查技术科。

地址：日坛北街33号

邮编：100020

电话：65094302

邮箱：bmj@bjchy.gov.cn

（郎春颖）

【区委保密委员会全体会议召开】 5月4日，区委保密委员会工作会议召开，首次扩大8家区属单位和7家辖区内军工、印刷企业列席会议。会议研究确定2017年朝阳区保密工作发展思路和方向。

（郎春颖）

【保密宣传系列微电影制作】 5月、10月，制作完成保密宣传系列微电影《界限》和《危机》，分别于“一带一路”高峰论坛和中共十九大前播出，开展保密宣传教育，发挥文化艺术和新媒体在培育保密理念和意识方面的积极作用。

（郎春颖）

【涉密人员管理】 6月13日至15日，利用国家机关保密教育实训平台，对全区重新确定的433名涉密人员开展专项轮训工作。同时，要求各单位在建立涉密人员管理台账基础上，严格对涉密人员在岗、离岗、离职的脱密期管理，落实好保密承诺制度。

（郎春颖）

【督导检查问题落实】 7月，市保密局吴钢华局长带领检查组对朝阳区进行保密专项督导检查。针对检查组反馈意见中涉及的机构设置、人员编制、涉密载体复印戳记、标识等问题，保密局抓紧协调有关部门会商整改，落实好相关机构设置工作。

（郎春颖）

【北京市首家保密技术服务中心建成】 10月16日，朝阳区保密技术服务中心成立，举行揭牌仪式。中心为北京市首家保密技术服务中心，为全区各单位提供涉密载体销毁、涉密设备维修维护等8项技术服务。

（郎春颖）

【保密自查自评】 12月，落实《保密自查自评标准》，细化59项内容。逐步实现由依靠区保密局检查向单位年度自查自评转变，由依靠单位保密工作机构检查向内设部门经常性自查自评转变，由依靠保密局部门检查向涉密人员的自我管理自我检查转变，最终实现区保密管理常态化机制的建立。

（郎春颖）

【保密依法行政工作推进】 年内，按照市、区工作部署，结合市保密局和区编办工作要求，重新梳理保密局权力清单，规范行政许可、处罚、确认、调查等28项保密依法行政内容，推进保密依法行政工作。

（郎春颖）

党校工作

【概况】 中共北京市朝阳区委党校是区委直接领导，培养领导干部、理论宣传干部和国家公务员的学校，兼有区行政学院、区社会主义学院职能，三块牌子一支队伍，内设办公室、财务科、行政科、培训一科、培训二科、综合教研室、党建教研室、科研科、教学保障科、学员工作科10个科室。年内，认真落实《中共北京市朝阳区委关于加强和改进新形势下党校工作的实施意见》，围绕干部教育培训总体要求，坚持从区域发展和学员任职岗位需求出发，以学习贯彻中共十九大精神和习近平新时代中国特色社会主义思想为主线，设置具有针对性的培训课程，完成处级领导干部、中青年后备干部、国家公务员、军转干部、基层党员和积极分子等培训任务，完成中央党校在职研究生学历教育等。

地址：静安庄一区四号

邮编：100028

电话：64651199

网址：chydangxiao@163.com

（徐淼淼）

【领导授课】 3月28日，区人大常委会副主任朱春霞为第一期处级干部进修班、第一期中青年干部培训一班学员做人民代表大会制度与朝阳区人大工作专题授课。4月25日，区委常委、宣传部部长刘军胜为第一期中青年干部培训一班学员做“坚定理想信念，从打造精气神做起”专题讲座。5月27日，区政协党组书记、主席陈涛围绕“人民政协理论与实践”专题为2017年第二期处级干部进修班学员授课。6月2日，区委常委、宣传部部长刘军胜为第二期处级干部进修班学员做《意识形态创新与朝阳区宣传思想工作》专题报告。7月10日，区委常委、政法委书记张维刚以“牢固树立四个意识，切实维护区域和谐稳定，做党和人民的忠诚卫士”为题，为朝阳区政法系统第五期优秀中青年干部培训班学员做专题授课。9月22日，区委常委、区纪委书记、区监委主任席成坡为第三期处级干部进修班学员作“知三敬、存四戒、有三品——以勤政廉政助力朝阳新发展”专题讲座。

（徐淼淼）

【党的建设研究会党校分会成立】 11月8日，北京市朝阳区党的建设研究会正式批复，同意设立北京市朝阳区党的建设研究会党校分会。

（徐淼淼）

【区领导参加主体班教学】 12月11日，区委书记吴桂英出席朝阳区第一期处级干部学习贯彻党的十九大精神专题研讨班开班式并为学员做开班“第一讲”。开班式由区委副书记、区长王灏主持，甘靖中、何明、马继业、张维刚、王晰宁等区领导出席开班式，全区77名处级正职领导干部，以及党校53名教职工参加。

（徐淼淼）

【主体班培训】 年内，举办主体班15期。其中处级干部进修班3期、新任副处级干部培训班1期、中青年干部培训一班1期、军转干部培训班1期、正科任职培训班4期、副科任职培训班4期、青年干部政治理论读书班1期，培训学员718人。主体班教学突出党的理论教育和党性教育的主课主业地位，两类课程比重达到75.6%，综合运用专题授课、模拟演练、参观教学、异地培训、拓展训练、警示教育、主题班会、学员讲台、志愿服务和小组研讨等多种方式培训。

（徐淼淼）

【专题班培训】 年内，举办专题培训班21期。包括国资委系统优秀年轻人才培训班2期、处级干部“学习贯彻党的十八届六中全会精神”专题研讨班1期、处级干部“学习贯彻党的十八届六中全会精神”专题培训班4期、新任处级党政正职赴杭州市委党校培训1期、朝阳区政法系统第五期优秀中青年干部培训班1期、2017年朝阳区处级女领导干部妇联执委培训班1期、区直机关系统党组织负责人培训班1期、朝阳区街道系统社区党委书记培训班2期、法治政府建设专题培训班1期、2017年朝阳区基层干部赴新加坡城市精细化管理专题培训班境内预培训班1期、2017年朝阳区委党校分校负责人培训班1期、入党积极分子培训班1期、文化创意产业高级经营管理培训1期、朝阳区科级干部素质提升轮训班1期、外省市（西藏、贵州）培训班2期，培训学员1977人。专题班本着事业发展需要什么培训什么、干部缺什么补什么原则，围绕区委区政府中心工作，重点在依法行政、公共管理、领导力提升、政治经济热点、城市化精细管理、人文国学和党的基本理论知识等方面，不断开发新专题，满足各类培训专题的多元化需求。

（徐淼淼）

【学历教育】 年内，完成2014级（36人）中央党校在职研究生培养和毕业答辩工作，以及2015级（35人）在职研究生的在校培养工作。

（徐淼淼）

【党校分校工作】 年内，各分校开展“两学一做”专题教育党课，在太阳宫、管庄、高碑店、东坝、东风、劲松、双井、十八里店、香河园、左家庄等分校，讲授“学习习近平总书记系列讲话精神”“十八届六中全会精神解读”“中国共产党的光辉历程”“用好智慧平台，增强党建活力”“讲党性，重品行，做表率，做合格共产党员”“两贯彻一落实”“增强四个意识”“党史”“社区治理”“互联网+政务服务”等30多个专题，授课1300余课时。党校教师分别给常营、东风、太阳宫、东坝、豆各庄、望京分校和朝阳分局开展入党积极分子端正入党动机和增进党史知识专题培训。党校十九大宣讲分团在三间房、潘家园、常营、小关、豆各庄、东湖等24家分校宣讲十九大精神29次，听课3300余人。

（徐淼淼）

【网上党校】 年内，围绕电化教学、网络建设与维护、网络课件更新、信息新网络系统升级换代等内容，推进信息化教育技术的研究和应用，提升党校信息化建设。研究开发微信公众平台，设置理论宣传、教育培训、党校风采等板块，向学员、老师推送理论研究、时政要闻、通知通告、党校动态等工作信息，为宣传和教学管理提供更加便捷的信息化手段。全年录制主体班课程170

讲，专题班课程 60讲，编辑课程45讲，为朝阳区领导干部学习平台编辑课程20讲。丰富课程库资源，为学员进行网络学习提供更加丰富的课程选择。

（徐淼淼）

【科研成果】 年内，完成校级课题12项，申报市党校系统、区党建研究会、区党史研究会等校外课题11项，撰写资政报告3篇。编写科研成果汇编2部，分别为《社会治理创新：北京市朝阳区典型案例选编》《实践与研究：北京市朝阳区委党校区情研究成果选（2015-2016）》。完成案例12项，其中“北京市朝阳区吉祥里：‘三分’社区治理模式经验与启示”获得全国基层改革创新案例优秀案例奖。发表论文32篇，其中论文《论新媒体时代政府公信力的提升》获2016年北京市思想政治工作研究会“丹柯杯”优秀研究成果三等奖。

（徐淼淼）

【校际交流】 年内，区委党校加强与其他党校的沟通交流，围绕教学科研、信息化建设、行政后勤管理、分校建设、网上党校等工作，与市委党校、海淀区委党校、东城区委党校、西城区委党校、石景山区委党校、大兴区委党校、延庆区委党校，广东省委党校干部教育学院、常州市委党校等开展座谈，相互学习办学特色，为进一步开展交流合作奠定基础。

（徐淼淼）

党史工作

【概况】 中国共产党北京市朝阳区委员会党史工作办公室（简称区委党史办）为参照公务员管理的区直属事业单位。人员编制8人，实有8人，其中主任、副主任各1人。2017年，开展党史宣传教育月活动、党史课题研究、党史资料征编等工作。组织完成党史研究课题报告28篇。出版发行《中国共产党北京市朝阳区历史大事记（2014—2015）》。编发《党史工作信息》47期，其中中国共产党历史网采用7篇，《北京党史工作信息》采用16篇。印制《朝阳区2016-2020年党史工作规划》和《光辉历程——庆祝建党95周年朝阳区发展回顾展》画册。9月，出台区委党史办善于网络意识形态工作的规范性文件。12月28日，党支部换届选举，产生新一届支部班子。

地址:朝外日坛北街33号

邮编：100020

电话：65099228

传真：65094493

网址：http://chydsb.bjchy.gov.cn

（钱素君）

【领导调研】 1月13日，市委党史研究室副巡视员刘岳一行5人到区委党史办调研党史信息宣传等工作。区委党史办主任邓献云介绍党史工作收获和经验，以及2017年工作设想。刘岳对2017年党史宣传月工作提出要结合区委、区政府中心和重点任务推进党史工作，围绕迎接中共十九大和纪念全民族抗战80周年做好服务工作，并根据区域功能定位，挖掘朝阳历史资源，突出地方特色，创新品牌，务求实效，形成党史宣传教育品牌。2月3日，区委常委、组织部部长何明到区委党史办调研，提出2017年党史工作要配合市委党史研究室，做好中共十九大精神的宣传教育工作，要立足自身、整合力量，挖掘朝阳区党史资源，聚焦朝阳区的发展脉络和历史进程，揭示区委带领全区人民开展革命、建设和改革的历史经验和发展规律。

（钱素君）

【党史资料征编】 3月，启动《中共北京市朝阳区第十一届委员会执政纪要》和《北京市朝阳区2016年换届专辑》编纂工作。按照市委党史研究室和区委要求，区委党史办审读《北京市第十一次党代会以来大事记（2012—2017）（征求意见稿）》，提出增补条目建议。

（钱素君）

【党史宣传教育】 6月2日，联合组织部启动2017年朝阳党史宣传月活动，开展朝阳区“喜迎党的十九大•党史铸党魂”党史宣传活动。6月28日，组织区直机关工委等部门和朝外街道芳草地社区党员群众170人，观看影片《领袖1935》。6月30日，举办党代会知识问答，并在《朝阳报》等媒体刊登，为全区广大党员干部群众学习党史知识提供有效服务。同时在“朝阳党史”网站推出由市委党史研究室制作的“牢记嘱托 砥砺奋进”图片展。7月11日，协助北京电视台《红色京津冀》栏目组到日坛公园马骏烈士纪念馆访谈马骏烈士之孙、市老干部局原副局长马为平，节目于7月14日在北京电视台播出。7月17日，开展“党史宣教进基层”活动，邀请北京外国语大学副教授管永前到芍药居第二社区“红芍社”作题为“中国共产党96年奋斗历程与宝贵经验”的党课讲座，170余人听讲。党史办同时向该社区赠送《习近平讲故事》《中国共产党的九十年》《筚路蓝缕》等57类110余册党史书籍。7月31日，邀请解放军工程兵指挥学院原政委刘华苏少将作题为“听党指挥，热爱人民，精忠报国，奋斗牺牲的光荣铁军”报告，200余人参加报告会。11月25日，组织党员干部参观由中宣部、国家发改委等联合在北京展览馆举办“砥砺奋进的五年”大型成就展。

（钱素君）

【对外工作交流】 8月14日，区委党史办主任邓献云、副主任魏自强与重庆市梁平区委党史研究室副主任粟先敬座谈，交流地方党史工作经验。10月31日，邓献云参加首都党史界学习宣传贯彻党的十九大精神座谈会，并作为16区党史办唯一的代表在会上作学习体会发言。11月19日至25日，邓献云参加市委党史研究室组织的赴俄罗斯、白俄罗斯学习考察活动。

（钱素君）

【学习十九大精神】 11月7日，召开全区党史工作系统学习十九大精神培训会，对全区各单位150余名兼职党史工作人员进行培训。邀请北京市委党史研究室副巡视员刘岳和北京外国语大学副教授管永前，从党史回顾角度，对党章修改、十九大精神解读。中国共产党历史网刊登培训会信息。11月13日至14日，组织召开党史界座谈会，学习十九大精神。中国人民大学、北京师范大学、北京外国语大学、北京化工大学、北京联合大学、《前线》杂志社、北京出版社等单位党史领域专家学者，与区中共党史研究会部分会员和区内退休干部、党史干部37人，集中交流学习十九大精神体会，研讨朝阳区党史工作。与会人员审读《中共北京市朝阳区大事记（2014—2015）（征求意见稿）》，提出修改意见。

（钱素君）

【党风廉政建设】 年内，区委党史办组织召开党风廉政建设工作会议11次。传达市纪委十一届六次全会和区纪委十二届二次全会精神，学习区委书记吴桂英在区纪委十二届二次全会上的讲话和区纪委书记席成坡工作报告。明确个人差异化责任清单8份，区委党史办班子成员之间、班子成员与分管的各科科长分别签订党风廉政建设责任书。对2名科长落实党风廉政建设工作责任制情况进行评议。参观通州“运河清风”廉政文化主题公园，强化党员廉政教育。

（钱素君）

【党史课题研究】 年内，邀请中央党校、中国社科院、北京大学、北京市党建研究所、《前线》杂志社等单位专家学者，对2016年度 21个党史课题研究成果进行评审，最终确定一等课题成果7个，二等课题成果9个，三等课题成果5个。研究确定2017年党史研究立项课题31个。

（钱素君）

朝阳区
人民代表大会

2018
北京朝阳年鉴

综　述

【概况】 北京市朝阳区人民代表大会常务委员会（以下简称人大常委会）是朝阳区人民代表大会常设机构。2017年是朝阳区第十六届人大常委会的届首之年。年内，召开人民代表大会（以下简称人代会）2次，常委会会议8次，主任会议13次。审议议题47项，其中“一府两院”专项工作报告10项，计划、预算、决算、审计等报告7项，开展执法检查1项。做出决议、决定11项。依法任免国家机关工作人员318人次。制定、修订各项会议制度、工作规则等20项。

地址：安立路0号

邮编：100107

电话：65094479

邮箱：rd4479@163.com

（徐华东）

【重大事项】 4月5日至6日，朝阳区第十六届人民代表大会第二次会议选举席成坡为朝阳区监察委员会主任。11月20日至23日，区第十六届人民代表大会第三次会议上100名区人大代表当选北京市第十五届人民代表大会代表。

（徐华东）

【监督工作】 4月14日，第五次主任会议听取区政府关于区十六届人大一次会议计划预算审查委员会对国民经济、社会发展计划审查意见研究处理方案的汇报，听取区政府关于区十六届人大一次会议计划预算审查委员会对财政预算审查意见研究处理方案的汇报。6月15日，第七次主任会议听取区政府关于疏解非首都功能、加强人防地下空间整治工作情况的报告，听取区政府关于落实食品药品监管情况审议意见的报告。12月7日，第十三次主任会议听取区政府关于农村地区功能疏解工作进展情况的汇报。

（徐华东）

【代表工作】 年内，制定《关于进一步做好代表工作的若干措施》，从6个方面制定17项措施，明确朝阳区第十六届人大代表工作总体思路及工作重点。制定五年代表培训计划，实现订单式培训，明确年度培训重点。开展“代表集中联系选民月”主题活动。结合人大常委会年度审议议题，设定听取选民意见的专题，354名代表参加活动，收集各类意见999条、“会前”建议24件，接待选民6034人次，使区人大常委会涉及民生方面的审议议题更有民意基础。建立人大代表工作室网上平台218个，明确各街乡的平台负责人员，向街乡发放人大代表工作室情况反馈表，定期浏览、按月统计上报情况。全年收集网上平台意见建议71条，留言量大幅提升，街乡选民留言反映问题得到有效解决。组织培训4批次140余人次。邀请全国人大、市人大的专家讲解代表职责、建议议案的提出及预算审查等内容，开展培训效果调查，了解代表培训需求，改进培训工作。建立“双月”代表座谈机制。9月，召开首次“双月”代表座谈会，区人大常委会主任陈宏志参加会议并听取代表对区人大常委会代表工作、代表工作室及代表建议、批评和意见办理工作的意见和建议。完善代表履职监督管理机制，实现代表履职监督公开。代表履职工作更加注重代表出席会议、参加活动的出勤率，并以半天为单位计入考勤。对代表参加人代会、闭会期间活动，提出议案建议等情况，逐步实现代表履职由各委室和街乡自行记录，代表联络室统计交由所在人大街道工委、地区代表小组汇总并公开的机制，加强对人大代表的管理和监督。组织代表述职，推行代表当面述职，保证每位代表每届向选民当面述职一次。大会期间代表提出 建议222件，撤件11件，转有关部门参考5件，转市代表54件，交区政府办理165件。闭会期间代表提出建议19件，交区政府办理18件，交区法院办理1件。年初，常委会审议通过2017年区人大常委会代表建议办理工作的意见；年中，主任会议听取区政府跨年度落实的76件建议完成情况汇报。

（徐华东）

【研究室工作】 年内，编发《人大信息》普刊、增刊、参阅信息43期，专报71期，业务通讯1期，刊载信息近1500条次。区人大常委会加强对街乡人大工作考核、完善常委会组成人员联系代表制度、集中联系选民月，区人大代表建言停车管理、功能疏解、加强国旗法执法检查等23篇信息被《北京人大》杂志采用，信息采编数量和质量均保持16区首位。对接社会热点，主动调查研究，编发调研型信息。区人大代表对温榆河森林公园建设提出建议、加强机动车停车管理与服务等信息被区委采编。完成区委下达的全年信息指标任务，被区委各类刊物采编信息32条，市委采编信息3条，区优秀信息3条。

（徐华东）

重要会议

【概况】 年内，召开人代会2次，常委会会议8次，主任会议13次。审议议题47项，其中“一府两院”专项工作报告10项，计划、预算、决算、审计等报告7项，开展执法检查1项。做出决议、决定11项。依法任免国家机关工作人员318人次。选举产生区监察委员会主任。任命区监察委员会副主任和委员。选举100名区人大代表为北京市第十五届人民代表大会代表。

（徐华东）

【主任会议】 2月15日，区十六届人大常委会召开第一次主任会议，通过北京市朝阳区人民代表大会常务委员会组成人员联系代表制度（草案），通过北京市朝阳区第十六届人民代表大会常务委员会各地区代表小组组长名单（草案），初审常委会第一次会议建议议题，决定常委会第一次会议召开时间、地点及列席人员等事项。2月22日，召开第二次主任会议，会议初审常委会第一次会议建议议题。4月5日，召开第三次主任会议，会议初审常委会第二次会议建议议题，会议决定常委会第二次会议召开时间、地点和列席人员等事项。4月6日，召开第四次主任会议，会议初审常委会第三次会议建议议题，会议决定常委会第三次会议召开时间、地点和列席人员等事项。4月14日，召开第五次主任会议，听取区政府关于区十六届人大一次会议计划预算审查委员会对国民经济、社会发展计划审查意见研究处理方案的汇报，听取区政府关于区十六届人大一次会议计划预算审查委员会对财政预算审查意见研究处理方案的汇报，通过北京市朝阳区人大常委会关于街乡人大工作考核评价办法（草案），通过北京市朝阳区人大常委会街道工作委员会工作规则（草案），通过北京市朝阳区人大代表工作室网上平台相关制度（草案），会议初审常委会第四次会议建议议题，会议决定常委会第四次会议召开时间、地点和列席人员等事项。4月27日，召开第六次主任会议，初审常委会第四次会议建议议题。6月15日，召开第七次主任会议，听取区政府关于疏解非首都功能、加强人防地下空间整治工作情况的报告，听取区政府关于落实食品药品监管情况审议意见的报告，通过朝阳区人大常委会关于聘任专家顾问工作的实施意见（试行）（草案），会议初审常委会第五次会议建议议题，会议决定常委会第五次会议召开时间、地点和列席人员等事项。6月28日，召开第八次主任会议，会议决定常委会第五次会议召开时间、地点和列席人员等事项。8月10日，召开第九次主任会议，听取区政府办理2016年跨年度建议情况的汇报，听取关于成立区人大工作研究会有关情况的汇报，研究区人大常委会第六次会议有关事项，决定区人大常委会第六次会议召开时间、地点、建议议题及列席人员等相关事项。8月21日，召开第十次主任会议，研究区人大代表补选事项。10月12日，召开第十一次主任会议，研究区人大常委会第七次会议有关事项，通过北京市朝阳区第十六届人民代表大会常务委员会个别地区代表小组组长名单（草案），决定区人大常委会第七次会议召开时间、地点、建议议题及列席人员等相关事项。10月16日，召开第十二次主任会议，研究常委会第七次会议召开时间调整事项。12月7日，召开第十三次主任会议，听取区政府关于农村地区功能疏解工作进展情况的汇报，研究通过区人大常委会代表建议、批评和意见办理工作评估试点方案（草案），研究通过区人大常委会优秀代表建议、批评和意见评选方案（草案），研究区人大常委会第八次会议有关事项，决定区人大常委会第八次会议召开时间、地点、建议议题及列席人员等相关事项。

（徐华东）

【第一次常委会会议】 2月27日，区十六届人大常委会召开第一次会议。审议通过《朝阳区人大常委会2017年工作要点（草案）》，审议通过《北京市朝阳区人大常委会关于2017年代表建议批评和意见办理工作的意见》，听取区政府承办区十六届人大一次会议代表建议、批评和意见工作方案的报告。会议以举手表决方式通过《关于召开朝阳区第十六届人民代表大会第二次会议的决定》，决定2017年4月召开朝阳区第十六届人民代表大会第二次会议，选举区监察委员会主任，审议通过相关制度，决定人事任免事项，开展宪法宣誓。决定任命：赵海东为区政府办主任，朱晟为区发改委主任，肖汶为区教委主任，冯守华为区科委主任，田峡为区监察局局长，李靓为区民政局局长，王远捷为区司法局局长，欧晓勋为区财政局局长，张岩为区人社局局长，马龙为区环保局局长，张士华为区住建委主任，刘炳起为区市政市容委主任，连文胜为区农工委主任，路军为区水务局局长，邵建云为区商务委主任，高春利为区文化委主任，师伟为区卫计委主任，战春燕为区审计局局长，宝月凤为区社会办主任，王春平为区国资委主任，马海鹰为区安监局局长，吴晓军为区体育局局长，陈庆华为区统计局局长，李世喆为区园林绿化局局长，兰学军为区旅游委主任，王军为区民防局局长，赵捷为区金融办主任，梅诗曙为区民宗办主任，谭林坤为区外事办主任，田志刚为区法制办主任，王臻为区信息办主任，王春增为区信访办主任，吴熙盛为区房管局局长，于良佐为区预防腐败局局长。区人大常委会主任陈宏志向被任命人员颁发任命书。组织经市人大常委会批准的区人民检察院检察长张玉鲲、区十六届人大一次会议上当选没有宣誓的个别常委会委员、专委会委员6人和此次会议任命的区政府34人向宪法宣誓。

（徐华东）

【十六届人大二次会议】 4月5日至6日，召开朝阳区第十六届人民代表大会第二次会议。此次会议召开4次主席团会，3次全体会议。会议选举席成坡为朝阳区监察委员会主任。

（徐华东）

【第二次常委会会议】 4月6日，区十六届人大常委会召开第二次会议。决定朝阳区第十六届人民代表大会第二次会议有关事项。区人大常委会办公室主任郑晶作《关于召开朝阳区第十六届人民代表大会第二次会议有关情况的说明》。会议以举手表决的方式通过朝阳区第十六届人民代表大会第二次会议建议议程（草案）、朝阳区第十六届人民代表大会第二次会议代表分团及代表团召集人名单（草案）和朝阳区第十六届人民代表大会第二次会议主席团、秘书长建议名单（草案）。

（徐华东）

【第三次常委会会议】 4月6日，区十六届人大常委会召开第三次会议。决定人事任免事项，开展宪法宣誓。根据区人大常委会主任陈宏志的提请，以投票表决的方式，决定任命：郑晶为区人大常委会办公室主任，侯湘君为区人大常委会法制办公室（备案审查办公室）主任，兰万秋为区人大常委会财经办（预算审查办公室）主任，邢平芳为区人大常委会城建环保办公室主任，李洋为区人大常委会教科文卫体办公室主任，孙立为区人大常委会代表联络室主任，于志刚为区人大常委会农村办公室主任，付小贺为区人大常委会研究室主任，方向华为区人大常委会办公室副主任，李兴祥为区人大常委会办公室副主任，王颖为区人大常委会财政经济办公室（预算审查办公室）副主任，徐福寿为区人大常委会城建环保办公室副主任，李虹为区人大常委会教科文卫体办公室副主任，韩冰为区人大常委会代表联络室副主任，王宁为区人大常委会农村办公室副主任。根据区人大常委会主任陈宏志的提请，以举手表决方式，决定任命区人大常委会朝外街道、建外街道、左家庄街道、八里庄街道、六里屯街道、三里屯街道、呼家楼街道、团结湖街道、麦子店街道、酒仙桥街道、香河园街道、潘家园街道、亚运村街道、和平街街道、双井街道、小关街道、垡头街道、劲松街道、安贞街道、建外街道、左家庄街道、八里庄街道、六里屯街道、三里屯街道、呼家楼街道、团结湖街道、麦子店街道、酒仙桥街道、香河园街道、潘家园街道、亚运村街道、和平街街道、双井街道、小关街道、垡头街道、劲松街道、安贞街道、首都机场街道、望京街道、大屯街道、奥运村街道、东湖街道工作委员会主任、副主任及委员。根据区监察委员会主任席成坡的提请，以投票表决的方式，决定任命田峡、高大中、秦岳为区监察委员会副主任，张颖辉、汪冬梅、燕海涛、刘敏、马立众为区监察委员会委员。区人大常委会主任陈宏志向被任命人员颁发任命书。

（徐华东）

【第四次常委会会议】 4月27日，区十六届人大常委会召开第四次会议。审议通过《北京市朝阳区人民代表大会常务委员会关于进一步做好代表工作的若干措施（草案）》，听取并审议区政府关于法治政府建设工作情况的报告，审议通过《北京市朝阳区乡、民族乡人民代表大会工作规则（修订草案）》，决定市人大代表辞职事项。北京市第十四届人大代表卢恩光因存在严重违纪行为并涉嫌违法，向区人大常委会提出辞去北京市人大代表职务。会议以举手表决的方式，通过《朝阳区第十六届人民代表大会常务委员会关于接受卢恩光辞去北京市第十四届人民代表大会代表职务请求的决定》，接受卢恩光辞去北京市第十四届人民代表大会代表职务的请求，报北京市第十四届人民代表大会常务委员会备案、公告。根据区长王灏的提请，以投票表决的方式，决定任命刘新宇为朝阳区人民政府副区长。区人大常委会主任陈宏志向刘新宇颁发任命书，刘新宇向宪法宣誓。

（徐华东）

【第五次常委会会议】 6月29日，区十六届人大常委会召开第五次会议。审查和批准朝阳区2017年国民经济和社会发展计划调整方案（草案）。听取并审议区政府关于科技创新工作情况的报告，听取区政府关于环境状况和环境保护目标完成情况的报告。审议通过《北京市朝阳区人民代表大会常务委员会主任会议工作规则（草案）》和《北京市朝阳区人民代表大会常务委员会主任会议制度（草案）》。根据区法院院长靳学军的提请，以举手表决的方式，决定免去周昌昊区人民法院民事审判第四庭副庭长、审判员职务，范怡倩、石丽君、穆兰、尹中波区人民法院审判员职务。以投票表决的方式，决定任命朱旭晖、臧德胜、朱军巍、李有光、俞里江为区人民法院审判委员会委员。区人大常委会主任陈宏志向被任命人员颁发任命书，被任命人员向宪法宣誓。

（徐华东）

【第六次常委会会议】 8月24日，区十六届人大常委会召开第六次会议。听取并审议区政府关于朝阳区2017年国民经济、社会发展计划上半年执行情况的报告，听取并审议区政府关于2016年朝阳区预算执行和其他财政收支的审计工作报告，听取区政府关于朝阳区2016年财政决算草案的报告，并审查和批准朝阳区2016年财政决算，听取并审议区政府关于朝阳区2017年财政预算上半年执行情况的报告，审查和批准朝阳区2017年预算调整方案（草案）。听取并审议区政府关于加强学前教育工作情况的报告。听取并审议区政府关于继续办理“加快污水综合治理，提升我区水环境质量”议案情况的报告。听取并审议区法院关于执行工作情况的报告，听取并审议区检察院关于民事行政检察工作情况的报告。决定补选乡人大代表事项，决定区人大代表辞职及补选事项。决定人事任免事项。决定免去：田峡区监察委员会副主任职务，张颖辉区监察委员会委员职务，杨勇、米新智区人民检察院检察员职务。决定任命：李娟为区人大常委会信访办主任（副处级），苌建学为区人大常委会法制办（备案审查办公室）副主任，张颖辉为区监察委员会副主任，王栋、王天毅、王巍、许宁、孙璐、李阳、邱雁、张伟、张宁、张瑞琪、张力、杨珊珊、林芝、周德伟、席瑞冰、高哲远、蔡晨昊、魏抒华为区人民检察院检察员。区人大常委会主任陈宏志向被任命人员颁发任命书，被任命人员向宪法宣誓。书面审议区政府《关于继续办理“推进我区医疗卫生事业发展，提高人民健康生活水平”议案情况的报告》的审议意见的办理报告。

（徐华东）

【第七次常委会会议】 10月24日，区十六届人大常委会召开第七次会议。听取并审议区政府关于实施《北京市居家养老服务条例》情况的报告和区人大常委会执法检查组关于检查《北京市居家养老服务条例》实施情况的报告。审议通过《北京市朝阳区预算审查监督办法（修订稿）（草案）》。听取并审议区政府关于推进文化融合发展情况的报告。听取并审议区政府关于“加大东部‘一廊’地区环境综合整治力度，提升城市管理水平”议案办理情况的报告。听取并审议区政府关于推进农村地区“煤改电”工作情况的报告。听取并审议区政府关于继续办理“加快第一道绿化隔离地区城市化试点乡建设，推进农村城市化”议案情况的报告。听取代表资格审查委员会关于代表资格的审查报告。决定区十六届人大三次会议有关事项。决定人事任免事项。决定免去：杨洪福区人大常委会望京街道工委会主任职务，商建英区人大常委会东湖街道工委会主任职务，倪遥远区人大常委会安贞街道工委会副主任职务，吴勇刚区人大常委会潘家园街道工委会副主任职务，汪冬梅区监察委员会委员职务，滑争鸣区人民法院副院长、审判委员会委员、审判员职务，钟蔚莉区人民法院审判委员会委员、审判员职务，张济坤区人民法院望京人民法庭副庭长职务，杨阳区人民法院民事审判第二庭副庭长职务，吴薇区人民法院酒仙桥人民法庭副庭长职务，蔡峰区人民法院温榆河人民法庭副庭长职务，欧阳华区人民法院奥运村人民法庭副庭长职务，凌巍的区人民法院亚运村人民法庭副庭长、审判员职务，李刚区人民法院双桥人民法庭副庭长、审判员职务，刘德恒区人民法院民事审判第五庭副庭长、审判员职务，郝丽娜、彭春、赵士彤、招霞、张永强、彭新桥、李娜、田强、沈飞区人民法院审判员职务。根据区人大常委会主任陈宏志的提请，会议以举手表决的方式，表决拟任命事项，表决结果以43人全票赞成通过。决定任命：商建英为区人大常委会望京街道工作委员会主任，倪东新为区人大常委会东湖街道工作委员会主任，高飞为区人大常委会安贞街道工作委员会副主任，张斌为区人大常委会潘家园街道工作委员会副主任。根据区政府区长王灏、区监察委员会主任席成坡、区法院院长靳学军的提请，会议以投票表决的方式，表决拟任命事项，表决结果所有拟任命人员都以43人全票赞成通过。决定任命：刘炳起为区城市管理委员会主任，唐蔷、李英辉为区监察委员会委员，毛力为区人民法院副院长，张健为区人民法院执行第二庭庭长，杨阳为区人民法院南磨房人民法庭副庭长，吴薇为区人民法院亚运村人民法庭副庭长，蔡峰为区人民法院奥运村人民法庭副庭长，欧阳华为区人民法院望京人民法庭副庭长，刘燕为区人民法院民事审判第四庭副庭长，李轶凡为区人民法院少年审判庭副庭长，田青为区人民法院民事审判第二庭副庭长，白星晖为区人民法院民事审判第五庭副庭长，范米多为区人民法院王四营人民法庭副庭长，肖华林为区人民法院双桥人民法庭副庭长，李甲军为区人民法院酒仙桥人民法庭副庭长，陈蕾为区人民法院温榆河人民法庭副庭长，陈一铮为区人民法院亚运村人民法庭副庭长，孙茜倩为区人民法院望京人民法庭副庭长，孙元为区人民法院立案庭副庭长、审判员，杜玉勇、侯世永、郑晨星为区人民法院执行第三庭副庭长。陈宏志向被任命人员颁发任命书，被任命人员向宪法宣誓。书面审议区人大常委会第六次会议被任命人员就职报告。

（徐华东）

【十六届人大三次会议】 11月20日至23日，召开朝阳区第十六届人民代表大会第三次会议。此次会议召开6次主席团会，3次全体会议。选举100名区人大代表为北京市第十五届人民代表大会代表，分别为：马辛、马林、马璐、王一谔、王小节、王小洪、王幼君、王华民、王利如、王国华、王金南、王洪亮、王斌、王稼琼、王灏、元晓梅、韦小萍、尹美群、甘靖中、叶青、田振清、史红民、冉红玲、毕春景、朱春霞、伍义林、刘子华、刘美莲、刘峰、刘维林、刘福利、关天罡、关玲、李大中、李长利、李玎、李扬、李有光、李伟、李庆萍、李雨聪、李欣、李娟、李静、李燕京、杨华、杨金奎、杨宜、杨清英、吴桂英、吴晓蕾、何文东、闵庆文、张夕勇、张立玲、张亚兰、张林秀、张国顺、张栗坤、张晓艳、张健、张清、张维、陆慷、陈丹、陈巴黎、陈伟、陈宏志、陈桂平、邰武淳、苗步林、金龙哲、金明秀、周茂非、郑金花、郑剑、孟广杰、赵勇、相军、钟亚利、修龙、侯建伟、祖彬、贺江川、贺阳、钱军、徐伟、高子程、高峰、高峻松、高琼、郭福、黄勇、黄璐琦、常树奇、崔新建、董会生、韩峰、景新、程晓君。

（徐华东）

【第八次常委会会议】 12月19日，区十六届人大常委会召开第八次会议。听取区政府关于2016年朝阳区预算执行和其他财政收支审计查出问题整改情况的报告。听取区政府落实区十六届人大一次会议计划预算审查委员会关于财政预算审查意见及区人大常委会关于财政决算上半年执行情况报告审议意见的报告。听取并审议区“一府两院”关于办理朝阳区十六届人大一次会议代表建议、批评和意见工作情况的报告。听取区人大常委会各街道工作委员会2017年工作报告。决定区十六届人大四次会议有关事项。讨论区人大常委会工作报告（草案）。根据区人大常委会主任陈宏志的提请，会议以举手表决的方式，表决任免事项，表决结果均为出席会议40人全票赞成通过。决定任命：张贵林为区人大常委会潘家园街道工作委员会主任，郑勇为区人大常委会奥运村街道工作委员会主任。决定免去：王毅区人大常委会潘家园街道工作委员会主任职务，徐桂士区人大常委会奥运村街道工作委员会主任职务，杜磊区人大常委会劲松街道工作委员会副主任职务。陈宏志向被任命人员颁发任命书，被任命人员向宪法宣誓。书面审议区政府落实区十六届人大一次会议计划预算审查委员会关于计划审查意见及区人大常委会关于计划上半年执行情况报告审议意见的报告。书面审议区人大常委会第七次会议被任命人员就职报告。

（徐华东）

议案办理和信访受理

【概况】 年内，确立“加大东部‘一廊’地区环境综合整治力度，提升城市管理水平”议案。区人大常委会以“一街一线一路”为重点，集中力量，创新方式，做好督办工作。市、区两级人大领导多次组织代表开展视察、调研，监督推进议案办理工作。全年受理各类信访421件次，比上年增长47.2%。

（徐华东）

【《北京市生活垃圾管理条例》执行情况】 4月12日，市人大常委会副主任牛有成带队到朝阳区检查《北京市生活垃圾管理条例》执行情况，市城市管理委有关负责人员，区人大常委会主任陈宏志、副主任胡良森陪同检查。执法检查组先后到劲松中社区五区和朝阳循环经济产业园检查。通过实地检查调研，执法检查组进一步了解居民区中再生资源利用回收体系与生活垃圾收运体系“两网融合”情况、生活垃圾处理设施建设运行情况和政府所做的工作及成效。

（徐华东）

【社区居家养老服务调研】 4月18日、21日，区人大常委会副主任牟燕东带队调研社区居家养老服务情况。为区人大常委会听取并审议区政府贯彻实施《北京市居家养老服务条例》情况，做好条例执法检查工作，牟燕东带队到三里屯社区养老服务驿站调研居家养老服务工作情况，听取区民政局和部分养老服务商有关人员关于朝阳区推进社区养老服务驿站建设情况的汇报。实地察看养老服务驿站的日间照料、呼叫服务、助餐服务、健康指导、文化娱乐、心理慰藉等设施建设情况。针对居家养老服务中存在的配套政策不完善、监管措施不到位、评估体系不健全等问题交流研讨。并提出意见和建议：一是全市研究出台统一的居家养老服务运营补贴政策，更好地扶持专业化服务商发展；二是建立健全行业准入条件，严把企业、组织资质关口，规范行业行为；三是完善区、街乡、社区各层面的监管措施，引入第三方评估，强化对养老服务质量的考评，提高养老服务水平；四是整合社区养老服务设施和功能，通过一站式服务，满足老年人的用餐、医疗、文化娱乐等多元化需求；五是推进养老信息资源整合和共享，构建统一的信息系统，为开展精准的养老服务提供信息支撑和决策依据。牟燕东指出，要通过开展执法检查，发现居家养老服务中存在的问题，有针对性研究加以解决；要结合实际评估老年人的服务需求，科学确定服务项目，根据项目明确扶持资金，提高资金使用效益；要认真学习借鉴其他地区居家养老服务的经验，发现差距，弥补不足，更好地推进朝阳区养老事业发展。

（徐华东）

【2017年议案督办工作会】 4月26日，区人大常委会副主任胡良森、部分区人大代表，以及区人大常委会有关委室、区政府议案办理有关部门负责人参加会议。区政府议案相关承办部门汇报“加大东部‘一廊’地区环境综合整治力度，提升城市管理水平”议案办理实施方案及近期工作情况。为做好议案督办工作，区人大常委会成立议案督办工作组和办公室，确定督办工作方案。代表们对议案督办和办理实施方案给予肯定，并询问议案相关内容，提出要高标准规划、高标准建设、高标准管理，建立环境治理的中长期工作计划，兼顾改善民生工作，加大静态交通管理工作力度等意见和建议。区政府相关部门负责人逐一回答和解释代表们的询问，表示要认真研究落实代表们的意见和建议，全力做好议案办理工作。胡良森副主任要求区政府和各部门要高度重视议案办理工作，加强统筹协调，强化责任制的落实，各部门、街乡要逐级落实责任制，切实履行相关责任；按时完成议案办理任务，严守各时间节点，确保各项工作顺利推进；加强人大监督，议案督办工作组要严格落实督办工作方案，确保监督实效。

（徐华东）

【市人大常委会领导检查院前医疗急救服务】 4月28日，市人大常委会副主任杨艺文带领《北京市院前医疗急救服务条例》执法检查组对朝阳区贯彻落实情况开展执法检查。区人大常委会主任陈宏志，区委常委、区政府副区长孙其军，区人大常委会副主任常树奇，区政府有关部门负责人陪同检查。在朝阳区六里屯社区卫生服务中心急救站和朝阳区紧急医疗救援中心，执法检查组了解急救工作开展情况，检查人员和设施配备情况，并听取随行汇报。座谈会上，执法检查组和代表们观看朝阳区急救工作宣传片，听取朝阳区政府关于《北京市院前医疗急救服务条例》贯彻落实情况的汇报，并与参会人员就院前急救体制、资源调配、人才队伍建设等方面展开交流。杨艺文要求：要深入研究管理机制问题，从制度上理顺好市、区两级急救平台相互关系，推进紧急医疗救护规范化；要加强对紧急医疗救护资源的优化配置，明晰区紧急医疗救援中心和社区急救站职能分工，提高救护资源使用效率；要系统分析区域紧急救护工作现状，梳理问题研究对策，确保紧急医疗救护工作专业精准有效。

（徐华东）

【调研全民健身工作】 5月17日，区人大常委会副主任常树奇带队到区体育局调研，听取朝阳区落实《北京市全民健身条例》情况的汇报，并座谈交流。常树奇强调：一要提高认识，抓住机遇。要把握好形势要求，从提高社会治理水平高度认识体育工作，抓住非首都核心功能疏解、产业转型的机遇，通过体育工作推进民生幸福。二要抓好基层基础工作。要立足体育局工作职能，细化全民健身、竞技体育等各项规划，打牢街道、农村体育工作基础，促进全民参与。三要加强创新，发挥、调动好社会资源。加强对体育产业扶持政策的研究，创新工作方式，提高社会单位、经营单位以及社会资本参与体育工作积极性，以产业发展促进体育事业发展，同时提高科学健身水平。四要做好《北京市全民健身条例》实施情况检查迎检工作。按照法规各项内容，梳理好机制体制建立、经费保障、社会体育指导员配备等各方面工作落实情况，为检查工作顺利开展做好准备。

（徐华东）

【农村地区“煤改电”工作调研】 6月21日，区人大常委会调研朝阳区农村地区“煤改电”工作。区人大常委会副主任胡良森带队到黑庄户乡调研，实地查看郎辛庄村变电站建设工地，询问工程建设情况、劣质燃煤整治工作情况，听取随行工作汇报。在“煤改电”村民家中，就村民冬季采暖费用、设备质量、安全保障等具体情况与村民交流。他指出，“煤改电”工作对于加快清洁能源替代、改善大气环境、提高群众生活水平意义重大。要加强工作统筹，加快推进速度，严把工程质量，以服务居民为出发点和落脚点，高标准高质量地完成工作。

（徐华东）

【学前教育工作调研】 6月22日，区人大常委会副主任常树奇，区人大教科文卫体委员会委员，部分市、区人大代表参加调研，区委常委、区政府副区长孙其军和相关单位负责人员参加座谈。代表们实地视察朝花幼儿园来广营园和亚运村第二幼儿园，听取有关负责人汇报，了解园所运行发展情况。座谈会上，代表们听取区政府关于朝阳区学前教育工作发展情况的汇报、缓解入园难的基本思路。针对学前教师流动性大、幼儿园分布不均等问题提出建议：一是加强对教育配套设施的情况梳理，研究制定老旧小区教育配套的个性化解决方案，从区级层面统筹场地空间等问题。二是搭建更为全面的园校合作机制，通过针对学前专业在校学生开展观摩实习、提供必要物质保障等措施，提前开展人才储备工作，建立起长期稳定的学前教育人才供给渠道。设立幼儿教师专项补贴资金，为幼教发展提供较为稳定的物质保障基础。三是在绿隔建设地区超前规划学前教育资源布局，适度引进高端学前教育机构，增加对幼儿园缓解地区入园需求贡献率的考核，建立以服务地区居民的普惠性幼儿园为主导的合理构成。常树奇指出，希望政府和有关部门加强科学规划，综合施策，创新机制，运用朝阳区市场化优势更好开展工作，缓解学前教育供需矛盾。

（徐华东）

【市、区人大代表视察“一廊”议案办理】 7月26日，区人大常委会组织市、区人大代表视察“一廊”议案办理情况。代表们先后到南磨房大郊亭村、华能电厂、管庄郭家场村、朝阳供销社和朝阳饮食服务中心平房区视察拆迁、绿化等议案办理工作情况，并召开座谈会，听取议案实施进展工作情况的汇报。区人大常委会主任陈宏志、副主任胡良森及相关办公室负责人参加视察，副区长刘海涛及政府相关部门负责人陪同视察。代表们针对下一步工作提出建议：一是建立区级治水、治气的统一协调机构；二是注重解决拆迁后的建设问题，做好规划引领，特别是增加停车楼、市民体育活动等配套设施建设；三是加大街乡基层环境建设、执法力量投入，建立城乡环境建设投入、作业、管理统一标准，确保实现长效管理。陈宏志强调，一要充分认识朝阳区在首都发展布局中所承载的作用。推进朝阳区城市功能定位的落实是本议案的核心目的，要将实现朝阳区城市功能定位作为议案办理的出发点和落脚点，通过议案办理为首都整体布局做出应有的贡献。二要明确议案办理的内容和范围，统一、量化工作标准。议案涉及的一些项目需要多年持续推进，要明确项目的具体内容和范围，制定明晰的年度工作计划，确保工作进度。三要坚持问题导向，注重发现问题，着力于解决问题。环境基础设施建设薄弱是“一廊”地区的突出问题，按照“四个全面”的要求，建设和谐宜居之都必须着力解决的基础问题。四要进一步加强统筹协调。发挥主责部门主力军的作用，协调好其他职能部门，形成各负其责、通力协作的工作合力，共同取得议案办理的实效。

（徐华东）

【听取环境整治议案办理】 8月22日，区人大常委会城建环保委员会召开工作会。听取区政府关于继续办理“加快污水综合治理，提升我区水环境质量”议案工作情况汇报和“加大东部‘一廊’地区环境综合整治力度，提升城市管理水平”议案办理情况的汇报，并提出意见和建议。区人大常委会副主任胡良森、城建环保委员会委员及特邀专家参加会议。委员们肯定区政府两项议案办理工作取得的成绩，并提出科学制定水污染治理规划、加大环境保护执法力度、明确“一廊”等重点地区环境治理责任等意见和建议。胡良森就议案办理和督办工作提出要找准问题所在、有针对性地落实各项工作，转变重城市、轻农村的倾向，加大对农村地区环境建设的投入。创新管理模式，学习借鉴先进经验，提高朝阳区环境建设、城市管理水平。

（徐华东）

【“一绿”试点乡建设议案继续办理】 9月14日，区人大常委会视察“一绿”试点乡建设议案继续办理情况。区人大常委会主任陈宏志、副主任胡良森，区人大农村委员会委员，市、区、乡人大代表参加。区政府副区长杨建海及区政府相关部门负责人员陪同视察。委员和代表们实地察看将台乡农民回迁安置房项目推进和将府公园四期绿化建设情况；南磨房乡中国北京出版创意产业基地A区建设和中国北京出版创意产业基地先导区项目运营等情况，听取区农委关于“加快第一道绿化隔离地区城市化试点乡建设，推进农村城市化”议案办理情况的汇报。陈宏志在座谈中强调：一要提高认识，持续做好“一绿”试点乡建设工作。朝阳区作为北京市“一绿”试点地区，要切实担负起应有责任，发挥试点效应，为北京市“一绿”试点建设提供可推广、可借鉴的工作模式。二要加强体制机制创新，解决重点难点问题。在“一绿”试点乡建设推进过程中，面对存在的困难和问题，强化体制机制创新，结合疏解整治促提升专项行动和朝阳区的自身发展进行深入研究，在重点难点问题的解决上实现突破，推进“一绿”试点乡各项任务目标的实现。

（徐华东）

【视察农村地区功能疏解进展工作】 11月10日，区人大常委会视察农村地区功能疏解工作进展情况。区人大常委会副主任胡良森、区人大农村委员会委员和部分区乡人大代表参加视察活动。其间，委员和代表们实地视察金盏乡雷庄村、东窑村和三间房乡西柳村的拆迁腾退及腾退后的绿化情况，听取相关情况汇报。在座谈会上，区农委汇报农村地区功能疏解工作进展情况，并围绕产业发展、城市建设与管理、资金监管、建筑垃圾处理等问题提出意见和建议。胡良森在会上强调：一要提高政治站位，加大疏解力度；二要加强区级统筹，促进产业发展；三要推进城市化进程，力求集体资产不流失。

（徐华东）

【信访受理】 年内，受理各类信访421件次，比上年增长47.2%。其中，来访149批次296 人，比上年降低16.8%；来信272件，比上年增长154.2%；集体访3批次 74人，比上年增长50%；重复访21件次35人，比上年降低38.2%；办理市人大、区人大领导及市区代表交办的信访32件，比上年增长10.3%。

（徐华东）

代表活动

【概况】 年内，区人大常委会围绕功能疏解、转型发展、教育医疗等专题，组织代表开展会前视察活动、“预算日”活动、代表会前分团活动等，并组织代表对提请大会审议的各项报告提出意见建议，为群众意愿依法有序进入决策程序畅通渠道，为代表在会议期间履行职务和行使权力创造条件，为提高人民代表大会会议的质量奠定基础。

（徐华东）

【视察北京城市副中心建设】 5月17日，区人大常委会主任陈宏志和市人大朝阳团二组部分代表参加活动视察，区人大常委会副主任朱春霞陪同视察。市人大代表听取通州区历史文化、水系治理、生态环境保护等情况介绍，察看大运河沿岸生态环境治理成果，先后参观市人大办公楼工程、城市副中心行政办公区地下综合管廊工程、外施队生活区。北京住总集团相关负责人随行并作汇报，在座谈会上，市人大代表与住总集团沟通交流。陈宏志表示，此次视察活动让代表们近距离地了解北京市重点工程的进展，对北京城市副中心建设有了更直观认识，对圆满完成副中心建设任务更有信心。

（徐华东）

【调研孙河乡温榆河森林湿地公园】 5月25日，区人大常委会围绕“学习贯彻习近平总书记视察北京重要讲话精神，加快疏解非首都功能”主题到孙河乡温榆河森林湿地公园实地调研。区人大常委会主任陈宏志，副主任朱春霞、胡良森，区人大常委会委员、部分专门委员会委员、部分区人大代表参加调研。委员和代表们在听取湿地工作建设基本情况介绍并实地查看建筑垃圾原位模块化处置情况后，一致认为，建设温榆河森林湿地公园是落实习近平总书记视察北京工作时对首都生态文明建设提出要求的具体体现，也是朝阳区“十三五”期间的重点工作。委员和代表们提出建议：一是公园建设方面，要坚持保护原生态、方便市民、科学管理的原则，按照国家AAAAA级湿地公园建设标准，通过实施重点生态工程、打造湿地景观、弘扬湿地文化、开展生态旅游等具体措施，将森林湿地公园建成北京的“金名片”。二是发挥城市规划指导作用，兼顾眼前立足长远，结合朝阳区、昌平区、顺义区三区实际情况，高起点规划、高水平建设。总结朝阳区大型公园、体育场馆建设和管理的经验，加强公园的建设示范作用和湿地生态旅游景点建设。三是在全面启动孙河乡拆迁工作中，统筹考虑属地百姓为北京市环境改善做出贡献，从居民的实际需求出发，维护转工转居后当地居民的切实利益。借助森林湿地公园建设运营的大背景，提前做好农民转型从事物业服务、公园管理等方面的就业培训和指导，为群众留下可持续发展的根基。四是借助全区重点工作建设之机，全面推动朝阳区疏解非首都功能战略落实。加快基础设施建设，完善城市道路系统，满足湿地公园建设、中央别墅区建设等综合需求。五是要加大宣传力度，使广大市民更加关心、热爱、理解湿地森林公园建设，为拥有它而感到骄傲、自豪。区人大常委会从区人大的角度，为全区的重点工作建言献策：继续组织各专门委员会、区人大代表进行视察，形成工作专报，供区委决策参考；对于推进工作中，属于市级层面协调解决的问题，要组织市人大朝阳团代表视察调研，形成代表建议，推进问题的解决，助力湿地森林公园规划建设。

（徐华东）

【视察污水治理】 7月7日，区人大常委会组织部分市区人大代表对区政府议题办理工作开展视察。听取区水务局关于议题办理的有关工作情况，代表们认为：污水治理标准要求高、工作任务艰巨、工作困难多。区政府工作力度大、措施实、效果好。萧太后河治理建设项目基本完工，全区33条黑臭水体治理工作全面开工，污水收集管线建设及断面水质治理等工作初见成效，区政府议题办理工作取得实质性进展。座谈会上，区人大常委会副主任胡良森表示：区政府重视议题办理工作，污水治理力度大，治理工作取得一定成效，对区政府议题办理特别是污水治理工作提出要求：一是治理力度要加大。区政府在重点河道和黑臭水体治理上力度很大，也要加强农村地区特别是城乡接合部地区垃圾、污水等治理工作，做到污水治理不留死角。二是治理成效要保持。排污治污要加大监管力度，针对城市管线规划不够规范的现状，政府应该摸清底数，从根本上治理。

（徐华东）

【年中集中活动】 7月13日，区人大常委会组织区人大代表年中集中活动。区人大常委会主任陈宏志主持会议并通报区人大常委会上半年工作情况，朝阳区人民政府区长王灏通报上半年朝阳区经济社会发展情况。区人大常委会副主任朱春霞、常树奇、胡良森、牟燕东参加活动，区政协委员一同听取上半年朝阳区经济社会发展情况的通报。年中活动中，陈宏志指出，组织年中集中活动，是代表大会闭会期间一项重要工作。这次集中活动，与往年相比，有三个新特点：在时间安排上，体现与学习贯彻市十二次党代会和区委十二届四次全会的有效衔接；在内容安排上，体现为代表履职服务的核心思想；在程序安排上，体现突出实效的目标导向。8月8日，区人大常委会组织市人大朝阳团代表开展年中集中活动。市人大常委会秘书长张清、区委书记吴桂英、区人大常委会主任陈宏志以市代表身份参加活动。会上，吴桂英传达习近平总书记对北京城市总体规划重要讲话。陈宏志主任传达市十二次党代会、市委十二届二次全会精神。陈宏志还通报市人大常委会2017年上半年工作情况。书面通报朝阳区2017年上半年经济社会发展情况。会议指出，通过年中集中活动，朝阳团代表要围绕中央的决策部署和市党代会确定的目标任务，把思想认识统一到中央的决策和市委的要求上来，在坚持首都城市战略定位、疏解非首都功能、规划建设城市副中心、推动京津冀协同发展等全局性工作中，联系人民群众，依法履行职责，参与人大及其常委会的各项工作，发挥代表作用。在分组讨论中，围绕全面落实市十二次党代会精神，代表们对市十四届人大常委会五年工作总结和研究总报告，特别是对未来五年人大工作提出意见建议。

（徐华东）

【视察活动】 11月14日、15日，区人大常委会依法组织区人大代表开展区十六届人大四次会议会前视察活动。区领导马继业、孙其军、朱春霞、常树奇、胡良森、牟燕东和341名区人大代表参加视察，区政府副区长王志勉、李建海和区长助理左科华陪同。其间，代表们分别到东坝北西区三村、大望京科技商务创新区（阿里中心）、东坝朝新嘉园朝花幼儿园、北京市公安局朝阳分局外国人出入境服务大厅和南部区域的十八里店乡小武基村、萧太后河马家湾湿地公园、恭和养老公寓（朝阳区第二社会福利中心）、南磨房社区卫生服务中心等点位视察，视察内容对接民生热点，涵盖经济发展、城市管理、疏解整治、科技创新、医疗卫生、学前教育、养老服务等方面工作。视察中，代表们听取区政府职能部门全面情况汇报、点位负责人具体情况汇报，针对视察中发现的问题，对照视察前收到的背景材料介绍，与区政府有关部门和被视察单位沟通交流。

（徐华东）

专门委员会工作

【概况】 年内，各专门委员会根据工作职责，强化专委会督办功能，将建议督办与议题调研、代表视察、执法检查相结合，提高建议督办针对性和专业性。

（徐华东）

【内务司法工作委员会工作】 年内，召开4次法制委员会全体会议。加强对“一府两院”专项工作的监督，促进依法行政、公正司法，依法开展对区政府关于法治政府建设工作情况、对区检察院民事行政检察工作情况、对区法院执行工作情况的调研，为区人大常委会听取并审议相关工作报告做好准备；牵头组织实施对区政府贯彻实施《北京市居家养老服务条例》情况的执法检查。依法组织开展规范性文件的备案审查工作，明确做好备案审查的工作程序和工作思路；研究制定下发《关于依法及时报送规范性文件备案的通知》，指导乡人大做好规范性文件备案的报送工作。配合市人大常委会内司办完成对“两院”司法改革工作情况的调研和对落实全国宗教工作会议情况的调研，完成关于朝阳区“扶持专业运营，发展居家养老服务业”专项调研；配合完成《中华人民共和国人民法院组织法》和《中华人民共和国人民检察院组织法》修法征求意见工作。

（徐华东）

【财政经济工作委员会工作】 年内，财经办完成主任会和常委会议题11项。其中，主任会议听取议题2项；常委会会议听取审议和审查批准的议题6项、听取的议题2项、书面审议的议题1项。修订《朝阳区预算监督办法》，制定出台新的《朝阳区预算审查监督办法》，并组织召开财经初审会，审查计划、预算草案。结合《朝阳区预算审查监督办法》的制定和调研成果，按照“议题课题化”的工作要求，完成“进一步完善制度，强化预算审查监督”课题结项报告。从区人大代表中选出18位熟悉、关心财政预算、经济工作的代表组建财经代表小组。

（徐华东）

【城建环保工作委员会工作】 年内，组织委员和代表重点完成常委会审议议题区十六届人大一次会议确定的“加大东部‘一廊’地区环境综合整治力度，提升城市管理水平”议案督办工作。完成常委会审议议题“加快污水综合治理，提升我区水环境质量”议案跟踪督办工作。完成常委会法定审议议题“关于听取区政府2016年度环境状况和环境保护目标完成情况的报告” 督办工作。完成主任会审议议题“人防地下空间整治”督办工作。协助市人大常委会完成《北京市生活垃圾管理条例》执法检查工作。完成对区园林绿化局、区水务局的预算初步审查工作。开展相关专项调研和代表建议督办工作。全年组织委员代表视察调研18次，参与人员160余人次

（徐华东）

【教科文卫工作委员会工作】 年内，围绕工作重点全年组织调研、视察和座谈等活动16次，组织委员和代表参加活动284人次，上报信息及专报18篇。发挥专业代表小组优势促进工作开展，加强常委会议题前期调研工作，围绕科技创新、学前教育、推进文化融合发展、食品药品安全审议意见办理、医疗卫生议案审议意见办理5项议题开展调研活动，并听取区政府专项工作报告。对照分类督办的37件代表建议开展调查研究，通过分别与区政府相关部门逐件研究沟通，实现建议办理全落实。

（徐华东）

【农村工作委员会工作】 年内，完成“一绿”试点乡建设议案继续督办和农村地区“煤改电”以及功能疏解议题督办工作。协助完成常委会关于“加大东部‘一廊’地区环境综合整治”和“水环境治理”两项议案督办工作。加强制度建设，提高乡人大工作规范化水平。修订《北京市朝阳区乡、民族乡人民代表大会工作规则》。做好代表建议督办工作。针对6件涉农建议，寻求突破，促进代表建议落实。组织新一届全体乡代表开展培训，提高代表履职能力。指导乡人大做好建章立制工作。指导各乡人大主席团依法履行好乡人大职能，提升乡人大工作整体水平。在疏解非首都功能的重点工作过程中，发挥区乡人大联动作用，形成整体合力，在推动功能疏解方面创造新经验。

（徐华东）

朝阳区人民政府

综述

【概况】 2017年，落实首都城市战略定位，全面完成全年各项任务，保持经济社会持续健康发展良好局面。全年实现地区生产总值5629.4亿元、不变价增速达到6.5%。居民人均可支配收入增长6.5%以上。城镇登记失业率控制在1%以内。一般公共预算收入在全市率先突破500亿元，达到508亿元，增长6.5%。万元GDP能耗下降3.9%。新增改造绿化面积671公顷。PM2.5年均浓度降至58微克每立方米，同比下降22.7%。

“疏解整治促提升”专项行动成效显著。拆除腾退建筑面积1234万平方米，拆除违法建设1003万平方米，拆除量是2016年的2.5倍。温榆河公园项目占地5个村实现整体腾退，小武基组团完成连片疏解，朝阳疏解经验在全市推广。全年疏解升级商品交易市场100家，退出一般制造业99家，清退物流基地93家、再生资源回收场站24家，清理违法群租房2138户、住人地下空间437处，整治“开墙打洞”4475家，疏解整治综合排名始终位居全市第1。利用疏解腾退空间，还绿230公顷，新建改造坝河休闲公园等25个大中小微型公园，高标准改造提升166个便民商业网点和60余处居民文体活动场所，建成一批书画长廊、休闲广场，城市环境和服务功能有效提升。推动区域协同发展，成立京津冀文化产业协同发展中心，中关村朝阳园西青科技产业园等合作项目实现运营。一批企业将制造环节转移至天津、河北。投入5.18亿元，对河北唐县、内蒙古卓资县等6个地区对口帮扶与协作。经济发展质量效益持续提升。新增5个跨国公司地区总部和5家标志性金融机构，引入30余家国际研发机构，新认定国家级高新技术企业700余家、“独角兽”企业24家，36家文创企业实现上市（含新三板）。深化科技体制改革，实施科技创新“八大工程”“22项重点任务”，未来论坛永久会址确定落户朝阳区。推进全国文化中心核心区建设，开展“文化三里屯”建设研究。重点功能区建设步伐加快。CBD 核心区中信、泰康等5个项目结构封顶。中关村朝阳园融新科创中心等4个项目竣工，苹果中国研发中心、戴姆勒中国孵化器等项目落户。出台《朝阳区关于率先打造一流营商环境的意见》，实施“三个一百”企业服务计划，推动10项外籍人才新政落地，外国人出入境服务大厅建成运营。设立外资企业一体化窗口，实施外商投资企业审批备案与注册登记一体化改革，首批81项重点任务全部完成。取消13项行政职权事项。城市化进程不断加快。坚持规划引领、城乡统筹、分类推进，设立农村城市化发展基金，加快农村地区拆迁腾退和转型提质，腾退低级次产业1210万平方米，新建6个重点产业项目，基本形成环中心城的生态公园环。“一绿”试点乡建设全面提速，第一批6个试点乡转居转工全部完成，拆迁腾退完成95%，绿化完成83%；第二批5个试点乡腾退326.2万平方米，绿化600亩；第三批试点乡建设全面启动。加强集体“三资”监管，出台集体产业用地管理等制度，稳步推进农村集体产权制度改革，20个村的产权制度改革基本完成。着力改善农村地区面貌，5个环境标杆乡建设加快实施，16处“三起来”工程全部完成。第三次全国农业普查有序开展。

规划建设全面加强。“一廊两带三区”建设，“一廊”地区“五大提升工程”和城乡发展“六个一百”工程275项重点任务累计完成五年总任务量的45%。广渠路、长安街延长线、京哈铁路沿线拆迁腾退78万平方米。高标准编制温榆河公园规划。萧太后河滨水绿色文化休闲廊道、马家湾湿地公园形成朝阳城市水岸景观。建立道路项目储备库，30条道路实施方案确定。新增道路里程25千米，辛店村路东延等3条主干路竣工通车，陈家营东路等19条次支路建设完成。采用PPP模式建设的建筑废弃物资源化利用中心开工。2013—2017年清洁空气行动计划任务完成，全年淘汰高排放老旧机动车8.65万辆，依法清理整治“散乱污”企业660家，完成5736蒸吨燃气锅炉低氮改造，煤改清洁能源4.6万户，全域基本实现“无煤化”。改善河湖生态水环境，落实“河长制”，33条段黑臭水体全部治理完成，5处国家、市级考核断面和流入城市副中心的9条河道及13处出境补偿断面水质全面达标。餐厨废弃物资源化利用和无害化管理试点城区创建工作通过国家验收。生活垃圾产生量同比减少4.5%。14个非正规垃圾填埋场治理完成。在全国率先采用棚户区改造建筑垃圾就地处理模式，提升垃圾资源化利用水平。10项年度疏堵工程完工。中日友好医院等6处立体停车设施投入使用，通过共享停车、错时停车、社区挖潜、新增新建等方式，扩充停车泊位1.6万个。在东大桥路、文学馆路等4条道路推行路侧静态停车改革试点。创建133个交通安全示范社区（村），团结湖交通安全示范社区治理经验成为全国推广典型。完成50条背街小巷整治提升，三里屯由“脏街”到“靓街”，成为全市整治样板。成立区级城市管理委员会，构建三级城市管理格局。实施安全隐患大排查大清理大整治，整改消除各类隐患48.2万项，全年安全生产事故起数和死亡人数分别下降26.7%和17.9%，火灾事故起数下降40.5%。食品药品抽检抽验合格率在98%以上。社会治安防控重点地区开展119个挂账专项整治，“朝阳群众”在公共安全治理中的作用进一步发挥，群众安全感指数显著提升。

扩大教育资源供给，增加学前教育学位近1万个、义务教育学位3680个，市级示范园达到30所，4个新建中小学校址竣工投入使用。实施第四轮“双名工程”，正高级和特级教师数量均居全市前列。中考综合优秀率超过70%，高考一本上线率首次突破60%。积极应对红黄蓝幼儿园事件，开展幼儿园安全隐患排查治理，在全区幼儿园加装视频监控、配备责任督学，出台“家园共育”十条措施。清华大学附属垂杨柳医院正式授牌，改扩建工程主体结构封顶。完成370家医疗机构医药分开综合改革，紧密型医联体实现全覆盖。5家卫生服务中心被评为全国百强社区卫生服务中心。开展国家级医养结合试点，实施“十助”居家养老服务。新增30家养老驿站，基本实现街乡全覆盖。全市首家PPP模式养老机构——泰和老年公寓投入运营。2.3万名登记失业人员实现再就业。保障性住房开工7276套、竣工2.2万套。完成北工大家属院老旧小区综合整治。崔各庄乡奶西村等9个棚户区改造项目8503户完成征收和拆迁。建立39个市级“社区之家”示范点，社区居民议事厅规范化建设实现全覆盖。16个老旧小区准物业向市场化物业过渡转型。建成35个绿色智慧平安社区，设立便民智能终端1026处，公共服务综合信息平台上线运行。区社会动员中心投入使用，拓宽社会力量参与社会治理渠道。购买240个社会公益服务项目，群众多样化需求进一步得到满足。朝阳区蝉联“全国文明城区”称号。全年开展惠民文化活动2500余场，建成社区流动美术馆、城市书屋、图书馆分馆等便民文化设施30余处，新建全民健身设施170套。推广普及冰雪运动，建成全国面积最大的四季旱滑雪场和全市首家四季露天滑冰场。具有朝阳特色文化精品传播到近30个国家和地区。

年内，区政府全面加强自身建设。办复全国、市、区人大代表建议和政协提案429件。全年职务违法立案27件，政务处分34人，行政问责5人。

地址：北日坛北街33号

邮编：100020

电话：65094221

（梁得天）

【文秘工作】 年内，制发公文780件，接收各类公文7819件。其中，处理中央、国务院、市委、市政府机要文件919件。起草区政府工作报告、区政府领导讲话以及汇报材料等文稿280余篇，约130万字。

（梁得天）

【调查研究】 年内，开展“朝阳区‘一绿’地区城市化试点的实践与思考”“朝阳区科技创新的功能定位和发展路径研究”等10项调研课题研究，编制《工作热点研究》5期。组织区政府决策专家咨询委员会专家参与党政群共商共治活动1次，开展课题研讨20次，组织决策咨询活动4次。经办区政府党组会13次，组织制发《中共北京市朝阳区人民政府党组工作规则》《中共北京市朝阳区政府党组2017年度民主生活会方案》等文件材料。

（梁得天）

【政务信息】 年内，编发各种信息刊物559期（普刊145期、朝阳动态145期、特刊208期、专刊61期）。其中，区领导批示414条，采用基层信息7412条。向市政府报送各类信息823期，被采用229条，其中市领导批示14条。

（梁得天）

【督查督办】 年内，办理市、区专项件118件，其中市领导批示109件、区领导批示9件；督办市、区重大决策任务208项，其中市政府工作报告重点工作51项、市级重要民生实事8项、市级责任书（责任状）工作22项，区政府工作报告重点工作91项、区级重要民生实事30项、区级责任书（责任状）工作6项；督办区政府常务会、区长办公会议定事项382项。按照全市公车改革整体安排，朝阳区完成党政机关、事业单位、国有企业公车改革各项具体任务。同时推进公务车辆标识化、平台化、信息化相关工作开展。

（梁得天）

【绩效管理】 年内，完成市政府下达绩效考评指标任务20项，涉及承办单位20家，区政府年度考评成绩显著提升。创新区政府绩效管理工作，实施分类考评，形成客观评价与主观评价相结合的五类考评体系，引入述职述廉评价，梳理60余家区级部门，形成“一部门一任务书”，运用察访核验方式推进重点任务落实，绩效管理精细化、规范化水平进一步提升。

（梁得天）

【应急管理】 年内，接报、处置各级各类突发事件1332件，比上年减少767起。其中，社会安全类808件，占60.66%；事故灾难类455件，占34.16%；公共卫生类46件，占3.45%；自然灾害类23件，占1.73%。

（梁得天）

【应急演练】 年内，结合“一带一路”国家合作高峰论坛服务保障工作，开展全流程全要素通信指挥以及城市运行、反宣传、群体性聚集等突发事件应急演练。结合十九大服务保障，在全区唯一重大危险源单位——水源九厂举办液氯钢瓶泄漏人员中毒事故应急救援桌面演练。

（梁得天）

【外联服务】 年内，对朝阳区域内驻京外埠机构进行摸底统计并实地走访调研，确认区域内驻区对口联系单位24家，对各单位提出的需求登记汇总、建立台账，协调落实。11月16日，在北京重庆饭店组织召开首次域内驻京外埠机构座谈会，完善座谈交流长效机制，与驻区对口联系单位拓宽交流渠道。

（梁得天）

主要工作和重大活动

【安全生产电视电话会议】 1月11日，围绕贯彻落实国务院、北京市安全生产委员会安全生产电视电话会议精神，朝阳区召开全区安全生产电视电话会议，部署岁末年初安全生产工作。区委副书记、区长王灏，副区长刘海涛参加会议。

（梁得天）

【环境保护部领导调研水环境治理工作】 1月19日，环境保护部水环境管理司司长张波带队到朝阳区萧太后河马家湾段、通惠河新八里桥调研水环境治理工作。张波在调研中指出，水环境治理不仅涉及经济社会发展，更事关民生福祉；水环境的优良能够带动周边环境提升，继而带动相关产业发展，因此要综合施策；朝阳区水环境治理工作力度大，举措扎实有效，要继续发力，进一步做好水环境治理工作。区领导吴桂英、王灏、张维刚、王志勉、杨建海陪同。

（梁得天）

【区领导春节前安全检查】 1月20日，区委副书记、区长王灏带领区安监局、商务委、食药局、质监局、工商分局、消防支队等相关部门负责人，到东风乡和朝外街道，分别检查食品、公共场所消防、烟花爆竹销售等安全工作。检查组先后检查眉州东坡酒楼泛海店、熊猫烟花朝阳第18零售店、悠唐购物中心、昆泰嘉华酒店，对安全生产工作提出要求。

（梁得天）

【春节期间烟花爆竹安全管理专项工作会】 1月26日，区领导吴桂英、王灏、刘军胜、张维刚、王志勉、杨建海、刘海涛出席朝阳区春节期间烟花爆竹安全管理专项工作会，对如何将烟花爆竹安全管理和空气重污染天气控制相结合进行部署。

（梁得天）

【市领导调研“一绿”试点和环境建设工作】 2月6日，市委常委、副市长林克庆，市政府副秘书长赵根武，调研广渠路二期景观绿化、水环境治理和“一绿”第二批试点工作进展情况。区领导王灏、甘靖中、杨建海、刘海涛陪同。8月18日，市委副书记景俊海到朝阳区调研“一绿”地区城市化建设工作。第一批试点乡来广营、将台、豆各庄三个“一绿”试点乡建设完成拆迁腾退413万平方米，绿化327公顷。市领导李必友、李彦来、王广双、田文杰，区领导吴桂英、王灏、杨建海陪同。

（梁得天）

【区领导到中国工商银行总行走访交流】 2月8日，区委书记吴桂英，区委副书记、区长王灏等领导到中国工商银行总行走访交流。双方围绕加强对接、深化合作进行沟通，并就棚户区改造、农村城市化、基础设施建设等方面工作达成合作共识。区发改委、商务委、金融办、财政局等负责人一同参加座谈。

（梁得天）

【区领导调研】 2月28日，区领导吴桂英、王灏、张维刚、牛国泉、杨建海、刘海涛到朝阳区全国“两会”人大代表和政协委员住地，检查外围服务保障工作筹备情况。4月11日，区领导吴桂英、王灏、杨建海、刘海涛到豆各庄、王四营、垡头、南磨房、劲松等街乡，调研全年重点工作进展情况。区委书记吴桂英强调，各街乡要加强调度，统筹谋划，明确工作节点，落实责任到人，确保重点工作完成。

（梁得天）

【市领导到华能北京热电厂调研】 3月18日，市委书记蔡奇，市委常委、常务副市长张工，市政府秘书长李伟，到朝阳区调研华能北京热电厂燃煤机组停产情况。长期以来，北京供电、供暖以四大燃煤热电厂为主。在高井、石热和国华燃煤机组先后实现关停情况下，华能电厂一期燃煤机组在2017年最后一个停机，北京从此彻底告别燃煤发电历史。继西南、西北、东北热电中心相继建成投运，2017年东南热电中心2台燃气机组也建成投产，替代燃煤电厂，为北京的蓝天做出贡献。区领导吴桂英、王灏陪同。

（梁得天）

【党和国家领导人参加首都义务植树活动】 3月29日，党和国家领导人习近平、张德江、俞正声、刘云山、王岐山、张高丽等到朝阳区将台乡参加2017年首都义务植树活动。中央有关部门领导、市有关部门领导及区领导陪同。

（梁得天）

【服务保障动员部署会】 4月14日，区领导吴桂英、王灏、陈涛、马继业、张维刚、孙其军、胡良森、王志勉、牛国泉、李俊杰、杨建海、李国红、刘海涛，区人民法院院长靳学军，区人民检察院检察长张玉鲲出席朝阳区“一带一路”国际合作高峰论坛服务保障动员部署会。

（梁得天）

【文学艺术界联合会第二次代表大会】 4月26日，朝阳区文学艺术界联合会第二次代表大会召开。大会选举产生区文联第二届理事会组织机构成员29人，区政协原主席谢莹当选新一届文联主席。市文联党组书记、常务副主席沈强，区领导吴桂英、王灏、陈涛、何明、刘军胜、常树奇，区人大常委会原主任安训生出席。

（梁得天）

【外国人出入境服务大厅揭牌】 5月2日，北京市副市长程红，市政府副秘书长徐志军及市相关部门领导，区领导吴桂英、王灏、何明、张维刚、牛国泉、李俊杰等参加朝阳区外国人出入境服务大厅揭牌。

（梁得天）

【国务院安委会第一巡查组到朝阳区巡查】 5月3日，国务院安委会第一巡查组组长赵铁锤、副组长李德忠等就安全生产工作到朝阳区巡查。巡查组一行先后巡查国家体育场、国家游泳中心、北京奥林匹克塔，了解国家体育场举办大型活动时的安全措施及日常安全工作、游泳安全管理以及戏水乐园安全管理措施和具体方法、奥运五环雕塑安防措施及逃生通道、故宫文物展厅安防措施等。赵铁锤对朝阳区重视安全生产工作和取得的成效给予肯定，强调朝阳区要查找安全生产中存在的薄弱环节，以更加稳定的安全生产形势迎接党的十九大胜利召开。市政府副秘书长尹培彦，市安全监管局局长张树森、副局长唐明明，区领导吴桂英、王灏、张维刚、刘海涛陪同。

（梁得天）

【区领导与中欧企业家峰会组委会签署战略合作协议】 5月16日，区领导王灏、李俊杰会见法国中欧企业家峰会联席主席、法国前总理拉法兰一行，朝阳区与中欧企业家峰会组委会现场签约，结成战略合作关系。

（梁得天）

【消防工作考核】 5月23日，公安部消防局副局长罗永强率国务院消防工作第一考核组到朝阳区考核2016年度消防工作。考核组通过听取汇报、查阅资料和实地察看，重点对高层建筑、地下工程、人员密集场所等地的消防工作进行全面考核。考核组认为，朝阳区企业消防设施完好、应勤正常，设施设备管理人员素质较好，但消防工作不能因为眼前的成果而放松，必须居安思危、常抓不懈。北京消防总队总队长亓延军，区领导王灏、牛国泉出席汇报会。

（梁得天）

【区领导向媒体介绍建筑垃圾资源化处置工作】 6月15日，区委副书记、区长王灏接受《人民日报》、中央电视台、《北京日报》、北京电视台、《北京晚报》、《北京青年报》、《新京报》、北京人民广播电台等中央、市属媒体采访，介绍朝阳区开展全国首例棚改现场建筑垃圾资源化处置工作有关情况。

（梁得天）

【接听“12345”市民热线】 6月30日，区委副书记、区长王灏，副区长刘海涛，以及区教委、区卫生计生委、区市政市容委、区住建委等13个部门负责人，到市非紧急救助服务中心接听“12345”市民热线，了解百姓诉求，现场为百姓释疑解惑，排忧解难。接听市民电话81个，内容涉及环境保护、城市管理、社会保障、违法建设等方面。

（梁得天）

【学习交流“疏解整治促提升”专项行动经验做法】 7月12日，区领导吴桂英、王灏、陈宏志、陈涛等带领朝阳区相关部门及43个街乡负责人，到东城区前门东区、西城区报国寺和海淀区东升镇双泉堡地区学习交流“疏解整治促提升”专项行动的经验做法。

（梁得天）

【市安全生产第一督察组进驻朝阳区动员会】 8月7日，市委、市政府安全生产第一督察组进驻朝阳区，并召开安全生产督察工作动员会议。市安全生产第一督察组组长王建东作动员讲话，市安全生产第一督察组副组长唐明明通报安全生产督察工作安排。吴桂英、王灏、陈宏志、陈涛等区四套班子领导参加会议。

（梁得天）

【市卫计委领导调研医药分开改革工作】 8月11日，市卫生计生委主任雷海潮到朝阳区调研康复转型、医药分开综合改革等工作。雷海潮一行到南磨房社区卫生服务中心新址，实地考察中心康复转型情况。随后召开座谈会，调研组听取朝阳区关于康复转型、医药分开综合改革及院前医疗急救服务等情况汇报，雷海潮对朝阳区康复医疗和医药分开综合改革工作给予肯定。区领导吴桂英、王灏、孙其军陪同考察。

（梁得天）

【党政群共商共治区级民主协商会】 8月24日，朝阳区召开2017年党政群共商共治区级民主协商会，垡头街道盛和市场疏解项目等8个项目提交会议讨论，主责部门涉及区农委、国资委、市政市容委、交通委、水务局、房管局、民防局、园林绿化局、弘朝伟业公司、副食公司等10家，议事团成员由区人大代表、区政协委员、党代表和专家学者等18人组成。会上，经过评议，18名议事代表做出议事决策，此次提交区级民主协商会讨论的8个项目全部评议通过。区委书记吴桂英讲话，区委副书记、区长王灏主持会议，区领导甘靖中、何明、张维刚、李俊杰、杨建海出席会议。

（梁得天）

【文化部领导调研文创实验区建设情况】 9月1日，文化部党组成员、副部长张旭，市委常委、市委宣传部部长杜飞进到朝阳区调研国家文化产业创新实验区建设情况。文化部有关部门领导赵雯、宋奇慧，市有关部门领导陈冬、赵磊，区领导吴桂英、王灏、刘军胜、孙其军陪同。

（梁得天）

【市领导调研监察体制改革工作】 9月21日，市领导蔡奇、张硕辅、崔述强到朝阳区重点督察深化监察体制改革试点工作完成情况，并召开深化监察体制改革试点工作督察座谈会。区领导吴桂英、王灏、席成坡、刘海涛参加座谈。

（梁得天）

【朝阳区城市管理委员会成立大会】 10月9日，举办朝阳区城市管理委员会成立大会暨揭牌仪式，朝阳区城市管理委员会正式挂牌成立。朝阳区城市管理委员会为朝阳区城市管理主管部门，在原区市政市容委承担职责的基础上，整合区发展改革委煤电等能源日常运行管理和行业管理职责、区水务局的城市河湖管理范围内（不含水域）的环境卫生管理职责、区商务委的再生资源回收行业管理职责、区园林绿化局的城市建成区区管道路两侧绿化带的环境卫生管理职责，并增加地下管廊综合监督管理职责、新能源汽车充电桩（站）建设和运营管理职责。市城市管理委员会副主任柴文忠，区领导吴桂英、王灏、何明、刘海涛出席成立大会。

（梁得天）

【朝阳区与清华大学全面合作框架协议签署仪式】 10月9日，朝阳区与清华大学全面合作框架协议签署仪式暨清华大学附属垂杨柳医院授牌仪式。本着双方“战略统筹、资源共享、优势互补、协同创新、发展共赢”的原则，发挥朝阳区在资源、政策、创新、发展等方面的综合优势，以及清华大学在人才培养、科学研究、社会服务、文化传承创新等方面的领军优势，朝阳区与清华大学开展战略咨询、智力支持、教育、卫生、科技创新、科技成果转化、人才培养和智库建设等多领域合作。清华大学党委书记陈旭，党委常务副书记、副校长姜胜耀，区领导吴桂英、王灏、甘靖中、何明、马继业、孙其军、王晰宁出席。

（梁得天）

【区领导检查环境与安全生产工作】 10月21日，区领导王灏、朱春霞、王志勉到酒仙桥街道751动力广场现场检查空气质量保障和安全生产工作，到将台地区北京实宝来游乐设备有限公司检查“散乱污”治理落实情况。区委副书记、区长王灏强调，要进一步加强安全生产巡查和生产过程安全防护，要求各街乡、各部门、各单位抓好安全生产各项工作的有效落实。要按照市领导近期有关安全生产工作的批示指示要求，结合本地区本行业本单位特点和前期检查发现的问题，持续开展有针对性的安全生产巡查检查。

（梁得天）

【中欧企业家峰会落户朝阳】 11月21日，由朝阳区人民政府支持、中欧企业家峰会组委会主办的2017中欧企业家峰会在朝阳区举办。“北京市朝阳区对外经济合作促进会”在会上揭牌，会议宣布中欧企业家峰会正式落户朝阳。区领导王灏、李俊杰出席活动。

（梁得天）

【市安全生产督察组督察朝阳区情况反馈会】 11月22日，市委、市政府安全生产第一督察组督察朝阳区情况反馈会召开。市委、市政府安全生产第一督察组组长王建宣读《关于朝阳区安全生产工作的督察反馈意见》。王建东在反馈意见中指出，朝阳区委区政府始终高度重视安全生产工作，党政重视站位高，制度健全责任实，创新推动亮点多，源头治理力度大，社会共治氛围浓。同时，督察组在督察中也发现安全生产责任、区安委会办公室的作用发挥、政府部门安全生产履职能力等方面的问题。督察组对朝阳区安全生产工作提出五点意见和建议。牢固树立政治意识、大局意识、核心意识、看齐意识，提高政治站位，增强做好安全生产工作的紧迫感责任感；着力加强安全生产监管队伍建设；着力建立健全科学有效的安全生产工作体系；着力加强执法规范化建设提升执法检查力度；着力推进安全生产重点任务落实。区领导吴桂英、王灏、陈宏志、陈涛、甘靖中等出席。

（梁得天）

【红黄蓝新天地幼儿园事件处置】 11月22日，发生红黄蓝新天地幼儿园事件。11月23日至27日，区领导吴桂英、王灏、马继业、张维刚、孙其军等调度红黄蓝新天地幼儿园事件处置工作。朝阳区政府约谈红黄蓝新天地幼儿园举办者，依法启动追责程序，责成举办者按程序立刻免除幼儿园园长职务，并根据案件调查结果，严肃追究幼儿园及相关人员的责任。要求园方与家长沟通，全力配合家长关爱幼儿身心健康。并责成朝阳区教委组织相关部门成立专项督导组进驻幼儿园，督促园方全面排查幼儿园安全隐患，查处教育教学管理和师德师风建设情况，严明整改要求，落实整改责任，确保在园幼儿的绝对安全。朝阳区同时在全区范围内开展幼儿园安全隐患大排查，开展师德师风教育，全面加强监管，及时发现问题，严肃进行整改，维护未成年人合法权益，保障每个孩子健康快乐成长。

（梁得天）

政府信息公开

【概述】 朝阳政府信息公开办公室是朝阳区政府办公室内设机构，负责推进、指导、协调全区政府信息公开工作和区政府、区政府办的政府信息公开具体工作。年内，更新编制《北京市朝阳区政府信息公开指南（2017版）》，在区域内的各级各类信息公开窗口免费向公众发放，在政府信息公开专栏中同步更新。全年全区各公开机构（不包含垂直管理部门）通过政府信息公开专栏主动公开政府信息58524条，受理政府信息公开申请2555件，因政府信息公开申请行政复议97件，提起行政诉讼91件。

地址：日坛北街33号

邮编：100020

电话：65090089

（叶易棠）

【主动公开】 年内，全区主动公开政府信息58524条，全文电子化率为100%。其中，主动公开规范性文件33874条，占全区主动公开政府信息数的比例为57.9%。重点领域公开政府信息6289条。主动公开财政预算决算、“三公经费”和行政经费信息563条；主动公开保障性安居工程建设计划、项目开工和竣工情况，保障性住房的分配和退出等信息65条；主动公开食品安全标准，食品生产经营许可、专项检查整治等信息408条；主动公开环境核查审批、环境状况公报和重特大突发环境事件等信息154条；主动公开生产安全事故的政府举措、处置进展、风险预警、防范措施等信息546条；主动公开农用地转为建设用地批准、征收集体土地批准、征地公告、征地补偿安置公示、集体土地征收结案等信息2条；主动公开政府指导价、政府定价和收费标准调整的项目、价格、依据、执行时间和范围等信息数11条；主动公开本市企业信用信息系统中的警示信息和良好信息等信息13条；主动公开政府部门预算执行审计结果等信息65条；主动公开行政机关对与人民群众利益密切相关的公共企事业单位进行监督管理的信息1513条；主动公开市人民政府决定主动公开的其他信息等信息2554条；主动公开其他信息395条。

（叶易棠）

【依申请公开】 年内，全区各公开机构受理申请2555件。受理的申请中，已到答复期的2258件全部按期答复，其余未到答复期的按照《中华人民共和国政府信息公开条例》时限规定在2018年答复。按期答复信息中，“同意公开”752件，占33.3%；“申请信息不存在”885件，占39.2%；“不同意公开”143件，占6.3%；“不属于本行政机关公开”的254件，占11.3%；“属于已主动公开范围”的149件，占6.6%；“告知作出更改补充数”的13件，占0.6%；“同意部分公开”的59件，占2.6%；“告知通过其他途径办理”的3件，占0.1%。

（叶易棠）

【行政复议】 年内，区政府信息公开中，申请行政复议97件。其中，维持行政机关具体行政行为的42件，被依法纠错数30件，其他情形数25件。

（叶易棠）

【行政诉讼】 年内，针对区政府信息公开行政诉讼案91件。其中，维持行政机关具体行政行为或判决驳回原告诉讼请求的55件，被依法纠错17件，其他情形19件。

（叶易棠）

电子政务建设

【概况】 朝阳区信息化工作办公室（简称区信息办）是全区信息化主管部门，负责指导、组织和实施辖区内信息化建设。下设综合管理科、电子政务与社会信息化科、软件与信息服务业科和信息网络中心（正科级纳入工资规范管理事业单位）。编制29人，其中公务员编13人，在编工作人员12人，事业编16人，在编工作人员14人。年内，信息传输、软件和信息服务业实现收入624.3亿元，同比增长20.2%，超额完成行业GDP15%的增速指标任务。获“2017年度朝阳区社会管理综合治理优秀单位”“2017年中国新型智慧城市创新50强——创新服务奖”。

地址：日坛北街33号

邮编：100020

电话：65094288

网址：http://xxb.bjchy.gov.cn

（吕　洲）

【高新技术产业资金】 年内，完善《朝阳区高新技术产业发展引导资金管理办法》，全年利用2000万元产业资金扶持31家高新技术企业，并支持区内5家企业获得北京市两化融合贯标评定证书。

（吕　洲）

【5个技术规范编制】 年内，完善公共安全视频监控顶层设计，制定完成《北京市朝阳区公共安全视频监控建设联网应用总体规划（2017—2020）》《北京市朝阳区公共安全视频监控联网应用系统建设技术规范》《北京市朝阳区公共安全视频监控联网应用系统联网技术规范》《北京市朝阳区公共安全视频监控联网应用系统传输网络技术规范》《北京市朝阳区公共安全视频监控联网应用系统安全技术规范》《北京市朝阳区公共安全视频监控联网应用系统运行维护管理规范》5个技术规范。

（吕　洲）

【智慧物业管理】 年内，整理225项智慧物业标准，探索破解异地纳税、金融打非、群租房等多个社会治理难题，在试点基础上向全区43个街乡、176个重点商务楼宇推广使用，形成智慧物业运行管理体系，实现智慧物业信息化体系和实体运行体系的有效衔接。

（吕　洲）

【信用信息平台】 年内，收集CBD区域内16万家企业近2000万条信用信息，对风险等级较高企业的信用信息开展重点监测，提高政府对市场主体的监管能力。

（吕　洲）

【朝阳区地理信息系统】 年内，对接区委办局30余个业务系统，交换数据1672万余条，调用朝阳区地理信息系统地图数据1500余万次，形成朝阳区地理信息数据“一张图”，解决信息数据重复采集、重复建设难题。

（吕　洲）

【“一带一路”峰会及中共十九大服务保障】 年内，新建图像点位近700个，修复图像点位610余个，梳理点位2000余个，提升重点区域图像覆盖率和质量。开展全区网站及对外服务系统风险分析，发现存在中、高危风险系统68个，关闭其中网站10余家；处置中、高危漏洞100余个。勒索病毒大规模爆发期间，采用多途径、多手段防止病毒感染，阻断疑似攻击行为106.6万次，全区无一例计算机终端感染，各单位终端、网络安全稳定运行。

（吕　洲）

【网络安全工作】 年内，对全区网络信息检查近170次，对4家单位实行警告处罚。实现在各区县行政执法检查量排名第1、区级信息系统安全行政处罚零发生的业绩。

（吕　洲）

【政府网站内容建设】 年内，对全区政府网站群实施24小时动态监测，累计扫描600余次，发现错误链接23000余处，错别字1000余处，无更新栏目6000余处，建立整改反馈机制，跟踪核查，确保网站整改到位。区政府网站在北京市普查中全部合格。

（吕　洲）

【智慧朝阳建设】 年内，编制完成《智慧朝阳建设行动计划》《朝阳区信息化管理制度体系研究》《智慧朝阳重点领域建设模式创新实施方案研究》等文件。将54个智慧朝阳优秀项目分类，树立标杆，着力推广，为统筹推动新型智慧朝阳建设巩固基础。陆续拍摄《厉害了我的智慧朝阳》《智慧物业系统介绍》等一系列宣传片。

（吕　洲）

行政服务

【概况】 朝阳区行政服务中心（简称区行政服务中心）为区政府派出机构，机构级别正处级，行政编制11人。作为全区行政服务窗口统筹协调、监督管理、服务指导主管部门，负责全区行政服务窗口单位的标准化、规范化和信息化建设，负责为企业法人、社会组织办理行政许可事项、公共服务事项，负责在本部门职责范围内加强为驻区中央单位、市属单位、驻区部队和区域内企事业单位的服务和中心综合管理工作。年内，区行政服务中心着力推进政务服务标准化、信息化、规范化建设，打造统一政务名称、统一服务环境、统一业务流程、统一服务标准、统一管理机制“五统一”政务服务标准，构建朝阳政务服务“全网通”模式，全区政务服务质量和群众满意度明显提高。

地址：霄云路霄云里1号

邮编：100026

电话：64685786

（郭靖楠）

【区领导调研】 2月27日，副区长王志勉赴三间房乡政务服务大厅，对标准化内部设施、信息化设施、驻厅科室后台开展观摩调研，政务大厅现场模拟微信预约、线上线下互动办理、区—街—乡“三级联动”、互联网客户端办理及线下实体大厅办理，展示政务服务线上线下全过程。3月3日，王志勉率区行政服务中心主任吴景刚、副主任李晓静一行赴市政务服务办，就政务服务体系建设工作开展调研。市政务服务办主任赵金花、副主任刘强对朝阳区给予的支持表示感谢，并对朝阳区取得的经验、做法给予充分肯定。9月4日，区长王灏就改善全区营商环境，到房屋权属登记大厅和区行政服务大厅专题调研，并召开座谈会。王志勉、区政府办主任赵海东一同参加调研。区行政服务中心主任吴景刚进行工作汇报。王灏要求，要运用信息化手段，加强服务企业力度；关于行政服务大厅新址选址工作，要提力提速，拿出方案；按照应进必进原则，考虑大厅进驻部门和事项。

（王　寅）

【商标受理窗口落户行政服务大厅】 3月1日，国家工商行政管理总局北京朝阳商标受理窗口正式在区行政服务大厅启动运行。北京朝阳商标受理窗口是国家商标局在北京设立的首个商标受理窗口。国家工商行政管理总局受理中心在区行政服务大厅对外设立商标咨询窗口，对初创企业提供“一对一”的商标注册、咨询服务和品牌战略指导；由仅对商标代理机构开放扩大至所有申请人，商标受理窗口将设立网上申请全程指导窗口，解决申请人在网上注册过程中遇到的疑难问题，为商标注册提供便利。

（王　寅）

【摸底排查整改“丁义珍”式窗口】 4月25日，《新京报》报道朝阳区不动产登记事务中心存在“丁义珍”（《人民的名义》剧中人物）式窗口现象。为尽快消除不良影响，按照区长王灏指示精神，行政服务中心启动核查整改工作，向全区 64 家窗口单位下发通知，制定巡查工作方案，制定《摸底排查及整改任务时间表》，并于5月10日前对全区71个政务服务大厅抽查，全区 64家窗口单位，63 家不存在类似“丁义珍”式窗口问题。

（王　寅）

【国务院督察组检查指导“放管服”工作】 5 月 9 日，国务院办公厅“放管服”第一督察组副组长赵毓芳一行 7 人到区行政服务中心检查指导工作，市政府督查室、区编办、区政府督查室有关领导陪同。中心汇报区政务服务窗口建设以及“放管服”改革措施落实情况，督察组对商事制度改革、政务服务体系建设、固定资产项目网上审批、政务服务工作未来发展方向以及“放管服”优化成果对百姓及窗口工作人员带来的便利等问题开展交流。督导组对区政务服务以及"放管服"改革相关工作、引进第三方评价机构等措施给予肯定，对检查结果表示满意。

（郭靖楠）

【区领导检查指导】 6月12日，区委常委、区纪委书记席成坡到区行政服务中心检查指导工作。席成坡现场考察行政服务大厅，了解进驻单位、进驻事项、进驻人员等情况，听取中心负责人对党风廉政建设以及信息化建设、绩效考评等相关工作的汇报。席成坡要求服务中心要心系百姓，简化前端审批环节，管理好窗口工作人员，对工作不作为、慢作为等行为开展效能问责。

（郭靖楠）

【政务服务体系标准化建设启动会】 7月26日，朝阳区政务服务体系标准化工作启动会在太阳宫乡政府召开。市政务服务服务管理办公室副主任刘强、副区长王志勉，以及区行政服务中心、区政府办、区纪委、区农委、区社会办、区信息办、区财政局领导、相关委办局、街道（地区）办事处主管政务服务工作领导及窗口负责人120余人参加启动会。

（王　寅）

【朝阳区行政服务中心更名】 11月7日，区编办下发《北京市朝阳区机构编制委员会关于北京市朝阳区行政服务中心更名为北京市朝阳区政务服务管理办公室的通知》，将北京市朝阳区行政服务中心更名为北京市朝阳区政务服务管理办公室（简称区政务服务办）。主要职责为：负责组织实施本级政务服务工作，并指导街道（乡）政务服务相关工作；负责指导推进政务服务体系建设和服务方式创新；负责本级政务服务中心建设、监督管理；指导、协调、监督同级专业大厅和下级政务服务中心的建设；指导、协调、监督同级专业大厅和下级政务服务中心的建设、运行和管理；协调推进"互联网+政务服务"的建设；负责政务服务体系标准化建设等。其他机构编制事项不变。

（郭靖楠）

【区政务服务办增设内设机构】 11月29日，区编办下发《北京市朝阳区机构编制委员会关于明确我区公共资源交易平台管理工作机构的通知》，明确政务服务管理办公室增设内设机构——公共资源交易管理科，核定行政编制4名，其中科级领导职数1正1副。调整后区政务服务办内设机构为3个行政编制15名，科级领导职数3正3副，其他机构编制事项不变。公共资源交易管理科主要职责为：负责统筹协调区公共资源交易平台管理工作，制定区公共资源交易平台管理细则，公共资源交易数据整合和分析，完善平台服务流程和标准，整合建立信息化管理系统和检查系统，监督平台运行等工作。

（郭靖楠）

招商引资

【概况】 朝阳区投资促进局为区政府直属事业单位，机构规格正处级，设办公室、宣传推介科、项目促进科、项目统计科、联络科、企业服务科、调研科7个科室，人员编制31人。负责区投资促进和招商引资工作，搭建招商引资平台；承担区招商引资工作领导小组办公室日常工作；负责推进优化区投资环境工作，协调落实对驻区重点企业各项服务制度；负责宣传推介本区投资发展环境和招商引资政策，承担大型招商引资和投资促进活动的组织、协调工作；负责引进重点企业及产业化项目，并组织项目评估；负责完善全区投资促进网络体系和工作机制，对全区招商引资工作情况统计、分析、评估和考核，协调促进重大项目落地，并对重大项目全程跟踪；负责区投资促进官方网站建设，统一发布招商信息。年内，为推进"高尖精"项目在朝阳区落地，制定《关于设立朝阳区招商引资重大"高精尖"项目发展基金的方案》，完成《朝阳区写字楼市场研究报告》。引入亚萨合莱（中国）投资有限公司增资、金鲁班集团等重点项目8个，注册资本约27.5亿元。其中，增资项目3个，增资金额约21.9亿元；新设立企业5家，注册资本金累计5.6亿元。引入阿子癌症筛查有限公司、北京文投丽都文化科技有限公司等注册资本金5000万元以上（含5000万元）项目44个。用"三依靠"（依靠与国家部委和北京市投资促进局等部门的联络，依靠中介服务组织，依靠商协会等经济团体）方法，拓宽项目信息来源渠道，了解和掌握企业增资扩股等新业务信息。在第二十届中国国际科技产业博览会上，与山东金鲁班集团、天然之扉（北京）生物科技有限公司签约，金额61.12亿元。在第九届投资北京洽谈会上，世用集团投资新能源汽车和电池研发总部项目等3个科技型项目参加签约，总金额22亿元。促进企业落户，开通"绿色通道"，协助中信集团、神华集团、凤凰金谷小镇、北京中青旅集团、亿达科技等8家企业办理增资、新设立公司等相关业务，累计注册资本金12亿元。修订《企业设立登记全程代办管理办法》，提升全程代办工作效率。完成金鲁班融创有限公司、大唐宝通文化艺术有限公司及融邦信用管理公司办理工商登记和迁税工作。

地址：霄云路霄云里1号3层

邮编：100026

电话：84681251

网址：http://www.investchaoyang.gov.cn

（张　瑾）

【政企工作交流会】 5月23日，举办朝阳区政企工作交流暨与跨国公司高管座谈活动。德意志银行、微软（中国）有限公司、戴尔（中国）有限公司、奥迪（中国）企业管理有限公司、普华永道中天会计师事务所有限公司北京分所等31家企业的35名代表参会。会议旨在了解企业在自身发展中遇到的困难与问题，并协调区内政府部门，共同为企业解决困难。

（张　瑾）

【项目引进】 年内，引入项目13个。其中，新设立企业8家，注册资本金10.6亿元；增资项目4个，增资金额约23.4亿元；迁税项目1个，注册资本金1亿元。通过中介机构引入注册资本金5000万元以上（含）项目41个。

（张　瑾）

【投资促进活动】 年内，先后组织第二十届中国国际科技产业博览会、第九届投资北京洽谈会、第二十一届北京·香港经济合作研讨洽谈会等投资推介活动。通过活动对朝阳区开展主题推介，重点宣传城市发展规划、企业未来发展机遇和发展空间，营销朝阳区投资环境，收到良好效果。其中，在第二十届中国北京国际科技产业博览会上，山东金鲁班集团、天然之扉（北京）生物科技有限公司2个项目参与签约，总金额61.12亿元；在第九届投资北京洽谈会上，3个项目参与签约，总金额22亿元；在第二十一届北京·香港经济合作研讨洽谈会上，中国中旅集团等3个项目签约逾70亿元。

（张　瑾）

【媒体宣传】 年内，加强局网站和微信公众号建设，增加首页朝阳区一廊两带三区规划图，学习宣传贯彻中共十九大精神专题链接，完善网站图片库、视频库的内容，开发完成“投资朝阳”交互型多媒体演播系统，在网站上设立“全景朝阳”专栏。升级改版朝阳区投资环境宣传片。制作“投资朝阳”交互型多媒体演播系统。印制多种纸制宣传品，并与媒体合作，向全国“两会”代表和中共十九大代表宣传朝阳区“十三五”规划和重点发展区域，扩大朝阳区知名度。

（张　瑾）

【走访重点企业】 年内，走访神华集团、中信集团、现代汽车等驻区知名企业，获取重大项目再投资资讯。走访美国We Work、优客工场、梦想+、侠客岛、方糖小镇等一批国内外著名跨国连锁型孵化器和众创空间，建立联系、加强合作，捕捉“独角兽”企业。

（张　瑾）

【服务企业】 年内，通过“绿色通道”和“全程代办服务”，帮助企业办理工商、税务等入驻手续，加快审批速度。先后协助中信集团、神华集团、凤凰金谷小镇、北京中青旅集团、亿达科技等8家企业办理增资、新设立公司等相关业务。同时，通过全程代办服务机构，完成金鲁班融创有限公司、大唐宝通文化艺术有限公司及融邦信用管理公司办理工商登记和迁税工作。

（张　瑾）

外事及港澳台事务

【概况】 朝阳区人民政府外事办公室（简称区外办），是负责朝阳区对外国际交往和处理涉外及港澳事务的区政府工作部门，又是区委外事工作领导小组的办事机构。内设综合科、因公出入境管理科、国际交流科、涉外管理科四个科室。年内，区外办着眼外交外事大局，立足区域经济社会发展，紧密围绕“建设三区，建成小康”的发展目标，以“一个提高，三个服务”（提高外事工作科学管理水平，服务党和国家的中心任务，服务国家总体外交和北京市外事工作大局，服务区域经济社会发展）为主线，合理构建友城平台，广泛整合涉外资源，优化涉外环境，推进区域国际化建设。

（宋晓晖）

【外国驻华使馆系列走访调研】 1月13日，区外办派员参加匈牙利驻华使馆“珂达伊年”开幕式活动，与使馆文化参赞探讨双方合作项目。2月9日，区外办副主任黄文娟率队赴白俄罗斯驻华使馆拜访，双方就朝阳区与明斯克市五一区开展务实合作事宜开展交流。3月2日，区外办副主任黄文娟率队赴古巴驻华使馆拜访，双方就朝阳区与古巴首都哈瓦那下辖区域建立友好合作关系等事交流。

（宋晓晖）

【区领导会见】 1月17日，区外办主任谭林坤会见奥地利驻华使馆文化参赞欧诺德（Arnold Obermayr）、奥地利国家旅游局亚洲地区负责人雷纳（Emanuel Lehner-Telic）一行。双方就在文化、旅游等领域开展合作事宜交换意见。4月13日，区外办主任谭林坤会见瑞士卢加诺市公共关系处主任伊拉利亚（Ms. Ilaria Bignasci）一行，探讨两地友好交流与合作事宜。5月16日，区委副书记、区长王灏会见中欧企业家峰会法方联席主席、法国前总理拉法兰（Jean-Pierre Raffarin）一行，朝阳区与中欧企业家峰会组委会签署《战略合作协议》，建立战略合作伙伴关系。5月24日，应中共中央对外联络部邀请到访北京的巴勒斯坦法塔赫考察团一行19人，到朝阳区观摩区委常委会。区领导吴桂英、王灏、甘靖中、张维刚会见考察团一行。6月8日，区委副书记、区长王灏会见英国太古集团行政总裁施铭伦一行，就太古集团参与三里屯区域升级改造规划与建设情况以及加强双方合作等内容开展交流。区政府办、区商务委、区外办、朝阳规划分局、三里屯街道、昆泰集团领导陪同会见。8月4日，区委常委、副区长孙其军会见日本东京都大田区观光及国际都市部部长近藤伦生（Kondo Michio）一行，回顾两区建立友好交往关系20年以来开展的各项经济、文化、青少年交流活动，并就两区未来继续强化人文、经贸、城市建设等方面的交流交往进行展望。9月13日，由区政府外事办主办，北京雅宝路国际贸易商会协办的“国际友城朝阳行”系列活动——“一带一路”经贸推介会活动在朝阳区举办。活动邀请朝阳区友城白俄罗斯明斯克市五一区区长伊戈尔·古德列维奇（Igor Kudrevich）、马来西亚沙捞越州古晋南市副市长哈芝·希尔米·哈芝·欧思曼（Tuan Haji Hilmy Haji Othman），白俄罗斯驻华大使馆的高级商务参赞丹尼斯·佐多罗夫（Denis Zdorov），马来西亚商会副秘书长苏米拉·占米尔（Sumilah Jamil）出席，与会嘉宾为朝阳区有意向去当地投资企业介绍本国投资环境及相关利好政策，来自北京雅宝路商会、朝阳区APEC商旅卡企业俱乐部成员等50余家企业参会。会后，企业和嘉宾就投资政策和动态做进一步交流。12月11日，区委副书记、区长王灏会见友城希腊雅典玛鲁斯市市长乔治·帕托利斯（Georgios PATOULIS）一行。希腊驻华使馆新闻参赞海恩福先生会见时在座。双方就加强青少年交流，促进文化交往等领域深化务实合作达成共识。

（宋晓晖）

【使馆及涉外机构提供服务】 1月，协助墨西哥使馆了解崔各庄东辛店墨西哥投资企业“墨西哥小饼”因环境污染外迁事宜。4月中旬，协调区发改委、麦子店街道等单位，了解核实卢森堡驻华使馆外交官租赁公寓被停电事宜，并与供电部门沟通，采取合理处理措施，保障外交官权益。6月，与印度大使馆沟通，就该馆拟在朝阳公园或日坛公园等公共场所举办第三届国际瑜伽日活动，提供市大型活动审批或备案流程政策咨询。根据瑞士驻华使馆向市政府外办外办提出的要求，协调区相关部门了解瑞士日内瓦市万国歌剧院搬迁至北京项目背景及进展情况。

（宋晓晖）

【服务接待】 2月16日，区外办主任谭林坤赴区侨联调研，与区侨联主席曾旭就双方携手合作、共同推进朝阳区外事侨务工作发展达成多个合作意向。3月31日，塞尔维亚总统尼科利奇夫人一行10人参观秀水市场。5月9日至16日，完成“一带一路”国际合作高峰论坛期间党宾、国宾接待任务，有18团组172人次。5月14日，老挝副总理本通·吉玛尼一行20余人赴朝阳区高碑店乡，就新农村建设交流。中联部部长助理王亚军，朝阳区委常委、组织部部长何明陪同考察。6月12日，配合市友协、民政局等部门，接待以前参议长江田五月为团长的日本民宿接待家庭代表团一行75人赴区爱侬养老中心参观交流。11月，接待古巴驻华使馆副馆长到访，商讨与古巴首都哈瓦那下辖革命广场区建立友好关系、开展合作达成初步共识。是月，接待奥地利友城西美林区金融行业代表团一行来访，研讨双方在金融领域合作契合点；友城奥地利萨尔茨堡市红牛体育中心教练来访，为双方在足球项目、运动员选拔等青少年体育教育领域合作开展交流。

（宋晓晖）

【国际交流与合作】 3月1日，新加坡新中协会理事林书寅访问朝阳区，双方就新加坡企业来朝阳区投资可行性及新中协会助力新加坡企业招商引资等事宜与区商务委、投促局、外事办座谈交流。3月19日至20日，由朝阳区文委、朝外街道办事处共同主办的第十一届“春分·朝阳”文化节活动在日坛公园举办，邀请古巴驻华大使馆大使米格尔•安赫尔•拉米雷斯•拉莫斯及夫人罗莎，白俄罗斯驻华大使馆公使衔参赞尤里•瑞博，泰国驻华大使馆文化处龙国伟，印度驻华大使馆签证处辛格等40余名外交官及亲友与朝外社区居民共同参加文化节开幕式。4月初，举办中华传统养生气功“八段锦”驻华使节专场培训体验系列活动。来自泰国、越南、以色列等驻华使馆20余名外交官及亲属参与活动。4月17日至26日，区人大常委会主任陈宏志率团访问白俄罗斯、捷克、瑞士3国。8月27日，朝阳区“中华绝技秀”代表团参加在德国科隆市“中国节”活动，展示朝阳文化。9月26日，举办2017年“老北京　新朝阳”驻华使节及外国友人京剧专场体验活动，20多个国家的驻华使节及亲属，参与京剧知识及实物展览展示、脸谱化妆及服饰体验、北京传统美食茶点、传统乐器表演及茶道体验、京剧折子戏演出等环节，传承传统文化，展示区域形象。9月，与区文化委协助配合外交部外服局，在北京东岳美术馆举办由50余位一带一路周边国家外国新闻记者和10余家国内媒体参与的共话中秋“一带一路”国际文化交流活动。10月29日，配合外交部，在北京工人体育场举办第九届“大爱无国界”义卖活动，活动以“共筑云南健康家园”为主题，77家驻华使馆、国际组织驻华机构及20家中资企事业单位参与义卖。10月28日至29日，在朝阳公园举办2017年北京外语游园会活动。市外办主任熊九玲、市外办巡视员殷飞、朝阳区常委兼副区长孙其军、朝阳区常委王晰宁参加游园会启动仪式及游园会部分主会场节目。游园会延续上年“学外语 促交往 迎冬奥”主题。主会场设置中心展演区、文化展示区、互动体验区、趣味游戏区、图片展示区、咨询交流区6大板块，包含优秀外语文艺节目展示、精品外语讲座、多国文化秀、传统文化双语展示、“互联网+”学外语、“牵手冬奥”图片展等20项游园活动。10月，与德国、奥地利、老挝等国友城开展友好交流，促成八十中等10余所学校与上述地区结为友好学校；出席日本自治体国家化协会纪念活动，加强对日交流。11月，由北京市和莫斯科市共同主办的“莫斯科角”活动在朝阳公园举行。莫斯科市对外经济与国际关系局副局长伊利亚·库兹明、朝阳区委常委王晰宁出席活动并致辞。区委常委、副区长孙其军率团赴奥地利、瑞士开展2022年北京冬奥会筹办工作交流学习，探讨务实合作。区代表团赴法国拉德芳斯地区，出席世界商务区联盟会议，推介朝阳区发展近况。促成人大附中朝阳学校与德国奥本海姆圣凯瑟琳高级文理中学建立友好关系。配合哥伦比亚驻华使馆在区图书馆举办雕塑展览活动。12月14日，协调区交通支队及三里屯街道办事处，为市外办及市文化局在东直门外大街奥加美术馆举行的“驻华使节艺术沙龙”活动做好现场及周边交通秩序维护等朝阳区属地服务保障工作。12月，促成三里屯一中与马来西亚沙捞越州古晋第一中学签署友好协议。完成日本东京都大田区垃圾分类调研资料汇编修订、印刷及发放工作。

（宋晓晖）

【外事人才培养】 4月，联合北京奥管委、区旅游委等单位，对“一带一路”国际合作高峰论坛举办地及区内承担参会代表接待任务的20余家驻地酒店百余名一线服务人员开展外事礼仪和公共场所外语标识培训。5月9日至16日，就“一带一路”国际合作高峰论坛，开展涉外事件应急处突办内培训。6月22日，组织全区70余家单位80名外事干部参加为期2天的“2017年北京市朝阳区外事业务培训暨境外安全应急演练”，旨在提升外事干部队伍公共外交理念及在对外交往中的礼仪素养，加强各项因公出国（境）手续办理业务水平，提高因公出国（境）人员自我安全保护意识及突发安全事件应对能力。7月10日，与区卫生计生委启动2017年朝阳区卫生系统一线及窗口卫生专业技术人员英语口语培训，在卫生人才分中心开设3个英语口语班，培训16周，对全区45家医疗卫生和公共卫生机构60人开展专业医务英语听力、口语及涉外礼仪、西方文化等实景模拟教学。7月18日，启动2017年朝阳区机关及企事业单位外事干部英语口译口语班培训，全区58家单位90名学员开设3个英语口语口译班，培训12周，聘请中国翻译资格考试专家委员会副主任、中国译协常务理事任晓萍，外交学院英语系何群教授等授课。8月2日至4日，联合区旅游委在惠侨饭举办“2017年朝阳区旅游业一线外事人才培训”，区内54家三星级以上饭店、47家三星级及以下饭店和20家国家A级旅游景区的近150名一线工作人员接受外事接待礼仪、服务行业英语、外语标识规范以及冬奥双语知识等方面培训。9月，启动外国人出入境服务大厅工作人员英语培训，由北京青年政治学院英语系教师团队授课。11月，配合区教委及麦子店街道办事处，邀请北京外国语大学、武警指挥学院处置突发事件研究室，向全区中小学校200名校级干部及50名麦子店街道机关、社区、楼宇企业党支部干部开展公共外交和境外领事保护主题培训。

（宋晓晖）

【涉外应急及领事保护知识宣传】 5月12日，在北京欢乐谷景区举办的朝阳区“5·12”防灾减灾日主题宣教活动中，向公众宣讲海外领事保护相关知识，发放《海外领事保护手册》。

（宋晓晖）

【规范外语标识】 7月，启动2017年朝阳区公共场所中外文双语标识巡查译审项目，组织外语专家、学生、语言服务机构，历时3个月，对10家宾馆饭店、4个郊野公园、6家医疗机构和区卫生计生委开展中英文双语标识巡查译审，对不符合北京市相关标准的、错译的标识进行规范。12月，向全区150余家单位发放《公用服务领域英文译写指南》2000余册。

（宋晓晖）

【服务企业】 年内，简化流程，细化服务，为企业“引进来、走出去”开展服务。全年受理APEC商旅卡办理申请100家企业182张。受理外国人来华邀请确认函申请109批119人。联合区国资委举办朝阳区APEC商务旅行卡企业俱乐部活动，为22家区属国企宣讲APEC商务旅行卡、海外领事保护政策，开展安全突发事件应急演练，助推企业“走出去”。

（宋晓晖）

信访工作

【概况】 北京市朝阳区社会矛盾调处中心在中共北京市朝阳区委、朝阳区人民政府信访办公室挂牌。内设综合办公室、来信受理科（北京市朝阳区人民政府人民建议征集办公室）、来访接待科、排查科、矛盾调处室（重大矛盾研究室）、督查督办科、信访事项复查科、法规宣传科，行政编制31人，其中主任1名、副主任4名，年内实际在岗28人。

地址：日坛北街33号

邮编：100020

电话：65099121

网址：http://xfb.bjchy.gov.cn

（牛雨辰）

【区领导到区信访办调研】 1月10日，区委常委、政法委书记张维刚，副区长杨建海到区信访办调研，区信访办主任宋少伟汇报班子建设和近期信访工作情况。杨建海针对全区信访下一阶段工作强调：信访部门岗位神圣、责任重大，要按照区委、区政府的统一部署，积极排查矛盾隐患，落实工作责任，做好春节和全国“两会”期间信访工作。

（牛雨辰）

【信访工作系统考核现场检查档案工作】 1月19日，区信访办根据国家信访局及北京市信访办考核要求，结合朝阳区信访工作实际，对全区43个街乡及处理信访问题较为集中的相关委办局开展2016年度区信访工作考核现场检查档案工作并评分。工作档案检查结果作为年度信访工作考核重要组成部分。

（牛雨辰）

【2016年度片组交流总结及征求意见座谈会】 1月20日，召开2016年度片组交流总结及征求意见座谈会。全区43个街乡分成6个片组，由各片组联系负责领导主持座谈会。会上，各街乡信访工作主管领导认真总结本单位全年信访工作自查情况，总结经验，查找不足。各单位还对区信访办全年工作开展评价反馈，对作风建设、制度建设和队伍建设等方面提出意见和建议。

（牛雨辰）

【区领导到市信访办走访座谈】 2月3日，区领导到市信访办走访。市政府副秘书长、市信访办主任于长辉，市信访办副主任张宗林等与区领导座谈交流2017年信访工作。区委书记吴桂英表示，感谢市信访办过去一年对朝阳区的指导和支持，2017年朝阳区在落实非首都功能疏解和推进城市副中心建设过程中，仍将面临新的问题和矛盾。于长辉指出，朝阳区面积广、人口多，经济体量大，在信访工作方面不断创新机制，工作成效明显。2017年，朝阳区信访工作既要积极化解稳控矛盾纠纷，又要当好党委政府的参谋助手，为区域经济社会发展保驾护航。

（牛雨辰）

【信访工作培训会】 4月6日，召开2017年信访工作培训会。全区各街乡、相关委办局及区属机构信访工作主管领导及信访工作人员200余人参会。会议邀请市信访办领导就办信、接访、排查、督查等基础业务开展培训，并就信访工作责任制的贯彻落实进行解读。

（牛雨辰）

【召开2017年信访工作会议】 4月7日，朝阳区召开2017年信访工作会议。区信访办主任王春增传达全国信访局长会议和2017年北京市信访工作联席会议第一次（扩大）会议精神，总结部署全区信访工作，市信访办副主任张宗林，区委常委、政法委书记张维刚出席会议并讲话。全区各街乡、相关委办局及区属机构信访工作主管领导及信访工作人员240余人参会。

（牛雨辰）

【信访宣传工作培训】 5月9日，举办信访宣传工作培训。市信访办宣传（法规）处处长尚树怀专题授课。全区各街乡、相关委办局及区属机构的信访宣传工作人员90余人参加培训。培训内容包括信访宣传工作的方式方法和重要性及2017年全市信访宣传工作要求、信息写作技巧和新闻影像基础知识。朝阳区建有涵盖全区43个街乡及重点委办局的信访宣传队伍。此次培训是积极回应基层干部的呼声，进一步统一思想、明确目标、扎实做好信访宣传工作适应新形势发展的需要。

（牛雨辰）

【信访宣传月活动举办】 5月26日，在蓝岛大厦门前广场、43个街乡及规划国土朝阳分局举办信访条例宣传月活动。区社会工委、区教委、区国资委、区市政市容委、区卫计委、区住建委、区人力社保局、区房管局、区环保局、区民政局、区司法局、区城管执法局、区监察委、朝外街道等14个单位及律师联合开展宣传活动，宣传阳光信访、法治信访、责任信访，为群众提供咨询服务。副区长杨建海参加宣传活动，并发放宣传材料，解答群众问题。

（牛雨辰）

【纪检监察组进驻区信访办】 6月8日，区纪委区监委驻区政府办公室纪检监察组进驻区信访办，并召开进驻会议。派驻监察组组长秦涛围绕建立纪检监察组重大意义、职责权限及其自身建设等讲话。区信访办党组书记胡铁闽代表区信访办党组班子做表态发言，指出，纪检监察组进驻，是落实北京市关于深化党的纪检体制改革、推动派驻机构全覆盖的重要行动，也是对信访办党风廉政建设工作的有力推动，信访办将全面自觉接受纪检监察组的监督。派驻纪检监察组副组长陈宣英，区信访办全体党员干部出席会议。

（牛雨辰）

【挂职干部见面会】 8月7日，区委组织部从全区街乡选派6名青年干部到区信访办开展为期6个月的挂职锻炼。

（牛雨辰）

机关后勤服务与管理

【概况】 朝阳区机关后勤服务中心组建于2002年3月，是区政府所属正处级全额拨款事业单位。内设党委办公室、行政办公室、财务科、生活科、管理科、接待服务一科、接待服务二科、资产管理科、经营科、车管科、安全保卫科和交换站。下属单位有：朝阳区住房中心、区政府幼儿园、北京朝政汽车检测场、北京朝政汽车修理厂、北京京朝花园农业发展中心、北京朝政物业管理中心、天天好厨（北京）餐饮管理有限公司，其中幼儿园为差额拨款事业单位。编制104人，实际在岗80人。年内，机关后勤服务中心按照国管办《机关事务工作“十三五”规划》要求，找准后勤工作定位，发挥后勤服务、保障、管理职能，推动机关事务工作的改革发展，完成全年工作任务。

地址：日坛北街33号

邮编：100020

电话：65099896

（王晓蕾）

【行政执法车辆管理】 年内，机关后勤车改领导小组制发《北京市朝阳区行政执法车辆管理使用暂行办法》。为规范行政执法车辆使用管理，建立区行政执法车辆管理平台，全区213辆行政执法车全部纳入管理。

（王晓蕾）

【后勤保障】 年内，收发全区编号文件22781件、无编号文件35万余件、外发文件4976件，转发中央、市委市政府文件10503件，收发市机要局档案249件、机要件9402件，转发市委内刊8万余册，发放报纸杂志220余种、180万余份，收发各种信件15万余封。完成会议服务4115次，服务79429人次，其中区级重要会议189次、区级重要接待202次、外出会议服务150次、外出礼仪服务64次。完成区机关主楼5层新风系统试点改造、区机关东楼配电室改造等施工改造项目22项，完成电梯、空调、消防等系统维保作业3200余次，办公设备维修167台次，办公家具维修58次。全年更新安全警示挂图280块，累计播放安全宣传片39420小时，张贴安全宣传海报170份。根据区消防支队要求，成立区机关微型消防站，组织消防实战演练24次，消防训练1200余人次。坚持“安全第一”工作原则，规劝交通违章行为谈话28人次；阻止不合格车辆出行13次。

（王晓蕾）

政协朝阳区委员会

北京朝阳年鉴

综 述

【概况】中国人民政治协商会议北京市朝阳区委员会（以下简称区政协）是朝阳区地方政协组织。区政协第十三届委员会设提案委员会、学习与文史委员会、经济科技委员会、文化委员会、教育卫生与体育委员会、城建环保委员会、社会法制与民族宗教委员会、港澳台侨委员会8个专门委员会。机关设办公室、研究室、专委会工作一室、专委会工作二室、专委会工作三室、专委会工作四室、专委会工作五室等7个处室。年内，召开常委会6次，集体学习5次，审议通过议题18项。完成政协理论与实践研究论文46篇，围绕中共十九大精神组织撰写理论文章21篇，参加学习培训的委员840人次。围绕疏解整治促提升、深化服务业供给侧改革、加大空气和水污染治理力度、推动朝阳区文化事业和文化产业发展等重点工作，完成13项协商议题、16项重点调研课题。向区委提交“聚焦大气污染治理、强化环境执法监督”“推进朝阳区知识产权示范城市建设”“优化萧太后河沿岸人文环境”3份高质量的建议案。加大提案办理协商力度，运用集中协商、重点协商、现场协商等形式，立案的241件提案全部办结，办复率100%。组织专门协商会议和活动96次，涉及协商议题28个，区委区政府的48个部门参与协商，推进政协协商的广泛多层制度化建设。与区委统战部联合召开“文化创新添动力，疏解增绿上水平”年度议政会，形成建言99份，调研报告65篇，各党派、工商联和45名政协委员在年度议政会和议政座谈会上发言。年内，走访委员401人次，走访委员单位78家。委员参与各类会议活动3451人次，提交提案286件，建言308份，参与调研视察1073人次，开展委员进社区活动177次。召开主席会议5次、秘书长会议6次、与统战部联席会议4次，形成规范化、制度化的工作机制和制度体系。全年各专委会组织各类会议及活动145次。反映上报社情民意信息126条，市、区采用88条，《朝阳政协》刊发91名政协委员的来稿和艺术作品。

地址：朝阳区安立路0号

邮编：100107

电话：65094484

网址：http://www.bjcyzx.gov.cn

（许　治）

重要会议

【概况】 年内，区政协召开常委会议、主席会议、党派联席会议、秘书长工作会议等24次。

（许　治）

【常务委员会会议】 1月10日，召开政协朝阳区十三届二次常委（扩大）会议。会议审议通过政协北京市朝阳区第十三届委员会常务委员会2017年工作要点（草案）；审议通过政协北京市朝阳区第十三届委员会常务委员会关于设置专门委员会及任命主任、副主任的决定（草案）；审议通过政协北京市朝阳区第十三届委员会常务委员会关于任命副秘书长的决定（草案）。会议书面通报各专委会2017年工作计划。区政协主席陈涛在会上通报区委、区政府重点工作，并结合做好下阶段政协工作提出要求。3月28日，召开政协朝阳区十三届三次常委（扩大）会议。区政协副主席杨树旗传达全国“两会”精神。会议审议通过区政协2017年协商工作计划（草案）；审议通过政协北京市朝阳区委员会全体委员会议工作规则（草案）、政协北京市朝阳区委员会常务委员会工作规则（草案）、政协北京市朝阳区委员会专门委员会通则（草案）。6月30日，召开政协朝阳区十三届四次常委（扩大）会议。副区长李俊杰到会听取委员意见和建议。杨树旗传达北京市第十二次党代会和朝阳区委十二届四次全会精神。区纪委副书记、区监委副主任高大中通报朝阳区监察体制改革试点进展情况。会议书面通报区政协2017年上半年工作情况；围绕朝阳区文化产业创新实验区建设开展专题议政，委员范周、徐伟、张硕、王臻、陈进林、黄峻雄在会上作专题发言。11月1日，召开政协朝阳区十三届五次常委（扩大）会议。区委常委、常务副区长马继业通报区政府办理区政协十三届一次会议提案情况。陈涛传达学习中国共产党第十九次全国代表大会精神。委员分组座谈交流学习十九大精神体会。会议审议通过政协北京市朝阳区委员会贯彻落实《关于加强政协民主监督工作的实施意见》的实施办法（草案）；审议通过政协北京市朝阳区委员会委员履职工作规则（草案）；审议通过“关于聚焦大气污染治理，强化环境执法监督的建议案（草案）”“关于推进我区知识产权示范城市建设的建议案（草案）”“关于优化萧太后河沿岸人文环境的建议案（草案）”3份建议案，会议同意作进一步修改后提交区委区政府决策参考。12月28日，十三届六次常委（扩大）会议召开。区委常委、区纪委书记、区监委主任席成坡出席会议。会议传达中共朝阳区委十二届六次全会精神；听取2017年朝阳区党风廉政建设情况的通报。会议审议通过关于召开政协北京市朝阳区第十三届委员会第二次会议的决定（草案），决定于2018年1月8日召开；审议通过政协北京市朝阳区第十三届委员会第二次会议建议议程（草案）和日程（草案）；审议通过政协北京市朝阳区第十三届委员会常务委员会工作报告（草案）和提案工作情况的报告（草案），会议同意对两个报告修改完善后提交十三届二次全会审议。会议还通报区政协2017年委员履职情况。

（许　治）

【区政协区委统战部联席会议】 1月11日，区政协、区委统战部召开联席会议。会议确定区政协、区委统战部建立联席会议制度，就重要问题开展交流协商，就重要会议、活动开展常态化沟通，确保统战工作一致性和同步性。区政协秘书长王玉华通报区政协专委会划分情况（草案），区政协副秘书长、专委会主任、副主任、界别组长建议名单情况。研究室通报区政协常委会2017年工作要点（草案）；办公室通报2017年度协商建议议题情况。会上，还就区政协、区委统战部2017年议政会主题开展探讨，确定以国际化大背景下的文化发展为整体方向的思路。同时，商议2017年春节前对各民主党派、工商联走访慰问、征求民主生活会意见等事项。

（许 治）

【秘书长工作会议】 3月10日，召开秘书长工作会议。会议讨论《秘书长会议工作规则（草案）》《关于区政协与区各民主党派、工商联联席会议制度（草案）》和《关于进一步加强反映社情民意信息工作的规定（草案）》等相关工作制度，并同意作进一步修改后提交主席会议审议。会议研究区政协2017年协商工作计划（草案），同意计划内容并提交区政协主席会议审议。会议围绕2017年调研课题进行沟通交流。会议对加强和改进反映社情民意信息工作展开探讨，就建立特邀信息员队伍做出安排，各民主党派、工商联从提高信息质量、增强报送时效、加大跟踪和反馈力度等方面提出意见建议。

（许 治）

【党派联席会议】 3月27日，召开党派联席会议。区委副书记、区长王灏到会通报区情。王灏从5个方面向区各民主党派、工商联负责人员通报朝阳区2017年重点工作。区各民主党派、工商联负责人分别就2017年重点调研课题发言，并交流座谈。

（许 治）

协商议政

【概况】 年内，把协商民主贯穿履职全过程，形成以全体会议为龙头，以专题议政性常委会为重点，以开展专题协商、对口协商、界别协商、提案办理协商为常态的协商议政格局。全年组织专门协商议题和活动96次，形成高质量建言99份，涉及协商议题28份，区委区政府的48个部门参与协商。

（许 治）

【专题协商议政会】 8月22日至23日，召开萧太后河文化环境建设工作专题协商议政会。会前，考察东城区三里河文化景观建设、观看区水务局制作的萧太后河专题片，听取学习与文史委员会汇报委员在萧太后河沿岸一街五乡访谈调研的情况。主席班子，区文化委员会、区水务局、区园林绿化局、垡头街道、南磨房地区、豆各庄地区、黑庄户地区的负责人，部分区政协委员和区政协相关处室工作人员参加专题协商议政会。

（许 治）

【专题议政会】 8月24日，召开“聚焦社会民生，建言文化创新”为主题的专题议政会，副区长李俊杰出席，区委宣传部、教委、文化委、卫计委、体育局、文创办、旅游委、档案局、食药局、民宗办等部门负责人参加，会议由张兴凯主持。座谈会上委员李秋玲、李海建、桂帆、卢颖、殷文生、李瑞杰、郑丹娜、黄鹏、朱庆生围绕文化产业发展、传统历史文化挖掘、时尚文化创新、国际文化交流等方面重点发言，委员侯惠荣、武智涛、夏荣明等即席交流发言。委员们围绕服务改善民生、疏解整治促提升开展研讨建言。

（许 治）

【2017年度议政会】 9月26日，区政协、区委统战部召开2017年度议政会，围绕“文化创新添动力，疏解增绿上水平”主题建言献策。区领导吴桂英、王灏、黄晓伟出席会议。区政协副主席连玉明代表区政协主席班子作《加快实施“文化+”战略，全面建设全国文化中心核心区》主旨发言，委员张鸿声、解卫、叶昊、李秋玲、张毅、范周作重点发言，李继泉等8名委员作即席发言。区各民主党派、工商联负责人，区政协常委会委员，部分政协委员和区政协各委室负责人出席会议。区委、区政府相关部门负责人到会听取意见。

（许 治）

提案工作

【概况】 年内，探索以提案办理协商为核心的协商民主方式，力求提高提案质量、办理质量、服务质量，探索提案工作成果化。全年收到提案286件，并全部办理完毕，办复率100%。

（许 治）

【委员专题培训】 3月30日，在北京国际会议中心举办委员专题培训。区政协主席陈涛围绕学习政协章程提高履职实效开展培训动员。市政协原提案委主任李春增就如何撰写提案展开培训，市政协研究室副主任康军就如何撰写社情民意信息开展培训。培训会后，各专委会组织委员围绕培训内容开展座谈交流。

（许 治）

【重点提案督办】 8月17日，区政协主席陈涛带队重点督办委员管文东提出的《关于朝阳区文化产业创新实验区需要进一步升级的建议》提案。区委常委、区政府副区长孙其军出席督办活动。区政府办、区文创实验区管委会、区政协相关处室、相关提案委员参加督办。

（许 治）

调研与视察

【概况】 年内，把区政协工作置于全区工作大局中谋划和部署，把决策部署转化为履行职能的实际行动。围绕疏解整治促提升、深化服务业供给侧改革、加大空气和水污染治理力度、推动朝阳文化事业和文化产业发展等重点工作，完成16项重点调研课题，参与调研视察委员1073人次，向区委提交3份建议案。

（许　治）

【区委书记调研政协工作】 4月28日，区委书记吴桂英到区政协调研。区委副书记甘靖中，区委常委、区委统战部部长黄晓伟一同调研。区政协主席陈涛从区政协基本情况、换届以来开展工作的情况、请区委关注的具体工作三个方面汇报工作。

（许　治）

【赴贵阳、昆明调研考察】 5月17日至23日，区政协主席陈涛带队到贵州省贵阳市及云南省昆明市考察调研开展工作交流。此次考察主要是交流学习两市政协民主监督、委员服务管理工作、对接扶贫工作及调研生态文明建设工作及成果。

（许　治）

【委员集中视察活动】 11月23日，组织全体委员开展2017年集中视察活动，分别就疏解整治促提升与城市管理、经济科技、文化事业发展3个专题开展视察，让政协委员进一步了解区情，体察民情，知情议政。区政协主席陈涛及各位副主席、秘书长分别带队视察，区委常委、常务副区长马继业参加视察。

（许　治）

理论学习

【概况】 年内，坚持集中学习制度，制订学习计划和工作方案，通过常委会、主席会议、培训班、交流研讨等形式，学习习近平新时代中国特色社会主义思想，领会人民政协制度和统一战线理论新发展、新成果。全年召开常委会6次，集体学习5次，完成论文46篇，参加学习培训委员840人次。

（许　治）

【2017年第二期委员报告厅】 4月27日，区政协和区委统战部在二十一世纪饭店联合举办2017年第二期委员报告厅，邀请中国社会科学院西亚非洲研究所研究员殷罡，围绕“加强‘一带一路’战略中软实力文化建设”作专题报告。区政协主席班子成员、区政协委员、区各民主党派及工商联成员、区政协机关干部300余人参加。

（许　治）

【2017年委员读书班举办】 7月25日至26日，举办2017年委员读书班。学习班围绕当前中心工作和热点问题，邀请朝阳区政协副主席、民革朝阳区委主委、现任中国安全生产科学研究院院长张兴凯，国防大学战略研究所原所长杨毅，首都经贸大学首都经济研究所所长、教授祝尔娟，分别以“人命关天、生命至上——安全生产的挑战、机遇和对策”“国际政治军事形势与国家安全”“习总书记视察北京讲话精神与首都北京未来发展”为题作专题报告。主席班子与150余名区政协委员在委员读书班期间学习交流。

（许　治）

专门委员会工作

【概况】 年内，按照尊重委员意愿的原则，调整专委会设置，健全专委会组织机构和人事安排，搭建委员活动平台，激发委员履职活动，全年各专委会组织各类会议及活动145次。

（许　治）

【提案委员会工作】 年内，收到提案286件，其中民主党派提案18件、界别提案2件、委员提案266件。审查立案241件，未予立案45件。全部办理完毕，办复率100%。评选出优秀提案29件。在制度保障上，通过“三办”联席会议制度，严格对各承办单位的办理要求。首次增加向各民主党派、工商联征求办理意见环节，建立党派提案协商流程“三节点”模式。为进一步提升办理协商的针对性、务实性、有效性，政协领导带队督办重点提案，实施以一件提案带动一批提案的办理方式。完善推进协商办理方法，与党派协商如何提升提案办理协商水平、与承办单位协商如何完善提案办理程序和效果、与委员协商如何改进提案交办和办理方式，提案办理协商实效性得到增强。

（许　治）

【学习与文史委员会工作】 年内，完成委员专委会组建工作。举办新委员履职能力专题培训，邀请市政协原提案委主任李春增、市政协研究室副主任康军，分别就如何撰写提案及社情民意信息开展业务培训。举办委员报告厅，分别围绕“加强‘一带一路’战略中软实力文化建设”“全面领会党的十九大精神 努力做文化强国建设的排头兵”作专题辅导报告。举办委员读书班，分别从安全生产、国际形势、北京未来发展等方面邀请专题报告。发挥文史资料工作“存史、资政、团结、育人”的社会功能和政协委员在文史资料工作中的主体作用，落实新任务。完成挖掘“一河”文化系列工作，利用近6个月时间调研萧太后河及其沿岸的历史文化和人文环境，收集建议64条。完成《关于优化萧太后河沿岸人文环境的调研报告》，并经常委会通过，形成建议案送区委区政府参考。完成《朝阳文史》（第十七辑）的编撰工作。制定《朝阳区政协十三届委员会文史资料工作计划》。围绕“文化创新添动力，疏解增绿上水平”主题开展议政建言和调查研究工作，形成议政建言稿件10篇。

（许 治）

【文化委员会工作】 年内，开展学习教育活动，提高委员政治素养。围绕文化事业开展调研，先后到7家文化企业了解情况，总结归纳后形成“关于文化工作情况和重点工作建议”；到部分民办博物馆调研，了解区内民办博物馆的经营现状，形成专题调研报告。召开“聚集社会民生，建言文化创新”专题座谈会，收到较高质量的建言材料43篇。组织委员视察萧太后河、十八里店小武基村疏解拆迁现场以及懋隆文化创意园、区文化馆、社区文化中心等。接待西藏索县就朝阳区文化创新工作开展的参观学习活动。发挥文化监督咨询小组作用，参与区文化委评估朝阳区民营博物馆运营及博物馆专项资助经费拨付工作。走访区文化委、区文化馆等单位和企业委员沟通情况，搭建平台。

（许 治）

【教育卫生与体育委员会工作】 年内，形成《关于朝阳区优质教育资源整合情况的报告》，围绕夯实基层卫生工作基础，提高公共医疗卫生服务能力开展调研，3次组织60余名政协委员到6家基层医疗卫生单位实地调研，指出4个方面的问题，提出10条意见建议，形成报告。对民办博物馆发展提出意见建议。召开“聚焦社会民生，建言文化创新”专题座谈会，70余名委员参加，收到建言材料43篇。3次到教委、文化委、卫计委，1次到体育局走访研究工作，走访委员60余人次。视察萧太后河、十八里店小武基村疏解拆迁现场、懋隆文化创意园、区文化馆、社区文化中心等并就教育、卫生改革、文化事业发展到学校、医院、文化企业单位视察调研。承办市政协教文卫体委员会北片工作交流年会，接待柳州政协参学团一行8人到朝阳区观摩职业教育事业。参加贵阳、昆明扶贫对口帮扶活动。

（许 治）

【城建环保委员会工作】 年内，召开专委会主任会议、委员座谈会，制定和完善专委会年度工作计划。组织委员围绕“疏功能、控人口”工作开展专项视察调研。到北京朝阳循环经济产业园开展专项视察并座谈交流，提出建设性的意见建议。组织委员对环卫工作、棚户区改造项目现场和孙河乡温榆河湿地公园开展视察。配合区政协组织委员视察活动，视察十八里店乡疏解拆迁和萧太后湿地公园建设情况，视察高碑店乡熏皮厂村“煤改电”情况，就朝阳区如何加强大气环境质量建设提出意见建议。视察十九大环境保障工作，重点视察三里屯地区背街小巷整治情况、左家庄地区优美大街建设情况、奥运村地区开墙打洞整治情况，委员们对存在的问题及改进措施提出意见建议。围绕“加大统筹力度，疏解城区人口”开展调查研究。形成《关于加大统筹力度，科学有序调控城区人口规模的建议》调研报告上报市政协。联合致公党区委就改善朝阳区大气环境质量开展调研，形成《关于改善我区大气环境质量的建议》调研报告，作为区政协常委会建议案上报区委区政府。召开聚焦“精治共治法治，提升城乡建设水平”专题议政座谈会。先后接待门头沟区政协、天津市西青区政协、河北省涿州市政协到朝阳区参观学习工作。

（许 治）

【社会法制与民族宗教委员会工作】 年内，召开专委会主任会议，研究确定2017年专委会工作。组织委员参加区政协的“委员报告厅”活动；组织召开区情通报会。配合区委政法委完成《关于全面推进朝阳区法治建设的实施意见》中区政协关于加强民主监督、推进法制建设部分调研，形成调研报告。召开专题议政会，开展议政建言活动。组织委员到区法院围绕依法行政、社会安全稳定工作视察。组织委员参加环卫工作、大气污染防治工作视察，以及“关于朝阳区流域水系综合治理的建议”“关于做好北京市城市中心区和通州副中心区中间带交通保障措施的建议”等重点提案督办活动。接待市政协社法委员会到东岳庙视察调研。开展“关于进一步规范我区基层依法行政工作的建议”课题调研，形成调研成果。根据市政协工作安排，联合民盟区委、民进区委，邀请区发展改革委、区农委、区社会办等部门，成立朝阳区“加大统筹力度，疏解城区人口”专题调研小组，开展调研，形成调研报告上报市政协，同时作为议政会建言材料供区委区政府决策参考。

（许 治）

【经济科技委员会工作】 年内，重视委员整体学习培训，加强政治理论建设。重点围绕推进服务业扩大开放综合试点示范区建设、加强知识产权保护、抓住“一带一路”倡议机遇，促进朝阳国际化发展等课题，组织调研，形成3个调研报告，其中《关于推进我区知识产权示范城市建设的调研报告》经常委会通过，形成常委会建议案提交区委区政府领导参考。围绕朝阳区文化产业创新实验区建设，形成“关于朝阳区‘十三五’时期文化产业的发展建议”等4篇议政建言。以“文化创新、引领产业提升”为主题，开展建言活动，征集31篇议政建言。围绕知识产权保护、文化产业创新、文化科技融合创新等提出意见和建议120余条。召开系列座谈会，围绕完善营商环境政策等建言献策，召开“统筹中央、市属资源，促进区域发展”专题座谈会，提出意见和建议。走访商务金融、高新技术、科技创新等企业界委员110余人次。组织委员参观2017年北京国际服务贸易交易会，并搭建政企沟通平台，为发挥委员作用服务。

（许 治）

【港澳台侨委员会工作】 年内，利用香港回归20周年活动，组织委员学习习近平总书记在庆祝香港回归祖国20周年大会上发表的重要讲话精神。与区侨联联合举办侨务干部培训班，加强侨务知识培训。参与有关知识产权保护、抓住“一带一路”倡议机遇，促进朝阳国际化发展等调研，其中《关于推进我区知识产权示范城市建设的调研报告》形成常委会建议案。以“文化创新、引领产业提升”为主题，开展建言活动。与教卫体委员会共同探讨共建“联合国教科文组织·中国科创教育实验学校”建设。组织委员参观2017年北京国际服务贸易交易会相关展示区，并就进一步推进朝阳区服务业扩大开放提出意见和建议。与民建区委、台盟区工委、区工商联合作，联合开展调研视察活动。举办“共庆元宵，共话团圆”座谈会，委员们相互交流、共叙友情，共庆元宵佳节。与区侨联、建外街道办事处联合举办侨界高层次人才暨海归精英公益交友沙龙。联合举办“同心耀中华，庆祝香港回归祖国二十周年”座谈系列活动。接待台湾同胞到朝阳区参观。与区侨办、区台办、区侨联、台盟区工委联合举办“五侨”联谊会，突出港澳台侨工作特色。

（许　治）

纪检监察

2018

北京朝阳年鉴

综 述

【概况】 中共北京市朝阳区纪律检查委员会机关（简称区纪委）是主管朝阳区党的纪律检查工作的专责机关；北京市朝阳区监察委员会（简称区监委）是朝阳区行使国家监察职能的专责机关。区纪委与区监委合署办公。区纪委、区监委在市纪委市监委和区委的双重领导下开展工作。设办公室、组织部、宣传部、研究室、党风政风监督室、信访室、案件监督管理室、案件审理室、第一至第八纪检监察室。年内，区纪委、区监委牢固树立“四个意识”，坚定“四个自信”，坚决维护习近平总书记在党中央和全党的核心地位，坚决维护党中央权威和集中统一领导，以迎接服务十九大和学习贯彻十九大精神为主线，围绕党的领导、党的建设、全面从严治党，推进监察体制改革试点工作，履行监督执纪问责、监督调查处置职责，构建新机制、履行新职能。按照看北京首先从政治上看的要求，立足朝阳实际，针对各级党组织在落实主体责任上的薄弱环节，自觉把“两个维护”落实到行动中，进一步压实政治责任，严明政治纪律，推动中央和市委决策部署在朝阳落地见效。聚焦中心工作，围绕十九大部署的“三大攻坚战”和市委确定的“三件大事”，把“疏整促”作为重中之重，把污染防治作为监督检查的重点，以问责倒逼责任落实。持续深化“两个专项”治理，清理出租房产3444处、面积293万平方米。围绕安全隐患大排查大清理大整治专项行动，成立专项督导工作组，以“十二个严查”为重点，一线督察133个问题点位。全年通报问责党组织6个，问责94人，警示约谈200余人，下发纪律检查建议书和监察建议书53份。推进纪律检查体制改革和监察体制改革试点任务，改革试点期间，查办职务犯罪案件22件22人，留置11件11人，追回在逃人员7人。推进派驻机构改革，设立20个派驻纪检监察组，实现对78家区级党和国家机关派驻监督全覆盖。推进巡察工作，成立区委巡察工作领导小组及办公室，组建6个巡查组，对12个区属单位开展两轮巡察工作，发现各类问题348个，移送问题线索83个，提出整改意见101个，提出建议36个。持之以恒纠正“四风”，发现问题线索202条，全年查处违反中央八项规定精神问题45起88人。持续形成强大震慑，反腐败斗争压倒性态势得到巩固发展，全年受理群众信访举报1434件次，接待群众来访614批次1253人次，处置问题线索762件，立案291件，其中处级干部29人。实践监督执纪“四种形态”，运用第一种形态批评教育、谈话函询1355人次，第二种形态纪律轻处分218人次，第三种形态纪律重处分47人次，第四种形态严重违纪涉嫌犯罪立案审查22人次。加大党风廉政宣传教育力度，选出“勤廉榜样”，发挥先进榜样示范引领作用，召开全区党员干部警示教育大会，举办警示教育展，加大典型案件曝光力度，发挥反面典型教育震慑作用。全区各级纪检监察组织和纪检监察干部牢记使命责任，忠实履职尽责，在服务大局中找定位，在稳中求进中积极作为，脚踏实地干工作抓落实，助力全面从严治党，为全区经济社会发展各项任务完成提供纪律保障。

地址：甜水园街1号
邮编：100026
电话：65099369
网址：www.chyjw.gov.cn

（王　增）

重要会议

【区纪委十二届二次全会】 1月26日，召开中共北京市朝阳区第十二届纪律检查委员会第二次全体会议暨2017年全区党风廉政建设工作会议。学习贯彻中央纪委、市纪委全会精神，总结2016年纪律检查工作，部署2017年任务。区委书记吴桂英对2017年工作提出四点意见：一是肯定成绩，增强全面从严治党的信心；二是认清形势，增强全面从严治党紧迫感；三是落实责任，深入推进全面从严治党；四是保持定力，将党风廉政建设和反腐败斗争引向深入。区委常委、区纪委书记席成坡代表朝阳区第十二届纪律检查委员会常务委员会向第二次全体会议做工作报告，总结2016年全区党风廉政建设和反腐败工作取得的成效，提出2017年工作任务：一是严明纪律、强监督，净化党内政治生态；二是严厉问责、强担当，压实管党治党责任；三是严肃执纪、强反腐，巩固反腐败斗争压倒性态势；四是严抓改革、强落实，推动重大决策部署贯彻执行；五是严格束权、强预防，健全不能腐、不想腐的制度体系；六是严以律己、强素质，打造让党放心、人民信赖的纪检监察干部队伍。

（王亚克）

【区深化监察体制改革试点工作小组会】 2月17日，召开深化监察体制改革试点工作小组第一次会议。审议《朝阳区深化监察体制改革试点实施方案》，研究机构人员转隶、区监委成立时间点、区监委办公地点等重点难点问题。

（沈　倩）

【专题民主生活会】 2月20日，召开区纪委领导班子专题民主生活会，区委常委、区纪委书记席成坡主持会议。会议以学习贯彻中共十八届六中全会精神为主题，围绕“两学一做”学习教育要求，对照《关于新形势下党内政治生活的若干准则》和《中国共产党党内监督条例》，区纪委常务副书记、监察局局长田峡代表区纪委领导班子对照检查，查摆分析问题，提出改进措施。区纪委领导班子成员逐一开展自我批评和相互批评。

（王宇靖）

【区监察委员会成立大会】 4月7日，召开区监察委员会成立大会。区委书记、区深化监察体制改革试点工作小组组长吴桂英在讲话指出，区监察委员会的成立，标志着朝阳区新的反腐败体制机制开始正式运转，对于建立党统一领导下的国家反腐败工作机构具有重要意义。吴桂英就深化改革试点工作提出三点要求：一要统一思想、深化认识，增强做好监察体制改革试点工作的责任感和使命感，以首善标准圆满完成这项政治任务。二要把握重点、紧抓关键，推进改革试点工作，为全市改革提供高质量的“样品”。三要强化自身建设，展现新风貌、新气象，打造对党绝对忠诚、不断锤炼能力、勇于担当作为、严守法纪规定的执纪铁军。区委常委、区纪委书记、区监察委员会主任席成坡代表区监察委员会领导班子作表态发言：一是坚定方向，找准新站位，做忠诚于党的表率，把思想行动统一到中央、市委、区委的决策部署上来；二是严管厚爱，树立新形象，做底色干净的表率，依法依规接受人大监督、党内监督和社会监督，做到让党放心、人民信赖；三是凝心聚力，履行新使命，做担当尽职的表率，把朝阳区党风廉政建设和反腐败工作引向深入；四是不负重托，实现新作为，做开拓创新的表率，形成有益于国家监察体制改革大局的试点样品和实践经验，努力向党和人民交出一份满意的答卷。

（沈　倩）

【反腐败协调小组会议】 7月19日，召开2017年反腐败协调小组会议。会议由区纪委区监委主办，区反腐败协调小组成员及小组办公室、追逃办成员等27家单位参加。传达市委、市纪委、市监委与市政法委印发的监察体制改革试点相关文件精神，中央、北京市国际追逃追赃和防逃工作精神，部署朝阳区监察机关与司法机关、执法部门在查办案件中加强协作配合的职责内容，构建区监委办案协作配合机制。制发《朝阳区反腐败协调小组工作规则》《朝阳区反腐败协调小组国际追逃追赃和防逃工作协调机制工作规则》。

（沈　倩）

【区深化监察体制改革试点领导小组会】 9月4日，召开朝阳区深化监察体制改革试点领导小组会。参会人员集体观看《朝阳区监察体制改革试点工作纪实片》，区委常委、区纪委书记、区监委主任席成坡作改革试点阶段工作总结，区改革试点工作各成员交流发言，区委书记吴桂英对朝阳区监察体制改革试点工作表示肯定并强调：要着力健全朝阳区监察体制改革试点领导机制，进一步梳理朝阳区监察体制改革试点工作，做好上级单位评估验收的准备。

（沈　倩）

【深化监察体制改革试点工作督察座谈会】 9月21日，市委书记蔡奇到朝阳区对深化监察体制改革试点工作完成情况开展重点督察，并召开深化监察体制改革试点工作督察座谈会。蔡奇实地察看朝阳区纪委、区监委谈话区和办公区建设管理运行情况，看望部分纪检监察干部，听取6个区关于深化监察体制改革试点工作情况的汇报。他强调，深化国家监察体制改革，是以习近平同志为核心的党中央做出的重大决策部署，事关全局的重大政治体制改革。对改革试点工作完成情况开展督察，目的就是把这项重中之重的工作进一步推向深入。综合市区两级的情况，北京市监察体制改革试点工作进展顺利，但还要看到试点有待深化，要再接再厉。他对北京市深化监察体制改革试点下一步工作提出三点要求：一是保持政治定力，切实担负起改革试点工作主体责任。要提高政治站位，深刻认识党内监督与国家监察是一体两面的辩证统一关系，是中国特色治理体系的重要组成部分，深入落实习近平总书记“既加强党的自我监督，又加强对国家机器的监督”的重要指示，坚定不移在深化党内监督全覆盖的同时，建立起集中统一、权威高效的监察机构，真正把公权力关进制度的笼子，充分体现党内监督与国家监察内在一致、高度互补。二是坚持问题导向，进一步巩固和拓展改革试点成果。要围绕改革试点方案提出的目标任务，对照查找试点工作中存在的问题，建立整改台账，明确责任措施，以严细深实的作风，狠抓整改落实。要认真归纳总结，形成可复制、可推广的经验，为改革全面推开和制定国家监察法提供实践支撑。三是深化改革创新，推动试点工作不断取得新的成效。要以改革创新精神，继续先行先试，积累更多经验。要坚持以反腐败工作实际成效检验改革成果。对已经出台的各项改革举措，要适时开展“回头看”，认真评估、查漏补缺，确保取得实效。

（王　增）

【全区领导干部警示教育大会】 11月24日，召开全区领导干部警示教育大会。区委书记吴桂英结合深入学习贯彻中共十九大精神，提出三点要求：一是要提高政治站位，全面落实从严管党治党决策部署；二是要深刻汲取教训，充分认识从严治党的必要性；三是要深入自查自纠，全面落实从严管党治党各项要求。在各系统、各街乡设立电视电话会议分会场，以视频形式将会议开到基层，将会议精神传达到基层。

（王　增）

纪检监察体制改革

【概况】 2017年是纪检监察工作的改革之年，朝阳区不断深化对改革的认识，不断提高政治站位，有序推进改革工作。区纪委、区监委在区委领导下，扎实推进纪律检查体制改革，积极推进国家监察体制改革，有序推进派驻机制改革和区级巡察工作。依照中央部署构建纪律监督、监察监督、派驻监督、巡察监督四个监督全覆盖的权力监督格局，把权力关进制度的笼子里。落实党中央提出的全面从严治党战略部署，围绕市区中心工作，聚焦重点领域，加大案件审查调查力度。2月，召开全区深化监察体制改革试点工作小组会议。4月，召开区监察委员会成立大会。5月，成立20个派驻纪检监察组，实现对78家区级党和国家机关派驻监督全覆盖。7月至8月，成立区委巡察工作领导小组及办公室，确定巡察范围。7月至9月，中央纪委、市委、市纪委市监委领导多次到朝阳区调研。

（沈　倩）

【监察体制改革试点】 1月，在北京市委对区级监察体制改革试点工作做出部署后，朝阳区正式启动监察体制改革试点工作，区委把试点工作列为改革“一号工程”，成立改革试点工作小组，制订实施方案，明确时间表、路线图，先后11次召开区委常委会和工作小组会，研究解决重点难点问题。区人大周密组织、加开会议，确保区监委班子按期产生并及时调整。区委组织部、区委政法委、区检察院等部门配合工作，配齐配强监委领导班子，平稳转隶检察院干部59名，多渠道充实干部58名，为改革试点提供坚强组织保障。区教委、区机关后勤服务中心等部门配合选址和装修改造工作，为搬入新址提供硬件保障。完成区纪委、区监委合署办公，推动全面融合磨合，优化设置内设机构，力量配备向主业倾斜，业务干部比例达到77.1%。10月11日，区纪委区监委与区委组织部、区编办联合印发《关于区监察委员会向街道派出监察组和向乡派出监察办公室的通知》，明确派出监察机构设置和主要任务，向43个街乡派出监察组（办公室），在612个社区、村设置监察员，实现监察组织全覆盖。坚持执纪监督与审查调查部门分设，分类健全考核评价体系，促进干部履职尽责。探索“日常+专项”监督模式、“留置+直诉”调查模式、“处分＋移送”处置模式，试用12项调查措施。中央纪委、市纪委把朝阳区确定为重点调研地区，先后6次到朝阳区调研指导试点工作。

（沈　倩）

【区监察委员会成立】 4月6日，朝阳区十六届人大第二次会议，选举区委常委、区纪委书记席成坡为区监委主任；同日，召开区十六届人大第三次会议，表决通过区监委副主任、委员，任命田峡、高大中、秦岳为区监察委员会副主任，张颖辉、汪冬梅、燕海涛、刘敏、马立众为监委委员。4月7日，朝阳区召开监委成立大会，市纪委常委、市监委委员韩索华，区四套班子领导吴桂英、王灏、陈宏志、陈涛等出席会议，区检察院机构干部完成转隶，朝阳区监察委员会正式成立。

（沈　倩）

【派驻机构改革】 5月26日，协助区委组织召开区纪委区监委派驻机构成立大会，20个派驻纪检监察组正式成立，实现对全区78家区级党和国家机关的全覆盖。会议由区纪委常务副书记、区监委副主任田峡主持，区委常委、区纪委书记、区监委主任席成坡对《关于加强朝阳区纪委区监委派驻机构建设的实施意见》进行说明，区委组织部常务副部长唐行安宣布组长任命，区委副书记甘靖中总结讲话就做好派驻工作提出工作要求。6月1日至13日，区纪委常务副书记、区监委副主任田峡，区纪委副书记、区监委副主任高大中，区纪委常委、区监委委员张颖辉分别带队完成派驻机构集中进驻工作。6月，区纪委区监委制发《派驻机构议事规则》等派驻工作6项制度和“月度总结”“季度汇报”等制度，规范工作开展。

（王宇靖）

【监察体制改革试点主题调研】 6月16日，区纪委区监委启动监察体制改革试点主题调研活动，由办案一线纪检监察干部组成调研课题组，针对改革试点中遇到的问题开展调查研究。8月10日，召开朝阳区监察体制改革试点主题调研业务研讨会，7个调研课题组围绕监察体制改革试点过程中遇到的疑难问题开展座谈研讨，会后将调研报告汇编成册。

（沈　倩）

【监察机关与司法机关、执法部门协调衔接机制构建】 7月，召开全区反腐败协调小组会议，区委书记吴桂英就监察机关与司法机关、执法部门的工作衔接、协作配合事宜做出部署，区监委与公安朝阳分局、区检察院、区法院、区司法局等反腐败协调小组成员单位就案件通报、案件和线索移送、信息比对、案件研商等具体协作配合事项初步建立协作配合机制。健全监察机关与司法机关的案件移送与措施衔接机制，通过办理留置类职务犯罪案件，探索完善案件移送前的监、检、法三方“会商论证机制”及案件移送时区监委解除留置措施与区检察院采取强制措施的“措施同步机制”。拓展监委与相关执法部门的协调配合深度，在市纪委市监委的协调下，健全区监委与市监狱管理部门办理解回再审的工作机制；发挥区反腐败协调小组的制度优势，建立区监委区公安机关的联合追逃追赃工作机制。

（沈　倩）

【区级巡察工作筹备】 7月至8月，研究制定《中共北京市朝阳区委关于开展巡察工作的实施意见（试行）》，以区委名义印发。协助区委做好巡察工作领导小组、巡察办组建工作，会同区委组织部做好巡察办主任、副主任、干部人选酝酿工作。研究制定巡察干部人选标准，建立30人的巡察组组长库和180人的巡察干部人才库。

（王宇靖）

【监察对象“大摸底”】 8月，朝阳区对全区监察对象范围和人数开展“大摸底”。改革试点前，原朝阳区监察局覆盖机构145家，监察对象人员数量为9931人；改革试点后，经初步统计，朝阳区监委覆盖机构1518家，监察对象人员数量为46938人。相比改革试点前，机构增加1373家，监察对象人员数量增加37007人。

（沈　倩）

【监委内部监督管理机制构建】 年内，朝阳区执行监督执纪审批报告机制，构建“纵向”的监督管理机制，在问题线索处置、初步核实、立案审查、审理处分各个环节，对于重要问题线索和重要案件，一律经集体研究后按程序向区委请示报告；健全执纪监督、审查、审理部门之间监督制约机制，构建“横向”的监督管理机制，落实3个部门由不同副书记、副主任分管的要求，建立问题线索处置交叉审核机制，构建执纪监督、执纪审查、案件审理相互协调、相互制约工作机制；完善监委12项调查措施的监督管理机制，重点健全留置措施的使用审批机制，确保纪检监察工作规范有序。

（沈　倩）

党风政风监督

【概况】 年内，围绕党风廉政建设、重大决策部署的监督检查、作风建设等中心工作，强化监督执纪问责，提高监督工作的主动性、针对性、实效性。助推全面从严治党主体责任落实，全区各级各类第一责任人签订责任清单15723份，逐级签订责任书7336份。聚焦中心工作，深化“两个专项”治理，通报问责党组织6个，问责94人，警示约谈200余人，下发纪律检查建议书和监察建议书53份。深入落实区委《关于进一步贯彻落实中央八项规定精神实施办法》，紧盯重要节点，聚焦“关键少数”，全年查处违反中央八项规定精神问题45起88人，同比增长4.4倍，发现一起、查处一起、曝光一起，释放执纪必严、违纪必究的信号。

（那珊珊）

【党风廉政建设责任制落实】 1月26日，下发《关于落实区纪委十二届二次全会精神的通知》，逐级签订责任清单、责任书2.3万余份。4月20日，根据区委、区政府、区纪委、区监委领导的调整变动情况，下发《关于调整党风廉政建设责任制领导联系点的通知》。6月21日，启动党风廉政建设年中督查工作，由区纪委区监委联合各系统工委，采取自查自评、派驻督查、系统抽查、重点检查、区领导现场督查等方式开展。7月20日，召开全区党风廉政建设年中督查专题会，听取各系统“两贯彻一落实”及上半年党风廉政建设工作情况，并由区纪委区监委分管执纪监督、执纪审查的领导现场提问和点评。9月14日，委托第三方调查公司，对全区150家单位开展党风廉政建设民意调查，调查样本数约7000个，并首次开展街乡班子成员对26家委办局服务基层的评价。12月18日，市党风廉政建设责任制第九督查组督查全区2017年党风廉政建设责任制落实情况，吴桂英、王灏、陈宏志、陈涛等区四套班子领导参加汇报会。

（张　骥）

【作风建设】 年内，建立警示提醒、“周暗访、月通报”、大数据核查、快查快办、“六必查”5项机制。发现“四风”问题线索202条，查处违反中央八项规定精神问题45起88人。围绕重点节点，采取区纪委重点查、各系统工委普遍查、特约监察员随机访等方式，向全区19.4万名党员干部发出廉政提醒短信，对全区二级单位开展监督检查，查处违反中央八项规定精神问题88人，并给予通报曝光。

（张　君）

【重点任务执纪监督】 年内，开展十大专项监督行动。查处群众身边不正之风和腐败问题专项工作，发现问题线索348个，查办案件124个，给予党政纪处分94人。深化“为官不为”“为官乱为”问题专项治理，发现问题线索256个，查办案件110件，给予党政纪处分90人。制定《关于开展作风监督专项行动工作方案》，查处“三不为”等作风突出问题。开展国有资产出租出借、对外投资担保专项治理，清理出租房产3444处，面积293万平方米。开展中共十九大服务保障期间“监督检查月”专项检查，启动24小时值守工作机制，现场检查278次，电话检查150余家单位，发现6类典型问题。对消除消防安全隐患专项行动开展专项监督，抽查各街乡的133个点位，发现群租、堆物堆料、“多合一”等问题59个。开展公车使用专项检查，排查公车604辆。围绕“疏解整治促提升”专项行动，通报问责4个街乡党组织，立案处理39名党员干部，其中处级干部5人。开展秋冬季大气污染综合治理攻坚行动专项监督。加强扶贫救助领域监督检查，对全区7000余低保户逐一摸排。2017年全区发出纪律检查建议书30份，监察建议书23份。

（石　杨）

【突发事件应急处置】 年内，对“葛宇路”违规路名牌事件、“红黄蓝”幼儿园事件、“丁义珍”式窗口事件、“12•13”火灾等10余起突发事件、责任事故开展调查处置，回应社会关切。分析管理漏洞，督促责任主体举一反三强化整改。在“葛宇路”违规路名牌事件中，协助市纪委开展联合调查，问责领导干部2人，理清道路建设基本流程，推动全区同类问题的整改，清理接收未移交代征道路200余条。通过“丁义珍”式窗口事件，督促区行政服务中心推进窗口服务标准化建设。

（石　杨）

【执纪监督机制建立】 年内，建立“周暗访、月通报”机制，以区委区政府中心工作为主线，每周暗访开墙打洞、市政环境、地下空间综合整治等情况，每月曝光暗访情况，发现问题96个，通报曝光41人。建立“大数据核查”机制，加强与市纪委、市交通委、市审计局等部门信息共享，监督检查公车的使用情况、资金使用情况等，问题线索移送297条。建立重要节点廉政提醒机制，每逢节假日通报违反中央八项规定精神典型案件，向全区党员干部发出廉政短信，设立专项督查组，抽查街、乡、委办局，检查单位中午食堂用餐情况、公款购买月饼节礼情况、公车私用、私车公养情况等。查处违反中央八项规定精神88人。建立特约监察员作用发挥机制，要求区监委特约监察员，明察暗访联系单位，邀请媒体对检查情况跟踪报道，对11家单位发送整改通知书。组织特约监察员对133家委办局开展绩效评分，评分结果纳入区政府绩效考核。

（房　磊）

信访举报

【概况】 年内畅通“信、访、网、电”信访举报渠道，以监察体制改革为契机，探索健全完善信访举报工作机制、部门联动应急处置机制、完善信息通报、情报汇总、责任追究等工作机制，全年受理信访举报1434件次，核查干部信访举报情况1974件次。

（张迎锋）

【信访举报受理】 年内，受理信访举报1434件次，同比上升52.8%，其中检举控告类1352件次，申诉类1件次，批评建议类5件次，业务范围外76件次。在检举控告类中，初信初访769件次，重复举报583件次。

（张迎锋）

纪律检查和案件审理

【概况】 年内，查处“疏整促”工作中白志荣滥用职权、受贿案，土地拆迁腾退工作中战晓波等人贪污案，房地产交易环节桑涛等人受贿案，社会保障领域朱博等人骗取社保资金等一批典型案件，严肃党纪国法，形成震慑。

（沈　倩）

【处分执行检查】 4月，由区纪委区监委案件审理室牵头，联合区委组织部、区人力社保局等相关单位，在全区范围内开展拉网式专项检查，对中共十八大以来全区公职人员纪律处分决定执行情况“回头看”，以自查和抽查相结合的方式，通过“六查六看”的标准，检查2013年至2016年全区258名受处分公职人员，并对发现的问题视情节轻重，采取整改、约谈和立案查处等措施开展分类处理。对其中不依规落实处分执行的有关领导和直接责任人严肃追责，其中区园林绿化局的两名人事干部因未按规定落实处分决定被给予党纪处分。针对检查中暴露出的制度短板，区纪委建立常态化检查机制，同时设立处分执行平台，跟踪督促纪律处分的执行情况，实现精细化管理，提升处分执行规范化水平。

（史　慧）

【案件审查调查情况】 年内，全区纪检监察系统处置问题线索762件，其中初步核实689件，谈话函询63件，办结472件，立案291件，同比增长72.2%；结案278件，同比增长72.7%。查办职务犯罪案件22件22人，留置11件11人，审查调查工作综合考核得分位居全市第1。

（沈　倩）

制度建设

【概况】 年内，区纪委区监委根据中央、市区相关文件精神，结合朝阳区发展实践，出台规范性制度12项，内容既包括执纪监督、执纪审查、反腐倡廉等主责工作，也涵盖朝阳区廉政文化建设、纪检监察组织管理等内容。各项制度保障各项纪检监察工作流程规范，有章可循。

（李逸修）

【制度建设】 4月28日，出台《关于进一步加强朝阳区廉政文化阵地建设的实施意见（试行）》，进一步规范廉政文化阵地建设相关工作。5月24日，出台《关于加强朝阳区纪委区监委派驻机构建设的实施意见》，强化监督执纪问责职责，增强监督的权威性和有效性。5月27日，出台《朝阳区纪委区监委机关执纪监督工作实施细则（试行）》，强化对朝阳区党组织、党员干部和国家公职人员的监督。7月28日，出台《中共北京市朝阳区委关于开展巡察工作的实施意见（试行）》，推进全区党风廉政建设工作，发挥巡视巡察作用。8月17日，出台《朝阳区反腐败协调小组工作规则（试行）》和《朝阳区反腐败协调小组国际追逃追赃和防逃工作协调机制工作规则》，推动党风廉政建设和反腐败工作深入开展，加强对反腐败国际追逃追赃和防逃工作的统一领导。9月9日，出台《中共北京市朝阳区委常委会带头落实全面从严治党主体责任的实施意见》，将区委常委会带头落实主体责任规范化、制度化。9月15日，出台《朝阳区关于运用监督执纪“四种形态”实施办法（试行）》《朝阳区关于运用监督执纪“第一种形态”实施细则（试行）》，加强党内监督，提供全区各单位实践“四种形态”的依据。10月27日，出台《朝阳区纪委区监委机关开展问责工作程序暂行规定》，规范问责工作标准、程序。11月6日，出台《关于朝阳区纪委监委进一步明确纪检监察机关信访举报受理范围、管辖范围及告知、流转、反馈程序的意见（试行）》，加强和改进全区纪检监察机关信访举报受理、办理工作。11月24日，出台《关于进一步加强全区纪检监察组织和纪检监察干部考核评价的意见》及3个考核评价办法，加强干部管理监督。12月7日，出台《关于进一步加强警示教育工作的实施办法（试行）》，加强朝阳区警示教育工作力度，深化反腐倡廉宣传效果。

（李逸修）

反腐倡廉宣传教育

【概况】 年内，开展“清风朝阳讲坛”活动，拍摄制作纪检监察工作纪实片《风好正扬帆 初心促奋进——朝阳区监察体制改革试点工作纪实》《落实“两个责任”保障“疏解整治促提升”取得实效》《不忘初心 砥砺前行——2017年朝阳区党风廉政建设工作纪实》。聚焦基层微腐败，拍摄完成《瓦砾下的“黑金”》《小官贪腐警示教育片》，联合市纪委、北京电视台《清风北京》栏目，制作《问责如何问出担当和实效》，研究制作动漫片《监督执纪工作规则》。在廉洁奥运主题园二层组织开展“朝阳区整治‘为官不为’‘为官乱为’及‘微腐败’警示教育展”，编辑警示教育学习手册下发到基层。通过开展正反两方面廉政教育，弘扬清正廉洁社会主旋律。

（赵国强）

【“勤廉榜样”评选】 1月10日，召开“勤廉榜样”评选宣讲工作总结会。区纪委副书记、区预防腐败局局长于良佐肯定各系统、各单位在“勤廉榜样”评选和宣讲中的工作，并号召向10名“勤廉榜样”学习。部分系统纪工委书记、“勤廉榜样”所在单位纪委书记、监察科科长等60余人参加会议。2月17日，启动第二届“勤廉榜样”推选工作，重点推选在一线工作的基层党员干部，包括社区（村）党支部书记和纪检监察干部。

（李　聿）

【“清风朝阳讲坛”演讲比赛】 5月17日，区纪委区监委以“践行习近平总书记视察北京重要讲话精神，做忠诚、干净、担当纪检干部”为主题，举办“清风朝阳讲坛”演讲比赛决赛。经过区纪委区监委机关和各系统纪（工）委层层选拔，最终12名纪检监察干部获得决赛资格。决赛邀请中国纪检监察报社、北京人民广播电台、区文联、区广电中心等部门的领导参加评审，联系《北京晚报》、朝阳有线等7家媒体对活动开展报道，并组织全区300余名纪检监察干部现场观看，最终来自区纪委区监委机关、区直机关系统、街道系统和农村系统6名纪检监察干部分获一、二、三等奖。

（孟祥微）

【优良家风助力青年干部成长活动】 7月13日，区纪委区监委联合团区委举办“齐家治国 传承致远 以优良家风助力青年干部成长”活动。邀请辖区内4位德高望重的老人与100余名青年干部共话家风家训对自己人生的影响，随后由青年干部代表宣读倡议书，号召全区青年干部做良好家风的宣传员、守卫员、安全员。参会人员集体参观中关村科技园朝阳园党员活动中心。

（陶涌伟）

【“两贯彻一落实”知识测试】 8月8日，举办全区纪检监察系统“两贯彻一落实”知识测试。测试采用闭卷答题形式，内容涵盖习近平总书记系列重要讲话、市第十二次党代会有关精神和市纪委近期重要工作部署等，实现区纪委区监委机关全体干部、派驻机构干部、各街乡、国企等单位纪检监察干部考试全覆盖。

（宋瑞敏）

【“学准则知条例促廉洁”文艺作品巡展活动】 年内，在全区开展“学准则知条例促廉洁”文艺作品巡展活动，将征集的优秀廉政文艺作品再利用，在全区机关、企事业、社区村营造学习《中国共产党廉洁自律准则》《中国共产党纪律处分条例》氛围。

（孟祥微）

【任前廉政测试】 年内，落实区纪委、区委组织部通知要求，组织6批200余名新任、转任处级干部参加任前廉政法规知识测试，指导80余家基层单位开展科级干部任前廉政测试，在实现新任、转任处级干部任前廉政测试全覆盖的基础上，将任前廉政测试向全区科级干部延伸。

（孟祥微）

【警示教育片拍摄】 年内，聚焦基层微腐败，拍摄完成《瓦砾下的“黑金”》《小官贪腐警示教育片》，联合市纪委、北京电视台《清风北京》栏目，制作《问责如何问出担当和实效》，研究制作动漫片《监督执纪工作规则》，组织开展“朝阳区整治‘为官不为’‘为官乱为’及‘微腐败’警示教育展”，编辑警示教育学习手册下发到基层，通过开展正反两方面廉政教育，弘扬清正廉洁社会主旋律。拍摄制作纪检监察工作纪实片《风好正扬帆 初心促奋进——朝阳区监察体制改革试点工作纪实》《落实“两个责任”保障“疏解整治促提升”取得实效》《不忘初心 砥砺前行——2017年朝阳区党风廉政建设工作纪实》，总结2017纪检监察年度工作，展示纪检监察体制改革成果。

（陶涌伟）

纪检监察队伍管理

【概况】 年内，适应2017年改革形势要求，加强干部队伍建设。充实队伍力量。监察体制改革期间，转隶检察院干部59名，通过全市公开选调、区内借调、接收军转干部等多渠道充实干部58名。优化队伍结构。协助区委做好领导班子和部室主任调整工作，全年调整领导班子成员12人次，调整充实部室主任8名；机关内部提拔副主任1名，转任副主任4名，提拔正科级纪检员2名、副科级纪检员3名。提升能力素质。围绕提升专业能力、专业精神，全年举办集中培训班5期，560人次参加培训，实现全员培训和全流程业务培训；以干代训，选派15名机关干部参加上级机关任务，抽调92名基层干部到区纪委参与执纪工作。加强干部综合分析，会同组织部门建立后备干部库、专业人才库、巡察人才库。强化监督管理。建立“1+N”考核评价体系，依纪依法处置纪检监察干部问题线索，对9

名基层监察科科长开展任前考察。

（王宇靖）

【纪检监察干部培训】 2月14日至16日，举办全区纪检监察干部业务培训班（科级班）。培训以纪律审查业务知识为重点，系统学习问题线索处置、谈话方法技巧、监督检查等内容，并结合实际工作中的重难点开展专题研讨。街乡、委办局（含双管单位）、国有企业科级以下纪检监察干部170余人参加培训。2月21日至24日，举办全区纪检监察干部业务培训班（处级班）。培训结合派驻机构改革和监察体制改革新形势新任务，学习准则、条例等党纪党规和刑法、刑事诉讼法等法律知识，观看聂树斌案件教育片和《打铁还需自身硬》专题片，围绕如何做好纪律、法律衔接和如何更好履职等主题开展研讨。街乡、委办局（含双管单位）、国有企业纪（工）委书记、纪检组组长120余人参加。4月11日至14日，举办区纪委区监委机关干部培训班。培训围绕中共十八大及十八届历次全会和习近平总书记系列重要讲话精神、党规党纪、监督执纪工作规则解读等内容，通过领导集中授课、观看专题片、分组讨论等形式开展集中培训。机关121名干部参加培训。6月14日至16日，举办派驻机构干部培训班。培训围绕派驻监督工作方法、六大纪律运用、执纪监督和执纪审查等内容，采取专题授课、研讨交流、自学思考等形式开展。派驻机构及机关干部100余人参加培训。10月19日至20日，举办初任纪检监察干部培训班。培训结合中共十九大精神，增强初任干部的政治意识，提升纪检监察业务能力，尽快适应新岗位新环境。组织全体学员召开座谈会，区委常委、区纪委书记、区监委主任席成坡与部分班子成员参加座谈。50余名初任干部参加培训。

（王宇靖）

【基层纪检组织建设】 10月12日，区纪委、区监委与区委组织部联合印发《关于规范基层党组织纪律检查委员设置的通知》，全区5940家基层党组织均已按要求设置纪律检查委员（纪委书记），基本实现党内监督全覆盖。

（王宇靖）

【机关党建】 11月13日，召开机关党员大会，正式成立机关党委，选举马程浩、王若宁、张颖辉、尚利准、胡镔、曹冲、魏薇为第一届机关党委委员。机关党委召开第一次全体会议，选举张颖辉为区纪委区监委机关党委书记，尚利准为副书记，并对委员分工。同日，召开机关工会会员大会，补选李传永、唐蔷、盛夏、娄斐为工会第一届委员会委员，宋春、盛夏为工会委员会经费审查委员会委员，唐蔷、秦薇为工会委员会女职工委员会委员。同日，工会第一届委员会召开第三次全体会议，选举张颖辉为区纪委区监委工会第一届委员会主席，李传永为副主席；推选盛夏为工会经费审查委员会主任，唐蔷为工会女职工委员会主任。12月21日，召开区纪委区监委机关妇女大会，选举那珊珊、陈征、秦薇、袁莹、唐蔷为第二届妇委会委员。同日，召开妇委会一次委员会议，选举唐蔷为主任，袁莹为副主任。

（王宇靖）

【考核评价体系建立】 年内，制定出台《关于进一步加强全区纪检监察组织和纪检监察干部考核评价的意见》《朝阳区纪委区监委机关部室及干部考核评价实施办法（试行）》《朝阳区纪委区监委派驻机构及干部考核评价实施办法（试行）》和《朝阳区街乡纪检监察组织考核评价实施办法（试行）》，形成“1+N”考核评价体系。考核重点突出工作实绩，涵盖信访举报、执纪监督、执纪审查（调查）、案件审理、综合评价5个板块，形成全维度、立体化的综合考量。

（王宇靖）

民主党派

2018
北京朝阳年鉴

民革朝阳区委

【概况】 中国国民党革命委员会北京市朝阳区委员会（以下简称民革朝阳区委）下设参政议政、祖国统一、社会服务、信息、青年、宣传、老龄、妇女、教科文卫体、中山书画10个专门工作委员会。有基层支部19个，党员983人。有全国人大常委1人，市人大代表1人，区人大代表3人（常委1人）；全国政协委员1人，市政协委员5人（常委1人），区政协委员25人（副主席1人、常委3人），区级特约工作人员9人。年内，民革朝阳区委以习近平新时代中国特色社会主义思想为指导，学习民革中央、民革北京市委各项文件精神，做好参政议政、社会服务、民主监督、祖国统一等各项工作，为实现国际一流和谐宜居之都构想、促进朝阳区社会经济发展做出积极贡献。信息专委会向民革市委提报信息共计95条，被采纳27条，采用率28%，得分325分。

地址：团结湖北五条8号楼

邮编：100026

电话：65094936

（秦　阳）

【慰问老党员】 1月，民革朝阳区委、祖国统一专门工作委员会领导，代表民革朝阳区委看望原国民党抗战老兵尤广才、慰问原国民党抗战将领刘雨卿的遗属刘兴业，并为2位老党员做身体检查。区委委托各支部慰问80岁以上的老党员62人，并送去慰问品，表达区委的关怀和问候。

（秦　阳）

【参政议政工作培训会】 年内，民革朝阳区委与民革北京市委联合举办2017年参政议政工作培训会，会议邀请民革中央调研部副巡视员翟小纯作反映社情民意信息及如何开展调研工作讲座。参政议政专委会按照民革中央调研部领导、民革北京市调研部领导，对全区参政议政骨干党员提出提高调研报告写作能力和政治把握能力的要求，结合中共朝阳区委“十三五”规划建议、区委十二次党代会报告、区政府工作报告精神，确定2017年专项调研课题方向，启动调研，并完成调研报告初稿。

（秦　阳）

【扶贫帮扶】 年内，民革朝阳区委、社会服务专委会、妇委会会同中共朝阳区统战部赴云南昆明进行扶贫考察捐赠工作；民革北京朝阳区第二支部党员赴河北省灵寿县开展扶贫爱心活动；民革朝阳九支部到怀柔区汤河口开展义务植树活动。

（秦　阳）

【纪念民革成立70周年知识竞赛活动】 年内，民革朝阳区委组织选派苗苹、吕蕾、王春3人参加民革北京市委举办的“不忘合作初心，继续携手前进——纪念民革成立70周年”知识竞赛活动。民革朝阳区委获团体三等奖。

（秦　阳）

【参政议政】 年内，提交政协提案2篇，其中《关于朝阳区流域水系综合治理的建议》获得优秀提案奖；提交区委调研报告共28篇，提交区统战部调研报告10篇，其中《朝阳区文化建设的研究与探讨》《关于朝阳区城乡结合部治理的思路与措施研究》被评为三类文，《发挥传统文化优势，助力朝阳区“文化+”战略实施》《朝阳区应着重发展可持续性的人工智能人才培养计划》被评为四类文。信息专委会向民革市委提报信息共计95条，被采纳27条，得分325分。

（秦　阳）

民盟朝阳区委

【概况】 中国民主同盟北京市朝阳区委员会（以下简称民盟朝阳区委）有基层组织37个，基层委员会3个（各辖3个支部），基层支部34个，盟员1793人。下设参政议政、文化、教育、经济、科技、社会法制、社会服务、青年、妇女、老龄、医药卫生11个专门工作委员会和统战理论研究会。全年发展盟员93人。盟员中有现任市、区两级人大代表7人，政协委员34人，各级各类特约人员20余人。全年召开主委会4次，全委会2次，依托区委委员与基层组织负责人学习制度，集体学习4次。组织调研工作会议、各专委会会议及参观、统战理论研究会议、基层组织工作会等30多次。被朝阳区政协评为信息工作先进单位。

地址：团结湖北五条8号楼203室

邮编：100026

电话：65094938 65094058

邮箱：cymm@bjchy.gov.cn

（葛春艳）

【微信公众号开通】 年初，民盟朝阳区委开通“北京朝阳民盟”微信公众号，全年发布消息59条，单条报道最高点击量1193人次，公众号关注用户超过400人，在全国民主党派地方组织公众号评比中名列前茅。

（葛春艳）

【基层换届选举】 3月10日，朝阳科技支部完成换届工作，黄金辉担任主任委员。3月21日，中国计量研究院支部完成换届工作，高英担任主任委员。

（葛春艳）

【科技创新与文化发展论坛】 9月29日，举办“科技创新与文化发展·民盟朝阳论坛2017”，邀请中国传媒大学校长胡正荣等国内专家学者分析朝阳区科技与文化发展领域存在的问题，并提出建议。论坛得到人民网、朝阳有线、《朝阳报》等媒体关注。

（葛春艳）

【参政议政】 年内，在十三届区政协“文化创新添动力，疏解增绿上水平”专题议政活动中，围绕朝阳区文化产业事业发展、非遗传承、特色小镇建设、服务业扩大开放、疏解增绿等工作，提出《关于朝阳区工业文化与京郊文化遗存的保护与建设》等10余篇议政建言。其中，《深化文化体制改革，增强朝阳区文化综合实力》被选为议政会主会场重点发言，《紧抓全国科技创新中心建设机遇，在朝阳打造具有全球影响力的文化科技创新中心》等多篇被选为专题议政会发言。在区政协十三届一次会上提交的《关于构建朝阳区高精尖产业体系的思考与建议》被评为党派优秀提案。在区政协十三届二次会议上，《坚持国际标准，提升朝阳区生态环境质量》被选为大会发言。全年完成调研报告16篇。在区委统战系统调研评比中，《进一步深化文化体制改革，推动朝阳区率先实现文化小康、建成全国文化强区》被评为一类调研，《朝阳区提升城市社区协商水平的思路与措施研究》被评为二类调研，《疏解功能 立法先行 法律顾问常态化——关于首都律师在疏解非首都功能工作中发挥作用的报告》被评为三类调研，《以“国际花园城市”为标杆，进一步提升朝阳区生态环境质量的建议》被评为四类调研。年内，向民盟市委、区政协、区委统战部分别报送信息60余件。其中《关于“一带一路”•海外投资保险立法的建议》被中共中央办公厅采用。《关于北京医院缺血和互助献血的状况思考和建议》得到市政府有关领导的重要批示，《关于规范共享单车运营与管理的建议》被北京市政府和市政协采用，《关于进一步优化豆各庄桥交通标示的建议》得到北京市交通委高度重视，及时解决相关问题。《政企联手，共同营造自助加油安全发展新环境》得到北京市公安局的及时反馈。信息工作得到区委统战部和区政协的表彰。

（葛春艳）

【社会服务】 年内，民盟朝阳医务专委会联合医务支部分别前往宋家庄交通枢纽、丰台邮政局、北京陈经纶中学等地开展“学雷锋，送健康”免费提供医疗服务。赴河北省尚义县开展帮扶与调研，以经济帮扶与智力支持，助推当地发展。北京中医药大学委员会赴河北省安国市中医院义诊。北京第二外国语学院支部联合北京电子科技职业学院支部赴河北省张家口市康保县、承德丰宁满族自治县开展精准教育帮扶，资助肃宁县贫困学生。

（葛春艳）

【“烛光行动——寻甸行”教育帮扶】 年内，响应民盟中央“烛光行动”号召，民盟朝阳区委与民盟昆明市委、昆明寻甸县政府联合举办2017全学科教师培训活动。组织优秀盟员教师走进寻甸，助力当地教育扶贫工作。寻甸县2000余名教师参加培训。民盟朝阳区委与民盟昆明市委签署3年合作框架协议，帮扶贫困地区基础教育事业。

（葛春艳）

【“文化之旅”实践活动开展】 年内，民盟朝阳区委继续开展“文化之旅”主题活动，组织盟员参观国家博物馆主办的大英博物馆和卢浮宫文物展等活动。妇委会开展庆“三八”参观北京中医药大学活动，4月23日，开展“世界读书日·民盟百人读书”主题活动。老龄委开展重阳节参观观复博物馆主题活动。

（葛春艳）

民建朝阳区委

【概况】 中国民主建国会北京市朝阳区委员会(已下简称民建朝阳区委)按功能设立1个监督委员会，8个工作委员会，11个专门委员会。有会员1732人，33个支部。有全国政协委员3人、北京市政协委员3人（常委1人）、区政协委员29人（常委4人）、全国人大代表1人、北京市人大代表5人、区人大代表13人（副主任1人，常委1人），朝阳区政府特约工作人员12人。年内，发展新会员50人，平均年龄36.5岁，全部为本科以上学历。其中，研究生学历22人，中高级职称14人，经济界人士44人。

地址：团结湖北五条 8 号208室、209室

邮编：100026

电话：65094054　65094934

邮箱：chaoyangminjian@126.com

（李佳君）

【参政议政】 年内，民建朝阳区委以“五个一工程”为抓手，即“用好一个制度，建好一个智库（民智研究院），做好一个论坛，培养一支队伍，出好一本书籍（参政议政调研报告汇编）”，推动参政议政各项工作开展。采用“要点发布”方式，提前发布“参政议政工作要点”，将调研重点划分为三个层面、涵盖79个研究题目；其次采取“全过程管理”模式，由主委总负责、分管副主委主抓、人才队伍和各种资源协调推动、主委和各副主委设立主委课题，将参政议政各环节总结成18字工作规范：早启动、多商议、严选题、精内容、深调研、明分工。从酝酿、选题、组合、调研、论证、成稿、修改、报送等实现课题全过程跟踪、管理。全年形成调研报告84篇。其中，《从租赁市场看人口疏解的效果及建议》被北京市委采用，中央政治局委员、中共北京市委书记蔡奇做出批示；《关于对〈中华人民共和国标准化法（修订草案）二次审议稿〉的有关建议》《我国标准出版活动形成我国最大的依法知识产权侵害活动》《我国标准体系中增设“团体标准”不符合我国经济社会的现状，必将出现可预见和不可预见的问题分析》等被全国人大采用；《北京居家养老医养结合服务相关问题研究》被民政部评为二等奖；《关于当前新三板市场发展的建议》被民建中央“2017年江西非公有制经济论坛”评为优秀论文；《民主监督在脱贫过程中作用发挥》被民建中央评为重点课题二等奖、《弘扬工匠精神倡导与践行并举》被民建中央评为工匠论坛二等奖；《从租赁市场看人口疏解的效果及建议》《关于北京市朝阳区与天津及河北共建产业园区路径研究》被中共朝阳区委统战部评为2017年度党派调研报告一类课题。

（李佳君）

【社会服务】 年内，民建朝阳区委赴贵州省黔西县开展脱贫攻坚专题调研，组织全区会员向沙坝村重度贫困户捐款32400元，用于为9户村民购买蜜蜂；向朝阳区儿童福利院捐助23000元；组织北京多家医院的主任医师赴河北省张家口万全中医院义诊，

到张杰庄村开展对口精准帮扶活动；“民建朝阳区丰宁春华助学金”第三次对河北省丰宁一中在读的优秀贫困学生进行捐助；“思源工程——巾帼关爱活动”为百名以上来自北京远郊区的基层妇女和民建会员进行免费体检；组成“民建北京朝阳医疗专家团队”，赴内蒙古自治区太仆寺旗、河北省张家口地区、天津市蓟县桑梓镇开展义诊、临床示教、知识讲座等系列活动；在教师节来临之际组织慰问安华特教学校教师；慰问扶持资助石景山区黄庄学校，并举行心理讲座等活动；为单身青年举办以健康、环保等元素为主题的相亲活动；与来广营乡政府共同主办“来广营地区百姓慈善饺子宴”活动；慰问三里屯街道家庭困难老人。

（李佳君）

【信息报送】 年内，民建朝阳区委23个支部、114名会员上报各类信息284篇，其中104篇被采用或受到上级领导的批示。

（李佳君）

【服务经济建设京津冀协同发展】 年内，围绕京津冀协同发展战略、疏解非首都功能等开展系列活动，服务经济社会发展。区委调研北京青鸟物流公司、北京新奥特集团公司等会员企业；与民建中央房地产组组成联合调研团，赴张家口市对冬奥会场馆规划及建设项目开展调研活动；赴雄安新区考察会员企业，与雄县招商局领导就企业发展及进一步加强合作进行座谈交流；协办“中国非公经济沙龙”；组织会员参观北京文化创意产业展示中心并与北京市文化经济政策服务平台负责人进行座谈交流；赴国航总部基地开展参观交流活动；赴北京日报报业集团，考察新媒体项目；组织会员参观北京科博会、北京文博会等大型展览。

（李佳君）

【换届工作】 年内，按照民建北京市委换届工作统一部署，完成民建北京市第十一届委员会委员提名人选推荐工作和代表推选工作。39名代表基本涵盖各个界别，平均年龄48岁，其中女代表17名，占43.5％。

（李佳君）

【组织活动】 年内，赴朝阳区规划艺术馆参观学习，与蒙古国驻华大使馆参赞、朝阳区规划艺术馆领导共同探讨国际文化交流与合作事宜；举办“青春激扬——自扬帆”系列活动启动仪式，与民建海淀区委青工委结对子；成立民建朝阳区委书画院，通过组织书画界专家及爱好书画会员开展活动，传承中华传统文化；赴国航总部基地开展参观交流活动；走进北京日报报业集团，考察新媒体项目；组织会员参观北京科博会、北京文博会等大型展览。与中共重庆渝中区委统战部、民建重庆市渝中区委，民建秦皇岛市委，民建合肥市委，民建许昌市委，民建贵州省委等开展学习交流活动。

（李佳君）

民进朝阳区委

【概况】 中国民主促进会北京市朝阳区委员会(以下简称民进朝阳区委)有会员773人，支部29个。其中，新增会员26人，包括研究生以上学历4人，具有中级及以上职称15人。年内，参加中央监督委员会、民进北京市委换届选举工作、完成民进化工大学支部换届、成立民进经济三支部。有全国政协委员3人、市人大代表2人、市政协委员3人。

地址：团结湖北五条8号党派楼211室
邮编：100026
电话：65094935

（张　纯）

【民进朝阳区五届四次全委（扩大）会】 4月8日，召开五届四次全委（扩大）会，传达学习习近平总书记视察北京重要讲话精神；总结2016年工作，部署2017年工作任务；表彰先进支部7个和优秀会员52人。

（张　纯）

【同心统战工作室】 5月9日，民进朝阳区委与团结湖街道一二条社区党委签订《共建协议》，联合成立同心统战工作室。朝阳区政协副主席、民进朝阳区委主委战春燕，中共朝阳区统战部常务副部长胡杰华，团结湖街道工委书记陈伟，共同为“同心统战工作室”揭牌。工作室的建立旨在为民进社会服务搭建平台，利用党派“智库”优势，参与社区建设，收集社情民意，通过定期安排政协委员参加接待、走访、恳谈、调研、议事等活动，使民主党派的政治协商、参政议政、民主监督三大职能得以发挥。

（张　纯）

【爱心帮扶】 5月10日，民进朝阳区委老龄委委员到延庆区四海中心小学开展爱心帮扶活动，老龄委委员筹集干净旧衣物115件、书籍60册、记事本60本。5月31日，在东方德才学校举行微型马拉松“敢跑”爱心接力活动。活动组织5组自闭症儿童家庭和200余名师生参与，自闭症儿童家庭与小学生结对，让自闭症儿童回归社会。8月11日，民进朝阳区委社会服务专委会和朝阳区团结湖街道一二条社区同心统战工作室律师及心理咨询师，为辖区学生及家长开展预防校园暴力法律知识沙龙活动。

（张　纯）

【建言献策培训会】 9月24日，民进朝阳区委开展建言献策培训会，邀请中央统战部《零讯》期刊编辑黎晓明研究员作“做好建言献策工作，提高参政议政水平”讲座，区委委员、信息专委会成员、各支部委员、信息员40余人参加培训。

（张　纯）

【“鱼悦生活”作品展】 10月27日至30日，由朝阳民进会员、美术教师陆宏雪作为项目负责人，黑庄户教育辅导中心承办的北京市第三届“鱼悦生活”学生作品展示活动在炎黄艺术馆举办。北京7所公立校外机构及66所中小学学生创作的儿童画、装饰画、版画、油画、粉画、陶艺等618件作品展出。

（张　纯）

【参政议政】 年内，向民进北京市委、朝阳区委统战部、朝阳区政协提交调研报告16篇，向区政协提交党派提案2篇。调研报告获民进北京市委2016年度优秀调研成果一等奖2篇；获民进北京市委2016年度优秀信息成果三等奖2篇；被评为朝阳区2017年民主党派专项调研报告三类课题1篇、四类课题3篇；1篇党派提案被评为优秀提案。上报社情民意信息102篇，工作信息24篇。

（张　纯）

【换届工作】 年内，战春燕当选民进第十四届中央监督委员会委员；姚树坤当选为民进北京市第十五届委员会副主委，战春燕、贾荣林、林安杰当选为民进市委常委，刘敬疆、姜继为当选市委委员。完成民进化工大学支部换届，马晓峰当选为新一届化工大学支部主任。成立民进经济三支部，该支部是民进朝阳区委成立的以企业家为主的支部，有会员12人，任命姜维权为支部主任。

（张　纯）

【捐资助学活动】 年内，民进朝阳区委向团结湖街道一二条社区12户困难家庭捐赠价值2400元的米、面、油等生活用品，向2名贫困学生捐赠现金2000元。5月8日，民进朝阳区委及志愿者为青海省化隆县、循化县、同仁县19所高中、初中和小学264名学生送助学款162400元。8月3日，民进会员与志愿者到内蒙古自治区巴林左旗，对10所小学和高中进行续捐，受益小学生117人、高中生16人，捐助金额86200元。

（张　纯）

农工党朝阳区委

【概况】 中国农工民主党北京市朝阳区委员会（简称农工党朝阳区委）有23个支部，党员959名，主要由医药卫生、人口资源和生态环境领域中高级知识分子组成。农工党朝阳区第四届委员会有委员19名。有参政议政工作委员会、社会服务、信息宣传、青年和老龄5个工作委员会。党员中有享受政府特殊津贴2人，全国政协委员3人，市政协委员4人，区人大代表7人（常委1人），区政协委员15人（常委5人），市级特邀监督员3人，区级特邀监督员10人，农工党中央委员2人，农工党北京市委委员10人（副主任委员1人，常委3人）。年内，坚持学习贯彻中共十九大精神和习近平总书记系列重要讲话精神，开展坚持和发展中国特色社会主义学习实践活动；结合朝阳医药卫生事业改革发展大局，关注民生、参政议政、建言献策、服务社会，促进人口资源环境协调发展。

地址：团结湖北五条8号楼
邮编：100026
电话：65094937
邮箱：chyngd@163.com

（张胜男）

【公益活动】 4月19日，区委联合民建大兴区工委和农工党大兴区工委共同打造“同心”品牌，在大兴区少数民族村——礼贤二村举办“2017年帮扶少数民族村义诊活动”。区委联合大兴区工委共同选派10名医学专家开展义诊，前来寻医问诊的村民达200余人次，大兴区永林医院为村民免费测血糖、做心电图和量血压。9月7日，区委与农工党包头市委会联合开展助力“一带一路”健康服务行活动。首都儿科研究所医疗专家在包钢三院开展以新生儿外科常见疾病诊断和治疗、小儿呼吸系统常见病诊治等为主题的学术讲座，100多名医护人员参加；对部分新生儿患者进行专家会诊。组织党内5名医疗专家在包头市九原区医院开展义诊，服务群众200余人次。

（张胜男）

【京津冀协同发展系列活动】 6月10日，农工党朝阳区委联合农工党衡水市委在衡水市武强县马头医院开展坚持和发展中国特色社会主义学习实践活动暨2017（第十届）“中国环境与健康宣传周”活动。活动主题为“空气质量与健康”。选派党内6名医学专家和1名法律专家为群众进行义诊服务和健康文化法律咨询，服务群众300余人次。6月27日，区委和农工党秦皇岛市委在北京举行京津冀协同发展联合共建基地签约及揭牌仪式。双方签订建立长期友好合作关系暨构建战略合作框架协议。8月24日至26日，区委和农工党秦皇岛市委在秦皇岛市青龙满族自治县和北戴河新区开展“京秦两地农工党服务京津冀协同发展系列活动”。区委党员协调中国青基会兰花草艺术基金向国家级贫困县青龙县捐赠价值50万元的音乐美术教育设备；朝阳区数名农工党企业家与青龙县政府相关部门座谈精准扶贫项目；京秦两地农工党组织医疗专家在青龙县中医院举办爱心义诊，服务群众200余人次；在北戴河新区举办京秦两地农工党组织助力生命健康产业发展调研座谈会。11月10日至11日，区委联合农工党北京市委、首都儿科研究所、河北省廊坊市卫生计生委、首都儿科研究所廊坊儿童医院共同举办第二十九届国际科学与和平周暨出生缺陷救助公益活动，对京冀两地各级各类医疗及相关研究机构、各级妇幼保健院、儿童医院、综合性医院儿科等相关专业技术及管理人员180多人进行专题培训。

（张胜男）

【换届工作】 7月8日至10日，农工党北京市第十三次代表大会召开。农工党朝阳区委42名党员代表参加会议。马立霜、叶昊、邢念增、曲冰、刘梅颜、张斌、陈进林、贺娟、唐国玺、黄秀虹10人当选为农工党北京市第十三届委员会委员，马立霜、邢念增、张斌当选为常委，邢念增当选为副主委，鲁建玲、弥雪、丁霞3人当选为监察委员会委员。

（张胜男）

【参政议政】 年内，在区政协十三届二次会议上，农工党朝阳区委提交《发挥优势，开拓引领，建议在朝阳区内打造首个国家级医药卫生文化创意产业园》和《建议以突出文化主题为中心，大力提升朝阳区郊野公园的建设水平》2件党派提案。主委马立霜在会上作题为《发展医药卫生文化，助力健康朝阳事业》大会发言。区委提交区政协十三届一次会议的党派提案《关于进一步加强朝阳区基层医疗卫生发展工作的建议》以及农工党界别委员提交《关于在朝阳区开展有关棕地调查研究的建议》《关于朝阳区文化产业创新实验区需要进一步升级的建议》2件个人提案获优秀提案奖。向区政协、区委统战部“文化创新添动力，疏解增绿上水平”议政会提交10篇议政建言文章。9月底，完成4篇调研报告，提交给区委统战部、区政协和农工党北京市委，分别为：《朝阳区基层医疗卫生服务能力现状及建议》《充分利用好物联网技术 大力打造健康朝阳》《关于推进朝阳区紧密型医联体的调查与建议》《关于提升朝阳区郊野公园发展理念与水平的建议》。在区委统战部调研报告评比中，1篇获二等奖，2篇获三等奖，1篇获优秀奖。向农工党北京市委和朝阳区人民政协上交3篇理论文章，其中2篇被收录在北京市和朝阳区政协理论与实践研究会文集中。关于《大力促进政协协商与政党协商有效衔接 推动社会主义协商民主迈向更高的层次》的理论文章，被评为第四届北京市人民政协理论与实践研究会优秀论文。

（张胜男）

致公党朝阳区委

【概况】 中国致公党北京市朝阳区委员会（以下简称致公党朝阳区委）有党员579人，17个支部。全年新发展党员29人。党员中有全国政协委员3人，市人大代表1人、市政协委员1人，区人大常委1人、区政协委员13人（常委4人），致公党中央委员2人（常委1人），致公党北京市委委员8人（常委3人），国土资源部特约监察专员1人，市级特约工作人员4人，区级特约工作人员7人。《加大北京市水污染治理力度，不断改善生态环境质量》《强化京津冀环境执法监督，严惩大气污染违法行为》2篇调研报告被评为市统战系统优秀调研成果二等奖。《关于朝阳区聚焦大气污染治理，强化环境执法监督》获区委统战部二类调研课题。《关于对执行救护任务的急救车免收高速公路通行费的建议》《北京新医改实施后出现的问题及相关建议》《关于遏制“假留学”获取留学生待遇现象的建议》《关于取消格林纳达护照免签入境中国待遇以弥补国家安全漏洞的建议》被评为致公党北京市委优秀社情民意信息。

地址：团结湖北五条8号

邮编：100026

电话：65094933

邮箱：zgdcyqw@126.com

（李　旭）

【“汉藏一家亲　校地共筑梦”文艺演出】 1月7日，致公党朝阳区委与朝阳区小关街道共同举办“汉藏一家亲 校地共筑梦”文艺演出，3名致公党党员参加演出。致公党朝阳区委为“北京西藏中学青少年筑梦行动计划”基金续捐5000元，用于支持学生们开展特色课外活动。致公党朝阳区委10余名党员参加活动。

（李　旭）

【组织工作】 3月11日，致公党朝阳区委在中国妇女儿童博物馆召开妇女工作委员会成立会，任命梁宝萍为妇委会主任，许丽、刘华、吕红、吴可娟为副主任，苏丽波等14人为委员。致公党朝阳区委妇委会委员和女党员代表近30人参加会议。3月14日，致公党朝阳区委召开中央美术学院支部成立会。会上宣布《致公党朝阳区委关于成立中央美术学院支部的决定》，并选举产生中央美术学院支部第一届委员会，强勇当选为支部主委，戚家海、吴蕾当选为支部委员。

（李　旭）

【“畅游清华园，共话中国梦”主题活动】 3月26日，致公党朝阳区委举办“畅游清华园，共话中国梦”主题活动，组织北京西藏中学30余名师生参观清华大学，并与清华热能系部分师生座谈交流。座谈会介绍了清华大学的历史沿革、自然及人文环境，以及“天露助学”工程近几年的发展概况和开展的主要工作。并从文化融合、个人发展及社会需求等不同角度，对西藏中学的同学们提出要求及期望。

（李　旭）

【五届三次全委（扩大）会】 4月1日，致公党朝阳区委召开五届三次全委（扩大）会，安排部署学习习近平总书记视察北京重要讲话精神和开展“不忘合作初心，继续携手前行”专题教育活动，选举出席致公党北京市委第九次代表大会代表19人，并讨论通过致公党朝阳区委成立监督委员会的决定。

（李　旭）

【调查研究】 6月7日，区政协组织城建环保委员会部分政协委员和致公党朝阳区委“大气污染治理执法监督”课题组成员，调研朝阳区高碑店乡熏皮厂村煤改电情况和北京华能电厂燃煤机组关停和燃气机组运行情况，并围绕大气污染防治工作进行交流座谈。6月15日，区政协组织城建环保委员会部分委员和致公党朝阳区委大气污染治理执法监督课题组成员开展“环境卫生管理工作”调研活动，赴青年路环卫工作站、第四清洁车辆场、环卫中心信息化指挥调度平台参观考察，并围绕朝阳区环境卫生管理工作进行座谈交流。调研组对如何进一步提高朝阳区环卫工作成效，解决存在的困难和问题进行讨论。9月14日至15日，致公党朝阳区委副主委田新民带队赴天津滨海新区调研。一行人参观滨海新区规划展览馆、天津纺织博物馆、新北街蓝卡社区卫生服务中心，并与致公党滨海新区委员会联合召开“同心京津冀 助力新发展”座谈会，听取致公党天津市滨海新区委员会副主委金盛霞关于组织建设、参政议政及社会服务情况，特别是“同心京津冀 助力新发展”实践活动情况的介绍，并围绕助力京津冀协同发展进行交流。9月24日至27日，致公党朝阳区委组织区委委员、支部委员及骨干党员近20人赴福建漳州开展“不忘合作初心，继续携手前进”学习教育活动。学员们听取漳州市委党校教授关于“谷文昌精神”和“台海形势的新思考”2场专题报告，参观爱国华侨陈嘉庚故居和纪念馆，并向位于漳州市云霄县的致公小学捐赠学习用品。

（李　旭）

【文化教育帮扶】 6月25日至27日，致公党朝阳区委组织党员赴贵州省黔西南州贞丰县开展文化教育帮扶。向贞丰教育局捐赠2100册价值126000元的画册和图书，用于支持贞丰县文化和教育事业；邀请辽宁省美协理事、辽宁博雅书画院副院长王树嘉为贞丰县中小学美术教师代表和高一、高二学生上美术课；与贞丰县相关部门负责人就贞丰县文化美育方面的帮扶需求和文创产业的打造进行座谈。11月27日至12月2日，致公党朝阳区委和首都经贸大学继续教育学院联合举办帮扶重庆酉阳教师培训班，酉阳县成教中心的34名教师参加培训。

（李　旭）

【社会服务培训班】 8月26日至27日，致公党朝阳区委举办社会服务培训班。

对2016年至2017年上半年的社会服务工作进行总结，重点就“致公天露助学工程”和“致公天露医疗工程”开展情况进行介绍。致公党中央社会服务部专家围绕社会服务工作的内涵与外延以及工作开展情况进行专题讲座。

（李　旭）

【干部培训】 9月9日，致公党朝阳区委举办社情民意信息工作培训班。介绍朝阳区政协社情民意信息工作情况，并对如何做好反映社情民意信息工作提出建议；中央统战部政策理论研究室调研员黎晓明、市政协政策研究室副主任康军分别以“做好建言献策工作 提高参政议政水平”“人民政协反映社情民意信息工作”为题进行专题讲座，介绍当前信息工作形势与任务，讲解如何搜集热点问题、如何提炼吸引人的标题、如何提出可操作性建议等问题，并介绍“十报十不报”和“六字方针”等经验。近40名致公党员参加讲座。

（李　旭）

【第一届“海归助力中国梦”论坛】 11月18日至19日，致公党朝阳区委第一届“海归助力中国梦”论坛在香山饭店举行。论坛邀请5位具有海归背景专家学者，围绕中国“一带一路”倡议实践过程、打造人民币国际地位、留学归国人员创业投资要注意的问题、创办扶植大学生就业孵化器及保护中国生物多样性等主题进行专题报告。致公党北京市委副主委顾行发出席论坛开幕式，并以海归学者身份分享“致力为公 侨海报国”的体会。市欧美同学会、中国留学人才发展基金会、区侨联，中国华夏国际人才研究院有关领导及致公党朝阳区委40名海归党员参加论坛。

（李　旭）

九三学社朝阳区委

【概况】 九三学社北京市朝阳区委员会(简称九三学社朝阳区委)下设组织部、宣传部、参政议政第一委员会、参政议政第二委员会、社会服务委员会、青年工作委员会、老龄工作委员会、妇女工作委员会、办公室9个工作机构，有支社26个。社员1226人，平均年龄56.7岁。其中，60岁以上社员占37.1%，女社员占49.4%，高级职称社员占70.2%，硕士以上学历社员占44.3%，科技界占39.2%，高教界占27%，医药卫生界占16.6%，其他界别占17.2%。有13名厅局级干部，70名县处级干部。年内，发展新社员56人，组织发展率4.8%，新社员平均年龄39.9岁。其中，高级职称占50%；研究生以上学历占80.3%，博士16人。九三学社朝阳区委连续五年组织发展人数保持在40人以上。有44人担任社市委各类专委会相关职务，其中副主委刘英杰被任命为九三学社北京市委农林委主任。年内，北京工业大学支社杜修力、朝阳科技支社范少辉获国家科技进步二等奖，5名社员为省部级重点以上学科带头人，2名社员获白求恩奖章。

地址：团结湖北五条8号205、229
邮编：100026
电话：65094932 65094059
邮箱：jiusanchaoyang@sina.com

（孙庆林）

【社会服务】 1月13日，与九三学社市委青委会联合主办“远离雾霾，关爱健康”科普讲座。3月9日、8月4日为朝阳区、贵州省贵阳市近400名儿童进行健康筛查。4月27日，向贵州省贵阳市5家医疗单位捐赠价值69600元的儿童药品。5月19日，九三学社朝阳区委社会服务委员会到芳星园中学给全体女生作“做一个优秀女性”专题讲座。6月1日，向河北省平山县北冶小学捐赠价值3万元的文具与体育用品，并与学生欢度“六一”。6月17日，社区委与朝阳区卫计委、达因药业合作，开展儿童用药安全知识进社区系列科普宣传活动。7月20日，呼家楼街道工委与九三学社朝阳区委签署共建共享协议，落实社市委《文化北京专项行动方案》。7月25日，朝阳医卫支社与崔各庄乡联合举办世界肝炎日科普宣传活动。9月29日，在东风乡紫罗兰社区举办“奥运说科普”宣讲活动。10月26日，九三学社朝阳区委组织医疗领域专家社员到潘家园街道华威北里社区开展义诊活动。年内，区委与中国科技馆支社合作，利用中国科技馆科技大讲堂的平台，面向社会举办3场科普讲座。

（孙庆林）

【优青培训】 4月12日，九三学社朝阳区委2017年优秀青年社员系列培训活动启动仪式在朝阳区规划艺术馆举行。九三学社北京市委专职副主委方炎在朝阳区政协委员活动中心作“学习九三学社历史，传承民主科学精神”讲座。4月15日至5月20日举行“优青培训”，每周六组织青年社员集中学习，邀请社内外专家，就参政议政所需要的各项能力和素质进行授课培训，学员同时就参政议政调研题目及计划进行研讨论证。

（孙庆林）

【“九三学社先贤”肖像画展】 5月9日，九三学社北京市委主办，九三学社朝阳区委承办的“九三学社先贤”肖像画展开幕式在北京工业大学人文楼举行，九三学社北京市委主委马大龙，北京工业大学党委书记谢辉，朝阳区委统战部常务副部长胡杰华，社市委副主委侯义斌、秘书长刘永泰，社朝阳区委主委张明森等领导以及来自社朝阳区委、北京工业大学支社的部分社员和北京工业大学部分师生共100余人出席开幕式。会前，与会领导一起参观北京工业大学校史馆。开幕式结束后，与会领导和嘉宾在讲解员的引导下共同参观肖像画展。

（孙庆林）

【换届工作】 年内，在九三学社北京市第十三次代表大会上，张明森、王强、苏俊武、刘英杰、杨杰、柳学信、霍超、朱良、付志锋、李强、阎军、杜修力、蔡永峰、范少辉当选为新一届社市委委员。其中，张明森、付志锋当选市委常委，任命费珉为监督委员会委员。张明森、付志峰、王辉耀、严慧英在九三学社中央第十一次全国代表大会上当选九三学社中央委员。

（孙庆林）

【参政议政】 年内，九三学社朝阳区委完成13篇调研报告。在朝阳区政协十三届一次会议上，九三学社朝阳区委提交2件党派提案。区政协委员提交个人提案26

篇。在朝阳区政协十三届二次会议上，九三学社朝阳区委提交3篇党派提案，区政协委员提交个人提案27篇。年内，九三学社朝阳区委向中共朝阳区委统战部、社市委、区政协提交信息206篇。

（孙庆林）

台盟朝阳区工委

【概况】 台湾民主自治同盟北京市委员会朝阳区工作委员会（简称台盟朝阳区工委）成立于1998年10月12日，是台盟北京市委员会派出机构。有委员7人，其中主任1人、副主任3人；有经济科技、文教医卫、退休3个支部，盟员80人。年内，发展盟员2人，转出1人，保留盟籍1人。有全国政协委员1人，市人大代表1人、市政协委员1人，朝阳区人大常委1人、区政协委员5人（常委2人），区政府特约人员4人。有新一届台盟北京市委委员6人，其中副主委1人、常委2人。年内，开展自身建设、参政议政、学习培训、对台和社会服务工作。

地址：团结湖北五条8号楼

邮编：100026

电话：65094943

邮箱：tmcygw @126.com

（徐婉利）

【盟员大会及工委（扩大）会议】 1月，召开朝阳区盟员大会。会议推选朝阳区参加台盟北京市第十一次代表大会的代表和推荐台盟北京市第十一届委员会委员人选；为盟市委开展的2016年“助梦启航”捐资助学活动捐款。2月，区工委召开五届三次工委（扩大）会议，会议对朝阳区工委2017年工作计划和工作推进表进行讨论，提出补充修改意见。将原参政议政、对台工作和宣传信息3个小组人员进行调整并增加部分盟员。同时3个小组更名为参政议政专门委员会、对台工作专门委员会和宣传信息专门委员会。根据盟员工作变动等情况调整各支部成员。7月，工委召开五届四次工委（扩大）会。会议学习和座谈中共北京市第十二次代表大会精神，总结工委上半年的工作并通报下半年工作安排，汇报工委调研课题开展情况以及参加区政协和统战部议政论文的准备情况，布置工委暑期读书班和骨干盟员培训班等相关工作。10月，工委召开五届五次工委（扩大）会议，将学习贯彻中共十九大精神和十九大报告作为区工委今后一段时期的重要工作。会议还通报新盟员发展情况，通报工委专职干部调整的相关事宜等。

（徐婉利）

【社会服务】 1月，开展“温暖一家亲”春节慰问老盟员及“助梦起航爱心捐助”捐款活动。 4月，组织退休支部盟员到密云区巨各庄镇后焦家坞村参观“统一战线服务科技助农基地示范户蔬菜基地”。组织全体盟员赴怀柔区青龙峡公益植树；在雁栖湖举办迎冬奥健步走活动。6月，组织青年盟员和驻区青年台商在延庆区妫河森林公园举办“践行环保、快乐骑行”主题拓展活动，为两岸同胞搭建交流平台。12月，在朝阳区垡头街道熙园社区举办2017年“医心益行同胞情”医师、台湾中医学生走进社区义诊咨询活动。来自北京中医药大学的台湾学生为70位居民进行义诊咨询。台盟北京市委、垡头街道办事处、朝阳区台办等有关领导出席活动。

（徐婉利）

【学习培训】 8月，台盟朝阳工委与台盟东城区委联合在顺义中家鑫园酒店举办台盟东城区委、朝阳区工委2017年暑期读书班。30余人参加培训。朝阳区统战部常务副部长胡杰华作《从中华传统文化看统战》报告。中国科学院大学资源与环境学院教授谢正观作《城市建设若干“有感”》报告。组织读书班参观顺鑫农业有限公司和鹏程食品创新食品公司。9月，台盟区工委赴江西举办“爱国爱乡，追寻先辈足迹，不忘合作初心，继续携手前行”骨干盟员主题思想教育活动。与台盟江西省筹委会进行工作交流；召开“追寻先辈足迹——章丽曼烈士追思会”，邀请江西台联会长何大欣讲述台湾的中共地下党员章丽曼烈士生平。参观南昌市八一起义纪念馆。到婺源菖蒲山革命根据地进行学习和接受革命传统教育。

（徐婉利）

【“共建共享”协议签署】 9月，台盟朝阳区工委与中共朝阳区将台地区工委在将台地区办事处签署“共建共享”合作协议。为台盟进一步履行民主党派职能、服务朝阳发展提供又一平台。标志着中共将台地区工委与台盟朝阳区工委开展友好合作的正式启动，与民主党派的合作进一步形成常态化、制度化、规范化。

（徐婉利）

【对台交流】 9月，区工委和朝阳区政协联合邀请参加台盟北京市委第十届“交流与共享”研讨会的台湾高雄、彰化地区30位基层负责人，到朝阳区麦子店街道参观农展南里社区、枣营北里社区，并与社区负责人就社区治理进行交流座谈。社区服务中心负责人为大家介绍社区居委会的具体工作和职责及社区治安的维护，台湾彰化永靖乡湳圳村基层负责人畅谈感想。

（徐婉利）

【参政议政】 年内，完成《以开墙打洞整治环境为契机，用街景文化丰富朝阳城市文化建设》《加强非遗宣传，讲好朝阳故事》《构建食品安全溯源监管平台，推进朝阳食品安全体系建设》《关于养老驿站供需服务现存问题的调研与建议》4篇调研报告。9月，在区政协和统战部联合举办的2017年议政会上作《结合城市治理，提升街景文化》大会发言。调研报告在区统战部评审中分别获得一类、二类、三类和四类报告各一篇。在台盟北京市委调研报告评选中获一等奖1篇，三等奖2篇。区政协大会提交《关于朝阳区农村城市化进程中提升社会管理水平的建议》《关于朝阳着眼三区建设，创新养老驿站模式的建议》党派提案2篇，个人提案5篇。全年报送信息44篇。

（徐婉利）

人民团体

2016
北京朝阳年鉴

朝阳区总工会

【概况】 朝阳区总工会是朝阳区工会组织的领导机关。内设办公室、财务部、组织部、代收管理部（经审办）、宣传教育部、经济技术部、权益保障部、职工服务（帮扶）中心、职工服务中心（工人文化宫）和服务业工会、高新技术产业工会、文化创意产业工会。年内，全区有建会单位6.6万家，会员75万人。打造40条“工会一条街”。成立金融、高新、文创、律师和快递业工会，落实“一统五联”党群共建机制，召开工作培训会。开展送慰问、送演出、送清凉373批次，服务会员40万人次。重大疾病和意外伤害保险各项投保23万人次，保费1181万元。全年发布宣传报道700余篇，网站总访问量284万人次，官方微信关注15万人次。推荐全国和首都先进集体和个人62个。组织246名劳模参加体检，255名劳模参加休养，200名劳模参加音乐会，为650名劳模发放春节慰问金、困难补助等251万元。全年培训职工5万人，其中农民工、农转工2万人，非公企业职工2万人，22%实现再就业。助推市总工会“在职职工助推计划”高级工173人，发放补贴17.5万元。签订集体合同3837份，其中新签订758份，覆盖企业1.9万家，职工47.1万人。职代会厂务公开建制率达97.9%。调解成功案件712件。承办市总职工鹊桥专场联谊会，开展第二届职工健步走。对62家直属基层工会和区总工会开展本级收支审计。区总工会2017获全国“安康杯”竞赛优秀组织单位、全国互助保障优秀单位、全国文明单位和全市工会年度考核第1名。

地址：日坛北街33号

邮编：100020

电话：65099160

网址：http://www.cyzgh.org

（任　梦）

【“两节送温暖”活动】 1月，对全区公安、城管、环卫、绿化、法院、检察院等节日期间重点服务保障单位的一线职工和劳动模范、困难职工等群体走访慰问。慰问一线单位14个，慰问困难职工152名，发放慰问金、慰问品71万元。慰问全国、市级劳动模范650名，发放市级、区级春节慰问金138万元，劳模生活困难补助金15万元，特殊困难帮扶金34万元。组织慰问演出6场，联合区直机关工委、区文联开展“迎新春，送祝福”活动，联合下基层为一线单位送春联、送福字、送电影票。

（任　梦）

【为职工送保障】 1月，为126个单位3.8万名工会会员赠送互助保障，保期为3年，保额最高2万元，包含15类重大疾病，即在3年内，会员首次确诊患有急性心肌梗死、白血病、恶性肿瘤等15类重大疾病的一种或多种时，可领取最高2万元互助金。赠送保期为1年、保额最高1.5万元，包含意外身故，伤残的互助保险。

（任　梦）

【工会工作会议召开】 3月31日，召开朝阳区2017年度工会工作会。市总工会党组成员、副主席张青山，区委副书记甘靖中参加会议并讲话。全区各委办局、街乡、功能区、产业工会主管领导、工会主席、副主席、工会干事400人参加。区总工会主席王文军总结2016年工作，部署2017年工作，表彰2016年度工会工作先进单位。区总工会与街乡代表签订“两个覆盖”工作责任书。甘靖中在会上提出，工会工作要提高站位，明确方向，服务发展大局；把握关键、发挥优势，开创工作新局面；改进作风，真抓实干，建设高素质工会干部队伍。

（任　梦）

【“促进就业增收、助力精准扶贫”招聘会】 4月27日，联合区人力社保局举办以“促进就业增收、助力精准扶贫”为主题的专场招聘会。闽龙集团、洛娃集团、亚太花园酒店、北京蓝调庄园文化发展有限公司等36家用工单位，涉及工种30余个，提供就业岗位1500个，有600多人参与现场招聘，135人初步达成就业意向。

（任　梦）

【基层工会主席培训】 5月24日至26日，区基层工会主席培训班在北京市工会干部学院举办，各街道、地区、功能区总工会和产业工会主席、副主席70余人参加。邀请北京市总工会干部学院专家进行授课，区总工会相关部室讲授业务课程，涵盖经费使用、招标采购办法、代收工作、职工培训等内容，有效指导工作实践。

（任　梦）

【“一统五联”工作培训会】 7月5日，区总工会、团区委、区妇联联合召开朝阳区群团组织“一统五联”工作培训会，各街乡工会主席、团（工）委书记、妇联主席，各功能区、产业工会主席，妇工委（妇委会）主任150人参加。学习传达群团改革精神和区委关于加强和改进党的群团工作的意见，部署2017年群团组织“一统五联”工作46项，主要有送慰问演出、母婴关爱室建设、女工活动、全国及首都奖状、奖章和工人先锋号推荐工作、未成年人工作、“一统五联”工作现场推进会、“一统五联”工作成果展示、“小贝壳”青少年财商教育、十九大专题培训、建立创业导师队伍、志愿者活动等。

（任　梦）

【“送清凉”活动】 8月，开展2017年夏季“送清凉”系列活动，对区内的企业、公安、卫生、环卫、检法、市政市容、建筑工地、43个街乡站所等100余家单位的“苦、脏、累、险”岗位职工进行夏季“送清凉”慰问活动。全区各级工会对近10万名一线职工送去夏季清凉。

（任　梦）

【职工体质测试】 8月1日至9月30日，开展2017年度职工体质测试工作。为全区42家工会981名持卡会员提供“检测—评价—建议—改进—跟踪”全过程免费体质测试服务，依据体测结果开具运动膳食处方，指导职工掌握合理膳食、科学锻炼的方法。

（任　梦）

【《区总工会改革方案》通过审议】 11月3日，区委召开第四十次常委会，审议通过《朝阳区总工会改革方案》。纪委书记席成坡强调要通过改革，更好地发挥工会作用，用好用足政策，规范经费使用。区委组织部部长何明建议改革中加强与各有关部门的沟通协调，与换届有机结合，换届要继续实施改革措施。区委书记吴桂英对近几年工会工作给予肯定，就改革方案中的“工会一条街”、农民工培训等工作提出意见。11月23日，区委办印发《关于印发〈区总工会改革方案〉的通知》（京朝办发〔2017〕34号）。区总工会进一步完善改革工作时间表、路线图和任务清单，推进各项改革任务的落实。

（任 梦）

【“学习十九大精神，提升智慧女性魅力”活动】 11月9日至10日，区总工会举办“学习十九大精神，提升朝阳智慧女性魅力”系列活动，通过开展学习十九大报告、职场礼仪培训、朗读诵读、茶道鉴赏和话剧赏析等活动，全面提升朝阳区女职工政治素养、形象魅力和职场竞争力。女职工近500人次参加活动。

（任 梦）

【会员服务】 年内，区总工会通过线上、线下互动，开展送慰问、送清凉、送健康、送服务项目373个批次，服务会员40万人次。坚持“一线和重点工作在哪里，工会的服务就覆盖到哪里”，在重要节日和重大活动期间，慰问困难职工、劳模、公检法、工商、国地税、环卫、环保、街乡、派出所等50余家一线单位和职工，服务首都疏功能、减人口、稳增长、治环境、惠民生等重点任务。开展职工抚慰救助、日常生活救助，为126家单位3.8万名工会会员“送保障”，年末全区会员各项互助保障投保25万人次，交纳保费1200万元。

（任 梦）

共青团朝阳区委

【概况】 共青团北京市朝阳区委员会（简称团区委）是中共北京市朝阳区委领导下、共青团北京市委指导下的一级团委。年内，全区43个街乡完成371家非公团建任务，全部录入两新组织数据库。在功能区建立“大口团工委”模式，试点成立共青团北京商务中心区（CBD）工作委员会。推动互联网等新兴领域建团，在美莱网、一直播、宜信公司建立团委直接管理。推进“共青云”系统建设，建立账号114个，有1072个团组织、1130名团干部、2925名团员。区属团员18026人，二级团组织116个，其中街道系统24个、地区系统19个、青工系统52个、非公经济组织22个。举办两期“不忘初心·重走长征路”朝阳区团干部队伍建设调训班，培训100人次。落实“1+100”驻点制度，团区委机关干部基层驻点常态化。录入团干部1513名，团干部绑定手机端1457人，绑定率96.3%，联系青年4.6万名，发布线上、线下活动1196次。开展“学习总书记讲话·做合格共青团员”教育实践活动，组织宣讲会549次，参与团员1.2万余名，撰写学习心得7300余篇。运用“青春朝阳”微信公众号推送图文消息439篇，关注量37400人。建成社区青年汇91家，43个街乡实现全覆盖。建立见习基地62家，提供见习岗位1172个，组织7628人次参与见习，签订就业协议795人，留任率30%。组织110节就业创业培训课，服务区内青年6700余人次。依托“志愿北京”平台吸收注册青年志愿组织579家，实名注册志愿者61.4万余人，朝阳区志愿者联盟及下属团体服务时长473万余小时。

地址：日坛北街33号
邮编：100020
电话：65094369
邮箱：cytqwzxb@163.com

（朱劼尧）

【青少年自护教育活动】 1月至3月，组织开展“星光自护——平安春节”青少年自护教育活动。在36个街乡、59家青年汇开设63场课程，130余学时，2500余名青少年参加活动。根据社会发展新形势、青少年学员特点等设计授课内容，课程设置注重实用性。

（朱劼尧）

【“青春朝阳”记者团成立】 2月至3月，从首都高校选拔20名政治素质好、文字能力强、工作作风实的优秀学生成立“青春朝阳”记者团，充实团区委新媒体平台宣传力量。团区委建立社团化管理机制，与共建高校团委共同负责，为成员制定培养计划，帮助青年成长成才。

（朱劼尧）

【共青团和妇联工作会议召开】 4月7日，联合区妇联在朝阳宾馆召开2017年共青团和妇联工作会议。区委副书记甘靖中、团区委及区妇联领导班子出席会议。团区委、区妇联系统的170余名主管领导及干部参加。团区委书记孔钢城、区妇联主席蒋东燕分别作工作报告，总结2016年工作，部署2017年工作。甘靖中对团区委一年的工作给予肯定，提出四点要求：统一思想认识，明确道路、坚定方向，要深入学习习近平总书记视察北京重要讲话精神，增强“四个意识”，强化思想引领；深化“一统五联”，改革攻坚、激发活力，要切实增强改革的思想自觉和行动自觉，准确把握改革的根本要求，牢固树立改革问题导向；发挥优势作用，围绕中心、服务大局，要服务发展大局，服务民生需求，促进社会和谐；加强自身建设，改进作风、真抓实干，要加强基层组织建设，改进工作作风，加强干部队伍建设。

（朱劼尧）

【共青团十二届二次全委会和一次常委会】 4月7日，共青团北京市朝阳区十二届二次全委会和十二届一次常委会在朝阳宾馆召开。审议通过递补王子惠、任丽为十二届委员，通过《2017年朝阳区共青团工作要点》。

（朱劼尧）

【“阳光梧桐——绿茵少年”成长计划启动】 4月8日，“阳光梧桐——绿茵少年”成长计划启动仪式在朝阳区新升小学启动。由团区委联合区教委、北控凤凰足球俱乐部实施，是全市首个大型专业俱乐部与区级政府层面的深度公益足球战略合作项目，为期5年。计划包括开展足球家庭观赛日、专业足球体验课、足球进社区、足球进校园等系列活动，设置专项基金，开展困难家庭青少年结对帮扶工作，通过不同形式的活动设计，最大限度服务青少年群体，力争覆盖朝阳区43个街乡11万余名5～12岁青少年，带动青少年广泛参与足球运动等体育健身运动。

（朱劼尧）

【困难家庭青少年精准帮扶项目库成立】 5月3日，“组织困难家庭青少年精准帮扶工作项目库”成立，向社会公开立项申请，通过与专家沟通、落地街乡实地调研、走访青少年等环节选定项目。成立13个项目，其中包括“青春助跑”陪伴成长计划、“点亮心灵航灯”心理支持服务项目、“筑梦青春起航”创业帮扶项目、“向阳花”困境青少年增能4个重点项目，以及“阳光梧桐——绿荫少年”成长计划、“青春助跑”系列主题参观活动、“青春助跑”两节慰问主题活动、“青春助跑”家庭电影观赏季系列活动、“青春助跑”儿童剧观赏季活动、“青春助跑”京剧赏析季活动、青联委员一对一结对帮扶、阳光伙伴日暨青少年公益汇活动、“特优生”英语在线学习计划9个项目。

（朱劼尧）

【“阳光伙伴日暨青少年公益汇”举办】 5月3日，“朝阳区阳光伙伴日暨青少年公益汇”活动在朝阳体育馆举办，团区委书记孔钢城出席活动。30余项“青少年社会组织资源需求”内容在现场通过需求墙、洽谈区发布，达成合作意向项目10余个，涵盖心理辅导、兴趣爱好、个案帮扶、就业创业等方面，计划服务青少年群体1.1万人次。

（朱劼尧）

【“不忘初心跟党走”五四青年节入团仪式】 5月4日，团区委、区团教工委联合举办“不忘初心跟党走”五四青年节入团仪式在东北师大附中朝阳学校礼堂举行。团中央学校部职业院校处副处长靳大力、团市委基层组织建设部（筹）部长郑雄、朝阳区政府副区长李国红，以及区委组织部、区教委、区总工会、团区委、区妇联、东北师大附中朝阳学校等单位领导出席活动。全区各系统约500名青少年代表参加仪式。活动以“不忘初心跟党走”主题团课开场，举行入团仪式，入团介绍人代表和新团员代表作分享感言。区各系统党团组织领导代表通过《不忘初心跟党走》短片向广大团员青年们提出希望，副区长李国红强调青年人要在奋斗中谱写青春华章。

（朱劼尧）

【全景X跨界社会工作发展创享论坛举办】 5月26日，全景X跨界社会工作发展创享论坛在区创想空间举办。中国社会工作联合会副会长兼秘书长、国家开放大学社会工作学院院长刘京出席并致辞。中国社工联、共青团中央、北京团市委、北京社工协会、区社会办、团区委、区民政局、区总工会、区妇联等相关单位负责人、社会工作学界与管理机构的专家领导、区相关社会工作机构的负责人、社会工作者、社工专业在校大学生（研究生）约400人参加活动。论坛以促进社会工作行业与人才发展，提高社会工作效能为目的，探索在新时期社会工作发展的新思路和方法。

（朱劼尧）

【综合督导工作会议召开】 6月14日，综合督导工作会议在区政府南楼会议室召开。团市委副书记郭文杰等第二督导组成员出席会议进行督导。团区委副书记郭勋就团区委开展改革攻坚、从严治团、“一学一做”“1+100”等重点工作的自查情况向团市委督导组汇报。郭文杰提出工作要求：充分认识综合督导工作意义；准确把握综合督导工作任务要求；全力推动综合督导工作落到实处。

（朱劼尧）

【众创空间调研项目完成】 6月22日，区众创空间调研项目完成。对47家众创空间进行调研，发放1500份问卷，访谈100人，完成“众创空间现状特征及机制策略研究”课题和《众创空间创业青年调研报告》。

（朱劼尧）

【共青团朝阳区代表会议召开】 7月5日，召开共青团朝阳区代表会议，来自机关、街乡、青工各系统的团员、团干部81位代表出席。会议部署朝阳区出席共青团北京市第十四次代表大会代表选举工作，通过选举办法（草案）、监票人建议名单、代表候选人名单，差额选举21名朝阳区出席共青团北京市第十四次代表大会代表以及1名团市委委托选举的代表。

（朱劼尧）

【第五届朝阳青年行走“廉之路”主题教育活动】 7月13日，联合区纪委举办“齐家治国传承致远”以优良家风助力青年成长——第五届朝阳青年行走“廉之路”主题教育活动。邀请辖区内四位德高望重的老人，通过访谈与视频的方式，与现场青年就家风家训如何助力廉政文化建设和传统家风传承的当代社会价值展开交流。区检察院干部李晓宇代表朝阳青年发出“四个一”的学习倡议。各街乡、委办局等各界青年代表100余人参加活动。

（朱劼尧）

【“儿童暑期成长营地”开展】 7月17日至8月4日，联合区民族宗教办公室、区科学技术协会及多家专业青少年教育机构在6家社区青年汇开展儿童暑期成长营地项目，120名3至6年级小学生参与。课程包含课业百分百、星光自护课堂、核心素养提升营、运动健康、创新部落五大课程体系，引入多家机构的品牌课程，配以专业化、科学化的营地管理模式，班主任全程陪伴，使参加成长营的青少年有所收获。

（朱劼尧）

【新青年学堂——职场加油站】 7月，启动新青年学堂——职场加油站（GAS）项目。面向职场新青年和应届大学毕业生，采取“社区青年汇线下教学+线上网络平台直播”相结合的授课形式，为青年提供职场素质提升、职场心理疏导、业务技能知识等核心课程，引导职场新青年践行社会主义核心价值观。年内，在全区社区青年汇开设授课站点15个，开展课程100余节，覆盖青年3000余人，直接服务职场青年和应届大学毕业生2000余人次。

（朱劼尧）

【“不忘初心 重走长征路”团干部队伍建设调训班】 8月21日至9月1日，联合贵州省团校举办两期“不忘初心 重走长征路”朝阳区团干部队伍建设调训班，团区委委员、机关干部，各街乡、青工、非公系统团干部88人参加。培训课程包括贵州省情介绍、大数据与共青团、长征历史等专题讲座，开展到“息烽”集中营缅怀先烈、到遵义会议会址重温党史等实地教学。

（朱劼尧）

【预防青少年违法犯罪暨未成年人保护工作会】 9月7日，召开2017年预防青少年违法犯罪暨未成年人保护工作会，团市委副书记王洪涛、副区长李国红、团市委权益部部长乔学慧、团区委副书记郭勋出席。区预防青少年违法犯罪专项组、未成年人保护委员会成员单位主管领导、科室负责人以及部分社工事务所负责人140余人参加会议。郭勋总结2016年工作，部署2017年朝阳区预防青少年违法犯罪和未成年人保护工作。

（朱劼尧）

【小微创投社会服务】 9月至12月，启动2017年度“小微创投”社会服务项目，面向全区社区青年汇征集项目。通过专业评审，完善并支持17个能够精准服务青年需求、解决青年问题、服务方案专业有效的社会服务项目，服务1700余名区域青年成长成才。

（朱劼尧）

【大学生社会实践调研】 年内，与北京大学、清华大学、北京工业大学团委联合开展大学生社会实践调研活动。组建由98名青年学生组成的17支调研团队，形成17篇近30万字的调研报告。其中，涉及共青团人才队伍建设的论文1篇，各类青年群体研究论文9篇，区情发展特色研究论文7篇。评审出6个优秀论文成果奖，11个优秀团队参与奖，6个优秀指导教师奖，3个区校共建合作奖。团区委邀请区人大代表、区妇联副主席李革非，市人大代表、金盏乡东窑村党总支书记张健对优秀论文进行现场点评，择优推荐论文成果作为提案上交区“两会”，为学生们搭建参与社会治理的平台。

（朱劼尧）

【朝阳青年大讲堂】 年内，举办8期“朝阳青年大讲堂”，分别以“不忘初心跟党走 做合格共青团员”“政务新媒体的运营策略与创新实践”“学习贯彻总书记视察北京重要讲话精神与首都发展新实践”“共青团高校理论调研培训”“朝阳区区情及未来发展规划介绍”“合适成年人工作培训”“朝阳青年自护自救与职场应急”“朝阳区2017年兼职法治副校长培训”为主题，邀请专家学者开设专题讲座，服务青年600余人。

（朱劼尧）

【“青春朝阳”微信公众号建设】 年内，加强“青春朝阳”微信公众号建设，推出微信文章439篇，其中155篇文章阅读量上千，9篇文章阅读量过万，累计关注量3.74万人。

（朱劼尧）

【五大青年行动】 年内，配合团市委开展清洁空气、节水护水、垃圾分类、文明出行、背街小巷“五大青年行动”，推动志愿服务进社区，吸引57家社会单位参与。成立14个社区志愿服务队，大屯街道被选为试点社区。

（朱劼尧）

【兼职法治副校长选聘】 年内，开展中小学和法治副校长摸底排查工作，完成资料查询、工作部署、初步配备、召开协调会等工作，为全区340所中小学校及中等职业学校选聘来自公检法、防范办四家单位的309位法治副校长。根据综合考核内容，以加强青少年法治教育、提升法治副校长开展法治教育的能力和水平为目标，邀请中国政法大学教授马皑，开展以《从法律心理学的角度看青少年的成长发展》为题的2017年兼职法治副校长培训，来自区公安分局、区检察院、区法院的100人参加培训。

（朱劼尧）

【社区青年汇专职社工知行力培训】 年内，开展社区青年汇专职社工知行力培训。开设集中训练营两期，以社工文化胜任力自我觉察、心理调适解压、未来规划等为主题，370人次参与。开展项目管理专项培训两期，邀请专业讲师讲授国内外最新社会工作理论研究成果，在实践中探索本土化的社会工作方法。培训以“课堂+实地演练”相结合的方式，通过6个全天课堂培训、每周半天的分组实地督导、全程微信群辅导和作业点评实施，15名社区青年汇专职社工及督导全程参与。

（朱劼尧）

【“小贝壳”青少年财商教育】 年内，开展“小贝壳”青少年财商教育——金融理念启蒙公益项目，引导青少年学习储蓄、消费知识，覆盖区内10家社区青年汇，服务青年1113人次。

（朱劼尧）

朝阳区妇女联合会

【概况】 朝阳区妇女联合会是中共朝阳区委领导下、北京市妇联指导下的群众组织，是党和政府联系妇女群众的桥梁和纽带。年内，深入贯彻落实中共十九大精神，结合朝阳区实际，以“回归家庭、巾帼创业、妇女维权、关爱帮扶”为主线，以“部门联动、主动服务”为抓手，以“改革创新、智慧妇联”为支撑，以“更好地服务妇女群众，发挥党的桥梁纽带作用”为目标，积极推进妇联各项工作，涌现出一批全国、市级先进集体和先进个人。区卫计委卫生监督所被评为全国巾帼文明岗，3人获全国巾帼建功标兵称号，1人获全国“三八”红旗手称号，15个集体被授予北京市“三八”红旗集体，25人被授予北京市“三八”红旗奖章，还有全国最美家庭1户，首都最美家庭29户。区妇联机关现设5个部室1个中心，即：办公室、组联部、事业发展部、维权部、妇女儿童工作委员会办公室（内设科室）、朝阳区妇女发展服务中心。

地址：日坛北街33号
邮编：100020
电话：65099407
邮箱：chaoyang@bjwomen.gov.cn

（常　君）

【区妇联常委、执委会议】 3月31日，召开第十三届第二次常委、执委会，区妇联主席、副主席及执委参加会议，区妇联干部列席会议。区妇联党组书记、主席蒋东燕传达市妇联改革精神，代表执委会做《坚定政治方向积极探索实践 奋力开创妇联改革发展新局面》的工作报告，总结区妇联2016年工作，部署2017年工作任务，审议通过《朝阳区妇联工作报告（审议稿）》《关于落实朝阳区妇女代表大会代表联系制度的实施办法（审议稿）》及《朝阳区妇联慰问困难妇女儿童资金管理办法（试行）（审议稿）》。部署落实代表联系制等相关工作。

（常　君）

【“三八”妇女节系列活动】 3月，举办“巾帼心向党，喜迎十九大”征文演讲、“美丽绽放的五年•女性成长故事会”等活动，团结动员全区各行业妇女岗位建功。举办“最美家庭”舞台剧演出、“‘静美其家’纪念建军90周年 弘扬红色家风品读会”、妇女儿童公益服务项目资源对接会、女性专场招聘会等，联合其他群团部门共同服务妇女干部群众。

（常　君）

【朝阳巧娘品牌打造项目实施】 4月29日至5月2日，举办艺术北京——朝阳区巧娘作品展览，为区域内从事传统手工艺、现代设计的女性从业人员搭建展示和文化交流平台。年内，举办350节巧娘手工技能培训课。

（常　君）

【家庭文明建设】 5月21日，举办“益家乐美 善行朝阳”第六届家庭文化节启动仪式暨朝阳区“最美家庭”揭晓活动，以认领“微心愿”等方式，使最美家庭和困难家庭结对子，建立长期帮扶关系。活动有360组家庭参加，现场捐献430个爱心包裹，261个困境儿童和单亲特困母亲的“微愿望”被认领。年内，实施寻找“最美家庭”百千万工程，推选区级“最美家庭”190户，推荐首都最美家庭29户。

（常　君）

【儿童教育】 5月，举办第十三届健康宝宝大赛暨儿童家庭才艺秀活动、暑期青少年升旗手训练营、“皮皮鲁送你100条命”儿童安全教育项目、“梧桐小剧场训练营”项目等，将家庭教育服务送到基层。

（常　君）

【精准扶贫结对帮扶活动】 6月14日，参与精准扶贫促成区妇女儿童公益慈善促进会与延庆区张山营镇胡家营村结对子，建立全市首家村庄社工服务站和乡贤服务中心。动员北京市女企业家协会、北京萤火虫爱心公益基金会、智惠乡村发展中心、北京儒珍国学院、莱格格等单位与村庄签订共建帮扶协议。

（常　君）

【“巾帼在行动”妇女维权活动】 6月，以“6·26”国际禁毒日等节点为契机，以社区（村）妇女之家、姐妹驿站为阵地，利用广播、电视、报纸等传统媒体和微博、微信等新媒体，开展普法宣传活动。在各街乡、社区，通过发放《反家庭暴力法简明读本》《朝阳区妇联普法宣传》《妇女法律援助服务手册》《中华人民共和国妇女儿童权益保护法》等宣传材料，现场法律咨询、邀请专业律师开展专题法律讲座、举办法律知识竞赛等形式，对妇女群众关心的劳动就业、婚姻家庭、离婚财产分割、家庭房产继承、遭受家庭暴力等相关内容，以及民事诉讼庭审程序、缴纳诉讼费等进行宣传讲解，提升妇女群众通过法律途径维护自身权益的意识，使她们能知法、懂法、守法、用法。年内，区妇联系统开展普法讲座544场，面对面现场咨询614场，各类普法宣传活动1567场，覆盖妇女群众72468人。

（常　君）

【整合资源慰问环卫女工】 6月，举办“迎七一 党群心连心”慰问环卫女工活动，区妇女儿童公益慈善促进会会员单位参与，力所能及地为环卫工人“送清凉”（包括消暑物品300份、衣物100件、毛巾100条）。朝阳区智耘弘善社工事务所、萤火虫基金会等单位邀请国声京剧团的演员为环卫工人送来《智斗》《红灯记》等剧目的精彩演出。

（常　君）

【区域化妇联组织建设】 7月5日，通过区妇联《关于做好2017年街乡妇女联合会换届选举工作的意见（征求意见稿）》。7月至9月，区妇联组建7个督导组，领导班子成员分片出席协作组单位妇女代表大会，区妇联干部全程督导街乡妇联换届工作，确保换届工作按要求落实，程序合法合规。年内，43个街乡妇联全部完成换届选举工作。

（常　君）

【处级女干部培训班】 7月，举办全区处级女干部、妇联执委培训班。近70名处级女领导干部、妇联执委参加培训。处级女领导干部培训班为期3天，培训内容涵盖政治理论、女性领导力、女性素质提升等课程，具有针对性和实效性，并组织学员赴阿里巴巴北京总部进行互联网+引领社会新变革的现场教学，网络学习市十二次党代会精神解读内容。

（常　君）

【暑期夏令营活动】 7月，区妇联于暑期开展青少年升旗手训练营活动。面向朝阳区优秀家庭和美德少年，以“培养爱国情感，提升综合素养，塑造形体气质，磨炼毅力意志，养成良好习惯”为培训理念，开展升旗仪式训练、传统文化课程、训练心得分享、观看升旗仪式等培训内容，为期7天的培训磨炼青少年的意志品格，提升他们的爱国主义情怀。

（常　君）

【新任妇联主席培训班】 9月，举办新任妇联主席培训班，总结街乡妇联换届工作并围绕基层组织建设、新媒体宣传、家庭工作等提升妇女工作方面内容进行业务培训，各街乡妇联主席、专兼职副主席144人参加。

（常　君）

【主题教育实践活动】 年内，区妇联开展“绘制我家根脉图”活动，面向朝阳区所有公立小学，内容突出家规家训和家教故事的传承。活动收到100多所小学报送的4200幅作品，经专家评审推选出“四个一百”优秀作品，即100幅好作品、100幅好家谱、100条好家训、100个好故事。通过“绘制我家根脉图”拓展传播项目，依托社区和学校开展分享活动，由根脉图活动中获奖的孩子与其他孩子分享家风家训故事，吸引年轻家庭参与到弘扬良好家风家训的活动中来，扩大活动的覆盖面和社会影响力。

（常　君）

【创新服务做妇女群众的贴心人】 年内，发挥“12338”热线、女律师爱心工作室、巾帼亲情服务队作用，做好婚姻家庭纠纷的预防和化解工作。推进反家庭暴力庇护机制建设，为2名受暴妇女提供救助服务。开展“温暖康乃馨”“寸草报晖”慰问活动，为1252户单亲特困母亲和2006户女性低收入家庭送去慰问金130余万元，实施“爱•照角落”服务项目、两癌患病特困女性抗逆力提升项目，走访慰问153名两癌患病特困女性，发放救助金18万元、慰问品100份。

（常　君）

【朝阳区家庭教育五年规划方案制定】 年内，联合区教委、区文明办等13个部门，经多次征求意见和研讨，于12月16日研究制定完成《北京市朝阳区关于落实〈北京市关于指导推进家庭教育五年规划（2016—2020年）〉的实施意见》，明确家庭教育工作的职责任务，促进家庭教育工作均衡发展，建立适应儿童健康成长的家庭和社会环境。

（常　君）

朝阳区科学技术协会

【概况】 北京市朝阳区科学技术协会（简称区科协）下属12个区属学会、2个协会、43个街乡科协、33个企业科协（年内新成立13个）。有1个朝阳区院士专家服务中心和6个企业院士专家工作站（年内新成立1个）。区科协发挥智库资源优势，出版《朝阳科技参考》杂志，举办“朝阳区院士专家进企业”系列活动。主办科普之夏、科技周、首个“全国科技工作者日”等系列活动。开展“科教进社区”“三下乡”“走进科技殿堂，共享文明生活”和“红领巾公园科普游园会”等品牌科普活动。全面推广“科学+”客户端，在“朝闻道”微信公众号上开设“科普朝阳”专栏。举办区第十三届青少年机器人大赛和第二届北京市朝阳区中小学师生野生（户外）动植物摄影作品征集评选活动，组织中小学生参加全国和北京市各类科技赛事。建设首家园区科技工作者之家，开展服务科技工作者建家交友系列活动，凝聚科技人才。年内，区科协获中国科协颁发的2017年全国科普日优秀组织奖。

地址：日坛北街33号

邮编：100020

电话：65099727

邮箱：cykp2017@126.com

（赵　早）

【“三下乡”活动】 1月11日，与区委宣传部、区文明办、区农委等全民科学素质成员单位在金盏乡东窑村文化服务中心举办文化、卫生、科技“三下乡”集中示范活动。区科协设计“身边的科学节”科普体验活动，参加活动的居民、农民现场学习疏通下水道的有效办法和制作节能环保加湿器的妙招，观看人形机器人表演。区科协向乡政府赠送科普资料、健康读物和反邪教宣传挂图等资料。

（赵　早）

【第十三届青少年机器人大赛】 2月25日，由区科协和区教委主办的朝阳区第十三届青少年机器人大赛在北京市和平街第一中学朝来校区举行，43所学校和校外青少年科技教育机构的近500名学生参加竞赛。大赛分为小学组、初中组和高中组3个组别，机器人综合技能挑战赛、FLL机器人工程挑战赛、VEX机器人工程挑战赛、WER工程创新挑战赛和ASC机器人能力挑战赛5个比赛项目。北京市陈经纶中学分校、北京市和平街第一中学和北京市陈经纶中学嘉铭分校等10所学校分别获得5个项目、3个组别的15个冠军。

（赵　早）

【走近中国工程院活动】 3月3日，区科协组织北京市和平街第一中学30名学生参加以“弘扬雷锋精神·立志成才报效祖国”为主题的走进中国工程院活动。师生们观看《天命》专题片，聆听金属材料领域的权威专家、中国工程院院士赵振业《我爱科学我要创新——70年梦与实》的专题报告，观看中国工程科技成就展、院士展、节能示范楼等。

（赵　早）

【北京青少年机器人竞赛获19个奖项】 3月17日至19日，朝阳区代表队参加在北京工商大学举办的第十七届北京青少年机器人竞赛。朝阳区代表队获得一等奖8个、二等奖8个和三等奖3个，北京市和平街一中张岩老师获“十佳教练员”称号，朝阳区青少年活动中心获“优秀组织单位”，北京市第八十中学被授予首批“北京市机器人教育基地”。北京市陈经纶中学分校VEX冠军队代表北京队参加2017年7月份在广东举行的第十七届中国青少年机器人竞赛，获得2枚金牌。

（赵　早）

【北京青少年科技创新大赛获55个奖项】 3月23日至26日，朝阳区代表队参加由北京市科学技术协会、北京市教育委员会、北京市科学技术委员会、北京市知识产权局、北京市怀柔区人民政府联合主办的第37届北京青少年科技创新大赛。大赛以“发现 创新 责任”为主题，有来自美国、澳大利亚、捷克、丹麦、以色列、马来西亚、俄罗斯、韩国等11个国家以及中国澳门、台湾地区的15支代表队参加，包括封闭答辩与评审、公开展示与交流、科普报告会、圆桌峰会、中外教师论坛、高校参观体验等活动。朝阳区代表队有21个项目入围决赛，获得学生优秀科技项目一等奖11项、二等奖37项、专项奖7项。北京市第八十中学袁若为获得北京青少年科技创新“市长奖”，朝阳区青少年活动中心教师王芳、高旸获得“十佳科技辅导员”称号。

（赵　早）

【机器人世界锦标赛获2个冠军】 4月19日至24日，北京市陈经纶中学分校代表队、北京工业大学附属中学代表队参加2016—2017VEX机器人世界锦标赛。来自世界各地的1400余支代表队参赛。陈经纶中学分校代表队、北京工业大学附属中学代表队分获2016—2017VEX机器人世界锦标赛初中组、高中组总冠军。

（赵　早）

【2017朝阳科技周活动】 5月21日至27日，区科协与区科委等单位共同举办2017朝阳科技周系列活动。活动包括“科普的魅力之科技零距离”走进社区科普活动、“少年创客·玩转科学”创客探究体验活动、“绿色朝阳从我做起”节能环保公益科普活动、2017年朝阳区“全国科技者工作日”活动等内容，受众超过2000人次。

（赵　早）

【“全国科技者工作日”系列活动】 5月26日，区科协、区科委与中关村科技园区朝阳园管委会在望京科技创业园联合举办朝阳区“全国科技工作者”大型主题活动，庆祝首个“全国科技工作者日”。活动以“创新报国、拼搏奉献”为主题，包括为新成立的12家企业科协授牌、科技讲座、前沿科技分享演讲、创意市集以及科技工作者交友等活动，近千人参与。

（赵　早）

【第十七届红领巾科普游园会】 6月3日至4日，由区科协、区教委、六里屯街道主办，区学生活动管理中心、红领巾公园承办的“第十七届红领巾科普游园会暨2017年‘六一’科普玩具欢乐汇”活动在红领巾公园举办。游园会以“又学习·又玩耍”为主题，分为“科普体验区”“书法绘画体验区”“安全体验区”“生态文明体验区”“传统文化体验区”“户外体验区”六大活动区，通过科普知识展示及互动体验、讲解、科普讲座等形式，宣传科普知识，参与观众3.9万人次。

（赵 早）

【“科学嗨翻天”暑期活动】 6月30日至8月30日，区科协举办2017年朝阳区“科学嗨翻天”暑期成长营项目，实现科学教育进社区，为社区孩子们送上生动有趣的科学主题课堂。通过动手制作平衡车、VR眼镜、声控机器人和科技万花筒等项目，启发和培养儿童的创新思维和创新能力，活动在全区30多个街乡组织近百堂科普创意体验课。

（赵 早）

【中小学师生野生（户外）动植物摄影作品征集评选活动】 6月，向全区中小学发出开展“中小学师生野生（户外）动植物摄影作品征集评选活动”的通知，9月25日区级征稿截止，征集到学生作品368件，教师作品82件，组委会进行初评。10月25日，专家评委按照通知中规定的奖项比例初步确定作品的一、二、三等奖，并从初评一等奖全部加二等奖部分作品中，推荐出63件学生作品入围复评答辩环节。11月26日，根据复评答辩专家给出的建议，推荐复评答辩环节的作品初评等次有升有降，专家建议对表现优异的学生给予奖项升级（多升级少降级）。最终评审结果为学生作品一等奖51名、二等奖42名、三等奖201名，教师组作品一等奖12名、二等奖19名、三等奖22名。

（赵 早）

【科普人员培训班】 7月12日，区科协举办2017年科普人员培训班，43个街乡的科普主管领导和科普工作人员参加培训。区科协主席杨绍磊传达全国科技创新大会、北京市科协九大的会议精神，部署科协下半年的工作。中国科普研究所科普理论研究室副主任高宏斌、万华镜科学馆馆长迟玉丽分别以“科普在中国·科普在社区”“如何在社区策划和开展科普活动”为题授课。

（赵 早）

【海归项目专场推荐会】 7月14日，区科协举办“2017海归科创领袖研讨会暨海归项目专场推荐会”。北京海归孵化器科协主席做“青藤计划”主旨演讲。握握CEO与昭爱乐养CEO分别介绍创业经验，聚石资本创始人、首农集团三元创投执行总裁、中国企业投资本副总经理、中国侨联中侨信APP总经理等7位嘉宾，围绕“科技创新如何逐鹿众创时代”主题展开圆桌对话，12个项目现场进行路演。海归孵化器科协与握握、勃肯特机器人、帕克特全自动采血流水线、昭爱乐养及深知无限智能的项目团队签署投资意向书。

（赵 早）

【2017年全国科普日朝阳区活动】 9月16日至18日，区科协在红领巾公园举办“创新驱动发展，科学破除愚昧”2017年全国科普日朝阳区主场活动。活动分“科学实验”“走进机器人”企业创新聚汇、VR探索科学奥妙、科普电影、科普阅读、陶瓷工艺制作体验和听力健康展区，近万名群众参与体验，感受科技魅力。9月23日，区科协在东坝郊野公园组织2017年全国科普日东坝分会场活动。通过科学秀表演、前沿科技成果展示、科技互动体验、科普宣传展示等形式，向东坝地区百姓奉献一场“科普大餐”。

（赵 早）

【“海洋科普进将台”活动】 9月24日至25日，区科协联合中国船舶重工集团公司第七一四研究所，在将台乡驼房营文化活动中心举办主题为“海洋科普进将台·同心共筑强国梦”的军事科普展览。活动包含探索海洋奥秘、发展海洋经济和维护海洋权益三个板块，通过图文展板、仿真模型及互动体验展项，引导社区居民关注海洋国土、海洋国防、海洋装备和海洋科技，树立海洋国土意识。

（赵 早）

【海归科技工作者双创校园行暨科技成果交流展】 9月29日，区科协在北京服装学院举办朝阳区海归科技工作者双创校园行暨科技成果交流展。30位海归、青年教师、在校大学生创业项目代表与海归创新企业科技工作者100余人，交流探讨“人工智能”及“互联网＋”两大领域的创新成果，促进朝阳区更多的创新创业项目对接落地。

（赵 早）

【“军事科普进校园”活动】 11月15日和12月23日，朝阳区“军事科普进校园”系列活动走进北京市第八十中学、陈经纶中学和垂杨柳中心小学，活动包括科学表演、科技展示、互动体验、创客工坊、科学实验和科普讲座，普及军事科技，弘扬军队优良传统，激发在校师生的爱国强军热情。

（赵 早）

【国创产业园科技工作者之家健康咨询活动】 11月25日，由区科协主办，国创产业园协办、华夏家庭网承办的“2017国创产业园科技工作者之家健康咨询活动”在国创产业园举办。邀请中西医结合治疗理念大师刘汉周就如何保持身心健康、预防高血压、颈椎病等亚健康疾病做主旨演讲，北京中医药大学副主任医师李并、国家级主治医师李萍、发明“胃迪丸”获得两项国家专利的副主任医师薛德彦为园区科技工作者做健康咨询、现场义诊。

（赵 早）

【第36届朝阳区学生科技节】 12月23日至24日，由区教委和区科协等单位联合主办的第36届朝阳区学生科技节暨首届“朝英”学生科技社团专场展示活动在陈经纶中学高中部举办。参与展示的29个社团都是从2016年首批“朝英”学生科技社团中选拔出的特色社团。活动按照不同主题分为模型社团综合展区、机器人社团综合展区、生命科学社团综合展区、电子与信息社团综合展区、天文社团综合展区、地球与环境社团综合展区、学生科技社团综合展区7个展区，每个展区除静态展区外，还设计互动交流项目。1600余名来自朝阳区各中小学的科技主管领导、教师及学生参加观摩互动。

（赵 早）

【第14届青少年机器人竞赛】 12月24日，由区科协、区教委联合主办的“北京市朝阳区第14届青少年机器人竞赛”在清华附中朝阳学校举行，185支代表队、625名中小学生、101名教练员参加大赛。本届赛事包括机器人综合技能比赛、机器人创意比赛、FLL机器人工程挑战赛、VEX机器人工程挑战赛、WER工程创新赛、机器人智能工程挑战赛6个竞赛项目，每个项目分为小学、初中、高中三个组别。来自首都师范大学附属朝阳实验小学、北京市陈经纶中学分校和朝阳区青少年活动中心等10所学校和校外机构的23支队伍，获得晋级参加第18届北京青少年机器人竞赛资格。

（赵 早）

【科教进社区】 年内，区科协组织科教进社区活动，24个资源单位与30个街乡的100个社区结对子，开展106场活动。通过科普讲座、互动体验、技能传授等方式，为社区居民宣传养生保健、应急避险、职能生活、非遗传承等科普知识。

（赵 早）

【14家企业成立科协】 年内，区科协批复北京海归创亿科技孵化器有限公司、

北京本农科技发展有限公司、华润紫竹药业有限公司、北京东方国信科技股份有限公司、北京市燃气集团研究院、北京宜通华瑞科技有限公司、北京华大九天软件有限公司、中商惠民（北京）电子商务有限公司、北京中天荣泰科技发展有限公司、北控水务（中国）投资有限公司、北京中京苑医学科学研究院北京恒安中医院、北京华创智丰科技有限公司、北京市排水检测总站有限公司、北京中研万康中医医院有限责任公司14家企业成立科协组织。

（赵 早）

【主题科普活动】 年内，区科协开展“走进科技殿堂、共享文明生活”主题科普活动。组织43个街乡、科技企业职员、区农工党委员、区侨联委员、公务员、中小学生等3000余人走进中国科技馆、中国电影博物馆、国家动物博物馆等科普教育基地参观体验。

（赵 早）

朝阳区归国华侨联合会

【概况】 朝阳区归国华侨联合会（简称区侨联）是在中共朝阳区委直接领导下，由朝阳区归侨侨眷组成的人民团体，是党和政府联系广大归侨、侨眷和海外侨胞的桥梁和纽带；是北京市归国华侨联合会的团体会员。基本职能是“服务经济发展、依法维护侨益、拓展海外联谊、参政议政、弘扬中华文化、参与社会建设”。朝阳区侨联成立于1985年7月，第七届委员会由2016年7月6日朝阳区第七次归侨侨眷代表大会选举产生。经过32年的发展，建成街道侨联组织24家、乡侨联组织1家，商务楼宇和商务楼宇群侨联组织2家，社区侨联组织16家，打造街道系统全覆盖、农村地区和企业楼宇有组织的基本服务网络，建成区—街乡—社区三级组织体系。20年内，区侨联以大事为引领，按照区委“疏解、增绿、上水平”要求，紧紧围绕“建设三区，建成‘小康’”目标，通过党建带侨建，不断加强自身建设，提升六项职能履职能力。

地址：团结湖北五条8号院

邮编：100026

电话：65094371

邮箱：chaoyangqiaolian@163.com

（杨粤宁）

【朝阳侨青文化沙龙系列活动】 1月7日，“弘扬东方文化，感受设计之美暨2017年朝阳侨青文化沙龙启动仪式”在国创产业园举行。活动由区侨联主办，区妇联、团区委协办，国创产业园承办。北京市侨联、市华商会、市女企业家协会、朝阳区海外学人中心、来广营乡等单位领导出席仪式。第一讲以“弘扬东方文化、感受设计之美”为主题，由中国十佳设计师、北京服装学院副教授孙雪飞讲授如何在服装设计上将东方传统设计文化与现代时尚相结合，使传统设计更能适应现代生活方式。2月18日，由北京海归协会、区侨联、朝阳留联会与建外街道工委办事处联合主办，以“青春好时光，不当单身汪，‘侨’你入眼”为主题的第二期朝阳区侨青文化沙龙系列活动在朗园vintage举办。吸引侨界单身人士、具有海外留学、工作经历的海归单身青年120余人参加，活动为侨界青年朋友们提供释放自我、扩大社交、丰富业余生活的平台，促成多对男女牵手成功。5月6日，由区侨联主办，国创产业园、国创书院承办，以“中国书法的魅力与鉴赏”为主题的第三期侨青文化沙龙系列活动在国创产业园国创书院举行。区侨联主席曾旭、国创产业园总经理孔繁佳、国创书院院长梁新颖，以及朝阳区的新侨、老侨代表出席活动。梁新颖为学员展示不同时代和不同风格的书法作品，详细讲解书法练习的基本功和书写技巧，帮助提升侨界青年群体对中国传统文化的认知，激发创新创业灵感，加强交流合作。11月11日，由区侨联主办、国创产业园承办的“侨青文化系列沙龙之四——领略岩画魅力，开启宁夏记忆”活动于国创产业园国创书院举办。活动展现中国古代传统岩画艺术与现代绘画艺术相结合的“中国印象岩画”艺术的创新成果，由大师张学智现场教授岩画的基本元素与结构风格，领略这一独特艺术的魅力。

（杨粤宁）

【侨界新春书画送福活动】 1月10日，由中国侨联直属机关党委与区侨联联合中直机关书画协会、中国侨联机关书画协会、中央电视台书画院、北京工业大学侨联、团结湖街道办事处以及侨网文化传媒（北京）有限公司共同举办的“迎新春·送吉祥·福到侨家”——2017年侨界新春书画送福活动在团结湖街道文化活动中心举行。中国侨联及其直属机关党委、北京市领导李昭玲、李杰、林美龄，中直机关书画协会副主席张瑞祥、中央电视台书画院秘书长曹志明，朝阳区委常委、区委统战部部长、区直机关工委书记黄晓伟与出席领导和书法家进行座谈交流。书法家及书法爱好者为现场侨界群众书写春联和福字，作品在区侨联的两节送温暖活动中送到全区侨界群众家中。

（杨粤宁）

【书画摄影学习班】 2月23日，区侨联在望京为民服务中心举办“2016年书画、摄影学习班”结业仪式，现场展示学习成果。书画班在册学员27人、摄影班在册学员24人，展出书画作品近100幅、摄影作品近50幅。区侨联党组书记、主席曾旭，区诗书画研究会副会长杨建平、办公室主任王芳，区摄影协会秘书长孟叶，望京街道组织科科长白乃白，书画、摄影班讲师和学员、基层侨联主席和骨干委员参加仪式。

（杨粤宁）

【中国传统手工与时尚展示专场活动】 3月22日，由区侨联、中国人民大学艺术院设计系联合举办的中国传统手工与时尚展示专场活动在中国人民大学艺术美术馆举行。活动缘起于侨界慈善家李惠贞的善举和侨界人士郑晓红的情怀和灵感，围绕民族文化这个主题展开，以苗族传统背扇技艺为基础，与现代时尚艺术相结合，体现中国传统手工与现代时尚的艺术之美，是区侨联响应中央《关于实施中华优秀传统文化传承发展工程的意见》精神，履行侨联组织“弘扬中华文化”重要职能的尝试。

（杨粤宁）

【区侨情侨史研修班举办】 4月7日至14日，由中国侨联干部培训中心、朝阳区委组织部、区委统战部、区政协港澳台侨委、区侨联、五邑大学联合举办的2017年北京市朝阳区侨情侨史干部研修班完成各项学习任务。研修班采取现场教学与课堂授课相结合的方式，将侨乡文化通过感官体验植入的形式，以理论结合实践，深入了解和感受侨情侨史，培养对侨感情，坚定为侨服务理念，学习侨务知识，涉及侨情侨史、侨乡文化、经济转型、深化改革等课程。区侨联委员、各涉侨部门、各功能区、各街乡的侨务主管领导、干部、侨联主席58人参加研修班。

（杨粤宁）

【朝阳侨界倡议发布】 6月15日，区侨联召开七届三次全委(扩大)会议暨朝阳侨界倡议发布会。中国侨联组织人事部副部长赵珊珊，北京市侨联党组成员、秘书长李登新，区委常委、区委统战部部长、区直机关工委书记黄晓伟等领导及区侨联委员、港澳及海外顾问、特聘专家、青年委员、区留联会委员、侨界代表人士、基层侨联主席等120余人出席。会议以“聚焦‘一带一路’服务区域发展”为主题，发布《北京市朝阳区侨界联合倡议书》，提出积极融入当地社会，了解和尊重当地风俗习惯和宗教信仰，遵纪守法、诚实守信，自觉营造和维护和谐融洽氛围；加强合作共赢，共享机遇，共迎挑战，团结互助，携手共进；积极牵线搭桥，请进来、走出去，发挥广大华侨华人“融贯中外”优势；勇于开拓创新，敢想、敢做、敢拼、敢赢；讲好“中国故事”，弘扬中华优秀文化、展示文明友好形象，积极参与公益事业，履行社会责任；保护生态环境，倡导环保节约、共同推进绿色、可持续发展。

（杨粤宁）

【“亲情中华·友好朝阳（北京）”夏令营开营】 7月21日至8月1日，“亲情中华·友好朝阳（北京）”夏令营在京举办，来自美国、葡萄牙等国家的30余名华裔青少年参加夏令营。营员们参加系统的汉语培训和丰富的国学体验课程、探访最具北京特色的名胜古迹，与朝阳和怀柔中学生进行友好交流。结合“中华文化+奥运”活动主题，参观奥运场馆，亲身体验冬奥运动项目——冰壶。

（杨粤宁）

【委员（扩大）培训讲座】 8月31日，区侨联联合和平街街道党工委、办事处主办，和平街街道侨联具体实施，举办以“首都北京未来发展和雄安新区建设意义”为题的委员（扩大）培训讲座。讲座邀请首都经济贸易大学城市经济与公共管理学院教授、区域经济学博士生导师、京津冀大数据研究中心主任、京津冀蓝皮书主编、京津冀协同发展研究基地专家委员会秘书长祝尔娟主讲，从首都未来发展、京津冀协同新进展、河北雄安新区建设等三个方面，利用翔实的数据、对比的方法，深入解读中央精神，描绘首都发展新蓝图。区侨联委员、侨界代表人士、市区相关方面领导、各基层侨务干部和侨联主席、和平街街道办事处领导和机关干部100余人参加。

（杨粤宁）

【朝阳区人才工作海外联络站签约】 9月21日，北京市朝阳区人才工作海外联络站——硅谷站揭牌暨签约仪式在美国瀚海硅谷科技园举行。联络站将通过实体站的运作模式，建立朝阳与硅谷两地人才交流、培养、引进互动机制，共同实施人才交流合作项目，推动人才引进和合作计划。

（杨粤宁）

【“亲情中华·重温经典”朗诵音乐会】 9月29日，为庆祝中华人民共和国成立68周年，“亲情中华·重温经典”朗诵音乐会在朝阳剧场拉开帷幕。朗诵音乐会由区侨联和区政协港澳台侨委员会共同主办，区文联承办。来自朝阳区相关部门、友好侨团、归侨侨眷、海外侨胞、侨界友人1000余名观众观看朗诵会。中国侨联副主席康晓萍、北京市侨联副主席苏泳、在朝阳区居住和生活并关心朝阳侨联事业发展的侨联系统的老领导、侨界著名人士以及回国的海外侨领出席活动。区政协主席陈涛，区委常委、统战部部长黄晓伟看望出席活动的领导和海外侨领，并介绍朝阳区的建设发展情况，希望大家继续支持和关心朝阳，为朝阳实现“建设‘三区’，建成小康”发展目标贡献力量。

（杨粤宁）

【中共十九大精神宣传贯彻】 10月20日，区侨联组织北京市友好侨团负责人、区侨联委员、北京市CBD华商会负责人、区归国留学人员联合会会员、区基层侨联主席等朝阳侨界群众代表近20人召开侨界学习十九大报告精神座谈会。11月2日，区侨联召开学习宣传贯彻中共十九大精神部署会，对全区侨联系统学习宣传贯彻中共十九大精神进行部署。10位基层侨联主席从宣传贯彻落实中共十九大精神情况、围绕街道（乡）工委开展工作以及如何结合中共十九大精神开展为侨服务工作提出意见建议等方面进行座谈。11月14日，区侨联党支部召开学习宣传贯彻中共十九大精神座谈会，通报区侨联系统学习宣传贯彻中共十九大精神有关工作情况。

（杨粤宁）

【区侨联七届八次常委（扩大）会议】 11月9日，区侨联召开七届八次常委（扩大）会议。传达中共十九大、市区相关会议精神，审议通过《北京市朝阳区侨联第七届委员会常务委员会关于学习贯彻中国共产党第十九次全国代表大会精神的决议》。

（杨粤宁）

【“侨talk”（侨青沙龙）举办】 11月27日，以“学习贯彻党的十九大精神，推动民营经济在新时代做出新贡献”为题的“侨talk”（侨青沙龙）在国龙文化中心举办，第十二届全国政协委员、全国工商联专职副主席、中国民营经济研究会会长庄聪生主讲。“侨talk”（侨青沙龙）由北京青年女企业家创业促进会、北京福建企业总商会女企业家商会、北京CBD华商会、北京朝阳留学人员联合会联合主办。

（杨粤宁）

【《飞虎情缘》话剧公演】 12月24日至26日，由区侨联与北美枫香文化中心共同推出《飞虎情缘》话剧在北京朝阳第九剧场TNT剧场公演。《飞虎情缘》记述的是1941年，一群意气风发的美国援华飞行员，与一群正当青春年华的女志愿医疗小分队队员，相遇在日军蹂躏下的中国热土的故事。

（杨粤宁）

朝阳区青年联合会

【概况】 北京市朝阳区青年联合会（简称区青联）成立于1991年，划分社团劳模、科教卫、经济、金融、现代服务、公共管理、政法、文化体育、新闻传媒、港澳台侨民族宗教10个界别，其中经济界别下设经济1组和经济2组。年内，有委员424名，其中主席团成员18人，常委63人。“青年之友”联谊会是区青联的外围组织，会员主要由超龄、卸职的青联委员组成。“青年之友”联谊会设会长1人，副会长7人，秘书长1人，会员158人。推荐区青联委员、北京电视台主持人李杨薇参评第三十一届“北京青年五四奖章”并获奖。

地址：日坛北街33号朝阳区政府南楼801室

邮编：100020

电话：65094331 65099178

邮箱：cyqinglian2013@163.com

（武 爽 李 扬 陈 烨）

【五届九次常委会议召开】 2月17日，召开第五届青联代表大会第九次常委会议。大会审议决定增补张建伟、袁兆且为区青联副主席；增补王延安等12人为区青联常委；增补马震等26人为区青联委员；调整刘维纳等5人担任界别秘书长。

（陈 烨 李 扬）

【韩国首尔青少年到区交流】 2月26日至28日，韩国首尔市江南区青少年交流团到朝阳区交流访问。访问团韩国世宗高中师生一行到陈经纶中学进行联谊，中韩两国青少年共同开展具有地域特色的节目演出、民宿体验等活动。

（李 扬 陈 烨）

【青春助跑·朝阳青联助学活动举办】 4月，开展“青春助跑·朝阳青联助学计划”行动。11名青联委员代表各界别与朝阳区14名低保家庭青少年结对，首次入户访谈并发放助学补贴2.8万元。

（李 扬 陈 烨）

【第三届朝阳青年律师发展论坛举办】 5月18日，由团区委、区青联、朝阳律师协会团委、朝阳律协青联联合举办“朝阳下成长”——第三届朝阳青年律师发展论坛活动。论坛以主题演讲和对话交流的形式，分享业内青年律师的感受，展示朝阳青年律师的风采。

（李 扬 陈 烨）

【青青草中国乡村陪伴计划开展】 5月22日，区青联、中国生物多样性保护与绿色发展基金会共同启动2017年Vidays“青青草中国乡村陪伴计划”。志愿团队前往内蒙古柴河、河北阜平县龙泉关村、山东莱州初家村、江苏灌南县等留守儿童现象比较突出的村落，开展社会创新实践、文化公益培训和小型表演等活动，陪伴当地留守儿童。

（李 扬 陈 烨）

【冬奥宣讲公益实践导师指导会召开】 6月6日，“不忘初心，践行青春”2017年暑期社会实践导师指导会在北京第二外国语学院举办。10位区青联委员担任“冬奥宣讲公益实践导师”，实践团师生参与2017年社会实践大课堂相关培训与学习。

（李 扬 陈 烨）

【日本东京青少年代表团到访】 8月3日至7日，日本东京都大田区青少年代表团一行到访。副区长孙其军出席活动，区外办、区青联、区体育局领导陪同。代表团通过求实职业学校民宿、民俗演出、实地参观等，与朝阳区青少年交流。2017年是朝阳区与日本东京都大田区建立友好关系20周年。

（李 扬 陈 烨）

【青春助跑·结对帮扶亲子观影活动】 8月13日，举办青春助跑·结对帮扶亲子观影活动，邀请区青联委员结对家庭、精准帮扶青少年家庭60人参加。组织青少年参观中国电影博物馆，了解中国电影百年历程。年内团区委、区青联为1568名被帮扶青少年建立信息库，逐一明确第一帮扶责任人。有500余名个人和300余个组织参与精准帮扶，累计投入资金100余万元，实施10个区级帮扶项目、41个街乡级帮扶项目，完成帮扶4000余人次。

（武 爽 陈 烨）

【五届十次常委会议召开】 9月14日，召开五届十次常委（扩大）会议。大会审议通过增补和调整郭勋担任区青联常委、主席，增补于智超等20人为区青联委员，同意2017年区青联委员准退工作建议。

（武 爽 陈 烨）

【区青联赴台湾学习交流】 9月20日至26日，由区青联常务副主席刘苗苗带队，13名优秀创新创业青年人才代表赴台湾交流。重点学习青年创新人才培养等重点领域先进经验，提升青年服务水平。

（武 爽 李 扬）

【京港中学生伙伴行动开展】 9月21日，团区委、区青联承办2017“携手共成长”京港中学生伙伴一期行动。来自香港保良局罗杰承（1983）中学的142名师生通过交流活动，进一步了解祖国的传统文化和北京经济社会发展情况。11月12日至116日，2017“携手共成长”京港两地中学生伙伴二期行动举行。来自香港保良局颜宝铃书院的164名师生走进校园、游览名胜，参观“砥砺奋进的五年”大型成就展。

（武 爽 李 扬）

朝阳区工商业联合会

【概况】 朝阳区工商业联合会（以下简称区工商联）是中国共产党领导下的具有统战性、经济性及民间性的人民团体和民间商会。中共朝阳区委非公经济工作委员会（简称区委非公经济工委）与朝阳区工商联合署办公。机关内设办公室、组织科、宣传科、会员科。编制17人，实有14人。年内，区工商联下辖2个基层分（商）会，35个团体会员，累计会员1821家（个）。年内，荣获全市工商联系统唯一的北京市思想政治工作先进集体荣誉称号；荣获全国“五好”县级工商联。

地址：团结湖北五条8号楼

邮编：100026

电话：65094397

网址：http://cygsl.bjchy.gov.cn

（李晓萌）

【非公有制经济队伍建设调研】 4月11日，召开北京市委统战部、市工商联关于非公有制经济代表人士队伍建设调研活动座谈会。极北咖啡文化（北京）有限公司总经理张萌、北京朝音信德集团董事长潘冬泉等10家会员企业负责人对各自企业情况进行介绍。6月13日，朝阳区委非公经济工委、朝阳区工商业联合会举办“朝阳区年轻一代民营企业家理想信念”座谈会。市工商联党组成员、副主席余运高，朝阳区委常委、区委统战部部长、区直机关工委书记黄晓伟，朝阳区委统战部常务副部长胡杰华同朝阳区年轻一代民营企业家代表25人出席座谈会。

（李晓萌）

【基层党组织负责人培训】 4月13日，朝阳区委非公经济工委召开基层党组织负责人培训会。非公经济工委直属基层党组织负责人、党务工作者以及非公经济工委工作人员等120余人参加培训。

（李晓萌）

【领导调研】 4月25日至26日，市工商联副主席郑勇男、市委统战部工商经济处处长曹杰、市工商联光彩办主任王蓬、朝阳区工商联会员科工作人员一行5人，到北京链家房地产经纪有限公司、北京海文资产经营管理有限公司、北京朝音信德集团、北京福湄商会进行座谈交流。5月4日，区委非公经济工委、区工商联实地考察申请入会企业——礼大大网络技术有限公司和圣盈信（北京）管理咨询有限公司，听取企业主诉求和入会意愿。5月11日， 走访调研CBD功能区工委。5月18日，区委非公经济工委、区工商联带领中国民营经济研究会研究人员、5个片区组长单位党组织负责人及工委、工商联工作人员到电子城工委走访调研，学习交流非公党建工作。7月14日，区委非公经济工委区工商联会员科实地考察申请入会企业——北京江南投资集团有限公司，听取企业主诉求和入会意愿。8月15日，朝阳区工商联展开系列调研工作。为保证调研的客观、公正，委托北京志起未来咨询集团作为第三方调研机构展开调研活动的具体执行，并分别通过网上调查问卷和实地走访企业形式进行。

（李晓萌）

【“一带一路”专题报告会】 4月27日，由区政协、区委统战部联合举办2017年第二期政协委员、统战人士报告会，报告会邀请中国社科院西亚非洲所研究员殷罡围绕“一带一路”做专题报告。区工商联会员科组织会员企业负责人及机关工作人员30余人参加报告会。6月7日，在蓝调庄园会议厅，市工商联与区工商联联合举办《雄安新区建设与首都功能疏解》和《民营企业国际化和“一带一路”倡议》专题报告会，邀请市委党校曾宪植教授和商务部研究院中国海外投资咨询中心主任、研究员李志鹏作专题报告。民建朝阳区委委员，区工商联会员企业负责人，区委非公经济工委直属基层党组织负责人、党务工作者共220余人参加报告会。

（李晓萌）

【京津冀非公经济产业对接】 5月6日，在北京市蟹岛绿色生态农庄举办京津冀非公经济产业对接研讨会暨首届物流文化节活动，区工商联会员科组织5家所属会员企业联盟单位相关人员参加活动。5月24日，区工商联邀请外交部国际经济司专家王延波就“一带一路”国际合作高峰论坛相关政策作专题报告。朝阳区统战系统内的各民主党派、无党派人士，朝阳区各相关委办局负责人，区工商联会员企业负责人，区委非公经济工委直属基层党组织负责人、党务工作者共200余人参加报告会。12月27日至28日，北京市朝阳区工商联组织区工商联副主席、副会长、执委单位和直属商会的近20位企业家赴河北省承德市进行京津冀产业对接和项目考察活动。搭建两地工商联系统对接交流合作平台，共同推进两地非公有制经济发展、推进紧密融合一体化发展。

（李晓萌）

【民营企业专场招聘会】 5月11日，在朝阳区劲松街道为民服务中心大厅举办以“帮人才精准就业，促民企创新发展”为主题的朝阳区民营企业专场招聘会。朝阳区工商联组织眉州东坡（北京）实业有限公司、北京达美投资有限公司、北京东方慧博人力资源顾问股份有限公司等23家知名会员企业参加招聘活动，占参加招聘企业总数的45%，提供500多个就业岗位，涉及物业、餐饮、家居、药业和人力资源等多个行业。

（李晓萌）

【政策解读会】 5月16日，区工商联、区政协经济处在朝阳区政协活动中心共同举办朝阳区工商业联合会（商会）政策解读主题沙龙活动。活动邀请朝阳区商务委员会副主任关德鹏就“朝阳区服务业扩大开放示范区建设”进行相关政策解读；通过朝阳区科学技术委员会邀请到市科学技术委员会专家为会员企业进行《技术合同登记政策》和《首都科技创新券政策》解读。100余位民营企业家、政协委员、区委非公工委直属党组织负责人参加活动。

（李晓萌）

【商会建设座谈会】 5月19日，区工商联（商会）在北京朝音信德大厦召开加强商会建设座谈会。旨在更好地培育和发展区域商会组织，发挥商会在理想信念教育活动中的主体作用。黑龙江企业商会、叶青大厦商会、福湄市场行业商会、视光眼镜行业协会、中小企业市场发展商会、亚运村商会、木业商会、汽车物流商会8家商会主要负责人就商会建设、服务和管理经验及特点进行介绍。

（李晓萌）

【课题调研】 6月8日，区委非公经济工委召开2017年度党建调研课题立项会。区委非公经济工委副书记、区工商联副主席马序松出席会议。党建指导专家、课题申报单位课题负责人及执笔人、工委工作人员共30余人参加会议。

（李晓萌）

【考察团接待】 6月15日至16日，贵州省仁怀市工商联考察团到朝阳区调研学习。考察团分别对区工商联有代表性的5家会员企业考察交流学习。7月4日，河北省秦皇岛市青龙满族自治县工商联党组书记、常务副主席邢万军到朝阳区开展招商考察。双方就两地经济项目、技术服务等内容相互介绍，希望进一步洽谈合作。11月29日，湖北省十堰市工商联主席张华杰一行考察走访区工商联副主席单位——北京链家房地产经纪有限公司，并就两地工商联对口协作事宜进行座谈。12月7日，接待延庆区工商联“杰青领航”培训班青年企业家一行50余人考察调研。考察团参观北京莱锦文化创意产业园和电通时代文化创意产业园。

（李晓萌）

【新会员授牌】 6月22日，区工商联举办会员接待日，为12家新会员企业授牌。会上，通报朝阳区工商联（商会）2017年上半年工作情况，会员企业法人或负责人介绍情况。

（李晓萌）

【企业项目推介会】 8月17日，区工商联、区商会举办京津冀“益企·互助·共赢”专项行动暨会员企业项目·技术·产品推介会。推介会设展台展示区78个，企业间现场达成合作意向50余项。区工商联为有合作意愿企业提供签约仪式服务，并发起“益企卡”倡议，企业对会员提供优惠方案，并通过公众号平台长期发布，保证活动效果延续性。市工商联副主席郑勇男，区委常委、区委统战部部长黄晓伟，区人大常委会副主任、区工商联主席叶青，区委统战部副部长、区工商联党组书记王素荣，贵州省贵阳市、河北省承德市、天津市宁河区工商联领导以及78家参展企业、31家参会企业代表共400余人参加推介会。10月27日，区工商联组织11家会员企业参加由市工商联、沈阳市工商联、沈阳市发改委及沈阳市国资委联合举办的“沈阳市PPP项目暨国企混改项目北京推介会”。11月30日，北京·十堰民营企业项目推介会召开。区工商联组织智能制造、新能源、生态旅游、绿色有机农产品加工、知名商超、电子商城等22家会员企业参加推介会。

（李晓萌）

法　治

2018
北京朝阳年鉴

政法委工作

【概况】 中共北京市朝阳区委政法委员会（简称区委政法委）是区委领导和管理政法工作的职能部门，在区委领导下开展工作。年内，区委政法委贯彻落实中央、市委、区委各项决策部署，以“一带一路”国际合作高峰论坛和中共十九大服务保障为核心，全面履行维护社会大局稳定、促进社会公平正义、保障人民安居乐业的职责使命，着力在防控风险、服务发展、破解难题和补齐短板上下功夫，强化平战结合，强化大事引领，高标准做好区域安全稳定工作，实现“五个坚决防止发生”的目标，维护区域政治社会稳定，促进区域经济社会发展。

地址：日坛北街33号
邮编：100020
电话：65099200
网址：http://zfw.bjchy.gov.cn

（杨　晨）

【应急指挥部会议召开】 1月19日，召开朝阳区群体性事件应急指挥部第一次全体会议，部署年度工作。区委常委、政法委书记、区委办主任、区群体性事件应急指挥部总指挥张维刚出席会议。会议由区群体性事件指挥部副总指挥赵红伟主持，46个指挥部成员单位及43个街乡主管领导参加会议。会上，区编办宣读区编委《关于设立北京市朝阳区群体性事件应急指挥部的批复》；区群体性事件应急指挥部办公室下发《朝阳区群体性事件应急指挥部工作方案》《朝阳区群体性事件应急预案》，明确指挥部的工作机构、成员单位职责分工，并对指挥部下一步重点工作进行部署；张维刚对指挥部下一步工作提出要求。

（杨　晨）

【领导会见“最美警察”】 1月24日，市公安局党委委员、副局长李润华，区委书记吴桂英，区委副书记、区长王灏，区委常委、政法委书记张维刚，副区长、公安朝阳分局局长牛国泉等领导在公安朝阳分局接见“最美警察”获奖者段星、敖翔及公安朝阳分局先锋模范代表。

（杨　晨）

【政法工作会召开】 2月16日，区委政法工作会在朝阳宾馆举行，区领导吴桂英、陈宏志、陈涛、甘靖中、何明、刘军胜、张维刚、席成坡、黄晓伟、牟燕东、王志勉、张永新，区法院院长靳学军、区检察院检察长张玉鲲出席会议。区委政法委书记张维刚作2016年政法工作报告；区信访办、公安朝阳分局、潘家园街道和孙河乡负责人分别发言。区委书记吴桂英分别与街乡代表签订综治、维稳、信访工作责任书，并就做好2017年政法维稳工作提出要求。

（杨　晨）

【市领导检查“两会”安保】 2月27日，市委常委、政法委书记张延昆率队检查区全国“两会”安保工作部署，调研贯彻中央、市委政法工作会议精神情况。区委书记吴桂英，区委常委、政法委书记张维刚，副区长、北京市公安局朝阳分局（以下简称朝阳分局）局长牛国泉陪同调研。张延昆一行实地调研潘家园街道，在区维稳指挥中心召开座谈会，听取市公安局“两会”安保工作部署情况汇报及朝阳分局“两会”“一带一路”峰会安保工作情况汇报、朝阳区委政法委维稳安保工作整体部署及重点工作开展情况汇报。张延昆对朝阳区政法维稳综治工作给予高度评价，并对下一步工作提出工作要求。

（杨　晨）

【全民国家安全教育日举办】 4月15日，在蓝色港湾国际商区举办2017年“全民国家安全教育日”主题活动，市委政法委政治部主任余飞，区委副书记、区长王灏，区委常委、政法委书记张维刚，区人大常委会副主任牟燕东，副区长刘海涛，区政协副主席张永新出席活动。本次活动重点围绕政治安全、经济安全、国土安全、文化安全、社会安全、科技安全、网络安全、生态安全等8个方面开展宣传教育。

（杨　晨）

【“一带一路”国际合作高峰论坛开幕式安保工作】 5月14日，“一带一路”国际合作高峰论坛开幕式在朝阳区国家会议中心举行，区委书记吴桂英、区长王灏坐镇奥管委安保总指挥部一线指挥，区委常委、政法委书记张维刚在维稳安保现场指挥部指挥各专项指挥部、住地分指挥部开展工作。

（杨　晨）

【“党旗飘扬，党徽闪烁‘七一’”主题党日活动】 6月29日，区委政法委在日坛公园马骏烈士墓园组织开展“党旗飘扬，党徽闪烁‘七一’”主题党日活动。全体人员在马骏烈士雕像前重温入党誓词并参观马骏烈士纪念馆。区委政法委班子全体成员，区政法系统各单位党建工作主管领导、优秀党员干警代表和区委政法委全体干部参加活动。

（刘　清）

【政法系统第五期优秀中青年干部培训班举办】 7月10日，区政法系统第五期优秀中青年干部培训班开班，7月21日结束。区委政法委政治部主任王子明作开班动员，区委党校副调研员杜艳丽介绍课程安排。培训方式包括集中培训和异地教学，培训内容包括政治理论学习、党性党风教育、政治纪律和政德教育等。

（刘　清）

【政法委庆祝建军90周年主题活动】 7月31日，区委政法委在武警北京市总队朝阳支队举办“共叙部队情 同圆政法梦 庆祝建军90周年 迎八一”主题活动。区委常委、政法委书记张维刚，区委政法委部分班子成员及政法委机关全体复转军人参加活动。活动人员观看武警朝阳支队宣传片和支队官兵的军事科目表演，参观仪仗队荣誉室和班内务。召开军转干部座谈会，政法委政治部主任王子明主持座谈会，张维刚向政法委全体复转军人送上节日的问候，并对复转军人为国防事业和军队建设所做出的贡献表示感谢。

（刘　清）

【市领导督查区中共十九大安保维稳工作】 9月28日，市委常委、副市长阴和俊带队督查朝阳区中共十九大安保维稳工作，市有关部门领导闫满成、赵林华、张明、刘娜、王群、申泽宝、周霆均、贾秋霞，区领导吴桂英、张维刚、牛国泉陪同。阴和俊在区维稳指挥中心召开座谈会，区政法委书记张维刚、市公安局朝阳分局局长牛国泉分别汇报区中共十九大安保维稳整体情况和分局中共十九大安保维稳工作情况，阴和俊对此项工作予以充分肯定并提出工作要求。

（杨　晨）

【市领导慰问中共十九大安保人员】 10月21日，副市长、首都综治委副主任王宁，市委政法委副书记、首都综治办主任闫满成，北京卫戍区副政委孙佳歆，市公安局党委副书记、政治部主任衡晓帆，武警北京总队一师副师长娄益庆一行到朝阳区现代城西路北口检查长安街沿线点位周边社会面防控工作，慰问参与中共十九大安保工作的公安、武警、民兵、治安志愿者等专群力量，区委副书记、区长王灏，区委常委、政法委书记张维刚，副区长、公安朝阳分局局长牛国泉陪同慰问。

（杨　晨）

【政法系统中共十九大精神宣讲报告会举行】 11月1日，区政法系统在朝阳区卫计委一层报告厅召开学习宣传贯彻中共十九大精神宣讲报告会。会议由区委政法委常务副书记、维稳办主任赵红伟主持。区委常委、政法委书记张维刚，区委政法委领导班子成员，区政法系统各单位领导班子成员及处级领导干部、基层党组织负责人，区律师协会党委成员，区委政法委机关全体干部参加会议。中共十九大代表、朝阳区人民法院奥运村人民法庭庭长刘黎对中共十九大报告特别是有关法治内容进行专题解读。张维刚结合全区政法工作，就政法系统学习宣传贯彻中共十九大精神提出要求。

（刘　清）

社会治安综合治理

【概况】 朝阳区社会治安综合治理委员会是协助区委、区政府领导协调全区行政区域内社会治安综合治理工作的常设议事机构。朝阳区社会治安综合治理办公室（简称区综治办）是其办事机构，区综治办与区委政法委合署办公。主要职责是贯彻中央和首都社会治安综合治理方针、政策，结合朝阳区实际研究制定社会治安综合治理的工作措施，组织、协调、推动各街乡、区综治委成员单位开展社会治安综合治理工作；协助区委、区政府领导处理朝阳区有关社会治安及社会秩序的重大问题；协调有关部门完成在朝阳区进行的重大活动安全保卫工作任务。年内，全区综治系统在首都综治办的指导帮助下，以提升群众安全感为目标，以“一带一路”国际合作高峰论坛和中共十九大安保工作为牵引，完善立体化治安防控体系，坚持专项治理与系统治理、综合治理、依法治理、源头治理相结合，解决源头性问题，提升预测预警预防各类风险能力维护全区社会大局安全稳定。

地址：日坛北街33号

邮编：100020

电话：65099200

网址：http://zfw.bjchy.gov.cn

（宛　煜）

【“朝阳群众”品牌等群防群治建设】 3月31日，与公安朝阳分局正式联合推出“朝阳群众”APP，编发《朝阳综治信息》，借助信息化手段，探索警民合作的新机制，社会反响良好，受到首都综治办肯定。继续开展“点亮小桔灯平安社区行”项目，搭建志愿者管理体系和社区服务体系，志愿服务队总数已达20支，“小桔灯”志愿者人数突破1000人，试点的安翔里社区发案率创历史最低水平，京民社区、东三里社区实现零发案。大力加强基层街乡治安巡防队建设，制定并以区综治委名义下发《关于进一步加强街乡社会治安巡防队建设的实施意见》，全面提升巡防队规范化管理水平。协调区广电中心拍摄“朝阳群众”两条公益宣传片，提升“朝阳群众”的知名度和影响力。

（宛　煜）

【基层综治中心规范化】 3月，完成3个试点街乡（建外街道、将台乡、平房乡）和4个试点社区（村）（亚运村街道华严北里西社区、潘家园街道松榆西里社区、黑庄户乡郎辛庄村、金盏乡东村）的综治中心规范化建设任务，并通过首都综治办的检查验收。9月28日，召开推进第二批综治中心规范化建设工作专题部署会，全区共涉及40个街乡，322个社区（村）。11月14日，在将台乡召开工作现场会，建设标准全力实施推进。

（宛　煜）

【群众安全感提升】 8月21日和11月20日，区委常委、政法委书记张维刚召开两次全区提升群众安全感工作推进会，全面部署和推进打击违法犯罪和提升群众“见警率”、治安重点地区整治、违法群租房整治、夯实综治基层基础、群众反映突出问题整改、入户走访、宣传发动等七大专项行动，并对群众安全感排名靠后的5街5乡进行集中约谈。组织政法委班子成员和先进街乡对群众安全感偏低的街乡进行重点帮扶；加强与中国人民大学合作，对朝阳区提升群众安全感工作开展专题调研，形成“提升群众安全感方式研究”终期成果报告；召开全区提升群众安全感工作培训会，对综治系统干部进行系统培训，并在全区范围内集中开展区、街乡、社区（村）三级宣传日活动，全面提高群众的知晓率、参与率和满意率。全年紧紧围绕2017年区委常委会明确提出的年底前全区群众安全感要力争达到全市中等水平的总目标，在深入分析市级群众安全感调查的基础上，坚持每季度开展区级群众安全感调查，每季度召开一次提升群众安全感工作推进会。第3季度市级群众安全感调查结果为96%，环比提升0.8个百分点，全市排名第11名，环比提升3个名次，创2013年以来朝阳区群众安全感排名最好成绩。

（宛　煜）

【荣获先进】 年内，按照全市统一部署，本着公开、公平、公正和自下而上、逐级推荐、层层把关的原则，推选出首都综治工作先进集体12个，首都综治工作先进工作者23名。在9月19日召开的全国社会治安综合治理表彰大会上，朝阳区政和社会发展促进中心获“全国综治工作先进集体”称号，区维稳办副主任、区综治办主任王春发获“全国综治工作先进工作者”称号。

（宛　煜）

【重点督办】 年内，区禁毒工作和打击非法集资工作被列为首都综治委重点督办事项。区委区政府高度重视，将禁毒工作作为落实综治领导责任制的重要内容，全面加强禁毒组织领导体系，全区43个街乡全部成立禁毒工作领导小组，增配街乡禁毒专职人员70名，区禁毒专职人员达到87人。对全区在册吸毒人员实行动态管理。全面加强打击非法集资专项整治工作，采取机制建设、监测预警、宣传教育、打击处置、风险化解、善后处置等措施，整治效果明显。

（宛　煜）

【综治领导责任制】　年内，按照中央、北京市关于健全落实社会治安综合治理领导责任制有关规定，区研究制定《朝阳区关于贯彻落实<健全落实社会治安综合治理领导责任制规定>的意见》，并以区委办、区政府办的名义下发，明确要求综治委各成员单位、各街乡切实担负起维护一方稳定、确保一方平安的重大政治责任。区委常委会研究通过，并以区综治委名义下发《朝阳区社会治安综合治理工作考核办法》，加强综治领导责任制的落实。

（宛　煜）

【社会治理创新】　年内，贯彻落实全国社会治理创新工作会议精神和首都推进社会治理创新的部署要求，紧密围绕综治工作在社会治理创新中的职能任务，进一步挖掘提升各街乡、各有关部门社会治理创新工作经验。创新新业态社会治理方式，针对共享单车引发的环境秩序问题，加强与单车企业联动融合，强化共享单车经营主体责任，让群众享受新业态安全服务。创新行业安全监管方式，按照“属地管理、分级指导”的原则，将寄递物流企业全部纳入监管，监督企业安全制度的落实情况，对问题企业进行约谈，进一步强化企业主体责任，全年约谈39家单位，摸排2198家次，发现整改286件，对违法人员进行处罚。

（宛　煜）

【重点民生实事工程】　年内，为深入推进“平安朝阳”建设，提升群众安全感，区政府将创建“平安示范”居民小区及安装防爬刺工作纳入民生实事项目。在朝阳门外、大屯等15个街道，东风、平房等9个乡，创建20个平安示范居民小区；在15个钻窗入室盗窃高发案社区安装防爬刺。按照区委、区政府工作要求，区综治办会同区社会办、农委、公安分局、财政局、信息办等部门，安排新建小监控室2个，新装监控探头528个、栅栏5024延米、车辆出入控制抬杆25个、治安岗亭18个、小区大门17个、大铁门83个，安装防爬刺18711延米。

（宛　煜）

【立体化防控体系建设】　年内，按照中央关于完善社会治安综合治理体制机制，加快建设立体化、信息化社会治安防控体系的总体工作要求，全面部署推进立体化社会治安防控体系建设工作。在总结推广建国门外、双井、东坝3个试点街乡工作经验的基础上，在全区范围内构建全面覆盖的社会治安防控“五张网络”、打造综合集成的社会治安防控“五个支撑”、健全高度协同的社会治安防控“五项机制”，构建具有朝阳特色的立体化社会治安防控体系。建立全区立体化治安防控体系建设工作100个重点培育项目的创新项目库，形成朝阳群众“小桔灯”、劲松街道“社区盾”、安贞街道“平安联盟”、东湖街道“东湖哨兵”等一批在全区可推广、可复制的工作典型。

（宛　煜）

【重大安保任务】　年内，做好“一带一路”高峰论坛和中共十九大社会面防控工作。全面启动社会面等级防控，增加重点点位和重点区域，每日发动13万“朝阳群众”参与社会面防控。全年共启动一级超常防控等级12次，二级加强防控等级26次，动员治安志愿者等各类群防群治力量600余万人次。

（宛　煜）

【治安重点地区集中整治】　年内，按照全市部署，排查梳理出市级挂账社会治安重点地区5个，区级挂账社会治安重点地区42个，街乡级挂账社会治安重点地区72个。各部门、各属地街乡开展集中整治、联合执法、督导检查，建立常态化管控机制，加强对治安问题高发地区和群众反映强烈的突出治安问题的整治力度。平房地区盗销自行车、涉车盗窃问题和安贞地区安贞医院号贩子、无证无照经营问题整治达标；十八里店地区、南磨房地区、管庄地区整治部分达标。

（宛　煜）

【城乡接合部地区综合整治】　年内，按照市、区疏解整治促提升专项行动任务部署要求，针对城乡接合部存在的人口倒挂严重、违法建设众多、安全隐患突出和治安、经营、环境秩序较差等问题，以市级挂账的20个整治重点地区为突破口，带动城乡接合部地区的整治，实现“重大安全隐患消除、流动人口持续减少”的目标。全年联合执法106次，日常巡逻人员43563人次，拆除违法建设235处、327万平方米，减少流动人口22747人；整改隐患2.2万处，检查消防隐患3922家，督改火灾隐患3044件，配备消防设备1084件；检查出租房屋17816处，发现整改存在安全隐患的出租房屋5071户。

（宛　煜）

【综治信息化建设】　年内，根据中央、北京市关于“雪亮工程”工作统一部署，按照“统筹规划、分项实施、试点先行、整体推进”的原则，开展公共安全视频监控建设联网应用工作。通过“建、联、管、用”等方面统一的规范标准统筹推进全区公共安全视频监控联网应用工作；针对前期选取的5个试点地区和8个重点街乡，全部完成高清摄像头布点和三级高清视频联网与共享平台升级改造等建设任务，并实现街乡平台与区级平台的互联互通，全力推进综治信息化建设，基本建立区、街乡、社区（村）三级平台联通并初步运行，各项功能模块调整优化。

（宛　煜）

【铁路护路联防】　年内，朝阳区铁路总长度96千米，主要铁路干线有：京哈线、京包线、丰双线、京秦线、东星联络线、百东联络线、京承线、百星线、京津城际高速，涉及17个街乡。铁路沿线共有桥梁36座，涵洞33个，道口20个。全年开展铁路沿线周边突出治安隐患问题治理，积极指导双井街道办事处对北京站机车车辆回转线（灯泡线）沿线因私搭乱建形成的安全隐患问题进行拆除；在京包线行人破坏护网穿行严重的地点和十八里店乡京津城际高铁桥下，安装9个太阳能红外感应护路广播警示柱；完成中共十九大期间铁路护路联防安保工作，确保不出问题。11月8日，召开朝阳区2017年铁路护路联防工作培训会，对全区17个涉路街乡综治办主任及44名护路队员进行培训，提高护路队员的整体素质。

（宛　煜）

【非法集资专项整治】　年内，针对全区非法集资案件呈现出案发数量大、涉案金额大、涉案人数多、人员分布广的特点，区委、区政府构建领导挂帅、部门协同、上下联动的组织体系，对注册在区域内的48000余家企业进行普查，同时委托中介机构对18个重点写字楼群涉及的5000家企业进行重点排查，约谈高风险企业，加强对小额贷款公司、融资性担保公司、交易场所的监管，采取主题宣传、警示巡展、新媒体推送等多种形式开展防范非法集资宣传活动，同时坚持目标责任制，将防范和处置非法集资工作纳入区综治考核评价内容。

（宛　煜）

【特殊人群服务管理】 年内，全力推进严重精神障碍患者监护人申领看护管理补贴工作，未发生因重性精神障碍患者引发的重特大案事件。强化预防核实、帮教衔接、接收安置、帮扶救助四个环节，做好刑满释放人员的衔接及“三无”“特殊老病伤残”人员的妥善安置工作，实现两类人员总体情况稳定。做好预防青少年违法犯罪工作，未发生严重案事件。

（宛　煜）

【矛盾纠纷多元化解机制建设】 年内，统筹推进矛盾纠纷多元化解机制建设，对影响社会稳定的苗头性、倾向性问题进行网格化、地毯式摸排，做到排查化解“零死角”。全年各类调解组织共成功调解纠纷2.7万件，成功率96.5%，涉及当事人5.8万人，涉及金额2429.1万元，无重大突发矛盾纠纷；组建由40名律师的法律援助律师应急处突小分队，集中办理“突发性、不确定性”案件。持续深化村居公益法律服务工作，提供法律咨询服务1.9万人次，举办法制讲座1099场次，为村民提供法律意见1214条次。

（宛　煜）

维护稳定

【概况】 朝阳区维护稳定工作领导小组办公室（简称区维稳办）为区维护稳定工作领导小组的常设办事机构。年内，在市委政法委（维稳办）的正确指导下，在区委区政府的坚强领导下，全面贯彻落实中共十九大会议精神，牢固树立“朝阳稳、首都稳”的政治意识，坚持下先手棋、打主动仗，围绕“一带一路”国际合作高峰论坛和中共十九大维稳安保两大中心任务，加强和改进维护社会稳定工作，有效防控社会稳定风险，完成全年各项安保维稳工作任务。

地址：日坛北街33号

邮编：100020

电话：65099200

网址：http://zfw.bjchy.gov.cn

（李渊峰）

【影响社会稳定问题调研】 3月，维稳办就影响朝阳区社会稳定的矛盾问题进行全面摸底调查，共排查梳理出重点社会矛盾42件，其中涉及社众型经济案件4件，拆迁腾退类19件，城市管理类6件，房屋土地类3件，建设选址类3件，经济纠纷类3件，社会保障类3件，民族宗教类1件。

（李渊峰）

【维护稳定工作领导小组领导成员调整】 6月30日，朝阳区机构编制委员会发文对区维护稳定工作领导小组进行调整，将北京市朝阳区维护稳定领导小组更名为北京市朝阳区维护稳定工作领导小组；领导小组成员增加区人民法院院长、区人民检察院检察长。调整后的领导成员是，组长：区委书记吴桂英，区委副书记、区长王灏；常务副组长：区委常委、区委政法委书记张维刚，副组长：副区长、公安朝阳分局局长牛国泉，副区长杨健海，区人民法院党组书记、院长靳学军，区人民检察院党组书记、检察长张玉鲲。

（李渊峰）

【影响社会稳定问题排查化解】 7月1日至9月30日，按照中央、北京市工作部署，在前期工作基础上，朝阳区集中开展影响社会稳定问题排查化解工作。成立朝阳区影响社会稳定问题排查化解工作协调领导小组。区信访办牵头，区信访联席会议相关成员单位和各街乡配合。采取定期排查、专项排查和动态排查相结合的方式，将各类社会矛盾隐患和突出信访事项全部纳入工作视线、逐一建立台账、落实领导包案、推动矛盾化解。

（李渊峰）

【重点维稳工作】 年内，区维稳办完成“涉韩”维稳、全国“两会”安保、市十二次党代会安保、“一带一路”国际合作高峰论坛安保、中共十九大安保、“12·13”火灾现场安保、肿瘤医院住院综合楼建设安保、“疏解整治促提升”专项行动安保等项重点维稳工作，维护区域社会秩序安全稳定。

（李渊峰）

【维稳情报信息工作实施意见制定】 年内，加强区维稳情报信息工作，提高应对“公安、安全、消防、安监、卫生”等领域的各类涉稳情况的预知、预警、预防能力，按照《北京市维护稳定工作责任制》和《朝阳区维护稳定工作责任制》的有关规定，朝阳区研究制定《朝阳区关于进一步加强有关部门维稳情报信息工作的实施意见》。明确情报信息工作的重要性，情报信息工作的指导思想，情报信息来源和工作内容，规范情报信息工作的流程，加强情报信息研判会商。

（李渊峰）

【“三大行动”维稳】 年内，为吸取大兴区西红门镇“11·18”重大火灾事故教训，按照全市关于开展安全隐患大排查、大清理、大整治专项行动（以下简称“三大行动”）的统一部署和市委常委、政法委书记张延昆在大兴火灾事故会议上提出的具体工作要求，针对全区“五多五复杂”的实际情况（城中村多、外来人口多、城乡接合部多、安全隐患多、历史遗留问题多，人员结构复杂、城乡结构复杂、权属责任复杂、社会矛盾复杂、网络舆情复杂），加大疏堵结合，从源头解决矛盾问题，将“三大行动”落到实处，消除和防范辖区可能存在的各类安全隐患，维护区域社会秩序安全稳定。

（李渊峰）

流动人口和出租房屋管理

【概况】 北京市朝阳区流动人口和出租房屋管理委员会办公室（简称区流管办），是区政府管理流动人口和出租房屋管理委员会的常设办事机构。主要负责统筹协调全区流动人口和出租房屋服务管理工作，指导监督各街乡、各部门开展流动人口和出租房屋服务管理工作，对各街乡、各部门有关流动人口和出租房屋服务管理工作的落实情况进行考核等。年内，朝阳区流管系统全面贯彻落实中央、市委政法工作会议及区委第十二次党代会和区委十二届四次全会精神，结合区委、区政府重点工作任务和“疏解整治促提升”工作要求，以加强流动人口服务管理、提高流动人口规模调控能力为目标，以夯实基层基础、加强规范化建设为主线，以加强流动人口服务保障和出租房屋安全为抓手，进一步健全、创新各项管理工作机制，提升流动人口和出租房屋管理水平。全年全区43个街乡全部完成挂账违法群租房治理工作，共治理违法群租房2138户、拆除隔断间2299间，劝退租住人员13561人。

地址：日坛北街33号

邮编：100020

电话：65099200

网址：http://zfw.bjchy.gov.cn

（庞晓斌）

【重点流管工作】 3月2日至15日，全区累计出动流动人口管理员4421人次，累计检查流动人口54328人次；检查出租房屋20301户，排查发现并整改出租房屋隐患207处。5月8日至15日，累计出动流动人口管理员18063人次，检查流动人口262634人次；检查出租房屋100050户，排查发现并整改出租房屋隐患626处。10月9日至27日，全区共计出动流管员48082人次，检查流动人口数量746278人；检查出租房屋237678户，检查发现并整改出租房屋隐患2421处。

（庞晓斌）

【流管规范化建设】 8月9日，区流管办会同公安朝阳分局在望京昆泰酒店召开朝阳区基层流管站和流管员队伍规范化建设工作部署会，进一步明确基层流管站和流管员队伍管理责任并部署站队移交和新聘流管员工招录工作。区委常委、政法委书记张维刚，副区长、公安分局局长牛国泉，出席会议并讲话。截至11月底，完成454个基层流管站、原有1101名流管员的平稳移交和1045名新聘流管员的招录培训。

（庞晓斌）

【考察接待】 8月24日至26日，海南省三亚市委副书记、市长、市综治委主任吴岩峻率三亚市学习考察组一行到朝阳区，学习考察依托信息化支撑、大数据分析、网格化服务管理手段，创新治理机制，健全政策法规，提升出租房屋、流动人口服务管理水平等方面的经验。到团结湖文化活动中心观看“智慧团结湖”演示，并就流管工作进行座谈。区委常委、政法委书记张维刚，副区长、公安分局局长牛国泉陪同考察。

（庞晓斌）

【出租房房屋安全隐患整治专项行动】 11月20日至12月30日，全区开展出租房房屋安全隐患“大排查、大清理、大整改”专项行动，共检查出租房屋282417户，新登记流动人口62467人，排查发现出租房屋安全隐患23713处，整改消除安全隐患22307户。排查发现违法群租房755户，整改治理违法群租房606户、房屋面积30133平方米。

（庞晓斌）

【流管基础数据精准化试点】 12月14日，为落实区领导指示，加强实有人口数据精准化，区流管办主任尹航、区发改委副主任张金鑫在双井街道参加实有人口基础信息采集试点工作启动会，对流管基础数据精准化试点工作进行部署。

（庞晓斌）

【流动人口百场培训】 年内，区流管办统筹安排，朝阳社区学院具体组织，流动人口培训105场、1.2万人。在进行实用技能、文明礼仪、法律法规、卫生防疫、家庭教育等方面知识免费教育培训的基础上，进行中共十九大报告精神和居住证办理等内容的教育培训。

（庞晓斌）

法治政府建设

【概况】 朝阳区人民政府法制办公室是区政府负责法制工作事务的工作部门，对区政府法制工作负有统筹规划、指导、协调、组织和监督职责。内设综合调研科、行政执法监督指导科、行政复议科、行政应诉指导科、规范性文件审查科，编制23人，现有21人，空编2人。

地址：日坛北街33号

邮编：100020

电话：65094421

（解天泉）

【朝阳区行政处罚工作情况】 1月23日，区法制办印发《2016年全区行政处罚情况报告》，全面分析朝阳区2016年行政处罚情况。2016年全区具有行政处罚职权的行政执法部门40个（未含国税局），职权总量8604项，实施处罚职权800项，职权履行率10.76%。执法人员总数为6872人，人均行政处罚量为274.2件，人均行政检查量为401起。实施行政处罚1884279起，罚没款金额39604.284万元。

（解天泉）

【法治政府建设座谈会】 2月22日，区法制办、区人大法制委员会组织召开法治政府建设工作情况调研座谈会，区人大法制委员会、区卫计委、区市政市容委、区食药局、工商分局、区环保局、区水务局、区安监局、区城管执法局、区教委，以及八里庄、建外、双井、来广营、管庄、高碑店等街乡领导参加会议。各参会部门围绕法治政府建设工作中存在的问题展开讨论，与会人员分别就“法律法规与当前执法背景相对滞后”“诉讼时间长”“校园普法”“政府人员法制培训”等共性问题展开讨论。

（解天泉）

【第一季度区政府常务会会前学法活动】 4月17日，朝阳区政府开展第一季度常务会会前学法活动，区政府法律顾问、中国人民大学法学院教授、博士生导师王轶结合当前时代特点与形势要求，从《中华人民共和国民法总则》的起草、《中华人民共和国民法典》的编纂，以及该法典对人文关怀理念的体现贯彻、对大数据和互联网时代的回应等方面进行专题辅导授课。区政府领导及各街、乡、委办局行政正职120余人参加会议。

（解天泉）

【副区长出庭应诉案件】 4月19日，北京市第四中级人民法院公开开庭审理原告某化工科学技术研究总院请求撤销朝阳区政府核发给北京市某农工商联合公司国有土地使用证一案。朝阳区政府副区长李国红出庭应诉，区政府部分委办局、乡主管领导参加庭审旁听。7月18日，北京市第四中级人民法院公开审理王某诉北京市朝阳区人民政府房屋征收决定一案。区政府副区长李国红出庭应诉。朝阳区部分人大代表、区政府各委办局、街道办事处等行政机关工作人员40余人参加案件旁听。法庭就案件事实、法定职权、法律依据及案件争议的焦点等问题进行法庭调查，原被告双方在审判长的主持下进行举证质证、法庭辩论、法庭陈述。法庭未当庭宣判。

（解天泉）

【法治政府建设工作情况汇报】 4月27日，经区政府常务会、区委常委会审议通过，朝阳区人民政府常务副区长马继业受区长王灏委托，就法治政府建设工作情况在朝阳区第十六届人大常委会第四次会议上，向区人大常委会进行汇报。

（解天泉）

【朝阳区依法行政工作会】 5月24日，区法制办召开全区依法行政工作会。区法制办主任田志刚主持会议并做2016年政府法制工作报告，区政府副区长王志勉出席会议并讲话。王志勉对2016年政府法制工作和2017年全区依法行政工作面临的新形势进行总结分析，并就新年度推进依法行政工作提出意见。全区各街乡、各行政执法单位法制工作主管领导和法制工作负责人参加会议。

（解天泉）

【依法行政培训会举办】 5月24日至26日，朝阳区法制办组织全区依法行政工作培训，邀请市法制办史凯、李峰、尹宏伟、王仲菊，四中院陈良刚等专家领导分别就行政执法、《北京市行政规范性文件备案规定》解读、政府信息公开类案件的审查要点及常见问题、行政应诉技巧及相关重点问题、履责类案件审理标准等方面进行授课。全区各委办局、街、乡的主管领导及法制科室负责人约150人参加培训。

（解天泉）

【第二季度区政府常务会会前学法活动】 6月26日，朝阳区政府开展第二季度常务会会前学法活动，市法制办副主任郭卫作“做伟大城市的制度构建者”专题辅导授课。郭卫用翔实事例，从“城市需要伟大的制度”“制度构建需要把握一观三站九要”“当前政府法制工作的内容和定位”和“以理解的态度鼓励法制人用于担当”4个方面，阐述依法行政和法治政府建设的重要意义。区长王灏强调，当前朝阳区正处于全面深化改革的攻坚期，在新形势下深入推进依法行政工作，加快法治政府建设，责任重大，任务艰巨，需要每一名领导干部切实将法治意识贯彻到工作各方面、渗透到履职各环节，要进一步提高公务人员运用法治思维和法治方式解决实际问题的能力，不断提高全区法治建设水平。区政府领导及各街、乡、委办局行政正职120余人参加会议。

（解天泉）

【朝阳区行政执法人员培训】 7月3日至7日，区法制办和区人力社保局在朝阳社区学院联合举办行政执法人员培训班，区属行政执法机构共22家单位166名一线行政执法人员参加集中培训。

（解天泉）

【健全学法用法制度】 7月，区推进依法行政领导小组办公室联合依法治区领导小组办公室、区委组织部、区委宣传部、区人社局共同印发《关于完善朝阳区国家工作人员学法用法制度的实施意见》，对行政机关领导干部学法及日常学法活动等内容进行明确和细化。

（解天泉）

【第三季度区政府常务会会前学法活动】 8月7日，朝阳区政府开展第三季度常务会会前学法活动，国家检察官学院行政检察教研部主任、法学博士、副教授张剑文就“检察机关提起公益诉讼的有关问题”，从检察机关提起公益诉讼的制度价值、成绩与展望，以及与行政机关之间的关系三个层面进行专题辅导授课。区长王灏强调，检察机关提起公益诉讼是全面推进依法治国、建设法治政府的重要举措，是十八届四中全会确定的重要改革任务。检察机关提起公益诉讼制度的建立，关乎法治政府建设的全局，具有重要意义，各级领导干部要深入领会公益诉讼制度实质，更好地发挥公益诉讼对推进依法行政的积极作用。区政府领导及各街、乡、委办局行政正职120余人参加会议。

（解天泉）

【行政法律工作联席会】 8月29日，朝阳区政府与朝阳法院召开行政法律工作联席会，会议研讨“取消从事烟草专卖业务资格”的性质和程序问题。北京市烟草专卖局副局长赵文智、区法制办副主任安果丽、朝阳法院行政庭庭长朱军巍和朝阳烟草专卖局的领导参加会议。会议研讨在行政执法过程中对违法大户治理的法律性质、法律依据、执法程序等问题，厘清相关法律关系，对当事人权益保护提出意见和建议。行政法律工作联席会议增加行政机关与司法机关的良性互动，规范指导行政机关在行政执法过程中的行政行为，有效维护当事人合法权益。

（解天泉）

【行政执法案卷评查】 9月15日，区法制办组织开展2017年度行政执法案卷集中评查工作。执法案卷评查类型包括行政处罚案卷评查和行政许可案卷评查，评查范围为全区41个行政执法部门办理的2016年7月1日以后立案、2017年6月30日前结案的实施一般程序的行政处罚案卷和行政许可案卷。32个部门的64本行政处罚案卷和29个部门的57本行政许可案卷参加评查。

（解天泉）

【处级干部法治政府建设专题培训班】 9月20日至22日，区法制办、区委组织部在区委党校联合举办2017年朝阳区处级干部法治政府建设专题培训班。培训邀请市三中院行政庭庭长蔡英伟、市法制办副主任郭卫、国家检察官学院迟晓燕等领导和专家，分别就“行政诉讼案例解析”“法治的力量、困惑及实现路径”“公益诉讼2.0版背景下的依法行政”等内容开展授课。全区各委办局、各街乡法制工作主管领导100人参加培训。

（解天泉）

【公益诉讼和“两法衔接”工作推进会】 11月7日，朝阳区召开公益诉讼和“两法衔接”工作推进会，区委常委、政法委书记张维刚，区政府副区长王志勉，区检察院党组书记、检察长张玉鲲，区法制办主任田志刚，区纪委副书记张颖辉及29家行政部门主管领导出席。会议包括公益诉讼工作推进会和“两法衔接”工作推进会暨2017年区“两法衔接”工作联席会。张维刚肯定全区公益诉讼和“两法衔接”工作成效，强调全区各部门要高度重视这2项工作，健全工作机制，注重总结提升。

（解天泉）

【第四季度区政府常务会会前学法活动】 12月13日，朝阳区政府开展第四季度常务会会前学法活动，市四中院行政审判庭庭长陈良刚以“全面落实新行政诉讼法，持续推进法治政府建设”为题，从当前行政机关涉诉压力与挑战、朝阳区政府涉诉案件基本情况、行政执法中的常见原因与防范等3个方面进行专题辅导授课。区长王灏强调，希望行政机关树立法治思维，不断提高运用法治方式解决问题、推动发展的能力。区政府领导及各街、乡、委办局行政正职120余人参加会议。

（解天泉）

【依法科学民主决策】 年内，区法制办审核各单位报送和区领导批示的重大决策事项124件，对区属各部门拟提请区政府审议的规范性文件进行合法性审查18件，牵头开展全区行政规范性文件集中清理工作，并对涉及“放管服”改革、生态文明建设和环境保护的行政规范性文件进行专项清理。经审核，以区政府和区政府办公室名义制发且现行有效的规范性文件54件，认定保留37件，废止11件，拟修改6件。其中，涉及“放管服”改革文件1件，认定保留；涉及生态文明建设和环境保护文件4件，认定保留3件，废止1件。区政府法律顾问、专家参与区政府规范性文件、重大行政决策和重大合同行为合法性审查、法律风险评估和论证、法制培训等事项100余件。

（解天泉）

【行政处罚职权清单调整】 年内，配合区审改办开展权力清单、双随机抽查事项清单等合法性审核和动态调整工作，行政处罚职权清单的调整后，以区政府为行政处罚主体的职权94项，以街道办事处为行政处罚主体的职权2项，以乡政府为行政处罚主体的职权6项，以29个区属执法部门为行政处罚主体的职权5046项。

（解天泉）

【规范行政执法行为】 年内，区推进依法行政领导小组办公室出台《朝阳区实行行政执法全过程记录工作办法》《朝阳区重大行政执法决定法制审核规定》等制度，推进行政执法机关严格、规范、公正、文明执法，保障公民、法人和其他社会组织合法权益。

（解天泉）

【行政机关负责人出庭应诉规定】 年内，区政府办起草、印发《朝阳区行政诉讼行政复议应诉代理办法》，区推进依法行政领导小组办公室印发《朝阳区行政机关负责人出庭应诉工作规定》《朝阳区行政案件统计分析工作规定》等相关制度，编写《行政应诉工作手册》，增强对行政机关应诉工作的指导，为基层部门依法应诉提供依据。

（解天泉）

【行政复议】 年内，收行政复议申请660件，同比下降11.3%；审结案件676件（含上年结转100件），同比下降16.4%，纠错率为12.7%。案件主要涉及行政不作为、信息公开、投诉举报、行政处罚、拆迁腾退、行政答复等。

（解天泉）

【行政应诉】 年内，以区政府为被告行政诉讼案件501件（一审313件，二审173件，再审15件），同比增长4.3%；被复议案件85件，同比增长10.3%。区属机关为被告案件574件，同比减少3.5%；败诉率7.7%，同比下降2.2%。区政府行政负责人出庭应诉2次，区属行政机关负责人出庭33次，同比上升106%。案件类型主要涉及不服行政复议决定、不服征收决定、信息公开、不履行法定职责等。

（解天泉）

【法治政府示范项目创建】 年内，开展法治政府建设示范项目的创建申报工作，向市法制办报送区政务服务办“全网通”政务服务模式、区社会办“创新社会治理”、区卫计委“行政执法全过程记录，严格规范执法”等3个项目。

（解天泉）

公　安

【概 况】 年内，北京市公安局朝阳分局（简称公安朝阳分局）针对辖区经济犯罪和涉外治安形势特点，分别设立经济犯罪侦查支队、出入境管理支队；针对功能疏解任务紧迫繁重情况，增设环境食品药品旅游安全保卫大队，提升处置专业水平；设立警务支援大队，形成人力、网络、技侦和图像“四位一体”的大情报工作格局。研究确定科技信息化建设总体规划，争取专项资金11.6亿元，搭建大数据研发应用中心以及大数据管理、移动警务应用、高清视频3个平台，推进视频监控“雪亮工程”建设，自主研发重大安保全景展示、“两队一室”警务运行综合管理、智能指挥等信息系统。着眼“可视化指挥”，率先配置4000部移动警务终端，在74部武装处突车组上安装4G图像传输设备，提升现场指挥调度能力。在麦子店地区建设综合指挥调度中心暨立体防控平台。完成479项1866场次大型活动安保任务，组织安保力量29.6万余人次，安检875.4万余人次，各类箱包8921.2万余件；依法查处违规养犬行为1747起，收容救置流浪犬5061只，比上年上升425.55%。年内，出入境接待大厅和12个派出所受理点接待群众64.58万人次，受理出入境证件42.95万件、发证11.79万件。对一线派出所政工领导、枪管员、枪械员就新配发的新型单警装备管理和使用进行培训。以“警察训练营——十九大安保训练季”为主题，在朝阳区武装部某民兵训练基地，分十六期组织派出所领导班子成员和民警752人分批次开展实战技能训练，着重强化警械具使用、执法规范与执法安全意识。年内，侦破四川升平万泰网络科技有限公司北京分公司涉嫌网络非法买卖外汇案，实现北京市打击此类案件零突破。年内，30个集体1944名个人立功受奖。重大安保期间启动战时表彰奖励和24小时典型事迹通报机制，给予22个集体755名个人记功奖励。涌现出“CBD猎鹰”行动组、“大墙工匠”“欢乐谷东子”等一批“朝警先锋”。首都刑警“战狼”刑侦支队副支队长秦文志获“全国公安百佳刑警”荣誉称号、南磨房派出所民警王跃东（“欢乐谷东子”）获“2017年朝阳榜样”荣誉称号。

地址：道家园1号
邮编：100025
电话：85953400
邮箱：chaoyangfenju@sina.com

（王　晖）

【贷款诈骗案破获】 1月18日，破获一起贷款诈骗案。抓获犯罪嫌疑人连某某、张某某。经审查，嫌疑人对通过组织北京南天弘茶叶市场17名商户提供虚假经营证明、房产证明等形式，骗取广发银行贷款3900余万元人民币的犯罪事实供认不讳。

（孟　茜）

【涉众“非吸”案件破获】 3月1日，破获北京通银财富基金管理有限公司非法吸收公众存款案，抓获黄某某、潘某、李某等10名主要犯罪嫌疑人，均被刑事拘留。该案涉及投资人百余名，涉案资金约1.2亿元人民币。

（孟　茜）

【“朝阳群众”APP正式上线】 3月31日，公安朝阳分局会同相关技术部门研制开发的手机客户端应用程序“朝阳群众”APP正式上线。截至年底，共有注册用户6.51万人，收集各类线索8296条。通过线索流转，作拘留以上处理255人，消除各类安全隐患390起。

（杨　阳）

【特大网络投资电信团伙诈骗案破获】 4月24日，公安朝阳分局破获一起特大网络投资电信团伙诈骗案。抓获涉案嫌疑人李某、马某、聂某等270人。经审查，涉案嫌疑人对以微信冒充女性交友，向被害人推荐虚假网络投资平台，通过后台控制致使事主钱财损失的犯罪行为供认不讳。

（赵　睿）

【新型移动警务终端配备】 4月底，与北京移动、北京电信合作，完成4000台新型移动警务终端设备的申报、采购、配发工作，被市局列为第一批移动警务应用示范单位，实现“一线民警全面配备”工作目标。自主开发建设的“朝阳警务通”“智查警情分析”“安全评估助手”等手机客户端应用程序，全部实现上线运行。

（齐海涛）

【外国人出入境服务大厅对外办公】 5月2日，公安朝阳分局外国人出入境服务大厅正式对外办公。承接全市范围内外国人工作、学习、团聚、私人事务等4类居留许可，以及特殊贡献、投资、任职、家庭团聚等全部外国人永久居留业务。接待各类咨询1485人次，办理外国人签证业务41件，永久居留业务27件，缴费金额6.13万元。

（李丹滢）

【入室盗窃团伙案破获】 5月2日，公安朝阳分局成功打掉一入室盗窃犯罪团伙。抓获杨某等20名盗窃嫌疑人，起获被盗手表、电脑、相机、手机、现金等大量赃物及手套、帽子、口罩、划片等作案工具。核定系列入室盗窃案件12串107起，涉及本市东城、西城等13个区县。20名犯罪嫌疑人全部被押送至原籍审理。

（赵　睿）

【“执法办案中心+”理念深化】 6月，“999”体检中心、律师接待室正式进驻执法办案管理中心，对在押嫌疑人实施紧急医疗救治及为被裁决嫌疑人进行五项体检（验血、B超、X光、心电图、测血压），提供24小时医疗服务；律师接待室，为可以采取刑事速裁的嫌疑人提供律师援助。8月，刑事速裁法庭正式进驻执法办案管理中心，落实以审判为中心的刑事诉讼改革，提高审判效率。“执法办案中心+”理念不断深化。

（郑建宇）

【特大吸毒、贩毒案破获】 7月中旬，刑侦支队发现1名男子多次由外地运输毒品到北京贩卖。侦查员在市公安局相关部门的配合下，确定嫌疑人的身份，经过近三个月侦查，10月14日破获。抓获犯罪嫌疑人周某等3名嫌疑人，缴获毒品977.94克（其中冰毒975.77克、海洛因2.17克），缴获毒资人民币8.5万元。经检验，贩毒嫌疑人周某尿检结果呈冰毒、吗啡阳性，嫌疑人蔡某、张某尿检结果呈冰毒阳性，3名嫌疑人对吸食、贩卖毒品的犯罪事实供认不讳。

（赵　睿）

【忠诚教育基地成立】 7月19日，公安朝阳分局在中关村朝阳园党群活动中心挂牌成立“朝阳分局忠诚教育基地”。分3批次组织分局102名副处职以上领导干部进行政治轮训，组织全警全员进行参观学习、强化党性教育，筑牢忠诚警魂。

（解　玮）

【“利剑”专项行动】 8月1日至12月31日，开展“利剑”专项行动，与区环保局、区水务局建立行刑衔接联动机制，形成打击环境领域犯罪合力。联合执法40余次，行政拘留1名阻碍执法人员；办理逃避监管违法排放污染物案件1起，行政拘留2人。

（牛雅楠）

【冒充警察入户抢劫团伙案破获】 8月17日，破获冒充警察入户抢劫团伙案。抓获胡某等4名嫌疑人，起获对讲机、手铐、甩棍、摄像机及假警官证等涉案物品。经审查，4名嫌疑人对在北京市朝阳区双井、劲松、高碑店等地，以警察名义实施入户抢劫等违法犯罪行为20余起的犯罪事实供认不讳。

（赵　睿）

【国际刑警组织大会安全警卫任务完成】 9月26日至29日，国际刑警组织第86届全体大会在国家会议中心举行。公安朝阳分局主要承担会场及周边59处重点部位安全管控、6处代表团住地安全警卫、中央主要领导出席开幕式行车路线安全警卫、首都机场外围及与会外方警卫对象临时活动现场安全警卫等工作，投入警力1105人。

（陈　昊）

【涉警负面舆情查处】 9月29日，通过“平安朝阳”微博公众号，快速响应网上反映奥运村派出所民警在执法中存在不当言行情况的涉警负面舆情1起。经纪检监察部门和警务督察部门调查，网上反映情况属实，涉事民警王某某的不当言行严重损害人民警察形象。朝阳分局依据相关规定，决定给予王某某行政降级处分，并对奥运村派出所相关领导给予责任追究。及时发布消息消除影响。

（王　瑜）

【抢车杀人命案积案破获】 10月，破获一起13年前抢车杀人命案积案，抓获犯罪嫌疑人宁某两兄弟。经审查，2人对2004年10月21日，在朝阳区孙河乡康营村，持刀扎伤“黑车”司机并“活埋”

后抢走车辆的犯罪事实供认不讳。经审查深挖，破获2007年山西省吕梁1起抢劫杀人案为弟弟宁某伙同他人所为，2004年宁某两兄弟在北京市东坝、垡头地区制造2起绑架案、在南磨房地区制造1起抢劫案。

（赵　睿）

【红黄蓝幼儿园虐童虚假信息案查处】 11月22日，针对辖区红黄蓝新天地幼儿园幼儿家长报警称怀疑其孩子在幼儿园内受教师侵害警情，成立专案组。经查，有人利用网络编造、传播虚假信息，造成恶劣社会影响。23日，将行为人刘某抓获。该人对自己编造“老虎团”人员集体猥亵幼儿虚假信息，后通过微信群传播的违法事实供认不讳，并对造成的不良影响深表悔恨。刘某因虚构事实扰乱公共秩序，被依法行政拘留。25日，涉事幼儿园教师刘某某因涉嫌虐待被看护人罪，被依法刑事拘留。

（王　瑜）

【收藏品类非法集资团伙案破获】 12月28日，会同相关单位，破获利用收藏品实施非法吸收公众存款案。出动警力80余人，对利用收藏品实施非法吸收公众存款的燕文堂公司及其4家下属公司的5处办公地点集中端点，抓获涉案人员105人。其中，59人被公安朝阳分局刑事拘留，其余人员情节轻微，教育释放。

（孟　茜）

【高峰论坛和中共十九大安保】 年内，公安朝阳分局将“一带一路”国际合作高峰论坛和中共十九大安保作为核心任务。高峰论坛期间，构建“一室、一联指、八前指、十五组”指挥架构，制订1个总方案、20个系统方案和10个分方案的方案体系，组织开展3次全要素演练、6次科目演练，累计投入警力4.2万人次，完成920起安保勤务。中共十九大期间，构建“点面并进、责权明确”的实战指挥体系，健全日会商、周通报、月联评的督导评估机制，完善段长、岗长、点长“三长”实名勤务管理机制，累计投入安保力量7691人次，确保75起警卫勤务万无一失。

（于更浩　王　晖）

【黄赌违法犯罪严打】 年内，组织派出所紧盯每一条黄赌警情和线索开展核查打击工作，采取暗访检查、挂账督办等方式，开展针对性和区域性打击整治，适时组织阶段性集中打击行动。同时，强化人力情报资源，重点加大对涉黄涉赌违法犯罪团伙、窝点的打击查处力度，取得明显成效。共打掉黄赌等团伙（窝点）375个，抓获违法犯罪人员2296人，拘留以上处理2279人。

（张　雪）

【自行车盗销团伙案破获】 年内，开展打击自行车盗销团伙“春雷三号”专项行动。破获自行车盗销团伙（窝点）181个，抓获涉案嫌疑人662人，收缴被盗自行车712辆。

（陈　静）

【易制爆危险化学品和寄递物流行动】 年内，完善基础台账，建立多部门联动机制，督导企业严格落实开箱验视、实名登记、X光机安检“三个100%”安全制度，共摸排寄递物流企业2818家次，提出整改意见316件，函告主管部门行政处罚55件，按照《中华人民共和国消防法》自主处罚企业网点30家，查获非法寄运案件10起，收缴枪支8支、管制刀具598把，拘留以上处理9人。

（郭咲琳）

【养犬管理】 年内，公安朝阳分局组织工商、城管、疫控等部门及辖区各街乡、派出所开展养犬年检和规范文明养犬宣传，发放各类宣传材料5万份，印制悬挂条幅920幅。设立年检免疫一站式服务站点178个，在固化完善一站式服务、上门办理、延长办公时间、奖励绝育犬等便民利民服务措施的基础上，免费为养犬人办理宠物饲养责任保险。查处各类违规养犬行为1747起，罚款2起，警告2起，没收1起。聘请涿州市川斯弗尔养殖服务有限公司协助开展养犬执法、收犬、送犬和处置犬伤人事件，加大对重点地区部位无主犬、流浪犬收容救置力度，共收犬5061只，与上年同比上升425.5%。

（陈云芳）

【社会面巡控】 年内，组织特警、武装处突车、“一分钟处置点”23辆武装巡逻车、派出所83辆巡逻车和37个巡逻警务站，采取机动车巡、摩托车巡、携犬巡和步巡相结合的方式，最大化辐射巡控辖区20条主控大街、43处繁华大人流地区。巡逻抓获作拘留以上处理嫌疑人4383人，及时妥善处置重大警情30余件。

（刘　婷）

【涉医案（事）件处置机制】 年内，开展“深化打击整治涉医类诈骗扰序类违法犯罪专项行动”，在辖区40所二级以上医院启动“挂号、就医高峰勤务”；围绕“六住”核心要素，加强医院内部反恐防恐和“人防、物防、技防”措施。落实《涉医案（事）件三级响应处置机制》，明确派出所属地责任和治安、刑侦、巡警分级响应职责，化解医疗纠纷179件，全年未发生因医患纠纷引起的重大群体性事件。

（刘顺利）

【派出所警务改革】 年内，研究“两队一室”建设框架，取消派出所警区制，重新搭建派出所组织架构，建立社区警务队173个、打击办案队47个、综合指挥室47个，大力推动落实队室联动、案件对接、视频警务等9方面具体措施，紧密配合，整体作战，进一步加强基础排查、重点人管控、社区治安防范。选取130个警务室为首批7×24小时值守警务室，实现派出所和社区警务室“双值班”，勤务机制更加便民利民，接待群众2.6万人次，调解矛盾纠纷9047件。

（于更浩　王　晖）

【基层基础工作】 年内，公安朝阳分局针对辖区流动人口多，基础工作相对薄弱的特点，推动建立派出所规范化建设、派出所及社区分类管理、“大摸底大采集大排查大整治”、专职辅警参与治安防控等工作机制，不断做强基层、做实基础。全区社区可防性案件同比下降20.5%。其中入室盗窃案件同比下降20.2%，盗窃汽车案件同比下降28.7%，入户抢劫案件同比下降13.6%，火灾同比下降9.4%。

（于更浩　徐笑鹤）

【侦审一体化改革】 年内，公安朝阳分局强化“以审判为中心”的执法理念，分批抽调一线办案单位领导干部、业务骨干与法制部门结对，强化指导培训、同工同责，构建“人人会办案，人人懂诉讼”格局。积极搭建“执法办案管理中心+基层所队案管组”二级执法监督管理体系，在刑侦、经侦以及47个派出所设置案管组专职民警107名、辅警138名，明确对接原则、工作职责以及运行流程，完善“一站式办案、合成化作战、智能化管理、全流程监督”办案机制。逮捕人数同比上升23.9%，移送起诉人数同比上升1.1%。

（于更浩　王　晖）

【律师会见微信预约平台开发】 年内，开发搭建律师会见微信预约平台，律师预约会见方式扩展为现场、电话、微信三种方式，监所接待室周边秩序好转。

（柳　鸣）

【居住证（卡）办理】 年内，46个户籍派出所继续开展居住证（卡）办理业务，除原设立46个现场办理点、51个网约临时受理点外，登记卡办理流管站增至454个，共办理居住证（卡）102.5万个（张）。

（刘金岩）

【派出所出入境证件受理19.33万件】 年内，太阳宫、麦子店、东风、平房、南磨房、将台、三间房、奥运村、大屯、来广营、花家地、酒仙桥等12个派出所出入境证件受理点为市民提供就近办理护照、往来港澳通行证及往来台湾通行证首次申请和旧证换发业务。接待群众26.93万人，受理出入境证件19.33万件，占公安朝阳分局总受理量的百分数45%，有效分流分局出入境大厅的接待量。

（李丹滢）

公安朝阳分局派出所一览表

表2

序号	名称	地址	电话
1	朝外大街派出所	三丰里甲 11 号	85612407
2	建外派出所	光华里甲 2 号	65912227
3	三里屯派出所	三里屯南 41 楼	64166786
4	呼家楼派出所	呼家楼北街 16 号	65021574
5	安贞派出所	安贞西里三区 7 楼	64419129
6	香河园派出所	西坝河南里 26 号楼	64619262
7	和平街派出所	樱花园东街 3 号	64422553
8	新源里派出所	新源里 17 号	64674086
9	小关派出所	小关东街 5 号	64917134
10	太阳宫派出所	西坝河北里 8 号楼	64212857
11	麦子店派出所	枣营北里 1 楼	65857190
12	团结湖派出所	团结湖路 19 楼	85989405
13	六里屯派出所	晨光家园 218 号楼西侧	85817657
14	双井派出所	垂杨柳中街 2 号	67716244
15	劲松派出所	大郊亭南街 9 号院 1 号楼	67727306
16	潘家园派出所	华威西里 29 楼	67785877
17	亚运村户籍派出所	安苑北里甲 8 号	64912193
18	大屯派出所	大屯 220 号 6 号楼	64949248
19	奥运村派出所	扶林路甲 9 号	84913594
20	来广营派出所	来广营乡朝来农艺园院内	84912451
21	花家地派出所	花家地北里 8 号楼	84716376
22	将台派出所	将台乡将府家园北侧	64362030
23	首都机场派出所	首都机场燕翔东里 12 号	64561626
24	孙河派出所	孙河乡康营村	64384625
25	东湖派出所	望京花园 130 楼	64713294
26	南皋派出所	崔各庄乡南皋路	84566382
27	八里庄派出所	十里堡西里 218 号	65561089
28	高碑店派出所	高碑店乡高碑店村	85754153
29	平房派出所	黄杉木店 180 号	85574138
30	东风派出所	东风乡辛庄村甲 28 号	85849101
31	酒仙桥派出所	酒仙桥路 30 号	64371415
32	东坝派出所	红松园北里甲 8 号	65495368
33	金盏派出所	金盏大街（金盏乡政府后）	84333271
34	南磨房派出所	平乐园小区 105 楼	67312979
35	王四营派出所	王四营村 3 号	67364358
36	垡头派出所	垡头北里 12 楼	67381152
37	十八里店派出所	十八里店乡十八里店村 20 号	67471965
38	小红门派出所	小红门龙爪树南里	87690144

续表2

序号	名称	地址	电话
39	豆各庄派出所	西马各庄村	85308831
40	黑庄户派出所	黑庄户乡商业大街甲1号	85382586
41	管庄派出所	管庄乡双会桥西甲5号	65761888
42	常营派出所	幺家店路甲1号	65481123
43	三间房派出所	建国路甲6号	65420101
44	崔各庄派出所	崔各庄乡马泉营村	64320110
45	南湖派出所	南湖中园238楼	64703003
46	小武基派出所	十八里店乡西直河村王村路甲1号	87335927
47	奥林匹克公园派出所	安慧北里雅园1楼	64910162

（李丹滢）

交通管理

【概况】北京市公安局公安交通管理局朝阳交通支队（简称朝阳交通支队）对朝阳区道路交通依法实施管理。朝阳交通支队共879人，其中民警874人、职工5人。内设办公室、勤务指挥科、安监科、交通科、事故科、法制科、科信科7个机构；下属呼家楼大队、高速路大队、东外大队、亚运村大队、劲松大队、双桥大队、机场大队7个单位。年内，指挥调度和路面指挥保障加强。全年共接警718940起，回访7万起，群众满意率为99%；利用电视监控系统直接发现问题47471起，其中交通事故34533起、车辆故障4717起、交通拥堵287起、其他7934起。强化路面秩序管理，增强管控力度，全支队开展夜查“酒后”专项行动72次，2017年全年共查获酒后驾车违法行为1513起，较2016年下降18%；行政拘留共524人，其中醉酒拘留27人、涉牌拘留144人、非司机拘留305人、其他拘留48人。全年现场总执法量为55万起，罚款总额为8770万元。非现场执法总量为135万起，非现场执法罚款2亿元。现场处罚闯红灯违法行为5034起，较2016年下降17%；处罚“涉牌”违法12406起，较2016年下降36%；扣留非法“摩的”、两轮摩托车共计6736辆，较上年提升13%；处罚货车违法行为151027起，较2015年提升15%。交通事故预防工作成效显著。管界发生交通事故73018次，伤14437人、亡143人；与上年同比次数下降1%，伤亡人数分别上升16.33%和17.34%。在事故总数中，快速处理72782起，占99.67%；一般程序处理236起，占0.32%。制订设施改造和道路优化方案70个，渠化路口路段23处，施划禁停区3处，调整多相位9处，工程改造6处，安装路口信号灯19处，其中路口信号灯8个、人行过街灯11个；安装机动车和非机动车隔离护栏6557米，中心护栏1004米，便道护栏2782米；安装各类交通标志172套，其中禁令标志44套、警告标志37套、指路标志37套、指示标志54套；施画车位227个；施画、复画道路标线27250米；施画人行横道线21处，打桩60根;检查保修交通设施91次。全年办理驾驶证换证29135本，驾驶人审验9733人，核发临时号牌97964面，异地代检手续7371份，核发检验合格标志24799个，换办进京证14945张。

地址：百子湾西里303号

邮编：100124

电话：68399501

（岳　玥）

【交通安全示范社区（村）创建】2016年10月，启动“畅行街区，共治共享”创建交通安全示范社区（村）工作。截至2017年年底，第一和第二阶段创建工作共建成交通安全示范社区（村）133个，治理社区周边背街小巷91条，累计新增停车泊位16045个，开辟共享车位和错时车位5540个，增设各类交通标志4744面、护栏6.4万米、交通标线18.1公里，整合新增95个探头纳入交通违法摄录系统；开展综合整治行动397次，拆除地桩、地锁13241个，清理僵尸车747辆，处罚各类违法行为3.47起。通过治理，上述133个交通安全示范社区（村）的环境管理类信访量同比降低19%，治安案件下降41%。

（岳　玥）

【小客车肇事致人死亡逃逸案侦破】12月18日0时15分，在北京市朝阳区沙窝北路H10027号路灯杆处，张某某驾驶京Q牌照的小型轿车由南向北行驶时，车辆右前侧将同方向行走的行人徐某某撞倒，造成徐某某当场死亡。事故发生后，张某某驾车逃逸。事故发生后，民警立即赶赴现场，根据现场及车辆勘查、证人提供线索、调取现场周边监控录像，最终于2017年12月18日16时许查到该车停放地点，找到车主张某某，确定其为现场肇事小客车驾驶人，京Q牌照灰色雪铁龙为肇事车辆。

（岳　玥）

【净化道路环境】年内，对褡裢坡、天丰利市场、五环路等堵点乱点开展销账整治，完成市交管局“19+15”处堵点乱点治理工作，全部销账。“一口二线”工作取得明显进展，通过岗上实名制管控培训，提高管控标准。制定物防隔离法、执法站前置法、宣管结合法、集中攻坚法等，大望桥、大山子等路口秩序大幅提升。2017年，道路施工行政许可审批222件，发现整改问题7件，组织施工单位召开安全教育会7次，现场踏勘调整交通导改方案85次，处置跑冒滴漏事件18处。对辖区内灯控路口开展排查、调整，巡视4258处次，调整路口3417处次，在双井路口实验行人清空时间，确保行人过街安全。违法停车处罚力度加大，针对交通混乱地区，协调区政府、街道等部门，接入区政府视频监控探头230余处，录入违法停车行为11万笔。

（岳　玥）

【特勤警卫任务完成】年内，完成全国“两会”、“一带一路”国际合作高峰论坛、中共十九大安保以及特朗普访华等交通警卫任务2754次，出动警力61637人次，同比上升20.7%。处置各类敏感（突发）事件445起，其中通过视频系统自行发现并处置交通类敏感（突发）事件共344起，投入警力997人次。

（岳　玥）

【交通源头监管宣传】 年内，支队始终把减压死亡事故作为重点工作常抓不懈，着力提高交通安全防范能力和水平。2017年，支队对违法超标和发生严重违法的5788家次单位采取责令限期改正执法措施；对656家次单位采取禁止机动车上路行驶执法措施，组织召开安全执法会32次。排查交通安全隐患地点19处，排查力度居全局前列，全部19处隐患地点100%治理完成。在春运及清明节、劳动节、端午节期间，高峰论坛及中共十九大等重要时点开展社会化宣传，组织开展各类交通安全教育活动1740场次，发放交通安全宣传材料80万余份，摆放宣传展板16000余块，悬挂各类横幅25000余条，累计教育群众90万余人次，组织召开区级交通管理群众座谈会12次。帮助朝阳区首都师范大学附属实验小学获北京市时尚阳光少年交警队交通安全会操比赛第1名。

（岳　玥）

【动态化指挥机制】 年内，全面梳理辖区警情变化特点，在拥堵高发的重点区域将个性化疏导方案常态化，将常态化疏导方案精准化。针对管界事故警情高发时段、区域，适当调整警力投量、投向；突出扁平化、动态化指挥，打破管界，就近布警，做到警力效能最大化。在此基础上，强化"大数据"有效信息生成，分析交通流量的时空变化特点以及交通事故的多发规律，在岗位调整上做到精确、精准。全年事故警情处警合格率达到99.5%，比2016年（97.9%）提高1.6个百分点。

（岳　玥）

【规范交通执法】 年内，开展执法监督检查活动138次，对1169起执法不规范问题进行考核兑现。对涉及的重点案件，主要领导专项盯办，确保案件的及时、正确、妥善处置。全年接待群众行政复议565起，正式立案27起；行政诉讼案件出庭应诉18次；审理行政拘留案卷430宗；审理危险驾驶刑事案卷309宗；接待群众复核25人次，复核立案25宗；办理国家赔偿案件56宗；审理案件监管案卷1300余宗。

（岳　玥）

【干警队伍建设】 年内，开展执法类、事故处理类、警务终端使用类业务培训40余次，执法规范用语、执法电子装备使用、专用系统操作、事故处理程序、行政拘留案卷规范制作要求、案件移交与接收工作以及案件保密等方面得到有效提升。57名民警荣立市公安局个人三等功、201名民警荣获局嘉奖。

（岳　玥）

检　察

【概况】 年内，朝阳区人民检察院（简称区检察院）依法全面履职。依法打击各类刑事犯罪。全年依法审查逮捕各类犯罪2980件4249人，审查起诉3240件4041人。加强民事、行政诉讼活动监督，受理行政诉讼监督案件7件，民事同级监督案件52件，审结45件。强化刑事执行检察监督，依法办理各类刑事执行监督案件302件302人，办案数位居全市第1。加强综合治理成效。出台《关于服务和保障朝阳区"建设三区、建成小康"的工作意见》，连续2年发布《金融检察白皮书》，为北京CBD金融商会互联网金融分会14家主要会员企业开展互联网金融风险防控专项培训。重视经济犯罪案件的维稳防控工作，接待群众来访902批6015人次。全面推进"两法衔接"工作，与全区26个行政执法单位建立每月反馈制度和季度通报制度。加强公益诉讼试点工作，排查梳理行政公益诉讼案件线索27件，排查梳理民事公益诉讼案件线索32件。探索专业化改革道路。成立基本办案组94个，检力资源进一步向专业化办案部门倾斜。探索认罪认罚从宽试点工作。加快"智慧检务"建设。引入量刑辅助系统、语音智能识别系统、本地远程一体化设计，进一步提升办案效率。完成职侦部门转隶工作，成立职务犯罪检察部，加强与区纪委监察委的工作衔接和配合，受理区纪委监察委移送的职务犯罪案件16件21人，收案数占全市受理案件总数的30.8%，位列全市检察机关首位。加强内部监督，严格落实检察官办案责任制，全院有员额检察官112名，一般案件决定权由检察官独立行使。加强执法执纪督察，全员签订廉政责任书。加强人才培养，与国家检察官学院签订"检校共建协议"，与北京大学、中国人民大学等知名院校建立金融专业课程培训合作机制，为干警提供互联网金融等最前沿知识。组织干警参加调训、自主选学式培训70余批2500余人次。建立青年干警实务导师制度，形成"铸才、育才、引才"三位一体人才培养体系。

（李　阳）

【金融犯罪惩防工作机制建立】 1月22日，与朝阳区金融服务办公室签署全市首个《金融犯罪惩防工作机制》。明确基本目的、工作原则，细化行刑衔接、个案配合、信息通报、调查研究、金融预防、人才交流等工作内容和要求，是全市首个金融犯罪方面的行刑衔接工作机制。

（李　阳）

【首次适用认罪认罚从宽处理制度】 1月23日，结合辖区内金融犯罪具体情况，积极探索非法集资类案件认罪认罚从宽制度，为投资人挽回经济损失数千万元。在1起非法吸收公众存款案件中，首次适用认罪认罚从宽处理制度做出不起诉决定。

（李　阳）

【值班律师首次参与认罪认罚从宽制度】 2月22日，值班律师首次参与认罪认罚从宽制度，当日共参与案件12件12人，涉及罪名涵盖故意伤害罪、盗窃罪、职务侵占罪、妨害公务罪、受贿罪等。

（李　阳）

【工作推进会】 2月24日，主持召开朝阳区公益诉讼、"两法衔接"工作推进会，就推进朝阳区公益诉讼、"两法衔接"等工作进行部署。区领导及30余家行政机关主管领导出席。

（李　阳）

【职务犯罪检察部成立】 3月6日，经检察院党组决定，正式成立职务犯罪检察部。次日，职务犯罪检察部举行成立大会，院领导出席会议。

（李　阳）

【《配合国家监察体制改革试点的工作方案》制发】 3月13日，出台《配合国家监察体制改革试点工作方案》，明确改革试点工作的指导思想和基本要求，对职务犯罪侦查部门职能整合、内设机构变动、人员转隶等重要工作做出具体部署，确定办案工作衔接的时间节点。

（李 阳）

【“法治特色学校”启动】 3月28日，检察院“法治特色学校”项目正式启动。“未成年人法治诊所”进驻北京市第八十中学睿德分校，与区教委、八十中睿德分校三方代表签署合作协议，并为“未成年人法治诊所”授牌。

（李 阳）

【职务犯罪惩治与预防工作报告获区委批示】 4月7日，《2016年度朝阳区职务犯罪惩治与预防工作报告》获区委领导批示。该报告深度剖析“小官贪腐”职务犯罪问题，为进一步完善惩治和预防腐败体系，建设法治朝阳，服务区委、区政府反腐败决策部署提供重要参考。

（李 阳）

【监察委员会成立】 4月7日，北京市朝阳区监察委员会正式成立，检察院积极配合朝阳区深化监察体制改革试点工作小组做好人员转隶工作，完成配合国家监察体制改革试点工作职务犯罪侦防部门人员转隶任务。

（李 阳）

【首例劫夺被押解人员案抗诉获改判】 4月12日，首例劫夺被押解人员案提请抗诉获改判。此案系近十年来北京地区唯一一起劫夺被押解人员案。

（李 阳）

【领导调研】 5月9日，北京市检察院检察长敬大力到区检察院主持召开北京市检察机关推进改革系列调研座谈会，北京市检察院第三分院及各辖区检察院的检察长参会并做汇报交流。

（李 阳）

【未成年人检察研讨会】 6月22日，举办“司法改革背景下未成年人检察专业化、规范化、社会化建设”研讨会。最高检及北京市检察院领导参加会议，并就推进未成年人检察专业化、规范化、社会化建设提出要求。

（李 阳）

【《关于服务和保障朝阳区“建设三区、建成小康”的工作意见》制发】 7月6日，出台《关于服务和保障朝阳区“建设三区、建成小康”的工作意见》，从增强服务保障意识、发挥打击预防职能、综合运用各项职能、聚焦监督业主、加强自身建设、加强组织领导六个方面着力提升服务和保障区域发展工作。

（李 阳）

【联席会召开】 7月11日，与朝阳法院、公安朝阳分局召开联席会，就公诉部门介入刑事案件侦查工作进行探讨，举行“派出所—检察官”结对签约仪式，并对办案中存在的问题进行沟通和意见交换。

（李 阳）

【宣传朝阳区认罪认罚从宽制度“1333”模式】 7月19日，《法制日报》以《刑事案件认罪认罚从宽制度试点成效几何》为题，专门对朝阳院认罪认罚从宽制度“1333”模式进行宣传。

（李 阳）

【“朝检党员教育”微信平台上线】 8月9日，建立“朝检党员教育”微信平台，每天定时向党员干部发送“掌上微党课”，推动信息化条件下党员教育工作开展。

（李 阳）

【首个速裁案件】 8月10日，通过不断探索覆盖全面、过程精简、层次多样的认罪认罚从宽体系，支持1起在区看守所速裁法庭开庭审理案件，这是刑事速裁法庭设立后审理的首个速裁案件。

（李 阳）

【首次对监察委移送案件提起公诉】 9月1日，依法对区监察委员会移送的被告人郭某某涉嫌受贿罪一案提起公诉并对该案适用刑事案件认罪认罚从宽制度。这是首例对区监委移送案件提起公诉的案件。

（李 阳）

【公益诉讼工作情况报告获区领导批示】 10月12日，《全面开展公益诉讼工作情况的报告》获区委书记吴桂英，区人大常委会主任陈宏志，区委常委、政法委书记张维刚等区主要领导批示。

（李 阳）

【“两法衔接”专题授课】 10月16日，为落实区委常委会听取“两法衔接”专题汇报后指示精神，进一步加强“两法衔接”工作职能宣传，区检察院先后受区法制办和区农委邀请为全区处级干部法治政府建设培训班、区农委法制培训班就“推进两法衔接工作，助力法治政府建设”进行专题授课。

（李 阳）

【办理朝阳区某小区人防工程被非法侵占案】 10月24日，依托“两法衔接”工作机制，办理“朝阳区某小区人防工程被非法侵占案”，清退违法占用人员200余人，拆除140余间地下违法隔断群租房，获区民防局赠送“检察机关综合协调助力清整，推动地下空间清整促提升”锦旗。

（李 阳）

【公益诉讼工作推进会】 11月7日，区委政法委组织召开检察机关全面开展公益诉讼工作推进会。区委常委、政法委书记张维刚，副区长王志勉及30余家行政部门主管领导出席。区检察院党组书记、检察长张玉鲲，党组成员、副检察长孙长柱等领导参加会议。张维刚肯定全区公益诉讼工作成效。

（李 阳）

【检校共建】 11月9日，举办与国家检察官学院签署关于加强和改进检校共建协议。国家检察官学院副院长杨迎泽，学院院长办公室主任朱全景等领导和教师出席，区检察院党组书记、检察长张玉鲲以及相关部门负责人、检察官参加签约仪式。区检察院将同国家检察官学院开展合作，形成检察实务同检察理论研究的良性互动机制。

（李 阳）

【协办研讨会】 11月10日，中国人民大学法学院主办、朝阳院参与协办的“认罪认罚案件的中国实践与域外经验”研讨会在朝阳区召开。最高检侦监厅副厅长张晓津，市院副检察长甄贞，市院党组成员、副检察长王伟，区检察院党组书记、检察长张玉鲲等全国检察系统有关领导，朝阳区公安、法院、司法局等单位负责人，以及中国人民大学、国家检察官学院等单位的专家、学者、实务精英60余人参加研讨会。研讨会还邀请英中协会主任葛珍珠，英国、荷兰等国的大学教授、律师参与。

（李 阳）

【涉嫌污染环境案件】 11月15日，由区检察院提起公诉的张某某、张某某、夏某某、夏某某、赵某、夏某某非法收购、贮存、处置废机油导致污染环境案获有罪判决。该案系《最高人民法院、最高人民检察院关于办理环境污染刑事案件适用法律若干问题的解释》实施以来，北京市首例非法收购、贮存、处置废机油涉嫌污染环境案件。

（李 阳）

【宪法日宣传活动】 12月4日，国家宪法日，开展“维护宪法权威、守望公平正义”主题公众开放日活动。市、区两级22名人大代表及政协委员参加活动。

（李　阳）

【首次中标中国法学会部级课题】 12月15日，区检察院申报的“涉众型经济犯罪涉案财物处置问题研究”中标中国法学会部级研究课题。区检察院是唯一中标的基层检察单位，为区检察院在该级别课题申报中重大突破。

（李　阳）

【生产、销售不符合安全标准食品立案监督案】 年内，张某某生产、销售不符合安全标准的食品案件被立案监督。被告人张某某自2016年3月以来，在朝阳区小红门成寿寺广告城经营的成都小吃店内，明知发酵面制品中禁止使用硫酸铝钾和硫酸铝铵，仍然在生产、销售的包子中使用含上述成分的“泡打粉”，经对其于2016年7月29日销售的包子抽检，铝的残留量实测值为1140毫克/千克。年末，区检察院对全市申报案件材料初评，确定6件入围终评案件。12月28日，在全市精品案件终评评审中，“张某某生产、销售不符合安全标准的食品案立案监督案件”被评选为2017年全市“两个专项”立案监督活动精品案件第1名。

（李　阳）

【涉嫌劫夺被押解人员案】 年内，市第三中级人民法院对朝阳法院一审判决于某某等8人构成劫夺被押解人员罪改判。2016年9月16日，区检察院判定被告人于某某等8人犯劫夺被押解人员罪。指控书认为：被告人于某某伙同吴某某、何某某、宁某某、翟某、林某某、谢某某、吕某某等人，于2016年3月22日10时许，在本市朝阳区民族园西路2号唐人街大厦3层“圣励中国健康安全网”公司内，对正在该公司抓捕犯罪嫌疑人的湖南省公安厅怀化市公安局洪江市公安局副局长刘丰勇、怀化市公安副局长易汉忠等民警进行暴力阻挠，劫夺民警手机、公文包、摄像设备等物，并劫夺在押途中的犯罪嫌疑人陈某、丁某某，造成二人脱逃。暴力行为导致多名民警受伤。2016年11月19日，朝阳区人民法院做出判决，认定被告人于某某等8人构成妨害公务罪，判处刑期从2年11个月至1年有期徒刑不等。后区检察院以一审判决定性错误、量刑畸轻、合并执行刑期错误为由提出抗诉。2017年3月31日，北京市第三中级人民法院做出判决，认定一审判决定性错误、量刑畸轻、合并执行刑期错误，对朝阳法院一审判决进行改判，判处于某某等8人构成劫夺被押解人员罪，刑期从4年至1年有期徒刑不等。

（李　阳）

法　院

【概况】 年内，朝阳区人民法院（简称区法院）围绕“努力让人民群众在每一个司法案件中感受到公平正义”工作目标，在改革创新、规范化建设、信息化建设、诉讼服务、党建工作及从优待警六个方面下功夫，着力打造“韧性法院、智慧法院、公信法院”，为服务辖区经济社会发展大局做贡献。全年受理各类案件130023件，同比增长28.3%；审结案件130084件，同比增长26.6%；法官人均结案471件，同比增长95.5件。获全国巾帼文明岗等区级以上集体荣誉18项。

地址：朝阳公园南路甲2号

邮编：100026

电话：65021021

邮箱：bjcyqfy_mygt@chinacourt.org

（陈瑛洁）

【亚运村民事案件速裁庭成立】 1月，区法院党组主动推动改革，在亚运村法庭设立民事案件速裁庭，实现交通事故、民间借贷、物业服务、供用热力等几类民事纠纷的集中快速处理。该庭积极创新工作方法，推行要素式审判法和串案批量处理法，并借力信息化建设，运用庭审语音转换系统、开发民间借贷纠纷案件裁判文书制作软件，提高审判质量和效率。年内，该庭收案26519件，组建15个速裁团队，全年结案22545件，法官人均结案数达到1621件，结案最多的审判团队全年结案2489件，以13%的民事法官完成37%的民事审判任务，有力助推全院繁简分流机制改革。

（陈瑛洁）

【三型法院建设】 年初，区法院提出建设“韧性法院、智慧法院、公信法院”工作目标，“韧性”指面对审判工作新常态和新形势，保持工作平稳并有效驾驭局面的适应能力，“智慧”指面对新情况、新问题，持续改进和创新发展的综合能力，“公信”指面对人民群众的新要求、新期待，切实维护社会公平正义的司法能力。

（陈瑛洁）

【审判（执行）业务管理部设立】 8月，区法院设立审判（执行）业务管理部，以贯彻落实中央深化司法体制改革精神，探索司法规律的审判管理模式。审判（执行）业务管理部由审判委员会办公室、研究室和裁判文书校核工作办公室组成。主要职责为：负责监督检查审判管理制度落实情况，对全院审判质效进行分析、研究，对审判管理中存在的问题提出整改意见；负责协调解决审判、执行及职能部门在履职过程中出现的争议问题；负责重大敏感案件的处置管理工作；负责审判业务调查研究工作、总结审判经验；负责司法统计工作；负责多元调解及诉调对接工作；负责长期未结案件的督办工作；负责全年审判、执行工作任务目标完成的组织工作。

（陈瑛洁）

【刑事审判】 年内，区法院审结刑事案件2786件，判处罪犯3297人。审结抢劫、绑架、故意伤害等严重侵犯公民人身财产安全的案件312件，判处五年以上有期徒刑355人；依法惩治黄赌毒黑拐骗等违法犯罪活动，审结相关案件504件；加大对侵犯未成年人犯罪的打击力度，审结虐待、强奸、猥亵未成年人刑事案件12件。依法打击经济犯罪。审结生产销售假药、有毒有害食品等犯罪52件；坚决遏制涉众型经济犯罪案件高发态势，审结非法吸收公众存款、集资诈骗等案件149件，同比增长79.5%，为受害群众挽回经济损失7亿余元。审结贪污、受贿等职务犯罪18件20人，妥善审结由区监察委办理的职务犯罪案件。贯彻宽严相济的刑事政策，对未成年人犯罪、轻微刑事犯罪以及具有自首、立功等情节的被告人依法从宽处理，对602名被告人适用缓刑或免予刑事处罚。

（陈瑛洁）

【民商事审判】 年内，区法院审结民商事案件88315件，比上年增长19.7%。审结涉住房、医疗、教育、消费等与民生密切相关的案件35273件，优先选择简易程序、小额诉讼程序等简便高效的审判方式方法，40%的涉民生案件在2个月内审结；加强对妇女儿童、老年人等群体的司法保护，发布《涉老民事案件审判白皮书》。坚持服务经济发展新常态。依法平等保护产权，倡导诚实守信，审结合同类案件61819件；积极稳妥开展金融审判工作，审结金融案件13585件，发布《金融审判白皮书》《民间借贷纠纷案件审判白皮书》，引导金融产业规范交易、防范风险；建立破产案件快速审理、执行转破产等5项工作机制，审结破产案件77件，同比增长5倍，助力淘汰落后产能，促进产业结构调整升级。坚持保障辖区重要发展战略实施。加强对非首都功能疏解相关法律问题的调查研究，妥善审结一批涉温榆河公园、黑庄户农业生态公园建设等重点工程的案件，其中一起涉“雅宝路市场”商户腾退的案件被市高院评为“疏解整治促提升”专项行动典型案例；加大对文化创意、高新技术产业的司法保护力度，妥善办理涉《琅琊榜》著作权纠纷案、“勃贝雷”“杜康”商标纠纷案等一批影响力较大的知识产权案件。

（陈瑛洁）

【行政审判】 年内，对行政案件坚持做到有案必立、凡诉必理。区法院审结行政案件1068件，同比增长31.5%。监督、支持行政机关依法行政。对违反法定程序、不依法履行职责的行政行为依法予以纠正，判决行政机关败诉案件130件。建立行政机关负责人出庭应诉制度。与区政府法制办联合发布《朝阳区行政机关负责人出庭应诉工作规定》，将行政机关负责人出庭应诉情况纳入依法行政考核范围，努力做到“民告官而能见官”。促进行政争议实质性化解。坚持依法裁判和协调化解相结合，在查清事实、分清是非、合法自愿的前提下，以协调方式化解行政纠纷160件，同比增长46.8%，并在1起征收补偿协议案件中出具区法院首份行政调解书。加强司法与行政的良性互动。发布《行政案件司法审判年度报告》，推动树立严格、规范、公正、文明执法的法治观念；全年为行政机关举办法制培训5次，组织庭审观摩10次，参训领导干部950余人次。

（陈瑛洁）

【结案执行工作】 年内，区法院执结案件35498件，兑现当事人胜诉权益。实现财产查控方式变革，通过北京法院执行办案系统自动查询被执行人8类政务信息和在京86家银行存款，查询到不动产、机动车等财产信息138万余条；加大执行强制措施适用力度，依法对62名拒不执行判决、裁定人员采取罚款、拘留等强制措施，公布失信被执行人10609人次，督促2409人次主动履行法律义务，履行金额3.1亿余元；审结全市法院首例拒执刑事自诉案件，彰显法律尊严和司法权威。积极盘活涉诉资产。针对不动产案件处置难的问题，总结出“三谈一促”四步腾退工作法，腾退房屋686套；拓宽财产变现渠道，积极推行网络司法拍卖，通过网络平台组织专场拍卖450场，成交金额9.6亿元，加快涉诉资产的交易流转。

（陈瑛洁）

【信访和审判监督】 年内，区法院接受群众来访920人次，来信298件次；审查各类申诉案件187件，其中驳回申诉109件，提起再审13件，撤诉11件，终结54件；受理当事人申请、检察院抗诉、上级法院指令等各类再审案件48件，审结31件，其中改判24件、撤诉5件、调解2件。

（陈瑛洁）

【审判管理】 年内，成立审判业务管理部，建立“院级统抓统管、部门日常监管、法官自律自管”与司法责任制要求相适应的审判管理体系，实现管理体系由“单一化、碎片化”向“整体化、系统化”转变；制定《非法吸收公众存款案件审理规范》《房屋买卖合同纠纷案件审理规范》等16项案件办理规范，实现业务管理由“个案化、分散化”向“规范化、制度化”转变；运用大数据和人工智能技术，自主研发肖像权等类型化案件办理系统，上线庭审语音转化、司法专邮送达、批量文书生成、审执事务集约保障等系统，实现业务模式由“人工化”向“科技化、智能化”的转变。在案件量大幅增长的情况下，区法院审判质量保持稳定，一审案件改判发回重审率同比下降0.04个百分点，服判息诉率同比上升1.4个百分点。

（陈瑛洁）

【“一统、三进、三对接”调解工作体系】 年内，建立“一统、三进、三对接”调解工作体系。该体系为区法院落实司法改革要求、结合自身工作特点探索出的多元化纠纷解决机制。“一统”即区委政法委统筹；“三进”即人民调解进法庭，律师调解进法院，司法调解进社区；“三对接”即人民调解与人民法庭对接，专业调解与专业审判对接，多元化解与速裁审判对接。

（陈瑛洁）

【司法能力建设】 年内，制定《关于加强专业化建设的工作意见》，构建教、学、练、战一体化的教育培训机制，重点培养审判人员的司法专业能力、群众工作能力、科技应用能力和社会沟通能力；建立“2+4+N”专家型法官培养模式，着力培养一批理论深厚、业务精湛的专家型法官。区法院2名法官分别荣获“全国法院先进个人”“全国法院办案标兵”称号，2名法官获评“北京市审判业务专家”，10名干警被评为“北京法院司法业务技能标兵”。5篇案例被《人民法院案例选》采用，13篇案例被《中国审判案例要览》采用，采用量均居北京市基层法院首位。

（陈瑛洁）

【“2+4+5+N”专家型法官培养模式】 年内，建立“2+4+5+N”专家型法官培养模式。“4”即确立“四个一批”工作目标，为专家型法官队伍建设指明方向；“2”即出台两个培养办法，制定《审判业务专家型人才培养和管理办法》和《司法业务标兵型人才培养办法》，为人才培养提供制度保障；“5”即五个课堂，打造“资深法官课堂”“专家课堂”“庭审课堂”“窗口实践课堂”和“网络课堂”，提升青年法官司法能力和综合素质；“N”即确定一批重点培养对象。

（陈瑛洁）

【判令业主拆除私建立体车位案】 年内，受理原告北京万科物业服务有限公司诉被告邹某某、王某排除妨害纠纷一案。被告邹某某、王某在小区地下车库拥有2个相邻产权车位，因家中车辆较多，为节省空间、提高利用效率，自建升降设备。原告认为2被告行为违反相关约定，侵害全体业主的共有权益。经查，邹某某、王某搭建立体升降停车设备位于开放性车位上，所使用的支撑杆和电路均占用业主共有区域，且邹某某、王某擅自将380伏电路穿过公用楼梯和墙体引入地下一层为停车设备供电。最终区法院认定，2被告未经物业或业委会同意，在自有产权车位擅自搭建升降停车设备的行为占用公共区域，且未经审验收的停车设备及擅自拉设的电路均存在安全隐患、损害其他业主权益，并且违反小区公约，依法判决2被告予以拆除。宣判后，召开业主对建筑物进行加改类案件的新闻通报会，并向北京市交通委发送司法建议，建议规范自有车位建设立体停车实施的规则，对社会公众的价值观和行为做出指引。该案被评为媒体关注的2017年北京法院十大案件。

（陈瑛洁）

【“雅宝路市场”商户腾退案】 年内，受理原告首都儿科研究所（简称儿研所）与被告北京天雅恒逸控股集团有限公司（简称天雅恒逸公司）、北京雅宝路天雅服装市场有限责任公司（简称天雅服装市场）房屋租赁合同纠纷一案。儿研所起诉请求判令天雅恒逸公司、天雅服装市场立即将位于朝阳区雅宝路2号科贸楼（天雅大厦）11、10、9、8、7层（面积为16525平方米）立即腾退并返还与儿研所。所涉标的物地处朝阳区雅宝路，该不动产为地上11层、地下2层，总面积为41864平方米，用于开办服装市场。该市场属于非首都功能疏解的重点地段。区法院组织各方有序开展前期调解工作，在诉讼中完成近7000平方米的腾退及返还工作；审理后判决该楼近一半面积的腾退及返还。该案被市高院评为“疏解整治促提升”专项行动典型案例。

（陈瑛洁）

【“勃贝雷”商标纠纷案】 年内，受理原告BURBERRY LIMITED即勃贝雷有限公司诉被告北京尚品百姿电子商务有限公司、北京捷航盛达商贸发展有限公司、上海耀煜电子科技有限公司侵害商标权及不正当竞争纠纷一案。原告诉称：自2011年起，尚品百姿公司在其经营的尚品网等网站中持续使用原告享有的“BURBERRY”英文字母、格子图形、骑士图形等商标，销售含有上述商标标志的商品，并宣称“官方授权100%正品”，介绍BURBERRY品牌历史、正品鉴定方式等，但其却销售假冒BURBERRY商标的商品。2013年12月，北京海关查获三票假冒BURBERRY商标的进口商品，货值达589万余元人民币。该三票货物的实际收货人均为尚品百姿公司，其中两票货物系尚品百姿公司委托捷航盛达公司进行进口代理，并由耀煜公司垫资。原告认为三被告进口假冒商品构成商标侵权，要求其停止侵权行为，并依法赔偿经济损失。经审理后，区法院判决三被告停止商标侵权行为，尚品百姿公司停止不正当竞争行为，同时判令三被告赔偿原告经济损失。本案判决中，对于销售商对商标的使用是指示性使用还是商标性使用、是否构成商标侵权，如何认定进口商的法律地位和其应当承担何种法律责任，如何认定进口代理商和垫资者的法律责任，以及在侵权产品未实际进入流通领域情况下如何判赔等实践中存在重大争议的疑难问题进行分析论述，对于此后同类案件的审理和定性具有参考价值，并对跨境电商、进出口代理等行业的规范发展也起到规制、指引作用。

（陈瑛洁）

司法行政

【概况】 朝阳区司法局机关内设科室11个。下设科级事业单位3个，即朝阳区法律援助中心、朝阳区阳光中途之家和北京市正阳公证处。下设3个社团组织，即朝阳区律师协会、人民调解员协会和阳光司法社会工作发展中心。年内，朝阳区司法行政系统完成党的十九大服务保障等各项工作任务。区司法局被评为北京市国家司法考试工作先进集体；区法律援助中心被评为“北京市工人先锋号”；王远捷、刘素红、曾庆化3人被评为“2015—2017年度北京市司法行政系统先进个人”；9个部门、23名个人获北京市司法行政系统十九大维稳安保工作先进集体（个人）称号。加强律师党建工作。对292个无党员律所，由党委委员及基层党组织书记担任“党建工作联络员”，定向联络律所主任。朝阳区律师协会党委下属4个党委，13个党总支，238个党支部。党员6058名，约占朝阳区律师总数的42.8%。指导区律师协会组建朝阳律师专项服务团，提供组团护航式法律服务。设立朝阳律师志愿服务工作站，为近万名群众提供无偿法律咨询。全区99家律所与529个社区（村）签订法律服务协议；19名律师、1名司法鉴定人员入选京津冀司法行政服务北京冬奥会、河北雄安新区百人法律服务团；指导区律师协会与河北省保定市律师协会签署《战略合作协议书》。全年律师类行政执法案件26件，同比增长86%；处理好“红黄蓝”幼儿园事件，工作得到区委区政府认可；成立全市首个区级维护律师执业权利中心和投诉受理查处中心。截至年底，朝阳区有律师事务所920家，执业律师14085名，律师行政许可窗口办理行政许可初审事务共5383件。逐步完善法律援助三级服务网络，5月在劳动争议仲裁院建立工作站。8月底建成43家社区（村）法律援助联系点。在公、检、法、看守所建立法援工作站开展认罪认罚从宽试点工作。区法援中心全年受理案件4156件，同比增长2.8倍。为驼房营地区旧城改造、永安里旧城区改建等12个区级重点项目提供公证服务。将行政执法检查工作纳入日常工作安排。推进“法律进学校”活动。正式启用朝阳普法标识。制定《朝阳区疏解整治促提升专项行动人民调解突发事件应急处理预案》。整合调解员协会专业委员会的律师、特邀调解员和行业专家、品牌工作室调解员组成“朝阳区疏解整治疑难纠纷调解团”43人。实现专业资源全覆盖。协助法院开展诉前调解工作。优化警力，朝阳区社区矫正干警集中用警模式正式全面启动。区矫正管理支队下设两个大队、6个中队及2个直属队（督察队与专案工作队）。成立由矫正科工作人员和抽调干警组成的执法督察队，每月定期通过线上线下相结合的方式，督察专项工作落实情况、社区矫正干警纪律作风和警容风纪。

地址：六里屯西里5号
邮编：100026
电话：65025495

邮箱：sfjbgs@bjchy.gov.cn

（车　莹）

【农民工专项维权活动】 2016年12月至2017年1月，开展以“维护你的权益，法律援助在行动”为主题的农民工法律援助专项维权季活动。活动接待农民工法律咨询1000余人次，受理各类农民工法律援助案件400余件，涉及500余人。其中，10人以上农民工群体案件8件，公职律师跟案5件。

（车　莹）

【矛盾纠纷排查工作】 1月3日，组织各司法所和基层调解组织开展矛盾纠纷排查调解。排查出矛盾纠纷隐患183件，化解179件，调解成功率为98%。

（车　莹）

【2017年度社区矫正工作联席会】 1月11日，召开2017年度社区矫正工作联席会。公、检、法、司等成员单位领导、部门负责人和工作人员参加此次会议。会议就2016年度社区矫正工作中存在的问题进行分析，对2017年度社区矫正工作进行部署。同时就如何做好非京籍社区服刑人员衔接配合等有关问题调查研究。

（车　莹）

【微信公益服务项目合作协议签订】 1月16日，区依法治区领导小组办公室与京师、威诺、律理、瑞中、保利威五家律所签订公益服务项目合作协议，助力“朝阳普法”微信公众号内容升级。

（车　莹）

【公共服务事项梳理】 1月16日，按照市区要求，梳理出“律师执业核准”“法律援助”“公证员任职、免职审核”等8项事项（其他由区局初审，市局审批事项由市局集中梳理填报），填报录入全市事项目录管理系统，进一步优化提升区司法局公共服务水平，简化公共服务办事流程，推进全局管理服务规范化、标准化。

（车　莹）

【“六五”法治宣传教育区级表彰】 2月6日，区依法治区领导小组办公室在综合评估各街乡（地区）、各系统、各单位5年来法治宣传教育开展情况及“六五”法治宣传教育检查验收结果，并在广泛征求区依法治区领导小组相关成员单位意见的基础上，对朝阳区双井街道办事处等先进集体、董健等先进个人予以通报表扬。

（车　莹）

【矛盾纠纷排查】 2月24日，区司法局组织各司法所和基层调解组织开展矛盾纠纷排查调解。排查出矛盾纠纷隐患178件，化解178件，调解成功率为100%。7月24日，区司法局组织各司法所和基层调解组织开展矛盾纠纷排查调解。排查出矛盾纠纷隐患185件，成功化解183件，调解成功率为99%。9月7日，区司法局再次组织各司法所和基层调解组织开展矛盾纠纷排查调解。排查出矛盾纠纷隐患89件，化解89件，调解成功率为100%。

（车　莹）

【区律师协会维护律师执业权利中心和投诉受理查处中心成立】 3月6日，区律师协会维护律师执业权利中心和投诉受理查处中心正式成立。北京市律师协会会长高子程，区司法局党组书记、局长王远捷，区律师协会会长王清友，监事长柴志伟、部分副会长、区司法局相关科室及区律师协会权益保障、执业纪律与执业调处等部门负责人、工作人员共60余人参加揭牌仪式。仪式由区律师协会副会长刘玉明主持。

（车　莹）

【妇女法律援助维权活动】 3月8日，区依法治区领导小组办公室利用“三八”妇女节，采取多种形式，组织各街乡司法所积极开展妇女权益保护系列普法宣传活动，增强妇女维权意识。3月，朝阳法援在全区开展以“助力妇女维权，推进法律援助”为主题的妇女法律援助维权服务月活动。活动期间，批准受理妇女法律援助案件60件，接待法律咨询500余人次，咨询内容涉及离婚财产分割、子女抚养、房屋纠纷等方面。结合“疏解整治促提升”专项行动共举办宣传活动43场，累计发放宣传手册4000余册。

（车　莹）

【法援中心完成新址搬迁】 3月14日，朝阳区法律援助中心完成新址搬迁工作，三元桥法律服务大厅正式启用。

（车　莹）

【“3·15”主题法治宣传活动】 3月15日，区依法治区领导小组办公室围绕“网络诚信 消费无忧”主题，在全区范围内组织开展“3·15”法治宣传教育活动。

（车　莹）

【市司法局到区司法局调研】 3月17日，市司法局副局长马燕带领基层处负责人一行3人到区司法局调研公共法律服务工作，指导、检查司法行政服务保障“疏解整治促提升”专项行动，区司法局党组书记、局长王远捷、副局长谭水华参加座谈会。

（车　莹）

【“查找漏洞”专项行动启动会】 3月21日至22日，区司法局召开矫正帮教工作部署会暨“查找漏洞”专项行动启动会。区司法局副局长胡胜利、干警领队张京生出席，矫正帮教科人员、全体司法所长、助理员、矫正干警130余人参加培训。

（车　莹）

【朝阳区普法标识启用】 4月2日，经过前期征集、评审、签约等环节，朝阳区正式推出普法标识，打造普法品牌，增强公众对普法工作的认知度、参与度。

（车　莹）

【领导调研】 4月18日，区政府副区长王志勉在区司法局党组书记、局长王远捷陪同下到区司法局法律服务大厅调研公共法律服务工作。王志勉先后参观法律援助接待室、“12348”法律服务专线接待室、正阳公证处接待大厅及办证区等，了解法律援助及公证工作流程并听取法律援助、公证等工作近年开展情况及2017年重点工作的汇报。

（车　莹）

【朝阳律师第三次授袍仪式举办】 5月5日，区律师协会举办“朝阳律师第三次授袍仪式”。仪式上，老律师向100多位新律师授予律师袍。授袍仪式由区律师协会副会长王正志主持。

（车　莹）

【法援驻劳动争议仲裁院工作站建立】 5月8日，朝阳法援驻朝阳区劳动人事争议仲裁院法律援助工作站建立并正式启动、派驻律师值班。全年受理案件1409件。

（车　莹）

【冬奥会服务】 5月11日，朝阳区司法局、延庆区司法局、河北省张家口市崇礼区司法局局长签署《朝阳、延庆、崇礼（CYC）三地司法局服务冬奥会筹备工作协作框架协议》，三地司法行政部门将从法治宣传协作、法律服务协作、重点人管理协作以及矛盾纠纷化解协作四方面展开深入合作，服务好冬奥会筹备工作。5月26日，朝阳、延庆、崇礼三地司法行政系统联合在北京奥林匹克塔负一层大厅举行“冬奥服务保障 司法协同先行”协作项目启动仪式。市司法局局长苗林、副局长马燕、基层工作处处长崔冰，朝阳区副区长王志勉，延庆区副区长祖宇，朝阳区司法局局长王远捷，延庆区司法局局长张书亭，河北省司法厅副厅长霍建明、副厅长谢超，张家口市崇礼区政法委书记高尚君、区司法局局长啜龙以及朝阳、延庆、崇礼三地司法行政系统干警和志愿者代表150余人参加启动仪式，仪式由区司法局局长王远捷主持。7月31日，区司法局携手延庆区司法局、河北张家口市崇礼区司法局在延庆区张山营镇联合举办“携手迎冬奥，法治宣传助发展”主题活动。参加活动的除三地司法局和张山营镇领导外，还有服务冬奥普法志愿者、律师及三地工作人员。活动中，与会领导为服务冬奥普法志愿者代表授牌，为张山营镇当地村民和冬奥会项目施工建设者发放相关法治宣传材料。同时，邀请律师为现场群众举办法治讲座。

（车　莹）

【《战略合作协议书》签署】 5月19日，区律师协会会长王清友与保定市律师协会会长史昌分别代表所属协会签署《战略合作协议书》。双方将本着“优势互补、资源共享、协作发展、共同提升”的原则，建立互访、工作交流和联动机制，并开展协会牵手、文化交流、扶贫帮困等公益活动，共同承担律师社会责任。河北省司法厅谢超副厅长、北京市司法局副局级领导王群等领导及两地近30名律师代表参加仪式，会议由区司法局局长王远捷主持。

（车　莹）

【朝阳法援驻公安执法办案管理中心工作站建立】 5月22日，朝阳法援驻朝阳区公安执法办案中心工作站建立，并开展认罪认罚从宽制度试点工作。

（车　莹）

【未成年人法律援助维权活动】 6月1日至7日，在全区范围内开展以“法律援助助力维护儿童合法权益”为主题的未成年人法律援助专项维权服务周活动。法援中心、各工作站举办活动43场，累计发放宣传材料宣传品5000余份，接待未成年人及家长咨询57人次。接受群众咨询千余人次。

（车　莹）

【“七五”普法讲师团和法律宣讲团】 6月8日，区依法治区领导小组办公室组建朝阳区“七五”普法讲师团和法律宣讲团。讲师团成员由关心朝阳区法治建设、热心法治宣传教育事业，具有较深法学理论功底和实践经验丰富的法律工作者组成，法律宣讲团由司法行政系统工作人员组成。

（车　莹）

【区纪委区监委驻区委政法委纪检监察组进驻会】 6月23日，召开区纪委区监委驻区委政法委纪检监察组进驻会，局班子成员及中层以上干部参加。会上，派驻组组长李蓬介绍派驻组的职能和权限，并从派驻改革工作的重要意义、如何实现两个责任落实到位以及派驻组自身建设三个方面传达派驻工作有关精神。区司法局党组书记、局长王远捷代表司法局党组和全体干部群众做表态。

（车　莹）

【专题培训班】 6月29日至30日，区司法局举办全区司法所长及助理员专题培训班，进一步提高全区司法所在“疏解整治促提升”工作中化解矛盾纠纷能力和水平。

（车　莹）

【“千名干部下基层”工作座谈会】 6月30日，区司法局召开“千名干部下基层”工作座谈会，党组书记、局长王远捷做动员，11名干部参加挂职锻炼。

（车　莹）

【43家社区（村）法律援助联系点建成】 6月起，朝阳法援开展社区（村）示范联系点建设工作。依托区司法局律师监管科与村居法律顾问签订法律服务协议，明确村居法律顾问同时作为社区（村）法律援助联系点联系人，履行法律援助宣传、解答法律援助咨询、引导当事人申请法律援助及承办法律援助案件的工作职责。建成示范联系点43家。8月底，开始对外接待咨询和受理援助案件。

（车　莹）

【特邀监督员座谈会暨2017年半年工作通报会】 7月3日，召开特邀监督员座谈会暨2017年半年工作通报会，司法局领导班子成员与三名特邀监督员进行座谈。

（车　莹）

【特邀调解员培训班】 7月7日，区司法局联合区法院举办特邀调解员专题业务培训班，143名特邀调解员参加培训。

（车　莹）

【《关于完善朝阳区国家工作人员学法用法制度的实施意见》制发】 7月10日，区依法治区领导小组办公室、区推进依法行政工作领导小组办公室、区委组织部、区委宣传部、区人力社保局联合发文《关于完善朝阳区国家工作人员学法用法制度的实施意见》。意见结合朝阳区工作实际，就进一步完善朝阳区国家工作人员学法用法工作提出明确要求。

（车　莹）

【“儿童法治启蒙小课堂”在易县设立】 8月3日，区司法局在河北省保定市易县的听松书院设立“儿童法治启蒙小课堂”，携手乡村儿童法治教育。以区司法局“与爱同行”志愿者服务团队2017年系列公益活动为依托，“与爱同行”志愿者服务团队一行15人到位于河北保定易县的听松书院，捐赠儿童读物及学生用品，向乡村小读者讲授法治小故事并赠送普法教育、法律援助的宣传小物件。

（车　莹）

【律师行业协作发展座谈会】 8月14日，保定、朝阳律师行业协作发展座谈会暨律师事务所主任沙龙在保定市举行。会议由区司法局与保定市司法局共同举办，区律师协会与保定市律师协会承办，两地150余名律所主任及合伙人参加。区律师协会与保定市律师协会，在之前签署的战略合作协议基础上签署合作协议，确定两地律师的多项合作交流机制。

（车　莹）

【督导检查】 8月18日，由北京市法治宣传教育领导小组办公室副主任、市司法局副局长孙超美任组长，包括市司法局法宣处处长王超军，市人大内司办司法处处长张燕平，市政协社法委办公室调研员高森，市司法局法宣处副处长吕剑锋及相关人员在内的督查组一行7人，到朝阳区检查“谁执法谁普法”普法责任制落实情况。区委政法委专职副书记刘红，区依法治区领导小组办公室主任、区司法局局长王远捷，区依法治区领导小组办公室副主任、区司法局副局长朱蕴芳陪同检查。

（车　莹）

【区人民调解员协会召开第二届代表大会】 8月18日，区第二届人民调解员协会代表大会召开，区司法局局长王远捷、副局长胡胜利、谭水华以及120名代表参加会议。大会选举产生新一届协会的理事会和监事会领导机构，其中理事

21人、监事5人。北京律理律师事务所主任徐长林当选为会长，来广营地区调解委员会主任安立超、道路交通调解委员会主任佟桐当选为副会长，东湖街道调解委员会主任万孟当选为监事长。

（车 莹）

【领导调研】 8月29日，司法部律师公证司公证业务处处长刘华春及张为调研员到正阳公证处对贯彻落实司法部“五不准”情况进行指导、调研和检查。与会领导参观公证处接待区和办证区，听取区司法局主管局长和公证处主任关于贯彻落实司法部“五不准”情况工作汇报，调取近期办理的部分公证卷宗，逐本进行查阅，对区司法局和正阳公证处工作给予肯定。

（车 莹）

【司法部副部长调研律师党建工作】 9月7日，司法部副部长熊选国一行到安理律师事务所调研律师党建工作。区司法局党组书记、局长王远捷等参加调研。

（车 莹）

【社区工作推进会】 9月7日至8日，召开社区矫正专项行动总结会暨社区矫正集中用警试点工作推进会。区司法局党组书记、局长王远捷、副局长胡胜利、干警领队张京生出席，全体司法所长、司法助理员、矫正干警共130余人参加会议。

（车 莹）

【区示范残疾人温馨家园建立法律援助联系点】 9月18日，区法律援助中心、区残联联合举办朝阳区法律援助中心在示范残疾人温馨家园法律服务工作站建立联系点授牌仪式暨残疾人法律援助工作培训会。全区有52个示范残疾人温馨家园法律服务工作站建立法律援助联系点。各联系点均已挂牌，并开始运行。

（车 莹）

【法律进交通枢纽】 10月16日，朝阳区“喜迎十九大 法律进交通枢纽”暨律师普法志愿团成立仪式在四惠交通枢纽举行。区依法治区办副主任、区司法局副局长朱蕴芳，朝阳交通支队副支队长李猛以及部分律师代表出席活动。四惠交通枢纽各车队司乘人员代表、普法志愿服务律师代表和司法所代表逾60人参加现场仪式。

（车 莹）

【行政执法工作规范化建设年回头看】 11月8日，以“行政执法工作规范化建设年回头看”活动为契机，区司法局组织召开专题培训会，邀请市司法局法制处处长陈松岩就具体行政行为合法的标准问题进行专题培训。区司法局副局长谭水华、法制科及各执法科室主要负责人及相关执法人员参加培训。

（车 莹）

【区人民调解岗位大练兵知识竞赛】 11月15日，区司法局举办全区人民调解员岗位练兵知识竞赛决赛，来自全区6个赛区的优胜队代表队18名选手参加竞赛。最终三里屯代表队获一等奖。

（车 莹）

【基层律师协会监事会工作研讨会举行】 11月18日，由区律师协会主办，区司法局指导的“规范与监督——基层律师协会监事会工作研讨会”在北京香山饭店举行，全国十几个律师协会监事会成员参加，共同研究和探讨基层律师协会监事会如何提高监督能力与水平。

（车 莹）

【全年司法行政系统工作总结会】 11月23日，区司法局党组召开2017年度朝阳区司法行政系统工作总结会，局机关全体人员、43个街乡司法所长、司法助理员、矫正干警以及区律师协会、区人民调解员协会工作人员共200余人参加。

（车 莹）

【国家宪法日主题宣传活动】 12月1日，朝阳区在孙河法治文化广场举办“学习贯彻党的十九大精神，维护宪法权威”国家宪法日主题宣传活动。活动由孙河乡人大主席贾哲主持，朝阳区依法治区办副主任、区司法局副局长朱蕴芳、孙河乡乡长易湘林、乡领导班子成员、乡机关各科室负责人、区司法局法宣科人员、乡属各村、社区主要领导及司法专干、普法宣传骨干、社区群众等200余人参加活动。

（车 莹）

【侵权责任法培训班】 12月1日，区人民调解员协会举办骨干调解员侵权责任法培训班，区司法局副局长谭水华，会长徐长林、各街乡骨干调解员共100余人参会。

（车 莹）

【普法话剧《儿媳来了》推出】 12月5日，朝阳区举办“学习贯彻党的十九大精神，维护宪法权威”国家宪法日主题宣传系列活动，在朝阳区法治文化活动基地（垡头地区文化中心）演出普法话剧《儿媳来了》。区依法治区领导小组办公室副主任、区司法局副局长朱蕴芳、垡头街道办事处副主任蔡旭等领导出席活动，地区200余名干部群众现场观看演出。

（车 莹）

【律师执业权利保障工作联席会议】 12月7日，区委政法委组织召开朝阳区律师执业权利保障工作联席会议。区法院、区检察院、公安朝阳分局、区国家安全分局、区司法局及区律师协会主管领导参加会议。会议由区委政法委常务副书记赵红伟主持，区委常委、政法委书记张维刚出席会议并讲话。

（车 莹）

【两类人员“两节”救助工作】 12月11日、12日，为做好社区矫正、刑满释放两类人员民生救助工作，对矫正帮教困难人员开展“两节”送温暖活动。在阳光中途之家集中发放“2017年社区矫正、安置帮教特困人员救助物品”，发放救助物品509份。

（车 莹）

【国家司法考试朝阳区考点巡查】 年内，朝阳区司法考试涉及14个街道、地区的15个考点。组织召开工作部署会，责任到人；与区考试中心、公安分局、交通支队、城管执行局和各街道、地区合理对接。区司法局考点工作获2017年度“北京市司法局司法考试工作先进集体”荣誉称号。

（车 莹）

【获全国民主法治示范村（社区）】 年内，朝阳区三里屯街道白家庄西里社区被命名为“全国民主法治示范社区”。

（车 莹）

【获奖】 年内，区依法治区领导小组办公室获2017年北京市法治文艺作品剧本创作优秀组织奖。朝阳区依法治区领导小组办公室报送的由应强、曲阳创作的微电影《有警无险》获2017年北京市法治文艺作品剧本创作二等奖。

（车 莹）

【律所主任培训班】 年内，举办“2016—2017”年度及“2017—2018”年度4期律所主任培训班，700余名律师事务所主任参加轮训。

（车 莹）

【区公职、公司律师备案试点工作】 年内，朝阳区举办公职、公司律师备案试点工作启动及部署会议。根据上级文件精神和区实际情况，研究制定朝阳区《关于开展公职公司律师单位备案和人员核准工作的方案》，会议由副区长王志勉主持，各委办主管领导参加部署会。

（车 莹）

【监狱和教育矫治场所远程视频会见视频帮教工作机制】 年内，为全面推进监狱和教育矫治场所远程视频会见视频帮教工作，利用“互联网+”，解决罪犯家属到监狱和教育矫治场所会见的实际困难，服务方便家属会见和社会帮教，促进监狱和教育矫治场所与司法所工作的交流协作，结合朝阳区实际，制定《朝阳区司法局关于全面推行监所视频会见视频帮教工作的实施意见》。通过完善制度、分步推进，建立视频会见规范化、常态化机制。

（车 莹）

【认罪案件办理】 年内，朝阳法援驻公安执法办案管理中心、看守所、检察院本院、检察院驻看守所监区内、法院温榆河法庭5个法律援助工作站的值班律师共办理认罪认罚案件2374件，其中公安执法办案中心771件、检察院977件、法院385件、看守所241件。

（车 莹）

【法律服务所】

名称	地址	电话
1. 孙河乡法律服务所	孙河乡政府	85961236
2. 酒仙桥街道法律服务所	酒仙桥社区活动中心109室	64321938
3. 劲松街道法律服务所	劲松一区115楼317号	87735231
4. 八里庄街道法律服务所	八里庄西里73号楼1层108室	85867591
5. 小关街道法律服务所	北四环东路108号院13号楼	84856678

（车 莹）

军 事

北京朝阳年鉴

人民武装

【概况】 中国人民解放军北京市朝阳区人民武装部(简称区武装部)，负责朝阳区的军事工作，受北京卫戍区和中共朝阳区委、朝阳区政府双重领导，既是朝阳区委军事部，又是朝阳区政府兵役机关，部内设军事、政治工作、保障3个科。年内，贯彻中央军委、陆军和卫戍区决策部署，按照“举旗铸魂、聚集打赢、厉行法治、强基固本、创新推动、坚强核心”的抓建思路，加强政治建军、改革强军和依法治军，继续巩固国防动员体系建设。被卫戍区表彰为“先进人武部”“安全管理达标单位”“政法工作先进单位”及“新闻舆论先进单位”。

地址：亮马桥路34号
邮编：100125
电话：53201300　53201330

（赵云华　赵　云）

【思想政治建设】 4月，围绕12个重大是非问题召开组织生活会。围绕“三对照三查纠”，强化纪律规矩意识，助推改革前行。年内，区武装部始终把“举旗铸魂”摆在首位，重点学习领会习近平系列重要讲话，特别是国防和军队建设重要论述。全年组织集中学习28次。领会习近平“基础在学，关键在做”重要指示，分官兵和职工两个层次，开展承诺践诺活动。对照“四个合格”要求，引导党员在日常学习、工作和生活中认真履行承诺。部领导带头落实双重组织生活。开展清理清查和肃清工作，深化“两个清理”。

（赵云华　赵　云）

【停偿工作推进】 5月，针对停偿项目多、矛盾多、工作难推进的实际，确立“街乡牵头、机关配合、政府统筹”的工作思路，重新制定工作推进实施方案。截至年底，全区62个停偿项目中，37个已关停，17个正在通过谈判、法律诉讼推进，8个重难点项目正在依托街乡积极推进，取得阶段性成果。年内，区武装部落实军委停偿通知要求，组织驻区有停偿任务的部队及35个委办局成员单位召开会地协调领导小组会。妥善、合理地处理2个有偿服务项目的停止、移交工作。

（赵云华　赵　云）

【民兵整组】 年内，按照“着眼长远发展、健全制度机制、盘活潜在资源、打牢组织基础”思路，拓宽编组范围，改进编组模式，逐步把基干民兵的编组向多种经济实体、非公企业和部门拓展。坚持对口编组，把整组重点选择在专业对口，具有平战结合、军民通用的高科技行业和有经济实体机构及部门。结合民兵整组和国防动员潜力调查，侧重对民兵重点分队预编区域和单位严格把关，保证民兵重点分队质优量足。全区编组基干民兵、普通民兵，各街乡均建有应急队伍。民兵队伍专业对口率为76%；退伍军人比例为83%，民兵高中文化以上占89%，高科技人才占20%，编组布局日趋合理。

（赵云华　赵　云）

【民兵军事训练】 年内，区武装部适应实战化训练要求，修订完善12类备战预案，实现军地方案的无缝对接。严格落实战备值班制度，保证信息通联和情况的快速处置。7人顺利通过卫戍区军官军事素质认证考核。高标准完成卫戍区《民兵军事训练和考核大纲》试训论证任务。落实军事训练保障“向基层用力、向基层倾斜”指示要求。

（赵云华　赵　云）

【民兵战备工作】 年内，按照卫戍区“八个精细”“五个快速”“三个优化”战备工作要求，开展战备综合整治，修订完善作战、动员、处突、维稳等战备方案预案，落实节日战备值班制度，在春节、“两会”等重要时期，实行双值班员制度，部署战备值班分队，确保辖区的安全。利用政务网引入作战室、值班室的有利条件，实现对社情动态和气象天候、水文环境的实时监测，情报共享、预案对接、演练同步等功能，及时处置突发情况。组织官兵职工学习战备方案，开展应急训练演练和值班技能培训。

（赵云华　赵　云）

【民兵应急分队建设】 年内，朝阳区人民武装部在加强原有民兵应急分队建设的基础上，完成北京市和区委区政府赋予的民兵应急分队编组任务，完善民兵指挥通信器材、运输、炊事车辆、冲锋舟等应急装备。落实北京市民兵预备役正规化建设现场会精神，调研民兵应急分队的兵力编成、指挥机构、任务区分、应急装备、使用权限等问题，民兵应急力量编成更加合理。

（赵云华　赵　云）

【民兵防汛工作】 年内，调整民兵和驻区部队防汛指挥部领导成员，进一步完善防汛方案，召开驻区部队和民兵防汛工作任务部署会，组织进行防汛演练。区防汛抢险队共由7500人组成。组织驻区部队和民兵在坝河进行防汛实地演练，提高驻区部队和民兵应对洪灾的能力。

（赵云华　赵　云）

【民兵武器装备管理】 年内，加强基础设施建设，对训练基地的仓库电网、监控系统和铁丝网进行检修加固，对高炮、高机开展全面换季擦拭保养，更新仓库部分消防器材。加强对库管人员的教育管理，坚持每周政治学习和业务学习制度，提高库管人员的政治素质和业务素质，武器装备管理连续48年无事故。

（赵云华　赵　云）

【预备役登记】 年内，完成军队转业干部和退伍士兵预备役登记工作，并按时上报各种数据。

（赵云华　赵　云）

【征兵工作】 年内，按照“以高校为主体、大学生为重点”的征集思路，坚持早筹划、早部署、早宣传、早展开。两次组织13所高校共同分析形势、现场解决矛盾，提高大学生上站率。开展政治考核工作，协调北京市公安局朝阳分局，畅通渠道。建立廉洁征兵监督员制度，按照“区设办公室、街乡高校设监督员、实行日报告”要求，聘任廉洁征兵监督员181人，维护征兵工作良好秩序。最终完成朝阳区2017年度征兵任务，大学生征集比例为94.5%，较上年提高1.4个百分点。

（赵云华　赵　云）

【民兵执勤看护任务完成】 年内，落实卫戍区和区委区政府的指示要求，在全国“两会”“一带一路”国际合作高峰论坛、中共十九大等特殊时期，组织千余名民兵，历时33天，完成域内桥梁和地下通道执勤看护任务，受到北京市、卫戍区和区领导的肯定和赞扬。

（赵云华　赵　云）

【国防教育】 年内，严格落实军事日制度，组织全区正处以上领导干部约130余人于“八一”前夕，在区军休干部活动中心进行军事日活动。联合区委区政府、麦子店街道、六里屯街道，在蓝色港湾组织以“赞颂辉煌成就，赓继红色基因，支持强军改革”为主题的第17个全民国防教育日宣传活动，各街乡同时在不同场所开展宣传，普及国防知识。

（赵云华　赵　云）

【民兵政治教育】 年内，结合民兵组织调整和集中训练，安排落实政治教育内容。开展学刊、用刊活动，进行职能任务、形势政策、爱国主义、遵纪守法以及相信科学、破除迷信等教育，全区订阅《中国民兵》《华北民兵》《国防》《环球军事》《中国国防报》等报刊830份，助力提高民兵的政治素质。全年加大宣传报道力度，在各种报纸、杂志、电台、电视台刊稿15篇。

（赵云华　赵　云）

【后勤保障】 年内，区武装部落实党委理财制度，严格执行财经纪律规定，强化预算管控，完善细化财务管理规定，从严控制行政消耗性开支。做好服务保障，先后为新兵请领被装、发放行李箱、协调运输车。下拨民兵执勤经费和高校征兵奖励经费，提高服务保障质量。

（赵云华　赵　云）

人民防空

【概况】 朝阳区民防局（简称区民防局）按照《关于加强朝阳区纪委区监委派驻机构建设的实施意见》（京朝办发〔2017〕14号）精神，撤销监察科。保留办公室、工程建设科、工程管理科、法制宣传科和指挥通信科5个科室，下属3个纳入机关工资规范管理事业单位，包括人防工程管理所、人防工程综合服务中心和防空防灾通信指挥中心，编制87人。年内，落实中央和北京市、朝阳区工作部署，完成全区人防工程清理整治、中共十九大安全服务保障、防空警报试鸣等工作任务。

地址：甜水园东街7号

邮编：100026

电话：65851275

网址：mfj306@126.com

（邱云波）

【领导调研】 1月16日，副区长刘海涛到区民防局检查指导工作，区民防局局长王军汇报人防工程综合整治情况和重点工作任务。2月16日，市民防局局长刘宝杰、副局长李殿安一行8人，到区调研应急避难场所建设情况。先后考察元大都城垣遗址公园应急避难场所、朝阳区公共安全馆和128指挥中心。2月20日，区安全生产“护航”百日攻坚专项行动第四督查组组长李铎奎带队，到区民防局进行督查。3月7日，市民防局工程管理处罗辉斌、执法监察处文光宇对朝阳区民防局全国“两会”安保情况进行督查。3月31日，区人大代表24人调研朝阳民防工作，视察两处人防工程清理整治、使用管理等情况。4月6日，市民防局副局长郭援一行13人对朝阳区已关停人防工程和关停后再利用工程调研。6月6日，中央国家机关人防办与市民防局有关领导到区民防局，对区内中央国家机关人防工程综合整治工作调研，中央国家机关人防办领导表示，要按照北京市“疏解整治促提升”总体安排，积极推动人防地下空间综合整治。 11月24日，市民防局副巡视员张德华带领第三督导组，到朝阳区某小区人防工程进行督导检查，要求小区物业对员工宿舍使用上下床、乱拉电线、采光窗井堆放杂物等问题进行整改。

（邱云波）

【防空防灾应急演练】 5月5日至12日，参加市民防局组织的全市指挥通信驻训工作。5月、7月，分别应天津宝坻区人防办、河北承德市承德县人防办要求，参加“京津冀跨区支援野外拉动演练”训练活动。6月15日至21日，参加市民防局组织的2017年度北京民防跨区联合支援通信演练。7月10日至14日，组织完成“两区一县”（北京朝阳区、天津宝坻区、河北承德县）人民防空跨区协同训练。9月16日，组织参加北京市防空警报试鸣任务，全区五环外14个街道（地区）办事处的警报器参加试鸣。

（邱云波）

【党建工作】 年内，朝阳区民防局组织党员干部深入学习中共十九大精神和习近平新时代中国特色社会主义思想，加强调查研究，提升党组班子整体科学决策水平。开展“强党建、勇担当、重实效”的主题活动。组织党员赴河北省雄县米家务烈士陵园悼念先烈，开展迎“七一”读书系列活动和“共产党员献爱心”活动，为区慈善协会捐款5700元。选拔16人参加“一带一路”国际合作高峰论坛服务保障工作，组织61名党员、5名入党积极分子和3名团员清理人防工程内生活垃圾、建筑垃圾近100立方米。

（邱云波）

【党风廉政建设】 年内，召开民防局、地震局党风廉政建设专题工作会，部署2017年度全面从严治党和党风廉政建设工作。签订党风廉政建设责任书108份，开展“三级廉政提醒谈话”216人次。邀请区委党校副教授姜岩做《中国共产党党内监督条例》专题培训，组织党员干部观看廉政警示教育片《蝇之害》和《永远在路上》，强化党员干部廉政意识。选聘8名监督员，组成党风廉政特邀监督员队伍；推选6人，建立检查考核队伍；从一线党员中推选6名代表，列席民防局（地震局）党组会、局长办公会，对“三重一大”“四风”等工作内容进行监督。梳理岗位责任清单24份，并公示。

（邱云波）

【人防工程清理整治】 年内，区民防局采取广泛宣传、个别说服、重点攻坚、联合执法等综合措施，推动人防工程清理整治。 截至9月，91处挂账整治任务全部完成，清退人员3192人。关停有安全隐患的员工宿舍类人防工程15处，清退居住人员524人，配合中央单位整治住人工程50处，疏解人员1650人。

（邱云波）

【人防工程安全管理】 年内，朝阳区民防局与所有在用工程使用人和43个街乡签订《朝阳区人防工程安全管理责任书》，围绕“两节两会”、“一带一路”国际合作高峰论坛、中共十九大安全保障等重点任务和安全出口、疏散通道等重要部位，开展专项安全检查和执法行动。完成《突发事件应急预案》《火灾事故应急预案》《防汛应急预案》修订工作，提升应急管理能力。加强人防工程口部房管理。利用人防工程为社会提供停车位，完成人防汽车库工程《公共安全宣传栏》安装工作，强化车库安全。

（邱云波）

【人防工程维护维修】 年内，朝阳区民防局完成人防工程战时设备设施维护维修和人防工程防水堵漏任务。

（邱云波）

【人防战备资产普查】 年内，朝阳区民防局完成2015年市局部署的战备资产普查工作，解决锁门、积水工程64处，拆除工程51处。

（邱云波）

【民防宣传教育】 年内，区民防局与安贞街道办事处组织开展“安全家庭”主题教育活动，提升家庭整体公共安全意识和自救互救能力。以“5·12”主题日为契机，联合平房地区在定福家园开展安全知识技能培训，讲授逃生技能和防空警报基本知识。联合香河园街道办事处在西坝河中里社区开展民防宣传咨询活动，为社区居民讲解防空警报信号、结绳及日常止血包扎技能。在国防教育日，联合朝阳区教委，在北京芳草地国际学校富力分校组织师生开展防空警报疏散演练。利用“北京朝阳民防”公众号开展宣传，推送158期，点击率3.5万次。拍摄制作《防空警报信号及疏散方法》公益宣传片和《责任担当记心头，求真务实促发展》纪录片。

（邱云波）

【依法行政】 年内，朝阳区民防局受理行政许可申请621件。

（邱云波）

【社区民防建设】 年内，制定下发《朝阳区关于开展社区民防建设的工作方案》，完成平房、安贞等8个街道30个社区民防建设任务，安装逃生疏散引导牌154个。面向社区公开招募“安全家庭”1000余户，为“安全家庭”开展国防教育、防空防灾等技能培训46场，发放家用应急包1000余个。在3处人防工程内安装以讲解民防知识、普及防空防灾技能等为主要内容的宣传展板，使人防工程成为传播民防文化、宣传民防精神、掌握防空防灾知识主阵地。

（邱云波）

城乡规划与建设

2018

北京朝阳年鉴

城乡规划

【概况】 北京市规划委员会朝阳分局隶属于北京市规划和国土资源管理委员会（首都规划建设委员会办公室），为17个派出机构之一。内设办公室、纪检监察科、综合科、规划科、建设用地管理科、建设工程管理科、市政交通工程管理科、规划监察执法队等8个科室，下设朝阳区规划设计服务中心1个事业单位。有在编人员56名，其中公务员35名、机关工勤3名、工资规范事业单位人员18名。年内，推进总体规划编制和实施，围绕疏解非首都功能，加快破解“大城市病”和农村城市化规划建设。完成《北京城市总体规划》编制过程中的配合和意见征集工作，深化和完善朝阳区土地利用总体规划和城市总体规划“两规合一”试点规划编制。开展“北苑集团（朝阳部分）公共服务设施梳理研究”，形成中期成果。年内，推动朝阳区集体土地租赁房工作开展，共办理乡村规划意见书4件，总用地面积约227公顷。“北京垡头地区焦化厂地块规划实施动态研究”“北京市朝阳区国有单位农租房用地现状情况梳理暨规划研究”获2017年度北京市优秀城乡规划设计三等奖。

地址：农展馆南路5号
邮编：100125
电话：58670333
网址：http://chy.bjghw.gov.cn

（史　策）

【停车位规划】 年内，与区城市管理委员会共同委托北京交通工程学会开展朝阳区停车专项规划工作，取得阶段性成果。截至年底，共对接朝阳区38个街道，梳理出583个拟建设点位，具有可实施性的283个，其中公共停车场共243个，现状挖潜40个。

（史　策）

【项目选址】 年内，推进消防训练基地、垡头消防站、京沈客运专线（北京段）、国际文化硅谷项目、北京东方和瑞体育文化产业项目等选址工作。

（史　策）

【重点项目规划研究】 年内，推进孙河湿地公园、朝南万亩森林公园及朝阳区与副中心过渡地带等重点区域的规划研究与实施。完成朝阳区新一轮百万亩造林初步选址方案校核，并对选址提出相应意见。

（史　策）

【重点项目审批办理】 年内，各类保障性住房审批案件33件，许可总建筑面积约131.6万平方米，方案审查总建筑面积约108.2万平方米。完成“一会三函”项目方案审查5件，总建筑面积40.7万平方米。

（史　策）

【建设项目规划管理】 年内，办结朝阳区建设项目286件，其中包括选址及规划条件19件，用地规模205公顷。建设用地规划许可证（建筑工程）25件，用地规模184公顷。建设工程规划许可证（建筑工程）141件，建筑工程面积520.4万平方米。核发其他案卷101件。

（史　策）

【建设项目规划验收】 年内，办理建设工程规划验收133件，建筑规模约500万平方米；办理建设工程规划验线30件，建筑规模约107万平方米。东坝福园经济适用住房、东坝南区1106-692地块自住型商品房、高井2号地公租房、黄渠农民安置房、周庄农民回迁安置房、平房新村农民安置房、宝成雅苑安置房、恒大自住型商品房等保障房项目通过规划验收，建筑面积约130余万平方米。

（史　策）

【违法建设项目管理】 年内，对青少年活动中心二期项目、香江公园南区内建设项目、朝阳区儿童主题公园管理用房项目、仰山公园管理用房项目、立水桥公园活动中心项目、京顺园配套管理用房项目等违法建设项目立案调查，依法履职。

（史　策）

【地名审批】 年内，办理各类地名审批案卷45件，其中建筑物命名案卷25件、地名审批案卷20件。完成朝阳区第一批20条无名道路的地名审批，并开展第二批无名路命名。

（史　策）

【用地规划管理】 年内，小武基综合整治规划方案获市政府批复；金盏乡马各庄、沙窝、雷庄三村棚户区改造规划调整方案获市政府批复；用于安置孙河湿地公园拆迁的孙河乡农民安置房规划调整方案获市政府批复；朝阳区第一个集体土地棚户区改造和土地开发项目黑桥村、南皋村棚户区改造土地开发项目取得规划条件。办理完成各类教育设施建设项目规划许可共53.2万平方米，其中完成基础教育设施项目规划许可建筑面积约12.1万平方米；办理完成医院、社区服务中心及各类养老设施项目总建筑面积约22.9万平方米；办理完成绿色产业项目规划许可总建筑面积约8.8万平方米。

（史　策）

【市政交通工程管理】 年内，办结市政工程项目162件，其中市政选址及条件63件、市政工程类建设工程规划许可证89件、市政用地规划许可证10件。许可市政建筑工程面积0.47万平方米，许可各类管线总长度5.7万延米。核发保障房周边市政路规划手续53件，核发道路长度约20千米，管线长度约153千米，共涉及55条市政道路14个保障房项目。

（史　策）

【市政交通重点项目】 年内，完成17号线、12号线增站工作。配合开展3号线、28号线（原CBD线）等新建轨道交通线路的方案研究、用地调查等工作。核发东郊农场、大羊坊煤改电110千伏变电站建设用地规划许可证，许可东苇、东郊农场、东小井、大羊坊、郎辛庄5座煤改电变电站电力外线总长6千米。核发八里庄街道、高碑店乡等28个街乡“煤改电”外电源工程项目建设用地规划征求意见函。核发康家沟、管庄村、横街子3个村集中供热改造市政管线规划手续。核发大羊坊沟污水处理设施、黎各庄村小型污水处理站、皮村小型污水处理站、金盏东村小型污水处理站等小型污水处理设施的规划意见复函。核发勇士营排水沟、来广营中心沟等92条河道截污、清淤工程及马泉营湿地污水处理站、鸭子湖污水处理站等污水处理站改造工程的规划意见复函。

（史　策）

【乡村建设管理】 年内，北京市第一道绿化隔离地区城市化建设第二批5个试点乡的规划实施方案上报市政府，其中东坝乡、三间房乡获批复。“一绿”三批、四批试点乡规划实施方案编制完成。金盏乡统筹利用集体产业用地规划方案基本完成。完成乡村建设项目设计方案审查5件，总建筑面积约111.8万平方米。办理乡村建设规划许可证6件，总建筑面积约8.8万平方米。

（史　策）

【规划监察执法】 年内，接听并答复群众关于违法建设举报电话93起次。下发《责令停工通知书》36起次。移送违法建设案件111起次。对48处进入城管执法程序的违法建设出具书面认定，认定面积约6.8万平方米。参加区查违办组织的联合督查8次。配合区农委综合治理全区231处出租大院、废品市场、其他仓储物流基地、商品交易市场等功能疏解地，共120余万平方米。会同区农委牵头开展朝阳区小产权房普查工作。

（史　策）

【调研课题】 年内，组织开展“朝阳区街区设计导则研究”“朝阳区老旧社区更新规划研究——新源西里”“朝阳区十三五时期连片疏解空间梳理及研究”“朝阳区有形市场规划研究”“北京市朝阳区2014年棚户区项目现状情况梳理暨规划研究”“北京市朝阳区‘两规合一’规划编制工作试点”“朝阳区大数据规划管理试点社区研究”“北京市751创意产业区整体规划提升与改造设计研究”“朝阳区市属国有企业存量用地优化利用试点研究”“大数据模拟朝阳区人口、通勤与城市政策研究”等10项调研课题。

（史　策）

国土资源管理

【概况】 年内，北京市国土资源局朝阳分局设办公室、政工科、财务科、纪检监察科、综合科、耕地保护科（地质矿产科）、土地利用科、地籍科8个科室；下设北京市朝阳区不动产登记事务中心，北京市朝阳区国土资源执法监察队，北京市朝阳区土地利用事务中心，北京市土地整理储备中心朝阳分中心、北京市土地整理储备中心商务区分中心，北京市国土资源局朝阳分局第一、二、三国土资源管理所等8个事业单位。有在编人员226名，其中公务员34名、机关工勤2名、事业编190名。年内，推动土地储备进程，严格国土资源执法监察，平稳开展不动产登记工作，加强土地资源供给侧结构性改革。办理土地权属审查71宗，其中国有建设用地49宗200.58公顷、集体土地22宗139.61公顷。完成22家矿业权年报统计及矿业权勘查开采公示。马童被国土资源部、农业部评为永久基本农田划定工作表现突出个人，许越被国土资源部评为全国国土资源系统行政复议行政应诉工作成绩突出个人。

地址：奥林匹克森林公园北园
邮编：100107
电话：88982879
网址：http://cy.bjgtj.gov.cn

（史　策）

【土地资源构成】 年内，朝阳区位于北京市区的东部和东北部，介于北纬39°48′至40°09′、东经116°21′至116°42′之间。东与通州区毗邻，西与海淀、西城、东城三区毗邻，南与丰台、大兴两区毗邻，北与顺义、昌平两区毗邻。全区土地面积454.7812平方千米。

（史　策）

2016年度北京市朝阳区土地利用现状汇总一览表

表3　　　　单位：公顷

类型	面积
总计	45478.12
耕地	2476.47
园地	645.17
林地	3468.31
草地	11.83
城镇村及工矿用地	34196.69
交通运输用地	2253.87
水域及水利设施用地	2066.18
其他土地	359.6

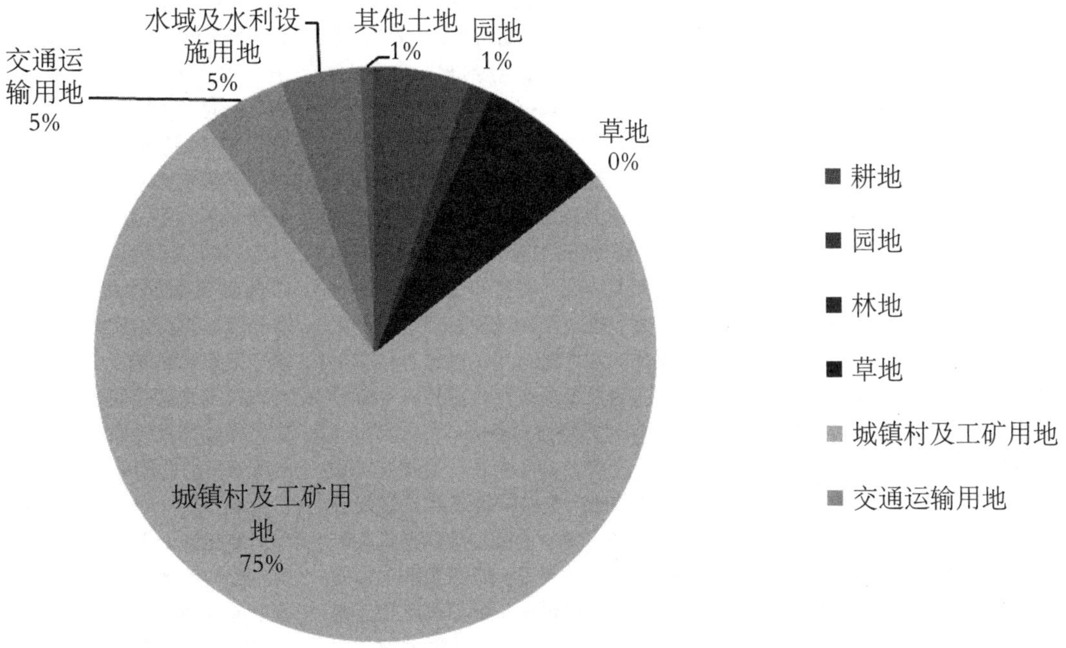

图1 各类型土地面积具体数量和占比图

【土地利用总体规划】 年内，完成朝阳区永久基本农田划定及土地利用总体规划调整完善工作，获市、区政府批准。完成规划动态维护项目15件，涉及面积242.60公顷，规划动态维护面积163.89公顷。其中，公益性项目4个，用地面积约54.83公顷，调整面积23.90公顷；经营性项目4个，用地面积约87.91公顷，调整面积40.93公顷。

（史 策）

【建设项目用地预审】 年内，办结建设项目用地预审66件，比上年减少19%。涉及土地面积559公顷，比上年减少50%。其中，建设用地面积477.42公顷，农用地面积81.01公顷，未利用地面积0.5公顷。

（史 策）

【征地及农用地转用项目用地管理】 年内，完成建设项目征地结案2件，用地面积20.75公顷。完成集体土地征收2件，用地面积34.09公顷，其中农用地16.57公顷、建设用地17.52公顷。

（史 策）

【耕地保护责任书签订】 年内，完成2017年度耕地保护责任书签订工作，共签订区乡级责任书14份、乡村级责任书51份。

（史 策）

【土地供应计划及实施】 年内，市规划国土委出让涉及朝阳区土地20宗80.72公顷，出让总价233.38亿元。其中现状项目办理出让5宗2.34公顷，新建项目办理出让15宗78.38公顷。划拨土地供应9宗22.27公顷，国土朝阳分局供应9宗22.27公顷。

（史 策）

【保障性住房用地供应】 年内，保障性安居工程用地计划供应19公顷，实际完成50.04公顷，完成比例263%。其中，公租房10公顷，供应16.41公顷；棚户区6公顷，供应7.07公顷；定向安置房3公顷，供应26.56公顷。

（史 策）

【土地市场交易】 年内，公开供应一般经营性用地12宗，分别为朝阳区金盏乡楼梓庄村1113-603地块F3其他类多功能用地（金盏11-5地块），朝阳区金盏乡楼梓庄村1113-604地块F3其他类多功能用地（金盏2-3地块），朝阳区孙河乡西甸村2902-71地块B4综合性商业金融服务业用地（孙河组团L地块），朝阳区金盏乡楼梓庄村1113-602地块B1商业用地（金盏2-6地块），朝阳区管庄乡塔营村1208-605地块F1住宅混合公建用地（通惠033地块），朝阳区孙河乡西甸村2902-86地块F1住宅混合公建用地（孙河组团N地块），朝阳区孙河乡北甸西村、西甸村2902-29地块R2二类居住用地、2902-17地块A8社区综合服务设施用地、2902-15地块A334托幼用地项目（孙河组团XYZ地块），朝阳东坝乡驹子房村1109-L02地块R2二类居住用地（东坝南区22-3地块），朝阳区豆各庄乡马家湾村1306-606地块R2二类居住用地（豆各庄G地块），朝阳区孙河乡北甸西村、北甸东村、西甸村2902-46地块R2二类居住用地（孙河组团V地块），朝阳孙河乡北甸西村2902-14地块R2二类居住用地（孙河组团U地块），朝阳区豆各庄乡水牛坊村1306-635地块R2二类居住用地、1306-636地块A8社区综合服务用地（豆各庄F地块）。总供地体量74.91公顷，建设用地74.91公顷，建筑规模119.72万平方米，经营性建筑规模115.78万平方米。其中，土地储备朝阳分中心为主体的项目供应11宗，供地68.87公顷；企业为主体的项目供应1宗，供地6.04公顷。

（史 策）

【土地储备开发】 年内，土地储备工作返还一级开发成本约37.15亿元；偿还到期银行贷款及利息共42.78亿元，2017年新增政府债331.85亿元，其中置换银行贷款318.25亿元、新增专项投资债13.6亿元；年底债务余额494.23亿元，均为政府债券。重点推进孙河、东坝、豆各庄等项目征地拆迁工作，全年完成593户住宅25.4万平方米、126家非住宅62.1万平方米及1家国有单位2.6万平方米的搬迁腾退工作。

（史 策）

【不动产登记】 年内，不动产登记总量趋向平稳，受理登记业务约33万件，核发不动产登记证书、不动产登记证明约19万本，登记总量约占全市登记总量1/4。完成不动产登记事务中心新址搬迁，迁至朝阳区鸿懋商务大厦。

（史　策）

【土地执法监察】 年内，立案查处违法用地案件65宗，其中下达行政处罚决定53宗，涉及土地28.01公顷，没收违法建筑物250平方米，罚款119.17万元。通过2016年度土地卫片执法检查工作市级部门验收，违法占用耕地面积占新增建设用地占用耕地总面积的比例（问责比例）1.84%，履职到位率100%，整改到位率85.6%，全市排名第9。扣除市级以上重点工程等部分违法用地后，朝阳区计入市政府警示约谈的违法用地面积3.38公顷，全市排名第6。

（史　策）

【土地出让批后监督管理】 年内，完成外业巡查任务774宗地，行驶里程18200千米。对年内例行土地督察中发现的28宗闲置土地项目进行前期调查，有2宗取得开工证并开始建设，剩余26宗项目完成前期的闲置土地调查工作，召开市政府2017年第二次闲置土地认定工作联席会，认定闲置原因，并确认处置方式。

（史　策）

【地质灾害预防】 年内，组织制作朝阳区地质灾害分布图和矿产资源分布图。督促用地单位做好建设项目用地地质灾害危险性评估。结合“地球日”“防灾减灾日”深入街（乡）、学校进行宣传教育，发放宣传材料2000余份。

（史　策）

【法治工作】 年内，收到行政复议诉讼案件198件，其中行政复议29件、行政诉讼169件。汇总整理朝阳分局2014年—2017年发生的行政复议诉讼典型败诉案件，建立行政复议诉讼案件数据库。接到群众信访举报1693件次，其中信访事项1633件次、举报事项60件次。

（史　策）

【政府信息公开】 年内，受理依申请信息公开559件，居朝阳区区属单位首位，全市系统前3位。主动公开信息3000余条，配合朝阳区政府完成《重点领域政务公开两级清单》上报工作，形成《2017年朝阳区政务公开工作任务列表》，重点领域政务信息均在门户网站公开。

（史　策）

【调研课题】 年内，完成“北京市‘3·17’系列房地产调控政策分析及对不动产登记的影响”调研课题，分析对比新政实施前后朝阳区房地产市场的变化。完成《关于赴房山区考察完善土地储备开发模式有关问题的调研报告》。

（史　策）

【标准化认证】 年内，市土地整理储备中心商务区分中心机构治理与土地储备业务管理工作获得国际质量管理体系（ISO9001）的标准化认证，成为全国首家，且唯一获标准化认证的土地储备机构。

（史　策）

建设工程

【概况】 朝阳区住房和城乡建设委员会是负责朝阳区住房和城乡建设行政管理的区政府工作部门。年内，全区开复工施工工程770项，同比减少2.9%；建筑面积3131.9万平方米，同比减少2.9%；道路管线269.9千米。其中，房建工程603项2849.76万平方米，拆除工程5项3.44万平方米，市政工程59项3.11万平方米、道路管线216.81千米，地铁工程27项60.59万平方米、施工线路53.09千米，老旧小区综合改造工程76项214.95万平方米。竣工工程366项1074.59万平方米、道路管线44.04千米，其中房建工程295项950.9万平方米，拆除工程3项2.63万平方米，市政工程17项2.6万平方米、道路管线44.04千米，老旧小区改造工程51项118.46万平方米。新开工建设各类保障性住房7276套97.2万平方米，完成开工任务的102%。竣工建成各类保障性住房21848套242.1万平方米，其中棚户区改造安置房3134套、公共租赁住房6687套，完成全年任务的129%。组织协调推动棚户区改造工作，完成全年任务的103%。完成3296户整治“住改商”整治工作。

地址：呼家楼向军北里23号

邮编：100020

电话：65001728

（高雅琪）

【质量安全工作大会】 4月20日，召开朝阳区建设系统安全质量工作会。区相关部门、各街道（地区）办事处、开发企业、建设单位、施工单位、监理单位负责人1500余人参加会议。会上，区住建委主任张士华作《狠抓工作落实，坚守安全“红线”品质》的工作报告；首开集团和田华集团作为建设单位和施工单位代表就落实好建设工程安全质量主体责任作表态发言；建外街道和东坝地区办事处作为街乡代表就履行属地管理责任作表态发言。区住建委副主任陈京元讲解采取的5项加强建筑工地安全质量创新措施，包括启动朝阳区工程建设标准监管平台，利用手机微信群和在线监测设备落实施工现场安全隐患排查治理工作，推进质量管理标准化工作，在全区施工现场逐步推广高空喷雾抑尘装置等扬尘污染防治新技术，推行建筑从业人员实名制从业卡。

（高雅琪）

【行业教育培训】 4月，会同区建筑业联合会举办朝阳区施工项目劳务及用工规范管理从业人员执业注册培训班，对辖区内施工企业劳动力管理人员进行专题培训，438人参加。

（温景贤　高雅琪）

【预拌混凝土生产企业管理】 7月，开展朝阳区2017年度《预拌混凝土绿色生产管理规程》执行情况初检，其中37家搅拌站初检，7家站点提交不参加检查申请。16家初检结果为优秀，21家良好，无不合格站点。10月10日，北京市住房和城乡建设委员会及混凝土协会专家组对朝阳区初检为优秀的3家搅拌站抽查，维持初检优秀结果。11月6日至17日，按照《建筑业企业资质管理规定》（住房城乡建设部第22号令）规定，对区属20家预拌混凝土生产企业进行资质动态核查。全年，办理朝阳区迎接北京市环境保护督察工作领导小组信访交办事件落实组交办的信访件21件；办理涉及朝阳区混凝土生产企业各类信访投诉23件；空气重污染橙色预警期间检查辖区内预拌混凝土生产企业空气重污染预警落实情况。

（梁志伟　高雅琪）

【危旧房屋改造】 年内，酒仙桥、方诚苑、垂杨柳、茶家坟、豆各庄二号院、甜水园二期、定福庄西街、京棉危改三期等8个危旧房改造项目纳入朝阳区2017年棚户区改造项目。酒仙桥项目完成征收方案征询居民意见工作，正在进行房改售房。电子球场回迁楼建设工程完工。甜水园项目按照棚改项目实施流程完成前期手续办理，居民征收意愿征询完成。方诚苑、垂杨柳、茶家坟、豆各庄二号院、定福庄西街、京棉危改三期等6个项目正在完善方案和办理前期手续。

（路旭冉　高雅琪）

【棚户区改造和环境整治】 年内，十八里店白墙子等19个项目纳入实施计划，启动征收（拆迁、改造）工作。百子湾棚户区旧城改建等37个项目列入储备计划，进一步完善方案，办理前期手续。全区完成征收（拆迁）8503户。其中，十八里店白墙子项目66户，永安里旧城区改建项目846户，南磨房东郊市场26户，崔各庄乡奶西村1289户，小红门国有单位宿舍项目134户，太阳宫乡太阳宫村项目372户，中直安慧项目131户，孙河前苇沟组团项目2372户，三间房南区项目1267户，东坝北西区域项目1900户，亮马J地块100户。

（路旭冉　高雅琪）

2017年朝阳区棚户区改造和环境整治项目一览表

表 4

序号	项目名称	项目性质	涉及居民总户数
一、2017 年实施项目（19 个）			
1	酒仙桥旧城区改建	危改	7041
2	中直安慧职工住宅（小关北里 43 号）工程	新增棚户区	147
3	广渠路苏家沟程家住宅	新增棚户区	9
4	大郊亭 3 号院	新增棚户区	72
5	亮马 J 地块公益用地棚改	新增棚户区	150
6	化石营旧城区改建	新增棚户区	850
7	永安里旧城区改建	新增棚户区	942
8	十八里店白墙子	新增棚户区	964
9	南磨房乡广渠路	新增棚户区	211
10	南磨房东郊市场	新增棚户区	0
11	太阳宫乡太阳宫村	新增棚户区	369
12	管庄乡小寺村	新增棚户区	390
13	管庄乡重兴寺村	新增棚户区	30
14	王四营乡广渠路	新增棚户区	200
15	崔各庄乡奶西村	新增棚户区	1190
16	东坝北西区域项目	新增棚户区	5964
17	崔各庄乡黑桥村、南皋村	新增棚户区	1200
18	孙河乡前苇沟组团棚户区改造土地开发项目	新增棚户区	6125
19	甜水园旧城区改建项目	新增棚户区	750
二、2017 年储备项目（37 个）			
1	茶家坟房改带危改项目	危改	300
2	豆各庄二号院危旧房项目	危改	151
3	中铁十六局朝阳皮村北巷 2 号棚改项目	新增棚户区	1225
4	方诚苑项目	危改	150

续表 4

序号	项目名称	项目性质	涉及居民总户数
5	定福庄西街改造项目	新增棚户区	122
6	垂杨柳危改项目	危改	6158
7	中建一局五公司东坝生活区棚户区改造项目	新增棚户区	880
8	二外附中西侧旧城区改建项目	新增棚户区	52
9	百子湾棚户区旧城改建项目	新增棚户区	119
10	光华里项目	新增棚户区	2098
11	小庄项目	新增棚户区	800
12	呼家楼旧城区改建项目	新增棚户区	3183
13	十八里店乡饮马井项目	新增棚户区	950
14	黑庄户乡郎辛庄项目	新增棚户区	0
15	小红门国有单位及宿舍项目	新增棚户区	4799
16	管庄乡郭家场村项目	新增棚户区	200
17	金盏乡马各庄、沙窝、雷庄项目	新增棚户区	2002
18	北京朝阳区崔各庄乡草场地 155 号院宿舍危楼项目	新增棚户区	27
19	东风乡六里屯村项目	新增棚户区	1312
20	黑庄户乡定东定西项目	新增棚户区	1226
21	黑庄户乡黑庄户村项目	新增棚户区	1218
22	南磨房南里地区项目	城中村边角地	1
23	南武圣庙项目	城中村边角地	1
24	大黄庄前街项目	城中村边角地	5
25	大黄庄小学西侧平房项目	城中村边角地	1
26	芳草地西街 38 号项目	城中村边角地	18
27	坝北地区项目	新增棚户区	292
28	京哈铁路沿线双井段平房区项目	新增棚户区	87
29	北五环水源九厂北侧平房区项目	新增棚户区	49
30	京棉地区危改第三期	新增棚户区	5821
31	三间房 D 区棚户区改造和环境整治项目	新增棚户区	308
32	三间房乡南区项目	新增棚户区	1363
33	十八里店乡小武基村	新增棚户区	5261
34	平房乡 PF-42、PF-43 地块项目	新增棚户区	736
35	平房乡 PF-16 地块项目	新增棚户区	1932
36	平房乡 PF-17、PF-21 地块项目	新增棚户区	1381
37	平房乡 PF-33 地块项目	新增棚户区	1169

【轨道交通建设拆迁】 年内，朝阳区承担5条新开线路地铁的前期征地拆迁协调工作，分别是地铁3号线、7号线东延、12号线、17号线、28号线（原CBD线）。5条新建线路均实现部分进场施工。其中，地铁3号线、12号线东坝车辆段腾退工作完成全部集体土地上住宅及非住宅的腾退，国有土地地上房屋腾退正在开展；地铁17号线完成全部集体土地地上物拆迁，国有土地征收工作按照政策推进。完成地铁7号线垡头站剩余结构施工进场。协调推进地铁14号线南新园小区环保搬迁工作，协调启动地铁复八线复兴里小区房改售房。保障地铁14号线平乐园站于12月底正式投入使用。承担京沈铁路客运专线拆迁协调工作，该线朝阳区段全长26.5千米，设置有星火站、动车运用所及望京隧道特大工程。星火站征收工作稳步推进。动车运用所涉及的平原造林伐移工作完成，并完成交地工作。望京隧道盾构机始发工作完成。沿线各乡拆迁工作基本完成。

（张路玉　高雅琪）

【房地产开发管理】 年内，继续全面启用北京市房地产开发项目监管平台和北京市新建商品住宅小区建设方案管理信息系统，实现对房地产项目开发的全过程动态监管。召开专题会、座谈会，加强对房地产开发项目的协调及跟踪服务力度，实施存在问题开发项目和正在办理手续开发项目的专项协调跟踪制度。加强住宅小区配套设施建设管理，实行教育配套设施预警机制，做好配套设施审核、整合和收缴。审核新建居住小区12个、总建筑面积320.41万平方米（住宅建筑面积184.09万平方米、配套面积17.71万平方米），并网上公示。审核房地产开发项目手册15项，现场实地检查项目15个。

（张　煜　高雅琪）

【房地产开发配套设施收缴】 年内，收缴各类配套设施94项、总面积16.70万平方米。其中，教育配套设施21项13.85万平方米（幼儿园14所4.61万平方米、九年一贯制学校2所3.60万平方米、小学3所3.92万平方米、中学1所1.72万平方米），卫生配套设施15项0.20万平方米，其他社区服务配套设施58项2.65万平方米。与相关部门托管配套设施88项15.71万平方米（教育配套设施21项13.85万平方米，卫生配套设施15项0.20万平方米，其他配套设施52项1.66万平方米）。

（郝一方　高雅琪）

【房地产开发企业资质管理】 年内，办理各项资质审批211件，其中新设立48件、暂定延期50件、变更27件、重新核定86件。全区有开发企业380家，其中一级16家、二级17家、三级22家、四级218家、暂定107家。

（张　煜　高雅琪）

【区域劳务联动监管体系落实】 年内，会同区人力社保局、43个街道（地区）办事处、各省（直辖市）驻京建管处、各建筑集团总公司落实区域劳务用工联动监管体系运行工作。召开联动监管单位、各层级参建企业管理人员参加的培训部署会2次，累计400余人参加。

（苏志成　高雅琪）

【劳务用工监管】 年内，会同区人力社保局、各街道（地区）办事处实现对区施工项目劳务及劳动用工规范管理情况动态联动监管。累计对监管工地开展劳务巡查559次，分别组织各建筑集团总公司、各省（直辖市）驻京建管处开展联合检查各1次；累计协调解决工程合同（工程款、劳务费）纠纷39起；配合区人力社保局劳动监察大队调处解决农民工工资纠纷36起。

（苏志成　高雅琪）

【建筑行业从业卡（管理系统）】 年内，区住建委在全区推广“北京市朝阳区建筑行业从业卡（管理系统）”。该管理平台具有务工履历记录、教育培训记录、不良信息记录、考勤记录、数据分析等功能。完成行业调研、意见征求、平台研发、设备定型、项目试点等工作，进入区属企业推广阶段。朝阳区田华集团19家分公司、30个施工项目开始推广使用。

（苏志成　高雅琪）

【工程质量监管】 年内，执行北京市建设工程材料和设备采购备案相关规定，严禁使用国家明令禁止的淘汰建材产品，要求材料进场应及时报验，未经监理验收签认不得使用。实行钢筋进场一次检验制度，取消二次复审。对朝阳区内在施工程的各类建筑材料进行541次抽样，并将抽样材料送到第三方实验室进行检测，要求参建单位在验收前处理完毕。重新修订监督告知，对新开工项目的各参建单位进行监督前告知，加入水电专业内容。5月，制定《朝阳区工程质量安全提升行动工作方案》，成立“朝阳区工程质量安全提升行动工作领导小组”。8月，制定《关于加强悬挑构件质量管理的通知》，若发生悬挑构件变形、掉落的，依照《北京市建设工程质量条例》对责任单位和个人实施行政处罚，依照《建筑工程五方责任主体项目负责人质量终身责任追究暂行办法》追究项目负责人责任，并记入企业资质及人员资格动态监督管理信息系统，进行记分处理。9月，制定《关于朝阳区建设工程质量监理月报报送工作的通知》，要求监理单位每月以项目为单位上报，包括工程进度、基本建设程序执行情况、各方责任主体履责情况、现场实体质量状况、强制性标准条文执行情况及现场质量问题及隐患整改处理情况等。如不按时上报质量监理月报的，责令整改，并记入企业资质及人员资格动态监督管理信息系统，进行记分处理。制定《关于加强配套建设水污染防治设施工程质量监督管理的通知》。10月10日至13日，对在施住宅及公建工程进行水污染防治质量行为专项检查，检查公建工程7项121.3万平方米、住宅工程6项70.8万平方米。朝阳区在建装配式建筑项目12个，建筑规模96.48万平方米，以棚改安置房、定向安置房、公租房、限价商品房为主。根据《北京市工程质量终身责任承诺制实施办法》要求，要求五方责任主体和钢筋、混凝土、预拌混凝土供应单位签订责任书，新开工项目做到100%签订，竣工项目做到100%设置永久性公示牌。制定《关于做好老旧小区综合改造工程施工质量隐患排查维修工作的通知》，要求代建单位建立排查组织机构，做好质量隐患排查工作。区住建委质量监督站和老旧小区改造办公室组织代建单位、施工单位、监理单位开展联合大检查，对检查中发现违反相关法律法规的质量问题立案查处，排查工作完成。

（刘　钊　高雅琪）

【工程质量监督检查】 年内，监督房建工程1384项2583万平方米，市政工程40项10.3亿元。截至年底，有在监房建工程1098项2014万平方米，在监市政工程24项7.6亿元；房建工程竣工286项569万平方米，市政工程竣工16项2.7亿元，在监工程未发现重大质量安全隐患。办理质量监督注册房建工程119项478万平方米，质量监督注册市政工程24项13.4亿元。对质量违法行为进行行政处罚126起，罚款251.5万元，下发责令整改通知书131份，执行质量动态管理记分

308分。对安全违法行为实施简易处罚99起，罚款9.9万元。

（刘　祎　林　湖　高雅琪）

【优质工程评选】 年内，申报创“朝阳杯”工程项目40项358.92万平方米。检查工程31项270万平方米，17项工程跨转2018年度。获2017年度建筑结构“朝阳杯”工程21项，其中金奖16项、银奖5项。获2017年度竣工结构“朝阳杯”工程2项，其中金奖2项。区质量监督站监督工程获2016年度全市建筑结构“长城杯”工程30项，其中金奖19项、银奖11项；建筑竣工“长城杯”工程6项，其中金奖4项、银奖2项。

（高玉梅　高雅琪）

2017年度“朝阳杯”工程获奖一览表

表5

建筑结构“朝阳杯”金奖工程（16项）				
序号	工 程 名 称	建 设 单 位	施 工 单 位	监 理 单 位
1	雅宝路危改二期A区A2楼	北京兆泰集团股份有限公司	中国建筑第八工程局有限公司	北京双圆工程咨询监理有限公司
2	商业办公楼（朝阳区霞光里5号、6号商业金融项目）	北京宝鸿天城房地产开发有限公司	中建一局集团建设发展有限公司	北京中景恒工程管理有限公司
3	清华附中凯文国际学校工程	北京文凯兴教育投资有限责任公司	中建一局集团第五建筑有限公司	北京大正建设监理有限公司
4	怀柔新城08街区安置房项目一期工程（一标段、二标段）	国奥（北京）文化产业投资有限责任公司	中铁城建集团有限公司	北京天瑞峰工程管理有限公司
5	朝阳区黑庄户定向安置房项目（南区）一标段	北京住总房地产开发有限责任公司	北京住总第六开发建设有限公司	北京光华建设监理有限公司
6	朝阳区黑庄户定向安置房项目（北区）三标段	北京住总房地产开发有限责任公司	北京住总第一开发建设有限公司	北京光华建设监理有限公司
7	6#住宅楼等3项（朝阳区平房乡牛角地定向安置房项目）工程	北京城建房地产开发有限公司	北京城建一建设发展有限公司	北京华城建设监理有限责任公司
8	朝阳区黑庄户定向安置房项目（南区）二标段	北京住总房地产开发有限责任公司	北京住总第三开发建设有限公司	北京华城建设监理有限责任公司
9	朝阳区黑庄户定向安置房项目（北区）二标段	北京住总房地产开发有限责任公司	北京住总第二开发建设有限公司	北京光华建设监理有限公司
10	西大望路二期项目	中国人民武装警察部队警卫营后勤部	中建一局集团建设发展有限公司	中咨工程建设监理公司
11	广华新城居住区615和621地块职工安置住宅项目（4-10#楼、4-11#楼及地下车库）	中国石化集团团北京燕山石油化工有限公司	北京市第五建筑工程集团有限公司	中石化中原监理有限公司
12	CBD核心区Z2a地块阳光保险金融中心项目	北京阳光融和置业有限公司	北京城建集团有限责任公司 参建单位：江苏双远建筑劳务有限公司	北京帕克国际工程咨询股份有限公司
13	4-4#楼、4-10#楼及地下车库A区（朝阳区豆各庄3、4号地通惠灌渠东侧地块东城区旧城保护定向安置房项目）	北京佳源投资经营有限责任公司	北京城乡建设集团有限责任公司	北京方正建设工程管理有限公司
14	朝阳区黑庄户定向安置房项目北区一标段	北京住总房地产开发有限责任公司	北京住总集团有限责任公司	北京光华建设监理有限公司
15	OS-10B地块办公商业楼（朝阳区北土城中路北侧OS-10B地块B4综合性商业金融服务业用地项目）	北京城奥置业有限公司	北京城建亚泰建设集团有限公司	北京兴电国际工程管理有限公司
16	门诊医技病房综合楼等4项（北京垂杨柳医院改扩建工程）	北京市朝阳区卫生和计划生育委员会	中国建筑第二工程局有限公司	北京中联环建设工程管理有限公司

续表 5

建筑结构“朝阳杯”银奖工程（5项）				
序号	工程名称	建设单位	施工单位	监理单位
1	亚运新新家园丁 1A# 等 5 项	北京京伯房地产开发有限公司	中建一局集团第五建筑有限公司	北京建院金厦工程管理
2	朝阳区平房乡新村建设（三期）项目 B-2 地块 A-5# 楼、A-6# 楼及 2# 地下车库	北京聚鑫城房地产开发有限责任公司	北京建工四建工程建设有限公司	北京首建工程咨询监理有限公司
3	华润饭店 B1 楼等 9 项（华润饭店改扩建项目）	华润饭店有限公司	中国建筑第八工程局有限公司	北京赛瑞斯国际工程咨询有限公司
4	南磨房乡石门定向安置房项目（中 -1#、中 -2#、中 -8#、南 -1# 楼、配套商业及车库工程）	华瀚投资集团有限公司	北京市朝阳田华建筑集团公司	北京百城建筑工程监理有限责任公司
5	广华新城居住区 615 和 621 地块职工安置住宅项目 1-1# 楼、1-2# 楼及地下车库	中国石化集团团北京燕山石油化工有限公司	中国建筑第二工程局有限公司	北京燕山玉龙石化工程有限公司

竣工结构“朝阳杯”金奖工程（2项）				
序号	工程名称	建设单位	施工单位	监理单位
1	教学综合楼等 12 项（姚家园新村 E 地块配套中学项目）	北京市聚鑫城房地产开发有限责任公司	北京住总集团有限责任公司	中国水利水电建设工程咨询北京有限公司
2	11# 幼儿园等 11 项（朝阳区东坝南区 1106-692、634、693 地块二类居住、基础教育用地项目）	北京锦泰房地产开发有限公司	北京市朝阳田华建筑集团公司	北京建工京精大房工程建设监理公司

【施工安全监管】 年内，继续实施《朝阳区建设工程施工安全监督管理工作规定》，明确监督管理工作职责，规范安全监管工作行为。开展安全教育、安全生产月活动，1518家参建单位参加；各建设工程悬挂宣传横幅2665条，张贴各种宣传画5523张，发放宣传材料15863份，设置宣传专栏、板报599处。组织“农民工夜校”安全生产知识培训，42890人次参加。开展防汛、防火等各类应急演练，制订施工方案648件、应急预案625件，组织各类应急演练420次，13153人次参加。全面排查143项危险性较大分部分项工程，完成专家论证103项，排查大型机械设备476台，设备合格率100%。各建设工程组织召开“安全在我身边”“我把安全带回家”等关于安全生产的研讨会。办理建筑起重机械设备登记编号备案103台，其中塔式起重机75台、施工升降机28台；使用登记备案390台，其中塔式升降机209台、施工升降机134台、物料升降机47台。检查施工工地3001个次，责令整改91个次，动态管理记分148分，限期整改2563个次。行政处罚468起，罚款116.5万元，动态管理记分958分。其中，简易处罚394起，罚款39.4万元；动态管理记分790分；立案处罚72起，罚款77.1万元，动态管理记分168分。未发生建筑施工安全生产亡人事故，未发生较大突发事件和施工安全生产事故。创新监管模式，以政府购买服务形式委托专业单位对朝阳区危险性较大分部分项工程开展专业检查评估。邀请行业专家对深基础工程和大型机械进行专业评估，监测深基础工程53项，塔吊专项检测126台，模架工程24项，起重吊装工程32项。开展夜间施工许可审批74次。朝阳区东郊农场保障房ABCD地块（棚户区改造定向安置房）项目B区一标段等54项工程获“北京市文明安全工地”称号，其中奥林匹克公园中心区B27-2（亚洲基础设施投资银行总部永久办公用房）项目主体工程（地下、地上部分）A标段等32项工程获“北京市文明安全样板工地”称号。

（谷雪枫　高雅琪）

【远程视频监控系统建设】 年内，督促朝阳区符合安装施工工地安装视频监控系统。成立专门的视频监控小组，配合13个检查小组对全区各在施工程扬尘治理情况进行不间断的监控检查。通过视频检查工地14598项次，移交转办145项次。

（谷雪枫　高雅琪）

【施工许可监管】 年内，核发建设项目施工许可证193项，建筑面积291.28万平方米，同比减少48.76%；市政道路管线55.05千米，同比增加476.12%；投资84.32亿元，同比减少10.59%。其中，新建37项，建筑面积154.54万平方米，合同金额57.62亿元；装饰装修142项，建筑面积136.73万平方米，合同金额22.07亿元；市政工程14项，道路管线55.05千米，合同金额4.63亿元。查处违法施工案件52起，罚款1082.27万元。

（王晓颖　高雅琪）

【招标投标监管】 年内，办理施工、监理招标投标及直接发包工程382项，其中施工工程259项470.89万平方米、市政道路及管线309.36千米184.54亿元，监理工程123项。

（王晓颖　高雅琪）

【建筑节能与建材管理】 年内，完成建筑节能专项验收备案79个项目251个单体。完结建材采购备案63个项目，累计完结316个项目。收缴“两项基金”3个项目，共59.72万元，其中新型墙体材料专项基金56.23万元，散装水泥专项资金3.49万元。受理“两项基金”返退36个项目共2323.43万元，其中新型墙体材料专项基金2188.16万元、散装水泥专项资金135.27万元。配合市住房城乡建设委完成朝阳区超低能耗示范项目奖励资金申报，3个项目通过评审，共3.44万平方米，奖励3446.12万元。推进公共建筑节能绿色化改造项目奖励资金申报，完成23.15万平方米改造项目公示入库。

（梁志伟　高雅琪）

【公共建筑超电耗限额管理】 年内，超电耗限额管理工作涉及朝阳区60家用能企业需领取《公共建筑能源审计告知书》。52份告知书已领取（含上门送达8份），另8家用能企业因联系不到未能送达。

（梁志伟　高雅琪）

【老旧小区综合整治】 年内，继续推进“十二五”期间老旧小区综合整治项目结转工作。做好工程的成品保护及维护保养。配合区财政局对完成项目进行结算评审，全部完成2012年抗震加固试点项目和2014年节能保温项目的评审和资金拨付，2015年节能保温项目完成评审。按照《北京市2016年既有多层住宅增设电梯试点工作方案》的要求，推进老旧小区加装电梯试点工作，完成电梯安装6部。

（李路军　高雅琪）

【房屋私自拆改执法检查】 年内，实施信息共享、执法联动工作机制，确定“政府主导、部门联动、属地牵头”的工作模式。参与办事处“拆墙打洞”专项整治工作。完成3296户违法违规行为整改。受理房屋私自拆改信访事项1321起，调查处置1321起。工作中化解群体性矛盾2项，未发生矛盾激化。

（段玉霞　高雅琪）

【信访与信息公开事项】 年内，接待处理群众信访事项2713件次，其中纸质书面投诉信159件（市住房城乡建设委转信42、区转信74件、直投信43件）；依托网上办公系统接收4398件（含信访系统902件，其中市长信箱232件、国家局转信30件；政民互动3496件）。办复6371件，办复率98.24%，其余114件处于办理阶段。接待集体访4批次22人，重复访1444批次1459人，主要涉及危改拆迁补偿、保障房建设、房屋质量、施工扰民、工程款纠纷、老旧小区综合整治等问题。信访工作总体形势平稳，初信化解率97.14%，重信重访化解率99.43%，未发生越级访、大规模集体上访等突发性事件。信息公开335项，其中主动公开302项，依申请公开33项。

（高雅琪）

【行政诉讼和复议】 年内，办理行政诉讼案件13件、民事诉讼1件，其中5件正在诉讼中，5件驳回原告诉讼请求，3件驳回申请人起诉，1件原告撤诉。行政复议案件11件，其中3件驳回复议申请，1件不予受理，1件维持区住房和城乡建设委核发的建筑工程施工许可证，3件要求区住房和城乡建设委履职，3件要求区住房和城乡建设委重新处理并答复。

（刘晓亭　高雅琪）

【建筑业企业和人员获奖】 年内，按照市建设行业诚信企业评定实施方法，朝阳区域内的北京润安市政工程有限公司、北京中航弱电系统工程有限公司等18家企业被评为诚信企业。其中，首欣建设集团有限公司、北京中建华威机电设备安装工程有限公司、北京迪迈建筑装饰工程有限公司、北京市朝阳田华建筑集团公司、北京市朝阳水利工程有限公司、北京中航弱电系统工程有限公司、北京鸿屹丰彩装饰工程有限公司、北京润安市政工程有限公司、远洋国际建设有限公司、北京传宇新技术有限公司等10家企业被评为诚信AAA企业。

（高玉梅　高雅琪）

【监理人员分级管理】 年内，继续实行《朝阳区监理人员分级管理办法（试行）》，开展建设工程监理人员分级管理培训考评。经过监理人员业务培训，获得相应等级胸卡，经所在企业任命或委托，持胸卡人可担任朝阳区内各类项目总监理工程师、非强制性监理项目总监、总监代表及各类项目专业监理工程师或监理员。8月2日至9月21日，市监理协会与区监理协会联合举办监理分级管理第9期培训，有40家企业250人参加，190人通过笔试和面试。截至年底，区监理协会共举办培训班9期，150余家监理公司7041人参加，通过监理分级管理培训考试，6258人取得相应等级的资格证书和胸卡。

（温景贤　高雅琪）

【建筑业企业资质及人员管理】 年内，受理新设立建筑业企业资质变更319家、转出8家、增项76家、升级27家、新设立5家。纳入朝阳区管理的建筑业企业746家，其中特级2家、一级93家、二级416家、三级149家、不分等级86家，涵盖建筑工程施工总承包等29个施工专业（见表4）。完成二级建造师执业资格初始注册479人，变更注册726人，注销532人，延续注册671人，增项21人，遗失补办1人，重新注册460人，办理企业负责人、项目负责人和专职安全员安全生产考核证书续期2952人。

（李翊楣　高雅琪）

2017年朝阳区建筑业企业统计表

表6　　单位：家

序列	专业类别	特级	一级	二级	三级	不分等级	合计
施工总承包	建筑工程	1	15	20	20	—	56
	公路工程	1	1	—	—	—	2
	水利水电工程	—	1	1	—	—	2
	电力工程	—	1	1	2	—	4
	矿山工程	—	2	—	—	—	2
	石油化工工程	—	—	1	—	—	1
	市政公用工程	—	6	11	7	—	24
	机电工程	—	1	6	—	—	7
小计	涵盖8个专业	2	27	40	29	—	98
专业承包	地基与基础工程	—	2	4	3	—	9
	建筑装修装饰工程	—	31	281	—	—	312
	建筑幕墙工程	—	1	8	—	—	9
	预拌混凝土	—	—	—	—	25	25
	古建筑工程	—	—	1	1	—	2
	钢结构工程	—	1	4	8	—	13
	模板脚手架	—	—	—	—	8	8
	消防设施工程	—	4	13	—	—	17
	防水防腐保温工程	—	2	20	—	—	22
	起重设备安装工程	—	1	—	1	—	2
	建筑机电安装工程	—	7	6	44	—	57
	电子与智能化工程	—	10	30	—	—	40
	环保工程	—		3	17	—	20
	隧道工程	—	1	—	—	—	1
	公路交通（公路安全设施）	—	3	—	—	—	3
	铁路电务工程	—	1	—	—	—	1
	民航空管及机场弱电系统工程	—	2	1	—	—	3
	输变电工程	—	—	—	23	—	23
	城市及道路照明工程	—	—	5	23	—	28
	特种专业工程	—	—	—	—	30	30
小计	涵盖20个专业	—	66	376	120	63	625
施工劳务企业		—	—	—	—	23	23
合计	涵盖29个专业	2	93	416	149	86	746

说明：2015年1月1日起，全国执行《建筑业企业资质标准》（建市〔2014〕159号）

2017年朝阳区建设工程竣工一览表

表 7

（一）商品住房

序号	工程名称	工程地址	建筑面积（万平方米）	工程总投资（万元）	开工日期	竣工日期	建设单位	设计单位	施工单位	监理单位
1	东风家园1项工程	朝阳区东风乡	1.57	2969.12	2014-11-06	2016-12-19	北京星火房地产开发有限责任公司	北京中天元工程设计有限责任公司	中建一局集团第三建筑有限公司	北京建院金厦工程管理有限公司
2	泛海国际居住区2项工程	朝阳区东风乡辛庄村	3.81	5276.80	2014-12-22	2016-12-30	北京泛海东风置业有限公司	北京中天元工程设计有限责任公司	中国建筑一局（集团）有限公司	北京赛瑞斯国际工程咨询有限公司
3	胜古中路4项工程	朝阳区胜古中路甲1号	6.75	20571.33	2009-10-15	2017-01-11	北京盛达兴业房地产开发有限公司	北京市建筑设计研究院有限公司	北京城乡一建设工程有限责任公司、中星建设工程有限公司	鑫诚建设监理咨询有限公司
4	东坝南区21项工程	朝阳区东坝乡	7.3	27524.24	2015-10-28	2017-05-15	北京锦泰房地产开发有限公司	北京维拓时代建筑设计股份有限公司	中建二局第三建筑工程公司、北京市朝阳田华建筑集团公司	北京建工京精大房工程建设监理公司
5	首城东郡6项工程	朝阳区东坝南区	10.27	29901.67	2015-06-12	2017-05-18	北京首城置业有限公司	北京维拓时代建筑设计股份有限公司	北京城建亚泰建设集团有限公司、龙信建设集团有限公司	北京中外建工程管理有限公司
6	京棉危改二期1项工程	朝阳区慈云寺桥东北角	0.81	2190	2015-01-08	2017-06-20	北京恒世同方房地产开发有限公司	北京市住宅建筑设计研究院有限公司	中建一局集团第五建筑有限公司	北京赛瑞斯国际工程咨询有限公司
7	东坝南区35项工程	朝阳区东坝南区	6.01	21744.26	2015-02-09	2017-07-14	北京朗泰房地产开发有限公司	中国建筑设计院有限公司	北京怀建集团有限公司 - 广州富利建筑安装工程有限公司（联合体）	北京东方华太建设监理有限公司
8	东山公寓8项工程	朝阳区东四环北路7号	4.08	8519.68	2007-10-09	2017-09-01	北京太合嘉园房地产开发有限责任公司	北京市建筑设计研究院有限公司	中国新兴建设开发总公司	中船重工海鑫工程管理（北京）有限公司
9	瑞湾家园10项工程	朝阳区孙河乡西甸村	7.63	9769.47	2014-11-28	2017-09-08	北京正德兴合房地产开发有限公司	华通设计顾问工程有限公司	中国建筑第八工程局有限公司、中建三局集团有限公司	建研凯勃建设工程咨询有限公司
10	首开琅樾F组团17项工程	朝阳区孙河	6.67	24104.73	2015-03-18	2017-09-15	北京首都开发股份有限公司	联安国际建筑设计有限公司	北辰正方建设集团有限公司	北京北辰工程建设监理有限公司
11	景粼原著24项工程	朝阳区孙河乡北甸西村	7.57	26790.14	2016-07-28	2017-11-07	北京昭泰房地产开发有限公司	北京天鸿圆方建筑设计有限责任公司	江苏南通二建集团有限公司	北京中城建建设监理有限公司

续表 7

序号	工程名称	工程地址	建筑面积（万平方米）	工程总投资（万元）	开工日期	竣工日期	建设单位	设计单位	施工单位	监理单位
12	东镇欣园2项工程	朝阳区将台乡驼房营	2.78	5886.52	2010-07-15	2017-11-14	北京将台房地产开发有限公司	山西省第二建筑设计院	永同昌建设集团有限公司	北京旭日明建设工程监理有限公司
13	臻园3项工程	朝阳区来广营乡	4.91	15378	2012-10-01	2017-11-24	北京广盈房地产开发有限公司	中国电建集团北京勘测设计研究院有限公司	中建三局集团有限公司	北京太平洋建筑工程监理有限公司
14	金隅汇景苑27项工程	朝阳区朝阳北路	18.01	28675.68	2014-06-01	2017-11-27	北京首开仁信置业有限公司	华通设计顾问工程有限公司	北京怀建集团有限公司、正太集团有限公司	北京大正建设监理有限公司
15	新星花园3项工程	朝阳区孙河乡	0.54	3049.45	2013-01-05	2017-12-14	北京诚通华亿房地产有限公司	中国建筑技术集团有限公司	北京诚通新新建设有限公司	北京五环国际工程管理有限公司
16	水岸嘉园6项工程	于朝阳区东坝七棵树	6.34	13775.12	2015-01-05	2017-12-19	北京恒兴盛房地产开发有限公司	北京市建筑设计研究院有限公司	中铁建设集团有限公司	北京华兴建设监理咨询有限公司

（二）办公用房

序号	工程名称	工程地址	建筑面积（万平方米）	工程总投资（万元）	开工日期	竣工日期	建设单位	设计单位	施工单位	监理单位
1	北京嘉特世家投资管理有限公司办公楼工程	朝阳区胜古中路	1.09	2630.08	2013-09-22	2017-01-12	北京嘉特世家投资管理有限公司	北京城建八建设发展有限责任公司	北京城建八建设发展有限责任公司	北京中景恒基工程管理有限公司
2	住总物流中心项目4项工程	朝阳区王四营乡官庄村	7.84	49848.98	2015-10-28	2017-02-07	北京住总科贸控股集团有限公司	北京市住宅建筑设计研究院有限公司	北京住总集团有限责任公司	北京光华建设监理有限公司
3	六里屯13项工程	朝阳区六里屯	17.64	169182.4	2014-03-12	2017-02-27	北京京发置业有限公司	悉地国际设计顾问（深圳）有限公司	中国建筑第八工程局有限公司	北京兴电国际工程管理有限公司
4	东湖湾名苑5项工程	朝阳区望京北小河以北25-26号地块	6.34	18588.21	2014-01-24	2017-10-16	北京东湖房地产有限公司	马建国际建筑设计顾问有限公司	北京城建亚泰建设集团有限公司	北京五环国际工程管理有限公司
5	新天嘉园1号综合楼工程	朝阳区西大望路	30.82	180000	2015-01-01	2015-11-01	北京合生愉景房地产开发有限公司	天津美新建筑设计有限公司	江苏中南建筑产业集团有限责任公司	广东珠江建设工程监理有限公司

续表 7

序号	工程名称	工程地址	建筑面积（万平方米）	工程总投资（万元）	开工日期	竣工日期	建设单位	设计单位	施工单位	监理单位
6	绿隔产业2项工程	朝阳区小营北路51	8.16	34223.65	2013-04-30	2017-11-28	北京华汇房地产开发中心	中国建筑设计院有限公司	中建三局集团有限公司	万宇国际工程咨询（北京）有限公司

（三）商用房屋

序号	工程名称	工程地址	建筑面积（万平方米）	工程总投资（万元）	开工日期	竣工日期	建设单位	设计单位	施工单位	监理单位
1	办公商业楼工程	朝阳区望京西路	2.34	9650.2	2013-01-17	2016-12-27	北京东方瑞达房地产开发有限公司	北京世纪中天国际建筑设计有限公司	北京市第五建筑工程有限公司	北京华银工程管理有限公司
2	凯特大厦工程	朝阳区建国门外大街永安西里	9.87	34900.00	2014-03-12	2017-01-06	英皇（北京）房地产开发有限公司	北京市建筑设计研究院有限公司	中建一局集团建设发展有限公司	建研凯勃建设工程咨询有限公司
3	民政研发生产基地1项工程	朝阳区平房乡平方路69、240、241号	6.89	14790.02	2016-03-03	2017-04-11	北京市民政工业总公司	北京腾远建筑设计有限公司	南通启益建设集团有限公司	北京鼎信建业工程建设监理有限公司
4	耀辉国际城2项工程	朝阳区建外大街与西大望路交叉口东南角	10.68	24595	2006-09-30	2017-06-27	北京耀辉置业有限公司	华东建筑设计研究院有限公司	中国建筑一局（集团）有限公司	中航工程监理（北京）有限公司
5	新天国际城商业9项工程	朝阳区来广营乡来广营村	2.24	2641	2013-09-16	2017-07-20	北京朝来世纪房地产开发有限公司	中国建筑设计院有限公司	中国对外建设有限公司	北京兴电国际工程管理有限公司
6	将台商务中心（酒店）工程	朝阳区将台乡驼房营	3.33	5404.39	2009-01-13	2017-08-30	北京麟联置业有限公司	中国建筑科学研究院	中建国际建设有限公司	北京银建建设工程管理有限公司
7	生活垃圾综合处理厂9项工程	朝阳区金盏乡高安屯村	4.49	41139.59	2014-07-29	2017-09-07	北京市朝阳循环经济产业园管理中心	中国城市建设研究院有限公司	中国能源建设集团东北电力第一工程公司	北京中城建建设监理有限公司
8	奥体南区4项工程	朝阳区亚运村	12.8	36246.9	2012-11-11	2017-09-29	北京奥城四季置业有限公司	中国建筑股份有限公司	中国建筑股份有限公司	建研凯勃建设工程咨询有限公司

续表 7

序号	工程名称	工程地址	建筑面积（万平方米）	工程总投资（万元）	开工日期	竣工日期	建设单位	设计单位	施工单位	监理单位
9	大望京村2号地7项工程	朝阳区崔各庄乡大望京村	11.74	55999.31	2014-04-09	2017-10-13	北京乾景房地产开发有限公司	中国建筑技术集团有限公司	中国建筑一局（集团）有限公司	北京帕克国际工程咨询股份有限公司
10	电子城IT产业园5项工程	朝阳区酒仙桥北路甲10号	11.99	46909.71	2016-07-21	2017-11-22	北京电子城有限责任公司	汉嘉设计集团股份有限公司	中国新兴建设开发总公司	北京京龙工程项目管理公司
11	东风12项工程	朝阳区东风南路	5.82	22684.05	2015-09-11	2017-12-25	北京市东风农工商公司	北京国科天创建筑设计院有限责任公司	北京市五越建筑有限责任公司	北京京盛工程建设监理有限公司

（四）配套用房

序号	工程名称	工程地址	建筑面积（万平方米）	工程总投资（万元）	开工日期	竣工日期	建设单位	设计单位	施工单位	监理单位
1	首都医科大学附属朝阳医院1项工程	朝阳区工体南路8号	0.06	475.05	2015-02-13	2016-06-17	首都医科大学附属北京朝阳医院	中国中元国际工程有限公司	北京城建七建设工程有限公司	北京华捷工程建设管理有限公司
2	小营电动公交充电站工程	朝阳区小营北路	0.15	1368.81	2015-03-31	2016-12-14	北京公共交通控股（集团）有限公司	北京市市政工程设计研究总院有限公司	北京易成市政工程有限责任公司	北京高屋工程咨询管理有限公司
3	北京工业大学学生综合服务中心工程	朝阳区西大望路平乐园100号	2.58	10725	2015-04-01	2016-12-19	北京工业大学	北京工业大学建筑勘察设计院	北京城建集团有限责任公司	北京光华建设监理有限公司
4	王四营乡绿隔3项工程	朝阳区王四营乡	3	9937.43	2015-04-22	2017-01-17	北京铭锐通博社区服务有限公司	北京建院建设有限公司	北京建工四建工程建设有限公司	北京双圆工程咨询监理有限公司
5	中国科学院理化技术研究所2项工程	朝阳区大屯路甲3号	3.99	9979.78	2015-04-22	2017-01-17	中国科学院理化技术研究所	中外建工程设计与顾问有限公司	北京河北建设集团有限公司	北京中科国金工程管理咨询有限公司
6	朝阳区防病保健中心二期2项工程	朝阳区潘家园华威六区25号	1.67	11056.78	2012-12-01	2017-01-22	北京市朝阳区卫生和计划生育委员会	北京中联环建文建筑设计有限公司	河北省第四建筑工程有限公司	北京建扶工程建设监理有限责任公司
7	中国传媒大学1项工程	朝阳区定福庄南里6号	2.29	14107	2012-12-01	2017-01-22	中国传媒大学	北京市第三建筑工程有限公司	北京市第三建筑工程有限公司	建研凯勃建设工程咨询有限公司

续表 7

序号	工程名称	工程地址	建筑面积（万平方米）	工程总投资（万元）	开工日期	竣工日期	建设单位	设计单位	施工单位	监理单位
8	中关村科技园区电子城西区4项工程	朝阳区中关村科技园区电子城西区A10-2地块	2.04	7539.05	2014-01-28	2017-01-24	北京叶氏企业集团有限公司	中国中轻国际工程有限公司	北京住总第四开发建设有限公司	北京中轻国际工程项目管理有限公司
9	弘善家园公交站市政工程	朝阳区华威南路	0.02	195.48	2016-04-15	2017-02-25	北京公共交通控股（集团）有限公司	北京北方设计研究院有限公司	北京韩建建筑工程有限公司	北京高屋工程咨询监理有限公司
10	工人体育场网球馆工程	朝阳区北京工人体育场内	1.14	2248.26	2007-09-04	2017-03-01	北京职工体育服务中心	中国建筑技术集团有限公司	中国新兴建筑工程总公司	京兴国际工程管理有限公司
11	教育配套设施工程	黄寺11号	0.24	942.90	2015-06-11	2017-03-06	中国藏语系高级佛学院	北京兴中兴建筑设计事务所	中航天建设工程有限公司	北京英诺威建设工程管理有限公司
12	朝阳北路3项工程	朝阳区高井	1.7	2864.5	2015-05-21	2017-03-10	北京金隅嘉业房地产开发有限公司	华通设计顾问工程有限公司	保定建业集团有限公司	北京建拓工程管理有限公司
13	豆各庄乡土地储备项目3项工程	朝阳区豆各庄乡黄厂村	0.22	186.68	2014-08-28	2017-03-14	恒大地产集团北京有限公司	北京市建筑设计研究院有限公司	江苏省苏中建设集团股份有限公司	北京华兴建设监理咨询有限公司
14	豆各庄公交场站工程	朝阳区左安东路豆各庄	0.16	893.1	2016-08-18	2017-03-16	北京公共交通控股（集团）有限公司	中铁第五勘察设计院集团有限公司	北京首华建设经营有限公司	北京光华建设监理有限公司
15	医院6项工程	朝阳区来广营乡清河营村	3.86	18577.01	2011-09-01	2017-04-01	北京市土地整理储备中心朝阳分中心	中国中轻国际有限公司	北京城建七建设工程有限公司	北京方圆工程监理有限公司
16	北京信息职业技术学院2项工程	朝阳区芳园西路5号	2.55	8207.69	2014-12-11	2017-05-02	北京信息职业技术学院	北京首都工程建筑设计有限公司	中建一局集团第二建筑有限公司	北京光华建设监理有限公司
17	草房公交站工程	朝阳区常营乡朝阳北路与草房西路交汇处西北角	0.08	1022	2015-05-02	2017-05-03	北京公共交通控股（集团）有限公司	北京中天建中工程设计有限责任公司	北京天恒建设工程有限公司	北京高屋工程咨询监理有限公司
18	绿色家园幼儿园工程	朝阳区来广营	0.36	878.2	2006-05-29	2017-05-25	北京朝来绿色家园房地产开发有限公司	中外建工程设计与顾问有限公司	北京市朝阳三建第五建筑工程公司	北京金海城工程建设监理公司

续表 7

序号	工程名称	工程地址	建筑面积（万平方米）	工程总投资（万元）	开工日期	竣工日期	建设单位	设计单位	施工单位	监理单位
19	望京 7 项工程	朝阳区望京南湖渠	1.86	5342.97	2009-12-29	2017-05-25	北京城市开发集团有限责任公司	北京新兴材料建筑设计研究院有限公司	北京城建五建设工程有限公司	北京宏远工程建设管理有限责任公司
20	清河营村 A1 地下车库工程	朝阳区来广营乡清河营村	2.85	6126.78	2016-11-03	2017-06-29	北京春光置地房地产开发有限公司	北京维拓时代建筑设计股份有限公司	北京城建亚泰建设集团有限公司	建通工程建设监理有限公司
21	绿隔 2 项工程	朝阳区北苑路与小营北路交叉路口东南角	2.28	7618.48	2012-03-15	2017-07-04	北京华汇房地产开发中心	中科院建筑设计研究院有限公司	北京市城乡第一建设工程有限责任公司	万宇国际工程咨询（北京）有限公司
22	养老及医疗用房工程	朝阳区双桥西巷 6 号	4.91	52528.47	2015-12-25	2017-07-24	乐成老年事业投资有限公司	北京建筑设计研究院有限公司	上海堡华建筑工程有限公司	北京中轻国际工程项目管理有限公司
23	北京青年政治学院教学综合楼工程	朝阳区花家地街 9 号院	1.34	8457.82	2014-01-27	2017-08-23	北京青年政治学院	北京市建筑设计研究院有限公司	北京建工一建工程建设有限公司	北京华夏工程项目管理有限责任公司
24	望京新城 1 项工程	朝阳区南湖北一街	1.15	5682.47	2016-07-15	2017-08-24	北京京泰德诚房地产开发有限公司	北京首都工程建筑设计有限公司	北京百键开发建设有限公司	北京北辰工程建设监理有限公司
25	敬老院残疾人托老所工程	朝阳区来广营乡	0.75	1238.09	2016-05-18	2017-09-05	北京广盈房地产开发有限公司	中国电建集团北京勘测设计研究院有限公司	北京城建北方建设有限责任公司	北京太平洋建筑工程监理有限公司
26	望京 B15 文化娱乐项目 2 项工程	朝阳区望京 B15 项目 B 地块	15.27	75465	2015-05-22	2017-10-12	北京利星房地产开发有限公司	北京市建筑设计研究院有限公司	中建一局集团建设发展有限公司	北京方正建设工程管理有限公司
27	森林绿谷 6 项工程	朝阳区红军营南路	0.52	1521.33	2016-05-03	2017-10-16	北京市朝阳区园林绿化局	北京实创博威建筑设计院	北京房修一建筑工程有限公司	北京星舟工程管理有限公司
28	对外经济贸易大学 1 项工程	朝阳区惠新东街 10 号	5	23124.27	2013-07-26	2017-10-26	对外经济贸易大学	中国建筑科学研究院	北京城建集团有限责任公司	北京华厦工程项目管理有限责任公司
29	名都嘉园 2 项工程	朝阳区来广营乡	0.96	2919.69	2015-12-21	2017-11-22	北京恒龙置业有限公司	中国建筑设计院有限公司	江苏省华建建设股份有限公司	北京华兴建设监理咨询有限公司

续表 7

序号	工程名称	工程地址	建筑面积（万平方米）	工程总投资（万元）	开工日期	竣工日期	建设单位	设计单位	施工单位	监理单位
30	驹子房消防站工程	朝阳区东坝乡七棵树村	0.36	977.81	2016-11-07	2017-12-11	北京市朝阳区公安消防支队	北京构易建筑设计有限公司	北京怀建集团有限公司－广州富利建筑安装工程有限公司（联合体）	北京东方华太建设监理有限公司
31	养老中心工程	朝阳区东坝七棵树	0.72	1627.84	2017-03-01	2017-12-19	北京恒兴盛房地产开发有限公司	北京市建筑设计研究院有限公司	中铁建设集团有限公司	北京华兴建设监理咨询有限公司
32	酒仙桥 6 项工程	朝阳区酒仙桥路万红里	11.28	35286.54	2016-01-07	2017-12-26	北京电子城有限责任公司	北京构易建筑设计有限公司	中建一局集团第二建筑有限公司	北京京龙工程项目管理公司

（五）限价商品房

序号	工程名称	工程地址	建筑面积（万平方米）	工程总投资（万元）	开工日期	竣工日期	建设单位	设计单位	施工单位	监理单位
1	名都嘉园 20 项工程	朝阳区来广营乡	17.44	52425.2	2014-09-26	2016-12-21	北京恒龙置业有限公司	中国建筑设计院有限公司	江苏省华建建设股份有限公司	北京华兴建设监理咨询有限公司
2	水岸嘉园 20 项工程	朝阳区东坝七棵树	24.3	38157.9	2015-01-05	2017-12-18	北京恒兴盛房地产开发有限公司	北京市建筑设计研究院有限公司	中铁建设集团有限公司	北京华兴建设监理咨询有限公司

（六）定向安置房

序号	工程名称	工程地址	建筑面积（万平方米）	工程总投资（万元）	开工日期	竣工日期	建设单位	设计单位	施工单位	监理单位
1	京棉新城 2 项工程	朝阳区八里庄	7.92	17375.7	2010-03-16	2017-01-03	北京方晟房地产开发有限责任公司	建筑设计研究院	中国新兴保信建设总公司	北京方正建设工程管理有限公司
2	宝成雅园定向安置房 4 项工程	朝阳区平房乡黄杉木店村	11.6	43760.72	2013-12-18	2017-08-31	北京宝成置业有限责任公司	北京首都工程建筑设计有限公司	中铁建工集团有限公司	北京航青工程建设监理有限责任公司
3	望和嘉园 2 项工程	朝阳区湖光中街	7.94	23892.77	2015-05-15	2017-09-05	北京昆泰房地产开发集团有限公司	华诚博远工程技术集团有限公司	中国建筑一局（集团）有限公司	北京双圆工程咨询监理有限公司
4	双桥定向安置房 4 项工程	朝阳区双桥	3.16	10496.13	2015-07-14	2017-11-27	北京京铁房地产开发公司	北京中联环建文建筑设计有限公司	中国中铁航空港建设集团有限公司	北京铁辰工程监理中心

续表 7

（七）经济适用房

序号	工程名称	工程地址	建筑面积（万平方米）	工程总投资（万元）	开工日期	竣工日期	建设单位	设计单位	施工单位	监理单位
1	华瀚福园19项工程	朝阳区东坝乡	20.29	49403.54	2010-12-01	2017-04-14	华瀚投资集团有限公司	北京冠亚伟业民用建筑设计有限公司、中国电子工程设计院	北京市朝阳田华建筑集团公司	北京旭日明建设工程监理有限公司
2	翠成馨园18项工程	朝阳区垡头	15.16	48748.23	2014-05-25	2017-05-08	北京住总房地产开发有限责任公司	北京市住宅第四建筑设计研究院有限公司、北京市住宅建筑设计研究院有限公司	北京住总第四开发建设有限公司、北京住总集团有限责任公司、北京住总第三开发建设有限公司、北京住总第一开发建设有限公司	北京旭日明建设工程监理有限公司

（八）自住型商品房

序号	工程名称	工程地址	建筑面积（万平方米）	工程总投资（万元）	开工日期	竣工日期	建设单位	设计单位	施工单位	监理单位
1	首开熙悦尚郡27项工程	朝阳区东坝乡	6.28	12789.21	2014-06-06	2017-09-13	北京金隅嘉业房地产开发有限公司	华通设计顾问工程有限公司、北京中天建中工程设计有限责任公司、北京天鸿圆方建筑设计有限责任公司	北京城建十建设工程有限公司、华北建设集团有限公司、北京韩建集团有限公司、华北铁建建设有限公司	北京建拓工程管理有限公司
2	东洲家园14项工程	朝阳区来广营乡	3.19	91822.75	2014-04-20	2017-10-20	北京东洲房地产开发有限公司	北京冠亚伟业民用建筑设计有限公司	中建一局集团建设发展有限公司	北京铁城建设监理有限责任公司

（九）公租房

序号	工程名称	工程地址	建筑面积（万平方米）	工程总投资（万元）	开工日期	竣工日期	建设单位	设计单位	施工单位	监理单位
1	瑞湾家园2项工程	朝阳区孙河乡西甸村	4.3	7552.5	2014-11-28	2017-06-13	北京正德兴合房地产开发有限公司	华通设计顾问工程有限公司	中建三局集团有限公司	建研凯勃建设工程咨询有限公司

续表 7

序号	工程名称	工程地址	建筑面积（万平方米）	工程总投资（万元）	开工日期	竣工日期	建设单位	设计单位	施工单位	监理单位
2	金隅汇景苑 16 项工程	朝阳区朝阳北路	10.01	22188.94	2014-06-01	2017-09-07	北京首开仁信置业有限公司	华通设计顾问莞有限公司	正太集团有限公司、北京韩建集团有限公司	北京大正建设监理有限公司
3	西大望路 24 号 6 项工程	朝阳区西大望路 24	7.45	24281.3	2014-09-01	2017-09-28	北京祥业房地产有限公司	北京建筑设计院有限公司	北京住总第四开发建设有限公司	北京光华建设监理有限公司

（十）市政工程

序号	工程名称	工程地址	长度（千米）	工程总投资（万元）	开工日期	竣工日期	建设单位	设计单位	施工单位	监理单位
1	长店北路二标段市政工程	朝阳区由金盏乡东营路经长店村北路到金盏乡温榆河大道	1.43	4167.7	2012-06-11	2016-10-26	京市绿化隔离地区基础设施开发建设有限公司	长春市市政工程设计研究院北京分院	中外建华诚城市建设有限公司	北京致远工程建设监理有限责任公司
2	民源大厦热力外线工程	朝阳区商务中心 1 号路	0.1	840.80	2014-05-07	2016-12-27	北京野力房地产开发有限公司	北京蓝图工程设计有限公司	北京市特欣市政公用工程有限公司	北京百事百达工程管理有限公司
3	电子城西区 2 项市政工程	朝阳区来广营中街到朝阳区东北铁路环内侧路	0.09	23.57	2012-06-19	2017-02-28	北京中关村电子城建设有限公司	北京优奈特燃气工程技术有限公司	北京东方华辉市政工程集团有限公司、北京住总集团有限责任公司	北京同发建设工程监理有限责任公司
4	五环北辅路天然气管线工程	朝阳区来广营乡五环北辅路	0.65	75.5	2012-06-10	2017-02-28	北京中关村电子城建设有限公司	北京优奈特燃气工程技术有限公司	北京市宏达建设工程有限责任公司	北京国金管理咨询有限公司
5	左安东路雨水泵站工程	朝阳区由松榆北路经松榆南路、左安东路、西大望路到西大望路西太后河	2.81	4393.3	2012-12-20	2017-03-01	北京城市排水集团有限责任公司	北京市市政工程设计研究院总院	北京建工集团有限责任公司	北京鸿祥工程建设监理有限责任公司

续表 7

序号	工程名称	工程地址	长度（千米）	工程总投资（万元）	开工日期	竣工日期	建设单位	设计单位	施工单位	监理单位
6	中古雨水泵站改造工程	朝阳区双桥东路与京秦铁路立交桥经双桥东路到通惠河	1.27	4201.93	2012-12-20	2017-03-15	北京城市排水集团有限责任公司	北京市市政工程设计研究总院	北京建工集团有限责任公司	北京鸿祥工程建设监理有限责任公司
7	农展馆雨水泵站升级改造工程	朝阳区三全公寓北路	0.37	1438.13	2012-12-20	2017-03-21	北京城市排水集团有限责任公司	北京市市政工程设计研究总院有限公司	北京建工集团有限责任公司	北京磐石建设监理有限责任公司
8	中心城泵站升级改造工程	朝阳区北三环安华桥桥区	2.02	5035.13	2012-12-30	2017-03-28	北京城市排水集团有限责任公司	北京市市政工程设计研究总院有限公司	北京建工集团有限责任公司	北京磐石建设监理有限责任公司
9	双桥雨水泵站升级改造工程	朝阳区双桥路与京秦铁路立交桥相交处	1.34	52943.21	2012-12-20	2017-03-30	北京城市排水集团有限责任公司	北京市市政工程设计研究总院有限公司	北京建工集团有限责任公司	北京百事百达工程管理有限公司
10	东山墅西区热力外线工程	朝阳区由东风乡东四环辅路经东风北路到东风西路	0.4	520.63	2016-02-15	2017-04-19	北京太合嘉园房地产开发有限责任公司	北京特泽热力工程设计有限公司	中壤建设有限公司	北京正远监理咨询有限公司
11	东高路道路工程	朝阳区常营沟、小场沟、半截河	1.1	764.12	2012-06-20	2017-06-14	北京宝嘉恒基础设施投资有限公司	北京特泽热力工程设计有限公司	北京欣江峰市政工程有限责任公司	北京华建恒工程建设监理有限公司
12	关东店综合楼项目热力管线工程	朝阳区朝外大街	0.11	715.20	2015-09-01	2017-07-14	北京昆泰房地产开发集团有限公司	北京冠亚伟业民用建筑设计有限公司	北京易成市政工程有限责任公司	北京正远监理咨询有限公司
13	垡头南路市政工程	朝阳区十八里店乡西大望路经垡头南路到东四环路	1.04	3953.99	2014-04-01	2017-07-27	北京市绿化隔离地区基础设施开发建设有限公司	泛华建设集团有限公司	北京市建华公路工程有限公司	北京北咨工程管理有限公司

续表 7

序号	工程名称	工程地址	长度（千米）	工程总投资（万元）	开工日期	竣工日期	建设单位	设计单位	施工单位	监理单位
14	太阳宫大街 10 千伏电力管线工程	朝阳区三元变电站经太阳宫大街到曙光路	1.1	6725.91	2011-09-01	2017-09-06	北京太阳宫房地产开发有限公司	北京城建设计研究总院有限公司	北京场道市政工程集团有限公司	北京方达工程管理有限公司
15	北京燕翔饭店电力管线工程	朝阳区酒仙桥路	1.95	1893.12	2014-08-16	2017-09-21	北京燕翔饭店有限责任公司	北京三吉利电力工程设计有限责任公司	北京朝方供用电安装有限公司	北京吉盛安电力工程咨询有限公司

（十一）装饰装修工程

序号	工程名称	工程地址	建筑面积（万平方米）	工程总投资（万元）	开工日期	竣工日期	建设单位	设计单位	施工单位	监理单位
1	国资委有色金属机关服务中心综合整治项目工程	朝阳区红庙北里85、86号楼、安贞里三区 8 号楼	1.43	1428.18	2015-12-22	2016-08-17	国务院国有资产监督管理委员会有色金属机关服务中心	中科院建筑设计研究院有限公司	南通启益建设集团有限公司	北京中外建工程管理有限公司
2	国家旅游局综合整治项目工程	朝阳区静安东里 1 号楼、8 号楼、11 号楼	1.83	2515.37	2015-05-25	2016-09-18	国家旅游局	中机十院国际工程有限公司	中国建筑一局（集团）有限公司	北京中外建工程管理有限公司
3	可加工陶瓷生产能力项目装修工程	朝阳区东坝红松园 1 号院内	0.07	35	2016-04-29	2016-11-18	北京中材人工晶体研究院有限公司	无	北京格瑞思装饰工程有限公司	无
4	贵州华芯通半导体技术有限公司装修工程	朝阳区望京东路 6 号望京国际研发园 D 座	0.11	184.09	2016-10-13	2016-11-25	贵州华芯通半导体技术有限公司	北京班墨国际工程设计有限公司	北京中建华腾装饰工程有限公司	无
5	中国银行将台路支行内装修工程	朝阳区酒仙桥路乙 21 号 1 号楼 1 层	0.06	84.55	2016-03-24	2016-12-08	中国银行股份有限公司北京朝阳支行	北京中天正通工程设计有限公司	北京市建筑工程装饰集团有限公司	无
6	麦格理投资顾问（北京）有限公司装修工程	于朝阳区新源南路 8 号华都中心西塔 14 层 8-12 单元	0.13	195.52	2016-07-26	2016-12-13	麦格理投资顾问（北京）有限公司	北京东方科旅建筑勘察设计有限公司	上海宝立建筑装饰工程有限公司	无
7	美国普衡律师事务所北京代表处装修工程	朝阳区建国门外大街 2 号院 3 号楼 26 层 2601、2606 单元	0.06	198.87	2016-06-30	2016-12-14	美国普衡律师事务所北京代表处	北京东方科旅建筑勘察设计有限公司	上海宝立建筑装饰工程有限公司	无

续表 7

序号	工程名称	工程地址	建筑面积（万平方米）	工程总投资（万元）	开工日期	竣工日期	建设单位	设计单位	施工单位	监理单位
8	远洋健康医疗投资管理（北京）有限公司装修工程	朝阳区金桐西路 12 号	0.06	191.99	2016-07-01	2016-12-21	远洋健康医疗投资管理（北京）有限公司	中国中轻国际工程有限公司	远洋装饰工程股份有限公司	无
9	北京大宗商品交易所有限公司装修工程	朝阳区望京东路 6 号望京国际研发园	0.27	170.3	2016-08-26	2016-12-22	北京大宗商品交易所有限公司	北京清大原点建筑设计有限公司	北京高辉利豪幕墙工程有限公司	无
10	丸红（北京）商业贸易有限公司装修工程	朝阳区东三环中路 1 号 1 幢 2 单元 22 层 05-09	0.09	150	2016-11-23	2016-12-23	丸红（北京）商业贸易有限公司	北京乐孚装饰工程有限公司	北京乐孚装饰工程有限公司	无
11	华纳兄弟室内装修工程	朝阳区新源南路 8 号启皓中心西塔 9 层 9 ～ 14 单元	0.08	180	2016-08-23	2016-12-22	华纳兄弟咨询服务（北京）有限公司	穆氏建筑设计（上海）有限公司、北京清大原点建筑设计有限公司	穆氏建筑设计（上海）有限公司	无
12	中国国际航空股份有限公司装修工程	朝阳区霄云路 46 号 8、9 层	0.41	608.52	2016-10-31	2016-12-23	中国国际航空股份有限公司	大地建筑事务所（国际）	华翔飞建筑装饰工程有限公司	北京双圆工程咨询监理有限公司
13	日产（中国）投资有限公司装修工程	朝阳区工体北路甲 2 号盈科中心裙房 1 层 101 单元	0.07	186.97	2016-09-06	2016-12-26	日产（中国）投资有限公司	北京东方科旅建筑勘察设计有限公司	润泽瑞装饰工程（北京）有限公司	无
14	远洋健康医疗投资管理（北京）有限公司装修工程	朝阳区景华南街 5 号远洋光华中心 C 栋写字楼 1 层 101、2 层 201	0.14	481.28	2016-06-06	2016-12-30	远洋健康医疗投资管理（北京）有限公司	北京东方畅想建筑设计有限公司	深圳城市建筑装饰工程有限公司	中国中轻国际有限公司
15	瑞再企商保险有限公司装修工程	朝阳区建国门外大街乙 12 号	0.03	145.86	2016-08-12	2017-01-04	瑞再企商保险有限公司北京分公司	北京清大原点建筑设计有限公司	穆氏建筑设计（上海）有限公司	无
16	京客隆三里屯店装修工程	朝阳区三里屯北路南 27 号楼	0.17	189	2014-07-08	2017-01-05	北京京客隆商业集团股份有限公司	北京市建筑装饰设计院有限公司	远洋装饰工程股份有限公司	北京精正兴工程建设监理有限公司

续表 7

序号	工程名称	工程地址	建筑面积（万平方米）	工程总投资（万元）	开工日期	竣工日期	建设单位	设计单位	施工单位	监理单位
17	博柏利（上海）贸易有限公司装修工程	朝阳区建国路87号2层	0.02	649.06	2016-09-05	2017-01-12	博柏利（上海）贸易有限公司	广东世纪达装饰工程 有限公司	广东世纪达装饰工程有限公司	无
18	北京远东信通科技有限公司装修工程	朝阳区酒仙桥东路9号院2号楼101室	0.16	173	2016-04-18	2017-01-12	北京远东信通科技有限公司	北京博众展示艺术有限公司	北京沃得沃机电安装有限公司	无
19	华谊兄弟总部办公楼装修工程	朝阳区新源南路甲2号	0.2	397.62	2016-03-23	2017-01-12	华谊兄弟传媒股份有限公司	北京泽仪市政工程有限公司、苏州金螳螂建筑装饰股份有限公司	北京市第三建筑工程有限公司	无
20	农业部办公楼改造项目装修工程	朝阳区农展馆南里11号	0.22	598.04	2016-03-31	2017-01-13	中华人民共和国农业部	北京东方畅想建筑设计有限公司	北京万兴建筑集团有限公司	北京远东工程项目管理有限公司
21	达美中心装修工程	朝阳区青年路7号院达美中心1～3号楼公共区域及5号楼地下1层、地上1～4层	0.88	3710.61	2016-07-12	2017-01-17	北京柏豪置业有限公司	北京市公用工程设计监理设计有限公司、北京港源建筑装饰设计研究院有限公司、中国建筑科学研究院	北京柏豪建筑装饰工程有限公司	北京双圆工程咨询监理有限公司
22	海恩斯莫里斯（上海）商业有限公司装修工程	朝阳区三里屯路19号院11号楼S11-1、S11-3	0.2	128	2016-07-01	2017-01-17	海恩斯莫里斯（上海）商业有限公司	北京中奥建工程设计有限公司	北京弘洁建设集团有限公司	无
23	奥体中心运动员公寓维修改造项目工程	朝阳区安定路1号	3.26	364.24	2016-08-10	2017-01-18	国家奥林匹克体育中心	北京市建筑设计研究院有限公司	中城建第五工程局集团有限公司	北京中外建工程管理有限公司
24	北京三里屯Superdry店装修工程	朝阳区三里屯路19号院地下一层SLG51-52单元	0.04	150	2016-10-27	2017-01-19	天津市赫基速跋雷服饰销售有限公司	北京中奥建工程设计有限公司	北京亚瑞建筑工程设计有限公司	无
25	电子城股份创E+项目装修工程	朝阳区酒仙桥东路9号院2号楼	0.22	358.72	2016-05-10	2017-01-22	北京电子城投资开发集团股份有限公司	中科建（北京）建筑规划设计有限公司	中艺建筑装饰有限公司	北京京龙工程项目管理公司

续表 7

序号	工程名称	工程地址	建筑面积（万平方米）	工程总投资（万元）	开工日期	竣工日期	建设单位	设计单位	施工单位	监理单位
26	三里屯太古里南区男女卫生间装修工程	朝阳区三里屯太古里南区	0.04	982.95	2016-03-24	2017-02-07	北京三里屯南区物业管理有限公司	四川华西建筑装饰工程有限公司	四川华西建筑装饰工程有限公司	四川华西建筑装饰工程有限公司
27	国航投资控股有限公司装修工程	朝阳区霄云路46号十六层局部	0.08	127.2	2016-11-27	2017-02-08	国航投资控股有限公司	大地建筑事务所（国际）	北京北方世纪建筑装饰工程有限公司	无
28	阿卡迈（北京）信息技术有限公司装修工程	朝阳区三里屯太古里南区	0.1	480	2016-10-31	2017-02-08	阿卡迈（北京）信息技术有限公司	北京清大原点建筑设计有限公司、北京盛茂盛建设工程有限公司	北京盛茂盛建设工程有限公司	无
29	三里屯太古里北区内装修工程	朝阳区三里屯路11号院太古里北区N8楼	0.03	360.09	2016-09-05	2017-02-09	北京三里屯北区物业管理有限公司	华诚博远（北京）建筑有限公司	北京亚瑞建筑工程设计有限公司	无
30	凯宾斯基饭店6层客房装修工程	朝阳区亮马桥路50号	0.14	197.3	2016-08-02	2017-02-16	北京燕莎中心有限公司	北京中奥建工程设计有限公司	北京海盟装饰工程有限公司	无
31	美国华纳新亚洲有限公司北京代表处装修工程	朝阳区新源南路8号1层4单元	0.04	120	2016-08-23	2017-03-03	美国华纳新亚洲有限公司北京代表处	北京清大原点建筑设计有限公司、穆氏建筑设计（上海）有限公司	穆氏建筑设计（上海）有限公司	无
32	天津武田药品有限公司装修工程	朝阳区新源南路8号启皓中心写字楼西塔2层	0.3	531.72	2016-11-25	2017-03-10	天津武田药品有限公司	北京清大原点建筑设计有限公司	北京金碧合力建筑设计工程有限公司	无
33	中国能源建设集团有限公司装修工程	朝阳区西大望路26号	1.09	1555.73	2014-09-28	2017-03-10	中国能源建设集团有限公司	北京中建建筑设计有限公司	北京城建八建设发展有限责任公司	北京国金管理咨询有限公司
34	电通安吉斯（上海）投资有限公司装修工程	朝阳区新源南路8号华都中心东塔5、6层	0.81	1055.13	2016-11-22	2017-03-13	电通安吉斯（上海）投资有限公司	北京东方科旅建筑勘察设计有限公司	上海宝立建筑装饰工程有限公司	无
35	智睿企业咨询（深圳）有限公司北京分公司装修工程	朝阳区建国门外大街乙12号（双子座大厦西塔办公楼）第15层06～08单元	0.05	94.12	2016-09-09	2017-03-13	智睿企业咨询（深圳）有限公司北京分公司	北京清大原点建筑设计有限公司	北京雅地东华建筑工程有限公司	无

续表 7

序号	工程名称	工程地址	建筑面积（万平方米）	工程总投资（万元）	开工日期	竣工日期	建设单位	设计单位	施工单位	监理单位
36	建投投资有限责任公司装修工程	朝阳区东三环中路 5 号楼财富金融中心 54 层 01 ～ 06 单元	0.29	604.38	2016-09-27	2017-03-16	建投投资有限责任公司	中国中建设计集团技术有限公司	北京鼎越工程技术有限责任公司	北京中建工程顾问有限公司
37	亚马逊通技术服务（北京）有限公司装修工程	朝阳区酒仙桥路 10 号院 21 号楼 3 层 302、303 室	0.25	817.73	2016-12-08	2017-03-22	亚马逊通技术服务（北京）有限公司	北京清大原点建筑设计有限公司	鸿睿嘉讯（北京）建筑装饰工程有限公司	无
38	电子城西区装修工程	朝阳区望京西 B12 地块 3 号楼	0.17	581.2	2016-04-22	2017-03-22	北京中关村电子城建设有限公司	北京新纪元建筑工程设计有限公司	中城建第五工程局集团有限公司	北京高屋工程咨询监理有限公司
39	区政府三元桥办公区装修工程	朝阳区曙光西里甲 1 号	0.46	455.34	2016-06-29	2017-03-27	北京市朝阳区机关后勤服务中心	北京中京惠建筑设计有限公司	深圳市中科建设集团有限公司	北京双圆工程咨询监理有限公司
40	北辰公寓经营管理分公司 H 座装修工程	朝阳区亚运村北辰东路 8 号	1.83	7245.51	2015-11-03	2017-03-31	北京北辰实业股份有限公司	北京中建建筑设计院有限公司	北京建工路桥工程建设有限责任公司	北京北辰工程建设监理有限公司
41	范思哲北京三里屯店装修工程	朝阳区三里屯路 11 号院 2 号楼	0.05	188.4	2016-10-20	2017-04-10	范思哲（中国）商业有限公司	北京中建恒基工程设计有限公司	北京友景广信建筑装饰工程有限公司	无
42	人民银行综合整治项目工程	朝阳区关东店北街 13 号楼	0.71	842.53	2016-05-09	2017-04-12	中国人民银行机关服务中心	中科院建筑设计研究院有限公司	中国新兴建筑工程总公司	北京伟泽工程项目管理有限公司
43	国税局、地税局 CBD 两所装修工程	朝阳区光华路 9 号楼 3、6、7 和地下 1 层	0.6	435.78	2016-05-26	2017-04-13	北京市朝阳区机关后勤服务中心	北京开启伟业建设发展有限公司、北京费尔消防技术工程有限公司	北京城建九建设工程有限公司	北京兴电国际工程管理有限公司
44	启皓中心 1 项装修工程	朝阳区新源南路 8 号启皓中心办公楼西塔 16 层 04 ～ 08 单元	0.13	115.6	2016-12-30	2017-04-14	中泰证券股份有限公司北京分公司	北京清大原点建筑设计有限公司	国基建设集团有限公司	无
45	部分内装修工程	朝阳区容创路 17 号楼 3 层	0.06	56	2016-07-13	2017-04-20	北海康成（北京）医药科技有限公司	北京筑基兴业建设工程有限公司	北京筑基兴业建设工程有限公司	无

续表 7

序号	工程名称	工程地址	建筑面积（万平方米）	工程总投资（万元）	开工日期	竣工日期	建设单位	设计单位	施工单位	监理单位
46	天安人寿保险股份有限公司装修工程	朝阳区东三环中路 1 号环球金融中心东楼	0.69	1064.6	2016-12-05	2017-04-21	天安人寿保险股份有限公司	北京清大原点建筑设计有限公司	深圳市建侨设计装饰工程有限公司	无
47	电通安吉斯装修工程	朝阳区新源南路 8 号华都中心东塔 2 ～ 4 层		1779.13	2016-12-07	2017-04-21	电通安吉斯（上海）投资有限公司	北京东方科旅建筑勘察设计有限公司	上海宝立建筑装饰工程有限公司	无
48	东方资产管理（中国）有限公司装修工程	朝阳区东三环中路 5 号楼 42 层	0.14	139.5	2016-10-12	2017-04-24	东方资产管理（中国）有限公司	北京中奥建工程设计有限公司	艾迪尔森（北京）建筑工程有限公司	无
49	朝阳区广播电视新闻中心改造工程	朝阳区六里屯西里 3 号	0.26	940.4	2016-06-29	2017-05-03	北京市朝阳区广播电视新闻中心	中广电广播电影电视设计研究院	北京市昌平一建建筑有限公司	北京华厦工程项目管理有限责任公司
50	国寿股权投资有限公司装修工程	朝阳区东三环中路 5 号楼	0.15	189.62	2016-11-30	2017-05-04	国寿股权投资有限公司	北京博晟装饰设计工程有限公司	北京艾迪尔建筑装饰工程股份有限公司	北京双圆工程咨询监理有限公司
51	支付宝（中国）网络技术有限公司装修工程	朝阳区东三环中路 1 号北京环球金融中心 9 层	0.3	429.36	2017-02-08	2017-05-05	支付宝（中国）网络技术有限公司	北京大原点建筑设计有限公司	北京东豪建设集团有限公司	无
52	梅赛德斯 - 奔驰北京培训中心装修工程	朝阳区广顺南大街 8 号院 1 号楼（利星行中心 A 座）地下 1 层及地上 1 ～ 3 层	0.81	2633.34	2016-09-14	2017-05-08	北京梅赛德斯—奔驰销售服务有限公司	北京市建筑设计研究院有限公司	北京弘高建筑装饰设计工程有限公司	北京中协成建设监理有限责任公司
53	北京银行松榆里支行内装修工程	朝阳区周庄山水文园 202 号楼	0.1	194.6	2016-02-02	2017-05-12	北京银行股份有限公司九龙山支行	北京新纪元建筑工程设计有限公司	中天开元（北京）建筑装饰工程有限公司	无
54	北京洪泰同创投资管理有限公司装修工程	朝阳区新源南路 8 号	0.14	150	2017-01-12	2017-05-16	北京洪泰同创投资管理有限公司	北京华开建筑装饰工程有限公司	北京中建北方装饰工程有限公司	无
55	北京国投尚科信息技术有限公司装修工程	朝阳区酒仙桥东路 18 号	3.27	2870.3	2017-01-12	2017-05-16	北京弘高建筑装饰工程设计有限公司	北京中景昊天工程设计有限公司	江苏南通六建建设集团有限公司	无

续表 7

序号	工程名称	工程地址	建筑面积（万平方米）	工程总投资（万元）	开工日期	竣工日期	建设单位	设计单位	施工单位	监理单位
56	博柏利（上海）贸易有限公司装修工程	朝阳区建国路 87 号 3 层	0.02	649.22	2016-08-18	2017-05-22	博柏利（上海）贸易有限公司	广东世纪达建设集团有限公司	广东世纪达建设集团有限公司	无
57	北京天利德机电设备有限公司装修工程	朝阳区东风南路 3 号院 1 ～ 3 号楼地下 1 层	0.06	170	2017-01-11	2017-06-02	北京天利德机电设备有限公司	北京清尚建筑装饰工程有限公司	北京清尚建筑装饰工程有限公司	无
58	华人文化有限公司装修工程	朝阳区光华路 1 号 13 层 1305 ～ 1312、1315、1317 ～ 1330 单元	0.19	168.47	2016-12-30	2017-06-06	华人文化有限责任公司	北京保利达工程设计有限公司	北京筑博装饰工程有限公司	无
59	电子城 IT 产业园装修工程	朝阳区酒仙桥北路甲 10 号 A 区 6 号楼 A6 工业厂房	1.67	1881.14	2016-09-27	2017-06-07	荣联数讯（北京）信息技术有限公司	上海世家装饰实业股份有限公司	上海世家装饰实业股份有限公司	北京双圆工程咨询监理有限公司
60	天津艾康尼克公司装修工程	朝阳区东三环中路 1 号 1 幢 2 单元 501 内 14 ～ 16 单元	0.09	130	2017-04-06	2017-06-08	天津艾康尼克新能源汽车有限公司	北京清大原点建筑设计有限公司	河北星太装饰集团有限公司	无
61	金融中心 1 项装修工程	朝阳区东三环中路 1 号环球金融中心东楼 4 层 406、407 单元	0.05	167	2017-04-07	2017-06-12	联合技术管理（北京）有限公司	北京清大原点建筑设计有限公司	北京金碧合力建筑设计工程有限公司	无
62	北京恒美广告有限公司装修工程	朝阳区广顺南大街 8 号院 1 号楼	0.59	881.64	2017-03-10	2017-06-26	北京恒美广告有限公司	北京清大原点建筑设计有限公司	北京金碧合力建筑设计工程有限公司	无
63	北京希尔顿酒店餐厅改造工程	朝阳区东三环北路东方路 1 号	0.08	426.06	2016-11-20	2017-06-27	东方艺术大厦有限公司北京希尔顿酒店	中国建筑科学研究院	北京华尊装饰工程有限责任公司	无
64	利星行中心 1 项装修工程	朝阳区广顺南大街 8 号院 1 号楼	0.24	78.38	2017-05-25	2017-07-03	北京无双科技有限公司	北京中奥建工程设计有限公司	北京方圆化建筑装饰工程有限公司	无
65	有璟阁华贸店装修工程	朝阳区建国路 89 号院华贸公寓 18 号楼 L02 商铺	0.16	188	2017-02-14	2017-07-26	北京有璟阁餐饮文化发展有限公司	北京清大原点建筑设计有限公司、北京金泰鼎圣建筑工程有限公司	北京万事利达建设发展有限公司	无

续表 7

序号	工程名称	工程地址	建筑面积（万平方米）	工程总投资（万元）	开工日期	竣工日期	建设单位	设计单位	施工单位	监理单位
66	广泉小区综合楼改造工程	朝阳区广渠门外大街甲 28 号广泉小区西北角	2.17	6116.62	2016-01-15	2017-08-04	中央国家机关公务员住宅建设服务中心	华诚博远工程技术集团有限公司	北京首华建设经营有限公司	北京兴电国际工程管理有限公司
67	三里屯 MICHAEL KORS 装修工程	朝阳区三里屯路 19 号院 9 号楼	0.04	75.8	2017-05-25	2017-08-16	迈克尔高司商贸（上海）有限公司	北京天华兴达建筑工程有限公司	北京天华兴达建筑工程有限公司	无
68	北京市行政服务中心装修改造工程	朝阳区吉祥里 102 号	0.79	1625.14	2016-05-24	2017-08-17	北京市行政服务中心	北京炎黄联合国际工程设计有限公司	北京市建筑工程装饰集团有限公司	北京中联环建设工程管理有限公司
69	一汽 - 大众销售有限责任公司装修工程	东三环北路 2 号南银大厦 26 层	0.17	198	2017-04-01	2017-08-18	一汽 - 大众销售有限责任公司	北京中建恒基工程设计有限公司	北京丽贝亚建筑装饰工程有限公司	无
70	原化二部分房屋内外装修工程	朝阳区东四环大郊亭	1.5	5484.62	2014-12-20	2017-08-23	北京化学工业集团有限责任公司	北京龙安华城建筑设计有限公司	北京迪迈建筑装饰工程有限公司	无
71	中国医学科学院肿瘤医院后勤楼改造工程	朝阳区潘家园南里 17 号	0.34	975.18	2016-07-19	2017-08-25	中国医学科学院肿瘤医院	北京中联环建文建筑设计有限公司	北京大龙建设集团有限公司	北京华厦工程项目管理有限责任公司
72	店铺室内装修工程	朝阳区建国门外大街 1 号院 3 号楼地上 3 层 3L301 ～ 307、3L312 ～ 313 铺位	0.11	198.3	2017-06-07	2017-08-25	北京腾湃诊所有限公司	北京东方科旅建筑勘察设计有限公司、香港神采设计装饰工程山西有限公司	上海嘉春装饰设计工程有限公司	无
73	安彼迎信息科技（北京）有限公司装修工程	朝阳区东三环中路 1 号 1 幢 1401 内 01A、02 ～ 13 单元	0.36	302.06	2017-03-31	2017-08-28	安彼迎信息科技（北京）有限公司	北京清大原点建筑设计有限公司	穆氏建筑设计（上海）有限公司	无
74	工人体育场北路甲 2 号 C 栋外立面翻新工程	朝阳区工人体育场北路甲 2 号 C 栋	0.94	3823.56	2016-11-16	2017-08-31	北京京威房地产开发有限公司	中外建华诚城市建筑规划设计有限公司	江苏省建筑工程集团有限公司	上海一测建设咨询有限公司

续表 7

序号	工程名称	工程地址	建筑面积（万平方米）	工程总投资（万元）	开工日期	竣工日期	建设单位	设计单位	施工单位	监理单位
75	盈科中心D栋外墙维修工程	朝阳区工人体育场北路甲2号	1	514	2016-03-29	2017-08-31	北京京威房地产开发有限公司	无	江苏省建筑工程集团有限公司	上海一测建设咨询有限公司
76	北京泰德信用管理有限公司装修工程	朝阳区建国路108号	0.1	51.5	2017-07-12	2017-09-01	北京泰德信用管理有限公司	北京诺亚方舟装饰工程有限公司	北京诺亚方舟装饰工程有限公司	无
77	红鲷众创空间管理（上海）有限公司装修工程	朝阳区望京广顺南大街16号院1号楼第17～21层	1.05	2400	2017-07-04	2017-09-02	红鲷众创空间管理（上海）有限公司	四川中七建筑规划设计有限公司	上海海直建设工程有限公司	北京星舟工程管理有限公司
78	雅德餐饮北京太古里店装修工程	朝阳区三里屯11号院8号楼3、4层	0.07	185	2017-06-24	2017-09-03	雅德餐饮（上海）有限公司北京分公司	江苏南通三建建筑装饰有限公司	江苏南通三建建筑装饰有限公司	无
79	华都中心装修工程	朝阳区新源南路8号华都中心东西塔、酒店及办公楼地下1～4层局部、地上1～10层	2.14	12624.92	2016-09-14	2017-09-08	北京华都饭店有限责任公司宝格丽酒店分公司	中国建筑设计院有限公司	浙江亚厦装饰股份有限公司、苏州金螳螂建筑装饰股份有限公司	北京双圆工程咨询监理有限公司
80	北京沃谷农业发展有限公司装修工程	于朝阳区鼎成路九号裙房	0.2	108	2017-06-20	2017-09-11	北京沃谷农业发展有限公司	北京大通正大建设工程有限公司	北京大通正大建设工程有限公司	无
81	中建投信托有限责任公司装修工程	朝阳区建国门外大街乙12号LG双子座大厦东塔27层01～06单元	0.13	186.27	2017-05-12	2017-09-12	中建投信托有限责任公司	北京中奥建工程设计有限公司	北京格林贝斯装饰工程有限公司	无
82	中信银行北京分行装修工程	朝阳区东三环中路5号财富金融中心5层501～504室	0.13	544.84	2017-05-15	2017-09-13	中信银行国际（中国）有限公司北京分行	北京清大原点建筑设计有限公司	北京江记建筑装饰工程设计有限公司	中航工程监理（北京）有限公司
83	鸿坤财富装修工程	朝阳区东三环中路1号环球金融中心办公楼22层2～4单元	0.09	93.57	2017-06-30	2017-09-19	香河县鸿坤房地产开发有限公	北京清大原点建筑设计有限公司	北京金碧合力建筑设计工程有限公司	无

续表 7

序号	工程名称	工程地址	建筑面积（万平方米）	工程总投资（万元）	开工日期	竣工日期	建设单位	设计单位	施工单位	监理单位
84	法国兴业银行（中国）有限公司装修工程	朝阳区新源南路 8 号启皓中心西塔 12 层	0.25	1080	2017-05-26	2017-09-22	法国兴业银行（中国）有限公司	北京东方科旅建筑勘察设计有限公司	上海宝立建筑装饰工程有限公司	无
85	国投万和资产管理有限公司装修工程	朝阳区东三环中路 5 号财富金融中心	0.1	175.02	2017-02-25	2017-09-22	国投万和资产管理有限公司	北京中建华腾装饰工程有限公司	北京中建华腾装饰工程有限公司	无
86	横琴特斯联云舟智能科技有限公司装修工程	朝阳区新源南路 8 号北京启皓西塔 11 层	0.4	1102.4	2017-04-27	2017-09-28	横琴特斯联云舟智能科技有限公司	北京中外建建筑设计有限公司	北京市雅饰装饰工程有限责任公司	无
87	北京睿驰盛源资产管理合伙企业装修工程	朝阳区东三环霄云路 28 号	2.21	506.02	2017-04-01	2017-09-28	北京睿驰盛源资产管理合伙企业	北京弘洁建设集团有限公司、神州长城国际工程有限公司	中艺建筑装饰有限公司	北京中建协工程咨询有限公司
88	北京软通金尚企业管理有限公司装修工程	朝阳新源里西 20 号楼	0.18	1503.13	2016-11-09	2017-10-11	北京软通金尚企业管理有限公司	北京清大原点建筑设计有限公司	北京朋明建筑装饰工程有限公司	无
89	中信资本（中国）投资有限公司装修工程	朝阳区新源南路 8 号	0.15	174.76	2017-07-12	2017-10-13	中信资本（中国）投资有限公司	北京中奥建工程设计有限公司	建元装饰股份有限公司	无
90	高碑店实验区基础设施改造工程	朝阳区高碑店北路甲 3 号	0.95	3581.93	2016-12-01	2017-10-13	中国检验检疫科学研究院	中国中元国际工程有限公司	北京房地集团有限公司	北京兴电国际工程管理有限公司
91	外交部幼儿园抗震节能综合改造工程	朝阳区光华里 2 号	0.35	1751.77	2017-02-16	2017-10-17	中华人民共和国外交部	中国电子工程设计院	江苏省国立建设发展有限公司	北京中外建工程管理有限公司
92	康明斯（中国）投资有限公司装修工程	朝阳区广顺南大街 8 号院 2 号楼	1.44	3673.66	2017-05-05	2017-10-19	康明斯（中国）投资有限公司	北京清大原点建筑设计有限公司	北京金碧合力建筑设计工程有限公司	北京银建建设工程管理有限公司
93	北京策众睿诚投资管理有限公司工程	朝阳区望京东园七区 17 号楼 15 层 1501	0.16	96.8	2017-06-21	2017-10-23	北京策众睿诚投资管理有限公司	北京金碧合力建筑设计工程有限公司	北京金碧合力建筑设计工程有限公司	无

续表 7

序号	工程名称	工程地址	建筑面积（万平方米）	工程总投资（万元）	开工日期	竣工日期	建设单位	设计单位	施工单位	监理单位
94	北京生野安室文化传播有限公司装修工程	朝阳区三里屯路 11 号院地下车库	0.03	96.8	2017-01-11	2017-10-23	北京生野安室文化传播有限公司	北京东方科旅建筑勘察设计有限公司	南通启益建设集团有限公司	无
95	库克（中国）医疗贸易有限公司工程	朝阳区东三环中路 1 号 1 幢 1201 内 07 ～ 10 号单元	0.12	95.8	2017-06-08	2017-10-31	库克（中国）医疗贸易有限公司	穆氏建筑设计（上海）有限公司	穆氏建筑设计（上海）有限公司	无
96	新源西里东街 1 号楼综合整治项目工程	新源西里东街 1 号楼	0.83	1076.71	2016-09-02	2017-10-31	交通运输部机关服务局	中机十院国际工程有限公司	江苏弘盛建设工程集团有限公司	北京康迪建设监理咨询有限公司
97	人保金融服务有限公司装修工程	朝阳区建国门外大街 2 号院 2 号楼	0.19	539.23	2017-06-27	2017-10-31	人保金融服务有限公司	北京市建筑装饰设计院有限公司	北京国建建筑装饰工程有限公司	北京双圆工程咨询监理有限公司
98	十里堡综合商业体局部内装修工程	朝阳区十里堡乙 2 号院 5 号楼	2.58	905.13	2017-07-07	2017-11-2	北京百联潮驿企业管理有限公司	北京威斯顿建筑设计有限公司	北京市盛昌宏达装饰公司	无
99	天津紫龙奇点互动娱乐有限公司装修工程	朝阳区青年路 7 号院 2 号楼（达美中心）地上 11 层	0.18	110.5	2017-07-03	2017-11-06	天津紫龙奇点互动娱乐有限公司	北京清大原点建筑设计有限公司	北京双富丽建筑工程有限公司	无
100	三源里北小街 8 号楼综合整治工程	朝阳区三源里北小街 8 号楼	1.2	1510.09	2016-09-02	2017-11-09	交通运输部机关服务局	中机十院国际工程有限公司	北京城建七建设工程有限公司	北京康迪建设监理咨询有限公司
101	京蓝时代科技（北京）有限公司装修工程	朝阳区崔各庄望京东园七区 17 号楼 2 层 201 ～ 204	0.15	566.92	2017-02-24	2017-11-13	京蓝时代科技（北京）有限公司	北京华巨建筑规划设计院有限公司	北京金宝厦建筑装饰有限公司	无
102	诺和诺德（中国）制药有限公司装修工程	朝阳区望京 B15 项目 B 地块	0.94	1565.8	2017-08-20	2017-11-14	诺和诺德（中国）制药有限公司	北京东方科旅建筑勘察设计有限公司	普业科技工程（北京）股份有限公司	无

续表 7

序号	工程名称	工程地址	建筑面积（万平方米）	工程总投资（万元）	开工日期	竣工日期	建设单位	设计单位	施工单位	监理单位
103	深圳一房和信资产管理有限公司装修工程	朝阳区新源南路 8 号院 4 号楼	0.1	63	2017-09-15	2017-11-15	深圳一房和信资产管理有限公司	国安中建建设集团有限公司	北京鸿源祥建筑装饰工程有限公司	无
104	延静西里 2 号楼综合整治工程	朝阳区延静西里 2 号楼	1.11	1238.57	2016-08-30	2017-11-15	交通运输部机关服务局	中机十院国际工程有限公司	中地长泰建设有限公司	北京康迪建设监理咨询有限公司
105	雀巢（中国）有限公司装修工程	朝阳区望京街 8 号院	0.14	197.63	2017-06-02	2017-11-15	雀巢（中国）有限公司	北京东方科旅建筑勘察设计有限公司	普业科技工程（北京）股份有限公司	无
106	北京博瑞祥云汽车销售服务有限公司装修工程	朝阳区花虎沟 2 号 60 幢	1.03	186.06	2017-04-11	2017-11-16	北京博瑞祥云汽车销售服务有限公司	北京第三建筑工程有限公司	北京市爱巢装饰工程有限公司	无
107	紫光华山科技有限公司工程	朝阳区广顺南大街 8 号院 1 号楼	0.17	190.79	2017-07-02	2017-11-21	紫光华山科技有限公司	北京中奥建工程设计有限公司	北京鼎越工程技术有限责任公司	无
108	北京雅宝房地产开发有限公司装修工程	朝阳区日坛北路 19 号楼	0.55	580.2	2017-06-12	2017-11-22	北京雅宝房地产开发有限公司	北京新纪元建筑工程设计有限公司	北京大龙建设集团有限公司	无
109	浙商金汇信托股份有限公司办公室装修工程	朝阳区建国门外大街甲 6 号 1 幢 29 层	0.13	146.8	2017-05-18	2017-11-27	浙商金汇信托股份有限公司	北京中奥建工程设计有限公司	北京富力兴装饰装修工程有限公司	无
110	多喜佳伴纳服饰商业（上海）有限公司装修工程	朝阳区建国路 87 号北京 SKP D2012 室	0.04	190	2017-05-10	2017-11-29	多喜佳伴纳服饰商业（上海）有限公司	北京清大原点建筑设计有限公司	理程（北京）装饰有限公司	无
111	和平街 13 区 17 号楼综合整治工程	朝阳区和平街 13 区 17 号楼	0.03	322.3	2016-09-21	2017-12-01	国务院国有资产监督管理委员会物资机关服务中心	华诚博远工程技术集团有限公司	北京韩建集团有限公司	北京中建协工程咨询有限公司

续表 7

序号	工程名称	工程地址	建筑面积（万平方米）	工程总投资（万元）	开工日期	竣工日期	建设单位	设计单位	施工单位	监理单位
112	中意资产管理有限责任公司装修工程	朝阳区光华路5号院1号楼11层	0.17	178	2017-06-16	2017-12-01	中意资产管理有限责任公司	北京中奥建工程设计有限公司	北京菲尼有限公司	无
113	安华里五区1号楼综合整治工程	朝阳区安华路安华里五区1号楼	0.5	623.75	2016-09-06	2017-12-01	交通运输部机关服务局	中机十院国际工程有限公司	华北建设集团有限公司	北京康迪建设监理咨询有限公司
114	汇丰银行（中国）有限公司北京分行装修工程	朝阳区东三环中路5号楼财富金融中心实际楼层第36层04单元	0.06	146.5	2017-08-17	2017-12-13	汇丰银行（中国）有限公司北京分行	北京博晟装饰设计工程有限公司、上海蓝天房屋装饰工程有限公司	上海蓝天房屋装饰工程有限公司	无
115	北京汽车集团产业投资有限公司装修工程	朝阳区东三环中路5号楼56层	0.15	198	2017-08-02	2017-12-14	北京汽车集团产业投资有限公司	北京博晟装饰设计工程有限公司	江苏省建工集团有限公司	无

宝嘉恒基础设施投资有限公司

【概况】 北京宝嘉恒基础设施投资有限公司隶属于朝阳区国资委，企业类型为有限责任公司（法人独资），注册资金119966万元。公司设前期计划部、拆迁一部、拆迁二部、工程部、项目管理部、财务部、审计部、开发经营部、党总支办公室、办公室。有在职职工55人，其中正处级干部3人、副处级干部4人、中层干部11人、职工37人。宝嘉恒公司作为朝阳区基础设施建设核心企业，主要负责朝阳区域内主次干路的拆迁建设任务，利用企业道路建设的优势和朝阳区加大功能区建设的发展趋势，对道路两侧的土地资源进行开发及建设。年内，完成陈家营东路、郭家庄路一期等21条道路勘察设计、施工监理及附属工程招标。完成化二东侧路地上物全部拆除工作。实现陈家营东路、嘉轩花园南街等道路完工通车。全年净利润2356万元，上缴税金984万元。公司拆迁部被市总工会、市人力社保局联合授予“北京市工人先锋号”称号。

地址：小亮马桥东方东路6号

邮编：100027

电话：84551546

（郝　晶）

【续拆主干路】 年内，完成化工路集体企业拆除总面积的72%；完成国有企业拆除总面积的30%；完成化二东侧路地上物全部拆除工作；完成东坝南二街西延、龙爪树路地上物调查工作；完成青年路南延拆迁拆除招投标工作。

（郝　晶）

【续建次干路】 年内，实现双桥路、嘉轩花园南街、幺家店路（青年路至黄杉木店路段）完工通车。局部完成双桥东路一期、南湖渠公园南路道路施工。

（郝　晶）

【道路规划批复】 年内，取得电子城西区北扩规划三路、来广营东路等27条道路规划批复48项。按照“一会三函”手续办理要求，取得孙河北路、单店南路等15条道路的《前期工作函》《设计方案审查意见》等23份批复文件。完成陈家营东路、郭家庄路一期等21条道路勘察设计、施工监理及附属工程招标。

（郝　晶）

【“无煤化”集中供热改造工程】 年内，完成十八里乡横街子村、高碑店乡康家沟村、管庄乡管庄村3个重点村“无煤化”集中供热改造工程。分3批完成“煤改电”外电源工程，涉及高碑店乡、将台乡、管庄乡等66个乡22399户居民。

（郝　晶）

昆泰房地产开发集团有限公司

【概况】 北京昆泰房地产开发集团有限公司成立于1992年，注册资金3亿元，是由朝阳区国资委监管的国有独资公司。集团现有全资子公司11家、参股公司1家、三级公司1家、分公司2家、控股公司2家、酒店分公司4家。开发项目和所属物业超过20个，资产总额超过100亿元。开发建成昆泰嘉瑞中心、昆泰国际中心、昆泰大厦、昆泰商城、丰联广场、泛利大厦、联合大厦、三亚昆泰酒店、青城山昆泰山庄等近百万平方米的大型公建项目，拥有昆泰酒店、昆泰嘉华酒店和昆泰嘉禾酒店3家自营高端酒店，雅秀购物中心、静安庄综合市场、昆泰慈云市场等多家专业化市场和商业设施，发展成为横跨房地产开发建设、酒店管理、商业运营管理等多领域的综合性企业。实现营业收入10.22亿元，实现利润总额2.3亿元，同比增长99%，上缴税金6.65亿元。
地址：朝外大街10号昆泰大厦
邮编：100020
电话：65995801

（翟　赫）

【昆泰嘉瑞中心项目】 1月，昆泰嘉瑞中心项目写字楼完成交付。公寓楼完成竣工验收，7月启动客户交付工作。

（翟　赫）

【承办任务】 3月3日至13日，昆泰酒店完成全国政协十二届五次会议6个界别、10个小组共348名委员的接待任务；7月5日、6日，“上海合作组织成员国国际道路运输便利化协定实施前景及对区域互联互通的影响”圆桌会议在昆泰嘉华酒店召开。会议接待上合组织秘书长阿利莫夫、中国交通部副部长刘小明、上合组织成员国专家和代表及白俄罗斯、蒙古驻华使馆外交官近40人。

（翟　赫）

【昆泰集团改制上市进展】 3月，昆泰集团取得国资委对集团股权无偿划转具体实施步骤的批复。4月底，完成工商变更和财务处理。10月，完成4家下属公司法人或股东变更。以朗昆文化公司为试点，混改及员工持股方案获得市区两级国资委肯定意见。

（翟　赫）

【大望京绿化景观公园项目】 3月，大望京绿化景观公园项目正式启动施工，截至年底主体部分施工基本完成。

（翟　赫）

【三间房D区棚户区改造项目】 4月，三间房D区棚户区改造项目实施方案通过市重大办及区政府审查，列入2017年全市棚改前期计划。6月，北京昆泰嘉恒房地产开发有限公司正式获得区政府批准成为实施主体。12月，方案通过区棚改小组会审议。

（翟　赫）

【献爱心活动】 6月22日至29日，昆泰集团党委组织献爱心捐款活动。活动采取自愿捐款形式，全体党员、入党积极分子和员工群众共851人参与，收善款16258元。

（翟　赫）

【昆泰酒店登陆阿里巴巴飞猪平台】 7月，昆泰酒店登陆阿里巴巴飞猪平台，成为北京首家全场景信用住酒店。

（翟　赫）

【北京朝阳文化创意产业发展基金】 8月，北京朝阳文化创意产业发展基金设立方案通过区委区政府审批。10月，成立朗文投资公司并完成风控体系，协调20余家单位展开基金募集，资本运作进入实质阶段。

（翟　赫）

【安全生产】 9月30日，昆泰集团配合属地街道完成“整治八里庄路背街小巷”专项工作，拆除朝阳区八里庄东里5号昆泰慈云商厦西南侧裙房，并封闭西侧玻璃房。整治建筑使用面积共84平方米。11月23日起，集团所属各公司进行消防应急演练。12月8日，集团启动静安市场三层彩钢板房拆除工程。

（翟　赫）

【前苇沟组团棚户区改造土地项目】 9月，前苇沟组团棚户区改造土地项目启动拆迁腾退，该项目以北京昆泰嘉恒房地产开发有限公司为主体，11月住宅腾退全部完成，非住宅腾退完成98%。

（翟　赫）

【芳草地西街连廊拆除项目】 9月，芳草地西街连廊拆除项目取得施工许可证。

（翟　赫）

【湖光壹号项目】 年内，湖光壹号项目1、2号楼主体结构、外立面等完工。4月，4号楼回迁安置房及周边景观工程竣工。完成167户客户交付工作。

（翟　赫）

【昆泰嘉华酒店成立国际文化活动中心】 年内，昆泰嘉华酒店分别与“北京英联邦协会”“中国丝绸之路生态文化万里行组委会”建立战略合作关系，成立“丝绸之路国际文化活动中心”。

（翟　赫）

华阳经济开发公司

【概况】 北京华阳经济开发公司是朝阳区政府投资的国有企业，公司职能为扶持朝阳区集体经济发展和新技术开发，会同其他省市的兄弟公司开展经济联合，对外根据国务院和市相关部门的规定开展活动。有职工16人，内设办公室、经营部、财务部。公司设党总支，下设2个党支部，有党员12人。有2家下属企业，分别是华阳安派能源科技（北京）有限公司和北京市朝阳华阳饭店服务公司（以下简称华阳饭服）。有2家参股企业，分别是北京京广中心有限公司和北京华阳房地产发展有限责任公司。截至12月31日，资产总额1.28亿元，同比减少1.15%；净资产9443.05万元，比上年增长1.73%。全年实现收入1804.38万元，实现利润428.92万元，上缴税195万元。
地址：呼家楼京广商务楼3号楼B座
邮编：100020
电话：65978762

（杨　静）

【华阳饭服接管小区人防工程】 2月，受华阳公司全权委托，负责接管朝阳区泛海国际小区人防工程，对该区域进行统一经营统一管理。

（杨　静）

【与北京六合泰科技有限公司合作】 4月，华阳公司经营部正式与北京六合泰科技有限公司签订合作协议，成为该企业北京地区独家代理企业，营销该公司的拳头产品智能空气净化系统。

（杨　静）

【华阳安派公司取得行业内资质】 6月，华阳安派能源科技（北京）有限公司取得中关村高新技术企业证书。中关村高新技术企业认证，是由北京中关村科技园区管理委员会审核颁发，对申报企业在资质、科技研发实力、企业盈利与发展能力等方面有较高标准。7月，华阳安派能源公司取得北京市朝阳区环保学会会员证书。朝阳区环境保护学会是北京市朝阳区环境保护局于1984年成立的环境保护社会团体，是资源共享的信息交流和服务平台。

（杨　静）

朝阳城市建设综合开发公司

【概况】 北京市朝阳城市建设综合开发公司是朝阳区属国有房地产开发企业，内设12个职能部门及11个项目部或参照项目部模式管理的子公司。有职工46人，其中在岗职工41人。有专业技术人员27人，其中具有中高级职称专业技术人员18人。年内，公司资产139.6亿元，净资产5.9亿元，实现营业收入1.5亿元，利润3966万元，上缴税金7100万元。承担朝阳区档案馆新馆代建，中国社会科学院东坝职工住宅代建，酒仙桥房改带危改，奶西村棚户区改造，甜水园旧城区改造，广华新城小区配套学校代建，北工大老旧小区综合整治项目及豆各庄、七棵树、驹子房保障房建设等任务。
地址：东三环北路辛2号迪阳大厦15层

邮编：100027
电话：84536699
传真：84537751

（耿　宁）

【外国人出入境服务大厅项目启用】 5月2日，外国人出入境服务大厅项目正式揭牌启用。此项目位于中关村科技园，面积约3900平方米，朝阳城市建设综合开发公司承担并提前完成该项目前期手续办理及装修改造。

（耿　宁）

【北工大老旧小区综合整治项目】 5月，区住房城乡建设委正式授权朝阳城市建设综合开发公司为朝阳区老旧小区综合治理工程实施主体。先期试点工程为北京工业大学家属院3栋家属楼本体的节能改造、室外综合管线改造、电力增容及园林绿化工程。

（耿　宁）

【奶西棚户区改造项目】 11月15日，奶西棚户区改造项目住宅拆除工作全部完成。该项目由北京永辉鸿景房地产开发有限公司负责实施，占地面积约218公顷，内容包括房屋征收、市政建设、外迁安置及经营性用地上市等。

（耿　宁）

【疏解整治】 年内，甜水园图书批发市场升级改造基本完成，疏解商户72家，清退面积15000平方米，疏解人员240人。十八里店乡吕家营村违建拆除工作基本完成，疏解外来人口1100余人，疏解商户百余家，拆违33797平方米。

（耿　宁）

【安全管理】 年内，召开安全领导小组专题会议7次，各类安全工作会及现场会58次；开展安全专项培训2次；安全宣传教育活动3次；开展消防演练2次；安全隐患大检查16次，发现安全隐患420余处，整改率100%。

（耿　宁）

【酒仙桥旧城区改建项目】 年内，酒仙桥旧城区改建项目由北京电控阳光房地产开发有限公司负责实施，规划用地约42万平方米，建设内容包括房屋征收、回迁外迁安置、市政建设、经营性用地上市等。电子球场地块回迁房主体完工并获2017—2018年度北京市结构长城杯工程金奖。项目处于选房及签约筹备阶段。

（耿　宁）

【甜水园旧城区改建项目】 年内，甜水园旧城区改建项目由北京甜水园开发公司作为实施主体，按“拆建分离”原则重新启动，为涉及750余户居民利益的重大民生项目。12月1日，项目征收工作正式启动。

（耿　宁）

【中国社会科学院东坝职工住宅项目开工】 年内，社科院东坝职工住宅项目取得开工手续，并开工。此项目位于朝阳区东坝中心地区，占地10.3万平方米，总建筑面积21.9万平方米，总投资约7.6亿元。

（耿　宁）

【朝阳区档案馆新馆项目】 年内，位于朝阳区南磨房乡南磨房路的区档案馆新馆项目占地面积约1.3万平方米，总建筑面积约4万平方米，地上7层，地下3层，总投资约2.7亿元，为北京市重大项目。项目具备开工相关手续。

（耿　宁）

【光华新城小区配套学校项目】 年内，光华新城小区配套学校项目位于大郊亭4号，占地约5.2公顷，建筑面积约9.7万平方米，办学规模为72个班级的12年一贯制学校，可新增学位3060个，为北京市重大项目。

（耿　宁）

朝阳区建筑工程公司

【概况】 朝阳区建筑工程公司（以下简称朝建公司）是朝阳区直属国有建筑企业，注册资金7000万元。公司具有房屋建筑工程施工总承包贰级、房地产开发肆级、装饰贰级、市政叁级资质。经营范围包括房地产开发、工业与民用建筑、机械施工、装修装饰、市政公用、物业管理。有在岗职工160人、待岗人员13人、内退人员14人、返聘人员12人；有工程技术人员36人；有在职专业技术人员68人，其中高级职称7人、中级职称11人、初级职称50人。年内，企业资产总额34888.33万元，企业净资产3024.71万元。营业收入25227.21万元，其他业务收入238.14万元，累计亏损1049.26万元。实现纳税额923.14万元，累计管理费用支出2268.37万元。三产经营部实现房屋租赁收入145万元，水电费收支保持平衡。

地址：花家地金兴路6号楼
邮编：100102
电话：64744601
网址：www.bjcj.com.cn

（朱美英）

【慰问职工】 元旦和春节期间，慰问165人次，慰问金额5.4万元。3月8日，组织职工种植多肉植物，费用6300元；住院保险181人，费用10136元。为5名职工办理“住院保险”赔付，金额12735元。

（朱美英）

【体系认证转版培训】 10月19日，由华夏认证中心专职讲师到朝建公司开展为期3天的管理体系标准转版培训，讲解新版ISO9000、ISO9001及ISO14001的主要变化及核心要求。朝建公司副总经理刘国伟、总工程师刘瑞唐、总经理助理徐军翔及各职能部门领导参加。

（朱美英）

【街道环境整治工程】 年内，承接朝阳区17个街道的环境整治工程，有望京街道、三里屯街道、奥运村街道、亚运村街道、建外街道、安贞街道等。整治内容包括：墙体清洗、墙体涂料粉刷、墙体和公共部位的防粘贴处理、广告牌匾整治、围栏油饰、地面更换铺装等。工程于3月1日开工，4月20日竣工。

（朱美英）

【安全专项检查】 年内，对基层项目部开展“安全生产月”及季节性安全施工专项检查。对所有在施、待施、停工现场，进行定期和不定期安全检查，发现隐患及时整改，隐患整改率100%。

（朱美英）

【经营核算】 年内，与相关建设公司签订建设工程施工合同18份，合同总额约1204万元。

（朱美英）

【业务培训】 年内，开展安全员继续教育、注册造价师继续教育、新员工入职培训、安全员上岗培训、造价员培训、二级建造师培训，培训34人次。

（朱美英）

【法律维权】 年内，审核各类经济合同8份，书写法律文书70余份。

（朱美英）

【房地产开发】 年内，开发公司企业资产总额7250.06万元，负债总额12518.52万元，所有者权益-5268.46万元，纳税总额42.29万元。

（朱美英）

【爱心捐款】 年内，组织开展“共产党员献爱心”捐献活动。捐款53人次，共5900元。

（朱美英）

田华建筑集团公司

【概况】 田华建筑集团公司是国家壹

级资质建筑施工企业，履行对朝阳区农口建筑业管理、服务的协调职能。内设工程技术部、质量标准化办公室、安全部、经营部、财务部、培训部、宣传部、行政人事办公室、总务部、党办，有在职人员60人。年内，实现产值31亿元，开复工面积402万平方米。获长城杯奖10项，其中竣工长城杯金奖1项、结构长城杯金奖5项、结构长城杯银奖4项。

地址：金台里乙25号楼

邮编：100026

电话：85994451

（吴　国）

【“无煤化”改造完成】 年内，十八里店乡横街子村、管庄乡管庄村、高碑店乡康家沟村的“无煤化”改造任务完成。

（吴　国）

【安全检查】 年内，重点检查消防设施管理、可燃材料管理、消防培训和演练、生活区及办公区消防安全、备案项目经理的履职、冬季施工方案、扬尘治理、安全防护及停工期间的安排等工作，防范各类安全事故和火灾事故的发生。

（吴　国）

【质量监督】 年内，组织质量专题会议，传达《全国工程质量治理两年行动》讲话精神，制定具体落实措施。以一绿项目为重点，组织复工检查、夏季联检、冬施联检，开展自查自纠、全面排查和重点检查，督促项目负责人排除隐患。检查分公司、项目部80余项次，发现和整改问题200余项。对16个冬季施工项目开展联检，重点监督基础、主体结构施工的工程，包括冬季施工方案的编制审批，交底培训工作记录，冬季施工物资，现场砼测温、保温，冬季施工试块制作、养护等，对出现的问题责令整改。将贯标工作与日常工程质量监督结合，通过外部审核。开展创优评审，推广创优经验，鼓励技术创新。

（吴　国）

【岗位培训】 年内，对钢筋工、砌筑工、电工等技术工种进行岗位培训和实操考试，近300人获中级技术人员岗位证书。举办安全生产培训，分析事故案例，吸取经验教训。开展保障房质量专题培训。组织建设工程C类施工资料管理规程培训。举办造价员专业培训。开展“质量、安全、环境”标准培训。

（吴　国）

房屋管理

【概况】 朝阳区房屋管理局挂北京市朝阳区人民政府住房保障、改革办公室和北京市朝阳区人民政府征收办公室两块牌子，是负责全区房屋行政管理、住房保障和住房制度改革及房屋征收与补偿工作的区政府部门管理机构。主要职责为贯彻执行国家及北京市有关房屋管理、住房保障、住房制度改革、房屋征收的法律法规和政策，负责全区房屋市场管理工作，承担全区房地产经纪活动监督管理的责任等。内设14个行政科室，下设3个工资规范管理单位、10个全额拨款事业单位、9个差额拨款事业单位、4个自收自支事业单位及1个企业单位。年内，朝阳区房屋管理局以市区重点工作为核心，推动城市建设发展。永安里旧城区改建项目预签约率86.2%，达到协议生效比例；亮马J地块、小关北里公交场站、金桐西路、中直安惠职工住宅、京沈客专星火枢纽站等项目纳入征收。推进酒仙桥旧城区改建项目。推进保障性住房配租配售，完成8个限价房项目、2个经适房项目选房，惠及家庭6600余户。分配公租房5000余套（含市投项目）。完成普通地下室清理整治7000人的疏解任务，完成公房散租住人人防工程的清理整治。加强对房地产经纪机构的监管执法，打击“群租房”违法行为。排查化解地下空间安全隐患、小区物业矛盾纠纷。完成潘家园、八里庄街道41幢楼房屋面瓦平改坡更新工程，完成信报箱更新补建、直管公房抗震加固、城镇房屋防汛、公房供暖等工作。

地址：三里屯南56号

邮编：100027

电话：64186161

网址：http://fgj.bjchy.gov.cn

邮箱：fgj64186060@126.com

（孙佳惠）

【永安里旧城区改建项目征收补偿工作】 2月24日，依法做出《北京市朝阳区人民政府房屋征收决定》，涉及被征收居民942户，对仍未签订协议的110户被征收人启动征收补偿决定制作、审批、送达程序。年内，做出并送达征收补偿决定45份，其中有7户被征收人在接到补偿决定书后签订协议完成搬迁。

（徐　辉　朱文生　纪　冰）

【房屋征收审核管理】 3月3日，京沈客专星火枢纽站项目启动选聘评估公司及征收劳务等专业性服务机构，完成入户调查登记及现场实地踏勘等。4月18日，酒仙桥旧城区改建项目召开补偿方案听证会，并启动房改。5月22日，北京十六中学项目确认纳入征收，完成发布暂停公告和选聘评估服务机构等工作。6月18日，亮马J地块项目正式启动预签征收补偿协议工作。8月7日，北京东站货场铁路职工住房项目确认纳入征收，完成发布暂停公告、选聘评估机构和入户调查登记等。8月23日，小关公交场站和中直安惠职工住宅项目正式启动签订征收补偿协议工作。9月，中直安惠职工住宅项目签约比例100%。公交场站项目剩余15户未签约。9月29日，地铁十七号线潘家园西站项目确认纳入征收，完成发布暂停公告、选聘评估机构等。12月20日，签约124户，签约比例90.61%，预签约比例生效。

（徐　辉　王宝林）

【房屋供暖】 3月15日24时，2016—2017年采暖季供暖工作停止。此次供暖季以2016年11月7日点火为起始，历时129天。冬供燃气消耗3043.09万立方米，燃气费7912.03万元，总耗水量8.96万立方米，水费85.13万元，总耗电量1160.24万千瓦小时，电费913.11万元，全冬总耗能（水、电、气）8910.27万元。全年供暖费指标11611.66万元，实收12364.14万元，指标完成率106.48%，完成率比上年提高5.28个百分点。

（徐　辉　高满顺）

【维修供暖设备更新】 4月1日，供暖中心夏季设备更新维修工程开工，7月31日完工。更新工程35项，维修工程23

项，其他2项，共投资730余万元。

（徐　辉　高满顺）

【城镇房屋防汛】 6月1日至9月15日，在岗人数12000余人，雨后检查平房9100间次、楼房12510幢次，发现房屋漏雨56幢（间），抢修补苫56处，抢修疏通排查16处29间，报修135处。

（徐　辉　韩　娜）

【房地产经纪机构清理整治】 6月30日，召开朝阳区房地产经纪机构清理整治工作动员部署会，市住房城乡建设委、区社会办、区农委、工商朝阳分局、公安朝阳分局、区发改委、区地税局、43个街道办事处、乡政府参加会议。会上房管局部署房地产中介专项整治工作，市住房城乡建设委解读房地产市场调控政策。

（徐　辉　高　博）

【低氮改造】 9月15日，供暖中心燃气锅炉低氮燃烧技术改造工程开工，10月31日竣工，改造锅炉53台，总投资3440万余元。改造后，锅炉氮氧化物排放浓度由150毫克/立方米下降到30毫克/立方米，下降幅度80%，辖区内近400万平方米的居民直接受益。

（徐　辉　高满顺）

【保障性住房配租配售】 年内，全区取得公共租赁住房备案资格家庭6503户，组织5批次公共租赁住房配租，配租1740户；完成首批人才租赁住房配租，配租511户家庭和246名单身个人；完成朝阳区锦都家园共有产权住房项目424户配售工作，该项目为北京市推出的首个共有产权住房项目。

（孙佳惠　闫慧敏）

【市场化租房补贴发放】 年内，全区取得市场租房补贴备案资格家庭1043户，完成补贴发放16211户次，发放2155.7万元。

（徐　辉　闫慧敏）

【政府信息公开】 年内，政府信息主动公开350条，全文电子化率100%，主要涉及房屋征收、保障性住房摇号、选房、执法结果公示等。政府信息依法申请公开共接待申请人千余人，受理并答复政府信息公开申请562条，主要涉及物业管理、住宅专项维修资金审批、房屋拆迁、征收、直管公房管理等。

（徐　辉）

【信访维稳】 年内，接待群众来访1515批次2529人次，办理各种渠道信件1081件。

（徐　辉　李肖红）

【房地产经纪机构监管】 年内，巡查经纪机构1546家，公示信用不良机构90家，公示被注销机构备案6家，取消网签资格71家，受理经纪机构投诉1896件，为群众挽回经济损失566万元。

（徐　辉　高　博）

【业主满意度调查】 年内，拟定物业服务基础标准和优秀项目评价标准，对162个物业项目完成业主满意度调查，并完成世纪东方嘉园等20个物业项目的服务质量测评。

（徐　辉　蔡　铭）

【商品房住宅专项维修资金】 年内，开展47次业务培训和案例解析，培训物业服务企业98家，完成资金审核915件，为214个小区的16万户业主解决房屋安全隐患。

（徐　辉　蔡　铭）

【物业管理行业监管】 年内，对备案的1293个物业管理项目开展收支公示检查，处理纠纷投诉6613件，对嘉润花园小区、东润风景小区等156个项目开展服务检查494批次。

（徐　辉　蔡　铭）

【城镇房屋安全检查】 年内，城镇房屋普查建筑面积14821.4万平方米。其中，完好房建筑面积12828.33万平方米，占86.61%；基本完好房建筑面积1527.51万平方米，占10.31%；一般破损以上房屋建筑面积456.56万平方米，占3.08%。普查电梯21322部，二次供水设备10072台，避雷设施38250处。

（徐　辉　韩　娜）

【普通地下室清理整治】 年内，参与街乡有关会议及约谈78次，下发《关于改正违规使用普通地下室行为的通知书》297份。参与属地办事处组织的联合执法52次。清理普通地下室346处，涉及人口18236人，清空房间12686间，清理面积27.2万平方米。办理普通地下室登记备案169件。

（徐　辉　韩　娜）

【行政复议诉讼】 年内，收办行政复议、各类诉讼案件336件，其中行政复议案件90件、行政诉讼案件174件、民事诉讼案件72件。

（徐　辉　魏　嘉）

【公房专项维修资金审核】 年内，已售公房专项维修基金审核1283.2735万元，涉及36家单位；已售公房提取房改售房款审核2105.7118万元，涉及3家单位。

（徐　辉　阴世红）

【房改售房】 年内，核准受理房改单位295家，办理房改售房9424套54.72万平方米，其中办理区房管局直管公房房改售房手续6903件，公房产权单位收取售房款3.19亿元。

（徐　辉　阴世红　李伟宁）

【房产测绘】 年内，完成商品房实测项目27个162万平方米，完成商品房预测项目19个119万平方米，完成大产权实测项目10个23万平方米。

（徐　辉　王　鑫）

【存量房网签管理】 年内，完成全区自行成交存量房网签5191笔，注销网签信息2647笔，购房资格核验6469笔。

（徐　辉　董　薇）

【房产实测绘成果审核】 年内，完成房产实测绘成果审核业务243件，涉及楼栋1047栋，建筑面积共1088万平方米。

（徐　辉　董　薇）

【房屋交易】 年内，房屋交易中心完成全区房源核验业务44529 件，房源核验注销业务3337件，信息变更业务 903件，合同注销业务433件，预售合同变更业务8件，在建工程抵押信息确认业务72件，住房租赁备案业务1件。

（徐　辉　韩　勐）

【直管公房房屋及设备修缮】 年内，完成33幢26894.21平方米楼房防水，9幢41401.80平方米上下水更新，5幢1465.00平方米楼房屋面补漏，65处厨房、厕所及地下室渗漏维修。完成房屋、设备养护维修53643户次。完成排水管更新23幢楼。完成电梯更新45部，电梯改造6部，电梯专项维修9部。泵房无负压更新5处，泵房改造6处，泵房专项维修6处。

（徐　辉　崔芳静）

【平改坡楼房屋面瓦更新工程】 年内，完成左家庄、麦子店、朝外、东风、团结湖、六里屯6个街道的57幢平改坡楼房屋面瓦更新工程，楼房均属于朝阳区直管公房。

（徐　辉　崔芳静）

【直管公房管理】 年内，直管公房租金收缴率92.53%，实现房屋管理电子化、系统化管理。完成605处直管公房房屋标牌制作工作，190处安装完成，进行直管公房安全隐患大排查大清理大整治，对发现的隐患彻查，解决1853处。

（徐　辉　李伟宁）

【房屋行政执法】 年内，完成房屋行政执法检查2190次，出动6500人次，下发责令改正通知书106份，立案734起，处罚88起，不予处罚10起，撤销立案390起，罚款208.6万元，结案51起。

（徐 辉 王 爽）

【房屋鉴定】 年内，完成安全鉴定326项，总鉴定建筑面积74万平方米。

（徐 辉 孙 东）

公用事业

供电

【概况】 国网北京市电力公司朝阳供电公司（以下简称朝阳公司）成立于1987年，是北京市电力公司（以下简称北京公司）直属供电企业，负责朝阳地区470.8平方千米范围内的电网规划建设、运行管理、电力销售和156.57万客户的供电服务工作；负责约占全市2/3的星级饭店、外交驻华使馆区、奥运中心区、中央商务区、大型商业区、工业、农业、涉外企业及居民生活、重大政治活动和城市运行的供电任务。内设11个职能部门、3个业务支撑与实施机构，下设33个班组、6个供电营业所、4个农村供电所。负责10千伏开闭站255座，小区配电室1873座，箱式变电站819座，配电变压器5121台；10千伏架空线路333条，长度2101千米；10千伏电缆线路1529条，长度6774千米。全年安全生产无事故，累计安全生产长周期3261天。完成售电量177.99亿千瓦小时，同比增长4.82%；完成线损率6.34%；完成接电容量173.71万千伏安；电费回收率100%；城网供电可靠率99.9784%，农网供电可靠率99.9495%，电压合格率99.998%；最大负荷400.7万千瓦。朝阳公司为全国文明单位，获北京市安全文化建设示范企业、北京市交通安全先进单位、国家电网公司党的十九大保电工作先进单位等称号。

地址：百子湾西里300号

邮编：100124

电话：63232270

（欧阳昕倩）

【电网规划】 年内，与朝阳区政府签署战略合作协议，每年为公司争取4.2亿元电力建设和应急保障资金，实现变电站建设“零前期”。按期完成8项110千伏工程42个关键节点工作，取得142项配网立项手续。助力冬奥会，完成朝阳赛区配套电网规划，率先完成速滑110千伏变电站选址。北京CBD500/220千伏变电站前期工作取得进展，促成站址控规调整公示。研究“五区一路”（三里屯地区、雅宝路地区、亮马河地区、北京会议周边地区、奥运核心区及广渠路周边）架空线入地工程。

（欧阳昕倩）

【电网建设】 年内，在施工程12项，万通等5项工程按期投产，投产容量500兆伏安，是2008年奥运会以来最好水平。建设5年的东晓景工程开始发电。康营、东苇等工程前期取得突破性进展。完成配网自动化改造，333条架空线路实现标准化。完成“一体双核”（一体：16个供电公司一体化，双核：北京公司和通州供电公司各一套核心服务器）配电自动化系统建设，1701条线路数据全部导入系统，实现全区自动化覆盖率100%。采用超声波、自动化等技术手段落实故障管控，发现缺陷292项。通过配电自动化实用化应用，累计处理配网故障85路次，配电线路故障同比下降68.7%。度夏、度冬分换装配电变压器381台，成功应对400.7万千瓦历史最大负荷和293.7万千瓦冬季最大负荷考验。建立输电反外力监控中心，推广输电APP应用，输电通道故障同比下降60%。

（欧阳昕倩）

【经营管理】 年内，融合构建“三个中心”，即配电运营指挥中心、供电服务中心、智能配网支持中心。建设集营配调资源调动和业务运转于一体的配电运营指挥中心，依托“传统调控、供电服务指挥、安全生产运营监控”业务模块，建设“7×24”小时全天候服务管控和服务响应的智能化指挥中枢；建设前端贴近、营配融合、作业智能的供电服务中心，依托社区经理（台区经理）和智能作业平台，实行“一口对外”，实现以客户为中心的服务管理新局面；建立智能配网支持中心，集中管理数据图形资源，打造数字化电网。建设智能配电网实训基地。建立211人的专家人才培养库，成立23个“人才培养小组”。构建覆盖15个一线专业核心岗位的“人才培养路径”。建立“三级讲堂”。通过“走出去，请进来”，建立人才联合培养模式。

（欧阳昕倩）

【安全生产】 年内，完成全国“两会”、“一带一路”国际合作高峰论坛等政治保电任务49项，保电天数247天。成立涵盖各专业的7支专业监督组，建立“1+11+1”（综合巡检组+11个专业巡检组+集体企业巡检组）安全巡检体系，巡检现场2747次，查处现场违章516项，发放违章通知37张。成立安全监控中心，实现对作业现场的视频监控。开展安全生产大检查，发现隐患846项，全部完成治理。开展消防安全隐患大排查大清理大整治专项行动，排查各类场所275处，组织消防演习30次。安全事件同比降低63%，安全形势平稳有序。创建北京公司首家市级“安全生产宣教示范点”，获评“2017年北京市安全文化建设示范企业”。

（欧阳昕倩）

【营销与服务】 年内，完成朝阳区18个乡、58个村、20个街道，近百个社区共约6.21万户“煤改电”任务，新出、切改线路22条，分换装变压器681台。10月，完成咸宁侯村等3000余户临时改造任务，全区实现无煤化。城乡电采暖用户每个采暖季贡献售电量1.5亿千瓦小时，拉动地区电量增长0.88%，减少燃煤22.1万吨。建成公共充电桩270台，个人充电桩3546台。完成公交充电站外电源建设24项。分布式光伏项目并网94项，全年发电量652.5万千瓦小时。加强“互联网+电力营销服务”推广，累计接电173.71万千伏安，同比上升26.85%，是历史最好水平。掌上电力线上报装率100%。完成76个“三供一业”工程项目协议签订和方案编制，20个老旧小区项目取得北京市朝阳区发改委立项核准，并纳入政府投资计划。推进计量全采集工作，采集覆盖率98.28%，较年初提升6.74%。开展应急购电服务29336次。巡视检查“煤改电”116

条线路、863个台区。开展“驻村驻点”抢修、发电车全天候服务。挂牌建立60个党员服务站，开展“线上+线下”购电服务。客户投诉下降43.14%。

（欧阳昕倩）

【科技与信息化】 年内，成立创新工作领导小组和工作小组，明确职责分工，建立考核体系，完善激励机制，形成稳定的管理模式。3项管理创新成果获北京公司二、三等奖。“‘配网数据革命’——地市配电运营指挥中心的构建与实践”获得北京公司科技进步三等奖，实现公司科技成果奖“零”的突破；“专变采集终端无线GPRS信号中继器转发应用研究”获北京公司群众性创新成果二等奖；“电压检测仪数据远采功能的开发应用”等17项成果获专利授权。召开多维度信息安全培训大会，规范员工信息化行为。完成中共十九大、全国“两会”等重要信息安全保障工作。

（欧阳昕倩）

供水

【概况】 朝阳区水务局供水管理科负责制定朝阳区城乡供水规划、计划，并组织实施；负责区城乡供水安全、供水突发事件处理；指导全区公共供水单位及自建设施供水单位供水设施的安全运行；指导全区供水行业规范管理；组织全区供水行业特许经营的具体实施。年内，推进区域自备井置换，完成50家居民小区及单位自备井置换，改善约4.54万人用水水质。加强水质日常监管，督促专业公司做好全区287眼在用农村生活自备井消毒设备的日常运行维护。完成全区13个乡55个村级供水站水质抽样检测。保障全国“两会”、“一带一路”国际合作高峰论坛、国庆68周年及中共十九大等重大活动和夏季供水高峰等时期的供水安全。处置各类供水应急事件129件，全区未发生较大及以上级别供水安全事件。

地址：团结湖北路1号

邮编：100026

电话：85978122

（马艺鸣）

【自备井置换工作启动会召开】 2月17日，区水务局组织召开2017年自备井置换工作启动会，9个地区办事处主管领导及相关部门，区水务局副局长彭庆彬、水资源科和3个水务管理所参加会议。会上，部署自备井置换工作，与9个地区办事处进行沟通，初步商定置换75家企事业单位和居民小区，改善约18万人用水水质。

（马艺鸣）

【最严格水资源管理制度考核检查】 5月3日，市考核组到朝阳区开展2016年度实行最严格水资源管理制度考核现场检查。区水务局副局长彭庆彬及区环保局有关人员陪同。当日，市水务局水资源处、市水文总站、市水科院领导等检查组成员从水质考核断面、农业机井装表计量、取用水大户及自备井置换工作中各选取1处典型，前往清河沙子营断面、崔各庄葡萄园、东湖摩托罗拉大厦及常营鑫兆佳园小区，检查相关工作并听取现场汇报。

（马艺鸣）

【东一时区小区自备井置换工程】 5月，东一时区小区接入市政自来水工程，由于物业和自来水集团无法对日后管理问题达成一致，导致工程搁置。针对该问题，区水务局多次组织市自来水集团、管庄乡、东一时区社区居委会、物业等方面召开现场协调会，最终达成一致意见：将东一时区小区作为试点小区，中水水源在市政中水未接入前，暂由市政自来水供水，其装表计量收费及日常管理由市自来水集团负责。东一时区自备井置换工程恢复施工。

（马艺鸣）

【领导调研】 6月28日，市水务局副局长刘斌、市节约用水管理中心相关领导到朝阳区崔各庄乡调研，重点了解朝阳区自备井使用情况。区水务局副局长彭庆彬、区节约用水管理中心及相关水务管理所负责人、崔各庄乡相关人员参加。会上，彭庆彬汇报朝阳区自备井管理和使用情况，崔各庄乡用水情况。针对近年来朝阳区人口拆迁，造成大量人员流动，导致居民生活用水指标下降，出现不均匀分配及不够使用的情况，刘斌指出各区县的人口疏解要和居民生活用水量挂钩，要把未来的保障房建设和用水指标的增加列入许可范畴，制定统一的分析方法和计算模式，通过疏解整治，来保障用水指标的平衡。

（马艺鸣）

园林绿化

【概述】 朝阳区园林绿化局（朝阳区绿化委员会办公室）隶属朝阳区人民政府，是贯彻执行国家和北京市城市绿化及林业工作方针、政策、法律、法规，根据首都绿化总体规划制定并实施本区绿化建设发展规划和年度计划，负责全区园林绿化建设和管理，负责组织协调全民义务植树活动及群众绿化工作，并负责直属事业单位建设和管理的政府职能部门，职能业务归市园林绿化局监督指导。年内，全局在职职工 795 人，其中公务员 40 人、事业编755人，内设局机关科室10个，下设基层单位17个。全区新增、改造绿化面积618万平方米，平原造林工程53.45万平方米，林地面积11307.95万平方米，森林面积9982.20万平方米，林木绿化率25.73%，森林覆盖率21.94%；园林绿地面积14880.76万平方米，绿地率47.92%，绿化覆盖率47.91%。完成花卉常态化项目、国庆节及中共十九大花卉布置，共使用花卉386万株（盆）；完成新建和改造坝河公园、望京国际科技商务园区绿化景观公园及松榆里公园、东风北桥地铁口，华侨城小公园等25个大中小微公园建设；实施京承高速、三环、四环及长安街延长线等30条重点道路景观提升；完成朝外东草园五巷小区、碧水园小区、南湖中园中心花园等10个老旧小区改造项目，实现屋顶绿化2万平方米、垂直绿化2千米。在全国“两会”、“一带一路”国际合作高峰论坛、国际刑警大会、北京马拉松等重大活动期间，完成环境保障任务72次，出动人员1.3万人次、车辆8600余车次。加大老旧城市公园改造力度，完成红领巾公园整体改造工程、日坛公园健身步道改造、望和公园北园香风湖景区提升，完成元大都城垣遗址公园和团结湖公园改造设计方案，推进日坛公园、庆丰公园等公园整体改造设计方案论证。开展日坛公园“春分·朝阳”民俗文化节、元大都城垣遗址公园海棠花节、庆丰公园二闸清明踏青节等区域公园文化品牌活动，注册公园组织开展各项文化活动200余项。加强森林资源管理，严格审批和占用林地审核及备案，审批林木和城市树木伐移项目523件，总株数31.31万株；结合汛期危险树、枯死树排查清理，批准危险树申请42件，砍伐危死树372株。审核临时占用林地项目18件，面积为38.80万平方米；市园林绿化局审批占用林地项目9件，面积为32.79万平方米。区园林绿化局备案的占用林地项目4件，面积为9.40万平方米。配合市园林绿化局完成全市古树名木普查。强化林业执法，共接举报224起，其中行政立案17起（1起为刑事后期转行政），行政罚款47.70万元，补种树木803株，没收球蟒1条；办理刑事案件1起，为非法出售、运输、收购珍贵濒危野生动物或野生动物制品案；立即出警率、各类案件法定时限立案率及办结率、发现火灾隐患限期消除率100%；组织开展各类专项行动5次；持续6个月组织开展联合执法检查；救助野生动物3500余只；落实防火责任制，新增宣传牌、禁放牌727块，签订森林防火责任书22份，重点防火期全区专职护林员、巡查队人员全部上岗，加大监督检查力度。全区未发生森林火警、火灾。提升林木有害生物防控能力，以防治美国白蛾、春尺蠖、蚜虫等林木有害生物为主，全区普遍防治6次，防治面积9333万平方米，全区未发生林木有害生物严重疫情。举办安全教育培训16次，召开安全生产会议15次。完成创建花园式社区8个和花园式单位12个。

地址：道家园甲16号
邮编：100025
电话：65042115
邮箱：lhjbgs-3004@163.com

（刘双贵）

【第十一届“春分·朝阳”文化节】 3月19日至20日，第十一届“春分·朝阳”文化节在日坛公园举办。文化节有开幕式及地区文化队伍表演。推广朝外服务圈、文化传递站等微信平台和社区基金会服务平台，并设公益推广宣传区、志愿服务展示区和朝外文化展示区，包括橙房子朝外志愿服务站展示及招募，近千名中外游客参加。

（张媛丽）

【北京卫戍区参加全民义务植树】 3月21日，北京卫戍区司令员王春宁、政委姜勇等官兵610人到朝阳区孙河乡沙子营11号地参加首都全民义务植树活动。现场栽植白皮松、油松、银杏、白蜡、碧桃等苗木2000余株。

（冀晓娜）

【国家领导参加首都义务植树】 3月29日，党和国家领导人习近平、张德江、俞正声、刘云山、王岐山、张高丽等，到朝阳区将台乡植树点，同首都群众一起参加全民义务植树活动。在京的中共中央政治局委员、中央书记处书记、国务委员和北京市领导参加。

（冀晓娜）

【第五届北京二闸清明踏青节】 3月31日至4月1日，庆丰公园、北京民俗博物馆、双井街道办事处和朝阳社区学院共同主办的“第五届北京二闸清明踏青节”在庆丰公园举办。现场有2007年被列为北京市非物质文化遗产名录的传统武会项目“幡鼓齐动十三档”花会、百名学子古诗词朗诵、笔会书画现场展示、传统民俗游戏项目体验、清明节俗文化展、京杭大运河文化展等民俗表演及老北京特色艺术品展览。活动期间接待游客8000余人次。

（钱　博）

【首都义务植树日活动】 4月1日，是首都第33个全民义务植树日，全区1.8万余人参加植树活动，栽植各类乔灌木3.7万株，清扫绿地16.3万平方米，养护树木5.6万株，设宣传咨询站140个，悬挂横幅标语129幅，发放宣传材料4.6万份。

（冀晓娜）

【第二十届海棠花节】 4月2日，朝阳区园林绿化局和亚运村街道办事处主办的第二十届海棠花节在元大都城垣遗址公园开幕，该届海棠花节突出“海棠花溪　安定生辉”主题，当天接待游客4万人次。4月13日，海棠花节期间区旅游委组织辖区神舟国际旅行社、众信国际旅行社、中旅体育国际旅行社、海洋国际旅行社等10家国际旅行社在公园开展文明旅游进社区大型宣传推介活动。活动中，区旅游委向市民和游客介绍文明出行基本礼仪，发放《文明旅游从我做起》口袋书、文明旅游出行宣传品等文明旅游宣传资料和宣传品2000余份。公园向前来赏花的市民们进行低碳环保宣传，开展绿地认建认养，在北美海棠品种种植区设置海棠文化科普长廊进行科普宣传。该届海棠花节赏花时间为4月2日至16日。

（程丝雨）

【第十七届红领巾科普游园会】 6月3日至4日，由区教育委员会、区科学技术协会、六里屯街道办事处主办，朝阳区学生活动管理中心和红领巾公园承办的“第十七届红领巾科普游园会暨2017年‘六一’科普玩具欢乐汇”在红领巾公园举办。活动分为“科普体验区”“书法绘画体验区”“安全教育体验区”“生态文明体验区”“传统文化体验区”“户外体验区”。为孩子们在生态文明体验区准备“一花一烛”蜡盘制作、阳台蔬菜种植、生态昆虫制作“六足舞蹈家”项目，以及以培养孩子节约资源、爱护环境为目的的“小鬼当家·低碳生活——红领巾跳蚤市场”等活动，有18项大项目40余项子项目活动，举办科学小实验13场、书画讲座11场、卡牌及VR体验讲解4场。

（牟毅卉）

【红领巾公园升级改造完成】 9月18日，红领巾公园整体园区升级改造完成。工程2016年9月12日启动，改造面积8.36万平方米，属区政府投资项目，投资4275.08万元。改造包括绿化种植、庭院工程、喷灌工程和照明工程。设计思路主要丰富游客游园景观层次，增加公园有效游览面积，解决公园北湖岸沿线活动面积小、道路狭窄、景观单调、功能不完善、设施陈旧、安全隐患问题。利用湖底清出的淤泥堆成湿地3.13万平方米，湿地内种植梭鱼草、千屈菜、水葱、荷花等水生植物。庭院工程整修原有3个广场的两条环湖路，并在湿地内增加985.9米游览栈道，栈道沿线设置树阵广场、台阶广场、亲水平台等节点，改造老旧道路3621平方米，广场铺装1.42万平方米。种植常绿乔木59株、落叶乔木864株、常绿灌木61株、落叶灌木418株，栽植早园竹89平方米、色带2525.8平方米、花卉3067平方米、水生植物1.37万平方米，铺设草坪2.26万平方米，混播花籽1802.4平方米。广场内移栽常绿乔木10株、落叶乔木10株、落叶灌木75株。更换景观牌示32块，LED节能路灯472盏。

（李印超）

【烈士纪念日活动】 9月30日，是全国烈士纪念日，朝阳区2017年烈士纪念日公祭活动在日坛公园革命烈士马骏墓前举行。区委、区人大、区政府、区政协、驻区部队主要领导，烈士遗属代表，学校师生代表，各界干部群众代表和武警官兵代表等100余人参加公祭仪式。区委、区政府及区各部委办局主要领导向马骏烈士墓敬献花篮。

（张媛丽）

【冬季修剪培训】 10月26日至27日，朝阳区园林绿化局在郁金香温泉度假村开展平原生态林“金剪子”冬季修剪理论培训，邀请天坛公园管理处专家毛毅讲解树木及常绿花灌木修剪技术。11月29日至12月1日，在金盏乡和东坝乡开展平原生态林“金剪子”冬季修剪实践培训，修剪培训采取讲解、示范和实操相结合方式，重点是国槐、龙爪槐、油松、碧桃等树种的整形修剪原理、方法及注意事项。19个乡的一线养护人员共100余人参加。

（黄　珊）

【绿化美化花园式社区创建】 10月27日，首绿办副主任廉国钊、副巡视员刘强、联络处处长刘丽莉、副处长陈长武等领导组成的市专家验收组到朝阳区检查验收绿化美化花园式社区。年内，朝阳区参与创建的社区有六里屯街道办事处碧水园社区、平房地区办事处星河湾社区、常营地区办事处民族家园社区、东湖街道办事处利泽西园一区社区、望京街道办事处望京西园三区、孙河地区办事处康营家园社区、奥运村街道办事处龙翔社区、大屯街道办事处慧忠北里第一社区。检查组分南北两组，通过实地检查社区绿化环境，观看创建工作汇报片，与主要领导座谈，了解花园式社区创建工作。

（冀晓娜）

【森林防火培训】 11月1日至3日，区森林防火办公室在北京蟹岛绿色生态度假村组织2017年度森林防火培训，内容包括森林防火业务、林业知识及野生动物保护讲座。中国人民武装警察部队警种学院教授白夜讲解森林防火业务，北京市执法监察大队队长孔令水进行林业知识培训，中科院濒危物种科学委员会办公室处长曾岩进行野生动物保护培训。区水务局、金都公司绿化二大队、北京世奥森林公园开发经营有限公司主管森林防火及野生动物工作负责人，朝阳公安消防支队楼梓庄中队工作人员等80余人参加培训。

（英　皞）

【公园系统培训】 11月3日，区园林绿化局组织局属公园，区行业公园、郊野公园进行公园系统培训。邀请北京市园林科研所高级工程师姚士才讲解各市属公园在绿化养护中采用的管理技术。各单位领导、主管园务工作负责人，业务骨干等共102人参加培训。

（傅良旎）

【养护管理培训】 11月6日至8日，区园林绿化局组织城市绿地养护及平原生态林养护管理培训。聘请园林专家姚世才、闫海平、郑波授课，主要内容是城市绿地养护管理、绿地分级分类管理、林分稳定性提升及抚育对策、林地养护实施方案编制管理工作等。全区各街乡、园林绿化局基层单位的绿化养护主管领导及一线作业人员200余人参加培训。

（黄　珊）

【资源保护】 年内，朝阳区森林公安处接举报224起，其中行政立案17起（1起为刑事后期转行政），行政罚款47.70万元，补种树木803株，没收球蟒1条。办理刑事案件1起，为非法出售、运输、收购珍贵濒危野生动物或野生动物制品案。立即出警率、各类案件法定时限立案率及办结率、发现火灾隐患限期消除率100％。组织开展各类专项行动5次。持续6个月组织开展联合执法检查。救助野生动物3500余只。开展“爱鸟周”“七五”普法及“全民禁毒宣传月”等宣传活动，发放相关法规手册、粘贴画等宣传资料1万余份。坚持每日汇总野禽监测数据，发现雁鸭类6000余只、小鸟类5万余只，未发现禽流感病例。落实防火责任制，新增宣传牌、禁放牌727块。购置发放防火物资，包括马甲1000件、2号工具840把、灭火弹1015枚。重点火险区实行挂双牌管理，签订森林防火责任书22份，重点防火期全区专职护林员、巡查队人员全部上岗，每周巡查不少于3天。全区森林防火期没有发生森林火警、火灾。

（英　皞）

【森林防火】 年内，朝阳区19个地区办事处及3个有林单位落实森林防火指挥机构，由主管林业主任或单位主要领导任总指挥。开展森林防火宣传周活动，宣传防火基本知识和有关法律法规，并坚持在林地明显位置设立宣传牌制度。重点防火期全区专职护林员和巡查队人员全部上岗。签订森林防火责任书22份。区域内未发生森林火警、火灾。

（英　皞）

【绿化资源管理】 年内，区园林绿化局审批林木和城市树木伐移项目523件，总株数31.310万株，其中林木采伐许可193件，采伐株数6319株，立木蓄积8280.82立方米；林木移植许可265件，移植株数30.62万株；城市树木伐移审批65件，砍伐171株，移植335株；结合汛期危险树、枯死树排查清理，批准危险树申请42件，砍伐危死树372株。审核临时占用林地项目18件，面积为38.80万平方米。市园林绿化局审批占用林地项目9件，面积为32.79万平方米。区园林局备案的占用林地项目4件，面积为9.40万平方米。由区财政拨付专项复壮资金实施古树复壮工作，采取招标（比选）审计方式参与，聘请市园林绿化局古树名木保护专家及专业施工队伍对奥运村办事处弥勒古寺、朝外办事处吉祥里、三间房乡南里等21家单位39株古树实施科技复壮，并更新旧围栏，加装新围栏。有古树名木13个树种677株，分布在39个街乡、111个单位、127处，其中一级古树57株、二级古树532株、纪念树88株。

（任宇晴）

【公园文化活动】 年内，庆丰公园举办第五届北京二闸清明踏青节，元大都城垣遗址公园举办第二十届海棠花节，红领巾公园举办“第十七届红领巾科普游园会暨2017年‘六一’科普玩具欢乐汇”，奥林匹克森林公园第五届奥林匹克森林公园花卉观赏季——“春花节—百亩葵花展”“秋季波斯菊花展”“秋日彩叶展”，日坛公园举办第十一届“春分·朝阳”民俗文化节，红领巾公园、望和公园配合区体育局举办“用脚步丈量朝阳的发展”——2017年朝阳区全民健身金秋徒步系列活动，中华民族园举办春季踏青歌会，朝阳公园举办的“加拿大太阳马戏”表演、朝阳国际风情节、北京书市、海洋沙滩狂欢节、冬季冰雪节。

（郝海英）

【朝阳区注册公园名录】

	名称	地址	电话
1.	日坛公园	日坛北路 6 号	85619984
2.	团结湖公园	团结湖南里 16 号	85973603
3.	红领巾公园	朝阳北路 145 号	85839070
4.	元大都城垣遗址公园	惠新东街	84648252
5.	四得公园	将台西路	64353759
6.	北小河公园	师家坟村 156 号	64708518
7.	庆丰公园	广坡村甲 2 号	67785955
8.	大望京公园	望京东路甲 6 号	84762518
9.	望和公园	北四环东路 77 号	84765181
10.	奥林匹克森林公园	科荟路 33 号	64529010
11.	朝阳公园	朝阳公园南路 1 号	65940972
12.	中华民族园	民族园路 1 号	62063646
13.	丽都公园	芳园西路 6 号	64360541
14.	北京金盏郁金香花园	金盏西大街路北	51781888
15.	朝来农艺园	来广营乡新生大队西侧	84913534
16.	太阳宫公园	太阳宫乡太阳宫北街 1 号	52018583
17.	北焦公园	化工路东口 1 号	67374074
18.	南湖公园	阜通西大街	8477582 转 8010
19.	东一处公园	司辛庄东路东侧	65730048
20.	望湖公园	望京北路 51 号院	64785880
21.	八里桥公园	管庄乡建国路 1 号	65716210
22.	立水桥公园	安立路	85759918
23.	兴隆公园	高碑店兴隆庄甲 8 号	85759918
24.	百花公园	北花园村委会	85765898
25.	鸿博郊野公园	小红门乡小红门南里	87604036
26.	镇海寺郊野公园	小红门乡小红门南里	87604036
27.	老君堂郊野公园	十八里店老君堂村	67473294
28.	海棠郊野公园	十八里店老君堂村	67473294
29.	古塔公园	王四营乡	87390858
30.	白鹿郊野公园	王四营乡	87390858
31.	将府公园	将台乡东八间房临甲 10 号	64331580
32.	东坝郊野公园	东坝地区东五环外	65491802
33.	常营公园	幺家店路北侧	65481631
34.	东风公园	东风乡将台洼	84301669
35.	太阳宫体育休闲公园	太阳宫乡太阳宫西路 1 号	52018583
36.	朝来森林公园	来广营乡新北路 999 号	84913598
37.	清河营郊野公园	来广营乡	84919962
38.	勇士营郊野公园	来广营乡朝来绿色家园东（北苑东路东侧）	84911106
39.	京城梨园	平房乡姚家园路与东五环路交会处东南角	85574810
40.	京城槐园	平房乡北小河路东	85574810
41.	京城体育休闲公园	平房乡政府北	85574810
42.	京城森林公园	平房乡黄杉木店路两侧	85574810
43.	杜仲公园	三间房乡金卫路	85368639
44.	金田郊野公园	豆各庄乡于家围北村 478 号	85362178
45.	黄草湾郊野公园	北湖渠路、辛店路路口西南	64919736

（刘双贵）

朝园弘园林绿化有限责任公司

【概况】 朝园弘园林绿化有限责任公司隶属区园林绿化局，全民所有制企业单位，国家城市园林绿化一级资质企业。内设财务部、工程部、合预部、设计部、综合部5个部门，承揽园林绿化、园林机械、花卉苗木、环保技术开发等业务。年内，完成经济指标14.82亿元，比上年同期9.52亿元增加5.3亿元；主营业务成本14.56亿元。承接设计项目14项，合同额222万余元，结收设计费收入161万元。完成投标300余项，其中自主投标且中标70项，为同行及基层服务准备230余项工程投标资料。中标金额14.8亿余元。完成萧太后河道景观提升项目一标段（一工区）绿化工程和坝河公园项目一工区绿化工程。坚持安全工作例会制和定期安全检查制，组织消防安全培训，并进行实地灭火演习。组织各种形式安全演练9次，安全检查29次，排查安全隐患23处并全部整改。未发生任何安全事故。

地址：朝阳北路147号
邮编：100025
电话：85841464

（岳　棋）

日坛公园

【概况】 日坛公园位于朝阳门外使馆区，隶属区园林绿化局，全民所有制差额拨款事业单位。日坛是北京著名文物古迹五坛之一，是明清两代帝王朝拜太阳神的场所。园内现存9处明清皇家祭祀文物古建筑、1处马骏烈士爱国主义教育基地，及牡丹园、清晖亭、曲池胜春园、祭日壁画、西南山水、玉馨园等江南特色景区景点。全园占地面积20.62万平方米，绿化面积17.11万平方米，绿化覆盖率83%，水面面积4700平方米。有树木1.136万株、乔木5110株(古树44株)、灌木6250株、月季950株、攀缘植物5000株、竹子1.42万株，绿篱6000延长米，宿根花卉8000平方米，草坪面积7.45万平方米。公园管理处内设合预部、财务部、政工部、行政部、人事部、后勤部、园务部、工程部、文保部、安保部、外协部、游客中心12个部门，下设服务班、游乐班、绿化卫生班、维修班、后勤班5个班(组)。截至年底，公园在职职工50人，其中管理岗20人、专业技术岗8人、工勤岗22人。3月，举办第十一届“春分·朝阳”民俗文化节、“9·30”烈士纪念日等公园特色活动。5月初，在玉馨园、环路主要节点及南门附近栽植四季海棠2.23万株、比格海棠1470株、孔雀草3.4万株、串红2.4万株、凤仙10.25万株、三色堇360株、康乃馨1530株、吊篮牵牛100株、舞春花150株、小丽花30株、鼠尾草1.85万株、波斯菊5700株，在环园的立体花钵里栽植绿萝260株、常春藤270株。全年接待游客291.68 万人次。

地址：日坛北路6号
邮编：100020
电话：85619984
传真：85622612
邮箱：ritan3249@163.com

（张佳佳）

【第十一届“春分·朝阳”文化节】 3月19日至20日，第十一届“春分·朝阳”文化节在日坛公园举办。文化节开幕式有地区文化队表演。推广朝外服务圈、文化传递站等微信平台、社区基金会服务平台，并设公益推广宣传区、志愿服务展示区和朝外文化展示区，包括“橙房子”朝外志愿服务站展示及招募。近千名中外游客参加。

（张媛丽）

【义务植树日宣传活动】 4月1日，首都第33个义务植树日，日坛公园开展“大力弘扬植绿、护绿、爱绿生态文明新风尚”主题植树日宣传活动，现场发放全民义务植树倡议书宣传材料300份，发环保布袋300件、多肉盆栽200余盆。

（张媛丽）

团结湖公园

【概况】 团结湖公园隶属区园林绿化局，全民所有制差额拨款事业单位。地处东三环北路，毗邻北京CBD商务中心区，公园占地面积12.3万平方米，其中绿地面积4.2万平方米、水面面积5.4万平方米、道路面积0.8万平方米、建筑占地面积0.4万平方米、铺装面积1.5万平方米。绿化覆盖率80%，有树木2.3万株，其中乔木2214株、灌木1.94万株、其他1456株。截至年底，有在编职工44人，其中管理岗20人、专业技术岗 7人、工勤岗17人。公园管理处内设财务办公室、园务办公室、行政办公室，下设司机班、后勤班、服务班、园务班、游船班、工程班。全年补种草坪1万平方米，施尿素500千克、鸡粪5000千克、羊粪5000千克、复合肥1000千克。完成园内白蜡、柳树等大型乔木的环形药包处理，防治草履蚧病虫害。投放无毒无害灭藻剂防止湖水水藻密生现象发生，投放锦鲤、白鲢和草鱼2万尾。完成绿化工程9个。完成养护面积39.54万平方米，其中特级养护等级绿地面积30万平方米、一级养护等级绿地面积7.96万平方米、三级养护等级绿地面积1.58万平方米。全年接待游客500万人次。

地址：团结湖南里16号
邮编：100026
电话：85973603

（李洪静）

【绿化改造工程】 2016年9月26日至10月底，完成2016年区级重点道路绿化工程——鼎城路绿化改造工程，全长3.7千米，补植胸径10～12厘米的行道树218株。2016年9月至 2017年3月底，完成2016年区级重点道路绿化工程——愉悦湾绿化改造工程，施工面积2.4万平方米，栽植乔木757株、灌木645株、绿篱7272株、花卉2.31万株，铺设草坪4900平方米。2016年10月中旬至2017年3月底，完成2016年老旧小区绿化改造工程4项。包括合成小区绿化改造工程，施工面积1600平方米，栽植灌木24株、乔木5株、色带4433株、花卉2597株；农光里小区绿化改造工程，施工面积1.12万平方米，栽植乔木42株、灌木200株、花卉2.34万株；灵通观小区绿化改造工程，施工面积2019平方米，栽植灌木134株、小乔木10株、花卉地被2256株；道家园小区绿化改造工程，施工面积1万平方米，栽植乔木21株、灌木982株、绿篱3040株、花卉5000株。3月18日至4月15日，完成大屯文化广场绿化改造工程，施工面积1万平方米，栽植落叶乔木41株、灌木67株、花卉1923株、绿篱675株、攀缘植物9株、地被3402株、冷季型草坪1500平方米。

（韩晓楠）

【水锥子小公园绿化工程】 3月中旬至4月15日，完成水锥子小公园绿化工程，施工面积2700平方米，栽植灌木660株、花卉1.36万株、草坪地被1129平方米。

（韩晓楠）

【花卉布置】 五一前夕，公园选用花卉1.6万盆，栽摆在东西门内主要道路、广场、中岛内及湖边。花卉品种有小凤仙、串红、海棠、孔雀草，工程投资4.4万元。国庆节前夕，在东门广场用五色草栽摆“欢度国庆”“喜迎十九大”图案30平方米；在东门广场两侧及东门外、西门外及流水照壁旁、园内主要景区和道路进行花卉布置，主要用地栽花卉、容器摆花、立体花坛形式，花卉品种有大三角梅、菊树、海棠、品种菊、一品红、小凤仙、早菊花等共1万株，工程投资5万元。

（王　娟）

【花卉布置】 中共十九大前夕，在北京会议中心东门外围和黄草湾公园东门，摆设花坛7处，工程面积700平方米。栽摆凤仙花、孔雀草、矮牵牛、绿萝、小菊、苏铁、三角梅、罗汉松等花卉5万余盆。

（韩晓楠）

红领巾公园

【概况】 红领巾公园位于东四环与朝阳北路交会处东北角，隶属区园林绿化局，全民所有制差额拨款事业单位。公园面积41.99万平方米，其中绿地面积14.66万平方米、道路8.37万平方米、水域面积12.86万平方米、建筑面积1.95万平方米、其他面积4.15万平方米，绿化覆盖率94%。园内有乔木3984株、灌木6.32万株、月季6648株、竹子434平方米、绿篱色块9.84万株、宿根花卉15.28万株、水生植物1.37万平方米、草坪12.19万平方米。公园管理处内设财务部、行政部、政工部、园务部、工程部、外联部、后勤部、安保部，下设司机班、电工班、门卫班、绿化班、巡察班、游乐班、舞场班、商卖班、游船班。截至年底，有在岗职工57人，其中管理人员22人、专业技术人员11人、工勤人员24人。2016年9月12日至2017年9月18日，公园进行整体园区升级改造，改造面积8.36万平方米，该工程属政府投资项目，投资4275.08万元。年内，公园发挥文娱阵地、教育基地作用，创建公园文化品牌，举办第十七届红领巾科普游园会，协助相关部门举办各类文化活动27项，接待游客579万人次。

地址：朝阳北路145号
邮编：100025
电话：85839070

（刘　琳）

【体育场增建】 2月20日，在西园新建的体育休闲区开工，6月1日竣工。建设面积1.03万平方米，有2座七人制足球场、2座五人制足球场、3座篮球场和4座网球场等。安装280瓦球场LED专用灯46座，公园自筹资金385.2万元。

（李印超）

【花卉布置】 4月中旬，红领巾公园进行“五一”花卉布置，在花池内栽植花卉。花池以1、2年生花卉为主，使用一串红、小凤仙、海棠等花卉品种，设计红、粉、紫三种色彩，三角梅点缀其间，配以其他颜色花卉互相衬托。7月中旬，园内部分花卉更换栽植。9月中下旬，迎接国庆节及中共十九大召开，在公园南门外摆放花卉3000余盆。全年栽植花卉15万余盆。

（邸纪舒）

【第十七届红领巾科普游园会】 6月3日至4日，由区教育委员会、区科学技术协会、六里屯街道办事处主办，区学生活动管理中心、红领巾公园承办的“第十七届红领巾科普游园会暨2017年‘六一’科普玩具欢乐汇”在红领巾公园举办。内容共18个大项目及40余个子项目，举办科学小实验13场、书画讲座11场、卡牌及VR体验讲解4场。

（车毅卉）

元大都城垣遗址公园（朝阳段）

【概况】 元大都城垣遗址公园（朝阳段）位于中轴路东西两侧及中华民族园南侧，隶属区园林绿化局，全民所有制差额拨款事业单位。公园在岗职工71人，其中管理岗22人、专业技术岗6人、工勤岗43人，有退休员工178人、离休干部1人。全年经济创收5923.88万元，固定资产总值1.54亿元。公园面积67.01万平方米，其中绿化面积43.65万平方米、水面积6.49万平方米、建筑面积6.03万平方米、铺装面积10.84万平方米（含园路）。有树木20.72万株，其中乔木1.43万株、灌木15.98万株，有月季与攀缘植物3.3万株、竹子1.07万株、绿篱色块35.65万株、宿根花卉14.53万株、草坪37.27万平方米，绿化覆盖率82%。公园外接养护绿地61.31万平方米(华汇紫薇公园绿地面积4.72万平方米，道路绿地56.59万平方米)，属财政拨款管养绿地，绿化覆盖率92%。园外道路有乔灌木10.13万株、其他植物27.39万株、草坪18.4万平方米。年内，绿地养护继续进行市场化公开招投标，对公园园区及园外承接道路绿地经过优化组合，重新分5个标段招投标。春季所辖绿地补植油松15株、千头椿5株、国槐18株、宿根花卉800平方米、冷季型草700平方米。公园花坛布置为立体花墙，花墙第一次主题为“一带一路”，第二次主题为“乘风破浪”“走进新时代”。市十二次党代会摆花坛9个，使用2万余盆花；中共十九大北京会议中心周边摆花坛33处，摆放花卉9.1万盆。4月初，第二十届海棠花节开幕，主题是“海棠花溪 安定生辉”，花期4月2日至16日，开幕当天游客4万人次。公园未发生安全事故。全年接待游客453万人次。

地址：惠新东街
邮编：100029
电话：84648252

（程丝雨）

【绿化工程】 3月1日，华汇紫薇公园改造施工，改造面积2.7万平方米，4月30日竣工，栽植落叶乔木17株、落叶灌木335株、色带小叶黄杨173.9平方米、花卉6779株、攀缘植物2490株、竹子472株、冷季型草坪2.40万平方米。安装导视牌10个、座椅7套，园路广场铺装1911平方米，紫薇花不锈钢地面雕塑28个，高青砖坐凳55米，条石坐凳20米。工程投资304万元。3月1日，惠新西街南口地铁口小公园改造工程施工，改造面积740平方米，4月30日竣工。栽植落叶乔木9株，栽植绿篱大叶黄杨255平方米、冷季型草坪221平方米。园路铺装130平方米。工程投资16.5万元。3月1日，惠新东街南口小公园改造工程施工，改造面积840平方米，4月30日竣工。栽植落叶乔木10株、色块82平方米、冷季型草坪150平方米。园路铺装599平方米，装饰树池5个，安装坐凳3个。工程投资28.3万元。

（温晓峰）

【第二十届海棠花节】 4月2日，由区园林绿化局和亚运村街道办事处主办，元大都公园承办的第二十届海棠花节开幕，海棠花节以“海棠花溪　安定生辉”为主题，时间为4月2日至16日，开幕当天游客约4万人。公园向前来赏花的市民宣传低碳环保，绿地认建认养、海棠花品种多样性等知识。4月13日，区旅游委在公园开展文明旅游进社区的大型宣传推介活动。

（程丝雨）

【立体花坛布置】 元大都城垣遗址公园立体花坛位于民族大道南侧，北中轴路两侧，元大都城垣遗址公园四海宾朋景区东侧和海棠花溪景区西侧的城台上。第一次摆花于4月12日施工，4月26日竣工；第二次摆花于9月21日施工，9月28日竣工，工程投资共80万元。花坛布置为立体花墙。立体花墙正面高6米，上长18米，下长20米，呈梯形状。花墙第一次主题为“一带一路”，东侧花墙展示中国华表、鸟巢图案，西侧花墙展示国外歌剧院、教堂图案，并辅以彩带、和平鸽与之搭配。西侧坡面栽植成浪花、帆船图案，寓意21世纪海上丝绸之路，东侧坡面栽植成远行的骆驼图案，寓意丝绸之路经济带。第二次西侧花墙主题为“乘风破浪”，花坛墙体部分主要运用浪花的图案强化主题。东侧花墙主题为“走进新时代”，花墙使用猩红色凤仙、粉色凤仙、黄绿色金叶反曲景天花卉品种，寓意祖国带领全国人民奔向小康。花坛第一次摆放金黄孔雀草、金叶反曲景天等花卉品种2.73万盆，地栽蓝三色堇、垂盆草、橙凤仙等花卉品种3.58万盆。花坛第二次摆花摆放粉凤仙、玫红凤仙等花卉品种2.69万盆。地栽黄孔雀草、橙孔雀草等花卉品种2.17万盆。

（温晓峰）

四得公园

【概况】 四得公园位于将台地区，四环路四元桥东南角，东临机场路辅线，西靠机场高速路，南接坝河，北邻将台西路（原赵酒路）；隶属区园林绿化局，差额拨款事业单位，占地面积16.13万平方米，其中绿地面积11.9万平方米、水面面积0.57万平方米、铺装面积1.77万平方米，其他面积1.89万平方米，绿化覆盖率73%。有乔木3511株、灌木2.4万株、宿根花卉1019平方米、绿篱2070平方米、竹子250平方米、草坪10.5万平方米。截至年底，在岗职工30人，其中管理岗23人、工勤岗7人。公园管理处内设财务部、行政部、园务部、养护部、工程部、安保部、文化活动部、体育中心、游客服务中心9个部门。年内，按特级标准养护绿地，合理调整植被，提升绿化景观。园内引进秋紫白蜡、丽红元宝枫等彩叶树种53株，移植乔木38株、玉簪300平方米，栽植沙地柏500株，更新草坪2.75万平方米。对公园西区原杨槐林区域进行整地，播种金鸡菊、桔梗等2250平方米。开辟试验田，培育新品种岷江百合、索蚌百合、食用百合。“五一”“十一”等重大节日在门区和环路栽摆时令花卉。加强美国白蛾等危险性有害生物防控，防治植物病虫害发生。迎接国家AAA级旅游景区复查，更换园内指示标牌，加固底座。维修垃圾箱和园椅，重新铺设地基，安装设施。维修喷灌系统，更换喷头、快取180个，维修断裂管道80米。维修游乐场及园区透水砖路面700平方米。做好防汛准备，维修东门水池墙体，清除水池淤泥。改造主路两侧排水设施，清除雨水井杂物。维修办公室、卫生间、浴室、停车场破损区域，更换办公区暖气片管线。对体育中心进行灯光和浴室改造，增设更衣柜90个。全年公园接待游客188万人次。

地址：将台西路

邮编：100016

电话：64353759

（关春明）

【义务植树宣传活动】 4月1日，四得公园联合区绿化三队，在四得公园东门区开展“首都全民义务植树运动开展36周年”义务植物宣传活动。现场发放宣传册100本、环保袋300件、扇子100个、多肉植物240盆。

（关春明）

北小河公园

【概况】 北小河公园地处东湖地区，东至望京西路，西至京承高速路，南至北小河，北至利泽西街。隶属区园林绿化局，全民所有制差额拨款事业单位。占地面积24.8万平方米，其中陆地面积24.1万平方米、水面积0.7万平方米。有乔木4303株、灌木1.15万株、竹子2005平方米、绿篱色块260平方米、宿根花卉1.3万平方米、草坪6.7万平方米，绿化覆盖率80%。公园管理处内设办公室、财务室、综合保障部、生产组、合约部、工程养护组6个管理部门。截至年底，有职工30人，其中管理岗17人、专业技术岗6人、工勤岗4人、编外职工3人。年内，园区更换冷季型草坪4000平方米，补植沙地柏1500余株，栽植丹麦草1000余平方米，分栽过密玉簪1500平方米；引进荷花11种，睡莲5种，水岸植物4种。国庆节及中共十九大期间，布置立体花坛使用花卉4.60万盆。园区内维修喷泉喷嘴11个，更换垃圾桶10组、垃圾桶内胆20个，维修鹅卵石地面60平方米。打草26次，喷施草坪农药30次，施草坪肥2次。未发生美国蛾等林木有害生物疫情。举办全民义务植树宣传活动、防灾减灾科普知识宣传活动及禁烟宣传活动，开展游客满意度调查4次，发放调查问卷1200份。与东湖街道办事处举办“大手拉小手 一起健步走”暨全民公益健步走活动、“七彩东湖 快乐健步——暨庆祝东湖街道挂牌成立2周年”活动及“爱聚东湖彩虹”二手交易及闪捐等文化活动3次，迎接国家AAA级旅游景区复检。接收处理网格件2100余条，政民互动投诉137件，按要求处理答复。承担社会养护绿地87.43万平方米，含69处道路（或绿地、边角），绿地养护继续实施市场化公开招投标，对公园园区及园外道路绿地优化组合，重新分4个标段招投标。完成2017花卉常态化——京承高速项目、朝阳区2016环境优美大街——广顺北大街、京承高速公路两侧景观提升工程北小河段及治商、东湖办事处院内改造、北京80中绿化工程、十九大花卉（京承高速、广顺北大街）栽植工程、朝阳区杨柳飞絮治理实验示范项目，工程总投资3100万元，共绿化面积28.7公顷。全年接待游客98万人次。

地址：师家坟村156号

邮编：100102

电话：64708518

（张阿青）

【绿化改造工程】 2月23日，优美大街绿化改造工程（第二标段）工程开工，4月8日竣工。工程面积5857平方米，栽植乔木153株、灌木4.19万株、色带1549.24株、月季689.36平方米、宿根花卉1778.96平方米、时令花卉288.94平方米，铺草坪1295平方米。工程投资296万元。

（董　纯）

【景观提升工程】 3月15日，京承高速公路两侧景观提升工程一标段工程开工，4月20日竣工。施工面积27.13平方米，种植乔木3688株、灌木2.71万株、地被植物27万平方米、色带2.87万株、竹子100株、攀缘植物4662株、花卉17.98万株。工程投资2431万元。

（董　纯）

【花卉布置】 五一前夕，公园管理处在园内景区栽植一串红、木茼蒿、康乃馨、三色堇、牵牛等时令花卉2万株，补植大花月季500株。国庆及十九大前夕，在公园东大门及园内主要景区、道路布置花卉，栽摆花卉2.6万盆。

（王　新）

【政民互动件处理】 年内，公园管理处处理政民互动件共137件，其中道路养护132件、园内设施5件。接到投诉件后快速处理，并反馈至投诉人，处理满意率100%。

（魏瑞萍）

【满意度调查】 年内，公园管理处在公园东门门区进行满意度调查4次，共向游客及周边居民发放调查问卷1200份，收回有效问卷1200份。据统计，全年平均游客满意度98%。

（王　新）

庆丰公园

【概况】 庆丰公园位于东三环中路，通惠河北路南侧。隶属区园林绿化局，全民所有制差额拨款事业单位。公园面积20.21万平方米，其中陆地面积20.01万平方米、水面积0.2万平方米。有园林绿地19.64万平方米。有树木35.01万株，其中乔木3.23万株、灌木29.65万株、竹子2.13万株。有花卉15.12万株、冷季型草坪11.38万平方米。截至年底，有在职职工25人，其中管理岗13人、专业技术岗7人、工勤岗5人，退休职工6人。公园管理处内设综合办公室、文化资源开发部、工程养护部、安全部、财务部。全年总收入1436.37万元。春季开春整形修剪1100株乔灌木，春末花后修剪430株。园区内新植玉兰35株、曲径竹林2400株、白桦10株、山桃花10株、水杉12株。种植薰衣草3万株，修建人工塑木小桥，花丛中留有花间小径，形成薰衣草花镜特色景观。移植樱花、西府海棠、钻石海棠、绚丽海棠等354株，形成海棠、樱花2条特色景观大道。年内，承接广渠路华能电厂门前绿化工程和德盛家园绿地工程，绿化面积4.64万平方米，工程投资1990万元。完成区级小公园硬盘沟和百子湾南二路小公园改造工程，工程投资469.6万元。接收处理政民互动件108件，处理率100%。接待电话及游人现场投诉35个，答复成功率100%。发放游客满意度调查问卷100份，游客满意率98.78%。接待各类影视剧、广告片摄制组16家，有偿合作公司2家，公园创收42.56万元。举办“第五届二闸清明踏青节”大型民俗文化活动。与“中国下一代教育基金会洪元硕校园足球园丁奖公益项目”“中赫北京国安足球俱乐部”“北京乐园体育发展有限公司”等部门合作，承办“创书香环境，倡全民阅读，捐书助学公益活动”。与美猴王生肖文化主题邮局合作举办“一带一路”邮品巡展。配合属地双井街道办事处的文体活动部举办“青春双井　逐梦冬奥”趣味运动会。完成国家AAA级旅游景区的复核迎检工作。发放宣传资料及便利袋300份。全年接待游客50万人次。

地址：广坡村甲2号

邮编：100022

电话：67785955

（刘　岚）

【第五届北京二闸清明踏青节】 3月31日至4月1日，第五届“北京二闸清明踏青节”在庆丰公园举办。活动由北京民俗博物馆、双井街道办事处、朝阳社区学院和庆丰公园共同主办，得到区精神文明建设委员会办公室、区文化委、区园林绿化局和区教育委员会的指导。内容有2007年被列为北京市非物质文化遗产名录的传统武会项目“幡鼓齐动十三档”花会、百名学子古诗词朗诵、笔会书画现场展示、传统民俗游戏项目体验、清明节俗文化展、京杭大运河文化展等，吸引游客8000余人。

（钱　博）

【绿化工程】 4月5日，德盛家园绿地工程开工，工程面积1.23万平方米，包括绿化种植工程、喷灌工程、道路铺装工程。6月10日完工，种植常绿乔木48株、落叶乔木443株、早园竹637株、落叶灌木683株、月季1800株、宿根花卉14250株，铺草坪8000平方米，工程投资370万元。4月15日，广渠路华能电厂门前绿化工程开工，工程面积3.41万平方米，包括绿化种植工程、喷灌工程、道路铺装工程。6月30日完工，种植常绿乔木728株、落叶乔木1110株、常绿灌木1968株、落叶灌木5201株、月季4450株、宿根花卉14000株，铺草坪31000平方米，工程投资1620万元。

（于海强）

【改造工程】 年内，完成区级小公园硬盘沟和百子湾南二路小公园改造工程。硬盘沟小公园改造面积2万平方米，移植苗木14株，新植常绿乔木9株、落叶乔木147株、早园竹200株、常绿灌木2000株、落叶灌木2100株、绿篱200平方米、宿根花卉4470株，铺草坪1000平方米，工程投资249.6万元。百子湾南二路小公园包括种植工程、绿地浇灌工程和围栏工程，种植桥木350株、灌木1680株、宿根地被1280平方米，建栏杆1500延长米，工程投资220万元。

（于海强）

大望京公园

【概况】 大望京公园位于崔各庄乡辖区内，北靠北小河，东南临京顺路，东北至五环路，西接望京外环路。隶属区园林绿化局，全民所有制差额拨款事业单位。公园内设工程部、生产部、养护部、财务部、综合部、安保部6个部门。截至年底，有在职职工29人，其中管理岗19人、专业技术岗5人、工勤岗5人。占地面积33.04万平方米，其中绿地面积25.98万平方米，铺装面积4.58万平方米，水面面积2.34万平方米，管理用房面积1258平方米，景观建筑面积128平方米。绿化覆盖率87%。有乔木1.01万株、灌木7.43万株、月季7458株、攀缘150株、竹子6.03万株、色带4070平方米、宿根花卉67.64万株，草坪面积为22.91万平方米。年内，园内铺种草坪9400平方米，播紫花地丁和苜蓿籽1800平方米，补植月季450株、卫矛700株、鸢尾700株、八宝景天500株、玉簪260株，移栽花灌木150株。重要节日花卉布置，在如意湖周边和望京台下栽植花卉4.6万株，播葵花籽120平方米。承接绿化工程11项，施工面积39.14万平方米，工程投资6000万余元。园外养护共40条道路绿地，绿化养护面积64.8万平方米。开展安全培训6次。全年接待游客18万人次。

地址：望京东路甲6号

邮编：100102

电话：84762518

（许秋珩）

【满意度调查】 4月1日和9月14日，在公园内进行游客满意度调查，发出调查问卷110份，有100位游客参与。全年平均游客满意率96.56%，反映的主要问题是有关邮电和餐饮服务等。

（傅良旎）

【绿化工程】 2017萧太后河系综合治理和滨水绿色文化休闲廊道（王村桥—京津高速）绿化工程于9月1日开工，12月31日竣工，施工面积12.86万平方米。栽植乔木5200株、灌木4800株、色带500平方米、花卉10万平方米、草坪1.7万平方米，工程投资2200万元。

（蔡杼平）

【花卉布置】五一“十一”期间，在园内景区营造节日游园环境，栽植牵牛、孔雀草、串红、红叶红海棠、粉凤仙等花卉4.6万株，播葵花籽120平方米。中共十九大前夕，在京密路进行花卉布置，摆放散尾竹、三角梅、鸭掌木、一品红、黄菊、粉菊等1000余株。

（侯洁 郭莹）

望和公园

【概况】 望和公园管理处成立于2015年6月1日，隶属朝阳区园林绿化局，系全民所有制差额拨款事业单位。公园由南、北两大园区构成，占地面积38.6公顷，望和南园地处北四环与京承高速相交的望和桥东北角，占地面积22.5公顷；望和北园西侧紧邻京承高速路，北侧与北小河公园隔河相望，东侧为南湖社区，南侧紧邻城铁15号线，占地面积16.1公顷。园区内有乔木1.65万株、灌木20.11万株、水生植物8.07万株、竹子7010株，栽植黑心菊、玉簪等花卉地被5.49万平方米，铺设草坪22.63万平方米。截至年底，在岗职工28人，其中管理岗15人、专技岗8人、工勤岗3人、编外2人。年内，公园开展各项生态文明宣传教育活动，并利用媒体扩大公园社会知名度和行业影响力，年底被评为“首都生态文明宣传教育十佳基地”和“北京市中小学生社会大课堂和园林科普基地”。全年接待游客51万人次。

地址：北四环东路77号
邮编：100102
电话：84765181

（望和公园）

【植树宣传日活动】 4月1日，“绿动2017 我为绿色献份爱”生态文明植树宣传日启动仪式在望和公园举行。首都绿化委员会办公室联络处、市园林科研院、区园林绿化局、区文委、区林业工作站、区森林公安处、望京街道办事处、望京网、望京实验学校、望京新城南湖中园小学等社会代表参加活动。种植国槐、栾树、油松、白皮松、元宝枫、白蜡160余株。现场向游客及周边居民发放义务植树手册、森林防火、园林病虫识别等宣传材料500套，区园林绿化局为游客发放多肉植物520盆。

（望和公园）

【绿化工程】 5月25日至12月31日，完成坝河休闲公园绿化工程。该工程位于东坝南区18、19号代征绿地，西靠七棵树村，东临坝鑫家园，北至东坝千亩湖公园。施工面积7.5万平方米，工程投资1000万余元，栽植常绿乔木179株、落叶乔木311株、落叶灌木153株。

（望和公园）

绿化一队

【概况】 区绿化一队位于团结湖路15号，隶属区园林绿化局，全民所有制差额拨款事业单位。主要职能管理园林绿地、美化城市环境。内设财务组、办公室、巡查班、预决算组、生产组、工程组、材料组7个管理部门，下设21个生产班组、1个孙河苗木基地，下属1个三产企业是北京绿林停车场管理处。截至年底，在岗职工101人，其中管理岗25人、专业技术岗22人、工勤岗54人，离休干部1人，退休职工167人。年内，完成会议、调研、检查等活动环境保障工作52次。绿化养护面积424.53万平方米。养护道路有树木97.19万株，其中乔木10.28 万株、灌木39.06万株、竹子37.96万株，种植月季41.41万株/4.33万平方米、攀缘植物6.45万株/1.05万平方米、绿篱色块440.12万株/19.45万平方米、宿根花卉518.31/15.01万株，铺草坪110.09万平方米。养护范围西起东二环，东至温榆河，南起分钟寺，北至北五环。年内，完成广渠路施工及广渠路五环桥区补植、机场二通道步道外及主路护坡补植、弘善公园、机场二通道小公园施工、东四环主路及步道外施工、东三环主路及步道外施工、儿童公园施工等绿化工程30项。栽植乔木5851株、灌木1.26万株、绿篱色块55.84万株、竹类1.91万株、宿根及时令花卉110.74万株、草坪及地被植物26.86万平方米。全年未发生安全责任事故。

地址：团结湖路15号。
邮编：100026
电话：85967276
邮箱：lhydbgs@163.com

（侯蕊）

【道路绿化工程】 3月5日，朝阳路东大桥至五环路段绿化工程开工，5月15日竣工。该工程属于2016年区级重点道路绿化项目，绿化面积1.02万平方米，栽植乔木112株、落叶灌木218株、色带苗木17.38万株、宿根花卉4.23万株、月季6000株、藤本月季3000株，铺草坪1831.6平方米。3月20日，朝阳北路道路绿化工程开工，4月10日竣工。该工程属于2016年区级重点道路绿化项目，绿化面积1.96万平方米，栽植乔木221株、灌木329株、色带苗木15.56万株、花卉4.87万株、地被植物2.29万株、草坪9395平方米。

（李伟 李洋）

【景观提升工程】 4月1日，长安街一期景观提升工程开工，5月5日竣工。改造面积20000平方米，栽植乔木6.18万株、灌木273株、绿篱色块4.25万株、地被及宿根花卉3.23万株、草坪类1900平方米。6月10日，长安街二期一标段景观提升工程开工，7月10日竣工。整理绿地面积15.11万平方米，栽植858株、灌木4956株、绿篱色块21.11万株、竹子4160株、宿根花卉10.89万株、地被类植物3.36万株，铺草坪12.23万平方米。4月19日，星光儿童公园景观改造工程开工，绿化面积2.10万平方米，5月18日竣工。种植土回填4200立方米，种植乔木722株、灌木625株、色带苗木6.98万株、宿根花卉2.83万株、时令花卉6.25万株、铁树4株、三角梅10株、丝兰10株、月季2900株、早园竹7400株、丹麦草3520平方米，铺草坪1.2万平方米。

（李伟）

【常态花卉布置】 4月20日，常态化花卉布置开工，10月2日竣工。包括朝外大街、建国路、老迎宾线、东二环路、东三环路、东四环路等11条道路，栽摆串红、三色堇、牵牛、天冬草、常春藤、铁树、毛地黄、海棠、小菊、鸡冠、串红等时令花卉130万株，投资445万元。

（刘跃）

【中共十九大花卉布置】 9月28日，中共十九大花卉布置开工，9月30日竣工。包括二环路、三环路、四环路、郡王府、司法部门前、最高人民法院门前等27条道路。地栽花卉1.23万平方米76.52万株，布置立体花坛41处7.65万株和花束、花钵87处19.24万盆。

（刘跃）

绿化二队

【概况】 区绿化二队隶属区园林绿化局，全民所有制差额拨款事业单位，位于柳芳北里小区。主要职能是管理园林绿地，美化城市环境，城市园林绿地建设，城市园林绿地管理与规划。截至年底，有在岗职工104人，其中管理岗14

人、专业技术岗12 人、工勤岗78人；退休人员78人，编外合同工1人。固定资产总值2129.74万元。养护绿地范围东至南春路，西至八达岭高速路，南至四惠桥，北至昌平交界。年内，养护面积489.48万平方米，管辖道路323条，承担朝阳区多处重点区域环境保障。开展专业能力培训，组织园林机械操作及保养培训、病虫害防治实地讲座等活动。利用“区绿化二队养护专用微信平台”，减少网格件发生率，同比下降10%。认真处理市、区级信访件9件，政民互动件620件及电话举报件400余件，结案率100%。联合执法24次，更换被损坏的绿地围栏6000余延长米。完成新达城海鲜市场违建拆除项目，腾退违法建筑面积1.26万平方米，腾退商户300余家，疏解人口600余人。完成2016区级小公园施工、2016区级重点道路绿化项目、小公园二期绿化改造项目施工、2016环线一期施工、2016优美大街绿化改造工程（第二标段）、2017年朝阳区三环和四环路绿化景观提升工程、京承高速公路两侧（朝阳段）景观提升工程、2017区级小公园一期项目施工、2017区级重点道路一期施工、2017花卉常态化及重大节日摆花项目等10个绿化工程施工面积49万余平方米。栽植乔木9286株、灌木181.52万株、时令花卉186.45万株、草坪11.32万平方米、色块（带）134万株、竹子2.63万丛、地被植物19万平方米、攀缘植物4.74万株、土壤改良3.44万立方米，移植5.39万株，回填种植土2.27万立方米，绿化造型0.16万立方米，安装气管1588个，拆除铺装1.59万平方米，清运垃圾2.16万平方米，移除色带52平方米，改造土建451.94平方米、景观构物1个。处理倒树和大的树枝折断情况87件，树砸车事件4处，出动人员280人次，出动车辆25车次。完成北京兴源体系认证中心ISO9001国际质量体系、ISO14001环境体系及OMS职业健康安全体系认证外审。

地址：柳芳北里3号楼西侧
邮编：100027
电话：84489393、84515379
邮箱：lhedbgs@163.com

（刘晓兰）

【小公园绿化工程】 2016年9月21日至2017年3月31日，完成2016区级小公园绿化工程，包括东土城路口小公园、文学馆东侧小公园、文学馆西侧小公园、秀木广场及育慧南路小公园。绿化面积1.11万平方米，栽植乔木116株、灌木8670株、花卉2.35万株、草坪8654.49平方米、色块（带）9649株。工程投资539.09万元。2016年11月25日至2017年4月18日，完成2016区级小公园二期绿化改造工程，包括小关三角地小公园（亚运村）、大屯小营北路代征绿地小公园、广顺南大街地铁口小公园。绿化面积2.05万平方米，栽植乔木625株、灌木6010株、花卉2.48万株、草坪3841.22平方米、色块（带）36.30万株。工程投资874.68万元。4月19日至6月17日，完成2017区级小公园绿化工程——安苑里东侧小公园。栽植乔木33株、灌木303株、花卉1.07万株、草坪142.4平方米、色块（带）6571株、竹子128丛，土建391.33平方米，点布风景石5个，建种植池1个、景观矮墙5.4米、景墙组合19.6米，安装不锈钢栏杆9.8米。工程投资49.13万元。10月22日至12月30日，完成2017区级小公园二期项目工程，包括立水桥代征绿地、来广营村代征绿地。绿化面积1.033万平方米，栽植乔木328株。工程投资1009.20万元。

（区绿化二队）

【重点道路工程】 2016年9月27日至2017年4月10日，完成2016区级重点道路绿化项目工程，包括北辰西路、温榆河大道甩项剩余白地、樱花东街、育慧南路等。绿化面积1.76万平方米，栽植乔木1209株、灌木402株、花卉13.13万株、草坪1.34万平方米、色块（带）15.35万株、竹子4304丛。工程投资846.43万元。4月21日至6月30日，完成2017区级重点道路一期绿化工程，包括奥林西路、北苑路、静安东街、党校路、春秀路、大屯路。绿化面积5.64万平方米，栽植乔木977株、灌木1.22万株、花卉20.67万株、草坪1.86万平方米、色块（带）22.02万株、竹子692丛、攀缘植物3800株。工程投资1493.31万元。10月26日至12月9日，完成2017区级重点道路二期绿化工程，包括科学院东西街、天泽路、星火西路。绿化面积9372.71平方米，栽植乔木331株、灌木100株、色块（带）7.1万株。工程投资869.09万元。

（区绿化二队）

【绿化工程】 2月23日至4月20日，完成2016优美大街（第二标段）绿化工程，包括安定路、北辰东路、和平里西街、惠新西街、科荟路、亮马桥路、新东路、新源南路、樱花园西街等9条道路。绿化面积5.46万平方米，栽植乔木1194株、灌木9402株、花卉60.83万株、草坪9557.8平方米、色块（带）39.19万株、竹子7333丛。工程投资1739.20万元。11月1日至30日，完成2017老旧小区绿化改造工程——新源街小区。绿化面积9069.6平方米，栽植落叶乔木27株、落叶灌木51株、常绿乔木1株、常绿灌木3株，园路铺装263.76平方米，建亭廊1处。工程投资162.48万元。

（区绿化二队）

【花卉布置】 3月27日至11月1日，完成2017花卉常态化及重大节日摆花项目（施工）工程，包括中轴路、民族大道、东三环、东四环等13条道路，摆放花卉176.40万株。工程投资549.60万元。

（区绿化二队）

【景观提升工程】 4月5日至20日，完成2017朝阳区三环、四环路绿化景观提升工程，包括四环路二标段和三环路二标段。绿化面积8.45万平方米，栽植乔木301株、灌木9300株、花卉74.32万株、草坪3.19万平方米、色块（带）1.23万株、地被植物293平方米、攀缘植物4.36万株，土壤改良3.44万立方米，回填种植土1.48立方米，造型1637.22立方米，安装气管1588个，拆除铺装1.19万平方米，清运垃圾1.30万立方米。工程投资13553.62万元。4月5日至20日，完成京承高速公路两侧（朝阳段）景观提升工程——京承高速第四标段。绿化面积13.62万平方米，栽植乔木2819株、灌木4585株、草坪4214.89平方米、色块（带）1300株、地被植物1.17万平方米，移植5.39万株，回填种植土7985.3立方米，拆除铺装4000平方米，清运垃圾8606.4立方米，移除色带52平方米，土建工程188.18平方米。工程投资1289.20万元。

（区绿化二队）

园林绿化监督管理所

【概况】 园林绿化监督管理所原名绿化三队，2017年9月26日根据北京市朝阳区机构编制委员会朝编〔2017〕38号批复，更名为北京市朝阳区园林绿化监督管理所，为公益一类财政全额拨款事业单位，主要职责为参与市、区规划部门对附属、公共绿地的验收备案工作；负责林地绿地、林木树木许可审批后的监督检查工作；承担辖区林地、绿地专项巡查检查，对侵占绿地、毁坏林地、林木及设施等违法案件，协同区城管执法监督局行使处罚等工作。区绿化监督管理所位于姚家园北二路与星火东路交叉路口东北角，隶属区园林绿化局。单位内设工程组、生产组、后勤组、财务室、办公室。截至年底，有在岗职工39人，其中管理岗11人、专业技术岗7人、工勤岗21人；退休职工1人。全年总收入3736.55万元，总支出3735.64万元。年内，介入被媒体曝光的违法建设和市、区两级政府督办的违法建设项目有小红门污水处理厂代征绿地废品回收站、拆车厂清退，儿童主题公园违法建设拆除，立水桥公园群众举报事件。9月1日起，配合局资源管理科完成批后监督工作，主要负责林地绿地、林木树木许可审批后监督检查。截至年底，完成批后监督工作20余项，主要有黑臭水体截污管线工程、地铁3号线移伐工程、地铁14号线现场移伐、豆各庄安置房项目、东坝驹子房安置房项目移伐工程、大山子桥扩宽改造工程、京通快速路疏堵工程、热力集团管线移伐工程、九龙山清煤降氮工程、宝嘉恒道路施工移伐工程、危险树木等。

地址：东风乡将台洼甲1号

邮编：100016

电话：84301230

（李白冰）

大黄庄绿化队

【概况】 大黄庄绿化队原名大黄庄苗圃，2016年12月27日经北京市朝阳区机构编制委员会朝编〔2016〕41号批复，调整机构编制为公益二类事业单位，更名为北京市朝阳区大黄庄绿化队，并重新核定职责：承担区域内道路及园林绿地的设计、规划、管理、维护与提高；负责全区道路路树及绿地的更新、养护、美化和巡查，以及全区城市公共绿地、道路苗木的病虫害防治工作等；贯彻执行有关城市道路、园林绿化的法规政策宣传等。4月18日，大黄庄绿化队正式挂牌，经费形式为自收自支，隶属区园林绿化局。截至年底，在职职工107人，其中在编人员89人。退休职工134人。全年经济收入2.31亿元，实现盈利2594万元。工程审计结果1.64亿元，平均利润率22%；房租收入1362万元；其他收入283万元。养护投资5032万元，担负辖区内朝阳北路、朝阳路、京通路、东南四环路、高安屯、温榆河大道等道路绿化养护，养护面积469万平方米。完成朝阳路、朝阳北路、温榆河绿道、紫檀大厦、朝阳区三环和四环路绿化景观提升，及京沪高速环境提升绿化改造等10余项绿化工程，绿化面积90万平方米。清退关停汽修洗车门脸14家，清退公寓人员800余户，清退物资收购商户45户，拆除废品收购站内违法建设房屋，疏解3000余人。

地址：大黄庄35号

邮编：100024

电话：65711286

（王爱华）

【绿化工程】 3月4日，京沪高速环境提升绿化改造工程开工，该工程属于环境办项目，6月30日竣工。工程面积22万平方米，栽植乔木3291株、灌木4.23万株，铺设草坪、地被及播籽6.75万平方米。工程投资2786.02万元。3月4日，朝阳北路东大门绿化工程开工，该工程属于环境办项目，6月30日竣工。工程面积1.64万平方米，栽植乔木1250株、落叶灌木70株、色带绿篱苗木79451株，栽植花卉9.03万株，铺设草坪、地被及播籽8862.1平方米。工程投资1045.68万元。6月7日，长安街及其延长线绿化工程开工，该工程属于环境办项目，7月6日竣工。工程面积13.82万平方米，栽植乔木2773株、灌木714株、色带绿篱苗木16.45万株，栽植花卉26.65万株，铺设草坪、地被及播籽10.12万平方米。工程投资5616.12万元。10月26日，四惠枢纽南路绿化工程施工，该工程属于朝阳区2017区级重点道路二期项目，工程面积4868平方米，12月9日竣工。栽植乔木248株、灌木3269株，栽植花卉5250株，铺设草坪、地被及播籽4107.19平方米。工程投资162.68万元。

（方　伟　张　骁）

【景观提升工程】 3月15日至4月20日，完成京承高速公路两侧（朝阳段）景观提升工程。该工程属于“一带一路”项目，工程面积11.18万平方米，栽植乔木3049株、常绿灌木6721株，栽植花卉19.31万株，铺设草坪、地被及播籽10.06万平方米。工程投资1788.79万元。3月15日至4月20日，完成朝阳区三环、四环路绿化景观提升工程。该工程属于“一带一路”项目，工程面积4.91万平方米，栽植乔木2885株、灌木263株、色带绿篱苗木11.17万株，栽植花卉7.90万株、攀缘植物3.25万株，铺设草坪、地被及播籽1.22万平方米。工程投资1964.39万元。

（方　伟）

【小公园绿化工程】 4月19日至6月17日，完成广渠路与东四环交叉口西北角小公园绿化工程，该工程属于“2017小公园”项目。工程面积3663.7平方米，栽植常绿乔木7株、落叶乔木46株、落叶灌木107株、色带绿篱苗木5000株，栽植花卉2.35万株，铺设草坪、地被及播籽1798平方米。工程投资127.28万元。完成华龙美墅小公园绿化工程，该工程属于“2017小公园”项目。工程面积1.11万平方米，栽植乔木187株、灌木1101株、色带绿篱苗木7474株，栽植花卉8121株，铺设草坪、地被及播籽8112平方米。工程投资185.95万元。完成紫檀大厦小公园绿化工程，该工程属于“2017小公园”项目，工程面积2.65万平方米。栽植乔木630株、灌木358株、色带绿篱苗木3345株，栽植花卉8641株，铺设草坪、地被及播籽1.2万平方米。工程投资383.51万元。

（方　伟　张　骁）

【花卉布置】 年内，完成中共十九大应急花卉布置工程。四环路大郊亭桥至小武基桥花卉栽植2.91万株，四环路窑洼湖、华瀚国际摆花1392株，朝阳路杨闸环岛花卉栽植11.58万株，小红门派出所门前花卉栽植1006株，北五环顾家庄桥东南角栽植花卉3.28万株。

（张　骁）

北花园绿化队

【概况】 北花园绿化队原名北花园苗圃，2016年12月27日经北京市朝阳区机构编制委员会朝编〔2016〕41号批复，调整机构编制为公益二类事业单位，更名为北京市朝阳区北花园绿化队，并重新核定职责：承担区域内道路及园林绿地的设计、规划、管理、维护与提高；负责全区道路路树及绿地的更新、养护、美化和巡查，以及全区城市公共绿地、道路苗木的病虫害防治工作等；贯彻执行有关城市道路、园林绿化的法规政策宣传等职能。北花园绿化队位于高碑店乡北花园村南，隶属朝阳区园林绿化局，是全民所有制自收自支事业单位。占地面积22.40万平方米。内设办公室、财务部、后勤部、生产部、养护部、巡查部、工程部。截至年底，有在职职工32人，其中管理岗12人、专业技术岗4

人、工勤岗7人、编外员工9人；退休职工8人。年内，养护道路绿地面积156.8万平方米，其中特级道路17条78.15万平方米，一级道路24条36.41万平方米，二级道路52条31.58万平方米，三级道路1条10.66万平方米。补植乔木1088株、灌木8.62万株、花卉50.02万盆、地被类10.29万平方米、草坪8.07万平方米、竹类600株。完成养护路段招投标管理工作。接收处理网格件近千条，社会单位及个人反映问题100件，均按要求处理答复。圃地引进优良品种8个，共1419株；移植调整苗木83株；出圃乔木、灌木等苗木1879株；完成专业绿化改造工程、提升绿化工程7项，施工面积16.86万平方米，分别是五环路化工桥绿化改造工程、京沈辅路绿化改造工程、官悦公园绿化改造工程、华侨城公园绿化改造工程、德云文化广场绿化工程、大鲁店景观提升工程、广渠路桥区常态化花卉布置工程。全年未发生责任事故。获市园林绿化系统“先进集体”称号。

地址：高碑店乡北花园村南
邮编：100121
电话：87739516

（伏乃红）

【绿化工程】 2016年11月24日至2017年4月10日，完成五环路化工桥绿化改造工程，绿化面积6.04万平方米。栽植常绿乔木92株、常绿灌木59株、落叶乔木621株、落叶灌木14380株、绿篱色带5400株、花卉9000盆、地被9800株。工程投资684.70万元。2016年11月24日至2017年5月20日，完成京沈辅路绿化改造工程，绿化面积4.19万平方米。栽植常绿乔木866株、落叶乔木735株、落叶灌木4068株、绿篱色带1.33万株、花卉28.82万盆、地被900平方米，铺草坪3.15万平方米。工程投资604.22万元。2016年12月13日至2017年1月11日，完成德云文化广场绿化工程，绿化面积8479平方米。栽植常绿乔木75株、落叶乔木174株、落叶灌木151株、绿篱色带2.7万株、花卉2181盆、地被9089株，铺草坪1061平方米。工程投资198.61万元。2月10日，官悦公园绿化改造工程开工，绿化面积1.45万平方米，4月20日竣工。栽植常绿乔木66株、常绿灌木29株、落叶乔木166株、落叶灌木928株、绿篱色带8090株、花卉7.14万盆、地被1.1万株，铺草坪7800平方米。工程投资400.01万元。6月7日，华侨城公园绿化改造工程开工，绿化面积2.70万平方米，7月6日竣工。栽植常绿乔木35株、落叶乔木61株、落叶灌木198株、花卉9600盆。工程投资271.75万元。6月28日，大鲁店景观提升工程开工，绿化面积1.44万平方米，栽植常绿乔木157株、常绿灌木20株、落叶乔木182株、落叶灌木392株、绿篱色带6.56万株、花卉7.35万盆、地被1000平方米，铺草坪9000平方米。7月10日竣工。

（解佳雪）

【花卉布置】 3月27日至9月19日，完成广渠路桥区常态化花卉布置工程，绿化面积2000平方米，工程投资98.99万元。栽植三茬草本花卉，其中黄孔雀草3.25万盆、蓝花鼠尾草9.75万盆、红矮牵牛3.5万盆、夏瑾3.25万盆、长春花3.5万盆、世纪红鸡冠花3.25万盆、北京小菊3.5万盆，累计使用花卉30万盆。

（解佳雪）

林业工作站

【概况】 林业工作站隶属区园林绿化局，是全额拨款事业单位，占地面积0.733公顷。截至年底，有职工17人，其中管理人员8人、高级工程师3人、工程师4人、初级技术人员2人。主要职能是负责辖区林木有害生物防治、预测预报、检疫工作；依法开展林木种苗生产、经营的监督管理工作；拟定并组织实施区域果树、林木种苗产业发展规划以及相关管理规范和技术标准；组织指导果树、林木种苗新品种和新技术的引进、试验、推广、技术培训等工作；负责林果及蜂产品质量监督管理、跟踪检查标准的实施与技术指导服务工作；开展林木种苗与食品安全方面的法律法规、林业果树技术、林木有害生物防治与建议技术培训，并指导街乡林业工作。负责全区枯死树鉴定及参与古树保护工作。年内，召开全区林木病虫害防控会3次，下发朝阳区林木有害生物防控指挥部文件， 组织协调各街乡开展防控工作，给各街、乡及有林单位发布林保情况14期700余份。购置各类诱芯750个、杀虫灯60台和测报工具发放到全区各个测报点。做好全区37家种苗生产经营单位服务工作，对2个重点木材市场300余家木材经销商开展专项检查，未发现苹果蠹蛾、红脂大小蠹等检疫性、危险性林业有害生物。规范植物检疫证书、产地检疫合格证签发工作，全年开具产地检疫证书120批次，产地检疫苗木8000株，检疫面积200公顷，开具植物检疫证书1550批次、木材运输证1500批次。成灾率0、无公害防治率100%、测报准确率98%、种苗产地检疫率100%。全区未发生美国白蛾灾害。果树面积257.7公顷，年总产量129万千克，产值1300万元。开展林果技术服务与推广，全区重点果园推广果实套袋90万个，推广有机肥233.3公顷，推广果树现代新技术种植，面积累计40公顷，推广苹果、樱桃、桃等名优品种10个。加强林果生产领域食品安全监管，抽检7个基地25批次样品，合格率100%，未发现农药超标现象。规范细化执法程序和业务流程在区政府执法平台公示，累计行政执法事项80项，涉及有害生物防治、植物检疫、木材运输、种苗管理、食品安全监管等内容。截至年底，全区有苗圃37个，延续办证6家，向苗木生产企业免费提供标签，种苗标签使用率98%。在首都全民义务植树日、北京市科普宣传月等重点宣传活动中，现场发放宣传材料1.8万余份。

地址：平房乡姚家园村84号
邮编：100025
电话：51193981

（刘传敏）

【应急防控物资保障】 年内，朝阳区加大有害生物防控资金和物资投入力度，合理配备防治机械、设备和药剂。累计投入资金530万元，其中区财政投入资金230万元、街乡投入资金300万元。购置黑光灯60台、各类诱芯750个，发放和使用防控各种药剂25吨。

（陈淑峰）

园林绿化综合服务中心

【概况】 园林绿化综合服务中心位于东四环红领巾桥东北角。隶属区园林绿化局，差额拨款行政支持类事业单位。内设办公室、财务室、档案室、工会、2个绿化监察组。截至年底，有在职人员18人、退休职工1人。主要职责协助做好伐移树木审批前后的相关服务、监督检查绿地控制线范围内建设情况，负责有关统计工作；协助市绿化工程质量监督站进行质量监督。年内，对15个项目的代征绿地情况进行备案，涉及代征绿地面积41.51公顷；接收6个项目的代征绿地，涉及代征绿地面积24.53公顷；对数据库中全区370块2260.485公顷代征绿地的动态情况更新2次。配合完成树木移伐勘查现场98次；接收树木砍伐批后监督件98件，其中涉及城市绿地86件、农口林地开发12件；在监督事项上大市政施工52件，危险树移伐34件。全年接受12个单位工程质量监督，进行工程实体和资料监督检查80余次，进行强制检验检疫2次，下发整改通知4件，参加8个工程竣工验收。

地址：朝阳北路147号院1号楼

邮编：100025

电话：85974268

（王　君）

【城市绿化监督检查】 年内，接转各类投诉56件，办理回复56件。在日常绿化监督及各类监督检查活动中，出动监督执法人员290人次、车辆180台次。

（王　君）

【园林绿化综合服务中心绿化工程质量监督】 年内，区园林绿化综合服务中心继续配合市绿化工程质量监督站工作。全年接受12个单位工程的质量监督，进行工程实体和资料监督检查80余次，进行强制检验检疫2次，下发整改通知4件，参加8个工程竣工验收，有效履行政府监督服务职能。

（王　君）

郊野公园管理中心

【概况】 郊野公园管理中心成立于2010年6月，隶属区园林绿化局，是正科级全额拨款事业单位。主要职责是负责组织落实郊野公园行业标准，制定区郊野公园管理办法和措施；负责对全区郊野公园的景观保护、绿化养护等管理服务工作进行业务指导、监督和考核；负责郊野公园专项补助资金的管理使用。年内，检查考核全区郊野公园工作4次。截至年底，全区有郊野公园23家。

地址：道家园甲16号

邮编：100025

电话：65041149

（付雨婷）

【教育培训】 年内，组织各乡郊野公园绿化工培训，49人参加并取得证书，其中初级工23人、中级工11人、高级工15人。组织各乡郊野公园管理层及一线职工进行为期2天的培训。

（付雨婷）

奥林匹克森林公园

【概况】 奥林匹克森林公园位于北京城中轴线北端，南起科荟路，北临清河，东至安立路，西至林萃路。公园占地约680公顷，以北五环为界，分为南、北两园。南园约380公顷，北园约300公顷，横跨北五环路的生态廊道将南北两园连为一体。公园水面面积67.7公顷，绿化面积484.8公顷。现有乔灌木59万余株，植物品种278种，绿化覆盖率95.61%。是北京市区最大的城市公园，属北京世奥森林公园开发经营有限公司管理，为国家AAAAA级旅游景区。北京世奥森林公园开发经营有限公司隶属朝阳区国资委，为国有独资企业。设有党委办公室、总经理办公室、工会办公室、纪委办公室、计划财务部、人力资源部、综合管理部、资产管理部、法务审计部、市政工程部、园林工程部、公园管理部、文化旅游部、安全办公室14个机关部室，及北保洁公司、南保洁公司、保安公司、经营公司、体育园管理中心、工程维修中心、廉洁奥运主题文化园、北京奥林匹克塔8家基层单位。截至年底，有职工2540人，其中在岗1241人、退休1022人、其他不在岗277人。全年接待游客1205.37万人次。

地址：北五环仰山桥西

邮编：100107

电话：64529010

网址：www.bjofp.com.cn

（陈迎双）

【北京新年倒计时活动开幕】 1月1日零时，由市旅游发展委员会主办的“2017北京新年倒计时活动暨首届北京冰雪文化旅游节开幕式”在奥林匹克森林公园和北京奥林匹克塔举行。

（陈迎双）

【第二届新年徒步大会举办】 1月14日，区政府、市徒步运动协会共同举办的第二届新年徒步大会在奥林匹克森林公园举办。市委原常委、市委组织部原部长赵家骐，市徒步协会会长史绍洁，市徒步协会副秘书长郭颂，市体育总会秘书长王品熙，区委常委、副区长孙其军，区体育局党委书记李守民，区体育局局长马海鹰，共青团朝阳区委书记孔钢城，区体育局副局长冯长林，区体育局副局长韩红等领导出席开幕式。市徒步协会各区县分会，金融、卫生计生、律师等行业分会，以及青商会、首都媒体徒步连队等2000余人参加活动。

（陈迎双）

【冬奥组委到北京奥林匹克塔考察】 2月28日，冬奥组委新闻宣传部接待国际奥委会奥林匹克转播服务机构（OBS）共18人到北京奥林匹克塔，考察2022年冬奥会转播服务情况。

（陈迎双）

【世奥公司配合建设国家速滑馆项目】 3月6日至8月1日，世奥公司配合速滑馆项目建设，拆除曲棍球、射箭馆占地范围内原有设施，在国际区新建18片室外网球场地、2个配套服务用房、8片室外篮球场、7片室外5人制足球场、2片室外7人制足球场、1片室外9人制足球场。

（陈迎双）

【领导调研】 3月9日，驻市委办公厅纪检组组长刘轩带队到北京奥林匹克塔、奥林匹克森林公园廉洁奥运主题文化展馆开展调研活动。区委常委、纪委书记席成坡，区纪委常务副书记、监察局局长田峡，区纪委副书记高大中陪同。3月10日，市长、市委副书记、市政府党组书记兼北京2022年冬奥会和冬残奥会组织委员会执行主席蔡奇，对2022年冬奥会速滑馆规划用地及北京奥林匹克塔进行考察，区长王灏陪同。4月14日，市总工会主席牛有成到奥林匹克森林公园国际区实地踏勘北京劳模墙修建方案。4月21日，市体育局副局长杨海滨、区体育局局长吴晓军到奥林匹克森林公园旱雪场和冰世界项目施工现场视察。6月1日，市人大常委会副秘书长黄石松带队一行14人到北京奥林匹克塔就建设及后期运营和故宫文物展陈情况进行调研，区人大常委会副主任朱春霞陪同。6月7日，市委常委、市纪委书记、市监委主任张硕辅一行10余人到奥林匹克森林公园调研，区委书记吴桂英、区纪委书记席成坡、区委副书记甘靖中陪同。6月11日，市长陈吉宁到北京奥林匹克塔调研，区委书记吴桂英、区长王灏、副区长孙其军、奥林匹克公园管委会常务副主任田巨清、公司党委书记田锦和陪同。

（陈迎双）

【第六届春花节举办】 3月12日至5月4日，奥林匹克森林公园“第六届奥林匹克森林公园花卉观赏季——春花节”举办。

（陈迎双）

【世界血友病日慈善健走大会举行】 4月15日，第六届“为爱而走，世界血友病日”慈善健走大会在奥林匹克森林公园“森林小剧场”举行，来自社会各界近5000名志愿者参加。

（陈迎双）

【参观考察】 4月19日，国际滑联花样滑冰技术代表Peter Krick、国际滑联短道速滑技术代表Hugo Herrnhof、冬奥组委规划建设和可持续发展部常务副部长刘玉民、体育部副部长王艳霞一行到北京奥林匹克塔参观考察。

（陈迎双）

【“三减三健 迈向健康”活动】 4月28日，由国家卫生计生委、国家体育总局、中华全国总工会、共青团中央、全国妇联、市政府联合主办的“三减三健 迈向健康”（减盐、减糖、减油，健康口腔、健康体重、健康骨骼）全民健康生活方式行动第二阶段启动仪式暨国家卫生计生委“健康中国携手行动”团队健步走竞赛活动，在奥林匹克森林公园举行。国家卫生计生委主任李斌，国家卫生计生委副主任、国家中医药局局长王国强，全国总工会党组副书记邓凯，中华预防医学会会长王陇德，中央保健委员会副主任、北京协和医院院长赵玉沛，市政府副秘书长王晓明，世界卫生组织驻华代表处代表施贺德等领导出席启动仪式。

（陈迎双）

【领导视察】 5月3日，国务院安委会第一巡查组到北京奥林匹克塔巡查安全生产工作。第一巡查组组长、国家安全监管总局原副局长、国家煤矿安监局原局长赵铁锤，第一巡查组副组长、国家安全监管总局规划司副司长李德忠等巡查组成员参加。市政府副秘书长尹培彦，市安全监管局局长张树森、副局长唐明明，区委书记吴桂英、区长王灏、副区长张维刚、副区长刘海涛陪同。5月11日，国际滑联副主席创·埃斯普利，国际滑联速度滑冰技术代表杰门·帕诺夫，冬奥组委规划建设和可持续发展部常务副部长刘玉民，冬奥组委体育部部长佟立新、副部长王艳霞一行到北京奥林匹克塔和国家网球中心钻石球场参观考察。

（陈迎双）

【“心承杯”2017年中国家庭乐跑大赛】 5月20日，由国家卫生计生委基层卫生司、计划生育家庭发展司、流动人口计划生育服务管理司、国家卫生计生委人口文化发展中心、市卫生计生委支持指导，中国家庭报社主办的“心承杯”2017年中国家庭乐跑大赛在奥林匹克森林公园举行。国家卫生计生委基层卫生司副巡视员刘利群、国家卫生计生委人口文化发展中心主任奉雯等领导参加。

（陈迎双）

【区第六届家庭文化节举办】 5月21日，在奥林匹克森林公园南园喷泉广场，区妇联、区文明办、区委教工委及朝阳团区委联合举办“益家乐美 善性朝阳”——朝阳区第六届家庭文化节启动仪式暨区级最美家庭揭晓活动。区委副书记甘靖中、区委宣传部部长刘军胜等领导参加。

（陈迎双）

【市第十一届全民健身体育节开幕】 6月10日，北京市第十一届全民健身体育节在奥林匹克森林公园开幕，仪式由市体育局副局长杨海滨主持，花样滑冰世界冠军佟健宣读倡议书，副市长张建东出席活动并宣布北京市第十一届全民健身体育节开幕，市体育局局长孙学才致开幕辞。市政府副秘书长姜帆，国家体育总局群体司、体育节12家主办单位的负责人，公司党委书记田锦和、总经理穆德林参加活动。

（陈迎双）

【第六届奥林匹克森林公园百亩葵花展】 6月26日至7月26日，奥林匹克森林公园“第六届奥林匹克森林公园花卉观赏季——百亩葵花展”在花田野趣景区向游人开放。

（陈迎双）

【“爱在阳光北京夏令营”开营仪式】 7月23日，由国家卫生计生委主办的“爱在阳光北京夏令营”开营仪式在北京奥林匹克塔举行。出席开营仪式的有中国艾滋病防治亲善形象大使彭丽媛、盖茨基金会会长梅林达·盖茨等慈善人士，世奥公司党委书记、董事长田巨清作为受邀嘉宾出席。活动时，国家卫生计生委与比尔及梅琳达盖茨基金会签订《健康扶贫和艾滋病防控合作框架协议》。

（陈迎双）

【“喜迎十九大”北京朝阳森林演出季】 8月4日至20日，“喜迎十九大”北京市朝阳区基层文化展演北京朝阳森林演出季在奥林匹克森林公园北园棋园广场连续演出，每周共18场次表演。参与演出团队约500支，演员7000余人。活动形式主要是综艺节目展演、专场活动等，演出内容包括原创作品、儿童节目等。市民进入公园可免费观看演出。

（陈迎双）

【旱雪四季滑雪场开业】 9月7日，北京奥森尖锋旱雪四季滑雪场正式启动，新闻发布会在国家会议中心举行。

（陈迎双）

【中国网球公开赛】 10月1日至8日，中国网球公开赛在国家网球中心开赛，共进行61场比赛。参赛球员中，包括7名现任和曾任世界第一球员、11名大满贯单打冠军球员，媒体记者445人，涵盖129家媒体，境外媒体25家。比赛期间国家网球中心共接待观众25.22万人。

（陈迎双）

【第六届奥林匹克森林公园秋日彩叶展】 10月20日至11月15日，“第六届奥林匹克森林公园花卉观赏季——秋日彩叶展”举办。

（陈迎双）

【首届儿童冰雪乐园举办】 12月23日，首届奥林匹克森林公园儿童冰雪乐园开业。冰雪乐园占地面积10000平方米，利用南园南门大草坪自然的坡度造雪形成。

（陈迎双）

朝阳公园

【概况】 朝阳公园是一处以园林绿化为主的综合性、多功能的大型文化、休闲、体育、娱乐公园，是国家AAAA级旅游景区、北京市重点公园和精品公园，是北京市四环以内最大的城市公园。朝阳公园位于朝阳区中部繁华地段，北至亮马桥路，西至朝阳公园路，东至东四环路，南至朝阳公园南路，规划总面积为288.7公顷，其中水面面积68.2公顷，陆地面积为220.5公顷，绿化覆盖率87%。其中建筑占地面积为10.4公顷，道路广场铺装面积为21公顷，绿化面积为145公顷，其他占地面积44.1公顷。公司内设12个部室、8个基层部门。有职工1971人，其中在岗职工671人、退休职工1236人、内退职工64人。9月9日，朝阳公园正式开通南2门地铁出入口。9月23日，朝阳公园正式开通东5+门区。全年接待游客1002.36万人次。

地址：朝阳公园南路1号

邮编：100125

电话：65940972

网址：www.sun-park.com

（孔　雁）

【第十四届北京朝阳国际风情节】 1月28日至2月2日，由朝阳公园主办和承办，北京金艺舟国际文化传播有限公司协办的为期6天的“第十四届北京朝阳国际风情节”在朝阳公园举行，活动主题为“风情世界 冬奥圆梦”。来自俄罗斯、希腊、比利时、西班牙和意大利等8个国家70余名艺术家为游客展示歌舞、音乐等文艺表演。血月狼人、渡渡鸟、演奏《我心依旧》的风笛手、踩着高跷的安娜和罗伯特等街头表演吸引游客合影留念。墨西哥、西班牙、美国、泰国、土耳其的特色食品，中国民族小吃、风味小吃及民俗风情集市，让市民品尝各地食品，选购特色纪念品。此次风情节接待购票入园291609人，游客总数53万人，综合收入799万元。

（孔　雁）

【大型文体活动】 3月25日，由市体育总会秘书处主办的第十九届、二十届公园半程马拉松活动在公园红砖广场举行。活动以“跑向2022冬奥会”为主题，约1600名群众参加。4月7日，由区卫生和计划生育委员会主办的世界卫生日主题活动在公园喷泉广场南口举行。活动以“敞开心扉，心情至美”为主题，内容包括：才艺表演、卫生知识宣传和健康长走，约300名群众参加。5月6日，由市体育总会秘书处主办的第二十五、二十六届公园半程马拉松活动在公园举行。活动以“跑向2022冬奥会”为主题，约1600名群众参加。5月17日，由区文化委员会主办的“5·18”国际博物馆日活动在公园南门广场举行。活动现场摆放相关知识宣传背板，并向市民发放宣传资料。5月20日至21日，由北京灿烨鑫嘉商务服务有限公司主办的中铁中基全民汽车文化日活动在公园礼花广场举行。活动邀请到渤海银行、京东金融、中旅总社、58同城、潘家园、面包新语及各品牌4S店等参与。展会涵盖汽车展销、亲子娱乐、跨界商品、金融保险等。5月21日，由市残疾人联合会主办的2017年助残日活动在公园红砖路广场举行。主办方以“温馨工程，与爱同行”为主题，为智障和自闭症儿童安排长走活动，约300人参加。5月27日至8月20日，由北京天汉文化发展有限公司主办的“漫威复仇者联盟体验馆”活动在公园08广场举行。活动搭建以复仇者联盟为主题的互动体验馆，内容包括科技展示、互动体验及纪念品销售。6月1日，由国务院反拐部际联席会议办公室、公安部刑事侦查局主办的以“关爱儿童，反对拐卖”为主题的反拐宣传活动在公园礼花广场举行。阿里公益、360公益、家园网等志愿者团队到现场，为小朋友和家长讲解儿童防拐、防骗的知识，并为现场参与活动的小朋友赠送气球、360儿童手表、画笔、公仔等礼物。6月27日，由中国智力残疾人及亲友协会和朝阳公园共同主办的“牵着蜗牛去散步·狮子牵蜗牛”活动，在公园红砖地广场举行。活动共有“小蜗牛”100人，“狮哥狮姐”等志愿者、老师、家长及工作人员100人参加。内容为“狮子牵蜗牛”健步走和参观索尼探梦馆。7月1日至8月31日，由北京京视体育发展有限责任公司主办，朝阳公园和北京金艺舟国际文化传播有限公司协办，以“城市里看海，公园中玩沙”为主题的“2017北京海洋沙滩嘉年华”开放，有2万平方米奥运沙滩、5000平方米湖景泳池。推出全民体验的全新项目“海沙小三项”，挑战者依靠自身智慧和力量挑战各种障碍，完成水、陆、沙三栖变形穿梭。共接待游客7.4万人次。8月4日至20日，由区文化委员会、区社会建设工作办公室、区农村工作委员会主办，区文化馆、朝阳区各街乡文化中心、北京金艺舟国际文化传播有限公司承办的“喜迎十九大”朝阳区基层文化展演北京朝阳森林演出季在公园融合广场开幕。朝阳区43个街乡各组织一场演出或展览，邀请评委评比。9月9日，北京朝阳万科房地产开发有限公司主办的“2017北京社区乐跑赛”活动在公园08广场举行。活动以“爱的每一步”为主题，万科业主、员工和志愿者进行3.8千米公益跑步，参与小镇主题嘉年华活动。活动募集善款8万元，用于资助孤独症孩子及家庭。9月9日至10日，由睿瑞通文化传播（北京）有限公司主办的“99求婚节”活动在公园喷泉广场举行。活动是第五届北京惠民文化消费季“时尚品味”板块其中的环节，由市国有文化资产监督管理办公室指导，国内求婚行业知名品牌“D1求婚事务所”主办。主要活动是“浪漫爱情长跑”，99对夫妻、情侣参与。其间，举办浪漫求婚创意展览、浪漫爱情非物质文化遗产展览、浪漫爱情商品市集、浪漫爱情情侣大胃王等活动。9月16日，2017年第十九届“北京希望马拉松——为癌症患者及癌症防治研究募捐义跑”活动在公园礼花广场举行。活动由中国医学科学院肿瘤医院主办，所得款项主要帮助贫困患者和支持中国癌症防治研究事业。现场16家企业、团体、院校作为代表奉献爱心。现场设立捐款箱，有个人和游客捐款。包括奥运冠军、学生、职工、医务工作者及300余名癌症康复者的4500余人参加义跑。

（孔　雁）

【北京书市】 4月14日至24日，由市新闻出版广电局和朝阳区人民政府主办、北京发行集团有限责任公司承办的“2017年北京书市”在朝阳公园举行，活动主题为“弘扬阅读风尚，筑强文化自信”。书市突出“踏青赏景+书海淘金+文化休闲+时尚体验”的“北京读书范儿”特色，汇聚百余家国内大型出版文化企业，五大展区集中展销40余万种中外优秀出版物，引入“智能化书市”新概念，现场组织名人签售、讲座、少儿互动等百余场文化活动。市民登陆书市“微站”参与“万册图书免费送”公益阅读计划，领取精品图书。展位600个，比上年增加20%。书市11天售票157664张，总入园人数53.8万人次。

（孔　雁）

【百日行动】 7月18日至11月2日，朝阳公园开展环境整治与服务提升“百日行动”。利用100天时间，对园区的道路、广场、绿地景观、商摊及广告、游乐设施、配套设施、园区保洁、安全生产、规范服务等进行全面综合整治。

（孔　雁）

【游乐设施检查】 8月24日，公安朝阳分局、区安监局、区质监局、区旅游委、麦子店派出所组成的联合检查组实地检查朝阳公园游乐设施等特种设备运行情况。检查人员听取游乐设备运行管理的汇报，对现场操作人员进行询问，实际体验A类游乐设备高空飞翔项目的安全防护措施，对公园的安全管理工作给予肯定。

（孔　雁）

【“朝阳公园大马戏”演出】 9月23日至10月8日，“朝阳公园大马戏”在公园万人广场举办。活动由北京希肯琵雅国际文化发展有限公司主办，来自俄罗斯、白俄罗斯、乌克兰、吉尔吉斯斯坦、蒙古等国家的马戏杂技大师、魔术师、舞蹈家、肢体表演大师与众多动物明星进行大马戏表演。

（孔　雁）

【安检系统启用】 10月1日，朝阳公园门区安检系统正式启用。该项目获区国资预算资金支持，公园9个门区设置11台安检机、22个安检门、50个手持安检仪，由京城保安公司安检人员和公园安保职工共同对游客实行入园安检。

（孔　雁）

【北京外语游园会】 10月28日至29日，“2017年北京外语游园会”主会场活动在公园南部园区的礼花广场、小吃街和喷泉广场举办。活动由市人民政府外事办公室国际交流中心主办。主会场共设置中心展演区、文化展示区、互动体验区、趣味游戏区、图片展示区、咨询交流区6大板块，包含优秀外语文艺节目展演、精品外语讲座、多国文化秀、传统文化双语展示、“互联网+”学外语、“牵手冬奥”图片展等20项游园活动。其间，副区长孙其军在总经理田锦和和副总经理谢强陪同下，与市民讲外语活动组委会及活动各主办、协办单位领导到现场，与广大市民共同游园。此届游园会共接待游客1万余人。

（孔　雁）

【“莫斯科角”活动】 11月3日，由北京市与莫斯科市共同举办的“莫斯科角”活动在朝阳公园举行，俄罗斯莫斯科市代表团带来一份特别的礼物——最具民族文化特色的套娃雕像。这座套娃雕像高约3米，放在朝阳公园融合广场。区委常委王晰宁出席活动。

（孔　雁）

【加拿大太阳马戏团来园演出】 12月15日至2018年2月11日，加拿大太阳马戏团在朝阳公园3.8公顷地块，为北京市民带来加拿大太阳马戏经典剧目《KOOZA》（《浪迹天涯》）。加拿大太阳马戏团是世界圣堂级演艺团，获艾美奖、斑比等国际演艺界各项最高荣誉。

（孔　雁）

中华民族园

【概况】 北京中华民族园又称北京中华民族博物院（以下简称民族园）位于北四环与北辰路（中轴路）交会的西南角，东至北辰路西红线，西至北辰西路，南至北土城路北红线，北至北四环路南红线。占地面积28.2万平方米，其中绿地面积17.26万平方米、道路和广场面积2.96万平方米、水面面积4.3万平方米、建筑面积3.68万平方米。是博物馆与公园相结合的旅游景区。上级主管单位为市民政局社团办，行业管理隶属于区园林绿化局、市文物局、区旅游委。属于自收自支、独立核算、自负盈亏的民办事业单位。内设行政、人事、财务、物业、安保、工程、活动、环境、文物、信息、社教、经营12个部门。截至年底，有在职职工323人（男职工160人、女职工163人）、在编人员35人、专业技术人员19人。年内，编纂出版《走进中华民族大家庭——北京中华民族博物院课程学习绘本》，绘本分为文化、建筑、服饰、节日、习俗、歌舞、器乐、手工艺、饮食、展览等10个方面。有青海贵南藏族队、四川阿坝羌族队、云南德宏傣族队、贵州松桃苗族队、青海互助土族队、云南丽江纳西族队、内蒙古赤峰蒙古族队、云南大理白族队、湖南湘西土家族队等9支少数民族队伍在园内开展文化交流活动。举办“踏青赏景”清明节、傣族泼水节、羌族端午节暨瓦尔俄足节、白族“金秋乐”庆丰收暨中秋节、藏族雪域高原风情节等民族节庆活动。举办少数民族鼓文化展演，“纪念中国人民解放军建军90周年”少数民族红歌会等特色文化活动。参加在泰国曼谷举办的“相约丝绸之路——草原丝路印象”展，在韩国首尔举办的第五届“首尔·中国日”活动，在韩国光州举办的“中华·民族色彩”文化活动。年内，接待游客14.2万人次，其中免票3万人次。门票收入702.4万元，总收入824.6万元。与上年相比，游客量减少17.2%，门票收入减少17.6%，总收入减少17.3%。

地址：民族园路1号

邮编：100029

电话：62063646 62063647

邮箱：emuseum@sina.com

网站：http://www.emuseum.org.cn

（汪　昆）

【《中华民族园建筑素描集》首发式】 1月5日，在民族园举行《中华民族园建筑素描集》首发式。该书收录2012年至2015年，首都规划建设委员会办公室（简称首规委）原主任赵知敬退休后在民族园写生完成的120幅建筑素描作品，涵盖56个民族所有特色建筑。此书文字部分由民族园编辑，以56个民族为单元，介绍各民族的概况、文化习俗和传统建筑。首规委、市民委、市文物局、市民族教育委员会、市公园管理中心等部门领导及市老干部中心部分退休老干部等100余人参加活动。

（汪　昆）

【草原丝路印象曼谷展】 2月18日至25日，由曼谷中国文化中心、北京民族文化遗产保护基金会主办，北京中华民族园承办的“相约丝绸之路——草原丝路印象”展览于曼谷中国文化中心举办。展览集中展示中国草原丝绸之路的风貌和人文，以图片、实物、非物质文化遗产展演（歌曲、舞蹈、传统乐器演奏、传统民族服饰展示）相结合的方式展示“草原民族”蒙古族的民族文化。泰中文化促进委员会主席、中国驻泰国大使馆文化参赞、泰国文化部副部长、曼谷中国文化中心主任、市对外文化交流协会原副会长等领导出席开幕式。

（汪　昆）

【“三八”妇女节活动】 3月8日，由亚运村街道总工会、亚运村街道团工委、亚运村街道妇联社区活动中心、中华民族园、环球电广国际广告（北京）有限公司共同主办的“‘相约三八 拥抱春天’第五届亚运村街道女职工游园活动”在民族园举行。活动分为游园和运动会两部分，运动会在藏族大昭寺广场举行，主要内容有藏族歌舞演出、趣味游戏、民族集体舞等。亚运村街道的300余名女职工参加。

（汪　昆）

【民族教育进校园】 3月13日，民族园指派纳西、傣、蒙古、羌、土、藏等民族讲解员10人作为课外辅导员，到顺义国际学校为学生们讲解民族知识，展示民族非遗项目，民族园与该校合作多年。

（汪　昆）

【“五一”假日活动】 4月29日至5月1日，开展“五一”假日展览、演出系列活动。主要有“少数民族歌舞大联欢”“傣族泼水节”“中华民族鼓文化展演”等，接待游客5000余人次。

（汪　昆）

【阿坝羌族建设成果展】 5月12日，由阿坝州文化广电新闻出版局主办，中华民族园承办的“国家级羌族文化生态保护实验区（阿坝）建设成果展”在民族园羌族景区举行。阿坝州汶川、理县、茂县、黑水、松潘五县的文体广新局及州非遗中心制作共48幅羌族文化成果展板展出。当日，汇集羌族羊皮鼓舞、羌笛、羌绣、羌族服饰制作、羌族剪纸等国家级非遗项目传承人现场展示技艺。

启动仪式上，阿坝州文化广电新闻出版局局长介绍该州羌族文化生态保护实验区9年来的建设成果，并向民族园赠送传统羌族服装一套。市民族联谊会，北京民族文化遗产保护基金会，阿坝州驻京联络处等部门领导及中国艺术研究院部分专家教授，在京羌族同胞等200余人参加活动。

（汪　昆）

【羌族端午节瓦尔俄足节民俗活动】 5月30日，羌族在京同胞及游客在民族园羌族景区开展羌族端午节和羌族瓦尔俄足节民俗节庆活动。主要内容有观音庙挂红布条祈福，点雄黄、挂艾蒿、包粽子、戴香包，羌族原生态歌舞表演，羌族女子成年礼表演等。

（汪　昆）

【花卉布置】 五一节，摆花7500盆，门区广场和园内主要景区摆放花坛3个。品种主要有串红、万寿菊、勋章菊、鸭脚木、五色梅、铁树、棕榈等。国庆节，摆花7500盆，门区广场和园内主要景区摆放花坛3个。品种主要有串红、黄小菊、孔雀草、吊兰、美人蕉、蕉藕、鸭脚木、五色梅、铁树、棕榈等。在园内主干道路边散种草茉莉、金盏菊、孔雀草等，增加自然野趣。全园主路边部分地段设有石质马槽，用作花池，种植应季观赏植物10余种。藏族景区玛尼堆周边，新疆、内蒙古景区草原边缘，盘龙叠水瀑布周边花带种植天人菊、金鸡菊、常夏石竹、波斯菊、月见草、黄小菊、黑心菊、荷兰菊、洋地黄、鼠尾草、茼蒿菊等，仿造民族地区环境特色。

（汪　昆）

【少数民族红歌会】 8月1日至31日，民族园向游客推出“纪念中国人民解放军建军90周年”少数民族红歌会。歌会由20余个民族成分的少数民族演员以朗诵和表演唱的形式，把具有民族特色的8首红歌串联起来。每天演出1场，共接待游客近万人次。

（汪　昆）

【民族团结教育“一带一路”行活动】 9月7日，由北京市中小学生社会大课堂办公室、北京市教育学会社会大课堂教育研究会、北京民族团结教育实践基地共同主办，中华民族园、北京民族团结教育基地承办的“民族团结教育‘一带一路’行”社会公益活动在民族园启动。启动仪式上，中华民族园有限公司董事长向全市各区社会大课堂管理办公室赠送《走进中华民族大家庭学习绘本》。市教委、北京学生活动管理中心、市民族教育学会、各区教委等相关人员，校长代表，教师代表，社会大课堂资源单位代表及媒体共200余人出席活动。

（汪　昆）

【国庆黄金周活动】 10月1日至8日，民族园举办“金秋乐，白族、纳西族庆丰收节庆活动”“藏族风情节”“各民族鼓文化展演”“民族歌舞大联欢”等活动，接待游客约2万人次。

（汪　昆）

【美业民族文化节】 10月14日，由《中华美容化妆品》杂志社主办，深圳巨邦国际控股有限公司、北京国际美博会、民族园联合协办，民族园承办的“美丽在路上暨2017美业民族文化节”在民族园南园三塔广场举行，约300人参加活动。

（汪　昆）

【第五届“首尔·中国日”系列活动】 10月22日至25日，第五届“首尔·中国日”活动在韩国首尔广场举行。北京民族文化遗产保护基金会携手北京中华民族园参与活动。民族园的蒙古族、土族、白族、傣族、裕固族、白族、土家族、藏族、彝族等12个民族的演员进行民族歌舞表演和民族服饰展示，把蒙古包搬到首尔广场，并设品尝民族美食和展示手工艺品环节。10月24日，民族园和北京民族文化遗产保护基金会与韩国光州广域市政府、中华人民共和国驻光州总领事馆、首尔中国文化中心共同主办“中华·民族色彩”主题活动。活动分为图片展览和民族歌舞演出两个部分，展出46幅图片，均拍摄于民族园。

（汪　昆）

【维修改造】 年内，园内民族建筑、基础设施维修等主要工程13项，分别为白族大理城楼维修及彩绘，四合五天井院落翻修，新疆景区框架防水翻修，塔塔尔族民居翻修，摩梭人家民居维修刷桐油，撒拉族民居及院落围墙维修，畲族民居地面铺装及建筑刷桐油，鄂伦春族展厅屋顶翻修，土族民居屋顶防水翻修，傣族小佛塔、孔雀亭、休息凉亭翻修，北园河道驳岸翻修，北园网络覆盖工程管线铺设，园内广场、道路、围栏维修等。所有项目由中华民族园物业部管理，中华民族园工程队施工，总造价约310万元，维修面积约9500平方米。

（汪　昆）

【病虫害防治】 年内，园内病虫害以蚜虫、红蜘蛛、松梢螟蛾、锈病、白粉病等为主。全园范围打药5次，局部打药21次。主要使用药品有菊酯类、苯溴铵、多菌灵、石硫合剂、粘虫胶等。

（汪　昆）

【园林废弃物回收利用】 年内，园内挖沤肥池2个，总容积75立方米。利用买粉碎机，把农作物秸秆、树叶、细小枝条等园林废弃物粉碎后入坑沤肥。

（汪　昆）

【观赏家畜饲养】 年内，为贯彻《朝阳区畜禽养殖禁养区划定方案》，处理山羊32只、绵羊7只，拆除羊圈，民族园建园以来的观赏家畜饲养工作结束。

（汪　昆）

邮政通信

【概况】 中国邮政集团公司北京市朝阳区分公司隶属于中国邮政集团公司北京市分公司，承担朝阳地区的普通邮政业务的经营、服务及相关设施、网络规划、建设、运行管理工作及邮政金融、邮政速递物流代理业务。内设综合办公室、人力资源部、财务部、市场部、监督检查与安全保障部、党委党建部、监察室、工会。下设商函局、邮票公司、发投分局、电商分销局、代理业务局和包裹业务局等6个专业公司局（公司）。下辖13个邮政支局、125个营业网点，其中金融网点50个、投递网点18个。年内，组建6个主题邮局：京津冀协同发展主题邮局、一带一路文化主题邮局、绿色骑行主题邮局、红领巾青少年主题邮局、惠福主题邮局、志愿服务主题邮局。共有邮运机车152辆，普邮道段410条，在职人员2512人。主要经营函件、包裹、特快专递，报刊，集邮，邮送广告，邮政电子商务，邮政储蓄，代理保险，邮政汇款、代销基金、债券、代收代缴（水、电、燃气）、代发（养老金、工资）等业务。全年朝阳邮政业务收入54632万元，劳产率21.41万元，同比增长12.01%。

地址：金台北街6号
邮编：100026
电话：65006003
邮箱：dq-post@126.com

（葛晨晨）

【惠民驿站开办】 8月起，朝阳区分公司在5个网点（水碓子、科学园、高碑店路、慧忠北里、大山子）开办“邮政惠民生活驿站”，用“农超对接”的经营方式让利于民。

（葛晨晨）

【金融业务】 年内，代理金融专业收入2.02亿元；总资产规模128.53亿元，新增客户总资产8.76亿元；余额净增2.06亿元；新增保费规模8.76亿元，居市公司第1位，实现保险收入2786万元；基金产品销售约1亿元；理财销售12.71亿元；手机银行新增激活3万笔。

（葛晨晨）

【邮务类业务】 年内，函件专业7767万元。其中，乐多港项目、建军90周年银币项目、朋友圈业务开发客户数量均列全市第1。包裹快递专业完成4427万元。集邮专业完成10539万元，完成进度105.18%。电商分销专业收入5295.45万元，完成总体预算2035万元的260%，收入列全市第1。

（葛晨晨）

【主题邮局建设】 年内，京津冀协同发展主题邮局、一带一路文化主题邮局、绿色骑行主题邮局、红领巾青少年主题邮局、惠福主题邮局和志愿服务主题邮局相继组建。主题邮局开展一系列活动，拉近邮政与社会的距离。

（葛晨晨）

【网格化营销体系建立】 年内，营销支撑和项目开发队伍加强，新增营销项目1322个，成单924个，赢单率67.6%，创收9100万元。

（葛晨晨）

【假日经济】 年内，节日和热点活动采取“走出去、请进来”经营战略，主动走出柜台，走出局门，由被动服务升级为主动，做到“节前有计划、节中有落实、节后有总结”。组织支局开展各类假日营销活动共293场，产生邮务类收入680万元，余额增长6370万元。

（葛晨晨）

【重大会议服务保障完成】 年内，完成北京及全国“两会”、“一带一路”国际合作高峰论坛、中共十九大等邮政服务保障。

（葛晨晨）

【网运投递改革】 年内，通过作业场地的扩容、作业组织的调整、投递力量的补充、人财物品的投入、强化工单的管控等措施推进网运投递改革，加快投递能力建设。

（葛晨晨）

【快递包裹投递高峰】 年内，从中共十九大闭幕到12月20日，朝阳区分公司共进口快递包裹邮件365.7万件、日均进口6.8万件，同比增长近3倍，递增198%。12月1日至20日，日均进口增至7.8万件。其中，12月12日单日进口8.9万件，创历史纪录。

（葛晨晨）

【基础建设】 年内，统建配套项目中，完成接收方恒时代邮政所。为4个投递场地加装充电电源，完成主题邮局装修改造，更换局所屋面防水3800平方米。

（葛晨晨）

【普遍服务标准落实】 年内，加强新标准培训，强化管理人员及营业员法律意识、达标意识，自觉履行服务标准。优化邮件处理流程，强化邮件收寄环节质量，按时出口，杜绝时限延误。理顺普通包裹接收、开拆、投递流程，完成按址投递工作。将营业厅划分区域管理，制定三级督导制度，落实专人负责制。全区第一个“邮政服务体验区”在堡头邮局VIP室设置。

（葛晨晨）

【安全管控措施】 年内，逐级签订安全保障承诺书、责任书、保证书共13161份，分工明确、责任到人。“网格化”安全管理落实到位。坚持落实安全生产责任追究制度，层层签订安全目标责任书。各单位设置安全生产检查督导员，落实岗位职责，如实记录并处理安全隐患。

（葛晨晨）

【库存下降】 年内，集邮库存比年初缩至2203万元，压缩208万元；消耗类库存78万元，比年初压缩109万元。

（葛晨晨）

城乡管理

2016

北京朝阳年鉴

市政管理

【概况】 朝阳区城市管理委员会于2017年10月9日正式挂牌，是负责朝阳区城乡环境建设、城市管理的综合协调、市政基础设施、市政公用事业、市容环境卫生、能源日常运行、交通、拆违控违等管理的区政府工作部门，加挂朝阳区城乡环境建设管理委员会办公室、朝阳区交通委员会牌子。在原朝阳区市政市容委承担职责基础上，整合朝阳区发改委煤电日常运行管理和行业管理职责、朝阳区水务局城市河湖管理范围内（不含水域）的环境卫生管理职责、朝阳区商务委再生资源回收行业管理职责、朝阳区园林绿化局城市建成区区管道路两侧绿化带环境卫生管理职责，并增加地下管廊综合监督管理职责、新能源汽车充电桩（站）建设和运营管理职责。编制284人，其中行政编制86人、机关工勤编制5人、事业编制193人，设主任1人、副主任4人、区城乡环境建设管理委员会办公室专职副主任1人、区交通委员会专职副主任1人。内设机构18个。下设事业单位6个，分别为朝阳区市政基础设施协调中心、朝阳区垃圾粪便渣土消纳管理站、朝阳区控违拆违督察队、朝阳区个体出租汽车管理站、朝阳区交通运行协调指挥中心、朝阳区道路养护中心。年内，朝阳区拆除违法建设995.2万平方米，其中农村地区971.1万平方米、城市地区24.1万平方米，疏解人口20万人。全年处理生活垃圾195.5万吨，生活垃圾无害化处理率100%。完成50座旱厕改造任务。

地址：松榆东里甲38号

邮编：100021

电话：67325578

邮箱：gw302@163.com

（高英梅）

【三里屯“脏街”治理】 4月底，启动三里屯同里“脏街”整治行动。三里屯同里位于北三里南42号楼东侧，南北路长约150米，是连接太古里南区与北区的一条主要通道，42号楼二层以下住宅全部为商铺，以酒吧、餐饮和夜店为主的商户达35家，违法建设、开墙打洞、无照经营、流动商贩、噪音扰民、环境脏乱差问题突出，被媒体称为“脏街”。整治行动启动后，开墙打洞商户全部封堵，拆除违法建设1200平方米；7月“脏街”及周边完成初步绿化；10月，“脏街”所属同里地区榆舍花园、逸心园建设完成，同时新建4个小微公园，新建提质绿地面积5000平方米；11月，“脏街”所属同里地区整体提升主体工程完工，200平方米城市书屋试运行。原三里屯“脏街”被命名为三里屯西街。

（高英梅）

【孙河建筑垃圾就地资源化处理厂建成投产】 5月，孙河建筑垃圾就地资源化处理厂建成投产，成为全国首例棚户区改造建筑垃圾就地处理模式。该处理厂位于朝阳区孙河乡上辛堡村，京承高速以东、温榆河河堤以南、京平高速以北、沙黄路西侧，占地70亩，设计年处理能力80万吨。至年底，试处理建筑垃圾8000余吨。

（高英梅）

【百条优美大街建设】 6月30日，2016年立项的34条优美大街建设完工，绿化美化6.7万平方米、整治建筑物外立面54.8万平方米、打造景观27.4万平方米、规范城市设施3.8万平方米、规范广告牌匾6.1万平方米。百条优美大街建设是《北京市朝阳区国民经济和社会发展第十三个五年规划纲要》“实施城乡发展‘六个一百’工程”中的一项内容，均属跨年度实施工程。

（高英梅）

【老旧供热管网改造】 6月30日，霞光里30号院老旧供热管网改造工程竣工，验收合格并交付使用。该工程被列入朝阳区政府实事工程，自4月1日开始施工，旨在解决老旧小区困难职工群体供暖难题。

（高英梅）

【重大活动环境保障任务】 年内，完成“一带一路”国际合作高峰论坛、中共十九大、全国“两会”等重大活动环境保障工作。在中共十九大环境保障工作中，设置3处大型立体花坛、500处小型花坛，征用朝阳区所有合规户外广告近300处用于宣传，布置近3万个景观小品和标语海报，出动执法人员2.7万人次、作业人员13万人次，发动社会力量5万人次，查处各类违规经营、环保违法和交通违法行为9万起，规范共享单车13万辆次，清理垃圾渣土6.5万吨、小广告7万张、水面漂浮物675立方米。

（高英梅）

【“一街一路一线”景观提升】 年内，“一街一路一线”（长安街及其延长线、广渠路、京哈铁路沿线）完成环境整治、景观提升。长安街及其延长线绿化美化50万平方米，整治建筑物外立面21.2万平方米，整修道路5.8万平方米；广渠路2016—2017年跨年度工程完工，绿化美化15万平方米，整治建筑物外立面5.56万平方米，整修道路3.5万平方米；京哈铁路沿线百日整治完成，绿化美化2.3万平方米，拆除违法建设9700平方米，清运远洋一方土山110万立方米。

（高英梅）

【背街小巷环境整治】 年内，启动622条背街小巷治理工程，完成20条列入市级实事任务的背街小巷治理任务。制定《朝阳区背街小巷环境整治提升工作方案》，编制三年行动计划。

（高英梅）

【生活垃圾规范管理】 年内，制定《关于完善生活垃圾管理体系提高生活垃圾规范管理水平实施意见》及配套行动计划和实施方案。明确5条基本原则：坚持城乡统筹、科学规划；坚持环境优先、循环利用；坚持政府主导、社会参与；坚持分级负责、属地管理；坚持技术创新、安全运行。确定3个工作目标：①扩增处理能力。到2020年，建筑垃圾资源化年处理能力达到200万吨，生活垃圾无害化处理率保持100%，焚烧中心（三期）建成后焚烧处理能力由3400吨/日提升至5000吨/日；到2035年，生活垃圾焚烧和生化处理能力满足全区产生生活垃圾消纳需求。②再造管理体系。到2018年，生活垃圾增长量控制在2%左右；到2019年，生活垃圾增长量控制在1%左右；到2020年，实现生活垃圾零增长。③促进循环利用。到2019年，基本实现大件家具、装修垃圾、绿植垃圾、餐厨垃圾、建筑垃圾与日常生活垃圾分类投放、收集、运输、处置；到2020年基本实现大件家具、装修垃圾、绿植垃圾、餐厨垃圾、建筑垃圾等的资源利用，资源化率达到60%。

（高英梅）

【垃圾分类】 年内，新增垃圾分类达标小区31个、达标村庄1个，全区垃圾分类达标率达86%。创建1个垃圾分类示范街道、22个垃圾分类示范社区，推广“互联网+垃圾分类”“两网融合”，全区5309家餐饮企业实现100%规范收运，餐厨废弃物资源化利用和无害化管理试点城区通过国家验收，厨余垃圾月分出量增长380%。

（高英梅）

【道路建设前期项目储备库建设启动】 年内，建立朝阳区道路建设前期项目储备库，由朝阳区城市管理委员会代建设主体办理道路建设前期手续。茶家东路、大羊坊路等15条道路通过北京市规划和国土资源管理委员会方案审查会审查，鲁店北路、航研所东路等18条道路完成方案设计并报北京市规划和国土资源管理委员会审查。

（高英梅）

【清扫保洁新工艺推广】 年内，推广“吸扫冲收”清扫保洁新工艺，全区445条主要道路全部采用“吸扫冲收”一体化作业方式。朝阳区车行道1462万平方米，其中实现机扫面积1352万平方米，机械化作业率为92.5%；洗地面积1327万平方米，新工艺作业率90.8%。

（高英梅）

【建筑垃圾渣土管理】 年内，建立建筑垃圾渣土夜间常态化联合督导执法检查机制。查处建筑垃圾转运消纳违规行为700起，规范消纳建筑垃圾1800万吨。

（高英梅）

【城市道路公共服务设施二维码管理】 年内，利用二维码技术，完成恒惠路、景恒街等20条道路二维码贴码任务，涵盖废物箱、公交站亭及站牌等17类城市道路公共服务设施。居民可通过手机扫描二维码，获取公共服务设施的位置、产权单位、应急处置电话等信息。

（高英梅）

【违规户外广告和牌匾标识拆除】 年内，以三环路、四环路、奥运中心区及周边、北京会议中心及周边为重点，开展户外广告、牌匾标识、电子显示屏、临时宣传品规范整治，累计规范整治各类户外广告、牌匾标识9300块。建设神路街、双桥路等10条牌匾标识精品街。

（高英梅）

【山寨路牌拆除】 年内，清理城市道路和高、快速路两侧违规设置的侵占公共空间、妨碍交通安全、影响市容景观的违规设置各类指示牌，累计拆除“山寨路牌”312处、611块。

（高英梅）

【共享单车管理】 年内，制定《朝阳区共享单车停放秩序治理工作方案》，针对共享单车无序停放问题，多次约谈摩拜单车、ofo小黄车和小蓝单车等共享单车的运营企业，督促企业签订《共享单车停放秩序管理承诺书》，建立问题发现及快速处理机制。推进三里屯和左家庄地区设施电子围栏试点，施画3500余处非机动车停车位，可停放非机动车7.5万辆。

（朱星岩　李明轩）

【挖潜机动车停车位】 年内，通过利用闲置空地建临时停车场、结合小区道路微循环改造设临时停车位等方式，在劲松、来广营、六里屯、王四营等地区建设3564个居住区停车位。中日友好医院、雪花冰箱厂、898园区、通惠河畔、大屯供热厂和管庄光合空间6处立体停车设施投入使用。挖掘社会资源，合理利用企业停车设施，朝外、呼家楼、南磨房等地区300个错时停车位得到落实。

（高英梅）

【立体停车设施建设】 年内，完成中日友好医院、管庄光合空间、高碑店文化产业园、十八里店大洋路市场、来广营绣菊园和南磨房住总物流园6处立体停车设施建设，并全部投入使用，增加停车位1000余个。

（祖　钢）

【慢行系统改造】 年内，结合道路大中修工程、疏堵工程、次支路建设工程、慢行系统改造工程等，通过优化横断面结构、新建自行车道、设置“内嵌式”停车位、增设阻车设施、隔离设施、施划彩色铺装等措施优化慢行系统出行环境，完成外交部南街、神路街、青年沟路、安贞路等43条道路、75千米慢行系统优化改造及17条道路阻车桩设施建设。

（马卫国）

【缓解拥堵综合治理】 年内，在来广营北卫家园社区、劲松五区、左家庄牛王庙小区、太阳宫夏家园社区、奥运村域清街周边开展停车综合治理，通过拆除地锁、新建停车位、畅通小区微循环，创建交通管理示范区。在奥运村街道、太阳宫地区建设2处缓堵综合治理区域，通过完善交通设施、增加停车资源供给等，提高区域通行能力。

（高英梅）

【市政地下管线安全管理】 年内，投入708万元，加强地下设施检查井监管维护，补装更换井盖458套、雨篦746套，填埋废井26座，解决井盖震响问题225起；掏挖来广营北路、十里堡路等67条道路，疏通下水井1230座、雨水口4357个、管线19558米。

（高英梅）

【无灯道路照明建设】 年内，对无灯道路进行现场勘查，投资7000万元，对29条具备路灯安装条件的道路施工安装。

（高英梅）

【道路养护】 年内，养护维修区管道路73条、50万平方米，其中实施科学园南里西街等大修道路11条、26万平方米，实施彩虹路等中小修道路62条、24万平方米。

（高英梅）

【占掘路行政许可监管】 年内，按照《中华人民共和国行政许可法》，受理涉及区属城市道路占掘行政许可事项240件，办结200件。

（高英梅）

【燃气管线占压隐患整改】 年内，整治燃气管线占压市级挂账隐患249处，市级挂账任务全部完成。

（高英梅）

【“朝阳供暖”APP研发】 年内，研发“朝阳供暖”APP，开发手机版和网页版，开通“朝阳供暖”微信公众号，设通知公告、政策法规、最新动态等板块，全区供暖单位将企业和锅炉房相关信息录入系统，便于使用者随时查询。

（高英梅）

【居民供暖锅炉房安全隐患排查】 年内，聘请尚锦文（北京）文化传媒有限责任公司，对全区650座居民供暖锅炉房进行安全隐患排查，并对供暖单位进行安全风险评估，梳理安全隐患清单，指导供暖单位整改消除隐患，提高供暖行业安全管理水平。

（高英梅）

【防汛】 年内，防汛备勤42次，出动抢险人员950人次、抢险车148车次、巡查车274车次、水泵13台次，排查积水点27处，完成年度6月22日、7月6日、7月20日、8月2日、8月12日、8月22日6次强降雨及大雨、中雨防汛应急抢险工作。

（高英梅）

城管执法监察

【概况】 朝阳区城市管理综合行政执法监察局（简称朝阳区城管执法监察局）是负责朝阳区城市管理行政执法与监察的区政府执法机构。其前身为朝阳区城市管理监察大队，成立于1998年12月，2013年更名为区城市管理综合行政执法监察局，城管系统编制1302人，每个街乡有1个执法队，奥林匹克公园有4个执法队。城管执法队行政关系隶属属地，对外以区城管执法监察局名义行使执法权。区城管执法监察局机关及直属队负责本系统城管执法工作的法制指导、指挥调度、统筹协调和督促检查，负责全区范围内重大案件、跨区域案件、专业性较强案件的执法工作。2017年，朝阳区城管执法监察局助力全区“疏解整治促提升”专项行动，营造和谐宜居的城区环境。为基层执法队补充年轻执法力量，会同区人力社保局与23个街乡完成31名下沉人员人事、工资档案转接工作。按照朝阳区编办要求，调整区城管执法监察局机构编制，将直属督察一至六队整合为一，负责指导、协调、监察街乡执法队工作；将承担区域应急处突、拆违、施工工地管理的执法一至三队整合为一，负责开展跨区域及重大复杂违法案件的查处工作；结合重点地区需求，新组建CBD、朝阳园、798艺术区、工人体育场4个特殊地区执法队，形成拳头力量，打整体仗、联手仗。全年朝阳城管系统聚焦治脏，重点开展占道经营集中整治，细化分区域治理，构建长效管控机制，提高治理水平；聚焦治气，重点开展“三尘三烧”专项整治，加大环境监管执法力度，提升大气环境质量；聚焦治违，重点开展“开墙打洞”专项整治，全区城管系统参与“开墙打洞”整治2429处，涉及27323.88平方米；聚焦治堵，重点开展长期停放废旧机动车整治，疏通城市道路，方便市民出行，改善交通和市容秩序。在各类执法任务中累计出动执法人员42.5万余人次、执法车辆12.9万余车次，联合执法7795次；完成“一带一路”国际合作高峰论坛、中共十九大等重点时期的保障97次；立案49607件，结案49680件，职权履行率51.16%，比上年增长10.46个百分点；累计罚款11017966元，比上年增长21.56%；热线举报12.2万余件，比上年下降10.98%，案件办结率100%；“四公开一监督”工作扎实开展、稳步提升。获2016年度首都城市环境建设样板单位和北京市2016年度市级交通安全先进单位荣誉称号。

地址：朝阳区西大望路36号

邮编：100022

电话：87718506

邮箱：daduibangongshi@126.com

（于彬彬）

【城管执法体制改革】 3月，制发改革工作方案，明确改革指导思想、组织机构、责任分工及进度安排；组建改革办公室，健全“一月一报告、一季一督查”机制，确保主责部门按照规定时限完成规定任务，改革与执法两不误。

（于彬彬）

【执法案例选编出台】 4月19日，出台《城管执法典型案例选编（上下册）》，执法队员人手一册。

（于彬彬）

【环保督查迎检】 9月，北京市启动环保督察工作。其间，朝阳区启动区—局—街乡“三级迎检体系”，实行“台账式”管理模式，从严从细抓好问题排查和整改落实，严格做到当日案当日结，高质高效办结反馈环保督察交办件。迎检期间交办件659件，占全区交办件数量的42%。

（樊琇智）

【全区城管换装】 10月8日，全区城管系统完成统一换发新款制式服装。

（于彬彬）

【占道经营专项执法】 年内，围绕“压举报、销点位”紧抓突出问题，开展现场暗查，形成整改措施，纳入长效管控，避免问题复发，确保整改到位。全年违法行为查处31107件，位居全市之首，计划任务量和实际完成量均居全市第1。整治规模性乱点2478个，查处占道经营类违法行为38666万余起，宣传告诫4885人次；对151处市区两级挂账点位安排专人专车盯守，其中99处点位申报销账，占比64.23%；完成措施指标5202个次，完成进度204.56%；涉及人口4675人次，完成进度152.28%。

（于彬彬）

【打击违法建设】 年内，加强与规划、国土等部门的协调配合，强化三级督办制度，落实二级会商机制，对重大案件进行全程跟踪指导，全面掌握违法建设查处拆除进展，加快推进落实区政府已批强拆案件，配合开展安全隐患“大排查大清理大整治”专项行动，维护经营秩序和城市环境。全年督办违法建设案件3900件，指导全区城管执法队拆除及协助拆除违法建设1441处，共计260.45万平方米。

（樊琇智）

【长期停放废旧机动车整治】 年内，针对“僵尸车”问题，联合交通、公安、属地综治办、安监等部门，在全区开展集中整治。全年停车管理立案处罚424起，罚款41.5万元，清理整治“僵尸车”646辆。

（于彬彬）

【执法宣传】 年内，在全区城管干部及社会群众中间征集“强基础、转作风、树形象”优秀口号30条，制作宣传海报500张；与各大媒体合作，刊登、播出、播报重大活动保障、占道经营、露天烧烤、僵尸车等宣传报道1335条。收集处理各类舆情151件。各城管执法队在繁华商业区、旅游景点、交通枢纽等人流密集地区设置宣传站点44个，设置条幅、展板100余条（块），发放宣传品、宣传册万余份，为市民咨询解答法律法规1986人次。

（于彬彬）

【“四公开一监督”工作推进】 年内，发挥联合督导检查组的实际作用，抓好“月检查、月曝光、月排名”城市管理执法数据的统计、汇总、上报工作，将占道经营151个市区级乱点挂账点位作为巡查考核重点，严格执行“现场检查—取证核录—跟踪督办—整改反馈—复查验收—考核评价”六步工作流程，建立工作微信群，做好工作沟通以及数据通报工作。全年业务培训1次；向相关委办局和街乡相关领导发布通报20期；下发各类监管单14600张，回复率100%。

（于彬彬）

数字化城市管理

【概况】 朝阳区城市管理监督指挥中心是负责城市服务管理监督与评价工作的区政府行政机构，监督中心行政执法专项编制95名。年内，系统平台共上报城市管理类案件509527件，解决率90.35%；受理市级案件52件，及时受理率100%。2017年，“81890”为民服务系统受理各类诉求368665件，比上年上升30.07%。其中，咨询113439件，以工商类咨询占咨询类诉求70.44%；举报投诉255226件，办结率97.86%，满意率40.60%。

地址：朝阳区日坛北街33号
邮编：100020
电话：65094697
邮箱：jdzx@bjchy.gov.cn

（朱　婧）

【智慧环卫体系建设】 1月至2月，与区环卫服务中心对接，将环卫服务中心日常保洁工作纳入网格化城市管理系统，对其相关场所的作业质量情况进行实时监督评价，实现对环卫服务中心作业监督、管理、评价工作的精细化、智能化。第一批试点工作的监督内容包括达标类卫生间设施维修、达标类卫生间卫生、道路机扫作业、道路清扫、二类卫生间设施维护、二类卫生间卫生、粪便抽送、粪便排放站、垃圾车辆运输、密闭式清洁站服务质量、清除非法张贴宣传品广告共11个小类、117个细类工作。监督评价对象包括1240条道路、1023个公共卫生间、240个密闭式清洁站、2个粪便处理站，涉及环卫服务中心四个场队130个班组。

（朱　婧）

【市城管委调研】 4月12日，市城市管理委员会委员贾明雁带队到朝阳区调研网格化城市管理相关工作，朝阳区副区长刘海涛、城管监督中心主任常敬武全程陪同调研。监督中心副主任王冬岩汇报近年来重大发展历程、主要工作成效以及目前存在的问题。贾明雁对朝阳区承载的工作以及取得的实效给予肯定，对今后工作方向提出要求：一是不断强化务实工作作风。按照职责要求，在日常城市环境监督巡查中要分区域，分时间、抓重点，明确“保什么、干什么”，加强监督工作。二是考核指标要符合客观实际。考核城区和农村的尺度、标准要符合地域要求及客观实际。三是利用信息化手段，提高工作效率，提高城市管理水平。

（朱　婧）

【区领导接听市民电话】 6月27日，区长王灏参加“听民意 解民忧”活动，带队到市政府热线“12345”接听市民电话，解答市民诉求。共接听市民电话82个，涉及15个类别98个问题，包括市容环境24个、住房20个、道路交通13个、拆迁12个、物业管理6个、社会保障5个、文化医疗4个、公共服务3个、规划建设3个、行政执法3个、园林绿化1个、消费1个、涉法涉诉1个、非法融资1个、土地确权1个。其中，已办结93件，5件非朝阳管辖，办结率100%。市民满意56件，满意率60.22%，不满意34件，另有3件未能与来电人取得联系。

（朱　婧）

【区政府热线调整考核标准】 8月，根据北京市非紧急救助服务中心考核要求，区政府热线将群众诉求考核标准由“三率”（办结率、反馈率、满意率），调整为“三率两度”（办结率、反馈率、解决率、满意度、契合度）。

（朱　婧）

【工作培训】 10月12日至13日，为提升朝阳区网格化城市管理工作水平，解决市容环境监督工作中的重点问题和难点问题，区城管监督中心召开网格化城市管理工作培训会。全区相关委办局、43个街乡主管领导、工作人员共130余人参加培训会。通过此次培训，使各街乡、职能部门深入地掌握相关标准和内容，加强与街道、地区办事处、职能部门的沟通和交流，为下一步工作的推进奠定良好的基础。

（朱　婧）

【核查疏解点位】 年内，按照《朝阳区“疏解整治促提升”专项行动2017年工作计划》相关要求，监督中心根据区疏解非首都功能和人口调控工作领导小组提供的点位进行现场核查，包括开墙打洞、出租大院、群租房治理等10个大类20个小类内容。制定人口调控抽查办法，对收到的3579处疏解点位的现状以及疏解后状况，全部进行实地核查并采集影像资料，为顺利推进“疏解整治促提升”行动提供保障。

（朱　婧）

【背街小巷普查】 年内，按照宽度10米以下、3米以上，除交通主干道以外所有公共区域硬化道路为背街小巷的标准，监督中心在全区范围开展普查，统计包括路名、所处街乡、社区（村）、道路长宽等字段信息。经普查，全区背街小巷共计3332条，为加强背街小巷治理工作提供可靠数据。

（朱　婧）

【边界数据更新】 年内，开展全区街乡及社区、行政村边界数据更新工作，累计变更44个社区(行政村)边界图层信息，涉及4个街乡、调整139个网格，全部完成地理信息系统（GIS）图层制作并纳入网格化城市管理系统平台。

（朱　婧）

交通运输管理

【概况】 朝阳区城市管理委员会加挂朝阳区交通委员会牌子。年内以治理“交通病”“机关病”为抓手，提升朝阳辖区交通运输管理服务保障水平和行业监管治理能力。年内，完成重大运输服务保障2次，局折子工程1件，入户检查812户次，出动1740人次，采取限期改正措施38件，约谈4件，移送执法队33件，做出吊销处罚4件，办结运政许可和备案事项16901件。北京市交通委员会运输管理局朝阳管理处是市交通委运输管理局的派出机构，承担朝阳区及首都机场地区、亦庄开发区交通运输行业管理和通航水域安全监管工作。

地址：松榆东里甲38号
邮编：100021
电话：67325578
邮箱：gw302@163.com

（赵旭光）

【北苑路北延竣工通车】 2月，北苑路北延（朝阳段）正式通车。该路段南起北苑路、北至中滩村大街，规划为城市主干路，全长2千米，红线宽50米，沿线涉及朝阳区来广营地区与昌平区天通苑地区，建设主体为北京市公联公路联络线有限责任公司。

（高英梅）

【辛店村路东延竣工通车】 6月1日，辛店村路东延正式通车。该路段西起北湖渠西路、东至望京西路，规划为城市主干路，全长1.2千米，红线宽35米，沿线涉及来广营、东湖等朝阳区北部地区，拆迁主体为北京宝嘉恒基础设施投资有限公司，建设主体为北京市公联公路联络线有限责任公司。

（高英梅）

【坝河南路完成建设任务】 8月，坝河南路完成建设任务。该路段西起东坝东二路、东至驹子房路，规划为城市支路，全长0.5千米，红线宽30米，为东坝土地储备地块道路，拆迁及建设主体为北京市土地储备中心朝阳分中心。

（高英梅）

【北苑东路北延竣工通车】 9月，北苑东路北延正式通车。该路段南起清河南滨河路、北至太平庄北街，规划为城市主干路，全长2.5千米，红线宽50米，沿线涉及朝阳区来广营地区与昌平区天通苑地区，拆迁主体为北京宝嘉恒基础设施投资有限公司，建设主体为北京市公联公路联络线有限责任公司。

（高英梅）

【朝阳路北辅路建成通车】 9月，朝阳路北辅路建成通车。该路段西起定福庄路、东至定福庄东路，规划为城市支路，全长0.5千米，红线宽25米，沿线涉及三间房地区，建设主体为朝阳区城市管理委员会。

（高英梅）

【“最堵月”停车专项治理】 9月，集中开展“最堵月”停车治理专项行动，集中整治草房地铁站、宜家家居北京四元桥商场周边等20余处交通堵点、乱点，严厉查处交通违法行为，维护良好交通秩序。

（李树茂）

【双桥路建成通车】 10月，双桥路正式通车。该路段北起京通快速路、南至塔营北街，规划为城市次干路，全长0.9千米，红线宽40米，沿线涉及三间房等朝阳区连接首都功能核心区与城市副中心廊道地区，拆迁及建设主体北京宝嘉恒基础设施投资有限公司。

（高英梅）

【西坝中路完成建设任务】 10月，西坝中路完成建设任务。该路段北起坝河南路、南至东坝中街，规划为城市支路，全长0.65千米，红线宽20米，为东坝土地储备地块道路，拆迁及建设主体为北京市土地储备中心朝阳分中心。

（高英梅）

【东坝西环路完成建设任务】 10月，东坝西环路完成建设任务。该路段南起东坝南一街、北至坝河南路，规划为城市支路，全长1.3千米，红线宽30米，为东坝土地储备地块道路，拆迁及建设主体为北京市土地储备中心朝阳分中心。

（高英梅）

【西坝南路完成建设任务】 10月，西坝南路完成建设任务。该路段西起东坝西环路、东至单店西路，规划为城市支路，全长0.52千米，红线宽25米，为东坝土地储备地块道路，拆迁及建设主体为北京市土地储备中心朝阳分中心。

（高英梅）

【架空线入地】 10月，24条道路、39.3千米通信架空线实现入地，启动三环内及奥运核心区周边具备条件道路架空线入地工作，确定可实施道路147条，完成三里屯地区“脏街”周边5条道路穿缆撤线。

（高英梅）

【疏堵10项工程建设】 11月，完成2017年10项疏堵工程，分别为：盈科中心周边路、金海湾花苑一路、东郊仓库一路、东坝中街西段、东坝南一街、东坝家园门前路、香宾路、黄杉木店路、黄渠南街、郎辛庄路，建设主体为朝阳区城市管理委员会。

（高英梅）

【陈家营东路建成通车】 11月，陈家营东路建成通车。该路段西起清河南滨河路、东至安立路，规划为城市次干路，全长0.32千米，红线宽35米，沿线涉及朝阳区奥运村地区和昌平区东小口镇地区，拆迁及建设主体为北京宝嘉恒基础设施投资有限公司。

（高英梅）

【公交优化】 年内，在金盏乡、广渠路、市妇产医院、望京和酒仙桥新开公交专线7条。调整682路、138路、450路、612路、620路等9条公交线路。延长991路运营时间。新开望京一管庄、望京一回龙观商务班车。

（马云飞）

【规范静态交通秩序】 年内，针对停车秩序乱点，定期开展联合执法，并现场研究解决西大望路、松榆北路、百子湾路、金海国际路等区域停车问题。累计处罚违章停车44万次、罚款金额8800万元，清拖违章停车4038辆；加大对“黑停车场”和“黑停车位”检查管理力度，立案处罚违规停车场52起、罚款179万元，立案处罚私装地桩、地锁372起、罚款23.6万元。

（李树茂）

【道路应急抢修】 年内，处理道路塌陷应急抢修176次，出动巡查车221车次、巡查人员428人次、抢险车248车次、抢险人员1214人次，修复道路面积2021.6平方米、步道面积342.15平方米。

（高英梅）

【重点时期保障任务】 年内，完成重点时期保障任务。在十九大期间，以北京会议中心为保障重点，开展行业监管检查和共享单车巡视巡查。共入户检查企业24户次，出动执法人员135人次，采取限期改正措施2件，确保会议期间各项安全服务保障工作落实到位。3个共享单车巡查组，每日6时、16时，对十九大代表往返途经线路周边单车停放秩序进行巡查督查，会议期间共出动132人次，提出整改建议368条，保证交通环境安全顺畅。“一带一路”国际合租高峰论坛保障中，朝阳管理处担负近70%会议驻地酒店的巡视巡查任务、参会代表首都机场抵离运输服务保障任务，以及重点行业企业的安全监管任务。实行24小时不间断巡查值守，完成驻地酒店交通运输外围保障和参会嘉宾首都机场抵离运输服务工作。

（赵旭光）

【公交社区微循环建设】 年内，推进公交优先战略，组织开展辖区内社区“最后一公里”微循环现状调研及试点线路开通。开通运营线路2条，分别为酒仙桥地区电子城产业园环线（专123/124路）和跨区运营线路天通北苑到地铁立水桥南（专48路）。日均发车180余车次，日客运量近2000人次，有效提升社区市民的公交出行满意度。

（赵旭光）

【辖区安全监管】 年内，通过线上监控线下查处相结合方式，加强“两客一危”安全监管。全年开具GPS动态监管警告通知书23份，停驶4部车辆，暂停3部车辆的省际包车客运标志牌申领。旅游客运开展轨迹完整率较低车辆整治工作，8家企业提交整改报告并对车载终端进行维护更新。省际客运行业完成所有车辆安全锤更换和车载影像监控设备安装排查，从严治理客运站执行“人、证、票”合一验证措施不严行为。租赁行业加强对车辆安全管理和承租人身份核验工作落实情况的检查。危险品运输行业组织辖区10家企业、25部车辆参加运输局组织的安全技术性能抽检，车辆检测合格率92%，不合格车辆完成整改，达到检测要求。

（赵旭光）

【行业安全监管】 年内，采取“四不两直”方式，对企业开展安全隐患检查排查，检查企业202户，开具整改意见书10份。编写《朝阳处“两客一危”行业风险评估报告》，加强安全风险管控。结合千分制评价结果及问题和隐患清单，对辖区内考核成绩低于600分的企业进行重点监管督促整改。

（赵旭光）

【交通应急保障】 年内，建立联动机制、完善应急预案，在春节、全国“两会”、“十一”黄金周、恶劣天气等重点时期，做好首都机场、四惠、八王坟长途客运站的公共交通应急运力保障工作。在6月22日、7月6日、8月12日和8月22日等恶劣天气条件下，按时上报各项数据及运力情况，及时启动保障预案并发布圈车信息，完成首都机场应急运输保障任务。落实汛期、雪天应急运力储备工作，与辖区4个应急保障车队进行沟通联系，对车队负责人的联系方式逐一核实、更新，保证企业主管领导在汛期、雪天时24小时通信畅通，随时做好应急抢险和物资运送的准备。

（赵旭光）

【水域游船安全服务管理】 年内，按照交通部海事“三化”建设标准，对辖区5个水域游船企业进行开航入户检查。重点检查各项安全管理制度落实情况，督促企业做好水上交通安全和船舶污染防治工作，全年检查55户次，对1户企业开具限改通知书。完成“奥运村街道—划船友谊赛”赛事活动的初审、勘验及全程安全监管工作。指导朝阳公园开展水上演练1次，提高企业水上交通事故防范能力。

（赵旭光）

【运输行业转型升级】 年内，按照市交通委、运输局关于推动运输行业转型升级工作总要求，持续推进行业规范发展。全年依照行政许可程序性规定，现场勘验222户次。其中，出租勘验网约车1000余辆；租赁勘验清退原备案9座以上客车224部，辖区9座以上大中型客车全部清理；货运勘验20车以上货运企业增车201户次、经过勘验不予新增货运车辆业户47户次，对辖区802部未参加车辆年度审验的老旧货车道路运输资质进行公告注销，注销64部国Ⅰ、国Ⅱ排放标准货运车辆，朝阳区国Ⅰ、国Ⅱ货运车辆全部清理完毕；勘验维修企业18户次，清理经营许可证过期企业10户。

（赵旭光）

【“放管服”改革创新】 年内，创新工作方式方法。大企业“绿色通道”业务持续开展，办结各行业许可、备案事项200件，为8443部车辆及人员办理相关手续。做好行业投诉处理工作，规范企业经营行为，维护消费者正当权益，投诉按期办结率达到96.2%。全国“两会”运输服务保障工作中，首次启用网约车开展会议保障，在降低驾驶员劳动强度的同时提高效率，保障车辆最迟到达时间为7分钟。治理货运经营业户隐瞒其违法违规行为，办理运政受理相关事项。针对涉及行政登记事项变更、注册地址与经营地址不符、未建立健全安全生产管理制度、非公司化运营等违法违规情况，依据《北京市道路运输条例》暂停办理400户货运经营业户的行政许可业务。

（赵旭光）

环保保护

【概述】 朝阳区环境保护局是朝阳区人民政府环境保护行政主管部门，依法对朝阳区环境保护工作实施统一监督管理，业务工作接受北京市环境保护局的指导。区环保局内设9个机关科室，1个参照公务员法管理的单位，2个纳入机关工资规范管理单位，1个全额拨款事业单位，另设有1个内设机构。单位共有行政编制35人，实有34人；参公编制45人，实有39人；全额拨款事业编制30人，实有26人；纳入规范编制67人，实有54人；实际共有干部153人。年内，区环保局成立水污染防治办公室，编制3人；成立生态与环境保护信息中心，编制10人。区环保局获“2017年度中国绿色发展优秀示范机构”荣誉称号。

地址：农展南路5号

邮编：100125
电话：65947126
邮箱：huanbao@bjchy.gov.cn

（高　宇）

【全区环境保护工作会召开】 3月1日，召开全区环境保护工作会，部署2017年大气污染防治工作，副区长王志勉出席，区政府办、区纪委监察局、区委组织部等全区43个街、乡成员单位参加。

（高　宇）

【区委常委会研究2017年大气污染防治工作】 3月3日，区委常委会专题研究2017年大气污染防治工作，审议并通过《朝阳区落实北京市2013—2017年清洁空气行动计划2017年工作措施》和《朝阳区2017年人流车流密集区域大气污染防治强化措施工作方案》。

（高　宇）

【环保局党组书记任命】 3月16日，区委组织部宣布任命马龙为朝阳区环境保护局党组书记。

（高　宇）

【市环保局局长调研大气污染防治工作】 3月21日，市环保局局长方力到朝阳区调研大气污染防治工作，污染源管理处、大气管理处陪同调研，朝阳区副区长王志勉、区环保局领导班子及中层干部参加调研活动。

（高　宇）

【中央环保督查整改落实工作部署】 4月14日，召开中央环保督察整改落实动员部署大会，传达中央第一环境保护督察组督察北京市情况反馈会议精神，并就朝阳区整改落实工作做出部署。区委书记吴桂英出席会议并讲话，区委副书记、区长王灏主持会议，区委、区政府、区人大、区政协、区监察委领导班子及区各委办局、各街乡负责人参加会议。

（高　宇）

【重大活动空气质量保障会议召开】 4月20日，召开重大活动空气质量保障和中央环保督察反馈意见整改工作会，副区长王志勉、区政府办、区纪委监察局、区农委、区社会办、区环保局等20个有关部门及各街乡主管领导出席会议。

（高　宇）

【朝阳区水环境质量调研】 5月17日，环境保护部水污染防治司司长张波到朝阳区孙河湿地公园调研水环境质量，市环境保护局巡视员冯惠生、副区长王志勉陪同调研。区环保局、区水务局、区园林绿化局、孙河湿地建设指挥部、孙河乡主要领导陪同调研。

（高　宇）

【朝阳区新增主要水污染物排放建设项目环评限批解除】 6月1日，经治理，北京市污水排放达标后，环境保护部决定，解除朝阳区新增主要水污染物排放建设项目环评限批。6月以前，北京市污水排放指标不达标，经治理后2017年污水排放达标，故解除限批。

（高　宇）

【八里桥地表水自动监测站验收】 6月29日，八里桥地表水水质自动监测站项目通过专家验收，作为全市新建的，12个自动监测站之一，该自动监测站的建成和投入使用将进一步完善北京市地表水自动监测网络，对地表水国控断面新八里桥化学需氧量、氨氮、总磷等主要污染指标浓度进行实时连续监控，为劣五类、黑臭水体等污染防治措施绩效目标评估等提供技术支持。

（高　宇）

【完成全年VOC减排工作】 7月27日，完成38家203吨挥发性有机化合物（VOC）减排量，提前并超额完成市环保局下达的193吨VOC减排任务。截至7月底，在2013—2017年清洁空气行动计划中减排VOC 1542吨，超额完成北京市下达的到2017年底VOC减排1265.891吨的目标。

（高　宇）

【迎接市环保督察】 8月23日，副区长王志勉主持召开迎接北京市环保督察准备会，区委办、区政府办、区环保局等单位参会。王志勉听取迎检工作有关准备情况的汇报，调度综合协调、环境保障、交办事项落实等工作，对进一步做好各项准备工作提出要求。8月24日，副区长王志勉主持召开迎检工作领导小组成员调度会，区政府办、区环保局、区委政法委、区市政市容委、区农委、区社会办等22个部门参会。会议通报北京市环保督察重点督察内容，研究讨论全区迎检工作整体方案，明确各工作小组任务分工，对宣传保障、举报电话开设、安全保障等工作进行重点部署。会后，6个工作组成员单位分别就分方案制定、工作流程等展开讨论。

（高　宇）

【市第一环境保护督察组督察区工作动员会召开】 8月30日，市第一环境保护督察组督察朝阳区工作动员会在朝阳区召开。市第一环境保护督察组组长于建明、副组长李晓华就做好督察工作分别讲话，区委书记吴桂英作动员讲话，会议由区长王灏主持。区四套班子主要领导，区委常委、副区长，区人民法院、人民检察院主要负责人，区迎接北京市环境保护督察工作领导小组成员单位主要领导和主管领导，各街乡党政正职和主管领导参加会议。

（高　宇）

【区领导拉练式检查环境】 9月4日，区领导吴桂英、王灏、杨建海、刘海涛拉练式检查环境。吴桂英一行在麦子店街道加油站，检查加油机、油气回收设备；在朝阳公园东四门环保遥感监测点，察看环保遥感监测工作运行状态；在高碑店大黄庄苗圃，实地察看疏解整治工作进展情况，要求做好洒水降尘、及时苫盖、规范化渣土清运等扬尘防护工作。在十八里店乡，区领导实地察看萧太后河小武基段治理工程推进情况，要求区水务局和属地密切联系、统筹联动，进一步细化方案，加快推进萧太后河小武基段治理工作。

（高　宇）

【大气污染防治秋冬季攻坚行动动员部署大会】 9月8日，召开大气污染防治秋冬季攻坚行动动员部署大会。副区长王志勉主持召开会议并讲话，区委办、区政府办、区纪委区监委、区委组织部、区委宣传部、区环保局等28个相关部门和43个街乡主管领导参加会议。

（高　宇）

【超标机动车处罚模式更改】 9月18日，正式启用超标排放机动车“公安处罚 环保取证”新模式。区环保局、朝阳交通支队组成联合执法组，在京沪高速大羊坊收费站开展机动车夜查，环境保护部门现场监督抽测机动车尾气排放情况。当日，公安交管部门对5辆超标车做出现场处罚。

（高　宇）

【空气质量保障部署会召开】 9月28日，召开空气质量保障专项部署会，传达市区领导关于中共十九大期间保障工作的讲话精神，专项部署全区空气质量保障工作。副区长王志勉主持会议，区环保局主要领导，区纪委区监委、区委宣传部、区发改委、区城管执法局等17个部门及43街乡等主管领导参会。

（高　宇）

【重大活动期间空气质量保障工作培训会】 10月13日，副区长王志勉组织召开全区重大活动期间空气质量保障工作培训会，对十九大期间空气质量保障工作进行再动员再部署。培训会邀请市环保局大气处和应急处讲解大气污染综合治理攻坚行动和空气重污染应急工作。区发改委、区环保局、区农委、区社会办等部门分别对“散乱污”企业治理、错峰生产、街乡空气质量考核、空气重污染应急减排项目清单制定、散煤治理等重点工作进行培训和指导。

（高 宇）

【消防安全整治工作会召开】 11月19日，区环保局召集全局领导班子及科室负责人，召开落实部署全区消防安全整治工作会。会议通报11月18日大兴区西红门镇新建村火灾情况，传达全市安全隐患大排查大清理专项行动部署电视电话会精神，部署全局消防安全大检查工作。

（高 宇）

市容环卫

【概述】 朝阳区环境卫生服务中心是朝阳区环境卫生专业作业服务队伍，区属全额拨款正处级事业单位。主要负责全区环境卫生服务性、技术性和事务性工作，担负全区主要干路的清扫保洁、喷雾降尘、垃圾清运、粪便抽运及无害化处理、公厕管理与保洁等环卫作业生产工作。中心内设办公室、组织科、宣教科、监督评价科、工会、业务管理科、业务检查科、技安保卫科、计财科、人事劳动科、基建科、信息科12个科室，下设环卫一、二、三、四队，第一、二、三、四清洁车辆场和环卫服务开发中心9个基层作业单位，有职工8743人。全年，清扫道路总面积3587万平方米，机械作业面积1956万平方米，人工作业面积1631万平方米，保洁过街天桥161座，地下通道55座，保洁清掏果皮箱8886个。管理密闭式清洁站247座，清运生活垃圾213.69万吨。管理公共卫生间959座，清运粪便44.46万吨。

地址：香河园中里
邮编：100028
电话：64628653
邮箱：hwzxbgs@bjchy.gov.cn

（宋 音）

【市“两会”保障】 1月12日至21日，北京市人民代表大会和政协会议在北京会议中心召开。中心展开工作部署，要求各作业单位按照“区域负责制”原则组织实施，明确各部门责任。“两会”期间，中心出动职工5万余人次、车辆8000余车次，清理非法宣传品近10万张，清运垃圾7万余吨，清理粪便约12000吨。

（宋 音）

【春节期间环境保障任务】 2月15日至21日春节假期期间，中心启动春节环境卫生保障工作方案和应急预案，加强组织领导，增加作业人员，提高作业频次，加大检查力度，清理烟花爆竹残屑，做好2017年春节期间环境保障工作。截至2月21日10时，出动作业职工38400余人次、作业车辆7600余车次，清运各类生活垃圾28500余吨，粪便5200余吨，1680人次检查人员，烟花爆竹残屑205吨，完成春节期间环境保障任务。

（宋 音）

【扫雪铲冰工作】 2月21日，北京市迎来年内首场降雪，中心及时启动扫雪铲冰工作预案，传达部署相关工作。各相关部门和单位工作人员第一时间前往各自工作岗位，对所属道路的步道、过街天桥等进行人工除雪作业，在积雪较大且路面有条件的路段投入小型抛雪机实施机械作业，步道冲刷车全部出动。截至22日5时，出动人员5350人次，出动迪马多功能除雪车10部10车次、融雪车89部160车次、清扫车62部62车次、步道除雪机械设备25部50台次。

（宋 音）

【电动作业车辆投入使用】 5月8日，环卫中心纯电动作业车辆在奥林匹克公园景观大道正式亮相并投入使用。纯电动作业车辆投入使用，是区环卫中心落实北京清洁空气行动计划，促进环卫车结构调整及节能减排的重要举措。新型环卫车集高压清洗、扫路于一体，适用于宽阔平坦的城市道路的清扫保洁和高压冲洗作业。活动现场，区环卫中心5部电动多功能作业车辆及5部电动水车在信息指挥平台的实时调度下，模拟日常作业中可能会出现的突发情况，按照“一带一路”国际合作高峰论坛作业标准要求，完成各项作业环节预演展示。

（宋 音）

【防汛保障】 6月21日至24日，北京市出现持续降雨天气，环卫中心启动防汛工作预案，干路作业单位职工全员上岗，针对道路情况，清理雨水口上的落叶、垃圾、污泥等，加强推水作业；设施单位及时排查密闭式清洁站、公厕、出租房屋等的防雨情况，随时应对房屋漏雨、雨水倒灌等紧急情况；调配预备抽车对粪井、环卫设施进行应急抽运。截至6月24日，出动作业人员13900人次，各种作业车辆2400车次，雨后清理树叶、杂物、淤泥等垃圾150余吨，推水面积800余万平方米，清除堵塞雨水口2000余处，出动自查人员540人次。

（宋 音）

【迎接文明城区复查、环保督察】 9月24日，环卫中心召开紧急工作部署会，做好文明城区复查、市环保督察迎检工作，以优美整洁的环境迎接中秋、国庆及中共十九大的召开。扩大作业范围，道路清扫作业由原来的“路牙到路牙”扩至“墙根到墙根”，不留死角，路面全覆盖。加大检查督办力度，开展“环境卫生集中整治月”活动，责任落实到人，加大奖惩力度，提升服务水平。梳理问题，加强整改，建立长效机制，完善作业流程和制度。清理卫生死角1785处，清理杂物200余吨。

（宋 音）

【环境保障】 10月12日至24日，中共第十九次全国代表大会于10月18日至24日在京召开。中心制定十九大期间环境卫生保障工作方案和应急预案，加强组织领导，增加作业人员，提高作业频次，加大检查力度，全力做好会议期间的环境保障工作。十九大保障期间，环卫中心出动作业人员69200人次，出动作业车辆20300车次，再生水用水量90350立方米。出动自查人员2340人次，检查道路617条次，检查公共卫生间134座次；检查密闭式清洁站61座次；检查机械作业车辆52辆次。

（宋　音）

【道路作业质量水平提升】 11月15日，为做好区属道路各项作业的精准管理，提升道路清扫保洁作业质量，环卫中心按照市、区具体工作部署及《北京市市容环境卫生条例》《北京市城市道路清扫保洁质量要求与作业规范》等相关规定制定《冬季洗地机械作业工作方案》，强化冬季卫生保洁，保证保洁质量。中心将城市一级、二级道路按照位置分布划分为76个作业段，在地表温度3°C以上时，采取添加环保型防冻材料，对城市一级、二级道路开展午间机械清洗作业，每天作业频次不得少于1次。同时要求检查队对每天作业情况进行检查，对检查中发现的问题进行督办，落实责任。中心作业单位采用机械洗地以及水车相配合的模式，并按照1∶3的比例安排26部水车对洗扫车辆进行补水作业。水车装有添加环保型融雪剂的中水，根据气温调剂浓度配比，达到一、二级区域道路路面“见本色，无泥沙带、路面净”标准。合理安排机械和人工配合作业。11月1日至12月25日，出动作业车辆1593车次，使用中水38232吨。

（宋　音）

循环经济产业园

【概况】 北京市朝阳循环经济产业园管理中心为区政府直属正处级全额拨款事业单位。主要承担朝阳区固体废弃物无害化处理和垃圾处理循环利用项目的规划、建设和管理工作。核定全额拨款事业编制44名，内设机构9个。园区内建有高安屯卫生填埋场、生活垃圾焚烧发电厂、餐厨垃圾处理厂、医疗垃圾处理厂、电动汽车充换电站、朝阳生活垃圾综合处理厂焚烧中心、生物处理中心试验项目、废旧物资回收中心。垃圾年消纳162.51万吨。其中，填埋场填埋残渣29.1万吨；高安屯生活垃圾焚烧发电厂年处理生活垃圾61.56万吨；朝阳生活垃圾综合处理厂焚烧中心年处理生活垃圾71.85万吨，上网电量2.27亿千瓦小时；北京朝阳餐厨废弃物处理厂于2016年12月17日停产进行提标技改；高安屯卫生填埋场年处理渗沥液2.67万吨，填埋气收集处理97.95万立方米；高安屯生活垃圾焚烧发电厂年上网发电2.14亿万千瓦小时。全年园区接待社会各界人士参观465批18579人次。年内，获全国安康杯先进单位、中国智慧环卫优秀示范单位、首都环境建设样板单位、北京市工人先锋号等荣誉。

地址：金盏乡高安屯村
邮编：100024
电话：65417429
邮箱：ljcl7429@sina.com
网址：http://bcceip.bjchy.gov.cn

（杨　漾）

【考察交流】 1月11日，山东省青岛环卫集团一行10人，到朝阳循环经济产业园参观调研。1月17日，陕西省西安市灞桥区区长一行30人，到朝阳循环经济产业园调研参观并座谈。2月16日，广州市城市管理委员会废弃物管理中心主任肖文一行6人到朝阳循环经济产业园调研学习，市城管委固废处副处长张红樱、园区管理中心副主任苗桂清陪同。3月15日，兰州军区副司令员关凯到朝阳循环经济产业园参观。4月24日，浙江省海宁市人大常委会副主任朱海英率考察组一行8人到朝阳循环经济产业园学习参观。6月6日，四川省绵阳市涪城区人大常委会副主任段光篪一行8人在区人大常委会的陪同下，到朝阳循环经济产业园区参观考察垃圾焚烧发电厂的建设运行管理情况。6月16日，山东省聊城市环保局党组副书记吴登峰一行9人到朝阳循环经济产业园就园区综合管理、资源化利用等方面进行参观考察。6月23日，北京环卫集团副总经理何亮、市场投资部部长王杰携同海南省海口市环卫局副局长钟振川、海口保税区开发建设总公司董事长章黔一行11人，到朝阳循环经济产业园就产业园规划建设、运行模式、投资体制、管理与监管等内容进行考察调研。10月27日，国家行政学院培训中心，组织香港机电工程署高中级公务员及管理人士29人到朝阳循环经济产业园参观，旨在使香港公务员更好地了解中国的环保产业发展，增强学员对祖国的信心和荣誉感。管理中心副主任苗桂清陪同参观。11月22日，清华大学继续教育学院，组织武汉市生态文明体制改革专题培训班，到朝阳循环经济产业园考察学习，武汉市发改委等市直相关部门领导干部共计42人参加培训。11月29日，朝阳社区学院培训中心，组织西藏拉萨市堆龙德庆区环保局、经济部门、国企干部20人到朝阳循环经济产业园参观学习，进行环保专题培训。12月22日，威海市园林管理局局长王涛等一行3人到朝阳循环经济产业园参观考察，学习固体废物循环经济管理方面的先进经验。

（杨　漾）

【国际业务交流】 1月12日，美国全国广播电台（NPR）上海分社一行3人，到朝阳循环经济产业园参观，并进行节目音频录制。1月12日，中建水务环保有限公司携法国万喜集团8人，到朝阳循环经济产业园生活垃圾综合处理焚烧中心进行参观并座谈。2月23日，国际绿色经济协会一行15人，到朝阳循环经济产业园参观。4月5日，孟加拉国达卡市市长Annisul Huq一行12人到朝阳循环经济产业园管理中心参观并座谈，旨在考察中国垃圾焚烧技术。4月24日，国家行政学院培训中心来自马尔代夫的30名中高级公务员到园区参观，旨在进一步了解中国环保事业情况并学习成功经验。7月5日，美国大使馆科技官员Sarah Oh一行3人到朝阳循环经济产业园参观调研，旨在学习中国环境保护及固废处理和资源循环利用的成功经验，探索技术共享，加强共同协作。7月26日，市城管委组织巴基斯坦旁遮普省9名政府官员，到朝阳循环经济产业园参观调研。10月12日，哈拿多乐旅游（北京）有限公司组织北师大附中外籍留学生100人到朝阳循环经济产业园参观，学习固废处理和资源循环利用科普知识。11月21日，斯里兰卡大使KarunasenaKodituwakku一行13人，到朝阳循环经济产业园朝阳清洁焚烧中心参观并座谈。12月8日，国家行政学院培训中心，组织莫斯科大学公共行政管理学院常务副院长EREMIN Vladimir等30名俄罗斯中高级公务员研修班学员，到朝阳循环经济产业园参观调研。

（杨　漾）

【领导调研】 1月20日，住房和城乡建设部副部长倪虹一行4人到朝阳循环经济产业园调研生活垃圾处理设施运行安全工作。3月30日，市发改委环资处处长徐淼一行15人，到朝阳循环经济产业园参观。4月12日，市人大常委会副主任牛有成一行40余人到朝阳循环经济产业园视察调研，参观卫生填埋场和朝阳清洁焚烧中心2个设施，并就百姓关心的“垃圾渗沥液是怎样处理”“垃圾焚烧后产生的烟气和残渣如何处理”等热点问题进行详细问询。4月21日，区人大城建环保委主任邢平芳携人大代表共12人就《北京市生活垃圾管理条例》实施情况到园区进行执法检查。4月26日，区政协副主席张永新携政协委员17人到园区就生活垃圾处理情况进行调研。5月17日，市渣土处副处长王树国率队来园区对焚烧中心项目检查，检查结果为达标，自此朝阳垃圾综合处理焚烧中心项目由5月起正式纳入全市生活垃圾处理设施考核范围。5月25日，中国电力发展促进会秘书长刘映华带队安全培训班一行65人到园区学习参观，旨在参观园区现代化垃圾处理设施，并就安全运营、人员与岗位的匹配等问题进行交流。6月2日，副市长隋振江一行到园区调研，旨在考察垃圾处理设施建设及垃圾处理工艺情况，市城市管理委、市城乡建设委等，区长王灏及区各委办局陪同调研。11月22日，区政协高连顺等一行60人到朝阳循环经济产业园朝阳清洁焚烧中心调研。

（杨　漾）

【科技工作】 2月10日，朝阳循环经济产业园作为市级科普教育基地成员单位，应市科委邀请，在石景山区科技馆举办“垃圾处理我知道”专场科学体验活动，全市中小学生及家长共400余人参加活动。3月9日，朝阳循环经济产业园与上海大学签订战略合作协议。10月27日，朝阳区科委组织全区10家课题实施单位，在朝阳循环经济产业园管理中心召开课题结题验收会。

（杨　漾）

【媒体宣传】 3月9日，中央电视台《焦点访谈》栏目组到朝阳循环经济产业园“生活垃圾综合处理厂焚烧中心”采访，并于3月28日播出《垃圾分类：前端后端齐发力》的报道。

（杨　漾）

【北京市朝阳循环经济教育基地项目】 3月30日，朝阳循环经济教育基地项目正式取得规划条件。项目纳入区政府投资基本建设专项计划，拟建于朝阳循环经济产业园内，占地面积9353平方米，总建筑面积12452平方米，总投资约10594.26万元。该项目以“固废、环境、科技”为主题，以普及科学知识为目的，构建科普教育和固废科研2个中心。科普教育中心通过互动、体验等方式，向广大市民和青少年普及循环经济理念和相关环保知识；固废科研中心与各大科研院所及高等院校开展技术合作，对固废处理、循环经济技术、设备、工艺的改进和创新开展研究，助推朝阳区乃至全市的固废处理和循环经济行业快速发展。

（杨　漾）

【生物处理中心试验项目试运行】 8月，生物处理中心试验项目开始带料试运行。项目位于朝阳循环经济产业园区内，占地面积436.38平方米，设计生活垃圾处理规模为5吨/天。项目总投资643.1万元，全部建设投资由区基本建设资金安排解决。

（杨　漾）

【“垃圾分类我们一起来”主题活动】 9月5日，市城管委举办主题为“垃圾分类我们一起来”政务开放日活动，最后一站在朝阳循环经济产业园，活动邀请20余名市民代表参与其中，市城管委主任孙新军，市城管委副主任李如刚，朝阳区副区长刘海涛，区市政市容委主任刘炳起，朝阳循环经济产业园管理中心主任皮猛、书记郭团会等领导出席活动。

（杨　漾）

【建筑垃圾资源化建设项目开工】 12月28日，建筑垃圾资源化建设项目开工。建设项目位于朝阳循环经济产业园西北侧，总用地面积214021.253平方米，设计年处理规模123万吨，其中建筑垃圾约100万吨，焚烧发电厂炉渣约23万吨。总投资24791.45万元（不含征地拆迁费），其中市政府资金安排30%，其余资金由区政府资金安排解决。选择厂内固定式+厂外移动式处理设施的组合工艺，建设内容包括建筑废弃物处理系统、焚烧炉渣处理系统、资源化产品生产系统及配套设施。

（杨　漾）

【中心成立党组】 12月29日，北京市朝阳循环经济产业园管理中心经区委组织部批准，正式成立中共北京市朝阳循环经济产业园管理中心党组。党组书记：郭团会；党组副书记：皮猛；党组成员：解凯、焦文华、苗桂清、张全红。

（杨　漾）

【对外开放接待】 年内，园区接待社会各界人士参观465批次、18579人次。其中，政府部门参观95批次，2487人次；企业参观61批次，2715人次；同行参观60批次，2151人次；居民参观37批次，1785人次；外宾21批次，704人次；学生参观139批次，6688人次；媒体参观15批次，199人次；垃圾文明一日游活动参观37批次，1850人次。

（杨　漾）

【园区异味防控与环境监测】 年内，推出新的设施检查考核办法，通过现场检查、信息化监管、驻厂监督等多种措施，加大生产运行、环境保护和安全应急三方面的检查考评力度。全年开展园区各设施综合检查20次，发现并整改相关问题45处，全部整改。异味防控工作纳入全年重点工作，坚持责任落实到人，与各设施单位签署异味防控责任书和污染物排放责任书，并建立异味举报制度。中共十九大期间，着重加强异味巡视防控工作，每日分时段分别对园区巡视，连续巡查71天，重点检查园区异味情况及道路保洁情况，确保发现异味源第一时间有效处置。年内园区空气质量、二噁英监测等均达标。

（杨　漾）

【园区安全工作】 年内，加强部门间工作联动，实现全年安全生产零事故。安全检查70次，形成各类安全检查记录68份，下发隐患整改通知单21份，整改38项；建立园区安全管理人员微信交流群及安全管理公共邮箱；组织安全管理培训及各类应急演练4次；新增垃圾通道、东高路外围2处巡查岗，实行4班制巡逻，加强园区内部重点区域、外围道路、东高路外围土场，以及各重要时期巡防工作。

（杨　漾）

【信息化工作建设】 年内，实现园区进出车辆自动电子识别管理，在园区中心大门、填埋场大门、生产大门、东大门安装4套高清车牌识别系统。坚持每2小时轮巡1次，按照不同季节特点巡查重点区域、重点位，执行发现问题第一时间报告制度。全年发现、报告各分类事件245件，比上年增长39.2%。年内，园区微信公众号发布信息97条，关注园区微信公众平台764人；园区网站发布各类数据、新闻、图片、视频信息等新闻条1114篇，网站点击量2.7万人次。

（杨　漾）

水务

【概况】 朝阳区水务局是负责朝阳区水行政管理工作的区政府工作部门。主要职责包括：贯彻落实国家、北京市有关水务工作的法律、法规、条例和政策；研究制定朝阳区水务中长期发展规划和年度计划，并组织实施。有10个内设机构。年内，完成水环境治理、河长制工作、河道景观、防汛、水资源管理等任务目标。全年水务建设管理总投资33亿元，萧太后河滨水绿色文化休闲廊道12.4千米河道实现全线贯通，完成马家湾湿地公园、源头广场等重要节点工程建设；践行“共治共管、共建共享”理念，探索多元治水模式，示范完成亮马河启皓段生态环境治理项目；5处国家、市级考核断面基本实现达标，环境保护部解除环评限批；推进33条段黑臭水体治理，17条段按规划完成治理，16条段由市排水集团通过临时措施完成治理，其中温榆河、萧太后河等11条段完成整治效果评估，实现初见成效；印发区、乡（街道）两级河长制工作方案；完成7项防汛隐患消除工程和“6·22”水毁修复等防汛应急工程，在全市范围内推广雨水篦子平改立、雨水口门前双包、施画禁停标识等朝阳经验；全年新水用量30977.27万立方米，创建节水单位、社区200家。区水务局集体获北京市首都劳动奖状及水务建设管理先进集体荣誉称号。

地址：团结湖北路1号
邮编：100026
电话：85970772
邮箱：cyswj@bjchy.gov.cn

（马艺鸣）

【领导调研】 1月11日，副区长杨建海到区水务局调研，并召开座谈会，听取区水务工作总体情况汇报，区水务局领导班子全体成员参加座谈会。会上，区水务局围绕“河长制”落实、水资源管理、萧太后河系综合治理工程、中小河道治理工程、防汛、执法和信息化建设等当前重点工作进行汇报，特别是针对2017年的重点任务和存在问题，与会人员进行探讨和交流。杨建海对水务局的整体工作表示充分肯定，同时强调，水环境治理形势依然严峻，要综合利用科技手段，通过图示、表格等多种形式将2017年任务明确，并细化责任分工，形成“一张图、一张表、一本账”。以2020年为节点，加强基础工作，按照打“翻身仗”的整体要求开展工作。2月6日，市委常委、副市长林克庆带领市有关部门负责人到朝阳区，调研水环境治理工作情况。市政府副秘书长赵根武，区领导王灏、甘靖中、杨建海、刘海涛一同调研。林克庆实地查看大羊坊沟流域污水管线现状，询问工程计划及工作中的重点、难点问题。座谈会上，林克庆听取朝阳区水环境治理工作的汇报。市、区有关部门负责人针对工作开展过程存在的重点、难点问题进行会商、探讨，并提出意见建议。林克庆强调，朝阳在水环境等生态环境建设上，要围绕服务北京城市副中心建设，高标准做好萧太后河、通惠河等河道环境整治提升，坚决完成年初既定任务指标，实现水清岸绿的生态景观效果。同时要加大自备井置换工作力度，做好水安全工程和惠民工程。3月30日，副区长杨建海到区水务局调研河湖水系综合规划，听取规划单位专题汇报。区水务局局长路军、规划计划科等相关科室人员参加会议。会上，北京城市设计规划研究院汇报朝阳区整体的水系规划情况，针对朝阳区水系的规划背景、规划总则、防洪排涝规划、水系连通及生态水网规划、景观水源配置规划、水风貌区规划等情况进行详细汇报。与会领导和相关科室人员结合朝阳区水务发展定位及水系现状对设计单位的设计进行交流、研讨。6月11日，北京市委副书记、代市长陈吉宁，副市长隋振江、卢彦等领导到坝河和亮马河交汇处调研朝阳区水环境治理情况。陈吉宁强调要从讲政治的高度看待水环境治理工作，加快治理黑臭水体，建立台账、明确责任，因地制宜选择处理模式和技术，优化河道设计，提高水生态自净能力。7月31日，区委常委、区纪委书记、监委主任席成坡一行5人到区水务局对朝阳区河长制工作推进和落实情况进行专题调研。区水务局党政主要领导和主管领导参加调研会，区纪委区监委驻区园林绿化局纪检监察组列席会议。区水务局副局长刘明辉就河长制工作主要内容、主要做法、工作推进情况和下一步工作计划进行汇报。局长路军介绍河长制工作完成项目的亮点、创新举措和推进过程中需要重点关注及各部门协调推进的建议。席成坡对河长制工作给予肯定。8月11日，区委书记吴桂英，区委副书记、区长王灏到太阳宫乡、左家庄街道，调研街乡河长制工作。吴桂英强调，要明确工作职责，细化工作流程，切实发挥好基层河长作用，为建设国际一流和谐宜居之都做出贡献。区领导甘靖中、马继业、孙其军、杨建海一同调研，区水务局、相关街乡陪同调研。8月22日，副区长杨建海到区水务局调研管线建设工作，区园林绿化局有关领导和区水务局副局长娄立仓、副局长陈庆刚及相关部门参加会议。杨建海和区水务局及区园林绿化局进行研讨，明确工作节点与工作流程，要求区水务局倒排工期，加快办理各项工作，9月底前对排水集团完成交地工作。同时要求区园林绿化局优化审批流程，加快办理树木伐移审批手续。8月24日，市纪委市监委到朝阳区督导检查河长制工作。市纪委市监委第四纪检监察室负责人李锋，市水务局党组成员、副局长张世清，党组成员、驻市局纪检监察组组长胡文顺参加检查，区水务局调研员刘明辉、区河长制办公室陪同调研。督导组一行到朝阳区大羊坊沟二堡闸，实地察看大羊坊沟黑臭水体治理，现场听取大羊坊沟治理及河长制工作进展情况。督导组领导强调，要发挥好河长职责，加强巡查，认真记录群众反映的问题，及时上报解决。9月6日，北京市委常委、组织部部长魏小东、市水务局局长金树东，朝阳区副区长王志勉一行，到大羊坊沟调研水环境治理工作及河长制落实工作。区水务局局长路军、调研员刘明辉陪同调研。9月20日，北京市第一环境保护督察组组长于建明带队到区水务局开展走访调研，了解朝阳区水环境治理各项任务推进情况。区水务局局长路军从朝阳区水环境总体情况、水环境治理工作开展情况、主要做法、存在问题和下一步工作措施进行汇报。

督察组成员现场核实有关朝阳区水环境问题，并与分管领导和相关科室负责人座谈。

（马艺鸣）

【萧太后河综合治理工程】 1月19日，环境保护部水环境管理司司长张波一行到朝阳区萧太后河马家湾段、通惠河新八里桥调研水环境治理工作。区领导吴桂英、王灏、张维刚、王志勉、杨建海参加调研。在萧太后河马家湾段了解萧太后河综合整治情况，在通惠河新八里桥查看国家考核断面水质改善情况。张波肯定朝阳区水环境治理取得的成效。3月22日，区水务局、团区委共同主办生态文明水务工程——萧太后河滨水绿色文化休闲廊道项目志愿劳动活动。启动“寻找百名‘朝阳群众小河长’系列活动”，共同为“‘保护母亲河行动’朝阳青年林”奠基。各系统青年干部330人参与，朝阳区委副书记甘靖中、副区长杨建海等领导出席活动。4月1日，吴桂英、王灏、陈涛等区领导，及朝阳干部职工、部队官兵共200余人，在萧太后河马家湾段参加义务植树劳动，种植树苗600余棵。5月4日，副区长杨建海一行到萧太后河源头广场及翠城景观段调研，听取水务部门及参建单位汇报，进一步明确重点部位时间节点及工作要求。会议提出，由区园林局从行业角度对园林绿化工程进行全程跟踪监管，四环至双丰铁路段结合十八里店乡域最新规划优化设计方案。7月3日，区委书记吴桂英，区委副书记、区长王灏调研疏解整治促提升工作。区领导甘靖中、马继业、张维刚、席成坡、孙其军、李俊杰、杨建海、刘海涛一同调研。区领导一行到马家湾湿地公园建设现场，实地察看萧太后河治理工程进展情况。按照水清、岸绿、景美、蕴深的建设要求，萧太后河沿线布设“1廊4区22景点”，马家湾湿地公园重要节点工程已基本完工。吴桂英要求相关部门高标准做好工程收尾工作，着眼大运河文化，进一步挖掘萧太后河文化底蕴；完善萧太后河沿线景观休闲功能建设，做好建成区域的运营管理。7月20日，区政协组织委员围绕萧太后河水系治理、十八里店乡疏解整治工作进行专项视察，区政协主席陈涛，区委常委、常务副区长马继业，区政协副主席张永新、王文远、战春燕，秘书长王玉华参加视察。区政协委员一行到萧太后河系综合治理和滨水绿色文化休闲廊道项目——马家湾湿地公园建设现场，了解河道治理和公园建设情况。自2016年，萧太后河沿线实现拆迁腾退145万平方米，阻断河岸排污源头。委员们对萧太后河水系治理取得的显著效果给予高度评价。8月11日，区委书记吴桂英，区委副书记、区长王灏与区水务局、相关街乡座谈，专题听取萧太后河滨水绿廊项目总体提升情况的汇报。吴桂英强调，萧太后河治理工程即将进入收官阶段，相关部门和街乡要认真查漏补缺，注重工程细节，提升精细化水平，打造标杆工程、示范工程。8月18日，北京市委副书记景俊海到萧太后河马家湾湿地公园调研检查萧太后河治理工程建设，推动工作落实。按照“水清、岸绿、景美、蕴深”的目标，萧太后河全线土方挖填、河道清淤工作全面完成，已实现全线河道贯通。马家湾湿地公园基本完工；完成起点广场船尾景观平台及补水口的调整，其余景观节点正加紧施工。

（马艺鸣）

【水环境治理专题会】 2月6日，副区长杨建海主持召开朝阳区水环境治理专题会，区规划、发改、财政、水务、绿化等部门及相关街乡主要领导参加会议。会上，区水务局及市排水集团分别汇报2017年朝阳区水环境治理任务完成情况。会议确定按照4个片区，各街乡配合设计单位开展现场勘查。杨建海强调，水环境治理是民生工程，要尽快启动，通力配合，全面打响治污“翻身仗”。

（马艺鸣）

【亮马河园林景观设计概念方案评审会】 5月4日，区水务局委托北京科技园拍卖招标有限公司对亮马河园林景观设计概念方案征集召开评审会。高级工程师刘秀晨、温明霞、王大友，教授徐波、管云嘉，被聘为评审专家。四家设计单位三家方案优胜。副区长杨建海表示，4个方案特点明显，展现较高的设计水准，但也各有利弊。希望各设计单位针对河道的特点和丰水期枯水期等因素考虑河道景观的打造，同时切合实际，打造落地性强、安全性强、参与性强的亮马河景观生态河道。

（马艺鸣）

【北小河绿化景观方案研究会】 5月10日，为结合属地和群众实际需求，进一步细化北小河绿化景观方案，相关科室及区河道管理所、区水政监察大队到大屯街道办事处与赵院军副主任及地区相关部门共同研究设计方案，区水务局副调研员王俊青参加。大屯街道办事处对方案内容提出修改建议，希望借此次整治，全面提升该区域环境和治安水平。会议决定，区水务局尽快修改完善北小河滨河绿道景观改造提升方案，待区政府批准后，联合属地城管部门拆除私搭乱建，并做好绿化景观工程实施工作，为周边百姓谋求福祉。

（马艺鸣）

【望京沟整治工作现场查看】 5月11日，区委组织部部长何明到望京沟，现场查看望京沟整治效果，区水务局副调研王俊青、区环保局局长马龙陪同。为落实区委、区政府指示，自4月19日以来，区水务局对望京沟持续开展集中整治，实现河道无污水入河，水体不黑臭。何明对望京沟整治工作给予高度肯定，并希望各部门加大管理和查处力度，继续做好水环境保障。

（马艺鸣）

【南沙滩社区等排水管线改造工程】 5月16日，由区水务局组织实施的南沙滩社区等排水管线改造工程启动。该工程为区政府为民办实事工程之一，主要目标为解决老旧小区雨污水合流的现状，最大限度地实现雨、污水分流，减少合流管线在雨季出现的排水不畅、污水倒流等现象，确保排水管线的正常运行。涉及的11个社区（霞光里小区、西坝河东里小区、平安小区、汽车南院小区、联合院小区、和谐小区、光华东小区南院、光华东小区北院、垂杨柳西里小区、安苑里小区、农光里小区）完成管沟开挖、管道安装、管沟回填、检查井砌筑、雨箅子连接、污水管道疏浚等一系列工程。6月21日至24日，北京连续降雨4天，老旧小区的排水管线经受住考验，雨水积水及时排除，减轻路面积水和内涝灾害。7月3日，霞光里社区的居民代表自发到朝阳区水务局送“及时为民排困难，热情为民办实事”锦旗，表达对小区管线改造工程的感谢。

（马艺鸣）

【黑臭水体治理拆迁工作专题会】 5月23日，市水务局副局长潘安君和副区长杨建海主持召开黑臭水体治理拆迁工作专题会。会议听取区水务局关于黑臭水体治理拆迁总体情况的汇报，由市排水集团汇报黑臭水体治理管线工程推进情况。会议强调，各部门要高度重视黑臭水体治理工作，强化统筹、部门联动，按照职责任务加快推进黑臭水体治理拆迁工作，确保5月底前落实到位。

（马艺鸣）

【区人大代表视察朝阳区水污染治理情况】 7月7日，区人大常委会副主任胡良森与区人大城建环保委员会主任邢平芳以及部分区人大代表一行23人，视察区水污染治理情况，跟踪2016年“加快污水综合治理，提升朝阳区水环境质量”议案办理后续进展，区水务局局长路军、副局长陈庆刚陪同。区人大代表先后参观萧太后河马家湾湿地公园和前苇沟污水处理站。视察参观后，在坝河水务管理所召开座谈会，各人大代表对区水务局的治理情况给予肯定。胡良森对水污染治理工作提出要求：黑臭水体治理仍未做到全覆盖，要继续加大治理力度，尤其是城乡接合部的位置，绝对不能留任何死角；污水治理的成果要保持，加大监管力度；要通过宣传让百姓对水务工作有所了解，增加公民幸福感。

（马艺鸣）

【清河流域河长制落实情况座谈会】 7月26日，市委常委、宣传部部长杜飞进以清河市级河长身份冒雨到清河流域检查河长制落实情况并主持召开座谈会。市水务局副局长张世清及相关处室负责人参加座谈会。区委常委、常务副区长兼清河流域朝阳段区级河长马继业、区委宣传部部长刘军胜陪同检查。调研现场，杜飞进到河边查看河道水质情况，并进一步了解黑臭水体治理及考核断面水质改善情况等，肯定沙子营国考断面达标的成绩。座谈会上，杜飞进听取市水务局、朝阳区、海淀区、顺义区、昌平区及排水集团、水投公司等落实河长制工作情况。杜飞进强调，全面落实河长制要将组织体系、工作责任、各项制度落实到位，实现水清岸绿。

（马艺鸣）

【萧太后河系河长检查水环境治理工作】 8月2日，副区长、萧太后河系河长王志勉先后到十八里店二堡子排水沟施工现场、大羊坊沟及萧太后河马家湾景观节点检查萧太后河系水环境治理工作。在检查过程中对水环境治理工程尤其是萧太后河工程及二堡子沟拆迁腾退工作给予肯定。要求属地和职能部门加强日常管理和污水溯源工作，早日实现污水不入河，有效改善水环境。区水务局、环保局及相关各乡陪同检查。

（马艺鸣）

【全面推进河长制工作电视电话会议】 8月7日，朝阳区召开全面推进河长制工作电视电话会议。会议主会场设在区政府1号楼906会议室，各街乡设分会场。区委副书记、区长、区总河长王灏出席会议并讲话，区委副书记区副总河长甘靖中主持会议并宣布区级河长名单。副区长、区副总河长杨建海部署全区河长制工作。会上，甘靖中宣读7月7日十二届区委常委会2017年第二十六次会议决定，区委书记吴桂英、区长王灏任朝阳区总河长，区委副书记甘靖中、副区长杨建海任区副总河长，4名副区长分别担任清河—温榆河河系、坝河河系、通惠河河系和萧太后河河系、区级河长。杨建海对朝阳区进一步全面推进河长制工作进行具体部署，提出朝阳区河长制工作的新特点和新要求，进一步建立完善“区—乡（街道）—村（社区）”三级管理体系，实现三级河长设置按属地全覆盖，进一步明确各级河长工作职责。

（马艺鸣）

【坝河河系河长督导检查】 8月16日，副区长、坝河河系区级河长杨建海带队先后到酒仙桥、东风、将台、东坝、崔各庄等街乡，督导检查坝河河系河长制工作。区水务局局长路军、调研员刘明辉、河长办相关工作人员及区农委、区社会办、区环保局等领导陪同检查。区领导一行首先到亮马河四环外南十里居段，现场查看亮马河河道及周边水环境问题。座谈会上，杨建海听取各部门负责人对坝河河系河长制工作推进情况及治污工作开展情况的汇报。路军要求，要进一步加强对坝河河系河道雨污口的追根溯源和沿河垃圾中转站的管理，积极与河长制成员单位、各街乡进行工作衔接，做好部门配合协调，共同解决河道水环境突出问题。杨建海强调，河体的环境问题根源在岸上，要加强对坝河河系河道环境的综合整治规划，大力治理沿岸垃圾倾倒问题，进一步拆迁整治沿河污染企业和违法建设，加大执法监管力度，强化源头防控。要把污水管网、污水处理设施提升为重要配套任务，进一步提高截污纳管的能力。要完善各级河长工作手册，利用科技等措施手段，进一步做好河长制工作，落实各部门职责，加强社会动员。

（马艺鸣）

【督办水系综合治理办理情况】 9月7日，区政协副主席杨树旗带队，区政协委员一行30余人，对朝阳区负责办理的重点提案——水系综合治理办理情况展开督办。区长助理郭智、区水务局副局长陈庆刚、区环保局、区农委、区社会办、区城管监督中心等承办单位参加督办。督办人员到前苇沟、后苇沟现场检查水环境治理情况，随后召开会议听取区水务局关于议案办理情况以及全区水环境治理情况汇报，与会代表就污染源治理、运行管理、河长制等方面提出建设性意见。最后，杨树旗强调，水系治理提案是政协核心督办件，各有关部门要切实落实责任，认真研究治理措施。对于今后的水系治理工作提出希望：希望党派、委员继续关注朝阳水环境工作，将先进的思想、先进的技术引入朝阳；希望政府职能部门加强与委员的互动，共同促进水环境治理工作；希望各部门让委员参与到实际工作中，共同解决群众身边的问题。

（马艺鸣）

【水利部督导检查北京市河长制工作情况】 9月8日，水利部人事司巡视员段虹带队督导检查北京市河长制任务细化落实情况，市水务局副局长张世清陪同调研。督导组到萧太后河现场听取河长制工作进展情况汇报，实地查看马家湾湿地及黑臭水体治理情况。段虹对朝阳区全面推进河长制工作取得的成效表示赞许。他强调，要进一步强化责任落实，一级抓一级，做到责任下沉，各级河长要明确各自的责任，强化考核问责，纳入领导干部考核体系；要强化问题导向，治河主要是治污，水少、水脏是根本问题，借助河长的力量，统筹协调，发挥部门联动，实现合力；要强化基层建设，继续细化、实化“一河一策”方案，做到有针对性；要强化河长制宣传，面向社会，加强社会公众对河长制的理解，让大家关注、关心河长制的工作并参与其中，实现“共建、共享、共参与”。

（马艺鸣）

【通惠河河系河长督导检查河长制工作】 9月25日，通惠河河系区级河长、副区长刘海涛实地检查咸宁侯沟、二道沟水环境情况，督导检查通惠河河系河长制工作。区水务局调研员刘明辉、河长办相关工作人员及区农委、区社会办、区环保局等主要领导陪同检查。区领导带队首先到咸宁侯沟咸宁侯村段，现场查看咸宁侯沟黑臭水体治理情况及周边水环境。针对咸宁侯沟沿岸居民污水私接入河问题，督促三间房、管庄等地区严格控制管辖范围内污水直排问题，尽快研究治理措施。在检查二道沟周边环境时，区领导现场协调八里庄街道等相关部门加快周边待拆迁区域的拆迁进度，加强对沿线居民偷倒垃圾、直排污水等行为的监管工作，整治好河道周边环境。在随后的座谈会上，刘海涛听取通惠河河系沿岸12个街乡主要领导落实河长制工作进展情况报告。他强调，各部门要全面落实河长制工作部署，严格落实属地责任，发挥基层河长的作用。加强河道巡查监督，健全巡查等各项工作制度，落实好监督电话24小时专人接听，及时汇总反映问题。建立河道管理问题台账，进一步研究治理措施，促进水环境质量提升。要采用信息化手段进一步做好河长制管理工作，加强部门联动，引导社会力量共同参与河道环境保护。

（马艺鸣）

【实地检查清河老河湾周边环境】 9月26日，区副总河长、副区长杨建海，区河长办主任、区水务局局长路军实地检查清河老河湾周边环境，督导老河湾沙子营村段疏解整治工作进展情况，督促孙河乡加快工作进展，全面清退低次级产业。孙河乡河长、党委书记李欣陪同检查。

（马艺鸣）

【市领导拉练检查河长制工作】 9月28日，市委副书记景俊海、副市长卢彦率十六区河长制工作主管领导和市相关部门主要负责人到朝阳区就河长制工作进行拉练检查。区领导吴桂英、王灏、杨建海参加。在观景平台上，市领导对朝阳区河道治理和湿地公园建设情况及取得的治理效果给予肯定，景俊海表示，落实河长制就要围绕水环境治理做文章，马家湾湿地公园全面体现朝阳区“疏解整治促提升”工作，亮点突出、成效显著、惠及百姓，也为迎接中共十九大召开营造良好氛围。

（马艺鸣）

【河湖环境检查】 10月16日，区河长办联合区环保局、区城管委、区城管监督中心、区农委检查朝阳区温榆河朝阳段、北小河、坝河、亮马河机场高速沿线河湖周边环境。现场对进、出京方面河道周边的水面漂浮物、垃圾、渣土及随意丢弃的共享自行车等问题做出安排，要求相关责任单位，立即组织整改并将整改后照片报区河长办。

（马艺鸣）

【落实工作职责及坝河国考断面水质改善工作会】 10月19日，区水务局召开落实“三查、三清、三治、三管”工作职责及坝河国考断面水质改善工作会，动员部署坝河断面治理工作。区环保局有关领导与区水务局调研员刘明辉、副局长陈庆刚及排水集团管网二分公司相关负责人、沿线15位街乡主管主任参加会议。会上，区环保局介绍坝河区域补偿金制度，并宣布10月至12月试执行，2018年正式执行。水务局通报坝河治理方案，明确区水务局、区环保局、街乡及二分公司职责分工。刘明辉进一步强调属地河长制责任，明确“三查、三清、三治、三管”工作职责。陈庆刚要求各街乡加强巡查，摸排污染源并建立台账，及时清理沿河违建、渣土，保证污水处理设施正常运转，实施雨污分流，切实履行河长制责任；要求市排水集团加快工程进度，加大配合溯源工作，确保沙窝断面年底达标。

（马艺鸣）

【崔各庄乡水生态文明示范区建设研究座谈会】 10月20日，区水务局局长路军带队与崔各庄乡主要领导召开座谈会，研究崔各庄乡水生态文明示范区建设。根据崔各庄乡生态建设总体规划和全区水系规划，结合属地实际，以有效破解水生态难题为切入点，借助全市推进清洁小流域治理、黑臭水体治理等政策，统筹推进“五水共治”，推进崔各庄乡水生态文明示范区建设。

（马艺鸣）

【河长制工作推进暨培训工作会】 11月15日，朝阳区河长制办公室组织召开全区河长制工作推进暨培训工作会。副区长、区副总河长杨建海出席会议并讲话。会议由区水务局局长、区河长办主任路军主持，全区街乡级河长、各街乡河长制办公室相关工作人员共140余人参加培训。会上，邀请市水务局河长工作处高级工程师韩中华讲解北京市进一步全面推进河长制工作方案及重点工作解读，区环保局干部彭欣解读《北京市朝阳区水环境区域补偿办法（试行）》，区水务局调研员刘明辉讲解朝阳区开展河长制工作具体做法及工作成效，并部署下一步工作。

（马艺鸣）

【联动执法机制及河长制有关问题座谈会】 11月16日，区水务局与市公安局朝阳分局环食药旅大队就联动执法机制及河长制有关问题召开座谈会，座谈会由区水务局副局长陈庆刚主持，市公安局朝阳分局环食药旅大队政委王宇及区河长制办公室、区水政监察大队负责人参会。座谈会上，与会人员结合朝阳区河长制开展的基本情况和水行政执法工作的实际状况，围绕建立河湖管理保护联合执法警务站，研究商讨分级警力配置方案，建立联合执法工作机制，完善信息通报机制，推动行政执法与刑事司法有机衔接，积极开展联合执法行动，强化行政执法公安力量保障，借助公安部门执法能力，逐步提高水行政执法证据规格和执法工作规范水平。

（马艺鸣）

【坝河河系河长现场查看大华窑排水沟管理情况】 12月21日，副区长、坝河河系区级河长杨建海带队到大华窑排水沟李家坟村段，现场查看大华窑排水沟管理情况。区水务局局长路军、调研员刘明辉、河长办相关工作人员及东坝、东风、平房乡河长等主要领导陪同检查。区领导一行现场查看大华窑排水沟李家坟村段及周边水环境问题。随后路军就大华窑排水沟未来提升规划问题向区领导进行现场汇报。杨建海对大华窑排水沟未来提升规划非常支持，同时问询涉及的东坝、东风、平房乡乡级河长对该项规划的建议。

（马艺鸣）

【水务工作座谈会】 12月27日，市水务局局长金树东、副局长潘安君、市自来水集团总经理高踪阳、市排水集团总经理郑江、市河长办专职副主任刘凯以及市水务局、市自来水集团、市排水集团相关部门负责人一行到朝阳区座谈，区长王灏、副区长杨建海、政府办、区水务局参加座谈。座谈会听取水务局党委书记、局长路军关于朝阳区水务工作情况的汇报，介绍朝阳区水务工作取得的新进展，分析区域水务工作面临的新形势，提出2018年提升区域水务工作水平的主要任务和措施。市水务局排水处、供水处、水资源处、计划处负责人和排水集团、自来水集团相关部门负责人分别就推进海绵城市建设、自备井置换、河湖水系规划、随路涉水管线建设、推进河长制等工作及有关政策运用等进行沟通交流。金树东提出意见：市水务局和朝阳区要充分沟通，在规划统筹等方面加强顶层设计，朝阳区水务工作有基础，要力争走在全市前列；要按照市委书记蔡奇“四抓五保”、市长陈吉宁“用生态办法解决生态问题”的指示要求，统筹抓好朝阳区水林田湖草治理工作，大力推广“污水处理厂+湿地”处理方式；由潘安君、杨建海牵头，形成朝阳区水务工作联动机制。

（马艺鸣）

防汛

【概况】 朝阳区人民政府防汛抗旱指挥部办公室为区防汛应急指挥部的常设办事机构，设在区水务局，承担区防汛应急指挥部的具体工作。主要职责：负责制定区防汛应急预案，并审查部门、街道（地区）办事处防汛应急预案和重点河道、部位等分预案；负责指挥和协调朝阳区防汛预警和防汛突发事件应对和处置工作；负责朝阳区汛期有关供水、排水的应急调度、抢险、救灾的组织、协调工作；组织开展所属应急救援队伍的建设管理以及应急物资的储备保障等工作；负责全区防汛应急救援队伍建设管理的协调、应急救援培训指导等工作；承担区委、区政府和区应急委交办的其他事项。2017年全区累计平均降水量比2016年同期偏少。1月1日至12月31日，全区累计平均降水量635.2毫米，比上年同期减少11%，6月1日至9月15日累计平均降雨量527.9毫米，比2016年同期518.3毫米增加1.8%。汛期，日降水量大于25毫米的天数有7天，比常年平均多1.4天。其中最强降雨日为8月12日，当日全区平均54.8毫米，最大雨强74.5毫米。汛期，各街乡、市政、住建、交通、绿化、房管、民防、水务、教育等单位巡查出动6.7万人次，检查危旧楼房1.6万次、危旧平房5000余次、道路易积水路段1400余次、在施工地1300余次。全区落实防汛网格485个，1264条路段27490个雨水口落实双包单位719个，累计在雨前巡查过程中清理雨水口2.3万座次。在雨水篦子上施画禁停标识，并在区内34条易积水道路推广。

地址：团结湖北路1号
邮编：100026
电话：85975066

（马艺鸣）

【防洪排涝重点水务工程进展情况检查】 3月9日，市防汛办副调研员张赛带队，检查朝阳区2016年汛后防洪排涝重点水务工程进展情况，市水务局、中小河道办等单位共同参与检查，区水务局副调研员王俊青陪同检查。一行人到东坝中路检查东坝中路路边沟疏浚工程，该工程是2016年汛后防洪排涝重点水务工程中48处积滞水点治理工程之一，也是朝阳区2016年五项防汛隐患消除工程之一，该条排水沟治理前淤堵严重，汛期无法正常排水，严重影响周边居民出行。本次治理主要对排水沟进行清淤疏浚，治理长度346米，工程于2月20日开工建设，3月5日竣工。市防汛办领导对该处治理工程给予肯定，并对后期工作提出相关的要求。

（马艺鸣）

【街乡防汛检查部署会】 4月19日，由区防汛办副主任王俊青主持召开街乡防汛检查部署会，区防汛办、区农委、区社会办在区水务局主会场参会，各河系检查组在分会场参会。区防汛办就防汛检查工作做出部署。区防汛办副主任王俊青对检查工作提出要求：各检查组要高度重视此项工作，深入细致开展工作，对街乡各项防汛工作进行全面检查，并对检查中发现的问题，明确整改计划，严格落实整改措施。

（马艺鸣）

【汛前准备工作检查】 4月20日，市防汛办副调研员高令军带队，检查朝阳区2017年汛前各项准备工作，市住建委、市水务局建管处、质监站等单位共同参与检查，区防汛办副主任王俊青、东湖街道副书记米岩、和平街街道、排水集团二分公司等陪同检查。检查组首先到金泰桥下，查看防汛责任信息公示牌，听取市排水集团二分公司及和平街街道汇报汛期金泰桥现场抢险布控情况和今年汛期拟采取的应急工程措施。随后，一行人到东湖街道，现场查看雨水口门前双包工作落实情况，并在座谈中听取朝阳区及东湖街道迎汛准备工作落实情况。市防办副调研员高令军对朝阳区迎汛工作落实情况给予充分肯定，并对汛期工作提出要求。

（马艺鸣）

【防汛抗旱工作视频会】 5月25日，朝阳区召开防汛抗旱工作视频会。会上，播放2017年朝阳区防汛主题宣教片，防汛抗旱指挥部常务副指挥、副区长杨建海部署2017年朝阳区防汛工作，防汛抗旱指挥部总指挥、区长王灏指出：要充分认识防汛工作的严峻形势，毫不松懈地抓好防汛工作的重点领域和关键环节，层层落实责任，确保万无一失。

（马艺鸣）

【防汛“8+1”联合办公启动会】 6月6日，区防汛办组织相关单位在区水务局209会议室召开防汛“8+1”联合办公启动会，区农委、区市政市容委、区住建委、区社会办、区水务局、公安朝阳分局、朝阳交通支队、区武装部、排水集团二分公司参加会议。会上首先学习市、区两级防汛电视电话会会议精神和朝阳区防汛应急预案，再次明确各单位防汛职责。各单位介绍各自防汛工作组织开展情况，预案、物资、防汛队伍等落实情况，并对防汛预案及多部门协调运行机制提出建议。

（马艺鸣）

【“6·22”暴雨】 6月21日18时至24日5时，全区普降暴雨，局地大暴雨。全区平均降雨116.9毫米，最大降雨出现在工人体育场，累计降雨量为145.7毫米。雨强较大时段为23日早晨及23日傍晚到夜间，最大小时雨强出现在三间房，1小时降雨43.4毫米（23日7—8时）。21日17时，区气象局发布暴雨黄色预警，区防汛办启动Ⅲ级应急响应，启动“8+1”联合办公机制。区委书记吴桂英、区长王灏、副区长杨建海在区防汛抗旱指挥部现场指挥，全区各级防汛指挥机构主要领导在岗在位。全区共出动巡查人员15675人次、车辆620车次，巡查危旧房和楼房5116处、易积水路段113处、在施工地196处。出动抢险人员3985人，累计动用水泵324台、编织袋10378个、沙袋17060个，清理雨箅8278个、倒伏树木5株，转移群众10人。排水集团出动抢险单元48个，抢险人员405人。本次降雨期间，全区河道行洪畅通，23日早8时坝河流量217.8立方米/秒，萧太后河38.4立方米/秒，协调北运河管理处降低通惠河水位。415处在施工地及52处深基坑未发生汛情。无农作物受灾情况。接报严重积水路段3处，分别为金家村铁路桥、平房五环路过路涵、化工路，自23日8时起积水，最深约35厘米，均已于23日11时左右排除积水。地下室倒灌3处，分别位于团结湖街道、望京街道、高碑店地区，均于第一时间组织抽排完成。全区未发生人员伤亡事件，城市运行整体平稳可控。24日凌晨主要降雨时段结束后，为防止次生灾害发生，全区再次出动巡查人员6058人、巡查危旧楼房2763处、平房344处、易积水路段134处、在施工地113处，布控抢险人员1830人、车辆191辆、水泵184台、编织袋10455个、沙袋9200个。

（马艺鸣）

【防汛工作部署】 7月6日，市委副书记、代市长陈吉宁主持召开防汛工作部署会，要求各区积极防范、落实一线责任，落实在岗、在职、在责。区委书记吴桂英、区长王灏、副区长杨建海对本次降雨应对工作强调，要确保各项措施落实到位，指挥调度顺畅有序，应急值守在岗在位，信息报送及时准确。区防汛办向全区43个街乡和30个成员单位下发通知，部署7月20日至21日强降雨应对工作。各街乡、各单位派出巡查人员对辖区内、行业内防汛隐患进行雨前排查，并对重点部位提前布控，加强雨前雨中雨后巡查，出现问题随时准备抢险。区防汛办与区气象局每小时一会商，遇突发情况实时连线，研判朝阳区天气形势，随时做好发布预报预警、启动应急响应准备，做好公众提示。区纪委区监委驻区园林绿化局纪检监察组，启动对水务局应对强降雨应急值守情况进行专项督查，为朝阳区防汛应急工作提供纪律保障。7月20日，市委副书记、代市长陈吉宁主持召开防汛工作部署会。会后，区委书记吴桂英、区长王灏、副区长杨建海对本次降雨应对工作再部署、再强调，指出要进一步落实在岗、在职、在责，克服麻痹大意思想，加强重点点位布控，进一步理顺指挥体系，严格遵守应急值守纪律，确保各项措施落实到位，信息报送及时准确。副区长杨建海和相关部门领导在区防汛抗旱指挥部观摩市防办举行防汛综合演练。

（马艺鸣）

【市委书记指挥强降雨应对工作】 8月12日，市委书记蔡奇在市委值班室指挥强降雨应对工作。会后，区委书记吴桂英、区长王灏在区政府指挥朝阳区应对工作，副区长杨建海在区防汛指挥部指挥。吴桂英要求严格落实市领导指示精神，加强值守，主要领导到岗到位，重点部位防控到位，出现问题及时应对、及时上报。王灏要求值守人员要做好交接工作，熟悉掌握本单位防汛基本情况，做到底数清、情况明，要密切关注棚户区、功能疏解区域、重点老旧平房区等防汛重点部位，防止发生次生灾害。区防汛办主任、区水务局局长路军带队对河道在施工地等重点防汛部位进行检查。副区长杨建海和防汛办主任路军分别带队检查朝阳区南北两片防汛重点部位。

（马艺鸣）

节水

【概况】 朝阳区水务局供水管理科（北京市朝阳区节约用水办公室），负责朝阳区节约用水工作，组织编制节约用水规划和年度计划，下达年度计划用水指标并进行管理；负责朝阳区节水措施的落实、节水技术的推广应用和宣传工作；负责朝阳区建设项目节水设施意见审查及临时用水指标和节水设施竣工验收审批工作；组织朝阳区累进加价水费的收缴工作。另设朝阳区节约用水管理中心，为局属全民所有制事业单位。年内，完成三间房地区自备井置换方案及来广营、金盏等地区38家单位的自备井置换。推进节水器具换装工作，在社区1.4万户居民家庭中推广高效节水器具4.8万套（件）。完成200家节水单位、社区创建工作。完成金盏雨水利用工程及崔各庄乡雨水、中水利用项目建设，联合市排水集团开展全区公共绿地、郊野公园再生水置换，完成东湖地区5处取水点及9处郊野公园再生水引入方案编制。

地址：团结湖北路1号

邮编：100026

电话：85978122

（马艺鸣）

【第26届全国城市节约用水宣传周】 5月14日，第26届全国城市节约用水宣传周正式拉开帷幕，朝阳区深入开展以“全面建设节水城市，修复城市水生态”为主题的节水宣传活动，向市民普及节水知识，并解答水生态建设、水环境治理、自备井置换、雨水利用及河长制等热点问题。宣传周期间，区水务局联合重点街乡到社区、村庄，联合区教委、卫计委、国资委在学校、医院和重点用水单位开展宣传活动，并针对社会群众重点关注的浪费用水、污水违法排放等行为开展联合执法，并按照相关规定予以处罚。

（马艺鸣）

消防

【概况】 朝阳区公安消防支队隶属于北京市公安消防总队，为现役部队副师职编制。支队机关设司令部、政治处、后勤处和防火监督处；有师级军官2人、团级军官33人。下辖红庙、酒仙桥、垡头、左家庄、亚运村、东坝、楼梓庄、建国门、四惠、华威、奥运村、奥林匹克公园、望京、朝阳门、光华路、十八里店、黄港、青年路、呼家楼、望京东、豆各庄、驹子房22个消防中队，以及1个搜救犬队。全年接警出动7983队次。其中，火警4507队次，出动消防车15969车次，79681人次；抢险救援3476队次，出动消防车4313车次，21678人次。完成全国“两会”“一带一路”国际合作高峰论坛、第八十六届国际刑警大会、中共十九大等重大保卫以及各种节日、大型活动场所的消防安全保卫任务。85个先进集体，540余名先进个人受到表彰。其中1个集体荣立公安部集体一等功，2个集体荣立北京市公安局集体三等功，1个集体荣立北京市公安消防总队集体三等功，6名个人荣立个人二等功，78名官兵荣立个人三等功，569名个人荣立个人嘉奖。1人被评选为北京市最美警察，1人被北京市公安局表彰为优秀共产党员，1个集体和

9名个人分别被北京市公安消防总队表彰为先进党支部，优秀共产党员。

地址：北豆各庄甲一号
邮编：100023
电话：85851516

（荆天毅）

【火灾扑救】 2月27日7时45分，朝阳支队黄港中队接到总队调度指挥中心命令，位于朝阳区来广营乡来广营北路旧货市场发生火灾。总队调度指挥中心先后调集总队、支队两级全勤指挥部，黄港中队、望京中队、奥林匹克公园中队、东坝中队、奥运村中队、望京东中队、北七家中队、未来科技城中队、天通苑中队、天竺供水中队10个中队，以及战勤保障大队相继抵达火场，50辆车260余名官兵到场开展扑救。火灾于9时08分得到全面控制，火灾过火面积1200平方米，无人员伤亡。

（荆天毅 徐富兴）

【火灾事故处置】 5月1日12时22分，总队指挥中心接到报警，位于朝阳区东苇路蟹岛度假村E停车场有车辆起火，总队先后调派总队、朝阳支队两级全勤指挥部、战勤保障大队，朝阳支队搜救犬队和楼梓庄、东坝、酒仙桥、望京、奥运村、黄港中队，顺义支队天竺供水、南法信、空港中队，昌平支队未来科技城供水中队，通州支队商务园中队，共计12个中队、50辆消防车、260名官兵到场实施处置，火灾中有75辆大型车、15辆民用轿车起火。

（荆天毅）

【消防队站建设】 年内，朝阳区公安消防支队完成驹子房消防站建设工程，2月初正式备防；朝阳区消防指挥中心及百子湾特勤消防站、区级训练基地和战勤保障大队、北工大消防站和小红门消防站纳入市政府“一会三函”绿色通道；天坛家具厂、太阳宫消防站完成主体工程施工；酒仙桥消防中队加固装修工程、望京东消防站装修工程列入2018年朝阳区基本建设计划。

（韩成龙）

【火灾防控网格化】 年内，朝阳区公安消防支队调整确定2200家为消防重点单位，完成消防重点单位户籍化工作。做实做强综合执法平台，组织辖区内政府部门开展联合执法检查，综合治理隐患问题；指导加强网格火灾防控工作，督促居村委会、物业企业、小区管理单位建立防火巡查制度，组织开展夜间防火巡查，及时发现制止电动自行车违规停放及充电等不安全行为；定期组织微型消防站和各类防火巡查队伍演练拉动，确保一旦发生火灾，能够快速到场处置，做到灭早、灭小、灭初期。

（杨俊涛）

【消防隐患专项治理】 年内，持续推进专项行动开展，保持清整高压态势，强化重点场所排查。加大对辖区内商场市场、宾馆饭店、文物古建、旅游景区、餐饮娱乐等人员密集场所，施工现场、石油化工、易燃易爆单位、高层建筑、地下空间的消防监督检查力度，指导单位强化主体责任，落实巡查看护措施，确保消防安全。持续对辖区内电动自行车销售网点及电动车违规充电、停放情况开展消防安全监督检查。全年共检查单位55506家次，发现及整改隐患117950处，查封3404处，三停（停止施工、停止使用或者停产停业）612处，罚款2100万元，拘留523人。

（杨俊涛）

【消防宣传培训】 年内，开展各类消防宣传教育培训2430次，发放宣传资料120余万份，张贴海报70余万份。在朝阳公园举办“关注消防 平安你我” 朝阳区第二十七届119消防宣传月暨“掌上119”消防安全知识竞赛活动启动仪式，在全区43个街乡设立宣传阵地132个，组织主场宣传活动160余场次，在全区120余个公交站点宣传屏统一投放为期1个月消防宣传提示。通过“两微一信”新媒体阵地，对15万人次关注人群，推送各类消防安全信息11350余条。通过主流媒体途径，累计刊发及转发各类消防安全信息1540余条次。在全区消防安全薄弱地区安装840块消防宣传栏，在人员密集地区设立安装1300块宣传电子屏，对2000余家重点单位覆盖张贴消防安全温馨提示、厨房消防安全要点。启动朝阳区全民消防培训计划，对全区20万名群众开展宣传教育培训，为地区构建强大“防火墙”。

（肇 禹）

【消防行政审批】 年内，朝阳区公安消防支队受理消防行政办事事项9912项。消防行政许可事项5821项。其中，建设工程消防设计审核2413项，建设工程消防验收1758项，公众聚集场所投入使用、营业前消防安全检查1447项；消防备案事项203项，其中建设工程消防设计备案107项，建设工程竣工消防验收备案96项。建设工程施工现场消防安全备案4091项。

（梁颖楠）

功能区建设

2018

北京朝阳年鉴

北京商务中心区

【概况】 北京商务中心区（CBD）管委会为北京市政府在商务中心区设立的行政机构，代表市政府统一行使北京商务中心区开发建设和管理职能，由朝阳区政府代管。内设机构10个，公务员编制57名，实有51名。下设北京商务中心区土地资源发展中心、北京商务中心区投资和服务中心2个事业单位，分别为全额拨款事业单位和自收自支事业单位，编制各为16人和25人，实有14人和22人。年内，核心区文化设施及二级地块正大、三星、中信、泰康5个项目完成主体结构全面封顶，核心区有7个项目完成主体结构封顶，现处于幕墙、机电安装和装修阶段，其中国寿项目已达到竣工验收条件。中心区税收收入438.91亿元，比上年增长3.93%，占全区的21.46%；税收过亿楼宇50座，其中11座超过10亿元，国贸中心、中海广场、华贸中心3座超过20亿元。CBD功能区税收收入1205.51亿元，比上年增长3.96%，占全区的58.95%；实现财政收入272.11亿元，比上年增长2.80%，占全区的53.55%。

地址：东大桥路8号SOHO尚都北塔A座7层

邮编：100020

电话：58780000

邮箱：cbd@bjchy.gov.cn

（刘静敏）

【永安里旧城区改建】 1月5日，CBD管委会配合召开选房工作筹备会，对选房时间、地点、顺序、规则及流程等事宜安排部署；1月10日，项目选房工作正式启动；3月26日，永安里旧城区改建项目正式签约期满，完成签约833户，签约比例88.43%；4月7日，永安里旧城区改建项目开展已交付房屋水、电、气等相关费用催缴及设施关止工作，协调做好拆除过程中的生活和建筑垃圾的清运、清除工作；对违建、滞留、非法等商住户采取联合执法。

（刘静敏）

【核心区项目建设】 1月21日，Z14正大侨商项目北塔主体结构全面封顶；3月31日，Z2b三星项目主体结构全面封顶；4月30日，Z14正大项目南塔主体结构封顶；5月18日，Z1b清华项目荣获中国建筑金属结构协会第十二届第二批“中国钢结构金奖”；7月9日，Z2a阳光项目通过北京市长城杯金奖首次验收；8月22日，Z15中信项目主体结构全面封顶；9月30日，文化设施项目主体结构施工完成。

（刘静敏）

【企业入驻】 1月，泰禾医院管理有限公司完成注册，注册资本金5亿元；2月，华夏出行有限公司完成注册，注册资本15亿元；3月，中金资本运营有限公司完成注册，注册资本20亿元；中国环球广播电视有限公司完成注册，注册资本10亿元；5月，国内首家相互制人寿保险公司——信美人寿相互保险社完成注册，注册资本金10亿元；6月，华锦控股有限公司完成注册，注册资本50亿元；9月，世用汽车有限公司完成注册，注册资本1.9亿元。全年中心区新增企业5235家，总注册资本1009.04亿元。其中，注册资本过亿元企业176家，总注册资本729.69亿元。

（刘静敏）

【东大桥一体化规划设计研究】 2月至4月，组织开展东大桥现场和周边调研工作，收集东大桥区域现状地上物及地下管线相关情况资料，进行现状交通情况调查；5月，启动一体化规划方案、交通组织方案、地下一体化设计方案编制工作。

（刘静敏）

【区域项目建设】 3月21日至30日，CBD金桐东路和金桐西路（朝阳路—朝阳北路）项目开展房屋征收入户调查登记和实地查勘工作。4月10日，国贸三期B项目顺利通过竣工验收；5月22日，新国贸饭店顺利开业；6月30日，佳兆业广场（耀辉国际城）全面竣工。

（刘静敏）

【绿色CBD建设】 3月27日，CBD管委会举行核心区LEED-ND金级预认证授牌仪式，常务副主任郭亮、USGBC（美国绿建委员会）执行副主席Sarah出席；3月30日，举行新能源商务班车启动仪式，15辆新能源电动班车开始上线运行；8月3日，召开CBD楼宇能源审计工作启动会，对中环世贸中心等11家重点楼宇进行能源审计工作。

（刘静敏）

【党团建设】 4月18日，CBD总工会“梦在CBD”系列话剧第五部《匠心》在北京大隐剧院上演；5月3日，共青团北京商务中心区（CBD）工作委员会开展五四主题团日活动暨共青团宜信公司委员会成立大会；7月10日，举行庆祝建党九十六周年表彰大会暨“唱响CBD”红色专场演出；11月21日，组织开展核心区工程项目廉洁共建活动，与各地块项目参建单位签署廉洁从业共建协议；12月29日，机关党总支召开全体党员大会，选举产生新一届党总支委员会。

（刘静敏）

【安全保障】 5月11日，开展以“减轻社区灾害风险，提升基层减灾能力”为主题的安全应急暨“5·12”防灾减灾日活动；8月10日，组织开展CBD（银泰）临时指挥中心2017年度应急演练；8月28日，北京商务中心区安全生产委员会（简称CBD安委会）召开第一次全体会议，CBD安委会工作机制正式启动。11月9日，开展以“关注消防，平安你我”为主题的“119”消防宣传、培训、演练活动；11月21日，召开安全隐患大排查大清理大整治专项行动部署会；12月1日，开展应急管理和机关安全专题培训活动。

（刘静敏）

【环境建设管理】 5月，更换区域道路行道树死亡、倒伏和生长不佳的法桐15棵；5月至10月，依托金桐西路灯杆设置49组立体花卉景观，累计摆放花卉3000余盆，花卉总量30000余株；12月，通过采用灯带、流星雨灯条、投影灯等形式，对光华路西段、金桐西路两侧158棵行道树进行节日期间景观亮化工作；年内，更换景华北街破损垃圾桶10组，金桐西路交通护栏59组、177米；与区道路养护中心沟通配合养护区域道路油面总面积约4800平方米，其中基础面积约2000平方米。

（刘静敏）

【领导调研】 6月6日，区委书记吴桂英，区委副书记、区长王灏到CBD管委会就CBD发展相关工作进行调研。领导要求，CBD发展建设要注重品质，在软实力上下功夫，让CBD发展更有温度；发挥好区域党建工作的引领凝聚作用，通过党建工作带动提升整个区域发展。10月10日，清华大学党委书记陈旭，党委常务副书记、副校长姜胜耀实地察看CBD核心区及清华大学光华路校区新建教学楼项目建设情况。区领导吴桂英、王灏、甘靖中、何明、马继业、孙其军、李国红等陪同。

（刘静敏）

【核心区市政配套设施建设】 6月23日，核心区市政管网工程北区项目正式开工，包含雨水、污水、中水、给水、热力、燃气、消防水7种管线，敷设管线总长8356米；7月1日，核心区光华路中水管线工程完成现场竣工验收；7月7日，光华路电力隧道工程主线成功贯通；12月15日，核心区北区实现正式供热；12月18日，Z14正大项目实现热力管线热水循环，是核心区第一个供应大市政的项目。

（刘静敏）

【北京CBD创新发展年会】 9月13日至16日，2017北京CBD创新发展年会在朝阳规划艺术馆举办。年会以“创新融合，开放共享，建设国际一流商务中心区”为主题，分为商务、金融、文化、科技四大主题板块，包含2017北京CBD国际论坛、2017北京CBD创新发展年会未来论坛、2017北京CBD国际金融圆桌会、2017国家文化产业创新实验区发展论坛四场主要活动及系列商务文化活动。9月13日，2017北京CBD国际论坛在朝阳规划艺术馆举办，主题为深化服务业扩大开放综合试点，优化升级加速动能转换，高标准建设世界级CBD。

（刘静敏）

【中国商务区蓝皮书发布】 9月13日，中国社会科学院城市发展与环境研究所、中国商务区联盟、中国城市经济学会和社会科学文献出版社共同举办《商务中心区蓝皮书：中国商务中心区发展报告NO.3（2016—2017）》发布会，会议就如何推动中国CBD创新智慧发展进行研讨；9月14日，召开2016中国商务区联盟闭门会议，会上深入交流2016商务中心区蓝皮书发布及成果等；11月29日至12月2日，中国商务区联盟组织课题组到上海、天津等CBD开展调研，为蓝皮书NO.4的编写收集案例与素材。

（刘静敏）

【CBD全球竞争力排名第9位】 11月22日，世界商务区联盟在巴黎拉德芳斯发布全球商务区吸引力报告。该报告由世界商务区联盟轮值主席单位巴黎拉德芳斯CBD发起，对全球226个地产专家、企业代表、规划师和学术界人士等进行问卷调查、深入访谈，综合定量定性评估方法，遴选出全球17个领先商务区，考察其竞争吸引力并进行综合排名，北京CBD排名全球第9位、中国第1位。

（刘静敏）

【第十届国际跨国公司领袖圆桌会议】 12月6日至7日，第十届国际跨国公司领袖圆桌会议在北京朝阳亮马河会议中心举办。以“新时代、新目标，跨国公司的机遇与发展”为主题，围绕“中国经济的供给侧结构性改革与‘一带一路’沿线国家的互利共赢”“经济全球化与自由贸易的未来”“京津冀协同发展新趋势”“清洁能源与可持续发展”等议题进行深入探讨。十一届全国政协副主席、中国国际跨国公司促进会会长、国际跨国公司领袖圆桌会议组委会主席郑万通，九届、十届全国政协副主席、十一届全国人大常委会副委员长、中国国际跨国公司促进会特邀会长周铁农，商务部副部长钱克明，联合国和平大学校长罗哈斯，哈萨克斯坦共和国国会副议长格罗莫夫，市政府副市长杨斌，区政府副区长李国红出席。

（刘静敏）

【考察交流】 年内，接待各级领导视察调研、省级交流、国内外考察团31场411余人次。接待场数较上年同期减少约18%，接待人数较上年同期减少约30%。

（刘静敏）

【产业发展促进】 年内，制定《CBD招商引资三年行动计划》，推动20余个项目落地；创建企业信用监管平台，对16万家企业进行风险筛查，联合相关部门加强对风险企业的监管；持续开发和完善CBD功能区产业转型升级及楼宇经济管理系统二期建设，楼宇工作机制覆盖楼宇增加至200座，楼宇联系员队伍扩大至246人；打造重点楼宇“一条龙”招商服务体系，国贸三期B实现半年内完成入市，协助国贸、英皇、骏豪等7个重点项目中的240余家企业完成关系落地。

（刘静敏）

【异地纳税企业税源回迁】 年内，以招商局集团有限公司、招商局轮船股份有限公司、三菱商事（中国）商业有限公司、兴业银行股份有限公司北京分行、东亚银行（中国）有限公司北京分行等重点企业为代表，4500余家异地纳税企业税源回迁，税收8.4亿元；受营改增影响企业回迁国税净流入9.4亿元，其中7.5亿元为上年回迁企业产生；1400余家企业回迁房产税，税收达4.7亿元。

（刘静敏）

【区域人才服务】 年内，为区域11家企业申请2017年度应届生指标43个；经管委会推荐的9名人才获朝阳区第三批国际高端商务人才“商务精英”认定。继续做好公租房配租工作，配租房源346套，入住近400户，涉及企业35家。

（刘静敏）

北京奥林匹克公园

【概况】 北京奥林匹克公园位于北京市朝阳区，地处北京城中轴线北端，北至清河南岸，南至北土城路，东至安立路和北辰东路，西至林翠路和北辰西路。北京奥林匹克公园（以下简称奥园）管理委员成立于2008年11月1日，是市政府派出机构，委托朝阳区政府代管。设综合处（应急管理处）、综合治理处、大型活动处、市政管理处、发展处、安保交通处、党建工作办公室7个处、室，下设一个城管大队和一个服务中心。公务员编制104人，实有96人；全额拨款事业编制25人，实有25人。主要职责：贯彻执行国家及本北京市有关法律、法规和政策。研究提出奥林匹克公园发展规划和相关政策，并组织协调市、区有关部门及区域内企事业单位共同落实。参与拟订奥林匹克公园的建设规划。负责区域内大型活动的组织管理和服务保障。负责组织协调区属各单位开展社会秩序、市政基础设施、城市绿化、市容和环境卫生等工作，统筹园区及周边景观管理工作，实施标准化的城市管理。组织、协调、统筹奥林匹克公园区域内的产业发展和促进工作。负责统筹区域内的应急管理工作。负责组织协调有关部门及区域内的企事业单位，开展食品卫生、防火安全、生产安全、交通管理、社会治安、旅游市场管理等工作。完成市政府、区政府交办的其他工作。年内，公园实现固定资产投资112.63亿元，超额完成全年任务（93亿元）；奥运功能区完成区级财政收入76.57亿元，比上年增长2.67亿元，比上年增长3.6%，完成全年任务（87.45亿元）的87.56%。奥林匹克中心区地均产出率158.5亿元/平方千米，超额完成年度任务（120.0亿元/平方千米）；劳均产出率176.3万元/人，超额完成年度任务（127.0万元/人）。公园接待游客4146万人次。

地址：朝阳区北辰东路15号

邮编：100101

电话：84972647

网址：http://bopac.bjchy.gov.cn

（杨　盼）

【首届北京冰雪文化旅游节开幕式】 2016年12月31日至2017年1月1日，由市旅游委主办的2017北京新年倒计时活动暨首届北京冰雪文化旅游节开幕式在奥林匹克森林公园和奥林匹克塔举行，开启为期一个多月的首届北京冰雪文化旅游节。北京新年倒计时活动自2011年创办以来，已相继在天坛、颐和园、八达岭长城、奥林匹克公园庆典广场及故宫太庙成功举办五届，展示北京旅游城市形象。

（沙春迎）

【“护航”百日攻坚专项行动】 1月10日至5月10日，奥林匹克公园开展安全生产“护航”百日攻坚专项行动。开展安全生产检查615次，消防检查420次，出动人员1038人次，排除安全隐患447处，保障“一带一路”国际合作高峰论坛成功举办。

（闫　静）

【北京市新年徒步大会】 1月14日，由政府、北京市徒步运动协会联合主办的北京市新年徒步大会暨朝阳区国际长走大会启动仪式在奥林匹克公园举办。北京市徒步协会各区县分会，金融、卫生计生、律师等行业分会，青商会、首都媒体徒步联队以及主办单位领导及嘉宾（包括奥运冠军、健身达人等）2022人参加活动。

（沙春迎）

【领导调研】 3月10日，市委副书记、市长蔡奇，副市长隋振江，市政府秘书长李伟赴奥林匹克公园调研区域建设发展情况，区委副书记、区长王灏陪同。

（杨　盼）

【北京国际长跑节】 4月16日，北京国际长跑节在天安门广场鸣枪起跑。活动设半程马拉松（21.0975千米）、家庭跑（420米）两个项目，半程马拉松终点设于奥林匹克公园中心区景观大道，家庭跑终点设于天安门广场。有21000名跑者参赛，包括来自22个国家和地区的外籍选手73人。

（杨　盼）

【“一带一路”峰会保障工作】 5月14日至15日，“一带一路”国际合作高峰论坛在北京举行。奥林匹克公园作为峰会的核心保障区域，完成61项环境整治和景观提升工作，包括景观提升34万平方米，修补路面4万平方米，打造“丝路金桥”主题景观，90组花柱和6条特色道路。加强对重点人群的管控，强化道路和停车管理，对游商、非法一日游等违法扰序行为零容忍。峰会期间，部署管控力量1010人次，确保园区社会面和住地周边秩序安全平稳。

（杨　盼）

【北京国际服务贸易交易会】 5月28日至6月1日，2017北京国际服务贸易交易会在国家会议中心举行。交易会聚焦科学技术服务、互联网和信息服务、文化教育服务等六大重点领域，展区面积5万平方米，举办85场论坛会议和洽谈交易活动，吸引来自96个国家和地区的7.2万人次客商参展参会。共达成241个合作项目，意向签约额721.8亿美元。

（杨　盼）

【全国知名品牌创建示范区通过验收】 6月15日，北京奥林匹克公园争创“全国奥林匹克文化旅游知名品牌创建示范区”工作顺利通过国家质检总局验收，推动奥林匹克公园自主品牌建设、提升品牌价值和效应。

（邸雯昕）

【北京奥林匹克公园新项目推介会】 7月18日至19日，由北京奥林匹克公园管理委员会主办，北京击缶而歌国际管理顾问有限公司和《北京奥林匹克公园》杂志社承办的“2017年北京奥林匹克公园新项目推介会”在奥林匹克公园玲珑塔南侧举行。推介会以“携手京津冀，共赴冬奥会”为主题，来自京津冀地区的体育、文化、旅游领域的100多家企业负责人、高端商务人士在北京奥林匹克塔参加开幕式。举行奥园“国家体育产业示范基地”“北京市体育产业示范基地”揭牌仪式和体育产业研究成果《北京奥林匹克公园体育产业影响力及指数研究》的出版首发式。推介会是继2015年、2016年后，北京奥林匹克公园管委会第3次举办的推介会，旨在搭建京津冀体育企业互助互惠、融合发展的平台，推进体育产业提速发展，共迎冬奥。

（沙春迎）

【中国空手道公开赛】 8月3日，中国空手道公开赛暨2017全国青少年竞技空手道锦标赛在国家游泳中心开幕。来自全国56支代表队上百名空手道选手参赛。赛事由国家体育总局拳击跆拳道运动管理中心、中国空手道协会主办，北京市空手道协会、北京市丰台区空手道协会承办，北京国家游泳中心有限责任公司协办，北京奥林匹克公园管理委员会、北京市朝阳区体育局、北京教育学院丰台分院附属学校特别支持。

（沙春迎）

【“全民健身日”活动】 8月8日至13日，全国“全民健身日”活动（北京会场）暨2017第八届北京奥运城市体育文化节全民健身夏日广场在奥林匹克公园中心区庆典广场正式开幕。活动以庆典广场为中心，以“传承奥运 汇聚北京”为主题，联动奥林匹克公园其他重点区域，通过组织开展适宜全民参与的体育健身项目，展现绿色、环保、健康的生活方式与时尚、创新、积极的生活态度，传播体育文化、感受体育快乐，营造全民健身的气氛。副市长张建东，奥促会常务副会长刘敬民，奥促会副会长蒋效愚，冬奥组委秘书长韩子荣，市体育局副局长杨海滨，区委常委、副区长孙其军，奥管委副书记、常务副主任杨洪福等领导参加开幕式。

（杨　盼）

【第二届国际冬季运动（北京）博览会】 9月7日，由北京奥运城市发展促进会（BODA）联合国际数据集团（IDG）主办，北京奥运城市发展促进中心和爱奇会展有限公司承办第二届国际冬季运动（北京）博览会（以下简称冬博会）在国家会议中心开幕。冬博会以“引领未来”为主题，展区规模超过22000平方米，吸引400余家国内外知名品牌和9000余家渠道商入驻。同期举办1场主论坛及20余场平行论坛，邀请到200余位国内外行业精英，共同探讨中国冰雪产业及冰雪运动的新趋势。北京市委副书记，代市长、北京冬奥组委执行主席陈吉宁，国家体育总局副局长、中国奥委会副主席高志丹，北京市副市长、北京冬奥组委执行副主席、北京奥运城市发展促进会副会长张建东以及瑞士驻华大使戴尚贤，国际奥委会副主席于再清，朝阳区委常委、副区长孙其军出席开幕式。

（杨　盼）

【华夏幸福北京马拉松赛】 9月17日，2017华夏幸福北京马拉松赛在天安门广场鸣枪开跑，终点设于奥林匹克公园景观大道庆典广场。赛事吸引来自33个国家和地区的3万名参赛者同场竞技。

（沙春迎）

【国际刑警组织第86届全体大会】 9月26日至29日，国际刑警组织第86届全体大会在国家会议中心举行，来自158个国家和地区的执法人士、国际刑警组织负责人、相关国际机构代表出席会议。中华人民共和国主席习近平在开幕式上发表《坚持合作创新法治共赢 携手开展全球安全治理》的主旨演讲。

（杨　盼）

【第十九届北京国际旅游节】 10月1日至4日，第十九届北京国际旅游节在北京举办，主会场在奥林匹克公园庆典广场，另在顺义区、大兴区、石景山区分别设立3个分会场。有来自五大洲的28支国内外表演团队近700人参加表演。旅游节以“丝路连世界•欢乐游北京”为主题，邀请“一带一路”部分沿线国家表演艺术团队，以文化、艺术以及民间交流为载体，展现世界各国浓郁风情。

（沙春迎）

【2017中国网球公开赛】 9月30日至10月8日，2017中国网球公开赛在国家网球中心举行，吸引来自51个国家和地区的260名球员参赛，为球迷奉献268场精彩对决。赛期完全覆盖国庆、中秋“双节”假期，观众流量20.53万人次，总消费概算745万元。

（沙春迎）

【2017中国新歌声总决赛】 10月8日，2017中国新歌声总决赛在国家体育场举办，观众人数3万余人。

（沙春迎）

【第七届浪琴表北京国际马术大师赛】 10月13日至15日，第七届浪琴表北京国际马术大师赛在国家体育场举办。赛事由中国马术协会、国家体育场（“鸟巢”）主办，多美马术携手世界顶级马术赛事“亚琛世界马术大会”运营团队与“德国马术之父”鲁德格•比尔鲍姆（Ludger Beerbaum）共同打造，是国际马联3星级（CSI3*）赛事。浪琴表北京国际马术大师赛已成为国内中外骑手同台竞技最具规模和影响力的场地障碍马术赛事之一。

（沙春迎）

【智慧奥园（旅游景区）建设项目（一期）】 10月26日，智慧奥园（旅游景区）建设项目（一期）正式通过专家组验收评审，进入后期运行阶段。项目建设智慧奥园运行管理控制中心，完成核心区光纤网络建设工作以及闸机、门禁、导游机、门区大屏显示、门区定点监控综合系统管理。实现对入园游客数、在园人数等信息的实时精准统计，便于优化游客入园流线、优化商亭空间布局和合理布控安保执法力量。并开通“北京奥林匹克公园”微信公众号和“智慧奥园”手机APP，实现信息发布及推送功能。

（刘迎南）

【第九届鸟巢欢乐冰雪季】 12月23日，第九届鸟巢欢乐冰雪季开始试运营，2018年1月全面开放，持续至2018年3月初。试运营首日率先开放主场戏雪乐园。滑冰、冰壶、冰滑梯、雪地自行车、雪地足球、冬季两项、雪圈广场等十余项冰雪体验项目欢乐亮相。冰雪大课堂、鸟巢MINI冬奥会、鸟巢冰雪定向赛、中国加拿大青少年冰球友谊赛等创意冰雪活动相继在冰雪季期间开展。第九届鸟巢欢乐冰雪季由北京国资公司旗下国家体育场有限责任公司主办，北京奥运城市发展促进会、北京市教育委员会、北京市旅游发展委员会、北京市体育局、奥林匹克公园管理委员会支持。

（杨　盼）

【北京2022年冬奥会运动员村项目奠基】 12月29日，北京2022年冬奥会和北京冬残奥会北京冬奥村建设项目奠基，北京冬奥村项目建设正式启动。北京冬奥村项目位于奥体文化园，总建筑面积约19.17万平方米，是冬奥会重要非竞赛类场馆之一，赛时为各国运动员与随队官员提供住宿、餐饮、医疗等服务，赛后作为人才公租房，面向符合首都城市战略定位的人才配租。

（杨　盼）

【重点工程项目】 年内，北京奥林匹克公园重点工程项目建设稳步推进。中国国学中心正深化设计展陈。中国国家美术馆设计方案等待批复。中国工艺美术馆（非物质文化遗产展示馆）报送可研报告。国家科技传播中心建筑设计方案已确定，报送可研报告。亚洲基础设施投资银行总部工程于12月25日实现结构封顶。国家速滑馆于4月28日举行项目奠基，9月7日晚正式开始土方工程施工。北京冬奥村项目建设于12月29日正式启动。奥体文化商务园区陆续投入使用。

（邱雯昕）

【大型活动】 年内，北京奥林匹克公园举办大型活动1023项，其中会议892项、展览80项、文化活动32项、体育活动16项、国际性活动112项，国际化占比达11%。高质量完成“一带一路”国际合作高峰论坛、第八十六届国际刑警组织（ICPO）大会、2017北京国际服务贸易交易会、2017北京国际马拉松、2017中国网球公开赛等活动的服务保障工作。

（沙春迎）

【奥运功能区发展联盟平台】 年内，继续完善奥运功能区羽毛球长效活动机制，持续举办2017北京奥运功能区冰雪项目普及欢乐汇活动，“魅力奥园，美丽女性”奥园女高管“三八”联谊活动等多种形式，发挥奥运功能区发展联盟沟通联系的纽带作用，加强政企沟通联系，推进奥运功能区非公有制企业党建工作，提升园区凝聚力，为促进奥运经济稳步增长夯实工作基础。

（邱雯昕）

【楼宇建设招商】 年内，奥体文化商务园区2、3、5号地楼宇项目投入使用，4号地楼宇即将建成，06A、10B楼宇项目开始建设；8号地人才公租房项目完成建设。通过奥林匹克公园工商登记绿色通道，为新入驻园区的中外运长航财务有限公司等27家企业办理工商注册绿色通道服务。

（邱雯昕）

【国家体育产业示范基地】 年内，加强国家体育产业示范基地后续建设。组织园区国家体育产业示范基地共建单位的代表观摩、参展2017年中国国际体育用品博览会和2017体育文化•体育旅游博览会，集中展示奥园的国际化形象和“中国服务”保障品牌，加强与其他体育产业基地和区域的交流。编制并发布《北京奥林匹克公园体育产业影响力及指数研究》著作（中英文版），全面梳理自2008年奥运会以来奥林匹克公园体育产业发展情况；对照《北京奥林匹克公园国家体育产业示范基地申报联系点工作方案》，推进各项联系点工作的落实；经北京市体育局《关于命名北京市体育产业示范基地、示范单位和示范项目的批复》（京体产业字〔2017〕8号），北京奥林匹克公园获批命名为全市第一家北京市体育产业示范基地。

（邸雯昕）

【“北京奥林匹克公园”微信公众号改版】 年内，整合优化原“北京奥林匹克公园大型活动”微信公众号，改版形成“北京奥林匹克公园”微信公众号。分为奥园畅游、奥园资讯、奥园政务3个板块，15个小板块。采取每日9时推送一次，有重要活动第一时间推送的工作原则，全年发布微信200余条、图片3000余条、视频100余条，粉丝数量近9万人。

（杨　盼）

【雪亮工程“二期”】 年内，园区开展雪亮工程“二期”建设。园区标清监控摄像机合理规划整合，新建和调整99路高清监控摄像机，同时完善后端相关设备。建成后园区高清监控摄像机336台。

（刘迎南）

【旅游服务接待】 年内，接待游客咨询约150万人次。出租语音电子导游机设备1.2万余台，发放宣传资料9.5万余份，使用便民箱7000余次，使用母婴室1000余次，租借轮椅、拐杖、雨伞等1.5万余次，义务指路15.5万人次，救助外籍游客3人，捡到相机4台、手机16部、电脑1台、旅游包51个及时归还游客。

（刘迎南）

中关村朝阳园

【概况】 中关村科技园区朝阳园管委会（以下简称朝阳园管委会）为区政府派出机构，负责朝阳园的规划设计、开发建设和协调服务等工作，主任由主管副区长兼任。下设办公室、组织人事处、规划建设处、产业促进处、创新处、招商处、经济分析处、财审科、电子城科技园服务中心。行政编制39名。2015年8月，朝阳区机构编制委员会印发《关于调整中关村科技园区朝阳园管理机构设置的通知》，撤销垡头科技商务区管委会及其下设的管委会办公室，其主要职能和行政编制划入朝阳园管委会。园区企业可以享受到国家、北京市、中关村示范区、朝阳区的各类优惠政策。年内，园区入统高新技术企业总数1439家；从业人员23.2万人；工业总产值406.1亿元；总收入5538.9亿元；进出口总额199.6亿美元；实缴税费520.7亿元；利润总额344.1亿元；资产总计11640.1亿元；科技活动经费支出总额229.2亿元；企业专利申请量9991件，专利授权5372件。

地址：酒仙桥路甲12号电子城科技大厦15层
邮编：100015
电话：64311811 64317300（传真）
网址：www.zgccyy.gov.cn

（苏　姗）

【与未来论坛签署战略合作协议】 1月14日，未来论坛2017年会暨首届未来科学大奖颁奖典礼活动期间，区政府与未来论坛正式签署战略合作协议，双方发挥各自优势，开展构建新型科技创新生态系统全面战略合作。区委副书记、区长王灏以及未来论坛发起人兼秘书长武红出席并分别致辞。根据战略合作内容，未来论坛在朝阳区设立永久会址，汇聚科研、产业、资本、文化等跨界资源，打造集科普交流、前沿科技信息交流、科研转化应用交流等功能于一体的空间平台，构筑国际化研发创新高地。

（苏　姗）

【市发改委到园区企业调研】 3月9日，市发展改革委调研走访高德软件有限公司和北京淘宝科技有限公司，了解企业经营情况、行业发展情况、存在问题、发展方向及政策建议，区发展改革委、朝阳园管委会陪同调研。

（王仁清）

【市社工委到朝阳园调研】 3月16日，市社工委“两新”组织党建工作处处长李明洪一行到朝阳园党群活动中心调研“两新”组织党建工作，李明洪一行首先参观党群活动中心，了解党群活动中心的使用情况及朝阳园开发的“党员服务平台”具体功能。区社工委书记赵年生、朝阳园管委会常务副书记齐建宗陪同调研。

（刘　萍）

【稳增长重点企业座谈会】 3月17日，组织召开2017年稳增长重点企业座谈会。参会企业分别就当前经营发展情况、全年发展预期及存在问题进行座谈。区委常委、常务副区长马继业，区发展改革委、相关街乡及园区20家企业的主要领导参加会议。

（王仁清）

【总工会选举大会】 3月29日，召开中关村科技园区朝阳园总工会第一届第一次会员代表大会，选举产生委员会委员9名，经费审查委员会委员3名，女工委员会委员3名。同日，召开中关村科技园区朝阳园总工会第一届委员会全体会议，选举张海明为朝阳园总工会主席，王小林、许天赐、肖玉池为朝阳园总工会副主席。召开中关村科技园区朝阳园总工会第一届经费审查委员会，选举肖玉池为朝阳园总工会经费审查委员会主任。召开中关村科技园区朝阳园总工会第一届女工委员会，选举刘维娜为朝阳园总工会女工委员会主任。

（刘　萍）

【阿里巴巴北方运营总部情况调研】 4月11日，朝阳园管委会常务副主任苏向东、副主任刘琳到阿里巴巴北方运营总部走访调研，与企业政府事务总监熊威等相关负责人进行座谈，听取阿里巴巴北方运营总部入驻大望京科技商务区的基本情况、企业的发展现状、下一步发展计划及需要帮助协调解决的问题。

（罗　宇）

【接待涿州市委市政府考察团】 4月14日，河北省涿州市委书记王彦清、市长陈宇一行12人的涿州市委、市政府代表团到中关村科技园区朝阳园参观考察。代表团参观望京辉金大厦、施耐德电气、798艺术区、望京留创园等地，了解朝阳园基本情况。双方还就对接交流，深化对接合作进行座谈。

（刘昱辉）

【朝阳园安全生产委员会成立】 5月2日，《北京市朝阳区机构编制委员会关于成立中关村科技园区朝阳园安全生产委员会的批复》，为贯彻落实中央、北京市提出的完善各类功能区安全生产监管工作的通知精神，认真做好全区各功能区的安全生产管理工作，成立中关村科技园区朝阳园安全生产委员会，为区安全生产委员会下设二级议事协调机构。

（苏　珊）

【设立外国人出入境服务大厅】 5月2日，朝阳区外国人出入境服务大厅在电子城IT产业园正式揭牌，标志着公安部批复北京市服务业扩大开放综合试点示范区（朝阳区、顺义区）的10项出入境政策措施正式启动实施。副市长程红，市政府副秘书长徐志军及市相关部门领导，朝阳区领导吴桂英、王灏、何明、张维刚、牛国泉、李俊杰等参加活动。

（刘昱辉）

【石景山区委调研IT产业园】 5月18日，石景山区委副书记文献、区委常委组织部部长晋秋红等到电子城IT产业园、朝阳区外国人出入境服务大厅、党群活动中心调研。

（苏　珊）

【“全国科技工作者日”活动】 5月26日，“全国科技工作者日”活动在朝阳园举办。活动以“创新报国、拼搏奉献”为主题，包括成立朝阳区企业科协、科技分享演讲、创意市集等活动，围绕企业创新、高新科技成果等话题，向与会人员分享前沿科技创新知识，同时展示企业的高新技术产品和科技创新成果，向国安龙巢（北京）科技投资有限公司、海湾环境科技（北京）股份有限公司、汉义生物科技（北京）有限公司以及北京本农科技发展有限公司等12家企业科协授牌。

（刘昱辉）

【党建工作调研】 6月5日，市委常委、市委组织部部长魏小东参观视察中关村朝阳园（电子城）党群活动中心。区委书记吴桂英，区委常委、组织部部长何明等领导陪同调研。魏小东实地察看虚拟现实、增强现实、3D投影等前沿技术在党建展陈中的利用情况，了解园区在非公经济组织和社会组织中的党建开展情况。

（张浩琦）

【参加第二十届北京国际科博会】 6月8日至10日，第二十届北京国际科技产业博览会在中国国际展览中心（老馆）举办，设置京津冀协同创新展区、智慧北京与信息技术创新应用成果展区、中关村创新创业成果展区、科博会20周年展区等十余个专题展区。6月8日，市委书记蔡奇，市委副书记，副市长、代市长陈吉宁，区委书记吴桂英，区委副书记、区长王灏在朝阳园展台观看。

（段　梅）

【科技创新工作调研】 6月12日，市委常委、副市长阴和俊到朝阳区调研科技创新工作，市政府副秘书长刘印春，市科委主任许强、市经信委委员姜广智、中关村科技园副主任王汝芳，朝阳区委书记吴桂英、区长王灏、常务副区长马继业陪同调研。一行领导到绿地中心54层，俯瞰中关村朝阳园全貌，听取中关村朝阳园负责人作建设发展等情况汇报。

（苏　珊）

【中科院奥运园参观园区企业】 8月1日，朝阳园管委会邀请中科院奥运园区科研院所领导及专家到园区重点企业参观交流。中科院天地生文化传播中心袁志宁主任、中国遥感应用协会常务副秘书长卫征等领导及专家受邀参加，朝阳园管委会常务副主任苏向东、副主任刘伟及相关处室负责人陪同参观。一行人先后参观高德、安捷伦、施耐德等重点企业，在高德公司现场观看高德实时路况监控等公司核心业务情况。

（张冬梅）

【CBD创新生态发展论坛及科技成果展】 9月14日，2017北京CBD创新生态发展论坛及科技成果展在北京昆泰酒店举办。论坛以“科技创新新生态”为主题，围绕构建与创新需求相适应的科技经济体制，构建适合创新要素有序流动和高效配置的开放式创新体系，构建鼓励创新的包容性文化等话题展开探讨。区委副书记、区长王灏，区委常委、组织部长何明，区委常委、常务副区长马继业，副区长李俊杰，中关村管委会有关领导，区相关委、办、局、功能区领导，北京市有关高校、科研院所代表，区有关高层次人才代表，园区企业代表等300余人参加。

（刘昱辉）

【2017年未来青年论坛】 9月19日，由中关村管委会和区政府共同举办的2017未来青年论坛在北京望京昆泰酒店举办。论坛以“创新引领未来”为主题，选择无人驾驶、人工智能与安防、生命科技等作为讨论议题，推动创新生态系统中的政、产、学、研、资、介等各主体分别在上述产业方向上开展多维度探讨。“未来论坛青年科学家创新联盟”在会上宣告成立，来自斯坦福大学、麻省理工学院、哈佛大学、耶鲁大学、清华大学、北京大学、中国科学院等国内外一流大学、科研机构、知名企业等48位青年科学家成为该联盟首批成员，研究内容涵盖计算机、数学、物理、生命科学、电子工程、卫星、科技传播、光电研究、生态环境等多个领域。论坛当天，“未来论坛青年科学家创新联盟”成员和知名投资人、青年科技创业者等，就“如何凝聚并有效发挥创新系统各主体合力”进行探讨。中关村管委会副主任王汝芳、区委常委、常务副区长马继业及相关委、办、局领导及有关高层次人才代表350余人参加。

（刘昱辉）

【未来论坛年会】 10月28日至29日，第二届未来科学大奖颁奖典礼暨未来论坛年会在朝阳区举办。未来论坛年会，以“科学的极限”为题，三位2017“未来科学大奖”获奖人与多位诺贝尔奖获得者及世界顶级科学家，就各自研究领域最新动态展开深度科学对话。市委副书记、代市长陈吉宁与部分参会嘉宾进行座谈。陈吉宁感谢未来论坛及各位代表在普及科学知识、激发科学兴趣、扩大科学对社会的影响力等方面做出的积极贡献。

（刘昱辉）

【人事调动】 11月15日，区委组织部宣布，朝阳园工委原常务副书记齐建宗调往朝阳区科协任职；李贺清任朝阳园工委常务副书记。

（张　晔）

【大望京获“北京市绿色生态示范区”称号】 11月23日，2017年绿色生态示范区评选总结会在北京市北苑大酒店召开。会议总结2017年北京市绿色生态示范区评选工作，为获得“北京市绿色生态示范区”称号的园区颁发证书，大望京科技商务创新区获2017年

"北京市绿色生态示范区"称号被授予荣誉证书。

（李伟巍）

【大整治专项行动】 12月1日，组织召开公共安全隐患大排查、大清理、大整治专项行动工作会，会议通报《朝阳园管委会安全隐患大排查大清理大整治专项行动方案》，听取各成员单位对辖区安全隐患排查整改情况汇报及下阶段工作安排，会议要求酒仙桥等15个成员单位要切实提高认识，全面尽职履责，加大排查隐患的力度，健全安全隐患台账，全力营造功能区安全稳定和谐的社会局面。

（张旭琴）

【规划建设工作调研】 12月20日，区委常委（挂职领导）王晰宁到中关村朝阳园垡头基地天海工业、中石化助剂二厂和焦化厂旧址园现场调研，听取三家单位领导工作汇报及朝阳园管委会关于垡头中心区规划建设情况汇报。

（林 琳）

【理解未来·系列科普讲座】 年内，朝阳园管委会与未来论坛联合举办9期科普讲座，包括清华大学医学院院长董晨讲解"免疫疾病与免疫治疗"；中国科学院动物研究所基因工程技术研究组组长王皓毅讲解"基因编辑——改写人生的蓝图"以及"人工智能：大脑解放N次方""计算机科学""科技创新新生态""创新引领未来""量子计算，下一次工业革命的引擎""研究人脑与制造外脑"及"让人类再生存十万年"等系列科普讲座活动，近5000名公众到场，在线观看突破50万人。

（刘昱辉）

【政策培训】 年内，朝阳园举办多场政策培训会，重点讲解企业关注的中关村示范区中小微企业创业创新发展政策、"新四板"政策、服务业扩大开放综合试点金融政策及外籍人才出入境新政、"凤凰人才"政策等，来自园区600多家企业代表1000余人参加培训。电子城服务中心为服务企业举办多场培训会，重点讲解企业所得税汇算清缴、《中华人民共和国社会保险法》、技术合同登记等，全区近500家企业的1000多位财务人员报名参加。

（刘昱辉 司 维）

【国家高新技术企业认定308家】 年内，朝阳园管委会按照北京市科委的统一部署，做好高新技术企业认定政策的学习、培训与组织申报工作，全年分三批组织、辅导园区311家企业提交申请，308家获得高新技术企业资格认定，截至年底，园区有国家高新企业903家，较2016年数量增长6.9%。

（赵 剑）

温榆河生态走廊

【概况】 北京市朝阳区温榆河生态走廊建设管理委员会（简称温榆河管委会）是负责温榆河地区开发建设管理和协调服务工作的区政府派出机构。主要职责：负责研究编制温榆河地区总体规划，控制性详细规划和各专项规划，制定地区发展规划、相关政策和开发建设计划，并组织实施；负责统筹温榆河地区市政基础设施建设、产业发展和生态环境建设，制定地区土地开发建设计划，并组织实施；负责协调建设用地的征地、拆迁、转工、转居工作，制定征地拆迁安置计划和政策；负责温榆河地区开发建设项目的初审和报批工作，并协助相关部门开展对工程项目的财务管理和审计监督工作；负责研究温榆河地区的财政、金融运行态势，组织对外宣传和招商引资工作。承办区政府交办的其他事项。下设办公室、资源利用科、规划建设科。

地址：朝阳区金盏乡金盏东街9号
邮编：10018
电话：84334239
邮箱：wenyuriver@163.com

（孙 北）

【温榆河公园规划建设】 3月3日，区委副书记甘靖中在区机关主楼618会议室主持召开孙河湿地公园相关工作调度会，听取区委农工委、温榆河管委会、孙河乡公园孙河湿地公园相关情况及需解决问题的汇报。3月18日，区委书记吴桂英主持召开专题会，专题研究公园向市政府汇报工作、义务植树工作筹备和孙河湿地公园相关情况。4月1日，市委常委林克庆主持召开专题研究推进清河城市森林公园建设有关工作的会议。4月7日，区委书记吴桂英主持召开专题研究温榆河森林湿地公园规划建设工作和萧太后河系综合治理及绿色文化休闲廊道项目文化宣传工作情况的专题会。9月1日，温榆河管委会研究落实8月31日会议关于温榆河森林湿地公园工作分工事宜。9月6日，温榆河管委会召开第十二期主任办公会，讨论《资源利用科、办公室关于区纪委、区监委联合派驻组、区审计局全程监管温榆河生态走廊概念方案相关研究资金的工作方案的汇报》《资源利用科关于温榆河森林湿地公园前期研究工作尾款支付情况的汇报》《办公室关于温榆河森林湿地公园重点工作任务分解的汇报》。9月11日，办公室研究制定《温榆河管委会重点工作任务分解方案》中温榆河森林湿地公园任务分解方案。9月15日按照《孙河乡温榆河森林湿地公园建设住宅腾退意向签约方案》，孙河乡前苇沟、沙子营、黄港、上辛堡、下辛堡5个村拆迁腾退开始正式签约。9月28日，区长王灏主持召开2017年第二十三次区长办公会议。会议决定：同意区财政局关于安排温榆河森林湿地公园前期研究费用的意见；由温榆河管委会负责，抓紧组织高水平的专业机构，做好各项前期工作，确保高标准、高水平建设。11月7日，副区长杨建海主持召开温榆河公园朝阳示范工程专题会，听取温榆河管委会关于温榆河公园朝阳示范工程前期研究工作进展及下一步工作方案的汇报。区发改委、农委、住建委、市政市容委、文化委、财政局、审计局、规划分局、园林绿化局、水务局、温榆河管委会、孙河乡、昆泰集团参加会议。11月11日，孙河乡成5个村（前苇沟、沙子营、黄港、上辛堡、下辛堡）2549个院住宅腾退签约工作。

（孙 北）

【卢彦调研温榆河公园规划建设】 9月21日，副市长卢彦专题调研温榆河森林湿地公园规划建设工作，市规土委、市发改委、市财政局、市水务局、市园林绿化局、市水务投资中心，区长王灏、副区长杨建海、政协副主席杨树旗陪同。察看前苇沟组团棚户区改造项目住宅房屋腾退签约情况，了解农民选房安置情况；实地察看疏解非首都功能现场情况，了解温榆河森林湿地公园示范段建设情况并召开专题座谈会，对公园规划建设组织保障、资金筹措和实施主体等提出要求。

（孙　北）

【组建温榆河公园专家库】 12月6日，落实市、区领导关于建设温榆河公园的指示精神，充分发挥“朝阳区温榆河公园专家库”中各单位推荐专家在项目规划建设过程中的决策咨询作用，特由温榆河管委会副主任吴元隆主持召开会议，落实专家库建立及使用事宜，区发改委、朝阳规划分局、区绿化局、区水务局、区文化委、区市政市容委、昆泰集团参加。

（孙　北）

【领导调研】 12月8日，区委常委王晰宁到温榆河管委会调研温榆河公园规划建设情况，并进行工作指导。在听取温榆河管委会关于对温榆河公园朝阳示范区规划建设基本情况的汇报后，实地考察温榆河公园规划建设情况，对温榆河公园规划建设的前期工作给予肯定。

（孙　北）

金盏金融商务区

【概况】 北京市朝阳区金盏金融商务区管理委员会为区政府派出机构，负责金盏金融商务区规划、发展、建设、管理和综合协调工作。9月26日，经朝阳区机构编制委员会批复，金盏金融商务区管委会下属事业单位北京市朝阳金盏金融服务园区服务中心更名为北京市朝阳金盏金融商务区服务中心，其他机构编制事项不变。年内，商务区完成固定资产投资12.72亿元。

地址：朝阳区东坝大街（楼梓庄路）9号

邮编：100018

电话：84398989

邮箱：jzyqgwh@bjchy.gov.cn

（杨　雪）

【干部任免】 2月17日，程甲林任金盏金融商务区管委会服务中心副主任。6月12日，任艳霞任金盏金融商务区管委会规划发展科科长。8月30日，高昕任金盏金融商务区管委会规划发展科副科长。9月15日，张树宝兼任金盏金融商务区管理委员会支部书记，免去赵建国金盏金融商务区管理委员会支部书记职务。

（陆雨平）

【土地上市】 3月30日，金盏金融商务区两地块出让：金盏乡楼梓庄村1113—603地块竞拍起始价格为176000万元，由北京润置商业运营管理有限公司、招商局地产(北京)有限公司和北京环渤海正奇企业管理中心（有限合伙）联合体以225000万元价格摘得，楼面价格约为24369元/平方米，溢价率约为27.8%；金盏乡楼梓庄村1113—604地块竞拍起始价格为145000万元，由北京广茂置业有限公司以204000万元价格摘得，楼面价约为26772元/平方米，溢价率约为40.7%。4月14日，金盏金融商务区1113—602地块取得最终竞拍结果。金盏乡楼梓庄村1113—602地块，建筑用地面积为39744.119平方米，竞拍起始价格为227000万元，用地性质为B1商业用地，由天津金地华府置业有限公司以292000万元价格摘得，楼面价格约为24490元/平方米，溢价率约为28.6%。

（邢　琳）

【民航清算中心业务用房项目】 4月10日，民航清算中心业务用房完成临时占地延期手续；9月1日，完成预验收。

（齐宏意）

【安全生产委员会成立】 5月2日，经区机构编制委员会批复，成立北京市朝阳金盏金融商务区安全生产委员会。负责发挥统筹协调作用，督促驻区企业、相关责任单位履职尽责，解决安全生产工作中的突出矛盾和问题。

（易洪芳）

【宣传推介】 6月8日至10日，金盏金融商务区参加第十九届中国北京科技产业博览会，重点推介园区综合功能定位及整体风貌。年内，金盏金融商务区参加“十三五”期间规划艺术馆展览展示，加大宣传力度，力争吸引更多洽谈企业。

（高　昕）

【广发金融中心（北京）项目】 6月9日，广发金融中心（北京）项目取得消防设计审核意见书。6月16日，取得人防工程施工图备案意见书。6月30日，取得年度投资计划，因广发银行董事会变更，该项目处于停滞状态。

（齐宏意）

【温榆河法庭及档案楼项目】 6月9日，温榆河法庭及档案楼建设项目取得《人防工程施工图意见书》。6月30日，温榆河法庭及档案楼建设项目开工建设。该项目规划建设用地面积约0.6公顷，规划建筑规模约0.9万平方米，总投资额约1.01亿元。

（齐宏意）

【领导调研】 12月8日，副区长李俊杰到金盏金融商务区，专题调研园区推进规划建设等重点工作，在听取园区的工作汇报及各参会部门意见后，李俊杰副区长对园区项目推进、规划建设等重点工作提出要求。

（杨　雪）

【党组成立】 12月29日，经朝阳区委组织部批复，中共北京市朝阳金盏金融商务区管理委员会党组成立，党组书记张树宝，党组成员张春雷、罗英。

（霍　蕊）

【中信金盏金融后台综合服务中心项目】 年内，位于金盏28号地的中信金盏金融后台综合服务中心进入玻璃幕墙、小市政施工阶段。6月10日，金盏29号地取得施工许可证，开挖基坑施工。

（齐宏意）

【基础设施建设】 年内，东坝路完成东侧500米全幅路的地下管线及路面铺油施工；三岔河村北街完成已拆迁东段约100米雨水、污水管线、电力管井施工；东高路完成东坝大街以南的所有管线施工；金盏纵五路完成东坝大街南侧约200米清表降水工作；东坝大街的道路养护移交已完成档案移交和现场勘验工作。

（易洪芳）

国家文化产业创新实验区

【概况】 国家文化产业创新实验区以“北京商务中心区（CBD）—定福庄”一带为核心承载空间，东至八里桥朝阳区与通州区界，南至广渠门外大街—广渠路及其东延长线，西起东二环朝阳区与东城区界，北至工体北路—姚家园路及其东延长线，行政区域面积78平方千米。北京朝阳国家文化产业创新实验区管理委员会（加挂北京国家广告产业园区管理办公室牌子）为区政府的派出机构，机构级别正处级，下设办公室、规划建设科、产业发展科和政策法规科。主要职责：负责国家文化产业创新实验区（不含北京商务中心区）规划、建设、管理等组织协调工作；负责国家文化产业创新实验区内文化产业发展的协调推进工作。年内，在文创实验区登记注册的文化企业（单位）37601家，其中新增注册资本金5000万元以上220家，1亿元以上72家，注册资本金合计213.1亿元。实验区范围内已汇聚人民日报社、中央电视台、中国国际电视台、北京电视台、凤凰集团、万达文化、恒大文化等一批知名品牌文化企业，培育出蓝海电视、普罗派乐、华韵尚德等一批国家文化出口重点企业。

地址：西大望路甲12号
邮编：100124
电话：010-67730990
邮箱：wenchuangshiyanqu@126.com

（李孟杰）

【设立文创产业发展基金】 1月17日，区委常委、宣传部部长刘军胜，区委常委、副区长孙其军主持召开专题会，研究设立朝阳区文化创意产业发展引导基金相关事宜。8月2日，召开2017年第十八次区长办公会，审议并原则通过《朝阳区文化创意产业发展引导基金设立方案》。8月11日，召开2017年第三十一次区委常委会，审议并原则通过《朝阳区文化创意产业发展引导基金设立方案》。

（李孟杰）

【文化部领导调研】 2月16日，文化部政策法规司副司长王建华、文化产业司副司长宋奇慧，国家新闻出版广电总局政策法制司副司长高思等到文创实验区开展文化产业促进法调研。3月29日，文化部文化产业司副司长宋奇慧，到文创实验区专题调研2017年如何更好地推进实验区建设，围绕顶层设计、京津冀文化产业协同发展、文化金融、双创人才、品牌宣传等工作提出建设性意见和具体要求。文创实验区管委会和京津冀文化产业园区（企业）联盟相关负责人参加座谈。9月1日，文化部党组成员、副部长张旭，市委常委、市委宣传部部长杜飞进调研国家文化产业创新实验区建设情况，文化部有关部门领导赵雯、宋奇慧，市有关部门领导陈冬、赵磊，区领导吴桂英、王灏、刘军胜、孙其军陪同。

（李孟杰）

【重点企业发展】 3月9日，中国环球广播电视有限公司正式落户国家文化产业创新实验区。该公司是中国国际电视台的市场运营主体，注册资本10亿元，全面服务保障中国国际电视台的建设、运行、发展，包括内容制作、媒体合作、海外分台建设及落地推广等。9月21日，国家文化产业创新实验区重点文创企业——掌阅科技在上海证券交易所上市交易，成为国内第一家数字阅读上市企业。

（李孟杰）

【知识产权保护】 4月28日，2017年朝阳区“4·26”知识产权宣传周启动暨国家文化产业创新实验区12330分中心、工作站成立仪式在东郎电影创意产业园举行，分中心下设东郎电影创意产业园、竞园国际影像产业基地、铜牛电影产业园等5个12330知识产权保护服务工作站，重点为文创企业提供版权注册、专利申请及快速维权等服务。北京市知识产权局副巡视员周立权，区委常委、常务副区长马继业出席会议，北京12330、区知识产权局、文创实验区管委会、区知识产权联席会成员单位相关领导及12330工作站、科技、文化企业代表等120余人参加活动。

（李孟杰）

【“精准服务促发展”活动】 4月28日，区文创产业“精准服务促发展”系列活动——文化创意企业政策解读会暨战略合作机构签约仪式在北京工业大学建国饭店举办。“精准服务促发展”系列活动全年举办15场，是朝阳区针对文创企业发展中重点关注的政策、法规、金融、财税等热点问题，主动对接优质服务资源，充分发挥专业机构的力量，搭建智力服务平台，帮助文创企业尤其是中小型文创企业开阔视野、谋划全局、赢得更加广阔的发展空间，构建朝阳“高精尖”产业结构，提升朝阳区文化产业规模化、集约化、专业化发展水平。

（李孟杰）

【区领导调研】 8月17日，区政协主席陈涛、副主席王文远、秘书长王玉华以及部分区政协委员专题调研国家文化产业创新实验区，实地参观考察齿轮场品牌创业文化园和铜牛电影产业园，召开专题座谈会，听取文创实验区管委会政协提案办理情况、国家文创实验区工作推进情况的汇报。10月12日，区委常委、区纪委书记、区监委主任席成坡一行到国家文化产业创新实验区调研，听取文创实验区管委会党风廉政建设及相关重点工作开展情况的汇报。年内，主管区领导区委常委、宣传部部长刘军胜，区委常委、副区长孙其军，区委常委、统战部部长、区直机关工委书记黄晓伟先后多次深入实验区进行专题调研，全面了解园区及企业发展难题，协调推进重点项目建设。

（李孟杰）

【市领导调研】 8月28日，市领导蔡奇、杜飞进、崔述强围绕“深入学习贯彻习近平总书记视察北京重要讲话精神，认真落实市第十二次党代会精神，推动国家文化产业创新实验区建设，打造中国特色社会主义先进文化之都”主题到朝阳区调研，实地察看朝阳规划艺术馆、朝阳区文化馆和郎园文化创意产业园等，召开专题座谈会，听取朝阳区加快推动文化创意产业发展情况的汇报。11月11日，市领导蔡奇、崔述强调研位于国家文化产业创新实验区的塞隆国际文化创意园并参观驻园企业，区领导吴桂英、黄晓伟陪同。11月18日，北京市委常委、宣传部部长杜飞进调研位于国家文化产业创新实验区的塞隆国际文化创意园、吉里（北京）国际艺术区、华膳园传媒文化产业园，市委宣传部副部长余俊生、市委宣传部秘书长张爱军，区领导吴桂英、黄晓伟陪同。

（李孟杰）

【文化产业协同发展】 8月28日，京津冀文化产业协同发展中心启动活动暨京津冀文化产业协同发展研讨会在文创实验区举办，京津冀文化产业协同发展中心由中国文化产业协会、国家文化产业创新实验区共同建设成立，是第一个依规设立的促进京津冀文化产业协同发展的全国性社会组织，对于三地文化产业协同创新发展具有十分重要的意义。文化部文化产业司领导，京津冀三地宣传文化部门领导，朝阳区相关领导，中心协同合作机构代表、全国文化领域、投资领域、研究机构等近300人参加活动。

（李孟杰）

【举办发展论坛】 9月16日，2017国家文化产业创新实验区发展论坛在凤凰中心举办。围绕“创新•融合•协同•共享”主题，聚焦首都全国文化中心建设，聚焦京津冀文化产业协同发展，聚焦大运河文化带建设，聚焦国家“一带一路”倡议和中华文化“走出去”，聚焦国家文化产业创新实验区规划建设，助力首都全国文化中心建设。全国人大教科文卫委员会主任委员柳斌杰，文化部党组成员、副部长张旭，市委常委、宣传部部长杜飞进，国家发改委副秘书长范恒山，文化部有关司局领导赵雯、宋奇慧，市有关部门领导余俊生、陈冬、赵磊、张爱军、洪继元、梅松，区领导吴桂英、王灏、刘军胜、孙其军、黄晓伟，中国传媒大学党委书记陈文申出席活动。9月14日至17日，2017国家文化产业创新实验区发展论坛3个分项活动——“科技•艺术•公益”文化节启动活动、2017主旋律电影发展论坛、“提质增效，转型升级，激发创新活力”文化创新发展论坛，分别在郎园文化创意产业园、铜牛电影产业园和中国传媒大学举办。

（李孟杰）

【实施“蜂鸟计划”】 9月16日，在2017国家文化产业创新实验区发展论坛活动上，文创实验区发布首批认定270家“蜂鸟企业”名单，正式实施“蜂鸟计划”助飞行动，为实验区内经营灵活、发展迅速、潜力巨大的“蜂鸟企业”提供全方位的政策支持和多元融资解决方案，助飞企业。

（李孟杰）

【干部任免】 9月20日，区委组织部宣布文创实验区管委会干部任免事宜，经区委研究决定：免去云建明文创实验区管委会党支部书记职务，任调研员，抽调区委巡察组工作，任组长；任命丰春秋为文创实验区管委会党支部书记职务；免去屈福来北京国家广告产业园区专职副主任职务；任命王勇刚为北京国家广告产业园区专职副主任职务。

（李孟杰）

【召开老旧厂房现场会】 9月23日，北京市保护利用老旧厂房拓展文化空间现场推进会在751北京时尚设计广场召开。市委常委、宣传部部长、市推进全国文化中心建设领导小组副组长兼办公室主任杜飞进，副市长、市推进全国文化中心建设领导小组副组长王宁出席，区领导吴桂英、王灏、刘军胜、孙其军、黄晓伟参加会议。杜飞进强调，老旧厂房是城市文化的金山银山，老旧厂房保护利用要落实市委书记蔡奇“该保则保、不能拆占”的要求，将保护性利用和创新性改造结合起来。各区要把老旧厂房保护利用纳入区委、区政府重要议程，合理规划转型方案，为老旧厂房保护利用开辟审批绿色通道，提供良好政策环境。

（李孟杰）

【文化科技融合现场会】 10月14日，北京市促进文化与科技融合发展现场推进会及实地调研活动举行。市委常委、副市长、北京推进科技创新中心建设办公室副主任阴和俊出席并带队参观考察文创实验区内的莱锦文化创意产业园和郎园文化创意产业园，区领导吴桂英、王灏、马继业、孙其军、黄晓伟陪同。

（李孟杰）

【引导资金支持项目】 10月25日，文创实验区管委会正式面向社会公开征集2017年度国家文化产业创新实验区建设发展引导资金支持项目，在申报规定时间内公开征集162个项目。

（李孟杰）

【参加文化产业园区建设工作会】 12月4日至5日，文化部在湖南省长沙市组织召开推进文化产业园区建设和企业发展工作会议。文化部党组书记、部长雒树刚出席会议并讲话。文创实验区管委会作为文化部在全国选取的6家单位之一，在会上做典型发言，全面介绍文创实验区建设发展先进经验。

（李孟杰）

【成立党组】 12月29日，经朝阳区委常委会研究，批复成立中共北京朝阳国家文化产业创新实验区管理委员会党组，党组书记由丰春秋担任，党组成员包括王娟、王建军、王勇刚、李强、云建明等。

（李孟杰）

【接待考察团】 年内，文创实验区管委会接待国家相关部委、省市文化产业官方参观考察团69批次，4390人。

（李孟杰）

【“智汇三三”高端沙龙】 年内，围绕“跨界•引领•前沿——文化金融融合创新之道”“主动融入——国家文化产业创新实验区创新推动‘一带一路’文化发展与合作”“学习宣传贯彻党的十九大精神——聚焦创意与城市更新”“大数据、大文化、大产业——文化产业的数字化创新”主题，举办四期“智汇三三”高端沙龙，搭建政、企、学三方良好的互动沟通平台，提升文创实验区品牌影响力。

（李孟杰）

财税金融

财　政

【概况】 北京市朝阳区财政局（简称区财政局）是区政府领导下的主管朝阳区财政收支和财政监督工作的职能部门。设办公室、综合科、预算科、资产管理科、国库科、城乡财政科、行政政法科、教科文科、政府采购办公室、基本建设科、市政管理科、社会保障科、产业资金科、会计科、财政监督科、金融科、法制宣传科、人事科。下属监督检查所、国库集中收付中心、预算编审中心、绩效考评中心4个事业单位，全局行政编制98人，事业单位人员编制71人。年内，一般公共预算收入完成5081671万元，比上年增加310322万元，增长6.5%。

地址：日坛北路3号

邮编：100020

电话：65090308

（李　伟）

【改革政策落实】 4月8日，正式实施医药分开综合改革，区财政局会同区卫计委进行方案研讨、收入测算及情况汇总分析等支持开展医改的工作。年内，区财政局牵头开展朝阳区公务用车制度改革后车辆排放标准统计工作，摸清区车改后车辆排放情况，尤其是国一、国二公务车排放情况，落实车改政策并向区政府提出相关措施和建议。

（李　伟）

【项目资金管理】 9月，审议通过朝阳区文化创意产业发展引导基金设立方案，向出资人代表区国资中心拨款3亿元，督促出资人代表和基金管理人履行管理职责，规范基金运作，健全基金内部管理制度，定期向区财政报送基金运行情况报告。推广政府和社会资本合作PPP模式，履行PPP论证审核程序，聘请PPP咨询机构，按时做好PPP信息公开工作，推动PPP项目实施的公开透明和PPP市场的良性竞争。安排上级财政拨付的奖补资金，支持朝阳区PPP项目落地实施。完成对“孙河乡前苇沟组团棚户区改造土地开发项目”的财政承受能力评价工作，出具财政承受能力意见，启动项目。开展“崔各庄乡黑桥村、南皋村棚改项目”的财政承受能力研究，组织棚改项目申请市财政贷款贴息工作。

（李　伟）

【财政收支】 年内，一般公共预算收入完成5081671万元，比上年增加310322万元，增长6.5%，收入居全市各区首位；政府性基金预算收入累计完成2610159万元，比上年增加1238610万元，增长190.3%；国有资本经营预算收入累计完成11786万元，比上年减少1189万元，降低9.2%。一般公共预算支出5133786万元，比上年增长13.3%，完成预算的110%；政府性基金预算支出2140394万元，比上年增长79.8%，完成预算的470.7%；国有资本经营预算支出10048万元，比上年增长12.4%，完成预算的78%。

（李　伟）

【预算管理】 年内，强化预算执行管理，执行《朝阳区财政局关于加强预算执行管理的意见（试行）》，加快审批流程，配合督促预算单位启动预算项目，按进度支付资金。盘活存量资金、合理控制库款，制定《朝阳区盘活财政存量资金管理办法》，建立盘活存量资金的考核机制、约谈通报机制、消化存量与部门预算挂钩机制、暂存款及暂付款的定期清理机制等。加强政府性债务管理，规范债务管理程序，年度债务计划和第一、第二批债券置换方案报区政府审批，将全区债务总体情况向区人大常委会报告，扩大预算及“三公”经费信息公开范围，推进区本级政府及部门预决算、“三公”经费预决算等公开工作，细化公开内容。

（李　伟）

【资产监管】 年内，完成2016年度行政事业单位资产报表工作，分析全区行政事业单位2016年度资产占有、使用、变动以及管理情况，落实2016年度政府资产报告试点工作。摸清政府储备物资、受托代理资产、公共基础设施底数，防止国有资产流失。践行出租、出借清理整顿规范工作，完成2017年朝阳区事业单位及事业单位所办企业国有资产产权登记工作，摸清家底，夯实管理基础。

（李　伟）

【预算资金动态监控】 年内，预算执行动态监控系统累计监控财政资金支付信息383182条，金额3747804.94万元；发现预算单位疑点信息132条，金额414.33万元。与上年同期相比，疑点信息数量有所下降，各类疑点信息的发生得到控制。整改同级审（同级审计）问题，针对疑点信息，按照动态监控管理办法要求预算单位进行整改。

（李　伟）

【绩效监督】 年内，开展绩效目标填报、事前绩效评估、事中绩效跟踪、事后绩效评价等绩效考评业务工作。完成2016年度财政支出绩效自评工作。“城乡居民养老保险基础养老金”“区属道路养护维修”等61个大额重点项目纳入事后绩效评价，涉及教育、卫生、残联等25个预算部门，涉及财政资金419435万元，比上年增加46039万元。完成2017年度绩效目标申报工作，“金融产业发展资金”“医疗设备购置经费”等151个项目申报绩效目标，涉及预算资金561968万元，比上年增加90个项目、增长142533万元。完成“政府购买服务”等18个项目的事前绩效评估工作，涉及财政资金34200万元。对年初填报绩效目标申报表的预算项目进行绩效跟踪工作，涉及150个项目，预算资金561076万元。完成2016年度“菜篮子工程建设资金”“社区创享计划”等17个项目的事后绩效评价工作，涉及财政资金47173万元。完成2016年度北京市区县预算绩效管理考核自评工作，针对考核的基础建设、目标管理、绩效评估、跟踪、评价及结果等8个方面23个指标，经考核被评定为“优秀”。配合2017年市对区财政支出绩效评价工作，包括“财政支农转移支付整合资金（农业、林业、水务）”“节能减排及环境保护专项资金”等5个转移支付及大额专项项目，涉及财政资金65535万元。

（李　伟）

【财政增收潜力挖掘】 年内，与国税、地税部门沟通，协调国税部门开展部分企业所得税汇算清缴，协调地税部门开展重点项目的土地增值税清算补缴。加大非税收入挖潜力度，梳理国有资产存量状况，挖潜国有资产出租、出借收入。挖潜重点工程相关的潜在非税收入，跟进梳理重点工程各环节涉及的挖掘费、占地占道费、拆迁补偿款等各项潜在非税收入按标准征收。掌握朝阳区各主体产业及西城、海淀等区的财政收入增长情况，跟进全区经济、税收的发展态势，通过本区收入日报、市区两级旬报的横向比较，保证区领导在第一时间获悉最新的收入情况。争取土地出让成本、收益返还。

（李　伟）

【“疏解整治促提升”投入】 年内，开展“疏解整治促提升”专项行动，以“疏解增绿上水平”为主线聚焦廊道、重点地区重点项目建设，安排专项资金，推进广渠路沿线、长安街延长线、萧太后河系等中心城区重点区域整治提升。安排专项资金，清退农村地区低级次产业、拆除出租大院，为朝阳区产业升级、城市发展、环境保护等拓展发展空间。区财政协调区住房城乡建设委、区房管局等部门推进2012年度至2015年度老旧小区综合整治决算评审。

（李　伟）

【宜居环境建设投入】 年内，在区级预算中安排“无煤化”专项资金10亿元，用于朝阳区“无煤化”专项工作。区财政配合区农委、区发展改革委、区社会办、区环保局等部门，制定朝阳区“无煤化”工作实施方案，推进“煤改电”“煤改气”等工作落实。拨付市区资金164950.21万元。其中“无煤化”市级专项资金9007.44万元，“无煤化”区级专项资金76084.77万元，基本建设资金79858万元。推进2017年环境建设及综合整治工作，安排区级预算资金159429.59万元，当年项目资金102841.45万元，结算2016年项目资金56588.14万元。环境整治项目资金拨付152731.88万元，安排绿化美化资金27687.53万元，平原地区造林工程资金3970万元，缓解交通拥堵资金4410万元，区属道路运行维修资金19215.5万元，垃圾分类工作经费5114万元。安排资金36000万元用于朝阳区水环境生态治理，安排黑臭水体清淤治理资金14484.15万元，用于河道清淤、改善地区水环境。安排跨界断面治理资金4100.13万元，追加应急资金1373.25万元，用于保障朝阳区新增两个未达标考核断面治理工作开展。安排4520万元用于开展防汛项目；安排河道日常维护和污水治理8861万元；节水型社会建设资金1805万元，达到水资源高效利用；安排专项经费698.44万元，保障“河长制”推行。

（李　伟）

【统筹城乡事业发展投入】 年内，区财政拨付金盏乡雷庄村紧急避险周转补助1308.96万元，用于紧急避险周转安置。区财政拨付专项资金1650万元，消除老旧小区安全维稳隐患、完成南沙滩社区等11个老旧小区雨水、污水等设施改造工程。区财政安排2972万元，支持孙河、小红门等11个乡11个村环境建设工作，完成村内道路翻修、沟渠整治、墙体粉饰等工程。街乡安排资金14808万元，为民办实事502项，涵盖便民服务、环境改善、文体生活等诸多贴近民众生活的实事。

（李　伟）

【社会保障体系建设投入】 年内，拨付公益性就业组织区级补助、街乡就业工作绩效考核奖励经费、高技能人才培训补贴经费等各类就业再就业资金4889.13万元，保障就业政策落实。1月，城乡居民基本养老保险基础养老金调整为每人每月610元，城乡居民老年保障福利养老金调整为每人每月525元，区财政全年拨付城乡居民养老保险基础养老金9356.46万元。拨付无保障老年人福利养老金9836.94万元。落实市区两级资金2800余万元，完成元旦、春节送温暖资金保障，涉及民政、卫生、残联等18个部门，慰问惠及全区8万余名困难对象。区级预算中安排儿童福利院相关工作经费551万元，支持区儿童福利院建设。投入1292.89万元用于残疾人职业康复劳动运转等，惠及残疾人8000余人。政府购买服务项目投入经费1361万元作为朝阳区试点工作推进的助残康复，惠及残疾人3164人。拨付享受助残服务残疾人经费1073.92万元，88497人次。

（李　伟）

【公共卫生服务投入】 年内，拨付基本公共卫生经费12529万元，促进基本公共卫生服务均等化。拨付“两癌”筛查、艾滋母婴阻断经费等2541万元，保障重大公共卫生服务项目开展。拨付社区卫生服务中心（站）常用药品零差率补贴2801万元，缓解百姓“看病贵”问题。安排社区卫生服务机构医疗设备购置经费7705万元，装修及维修经费4946万元，改善就诊环境；安排严重精神障碍患者门诊使用免费基本药品经费400万元，严重精神障碍患者监护人看护管理补贴676万元。拨付独生子女父母一次性奖励和一次性经济帮助经费1350万元；拨付失独家庭互助基金项目经费519万元；拨付新风系列人口文化阵地管理经费、早教项目点工作经费、心灵家园补助等经费544万元；拨付流动人口计划生育管理经费406万元。

（李　伟）

【教育等各项事业发展投入】 年内，教育支出967975万元，用于学前教育78657万元，基础教育612012万元，职业教育23755万元。落实“两免一补”政策，及时拨付奖助学金、免学费、减免教科书补助资金等各类经费343万元。全年支出12559万元，确保社会力量办园及非教育部门公办幼儿园资金到位。安排市区两级财政资金11266余万元，保障区开展地方特色的群众文化活动，图书馆、民俗博物馆日常运行维护，开展历史文脉研究。拨付市区两级财政资金7677余万元，支持区全民健身及重大赛事活动的举行，保障区业余体校及体育场馆的硬件更新和升级。安排各类科技科普类资金5628余万元，奖励对区发展经济贡献因素较大的科技企业，提供区基层科普工作资金保障。安排科技科普类资金6000余万元，奖励对区发展经济贡献因素较大的科技企业。为做好区基层科普工作提供有力资金保障。

（李　伟）

税务

国家税务

【概况】 朝阳区国家税务局（简称区国税局）成立于1994年8月31日，是北京市国家税务局的派出机构，1994年10月1日起在朝阳区行政区域内行使国家税收征管职能。主要工作任务是：在北京市国家税务局和北京市朝阳区人民政府的领导下，贯彻执行国家税收法律、法规和规章，组织中央税收收入和中央、地方共享税税收和部分地方税税收收入，维护和规范税收秩序，为促进市、区的改革开放、经济建设服务。局内设机构32个。内设机构15个，包括办公室、政策法规科、货物和劳务税科、所得税科、收入核算科、纳税服务科、征收管理科、财务管理科、人事科、教育科、监察室、大企业和国际税务管理科、进出口税收管理科、机关党委办公室、离退休老干部科。直属机构2个，包括稽查局、车辆购置税征收管理分局。事业单位2个，包括信息中心、机关服务中心。派出机构13个，第一税务所至第十三税务所。有干部职工711人。年内，税收收入完成1227.57亿元，比上年增长14.9%，增收159.39亿元。其中，组织区级收入258.28亿元，比上年增长22.2%，增收46.98亿元。

地址：左家庄东里甲3号

邮编：100028

电话：64653418

（孙　斌）

【纳税服务】 1月3日，朝阳国税局呼叫中心开始独立运行，启用“84552366”咨询热线。年内累计接听电话74500通，通话时长4011小时。“北京朝阳税务”微信公众号16.3万人关注。推送热点资讯1185篇，发布文字186万字，累计阅读量323万次，位列全国税务类政务微信公众号前10名。年内开展2016年度纳税信用评定工作，经过区国税局、地税局系统的初步评定，有12087户企业被评为纳税信用A级企业，109088户被评为B级企业，2974户企业被评为C级企业，4964户被评为D级企业。

（孙　斌）

【税务登记】 年内，税务登记户数507353户，正常开业331630户，其中企业户290807户、个体工商开业登记40823户。新增税源58833户，其中企业户57095户、个体户1738户。与上年相比，企业户新增3595户，增长6.72%；个体户减少2311户，下降57.08%。

（孙　斌）

【税务稽查】 年内，发挥稽查组税收稽核等职能，以“选项、时限、内容、结果”为工作要求。加强案源分析和研讨，筛选4970户D级企业列入异常稽查对象名录库，对19户企业开展随机抽查。持续打击涉税违法行为，从风控与稽查互动、税警联合、惩戒宣传三方面入手，内外合力对发票违法犯罪行为实施打击，将350户企业纳入风控管理，协助公安局抓捕39人、刑拘34人。与北京电视台合作拍摄《税收天地》1期，联合区国税局办公室组织纳税人观看“黑名单”案件专题片。发挥团队检查力量，在医药行业专项和财产损失自查辅导等重点检查中实现稽查堵漏增收职能。全年查补税款8.47亿元。

（孙　斌）

【税收宣传】 年内，围绕“深化税收改革、助力企业发展”主题，加强与区地税局合作，开展一系列宣传活动，为推动税收改革营造舆论氛围。包括配合北京财经频道《税收天地》栏目拍摄，通过稽查经典案例传递税收知识，增强纳税人的税收遵从度；在《中国税务报》《北京晚报》等媒体刊登报道35期，从税收、民生、法制等多个角度宣传税法与民生的关系，让社会各界更多的了解税法知识，增强纳税意识；做客北京交通广播（FM103.9兆赫）《一路畅通》节目、在高校开展税收沙龙活动、税收宣传主题舞台剧等，宣传政策。

（孙　斌）

【所得税汇算清缴】 年内，完成2016年度企业所得税汇算清缴，企业所得税纳税人汇算户数达到16.4万户，比上年增加2.8万户，实现2016年度所得税汇算清缴入库149亿元。

（孙　斌）

【减税政策落实】 年内，开展“营改增”辅导，帮助纳税人了解政策、用好政策，引导纳税人更好地适应新税制，享受改革带来的减税红利。辅导涉及一般纳税人13167户，辅导纳税人43345户次。贯彻落实国务院六项减税政策，对辖区内企业展开摸底排查，建立两级联动体系，采取开展业务培训、重点税源上门辅导服务等方式，确保六项减税政策落地。朝阳区符合六项减税政策的企业有近4万户，其中享受小型微利企业所得税优惠企业33836户，累计减免税额24904.49万元。

（孙　斌）

【风险控制管理】 年内，针对管户多、管理难度大的特点，提升风险控制理能力。实施风险应对23357户，全年风险核查21690户，其中有问题20530户，风险分析识别命中率94.65%，查补税款51.05亿元，同时调减留抵税额0.18亿元，弥补亏损6.33亿元。

（孙　斌）

【国税、地税合作】 年内，区国税局、地税围绕“深化税收改革、助力企业发展”主题开展系列宣传活动，为推动税收改革营造舆论氛围。联合开展税务培训，依托“北京朝阳税务”微信公众号，联合推出“税企微课堂”线上培训，采取多期传输、实时对接、五分钟微课堂的模式，利用微信公众平台叠加效应，力求实现培训效果最大化。联合业务扩展，召开联席会议，就建立信息资料交换共享机制等问题做出明确决定，营造共治、高效、和谐的税收环境。

（孙　斌）

【办税环境优化】 年内，相继对几个办公区域进行优化和升级，世通国际大厦第二办公区正式对外办公，整合分散的办公职能，积聚办公效能；十里河办税服务厅完成优化改造，实现办税服务厅合理化布局。光华路SOHO二期的CBD办公区正式投入使用，全力打造富有时代特征和国际元素的市级标杆税务所。

（孙　斌）

【国税局税务所】

名称	地址	电话
1. 朝阳区国家税务局	左家庄东里3号	64653418
2. 第一税务所	左家庄东里3号	84516036
3. 第二税务所	小八里庄37号	67343755
4. 第三税务所	姚家园路101号新七彩商业中心西楼4层	85569628
5. 第四税务所	姚家园路101号新七彩商业中心西楼4层	85569622
6. 第五税务所	潘家园华威北里甲26号	87716176
7. 第六税务所	左家庄东里3号	84551699
8. 第七税务所	管庄乡燕京医药公司东侧	65765705
9. 第八税务所	姚家园路101号新七彩商业中心西楼4层	85569632
10. 第九税务所	小八里庄37号	87373718
11. 第十税务所	驼房营南里	64369392
12. 第十一税务所	朝外大街乙6号（朝外SOHO）C座3层	58697940
13. 第十二税务所	小关东街24号	64968597
14. 第十三税务所	潘家园华威北里甲26号	67793301
15. 车购税管理分局	姚家园路甲1号东办公楼3层“一站式”服务大厅	51193150

（孙　斌）

地方税务

【概况】 朝阳区地方税务局（简称区地税局）受北京市地方税务局和朝阳区人民政府双重领导，在朝阳区行政区域内行使地方税收管辖权。主要职责是负责本辖区内宣传、贯彻、实施有关地方税收工作的法律、法规及规章。根据市地税局和朝阳区政府确定的预算收入计划指标，负责编制辖区内地方税收计划，并组织实施。负责依法实施征管范围内各种税、费的征收和管理工作。监督检查辖区内各纳税义务人依法履行纳税义务的情况，并对各种涉税违法、违规行为进行行政处罚。实施辖区内税收政策咨询和纳税服务工作。研究税收理论和税收政策，分析税收信息，掌握税收动态。设16个科室[2017年新设立机关党委（党建工作科）和离退休干部科]，15个税务所，1个稽查局，1个机关后勤服务中心。年内，完成各项税费收入817.3亿元，同口径增收51.3亿元，增长6.7%。其中，完成地方公共财政预算收入499.1亿元，同口径增收30.9亿元，增长6.6%，占全市一般公共预算收入的21.9%。

地址：来广营红军营南路甲三号

邮编：100012

电话：010-87426551

网址：http://chaoyang.tax861.gov.cn

（杨　超）

【税收法治】 9月30日，修订《北京市朝阳区地方税务局合同管理办法》，开发合同管理信息平台，管控合同资金申请、合法性审核和审批签订履行等全过程，完善合同管理内控机制。作为复议机关受理行政复议案件1起，作为复议被申请人提起行政复议3起，沟通后申请人均主动撤回复议申请。1例案件经过调解，申请人放弃复议申请。作为被告参与行政诉讼案件4起，3起案件原告撤诉，1起案件胜诉。

（杨　超）

【税务登记】 年内，有税务登记户数396945户（其中正常户366183户）。其中内资企业326349户，外资企业20427户，个体经营46307户，非企业单位2827户，其他类型1036户，人均管户约2400户，居全市第1。

（杨　超）

【非税收入】 年内，组织教育费附加、地方教育附加、文化事业建设费、外商投资企业土地使用费、残疾人就业保障金、工会经费等费金收入65.3亿元，比上年减少4.1亿元，下降5.9%。

（杨　超）

【税收收入特点与分析】 年内，房地产业完成税收收入201.1亿元，同口径增长26.5%，占税收收入的26.7%。金融业、科学研究和技术服务业、租赁和商务服务业、信息传输、软件和信息技术服务业合计完成税收收入284.6亿元，占税收收入近四成。按税种划分，个人所得税完成407.2亿元，比上年增长6.6%，占比为49.8%。企业所得税完成77.8亿元，增长1.7%，占比为9.5%。财产和行为税完成247.4亿元，比上年增长11.1%，占比为30.3%。非首都功能疏解相关产业税收规模下降，采矿业下降12.6%。

（杨　超）

【税收政策落实】 年内，贯彻落实国务院6项减免税政策，推进“大众创业、万众创新”，全年减免税金120.1亿元。其中，涉及改善民生58.8亿元；鼓励高新技术企业11.9亿元；促进小微企业发展4.9亿元；节能环保1083万元等。落实京津冀协同发展和疏解非首都功能工作，核查市场、物流、制造业等各类疏解企业153户。探索非货币性资产投资、高新技术企业转增股本等分期缴纳事项的后续管理工作。

（杨　超）

【税种管理】 年内，加强个人股权转让征收管理，采取限时办理和即时办理相结合的工作方式，受理业务1.3万份，征收税款12.3亿元。核实2016年度股权转让信息，补缴税款1136万元。加强新三板上市公司股权转让纳税核查，查出医疗机构药品集中采购环节未缴纳印花税问题。做好水资源税和环境保护税开征前准备工作。

（杨　超）

【纳税服务】 年内，探索纳税人免费自行预约接受纳税辅导新模式，巩固实体纳税人学堂建设，邀请税务师事务所专业讲师集中授课10场。制作朝阳区地税局自然人股权转让专栏，推广“北京朝阳税务”微信公众号。领跑存量房交易“互联网+纳税服务”模式，成功办理全市第一例网络审核二手房“跨区缴税”业务。向280家高新技术企业介绍有关政策。完成12.9万户纳税人信用等级评级，其中A级纳税人1.2万户。扩大免填单范围，提升纳税人办税效率。推进联合办税，在国税大厅设立地税服务窗口4个，日均办理量300余人次。

（杨　超）

【税收征管】 年内，新增税源户5万户。聘请第三方中介机构对全部注销税务的企业登记查账，涉及3388户，查补税款2.4亿元。与43个街乡84个代征点签订委托代征协议，委托代征税款5.7亿元。加强大企业管理，完成总局千户集团的相关工作。加强风险管理，全年风险管理入库22.9亿元。查补增值税税款涉及517户企业，补缴“一税两费”3033万元。

（杨　超）

【大企业税收服务与管理】 年内，核对千户集团信息，采集基础涉税数据，开展千户集团税收风险分析。按照《北京农村商业银行股份有限公司抵债资产事项税收风险应对工作实施方案》组织开展核实工作，补缴房产税66.15万元，土地使用税11.025万元。调整大企业日常管理团队和专家团队人员。

（杨　超）

【国际税收管理】 年内，核查国外企业驻朝阳区常设机构，补税182.7万元，外籍个人8项补贴及境外保险补税1.6亿元，反避税核查工作查补税款1853.31万元，境外风险管理查补税款287万元。率先对朝阳区“中国税收居民身份证明”自然人申请人后续管理工作，形成工作机制。

（杨　超）

【税务稽查】 年内，立案54户，结案64户，查补税金2.04亿元。召开税务稽查案件集体审理会5次，审议通过案件42件，涉及税金1.4亿元。召开重大税收违法案件审理会1次，审议通过案件4件，涉及税金1.03亿元。查实“3•21”虚开巨额发票涉案金额24亿元，并将首批证据资料移交公安机关。查处发票违法企业36户、非法发票753份，查补金额1284万元。加大存量房交易涉税违法案件追征力度，追征涉案税款52笔，补缴税款及滞纳金1298万元。

（杨　超）

【电子税务管理】 年内，围绕信息共享、大数据分析等事项与区工商局、体育局、国土局等部门沟通协调，获取广告公司、商务楼宇、备案场馆、建筑承发包等数据。搜集整理权力清单资料和网站公示信息资料1734条，保障税收管理需要。向区发改委提供企业140万条税收收入数据。协助公、检、法部门查询涉税保密信息52次。修正税务登记信息9900余条。北信源桌面防护、瑞星杀毒、INODE准入等软件安装率达到100%。落实软件正版化排查，建立软件正版化管理台账，正版化率达100%。有效做好“勒索毒病”防范工作，确保信息安全。

（杨　超）

【政务管理】 年内，依法做好政府信息公开440件，依申请公开34件。加强公文审核，严把公文格式、行文、内容、文字关，确保机关政令畅通。应用视频会议系统，减少基层单位会议往返。撰写编发各类信息457篇，国办和市委市政府专刊各采用9篇，形成调研成果转化21篇。

（杨　超）

【教育培训】 年内，分批组织24名新任科级干部培训，推进青年干部培养工作，开展“不忘初心跟党走，税海扬帆再启航”主题演讲等活动，打造朝阳地税事业发展生力军。587名干部分4批参加更新知识培训。完成“岗位大练兵 业务大比武”各项工作。

（杨　超）

【执法督察与内部审计】 年内，加强对资金使用的监控力度，做到事前介入、事中监管、事后审计。完善内控机制建设，规范税收业务流程和行政管理流程，联合第三方技术公司，形成安全有效的“5310”（“5级3层10方面”：局长、副局长、科(所)长、副科(所)长、税务干部5个职务等级；局领导班子、中层领导干部、基层干部3个管理层级；征收管理、税政管理、日常检查、纳税服务、稽查检查、干部队伍建设、机关党团建设、服务领导决策、监督管理、内控管理10个方面）事前防控系统。通过利用金税三期系统将备案数据与年度申报数据比对，确保企业税收优惠政策落实到位。调研报告《金融商品交易管理不到位 税收执法存风险》，作为优秀案例报送国家税务总局。

（杨　超）

【纪检监察】 年内，狠抓“两个责任”落实，通过建立定期检查、提醒谈话等工作机制，完善《党组工作规则》《办公场所非办公时间管理规定》等制度，规范工作秩序、严明工作纪律。采取班子集体谈话、个人提醒谈话、函询17次，对3名干部和1名劳务派遣人员进行组织处理。开展廉政警示教育活动，将协税人员纳入教育监督管理范畴，规范廉洁从税行为。

（杨　超）

【税收宣传】 年内，以加大税法宣传力度，以“现在办事更方便了”为互动话题，联合北京交通广播制作“税收伴您同行”税收宣传特别节目。联合区国税局与首都经济贸易大学举办第九届“朝阳税务杯”税收风采展示大赛和创客空间税收支持大学生创业沙龙活动。普及税法知识，引导大学生建立纳税意识和正确的纳税观念。

（杨　超）

【税收科研】 年内，牵头完成市局联合调研课题《新形势下纪检监察部门加强和完善房产交易环节税收执法监督工作的思考》《论督察内审工作对依法行政的重要性》获北京市内部审计协会内部审计专题研讨论文二等奖；《拆迁还是腾退：享受契税优惠大不同》获中国税务报“正坤说税”征稿评选三等奖；论文《环境民事公益诉讼的制度困境及展望——以环境权为中心》获第十二届“环渤海区域法治论坛”三等奖。《电商企业征税预期下的纳税优化》被北大核心期刊采用，另有11篇调研文章被外部刊物采用。2篇调研文章获区长王灏肯定性批示。

（杨　超）

【地税局税务所】

名称	地址	电话
1. 朝阳区地方税务所	安苑东里3区1号	64933333
2. 第一税务所	霄云路霄云里1号	84681185
3. 第二税务所	广渠路40号	65933740
4. 第三税务所	来广营红军营南路甲3号（来广营乡政府南侧）	84950400
5. 第四税务所	来广营红军营南路甲3号（来广营乡政府南侧）	84950448
6. 第五税务所	广渠路40号	67799245
7. 第六税务所	姚家园路101号新七彩商业中心西楼	65939941
8. 第七税务所	广渠路40号	67344506
9. 第八税务所	太阳宫中路甲6号临1号（太阳宫公园南门西侧）	85967915
10. 第九税务所	定福庄路9号（朝阳路二外丁字路口向北500米路西）	65711572
11. 十里堡税务所	定福庄路9号（朝阳路二外丁字路口向北500米路西）	85094667
12. 酒仙桥税务所	来广营红军营南路甲3号（来广营乡政府南侧）	64382829
13. 呼家楼税务所	太阳宫中路甲6号临1号（太阳宫公园南门西侧）	85967917
14. 双井税务所	广渠路40号	67320305
15. 小关税务所	来广营红军营南路甲3号（来广营乡政府南侧）	64915005
16. 商务中心区税务所	东大桥路8号COHO尚都北塔A座3层	64938346

（杨　超）

金　融

【概况】 朝阳区金融服务办公室（简称区金融办）是负责促进区金融发展、金融服务工作的区政府工作部门。内设综合科、金融发展科、金融服务科、金融市场科、风险管理科。行政编制21名。年内，有50家金融机构落户朝阳区，注册资金超过107亿元。其中，法人机构9家，分行、分公司13家，支行、代表处、营业部及其他28家，外资金融机构11家。朝阳区金融机构1565家，外资金融机构323家，占全市2/3。

地址：呼家楼京广中心商务楼9层

邮编：100020

电话：65978750

网址：http://finance.bjchy.gov.cn

（邱士明）

【中信百信银行股份有限公司创立】 2月27日，中信百信银行股份有限公司（简称百信银行）创立暨第一次股东召开。百信银行是中国首家独立法人形式的直销银行，由中信银行与百度公司联合发起，注册资本2百度公司占股30%。公司于2016年12月30日获银监会批复，开始筹建。8月获中国银监会开业批复。百信银行落户奥林匹克公园，朝阳区“绿色通道”为金融服务领域提供良好投融资环境、营商环境是重要因素。11月18日，百信银行在朝阳区举行业务发布会，中监会副主席曹宇，市委常委、副市长阴和俊，中信集团董事长常振明，百度集团总裁陆奇，中信银行、百信银行董事长李庆萍，朝阳区委书记吴桂英、区长王灏等出席。百信银行开业后将依托产品研发及创新能力、客户经营及风险管控体系，以及百度公司互联网技术和用户流量资源，打造差异化、有独特市场竞争力的直销银行。

（邱士明）

【浦发硅谷银行有限公司北京分行开业】 3月6日，浦发硅谷银行有限公司北京分行在朝阳区举办中国科创企业2017展望发布会暨北京分行开业仪式，区长助理荣慧、区金融办应邀参加。硅谷亚洲总裁、浦发硅谷行长蒋德致辞。浦发硅谷银行是中国首家服务科技创新领域的商业银行，硅谷银行将利用30多年的经验和数据对中国科创企业需求提供金融解决方案，服务北京及其周边地区的科创企业。

（邱士明）

【信美人寿相互保险社落户朝阳】 5月11日，由蚂蚁金服、天弘基金等9家企业联合成立的信美人寿相互保险社获中国保监会开业批复，在市工商局完成注册登记手续，注册地址为西大望路3号院2号。信美人寿相互保险社是全国首家相互制寿险机构，是朝阳区作为北京市服务业扩大开放综合试点示范区以来成功吸引的金融机构。朝阳区利用新华养老保险、浦发硅谷银行北京分行、信美人寿相互保险社等金融机构的进驻，带动和吸引更多金融企业入驻。

（邱士明）

【防范和打击非法集资宣传月活动】 5月15日至6月15日，区金融办联合区检察院、相关街乡组织开展防范和打击非法集资宣传月活动。43个街乡，50名防范打击非法集资联络员参与，组织9场宣教培训活动。银行、律师事务所、财经媒体等机构专业讲师以非法集资的典型案例进行讲解，为社区居民、物业管理人员答疑解惑。

（邱士明）

【融资性担保公司年度检查】 7月1日至22日，区金融办组织会计师事务所及律师事务所对全区8家融资性担保公司进行年度现场检查，市金融局负责检查3家，区金融办负责检查5家。检查发现，朝阳区融资性担保行业存在着委贷比例过高、关联方占用资金过高等问题。

（邱士明）

【北京CBD国际金融圆桌会】 9月14日，由国家金融与发展实验室、中国社会科学院金融研究所、北京CBD创新发展年会组委会主办，北京CBD国际金融研究院承办的2017北京CBD国际金融圆桌会在朝阳区规划艺术馆召开。中国社科院原副院长、国家金融与发展实验室理事长李扬主持会议，市委常委、常务副市长张工出席并致辞，中国证监会党委委员、副主席姜洋发表主旨演讲。区委书记吴桂英启动2017朝阳区国际金融机构入驻仪式，区委副书记、区长王灏主持入驻仪式。美国Genworth金融集团总裁、首席执行官托马斯•麦金纳尼，纽交所集团副总裁、国际上市部总裁亚历山大•易卜拉欣，美国硅谷金融集团前首席风险官、硅谷银行亚太区总裁蒋德，上海银行党委书记、董事长金煜，新华保险执行董事、副总裁黎宗剑等中外嘉宾出席并演讲。会议以“新形势新挑战新金融”为主题，围绕金融科技的新发展、金融服务实体经济、产融结合与区域经济发展等热点和前沿问题进行深入研讨。

（邱士明）

银　行

中国银行北京朝阳支行

【概况】 中国银行北京朝阳支行下设9个部室，1个营业部和22家经营性网点支行。有职工630人，其中经营管理序列人员62人。支行资产汇总折人民币总额为448.46亿元。

地址：东三环北路霞光里18号

邮编：100027

电话：59207155

（刘玫均）

【业务发展】 年内，本外币存款日均余额707.53亿元，贷款日均余额163亿元；实现计费净收入13.02亿元，中间业务收入3.07亿元，拨备前利润9.03亿元；净利润6.49亿元。

（刘玫均）

中国银行北京商务区支行

【概况】 中国银行股份有限公司北京商务区支行下辖19家经营性物理网点。业务范围包括个人和公司的对私结售汇、外汇汇款、个人理财、银行卡业务以及对公结算、国际结算、跨境业务、金融机构业务等全部个人、公司金融业务等。有职工495人。年内，实现拨备前利润7.55亿元， 本外币日均存款总额折合人民币559.49亿元。

地址：东三环北路乙19号

邮编：100020

电话：85731825

（杨雪巍）

【存贷款业务】 年内，人民币存款日均余额518.90亿元，其中人民币对公存款（含金融机构）日均余额383.77亿元，人民币储蓄存款日均余额135.13亿元。外币存款日均余额6.21亿美元，其中外币对公日均存款（含金融机构）2.64亿美元，外币储蓄日均存款3.57亿美元。

（杨雪巍）

【中间业务】 年内，实现中间业务收入本外币折合人民币2.02亿元。

（杨雪巍）

【网点建设】 年内，完成网点装修改造1家；加强渠道建设，完成智能化网点升级改造18家；更换网点ATM7台，BST自助终端机5台。

（杨雪巍）

【志愿金融服务】 年内，支行组织辖内各单位开展“金融知识普及月”暨“金融知识进万家”主题宣传活动，通过发放宣传折页、播放宣传片和现场PPT讲解等形式，走进社区、校园、商场、企业、部队和农民工群体，向社会公众普及金融安全知识。开展反假币、防范金融诈骗和非法集资等系列宣传活动。

（杨雪巍）

【内控安保】 年内，成功处置各类案件3起。其中，堵截电信诈骗案件2起，涉案金额2.5万元；伪造存单1起，涉案金额100万元；堵截假钞1起，涉案金额1700元人民币。

（杨雪巍）

中国工商银行北京朝阳支行

【概况】 中国工商银行股份有限公司北京朝阳支行内设11个部室，下辖25家物理网点，7家离行式自助银行。拥有财富管理中心3家、理财中心22家。辖内25家网点均可开办包括对私结售汇、外汇汇款业务在内的全部个人金融业务，均可开办人民币对公业务、外汇对公存款及对公结售汇业务。年内，拨备前利润实现17.42亿元，获“全国五一劳动奖状”“全国金融系统五一劳动奖状”。

地址：朝外大街1号金麒大厦

邮编：100020

电话：65991155

（赵匀暄）

【存贷款】 年内，本外币各项存款余额1102.86亿元，比上年增加59.48亿元。其中，人民币对公存款余额586.87亿元，人民币储蓄存款余额482.71亿元，外币存款余额5.2亿美元。

（赵匀暄）

【中间业务】 年内，实现中间业务收入6.46亿元，收入总量连续四年在北京分行排名第一。

（赵匀暄）

【民生服务】 年内，承担北京地区民生金融服务职能，为60余万名老年客户提供养老金发放服务，为70多万人提供交通罚款和公共事业费代收代缴服务。

（赵匀暄）

中国工商银行北京九龙山支行

【概况】 中国工商银行股份有限公司北京九龙山支行员工407人，内设9个科室以及4个直营团队，下辖16家物理网点。拥有财富中心2家，贵宾理财中心13家，金融便利店1家。辖内16家网点均可开办包括对私结售汇、外汇汇款业务在内的全部个人金融业务和人民币对公业务、外汇对公存款及对公结售汇业务。年内，支行实现拨备前利润6.79亿元，比上年增长6416万元，增幅10.42%。

地址：广渠路甲40号

邮编：100021

电话：67732427

（杨宇婷）

【存贷款业务】 年内，本外币各项存款余额358.12亿元，比上年增长29.12亿元。其中，人民币对公存款余额115.98亿元，人民币储蓄存款余额234.44亿元。本外币各项贷款余额136.62亿元，比上年增长23.49亿元。其中，人民币公司贷款余额95.15亿元，个人贷款余额39.48亿元。

（杨宇婷）

【中间业务】 年内，累计实现本外币中间业务收入2.38亿元，比上年增长418.12万元。

（杨宇婷）

【网点建设】 年内，新建网点1个、迁建网点1个。

（杨宇婷）

中国工商银行北京亚运村支行

【概况】 中国工商银行股份有限公司北京市亚运村支行成立于1998年，紧邻鸟巢、水立方、国家森林公园、国际会议中心等重要场所。现有内设部室8个，包含3个保障部室，5个前中台部室，下设1个银行卡业务直营团队，挂靠1个融工分部。物理网点14个，均为综合网点，其中财富中心3家、理财中心11家。离行式自助银行3家，附行式自助银行14家。

地址：慧忠北里407号

邮编：100012

电话：64872228-5035

（王玉丹）

【存贷款业务】 年内，本外币存款时点余额421.07亿元，比年初减少31.45亿元；本外币贷款时点余额141.58亿元，比年初增加23.06亿元。

（王玉丹）

【利润中间业务】 年内，支行实现拨备前利润7.1亿元，实现中间业务收入3.45亿元。

（王玉丹）

【渠道服务工作】 年内，推进智能化改造，支行服务考核年度排名北京分行第6，连续4个季度排名北京分行前10。服务效率和客户体验提升，全年客户超时等候占比8.21%，比上年下降32.55个百分点。支行投诉管理考核排名分行第1，是北京分行唯一一家投诉管理满分支行，获评为2017年度北京分行服务十大先进支行之一。

（王玉丹）

中国工商银行北京望京支行

【概况】 中国工商银行股份有限公司北京市望京支行于2000年8月从中国工商银行北京市朝阳支行分设出来，10月26日正式对外营业。支行设置11个部室，27个网点支行。业务范围包括：办理人民币存款、贷款、结算业务。办理票据贴现，代理发行金融债券，代理发行、代理兑付、承销政府债券，买卖政府债券，代理收付款项及总行在中国人民银行批准的业务范围内授权的业务。外汇汇款、外汇贷款、办理外汇存款、外币兑换、国际结算、结汇、售汇；资售调查、咨询、见证业务；通过上级行办理代客外汇买卖；代理国外信用卡付款。

地址：酒仙桥路甲10号

邮编：100015

电话：64368822

（刘　媛）

【存贷款业务】 年内，望京支行利润实现9.13亿元，比上年增加3674万元，增幅4.19%；本外币日均存款余额494.8亿元；储蓄存款时点余额359.71亿元，日均余额348.97亿元；公司存款日均余额94.6亿元；机构存款时点余额13.5亿元；本外币各项贷款248.84亿元，不良贷款余额5547万元，不良贷款率0.22%。

（刘　媛）

【中间业务】 年内，望京支行实现中间业务收入4.52亿元，比上年增加291.31万元，增幅0.65%。

（刘　媛）

中国工商银行北京商务中心区支行

【概况】 中国工商银行股份有限公司北京商务中心区支行内设8个部室，1个营业部，下设13个网点支行，员工人数421人。拥有财富中心1家、贵宾理财中心11家、理财便利店2家、财富中心和贵宾理财中心网点占比85.71%。智能化网点13家，全部投入运作，智能化覆盖率92.86%。年内，实现分行口径本外币拨备前利润9.96亿，比上年增长2565万元；中间业务收入4.17亿元，比上年增加4658万元。

地址：建国路108号

邮编：100022

电话：85215933

（张　晗）

【存信贷业务】 年内，本外币各项贷款余额140亿元，比上年增加24亿元。其中人民币对公贷款余额77亿元，对公贷款客户数比上年减少5户；个人贷款余额58亿元，比上年增加5.67亿元。本外币各项存款余额429.93亿元，比上年增加27亿元。其中，人民币对公存款余额232亿元，比上年减少33亿元；人民币储蓄存款202亿元，比上年减少0.28亿元。

（张　晗）

【中间业务】 年内，实现中间业务收入4.17亿元，比上年增加4658万元。实现个人人民币理财产品销售161.3亿元，新增信用卡18928张，新增企网证书客户188户，电子银行交易额39169亿元。

（张　晗）

【风险管理】 年内，实现个人不良贷款清收517万元，个人逾期贷款压降302万元。

（张　晗）

【改革创新】 年内，支行辖内营业室争创中国银行业文明规范服务五星级网点，国贸网点打造以“花香”为主题的特色银行。优化大堂高峰时段叫号方式，提高叫号效率与技巧，优化混合叫号流程，提示客户错峰办理业务，压降柜台排队时间，提高客户服务效率。

（张　晗）

【创先争优】 年内，商务中心区支行保安队获市总工会、市人力资源和社会保障局评选的2016年北京市“工人先锋号”荣誉。支行营业室网点获中国银行业文明规范服务五星级营业网点；支行获2017年分行法治宣传教育工作先进单位、十九大安全保卫工作“十佳”先进集体等荣誉称号。

（杨　然）

中国建设银行北京朝阳支行

【概况】 中国建设银行股份有限公司北京朝阳支行下设10个部室（含营业部），15个营业中心，1个个人金融中心。有中长期劳动合同人员401人，平均年龄37岁，其中本科及以上学历人员274人，党员149人。年内实现本外币账面利润13.23亿元。年末，本外币全口径存款时点余额1137.86亿元；本外币各项贷款时点余额758.73亿元；五级分类不良贷款余额0.10亿元，不良率0.03%。

地址：朝外大街乙10号

邮编：100020

电话：51995610

（马晓婧）

【存款业务】 年内，支行落实“大中小客户齐抓、做深、做透”工作要求，按照公司部直营和转型网点分层营销的策略，全渠道优化客户存款结构。企业存款日均新增129.55亿元，某支柱客户日均存款新增33.04亿元，其他客户日均新增96.51亿元，对支柱型客户存款“依靠但不依赖”的格局初步形成。

（马晓婧）

【资产业务】 年内，对公资产业务（除表外业务）正向增长，较上年增长23.82亿元，表内业务较上年增长45.23亿元。践行普惠金融，小微企业贷款余额0.76亿元，小微快贷余额5111.84万元。个人贷款余额于7月末达100.85亿元，实现100亿元突破。全年发放贷款36.71亿元，计划完成率108.61%，发放排名分行第2。

（马晓婧）

【中收取得增长】 年内，在托管、结售汇业务方面取得增长，整体托管规模6100亿元，托管业务年收入9133.30万元。抓住某售汇业务大单累计实现单位结售汇收入3650万元。

（马晓婧）

【商户、ETC、分期、代发工资业务】 年内，组建燕莎商圈、东直门商圈、金隅嘉品MALL商圈，签约鸿毛饺子、东来顺、热辣壹号、汉拿山等知名餐饮连锁企业，商户新增1323户，排名分行第2。7月25日，率先完成ETC业务分行竞赛活动任务，新增客户数量及任务完成率均排名第1。倾斜资源配置，设立行长基金，使用精准营销系统筛选客户，推广电话营销拓客方法，实现分期交易额2.34亿元，其中网点分期交易额1.41万元。新拓展代发单位458户，年末代发额208.42亿元，比上年新增73.64亿元，任务完成率360.67%。

（马晓婧）

【住房租赁业务】 年内，响应国家“租售并举”的房地产长效机制，开展住房租赁业务。走访政府、开发商、中介公司等各类型单位46家，与1个政府单位（国管局住宅中心）、3家企业单位（鲁能集团、合生北方房地产开发有限公司、北京千禧年代投资有限公司）及蛋壳公寓等11家房屋中介公司的签署合作协议，与万科地产、金茂地产、远洋地产确立合作意向，开展与都城伟业集团、朝阳区政府的战略合作。

（马晓婧）

【内部管理成效显著】 年内，加强党建工作，印发“一手册、一清单”，树立“敢为人先”“瑞领先锋”“张雪政务”“立心为民”4个基层党建服务品牌。建立“家行互联”全员教育平台，开展“好家风 伴我行”系列活动，通过家风建设、清风说纪、正风肃纪三大抓手，让家庭教育和行内教育双管齐下，取得实效。

（马晓婧）

中国农业银行北京朝阳支行

【概况】 中国农业银行北京朝阳支行下辖25家二级支行、1家分理处。年内，本外币核心存款余额820亿元，各项贷款余额418亿元，营业收入18.4亿元，年纳税1亿元。

地址：朝外工体路东2号

邮编：100020

电话：65522914

（田　惠）

【公司金融业务】 年内，为基础设施、房地产等类客户提供信贷支持150亿余元。服务区内政府单位及部队，为东坝北西区棚改项目提供融资方案。助力小微企业发展，创新服务模式，量身打造政采贷、应收账款池融资等产品，为优质小微企业提供全方位、多层次、立体化的金融服务。

（田　惠）

【个人金融业务】 年内，人工网点实现软转型全覆盖、Wi-Fi环境搭建全覆盖，“超级柜台”有序布放。按月开展进社区、进企业（机关）、进院校、进商场、进中介、进市场的“六进”活动。本外币个人存款规模242亿元，投放个人贷款金额60亿元。

（田　惠）

【电子银行业务】 年内，净增个人掌上银行活跃客户2.6万户；净增电子商务直联商户、农银e管家商户155户；净增有效特约商户118户。

（田　惠）

【国际金融业务】 年内，国际结算量近28亿美元，其中跨境人民币结算近47亿元，结售汇客户250余户。

（田　惠）

中国农业银行北京朝阳东区支行

【概况】 中国农业银行股份有限公司北京朝阳东区支行内设7个部门，下设10个二级支行，在建网点1家。全行员工185人，其中本部45人，网点140人，博士研究生2人，硕士研究生40人，大学本科129人。年内，一般核心存款190亿元，各项贷款156亿元，经济增加值22570万元，人均经济增加值122万元。

地址：建国门外大街8号国际财源中心B座

邮编：100022

电话：85660996

（陈春亭）

【公司金融业务】 年内，农行朝阳东区支行继续支持区内企业，不断加深与安邦集团、建工集团、首创集团、北投集团（原新奥集团）等大型客户的合作关系，拓展关联企业，拓宽业务范围。在物业资产证券化、贸易融资、支持棚户区改造以及污水处理等方面为企业提供金融服务，支持企业发展。

（陈春亭）

【个人金融业务】 年内，农行朝阳东区支行个人核心存款时点余额47亿元，个人贷款14亿元，个人优质客户19341户，信用卡客户23188户，电子银行类客户332067户。

（陈春亭）

【业务创新】 年内，朝阳东区支行坚持创新驱动，开展新兴业务，推动嘉实基金投资发行的同业存单8.8亿元；推荐总行投资丰田汽车金融公司发行的2017年“丰耀”系列个人汽车贷款资产支持证券产品5亿元；为中国金融租赁发行二期ABS产品（资产支持的证券化）提供托管服务，自营托管产品规模32亿元。

（陈春亭）

【风险防控】 年内，农行朝阳东区支行制定《支行尽职监督检查计划》《员工违规积分管理办法》《内控审计工作要点》《案防工作意见》等制度，加强资产质量管控，实现年内无新增不良贷款，连续三年获得分行信贷“三化三无单位”称号。成立支行集中采购委员会、制定福利费管理办法、修订财审会细则，加强台账管理，严肃财经纪律。2017年“三化三铁”（标准化、规范化、制度化；铁账、铁款、铁规章）创建工作中，支行10家网点均达到良好以上水平。

（陈春亭）

【社会活动】 年内，朝阳东区支行开展“金融万里行”主题活动，走进社区、学校和商场，开展青年志愿活动。通过发放宣传手册和现场讲解示范，向公众普及金融知识，开展反假币、防范非法集资、金融诈骗及银行卡犯罪风险防范措施宣传。朝阳东区朝阳北路支行、现代城支行、光华路支行和王四营支行携手光华路幼儿园联合举办“小小银行家”主题活动，带领小朋友认识银行、认识货币，丰富金融知识。

（陈春亭）

保　险

中国人寿北京市分公司

【概况】 中国人寿保险股份有限公司北京市分公司（简称中国人寿北京市分公司）是中国人寿在京分支机构，内设14个部门，下辖各分支机构79个。年内，公司实现总保费94.8亿元，比上年增长4.5%。新单保费48.1亿元，比上年增长15.9%；首年期交保费17.3亿元，比上年增长28.6%；十年期及以上首年期交保费10.7亿元，比上年增长44.7%；短期险保费12.9亿元，比上年增长2.7%。全年处理各类赔付、给付金额52.56亿元。在《新京报》与北京市保险行业协会、保险学会共同组织的年度“金保单”评选活动中，公司获得“2017年度北京保险行业杰出保险品牌公司”奖。

地址：朝外大街16号中国人寿大厦

邮编：100020

电话：56909895

（施　巍）

【实名注册志愿者团体人身意外伤害保险】 8月3日，中国人寿北京市分公司举行2017年北京市实名注册志愿者团体人身意外伤害保险签约仪式，北京市志愿服务联合会副秘书长、北京市志愿服务指导中心副主任陈炳具、中国人寿北京市分公司党委委员孔亚辉以及市志愿服务联合会、中国人寿北京市分公司相关负责人参加仪式。双方签订《志愿者保险服务合同》，惠及全市390余万名实名注册志愿者的保险保障项目正式生效。北京市志愿者保险项目是中国人寿北京市分公司关注公益、践行社会责任的重点项目。

（施　巍）

【赞助中国网球公开赛】 9月30日，由中国人寿赞助的中国网球公开赛在国家网球中心开幕。中国人寿连续8年赞助中网赛事，通过赛事平台向社会公众和广大客户传递“运动、健康、快乐”的生活理念，为全民运动营造良好氛围。

（施　巍）

【老年人意外伤害保险政府采购项目】 年内，“北京市老龄协会北京市老年人意外伤害保险政府采购项目”为北京市民政局申请市财政资金为全市约7.5万名困难老年人，即本市户籍60周岁及以上享受城乡最低生活保障待遇人员、城镇“三无”人员、农村“五保”对象、优抚对象及无赡养人（或赡养人无赡养能力）的独居老年人，统一投保老年人意外伤害保险。该项目由中国人寿北京市分公司承保，预算保费金额120万元，具体方案为意外伤害身故、伤残保额6万元；意外伤害医疗保额8000元（免赔额50元100%报销）。

（施　巍）

中国太平洋财产保险北京市朝阳支公司

【概况】 中国太平洋财产保险股份有限公司北京市朝阳支公司成立于1994年4月，公司内设经理室、业务管理科、客户服务科、车险业务一至五科、非车险业务一至四科。业务范围：承保人民币和外币的各种财产保险，包括机动车辆保险、财产损失保险、工程保险、责任保险、信用保险、短期人身意外伤害保险等保险业务；办理各种法定财产保险业务；与国内外保险机构建立代理关系和业务往来关系，代理国外保险机构办理对损失的鉴定和理赔业务及其委托的有关事宜；《中华人民共和国保险法》所规定的资金运用业务；经批准参加国际保险活动；经中国保险监督管理委员会批准的其他业务。在北京市拥有百余家合作伙伴，包括专业保险代理公司、保险经纪公司、保险公估公司和兼业保险代理机构等。拥有员工近百人。

地址：左家庄路2号一汽大众院内祥龙博瑞大厦三层

邮编：100028

电话：84482495

客服电话：95500

（杨　静）

【业务数据】 年内，完成保费收入48178万元，完成全年考核指标，达成预算目标。其中，车险完成保费收入34578万元，增速12.16%，业务占比71.78%；非车险完成保费收入13600万元，增速6.67%，业务占比28.22%。全年上缴税金1692.96万元，支付各类赔款22846.21万元，全险种赔付率47.42%。

（杨　静）

【车险经营】 年内，调整发展节奏及业务结构，开展阶段性竞赛，提高业务团队销售能力。提前20天完成车险全年保值。重视车险整体赔付，制定未决赔案清理常态化方案，做到天天关注、月月清理，提高赔付速度。年内，新增1家非车商渠道和10家车商渠道。公司在产寿险交叉销售、网销等新渠道稳健发展。

（杨　静）

【非车险经营】 年内，坚持产品开发创新，拓展非车险业务活力。新险种诉讼财产保全责任险业务范围遍及全市各区，成为分公司项目推广示范单位。6月，参加区安监局在朝阳公园举办的安全生产责任推动宣传活动，新险种安全生产责任险业务推进取得突破，完成保费比上年增加71.74%。创新设计新险种“宠物犬主责任保险”成为北京市第一个专门以宠物责任为保险条款的产品，与北京市养犬办合作向全市推出。在汽车后市场业务拓展方面，正式开单汽车延保项目，引入第三方服务公司协助展业。非车险业务规模连续13年在分公司保持领先地位。

（杨　静）

【客户服务】 年内，公司通过短信、微信向客户发送天气变化提醒、应急处理建议及报案定损提示。关注重案、大案，及时通报，持续跟踪重案的核损、核价情况，保持对重案的责任划分、理赔流程的重点关注。清理未决案件998笔并逐笔备注，电话回访3526笔。截至年底，车险赔付率下降1.45%，未决金额减少1526万元，有效提高结案速度。特约定损员覆盖11个渠道，日均查勘量98笔，派驻渠道结案率均＞90%；各项考核指标在分公司车险理赔部的评比中名列前茅。

（杨　静）

信　托

北京国际信托有限公司

【概况】 北京国际信托有限公司（简称北京信托）是北京市国资控股、外资参股的大型金融企业，注册资本22亿元。公司内设机构35个，控股公司2个。员工260人。年内，实现收入总额18.48亿元，比上年增长6.9%；实现净利润9.85亿元，比上年增长1%；固有资产总额108.55亿元，负债总额25.79亿元。年末受托管理信托资产总额3101.89亿元，实收信托总额3044.04亿元。年内累计向信托受益人分配收益118.43亿元。各项监管指标继续达标，信托赔偿准备金足额提取，占注册资本金的36.36%。全年税收贡献5.72亿元。

地址：安立路30号院1、2号楼

邮编：100012

电话：59680666

传真：59680999

（王连顺）

【区域展业布局】 年内，与北京文投集团、通州区宋庄镇共同推进北京城市副中心小堡村文化艺术区项目；支持北京新机场临空区域建设，与大兴区金融办等机构合作推进大兴新城西片区棚改重大项目落地；设立天津西青区王府井商业综合体、宝坻区天津农垦项目、天津静海项目等；推进环雄安区域的白沟万象新城一期项目、白沟农村土地承包经营权流转项目实施；参与冬奥会崇礼雪上运动相关项目的投资建设。

（王连顺）

【参与重大投资基金设立】 年内，参与海淀区建设发展基金二期，认购规模36亿元，占基金全部优先级份额的55%，支持海淀区重点投资项目建设。参与设立总规模500亿元的昌平建设发展基金，并与昌平区属重点国有企业在具体项目层面开展合作，认购规模170亿元，成立规模12亿元，投资基础设施及保障性住房项目，促进产业升级及公共服务配套设施和重点功能区建设。

（王连顺）

【业务转型】 年内，将真实投资及自主管理作为业务转型创新方向，设立首单消费金融产品——长江资管消费金融项目和首个主动管理型的个人房抵贷暨消费金融项目，引进中国银联建立银联代理收付系统、小微系统及个贷系统等，启动消费金融业务。

（王连顺）

【家族信托】 年内，通过标准化、定制化、现金管理、财产权、资产配置等多种运作方式，投资3.45亿元，不断完善信息化处理手段与升级，满足客户多层次财富管理需求和多元化的财富管理选择。实现家族信托业务管理资产规模比上年翻番。

（王连顺）

【慈善信托】 年内，北京信托推出北京市第一个青年艺术家慈善信托——“北京信托2017年度艺术梦想001号教育慈善信托” 总规模100万元，首期规模40万元资金到位。该项目荣获“领航中国年度评选——杰出慈善信托产品”奖。

（王连顺）

经济管理与监督

发展改革

【概况】 朝阳区发展和改革委员会（简称区发改委）是负责朝阳区国民经济和社会发展统筹协调、经济体制改革综合协调的区政府工作部门。年内，落实北京城市总体规划，统筹推进“一廊五提升”工程和城乡发展“六个一百”工程，有序推动非首都功能疏解和人口调控。以“疏解增绿上水平”为主线，全面推进“疏解整治促提升”专项行动，综合排名始终保持全市第1。专项行动拆除腾退1234万平方米。其中，拆除违法建设1003万平方米，疏解商品交易市场100家，清退一般制造业99家，疏解仓储物流基地93家，疏解再生资源回收场站24家，清理整治“散乱污”企业660家，常住人口继续保持负增长。强化投资带动作用，统筹项目管理，以环境治理、棚户区改造等领域为重点，梳理确定355个投资支撑项目，协调加快重点项目审批进程，争取中央、市级补助资金6亿元，安排区基本建设资金53亿元，安排化工路拆迁等65个基础设施类项目，安排朝阳区建筑废弃物资源化利用中心建设工程等19个环境治理项目。优化营商环境。注重产业引导，积极构建“高精尖”经济结构，推进供给侧结构性改革，加大产业发展统筹力度，深化节能减碳工作。坚持民生导向，扎实做好民生保障工作。加大价格监督管理力度。全力做好电力保障工作。加强环境保障工作。

地址：百子湾西里303号
邮编：100124
电话：65090600

（王丽颖）

【税源建设】 1月10日，区委区政府召开2017年朝阳区疏功能减人口稳增长工作会，梳理2016年“疏减稳”工作成果，部署2017年重点工作任务，明确责任部门及任务目标。朝阳区发改委为贯彻落实“疏减稳”工作会议精神，组织召开2017年朝阳区稳增长工作培训会，通过精准服务驻区企业，强化企业经营纳税规范管理，持续抓好大房产税征收等措施。全年实现一般公共预算收入508.17亿元，完成一般公共预算收入同比增长6.5%的目标，总量位居全市首位。

（王丽颖）

【《关于朝阳区推进供给侧结构性改革的实施意见》印发实施】 3月23日，为落实全市《关于推进供给侧结构性改革加快建设国际一流的和谐宜居之都实施方案》，区发改委牵头起草《关于朝阳区推进供给侧结构性改革的实施意见》，以区委、区政府名义印发全区实施。《意见》结合区情实际，提出聚焦“去、治、进”三个方面推进相关工作，围绕推进非首都功能疏解、加快区域结构调整、推进农村城市化建设、提升开放创新水平、做好城市建设工作、全面深化改革创新等六个方面，提出各项具体任务。

（王弘旭）

【2017年区政府基本建设专项投资计划编制】 3月24日，朝阳区十二届区委常委会2017年第九次会议审议通过《2017年区政府基本建设专项投资计划》。涉及项目122个，总投资323亿元，计划2017年度安排资金40亿元。

（逯楠楠）

【实施重点任务分工方案印发】 3月30日，为进一步落实《关于朝阳区推进供给侧结构性改革的实施意见》，确保各项任务落实到位，区发改委根据各部门职责分工，编制完成《〈关于朝阳区推进供给侧结构性改革的实施意见〉重点任务分工方案》，印发全区实施。分工方案明确各项任务进度安排及时间节点，围绕6个领域分解重点任务45项，每项任务确定牵头部门及责任单位，其中涉及牵头部门24个。

（王弘旭）

【实施工作方案印发】 4月13日，为加快推进“一廊”建设，深入实施“六个一百”工程，区发改委按照年度滚动实施原则，统筹协调各责任单位，编制完成《朝阳区推进“一廊”地区“五大提升工程”2017年度工作方案》及《朝阳区推进城乡发展“六个一百”工程2017年度工作方案》，以区委办、区政府办名义印发全区实施。方案明确各部门责任分工及年度目标，年度重点任务主要涉及道路建设、环境提升、产业发展、民生改善、社会治理等5个领域，其中建设类项目125个，办理前期手续28个，拟开工建设71个，续建项目26个，年内预计竣工76个。此外，招商引资项目16个，民生改善任务22项。为确保规划中期阶段取得阶段性成果，力争年内各项工程累计完成五年总任务量的45%。

（王弘旭）

【国民经济和社会发展计划调整与执行】 6月29日，《朝阳区2017年国民经济和社会发展计划调整方案》在朝阳区第十六届人民代表大会常务委员会第五次会议上审议通过，将茶家坟房改带危改项目和北京东站货场铁路职工住房项目纳入2017年国民经济和社会发展计划。8月24日，《关于朝阳区2017年国民经济和社会发展计划上半年执行情况的报告》在朝阳区第十六届人民代表大会常务委员会第六次会议上审议通过。报告从“经济发展稳中提质”“非首都功能加快疏解”等5个方面总结上半年计划执行情况，并结合年初各项计划任务提出下阶段主要工作措施。12月15日，《关于朝阳区2017年国民经济和社会发展计划执行情况与2018年国民经济和社会发展计划草案的报告》经区委常委会审议通过。报告从“规划统筹长效机制进一步加强”“疏解整治促提升年度任务圆满完成”等七个方面总结全年计划执行情况，并结合中央、北京市的各项部署和2018年发展形势，提出2018年经济社会发展计划总体考虑和初步安排。

（王丽颖）

【协同发展框架协议签署】 9月15日，2017年CBD创新发展年会在京举办。朝阳区发改委筹办主题为“推进区域协同发展，实现合作互利共赢”座谈会，邀请国家发改委地区经济司、市支援合作办、市京津冀协同办有关领导，以及友好城市云南省昆明市、天津市东丽区、河北省承德市和保定市等津冀地区、对口支援协作5个贫困县有关领导出席。在区域协同座谈交流会上，朝阳区与河北省保定市、承德市分别签署协同发展框架协议，朝阳区发改委、承德市政府与北京热力集团签署合作建设中国供热绿色产业园合作协议，十八里店乡与承德双滦区签署一系列项目合作协议，将通过合作建设家和家美集团承德产业园、大洋路农副产品市场等项目，实现朝阳区与周边区域的优势互补，推动科技、产业、文化、公共服务等多种资源的协作。朝阳区将同时积极促进5个贫困县的帮扶项目落地，全面助力受援地区打赢脱贫攻坚战。

（王秀程）

【与清华大学签署全面合作框架协议】 10月10日，清华大学党委书记陈旭一行到朝阳区CBD核心区及清华大学光华路校区新建教学楼调研，同时举行签约仪式，双方正式签署《朝阳区人民政府清华大学全面合作框架协议》。双方将充分发挥各自优势，在战略咨询、智力支持、教育、卫生、科技创新、科技成果转化、人才培养和智库建设等多领域开展合作。依据协议，朝阳区将与清华大学共建咨询服务平台，为朝阳区建设提供战略咨询和智力支持；巩固现有合作办学成果，合力打造优质品牌学校，开展基础教育全面合作；加快推进清华大学附属垂杨柳医院项目建设，加强清华大学第一附属医院（北京华信医院）合作共建，加强医疗卫生科研教学合作；共同实施科技创新平台资源开放共享工程，共同促进科技成果产业化；共同推进校地人才队伍建设，共建优秀人才培养机制。签约仪式上，朝阳区垂杨柳医院被正式授牌为“清华大学附属垂杨柳医院”。区委书记吴桂英、区长王灏等领导陪同调研并出席签约仪式。

（王秀程）

【与新疆和田地区墨玉县签署携手奔小康行动协议书】 11月10日，朝阳区与新疆和田地区墨玉县、新疆生产建设兵团第十四师47团召开深化“携手奔小康”交流座谈会。会上，朝阳区与墨玉县签署两地携手奔小康行动协议书，东坝乡与第十四师47团签署结对协作框架协议书。双方就帮扶重点、帮扶保障措施等内容达成共识，计划通过产业、教育、医疗卫生等领域合作，加大对口帮扶力度，促进区域共同发展。

（王秀程）

【医药卫生体制改革】 年内，按照全市改革部署，将建立分级诊疗制度作为医改的重要内容和主要抓手，深化医改工作。结合朝阳区工作实际，以问题为导向，以医联体建设为载体，努力建设和完善上下转诊通道，加强信息化建设，不断提升基层机构服务能力，鼓励社会资本办医，探索推进分级诊疗改革任务的落实。

（王丽颖）

【优化营商环境】 年内，为营造稳定公平透明、可预期的营商环境，提高企业服务水平，朝阳区发改委统筹相关部门工作意见，出台《关于率先打造一流营商环境的意见》，提出“营造开放投资贸易环境”“建设良好经营环境”等6个主要任务，强化主体责任落实，建立三级联动工作机制，加强督查考核和宣传，持续推进朝阳区优化营商环境相关工作。

（王丽颖）

【2017年度疏解任务完成】 年内，朝阳区拆除腾退1234万平方米。纳入市级拆除违法建设台账1003万平方米；立案查处占道经营类违法行为43976起；整治“无证无照”经营单位7264家；整治开墙打洞4475家；重点村整治20个；清理整治出租大院和出租公寓579个；“一绿”二批城市化试点带动拆迁腾退326.2万平方米；关停一般制造业企业99家；清理整治“散乱污”企业660家；疏解升级商品交易市场100家；疏解区域性物流基地93个；疏解再生资源回收场站24个；疏解教育培训机构9家；清理整治地下空间437处；整治群租房2138户；棚改项目11个，改造8503户；清理整治直管公房转租转借300户。

（刘美奇）

【人口调控目标任务完成】 年内，朝阳区常住人口调减11.7万人，下降到373.9万人，完成市政府下达的常住人口调控任务（11.5万人）的101.7%。朝阳区“疏解整治促提升”专项行动累计涉及人口87.1万人，完成区级涉及人口（43.1万人）调控任务比例202.1%，完成市级涉及人口（38万人）调控任务比例229.2%。

（齐晓燕）

【政府投资项目竣工决算审批】 年内，朝阳区审批政府投资项目竣工决算共11个，涉及区政府基本建设专项投资1.14亿元。

（逯楠楠）

【稽查政府投资项目】 年内，朝阳区开展4批次政府投资项目稽查，涉及项目21个，总投资266667.01万元。

（苏　虹）

【固定资产投资指标任务分解落实】 年内，北京市全社会固定资产投资目标为8950亿元，同比增长6%，安排朝阳区2017年投资总量为1300亿元，同比增长3.3%，占全市目标任务总量的15.2%。为完成全年目标任务，将指标分解落实到区12个牵头部门，加大协调调度，全年累计完成固定资产投资1356.1亿元，同比增长7.8%，占全市的15.2%，超额完成年初确定的目标任务。

（张致远）

【固定资产投资项目审批】 年内，朝阳区区级批复立项242个，总投资约393.3亿元，包括46个区政府投资项目，总投资52.5亿元，企业投资项目核准57个，总投资305.5亿元；批复项目备案139个（含外商投资项目3个），总投资35.3亿元。

（张致远）

【市政府资金和政策支持】 年内，朝阳区以道路、生态环境建设、绿化、中小河道治理等基础设施和民生保障项目为重点，争取市政府资金支持。全年共争取15个项目市政府补助资金8.96亿元。

（张致远）

【绿色审批通道工作机制落实】 年内，朝阳区区域内包括安贞东方医院项目、东坝国际商业中心项目等所有一绿试点项目在内的高精尖产业、民生、基础设施、环境提升等领域共计25个项目纳入市政府扩大内需重大项目绿色审批通道，总投资约665亿元。

（张致远）

【《“十三五”节能目标责任考评工作方案》制定】 年内，根据《北京市“十三五”时期节能减碳目标责任考评工作方案》（京政办字〔2016〕65号）要求，结合朝阳区“十二五”时期节能工作情况，研究起草《朝阳区“十三五”时期节能目标责任考评工作方案（代拟稿）》，经征求相关行业主管部门、功能区管委会、街道（地区）办事处意见，按照各部门反馈意见进行修改完善，方案经区政府区长办公会审议通过并实施。

（薛　蕾）

统计

【概况】 朝阳区统计局是朝阳区政府负责综合统计工作的职能部门。北京市朝阳区经济社会调查队为北京市经济社会调查队的派出机构，与区统计局合署办公，局长对本地区统计工作负总责。区统计局内设11个科室，人员编制66人，其中行政编制65人、专项编制1人，机关工勤事业编制2人。下属5个事业单位，人员编制40人，均参照公务员管理。下设43个街乡统计所，人员编制176人，其中行政编制105人，专项编制71人。年内，局队立足朝阳“建设‘三区’、建成小康”的发展目标和“疏解增绿上水平”工作要求，深化统计体制改革，以提高数据质量为核心，以基层基础工作和队伍建设为抓手，以工作创新为手段，以法制建设、统计宣传、队伍建设为保障，重点做好服务“稳增长”、人口调查、第三次全国农业普查、统计监测分析、统计年定报等重点工作。

地址：日坛北街33号区政府北院南楼4层
邮编：100020
电话：65094641
网址：http://www.chystats.gov.cn

（李海林）

【统计信息发布】 年内，通过区委办、区人大、区政府办采编信息，在《朝阳报》、局队统计网站、《统计经纬》杂志等媒体发布《朝阳区2016年国民经济和社会发展统计公报》、统计分析报告215篇、统计快报29期、统计专报8期、专题分析6篇、产业监测11篇、区域监测11篇、经济信息237篇。被市局总队采登政务信息121篇、分析报告124篇，被国家统计局内网采登10篇，被《中国信息报》采登各类宣传报道10篇。

（李海林）

【统计服务】 年内，修订完善《朝阳局队统计分析报告组织实施及考核管理办法》和《朝阳局队关于加强信息报送工作的管理办法》，规范各刊物报送内容和报送对象，优化审核流程；规范《朝阳报告》刊物快报、专报、区域监测、产业监测、专题分析和研究报告6个序列的印刷工序。撰写《“稳”“进”“新”“优”——朝阳区经济社会发展特点》《2014—2016年朝阳区GDP发展情况回顾》等材料，全面梳理朝阳区经济发展特点，为区领导科学决策提供依据。以“疏解与提升”为主题，围绕“高精尖”经济结构、人口疏解、能源消费、总消费、民间投资、创新驱动、服务业扩大开放、产业结构调整、总部经济等热点问题，确定17篇局队重点研究课题。分析报告27次得到区领导批示，其中《朝阳区“十二五”经济发展回顾和“十三五”展望》《2015年朝阳区消费品市场发展报告》《朝阳区市场周边居民居住及消费环境调查报告》在北京市优秀统计分析报告评选中获奖。编印《2017朝阳统计手册》《北京市朝阳区2017年统计分析报告汇编》《北京市朝阳区2017年统计年鉴》。

（李海林）

【经济运行监测】 年内，调整CBD、奥林匹克中心区、中关村朝阳园、国家文化产业创新实验区监测框架，及时反映发展成效。强化GDP核算和分析，加强对支撑指标的监测，加大对总量大、变化幅度大的两类单位监测力度，提高预判准确性。按月组织召开经济运行分析会，把握重点行业指标变化情况、变动趋势和市场行情，分析经济增长和结构优化的亮点和问题，做出预判、预测和预警，提出科学有效的对策建议。以街乡为单位，对“一廊两带三区”新空间格局开展监测分析，形成《朝阳区城市发展空间新格局监测分析》研究成果。完成2017年度社会发展综合评价和妇女、儿童发展统计监测报表等监测工作任务。

（李海林）

【统计专项调查】 年内，开展群众安全感民意调查，建立三级数据审核机制，实现现场监听、录音复核和文本审核三项审核相结合；开展政府绩效考评民意调查，撰写2016年朝阳区政府绩效考评的总报告、街乡分报告和43个街乡的子报告；完成共享单车与公共自行车民意调查、朝阳区非首都功能疏解民意调查、企业发展状况调查、城市商业综合体统计专项调查、规模以下法人单位重点电子商务平台交易情况专项调查等。《朝阳区营商环境专题分析》《朝阳区独角兽企业有关情况》等分析报告得到区领导批示。

（李海林）

【人口监测】 年内，完善人口动态监测台账、市区移动大数据台账、部门台账、社区（村）基本信息情况台账和社区（村）建筑物变动台账，统筹利用数据资源，全面反映非首都功能疏解和城市综合治理的进展及成效；借助“外脑”，建立调查结果、移动大数据与部门数据三位一体的人口数据动态监测体系，为科学预警人口变动趋势、优化人口数据分街乡方案提供基础；利用各种数据为区委区政府人口调控提供有针对性的统计分析产品，多篇专报道得到区领导的认可，其中《5月份朝阳区各街乡人口变化情况》得到区长王灏的批示。7月至9月，全区增加一次人口抽样调查，涉及43个街乡、262个社区（村）的521个调查小区，对调查小区内“疏解整治促提升”工作效果摸底，推算全区及各街乡人口变动情况；对全区2015年以来建筑的增减变化情况进行核查；区委书记吴桂英对《2017年8月朝阳区常住人口情况分析》做出批示。

（李海林）

【年度人口抽样调查】 年内，完成年度人口抽样调查，有国家和北京样本点251个调查小区，区级样本扩样后总样本量有526个调查小区，调查时点为11月1日零时。调查工作成立区、街乡人口抽样调查办公室，开展调查员选调、动员培训、调查小区图绘制、建筑物核查、清查摸底、登记复查、数据处理等工作。其中，选调调查人员1338人；开展业务培训1500人次；制定数据质量考核评分办法，对机构组建、人员选调、小区图绘制、入户摸底、登记复查等关键环节设定工作规范，组成7个督导组深入调查小区陪同调查员入户，监督源头数据采集；在正式登记阶段委托第三方公司，针对空户以及重点指标开展事中质量抽查工作；组织街乡开展质量验收工作；选取两个街乡试点利用微信扫码采集人员信息，为破解入户难问题，多元化采集数据提供经验。依据调查资料推算朝阳区2017年末常住人口为373.9万人。其中，男性190.1万人，女性183.8万人；0～14岁人口36.8万人；15～64岁人口294.8万人；65岁以上人口42.3万人；常住外来人口168.8万人。2017年1月至12月，出生人数32559人，出生率8.57‰；死亡人数16454人，死亡率4.33‰。

（李海林）

【第三次全国农业普查阶段性工作】 年内，完成第三次全国农业普查阶段性工作，在正式登记工作中，与各有关部门做好相关调查资料和口径的对接，建立部门协调机制。通过节假日值班电话、QQ群、微信群、网站答疑等联系方式以及登记进度日报制度，建立健全工作机制。按照村级普查员、普查指导员、乡级普查员不同角色的工作内容和特点，梳理工作流程，分层分类开展业务培训。在数据审核工作中，制定《朝阳区农普数据处理阶段质量控制办法》，做到事先安排、事中检查、事后评估。对雷同数据、倾向性数据、成倍数据等异常数据严格核实，形成审核日志。在事后质量抽查中，市农普办对朝阳区进行事后质量抽查，其中农户表错误率为1.18%，低于全市3.69%的错误率水平，单位表错误率为2.56%，低于全市4.35%的错误率水平。做好普查经费执行工作，按照一乡一账方式，建立物资发放台账。

（李海林）

【统计数据质量】 年内，修订局队数据质量全过程控制办法，增加“监督检查和责任追究”相关内容，完善制度体系；制定局队科室及统计所考核办法，将科室和统计所全面纳入考核体系。在年定报工作中，细化工作内容、落实工作责任，采用面培和视频培训相结合的方式，提高培训实效。各业务科室在利用一套表平台上审核公式前提下，结合工作实际，编写库外审核程序。推行“首问责任制”，确保企业问题第一时间得到准确解答。集中整理各专业科室的培训要点，编印《年报培训资料汇编》200余册，在年报培训期间面向统计所及调查单位下发。在“准规模”查找工作中，从工作组织、业务培训、数据审核、沟通机制工作环节发力，完成13372家单位查找任务，查找率90.3%，对上年未达标准的9524家准规模单位进行有效监测。在基本单位名录库维护工作中，结合“五证合一”政策变化，梳理名录库工作流程，动态维护名录库单位数据。

（李海林）

【统计基础建设】 年内，修订完善统计所考核办法，贯彻《朝阳区数据质量全过程管理办法》，强化主体责任，前置统计服务关口，加强对企业的日常指导与实地走访。新建社区统计站23个，全区实体运行社区（村）统计站594个，实现社区村统计站的全覆盖。按时拨付统计站工作经费和新建站一次性筹建经费298.7万元，保障统计站日常运行。举办全区基层统计站岗位知识培训班，分三批次对区43个街乡600余名统计调查员和负责统计站管理人员进行专业培训。

（李海林）

【统计执法检查】 年内，制定《2017年朝阳区统计执法工作计划》，对各科室、统计所的任务量、完成时限及需达到的工作要求进行明确。召开“2017年统计执法业务培训会”，落实“双随机”工作制度，将拟进行执法检查的单位名单通过“朝阳统计信息外网”予以公示，接受社会的监督。完善“执法工作完成情况”“立案情况”“科所催报情况”等台账监控各阶段工作。加大对统计违法行为的查处和处罚力度，全年完成统计执法567家单位，其中简易程序处罚67起，立案处罚67起。在立案处罚中，销案2起、行政警告7起、行政罚款58起，罚款金额86.52万元。执法队对于给予警告并处罚款的58起案件的行政处罚结果在“朝阳统计信息”外网中的“法制建设”栏目内进行公示。对辖区内8家较大规模农业企业的执法检查，为农业普查数据质量提供执法保障。执法队配合人口抽样调查工作对43个街乡实施入户随访抽查。建立《朝阳区统计违法举报工作实施办法》，在“朝阳统计信息”外网中的统计违法举报板块上线运行。

（李海林）

【统计普法宣传】 年内，印发《朝阳区统计法治宣传教育第七个五年规划》，组织编印《统计法律法规文件汇编》。开展会前讲法活动127场8682人次，在日常工作中制作普法宣传材料41654件，发放普法宣传材料55738份。配合“疏减稳”等工作，抓住统计开放日、普法宣传日等时点，加强普法宣传，做好工作解读。推进统计信用体系建设，评选公示朝阳区统计诚信单位；推进“北京朝阳统计”官方微信建设，策划“《将改革进行到底》亮点集萃答题王”专题活动和“全力践行新理念推动发展新转型”主题宣传；推动官方微信升级改版，创新搭建“统计大课堂”新模块。利用“北京朝阳统计”微信公众平台，开展以“统计新动能服务新常态”为主题的第三届朝阳区统计开放日，首次举办线上统计开放日。提升《统计经纬》杂志的特色品牌实力，新开辟“党建之窗”专栏，整合“统计人风采”栏目，采编农业普查各类基层先进人物先进事迹，通过网站、公众号及市三农普网站等渠道宣传报道，向市农普办报送各类信息动态32篇，采登24篇。

（李海林）

【统计队伍建设】 年内，协助区委组织部完成2名处级干部的选拔任用工作。通过公开招考新招录16名公务员；安排13名干部参与“千名干部下基层”活动。严格执行《领导干部联系分管基层统计所工作制度》，结合人口抽样调查等重点工作，班子成员定期开展实地调研、业务督导和廉政建设。分批次选派41名干部参加国家统计局、市局总队及区委组织部、区人力社保局等部门举办的各类培训班。完成工会和妇委会委员改选工作，组织干部参加书法、手工、摄影、羽毛球、太极、瑜伽等兴趣班。在2016年年度考核中评选出6个先进科室、15个先进统计所、10名分析能手和51名优秀公务员。完善纪检联络员工作机制，将廉政建设触角延伸至每个科室和每个支部。开展干部人事档案专项审核工作，完成第二批141人的档案审核工作。

（李海林）

价格管理

【概况】 区物价检查所依法进行物价监督检查。区物价所设有价格举报中心、价格监督检查一科、价格监督检查二科、价格监督检查三科4个科室。年内，检（巡）查朝阳区1685个单位的价格执行情况，对于在检（巡）查中查实的价格违法行为进行行政处理。全年行政处罚176家价格违法经营者，经济制裁总金额582.63万元，其中罚款561.52万元、没收13.62万元、退款7.49万元。

地址：百子湾西里303号楼

邮编：100124

电话：65090600

（黄小曦）

【烟花爆竹专项检查】 1月至2月，会同区烟花办、安监局、朝阳工商分局、交通支队、消防支队召集朝阳区56个烟花爆竹销售网点的400多名从业人员，在蟹岛度假村进行相关知识培训。节日期间出动2个专项检查组、20余人次，对辖区内烟花爆竹销售网点的价格开展专项检查，规范烟花爆竹市场价格秩序。

（黄小曦）

【清明节价格专项检查】 3月至4月，区发展和改革委员会制定《朝阳区发展和改革委员会开展清明节价格专项检查工作方案》，成立工作领导小组，重点检查朝阳区医疗机构太平间、殡仪馆、经营性公墓（陵园）明码标价、政府定价项目价格标准执行情况，检查率达到100%。检查辖区内丧葬用品销售价格、公园景点门票价格、景区内商品明码标价执行情况。经查，辖区内医疗机构太平间、殡仪馆、经营性公墓（陵园）明码标价情况良好，价格秩序稳定。

（黄小曦）

【电商企业价格专项检查】 7月，区发展和改革委员会开展电商企业价格专项检查工作，派出检查组145个，检查人员290人次，检查电商企业145家，处罚32家存在价格违法行为的电商企业，开展提醒告诫及宣传活动12次。

（黄小曦）

【住房租赁市场价格行为专项检查】 11月，区发展和改革委员会开展住房租赁市场价格行为专项检查，检查辖区15家房地产中介门店。重点查处房地产经纪机构是否按照《关于商品和服务实行明码标价的规定》在经营场所醒目位置明码标价，是否在收费前向当事人出具收费清单，收费清单是否列明收费事项、收费标准、收费金额及其他与收费相关的事项，是否收取未标明的费用等。

（黄小曦）

【价格监督检查情况及价格举报情况】 年内，接收举报、投诉、信访3667件。其中，反映价格问题的1577件，占43.01%；反映机动车与非机动车停车收费问题的994件，占27.11%；反映明码标价问题的789件，占21.44%；反映其他收费问题的310件，占8.46%。办结1853件，其中作出行政处罚的271件（合并办理后为176件），占14.63%；无问题的492件，占26.56%；不予受理的249件，占13.44%；移送其他部门的154件，占8.31%；纠正的81件，占4.38%；无法核实的3件，占0.17%；一方拒绝调解的427件，占23.05%；双方自行协调和解的77件，占4.16%；消费者撤回投诉的50件，占2.7%；应视为投诉办结的41件，占2.22%；达成调解协议的8件，占0.44%。

（黄小曦）

【价格行政处罚案卷组评工作】 年内，区发展和改革委员会制定《价格行政处罚案卷文书示范文本》和模拟案卷（沃尔玛建国门店处罚案卷），结合区法制办评卷要求，区发展和改革委员会对价格行政处罚案卷进行组卷，参与评查工作，参与评查的5个处罚案卷均评为优秀案卷。

（黄小曦）

【价格诚信建设工作】 年内，开展全区十条价格诚信示范街（区）建设，6月、11月分别组织召开“2017年朝阳区价格诚信法规宣传培训会”“2017年朝阳区价格诚信建设总结交流会”。邀请国家发改委价监局监督指导处处长薛勇、北京市价监局市场检查处负责人刘术威授课，分别从国家、市、区等不同层面讲解价格法律法规政策、典型案例及价格诚信建设要求等。区域内10条价格诚信街区300余家商户参会。

（黄小曦）

【公平竞争审查工作】 年内，区发展和改革委员会牵头制定《北京市朝阳区人民政府关于在市场体系建设中建立公平竞争审查制度的实施意见》，经区长办公会审议通过，以区政府名义出台（朝政发〔2017〕11号）。成立朝阳区公平竞争审查工作联席会议，办公室设在区发展和改革委员会，制定《北京市朝阳区公平竞争审查工作联席会议制度》《北京市朝阳区公平竞争审查工作联席会议工作规则（试行）（暂行）》，落实公平竞争审查工作。

（黄小曦）

【区价格监督管理信息系统开发建设】 年内，区发展和改革委员会投入150万元开发建设朝阳区价格监督管理信息系统，将国家、北京市“12358”价格监管平台举报业务处理系统与朝阳区价格监督管理信息系统进行数据对接，实现举报件自动转接、执法程序规范化，案卷文书标准化，全面提升朝阳区在价格举报案件信息收集、分析预警、价格监管执法等方面能力。设置“12358”价格举报热线朝阳专家席，接收价格举报投诉，解答群众价格咨询，从源头降低价格举报。

（黄小曦）

【重大活动、节假日价格监督检查】 年内，完成元旦、春节、全国“两会”、清明、“五一”、端午、国庆、中秋等重大活动、节日期间的市场价格监督检查工作。各节前制定工作方案，对企业进行提醒告诫，发出价格诚信倡议书、告诫函，节日期间价格监管工作做到严密计划，提前准备，任务明确，责任到人，措施有效。元旦期间派出检查组3个，出动检查人员12人次，检查单位9个，接收市转价格举报13件。春节期间派出7个检查组，出动检查人员14人次，检查26个单位，接收市转价格举报17件、投诉1件。清明节期间派出3个检查组，出动检查人员6人次，检查8个单位，接收市转价格举报32件。“五一”小长假期间派出3个检查组，出动检查人员6人次，检查7个单位，接收市转价格举报18件、投诉2件。端午节期间派出3个检查组，出动检查人员12人次，检查7个单位，接收市转价格举报与投诉19件。国庆、中秋“两节”期间派出8个检查组，出动检查人员16人次，检查23个单位，接收市转价格举报与投诉33件。

（黄小曦）

【医药分开综合改革价格专项检查】 年内，配合《北京市朝阳区医药分开综合改革专项检查工作方案》的安排，朝阳区发展和改革委员会对朝阳区370家纳入区级检查范围的参加医药分开改革的医疗机构开展价格专项检查。检查结果为参改的医疗机构对于医改均做好准备，全部能够按照新的医事服务费标准、医疗服务项目价格标准和药品零差率的价格标准执行，做到明码标价，公示的项目内涵、价格标准符合要求。检查中发现个别医疗机构对医改政策理解不深，执行过程中出现偏差，要求立即整改。对1家违反药品零差价销售的医疗机构给予行政处罚。为做好医改价格专项检查，区发展和改革委员会组织开展医改价格政策培训、设立医改价格咨询电话，快速处理医疗收费咨询、举报、投诉。

（黄小曦）

【涉企收费专项检查】 年内，区发展和改革委员会检查区级行业协会、商会涉企收费情况，检查行业协会、商会强制企业入会并收取会费，强制收取企业参加会议、培训、展览、考核评比、出国考察和强制企业赞助捐赠、订购刊物等费用，依靠代行政府职能或利用行政资源擅自设立收费项目等行为。检查发现，朝阳区有55家行业协会、商会，其中11家属于名存实亡的“僵尸”协会，有名称、无机构、无人员、无活动、无收费；15家协会有机构、有人员、无活动、无收费；29家有机构、有人员、有收费，收费项目为企业会费和为企业提供服务的经营性收费，未发现有行业协会强制企业入会并收取费用和强制企业参加活动收费的行为。

（黄小曦）

【电力价格专项检查】 年内，区发展和改革委员会开展朝阳区电力价格专项检查。内容包括销售电价、输配电价政策执行情况；差别电价、阶梯电价政策执行情况；环保电价政策执行情况。检查组进驻北京朝阳电力实业开发有限公司，调取电力公司用户名单、财务报表、供电合同、结算票据等相关证据材料，走访10余家用电企业，实地了解充电桩收费情况。

（黄小曦）

【汽车销售和拆解企业价格行为专项检查】 年内，区发展和改革委员会开展汽车销售和拆解企业价格行为专项检查工作，对汽车销售和拆解企业进行提醒告诫，集中检查金盏汽车产业园、姚家园汽车产业园、银旺角汽车城等20余家汽车销售园区和企业。

（黄小曦）

【医用耗材价格专项检查】 年内，区发展和改革委员会检查辖区内二级以上医疗机构6家和被群众举报存在医用耗材违规收费线索的医疗机构4家。提取所有2级以上医疗机构的医用耗材库和价格统计表。检查发现，医疗机构都能按照医用耗材加价率执行，未发现超过规定加价率收费行为，常用医用耗材都能做到明码标价，价格、型号、品规公示齐全。存在问题是：医疗机构在使用高值耗材时与患者缺乏沟通，未提前告知患者耗材价格，收费时超出患者预期；有的医疗机构在有多种医用耗材可供患者选择使用时，未经患者同意，使用价格相对较高的品种；个别医疗机构在医用耗材收费时，实收品种与患者实际使用的品种不符。针对问题，要求相关医疗机构立即改正。

（黄小曦）

【商品房销售价格行为联合检查】 年内，区发展和改革委员会开展商品房销售价格行为联合检查、房地产行业明码标价专项检查工作，对房地产开发企业在售楼盘和房地产中介机构门店商品房销售价格行为进行检查，检查辖区内17个房地产开发企业在售项目，89家房地产中介机构门店，发放《关于规范房地产开发企业和中介机构价格行为的提醒告诫函》70余份，整改检查中发现的不规范价格行为，按照程序调查处理5家涉嫌价格违法行为的房地产开发企业。处罚1家房地产开发企业和1家房产中介机构。

（黄小曦）

质量技术监督

【概况】 朝阳区质量技术监督局是北京市质量技术监督局设在朝阳区负责本行政区域内质量技术监督管理工作的派出机构。局机关设6个职能科室，1个稽查队。全局下设直属事业单位3个，职工总数209人，其中行政编制41人，行政执法编制11人，工勤编制4人，事业编制153人。年内受理行政许可和服务类申请3585件，开展行政执法活动1822起，查处案件380起，罚没款114.28万元。受理投诉举报案件2233件，检验特种设备55905台（件），检测计量器具71583台（件）。

地址：平房乡姚家园村8号

邮编：100123

电话：85576988

邮箱：cyj@bjtsb.gov.cn

（李　娟）

【《质量发展纲要》实施推进】 7月，制发朝阳区《质量发展纲要实施意见2017年行动计划》，征求意见后经区落实质量发展纲要领导小组审议通过印发区属84家单位。通过市、区（县）、街（乡）两级政府三级管理的质量安全责任体系，朝阳区落实质量发展纲要领导小组印发《关于加强朝阳区街（乡）质量安全管理工作的通知》，要求街乡确定专门机构和人员负责质量安全工作和建立日常问题报告机制、定期沟通协调机制等质量安全工作机制。区落实质量发展纲要领导小组与全区43个街乡建立联络沟通机制，定期通报产品质量情况，落实监管职责。

（李　娟）

【政府质量奖申报】 年内，鼓励、组织39家企业申报北京市人民政府第二届质量管理奖。经评审委员会评定，华润双鹤药业股份有限公司获得第二届北京市政府质量管理奖，国家会议中心获得第二届北京市政府质量管理奖提名奖。

（李　娟）

【特种设备专项整治】 年内，开展城乡接合部、危险化学品、电厂、人员密集场所等领域特种设备专项整治，联合区市政市容委、安监局等部门进行安全检查。针对商场超市、景区、游乐场、地铁等人员密集场所开展安全检查，对高危行业、重大危险源等重点地区、重要部位进行监督检查。开展特种设备超期使用专项整治行动，组织召开重点使用单位、气瓶充装单位和电梯维保单位工作会，督促加强设备安全管理。加强科所配合，检验同时送达超期设备明细，督促办理停用、注销等手续。印发超期未检和检验不合格问题通知，督促企业改进。实际超期未检率降至1%以内。全年检查单位679家次，发出《特种设备安全监察指令书》75份，立案91起，处罚金额90.12万元，督促相关使用单位完成隐患整改。办理特种设备使用登记许可1282件，其中变更478件、注销2669台、停用708台。

（李　娟）

【服务保障】 年内，开展监察检验364家次，出动执法人员694人次，检查特种设备3015台。在“一带一路”国际合作高峰论坛服务保障工作中，区质监局及21名个人受到国家质量检验检疫总局通报表扬；在十九大服务保障工作中，区质监局及4名个人受到通报表扬。

（李　娟）

【大气污染防治专项执法行动】 年内，对辖区内胶粘剂、涂料、车用汽油清净剂、车用尿素溶液、柴油降凝剂等生产企业开展执法检查51家次，主要检查企业进货把关、标识标注、出厂检验等环节，个别企业存在标识标注不规范，检验报告项目不全的情况，执法人员均要求企业立即整改，并对整改情况跟踪核查，确保整改到位。与企业签订《落实企业主体责任确保产品质量安全承诺书》，推动企业落实主体责任、履行社会责任，督促企业合法经营，确保大气污染防治相关产品质量安全。

（李　娟）

【工业产品许可证管理】 年内，完成2017年生产许可证年度审查和实地核查工作。完成41家企业的年度报告审查、对6家企业开展现场评审，全部合格。

（李　娟）

【净化互联网交易环境】 年内，成立打击侵犯知识产权和制售假冒伪劣产品专项行动领导小组，出动38人次，执法检查19家次，重点以农资、电器电子产品、汽车配件、装饰装修材料、易制爆危险化学品、儿童用品以及服装鞋帽等为主，开展好属地查处工作。

（李　娟）

【机动车检测机构监管】 年内，开展检测场检查38家次，加强对区内机动车检验机构监督管理，规范机动车安全技术检验工作，通过明察暗访，检查各检测场计量认证是否在有效期内，检测设备是否在检定周期内，是否在检测能力范围内出具检验报告，检验报告CMA标志及检验专用章是否齐全等。经查，各检测场均能按要求开展检测工作，未发现违法行为。

（李　娟）

【计量监督】 年内，对超市、加油站等民生重点行业进行计量监督，检查321家次、2164台（件）计量器具，合格2101台（件），合格率97.1%。

（李　娟）

【标准补助受理】 年内，与区知识产权局联合审议34家单位的117项标准资助申请，资助金额194.7万元。开展北京市技术标准制（修）订补充工作，审核17家单位提交的申报材料，涉及标准42项。

（李　娟）

【国家级服务业标准化试点】 年内，成功推荐国家会议中心申报国家级标准化示范项目。协调并指导2016年度国家级服务业标准化试点单位北京德邦货运代理有限公司做好中期评估准备工作，成功指导中国建筑科学研究院申报国家级标准化服务业试点。

（李　娟）

【国家标准验证点试点】 年内，参与中国建材检验认证集团股份有限公司作为国家级标准检验验证点试点中期汇报。中国建材检验认证集团股份有限公司负责建筑材料和无机非金属新材料领域的标准验证工作。接受任务后，精心选择子课题，涉及国际标准、强制标准和社会关注的标准，从标准发布前、发布后，独立和协作实验室验证等环节、角度开展工作，有50 余名专家学者参与，投入经费70余万元。

（李　娟）

【养老机构服务质量检查】 年内，协同区民政局开展养老机构服务质量检查活动，对区内57家养老机构进行服务质量大检查。检查结果于9月反馈至各养老机构，民政局于10月组织复评养老机构在大检查中存在的问题，均整改到位。

（李　娟）

【中关村国家自主创新示范区标准创新试点】 年内，区质监局通过标准资助鼓励园区企业加强标准化工作，征集标准创新试点、发放书籍资料等方式鼓励园区企业参与中关村标准化活动。中关村储能产业技术联盟申报第二批团体试点。经国家标准委评选，批准中关村储能产业技术联盟为第二批国家团体标准试点单位。

（李　娟）

【京津冀质监联合执法】 年内，参与京津冀质监系统稽查执法区域合作，强化京津冀一体化意识。根据属地监管原则，配合天津、河北质监部门协查请求，对检查中发现的生产地非本辖区的企业向当地质监部门发函请求协查。全年协助完成区域执法10起，转办其他区局协查案件27起。

（李　娟）

安全生产监督管理

【概况】 朝阳区安全生产工作以压减一般事故总量，遏制较大以上事故和社会影响大的事故为目标，开展“护航”“深耕”“金秋”等专项行动，安全监管模式基本形成。完善安全生产责任体系，建立区领导监督检查制度，层层压实行业管理部门和属地街乡监管责任。稳步推进安全监管领域改革，将功能区、管委会纳入安委会成员单位，形成“1+57+43”管理模式。在全区逐步开展分级分类管理和城市安全风险评估试点工作，探索建立安全风险管控机制。全面加强对危化企业，白酒、涉危等工业企业、涉爆粉尘企业、职业卫生、有限空间、地方铁路道口等直管行业领域的监管。全区安全生产形势平稳。年内，全区发生道路交通、生产安全、火灾等非正常死亡事故167起死亡182人，其中生产安全事故发生22起死亡23人。开展安全生产培训145769人次。朝阳区安监局全年承办安全生产举报案件358件，比上年增长280%；立案处罚66件，罚款47.3万元。

地址：百子湾西里303号楼910室

邮编：100124

电话：65090132

邮箱：cyajj2008@126.com

（李长江）

【医疗机构职业危害情况调研】 1月6日，区安监局会同区疾控相关专家，调研朝阳医院职业卫生管理工作。调研组查看病理科和中药房等场所的通风、除尘设施和从业人员个体劳动防护用品使用情况，详细了解病理科使用的有机溶剂种类、数量、工作流程和中药房日常接触粉尘情况，初步了解医疗机构职业病危害因素分布与防治情况。

（姜　南）

【“护航”“深耕”专项行动】 1月10日，启动安全生产“护航”百日攻坚专项行动，4月15日，启动“一带一路”国际合作高峰论坛服务保障“深耕”行动。1月至5月，各街乡、各部门、各单位对重点行业领域、重点场所、重点企业、重点部位安全隐患开展全面排查整治，对峰会保障安全生产、重点区域环境整治、社会面稳定、新增违法建设、水环境治理、重要舆情等六方面工作进行督查督办。组织检查组44587个，检查生产经营单位274069家，发现隐患208907项，整改隐患194517项，整改率93.11%；打击非法违法行为3573起，整治违规违章行为20255起，停业整顿2238家，暂扣吊销证照48个，关闭取缔2541家，行政罚款783.94万元，追究刑事责任159人。各街乡把安全生产工作与功能疏解、开墙破洞治理、违法建设拆除、城乡接合部改造、人口调控、清理整治群租房和非法出租公寓、环境整治和建设等重点工作相结合，统筹安排。

（潘蔚然）

【烟花爆竹零售管理】 1月22日至2月1日，区审批设置烟花爆竹零售网点54个，其中五环内25个、五环外29个，比上年下降33.3%。全区43个街乡有21个未设置网点，实现四环以内不设置网点。54家销售网点配送烟花爆竹22791箱，比上年下降30.6%；销售14757箱，比上年下降41%。全区安监系统出动409车次、1433人次，检查销售网点1059家次，立即整改隐患359项，对不能立即整改的隐患，一律责令网点停业整改，整改完成前不得营业，累计停业3家。办理举报13起，涉及网点3家，比上年下降57%。

（夏旭昀）

【重大活动安监保障】 2月28日至3月15日，区安监局组建8个检查督查组，开展全国“两会”期间安全生产检查工作。出动执法检查人员15633名，检查生产经营单位12562家，执法车辆2283台。立案10起，行政处罚5.4万元。发现隐患18810项，消除18722项，消除率达99.5%。3月17日至5月20日，“一带一路”国际合作高峰论坛前夕及期间，区安监局对会场、驻地周边200米生产经营单位开展4轮全覆盖执法检查。检查生产经营单位6445家次，下达责令限期整改指令书661份、现场检查记录2249份、其他文书1108份；立案27起，行政处罚12.5万元，关停企业25家；发现隐患7176项，均督促整改到位。10月10日至24日，检查生产经营单位14801家，下达现场检查记录9223份，责令限期整改指令书4312份，整改复查意见书641份；停产停业103家，行政处罚115家，行政处罚66.3万元，发现隐患21170项，均督促整改到位。

（许海凤）

【汽修职业病危害专项治理】 3月至4月，区安监局对来广营、平房、十八里店、高碑店等汽修企业集中区域的60余家汽修企业调漆室和清洗喷枪工作场所职业病危害治理情况进行摸底调查。4月至6月，采取“分组包片、逐家检查、全面覆盖”方式，进行复查验收。开展专项治理单位147家，实际验收131家，关停并转16家。排毒柜安装率、劳动者职业健康体检率、作业场所检测率达到100%，负责人持证上岗率为97%。

（姜　南）

【体育经营企业涉危专项整治】 3月至6月、10月至12月，区安监局联合区体育局，开展对高尔夫球场内部储油设施、室内滑冰场危险化学品使用进行排查整治。排查检查高尔夫球场31家、室内滑冰场11家，发现隐患问题87项。现场临时查封7家，督促完成拆除有关设备设施10家，立案处罚2起，处罚金额8万元。指导行业监管部门建立合法规范的日常监督管理机制。

（夏旭昀）

【隐患排查治理清单编制试点】 3月至8月，区安委会办公室在三级以上安全生产标准化达标企业中重点选择500家企业，开展隐患排查治理“一企一标准、一岗一清单”编制试点工作。以企业需求为导向，编制符合企业实际的隐患排查清单和岗位操作规程，提高生产经营一线职工安全意识和隐患排查能力。年内，完成500家企业清单编制工作，试点企业运用全市生产安全隐患排查治理信息系统平台实施日常隐患排查治理工作。

（唐　璐）

【“散乱污”企业治理专项行动】 3月至12月，在7个乡20个重点村开展为期10个月的城乡接合部地区安全生产专项整治暨“散乱污”企业治理专项行动。朝阳区“散乱污”企业上账生产经营单位有104家，其中拟关停取缔20家，拟整改84家。新增15家“散乱污”企业。专项行动检查企业710家次，执法检查覆盖率100%。完成隐患整改40家，立案处罚1家，处罚金额1万元，停产停业9家，关停取缔55家。在新增的15家企业中，停产4家，搬离3家，整改8家。年内119家“散乱污”企业全部整治完成。

（黄卫峰）

【安全监管系统工作大会召开】 4月13日，召开2017年区安监系统工作大会。公共安全馆、43个街乡及奥管委分管领导、安监科科长，专职安全员检查队队长参加。会议总结2016年朝阳区安全生产重点工作完成情况，部署2017年四大项53小项重点工作。八里庄、麦子店、崔各庄、将台等4个街乡分别就信息化工作、执法工作、专职安全员工作和事故双预防工作进行交流发言。参会人员就2016年全区安全生产工作中需要改进提高的具体工作事项、2017年全区安全生产工作需要高度关注的工作事项及提高和改进工作效率的具体意见建议、推进安全生产领域改革发展的具体意见建议或工作措施和开展工作中遇到的问题和困惑等内容开展讨论。

（潘蔚然）

【职业病防治法宣传周活动】 4月24日至30日，开展区职业病防治法宣传周活动。4月29日，在北京飞机维修公司开展职业病防治法宣传咨询活动，普及各类职业病危害因素与防护方法，解答劳动者在工作中遇到的各类职业病防治方面的问题，指导劳动者维护自身合法权益。宣传周发放宣传材料1200余份，宣传光盘50余张，对40余人现场咨询答疑。各街乡开展研讨会、主题报告会、员工座谈会、知识讲座、知识竞赛等活动19次，使用广播、电视、报刊等媒体报道6次，利用微博、微信等新媒体报道43次，印发宣传材料3.6万余份，制作和发放宣传片500余张，出动宣传人员1000余人。

（姜　南）

【“朝阳安监”微信公众号开通】 4月25日，“朝阳安监”微信公众号开通。全年举办线上有奖答题活动4次，累计推送544篇（其中原创文章256篇）文章。文章最高阅读量12392次，24.49万余人阅读文章，3600人关注。

（梁博文）

【应急救援演练】 5月10日，区安监局会同十八里店乡政府、中石化朝阳区域公司，在中国石化销售有限公司北京朝英加油站开展危险化学品应急救援演练。演练科目为加油机起火及油罐车卸油跑冒油，7人参加演练。9月7日，在北京市自来水集团有限责任公司第九水厂开展2017年重大危险源事故应急救援桌面演练。演练科目为液氯钢瓶泄漏人员中毒事故，15人参加演练。

（甘建玮）

【“5·12”防灾减灾安全生产宣传活动】 5月12日，区安监局等部门在北京欢乐谷开展“5·12”防灾减灾安全生产宣传活动。举办“5·12”防灾减灾动员仪式、防灾减灾宣传、自救互救现场体验、应急逃生模拟体验等4个主题活动。设置宣传展台。发放宣传材料3000余份，受教育5000余人。

（甘建玮）

【有限空间安全监管工作会召开】 5月17日，区安委会办公室召开2017年度有限空间安全监管工作会。区市政市容委、区发改委、区建委、区房管局、区水务局、区广电中心、奥管委等13家单位主管安全生产工作的负责人参会。区安全监管局通报2016年度北京市地下有限空间作业安全事故情况、区安监局2016年度有限空间作业执法检查情况，各单位反馈在执法检查中发现的问题。布置2017年有限空间监管工作。要求各单位要加强对地下有限空间的安全监管，推进有限空间安全管理各项工作的贯彻落实。根据行业实际情况安排夜间检查、日常巡查，严厉查处违法行为，确保地下有限空间作业安全。

（崔小龙）

【重点时段危险化学品安全保障】 5月、11月，区安监局严格落实“一带一路”国际合作高峰合作论坛及中共十九大安保期间加强管理措施。联合各相关部门分行业组织开展企业负责人培训，培训500余人，下发宣传材料5000余份。组织开展对驻地、行车路线周边等重点区域危险化学品单位专项检查，实现两次重大活动期间危险化学品零事故。

（夏旭昀）

【安全生产月活动】 6月16日，区安监局组织20余家单位在朝阳公园南门广场举办安全生产月宣传咨询日活动。现场设置5个区域，在宣传展板区，设置100余块宣传展板，向公众宣传消防、用电、用气、职业卫生等安全科普知识；在装备展示区，展示一辆消防宣传车、一顶火灾逃生体验帐篷，讲解相关消防器材的使用方法、普及地震中逃生的相关知识；在互动体验区，医务人员教授心肺复苏术免费测量血压；在“朝阳安监”微信公众号宣传区，宣传“朝阳安监”微信公众号，扩大公众知晓率；在咨询区，设置家庭燃气使用安全、防火安全、职工权益保护等19个咨询台，接受公众关于安全政策、安全知识的咨询。同时各街乡、有关单位设立安全生产咨询点，悬挂宣传横幅2416幅，张贴宣传海报9135张，发放宣传材料17.1万件，设置宣传园地697个，利用620块显示屏开展公益宣传，利用户外电子显示屏播放标语4992次，参加咨询日活动的群众超过5万人。

（潘蔚然）

【职业卫生与有限空间监管培训】 6月30日，区安监局会同国家安全生产监督管理总局职业安全卫生研究中心、中安在线（北京）科技有限公司，对129名职业卫生联络员，围绕职业卫生基础建设达标、职业病危害防治评估、职业卫生“双达标”、“一人一档”及有限空间检查等重点内容进行培训，以增强安全监管人员对相关法律法规的理解和应用水平，夯实职业病防治和有限空间安全生产工作基础。

（姜　南）

【对话谈心活动】 6月至7月，区安监局领导与41家存在职业危害的用人单位主要负责人进行集体对话谈心活动。向企业负责人发放《北京市生产安全事故案例教育》（光盘）及《北京市生产经营单位落实安全生产主体责任宣传手册》《朝阳区存在职业危害因素企业职业卫生基础建设活动指导手册》，提高职业安全工作重要性的认识、明晰自身存在的问题和今后的整改方向，防止各类职业安全事故的发生。

（姜　南）

【跨行业联合专项执法检查】 6月至12月，区安监局组织区住建委、区文委、区商务委、区体育局、朝阳消防支队、食药局等12个部门，对全区范围内部分生产经营单位开展6次跨行业联合执法检查专项行动。检查生产经营单位172家次，涉及建筑施工现场、宾馆酒店、文化娱乐场所、餐饮、商市场、体育场馆、工业企业、物业8个类别，立案8起，行政处罚9.2万元，发现隐患272项，安全隐患均督促整改到位。

（许海凤）

【专职安全员培训】 7月3日，区安监局召开街乡（园区）及职能部门全体安全员专项业务培训暨安全生产检查队规范化建设推进会，全体专职安全员、安全生产检查队987人参会。安监局从安全生产基层基础工作、安全生产生力军作用、安全员队伍建设和取得的成绩给予充分肯定。针对检查队存在的问题，强调管理规定和纪律要求。培训内容包括职业危害和有限空间知识，确保安全员对整套系统功能的熟练掌握及运用。

（张　强）

【“扫黄打非”专项执法检查】 7月至8月，区安监局对文化市场生产经营单位开展“扫黄打非”专项执法检查，将图书音像、歌厅、网吧、印刷厂、电影院等单位纳入重点检查范围。检查文化市场相关单位65家次，处罚3000元。对有安全隐患的企业严格督促落实整改，对存在违规违法行为的依法高限处罚。

（许海凤）

【职业病危害申报情况核查】 7月至11月，区安监局结合安全生产大检查工作，会同北京市劳动保护科学研究所，根据职业病发病分布情况、职业病危害严重程度、职业病危害重点治理情况，参考安全生产条件普查数据与申报情况，在朝阳区医药制造业、家具制造业、汽车制造业、专用设备制造业和电子设备制造业5大行业中，抽取50家企业进行核查，摸清申报用人单位的职业卫生管理情况。

（姜　南）

【高层建筑安全生产专项检查】 8月至12月，区安监局分6个专项巡查整治工作小组，对安全生产领域内高层建筑消防安全综合治理情况开展专项执法检查。检查生产经营单950家次，发现隐患3695项，立案19起，隐患已消除。

（许海凤）

【安全生产“金秋”行动】 9月6日至10月31日，启动安全生产“金秋”行动。各街乡、各部门开展安全生产大检查、隐患排查和对照检查，辖区未发生较大以上和社会影响较大的安全生产事故，安全生产事故起数和死亡人数持续“双下降”（2017年1月至10月朝阳区发生生产安全事故18起死亡19人，与上年同期26起死亡24人相比分别下降30.77 %和20.83 %）。检查企业近19.34万家次，消除隐患11.62万余项，关闭取缔182家，责令停产整顿228家，行政罚款273.82万余元。

（潘蔚然）

【职业健康宣讲活动】 9月至11月，组织建外、双井等街道的7名市、区级优秀宣讲员，到黑庄户乡和酒仙桥街道开展宣讲活动。7名优秀宣讲员，从不同主题、不同角度、不同层面出发，结合身边人、身边事，贴近实际的所见、所闻、所感、所想，阐述职业健康的重要性，用事故案例警示每个人要高度重视职业健康工作。

（姜　南）

【职业病危害防治评估】 11月6日至7日，由北京市化工职业病防治院5名专家组成的评估组，全面评估朝阳区2017年度职业病危害防治工作。评估组在全区469家职业病危害项目申报单位中随机抽取10家单位，查看职业卫生档案、职业健康监护档案资料和作业现场。核查王四营乡的职业卫生工作落实情况。评估组认为朝阳区职业病危害防治工作领导重视、组织严密、成效显著。

（姜　南）

【大排查大清理大整治专项行动】 11月20日，启动安全隐患大排查、大清理、大整治专项行动。从安监、消防、公安、工商、住建、城管等7个部门和各街乡选调65名干部、聘请10名安全生产专家，成立由75人组成的专项行动工作组，下设5个小组和10个督查组，以集中办公和分片督查的方式对每个隐患点强化综合协调。全区出动检查人员40万余次，检查点位33万余处，消除一般隐患19万余项。行政处罚660家次，停产停业2748家，关闭取缔1985家，媒体曝光21家，罚款369.82万余元，处理人员719人。拆除、清理违法建设2854处、47.25万余平方米。

（潘蔚然）

【烟花爆竹零售安全宣传培训】 年内，区安监局组织烟花爆竹零售网点申请单位主要负责人54人、从业人员393人参加安全培训，确保从业人员上岗前掌握必备的安全知识和操作技能。编制《烟花爆竹销售网点安全监管手册》《烟花爆竹销售网点应急救援预案》《销售区域安全提示》印发至烟花爆竹零售网点，明确安全管理规定及措施要求。制作《烟花爆竹购买及燃放安全提示》宣传材料5万份，引导市民安全购买燃放烟花爆竹。

（夏旭昀）

【安监系统平台升级改版】 年内，区安监局完成“朝阳区安全生产监管信息平台”的升级改版工作。完成对GIS地图、教育培训、双随机、风险预警、隐患移送、统计分析等系统新功能的研发工作。对原系统平台功能的企业隐患自查自报、法律法规库、统计分析、协同办公和执法终端APP等功能进行升级改版。完成企业台账正式库的对接工作，完成对43个街乡安监队（科）执法人员及专职安全员的系统使用培训工作。

（杨　毅）

【企业台账动态更新】 年内，区安监局聘请第三方机构对全区生产经营单位进行现场勘查，拍照取证及存档备查。核销企业51450家、完善企业信息24499家、新增企业23063家，完成99012家企业的增删改工作，台账中有企业60652家，企业信息完整率由年初的不足1%增长到63.06%。

（杨　毅）

【危险化学品执法检查】 年内，区安监局完成对危险化学品企业执法检查404家468次。办理危险化学品行政处罚案件32起，罚款46.28万元，其中重大案件4起29.08万元。对易制毒易制爆企业立案16起，处罚金额19.38万元。完善与公安部门联动机制，指导孙河、崔各庄等街乡查处危险化学品非法违法案件21起，移交公安拘留21人。

（夏旭昀）

【危险化学品行政审批】 年内，区安监局按照“法定条件、法定程序、法定时限”要求，办理完成烟花爆竹经营（零售）许可54家，危险化学品建设项目9家，危险化学品经营许可131家，易制毒备案27家。未发生复议申诉。

（夏旭昀）

【危险化学品企业退出引导】 年内，区安监局通过召开专题会议、约谈企业法人、现场督促协调等形式，引导有储存设施的工业气体经营企业等高风险企业退出。全区完成2家危险化学品企业彻底退出，申请市级退出奖励资金90万元。4家企业转为无储存经营。全区除生产企业、加油站外，有储存设施经营的危险化学品企业仅剩1家，危险化学品经营企业由391家减少到360家。

（夏旭昀）

【加油站贯标改造】 年内，区安监局确定加油站贯标改造，不同类型改造项目全过程的监管模式以及理清流程和标准。采取提前召开工作部署会确定工作计划、定期跟踪检查、季度汇总总结、年终检查评比等工作措施，保证施工改造总体进度。通过施工前审查方案、进场时组织安全培训和应急演练、制作下发“施工改造十严禁”提示牌、施工期间加强检查、在清罐及吊装等重点作业到现场监护，保证改造全过程的安全。完成改造加油站49座，未发生安全事故。

（夏旭昀）

【危险化学品安全监管】 年内，区安监局制定危险化学品安全综合治理三年（2017—2020年）行动计划实施方案，推动有关工作落实。配合区反恐办、区禁毒办、区环保局、朝阳运管处、消防支队等部门分别做好国务院安委会巡查、反恐督查、易制毒化学品重点单位整治、中央环保督察、运输单位联合检查、消防年度考核等各项监督检查及联合执法工作。建立执法部门与属地街乡联动机制，有效遏制城乡接合部危险化学品非法储存案件多发势头，全年未发生危险化学品非法储存重大案件，与2016年6起相比下降100%。

（夏旭昀）

审 计

【概况】 朝阳区审计局是负责朝阳区审计监督工作的政府职能部门，实行双重领导，对朝阳区政府和北京市审计局负责并报告工作，审计业务受北京市审计局指导。内设11个科室，下属审计指导中心（纳入工资规范管理事业单位）。年内，完成审计项目43个，查出问题金额13.89亿元。其中，违规金额0.49亿元，管理不规范金额13.4亿元；审计发现非金额计量问题161个；出具审计报告和专项审计调查报告50篇，被批示50篇；提出审计建议279条，被采纳279条；提交审计信息133篇，被采用140篇。向社会公告审计结果17篇。2个项目分获北京市审计机关优秀审计项目与表彰审计项目，1个案例入选审计署计算机中级水平考试案例素材库，4个审计项目的计算机应用案例获北京市审计局表彰。

地址：北三环东路甲26号

邮编：100029

电话：84272266

邮箱：cysj@bjchy.gov.cn

（新　鑫）

【政策落实跟踪审计】 年内，开展“疏解整治促提升”等政策落实情况跟踪审计，对“疏解整治促提升”专项行动的部署、推进进度和实施效果情况、相关资金到位等情况进行审计。揭示专项行动实施中遇到的重点问题和难点，分析影响政策执行和工作推进的原因，提出对策建议，推动专项行动有效实施。将相关单位所承担的疏功能、减人口，环境治理、民生保障等任务纳入经济责任和预算执行审计内容，促进政策措施落实到位。

（新　鑫）

【预算执行审计】 年内，对17个区级一级预算部门开展预算执行审计，除审查常规事项外，延伸审计所属的21个重点单位。对区本级预算执行审计，将促进财政改革措施的落实贯穿于财政审计的全过程，加强对全口径预算、决算草案编制、财政存量资金、政府性债务等审计，深化重点预算支出和大额专项资金的审计，推进财政安全性审计和信息系统审计，规范财政资金分配管理，保障财政资金安全。

（新　鑫）

【政府投资建设项目审计】 年内，对2013年和2014年防汛工程、综合全民健身活动中心等6个项目进行决算审计。审查工程造价控制和项目建设管理情况，关注建设程序、招标投标程序履行、合同签订和执行、项目建设、资金收支及管理、竣工财务决算等关键环节，揭示项目建设资金使用中存在的问题，促进建设单位规范项目建设管理。强化重点领域、重点资金和重点工程项目审计，促进结构调整和民生保障，完成怀柔区保障性安居工程跟踪审计等民生项目审计。

（新　鑫）

【经济责任审计】 年内，对11家单位的18名领导干部开展经济责任审计，坚持党政同责、同责同审，以领导干部贯彻重大决策部署，落实全区重点任务，守法守纪守规尽责为重点，持续加大对贯彻落实中央八项规定精神和国务院“约法三章”情况的审计力度，促进领导干部依法履职尽责和单位加强党风廉政建设。对4个地区办事处的8名领导干部开展自然资源资产离任审计试点工作，结合被审计领导干部所在地区的主体功能定位、自然资源资产禀赋特点、资源环境承载能力等，围绕地区自然资源资产管理和生态环境建设重点任务，对水环境、拆违控违、耕地保护、林地建设与养护四个方面进行重点审计。

（新　鑫）

【国有企业审计】 年内，完成对朝阳公园开发经营公司2014—2016年运营情况等3个项目审计。转变审计思路，关注企业经营决策的科学性和资金使用的效益性，以及承担区级重要经济职能的履行情况和内部管理情况，着力发现管理中存在的普遍性、倾向性、典型性问题，反映发展运营中的风险隐患，防范国有资产流失。

（新　鑫）

【专项资金审计】 年内，完成2016年“煤改电”项目实施情况、朝阳区2015年至2016年文化创意产业发展引导资金管理使用情况、自然资源资产等5项专项审计调查。重点关注大气污染防治，文化产业发展，摸清全区自然资源资产底数、存量规模、分类构成、分布状况、部门责权，以及管理机制建立健全等情况。

（新　鑫）

【审计指导】 年内，加强内审网络组建设，成立国企、行政事业单位等6家网络组，有成员单位144家，通过网络组平台，提高全区内审工作的规范化水平。与市内审协会和高校合作，举办13期业务培训班，对内审人员定期分层分类开展教育培训，培训2000余人次。

（新　鑫）

【审计信息化建设】 年内，推行“总体分析、发现疑点、分散核实、系统研究”的审计方式，实践审计一线作业与后台数据分析一体化的模式。成立数据分析领导小组和数据分析组，全程参与部门预算执行和专项资金等重点审计项目，利用数据分析把握单位收支整体情况，通过筛查疑点增强审计的针对性，提高工作效率。

（新　鑫）

【审计结果公告】 年内，通过朝阳审计信息网，向社会公布15家单位年度预算执行审计及2项政府投资建设项目决算审计结果。公告包括单位基本情况、审计发现的主要问题、处理情况及建议、发现问题的整改情况4个方面内容。

（新　鑫）

【审计整改】 年内，区审计局向区人大常委会报告审计查出问题整改情况。区审计局按照“谁审计、谁负责督促”原则，建立审计整改台账，对审计整改情况进行集中和动态管理，按项逐条跟踪督查审计查出问题的整改情况，推动建立健全整改长效机制，11家整改重点单位的主要负责人列席会议回答委员提问。

（新　鑫）

国有资产监督管理

【概况】 朝阳区人民政府国有资产监督管理委员会（简称区国资委）代表国家履行国有资产出资人职责，核定编制44人。年内，监管企业资产总额970.5亿元，比上年增长17.1%；净资产253.8亿元，比上年增长2.5%；监管企业实现营业收入186.9亿元，比上年下降11.1%；累计实现利润8.0亿元，比上年增长11.2%。完成2016年国有资本经营决算工作，国有资本经营决算收入13174万元，国有资本经营决算支出13174万元。2月8日，同意北京证券有限责任公司清算报告及办理注销手续。北京国朝国有资产运营有限公司以减资方式全部退出参股企业北京国翔资产管理有限公司。

地址：日坛北街33号
邮编：100020
电话：65099193
邮箱：gzwanquan@126.com

（林春照）

【同意昆泰评估事项】 1月16日，通过昆泰集团下属乾景公司子公司航投置业股权转让和居业置业、中言公司增资扩股资产评估核准事项。其中，航投置业评估后净资产为195228.50万元，评估增值额32861.82万元，居业置业223791.77万元，评估增值额66295.00万元；中言公司217236.95万元，评估增值额57810.83万元。

（林春照）

【企业投资项目后评价】 2月20日，2017年企业投资项目后评价工作启动。针对企业已完成投资项目开展投资后评价工作，从投资决策、项目管理、运营效益、未来发展等方面进行综合评价，提高企业投资监管水平。年内，完成国资中心参股文化科技担保公司、弘朝伟业成立蔬菜公司、朝阳公园绿化、保洁及房屋补贴与世奥公司瞭望塔故宫安防项目4个国资委委托后评价项目报告；完成国资中心京赢科技、昆泰集团关东店综合楼、望京综开公司默沙东项目与京广商务中心员工餐厅改造等六个企业自主后评价项目。

（林春照）

【下拨国有资本经营预算】 2月20日，向监管企业下发国资系统2017年度国有资本经营预算通知，涉及昆泰集团、朝开公司等9家企业的孙河湿地公园棚户区改造、奶西村城乡接合部环境整治等11个项目，总计下拨国有资本0.94亿元。

（林春照）

【世奥公司场馆拆除方案通过】 3月8日，同意北京世奥森林公园开发经营有限公司关于国家速滑馆用地范围内涉及的北部场馆群资产拆除工作有关事项的方案，要求其在北部场馆群资产拆除后按相关规定核销资产。

（林春照）

【业务培训】 3月21日，召开系统国有资产出租、出借、对外投资、担保工作部署及业务培训会。6月9日，召开以国企人力资源管理与薪酬管理为主题的培训会，对国资委监管企业的40余名人力资源工作人员进行培训。6月21日，举办第七期高级职业经理资质培训班，13名企业领导人员参加。召开2017年度企业财务决算工作培训会，部署2017年度企业财务决算、2018年度财务预算及财务月报工作。8月10日，召开系统审计研究培训会，对21家单位的内审工作人员进行有关经济责任审计重点环节及案例分析培训。9月22日，召开系统内部审计研究开发组培训会，邀请财政部内部控制标准委员会咨询专家对内部控制主要内容、实施步骤、关键因素、关注重点等内容进行系统讲授，7家开发企业及顾问单位审计部门负责人及内审人员15人参加培训。11月7日，举办系统董事会、监事会工作培训班，监管企业及二级企业的董事会、监事会成员、董事会秘书等160余人参加培训，培训内容包括监事会工作和公司法案例实务。11月29日至30日，举办产权管理工作培训班，邀请专家分别对《企业国有资产交易监督管理办法》《企业增资扩股政策法规及操作细则》《企业资产评估管理实务简述》进行政策解读和案例分析，一级监管单位及重要子企业的主管领导、部门负责人和从事产权管理、资产评估、资产处置等相关工作人员以及部分非监管单位负责人80余人参加培训。

（林春照）

【望京综开公司参股两家公司】 3月30日，区国资委同意望京综开公司参股北京融智未来投资发展有限责任公司，注资1500万元，持股30%。区国资委同意望京综开公司参股北京融智科技基金管理有限公司，注资600万元，持股20%。

（林春照）

【昆泰集团股权转让】 3月31日，经区政府批准，同意北京昆泰房地产开发集团有限公司下属北京乾景房地产开发有限公司，将其持有的北京航投置业有限公司100%国有股权在北交所通过非公开协议转让的方式，转让给中航投资控股有限公司或其关联公司，转让价格由具有专业资格的中介机构评估并报区国资委核准后确定。

（林春照）

【昆泰集团增资】 3月31日，经区政府批准，同意北京昆泰房地产开发集团有限公司战略合作伙伴——北京美瑞泰富置业有限公司、北京融辉置业有限公司向昆泰集团北京乾景房地产开发有限公司下属的北京居业置业有限公司、北京中言房地产开发有限公司非公开协议增资方案及后续股权转让方案。增资定价由具有专业资格的中介机构评估并报国资委核准后确定。

（林春照）

【路测停车试点】 3月，向区政府报告《关于区属国有企业参与和推动朝阳区路侧停车管理改革工作的意见》获同意，与太阳宫乡签订《临时占道停车场委托经营协议》等路侧停车管理改革工作试点前期工作。

（林春照）

【区水务集团组建】 4月19日，区国资委分别与区水务局、朝阳区水文站签订北京市朝阳水务集团有限公司移交书和国有股权无偿转让划转协议，区水务局将其下属单位北京市朝阳区水文站所持有的北京市朝阳水务集团有限公司100%股权（含下属5个全资子公司）无偿划转给区国资委，账面净资产为1.139亿元，本次划转不涉及职工分流安置事宜。划转后，区国资委将全权履行北京市朝阳水务集团有限公司的出资人职责。

（林春照）

【国有资本收益入库完成】 6月9日，组织20家监管企事业单位根据2016年度财务审计报告及财务报表，通过国有资本经营预算系统完成网上利润申报工作，并在区财政局复核后，组织督促各单位开展缴纳工作，2017年实现国有资本收益企业税后利润上缴6490万元，实际收入比预算收入增加926万元。

（林春照）

【社区生鲜便利店有限责任公司】 6月22日，区国资委同意京客隆集团出资1000万元成立北京京客隆社区生鲜便利店有限责任公司，公司不设董事会，设执行董事1人；不设监事会，设监事1人；法定代表人由执行董事担任。

（林春照）

【国资中心向中关村科技租赁公司增资】 6月30日，区委常委会审议同意望京综开公司自筹资金5000万元参与租赁公司同比例增资；由昆泰集团以国资中心名义参与租赁公司同比例增资，并由国资中心为其代持。增资完成后，以获得租赁公司股东会通过为前提，将国资中心代持5000万元出资对应股权调整至昆泰集团，昆泰集团借款5000万元至国资中心，国资中心向中关村科技租赁公司增资完成。

（林春照）

【蓝岛大厦股权转让资产评估备案事项】 6月，根据蓝岛大厦转让承德蓝岛商贸有限公司120万元出资对应的4.5%股权的审计和评估报告，审核通过该股权转让资产评估备案事项，同意蓝岛大厦将所持承德蓝岛大厦商贸有限公司4.5%全部国有股权到北京产权交易所公开挂牌转让。

（林春照）

【北京首联商业集团转让股权评估核准事项通过】 6月，经委托北京市国资委评估复核专家小组审核、区国资委党委会审议，同意北京首联商业集团有限公司转让北京联超商业有限公司85%股权的资产评估核准事项，评估基准日为2016年9月30日，净资产账面价值16257.2万元，评估值28708.29万元，评估增值12451.1万元，增值率76.59%。

（林春照）

【2017年国资预算完成】 6月，完成2017年国资预算，实现收入13804万元，完成年度预算的107.19%；国资预算支出12524万元，完成年度预算的97.25%。

（林春照）

【问题清单制定】 6月，按照区国资委“两规范三提升”（规范财政行为，规范工作制度；提升服务质量、提升服务水平、提升服务层次）工作安排部署，系统24家企事业单位（含双管单位）制定弱化、淡化、虚化、边缘化问题清单259条，整改措施295条，通过企业党组织班子会议分解认领、逐项整改。

（林春照）

【公务用车拍卖备案审核】 7月25日至12月31日，对进入北交所拍卖的公务用车评估结果进行备案审核，一级监管企业取消车辆124辆，车辆原值合计2048.46万元。《机动车评估结果备案表》审核工作全部完成，其余公车由企业自行报废处置。

（林春照）

【协议转让国有股权批复】 7月27日，批复同意北京首联商业集团有限公司向北京京客隆商业集团股份有限公司非公开协议转让所持有的北京联超商业有限公司85%的国有股权，转让价格不低于经国资委核准的资产评估结果。

（林春照）

【宝嘉恒公司移交方案批复】 7月27日，按照《北京市剥离国有企业办社会职能和解决历史遗留问题实施方案》（京政发〔2017〕7号）有关精神，配合相关各方推进办理方家村甲1号楼房产大证及占地的权属变更登记工作，批复同意北京宝嘉恒基础设施投资有限公司上报的移交方案，由市排水集团作为移交主体，与市级非经营性资产集中管理处置平台办理移交，移交资产包括方家村甲1号楼及其为该楼配套的供暖锅炉设备及房屋。

（林春照）

【2016年度企业职工薪酬审计工作】 7月30日，完成2016年度薪酬审计工作，涉及19家监管企业、10770名职工，根据审计结果，对1家企业领导人薪酬超标准发放下发整改通知书，已整改。

（林春照）

【参股投资项目后评价工作完成】 7月，完成弘朝伟业全资子公司北京弘朝蔬菜有限公司和国资中心参股的北京市文化科技融资担保有限公司两个项目的后评价工作。12月，完成2017年4项国资委委托投资后评价及6项监管企业投资后评价自评工作。

（林春照）

【国资预算项目库项目入库完成】 8月23日，完成2017年国资预算项目库项目入库工作。2017年新增申报项目28个，其中25个项目筛选进入项目库，国资预算项目库入库项目达到72个。2017年聘请第三方机构依据国家政策形势、行业发展趋势、朝阳区战略规划等要求，对所有申报项目研提专业咨询意见为预算编制工作提供更具有科学性的筛选意见。

（林春照）

【昆泰集团出租事项批复】 9月1日，经区政府批准，批复同意昆泰集团公司位于朝阳区工体北路58号的三里屯雅秀项目（建筑面积27495.10平方米）整体出租给北京安业商贸有限公司的有关事项。

（林春照）

【国资预算草案报送完成】 10月23日，2018年国资委系统国有资本经营预算收支规模为13382万元，收入包含上缴利润收入7350万元，股利股息收入5106万元，超收结转926万元；支出包括12家监管企业12个项目，建议安排资金9350万元；按25%比例上缴一般公共预算3346万元；国资监管费用建议安排686万元。

（林春照）

【国企负责人薪酬管理办法修订】 12月21日，结合《关于深化朝阳区属国有企业负责人薪酬制度改革的意见》（主要对企业负责人薪酬的结构和水平重新确定），修订企业负责人业绩考核办法、薪酬管理办法，将修订后的办法报区政府审批。

（林春照）

食品药品监督管理

【概况】 朝阳区食品药品监督管理局（简称区食品药品监管局）实行双重管理体制。主要负责实施食品行政许可和监督管理，药品零售经营许可、保健食品经营许可、医疗器械经营许可、药品经营质量管理规范认证，食品药品监督的稽查制度，查处违法行为，食品药品安全事故应急体系建设、应急处置和调查处理，食品药品检验检测体系、电子监管追溯体系、诚信体系建设等工作。局机关内设12个职能科室，编制51人。下设朝阳区食品药品稽查大队、2个事业单位和43个街道（地区）食品药品监督管理所，联络站33个。示范所26个，达标所17个。全局实有干部职工248人、食品药品监察员203人。年内，围绕“让首都市民享受更高水准的食品药品安全保障”根本目标，坚持“四个最严”（最严谨的标准、最严格的监管、最严厉的处罚、最严肃的问责），强化“四有两责”（有责、有岗、有人、有手段，监管责任和监督抽检责任），牢筑食品药品安全防线。全年妥善处理55起食品药品突发应急事件，立案1484件，罚没款7500余万元，完成18项大型活动食品药品安全保障任务，辖区未发生重大食品药品安全事件。2017年，区食品药品监管局获得“首都环境建设样板单位”。

地址：管庄乡1号

邮编：100024

电话：65776115

邮箱：bjcysyj@163.com

（肖　洁）

【食品安全联防联控机制建立】 10月27日至28日，副区长、区食品药品安全委员会副主任王志勉一行10余人，到河北省承德市对食用农产品产销协作工作进行调研。在承德国际商贸物流园区、大洋路北部基地、隆化县农产品基地及七家镇海升草莓种植基地，考察畜禽肉类、粮食类、果蔬等特色农产品。达成朝阳、承德两地的市场、商超及基地、企业开辟绿色通道、统一农产品检测标准等重大互惠政策，为两地食用农产品生产经营者搭建互通互助、互利共赢的对接平台，从源头遏制不合格动植物及产品流入朝阳区。

（肖　洁）

【食品安全示范区创建】 年内，区食品药品监管局将创建食品安全示范区工作纳入区政府重点任务和重点督查事项，全面对标梳理创建指标，形成“政府牵头、部门协同”的高效创建工作格局，奥运村、左家庄、东湖、高碑店等作为食品安全示范试点街乡，先行先试，形成可复制、可推广的创建工作模式，以点带面推进创建工作。10月31日，朝阳区创建食品安全示范区动员大会召开，区长王灏提出“高质量高标准、创建为民”的工作要求，在全区范围内全面启动创建食品安全示范区工作。市食品药品安全办公室副主任、食品药品监管局副局长王福义，常务副区长、区食药安委主任马继业，副区长王志勉出席会议。

（肖　洁）

【实施“阳光餐饮”工程】 年内，区食品药品监管局坚持整治与提升双管齐下，全面提升辖区餐饮质量安全水平。建成望京新荟城、呼家楼世贸天阶2条“阳光餐饮”示范街，完成3594家餐饮单位阳光餐饮建设，其中社会餐饮3268户、中小学食堂137户、托幼机构食堂121户、养老机构食堂14户、中央厨房10户、集体用餐配送单位44户。

（肖　洁）

【创建“放心肉菜示范超市”】 年内，区食品药品监管局强化肉菜源头规范和过程严控，推进“放心肉菜示范超市”创建工作。华联精品超市朝阳公园路店、华联综合超市大望路店达到北京市“放心肉菜示范超市”创建标准，通过验收。

（肖　洁）

【无照无证餐饮治理】 年内，区食品药品监管局将无照无证餐饮纳入全区十大疏解整治促提升行动计划。坚持“消存量、遏增长”的原则，开展联合执法851次。其中，完成治理餐饮单位2955户，占总任务数的123%；人员10269人，占总任务数的107%。

（肖　洁）

【食药安全属地责任】 年内，将食品安全工作全面纳入地方政府绩效考核、社会管理综合治理考核体系，食品药品安全工作成为区委区政府议事决策的一个重要议题和督查落实的一项重点工作，实现食品药品安全党政同责、一岗双责、齐抓共管。近800名食品药品安全信息员下沉到各社区，“朝阳群众”助力食品药品安全监管工作。强化食品药品生产经营单位主体责任，督促指导食品药品生产经营企业开展安全隐患自查整改工作，采用“四不两直”（不发通知、不打招呼、不停汇报、不陪同接待，直奔基层、直插现场）的飞行检查方式，开展广覆盖、全项目检查。完成迎接市委改革办督察区食品安全属地责任落实工作，完成国务院食品办对区食品安全的督察。

（肖　洁）

【食品监测】 年内，以重点区域、重点品种、重点企业为风险点强化抽检监测，开展食品统一监测与监督抽检食品样本3791个，合格率98.2%；药品（含药包材）、医疗器械和化妆品抽检1036件，其中药品（含药包材）合格率99.5%，医疗器械合格率97.6%，化妆品全部合格。未发生群体性不良反应事件。定期分析食品药品安全监测数据，建立研判机制，提高监测数据对实际工作开展的指导作用。

（肖　洁）

【食品生产企业监管】 年内，调整22家食品生产企业的风险等级，对51家食品生产企业实施“一企一策”的监管模式。加大网络食品经营新业态监管力度，完成15家第三方平台及13家无店铺自营网络食品经营者主体信息登记工作及2.4万余家线上商户的信息采集工作。

（肖　洁）

【食品经营企业量化分级】 年内，通过经营品种的静态信息、监督检查、抽查检验，对9500家食品经营主体进行评估分级，完成9772家餐饮单位的量化分级复评工作。

（肖　洁）

【药品医疗器械监管】 年内，将GMP（药品生产质量管理规范）跟踪检查、药械抽检等与药械生产企业日常监督结合开展，降低药械生产企业安全质量风险，完成200家药店的GSP（药品经营质量管理规范）跟踪检查、飞行检查。

（肖　洁）

【食用农产品准入制度完善】 年内，全区各大食品市场使用统一格式的食用农产品产地证明、销售凭证，凭证的保存期限不少于6个月。入场产品必须经过快速检测，合格后方可进入。

（肖　洁）

【食品药品专项整治】 年内，开展肉制品兽药残留、校园周边食品、进口食品、婴幼儿配方乳品、调味料、食用油、畜禽鲜蛋水产品、中药饮片、城乡接合部地区药店诊所等30余项专项整治，有效净化辖区食品药品市场环境。

（肖　洁）

【案件查办】 年内，加大食品药品大案要案的查处力度，做出一般程序行政处罚1484件，罚没款7500余万元，主动办理移送公安并抄送检察院涉刑案件8件。受理各类举报26119件，全部举报均在时限内办结。筛查重要举报线索，做好日常监管风险及社会稳定风险防范提示工作。

（肖　洁）

【食品药品审批制度改革】 年内，清理食品药品行政审批服务项目，在原有3项即时办理事项的基础上，增加4项变更事项实行即时办理，试点“互联网+行政审批”，提高工作效率。全年受理食品药品经营许可申请22003户次。

（肖　洁）

【大型活动食药服务保障】 年内，完善“一部、六组、六片区”服务保障指挥体系和保障机制，全面提升服务保障能力，完成18次重大国事活动食品药品安全服务保障任务。保障就餐35.8万人次，食品留样20797份，抽检样品1319件，快速检测8731件，书写现场检查笔录、意见书776份。未发生腹泻病例及食源性疾患，确保各项活动顺利开展。

（肖　洁）

烟草专卖与管理

【概况】 朝阳区烟草专卖局成立于1996年10月，朝阳烟草公司成立于1998年3月，负责朝阳区行政辖区内的烟草专卖管理、卷烟市场供应和卷烟销售网络建设。2017年，办理涉烟违法案件241起，查获总烟量2109.62万支，其中查获假私卷烟732.33万支；查获违法卷烟总案值1133.22万元。办理涉烟网络案件6起。刑事拘留14人。市场净化率94.76%。销售卷烟14.85万箱，比上年15.06万箱下降1.39%；实现利税10.98亿元，比上年上升0.8%。被评为2016年度市级纳税信用A级企业。

地址：和平街十三区甲17号

邮编：100013

电话：64207306

邮箱：bjcyyc@163.com

（丁　鑫）

【行政执法案卷评查】 7月、11月，组织开展朝阳烟草内部行政执法案卷评查，审查行政处罚案卷207卷次。以北京市行政执法信息服务平台为依托，执行朝阳区政府行政执法案卷评查标准，对全年行政执法案卷进行随机抽样评查，评查合格率100%。

（刘　韬）

【获“全国质量信得过班组”称号】 10月13日，区局“专卖监督管理科市场监管班组”在第六届全国质量信得过班组选拔赛上，以“持续创新全力打造烟草质量信得过班组”为题，展示市场监管班组为创建创新型团队取得的成绩。参赛课题获一等奖，专卖监督管理科市场监管班组获“全国质量信得过班组”称号。

（丁　鑫）

【课题入选“精益十佳”】 12月1日，区局“基于ECRS（取消、合并、重组、简化）原则优化办公审批流程”精益课题入选年度北京烟草“精益十佳”课题。课题以提高机关日常管理效率为目标，通过优化办公审批流程，开展精益改善活动。通过课题，成功引入“钉钉”办公软件，在办公审批、日常管理、考勤管理等环节，实现并超过预期设定的课题目标。

（丁　鑫）

【涉烟网络案件破获】 年内，破获6起网络案件。破获“1·11”销售违法卷烟团伙网络案件，查获违法卷烟146.24万支，涉烟案值116.39万元，抓捕涉案人员10人，刑拘3人，查获窝点13个，涉案车辆5台。1月12日，在朝阳分局、顺义、怀柔等公安分局的大力配合下，朝阳、顺义、怀柔区局破获以张某某、王某某、郭某某为首的销售违法卷烟团伙网络案件，查获违法卷烟135.14万支，涉烟案值74.76万元；抓捕涉案嫌疑人7人，其中刑拘2人、取保候审1人，查获窝点8个，涉案车辆3台。3月31日，朝阳、丰台、公路分局、昌平、怀柔、密云、顺义、通州、平谷、石景山、门头沟烟草专卖局破获以李某某、谢某某、付某、孙某某为首的销售违法卷烟团伙网络案件，查获违法卷烟274.8万支，涉烟案值160.09万元；抓捕涉案嫌疑人16人，刑拘3人，公安立案调查1人，查获窝点16个，涉案车辆6台。4月24日，朝阳、丰台、昌平、怀柔、顺义、通州烟草专卖局破获以崔某某、闫某某、乔某某为首的销售违法卷烟团伙网络案件，查获违法卷烟257.56万支，涉烟案值110.48万元；抓捕涉案嫌疑人20人，刑拘3人，查获窝点19个，涉案车辆3台。5月3日，朝阳、东城、西城、海淀、丰台、通州、顺义、昌平、密云烟草专卖局破获以王某某、王某某、徐某某为首的销售违法雪茄烟、走私烟团伙网络案件，查获各类违法卷烟56.22万支，违法雪茄烟7397支、718条，涉烟总案值96.21万元；抓捕涉案嫌疑人23人，刑拘3人，查获窝点21个。7月7日，朝阳、丰台、顺义、通州、怀柔、密云、平谷、门头沟、延庆烟草专卖局破获以王某、冯某某、张某某、张某某为首的销售违法卷烟团伙网络案件，查获违法卷烟169.14万支，涉烟总案值115.14万元；抓捕涉案人员17人，刑拘3人，查获窝点16个。

（房　颖）

【QC小组活动】 年内，区烟草局对各质量控制（QC）小组活动情况进行跟踪，从年初开题及课题预审，到小组活动的中期调整，引导各创新小组修正活动方向，落实活动内容，做到让QC活动对日常管理活动起到改进、提高、有实效。“创建市场检查新方法”获得北京烟草QC成果发表赛优秀奖，并被市局推荐参加中国质量协会和北京市质量协会的成果发表赛。

（丁　鑫）

【普法宣传活动】 年内，以“3·15”“5·15”“6·29”“12·4”等主题宣传日为契机，针对不同宣传内容开展主题宣传月活动。开展中秋、国庆“两节”法律宣传活动。与专卖部门配合，开展新办证零售户及违法零售户法律宣传讲解工作。

（刘　韬）

【内专销联席会】年内，区烟草局组织召开内专销联席会4次，通报每季度规范经营工作情况，开展违法违规经营情况讨论。总结出监督规范经营“123工作法”（即：一条准绳，从源头抓起，在新常态下坚守规范经营这条生命线。两手准备，要加强零售客户事前宣传培训，提升自律意识，避免违法违规经营行为；要对零售客户加强监管，明察暗访，纠正和查处法违规经营行为。三员合力，携手重点零售客户内管员、市场监管员、客户经理形成合力，营造促规范，强监管，重服务良好市场氛围）。

（王漪虹）

工商行政管理

【概况】 北京市工商行政管理局朝阳分局（简称工商朝阳分局）主要负责辖区内市场经济主体登记注册、商标广告监管、经济合同监管、市场竞争监管、打击假冒伪劣商品，维护消费者的合法权益以及规范市场经济秩序等工作。全局有干部539人，下设稽查大队1个，科室15个(内设科室4个)，事业单位5个，工商所15个。年内，工商朝阳分局全力服务非首都功能疏解，找准落实“放、管、服”改革任务的着力点，构筑有辖区特色的市场管理体系，推动辖区经济提质增效升级。把握区域发展的阶段性特征，推进结构调整，深化商事制度改革、加强事中、事后监管和消费维权工作，努力营造良好的市场准入环境、竞争环境和消费环境，促进朝阳区经济平稳健康发展和社会的和谐稳定。朝阳区实有市场主体448470户，比上年增长10.75%。其中内资企业359842户，增长17.03%；外资企业13797户，增长4.11%；个体工商户72746户，减少11.22%。全区新增市场主体58322户，比上年减少0.69%。其中新设内资企业55358户，增长1.97%；新设外资企业1145户，增长10.20%；新设个体工商户1770户，减少46.96%。编写《朝阳区实施商标品牌战略情况分析报告》《2017年上半年朝阳区市场主体发展分析报告》《朝阳区登记分中心建设选址规划及分析》《朝阳区禁限产业疏解情况分析》《2017年朝阳区市场主体发展分析报告》5篇分析报告。《谁是电商平台广告的发布者？》《浅析跨区域网络交易消保维权行政管辖权设定》《新形势下工商网络交易监管的重点和方法》3篇调研报告被《中国工商报》等刊登。

地址：霄云路霄云里1号

邮编：100125

电话：51069009

网址：http://www.hd315.gov.cn

（吕秉生）

【交易市场专项整治】 2月28日，治理涉嫌冒用未经核准登记市场名称的非商品交易市场。查实10户属冒用市场名称对外经营，立案6户（1户企业牌匾与注册名称不符，5户无照市场摊群），处罚1起，罚没款0.9万元，下达督促检查建议书6份。年内，对辖区各类市场制定下发行政提示500份，立案19件，罚没款3.29万元。扣押涉嫌侵权产品“宝来防尘套”256个。联合执法50次，完成专项抽检600余组，立案66件，罚没款6.15万元。

（吕秉生）

【商标受理窗口设立】 3月1日，工商朝阳分局受国家工商总局委托，设立北京市第一家商标受理窗口。年内，为辖区市场主体提供咨询服务6500余户次，受理商标申请1720件。申请主体六城区1372件(其中朝阳区1215件)、郊区151件（其中通州区50件）、外省区市197件。

（吕秉生）

【《读标准》系列短片制作】 4月11日、5月8日，制作发布《读标准》系列第一、二期宣传片，分别于6月8日、9月18日在分局新浪官方“微博”上发布。阅读量为20.5万次，视频播放量7万次，转发4283次，有效评论218条，政务指数从47.98分提高到63.28分。

（吕秉生）

【企业经营范围登记制度全面试行】 4月21日，辖区内资企业全部试用中关村示范区企业经营范围登记制度（市场、集中办公区、孵化器内的企业除外）。

（吕秉生）

【“身份确认”工作】 5月8日，开展对新设内资企业的自然人股东（出资人）和法定代表人“身份确认”工作，由其自行在外网上传身份证照片以及本人手持身份证照片，对所办理的业务进行亲自确认，由工商业务审查人员核查上传照片，防范假冒身份进行虚假工商注册的违法行为。

（吕秉生）

【“两网融合”工作启动】 5月24日，网上登记与全程电子化系统“两网融合”工作启动。申请设立内资有限公司申请人，既可以选择现场提交纸质材料的方式办理营业执照，也可以选择全程电子化渠道，以网络提交电子材料方式办理电子营业执照。

（吕秉生）

【1家企业获全国商标金奖】 6月，由朝阳工商分局推荐的北京东道形象设计制作有限责任公司，参加第三届中国商标金奖评选工作，荣获2017年中国商标金奖“商标创新奖”

（吕秉生）

【《朝阳区实施商标品牌战略白皮书》发布】 7月14日，召开《朝阳区实施商标品牌战略白皮书》新闻发布会。《白皮书》汇总2011年至2017年3月底的企业主体量、商标申请量、商标有效注册量等相关数据，通过对商标注册量、拥有量、注册类别的分析，总结出朝阳区商标发展与宏观经济发展高度正相关、商标拥有量与企业盈利能力呈正相关关系等商标与宏、微观经济的主要特征。对2008年以来有效商标量与经济总量GDP两个指标作回归分析，对朝阳区商标发展与经济发展做出预判和总结。《白皮书》提出朝阳区商标品牌战略发展愿景：朝阳区商标品牌战略将积极服务“一带一路”倡议，结合商事制度改革，培育更多区域高端商标品牌。10月31日，白皮书在《中国工商报》刊登。

（吕秉生）

【网络市场监管专项行动】 7月，网上检查网站（网店）1914个次；实地检查网站、网店经营者438个次；删除违法商品信息346条；责令整改网站216个次；提请关闭网站6个次；查处网络违法案件264件，其中网络商标侵权违法案件11件；网络销售商品质量不合格案件13件；侵害网络消费者合法权益案件6件；互联网领域不正当竞争案件37件；虚假违法互联网广告案件118件；合同违法违规案件8件；其他违法违规案件71件；罚没款252.23万元。

（吕秉生）

【未公示主体信息网站核查】 7月，部署分局未标明主体身份网站核查工作。核查480个，确定已公示主体信息网站4个，未公示主体信息网站354个，黄页7个，非商务网站115个。对在核查中发现的网站实际名称与系统中名称不一致、年报中未申报开办网站信息等问题全部记录在网络监管系统中。

（吕秉生）

【网络市场监管专项整治】 7月，开展互联网销售“牙签弩”等危险玩具排查。8月，规范互联网危险物品信息发布行为。8月、9月，分别部署互联网文物流通市场专项整治和网络旅游市场专项整治。2次专项整治检查59户企业，行政指导20户，载入企业经营异常名录17户，责令限期改正7户。

（吕秉生）

【合同监管】 7月至9月，利用分局微博、微信公众号、工商消费宣讲团及各工商工作站进街乡、社区、楼宇、企业，在全区开展打击非法集资系列宣传活动，发放宣传材料近2万余册。走访31家企业，开具责令整改通知书11份，劝离部分高风险企业。抽查类金融企业607户，列入企业经营异常名录334户。排查（涉及合同类）广告3804条。处理涉及投融资、理财企业等相关行业投诉举报180余件。

（吕秉生）

【全国首个区域性广告产业商会成立】 8月18日，由33家单位组成的朝阳区广告产业商会正式成立。是全国首个区域性广告产业商会。

（吕秉生）

【专项整治特殊商品市场】 8月至9月，检查26户文物商店、39户文物拍卖企业、5个古玩和旧货市场及2个其他经营主体。查办2起未经行政许可擅自在其他地点开展经营活动的二手机动车交易市场违法案件。

（吕秉生）

【规范网络交易】 9月15日，分别与北京创锐文化传媒有限公司（聚美优品）、北京花旺在线商贸有限公司（蜜芽网）、北京尚品百姿电子有限公司、亚马逊卓越有限公司4家企业签署《落实〈加强网络交易消费者权益保护框架协议〉执行细则》，明确网络经营者的责任和义务，维护消费者的合法权益，降低消费风险。

（吕秉生）

【打击传销活动】 11月16日，稽查大队在对外经贸大学开展以“打击传销 珍爱学业共建和谐校园”为主题的宣传教育活动。活动分为发放宣传资料和专题讲座两个环节，重点介绍当前传销组织惯用的欺骗手段、如何防范及举报渠道。

（吕秉生）

【“三专”服务重点企业】 年内，以中央企业、总部企业、国有企业、符合“高精尖”产业结构需求的企业为重点对象，构建由专项机制、专项团队和专项渠道组成的“三专”服务模式，优化营商环境，便利企业落户。华夏出行有限公司、北京首创热力股份有限公司、中信百信银行股份有限公司、特斯拉（北京）新能源研发有限公司、北京菜篮子运输有限公司、人民健康网络有限公司、中信科技发展有限公司、阿里巴巴旗下子公司、国药集团下属子公司等企业落户。

（吕秉生）

【农专企业、危险化学品抽查】 年内，对农专企业、危险化学品经营企业进行12批次“双随机”抽查，涉及主体15474户，全部按时完成检查结果录入及公示工作。

（吕秉生）

【未经营者名单清理】 年内，完成市局下发的329户企业是否仍经营核对检查工作，对未实际经营的321户内资企业及个人独资企业、5560户个体工商户进行吊销。

（吕秉生）

【归集企业信息】 年内，公示企业经营异常名录信息53030户，为12278户企业已更正违法行为的企业移出经营异常名录，完成公司上市、企业评先、人员任职等出证工作2078户次。

（吕秉生）

【无证无照经营治理】 年内，取缔无证无照7045户，完成全年任务的195%。牵头封堵完毕“开墙打洞”点位4475户，完成全年任务的237%。出台《关于“开墙打洞”住宅内经营主体后续处置工作的指导意见》《朝阳区关于以更高标准扎实推进专项整治行动切实提高群众获得感的指导意见》《朝阳区关于开展“开墙打洞”专项整治“断尾”行动的工作方案》等文件，推进“开墙打洞”整治和后续处置工作。其中自行停业511户，办理迁址21户，办理注销12户，立案157起。

（吕秉生）

【网络交易平台监管】 年内，核实第三方交易平台193个。办理涉及网络违法案件380件，罚没款876万余元。

（吕秉生）

【流通领域商品质量监管】 年内，针对大型商超、专业市场、综合商城、专卖店、网络交易平台等业态，组织安全类、环保节能、儿童用品、季节性和容易引发投诉的一般性商品进行专项抽检。抽检889组，发现不合格样本695组，立案293起，罚没款343.38万元。

（吕秉生）

【污染企业检查】 年内，将燃煤、成品油、柴油车用尿素、建筑涂料及胶粘剂企业列入重点检查。抽检燃煤7组，抽检建筑类涂料1组和胶粘剂产品抽检3组，抽检车用汽、柴油374组，经检测未发现不合格油品。检测车用尿素12组，发现不合格尿素2组，罚没款2148元。

（吕秉生）

【经营主体团体标准制定】 年内，研究制定《朝阳区经营者主体质量责任通用规范》团体标准，对经营者质量管理制度、进货检查验收制度、商品质量自检制度、商品退市制度等进行严于法的管理约束；形成朝阳区商业主体自律规范，得到市局领导肯定和批示，并在全市推广。

（吕秉生）

【非首都功能疏解】 年内，配合完成89家商品交易市场、业态企业和无照摊群的疏解任务，完成计划的130%，疏解面积73.41万平方米，疏解从业人员44862人。44家商品交易市场中，升级改造20家、拆除10家、转型经营7家、停业退市7家，疏解后变更为普通企业6家、注销2家，疏解面积43.28万余平方米、疏解商户9692户、清理从业人员27509人；业态企业（非市场专营公司）12家，面积12.21万平方米，疏解从业人员5304人；无照摊群33家，面积17.91万平方米，疏解人员12049人。

（吕秉生）

【市场秩序规范】 年内，立案456件，罚没款112.18万元，其中对主办单位处罚12起，罚没款3.96万元；涉车类7件，罚没款33万元；农资类2件，罚没款6.9万元；冒用市场名称类1件，罚没款0.3万元；不合格塑料袋类19件，罚没款3.29万元；无照经营类326件，罚没款37.81万元；商品质量类66件，罚没款6.15万元；违法注册商标专用权类28件，罚没款20.51万元；违法广告类5件，罚没款8.66万元；虚假宣传类3件，罚没款3.52万元；违反《中华人民共和国消费者权益保护法》类3件，罚没款1.74万元。

（吕秉生）

【侵权商品治理】 年内，开展酒类、日化用品、汽车配件等专项整治行动。商标案件立案203件，办结商标案件181件，罚没款295.23万元。向公安部门移转案件4起。

（吕秉生）

【工商行政处罚】 年内，分局行政处罚案件7580件，罚没款2372.67万元。其中，一般程序案件比上年增长2.4 %，罚没款总额增长33.3%。新增行政复议案件192件，比上年增长39.13%。复议败诉案件28件，比上年下降3.45%。新增行政诉讼案件94件，比上年下降8.74%。诉讼败诉案件35件（含注册登记类无责败诉34件），比上年增加250%。

（吕秉生）

【广告监管】 年内，监测报纸类广告51276条，比上年增长39.6 %；监测杂志类22348条，比上年增长41.5 %。接到举报信47封，其中涉及涉嫌违法需要核实的广告55条次，完成38件。国家工商局广告数据中心被监测涉嫌违法广告10条。户外广告登记438块次。广告案件办理203件，罚没款1033.41万元。行政约谈北京人民广播电台、中华网、北京商报等广告媒介单位，印发12期工作指导、6次工作提示。完成广告发布登记255户，注销1户。

（吕秉生）

【广告法宣传】 年内，利用“喜马拉雅FM”进行音频普法宣传。创立“工商朝阳分局”网络直播平台，进行广告法规视频直播；利用微信公众号开展广告法规普法教育；通过跨平台新媒体形式开展广告法规宣传。编写《广告行为规范三字歌》，被《中国工商报》《工商管理半月刊》《中国消费者报》等多家国家级媒体采用推广。发布文字稿件28篇、音频14集、视频节目2期，社会受众浏览量近100万人次。开展广告法规集中培训15次，培训人员2800人次；走访各类媒介单位23家。

（吕秉生）

【经济合同管理】 年内，完成拍卖备案会前723场次，会后723场次，检查成交确认书69533份，成交金额112.25亿余元。完成动产抵押登记147次，促进信用贷款和信用融资34.92亿余元。立案295件，结案100件，其中格式条款案件73件，经纪人案件24件，拍卖案件3件，罚没款16.64 万元。

（吕秉生）

【合同推荐文本】 年内，与北京师范大学、中国政法大学、首都经贸大学等院校联合，完成《居住小区停车位租用合同》《眼镜买卖合同》2个合同文本的制作和试用。对发布超过半年的《皮具养护服务协议》《酒店用品购销合同》，形成调研报告并对文本进行修改。重新修订《眼镜销售合同》，在全区推广使用。

（吕秉生）

【房地产经纪机构监管】 年内，朝阳区有房地产经纪企业6798户，占全市的31.5%。抽查房地产经纪机构1333户，其中通过登记住所无法取得联系的370户，纳入经营异常名录，立案37件。发放“承租房屋要小心”宣传材料8000份。该项工作被《中国消费者报》《法制晚报》、北青网、朝阳分局微博、北晚新视觉网、《朝阳新闻》等多家媒体刊登报道。

（吕秉生）

【合同格式条款】 年内，重点开展对游艺、健身等涉及人身安全的特定行业使用格式条款的858户企业专项检查。约谈企业154户次，发放行政建议书139份，责令改正通知书5份，发现存在问题的格式条款46条，纠正40条。结案55件，罚款8.85万元，列入经营异常名录企业100户。

（吕秉生）

【查处违法发布烟草广告案】 年内，对非莫（中国）公司多次在其微信公众号中发布万宝路牌香烟广告，处以100万元罚款。该案件是2016年9月1日《互联网广告管理暂行办法》实施以来，北京市工商系统办结的第一起利用互联网微信平台发布烟草广告案件。

（吕秉生）

【查处侵犯冬奥会特殊标志案】 年内，查处中国铁通集团北京分公司未经授权，擅自与中视公司合作发行冬奥会纪念币的行为。中国铁通公司收取中视公司（实际销售公司，由海淀分局另案处理）擅自发行冬奥会纪念币项目款149.08万元，中国铁通公司就该笔收入缴纳税款14.77万余元，获利134.3万元。对该公司上述违法行为做出没收其违法所得134.3万元、罚款40万元的行政处罚。

（吕秉生）

【超范围经营案】 年内，查处北京崔各庄嘉利华石油产品销售有限公司超范围经营成品油行为，没收违法所得598972元；罚款10万元。

（吕秉生）

【销售不合格商品案】 年内，查处路易威登（中国）商业销售有限公司北京国贸店销售不合格商品案。当事人销售的商品名称为LOUIS VUITTON的1A0DTR男式外套，经国家纺织制品质量监督检验中心检验为总体不合格。依法处以没收不合格产品男式外套（商标LOUIS VUITTON，货号1A0DTR）1件，没收非法所得95778.8元，罚款770400元的行政处罚。

（吕秉生）

【12315投诉举报中心】 年内，12315投诉举报中心综合信息采集服务平台处理各类信息32043件，比上年增长29.79%，其中投诉24688件，举报7355件。接收市政府“12345”转办单10822件，比上年增长314.32%；接收区政府信息4809件，比上年增长129.11%。接收市政府政风热线50件，比上年增长11.11%。

（吕秉生）

【消费维权】 年内，通过区政府部门新媒体平台“北京朝阳”APP，分局所属官方微博、微信公众号、今日头条、传统纸媒《北京日报》《北青报》等，以及借助街乡力量，通过有形市场、写字楼的电子显示屏、宣传海报等灵活多样的渠道和方式，发布消费维权披露信息5次。

（吕秉生）

【案件核审】 年内，召开案件审定委员会18次，审议案件170件。其中，一般处罚案件97件，涉及罚没款金额1923.78万元；撤销登记案件36件，销案案件23件；吊销恢复案件10件，撤销处罚决定4件。法制科核审案件227件次；组织听证22次，维持办案单位意见3次。

（吕秉生）

【案卷评查】 年内，对分局办案单位开展行政处罚案卷评查工作。共评查分局案卷36卷，丰台分局案件20卷。区政府对分局4本案卷评查结果为全部合格，市局对分局20本案卷评查结果为18本卷合格，2本卷不合格。

（吕秉生）

【“行刑衔接”工作推进】 年内，健全和完善执法机制，落实《北京市朝阳区行政执法与刑事司法衔接工作暂行办法》《北京市朝阳区关于推动检察机关提起公益诉讼工作暂行办法》，印发《北京市工商行政管理局移送涉嫌犯罪案件工作办法（试行）》，推进“行、刑衔接”工作。向公安、检察院移转案件线索7件。

（吕秉生）

【工商档案管理】 年内，完成内外资登记档案整理、扫描、装订、入库56519户233118卷，比上年增长7%。完成文书及其他门类档案567件（卷）收集整理和归档工作，接收归档案件档案10709卷。

（吕秉生）

【企业登记档案查询】 年内，接待工商登记档案查询139675次，打印量比上年增长6%。四个查询点累计查询32672次，占全部查询量的24%。

（吕秉生）

【工商朝阳分局工商所】

名称	地址	电话
1. 六里屯工商所	甜水园北里1号楼	65076946
2. 团结湖工商所	团结湖北头条9号楼	85589300
3. 双井工商所	松榆东里37号楼	87373176
4. 酒仙桥工商所	驼房营路3号	64329430
5. 左家庄工商所	西坝河西里28号英特公寓A座4层	64292464
6. 奥运村工商所	安惠里1区11号	64915551
7. 高碑店工商所	康家园25号	85782132
8. 北京商务中心区工商所	建国路93号万达广场3号楼一层	58205533--525/599
9. 双桥工商所	杨闸环岛东200米路南	85708720
10. 华威工商所	双龙南里212楼	87312145
11. 大屯工商所	惠新东街8号设计大厦十三层	84644537
12. 望京工商所	望京西园103楼	64702120
13. 安贞工商所	西坝河西里28号英特公寓A座3层	4433315
14. 十八里店工商所	双龙南里129楼	87313183
15. 崔各庄工商所	崔各庄乡政府东侧	64321040

（吕秉文）

消费者权益保护

【概况】 朝阳区消费者协会（简称区消协）是依法保护消费者权益的社会团体，下设15个基层分会，指导和开展消费维权工作。

地址：霄云路霄云里1号

邮编：100125

电话：51069402

（吕秉生）

【消费者投诉受理】 年内，朝阳区消协及各消协分会受理消费者投诉25495件，办结23974件，为消费者挽回经济损失2671.82万元。接待来访、咨询12977人次；因欺诈行为得到加倍赔偿379件；赔偿额359318.17元；收到消费者表扬信及锦旗20封（面）。

（吕秉生）

【消费纠纷调解】 年内，区消费纠纷人民调解委员会受理投诉22件，全部调解成功，为消费者挽回经济损失446.87万元。

（吕秉生）

【消费者权益保护宣传活动】 年内，全区消协系统以“网络诚信 消费无忧”为主题，开展“3·15”消费者权益保护日宣传活动。通过到社区、到商场、到市场、到学校等方式开展宣传活动。全区消协系统开展活动34次，发放材料2万余份。

（吕秉生）

工业　商贸服务业

2018
北京朝阳年鉴

工业产业发展

【概况】 年内，朝阳区规模以上工业企业实现工业总产值715.4亿元，增加26.9亿元，同比增长3.9%。

（张中来）

【工业产业发展】 年内，全区工业的28个行业大类中，10个行业产值同比下降，17个行业同比增长，1个行业与同期持平。产值总量排名前5位的支柱行业“四升一降”，累计实现产值496.9亿元，同比增加12.4%。电力、热力生产和供应业以180.6亿元的累计产值排名第1，但由于重点企业受政策调控影响，发电量较同期减少，导致行业产值出现小幅下降，同比下降0.8%；开采辅助活动在重点企业生产回暖的带动下，累计产值91.1亿元，同比增长5.7%。医药制造业由于重点企业上年同期停产搬迁，产值偏低，实现产值99.3亿元，同比增长36.8%，继续保持快速增长；电气机械和器材制造业以及非金属矿物制品业由于市场需求增多、订单增加，产值均实现较快增长，分别实现产值68.6亿元和55.7亿元，同比分别增长23.8%和18.2%。

（张中来）

【空气重污染应急工作落实】 年内，制定《朝阳区空气重污染应急工业分预案（2017年版）》，组织149家应急企业制定应急预案，签订应急停产承诺书。在5次空气重污染期间，到街乡和企业检查落实情况，确保企业按要求落实停限产。组织开展2017年度秋冬季工业企业错峰生产和运输工作，每周对企业错峰情况进行督查确认。

（张中来）

高新技术产业

【概况】 年内，推动升级百个“高精尖”产业项目，引进特斯拉中国区域总部、苹果公司北京研发中心、浦发硅谷银行北京分行等26个 项目，加强中小企业服务体系建设，全方位服务中小企业发展。

（赵　浚）

【编制重点产业发展三年行动计划】 6月，编制商务服务、金融、文化创意、高新技术等重点产业发展三年行动计划，明确未来三年朝阳区各重点产业发展规模、主要承载区域、年度重点工作任务及具体指标。

（赵　浚）

【编制高精尖产业指导目录】 10月，编制《朝阳区高精尖产业指导目录》，提出未来朝阳区重点发展的7大领域、11个产业大类、42个产业中类、84个细分行业，明确未来高精尖产业发展方向和环节，为朝阳区招商引资工作提供重要依据。

（赵　浚）

【调整重点产业政策】 10月，紧密衔接“十三五”规划纲要、产业发展专项规划和新一轮重点产业三年行动计划，聚焦各产业重点领域、关键环节，调整完善重点产业政策，金额调整至6亿元，建立重点产业资金信息管理平台，提高项目申报、审核的便捷性，强化项目流程跟踪。

（赵　浚）

商贸服务业

【概况】 朝阳区商务委员会是负责全区内外贸易、对外经济合作和现代服务业发展的区政府工作部门，挂北京市朝阳区人民政府口岸办公室（简称区口岸办）牌子。年内，朝阳区商务委员会坚持稳中求进工作总基调，深化服务业扩大开放，优化外资营商环境，巩固提升国际经贸枢纽功能，有序疏解非首都核心功能，推动消费市场转型升级，提高生活性服务业品质，构建高精尖经济结构，商务工作质量效益稳步提升。年内，实际利用外资58.8亿美元，进出口总额9796.1亿元， 跨国公司地区总部累计116家，实现社会消费品零售额2762.3亿元，新建（改造）便民服务网点166个。

地址：日坛北街33号

邮编：100020

电话：65099185

网址：http：//sww.bjchy.gov.cn

（马伟超）

【社会消费品零售额】 年内，通过培育体验消费，组织品牌特色活动，促进电子商务发展，提升时尚消费品质，扩大服务消费规模， 带动消费市场升级，促进区域消费稳步增长。朝阳区全年累计实现社会消费品零售额2762.3亿元，比上年增长4.1%，占全市的比重23.9%，总量稳居全市首位。

（马伟超）

【功能疏解】 年内，疏解商品交易市场37家，其中市级任务14家，涉及建筑面积12万平方米，摊位数3252个，影响从业人员1.6万人。区级任务23家，涉及建筑面积11.9万平方米，摊位数4474个，影响从业人员2.6万人。

（马伟超）

【电子商务】 年内，朝阳区加大对重点电商企业的引进和走访力度，先后走访美团等多家电子商务企业，推荐尚品百姿等4家电商企业申报第一批商业发展项目。指导宝贝格子、小狗电器申报商务部电子商务示范企业。做好中粮我买网、蜜芽网等重点企业的培育工作，鼓励电商企业线上线下融合发展。年内，网上零售额达到479.9亿元。

（马伟超）

【生活性服务业】 年内，朝阳区累计新建或规范提升社区商业网点166个（其中蔬菜零售网点70个）。以蔬菜零售、便利店（超市）、早餐、家政服务等8项基本服务业态为重点，完成朝阳生活地图——蔬菜地图等4类社区网点的摸底、核查和图上标注工作。编制完成《朝阳区促进生活性服务业发展引导资金管理办法》，设立朝阳区促进生活性服务业发展引导资金4000万元，引导支持各类项目建设主体，加快补足商业便民服务设施短板。建立品牌企业资源库，推进品牌企业进社区。引导国安社区、邻里家、全时等便利店企业，北菜集团、盒马鲜生等生鲜类企业连锁发展社区网点。发展社区商业电子商务。创新发展“互联网+生鲜、餐饮、洗染、家政”等新型业态业种，引导推动荣昌e袋洗、便利蜂等生活性服务业电商企业，实现物流配送、生鲜水果、洗染等便民服务线上线下整合。

（马伟超）

【外资利用】 年内，朝阳区新设立外商投资企业631家，比上年增长25%；实际使用外资58.8亿美元，比上年下降21.1%。服务业扩大开放领域引资成效显著，服务业实际入资58.6亿美元，占全区实际使用外资的99.7%。其中，文化教育服务、互联网和信息服务、商务和旅游服务分别增长137.9%、136.7%和113.6%，带动服务业扩大开放六大重点领域整体较同期增长48.3%。

（马伟超）

【外资营商环境优化】 年内，朝阳区全面推行“4S”服务机制。提出“微笑（Smile）、真诚（Sincere）、标准（Standard）、快速（Speed）”的“4S”政务服务理念，从企业的角度出发，以微笑服务贯穿始终，通过标准化的服务体系，规范外资受理程序、内容及形象，同时通过快速审核办理、快速咨询解答、快速情况反馈三方面工作提升外资行政服务效能。

（马伟超）

【京交会】 年内，朝阳区完成2017中国北京国际服务贸易交易会（简称2017京交会）服务业扩大开放成果展览展示。展览展示以“开放、创新、融合、示范”为主题，按照“聚焦重点领域，构建具有朝阳特色的服务业扩大开放新格局”的主线，重点展陈朝阳区在六大领域推进服务业转型升级、实现高水平开放发展的新成效；重点结合总部经济发展的优势和亮点，综合展示朝阳区在北京市服务业扩大开放过程中的示范引领作用，组织16项签约活动，签约额1219亿元，占京交会签约总额的24.5%。

（马伟超）

【服务业扩大开放】 年内，朝阳区推动北京市服务业扩大开放综合试点示范区建设。召开示范区工作联席会议5次和专题调度会5次。制定《朝阳区落实<深化改革推进北京市服务业扩大开放综合试点工作方案>实施方案》。借助2017京交会、CBD创新发展年会、京港洽谈会、中欧企业家峰会等重大活动，举办服务业扩大开放试点示范区建设专题展览并进行专题推介。形成多个全国领先、北京首创的可复制、可推广的经验，主要包括服务业17种新业态在朝阳落地，形成10项体制机制创新成果，并推出2批53个典型示范点。扩大政策扶持范围，在原有扶持商务服务、金融、科技信息等领域基础上，增加中医药领域及典型示范点的支持。首轮试点措施原需两年完成的81项重点任务，提前全部完成。在落实新一轮深化改革任务中，54项重点任务完成超九成，其中朝阳区的创新任务12项，100%完成。

（马伟超）

【商务服务业发展】 年内，加快构建“高精尖”产业结构，优化商务服务业结构层次，提升聚集发展水平。修订完善产业政策，全年产业资金支持项目达115个。加强市级政策落实力度，推进商务楼宇升级改造，全年推荐15家商务楼宇作为北京市商务服务业主题示范楼宇示范项目，3家于年内获评并获市级资金扶持。1月至11月，朝阳区规模以上商务服务业实现收入3828.3亿元，比上年增长9.2%。

（马伟超）

【两行业稳增长】 年内，朝阳区批发零售业和租赁商务服务业共形成区级收入164.2亿元，比上年增长12.8%，完成全年任务（154.6亿元）的106.2%，占全区（全区508.2亿元，比上年增长6.5%）的比重32.3%。其中，批发零售业实现区级收入85.5亿元，比上年增长26.2%；租赁商务服务业实现区级收入78.7亿元，比上年增长1.1%。两行业保持良好增长态势，为全区经济发展提供有力支撑。

（马伟超）

【外贸进出口】 年内，朝阳区累计完成进出口总额9796.1亿元，比上年增长25.8%，占全市总量的44.7%。其中，进口完成8838.3亿元，比上年增长30.3%，占全市总量的49.2%；出口完成957.7亿元，比上年下降4.7%，占全市总量的24.2%。三项指标均稳居全市首位。

（马伟超）

【国际经贸交流】 年内，搭建国际经贸平台。结合“一带一路”倡议的实施，开展经贸洽谈活动。2月，支持雅宝路组织16家企业赴俄罗斯参加CPM展，推动中国服装品牌走出去；支持绿色经济协会赴巴基斯坦进行“中巴经济走廊”商务访问，为企业走出去搭建桥梁。5月，朝阳区政府与中欧企业家峰会组委会签署战略合作协议，朝阳区商务委员会于6月中旬组团出访在英国伦敦举办的“2017中欧企业家峰会”，为推进与中欧企业家峰会组委会的务实合作，协助其于9月中旬在朝阳区华贸中心落户，并于11月21日在朝阳区举办中欧企业家峰会朝阳论坛，为企业搭建经贸交流平台，助力企业迈向国际市场；积极筹备并于9月6日在朝阳区成功举办2017中加经济贸易洽谈会，共有中加政府部门、专家学者、企业代表150余人参加。

（马伟超）

【获“2016年度出口信用保险工作先进单位”】 年内，朝阳区商务委员会积极开展信用保险工作促出口，加强与中国出口信用保险公司的沟通联系，深入了解出口信用保险、政保贷等相关政策；针对出口企业需求，主动做好服务工作；开展“彩虹计划”培训，邀请中信保公司为企业讲解政策、投保、理赔等实务操作知识；深入研究政策，探索区级配套政策。通过多种措施，有力促进朝阳区外贸出口工作，在全市外贸形势严峻的情况下实现“稳中有进”，超额完成市里下达的任务指标，确保全市外贸“两不减，一提高”任务的完成。被北京市商务委员会授予“2016年度出口信用保险工作先进单位”称号。

（马伟超）

【总部经济发展】　年内，引入高精尖总部企业，加速提升总部经济能级。落实北京市相关总部政策，为驻区总部企业做好相关服务保障工作，引进具有投融资、结算、研发等功能的跨国公司地区总部，促进总部经济实体化发展。新引进特斯拉新能源等20余家总部企业；在存量总部企业聚集程度高的优势基础上，提升总部经济能级。新认定中国惠普有限公司、苹果（研发）北京有限公司等5家跨国公司地区总部，跨国公司地区总部116家，约占全市的七成。

（马伟超）

朝阳副食品总公司

【概况】　北京市朝阳副食品总公司是朝阳区国资委直接监管的国有企业。主要承担国有资产保值增值、离退休人员及内部退休、待岗人员的管理工作，负责北京市中良实业总公司（区粮食局）的全面委托管理工作。持有北京京客隆商业集团股份有限公司股份1.67亿股，占其总股本的40.61%；对北京市腾远兴业汽车服务有限公司（以下简称腾远公司）投资3280万元，占其总资本的82%；对北京富安小额贷款有限公司投资5960万元，占其总资本的18.01%。年内，管理职工6577名。其中，在职职工368名，离退休职工6209人（含托管区粮食局离退休职工876人）。全年实现收入3.41亿元，资产总额11.15亿元，净资产7.58亿元，上缴税费4667万元，上缴国有资本收益1138万元。

地址：姚家园路石佛营101号

邮编：100025

电话：65867726

邮箱：cfbangongshi@bjchy.gov.cn

（李　凌）

【领导调研】　2月7日，副区长李俊杰一行到公司进行调研，要求公司把握京津冀一体化协同发展和非首都核心功能疏解的契机，立足主业，做好企业转型发展。协调相关部门解决离退休职工社会化管理和粮食局改制等历史遗留问题。加强对出租房屋的规范管理和分类管理。加强对合同的管理，明确责权利，防范风险。加强安全生产管理，提高安全生产意识，建立健全安全风险防控机制。落实好党风廉政建设“两个责任”，加强“红线”和“底线”意识。8月23日，区委常委、政法委书记张维刚到公司调研党建工作，区国资委党委书记刘勇，副主任宋超荣、张浩楠陪同。张维刚要求公司在党建引领方面、在规范管理、科学管理、完善制度机制方面落实“疏解整治促提升”专项行动，在企业转型发展、干部队伍建设等方面发挥示范作用。

（李　凌）

【商业网点出租管理】　6月，总公司完成于2009年为区国有资本经营管理中心提供反担保的所属12处房产解抵押工作。

（李　凌）

【区委巡察启动】　9月5日，朝阳区委第五巡察组召开专项巡察朝阳副食品总公司工作动员会，启动为期两个月的巡察工作。

（李　凌）

【文化建设】　10月27日，按照区委区政府部署，总公司与三联韬奋书店合作筹建三里屯三联韬奋24小时书店项目。

（李　凌）

【配合京客隆发展】　年内，总公司继续履行国有股东职责，参加股东会议，建言献策，支持、配合京客隆的相关工作。

（李　凌）

【小额贷款公司发展】　年内，发挥北京富安小额贷款公司（以下简称小贷公司）大股东及董事长单位的主导作用，调整经营方式，拓宽营销渠道。完善风险防范措施，成立专项工作小组，多方式多渠道收回问题贷款。关注小贷公司挂牌新三板相关政策，推进小贷公司股份制改造及增资扩股的相关工作。全年实现营业收入5313万元，实现利润总额4090万元。

（李　凌）

【腾远公司发展】　年内，支持腾远公司按照“关停并转”调整方针，根据自身实际及市场形势调整经营结构，促进企业转型，创新企业发展。奇瑞和昌河铃木品牌全线退网。吉利品牌店升级改造，采取多种方式大力促销，共售车2266台，同比上年增长37.5%。全年实现营业收入29529万元。

（李　凌）

【投资合作】　年内，根据朝阳区政府出台的《关于区属国有企业参与和推动朝阳区路侧停车管理改革工作的意见》精神，参与由区国资委组织开展的路侧停车管理改革工作，以30%的投资比例和其他公司共同出资组建北京朝阳停车管理有限公司。

（李　凌）

【“疏整促”专项行动】　年内，在北京市“疏解整治促提升”的大政策环境中，整治姚家园路石佛营101号（建筑面积35250平方米）新七彩大世界商品市场房屋，清理摊位180个，疏解人员150人。拆除违建房屋9处，面积1378.77平方米，参照市“留白增绿”相关政策，拆除朝阳区三丰南巷27号正式房屋2500平方米。全年拆除违法建筑物4565.79平方米，清除面积4525平方米，投入资金175万元。

（李　凌）

【困难职工帮扶】　年内，开展节日走访、专项帮扶、医疗救助、互助保障等各项帮扶工作，慰问职工293人次，发放慰问款23.03万元。

（李　凌）

蓝岛大厦

【概况】　北京蓝岛大厦有限责任公司（简称蓝岛大厦）地处朝阳区朝外大街东大桥路口，毗邻CBD，分东、西区，总建筑面积4.5万平方米，营业面积2.6万平方米。东、西2个经营区域由2、3、4层连廊贯通，东区地下1层至6层经营食品、滋补品、药品、日用品、化妆品、珠宝首饰、钟表、男女服装、运动服装、运动器材、家居用品、儿童用品、办公用品、蓝岛·悦动童年国际艺术教育中心和美食街；西区1至4层经营鞋帽、箱包、休闲服装、内衣、针织服饰类商品。公司下辖北京通州蓝岛大厦有限公司，参股北京金隅蓝岛商业运营管理有限公司。在职职工677人。

地址：朝外大街8号

邮编：100020

电话：85634422

网址：http://www.ldds.com.cn

（黄　洁）

【便民服务】　1月5日，公司“蓝岛便民服务队”深入到芳草地社区，开展以“喜迎新年，蓝岛大厦‘一片情’便民服务进社区”为主题的服务活动。

（黄　洁）

【迎新春消费者联谊会】　1月11日，公司举办“2017年迎新春消费者联谊会”。消费者代表和芳草地社区代表、公司服务明星等共计40余人参加联谊会。团结湖工商所副所长范加勇、芳草地社区书记闫素芹出席活动。

（黄　洁）

【领导调研】 1月22日，朝阳区副区长李俊杰带队到公司进行调研。区国资委书记刘勇、纪委书记姜仁忠、副主任高孟龙和张浩楠陪同调研。公司领导班子成员参加调研并汇报工作。

（黄　洁）

【2017年工作会】 3月22日，公司召开第五届第八次职工（第三次会员）代表大会暨2017年工作会。会议审议通过《公司2017年工作报告》《公司2016年业务招待费使用情况的报告》《公司工会2017年工作报告》及《公司工会2016年经费收支情况报告》；通报《公司2016年度财务预算执行情况报告》《公司2017年度财务预算方案》。总经理冯亦娜做《公司2017年工作报告》；党委副书记刘彦娟做《公司2017年党风廉政建设工作报告》；副总经理汪斌做《公司2017年安全稳定工作报告》。

（黄　洁）

【获得荣誉】 3月，公司被北京市朝阳区国家安全工作领导小组授予“2016年度国家安全人民防线建设工作先进集体”荣誉称号。4月，北京市朝阳区国家安全工作领导小组授予“2016年度国家安全人民防线建设工作先进集体”荣誉称号。7月，公司参加区国资委主办的“喜迎十九大，安全在心中”主题演讲比赛，经营部赵鑫以总分第3的成绩获得比赛的二等奖。8月，公司员工参加“2017年北京市商业服务业服务技能大赛朝阳区收银员竞赛活动”。第一卖场杨海飞、杜建华参加比赛并取得二等奖和三等奖，公司被活动组委会评为“最佳组织奖”。11月，公司参加北京市商业联合会组织的“北京市第七届商业服务业技能大赛总结表彰大会”。公司被北京市商业联合会授予“优秀组织奖”；第二卖场梦特娇导购梁素英荣获“服装服饰搭配能手”称号。

（黄　洁）

【安全生产工作】 4月24日，公司召开安全生产工作会议，选出新一届安全生产委员会组织机构名单，传达区国资委《关于做好“一带一路”国际合作高峰论坛安全稳定工作的通知》精神，部署公司安全生产工作任务。8月21日，北京市安全生产第一督察组在组长王建东的带领下，由市安监局、区国资委、区安监局、区消防支队、朝外街道办事处等组成的督察小组对公司进行安全生产督察。公司董事长李伟向督察组做工作汇报，党委副书记刘彦娟陪同检查。10月18日，区国资委主任王春平对公司定福庄宿舍区进行检查，国资委领导对公司发挥国有企业示范引领作用方面的工作给予肯定，为中共十九大顺利召开营造良好氛围。

（黄　洁）

【重点工作部署动员会】 5月23日，公司党委召开重点工作部署动员会。解读《关于开展“两规范三提升”活动》的实施方案，通报《关于加强和规范谈话函询处置问题线索工作的暂行办法》《公司中层管理人员选拔任用管理办法》和《公司中层管理人员考核办法》修订的情况。

（黄　洁）

【质量管理体系达标】 6月13日，公司顺利通过北京联合智业认证有限公司审核小组现场考评，顺利完成年度审核，达到质量管理体系标准要求，达到GB/T19001-2008/ISO9001：2008质量管理体系标准要求，保持“质量管理体系认证”资格。

（黄　洁）

【“七一”表彰】 6月30日，公司党委召开2017年庆“七一”先进表彰会，由公司党委书记、董事长李伟以“身体力行，以‘两规范三提升’活动彰显党建活力，突出党员作用”为题，开展专题党课教育。

（黄　洁）

【保密工作专题培训】 10月10日至25日，公司开展保密工作专题培训，领导班子成员、中层管理人员收看大型保密文献纪录片《胜利之盾》，提升管理队伍做好涉密工作的自觉性和主动性。

（黄　洁）

【档案工作专项检查】 11月28日，区档案局专项排查工作小组对公司档案安全工作进行专项检查，对公司的档案管理工作提出建设性意见，细化公司档案管理责任，规范公司档案室的安全管理行为。

（黄　洁）

【主题纪念大会】 12月27日，公司党委召开“砥砺奋进铸商誉，不忘初心再前行”主题纪念庆祝大会。会上表彰10名优秀职工，并向其颁发“蓝岛精神传承奖”的奖杯和奖金，弘扬“亲和一致，超越创新”的企业精神，坚定员工信念、凝聚共识，为公司加快改革发展步伐、推进企业持续健康发展奠定坚实的思想保障。

（黄　洁）

【董事会】 年内，召开董事会3次。审议并通过《公司2017年工作报告（审议稿）》《公司2016年度财务预算执行情况报告（审议稿）》和《公司2017年度财务预算方案（审议稿）》《公司2017年安全生产工作报告（审议稿）》《公司董事会2017年工作报告（审议稿）》。

（黄　洁）

【专业培训】 年内，公司举行专业培训5次。4月26日，公司特邀北京市纺织纤维检验所、国家纺织及皮革产品质量监督检验中心主任杨远做针纺织类商品质量标准培训。7月12日，公司开展服装类商品质量培训。邀请国家羊毛绒及制品检测重点实验室工程师做“服装类商品质量”专题知识讲座。

（黄　洁）

【营销活动】 年内，蓝岛大厦有限公司开展“蓝岛24周年庆 十天狂欢大酬宾”“元宵佳节有奖猜谜”“‘惠’购物到蓝岛，2017蓝岛女人节省钱攻略”“完美婚庆季，心动价给你”“蓝岛超品节——快乐一起来”“母亲节——特惠专场”“夏日送清凉”“超级有料 端午盛宴”“六一狂欢三重惊喜”“7·21夏时节 夏品出清 尽享十天”“新品迎秋日 诚‘惠’有情人”“积分大冲刺约惠双十一”“五百万礼金 年终会员积分大回馈 分分有惊喜‘12·12’购起来”等系列主题促销活动。举办员工内购惠10场。举办开门红“新春杯”促销竞赛和第十五届“舞动金秋”购物节暨“金秋杯”促销竞赛系列营销活动。

（黄　洁）

【工会慰问】 年内，工会组织慰问病、困职工130人次，发放慰问金7.94万元。

（黄　洁）

京客隆集团

【概况】 北京京客隆商业集团股份有限公司（以下简称京客隆）是一家国有控股的以经营日用消费品零售及批发业务为主的香港联交所主板上市公司（股份代号：HK0814）。“京客隆”品牌创立于1994年。京客隆集社区购物中心、大卖场、综合超市、便利店4种零售经营业态为一体，拥有各业态店铺总数220家，营业面积287217.29平方米，店铺网络覆盖北京市10多个区及河北廊坊市。京客隆下设北京朝批商贸股份有限公司、北京欣阳通力商业设备有限公司、北京京客隆（廊坊）有限公司、北京京客隆首超商业有限公司、北京京客隆超市连锁有限公司、北京京客隆生鲜便利店有限责任公司等8个全资或控股子公司。京客隆拥有先进的物流和信息管理系统，自建有常温和生鲜两个现代化配送中心，配备的拆整配零自动分拣系统和整箱商品自动分拣系统能快速完成自动化分拣工作。年内，京客隆以“商品+服务”为根本，以“标准化、专业化、简单化”建设为核心，全方位构建企业运营管理标准化体系，零售批发齐头并进，线上线下融合发展。全年京客隆实现销售总额142.03亿元，实现利润1.57亿元。拥有APP线上会员23万人，线下会员308.75万人。

地址：新源街45号楼

邮编：100027

电话：64688233

网址：www.jkl.com.cn

（张　萌）

【领导调研】 2月6日，副区长李俊杰在区国资委主任王春平等陪同下到京客隆集团调研。董事长李建文代表领导班子作企业发展情况专题汇报。李俊杰要求京客隆在“互联网+”方面要积极做好探索和尝试，加快线上发展速度；要拓宽融资思路，推动京客隆变革转型。5月26日，副区长李俊杰携区商务委主任邵建云一行到京客隆团结湖店调研，公司董事长李建文陪同调研并就相关工作进行汇报。6月14日，区委书记吴桂英、区长王灏等领导到团结湖店调研，董事长李建文陪同调研并就企业强化生鲜经营等工作情况进行汇报。

（张　萌）

【获北京十大商业品牌荣誉称号】 2月23日，由北京日报报业集团、北京市商业联合会主办，北京市商务委员会等部门支持，北京商报社承办的2017北京商业品牌大会暨2016年度（第十二届）北京十大商业品牌评选中，京客隆凭借社区生鲜店业态创新等举措最终荣获“2016年度北京十大商业品牌”奖。

（张　萌）

【职工（会员）代表大会】 2月28日，召开第四届第九次职工（会员）代表大会，审议通过《经理工作报告》《工会工作报告》；通报集团公司《2016年业务招待费使用情况》《2016年集体合同履行情况》《2016年特困基金收缴和使用情况》。9月14日，召开第四届第十次职工（会员）代表组长会及基层工会主席培训会，审议《独立性工资专项集体合同》草案，对基层工会财务工作进行重点培训。

（张　萌）

【市场营销】 2月，春节期间，京客隆集团推出“‘惠’动全城大拜年”促销活动，年货类、礼品类、生鲜类商品等集中陈列，满足顾客各种商品需求，春节期间实现销售1.07亿元。“6·18”推出以“‘京’满23载 周年大庆典”为主题的系列促销活动，7天实现销售1.1亿元。“11·18”上市纪念日前后，以“辉煌上市11载”为主题，推出买赠、直降、知名品牌同贺、会员半价、会员减积分等2000余种商品促销活动。

（张　萌）

【安全生产检查】 8月30日，副区长杨建海及区消防支队、区安监局等相关职能部门领导到京客隆针织路店进行安全大检查。9月30上午，区委书记吴桂英带领副区长王志勉、李国红、刘海涛等领导及市政市容委、安监局、食药局等相关职能部门到京客隆京捷生鲜芳草地店进行节前安全生产检查。

（张　萌）

【获北京市优质服务商店荣誉称号】 年内，市商业联合会会同市旅游行业协会、市私营个体经济协会等部门在全市范围内组织实施北京市优质服务商店评比活动，评选条件包括基础设施、诚信经营、服务品质等。京客隆望京店、三里屯店、定福庄店、西红门店、青塔店、针织路店、新桥店、黑山店等8家店铺获“北京市优质服务商店”荣誉称号。

（张　萌）

【生鲜经营升级“3.0”版】 年内，在落实生鲜2.0版标准基础上，打造生鲜经营3.0版。通过推进加工前移并实施包装、贴签一体化，解决加工环节用工成本高、商品损耗大、加工标准及价格不统一的问题；通过加强售卖流程管理，制定《京客隆店铺蔬果作业指导书》，店铺生鲜经营由结果管理转变为过程管理，提高店铺生鲜经营标准化水平。全年生鲜五品销售增加3840万元，比上年增长4.43%；毛利额增加925万元，比上年增长8.42%。

（张　萌）

【业态店铺发展】 年内，加快京捷生鲜店开店步伐，先后将11家位于成熟社区的传统便利店调整改造为京捷生鲜店。截至年底，京捷生鲜店发展至15家，形成相对成熟的经营模式。此外，全年新开便利店13家（直营店5家、加盟店8家），截至年底，各业态店铺总数220家。

（张　萌）

【线上业务发展】 年内，京客隆自有线上购物平台京客隆APP更新版本8次，新增多项功能，上架商品达20600种，其中果菜品种达400余种。5月起，京客隆70家超市、60家便利店陆续搭载京东到家、美团外卖、饿了么和百度外卖4家第三方外卖平台，为顾客提供1小时送达购物体验，为企业增加新的销售渠道。截至年底，京客隆APP拥有注册用户23万人，京客隆钱包注册用户10.73万人；京客隆APP及三方平台全年共产生订单189万笔，实现销售1.22亿元，基本实现年初既定的线上线下融合发展的目标。

（张　萌）

【扶贫对接】 年内，与朝阳区对口扶贫地区国家级贫困县——河北唐县签订农超对接合作意向，帮助唐县农户销售大桃、磨盘柿约130吨，实现销售额50余万元。

（张　萌）

弘朝伟业公司

【概况】 弘朝伟业国有资产经营有限责任公司是朝阳区政府授权的资产运营机构，对原社区办、工业局和物资局3家单位及所属企业的国有资产行使监督、运营和管理职责，并管理授权范围内的城镇集体资产。公司注册资本1000万元人民币。年内，公司在职职工776人，离退休人员9088人。资产总额25.92亿元，净资产9.60亿元；实现营业收入5.57亿元，利润总额1400万元；上缴税费6253万元。

地址：芍药居北里208、209楼底商

邮编：100029

电话：84645512

（胡基明）

【2017年工作会】 1月10日，北京弘朝伟业公司在朝阳公园多功能厅召开2017年工作会，区国资委党委书记刘勇参加会议并讲话。在充分肯定弘朝伟业公司

2016年工作的同时，认真分析当前形势明确2017年工作思路并从贯彻六中全会精神讲政治；立足朝阳谋发展讲贡献；加强党风廉政建设讲担当；加强干部队伍建设讲责任四个方面提出新要求。公司机关和所属企业领导班子成员近100人参会。

（胡基明）

【调味品专项大检查】 1月16日，公司领导专题部署调味品市场专项检查。1月17日起，对堡头盛和集贸市场、朝外下三条早市、左家庄三源里市场和管庄定福聚缘市场共计17个调味品摊位进行检查。检查以酱油、食醋、料酒、味精、花椒、大料、辣椒及其他干鲜调味品为重点，核查调味品销售商户及供货商信息；检查市场是否严格落实进货查验、索证索票等食品安全规章制度。严格按照食药监部门管理要求，确保市场食品卫生安全工作。

（胡基明）

【专题调研】 1月19日，区国资委副主任张浩楠一行到弘朝伟业公司所属朝外（三里屯）中心，对朝外派出所占用中心有证房产历史遗留问题进行专题调研，并要求妥善帮助、协调解决。5月9日，区商务委主任邵建云、副主任王大鹏到公司所属三源里市场、团结湖北市场和朝外（三里屯）中心东坝金泰丽富底商调研，重点了解三源里市场平价菜摊位和非农副摊位转型、团结湖北市场升级改造、东坝金泰丽富底商筹建百姓生活服务中心项目。区商务委领导要求公司在配合推进非首都核心功能疏解工作的同时，创新市场经营与管理发展思路，提升市场品质，注重弘朝品牌的塑造，切实满足民生需求。5月30日，副区长李俊杰带领区国资委主任王春平、副主任高孟龙和张浩楠到弘朝伟业公司调研。公司董事长兼党委书记杨士山从创新发展，构建效益弘朝；深化改革，构建实力弘朝；安全稳定，构建平安弘朝；党建引领，构建廉洁弘朝；“十三五”规划，构建未来弘朝等五个方面进行汇报。领导要求弘朝伟业公司的继续推出系列便民工程，将便民工程做到品牌化、连锁化、大型化。

（胡基明）

【安全生产大检查】 3月9日，朝阳区副区长李俊杰带队到公司所属企业北京市绢花厂职工宿舍区进行安全检查，对安全生产管理工作提出相应的建议并要求弘朝伟业公司作为北京市绢花厂的管理单位，要切实发挥国有企业的主体责任，遇到问题要及时和区国资委等相关执法部门进行沟通，研究解决对策，消除存在的安全隐患。区国资委、区市政市容委、区安监局、区消防支队、弘朝伟业公司班子成员和部门负责人陪同检查。

（胡基明）

【汛期市场监测】 6月21日，市防汛指挥办公室发布防汛提示信息。6月22日，所属三源里市场、团结湖北市场等掌握最新的菜价情况，加强形势分析判断，确保在发生强降雨等自然灾害时，能在第一时间启动市场价格应急监测，保障市场内菜价的平稳。

（胡基明）

【安全生产工作培训班】 6月23日，弘朝伟业公司举办2017年安全生产工作培训班，聘请市安监协会的赵宝华老师以《中共中央国务院关于推进安全生产领域改革发展的意见》为主要内容，讲解安全生产法与负责人的主体责任和企业用电用气安全教育；公司安全顾问从典型事故应急救援及案例分析，讲解企业主要负责人应当承担的法律责任和义务及违法成本的处罚。系统所属36家单位主管安全生产的主要领导（党政一把手）、主管安全的副职及安保干部共计120余人参加。提高各企业负责人和安全管理人员的生产知识水平和安全管理能力，确保系统各企业安全生产管理主要负责人及相关安保干部持证上岗。

（胡基明）

【专项巡察】 9月5日，按照区委第一巡察组相关工作要求，公司召开区委第一巡察组专项巡察北京弘朝伟业国有资产经营有限责任公司党组织工作动员会。区委巡察办副主任王春艳、区委巡察组组长赵新跃及区委第一巡察组进驻公司开展巡察工作。

（胡基明）

【消防安全专题培训会】 12月7日，公司举办消防安全工作专题培训会。公安部火灾事故调查专家李建林进行消防安全主题培训，要求公司安全通道畅通；基本安全设备设施完善；电气设施线路全面排查；安全生产投入；安全消防演练；健全安全生产制度。130人参加会议，包括公司领导班子成员和系统所属36家单位主管安全生产的主要领导（党政一把手）、主管安全的副职、安保干部及酒店公寓、菜市场、地下空间、幼儿园等重点行业的承租人。

（胡基明）

农业与农村经济

农村城市化

【概况】 朝阳区农村工作委员会（简称区农委），挂北京市朝阳区动物卫生监督管理局（简称区动物卫生监管局）牌子，与中共北京市朝阳区委农村工作委员会（简称区委农工委）合署办公。区委农工委是负责区农村工作的区委派出机构，区农委是负责区农村发展和农村经济工作的区政府部门。区委农工委、区农委（区动物卫生监管局）行政编制58人，有13个内设机构。年内，在区委、区政府领导下，农村地区广大干部坚持聚焦重点、把握关键、精准发力，全力以赴推动“一绿”试点建设和“疏解整治促提升”两项重点任务有效落实，农村城市化进程持续加快。农村地区全年完成区级财政收入76.6亿元，农民人均所得33997元，分别增长1%和6.7%。

地址：日坛北街33号
邮编：100020
电话：65099260

（罗　蕾）

【“一绿”城市化试点建设】 年内，第一批6个试点乡，拆迁、绿化和转居分别完成97%、83%和100%。第二批5个试点乡，拆迁腾退326.2万平方米，绿化600亩，规划调整方案、项目实施方案、工作台账及捆绑方案编制全部完成。东坝、三间房2个乡规划调整方案获批通过，住宅腾退全面实现。小红门乡被列入第三批城市化建设试点，实施方案获市政府常务会审议通过。王四营、十八里店2个乡城市化实施方案编制全部完成。

（罗　蕾）

【疏解非首都功能】 年内，实现拆除清退低级次市场63家、出租大院579个、仓储物流企业93个、废品回收场站24处，疏解各类建筑1210万平方米，承担全区疏解总量的99%，完成全年任务的136%，超过前三年疏解体量总和，创造“孙河乡腾退面积最大、十八里店乡非住宅疏解体量最大、东坝乡棚改户数和人数最多、全年任务完成速度最快”四项历史新纪录。区域性市场、区域性物流基地两项疏解任务在全市专项行动排名中位居首位。

（罗　蕾）

【城乡建设管理】 年内，孙河率先实现全乡腾退。东坝北西区、崔各庄、奶西等13个项目13082户、384.4万平方米拆迁腾退全面完成。金盏乡农村集体经营性建设用地统筹利用试点规划调整和实施方案、黑庄户乡“两规合一”规划方案编制完成。拓宽筹融资渠道，设立农村城市化发展基金，城市化建设得到新助力。加强基础设施建设，北苑路北延等3条主干路和双桥路等11条次支路建成通车，金海湾花苑一路等9项疏堵工程全部完工，16处“三起来”工程、8个新农村基础设施建设和223户住宅抗震节能改造全部完成。创新环境治理“六包”责任制，13项综合治理专项行动开展。市级新增挂账违法建设实现动态清零。

（罗　蕾）

【安全维稳】 年内，开展“护航”“深耕”“金秋”专项行动，通过6个“立体化”全方位部署安全防控网，完成中共十九大、“一带一路”国际合作高峰论坛等重大活动服务保障任务。开展安全隐患大排查大清理大整治专项行动，彻查整改安全隐患，有效遏制重特大安全事故发生。完善社会治安防控体系建设，20个城乡接合部重点村综合整治全面完成，村庄社区化管理进一步加强。强化矛盾排查调处和应急处置，舆情监控和突发事件应急能力有效提高，农村维稳形势平稳可控。动物疫病防控和农产品安全工作扎实有效。

（罗　蕾）

【生态环境品质提升】 年内，801.7亩平原造林全面实现，马家湾湿地公园和将府公园三期建设完成，萧太后河滨水绿色文化休闲廊道呈现出“水清、岸绿、景美、蕴深”的城市水岸景观，东风等5个环境标杆乡建设稳步推进，常营半马赛道首段投入使用，三间房绿洲家园文化休闲广场等25处小微绿地服务周边群众，4.3万户“煤改清洁能源”和3个难点村集中供热改造工程全面完成，5处国家、市级考核断面及13处出境补偿断面水质实现达标，农村地区黑臭水体治理全面完成。

（罗　蕾）

【农村社区建设】 年内，新建9个社区，农村社区总数达到206个。创新基层治理方式，21个绿色智慧平安社区、118个社区三社一体化、38个农民市民化工程全部完成，社区规范化建设切实加强。南磨房社区卫生服务中心新址投入运行，北京中学东坝校区等2所学校建成使用，10家养老服务驿站落户农村，东风等4家社区卫生服务中心被评为“全国百强社区卫生服务中心”。

（罗　蕾）

【文化文明建设】 年内，加强文化文明引领，2个文化广场和2个乡情村史陈列室全部建成，“乡村大舞台”首届乡（村）原创歌曲活动等一批文体活动开展。平房等10个乡获评市级文明乡，黑庄户乡郎各庄村、王四营乡孛罗营村获“全国文明村”称号。

（罗　蕾）

农村经济管理

【概况】 朝阳区农村集体经济办公室是区政府农村经济管理部门，正处级参照公务员管理事业单位，编制40名，在职人员36名。内设办公室、统计科、集体资产管理科、调研科、合同管理科、财务管理科、审计监督科、产业发展科、信息培训科。年内，朝阳区加快推进剩余11个乡60个村产权制度改革，开展农村合作经济组织登记，加强农村集体经济管理。全区农村集体经济总收入124.3亿元、利润4.7亿元、税金1.1亿元，比上年分别增长-0.2%、-49.7%、11.8%；人均所得33997元，比上年增长6.7%。

地址：团结湖北里9号楼

邮编：100026

电话：85983940

邮箱：cynongjingban@163.com

（向会娟）

【农村产业发展】 年内，常营东方华瑞等6个项目实现开工建设，平房乡九合文创园等9个项目获联审会审议通过，农村产业引导基金持续增效，太阳宫、将台2个乡获银行融资13.5亿元。出台《关于加强农村集体产业用地管理的意见》，农村集体产业用地管理有效强化。

（罗　蕾）

【产权制度改革】 年内，加快推进剩余11个乡60个村产权制度改革。将台、三间房、王四营、平房、管庄、小红门、太阳宫、东风8个乡44个村改革方案获批，全面启动村级改革。将台、王四营、三间房3个乡20个村，完成劳动年限统计和清产核资等重点工作，村级产权制度改革任务基本完成。平房、管庄、小红门、太阳宫4个乡23个村基本完成劳动年限统计，同步开展清产核资工作。高碑店、南磨房2个乡完善改革方案，村级改革进程明显加快。原太阳宫乡左家庄村完成撤制村队集体资产处置工作。加强集体“三资”制度化建设，制定实施集体经济组织财务公开、合同清理规范调整和村级组织负责人经济责任审计3项政策文件。调整规范集体经济合同1434份，收回集体土地9905亩，增加收益1190万元。

（向会娟）

【集体经济组织年检】 年内，全区开展2017年农村合作经济组织登记证书（统一代码证书）年检工作。实检农村合作经济组织登记证书197个，年检合格率100%。

（向会娟）

【集体资产年检】 年内，全区开展2017年农村集体资产产权登记证年检工作。实检乡村集体经济组织173个，其中乡级集体经济组织19个，村级集体经济组织154个。截至年底，乡、村两级集体资产总额1308.1亿元，其中乡级资产总额903.0亿元，村级资产总额405.1亿元。

（向会娟）

【集体资金预算管理】 年内，全区17个乡150个村村级预算总收入61.45亿元，其中主要资金来源35.30亿元、财政拨款金额17.35亿元、其他资金来源8.80亿元；预算总支出金额57.23亿元，其中基本支持40.57亿元、专项工程支出13.47亿元、资产（固定资产）支出3.19亿元；预算结余4.21亿元。

（向会娟）

【集体经济组织财务公开】 年内，区农委、区农经办研究出台《关于印发朝阳区农村集体经济组织财务公开实施细则的通知》，重点规范财务收支、资产负债、土地租赁等财务公开的形式、时间和指标，完善农村集体经济组织财务公开活动的管理和民主监督，加强农村集体经济管理。

（向会娟）

【集体经济审计】 年内，实施农村集体经济审计定期通报制度，推进审计全覆盖，2017年度累计开展审计项目701项，涉及集体单位330个，审计金额1207.7亿元。

（向会娟）

【集体经济合同管理】 年内，全区农村新签、续签475份经济合同，履行联预审占比超过90%，约定土地面积3635亩、建筑面积41万平方米，年标的额2.5亿元，新续签合同土地亩均收益6.9万元，是实施合同联预审前亩均收益的3倍，集体收益水平明显提高。

（向会娟）

【农民负担检查】 年内，开展全区农民负担秋季检查工作。村级公益事业专项补助资金正常发放。全区154个村获得补助资金1848万元。各村严格按照村级公益事业专项补助资金使用要求，坚持专款专用。坚持依法依规收费，无农民负担问题发生。

（向会娟）

种植养殖服务

【概况】 朝阳区种植业养殖业服务中心（简称区种养中心）是负责全区畜牧兽医、农业、农机、水产管理服务工作的区政府直属部门，归口区农委管理，全额拨款正处级事业单位，事业编制47人。内设科室11个，下设朝阳区动物疫病预防控制中心、植物保护检疫站、鱼种场3个事业单位。年内，全区畜禽存栏3541头（只）。其中，牛5户存栏170头，羊23户1853只，马20户838匹，特禽10户631只，其他偶蹄动物6户49只。注册犬41885只，鸽子135841羽。动物诊疗机构103家，兽药经营单位12家。肉类储藏分销单位19家。全区农业用地面积1167.59公顷，其中蔬菜226.67公顷、粮食56.33公顷、果树229.66公顷、苗木557.26公顷、花卉49.33公顷、草皮48.34公顷。区种养中心获中共北京市农村工作委员会颁发的2015—2016年度北京市社会主义新农村建设——北京农村信息化及“互联网+农业”先进单位奖牌。
地址：东坝红松园14号
邮编：100018
电话：65495193

（黄晓明）

【动物防疫宣传】 3月14日，市疫控中心在南磨房田华小学举行“和小动物说说话——狂犬病防控知识进校园”主题活动。

（冯学娣）

【农产品质量安全普法宣传】 3月15日，区种养中心联合区农委、区农业执法大队和东风地区办事处，组织种植、养殖、渔业等部门在东润枫景文化广场开展农产品安全普法宣传，引导消费者正确识别选购无公害农产品和地理标志农产品。发放宣传材料5000余份。

（李雅娟）

【基层党组织换届选举】 9月至10月，区种养中心各基层党组织开展换届选举工作。根据《中国共产党章程》《中国共产党基层组织选举工作暂行条例》制定《2017年基层党组织换届选举工作方案》，完成各基层党组织换届选举工作，8个基层党组织选出新一届支委26人。

（黄晓明）

【狂犬病日宣传】 9月28日“世界狂犬病宣传日”，区种养中心分别在亚运村和王四营地区举办“狂犬病可防、可控、不可治”主题宣传活动。市农业局、市疫控中心、区疫控中心、市养犬协会以及亚运村街道办事处、王四营乡农服中心参加活动。

（冯学娣）

【阳台菜园推广】 年内，全区阳台菜园示范单位覆盖8个乡、4个街道、4所学校、2个公园、3个园区、22个社区、5个机关、6000户居民家庭。出版22万字的《阳台创意种菜一本通》科普书籍。

（于洪伟）

【老北京特色蔬果】 年内，全区推广种植老北京苹果等4个水果品种1.45公顷。推广种植老北京心里美萝卜、大小核桃纹白菜、鞭杆红胡萝卜等蔬菜3.6公顷。2.7公顷老北京蔬菜安装滴灌、微喷节水设备。

（于洪伟）

【农情上报】 年内，报送市农业局信息12条，农情报表150套，农业局蔬菜处平台报表28套，粮食种植档案3套，其他报表135套。数据上报50000余项。获北京市统计报表考核二等奖。

（于洪伟）

【菜田划定和基本农田测量】 年内，完成全区基本菜田实地测量工作，实测4个乡、39个地块，面积234.49公顷。全区基本农田实测8个乡、119个地块，面积912.03公顷。

（于洪伟）

【农产品质量安全检测工作会】 年内，召开农产品质量安全检测工作会。会议总结2016年农产品安全检测工作，部署2017年全区农产品质量安全检测管理工作。区疫控中心、区植保站以及8个乡公共事务服务中心、23家企业和农贸批发市场负责人及检测员53人参会。

（李雅娟）

【农产品质量安全培训】 年内，区种养中心对20个园区生产基地、加工配送企业、大型农贸市场负责人及基层农产品检测员55人进行农产品质量安全培训。重点宣讲“三品一标”以及标准化工作相关知识。

（李雅娟）

【农产品质量安全监管追溯体系培训】 年内，区种养中心举办农产品质量安全监管追溯项目培训班。重点讲授朝阳区农产品质量安全监管追溯项目建设及运行等相关内容。区种养中心相关领导，各乡农服中心，基地、市场及企业负责人及农产品质量安全检测员、信息员、内检员55人参会。

（李雅娟）

【标准化基地建设】 年内，对全区符合条件的1家“菜篮子”工程标准化生产基地进行备案。对满5年的农业标准化基地开展复评审工作。确定北京蓝美莓农业有限公司作为区级农产品质量安全全程控制标准化生产示范基地。

（李雅娟）

【“三品”认证管理】 年内，区种养中心完成京朝花园、中农春雨和荣硕三家企业的21个品种网上申报、文书申报以及现场认定检查。完成1家企业的无公害复查换证工作。对永辉超市、京客隆等辖区内大型经营单位，开展无公害农产品和地理标志农产品标志使用专项检查。对14家园区基地的50个无公害、40个有机食品认证品种进行备案。

（李雅娟）

【农产品质量安全检测】 年内，区种养中心完成全区9家生产、加工配送、销售单位的农产品样品检测153459个，合格率99.7%。其中，蔬菜样品117849个，合格率99.6%；水果样品15530个，合格率100%；畜禽样品20080个，合格率100%。

（李雅娟）

【“互联网+农业”工作推进会】 年内，区种养中心组织召开朝阳区“互联网+农业”工作推进会，部署朝阳区智慧乡村建设和信息进村入户工程，围绕农业物联网应用和信息进村入户工程进行培训与宣讲。种养中心主管领导、各乡农服中心、农业园区负责人30余人参加会议。

（李　佳）

【智慧乡村建设】 年内，区种养中心在5个示范基地开展智慧乡村建设，完成5套机房设备、22套显示系统、40套视频监控系统、48套温室环境气象监测系统、27套温室智能通风控制系统、1套无线WIFI系统的硬件安装调试。数据全部接入北京“221物联网”应用服务平台。

（李　佳）

【规范水产品养殖生产行为】 年内，区种养中心对辖区水产养殖单位进行检查，现场宣传讲解水产品质量安全的重要性，指出养殖生产中不规范行为和养殖生产记录中存在的问题，发放宣传材料30份，养殖生产记录本、用药记录本100册。

（齐海霞）

【增殖放流活动】 年内，区种养中心分别在东坝郊野公园、京城槐园、镇海寺公园和奥林匹克森林公园4个景观水域开展增殖放流活动。其中，放流鲢鱼苗15万尾、鳙鱼苗4.5万尾、草鱼苗0.5万尾、草金鱼8400尾。增殖放流起到净化水质，美化环境的作用。

（齐海霞）

【观赏鱼创新团队项目】 年内，区种养中心开展工厂化循环水养殖观赏龟试验、金鱼小池精养和中草药防治鱼病等技术试验，投入增色饲料13吨，为养殖户无偿提供金鱼苗种50万尾，锦鲤苗种5万尾。

（齐海霞）

【宣传观赏鱼文化】 年内，区种养中心与启明珠江帝景幼儿园、黑庄户教辅中心、红领巾公园等单位合作，通过实物及展板展示、现场咨询、发放宣传材料和指导学生体验捕鱼等活动开展观赏鱼进校园宣传。

（齐海霞）

【狂犬病防控工作会】 年内，区种养中心与区农委、区重大办、区养犬管理办及区农业执法大队联合召开朝阳区2017年度狂犬病防控工作会。全区各街乡、地区办事处主管领导及16家动物狂犬病免疫注射定点单位120余人参会。

（冯学娣）

【重大动物疫病风险评估会】 年内，区种养中心召开全区动物疫病风险评估会。区农委、市疾控中心、公安朝阳分局、区农业综合执法大队、区动物疫控中心、区园林绿化、区气象局、区卫计委、区水务局等10余家单位负责人参会。

（冯学娣）

【犬防疫信息平台管理讲座】 年内，区疫控中心举办犬防疫信息平台管理知识讲座，区各免疫定点单位、自免乡等100余人参加。邀请北京市农业局平台技术人员讲解平台信息管理知识。

（冯学娣）

【村（社区）级动物防疫员培训会】 年内，区疫控中心召开2017年村（社区）级动物防疫员培训会2次。邀请区疾病预防控制中心专家讲解布鲁氏杆菌病（引起人畜共患性全身传染病，特征是生殖系统受到严重侵害，雌性动物流产或死胎）和狂犬病的防控知识。全区动物防疫人员450多人参加。

（冯学娣）

【布鲁氏菌病疫情应急演练】 年内，区疫控中心举办突发布鲁氏菌病（羊为主要传染源，是一种人畜共患的传染病）疫情应急演练。演练模拟羊突发布鲁氏菌病疫情应急处置的各个阶段，穿插羊感染布病临床症状等问题回答，村级防疫员穿脱防护服等环节，并请专家进行现场点评分析。市农业局、市疫控中心、区农委、区防治重大动物疫病指挥部办公室、区种养中心等部门和43个街乡主管动物疫病防控工作负责人参加。

（韩 颖）

【动物检疫净化】 年内，区疫控中心检疫马属动物马鼻疽、马传染性贫血1712匹次，无阳性反应。检疫牛结核病117头次，无阳性反应。

（韩 颖）

【春秋季动物疫病防控】 年内，区疫控中心开展春秋季动物免疫工作。免疫口蹄疫6338次，高致病性禽流感免疫1188次；发放消毒药品25.43吨；喷雾器550个；防护服、口罩、帽子手套合计12.76万个，防疫工作包760个。

（韩 颖）

【狂犬病免疫】 年内，区疫控中心组织动物诊疗定点医院对全区宠物犬完成两次集中免疫，注射免疫犬6.7万余只，并佩戴免疫标识。

（韩 颖）

【病死动物无害化处理】 年内，区疫控中心接收各类死禽890只，死犬1只，废弃猪产品160千克，均无害化处理。未发生抛扔、销售、转运、屠宰加工病死动物事件。

（韩 颖）

【行政审批】 年内，区疫控中心办理行政许可34项。其中，动物诊疗许可证24项，特许运输证4项，兽药经营许可证5项，种子审核报告1项。

（韩 颖）

【动物疫病监测】 年内，区疫控中心进行口蹄疫病毒、禽流感病毒、布鲁氏杆菌病病原检测765项次，检测结果发现通用型禽流感病毒3例阳性，H5型禽流感病毒2例阳性，H7型禽流感病毒1例阳性，其余均为阴性。监测狂犬病、钩端螺旋体、弓形虫病、布鲁氏杆菌病、马传染性贫血病、新城疫病、动物高致病性禽流感、鸡伤寒和鸡白痢、衣原体病血清学抗体8311项次，监测结果全部合格。开展10076项次实验室检测，监测动物样品8450份。检测结果畜禽产品除1份β-受体激动剂、3份四环素类阳性、2份磺胺类可疑外，其余均合格；水产品除21份孔雀石绿、4份氯霉素阳性、3份呋喃唑酮阳性外，其余均合格。

（韩 颖）

【马场、赛事防疫检疫管理】 年内，区疫控中心建立全区22家马术俱乐部864匹马属动物养殖档案并发放北京市动物健康免疫证；申报马术赛事29场，参赛马匹2152匹次；完成比赛马匹调运检疫程序告知书等申报材料204份；联合街乡对马场、赛事防疫条件指导29次；官方兽医指导临床健康检查11次。

（韩 颖）

【农产品质量安全检测技术技能竞赛】 年内，区疫控中心实验室5名技术人员参加北京市第三届农产品质量安全检测技能竞赛，分别获得一、二、三等奖；2名技术人员参加第二届京津冀渔业协同发展联席会议水产品质量检测技术技能竞赛，获得第三名。郭睿被北京市农业局农产品质量安全处授予“北京市农产品质量安全检测技术标兵”称号。

（韩 颖）

【植物疫病普查】 年内，区植保站普查黄瓜绿斑驳病毒病、瓜类果斑病面积1063.7公顷，未发现疫情。

（靳 为）

【生物防虫技术引进】 年内，区植保站引进烟盲蝽防治烟粉虱示范项目，在区永顺华、自然乐章农庄等农业基地，现场指导释放害虫天敌烟盲蝽40000只、东亚小花蝽30000只、异色瓢虫5000只，放飞面积12.7公顷。

（靳 为）

【植物调运检疫】 年内，区植保站进行蔬菜种子调运检疫48批次1863千克，未发现危险性有害生物。

（靳 为）

【农田灭鼠】 年内，区植保站完成6666.7公顷春季农区灭鼠工作；完成1333.3公顷秋季农区灭鼠工作；毒饵站使用面积2666.7公顷。

（靳 为）

【植物疫情监测点视频监控系统完善】 年内，区植保站完善有线网络视频通信系统，使用30倍变焦摄像头，安装拾音器，使用8兆专线，将监测点有线视频接入互联网。

（靳 为）

【科技项目推广】 年内，区植保站开展“朝阳区阳台蔬菜花卉植保技术研究与示范推广”项目，举办两期阳台蔬菜、花卉植保技术培训班，购置阳台种植蔬菜、花卉用的草炭土、肥料、生物农药、花盆等用品，发放给街乡、社区市民。

（靳 为）

【蔬菜农药使用减量补贴】 年内，区植保站落实市蔬菜农药使用减量技术示范项目，补贴对象20家，补贴面积4569.9亩。补贴比例为：生物天敌产品补贴90%，生物农药、授粉昆虫补贴比例50%，高效低毒低残留化学农药补贴比例30%。

（靳 为）

【植物农残检测】 年内，区植保站检测农贸市场、基地及配送企业、超市等20710个蔬菜水果样品，合格率99.9%。其中，蔬菜样品527批次、5700个，合格率99.9%；快速检测水果样品235批次、5010个，合格率100%。完成市农业局“菜篮子”区县互检工作，分别在3月、5月、7月、10月，分4次对昌平、通州2个区抽检样品266个，其中蔬菜样品258个、食用菌样品8个。

（靳 为）

【农药质量检测及重金属检测】 年内，区植保站检测阿维菌素乳油、百菌清可湿性粉剂、吡虫啉可湿性粉剂、毒死蜱乳油等农药30个样品。检测蔬菜、水果50个样品中的铅、镉、砷等重金属参数。合格率100%。

（新　为）

【农机购置补贴政策落实】 年内，区种养中心落实市级农机补贴工作资金9.24万元，购置大中型拖拉机3台。

（王　东）

【农机作业及秸秆禁烧】 年内，三夏、三秋全区农机作业投入机具21台次，培训农机操作人员35人次。机播玉米56公顷、机播小麦8公顷，作物秸秆全部综合利用，实现秸秆全面禁烧。

（王　东）

【政策性农业保险】 年内，全区有3家农业企业（农户）投保政策性农业保险，保费总计217822元。其中，市财政补贴108911元，区级财政补贴65346.6元，企业（农户）自缴43564.4元。

（王　东）

农业综合执法

【概况】 朝阳区农业综合执法大队是区农委直属行政执法机构，加挂区动物卫生监督所的牌子，机构规格副处级。内设办公室、组织人事科、法制科、执法一科、执法二科、执法三科、执法四科、执法五科、白鹿公路动物防疫监督检查站、动物收容站、农机安全监理科等11个科（站、室）。负责辖区内动物卫生、兽药、饲料及饲料添加剂、农药、肥料、种子、转基因生物安全、农机、渔政等9项行政执法监督职能。年内，出动执法人员3466人次、执法车辆1374车次，检查管理相对人1230家次，制作监督笔录意见书1094份，签订责任书116份，开展行政许可监督550家次，处理举报114起，开展联合执法检查28次；检查检验各类农机具2551台次；开展法制宣传13次，发放宣传材料2.4万余份；举办管理相对人培训班12次，培训483人次；做出行政处罚164件，罚没款47.86万元；公路站检查外埠进京动物及动物产品运输车辆24136车次，检查活体动物31073头只、动物产品27.9万吨。动物性产品、兽药、水产品、蔬菜、农药等各类抽样监测共抽取样本246个。

地址：团结湖北三条甲8号院
邮编：100026
电话：85979219
网址：http://nyzf.bjchy.gov.cn

（白国辉）

【农产品质量监督抽样】 1月9日，区农业综合执法大队对蟹岛绿色生态农庄养殖的鱼类产品及蔬菜产品进行监督抽样，其中鱼类产品3个品种、蔬菜产品4个品类，样品送至市出入境检疫局进行检测。经检测，以上样品全部合格。

（白国辉）

【动物卫生监督工作获多项表彰】 1月12日，市动物卫生监督所在北京歌华开元酒店召开2016年度北京市动物卫生监督工作总结会。区农业综合执法大队史有文科长代表朝阳区做2016年典型工作发言。朝阳区获得2016年度执法办案年考核二等奖，兽药、诊疗、屠宰、狂犬病免疫四方面执法获得先进。市农业局马丽英副局长向朝阳区颁发奖杯。

（白国辉）

【应急值守】 1月27日至2月2日，白鹿公路检查站坚持24小时值班制度，严格按照查证、验物、登记、消毒、签章的工作程序进行检查，切实增强重大动物疫病防控意识，确保进京动物及动物产品无疫安全。出动执法人员28人次，监督检查进京动物440头只，监督检查进京动物产品134.1吨，消毒进京车辆20车次，未发现违法行为。

（白国辉）

【H7N9疫情防控督导】 2月15日，市农业局副局长马丽英一行3人到朝阳区督察动物H7N9疫情防控工作，区农委副主任李兴泉、区农业综合执法大队大队长李杰民、区种养中心主任马文虎及相关科室人员陪同。督察组对白鹿公路动物防疫监督检查站24小时值班，仔细检查外埠进京活禽及禽产品，详细询问承运人，保证进京的活禽及禽产品安全无疫；大队全体人员24小时通讯畅通，随时配合区重大办做好应急防控等方面。督察组对朝阳区多年来重大动物疫病防控工作取得的成绩，以及此次制定的动物H7N9流感防控措施予以充分肯定。

（白国辉）

【冬季设施农机安全生产检查】 2月16日，市农机监理总站执法科领导到金盏乡蓝调庄园督导检查冬季设施农机安全生产工作，区农业综合执法大队农机监理科、金盏乡社会公共事务服务中心、乡安监科负责人陪同检查。在蓝调庄园温室大棚前，检查人员实地检查卷帘机的安全技术状态，详细询问安全生产责任书签订情况，强调规范操作的重要性，强调做好机具维修保养及安全使用；针对该基地存在的用电安全隐患问题，要求乡社会公共事务服务中心予以督促落实。

（白国辉）

【活禽交易取缔】 2月20日，区农业综合执法大队联合十八里店乡综治办、城管、兽医站等部门22人，对十八里店辖区内三处疑似贩卖活禽的地点进行联合执法检查。共查获活鸡7只、鸽子40余只、山鸡4只，取缔非法贩卖活禽摊点2个，并对相关人员进行普法宣传教育，查获的活禽交由相关部门统一进行无害化处理。

（白国辉）

【执法计划座谈】 2月24日，区农业综合执法大队组织召开2017年执法工作计划座谈会，大队领导、相关科长（负责人）和区农委法制科人员参加。针对全国“两会”“一带一路”国际合作高峰论坛、建军90周年、中共十九大等大型活动较多的特点，大队领导强调要做好服务保障工作。

（白国辉）

【禽流感防控】 2月27日，区农委法制科到白鹿公路站检查、调研日常检疫监督工作和近期H7N9禽流感防控情况。要求公路站加强对禽流感疫情的关注，及时封堵可疑禽类及禽产品，扎实做好禽流感防控工作，切实做好全国“两会”服务保障工作。

（白国辉）

【农产品质量安全监督】 3月3日，区农业综合执法大队大队长李杰民、副大队长岳崴、农药管理站站长鲁颖艾一行3人到市植保站、农药检定所就如何围绕“四个最严”开展农产品质量安全监督管理工作、如何进一步加强农药监管工作进行座谈。双方认为，要加强部门之间的协调配合，加强执法队伍建设，确保依法监管、全面覆盖；探索适合朝阳区情的农产品质量安全监管模式；加强禁限用农药检查、收缴、销毁工作，完善农产品生产基地用药记录监督检查工作；加强市售食用农产品和基地生产的农产品质量安全抽检，确保上市农产品质量安全，并根据抽检结果依法处理。

（白国辉）

【“3·15”系列普法宣传】 3月中旬，执法人员进市场、进学校、进社区，大力开展涉农法律法规宣传普及活动。在北京朝来春花卉市场，就《农药管理条例》相关法规和农药标签知识对经营商户进行农药专项检查和宣传教育。检查中发现部分摊位存在经营未取得农药登记证或农药临时登记证的农药产品的行为，制作简易处罚案件5起，立案2起。在东风乡东润枫景社区，开展“动物卫生监督‘3·15’宣传暨执法检查周”活动，携手区食品药品监督管理局、区种养中心、区植保站、区疫控中心，对倡导文明养犬，犬只佩戴免疫标牌，构建和谐社区作大力宣传。发放宣传材料5000余份，检查犬只15只，引导全民理性养宠、科学免疫。在南磨房乡田华小学配合北京市疫控中心举办“和小动物说说话——狂犬病防控知识进校园”活动，携手从养宠意愿较强但自我防护能力较弱的小学生开始，倡导文明养犬，构建和谐社区。

（白国辉）

【种子企业外埠基地检查】 3月21日至23日，按照区农业综合执法大队2017年外埠基地检查计划，执法四科张立国、王磊两名执法人员依法检查北京井田农业科技有限公司位于海南省乐东黎族自治县的基地。北京井田农业科技有限公司是一家在朝阳区注册的种子生产经营企业，所经营的种子均为非主要农作物种子。执法人员在海南省乐东黎族自治县实地对该单位的检验设备、场地设施、档案材料、种子生产、种子包装以及人员资质等方面情况进行细致的监督检查。此次检查一方面是履行种子行业监管者的法定职责，另一方面是加强对两头在外企业的监管，强化源头治理，避免种子无证生产、品种套牌侵权等违法行为的发生。

（白国辉）

【水产养殖单位灭鼠】 3月29日，区农业综合执法大队执法人员赴辖区中央军委机关事务管理总局服务局农副业基地、北京京朝花园农业发展中心和北京水科园水产养殖技术有限公司，发放春季灭鼠工具和药物。活动中发放鼠药25千克、粘鼠板100个、毒饵站70个、警示旗140面，春季灭鼠工作顺利展开。

（白国辉）

【农机安全生产工作会】 3月30日至31日，区农业综合执法大队在蟹岛会议楼组织召开春耕暨春季农机安全生产工作会。区农委法制科、大队农机监理科、区种养中心农机管理科及各乡农机监管人员30余人参会。会议部署农机监管风险防范管理，落实一企一档工作；通报全区2017—2019年农机安全生产联合行动实施方案会签工作进展情况；启动农机春耕宣传活动；开展春季农机隐患排查和联检划片分组。

（白国辉）

【农用拖拉机检验】 3月，2017年拖拉机第一次集中检验工作结束。区农业综合执法大队深入金盏、孙河、黑庄户、崔各庄4个乡的集中检验地，为13台在册使用的拖拉机进行年度集中检验。现场提供便民服务，为机手代办保险手续。

（白国辉）

【《农药管理条例》培训】 4月14日，区农业综合执法大队组织召开2017年朝阳区农业综合执法大队农药专业执法集中培训会，邀请市农药检定所副所长李常平授课，围绕新颁布《农药管理条例》，深入讲解登记、生产、经营管理政策新动向，重点强调新、旧《条例》之中变更、新增的条款，对执法检查中常见的不合格农药产品的判断和违法行为处理进行讲解。为大队贯彻执行新《农药管理条例》，确保农产品质量安全奠定基础。

（白国辉）

【农资安全大讲堂】 4月21日，区农业综合执法大队对辖区内农药生产企业、经营企业及农药使用单位（农产品生产基地）14家、21人，开展农业执法大队农资安全培训。围绕新颁布的《农药管理条例》，以农药生产、经营和使用三个环节为着眼点，对三个环节中涉及的法律法规和注意事项向管理相对人做详细讲解。

（白国辉）

【农机安全生产联检】 4月17日至27日，区农业综合执法大队与区安监局、区种养中心组成联合检查组，深入全区32家农机使用单位，开展春季农机隐患排查暨安全生产联检，将全区19个乡分为5组，以实地检查、隐患排查、安全宣教的方式互查。共检查生产基地12家、郊野公园10个、园林绿化单位10家。检查各类农机具1239台件其中拖拉机42台、微耕机8台、卷帘机371台、打药机307台、割灌机394台、草坪机47台、旋耕机30台、粉碎机20台、增氧机20台。

（白国辉）

【禽流感防控】 4月24日，区农业综合执法大队大队长李杰民带队到金盏乡，对北京蟹岛种植养殖集团有限公司进行执法检查。发现该单位存有鸡、鸭等活禽，存在引发重大动物疫情的动物疫病防控安全隐患。执法人员要求阻断游客与职工和禽类的密切接触，确保动物疫病防控安全；全面停止任何形式的禽蛋销售行为并封存现有全部禽蛋；禁止购进可能引发输入性疫病的相关动物及其产品；对全部现有禽类进行全面隔离和紧急免疫接种；对产生的粪便、羽毛等进行全面消毒和无害化处理，不得随意处置；履行动物疫病报告义务，发现可疑情况及时向大队上报。

（白国辉）

【马场防疫工作培训会】 4月28日，区农业综合执法大队联合区动物疫病防控中心举办马场防疫工作培训会，辖区21家马术俱乐部参会。培训重点从三方面强调马术俱乐部应守法经营：马匹调运前应当依法申报检疫，并讲授马属动物常见疫病诊断特点，督促企业依法履行疫情报告义务；讲解马术赛事申办流程，告知各企业按照《北京市动物演艺活动监管办法》严格遵守赛前申检报备，合法举办马术比赛；防疫重在预防，要求各马匹饲养场完善内部消毒和无害化设施，对马匹定期注射疫苗，按规使用兽药。

（白国辉）

【动物诊疗专题培训】 5月3日，区农业综合执法大队组织开展动物诊疗机构专题培训，辖区内87家动物医院负责人参会。培训重点讲解：引导动物医院正确辨别并自觉抵制假劣兽药，有效规避医疗风险，按照市动监所《关于加强兽用麻醉药品监管的通知》要求，重点加强麻醉药品防盗措施；对诊疗活动各环节提出监管细则，督促动物医院先行自查自纠，着重规范病历处方管理；明确对医疗废弃物和诊疗废水无害化处理的高压监管态势，严查委托协议及处理记录。

（白国辉）

【领导调研】 5月9日，副区长杨建海和区农委主任连文胜到区农业综合执法大队调研农业执法工作。要求H7N9禽流感防控不能放松，农产品质量安全监管不能放松，认真学习研究法律法规，梳理大队职权，确保履职到位；及时调整农业执法监管领域，确保执法监管和服务保障工作不出纰漏。9月29日，区农业综合执法大队党委书记、大队长李杰民率领大队班子成员到白鹿公路站进行节日慰问，调研白鹿站的党建工作。李杰民指出，白鹿站作为大队的窗口单位，要根据自身实际情况，在执法工作中发挥先锋模范作用。11月17日，李杰民带队到白鹿站检查指导安全工作。要求公路站注意用电安全，防止高温火灾隐患，做好消防器材检查，确保灭火器安全有效；保证人身安全，要时刻注意过往车辆，停稳后再开始检查。

（白国辉）

【农机联检】 6月13日至15日，区农业综合执法大队会同朝阳交通支队及孙河、金盏、黑庄户乡社会公共事务服务中心，开展上道路行驶的农用运输车辆、变型拖拉机交通违法行为集中整治和安全宣教工作，重点查处伪造、变造拖拉机牌证，拼装、改装变型拖拉机，无证驾驶、超速超载、酒后驾驶、违法载人等违法行为。检查过往农用运输车辆6台次，针对1台过期未参加车辆年检的外埠进京农用运输车辆，由交通支队民警进行现场处罚。

（白国辉）

【种子行业和执法人员培训】 7月18日，区农业综合执法大队组织召开朝阳区种子质量监督管理培训会，邀请市种子管理站专家培训全区种子生产经营单位，全区26家种子生产经营单位负责人和区农业综合执法大队种子管理执法人员参会，针对种子生产经营单位和种子管理执法工作人员进行分类培训。

（白国辉）

【京津冀渔政联合执法启动】 8月24日至25日，区农业综合执法大队3名执法人员参加由北京市农业局组织的“亮剑2017海河流域京津冀区域渔政联合执法”启动活动。

（白国辉）

【拖拉机年检】 9月4日至8日，大队农机监理科联合顺义区农机监理所，同金盏、小红门、来广营、平房、黑庄户、孙河6个乡社会公共事务管理服务中心农机监理人员，对辖区5家生产基地、4家郊野公园、1家农机大户所使用的拖拉机进行年检、年审及尾气排放检测工作。

（白国辉）

【畜禽产品质量安全工作】 10月27日，市动物卫生监督所副所长张梅带队督导朝阳畜禽产品质量安全和行业生产安全工作。听取执法大队落实畜禽产品质量和行业安全；开展宣传培训，提升企业意识；深化检打联动，提升执法威慑力；开展专项整治，消除行业隐患；开展毒麻药品管控，保兽药使用安全；重要敏感期主要领导率队检查行业安全等六方面情况。督导组还实地检查北京正东东兴动物医院。

（白国辉）

【党的十九大服务保障】 10月，区农业综合执法大队六项措施服务中共十九大：全员停休，加强执法检查和应急值守；加强抽样检测，确保动物源性食品安全；检查大会水产品供应单位——北京市水产科技园，对中共十九大专供水产品质量进行保障性检查，对养殖记录、用药记录、药房等全面细致检查；开展兽药生产使用单位大检查，对北京立时达药业有限公司、北京芭比堂宠视动物医院有限责任公司进行实地检查调研，确保生产、用药安全；全体人员协力服务保障中共十九大；加强公路站检查消除安全隐患。

（白国辉）

【杀虫剂经营规范培训】 11月17日，区农业综合执法大队在北京市蟹岛绿色生态农庄有限公司举办卫生杀虫剂经营规范专项培训，市农药检定所申冬霞科长到会授课，就农药经营基本知识、新《农药管理条例》及其配套法规关于卫生杀虫剂方面的规定进行详细解读及释疑。朝阳区71家市场、大型超市市场业务主管和卫生杀虫剂经营业务主要负责人85人参加培训。

（白国辉）

【安全隐患整治】 11月20日，区农业综合执法大队召开副科长以上人员会议，传达市、区“安全隐患大排查大清理大整治专项行动”部署电视电话会议精神，安排部署大队开展专项行动。制发《树立安全发展观念 确保生产经营安全——致全区农业生产经营企业的一封信》，要求全区涉农生产经营企业，提高安全意识，增强首善意识，依法依规全面履行安全生产、维护稳定的第一责任人职责；对在册管理相对人监督检查，加强安全隐患排查，做出整改要求并复查；做好相关数据汇总上报；对到期不整改的，及时通报安监部门和属地街乡。

（白国辉）

【法制宣传日】 12月4日，区农业综合执法大队执法人员分别在东润枫景文化广场、京客隆团结湖店和白鹿公路动物防疫监督检查站开展主题为“严监管 控源头 保障农产品质量安全”“贯彻十九大精神 维护宪法权威”的法律法规宣传。宣传中向市民发放《农产品质量安全十二问》《犬只狂犬病强制免疫告知书》《动物卫生便民手册》《保护水生野生动物》等宣传材料8000余份，现场解答市民提问70余人次。

（白国辉）

【“两会”服务保障】 年初，区农业综合执法大队做好2017年全国“两会”服务保障工作：加强H7N9防控工作，公路站要加强24小时值班，加强进京禽类及禽产品检查监督，可疑产品坚决封堵，确保动物源性食品安全。加强对水产科技园的水产品、农产品生产基地的温室大棚农产品的抽检力度，确保朝阳区出产的农产品质量安全；加强市售食用农产品抽检力度，确保市民放心消费。全国“两会”期间，实行领导班子成员带班，加强值班应急值守力量，确保24小时及时响应。加强自身安全生产意识，确保安全。做好“3·15”消费者权益日活动的准备工作，加强宣传培训活动，扩大农业执法的影响力和市民知晓率。

（白国辉）

【兽药监督抽样】 年内，区农业综合执法大队协同市兽药监察所完成全年的兽药动物产品的采样任务。抽取动物产品和兽药35个品种123份样本。抽检的产品由市兽药所进行兽药残留风险监测和兽药质量的检测。

（白国辉）

农村人才培训

【概况】 朝阳区农村人才就业服务指导中心，隶属于朝阳区农村工作委员会，为全额拨款事业单位。负责农村人才服务工作，建立人才管理体系，开展农村地区人才需求分析预测，承担农村人才教育档案管理工作；承担农村人才调研工作，指导农村管理干部、社区工作者、农村劳动力的教育培训工作；负责农村人才就业服务工作，搭建就业服务平台，开展就业岗位、就业趋势分析统计，及农村人才供求信息收集、发布等相关工作；协助农委开展农村社区建设研究工作，以及农民市民化宣传教育工作。全年为农村地区提供各类教育培训服务2573人次。

地址：东坝红松园13号
邮编：100018
电话：65493070
网址：http://ncpx.bjchy.gov.cn/sub/windex.jsp

（朱海光）

【农村地区党群交流中心】 7月1日，区农村地区党建工作交流中心完成全部建设内容，包括370平方米党建成果展室和区农村地区实用人才成果展室。对外开放，接待农村地区参观人员1000余人次。

（朱海光）

【人才队伍建设】 年内，开展大规模农村实用人才数据核实工作和初级人才的申报工作，人才总数比上年净增长254人，达到1285人。对辖区内的18个乡、5个直属单位的25名人才工作者进行培训和问卷调查，完善全区实用人才示范基地的认证工作，建立朝阳区农村地区人才工作网站。朝阳区实用人才示范基地包括金盏乡沙窝村世山文化大院、东坝乡金驹二社区肖广春非物质文化遗产点翠艺术、三间房乡动漫社区的剪纸艺术和康驹祥葫芦镶嵌工艺、管庄乡京通苑社区王燕面塑艺术。

（朱海光）

【农民市民化培训】 年内，全区继续推进农民市民化工作。编写《农民市民化专题培训课程目录》，分为“市民素质、观念培训”“市民行为、城市生活能力培训”“市民社会权益、公益知识培训”“市民居家生活、兴趣爱好培训”等4个大类11个模块。设置特色培训模块1个。专题培训活动涉及13个乡38个社区，开展培训46次，培训人员1687人次。

（朱海光）

【农村地区社会工作协会】 年内，区农村地区社会工作协会参与全区社会组织评估委员会等级认证工作，参加资料审核和现场考察两个阶段的评审。协会被民政部评定为AAA级社会组织。协会有会员1339人，会员范围覆盖全区农村地区19个乡。协会联系“三社一体化”项目指导专家，深入社区，开展服务指导工作。开展4次培训工作会，参会人员886人次。组织对118个项目执行社区的中期评估。组建18人的督导团队，分6个组对118个社区开展3次督导活动，有针对性地指导社区项目的开展。全年完成118个社区的项目指导工作，顺利通过社会办所组织的项目评估。协会受农委委托指导全区农村地区19个乡的社会工作平台建设工作。注册成立社会工作协会的地区增加到18个。

（朱海光）

旅游业

2018
北京朝阳年鉴

综　　述

【概况】 朝阳区旅游发展委员会（简称区旅游委）是负责全区旅游业管理的区政府工作部门。年内，朝阳区旅游部门围绕京津冀协同发展规划纲要和首都“四个中心”城市战略定位，突出抓好旅游供给侧结构性改革，推动旅游产业转型升级和旅游行业质量提质增效，全区旅游业保持健康快速发展态势。

2017年，全区21个咨询站接待575386人次，发放资料624257份。年内，全区有国家A级旅游景区22家。其中，AAAAA级旅游景区1家，AAAA级旅游景区5家，AAA级旅游景区16家。全区有星级饭店98家，占全市星级饭店的19.5%。其中，五星级饭店26家，占全市五星级饭店的42.6%；四星级饭店27家，占全市四星级饭店的22.1%；三星级饭店31家，占全市三星级饭店的16.7%；二星级饭店14家，占全市二星级饭店的11.3%。朝阳区辖区内有旅行社978家，占全市39.5%。包括，一般社547家、占全市34.0%，出境社431家、占全市49.6%，其中外资社21家，占全市61.8%。辖区内共有旅行社分社92家，占全市42.4%；旅行社服务网点543家，占全市27.5%。

地址：团结湖北五条5号

邮编：100026

电话：65099077

网址：http://chy.bjtravel.gov.cn

（张灿锋）

景区景点建设

【概况】 年内，朝阳区有国家A级旅游景区22家，占全市A级旅游景区的8.66%，其中AAAAA级旅游景区1家，占全市AAAAA级旅游景区的12.5%；AAAA级旅游景区5家，占全市AAAA级旅游景区的7.04%；AAA级旅游景区16家，占全市AAA级旅游景区的13.01%。

朝阳区A级景区一览表

表8

序号	名称	级别	门票价格	开放时间
1	北京奥林匹克公园	AAAAA	免费	7:00—21:30
2	北京朝阳公园	AAAA	5元	4月1日至10月31日6:00—22:00 11月1日至3月31日6:00—21:00
3	中国紫檀博物馆	AAAA	50元	周二至周日9:00—17:00 周一闭馆
4	元大都城垣遗址公园	AAAA	免费	4月1日至10月31日5:30—22:30 11月1日至3月31日6:00—22:00
5	北京欢乐谷	AAAA	60～260元不等	3月16日至11月15日9:00—22:00 11月16日至3月15日10:00—17:30
6	北京蟹岛绿色生态农庄	AAAA	免费	全天开放
7	日坛公园	AAA	免费	5月1日至9月30日6:00—21:30 10月1日至4月30日6:30—21:00
8	红领巾公园	AAA	免费	4月1日至10月31日6:00—22:00 11月1日至3月31日6:00—21:00
9	团结湖公园	AAA	免费	6:00—21:00
10	蓝色港湾	AAA	免费	10:00—22:00
11	蓝调庄园	AAA	免费	全年开放其中薰衣草园开放时间： 6月10日至10月20日7:00—19:00

续表 8

序号	名称	级别	门票价格	开放时间
12	大望京公园	AAA	免费	5 月 1 日至 9 月 30 日 6:00—22:00 10 月 1 日至 4 月 30 日 6:00—21:00
13	北小河公园	AAA	免费	6:00—21:00
14	庆丰公园	AAA	免费	5 月 1 日至 9 月 30 日 6:00—22:00 10 月 1 日至 4 月 30 日 6:00—21:00
15	古塔公园	AAA	免费	6：00—21:30
16	将府公园	AAA	免费	5 月 1 日至 9 月 30 日 6:00—21:30 10 月 1 日至 4 月 30 日 6:00—20:30
17	兴隆公园	AAA	免费	5 月 1 日至 9 月 30 日 5:00—22:30 10 月 1 日至 4 月 30 日 5:00—22:00
18	四得公园	AAA	免费	6：00—21:30
19	白鹿公园	AAA	免费	6：00—21:30
20	北京陶瓷艺术馆	AAA	免费	9：30—18:00
21	圣露庄园	AAA	免费	9：00—16：00
22	斯普瑞斯奥特莱斯商城	AAA	免费	10：00—21：00

【景区等级评定】 年内，按照《旅游景区质量等级评定与划分》国家标准，组织专家团队对申报AAA级景区的圣露庄园和斯普瑞斯奥特莱斯商城开展等级评定。经过踏勘审核，两家景区均被评为AAA级景区，并报市旅游委备案。

（张灿锋）

旅游节庆活动

【概况】 年内，朝阳区旅游委与北京月讯杂志社（北京对外文化交流中心）合作，特邀外国驻华使馆官员、外国驻京商会代表、国际组织驻京负责人等70余名嘉宾，以北京奥林匹克公园、蟹岛度假村、北京秀水市场等特色景区（点）为核心，宣传朝阳区独具特色的奥运旅游、休闲旅游、商务旅游为一体的特色旅游。10月1日至7日，在朝阳公园举办“美丽朝阳”摄影大赛暨京津冀旅游摄影图片展，作品拍摄场景涉及鸟巢、水立方、工人体育场、今日美术馆、798 艺术区等众多知名景点和地标性建筑。12月31日晚间，“2017北京新年倒计时活动”在奥林匹克公园举办。

（张灿锋）

【首届北京国际陶瓷文化旅游节】 5月19日，朝阳区旅游委、景德镇市旅发委共同举办的“首届北京国际陶瓷文化旅游节”活动，在朝阳区闽龙广场开幕。活动旨在促进文化旅游、文创产业的协同发展，为广大市民游客提供一个都市休闲体验旅游的新选择。朝阳区旅游委与景德镇市旅发委签订旅游合作协议，建立形成多渠道、多领域和多种形式的良好合作关系。

（张灿锋）

【中国陶瓷旅游联盟（筹）成立】 10月27日，中国陶瓷旅游联盟（筹）在朝阳区中国国际展览中心召开成立大会。在佛山南风古灶旅游发展公司、山东光华陶瓷集团、洛阳三彩艺陶瓷有限公司等全国主要陶瓷企业的支持下，由闽龙集团牵头成立中国陶瓷旅游联盟（筹），朝阳区旅游发展委员会、景德镇市旅游局、曲阳县文化文物旅游局等部门作为支持单位参加此次成立大会。中国陶瓷旅游联盟（筹）的成立，以“陶瓷之旅”为媒介进行战略联盟，打通与“一带一路”沿线国家的国际通道，构建联合进行旅游市场运作的广阔平台，区域联动、资源共享，合作开发中国陶瓷文化之旅。

（张灿锋）

旅游公共服务

【概况】 年内，区旅游委与区发改委、区商联会联合召开两次朝阳区星级饭店价格法律法规培训暨价格提醒告诫会。区旅游委按照国家旅游局和市旅游委要求，对全区国家A级旅游景区进行重新编号。按照国家旅游局《全国旅游厕所建设管理三年行动计划》和市旅游委关于《北京市旅游公共服务设施改造建设转移支付资金管理细则（试行）》文件精神，完成区内20家国家A级旅游景区2017年公共服务设施改造情况实地踏勘及立项工作。朝阳区旅游委会同区外办联合举办奥林匹克公园地区外语标识和外事礼仪专项培训会，辖区星级饭店和A级景区共计122家企业、142名一线管理人员和工作人员接受培训。组织10家国际旅行社在元大都城垣遗址公园开展文明旅游进社区的大型宣传推介活动。开展朝阳区2017年度申报AAA级景区的评定工作。辖区内圣露庄园、斯普瑞斯奥莱旅游商业文化体验区等2家景区最终被正式评定为国家AAA级旅游景区。

（张灿锋）

旅游监督管理

【“护航”行动督察】 2月7日，朝阳区安全生产“护航”百日攻坚专项行动督察组六组实地督察朝阳区旅游委“护航”行动开展落实情况。朝阳区旅游委主任兰学军汇报朝阳区旅游委安全生产“护航”百日攻坚专项行动具体开展落实情况。

（张灿锋）

【住宿业安全生产检查】 2月8日，区旅游委副主任张爱军陪同区委常委、副区长孙其军，会同安监、消防、八里庄街道等单位对如家快捷酒店八里庄店进行安全生产大检查。要求住宿企业加强员工培训，落实安全生产制度，落实企业主体责任，贯彻执行安全生产 “护航”行动工作要求，防范各类事件的发生。5月11日，区委常委、副区长孙其军在朝阳区旅游委及相关单位人员陪同下对北京JW万豪酒店等重点旅游企业进行安全生产工作检查。要求旅游企业在各项保障工作中做到万无一失，针对各部门发现的问题做好技术、人员、制度等相关方面的整改，确保重要会议期间万无一失，研究常态下安全生产工作的长效机制。

（张灿锋）

【旅游环境秩序综合整治工作会】 3月2日，区旅游委联合朝阳公安分局、区综治办、区城管执法局、朝阳工商分局召开朝阳区旅游环境秩序综合整治工作推进会，区旅游委主任兰学军分析研判朝阳区旅游行业面临的严峻形势、旅游业存在的问题及原因，就做好全国“两会”服务保障工作提出具体任务和要求。全区43个街乡主管领导和主责部门负责人参会。

（张灿锋）

【旅游市场秩序整治】 3月10日，区旅游委主任兰学军带队，区旅游委联合朝阳公安分局等8家单位检查奥林匹克公园及周边地区的旅游市场秩序整治工作。检查组查抄3号安检口外一处地下室的黑照相窝点，暂扣打印机30余台，电脑2台，塑封机1台，同时关停3家非法玉器旅游商店。

（张灿锋）

【重要会议服务保障】 4月21日，朝阳区旅游委召开重要会议服务保障工作对接会。27家推荐酒店、11个属地街乡、相关部门和市旅游委联络人等80余人参加会议。会议强调，思想上高度重视，细化责任，明确分工，加强沟通联络，建立各相关部门参与的协调机制，做好重要会议服务保障工作。

（张灿锋）

【安全生产与应急处突技能大赛】 6月16日，2017朝阳区旅游行业第一届安全生产与应急处突技能大赛在朝阳区国防后备力训练基地举行。朝阳消防支队、区应急办、区安监局、区双拥办、区体育局等6家单位的主要领导参与“紧急救援情景模拟”表演赛。全区130家单位599名选手参加6个个人单项和3个团体项目的角逐。

（张灿锋）

【旅游行业技能大赛夺魁】 6月29日，区旅游行业职工运动员有64人，参加市旅游委在消防训练基地组织的“2017年北京市旅游行业第三届安全技能大赛”男、女6个单项，3个团体的全部比赛项目。以5个单项第一，2个团体第一，团体总分54分的成绩蝉联北京市旅游行业安全技能大赛的冠军，实现北京市旅游行业安全技能大赛首个“三连冠”。

（张灿锋）

【《北京市旅游条例》培训会】 7月26日，区旅游委在21世纪饭店召开旅游行业《北京市旅游条例》培训会。区旅游委主任兰学军主持会议。市人大法制办副巡视员姜俊梅从出台背景、深刻意义和主要亮点等多个角度详细解读。区人民法院南磨房人民法庭法官裴小星通过剖析涉旅案件，用身边事教育身边人，使旅游企业及旅游从业人员引以为戒并牢固树立合法经营理念。朝阳区全部国家A级旅游景区、全部星级宾馆饭店、部分旅行社及旅游电商300余家企业参加此次培训。

（张灿锋）

【旅游投诉和综合执法站成立】 9月20日，朝阳区举行北京市旅游投诉和综合执法站启动仪式，区旅游委、朝阳公安分局等执法站相关成员单位参加启动仪式。各相关部门随即在执法检查站开展为期两个月的联合值班，集中整治旅游市场黑车、黑导、黑社、黑店等“四黑”乱象。

（张灿锋）

旅游宣传

【旅游宣传】 3月24日至26日，朝阳区旅游委赴渝参加第二十一届重庆都市旅游节暨城际旅游交易会。参展期间，接待来访客人咨询1000余人次，发放北京朝阳旅游地图及“朝阳旅游、文明出行”主题行李牌、环保袋等旅游宣传促销品2000余份，提高朝阳旅游在重庆的知名度。5月12日至14日，朝阳区旅游委组团赴厦门参加第十三届海峡旅游博览会，加大旅游宣传和城市整体形象推介，向当地市民游客介绍朝阳旅游资源和丰富的城市生活，提高朝阳旅游的知名度和社会影响力。6月9日至11日，朝阳区旅游委赴武汉参加第九届华中旅游博览会暨第二届长江旅游博览会。为展示朝阳区近年来旅游产业发展成果，进一步开拓华中地区旅游客源市场，8月4日至6日，朝阳区旅游委赴西安参加2017丝绸之路国际旅游博览会。展示朝阳区近年来旅游产业发展成果，拓展当地旅游客源市场。9月8日至10日，参加2017广东国际旅游产业博览会。朝阳区旅游委展台以北京CBD国贸桥为主题，采用白天和夜景相组合的图片设计，凸显朝阳商务旅游繁荣景象，LED大屏幕循环播放朝阳旅游形象宣传，气氛热烈，宣传推介朝阳商业旅游。11月17日至19日，参加2017海南世界休闲旅游博览会。朝阳旅游展区以宣传视频、旅游地图、环保手提袋等多种形式对朝阳旅游形象进行多维度展示。将朝阳区的优秀旅游资源根据不同主题编制成“朝阳旅游30路”，在展会上向市民游客大力宣传推介，展示朝阳旅游业的良好形象，提升朝阳城市形象的知名度和美誉度。

（张灿锋）

【中国会议与商务旅行论坛暨交易会】 5月8日至10日，朝阳区旅游委组织北京行宫国际酒店作为朝阳区旅游企业代表参加2017中国会议与商务旅行论坛暨交易会。推介朝阳丰富的会展旅游资源，传播展示朝阳作为中国商务旅游第一区的整体风貌。

（张灿锋）

【市民旅游宣传】 5月19日，在西城区荷花市场举行2017年“中国旅游日”启动仪式暨北京旅游志愿服务活动，朝阳区旅游咨询站提供朝阳旅游中英文地图、全市地图及地铁出行地图，全方位展示北京市旅游资源，为到访北京中外游客提供详尽介绍。活动中发放旅游图册1万余册，现场接待游客2万余人次。6月16日至18日，区旅游委在国家会议中心参加2017北京国际旅游博览会。朝阳区旅游展区以宣传视频、旅游地图、环保手提袋等多种形式对朝阳旅游形象进行多维度展示，将朝阳区优秀旅游资源根据不同主题编制成的“朝阳旅游30路”，在展会上向市民游客大力宣传推介。9月22日至24日，朝阳区旅游委赴平谷参加首届中国（北京）休闲大会，为充分展示朝阳区近年来旅游产业发展成果。宣传展示朝阳丰富的旅游资源，拓展旅游市场，推动旅游休闲产业跨区域交流合作。

（张灿锋）

【京津冀红色旅游宣传】 8月1日，区旅游委在中国人民抗日战争纪念馆醒狮广场参加纪念建军90周年京津冀红色旅游宣传推广活动。活动中，朝阳展区以旅游地图、环保手提袋等多种形式将朝阳旅游形象进行多维度展示，以优美的城市景观、深厚的人文底蕴、丰富多彩的休闲旅游资源和异彩纷呈的都市文化，吸引众多游客前来参观。

（张灿锋）

【旅游商品及旅游装备博览会】 10月27日至29日，区旅游委在国际展览中心参加第六届北京国际旅游商品及旅游装备博览会。北京欢乐谷、闽龙陶瓷等朝阳主要旅游企业全方位、多角度地宣传朝阳丰富多彩的旅游资源和琳琅满目旅游商品，充分展现朝阳旅游时尚前沿的形象和风格，吸引广大市民游客驻足咨询，起到良好的宣传效果。

（张灿锋）

旅游区域合作

【“花海林芝”推介会举行】 2月17日，2017“花海林芝”推介会暨第十五届桃花旅游文化节新闻发布会在朝阳区中康国际酒店隆中举行。区旅游委主任兰学军应邀参加并致辞，代表朝阳区欢迎西藏自治区林芝市在朝阳区开展各种形式的旅游推介活动，希望双方能够进一步加强旅游交流与合作，实现旅游产业发展的互惠共赢。

（张灿锋）

【与内蒙古自治区合作】 4月12日，内蒙古自治区旅游局和内蒙古社科院考察组一行，赴朝阳区蟹岛度假村调研乡村旅游工作。考察组成员与区旅游委、蟹岛度假村负责人沟通了解经营模式及运作情况，实地参观农业生态园、配套娱乐设施、房车露营地，交流在发展休闲农业、乡村旅游过程中的经验教训、未来发展计划以及面临的瓶颈和问题。

（张灿锋）

【加强旅游合作】 5月26日，甘肃省民勤县县长黄霓、旅游局局长叶军一行6人到朝阳区学习考察旅游休闲产业，推广当地优秀旅游项目，朝阳区旅游委主任兰学军陪同考察。考察团一行先后调研奥林匹克公园“水立方”欢乐水世界、北京欢乐谷、蟹岛度假村等3家具有代表性的朝阳旅游企业，并与相关旅游投资商针对民勤县的旅游招商引资项目座谈沟通。

（张灿锋）

【与河北省加强旅游合作】 6月15日，区旅游委与河北省唐县人民政府签订合作协议，建立友好协作、对口帮扶长效机制。发挥朝阳区、唐县旅游的比较优势，加强两地旅游合作，落实区域合作框架协议，并就交流机制、旅游招商、旅游宣传推介、智力支持、行业培训、重大项目支持等6大方面展开合作。6月16日至18日，区旅游委支持河北省唐县首次参加2017北京国际旅游博览会。此项工作，将唐县展位安排于北京旅游组团黄金地段，提高唐县旅游在京的知名度和影响力。7月27日，朝阳区旅游委主任兰学军带队一行4人赴河北省玉田县考察当地旅游资源，谋划两地旅游合作，玉田县人大常委会副主任张宝忠、副县长赵洪玉及相关委办局领导陪同考察。双方将发挥各自优势，全面发展友好交流协作关系，加强两地旅游合作，建立长效工作机制，巩固此次考察交流的成果，优势互补、互惠互利，推动两地旅游产业共同发展。9月1日，朝阳区旅游委主任兰学军带队赴唐县举行对口支援考察交流，参观考察全国爱国主义教育示范基地唐县白求恩柯棣华纪念馆、华北道教圣地清虚山、大茂山北大未名产业园等处。两地以此次活动为契机，进一步强化精准对接，按照推介宣传唐县资源需求，帮扶唐县制作一部高水平宣传片，协助唐县在北京开展旅游招商工作，推荐引进北京企业参与唐县旅游发展等。

（张灿锋）

【与内蒙古卓资县签订合作协议】 7月12日，区旅游委、卓资县人民政府在蟹岛度假村举行对口支援考察交流洽谈会，组织旅游项目和旅游市场对接。区旅游委、卓资县政府分别就两地的旅游业发展情况进行充分交流沟通，区旅游委邀请京城著名旅行社、旅游规划、旅游投资企业和研究机构参会，从旅游市场开发和利用、旅游规划设计与包装、旅游项目投资与运营等方面进行对接，同时就对口支援工作进行具体安排。8月24日至26日，区旅游委主任兰学军带队赴内蒙古自治区乌兰察布市与卓资县开展帮扶对接，并签订《京蒙旅游产业合作框架协议》，明确规定旅游产业的规划编制、招商融资、开拓市场、创新业态、人才培训。其间，区旅游委还实地考察卓资县正在重点打造的九龙湾、红石崖寺、林胡古塞景区，参加卓资县“首届熏鸡美食旅游文化节”开幕式，并在随后开展的调研座谈会上就旅游资源整合、景区配套设施建设、旅游文化节庆活动等方面提出合理化建议。

（张灿锋）

【旅游统计】 年内，区旅游委完成元旦、清明、“五一”、端午、中秋小长假和春节、国庆黄金周的旅游统计数据监测工作，保证统计数据有效性、及时性、准确性。

（张灿锋）

科技　教育

2018

北京朝阳年鉴

科 技

科技工作

【概况】 朝阳区科学技术委员会（以下简称区科委）是区政府主管全区科技工作的综合职能部门。区知识产权局与区科委合署办公，负责全区知识产权保护组织协调和专利工作。内设办公室、综合科（知识产权科）、计划管理科、高新技术产业发展科。下属朝阳区生产力促进中心、朝阳区知识产权服务中心、朝阳区知识产权快速维权中心。年内，全区技术合同输出6552项，占全市的8%；技术合同成交930亿元，占全市的21%，同比增长23.2%，成交额占比较2016年增长近2个百分点。全区国内专利申请34030件，专利授权19417件，均占全市的18%，在全市各区排名第2。万人发明专利拥有量117件，高于全市94.5件的平均水平。国家高新技术企业2743家，占全市高新技术企业总数的13.6%，较2016年增加1.5个百分点，同比增长41.5%，在全市各区排名第2。其中电子信息领域高新企业1619家，占全区总量的59%。年内，全区有国际研发机构157家，占全市29%；科技部公布“独角兽”企业24家，占全市37%。全年朝阳区科技服务业实现区级收入25.6亿元，同比增长30.7%，增收贡献率24.8%。

地址：日坛北街33号

邮编：100020

电话：65099678

网址：kewei0001@yahoo.com.cn

（李小骏）

【科技“三下乡”活动】 1月11日，朝阳区科委在金盏乡开展科技“三下乡”活动，为农村居民送科普图书、期刊以及《科普电影集萃》光盘20套，每套包含《圆明园》《天工开物》《月球探秘》《变暖的地球》等科普影片13部，向百姓宣传新科学知识、科技动态和与百姓生活密切相关的科学常识。

（李小骏）

【领导调研】 2月13日，市知识产权举报投诉与维权援助中心、中关村科技园区管委会领导到区知识产权快速维权中心调研，就快维中心升级知识产权保护中心及区知识产权工作交流讨论。2月23日，市人大常委会副主任、市科委主任闫傲霜一行到朝阳区，就科技创新工作进行考察调研座谈。调研组参观施耐德电气(中国)有限公司和是德科技（中国）有限公司，并与区内相关部门及苹果公司、优客工场、精进电动等10余家区内科技企业开展座谈。4月25日，区人大常委会组织部分市、区人大代表调研望京科技园，视察多家企业，听取区政府有关科技工作情况汇报和科技讲座，并在政府基金扶持和科研机构融合发展、高校和科研院所专利成果的转化和应用及科普体验厅建设等方面提出意见和建议。区委常委、常务副区长马继业、区人大常委会副主任常树奇参加调研。6月12日，市委常委、副市长阴和俊到朝阳区调研科技创新工作，了解中关村朝阳园规划、建设以及产业发展等情况。市政府副秘书长刘印春，区领导吴桂英、王灏、马继业参加调研。11月22日，区政协副主席王文远、连玉明带队调研万东医疗、阿里巴巴集团重点科技企业。委员们调研万东医疗发展史走廊、远程医疗、医疗器械展厅、医疗器械生产线，以及淘宝、天猫、阿里云、菜鸟网络、阿里大文娱、蚂蚁金服等阿里巴巴业务板块。

（李小骏）

【工作交流】 3月9日，参加北京市2017年知识产权工作会。同日，北京市保护知识产权举报投诉服务中心（简称北京12330）就知识产权举报投诉工作站建设事宜到国家文化产业创新实验区调研，先后参观北京铜牛电影文化产业园、竞园国际影像产业基地、东郎影视文创园，并召开座谈会。4月1日，北京12330、区知识产权局在位于798艺术区的中国北京朝阳（设计服务业）知识产权快速维权中心联合组织召开2017年度知识产权举报投诉工作交流会。北京12330、区知识产权局、北京12330朝阳区分中心、望京科技园、尚8工作站等单位负责人参会。

（李小骏）

【未来科技领军企业论坛】 3月31日，由市生产力中心、区生产力中心、区孵化器联盟、聚英SynergyWorks联合主办的“未来科技领军企业论坛会”在融创动力文化创意产业园召开。论坛会分别对北京市及朝阳区相关政策、项目申报、资金支持、企业发展定位进行分析，各创投机构负责人分享创业成功要素、投资行业现状、投资方向及投资领域等内容。区CBD商业联合会等50多家单位参会。

（李小骏）

【16家机构入选第四批众创空间】 4月1日，市科委公布北京市第四批众创空间认定情况，朝阳区新华双创空间、国创产业园、合创新业、创E＋等16家机构获北京市众创空间称号。全区北京市挂牌众创空间总数达到33家。

（李小骏）

【全民国家安全教育日】 4月15日，区科委参加第二届“全民国家安全教育日”朝阳区集中宣传活动。以“深入宣传知识产权安全”为重点开展宣传，设立宣传展板2块，发放关于科技安全、知识产权等宣传材料500余份。

（李小骏）

【知识产权案件庭审旁听】 4月24日，区知识产权局联合区法院知识产权庭开展《锦绣未央》著作权侵权纠纷案件庭审旁听活动，奇虎360、乐视控股等20余家企业、高校、知识产权服务机构参加庭审旁听。

（李小骏）

【知识产权联席会议工作会】 4月24日，召开2017年知识产权联席会议工作会，总结2016年工作，部署下一阶段工作。会议讨论并通过《2016年朝阳区知识产权发展情况报告》。区委常委、常务副区长马继业出席并讲话。知识产权联席会议各成员单位主管领导参加会议。

（李小骏）

【高校发展合作联盟需求对接会】 4月27日，区科委、区生产力中心联合首都科技条件平台中科院基地等共同举办首都科技条件平台“百进千”暨朝阳区高校发展合作联盟需求对接会。区科委介绍朝阳区科技工作开展情况；市技术交易中心解读北京市文件、首都科技条件平台及创新券政策；区高校联盟负责人讲解联盟工作和区协同创新政策，各企业代表针对技术研发、检验测试等40项需求与领域专家进行对接，多项需求达成合作意向。区科委、市技术交易促进中心及工作站、基地、领域中心代表、企业代表60余人参会。

（李小骏）

【“4·26”知识产权宣传周系列活动】 4月26日是第17个世界知识产权日，4月20日至28日，区知识产权局联合区文创实验区管委会、区法院、工商朝阳分局等部门开展以“创新创造改变生活知识产权竞争未来”为主题的“4·26”知识产权宣传周系列活动，利用报纸、电视等传播载体以及网络、微博、微信等新兴媒体，集中宣传报道宣传周期间重点活动。发放宣传册、宣传折页、购物袋等宣传资料2000余份。4月28日，2017年“4·26”知识产权宣传周启动暨国家文化产业创新实验区12330分中心、工作站成立仪式在东郎电影创意产业园举行。市知识产权局副巡视员周立权，区委常委、常务副区长马继业等领导出席会议，北京12330、区知识产权局、北京朝阳国家文化产业创新实验区管委会、区知识产权联席会成员等代表120余人参加启动仪式。

（李小骏）

【中小学知识产权教育】 5月3日，《北京市朝阳区中小学知识产权教育工作方案》由区知识产权局与区教委正式联合印发，标志着朝阳区中小学知识产权教育工作正式启动。

（李小骏）

【“一带一路”国际合作高峰论坛保障】 5月14日至15日，“一带一路”国际合作高峰论坛召开期间，区科委（知识产权局）制定《“一带一路”服务保障工作方案》，成立“一带一路”国际高峰论坛服务保障工作领导小组，联合市知识产权局和其他区县开展联合执法，安排执法人员分组进驻秀水市场、城环城国际汽车配件城等重点市场进行专利执法，对涉及专利侵权、假冒行为的投诉举报线索及时处理。

（李小骏）

【社区科普】 5月21日，由市科技传播中心、区科学技术委员会等联合承办的“2017年北京科技周朝阳区主场活动暨‘科普的魅力之科技零距离’走进东坝社区科普活动”，在东坝郊野公园文化广场启动。区科委、区科协及东坝乡领导向学生和社区居民代表赠送科普书籍，各参展企业向学生和居民展示新科技产品。

（李小骏）

【创客进校园】 5月23日，由区科委、区教委联合主办，区青少年活动中心等联合承办的“少年创客 玩转科学”朝阳区创客进校园科普体验活动在朝阳区新升小学举行。活动含科技创新基本技能挑战赛和我爱海疆、飞向蓝天、3D打印、VR体验等10种类型的趣味科普体验，可制作航海、航天模型，感受3D打印技术，体验虚拟模拟等。

（李小骏）

【绿色公益】 5月24日，区科学技术委员会与北京节能环保中心在小关奥林匹克文化广场举办2017年“绿色朝阳 从我做起”公益科普活动。活动倡导加大节能减排与科普宣传工作力度，推动区环保科普工作持续健康发展，北京节能环保中心领导介绍北京市节能减排形势及活动内容，社区居民代表宣读“绿色朝阳 从我做起”倡议书，到场嘉宾在倡议书签名板上留下签名。现场工作人员向百姓讲解节能环保知识并发放节能环保宣传手册、环保购物袋、节能超市优惠券等。小关街道100余名居民参加活动。

（李小骏）

【创新创业大赛】 6月20日，“国创之翼”创新创业大赛在科技部火炬中心、市科委、区科委生产力中心等指导下举办，区科委推荐30余个参赛项目，光宇锦业、煋邦数码、聚智有为3个公司的项目分别获一、二、三等奖。

（李小骏）

【科技创新工作汇报】 6月29日，区十六届人大组织召开第五次常务委员会，会议听取和审议区委常委、常务副区长马继业所做的《关于朝阳区科技创新工作情况的报告》。

（李小骏）

【企业“贯标”推进会】 6月30日，区知识产权局、市知识产权局联合举办2017年朝阳区企业“贯标”推进会。介绍朝阳区企业“贯标”工作推进情况和企业知识产权管理标准化相关政策。中规（北京）认证有限公司解读企业贯标意义及注意事项。参会企业与“贯标”服务机构进行交流对接。市知识产权局、中华全国专利代理人协会、区知识产权局领导出席会议。辖区国家知识产权示范企业、优势企业、市专利示范单位及贯标服务机构代表60余人参加会议。

（李小骏）

【创新创业引导基金座谈会】 8月24日，区科委组织召开朝阳区创新创业引导基金座谈会。与会代表肯定创投引导基金带动效应，围绕母基金及其子基金的组织结构、管理机制、甄选机制、注资标准、基金年限、基金方向、投后服务、退出机制及保障机制等方面，对区创新创业引导基金管理暂行办法展开讨论，并提出有效建议。北京国际技术合作中心、孵化机构、创投机构负责人出席会议。

（李小骏）

【北京12330服务日】 8月29日，北京12330分朝阳区中心、工作站工作交流会暨北京12330服务日活动在竞园工作站举办。北京12330介绍全市知识产权保护公共服务资源，培训北京12330信息管理系统操作平台，辅导如何服务重点企业，并与企业代表交流文创行业知识产权保护情况。北京12330等6家工作站的工作人员以及竞园入驻企业参加活动。

（李小骏）

【人工智能专家座谈会】 9月5日，区科委组织召开人工智能领域专家座谈会，北工大、联合大学、数库科技、三角兽科技、神州泰岳人工智能研究院等单位专家参加座谈。各位专家从人工智能领域发展现状、把握人工智能发展趋势、加快人工智能深度应用、培育壮大人工智能产业等方面进行交流。

（李小骏）

【文创企业高新认定指南发布】 9月5日，区科委与区文创办、文创实验区管委会共同发布《文化创意企业申请高新技术企业认定指南》，拓宽文化创意企业纳入高新技术企业认定通道。

（李小骏）

【孵化器联盟调研】 9月13日，区孵化器联盟代表到天津华明高新区考察调研，分别走访华明高新区沙盘、中科院光电研究院天津激光技术研发及产业化基地、中科院电工所天津先进电气技术研究院、国家知识产权局专利局专利审查协作天津中心、清华大学天津高端装备研究院等协同创新服务产业基地，了解华明高新区在高端装备制造、智能电网、新材料研发、智能制造等领域产业规划、人才引进、相关产业落地优惠政策等方面情况。

（李小骏）

【首都科技领军人才培养工程】 9月14日，市科委对30位入选2018年度首都科技领军人才培养工程人员公示，北京工业大学陈树君、北京时代凌宇科技股份有限公司魏剑平、北京化工大学吴一弦以及首都医科大学北京朝阳医院邢念增4名朝阳区科技人才入选，占入选总数13.3%。

（李小骏）

【项目开题论证会】 9月20日，“智能机器人产业创业创新公共服务平台”项目开题论证会在北京联合大学召开。会议从建设背景、定位、建设思路、特色、项目目标、项目执行计划等方面对项目方案进行介绍，解读“政策+服务+人才+资本”四位一体服务模式和平台架构设计。与会专家从资源对接、项目宣传、平台市场推广及后期管理、平台特色凝练、平台定位、产业人才培养、产学研深度合作等方面提出建议。

（李小骏）

【科普体验厅揭牌】 11月1日，举行八里庄街道科普体验厅揭牌仪式。科普体验厅是区政府2017年民生实事之一，可提供形式多样的科普服务，旨在提升社区及周边百姓科学文化素养。

（李小骏）

【“双创”知识产权阶梯培训】 11月2日，北京12330朝阳分中心联合文创实验区分中心在通惠河畔文化创意产业园区组织开展第二期朝阳区“双创”知识产权阶梯培训。培训以“文创信促会综合服务体系”“文化创意产业创新金融服务”“农商银行特色服务”“文创实验区信用体系建设”和“企业知识产权战略制定及案例分析”为主要内容。来自国家文创实验区的30多家企业和担保机构、信用机构、银行金融机构代表60余人参加培训。.

（李小骏）

【获中国专利优秀奖】 11月13日，第十九届中国专利奖评审结果公布，中国石油化工集团公司、京东方科技集团股份有限公司、北京化工大学、中国科学院微电子研究所等辖区企事业单位20余项专利获中国专利优秀奖。

（李小骏）

【中小学创客教育】 12月7日，区科委与区青少年活动中心共同开展中小学创客教育体验活动。朝阳区柏阳学校、北京工业大学附中英才分校学生走进融创动力、国创产业园等文化创意产业基地，体验VR宇宙探索、智能体感游戏、跳舞机器人、创意电子乐器、智能人脸识别系统等项目，参观国创书院、嘉华空间、公司宝等创客空间，观看国创产业园宣传片，了解文化创意产业发展知识。

（李小骏）

【众创空间和孵化器】 年内，朝阳区出台众创空间认定、入驻企业管理等政策措施，启动区级众创空间认定支持，解决入驻企业注册难题，落实孵化器发展政策。截至年底，全区各类孵化器和众创空间增至71家，在孵企业2300家，收入总额超过40亿元；其中超过400家次企业获得各类社会资本投资总额超50亿元。

（李小骏）

【知识产权示范企业】 年内，朝阳区中国纺织科学研究院、安东石油技术（集团）有限公司、北京光华纺织集团有限公司获国家知识产权示范企业，北京握奇智能科技有限公司获国家知识产权优势企业。截至年底，朝阳区拥有国家知识产权示范企业8家，国家知识产权优势企业14家，分别占全市30%和19%。其中，北京光华纺织集团有限公司在2016年通过知识产权管理标准化认证，是全市首批通过认证企业之一。

（李小骏）

【汽车充电桩项目】 年内，完成20余个小区、科技园区充电桩建设。

（李小骏）

【国家级知识产权保护规范化培育市场】 年内，国家知识产权局发布《关于确定第四批国家级知识产权保护规范化培育市场并启动培育工作的通知》，北京秀水街市场有限公司和北京城环城国际汽车配件城有限公司入选第四批国家级知识产权保护规范化培育市场名单，培育期限为2017年6月至2019年6月。

（李小骏）

【高新技术成果转化】 年内，朝阳区链家网（北京）科技有限公司“链家网全价值链房产服务平台产业化”项目、致生联发信息技术股份有限公司“实时视频拼接全时空融合技术成果转化”项目和欧蒙医学诊断（中国）有限公司“全自动蛋白印记分析系统及其配套试剂产业化”项目等12个项目被认定为2017年度北京市高新技术成果转化项目。

（李小骏）

【科普阵地】 年内，新建八里庄罗马嘉园社区、双井街道九龙社区2个科普体验厅，推出智慧城市、京津冀科技探秘等6条科普之旅推介线路，新增北京化工大学——先进材料科普基地等6家北京市科普基地，全区市级科普基地增至55家，占全市15%。启动特色公园科普宣传展示系统建设。日坛公园科普宣传栏建成并投入使用。

（李小骏）

【知识产权保护】 年内，中国北京朝阳（设计服务业）知识产权快速维权中心受理外观设计专利快速申请预审827件，授权678件，分别同比增长76.71%和75.71%，一次通过率95%；新增备案企业14家，累计备案企事业单位108家。

（李小骏）

【市知识产权中小学教育示范（试点）学校】 年内，八十中学入围市知识产权中小学教育示范学校，和平街一中、二外附中、十八里店小学、传媒附小等4家学校入围市知识产权中小学教育试点学校，占入围学校总数13.9%。

（李小骏）

【知识产权服务业】 年内，新成立或新开办专利代理业务的机构11家。全区具有专利代理资质的知识产权服务机构共107家，执业专利代理人才队伍约1418人。拥有专利代理人100人以上机构2家，分别为北京集佳知识产权代理有限公司（225人）和北京市金杜律师事务所（115人）。

（李小骏）

【生产力促进服务贡献奖】 年内，在科技部中国生产力促进中心协会组织的“2016年全国生产力促进奖”评审中，朝阳区生产力中心获“2016年生产力促进服务贡献奖”，韩娇获“2016年生产力促进服务精英奖”。

（李小骏）

【荣誉获得】 年内，国家知识产权局办公室对全国91个先进集体和89名个人进行表彰。朝阳（设计服务业）知识产权快速维权中心获全国知识产权系统人才工作先进集体荣誉称号。

（李小骏）

地震服务

【概况】 朝阳区地震局是负责全区防震减灾工作的区政府职能部门，正处级，参照公务员管理事业单位，内设办公室、监测震防科和应急救援科，编制12人。业务受市地震局指导，与区民防局合署办公。年内，新建2处地震安全示范社区，创建2处市地震安全示范学校。严格震情会商，定期检查维护区属30处地震观测台站。开展CBD地区地震灾害风险调研工作。组织开展基层应急志愿者培训45期，培训1300余人。组织开展“5·12”防灾减灾日宣传活动。组织社区、学校开展地震应急疏散演练。新建国标Ⅱ类标准应急避难场所3处，检查维护应急避难场所设施11处。完成地震应急指挥视频系统升级改造。年内，被市地震局评为“防震减灾示范创建优秀单位”，酒仙桥中心小学被评为2017年市防震减灾科普示范学校，太阳宫乡夏家园社区被评为国家级地震安全示范社区。

地址：亮马桥路34号
邮编：100125
电话：64617795
邮箱：dzjbgs@bjchy.gov.cn

（王　淼）

【领导调研】 1月12日，市地震局副局长吴仕仲一行到区地震局走访调研大震巨灾基础数据调查、地震安全示范社区建设、应急避难场所建设、宣传教育及志愿者队伍组训演练等工作。2月16日，市民防局领导带领相关处室人员一行8人到朝阳区调研应急避难场所建设，并就地震应急避难场所建设与防空应急疏散场所建设工作进行座谈。6月22日，副区长刘海涛到区地震局检查调研，要求强化宣传教育，做好基础性工作。8月30日，西藏自治区拉萨市地震局领导在市地震局领带陪同下，到区地震局和高碑店地区兴隆家园社区进行学习调研，并对创建地震安全示范社区工作进行座谈。

（王　淼）

【地震安全示范社区】 年初，确定在小红门地区鸿博家园三社区、劲松街道西大望路社区开展地震安全示范社区建设。3月，召开建设工作会，确定项目设计施工方案。年内，2个社区完成编制社区地震应急预案、组建社区防震减灾领导机构和应急志愿者队伍、开展防震减灾应急演练和宣传活动、设立防震减灾图书阅览室和宣传橱窗，制作社区应急疏散图，建设应急物资库。9月27日至28日，项目建设分别通过评审验收。太阳宫乡夏家园社区获评国家级地震安全示范社区，成为朝阳区第7个国家级地震安全示范社区。

（王　淼）

【地震应急演练】 4月中旬开始，先后在安贞中心小学、望花路小学、团结湖小学、人大附中朝阳学校等学校，以及劲松街道西大望路社区、小红门地区鸿博家园三社区、小关街道惠新里社区等单位，开展以地震安全应急疏散演练、安全意识建立和自救互救技能为主题的系列防灾减灾演练活动，加强防灾减灾意识，帮助学生、社区居民掌握防灾减灾、避险逃生、自救互救基本技能与方法，提高基层社区和学校的地震灾害应急处置能力。

（王　淼）

【震情会商】 5月14日，参加市2017年年中地震趋势会商会，研讨上半年地震形势，对下半年地震趋势进行研判。10月13日，参加市2018年地震趋势会商会，研究并提出北京市2018年地震趋势会商意见。重要节日、全国“两会”、中共十九大召开期间，增加会商次数，及时上报会商意见及每日情况。根据年度震情跟踪工作方案，对所属观测台站数据异常及时跟踪和研判。执行24小时震情值班制度，实行突发事件信息“零报告”制度，落实地震安全保障措施。年内，区地震局完成周、月、季度会商以及半年和年度地震趋势会商报告。

（王　淼）

【防灾减灾日宣传】 5月，围绕“5·12”防灾减灾日开展宣传教育活动7次。覆盖本区人流聚集地、社区、学校等。活动内容包含观摩高层楼宇火灾应急疏散演练，参观地震灾害应急救援装备，火灾逃生充气帐篷、地震体验车、救援装备使用，及防灾知识有奖答题、绳结技术等互动体验宣教项目。活动现场摆放宣传展板，向群众讲解防震减灾有关法律法规、科学避险等应急知识，发放宣传品。

（王　淼）

【地震观测台站管理】 6月，联合北京工业大学对位于北苑航空研究院内的2台区属压磁地应力观测仪器升级改造。对辖区内22处强震台和6处前兆台站开展执法检查，地震监测设施运行正常，未发现破坏地震监测设施和地震观测环境的行为。7月31日至8月1日，组织相关工作人员参加全市地震系统法制培训会，学习地震观测环境保护相关知识及行政处罚实务，3名行政执法人员通过公共基础知识和专业执法知识考试。

（王　淼）

【应急避难场所建设与管理】 10月底，垡头街道翠城公园、小红门地区鸿博郊野公园和劲松街道西大望路社区公园完成国标Ⅱ类标准应急避难场所建设工作，11月6日通过竣工验收。全年检查全区应急避难场所11处，对检查中发现的问题要求立即整改，维修更新应急避难场所标志标识5处，更换标志牌94块。

（王　淼）

【应急志愿者队伍建设】 年内，制定2017年地震应急志愿者培训计划，把应急志愿者组建培训工作向基层延伸。培训主要内容有常见灾害风险常识和安全意识养成、灾害自救互救知识和实用技能等。通过培训使应急志愿者掌握地震应急救援基本知识和技能，达到初级应急救援员标准。全年开展应急志愿者培训45期，每期1天，培训基层应急志愿者1300余人。

（王　淼）

【地震安全示范学校】 年内，在区属中小学校大力普及防震减灾知识，提高广大师生的防震减灾能力意识。新建1处地震安全示范学校。酒仙桥中心小学被评为2017年市防震减灾科普示范学校。组织学校参加第二届北京市中学生防震减灾科普知识挑战赛，陈经纶中学获最具挑战团队奖。

（王　淼）

【防震宣传品】 年内，制作包括公交卡套、卡包、签字笔、无纺布袋等形式多样的宣传品，借助“5·12”防灾减灾日、“7·28”唐山地震纪念日、应急志愿者培训及演练等时机，向辖区内各街乡及有关单位发放3万余份。4月，制作“防震减灾，居家安全”为主题的视频宣传片，提高居民防震减灾意识。

（王　淼）

【地震灾害课题】 年内，联合防灾学院专家调研课题组，开展CBD地区地震灾害风险课题调研。查找和分析CBD地区地震灾害防御和应急薄弱环节，提出应对策略和改进措施。通过周边地震构造背景，分析CBD地区潜在震害风险，重点关注震后生命线和能源保障系统影响、CBD建筑区域高层坠物风险和人行道对玻璃幕墙安全避让距离、震后应急疏散通道流通性分析，完成《北京CBD地区地震灾害风险调研报告》。

（王　淼）

【地震应急预案修订】 年内，组织开展朝阳区地震应急预案修订工作研讨，召开朝阳区地震应急预案修订专家评审会，协调防灾学院朝阳区地震应急预案修订项目组，接收项目组对朝阳区防灾基础数据调查成果，根据市地震局意见和朝阳区实际，对应急预案内容进行修改，完成朝阳区地震应急预案修订工作，并报请区政府以应急委名义印发执行。

（王　淼）

【应急物资库建设】 年内，指导劲松街道西大望路社区和小红门地区鸿博家园社区建设地震应急物资库，落实应急物资储备。加强区地震局应急物资库管理，落实地震应急物资库管理制度，定时清点查验，做到账物相符，及时防潮除湿，确保应急物资安全规范管理。

（王　淼）

气象服务

【概况】 朝阳区气象局是由朝阳区政府和北京市气象局双重领导，并以上级气象主管机构领导为主的管理机构，承担辖区内气象数据收集整编、预报服务、预警服务、科技服务、科研、行政管理及科普职能。年内，被市科委、市科协授予“2015—2017年北京市科普基地”，区气象局荣获“首都文明单位”。

地址：酒仙桥东风南路6号

邮编：100061

电话：64378628/8211

邮箱：Chyqxj@bjchy.gov.cn

（戴　健）

【气象灾害】 4月24日出现大风天气，造成红军营南路一餐馆门前折叠篷倒塌，砸死1名行人。5月5日出现大风天气，局地风力达10级，造成朝阳区树木倒伏400余棵，首都机场88架次航班取消飞行。

（李珊珊）

【气象信息员队伍建设】 6月9日，区气象局组织召开街乡气象协理员防灾减灾工作会。43个街乡气象协理员出席会议。会上总结2016年气象工作，介绍2017年气象灾害防御工作，预测2017年汛期天气形势，部署2017年气象防灾减灾重点工作。会议明确街乡协理员汛期气象工作职责。年内，2人获市优秀气象信息员。

（程月星）

【气温与降水】 年内，平均气温为14.6℃，比历年平均值12.4℃偏高2.2℃。冬、春、夏、秋季平均气温分别为0.6℃、17.2℃、27.1℃、13.7℃，与历年同期平均值-1.8℃、13.7℃、25.2℃、12.5℃相比，冬、春、夏、秋季分别偏高2.4℃、3.5℃、1.9℃、1.2℃。极端最高气温为39.1℃，出现在6月15日；极端最低气温为-10.2℃，出现在1月24日。年降水量为634.5毫米，比历年同期平均值559.1毫米偏多13.5%。冬、春、夏、秋季降水量分别为4.5毫米、34.9毫米、512.7毫米、82.4毫米，与历年同期平均值8.3毫米、70.3毫米、397.3毫米、83.3毫米相比，夏季偏多29%，冬、春、秋季分别偏少45.8%、50.4%、1.1%。单日最大降水量为77.3毫米，出现在6月23日；最长连续降水日数为4天，降水量为71.8毫米，出现在8月11日至14日，最长连续无降水日数为70天，出现在10月23日至12月31日。

（李珊珊）

【异常天气及气候】 年内，年度气温较常年平均值明显偏高。其中，1月平均气温为-1.1℃，比常年平均值为-3.6℃偏高2.5℃；2月平均气温为2.5℃，比常年平均值为-0.2℃偏高2.7℃；3月平均气温为9.5℃，比常年平均值6.3℃偏高3.2℃；4月平均气温为18.3℃，比常年平均值14.5℃偏高3.8℃；5月平均气温23.7℃，比常年平均值20.4℃偏高3.3℃；7月平均气温为28.5℃，比常年平均值26.2℃偏高2.3℃；9月平均气温23.1℃，比常年平均值20.1℃偏高3.0℃。年降水量比常年平均值偏多，其中10月降水量为66.7毫米，是常年平均值23.2毫米的1.9倍。

（戴　健）

【气象服务】 年内，区气象台发布各类预警信号119期，其中高温预警11期、霾预警3期、暴雨预警11期、冰雹预警1期、大风预警43期、大雾预警12期、道路结冰2期、雷电预警33期、沙尘预警3期。发布预报、预警、科普类微博1419条，发布微信1095条，发布气象影视248期，发布一周环境气象趋势预测49期、天气情况417期、重要天气专报7期、重大活动服务专报49期、预防煤气中毒服务专报18期，制作发布节假日气象旅游服务、气候预测、特色服务、中高考天气服务等气象信息专报53期。

（李珊珊）

【气象执法与行政服务】 年内，进行气象执法检查97次，其中施放气球安全检查24次，防雷安全检查73次。执法检查中发现违规行为立案4起，均顺利结案。检查易燃易爆场所70余家。办理行政事项312件，其中升放无人驾驶自由气球或系留气球活动许可205件、行政服务事项气象证明107件。全年无超期办结，无投诉事件发生。

（戴高菊）

【气象科普】 年内，区气象局组织开展“3·23”世界气象日、“5·12”防灾减灾日、“12别4”法制宣传日等主题科普活动10余次，发放宣传材料2000余份。利用VR、AR等技术、设备，创新科普形式，将气象防灾减灾知识带入学校、社区、工地。3月23日世界气象日，以“观云识天”为主题举办开放日活动，兴隆小学50多名师生前往参观。5月12日，开展防灾减灾日宣教活动，用VR设备展现龙卷风过程，让参与者亲身体验气象灾害，增强防灾减灾意识。6月27日，联合朝阳区社会志愿者公益储蓄中心，在麦子店街道开展公益科普讲座。12月4日，联合垡头街道办事处在垡头休闲广场开展法制宣传活动。

（戴　健）

【气象科普馆】 年内，气象科普馆接待团体参观10余次。气象科普馆建于2016年，馆内有VR虚拟现实头盔、VR眼镜、VR动感座椅、3D打印机、虚拟气象演播室、多媒体气象资源展示平台、气象装备展示区等科普平台和设备，通过科普的互动性、体验性、科技性，增强体验者对气象的真实感受。

（戴　健）

【气象科研】 年内，区科委“朝阳区空气污染变化特征及重污染天气预报预警概念模型分析研究”项目完成并结题，编写《北京市朝阳区大气污染物时空分布特征及与气象要素的关系研究》及《北京市朝阳区重污染天气类型分析》两篇论文。撰写科技论文3篇，参加中国气象年会、2017年北京综合业务技术交流会进行交流汇报。

（戴　健）

教 育

综述

朝阳区教育委员会（以下简称区教委）是区政府主管教育工作的职能机构。区教育工作委员会（以下简称教工委）是区委负责全区教育系统党的建设、思想政治工作和干部教育管理工作派出机构。

年内，全区有幼儿园250所,教职工14079人，教育经费投入75663.82万元。新建幼儿园14所，撤销3所。有市社区早教基地 50个。有小学 87 所，教职工7431人，教育经费投入488289.15万元。中学 94 所，教职工13305人，教育经费投入393252.85万元。工读学校 1 所，教职工29人。校外教育单位 1 个，教职工 114人。民族学校 2所，教职工133人，其中少数民族教职工26人，民族教育学校全年教育经费投入5422.78万元，其中国家拨款5422.66万元、自筹经费0.12万元。民办学校403所，其中民办中小学29所42址、民办幼儿园148所204址、民办培训学校226所。无办学许可证学校219所，在校生21095人。区职业教育有职业高中5所，教职工937人，专任教师723人。中等职业学校全年教育经费投入55222.76万元。全年获市、区级以上集体荣誉10项，个人荣誉19项。

年内，朝阳区教委坚持立德树人，进一步健全“教委—学区—学校”三级德育工作机制，制定防治学生欺凌和暴力、开展心理干预工作等制度，出台《关于全面优化学生健康成长环境的意见》及实施方案。发挥课堂主渠道育人作用，将社会主义核心价值观融入课堂，有11名学生评为“首都百名最美少年”。启动积极心理品质培养课程试点，采取“医教结合”方式加强学生心理健康监测。落实家风建设工作要求，加强学校、家庭、社会合作，做好协同育人。区德育工作案例获评教育部“全国中小学德育工作优秀案例”。实施学校文化建设提升工程,开展评选“十佳”学校文化节和首批20个学校文化特色品牌项目，38所学校认定为北京市第二批中小学文明校园、4所学校评为“北京市民族团结示范校”。逐步完善“1+2+15+N”融合教育支持保障体系（“1”指区特教中心，“2”指培智教育中心-安华学校和自闭症教育训练中心-新源西里小学2个区域资源中心，“15”指十五个学区资源中心，“N”指融合教育学校资源教室）。制定完善校园食品安全与传染病防控系列管理办法，建立巡查抽查等制度机制。深化足球、冰雪项目，推出“全员运动会”模式，培养学生运动兴趣与技能。区中小学生体质健康合格率97.7%、优秀率23.9%，位居全市前列。77校次分别评为“全国青少年校园足球特色学校”“第二批全国中小学中华优秀文化艺术传承学校”“全国国防教育特色学校”“全国国防教育示范校”“北京市中小学艺术教育特色学校”“北京市中小学科技教育示范学校”；区学生获第十五届北京青少年科技创新市长奖、第32届全国青少年科技创新大赛中国科协主席奖、VEX机器人世界锦标赛高中组总冠军、第32届美国匹兹堡国际发明展青少年组金奖等荣誉。

深化教育综合改革。在构建“4—15—40”学区化发展格局和以“共商共治”为核心的义务教育学区治理体系基础上，启动义务教育学区、集团化办学学校内部教师轮岗交流试点工作。各学区积极探索教师跨校兼课、师徒结对、骨干派出等教师交流机制。开展新中高考改革和新高中课改应对研究和专题培训，出台加强中考选考、高中课程改革等配套文件，开展选课走班系统改革。全区中考综合优秀率70.24%，连续2年稳定在七成以上，2/3以上考生超过500分；高考一本上线率60.7%，本科上线率达到95.9%。深化人才培养模式改革，区“1+3”项目实验校增至6所，4所学校成为直升培养项目校，2所高中进入市级优质高中教育资源统筹一招生计划，占全市总数1/7，优质高中辐射带动一般初中发展作用进一步加强。继续推动实践育人工作，在市教委举办的第五届北京中学生社会实践挑战赛前15名和40项创新奖中，朝阳区学生占到1/3。以马芯兰“翼课程”数学课程改革、小学生阅读素养提升、英语情境化教学项目和22校小初衔接改革4大实验为抓手，引领教学改革，完善教学评价诊断机制。深化“智慧校园”建设，完成全部实验校服务器上架，11万道试题资源库全部上线，互动课堂教学平台应用入选第一批国家数字教育资源公共服务体系建设与应用试点平台。

加大学前教育工作力度，制定《朝阳区第三期学前教育行动计划》。通过加快新园建设、改扩建项目、以租代建、购买服务等举措，新增学位近1万个，占北京市计划扩充学位数的1/2，有效缓解入园难问题。出台《朝阳区幼儿园管理办法》，畅通家园沟通渠道，建立幼儿园责任督学挂牌督导制度，进一步提升学前教育规范、普惠、优质水平。义务教育优质资源进一步扩充。针对15个学位紧张地区，采取借址办学、改扩建教室和内部挖潜等方式，扩充义务教育入学学位2410个；坚持名校办分校，高起点办学，北京中学东坝南校区等4个校址竣工并投入使用，新增优质学位3680个。与五中、一七一中学、中央美术学院、中国教育科学研究院、北京明远教育书院等合作办学。通过整体并入、集团办学、深度联盟、高校联合等方式，整合升级11所学校，小学就近入学率100%，初中就近入学率95.8%，优质资源校比例提高4个百分点，实现优质资源办学规模与效益双提升。围绕疏解非首都功能要求，严格落实入学政策，整治清理非法办学，撤解9所培训机构，依法取缔27所未批自办校（园）。

完成队伍建设专项规划，出台《北京市朝阳区“十三五”时期教育人才发展规划》。启动第四轮“双名工程”。实施人才租赁房政策，推进落实高端人才聚集、卓越人才培育、优秀人才激励和名师名长示范引领等4项行动计划。举办3名校长教育思想和办学实践研讨会、认定3名“好书记”并举行风采展示，依托学区发展理事会，举办55名学科名师、班主任名师展示，为名校长名师成长创建展示交流平台。建立新任教师3年“研训一体”培养模式和追踪指导管理机制。选派4批优秀青年教师赴高校骨干教师基地参加精品培训，近80名外国教育专家到区内开展国际化素养提升培训，4000余名干部教师受益。在北京市班主任队伍建设优秀成果评选活动中，朝阳区一等奖获奖数约占全市1/3；北京市"紫禁杯"优秀班主任评选中，全区有47名教师获奖，特等奖、一等奖比例居全市前列；7名教师获正高级职称（总数达24名）；新增特级教师32名（总数达234名）；63名教师评为北京市学科带头人，355名教师评为北京市骨干教师，与上一届相比增加81名，占全市比例提升至1/6。2名教师成为享受国务院政府特殊津贴人员，3名教师入选国家"万人计划"教学名师，入选人数均占到全市1/4。

健全评价体系，建立工作台账，加强对民办学校依法办学日常监管。开展多轮幼儿园、培训机构拉网式检查和定期巡查，制定自办托幼场所3年清理整治工作计划。出台《新时期朝阳区教育对外开放发展行动计划》，规范外籍教师、外籍学生和中外合作办学项目管理，召开北京中学未来理想学校构建第四次研讨会和中法中学项目外语教学研讨会，整合研究STEM课程、外教口语课程实验等项目。与天津、河北省院校开展专业合作、课程共建，"3+2"中高职衔接办学新增7个专业，中高职衔接专业数达到20个。在街乡开展社区教育项目，重点项目26个。选定首批6个区级社区学习共同体，开展学习型社团试点培育；举办全民学习活动周。开展家长公益大讲堂190场，服务家庭教育指导。探索社区教育数字化学习，建设网上家长学校。3个单位（机构）认定为"北京市民终身学习示范基地"。

强化校园安全稳定，启动"七五"普法，在机关、学校开展依法治教、依法治校培训；发挥课堂教育主渠道作用，培育学生尊法学法守法用法意识。5所学校认定为"北京市知识产权教育试点学校"。对教委权力清单实施动态调整，清理9项非行政许可审批事项，行政许可信息公开公示。落实安全工作"党政同责、一岗双责"要求，以"教委—片组—学校"三级管理模式，全面落实校园安全"五项工作制度"（即校园安全"日巡视、周汇总、月抽查、季总结、年研究"制度），做好校园日常安全工作"四个巡查"（教学秩序巡查、隐蔽场所巡查、学生情况巡查、校园周边巡查），加强安全工作闭环管理。推进"国家安全教育进校园"工作，指导校园将国家安全宣传教育贯穿全年。落实安全生产"护航""深耕""金秋"行动，推进"平安校园"创建。建立健全信访工作"2+4"工作机制（"2"指做好对信访干部的专业培训和对基层学校工作人员的技能培训；"4"是建立重大决策事前风险评估机制、重大事项主要领导亲自协调机制、重大事项科室协同机制和重要信访领导包案制）、领导包片制度、定期会商制度。来信来访做到件件落实，办结率为100%；上级交办案件结案率为100%。

发挥教育事业党建引领作用。制定《关于加强朝阳区中小学校党的建设工作的实施意见》和《关于加强朝阳区民办学校党的建设工作的实施方案》，启动基层党组织自查、党建研究分会检查、教育工委抽查督查机制，确保7类44项基层党建重点任务落实到位。按照干部管理权限，做好干部任免、交流轮岗和369名入库校级后备干部培训，实现基层书记述职评议考核全覆盖。树立20家师德建设单位、50名师德榜样、264名师德先锋，开展"师德宣讲"和"劳模进校园"活动。坚持领导包片制度，"两委一室"班子成员到基层调研、解决难题，并做好"千名干部下基层"工作。推进"园丁幸福工程"，推进教工之家建设。开展朝阳区第三届"阳光教师 价值至尚"青年教师风采大赛展示活动，推进中学共青团改革和"青春朝阳"少先队名师工作室建设。

地址：石佛营西里2号
邮编：100025
电话：85151085
网址：http://www.bjchyedu.cn

（李 景 张 明）

【冰雪冬令营举办】 1月14日，青少年活动中心"快乐成长"冰雪冬令营在北京乔波滑雪馆开营，60名优秀学员参加冬令营，为期3天。营员们在教师指导下了解冰壶和滑雪运动发展历史，在专业教练指导下学习投壶、擦冰、双板滑雪等基本技巧。

（张 弛）

【绘制根脉图活动】 1月21日至2月20日，区教委组织全区小学生开展"绘制我家根脉图"活动，利用新春佳节全家团聚叙旧迎新时机，以"小手拉大手"方式，弘扬优秀家风家训，传承家庭美德。按照"老师指导、学生动手、家长配合"原则，开展绘制家庭根脉传承图、家规家训和家风故事。

（张 弛）

【招生政策宣传】 1月，区招生考试中心编印《2017年朝阳区部分中小学简介》《2017年朝阳区义务教育阶段小学（初中）入学政策问答及流程手册》5万份，其中小学入学3万份、初中入学2万份，配发到各街乡、学校、部队和有咨询需要的学生家长手中。

（李志英）

【首届微课评比活动】 2月，区教育学会小学科学教育研究分会组织首届微课评比活动。微课以科学课教学重难点为内容进行讲解和实验演示，丰富科学教学模式。全区科学教师提交微课作品93个，评选出一等奖36个、二等奖55个。

（孙大力）

【区人大常委会监督议题】 年初，区人大常委会将朝阳区学前教育工作情况列入2017年度监督议题。区教委召开专项工作会，分解落实监督议题任务，明确责任，完善学前教育发展保障机制，解决"入园难""入园贵"问题；整改自办园，扶持乡中心园，规范农村学前教育发展；加强监管，培植品牌，引领学前教育内涵发展；加强管理，提升队伍整体素质。其间，区教委组织区人大代表深入街乡实地考察学前教育工作现状。8月24日，朝阳区十六届人民代表大会通过区教委《关于加强学前教育工作情况的报告》。

（郝 晋）

【系统校本培训】 3月8日至4月25日，教研中心举办"2017年构建能力素养提升系统"校本培训。全体教职员工走进国家动物博物馆和中国科学院研究场馆，开展"感受前沿科学，促进教学改革"主题参观学习；在北京音乐厅感受古典音乐魅力。举办"提升课程领导力、促进教育内涵发展"主题研讨活动，分享教科研研究成果；针对考试评价和课程领导力进行"理解考试评价功能，促进师生共同成长""把握考试主题与方向，提升学生知识与能力结构、聚焦学生分析解决问题的过程""有效指导学校课程建设""从课程的视角审视教学设计"等专题分享，引领教科研员站在全区课程建设高度审视自身定位和教研工作，发挥课程引领作用。

（何爱英）

【国旗文化培训】 3月15日，区教委组织国旗文化爱国必修课——国旗文化培训。全国学校升旗手总教官、中国国旗网创办人赵新风应邀就国家标志、国旗法规、升旗礼仪等内容做“学校国旗文化建设”专题讲座。200余名中小学德育校长、德育干部参加培训。

（乔春江）

【“七五”普法】 3月31日，区教委召开教育系统“七五”普法启动会，总结“六五”普法工作，对第七个五年普法工作进行部署。

（杨金重）

【新任校长学习共同体培训】 3月至12月，北京教育学院朝阳分院附属学校组织新任校长培训班，举办“学校发展规划研制”“学校内外部资源整合”“党风廉政建设”异地教育考察等专题培训7次、主题自主研修2次，共192学时。培训通过“专家/导师讲座+专题论坛”“互助、共享、提升”形式，凭借“双导师”全程式针对性辅导，提升新任校长岗位实践与管理能力、理论水平与管理素养。

（宋　丹）

【少先队工作管理协作组成立】 4月7日，区少工委召开区义务教育学区少先队工作管理协作组成立大会。全区少先队工作将以协作组方式统筹推广。

（高云平）

【重大委托课题专家评审会】 4月23日，教研中心举行“2017年重大委托课题”专家评审会。“促进学生学科核心素养和关键能力发展的教学改进研究”等11个项目申请单位从研究基础、研究设计、预期成果、研究保障与创新等方面进行陈述，最终北京师范大学、北京教科院培训中心、北师大明远教育书院等11家教育研究机构确立为教研中心“2017年重大委托课题”承接单位。

（何爱英）

【京津冀地区育人方略与主题班会设计大赛】 4月至7月，北京教育学院朝阳分院附属学校参加“京津冀地区育人方略与主题班会设计大赛”。区内“优秀青年班主任工作坊”第一期、第二期学员，区名班主任工作室核心成员及2016年区主题班会特等奖获得者91人参赛，23人进入决赛，最终获一等奖2人、二等奖4人、三等奖4人。

（宋　丹）

【学习指导师高级研修班】 5月5日至7月7日，劲松职业高中与联想集团共同举办学习指导师高级研修班。研修班以“促进转型升级，实现一体两翼发展”为主题，采用体验式教学、互动研讨、公开课展示等线上线下结合方式开展培训，旨在使教师掌握新理念和新技术，提升教学设计能力、教练指导能力及学习项目设计能力。研修班为期3个月，学校42名一线教师参加学习并获学习指导师证书。

（李　婷）

【马芯兰数学“翼课程”教育思想研讨会】 5月10日，区教委召开马芯兰数学“翼课程”教育思想研讨会。马芯兰数学“翼课程”利用信息技术提高教学效能、提供有助于学生成长。马芯兰以“互联网+”教育为启发，在个人多年前创造“马芯兰教学法”基础上，在星河实验小学创立“翼课程”教学方法。马芯兰讲到，教师应搭建原有知识与有关新知识之间桥梁，温故知新，以退促进，由故达新，鼓励学生在实践中提出问题、发表看法，培养学生多角度多方位思维。全国400余名小学教师参会。

（陈和平）

【获全市交通安全会操一等奖】 5月26日，区教委代表队参加第二届“交通文明、少年先行”北京市时尚阳光少年交警队交通安全会操活动决赛，获一等奖。该活动为市交通安全委员会办公室、市教育委员会、首都精神文明建设委员会办公室、市公安局公安交通管理局联合开展。

（谢仲能）

【中外团队教学研究】 5月26日至27日，区教委举办第六期“构建中外教师合作教学新模式，提升学生英语能力”教育教学改革项目成果展示。活动由北京中学、八十中学、朝阳外国语学校等11所中小学与北京BISS国际学校联合开展。33名外籍教师及73名公办学校英语教师参加，11所项目校举行项目主题培训117次、观课活动311次、内部公开课1次。最终9所项目学校项目成果参加展示。

（夏文钦）

【区养老人才培养联盟成立】 5月28日，北京职教学会主办，区教委协办，在国家会议中心召开“2017健康养老人才培养交流与合作大会”，会议以“将朝阳区建设成全国养老服务业综合改革试点地区”为目标，达成由中国林促会、民政部养老专家委员会、河南护理职业学院、北京劲松职业高中等单位共同组成合作联盟，成立北京市朝阳区养老人才培养联盟。

（王旻昱）

【京津冀职成院校传统文化传承与创新发展联盟成立】 6月1日，由市职业技术教育学会主办，区教委协办，区职工大学承办京津冀中华优秀传统文化融入职成教育创新发展大会在北京国家会议中心召开。20所院校联合成立“京津冀职成院校中华优秀传统文化传承与创新发展联盟”。联盟以“共建、共享、共赢”为原则，汇聚社会各方力量，搭建教育与文化合作平台，实施资源共享，实现共同发展，合力推进京津冀中华优秀传统文化传承与创新教育发展。

（蒋　薇）

【社会力量办园教师专业素养提升培训】 6月7日至12月6日，北京教育学院朝阳分院附属学校举办“朝阳区社会力量办园教师专业素养提升培训”。培训分为艺术核心素养、家园合作理论与实践、内驱力、职业压力管理及应对策略4个专题，通过专题讲座、现场体验、外出写生等方式，帮助幼儿园教师丰富教学方法，唤醒专业发展自觉、学习缓解压力方法与策略，提升专业素养。256名来自200所各类型幼儿园教师参加。

（宋　丹）

【获第十八届电脑作品机器人竞赛奖】 6月10日至11日，区信息中心派出44支代表队130名师生参加市中小学师生电脑作品机器人竞赛。其中，二外附中小学部获超级轨迹挑战赛小学组冠军，和平街一中代表队获纳英特机器人挑战赛初中组冠军，工大附中代表队获VEX工程挑战赛高中组冠军，3支代表队同时获国家级赛事参赛权。

（戴伟明）

【合作协议签署】 6月21日，朝阳区教委与东城区教委就合作建设北京市第五中学朝阳双合分校和北京市第一七一中学朝阳豆各庄分校签署协议。区委常委、副区长孙其军，东城区副区长刘俊彩及有关领导出席。

（李　景）

【市级知识产权教育试点示范学校】 6月，市知识产权局和市教委启动评选2017年北京市中小学知识产权教育试点示范校工作。经基层学校自主申报、区教育系统市级知识产权教育试点学校推荐工作小组审定，推荐八十中学、和平街第一中学、二外附中、十八里店小学、传媒附小等5所学校为北京市试点示范学校。

（杨金重）

【“好家长”推选】 6月至9月，举办2017年朝阳区“好家长”推选活动。全区中小学、幼儿园和社区共推选出“好家长”3967名，树立朝阳区好家长典型。

（温永春）

【香港世界青少年合唱节参加】 7月19日，朝花艺术总团童声合唱团师生参加香港世界青少年合唱节童声A组、合唱表演E组两个组别比赛。参赛曲目上海童谣《叫卖小调》，哈尼族童谣《其多列》以及用奥地利方言演唱无伴奏德奥民谣《Bitte Betti》，合唱团最终获童声A组金奖、表演合唱组金奖，并在总决赛中获最佳民歌演唱大奖和最佳舞台效果大奖。

（张 弛）

【第四届全国学生军事训练营】 7月31日至8月12日，区教委推荐4名学生代表组成北京代表队参加教育部、中央军委国防动员部发起“我爱这蓝色的海洋”第四届全国学生军事训练营。朝阳区4名学生完成包括海军水面舰艇战备训练、军事理论教学、军事技能训练、组织学生进行捕俘拳、行军拉练、识图用图、电磁频谱管控、核生化防护、战场医疗救护训练所有任务，受到参训领导、教官和教师好评。

（徐 芳）

【支教活动】 7月至11月，劲松第一幼儿园教师分2批赴云南省禄劝县幼儿园进行手拉手帮扶活动。幼儿园4名管理人员、15名教师通过业务交流、专题培训、深入班级指导等方式开展支教活动。

（崔亚红）

【幼儿园质量评估】 7月至12月，区教委制定2017年朝阳区幼儿园质量评估工作方案，确立327所注册幼儿园年度评估工作计划；选拔培训考核23名后备兼职评估员，组建146人评估队伍；研发“北京市朝阳区幼儿园质量管理指导评估数据平台”，实现园所评估档案长效追踪。在完成260所幼儿园在线自评工作基础上，组织评估员入园查看现场、听取汇报、查阅资料、问卷调查和访谈，全面收集信息，完成215所幼儿园实地评估工作。

（张翠红）

【刘东泽获青少年科技创新大赛最高奖】 8月18日，人大学附中朝阳学校学生刘东泽在第32届全国青少年科技创新大赛中，获大赛最高荣誉——中国科协主席奖，并包揽大赛所有项目奖项，包括全国科技创新一等奖、浙江大学专项奖、十佳创意设计特色展板奖。全国政协副主席、科技部部长万钢出席大赛并为刘东泽颁奖。大赛由中国科协、教育部、科技部、环境保护部、国家体育总局、自然科学基金会、共青团中央、全国妇联、国家知识产权局共同主办。此外，刘东泽在中央电视台《加油！向未来》第二季第六期节目中获“科学猜想王”称号。

（李 雯）

【韦雅卿获国际象棋世界分龄组冠军】 8月21日至31日，朝阳区青少年活动中心棋校学员在巴西参加国际象棋赛，韦雅卿获世界分龄组冠军赛10岁组冠军。

（张 弛）

【于松建获首届全国青年教师教学竞赛奖】 8月26日至30日，全国总工会“首届全国青年教师教学竞赛”在昆明理工大学举办，来自全国各省市自治区近百名选手参赛。比赛分高中、初中、小学3个学段进行，朝阳区垂杨柳中心小学教师于松建代表北京市参加小学组比赛，获首届全国青年教师教学竞赛二等奖。

（赵 光）

【普通高中创新发展项目成果评审】 8月28日至29日，区教委组织2016—2017学年度高中校创新发展项目成果评审工作，评审范围涉及22所完全中学和十二年一贯制学校，项目内容涉及教学、德育、课程建设、文化建设等方面。经专家评审团评审，27.3%学校达优秀等级，59.1%学校达良好等级，13.6%学校达合格等级。

（王圆圆）

【首个智能化学生卡管理中心建成】 8月30日，信息中心建设完成全市首个智能化学生卡管理中心。该系统实现学生证件卡实时领取，统计发放和智能存储工作智能化，人工登记全部转为电子化，从根本上提升学生卡管理工作效率。

（吴 迎）

【中小学主题班会评优活动】 9月12日，区教委举办的“践行社会主义核心价值观，落实中小学生日常行为规范”主题班会评优活动评选结果揭晓。各学校共推荐上交882节班会，其中小学530节、初中270节、高中67节、职高15节。经过区级评审，中学和高中组一等奖43节、二等奖68节、三等奖119节；小学一等奖78节、二等奖137节、三等奖218节。

（乔春江）

【优化学生健康成长环境意见】 9月20日，区委教工委、区教委和区政府督导室联合下发《关于全面优化学生健康成长环境的意见》及配套实施方案。文件从推进全面优化学生健康成长环境，促进学校内涵发展和教育品质提升、优化管理制度、推动课程实施、创建平安校园、构建和谐家校和优化师生互动等方面做具体部署，为夯实学生健康成长提供制度保障。

（高琳娜）

【校长论坛】 9月21日，区教委举办校长专题论坛，218名中小学校长分别在12个论坛会场围绕“如何适应新中高考改革变化，学校在管理模式、课程建设和队伍建设方面的具体做法”展开讨论。

（张清军）

【教师合唱团10周年演唱会】 9月29日，“因为音乐——朝阳教师合唱团成立10周年合唱音乐会”在北京中山音乐堂举办。演出分为“和畅”“和应”“和鸣”3个章节，利用合唱和故事形式，讲述回顾合唱团10年工作生活。市文联、区教委领导以及顺义区、西城区等教育工会领导观看演出。朝阳区教师合唱团成立10年来，先后获全国室内乐合唱比赛一等奖、市职工合唱比赛一等奖，参加世界音乐教育大会场国内外演出交流和中央电视台《网络春晚》《歌声与微笑》《合唱先锋》等节目录制，出版CD专辑，在中山音乐堂、北京音乐厅、苏格兰皇家音乐厅等举办多场音乐会。

（赵 光）

【学区教研工作站建立】 9月，区教研中心建立15个义务教育学区教研工作站，每站配3至5名教研员，由优秀教研员担任工作站负责人，与学区理事会共同助力学区建设与发展。1日至7日，79名教研员深入15个学区172所学校，召开座谈会137次，个人访谈293人次，听课177节，了解各学区教学管理、学科教学、教育科研、教师队伍等方面整体情况，整理出学区教研共同体建设中存在问题101个，覆盖义务教育学校总数91%。根据调研结果，教研中心制定措施，强化教研专业支撑，加强对各学区个性化帮扶，指导学区确立发展定位，制定发展目标，推动学区特色发展和学校教师共同成长，促进学区内部和学区之间优质教育资源共享。

（何爱英）

【中小学教师职称评审】 9月至11月，区教委对2017年教育系统申报高级、一级教师职称人员进行评审，同时代评社会力量办学单位申报职称人员。申报1476人（其中委托代评351人），评审通过1287人，其中高级教师360人、一级教师609人、委托代评初级教师318人。

（张志达　张婉月）

【学科教学带头人学科和骨干教师评选推荐】 9月至12月，区教委开展2017年市学科带头人和骨干教师评选推荐工作，全区63名教师被评为市学科带头人、355名教师被评为市骨干教师。

（邵建华　王丽慧）

【入选分批入队工作改革试点区】 10月20日，区少工委在首都师范大学附属实验学校召开少先队工作研讨会，邀请团市委、团区委、区教工委少先队领导，与首都师范大学附属实验学校校长、书记、家长代表、队员代表，各校大、中队辅导员代表就少先队工作进行交流、研讨。团市委将朝阳区定为“北京市少先队分批入队”工作改革试点区，承担分批入队理论研究、实践探索任务。少先队入队工作开展改革，改以往集体入队为分批入队，变“要我入队”为“我要入队”，提高队员入队主动性，体现少先队组织先进性。

（高云平）

【一校一品三项学生体质健康标准监测】 10月29日至11月15日，区教委组织7158名中小学生参加教育部、北京市教委及北京市一校一品体质监测。10月29日至11月2日，4所学校720名学生完成2017年教育部体质监测；11月13日至15日，26所中小学校4848名学生完成2017年北京市学生体质健康标准监测；三帆中学1590名学生完成北京市一校一品项目学生体质健康监测。

（徐　芳）

【第55届市中学生田径运动会】 11月3日至15日，区教委组建田径运动队参加在丰台体育中心举办北京市第55届北京市中学生田径运动会。最终，朝阳区代表队获城区高中组第二名、城区初中组第六名和城区团体总分第四名。

（徐　芳）

【付晓洁办学实践研讨会】 11月8日，区教委举办二外附中校长付晓洁办学实践研讨会。会上，付晓洁作“因教育相遇，为更好成长”主题发言，与会人员分享创新管理理念，务实求真办学思路，探讨新时代背景下校长应如何更好成长。清华大学附中校长王殿军、北京教育学院教育管理与心理学学院院长胡淑云分别作点评发言。区教委向付晓洁理论导师胡淑云和实践导师王殿军颁发聘书。研讨会展示二外附中生态文明教育多学科整合课、中法中学项目班成果、联合国气候大会中国角边会和学生话剧社团经典作品。北京市名校长工程学员、教育学院校长研修学院学员，朝阳区各中小学校长、书记等500余人出席会议。

（靳国立）

【获全国中小学德育工作优秀案例奖】 11月9日，在杭州召开全国中小学党建暨德育工作会议上，朝阳区教委“整体构建统筹实施 努力做有效的德育”案例被评为全国中小学德育工作优秀案例。

（乔春江）

【教育系统秋季田径运动会】 11月10日，区教委和区体育局在区体育中心联合举办2017年朝阳区田径传统校比赛暨秋季运动会。73所学校近1000名学生报名参加，最终十七中学、陈经纶中学、白家庄小学分别获高中组、初中组和小学组团体总分第1名。

（徐　芳）

【校级干部课程领导力高级研修活动】 11月10日至23日，区教委举办普通高中校级干部课程领导力高级研修活动，全区高中校校长、副校长及研训部门40余人参加研修。研修围绕朝阳区在新课改和新高考改革中遇到系列问题，在充分调研学校需求基础上设计课程，教育行政部门进行政策讲解，一线校长在操作层面上进行经验分享。

（杜　磊）

【第五届科技周活动】 11月13日至17日，康泉新城幼儿园以“祖先留下的骄傲——中国古代四大发明”为主题，举办第五届科技周活动。活动以幼儿为主体，幼儿制作宣纸，晒干后用模板进行活字印刷；用指南针在中国科技馆进行“寻宝活动”；了解火药发明，感受火药利用。全体幼儿及教师参加活动。

（于　翔）

【义务教育课程改革项目办公室成立】 11月16日，区教委成立朝阳区义务教育课程改革项目办公室。办公室主要任务是研究新形势下如何提高教师育人能力，确定研究课题，制定工作方案，统筹推进实施，组织教师研训，总结研究成果，推广典型经验。

（苏宏杰）

【课程改革项目发布】 11月16日，区教委义务教育课程改革项目办公室发布4个课程改革项目，并组织全区中小学进行申报。截至年底，27所学校申报“朝阳区小、初衔接课程改革项目”，48所学校申报“马芯兰‘翼课程’数学课程改革项目”，82学校所申报“朝阳区小学生阅读素养提升项目”，58所学校申报“英语情境化教学项目”。项目研究时间为3年。

（苏宏杰）

【体育教育教学质量提升总结会】 11月17日，区教委召开中小学体育教学质量提升计划工作总结会，会议围绕体育教师队伍建设、教师主题性教研培训、教师科研成果、中高考体育考试及体质监测、足球、冰雪及三大球特色活动等方面总结2017年实施体育质量提升工程成果；区教研中心总结2017年中小学体育教学评优工作；2位全国学生运动会科学论文一等奖获得者分享论文成果。各校体育主管领导、体育技能教学评优获奖教师500余人参会。

（徐　芳）

【中小学游泳比赛】 11月18日，区青少年活动中心在朝阳区小武基健身中心游泳馆举办“钱红杯”朝阳区中小学游泳比赛，51所小学、14所中学的近400名中小学生参赛。最终王四营中心小学以及人大附中朝阳分校蝉联小学组和初中组冠军。1992年巴塞罗那奥运会女子100米蝶泳金牌获得者钱红观看比赛，并为获奖运动员颁发证书。

（张　弛）

【安全大检查专项行动】 11月21日起，按照市区统一部署，区教委开展为期80天安全隐患大排查、大清理、大整治专项行动。“两委一室”成立15个督察组，对全区各类学校、幼儿园、民办教育培训机构进行全覆盖安全专项行动督导检查工作，先后派出1793人次，检查3362次，发现安全隐患2058项，其中完成现场整改1798项。

（吴桂全）

【颂家史传家训演家风展示会】 11月22日，区教委在朝阳剧场举办以展示家风成果为主题“颂家史 传家训 演家风”展示会。展演特邀嘉宾通过现场访谈进行家风经验分享。各家风示范校组织学生文艺会演，节目紧贴家风主题。26所学校德育领导干部、优秀教师参加展示会。

（乔春江）

【区教育党建指导评价中心成立】 11月，经朝阳区机构编制委员会批准，北京市朝阳区教育党建指导评价中心成立。

（张志达）

【全国青少年禁毒知识竞赛】 12月1日，朝阳区参加2017年全国青少年禁毒知识竞赛初赛。参加学生65787名，位居北京市各区第一；总分85.32分，列北京市综合排名第一；参与学生指数、参与学校指数、平均分指数、及格率、满分率等各项分值明细指标均排名第一。

（乔春江）

【宁鸿彬语文教育思想研讨会】 12月22日，八十中学召开第三届北京语文教育论坛暨宁鸿彬语文教育思想研讨会。会上，宁鸿彬作专题报告，从6个方面详细阐述其语文教育思想，全国中学语文教学研究会原理事长苏立康及首都师范大学教授王云峰做点评。研讨会旨在进一步宣传宁鸿彬“以学生发展为本”语文教学思想，推动语文教学改革，市区400名教师参加活动。宁鸿彬，男，汉族，中共党员，1955年毕业于北京师范学校，1976年调入八十中学任教，1986年被评为语文特级教师，曾获全国教育系统劳动模范人民教师奖章，其在语文教学中运用“卡片辅助教学法”，注重发展学生创造性思维能力。

（方　媛）

【学生资助工作】 年内，资助学生337897人次，资助总金额3180.26万元。其中，学前教育阶段共资助幼儿50人次，资助总额16.09万元。义务教育阶段公办校共资助学生3126 95人次，资助金额2692.70万元；义务教育阶段民办学校共资助学生23480人次，资助金额216.68万元。普通高中阶段共资助学生219人次，资助金额56.52万元。职业高中阶段共资助学生1453人次，资助金额198.27万元。

（汤　楠）

【百场专题讲座进社区进校园】 年内，区教委组织“百场家庭教育指导专题讲座进社区、进校园活动”190场，家长、教师共3万余人次听课。针对家长需求组织朝阳区2017年中考和高考“志愿填报专题指导”活动。

（温永春）

【教师综合素养提升培训】 年内，北京教育学院朝阳分院附属学校启动“十三五”区级“教师综合素养提升”公共必修培训。该培训以“专家引领、交流研讨、走入社会、融入课堂”为原则，构建“基于体验、基于实践、基于情景”培训课程体系；通过专家讲堂、教师综合实践活动、网络微论坛、自主综合实践活动等形式，对文化礼仪、体育艺术、科学前沿、信息媒介4大专题进行线上线下混合式培训。全年开设培训班62个，累计培训超1万人次，培训满意度100%。

（宋　丹）

【运维保障】 年内，区教委信息中心完成基础运维视频会议保障154场次，校园网事件1163起，波分网572起，光纤网255起，安防监控3270起，应用系统维护1809起，数字化校园现场培训180次，全年未发生运维故障。核心机房新增建设虚拟机系统94台，防火墙端口策略开放105条，设备调试与升级19次，核心机房故障处理20次；完成资产调拨工作159次，涉及金额约2.5亿元；完成341个项目终验工作，涉及资金3.07亿元。

（黄　俊）

【中小学校无线网络建设】 年内，区信息中心完成“中小学校无线网络”建设工作，区内无线网络覆盖学校达214所。

（刘　俊）

【公租房入住】 年内，朝阳区国资中心与区教委研究制定《人才用房管理工作方案》《教育系统公租房工作方案》，分期分批推进双合家园、朝丰家园、康营家园公租房入住，解决371个家庭505名单身教职工住房问题。

（张　华）

【出租出借场地清理】 年内，区国资中心按照全区总体工作要求，完成清理出租出借房屋场地19个，收回房屋面积14104.7平方米，拆除八里庄市场、安翔北里宿舍辅助用房等违章建筑4269平方米，对9835.7平方米房屋进行改造。

（张　华）

【平安度汛】 年内，区国资中心在汛期即时出动抢险1499人次，抢险722车次，排除险情274校次。安排专业队伍对学校存在问题进行专业修缮。汛期校园无倒房、无淹车、无人员伤亡，教育教学工作安全度过汛期。

（亢鹏宇）

【防近视控肥胖主题教育活动】 年内，区保健所开展防近视控肥胖主题教育活动11次。主题包括“保护视力坚持不懈，控制体重持之以恒”“爱护眼睛让视界更明亮”“我运动我快乐，控制体重赢在健康”“天天做眼操天天眼睛好，减肥一小步健康一大步”“金秋十月放眼望，不要贴秋膘”等。

（车凤鸣）

【疫情接报处置】 年内，区教委、区卫生计生委综合疫情报告网络平台接报辖区教育系统散发传染病疫情422例，其中水痘110例、猩红热89例、手足口117例、流腮52例、流感20例、甲流8例、结核7例、菌痢6例、诺如6例、急性结膜炎3例、麻疹1例、风疹1例、乙流2例。聚集疫情118起，集中发热32起，诺如病毒感染疫情50起，手足口疫情31起，集中呕吐27起，疱咽疫情10起。暴发疫情11起，水痘疫情1起，集中腹泻3起，流感样病例6起，手足口1起。入校疫情防控指导46次，做到疫情逢件必接、必接必办、必办要快、要快要质原则，办结率和处置率均为100%。

（车凤鸣）

【学校日常安全监管】 年内，区社管所加强自办学校日常安全监管力度。自办学校(托幼场所)专职片区管理员负责区内9所自办学校及254所自办托幼场所安全监管工作。根据教育协管员工作绩效考核机制及自办学校（托幼场所）CMIS管理平台，完善协管员考核指标体系。在传染病防控、食品卫生安全、防汛工作、煤气中毒预防、消防安全等常规阶段性工作中，做到提早检查、指导整改、防患未然、确保师生人身安全。年内查出安全隐患1813项，完成整改1360项。

（姜　彤）

【健全校园教育法治】 年内，区教委与区综治办、团区委、朝阳公安分局、区检察院、区法院等部门协作，实现全区各中小学法治副校长、法治辅导员、法治教育志愿者100%覆盖。

（杨金重）

【小初衔接课程改革实验启动】 年内，区教委启动“朝阳区小、初衔接课程改革项目实验”。2月28日，召开课题开题会，27所实验学校参会。9月，召开阶段研讨会，讨论实验方案及工作计划，采用以7所龙头校+20所实验学校模式开展九年贯通培养实验研究。通过学科课程整合研究、师资队伍整合研究、教育衔接模式研究和学校管理模式研究，实现学生学习方法、思维方式、身心等方面无缝对接。

（苏宏杰）

【区教委直属单位】

	学校	地址	值班电话	传真电话
1.	职工大学	和平里南口砖角楼北里 5 号（本部）	64213152	64210193
		北三环东路 17 号（和平西街校区）	64429681	
		双龙南里 120 号（双龙校区）	87316195	
2.	朝阳分院	团结湖 23 号	65088899	65021964
3.	教研中心	柳芳南里 14 号	64631140	64676535
4.	信息中心（宣教中心）	水碓子北里 14 号	85979246—81111	85972413
5.	国资管理中心	西坝河东里 103 号	64654693	64618222
		新源西里甲 5 号	64680027	
6.	招生考试中心	团结湖南路 1 号	85988626	85967037
7.	教学设备中心	安华里二区 5 号楼	64218150	64257125
8.	青少年活动中心（学生活动管理中心）	红庙延静西里 19 号（本部）	65060549	65025721
		安华西里 1 区 1 号楼北座（图管中心）		
		三源里北小街甲 1 号（科教中心）		
9.	保健所	西坝河中里 11 号	85964042	85967496
10.	老干部管理服务中心	水碓子东路 5 号楼（水碓子本部）	85989474	85968533
		新源西里中街甲 5 号（新源里分址）		
11.	人才服务教育分中心	西坝河中里 11 号	64618369	64616335
12.	社会力量办学管理所	胜古北里甲 9 号	65017723	65012454
13.	项目资金管理中心	石佛营西里 28 号楼	85811944	85817929
14.	教产中心	建华南路 6 号 地杰长安驿 B 座 5 层	85980233	84512535
15.	特教中心	安华西里二区 12 号	64260060	64254732

（张　明）

【教辅中心】

	学校	地址	值班电话	传真电话
1.	芳草地国际学校教辅中心	育慧里二区 15 号院	84622955—8000	84625622/84628771
2.	香河园少年之家	左家庄后街 4 号	64674983	64669301
3.	朝阳区酒仙桥少年宫之家	酒仙桥红霞中路 10 号	64371782	64356698
4.	黑庄户教辅中心	堡头西里 1 号	67380361—8000	67385725

（张　明）

学前教育

【概况】 年内，有幼儿园250所，开设3076个教学班；幼儿离园16886人、入园 34065人、在园78764人。教职工14079人，其中专任教师7373人。全年教育经费投入75663.82万元，其中国家拨款75444.19万元、自筹经费219.63万元。新建幼儿园14所，撤销3所。全区有北京市示范性幼儿园30 所、北京市一级一类园96所、一级二类园 17所、二级一类园1所、二级二类园15 所。

（郝　晋）

【幼儿园园长课程领导力培训】 3月21日至6月9日，北京教育学院朝阳分院附属学校组织96所一级一类幼儿园园长参加朝阳区幼儿园园长课程领导力培训。培训分为理论解读、课程实践2个模块，涉及幼儿园课程要素及课程领导力构成、常见课程背后教育理念、课程与游戏、课程中教师专业化成长、园本课程领导实践等6个主题。

（宋　丹）

【幼儿教师主题活动设计与实践培训】 3月24日，教研中心为全区226名保教主任及骨干教师开展幼儿主题活动设计与实施培训活动。培训围绕主题活动概念、来源、内容拓展、活动设计与实施等内容，引领幼儿园管理者更加关注生活化、游戏化幼儿园课程建构与实施，引导教师关注幼儿年龄特点和学习方式，关注幼儿学习与发展整体性，关注在游戏、生活等各种活动中渗透各领域目标和内容，支持和促进幼儿在自然化、生活化、游戏化课程中快乐和健康发展。

（何爱英）

【入园难问题解决】 3月，为解决入园难问题，区教委制定《朝阳区2017年妥善解决适龄幼儿入园工作方案》。同时，常营、豆各庄、三间房、崔各庄、东坝、高碑店、东风、小红门地区配套幼儿园建设，开办10所配套幼儿园，增加110个班、3300个学位；来广营、常营、和平街地区租赁华贸城公共配套、非中心商业用房，举办3所普惠性幼儿园，增加30个班、900个学位；平房、南磨房、将台、东风、崔各庄、双井、望京等地区举办17所民办园，增加120个班、3600个学位。10月，平稳完成热点地区适龄幼儿入园工作。

（郝　晋）

【第五届艺术节】 5月26日至6月28日，泛海幼儿园举办以“聚焦儿童 助力成长”为主题第五届艺术节。艺术节包括开幕式、幼儿绘画作品展示、幼儿童话剧观演、教师歌咏比赛、教师图书交换、教师古诗词硬笔书法展、幼儿智慧剧会演暨大班毕业典礼等内容。全体教师、幼儿参加活动。

（郭　嘉）

【7所地区幼儿园备案】 9月，崔各庄乡东辛店村中心幼儿园、驼房营村中心幼儿园、崔各庄乡南皋村中心幼儿园、金盏乡金盏东村中心幼儿园、崔各庄乡费家村中心幼儿园、崔各庄乡马泉营村中心幼儿园、金盏乡马各庄村中心幼儿园等7所地区登记幼儿园在区教委备案。

（郝　晋）

【7所民办幼儿园成立】 9月，经区教委批准，成立满天星太阳宫幼儿园、可儿丽水幼儿园、宝乐酷双语幼儿园、金禾小规模幼儿园、艾德维尔双语幼儿园、大成经典小规模幼儿园、金博士幼儿园、太阳宝贝双语幼儿园、家盒子童园幼儿园、三奕幼儿园等7所民办幼儿园。

（邢　凯）

【园长规范办园能力提升培训】 10月15日至12月28日，北京教育学院朝阳分院附属学校组织区130所各类型幼儿园园长150人参加“朝阳区园长规范办园能力提升培训”。培训分为“依法规范办园”“发展规划与计划”“细化内部管理”“引领队伍成长”“保教质量提升”“优化外部环境”6个模块，涉及法律法规、幼儿园规划与计划制定、卫生保健、后勤管理、园本教研、队伍建设、环境创设、家长工作、幼小衔接等主题。通过专题讲座、入园观摩、案例分析等方式，提高幼儿园园长依法办园、规范办园意识，提升管理能力。

（宋　丹）

【父亲家长培训】 10月25日，光华路幼儿园组织主题为“父亲资源对幼儿成长重要性”家长培训。培训聘请朝阳区招工大学艺术系教师讲解父亲在孩子成长过程中不可替代作用，帮助家长树立父亲角色对于幼儿成长重要性理念，提升父亲参与幼儿教育意识和积极主动性，并丰富父亲在与幼儿互动过程中有效策略和育儿经验，促进家园共育。10名教师和87名幼儿的父亲参与活动。

（韩聪俐）

【民俗文化进校园】 10月26日至27日，定福家园幼儿园举办以“弘扬传统文化，体验民俗风采”为主题民俗文化进校园活动。活动内容有学草编、捏泥人、剪纸、编中国结、滚铁环、抖空竹等，让幼儿通过欣赏表演、动手体验等形式感知民间文化艺术。全园220名幼儿参加活动。

（李丽平）

【第二届膳食品鉴活动】 12月14日，安华里第二幼儿园针对家长关注食品安全问题，围绕幼儿食谱制定及食品制作开展第二届“荤色满园”舌尖上家园膳食品鉴活动。幼儿园围绕如何“吃得安全、吃得健康、吃得营养”与家长进行交流，帮助家长了解幼儿园食品安全及伙食管理工作。40位家长参加活动。

（赵　萍）

【幼儿园质量管理指标评估信息平台上线】 年内，区教委制定《2017—2019年北京市朝阳区幼儿园质量评估工作实施方案》，研发《幼儿园教育环境质量评价量表》，编写《北京市朝阳幼儿园质量评估员提升教材》，研发相应培训课程，建设区幼儿园质量管理指标评估信息平台并正式上线。

（张翠红）

【教育部门办幼儿园】

学校	地址	值班电话	传真电话
1. 三里屯幼儿园	朝外大街吉庆里 3 号楼	65511829 65510877 65515460	65510877
2. 团结湖一幼	团结湖北头条 11 号楼	65823906	65827221
3. 水碓子北里幼儿园	水碓北里 10 号楼	85982394	85982395
4. 枣营幼儿园	枣营北里 26 楼	65917384	65917384
5. 新源里幼儿园	新源里 12 号（本部）	64674716	64674716
	新源西里中街 17 号（分部）	64624196	
6. 光华路幼儿园	通惠家园惠生园 16 号	65584729—0	65584729—0
7. 新源里二幼	三源里北小街 7 号	64662141	64662142
8. 劲松一幼	劲松一区 126 号楼（劲松校区）	87719385	67797762
	青年路 29 号院 18 楼（华纺易城分园）	58779273	58779000
9. 劲松二幼	劲松 7 区 711 楼	67781987	67746630
	华威西里 43 号（华威部）	67761959	
10. 松榆里幼儿园	松榆里 21 号	67339920	67339917
11. 垡头幼儿园	垡头二区 12 号（本部）	67383337	67380657
	王四营乡白鹿司中街 5 号（分部）	67207014	87338011
12. 京通幼儿园	京通苑 38 楼	65700438	65700438

	学校	地址	值班电话	传真电话
13.	西坝河三幼	西坝河中里 20 号（本部）	64679621	64673136
		利泽西园一区 115 楼（分部）	84720194	
14.	西坝河一幼	望京南湖中园 237 号楼（望京）	64700192	84718062
		西坝河东里 71 楼（西坝河部）	84552533	84552043
15.	群星幼儿园	西坝河西里 12 号	64275351	64223248
16.	和平街幼儿园	和平街八区 6 号楼（南园）	64211548	64224096
		胜古北路南里 3 号楼（北园）	64425482	
17.	惠新里幼儿园	惠新里 230 号楼（惠新部）	64948637	64951459
		北苑路紫绶园 11 号楼（北苑部）	84960837	
18.	秀园幼儿园	安慧北里秀园 19 楼	64945420 64932540	64923601
19.	安华里幼儿园	安华里二区 12 楼（安华部）	64234828	64234828
		安贞西里一区 18 号楼（安贞部）	64411019	64426890
20.	安华里二幼	安华西里一区 23 号楼（本部）	64251691—0	64251691
		安贞西里四区 19 号楼（安贞部）	64411393—11	
21.	花家地幼儿园	花家地小区 11 号楼	64730729	84711628
22.	清友实验幼儿园	北苑家园清友园小区 13 楼	84966124—816	84964917
23.	福怡园幼儿园	定福庄北街 6 号楼	65407227	65402680
24.	望京新城幼儿园	望京新城西园四区 409 楼	64707003	64707003
25.	华洋紫竹幼儿园	管庄双柳北街 1 号院 9 号楼	65439200	65438767
26.	康泉新城幼儿园	双桥东路 12 号院 5 号楼	65463458	65463345
27.	奥园幼儿园	东坝中路京奥家园 611 号楼	52508692	52508662
28.	翠成幼儿园	翠城馨园 B211 楼	67368331—8000 67364559	67369559
29.	北辰福第幼儿园	常营中路 7 号院东侧	57923871	57923874
30.	定福家园幼儿园	朝阳北路定福家园南里一号院 7 号楼	58791078	58791747
31.	中国人民大学朝阳幼儿园	芍药居北里 217 号（本部）	84158387	84298867—8115
		太阳宫一街 2 号院（一部）	84158374	84158375
32.	泛海幼儿园	华章东路 5 号院 1 号楼 2 号	85855777—8002	85854900
33.	丽景幼儿园	常营乡五里桥一街 4 号	57845303	57845302

（张　明）

【公办幼儿园】

1. 北京市朝阳区人民政府机关幼儿园
2. 农业部机关幼儿园
3. 外交部幼儿园
4. 中国科学院第四幼儿园
5. 中国人民解放军北京军区空军育翔幼儿园北纬 40 度分园
6. 中国人民解放军总装备部直属机关幼儿园
7. 中国人民解放军 61599 部队幼儿园
8. 中国人民解放军 63961 部队幼儿园
9. 中国人民解放军 63918 部队幼儿园
10. 中国人民解放军总装备部后勤部幼儿园
11. 北京市蓓蕾幼儿园
12. 北京市朝阳区建筑工程公司幼儿园
13. 北京市朝阳区双桥幼儿园
14. 北京电子城幼儿园
15. 北京首都机场物业管理有限公司幼教管理中心第三幼儿园
16. 北京佳华安琪幼儿园
17. 普天首信通信设备厂（集团）幼儿园
18. 北京飞机维修工程有限公司幼儿园
19. 北京九龙幼儿园
20. 北京市朝阳区环宇幼儿园
21. 北京蓝岛大厦幼儿园
22. 北京首都机场物业管理有限公司幼教管理中心第一幼儿园
23. 中建一局集团建设发展有限公司幼儿园
24. 北京首都机场物业管理有限公司幼教管理中心第二幼儿园
25. 北京市朝阳区王四营乡第一幼儿园

26. 北京市朝阳区王四营乡幼儿园
27. 北京市朝阳区十八里店乡横街子村向阳幼儿园
28. 北京市朝阳区香河园街道办事处西坝河东里第一托幼园所
29. 北京市朝阳区呼家楼街道中心幼儿园
30. 北京市朝阳区六里屯街道中心幼儿园
31. 北京市朝阳区三间房乡中心幼儿园
32. 北京市朝阳区崔各庄乡东辛店村中心幼儿园
33. 北京市朝阳区亚运村第二幼儿园
34. 北京市朝阳区团结湖街道中心幼儿园
35. 北京市朝阳区雨禾艺术幼儿园
36. 北京市朝阳区黑庄户乡人民政府中心幼儿园
37. 北京市朝阳区亚运村中心幼儿园
38. 北京市朝阳区双井中心幼儿园
39. 北京市朝阳区驼房营村中心幼儿园
40. 北京市朝阳区安贞街道中心幼儿园
41. 北京市朝阳区小红门乡中心幼儿园
42. 北京市朝阳区左家庄幼儿园
43. 北京市朝阳区亚运村第一幼儿园
44. 北京市朝阳区崔各庄乡南皋村中心幼儿园
45. 北京市朝阳区金盏乡金盏东村中心幼儿园
46. 北京市朝阳区豆各庄乡中心幼儿园
47. 北京市朝阳区十八里店乡吕家营村幼儿园
48. 北京市朝阳区香河园街道中心幼儿园
49. 北京市朝阳区十八里店乡西直河村东明幼儿园
50. 北京市朝阳区十八里店兴华幼儿园
51. 北京市朝阳区崔各庄乡费家村中心幼儿园
52. 北京市朝阳区崔各庄乡马泉营村中心幼儿园
53. 北京市朝阳区十八里店乡幼儿园
54. 北京市朝阳区左家庄街道中心幼儿园
55. 北京市朝阳区十八里店乡周庄嘉园幼儿园
56. 北京市朝阳区金盏乡马各庄村中心幼儿园
57. 北京市朝阳区南磨房乡幼儿园
58. 北京航空制造工程研究所银梦幼儿园
59. 北京工业大学后勤服务集团幼儿教育中心
60. 北京市朝阳区童欣幼儿园
61. 北京市朝阳区松榆东里幼儿园
62. 中国建筑材料科学研究院幼儿园
63. 中国农业机械化科学研究院幼儿园
64. 中国聋儿康复研究中心启聪幼儿园
65. 北京市工商业联合会安贞东里幼儿园
66. 中国传媒大学幼儿园
67. 北京师范大学实验幼儿园
68. 中华女子学院附属实验幼儿园
69. 北京星海艺术幼儿园

（张　明）

【民办幼儿园】

1. 北京市朝阳区培华实验幼儿园
2. 北京市朝阳区可儿观唐幼儿园
3. 北京市朝阳区华溢艺术实验幼儿园
4. 北京市朝阳区青苗大望路幼儿园
5. 北京市朝阳区美格双语幼儿园
6. 北京市朝阳区红黄蓝筑华年幼儿园
7. 北京市刘诗昆音乐艺术幼儿园
8. 北京市朝阳区满天星太阳宫幼儿园
9. 北京市朝阳区二十一世纪金茂府双语幼儿园
10. 北京市朝阳区启明国风双语幼儿园
11. 北京市朝阳区伊顿国奥村双语幼儿园
12. 北京市朝阳区朝花幼儿园
13. 北京市朝阳区金蓓蕾幼儿园
14. 北京市朝阳区金色摇篮潜能开发婴幼园
15. 北京市朝阳区北大学园幼儿园
16. 北京市朝阳区远洋星空幼儿园
17. 北京市朝阳区春宇凤凰苑幼儿园
18. 北京市朝阳区吉米小天使艺术幼儿园
19. 北京市朝阳区中育万科青青幼儿园
20. 北京市朝阳区北京师范大学奥林匹克花园幼儿园
21. 北京市朝阳区春风化雨双语幼儿园
22. 北京市朝阳区甘露艺术幼儿园
23. 北京市朝阳区幸福天使幼儿园
24. 北京市朝阳区海嘉实验幼儿园
25. 北京市汇佳幼儿园
26. 北京市朝阳区二十一世纪实验幼儿园
27. 北京市朝阳区凯尔宝宝望京幼儿园
28. 北京市朝阳区可儿丽水幼儿园
29. 北京市朝阳区北方之星来北幼儿园
30. 北京市朝阳区启明润泽双语幼儿园
31. 北京市朝阳区北方之星民族幼儿园
32. 北京市朝阳区又一城幼儿园
33. 北京市朝阳区青苗常青藤幼儿园
34. 北京市朝阳区管庄建东苑幼儿园
35. 北京市朝阳区幸福天使翠成幼儿园
36. 北京市朝阳区为明多元智能幼儿园
37. 北京市朝阳区向日葵艺术幼儿园
38. 北京市朝阳区向日葵逸翠幼儿园
39. 北京市朝阳区启明东润双语幼儿园
40. 北京市朝阳区幸福泉北苑幼儿园
41. 北京市朝阳区阳光起点幼儿园
42. 北京市朝阳区嘉德蒙台梭利双语幼儿园
43. 北京市朝阳区红黄蓝新天地幼儿园
44. 北京市朝阳区青苗幼儿园
45. 北京市朝阳区睿泽双语幼儿园
46. 北京市朝阳区艾毅新城小规模幼儿园
47. 北京市朝阳区满天星幼儿园
48. 北京市朝阳区骏德幼儿园
49. 北京市朝阳区春宇幼儿园
50. 北京市朝阳区好思之家三语幼儿园
51. 北京市朝阳区爱悦蓝天幼儿园
52. 北京市朝阳区卓悦童双语艺术幼儿园
53. 北京市朝阳区三为园托幼中心
54. 北京市朝阳区劲松红黄蓝幼儿园
55. 北京市朝阳区刘诗昆万象新天幼儿园
56. 北京市朝阳区伊顿首府双语幼儿园
57. 北京市朝阳区格顿双语东湖湾幼儿园
58. 北京市朝阳区青苗蓝港幼儿园
59. 北京市朝阳区博凯智能全纳幼儿园
60. 北京市朝阳区小牛津双语才艺幼儿园
61. 北京市朝阳区星河湾德福双语幼儿园
62. 北京市朝阳区伊顿双语幼儿园
63. 北京市朝阳区红黄蓝中灿苑幼儿园
64. 北京市朝阳区可儿幼儿园
65. 北京市朝阳区根姆赞蒂双语幼儿园
66. 北京市朝阳区双龙幼儿园
67. 北京市朝阳区伊顿慧智华侨城双语幼儿园
68. 北京市朝阳区新园双语幼儿园
69. 北京市朝阳区亚奥幼儿园
70. 北京市朝阳区手牵手幼儿园
71. 北京市朝阳区博识梦飞幼儿园
72. 北京市朝阳区德爱双语幼儿园
73. 北京市朝阳区京师实验幼儿园
74. 北京市朝阳区宝乐酷双语幼儿园
75. 北京市朝阳区小橡树三元桥幼儿园
76. 北京市朝阳区森润幼儿园
77. 北京市朝阳区聪明娃娃幼儿园
78. 北京市朝阳区馨德家双语幼儿园
79. 北京市朝阳区培基双语幼儿园
80. 北京市朝阳区吉美瑞幼儿园
81. 北京市朝阳区世纪阳光幼儿园
82. 北京市朝阳区德育苑双语幼儿园
83. 北京市朝阳区青苗望湖幼儿园
84. 北京市朝阳区宜宝双语幼儿园

85. 北京市朝阳区美真幼儿园
86. 北京市朝阳区德福双语幼儿园
87. 北京市朝阳区金禾小规模幼儿园
88. 北京市朝阳区可儿苹果幼儿园
89. 北京市忠德双语幼儿园
90. 北京市朝阳区淘乐思幼儿园
91. 北京市朝阳区石佛营幼儿园
92. 北京市朝阳区艾德维尔双语幼儿园
93. 北京市朝阳区孩子的故事幼儿园
94. 北京市朝阳区爱绿艺术幼儿园
95. 北京市朝阳区卧龙幼儿园
96. 北京市朝阳区大成经典小规模幼儿园
97. 北京市朝阳区王子岛双语幼儿园
98. 北京市朝阳区思贝乐幼儿园
99. 北京市朝阳区合生罗马幼儿园
100. 北京市朝阳区金博士幼儿园
101. 北京市朝阳区精诚实验幼儿园
102. 北京市朝阳区金雁幼儿园
103. 北京市朝阳区艾毅双语幼儿园
104. 北京市朝阳区威斯顿幼儿园
105. 北京市朝阳区家育苑幼托中心
106. 北京市朝阳区太阳宝贝双语幼儿园
107. 北京市朝阳区启航双语幼儿园
108. 北京市朝阳区幸福泉世茂幼儿园
109. 北京市朝阳区陶乐园托幼中心
110. 北京市朝阳区艾德沃双语幼儿园
111. 北京市朝阳区拔萃蓝天双语幼儿园
112. 北京市朝阳区孙瑞雪至尊宝宝幼儿园
113. 北京市朝阳区未来荣华北花园幼儿园
114. 北京市朝阳区红黄蓝东坝幼儿园
115. 北京市朝阳区新世界幼儿园
116. 北京市朝阳区家盒子童园幼儿园
117. 北京市朝阳区立城苑小金星幼儿园
118. 北京市朝阳区唐纳朝来幼儿园
119. 北京市朝阳区沃德兰双语幼儿园
120. 北京市朝阳区为明实验幼儿园
121. 北京市朝阳区阳光幼儿园
122. 北京市朝阳区艾毅多元智能幼儿园
123. 北京市朝阳区巧智博仁双语幼儿园
124. 北京市朝阳区爱丽尔幼儿园
125. 北京市朝阳区金雁飞鸣幼儿园
126. 北京市朝阳区子乐幼儿园
127. 北京市朝阳区好思之家三语小规模幼儿园
128. 北京市朝阳区二十一世纪安德鲁斯幼儿园
129. 北京市朝阳区凯尔宝宝婴幼园
130. 北京市朝阳区蓝星幼儿园
131. 北京市朝阳区百年嘉华幼儿园
132. 北京市朝阳区伊顿慧智双语幼儿园
133. 北京市朝阳区格顿双语幼儿园
134. 北京市朝阳区伊禾木双语幼儿园
135. 北京市朝阳区将台可儿幼儿园
136. 北京市朝阳区北大公学幼儿园
137. 北京市朝阳区红黄蓝和平里幼儿园
138. 北京市朝阳区东方子樾双语幼儿园
139. 北京市朝阳区爱迪幼儿园
140. 北京市朝阳区新世纪幼儿园
141. 北京市朝阳区小金星幼儿园
142. 北京市朝阳区三奕幼儿园
143. 北京市朝阳区花家地婴幼儿培育中心
144. 北京市朝阳区百年实验艺术幼儿园
145. 北京市朝阳区可儿金港幼儿园
146. 北京市朝阳区清华附中国际幼儿园
147. 北京市朝阳区红黄蓝幼儿园
148. 北京市朝阳区倍康宝贝水育小规模幼儿园

（张　明）

基础教育

【概况】 年内，有小学 87 所，教学班4594 个，在校生137932 人，教职工7431人，其中专任教师7005 人。小学入学率100%，巩固率100%，毕业及格率100%。中学 94 所（初中19所、高中2所、完全中学13 所、九年一贯制学校35所、十二年一贯制学校 25 所），教学班2014个（初中1498个、高中516个），在校生 48675人（初中34907 人、高中13768人），教职工13305人，其中专任教师10754 人；初中入学率100%，巩固率100%。工读学校1 所，在校生 17 人，教学班 2个。特殊教育学校1所，教学班22个，在校生284 人，教职工71 人。校外教育单位1个，教职工114 人。中小学教师学历合格率100%，高级专业技术职务教师2895人（小学619人、初高中2276人）。全年小学教育经费投入488289.15万元，其中国家拨款486989.23万元、自筹经费1299.92万元。全年中学教育经费投入393252.85万元，其中国家拨款386409.11万元、自筹经费6843.74 万元。

（张　明）

【入选轮滑运动示范学校】 1月16日，中国轮滑协会命名北京工大英才学校为中国轮滑运动示范学校。4月，学校参加区中小学生轮滑比赛，获中学组团体总分第1名；6月，参加京津冀第一届轮滑公开赛，获金牌8块、银牌5块、铜牌1块；11月，参加“奥园”杯第五届轮滑广场北京轮滑公开赛，获金牌3块、银牌4块、铜牌4块，轮滑社团评为优秀团队。

（张满伶）

【高三教师系列培训】 2月至4月，高中教研室对90名高三语文教师开展集中培训3次，重点围绕《考试说明》和高考试题开展解题能力提高学习和研讨；对32名高三政治教师进行4次高考政治新四项能力专项培训；对36名高三化学教师进行教材教法培训；对57名数学教师进行2次高考试题解题能力提高及总复习教学水平培训。

（何爱英）

【口语试题题库和机考测试命制】 2月至6月，教研中心初二英语教研员组织英语教师开展命制口语试题题库和机考测试专题活动。建设英语人机对话口语试题题库，利用题库总试题，组织机考测试3次。对62所初中校初二年级7000名学生进行加试，通过加试了解初二学生口语状况。

（何爱英）

【教师执行校长制实行】 3月7日起，新源里第四小学结合自身发展实际，实行“今日做校长”教师执行校长制，让普通教师参与学校日常管理工作，给教师提供才能展示平台，发挥教师潜质，促进领导与教师之间沟通与理解，增强队伍凝聚力。

（刘海娜）

【红领巾杯校园足球班级联赛】 3月24日至4月24日，定福庄一小举行“红领巾杯”校园足球班级联赛。联赛采取班级制，设置班级足球联赛、班级啦啦队、足球小报评比、足球征文评比等项目。全校三至六年级13个班级参加联赛。79名学生获足球征文及足球小报优秀奖，4个班级获优秀啦啦队奖，4个班级获年级优胜班。

（李　双）

【少先队名师工作室】 3月27日，区少工委“青春朝阳”少先队名师工作室成为全国少工委102个“全国少先队名师工作室”之一。全国优秀少先队辅导员、区总辅导员任丽为工作室带头人。工作室成员包括黑庄户学区王月清、北京明远教育书院实验小学陈莉等。名师工作室主要任务是引领区少先队理论科研研究，培养优秀辅导员及骨干队员，搭建交流、展示、比赛平台，为朝阳少先队理论研究及实践探索积累经验。10月30日至11月10日，在平房小学、陈经纶中学分校小学部、芳草地国际学校富力分校、新源里第四小学举办少先队名师工作室成果展示活动，推出13节优秀少先队活动课现场展示。少先队工作专家及名师工作室团队对活动课进行点评与指导。

（高云平）

【少先队员义务植树】 3月29日，区少工委组织白家庄小学望京新城校区90名少先队员陪同习近平、张德江、俞正声、刘云山、王岐山、张高丽等党和国家领导人在将台乡植树点参加首都义务植树活动。

（高云平）

【“爱拼更会赢”师生英语拼词大赛】 3月30日，酒仙桥少年之家举办2017年朝阳区“爱拼更会赢”师生英语拼词大赛。大赛围绕着“乐于展示、乐于交流、享受竞争、享受合作”理念，旨在给师生们提供一个英语快乐学习与交流平台，促使学生爱学习、会学习、自主学习，终身受益。70所小学校210名学生参加。

（周　伟）

【初中学科魅力月活动】 3月至4月，区教委举行初中学校学科魅力月活动。学校围绕某个学科一个核心问题，如学科命题、复习策略、教与学方式和实验实践等，开展校本化研究，以加强学科研究，适应教育改革需要。全区以义务教育学区为单位，开展课堂教学展示。

（汪　烨）

【线上线下立体英语教研】 3月至5月，教研中心初中英语学科以“捕捉明暗双线，解析完形填空”为主题，构建线上线下立体教研方式。线上15个学区在中国教研网“老赵英语教研工作坊”上传完形主题课思考及设计，线下选取不同学情3所学校，开展不同形式完形填空系列研究课，课后在线上分享、学习、研讨做课教师思路，帮助更多教师攻克初三完形填空英语难度。

（何爱英）

【中小学体音美教师教学技能评比】 3月至11月，北京教育学院朝阳分院附属学校组织区内中小学体音美教师教学技能评比。活动收集121个微格、169个微视频、186个教学设计，根据各学科特点分别评选出一等奖，其中微格12件、微视频17件、教学设计19个，同时纳入区教师授课资源库，供一线教师选择使用。

（宋　丹）

【润泽杯课堂教学大赛决赛】 4月6日至12日，中国教育科学研究院朝阳实验学校举行“润泽杯——让课堂成为提升学生核心素养的沃土”课堂教学大赛决赛活动。22节课均由初赛阶段荣获“精品课堂”称号教师担当，涉及语文、数学、英语、地理、生物、科学、音乐、体育共8个学科。大赛从启动到结束历时2个学期。初赛阶段涉及小学10门课程、中学13门课程，120人参赛，产生精品课26节、示范课43节、达标课51节。22人参加决赛，最终12人获“润泽杯”奖。

（陈月遵）

【校园剧进校园】 4月11日至29日，香河园少年之家先后为和平街中心小学、左家庄二小、新源里四小、三里屯小学分校、新源西里小学、黄胄艺术实验学校、对外经贸大学附属小学7所学校送去校园剧《你好，未来》，3000名学生观看。

（尤艺霖）

【挑战者杯英语演讲比赛增加新内容】 4月14日，草场地中学举办第五届“挑战者”杯英语演讲比赛。活动在个人主题演讲基础上，增加英文歌曲展示和班级团体话剧、课本剧展示，决赛环节增加大众评选环节。

（康　松）

【中考招生体检】 4月25日，保健所完成中考招生体检工作。81所中学、9354名初中毕业生完成体检，完全合格1215人、占12.99%，其中男生793人、占15.97%，女生422人、占9.61%。限报专业合格5679人、占60.71%，其中男生3314人、占66.75%，女生2365人、占53.88%。中专中技不合格2460人、占26.30%，其中男生858人、占17.28%，女生1602人、占36.50%。发现较严重疾病分别为：肺结核2例、畸胎瘤1例和巨大卵巢囊肿1例。

（车凤鸣）

【首届足球嘉年华活动】 4月28日，黑庄户中心小学举办“阳光少年、快乐足球、足球嘉年华”活动。高年级段项目有亲子毛毛虫赛跑、多人举球接力赛、碰碰足球对抗赛，中年级段项目有亲子篮球投篮积分赛、颠足球计时赛，低年级段项目有亲子足球射门积分赛、传球接力赛等。通过活动项目，学生与家长共同合作，寓教于乐，增进亲子关系，学校借活动向家长展示男女学生足球队训练成果。全校760名学生、300名家长参加活动。

（王　宇）

【科技英才科学实践活动】 4月29日，对外经贸大学附属中学组织高一、高二年级学生开展2017年“科技英才”科学实践活动。540余名学生自主选定课题，组成60余个研究性学习小组，分赴青岛、烟台、长春、沈阳等中科院各院所、科研基地、实验室、野外台站，围绕海洋科学、环境资源、应用化学、地理生态等领域，开展“海藻化学成分提取与检测”“蔬菜水果中的重金属含量检测及健康的影响”等课题研究。学生在科研人员现场授课、中科院专业研究人员指导下，进行实验设计、操作以及数据记录、分析，完整参与课题研究。

（尹　帅）

【垂杨柳中心小学开发图书馆课程】 4月30日，垂杨柳中心小学图书馆课程第一次开课。学校图书馆藏书5万册，线上图书8000册。学校成立图书馆课程开发小组，秉承“全员育人共同成长”理念，研发漫话三国、中国文字、品读经典、数尽其能、舞之蹈之、英语绘本、人体奥秘、禁毒教育8类主题阅读课程，为各主题课程构建教学流程与评价机制；学生线上阅读与线下阅读相结合，分组学习、交流分享、激发兴趣，获得新知。

（于松建）

【4所学校成立】 4月，经朝阳区机构编制委员会批准，设立清华大学附属中学广华学校，为十二年一贯制学校；中国科学院附属实验学校高中部与初中部剥离，成立中国科学院附属实验学校分校，业务范围为普通高中（纯高中学校）；朝阳区实验小学润泽校区与本校剥离，成立朝阳区实验小学润泽分校，业务范围为小学。11月，朝阳区呼家楼中心小学万科青青校区与本校剥离，成立朝阳区呼家楼中心小学青青分校，业务范围为小学。

（张志达）

【6所学校更名】 4月，经区机构编制委员会批准，北京市朝阳区望京新城南湖中园小学更名为北京明远教育书院实验小学，北京市朝阳区望京南湖东园小学并入该校。9月，北京师范大学朝阳附属小学并入北京师范大学朝阳附属中学，更名为北京师范大学朝阳附属学校，为九年一贯制学校。北京市垂杨柳中学更名为北京汇文中学朝阳垂杨柳分校，北

京市华侨城黄冈中学更名黄冈中学北京朝阳学校。11月，北京市豆各庄中学更名为北京市第一七一中学朝阳豆各庄分校，北京市五路居第一中学更名为中国教育科学研究院朝阳实验学校，北京工业大学附属中学双合分校更名为北京市第五中学朝阳双合分校。上述学校更名后其他机构编制情况不做调整。

（张志达）

【第五届中小学生天文辩论赛决赛】 4月至5月，青少年活动中心举办朝阳区第五届中小学生天文辩论赛决赛暨北京天文馆展示活动。50余所学校7000余名学生参赛。5月5日，48支代表队近250名中小学师生经过初赛、决赛，最终中国人民大学附属中学朝阳分校和芳草地国际学校远洋小学2支代表队分获中学组和小学组冠军。

（张　弛）

【劲松第四小学舞蹈展演获金奖】 5月10日，劲松第四小学金帆舞蹈团参加北京市第二十届学生艺术节展演，原创作品《松舞飞扬》获展演金奖。

（陈立华）

【第十届中小学阅读日学术研讨会】 5月18日，举办第十届中小学阅读日学术研讨会。活动以“阅读课程设计与实施”为主题，花家地实验小学、八十中学等5所学校分别以学生核心素养为发展目标，以“课本”“读本”“整本”为课程单位，以“读”为基本路径，介绍主题阅读课程构建体系和开展阅读教学做法。清华附小商务中心区实验小学做学科内渗透式、学科间融合式和超学科消弭式阅读课28节，与会专家与授课教师进行阅读课程设计与实施对话，清华大学谢维和教授以“阅读与儿童”为主题做学术讲座，来自市内各区县及天津、江西和广西等省市自治区教师代表500余人参加。

（王鸿雁）

【樱花园实验学校木偶剧首演】 5月31日，樱花园实验学校首部由小学生创作木偶剧《寻找七彩心》在中国木偶剧院举行首演开幕式。

（吴　晨）

【少先队优秀课例评选】 5月至6月，区少工委开展少先队优秀课例评选活动。主题包括少先队员责任意识培养、感恩教育、环保理念学习、红领巾相约中国梦、向习爷爷说句心里话等，收到各校参评课例97件。9月12日，经专家评审，平房小学刘颖、芳草地小学富力分校隗合刚等13位辅导员课例获区级一等奖。

（高云平）

【G20全球网络课堂展示活动】 6月6日，朝阳外国语学校在高中部举办“放眼国际，思想交锋”G20全球网络课堂系列展示活动。活动设20个小组，120名学生参加。G20全球网络课堂活动由德国财政部等部门联合发起，邀请全世界适龄青少年对世界经济发展提出青少年创意。朝阳外国语学校为获邀中方学校参与代表之一。

（姚　瑶）

【香河园少年之家微电影获奖】 6月17日至18日，香河园少年之家校园微电影《彩色便签》《温暖童心》顺利开拍。《彩色便签》讲述儿童之间关爱互助故事，《温暖童心》讲述儿童之间助人为乐故事。《温暖童心》获中宣部《时事报告》杂志社、中国儿童少年电影学会全国青少年学生微电影展优秀奖，《彩色便签》获全国青少年学生微电影展一等奖。

（尤艺霖）

【二外附小举办首届校园诗词大会】 6月，北京第二外国语学院附属小学举办首届校园诗词大会。诗词大会主题为“穿越文化经典·品味诗词之韵”，旨在弘扬中国传统文化，继承和发展中华民族文字遗产。活动打破年级和班级限制，分低、中、高三个学段进行，设“诗韵书院”“白首北面”“曲水流觞”“大梦方醒”“书生擂台”“请君入瓮”6个主题场馆，采用情景化、角色化、互动式体验方式，帮助学生学习、运用古诗词，引导学生继承和发扬中华优秀传统文化。

（邵　帅）

【西藏拉萨中小学生接待】 7月30日，芳草地教辅中心接待西藏拉萨中小学50名学生、10名教师参观中心非遗项目。中心教师带领他们参观校园文化，走进专业教室感受非遗兴趣培养课程，体验结绳、毛猴、九连环3个非遗项目。

（范　均）

【高中新生军事训练】 8月，朝阳区25所高中和职高学校近5100名新生参加入学前军事训练活动。军训前期，各校针对学生心理及身体情况、军训活动往返交通、军训场地设施及军训期间天气情况制定军训工作及安全预案、应急措施等方案。军训期间，学校领导、教师对全过程进行实时监控，保证新生军事训练安全。

（徐　芳）

【双轨制学校艺术教育创新】 9月1日，中国音乐学院附属北京实验学校“六年基础特色+三年专业特长”双轨制学校建设取得新进展，双方联合举办艺术特长班首批学生入学。学校开设国乐、西乐2个器乐特长班，由中国音乐学院提供专业课程以及优秀教师资源。双方通过合作办学实现“两个人才培养模式”（常规人才培养模式和专长人才培养模式）教育发展目标。

（王义刚）

【金盏学校举办课程建设论坛】 11月1日，金盏学校为庆祝建校100周年，举办“金盏花开 芬芳百年”课程建设论坛暨京津冀学校协同发展推进会。金盏学校成立于1917年，历经私塾教育、国民教育等阶段，于2010年9月由金盏小学、长店小学、北马房小学、金盏中学4校合并为九年一贯制学校。活动中，学校与河北省阜平县夏庄学校签订手拉手合作协议，促进两校在现有基础上向更好、更快目标发展。

（张　玉）

【双桥第二小学举办科技节实践活动】 11月1日，双桥第二小学举办校园科技节实践活动。科技节以“科创时代 智创未来”为主题，为学生搭建一个具有“体验、互动、趣味”特征、全体学生均能参与科技教育活动平台，设有发光贺卡、进化那点事儿、植物中DNA提取实验等多个科技体验科目，让学生在活动中体验科学乐趣，增长知识，学会活学活用。

（古树东）

【于家围小学开展课程建设实践】 11月17日，于家围小学以“增强教师课程意识，培养课程开发能力”为主题开展课程建设实践活动，并申报为学校创新项目。项目完成课程理论素养提升、学科课程标准内化、课程设计，并举行多学科课程建设阶段交流汇报。有14名教师设计出4类14门课程参与实践活动。

（郑　波）

【七十一中学举行主题文化节】 11月24日，七十一中学举行“传承中华经典 构建书香校园”主题文化节，向全校学生家长展示学校特色课程文化。展示课程包括师生经典诵读、中华武术、剪纸、团扇、书法、二胡、快板、名著配音等中国风节目，以及情景剧、英文经典朗诵、歌曲、街舞、健美操、花样跳绳等节目。

（杨　帅）

【八十中学睿德分校龙狮团获奖】 11月28日，八十中学睿德分校龙狮团作为北京市唯一一支代表队，在江苏镇江参加第十届全国舞龙舞狮锦标赛自选套路和传统套路2项比赛，双双获少年组第1名，并获锦标赛唯一最佳表演奖。第十届全国舞龙舞狮锦标赛由中国龙狮运动协会主办，全国各地20个省市68支代表队，近700名运动健儿参加比赛。

（周　桐）

【三里屯小学儿童摄影学校挂牌30年庆祝活动】 12月2日，在北京服装学院举办儿童摄影学校挂牌30年暨北京服装学院三里屯小学“高参小”项目成果展示活动。“儿童摄影学校”于1987年挂牌。校长朱勇哲和学生代表围绕儿童摄影学校教育理念和摄影创作经验做主旨演讲，中国摄影家协会、市教委领导、各界友人和53所联盟校代表，共同分享摄影特色办学经验，研讨新媒介在教育中应用策略和途径。活动期间，学校通过首届摄影创意嘉年华、摄影展、教育论坛、课程展示等形式展示交流摄影教育成果，同时举办由学校、媒体机构、展览场馆等53家单位联合组建的公益组织“新媒介教育联盟”成立仪式和揭牌“刘建昌摄影教育工作室”。

（侯海涛）

【电子书包进课堂】 12月6日，一节科学课“各种各样的能源”走进课堂，这节课学生采用电子书包为学习资源，在“怎样让风车转起来”主题活动中，通过电子书包学生端进行研讨、交流、汇报、与教师互动，教师利用教师端软件拍摄记录学生实验记录、实验过程和实验结果。在互助教学活动中，学生们精心设计、成果精彩，彰显科学课堂魅力。区教委互动课堂项目负责人到校指导。

（雷丽芸）

【北京中学生社会实践挑战赛】 12月12日，陈经纶中学高中部在市教委主办2016—2017学年北京中学生社会实践挑战赛总决赛300余个参赛项目中，获4项大奖，获奖数量位居朝阳区第1。其中，“我为小区狗屎问题出谋划策”项目在Top15大奖中位居第1；“云南楚雄国际微笑行动——志愿者的微笑行动”“北京仁爱慈善基金会奉送爱心粥”“小太阳公益学校”3个项目获创新奖，在北京市40个创新奖中占据3席。

（黄　杰）

【学农实践活动】 年内，区学农实验校在工业大学实验学校、七十一中学基础上，新增二外附中、华中师大一附中朝阳学校、对外经贸大学附中和劲松一中4所。实验校1200多名初中学生走进昌平中国农业机械站和房山北京农业职业技术学院参加一周学农教育实践活动，了解农业作物生长情况，体验农业生产劳动过程。

（张丽娟）

【教育部门办小学（不含一贯制学校小学部）】

直属小学（20所）

学校	地址	值班电话	传真电话
1. 芳草地国际学校	日坛北路1号（本校）	85635120	85613856
	北四环东路71号（万和城校区）	84639335	84632125
	双花园南里二区15号院1号楼（双花园校区）	87721406	87511985
	朝阳门外雅宝里1号（民族校区）	85630356	85622389
2. 芳草地国际学校世纪小学	育慧东路3号	84624378	84624378
3. 芳草地国际学校远洋小学	八里庄西里78号	85865631	85865631
4. 白家庄小学	三里屯南路40号（本校）	65025893	65060121
	核桃园北里甲2号（本部南部）	65061623	65076055
	望京西园四区408楼（新城校区）	64703053	64706630
	望京西园一区117楼（科技园）	64747679	64747289
	朝阳门外大街杨家胡同3号（朝外）	65522165	65527258
5. 朝阳实验小学	幸福一村4巷36号（本部）	64154368	64154564
	水岸庄园1107号（润泽校区）	84999852	84999853
6. 朝阳实验小学罗马嘉园分校	朝阳北路罗马嘉园（罗马嘉园分校）	58627466	58627468
7. 朝阳实验小学南校	小红门后街130号（南校）	87608361	87605731
8. 朝阳区师范附属小学	和平街11区17楼（和平街校区）	64212623	64206809
	太阳星城夏家园8号楼旁（太阳星城校区）	52018678	
	望京利泽西园116号楼（望京校区）	64711496	
	曙光里社区（西坝河高部）	64686967	
	西坝河东里19号（西坝河低部）	64675043—0	
9. 星河实验学校	朝阳北路四季星河路1号院（星河湾校区）	85560416	85560416
	朝阳区甘露园中街（天鹅湾校区）	59075091—8000	
10. 北师大奥林匹克花园实验小学	东坝京奥家园288楼	51079190—8001	51079636
11. 北师大朝阳附属小学	林萃路倚林佳26号楼	82723310	82723187

学校	地址	值班电话	传真电话
12. 花家地实验小学	望京中环南路花家地小区18号楼（花家地部）	64737775—815	84780010
	朝来绿色家园蕴实园6号（朝来校区）	84953717—801	
	北四环东路甲9号（方舟校区）	58233436—801	
	花家地113号楼（花西部）	64706853—200	
13. 清华附小商务中心实验小学	建国门外大街4号	59009192—8000	58693387
	朝阳区建外砖厂胡同33号	65023002—8000	65021296
14. 府学胡同小学朝阳学校	六里屯苇子坑路101号东侧	59283928 59283430—8008	59283005
15. 北京市第二实验小学朝阳学校	茂兴东路11路	87152715—8000	87152717
16. 朝阳区第二实验小学	管庄东里55号（管庄高部）	65761083—0	65753171
	建东苑19号（管庄低部）	65713171—601	65717353
	双桥路4号（双桥高部）	85365525	85369262
	双桥小寺村西（双桥低部）	65427168	65427168
	常营中路7号院（北辰福地校区）	57923856	57923856—1106
	远洋新悦小区（远洋一方校区）	56497613—1000	56497876
17. 首都师范大学附属朝阳实验小学	垡头翠成馨园219号楼（翠城北校区）	67368277—8051	67202809
	垡头翠成馨园E区444号楼（翠成南校区）	87523733—8050	67293003
	垡头西里8号楼（金蝉北校区）	67383315	67370080
	垡头西里三区9号楼（金蝉南校区）	67383314	67378548
18. 中国人民大学附属中学朝阳实验学校	朝阳区太阳宫新区D区	84296255	84296255
19. 中国音乐学院附属北京实验学校	安慧里4区12号楼（本部）	64913239	64982906
	仰山路9号（北辰绿色家园校区）	84369529	
	慧忠北里409号楼	64864377	
20. 北京市朝阳区实验小学润泽分校	水岸庄园1007号		

幸福村学区（7所）

学校	地址	值班电话	传真电话
1. 幸福村学区	西坝河西里15号楼	64285136	64285136
2. 三里屯小学	三里屯东街4号（本部）	64150873	64150873
	柳芳北里18号楼（柳芳里分部）	64621209	
3. 新源西里小学	新源西里中街17号	64673010—8011	64661615
4. 新源里四小	三源里北小街5号（本部）	64641522	64635036
	三源里街13号（分部）	64641509	
5. 左家庄二小	左家庄前街2号	64662588	64662588
6. 黄胄艺术实验小学	西坝河中里37号楼（本部）	64656080	64654119
	西坝河西里15号楼（分部）	64273150	
7. 和平街中心小学	和平街12区（本部）	64277790	64212713
	和平街13区（分部）	64224009	
8. 对外经贸大学附属小学	惠新里甲243号	64811187/64810772—801或802	64810013

垂杨柳学区（6所）

学校	地址	值班电话	传真电话
1. 垂杨柳学区	松榆西里3号楼	67782086—0	67712508
2. 垂杨柳中心小学	朝阳区松榆西里40号楼（本部低部）	87370915—8001	
	朝阳区松榆西里3号楼（本部高部）	67321545—0	67317890
	垂杨柳南里3号楼南（杨柳低部）	67783259—8000	67796510
	垂杨柳北里（杨柳高部）	67720128—8000	67721008
	朝阳区劲松1区124楼（杨柳中部）	67784949—0	87778212

学校	地址	值班电话	传真电话
3. 垂杨柳中心小学金都分校	百子湾西里 430 号（金都低部）	67783274—8000	67787789
	百子湾西里 112 号（金都高部）	67760742—8011	67769685
4. 劲松四小	劲松七区甲 713 楼（本部）	67785781	67750342
	劲松七区 706 楼（南校）	67781919	67712550
	垂杨柳南街 13、14 号（北校）	67783150	87771649
	朝阳区劲松 417 楼（东校）	67782219	67757767
5. 劲松三小	广渠门外东架松 24 号	67782086—0	87712151
6. 南磨房中心小学	松榆东里社区 3 号楼（低部）	67317538	87384787
	双龙小区 226 号（高部）	87327628	67317539
7. 田华小学	紫南家园社区田华小学	87352953	87352915

呼家楼学区（4所）

学校	地址	值班电话	传真电话
1. 呼家楼学区	呼家楼西里七巷 12 号	65022087	65022087
2. 呼家楼中心小学	呼家楼西里七巷 12 号（本校）	65022087	65022087
	呼家楼西里甲 5 号（西校区）	65003408	65065609
	金台西路 2 号院（东校区）	65954923	65954923
	新街大院（南校区）		
	南豆各庄 5 号院（青青家园分部）	85301847	85301857
3. 团结湖小学	团结湖北头条 10 号楼（本校）	65825526/65824091	65825118
	六里屯 13 号（丽水嘉园校区）	65919502	
4. 日坛小学	通惠家园惠生园 20 号（四惠校区）	65584309	65584121
	十里堡甲 3 号院 13 号楼（东恒学区）	58624124	
5. 团结湖二小	团结湖中路南二条 1 号楼	85989512—8001	85989121

八里庄学区（9所）

学校	地址	值班电话	传真电话
1. 八里庄学区	八里庄北里 114 号	85833007—0	85825970
2. 八里庄中心小学	慈云寺北里 117 号（本部）	65574553	65577948
	八里庄北里 114 号（北里校区）	85833007—0	
3. 平房小学	平房南街 96 号	85573217	85575176
4. 甘露园小学	甘露园南里一区 18 号	85771712	85783880
5. 康乐园小学	康家园小区 14 楼	85775875—0	85746545
6. 石佛营小学	石佛营东里 125 号（本校）	85815228	85821705
	石佛营西里 28 号楼（分校）	85811944	
7. 将台洼小学	东风乡将台洼	84301535	84301535
8. 国美家园小学	青年路西里 1 号院 1 号楼	52063116—0	52069578
9. 北马各庄小学	金盏乡北马各庄村	65419803—801	65419803
10. 楼梓庄小学	金盏乡楼梓庄村	84316551	84313160

酒仙桥学区（10所）

学校	地址	值班电话	传真电话
1. 酒仙桥学区	南湖中园二区 239 楼	64706415—188	64705275
2. 明远教育书院实验小学	望京南湖中园 239 楼（本校）	64706415—188	64705275
	望京南湖中园 309 楼（知语城分校）	64790026—8053	
	望花路东里 7 号（望花路分校）	64723888	
	望京南湖东园 109 号楼（本校）	64710957	
	红军营南路 108 号（青年城分校）	84954606	

学校	地址	值班电话	传真电话
3. 酒仙桥中心小学	酒仙桥路乙28号（本部）	64358508—8000	64373914
	驼房营南里2号院22楼（梵谷水郡校区分校）	64347501	
	将台乡驼房村210号	64372379	
4. 酒仙桥二小	酒仙桥红霞路9号	64377543	64323893
5. 大山子第二小学	酒仙桥路甲1号	64328695	64369697
6. 将台路小学	芳园里小区	64349027	64322526
7. 高家园小学	高家园小区112号	64373123—8001	84565875
8. 北皋中心小学	崔各庄马南里小区	64371370	64325641
9. 苇沟小学	孙河乡前苇沟村	84311933—8001	84320279
10. 奶子房小学	崔各庄乡奶子房西村	84709118	64320324
11. 上辛堡小学	孙河乡上辛堡村	84790276—8000	51274722

管庄学区（6所）

学校	地址	值班电话	传真电话
1. 管庄学区	定福庄南里2号	65761705	85765792
2. 中国传媒大学附属小学	定福庄南里2号（高部）	65761705	65791268
	定福庄北里1号（中部）	65761547	
	大黄庄1号（低部）	65761108	
3. 二外附小	京通苑39号	65709825	65707902
4. 兴隆小学	兴隆家园31号	85756182	85756216
5. 定福庄一小	三间房西村	65767934—8000	65773083
6. 高碑店中心小学	高碑店乡高西店村甲1号	85761245	85761147
7. 半壁店小学	广渠东路半壁店村	87743386	87743921

黑庄户学区（10所）

学校	地址	值班电话	传真电话
1. 黑庄户学区	王四营乡柏阳景园白鹿司中街3号	67207027	67207726
2. 黑庄户中心小学	黑庄户乡黑庄户村	85382787	85386776
3. 王四营中心小学	观音景园201号楼	51351011	51351005
	官庄村	67292576	67292785
4. 万子营民族小学	万子营东村	85383370	85386660
5. 双桥第二小学	双桥中路乙5号	85395632 —8000	85395525
6. 定辛庄小学	定辛庄村	85370574	85372136
7. 豆各庄中心小学	豆各庄乡豆各庄村	67364404	87392886
8. 于家围小学	朝阳区石槽村	85367186	85367186
9. 孛罗营小学	王四营乡孛罗营村194号	87393180—0	87390082
10. 柏阳学校	王四营乡白鹿司中街1号	67207027—811	67207029
11. 官庄小学	王四营村官庄村南	67364290—0	67372863

十八里店学区（8所）

学校	地址	值班电话	传真电话
1. 十八里店学区	十八里店乡十八里店村127号	67478516—606	67474440
2. 十八里店中心小学	十八里店乡十八里店村127号	67478516—606	67483926
3. 新升小学	周庄嘉园东里甲28号	67330546—8008	67318053
4. 张家店小学	十八里店乡横街子村910号	87303606—801	87303493
5. 祁庄小学	十八里店乡吕家营村175号	87693280	87694976
6. 小武基小学	十八里店乡小武基村46号	67364288—802	67373386
7. 老君堂小学	十八里店乡老君堂村276	67383445	67384701

	学校	地址	值班电话	传真电话
8.	牌坊小学	小红门乡少角中街1号院（本校）	87612739—8000	87612739—8017
		小红门乡肖村后街15号	67689857	87611662
9.	西直河小学	十八里店乡西直河村	67383841-8006	67383931

（张　明）

【中学（教育部门办学71所）】

	学校	地址	值班电话	传真电话
1.	陈经纶中学	朝外大街38号（高中部）	65094792—8017	65094797
		东大桥路15号（初中部）	85617985	
		广渠路28号院307楼（帝景校区）	58633769	
		常营高安屯路35号（保利校区）	57922568—4539	
2.	陈经纶中学嘉铭分校	北苑路86号3区7号（嘉铭分校东校区）	84857604—8000	
		朝阳区北苑路170号9号院（嘉铭分校欧陆校区）	64969036	
		安慧北里安园5号（嘉铭分校西校区初中）	64952374—8001	
		安慧北里秀园18号楼（嘉铭分校西校区小学）	84976801	
		安慧北里安园9号楼（嘉铭分校西校区住宿）	64925745—802	
3.	陈经纶中学	朝阳区王四营乡官悦欣园B区(小学部)	87151463	
	崇实分校	朝阳区王四营乡官庄村南（初中部）	67364290	
4.	陈经纶中学分校	利泽西街4号院（东湖湾校区）	64707533	64707538
		望京南湖东园二期223号（南湖东园校区）	64707533	
		利泽西园210号（小学部）	64786228—801	
5.	芳草地国际学校富力分校	豆各庄乡大鲁店北路30号	59641731—8003	59645296
6.	三里屯一中	北三里屯路甲5号（三里屯校区）	64166435	64162264
		幸福村路41号（幸福村校区）	64154635	
		后现代城百子园20号（百子园校区）	87766174	
7.	十七中学	百子湾家园404号（百子湾校区）	87517309—8053	87210264
		高碑店村西店村甲1号（高碑店校区）	85758343—8601	85759093
		陶家湾甲80号（陶家湾校区）	65503902—8024	85766473
		百子湾东里105号（沿海赛洛城校区）	87214116—8021	67715336
8.	华侨城黄冈中学	东四环金蝉欢乐园1号院甲1号楼（华侨城校区）	67385479—8023	67389318
		翠城馨园317号楼（初中部）	67361203—8173	
		垡头西里二区（垡头校区）	67377202	
9.	人大附中朝阳学校	太阳宫南街8号（东校区）	84158123	84158318
		芍药居北里303号（西校区）		
		芍药居北里212号（小学低部）		
10.	北京汇文中学朝阳垂杨柳分校	十八店乡弘善家园201楼	67319045	67345732
11.	工大附中	双井富力城小区（富力城校区）	58766868	58768355
		营盘沟路8号（首城国际校区）	67397742	
		垂杨柳中街旱1号（垂杨柳校区）	67781820—8010	
12.	工大附中双合分校	王四营乡双合家园8号院（双合校区）	67369727	
13.	工大附中双桥分校	双桥中路	85365502	85363065
14.	北京工业大学实验学校	潘家园华威西里48号（南校区）	67779121	67770358
		劲松四区406楼（北校区）	67783070	
15.	北京中学	西坝河东里一号	50981199	50981098
16.	和平街一中	和平街八区16楼（和平街校区）	64293036	64293036
		北苑家园莲葩园1号（北苑莲葩园校区）	84957677	84957677
		朝来绿色家园赢秋苑临25号（朝来校区）	84955041	84955041
		北苑家园清友园15号楼（北苑清友园校区）	84967660	84962241

学校	地址	值班电话	传真电话
17. 中医学院附中	和平街15区	64289324	64289324
18. 呼家楼中学	呼家楼西里南街2号	65066670	65087815/65081105
19. 青年政治学院附属中学	大山子西里10号	64372718	64365325
20. 化 大 附 中	惠新里38号（高中部）	64936658—8001	64936574
	安苑北里小区7号楼（初中部）	64911725—8000	
	安苑北里6号楼（小学部安苑校区）	64910182—0	
	小关北里205号楼（小学部小关村区）	64919764—8010	
21. 八 十 中 学	望京北路甲16号（高中部）	58047100	64745778
	白家庄西里2号（初中部）	59037001	59039016
22. 八十中学睿德分校	小红门路5号	52592678/52592671	
23. 八十中学枣营分校	枣营南里1号(中学部)	65025417—0	65917920
	枣营北里12号楼（小学部）	65034393	
24. 八十中学实验学校温榆河分校	崔各庄乡崔各庄村北	64385341—8000	64365618
25. 八十中学管庄分校	管庄西里（管庄校区）	65761485	65792376
	单店西路12号（常青藤校区）	65496319	65463984
26. 八十中学体育运动学校	平房乡平房村1861号	85574462	85573746
27. 东方德才学校	小庄东里38号（红庙校区）	65911983	85970292
	金台北路40号（初一及国际部）	85961301	
	道家园甲7号（小学低部）	65060405	65061935
	延静西里9号院（小学高部）	65934280—8305	65912252
28. 日坛中学	建外光华西里4号（本校）	65910558	65068385
	永安里10号（本校初中部）	65685498	
	南十里居38号（东润分校）	64374054	
	通惠家园惠泽园3号（四惠分校）	59673988	
	甘露园南里1区10号楼（甘露园分校）	85772185—0	
	东四环北路3号（阳光上东小学）	64374054	
29. 日坛中学实验学校	八里庄西里10号（初中部）	65560166	65565615
	八里庄东里10号	65488390	
	十里堡北里晨光家园220号（小学部）	85527255	
30. 二外附中	管庄东里（高中部）	85094547	65756119
	管庄办事处西侧（初中部）	65762291	
	八里桥北	85700363	
	瑞祥里小区17号区	85708655—8000	
31. 中国科学院附属实验学校	科学园南里703号（小学科学园分部）	64876586—810	82846980
	南沙滩33号楼（小学南沙滩分部）	64871575—8003	
	华严北里21号楼（华严里学部）	82848995—8000	
	华严北里68号楼（初中部）	82844649—8001	
	南沙滩6号楼（高中部）	64879324—8128	
32. 对外经贸大学附属中学	朝阳区南湖中园315楼（高中部）	64725572	64790087
	花家地北里18、19楼（初中部）	64728669	
33. 对外经贸大学附属中学朝阳新城分校	朝新嘉园东里六区10号院（朝阳新城分校本部）	85094361	850942586
	东坝娘娘庙街72号（一分部）	84311847	
	东坝西北门84号（二分部）	84311549	
	东坝白衣庵街（三分部）	84328836	
34. 对外经贸大学附属中学机场分校	首都机场燕翔西里19号	64576844—6000	64576845/64564797
35. 首师大附属实验学校	望京花园133号（花园校区）	64745843	64745839
	花家地西里105号（花西校区）	64727530	
	望京西园四区428号（西园校区）	64702847	

学校	地址	值班电话	传真电话
36. 体育场路中学	工体南路1号	65524274—116	65516563
37. 北京工业大学附属中学英才分校	磨坊北里230号(本部)	87373400—802	87373401
	农光里1号(沙小校区)	67312193	67347843
	平乐园小区103号（平小校区）	67315049	67315048
38. 劲松一中	劲松一区125楼（西校区）	67796413	67796413
	农光东里100号（东校区）	67306078	
39. 朝阳外国语学校	风林绿洲23号（小学部）	64830871—104	64939287
	慧忠里216号（小学部）	64958690	
	慧忠里414号（小学部）	64921679—8000	
	慧忠里232号（初中部）	64989474	
	慧忠北里203号（初中部）	64860864	
	慧忠里217号（住宿部）	64974327	
	来广营清河营中街东口（高中部）	84870908	
	来广营清河营中街148—1（来广营校区小学部）	64133479—8000	
	来广营清河营中街148—4（来广营校区中学部）	84932641—8000	
40. 朝阳外国语学校北苑分校	来广营乡北苑村临2号	84922680	84932285
41. 五路居一中	安贞西里一区13号楼	64426628—8000	64448507
	安贞西里二区28号（小学高部）	64414922	
	安贞里二区17号（小学低部）	64424243	
	安华西里三区3号（安华里校部）	64212313	
42. 樱花园实验学校	樱花园小区16号楼（初中部）	64439334	64428428
	樱花园小区18号楼（小学部）	64442398	
43. 八里庄三中	八里庄北里203楼	85835028—8042	85847923
44. 团结湖三中	水碓子东路14号（初中部）	85985347	85981827
	团结湖中路8号（高中部）	85970620	
45. 北京教育学院朝阳分院附属学校	朝外慈云里甲1号（中学部）	65021293—8001	85952080
	朝外英家坟2号楼（小学部）	65031287—8000	
46. 教育研究中心附属学校	酒仙桥南路甲7号（本部）	64371227	64372045
	酒仙桥十街坊三号（分部）	644338976	
47. 中央商务区实验学校	西大望路下甸甲1号（初中部）	67781103—8000	67781103—8000
	西大望路五号（小学部）	65813892—8000	
48. 望京实验学校	望京西园三区313楼（本校）	64727464—8000	64759571
	望京东园113楼（宝星分校）	84780946—8000	84780942
49. 草场地中学	崔各庄乡草场地77号	64389502—801	64389962
50. 奶子房中学	朝阳区崔各庄乡奶西村626号	84911296	84700272
51. 民族学校	常营民族家园12号	65481748	65481700
52. 十八里店中学	十八里店周庄甲一号	67472284—0	67477674
53. 七十一中学	小红门龙爪树834号	67622310—8001	67643226
54. 楼梓庄中学	金盏乡楼梓庄村北后街2号	84390668	84319147/84319146
55. 十六中学	东坝红松园甲3号	51883244	51883248
56. 金盏学校	金盏大街1号	84333187—8001	84333174
57. 一七一中学朝阳豆各庄分校	南豆各庄乡豆各庄村	67364392—805	87391169
58. 九十七中学	黄杉木店206号	85525287	85521608
59. 黑庄户中学	黑庄户乡政府东侧	85383656—1000	85380057
60. 中国传媒大学附属中学	大黄庄西里1号	65795950	65793775
61. 北师大朝阳附属中学	林萃西里8号	82721627	82720310
62. 润丰学校	青年路西里6号院	85515988—6010	85519898
63. 东北师范大学附属中学朝阳学校	楼梓庄路临6号	52060110	52060100

	学校	地址	值班电话	传真电话
64.	清华大学附属中学朝阳学校	新源街31号（本校）	64652102	84482386
		新源西里中街8号（新源里校区）	64673757	
		新源里12号（小学部）	64668990	
		柳芳南楼20号（柳芳校区）	64652461	
		朝阳区建安里甲30号（三元桥校区）	64673052	
65.	华中师大一附中朝阳学校	华章路6号院一号楼2号	85855215	85854173
66.	北师大三帆中学朝阳学校	南湖南路12号	64711515—8116	84294863
67.	新教育实验学校	常营住欣园小区102号	57914238—8032	57914128
68.	高家园中学	高家园小区210号	64375830	64345274
69.	北京景山学校朝阳学校	来广营创达路62号	58540999—1304	58540926
70.	八十中学实验学校康营分校	康营家园14区西侧108楼	84354838—8052	84354807
71.	西藏中学	北环东路高原街1号		

（张　明）

【民办中小学】

	名称	地址	值班电话	传真电话
1.	北京拔萃双语学校	平房北街 137 号	65497035	65496627
2.	乐成国际学校	百子湾南二路 77 号	87717171—1246	87717778
3.	爱迪外国语学校	楼梓庄路 8 号	84392266	84391583
4.	青苗国际双语学校	南十里居 38 号	51307951—0	51307946
5.	忠德学校	东苇路 9 号	51397425	51397602
6.	北京市力迈中美学校	仰山路 2 号	84928247—2052	84928241
7.	世青国际学校	花家地北里 18 号	64617779	64617717
		高家园 210 号		
		来广营新生村新生路 11 号		
8.	新亚中学	十八里店乡 886 号	67473875	67473938
9.	国际艺术与科学学校	麦子店正街 53 号	65911051	65911051
10.	金色河畔高尔夫学校	孙河北甸甲 1 号	80466066	80466066
11.	朝阳外语小学	胜古家园 7 号楼	64442623—101	64447414
12.	金色摇篮全程实验学校	慧忠北里 119 号楼	64839189—111、112	64849403
13.	精诚实验小学	和平街十三区	64279253—1107	52091068
		华严里 34 号	52091068	
14.	启明星双语学校	崔各庄乡奶东村顺白路 2 号	64337366—0	84705221
15.	实验外国语学校	朝阳路 3 号	57922545	57922575
16.	安民学校	和平东街 14 区 9 号楼东	64284929	64285279
		百子湾路水南庄 1 号		
		东坝乡七棵树（西坝校区）		
		崔各庄乡马泉营村（马泉营校区）		
		东风乡辛庄（辛庄校区）		
		东坝乡单店（单店校区）		
		平房乡姚家园旧路（姚家园校区）		
		将台乡东八间村（东八间房校区）		
		三间房乡定福庄北里（定福庄校区）		
		金盏乡黎各庄村（黎各庄校区）	13910758718	13910758718
		十八里店乡小武基村（小武基校区）	13552207211	13552207211
17.	星河双语学校	十八里店乡十里河村	67330154	87377907
		北京市朝阳区金盏乡东村		
18.	博雅小学	驹子房村 147 号	65494007/65490089	65492435/65490089
19.	博文学校	十八里店乡十八里店村 46 号	67476889	67476889

名称	地址	值班电话	传真电话
20. 金地老君堂实验学校	十八里店乡老君堂村	87308176	87308176
21. 百年实验学校	崔各庄乡何各庄村顺白路 301 号	64319970—803	
22. 人大附中朝阳分校	太阳宫新区 D 区	84296303	84296366
23. 清华附中国际学校	林萃路 2 号国家网球中心	84370668	84370903
24. 北京市陈经纶分校实验学校	将台乡东八间房临乙 8 号	64707533	84717642
25. 北京市八十学校	望京北路甲 16 号国际教育大楼	58047118	64745778
26. 北京市朝阳区哈罗学校	崔各庄何各庄村 288 号		
27. 北京市朝阳区好思之家三语小学	朝阳区马泉营 18 号		
28. 北京市朝阳区赫德双语学校	东坝郊野公园东门内侧		

（张　明）

高等教育

【概况】 年内，辖区内有教育部直属高等教育学校6所，北京市属院校9所。

（张　明）

【区域内部属高等教育学校】

名称	地址
1. 中央美术学院	北京市朝阳区花家地南街 8 号
2. 北京化工大学	北京市朝阳区北三环东路 15 号
3. 北京中医药大学	北京市朝阳区北三环东路 11 号
4. 中国传媒大学	北京市朝阳区定福庄东街 1 号
5. 对外经济贸易大学	北京市朝阳区惠新东街 10 号
6. 中华女子学院	北京市朝阳区育慧东路 1 号

（张　明）

【区域内北京市市属院校】

普通高等学校

名称	地址
1. 中央音乐学院	北京市朝阳区安翔路 1 号
2. 北京工业大学	北京市朝阳区平乐园 100 号
3. 北京第二外国语学院	北京市朝阳区定福庄南里 1 号
4. 北京服装学院	北京市朝阳区樱花园东街甲 2 号
5. 北京联合大学	北京市朝阳区北四环东路 97 号
6. 北京青年政治学院	北京市朝阳区花家地街 9 号

高等职业院校

名称	地址
1. 北京信息职业技术学院	北京市朝阳区芳园西路 5 号
2. 北京经济管理干部学院	北京市朝阳区花家地街 12 号
3. 北京劳动保障职业学院	北京市朝阳区惠新东街 5 号

（张　明）

职业教育

【概况】 年内，朝阳区职业教育有职业高中5所，学生（含成人中专）5623人，招生数489人（不含成人中专）、毕业生703人（不含成人中专）、教职工937人，专任教师723人。职业高中占地面积337050平方米，产权建筑面积237696平方米，图书馆藏书448200册，计算机6260台。固定资产总值135329万元。

（张　明）

【中职院校首设新媒体运营助理专业】 3月9日，北京市求实职业学校启动全国中职院校首家新媒体运营助理专业建设。新媒体运营指通过现代化互联网手段，利用微信、微博、贴吧、今日头条等新兴媒体平台工具，以内容、活动、社群等方式进行产品宣传、推广、营销一系列运营手段。

（占福林）

【校企合作办学】 3月10日，劲松职业高中与北京华夏中青家政服务有限公司签署校企合作协议。双方遵循优势互补、共建共享、统一开放协议原则，在课程建设、师资培养、学生实习等方面开展校企合作。协议内容有成立生活服务研究中心，开展相关课题研发、家政职业培训、专业课程开发等工作。11月3日，学校与河北省唐山市第一职业中专签署基地校合作协议。协议内容有在唐山一职建立基地校，在基地校建设、专业协同发展、学生实习实训等领域开展合作。

（李　婷）

【职业能力培养工程】 3月至11月，区教委启动职业能力培养工程，根据《朝阳区中小学职业能力培养工程意见（2016—2020年）》，部署“区中小学生职业体验季活动”工作。活动覆盖全区中小学，建立职业能力培养工程项目校32个，开设职业体验课程150余门，开发中小学生职业体验资源包2辑，从多个方面帮助学生树立正确理想信念，规划职业生涯，培养学生实践能力。

（王旻昱）

【职业高中教师双师能力培训】 3月至12月，北京教育学院朝阳分院附属学校对劲松职业高中、电气工程学校190名专业课教师开展双师能力提升培训。培训采取区校企联动模式，线上学习与企业实践相结合等形式，提升职高教师课堂实施能力，了解企业人才需求和发展动态，提高企业实践能力。

（宋　丹）

【赴日研学】 5月8日，劲松职业高中首批2014级乐器修造专业学生赴日本KAWAI音乐学园研学。首批学生4人，学期3个月。高端专业研修项目由中国乐器协会（CMIA）、日本株式会社河合乐器制作所（KAWAI）及劲松职高3方共同搭建，通过校企合作，为学校乐器修造专业探索新型人才培养模式，为学生提供与国际接轨研修机会。

（李婷婷）

【区中职生双语比赛决赛】 5月22日，区教委在劲松职业高中常营校区举办以“匠心助梦 创绘青春”为主题的朝阳区中职生第六届双语比赛决赛暨教学改革展示活动，展示区职业教育教学改革成效、双语教育与应用能力。参赛作品以话本剧为主，学生用中英或中日两种语言进行比赛，12个优秀作品在劲松职业高中常营校区进行展示，400余师生参与活动。天津市、河北省友好学校到现场观摩。

（王旻昱）

【劲松职高参赛获奖】 7月25日，劲松职高参加2017年北京市职业院校信息化教学比赛，其中乐器修造专业教师团队获中职组信息化教学设计一等奖、体育学科教师团队获中职组信息化课堂教学二等奖、酒店专业教师团队获中职组信息化实训教学二等奖。10月13日至15日，学校烹饪专业教师参加第27届中国厨师节，获热菜银奖、冷菜银奖、面点铜奖；牛金刚、郑革2位教师获全国餐饮职业教育优秀教师称号；学校获全国餐饮职业教育示范校称号。

（李婷婷）

【首批留学生招收】 9月5日，劲松职高招收首批留学生入学，4名留学生来自韩国。根据与北京料理留学院合作协议，4名学生在学校中餐专业学习，由学校统一申报至北京市外籍留学生学籍管理体系，编入1702班，学习期限3年，完成学习任务且成绩合格，颁发中等职业教育毕业证书。

（刘　杰）

【求实职业学校在全国大赛获奖】 11月25日至27日，求实职业学校参加教育部主办2017年全国职业院校信息化教学大赛决赛，全国37个省市自治区962个中职代表队、832个高职代表队参加8个赛项角逐。求实职业学校陈慧莹、高才、金萍萍团队获“中职组信息化实训教学”赛项一等奖第1名。

（占福林）

【与日本KAWAI签署合作协议】 11月28日，劲松职高与日本KAWAI钢琴株式会社签署合作协议。协议内容有借鉴日本KAWAI调律人才晋级体系，打造调律人才培养、进修、培训、晋级一体化服务平台。

（李婷婷）

【留学生传统文化体验系列活动】 12月，朝阳区职工大学开展“一带一路”沿线国家留学生体验中华优秀传统文化活动。先后组织4次约200名来自缅甸、俄罗斯、白俄罗斯、阿尔巴尼亚、马来西亚、尼泊尔、菲律宾、巴基斯坦、土耳其、斯里兰卡、波兰等十几个国家留学生参加，体验烙画、古琴、武术、传统插花等中国传统文化项目。

（蒋　薇）

【职业学校（教育部门办学4校）】

	学校	地址	值班电话	传真电话
1.	求实职业学校	望京北路20号（望京校区）	64391628	64391623
		团结湖北三条10号（团结湖校区）	85972408—8000	
		团结湖北二条5号楼（团结湖校区）	65828051—8000	
		安华西里11号（安华里校区）	64215825—8000	
		首都机场南路东里21号（机场校区）	64595218—8108	
		安慧里三区21号楼（亚运村校区）	64812361— 8000（8029）	
		和平街十四区9号楼东（和平街校区）		
		安贞里三区11楼（安贞里校区）	64418343	
2.	电气工程学校	朝阳区将台路四号（将台校区）	64343714—8204	64384407
		大山子西里甲一号（大山子校区）	64314922—8217	
		八里桥塔营东甲1号（管庄校区）	52114004	
		甘露园南里60号（甘露园校区）	85774115	
3.	劲松职高	住欣家园102号院（主校区）	57913478—5117 / 57913478—8001	57913826/67710311
		双龙小区135号（双龙校区）	87323242	
		新源街14号楼（新源里校区）	64676749	
		劲松八区811楼（劲松校区）	67710322	
4.	朝阳区职业技术学校	广渠门外广和里八巷2号	67783813	87776056

（张　明）

【民办职业学校】

	学校	地址	值班电话	传真电话
1.	金色河畔高尔夫学校	孙河北甸甲 1 号	80466066	80466066

（张　明）

【区域内中等专业学校】

	名称	地址
1.	北京水利水电学	北京市朝阳区定福庄东里 1 号
2.	北京市自动化工程学校	北京市朝阳区北沙滩双泉堡科荟路甲 2 号
3.	北京市对外贸易学校	北京市朝阳区来广营水岸南街一号院

（张　明）

【区域内中等专业技工学校】

	名称	地址
1.	北京电子信息高级技工学校	北京市朝阳区酒仙桥路四号
2.	北京市工业技师学院（北京市工业高级技工学校）	北京市朝阳区惠新东街 5 号
3.	北京劳动保障技师学院（原北京市实验技工学校）	北京市朝阳区惠新东街 5 号
4.	北京飞机维修工程有限公司航空技工学校	北京市朝阳区首都机场路 2 号

（张　明）

继续教育

【概况】 年内，区职工大学分别在和平里南口砖角楼5号、北三环东路17号、双龙南里120号、首都机场燕翔东里11号4个地址办学。学院占地面积34700平方米，产权建筑面积10400平方米、非产权建筑面积24300平方米。图书馆建筑面积316平方米，藏书79500册。拥有计算机852台。固定资产总值6393万元，其中教学、科研仪器设备总值65万元。全年教育经费投入8816.24万元，其中国家拨款8195.25万元、自筹经费620.99万元。学院信息化经费投入240余万元，多媒体教室座位2500个，信息化设备资产204万元，网络信息点数630个，校园网出口总带宽200兆字节，电子邮件系统用户数30个，上网课程数3190门，数字资源量120千兆字节，管理信息系统数据总量11千兆字节。设有4个教学系，开设27个专业。学院有教职工 114人，其中专任教师28人、副教授18人。学历教育在籍生2781人，其中职工大学381人、开放大学2400人。毕业生710人，其中职工大学199人、开放大学511人。非学历教育年均培训22337人。获市、区级以上集体荣誉10项，个人荣誉19项。

（张　明）

【优秀青年管理人才读书班】 1月17日至7月8日，北京教育学院朝阳分院附属学校组织174名优秀青年教师参加“朝阳区教育系统优秀青年管理人才读书班”培训。培训涵盖传统文化、时事政策、法律法规、心理学、教育学等8个模块，总计160学时。

（宋　丹）

【社区教育工作者继续教育培训会】 3月29日，区教委召开2017年社区教育工作者继续教育培训会。会议就朝阳区社区教育项目资金执行提出要求，并对国务院《老年教育发展规划（2016—2020年）》、教育部等9部门《关于进一步推进社区教育发展的意见》、市教委等14部门《北京市学习型城市建设行动计划(2016—2020年)》等有关文件进行解读。全区43个街乡负责社区教育工作科长、工作人员、部分社区教育工作者参加会议。

（李　雪）

民办教育

【概况】 年内，朝阳区有民办学校403所，其中民办中小学29所42址（其中，完全教育小学7所、完全教育中学1所、九年一贯制学校7所、十二年一贯制学校12所，职高1所）。民办幼儿园有148所204址，班数2430个，在园幼儿47123人。民办培训学校226所。无办学许可证学校219所（其中自办学校9所、自办托幼场所210所），在校生21095人。

（白俊毅）

【民办学校表彰】 1月6日，区教委召开民办学校表彰大会，表彰民办教育行业“先进工作者”92人、“优秀教师”110人、“优秀论文”182篇。区内各类民办学校管理人员参加会议。

（白俊毅）

【民办学校管理者培训班】 7月13日，区教委为民办中小学举办者、校长开展为期3天专题培训，民办教育专家详细解读民办教育促进法修订内容，以及引发的政策变化，指导民办学校积极应对新法新政要求，推进依法办学工作。50余名民办中小学举办者、校长、管理人员参加培训。

（白俊毅）

【民办学校电子地图完善】 10月至11月，朝阳区教委更新民办教育网上406所民办学校电子地图，方便群众查询办学信息。

（白俊毅）

【专项资金审计】 7月至10月，区教委委托社会中介机构对2016年拨付专项资金及2016年度以前结余专项资金进行专项审计。审计132个单位16个项目，审计金额1.34亿元。通过审计，发现个别单位未按照申报方案执行，超范围使用现金、发票未检验真伪以及年度资金存在结余等问题，对发现问题及时督促相关单位整改落实。对369个民办单位2016年度财务审计报告进行审核，344个单位财务年检通过，25家整改后通过，对发现问题督促整改。按照区教委专项资金管理办法，对基层单位专项资金使用流程进行审核，涉及59所学校、金额4.59亿元；对投入民办幼儿园、街乡等非教委二级核算单位财政资金使用方案进行事前审核，涉及234所学校，金额1.54亿元。

（刘新利）

【民办学校巡视检查】 年内，朝阳区社管所开展民办学校巡视检查工作，掌握民办学校情况，统计数据，督促学校建立各项管理制度。全年检查民办学校543所校址，监督学校整改存在的问题。

（姜　彤）

特殊教育

【概况】 年内，有特教学校1所、小学附设特教班学校6所。班级数38 个，在校学生359 人，教职工71人，专任教师81人。残疾儿童入学率 100%，巩固率100%。工读学校1所，班级数 2个，学生数 17人。教职工29人，专任教师19 人。民族学校2所，在校正式生415人，借读生796人，正式生中少数民族学生数280人，少数民族学生占67.47 %；教职工133人，其中少数民族教职工26人。特殊教育全年教育经费投入5001.52万元，其中国家拨款4994.99万元、自筹经费6.53万元。民族教育学校全年教育经费投入5422.78万元，其中国家拨款5422.6万元、自筹经费0.12万元。

（张　明）

【特教工作制度完善】 年内，朝阳区教委依据《残疾人教育条例》《第二期特殊教育提升计划（2017—2020年）》，制定《朝阳区送教上门管理办法》。“办法”明确送教责任主体和送教工作方式，主要有送教学生学籍管理、送教档案管理、新生入学管理、送教学生医保及助学补助资金管理等条目，规定普教学籍、特教学籍和无学籍学生分别由所属学校、启蕊康复中心和爱心语润康复中心负责，按特教学生分类开展送教上门工作。全年为119名重度及多重残疾儿童少年提供送教服务，计16200课时。

（李　汀）

【特殊教育教师队伍培养】 年内，朝阳区调整、充实特殊教育骨干队伍，聘任特殊教育骨干教师183人，其中融合教育、培智教育教研员48人，普通学校专兼职资源教师92人，由特殊教育学校、普通学校教师和社会机构专业人员组成送教教师43人，为送教上门做好师资储备。

（李　汀）

【特教工作指导和培训】 年内，朝阳区作为北京市4所特殊教育优质资源区之一，承担怀柔区、延庆区和大兴区特教工作指导和培训。依照北京市相关培训计划，落实“融合教育模块”培训课程任务，组织开展现场研究、专题讲座、区级展示、优秀校观摩等活动，组织专题讲座7次、实践活动8次，来自怀柔等区资源教师71人次接受培训。

（李　汀）

【汉语及中华传统文化推广】 年内，朝阳区教委针对区域内外籍教师开展9期汉语学习及中华传统文化体验和4次中华传统文化送课进校活动。活动围绕“汉语学习、太极扇、中医针灸、中国书画、中国茶艺、中国美食”等主题展开，300余名中外教师和学生参加活动。

（夏文钦）

【工读教育学校】
学校：北京市朝阳区工读学校
地址：广渠门外广和里八巷2号
值班电话：67783813
传真电话：87776056

（张　明）

【特殊教育学校】
学校：北京市朝阳区安华学校
地址：安华西里二区12号
值班电话：64264399
传真电话：64266823

（张　明）

教育督导

【概况】 年内，朝阳区政府教育督导室在编专职督学11人，聘任专职督学18人，学校兼职督学148人，督政兼职督学25人。建立中小学、学前、职高、校外及特教33个督学责任区，督导全面覆盖、独立运行、协同支撑。年内，成立朝阳区人民政府教育督导委员会，建立全区教育督导统筹管理工作体系。新建15个注册幼儿园挂牌督导责任区，实现公办、民办幼儿园260园，327址全覆盖挂牌督导。完成国家、市区级各项评估监测工作，并荣获国家义务教育质量监测实施优秀组织单位荣誉称号；教育督导促进区域教育水平全面提升，推进管办评分离发挥做出成绩。

（苏纪玲）

【4所输出学校诊断式督导结果反馈会】 3月2日，区教育督导室组织召开对朝阳区润丰学校贵阳分校、朝阳区朝阳实验小学贵阳分校、朝阳区日坛中学贵阳分校、朝阳区芳草地国际学校贵阳分校进行诊断式督导结果反馈会。对4所学校办学及问题改进给予具体指导。

（王　茜）

【第六届责任督学培训会】 3月30日至31日，朝阳区教育督导室召开2017年春季第六届责任督学培训会。重点培训“针对以往工作存在的问题”“针对新任督学实际工作需求”“针对教育改革发展新变化”三方面内容。全区专兼职督学110人参加培训。

（王　茜）

【2017年国家义务教育质量监测】 5月至6月，朝阳区教育督导室组织开展20所样本校国家义务教育质量监测。督导工作组织规范有序、严谨高效，区教育督导室获国家义务教育质量监测实施优秀组织单位荣誉称号。

（王　茜）

【15所农村园专项调研完成】 5月，区教育督导室围绕依法办园、队伍建设、保教工作、卫生保健情况等，完成15所农村园专项调研，形成调研报告。通过调研，了解村办幼儿园现状，为政府决策提供依据。

（王　茜）

【区政府教育督导委员会成立】 7月11日，举办朝阳区人民政府教育督导委员会成立大会，督导委员会正式成立。主任由区委常委、副区长孙其军担任，副主任由区教委主任肖汶、区教育督导室主任王世元、区政府办副主任金虎担任。成员单位由区发展改革委、区教委、区科委、区卫生计生委、区住房城乡建设委、区编办、区法制办、区财政局、区体育局、区审计局、区统计局、区人力社保局、工商朝阳分局、市公安局朝阳分局主管领导组成。委员会办公室设在区教育督导室，其主要职责为指导全区开展经常性教育督导工作，负责区教育督导委员会的日常工作。

（苏纪玲）

【督学工作培训会】 9月27日至28日，朝阳区教育督导室召开2017年秋季责任督学培训会，全体专兼职督学110人参会。区教育督导室对2017年上半年重点工作进行总结，部署下半年重点工作；市督学研修中心何育萍主任做“督学如何听课评课”讲座；区教委副主任王彪做“因势而新 顺势而为——对中高考改革背景下督学工作的粗浅认识”讲座。

（苏纪玲）

【域内注册幼儿园挂牌督导全覆盖】 12月，区教育督导室依据学区划分及园所布局，将全区幼儿园划分为15个责任片区，按照每4至5个园所配备1名责任督学的标准，为260所（327址）注册幼儿园实施挂牌。增补49名幼儿园责任督学，对全体责任督学及幼儿园督评主管进行分层培训。责任督学将围绕依法办园、园所管理、教师师德、安全卫生、保育教育等方面开展经常性督导和专项督导。

（王　茜）

【诊断式督导教师教学评价指标体系研究结题】 年内，区教育督导室委托北京教育科学研究院进行诊断式督导教师教学评价指标体系研究，经过一年多论证、修改完善，诊断式督导小学学段教师教学评价工具研发工作完成，形成研究成果。

（苏纪玲）

【接待教育督导考察团】 年内，朝阳区教育督导室先后接待来自深圳、河南、江西、内蒙古、广西、安徽、陕西等地教育督导考察团以及北京市督学研修中心、国家行政学院等各地督学360余人，到朝阳区开展教育督导考察交流。

（苏纪玲）

【素质教育综合督导】 年内，区教育督导室分阶段完成62所中小学、16所公办幼儿园综合督导，形成综合督导报告，总结园所发展优势和不足，提出改进措施。

（王　茜）

【中学诊断式督导】 年内，区教育督导室完成二外附中、黄冈中学北京朝阳学校、北京工业大学实验学校诊断式督导工作，督导过程注重从问题入手，组织专家多次深入学校诊断和指导，帮助学校挖掘自身优势，梳理成功办学经验，针对学校问题提出具体解决对策和指导建议。

（王　茜）

文 化

2018

北京朝阳年鉴

综　述

【概况】 朝阳区文化委员会（简称区文化委）是负责朝阳区文化、文物、新闻出版和广播电影电视工作的政府职能部门。设办公室、文化科、文物管理科、出版发行管理科（审批管理科）、电视音像管理科（调研室）、组宣人事科、财务基建科。编制32人，其中行政编制29人、工勤编制3人。下属事业单位有文物管理所、朝阳区图书馆、北京民俗博物馆、朝阳京剧文化艺术中心、朝阳文化馆、垡头地区文化中心、香河园地区文化中心、国声京剧文化艺术中心、朝阳剧场、紫光影城、劲松电影院、朝阳群众文化厅。朝阳区文化委员会行政执法队（简称区文化执法队）为区文化委所属的行政执法机构，主要负责区文化领域行政执法工作。设文化市场管理办公室、法制办公室、一分队、二分队、三分队、四分队（798文化执法办公室）。行政执法专项编制27名。年内，全区43个街乡文化中心、493个社区和行政村（不含新建社区筹备处和已拆迁行政村）公共文化设施实现全覆盖。全年共开展各类文化活动2576场次，其中公益性演出281场，受益人群达1958万人次。群众文艺团队发展到2844支，参与人数7.4万人。有7个项目被列入国家级非遗名录，27个项目被列入市级非遗名录。朝阳区古琴艺术（九嶷派古琴艺术）传承人邓红等8人为第四批市级非物质文化遗产项目代表性传承人。香河园地区文化中心改建完成并正式对外开放。开展多项跨省和市内文化交流活动，全国公共文化服务体系示范区引领作用不断增强。

地址：东三环北路36号

邮编：100026

电话：65014855

网址：http://whw.bjchy.gov.cn

（付丽萍　李宏钧　张馨元等）

公共文化服务

【概况】 年内，朝阳区进一步优化公共文化设施网络布局，夯实文化发展基础。稳步推进文化惠民工程，保障群众文化权益。打造立体培训体系，推进文化队伍建设。多渠道探索“文化+”，促进文化与科技、产业园区、互联网等多领域融合发展。全年完成公益性演出281场，开展各类文化活动2576场次。新增的“中华绝技秀”惠民演出项目，每月发放惠民票600张，全年惠及群众5000余人次。加强区域品牌文化建设，制定“1+10”政策体系文件（《关于推进百个公共文化建设品牌创建工程的实施意见》+10个品牌认定）及奖励扶持办法配套文件，推进百个基层文化品牌创建工程，继续开展公共文化设施、传统文化传承基地、民办文化机构、公益性文化活动、艺术团体、群众文艺队伍、文化能人（名人）、文化家庭、文化服务项目和文化交流项目十类品牌认定工作。开展“首都市民音乐厅”“全民星秀”“书香朝阳全民阅读活动”“一米田”社区融合活动等系列文化惠民活动，不断扩大优质文化供给，全面提升群众文化获得感、幸福感。截至年底，全区有各类群众文艺团队2844支，参与人数7.4万人。

（李宏钧　黄俏凤）

【文化交流】 1月2日，北京9当代舞团受邀到西安表演现代舞《梦境之窥》和《七窍生烟》。1月26日至29日，朝阳区公共文化创意产品“漂亮的兵马俑”灯笼第4次到英国交流展出，BBC电视台及电台在黄金时段对兵马俑灯笼进行现场新闻直播。3月23日，天津市河西区委常委、宣传部部长杨志庆一行到朝阳区开展交流，实地调研朝外街道文化中心、悠贝亲子图书馆和朝阳城市书屋·梦工坊馆，交流街道文化中心、城市书屋等运行情况。4月17日至5月2日，北京9当代舞团赴马其顿、斯洛文尼亚、荷兰三国开展文化交流巡演，并受邀参加当地舞蹈节和艺术节演出。5月17日，日本松山芭蕾舞团到香河园地区文化中心参观、交流，并举办“北京松山芭蕾舞教室”落成仪式。8月1日，天津市空港经济区文化中心主任李岩带队到区图书馆（新馆）进行参观、学习。8月26日至27日，朝阳区选派由朝阳区文化委工作人员、朝阳区外办工作人员及专业演员组成的演出团赴德国科隆市参加“北京—科隆”结好30周年系列纪念活动“中国节”演出。9月13日，“国东贞石——朝阳区石刻拓片展”在内蒙古自治区乌兰察布市卓资县开展，共展出包括《张公碑》《神木谣碑》《重修朝阳门石道碑》等18幅精品拓片。12月21日，“京津冀公共文化服务示范走廊”发展联盟在北京国声京剧团剧场举办交流活动，邀请秦皇岛市小海燕评剧团表演大型新编古装评剧《情法监察》。

（申　健　张馨元　张文娟等）

【第二届“艺术朝阳”文化节原创成果展】 1月6日，第二届“艺术朝阳”文化节社会主义核心价值观原创成果展示活动在朝阳剧场举行，本届原创文化节由朝阳区委宣传部、文明办、文化委、广电中心、文联共同举办，以社会主义核心价值观文艺作品为主题，共征集原创作品122件，通过专家评审考核，评选出五个门类原创作品的一、二、三等奖。一等奖为：舞蹈《踏雪欢歌》、歌曲《少儿声乐套曲：社会主义核心价值观》、微视频《校园微电影》、章回鼓书《古城暗战》、戏剧《社区人家》。

（李宏钧　黄俏凤）

【“三下乡”集中示范活动】 1月11日，由朝阳区委、区政府主办的2017年朝阳区文化、科技、卫生“三下乡”活动在金盏乡东窑村启动。该活动宣传和落实党的各项惠民政策，现场赠送图书200册，邀请北京歌剧舞剧院进行文艺演出，区文联艺术家们写春联、剪窗花送给当地群众。此外，邀请中国煤矿文工团等专业院团在南磨房、垡头、三间房、将台、黑庄户、武警指挥学院等地为群众和驻区官兵送出精彩文艺演出。

（李宏钧　黄俏凤）

【小年儿特色文化活动】 1月20日，朝阳区开展“文蕴朝阳•送福到家”小年儿特色文化活动。此次文化活动由区文化委统筹，依托文化朝阳云平台统一宣传，群众通过云平台预约，在腊月廿三当天选择就近的文化中心、文化活动室，或区文化馆、区图书馆、北京民俗博物馆、垡头地区文化中心免费领取春联和福字。全区47个单位参与活动，送出春联19000余副、福字15000余个。

（李宏钧　黄俏凤）

【“我爱北京天安门”老照片展】 1月23日至2月5日，区文化馆在官舍·会空间举办“我爱北京天安门”老照片展览，展出区内30多个社区居民家中收集的以天安门为背景的2000余张老照片，让群众能够追忆过去、感怀当下，过一个蕴含独特意味的新年。

（张馨元　黄俏凤）

【金台书院启动仪式暨“国学讲堂”开班】 2月26日，区图书馆金台书院启动仪式暨金台书院国学讲堂开学典礼在北京国声京剧团剧场举行。启动仪式上，区图书馆与中国国际友人研究会、上海浦江学堂、天津方寸轩表演艺术团、北京市第一中西医结合医院等合作单位签订合作协议，并为2016年与浦江学堂合作开办的首期国学课堂“德金班”优秀学员颁发证书、奖品，“德金班”全体学员进行成果汇报演出。金台书院是朝阳区为提升全民阅读活动效能、整合朝阳区图书馆内资源设置的创新项目，下设“国学讲堂”“文化展厅”“百姓生活”“世界采风”等板块，涵盖“城市乡愁”“大使带你看世界”“评话图书”“乐活时光”等主题，将逐步实现免费预约、线上与线下活动相结合活动方式。

（张文娟　黄俏凤）

【《最美家庭》话剧演出】 3月3日，话剧《最美家庭》在国声京剧文化艺术中心首演。该剧由区文化委和区妇联联合出品、北京厚浪文化—李伯男导演工作室制作，主要反映朝阳群众文明家风。

（李宏钧　黄俏凤）

【市民音乐厅】 3月16日，2017年“首都市民音乐厅”音乐会在首都图书馆剧场开幕，北京交响乐团表演10首经典曲目。其后，在首都图书馆剧场分别于8月19日，举行“首都市民音乐厅”2017年系列演出季启动仪式及民乐专场演出；8月31日，举行“和合之美 聆听经典”——“首都市民音乐厅”中外经典歌剧重唱音乐会；12月23日，举办2018“首都市民音乐厅”新年音乐会。全年“首都音乐厅”音乐会专场演出15场，现场观众近2万人，网络直播观众达500余万人。“首都市民音乐厅”是由北京市文化局主办，朝阳区文化委、北京交响乐团和首都图书馆联合承办的公共文化惠民活动，强化服务文化民生的意识，以市民为中心，为特殊群体策划专场音乐会，充分贴近群众的精神文化需求，提升群众文化获得感和满意度。

（李宏钧　黄俏凤）

【首场“中华绝技秀”杂技公益演出】 3月17日，由区文化委主办的首场“中华绝技秀”杂技公益演出在朝阳剧场举行。本次活动，市民通过文化朝阳云平台实现便捷的抢票、领票和入场，并观看屡获国内外大奖的《双人技巧》《高椅》《环球飞车》等杂技节目，感受传统文化魅力。

（李宏钧　黄俏凤）

【“一米田”社区融合活动】 3月31日，“一米田”居民美育创新培训在市农业技术推广站小汤山农业展示基地特菜大观园正式开课，八里庄街道4个社区90户居民代表走进基地参观学习。6月28日，八里庄街道50位参与“一米田”居民美育培训计划的居民走进区文化馆参加美育启蒙课。年内，区文化馆与八里庄街道合作开展“一米田”社区融合活动，帮助每个参与的家庭在自家阳台开辟出“一米”空间，种植瓜果、蔬菜或花卉，通过培养社区居民共同的生活兴趣，搭建交往平台，促进社区居民之间的交流。

（张馨元　黄俏凤）

【书画公益课堂启动】 4月12日，2017年度“五乡一街”（王四营乡、十八里店乡、黑庄户乡、南磨房乡、豆各庄乡、垡头街道）文化惠民工程——书画公益课堂在垡头地区文化中心民众讲堂启动。活动邀请国家一级美术师、中国社会书画院艺委会委员、北京美术家协会会员靳耀华授课，提高地区群众的艺术素养和审美情趣。全年书画公益课堂20次700人参加。

（张馨元　黄俏凤）

【“全民星秀”区第二届公益K歌挑战赛】 4月15日，第二届“全明星秀”公益K歌挑战赛启动。活动由区文化委主办，唱吧麦颂以及唱吧APP承办，在日坛公园、垡头文化中心、北京服装学院、劲松影院、北京工业大学、北京对外经贸大学等地开展比赛。本次比赛设民族类、原创类和通俗类三个曲目类型，活动时间持续至12月中旬，共6场晋级赛，5000多人参与。通过线上海选投票、大众或北京高校晋级赛、大众+高校联合晋级赛、总决赛等一系列“关卡挑战”，决出前三甲，前三甲获得专业音乐培训基金和唱吧麦颂KTV储值卡等奖励。赛事有三个创新举措：一是在海选环节融入互联网社交技术和平台，参赛者可以将自己的比赛作品分享到朋友圈，邀请好友进行投票；二是首次加入高校专区，邀请各大高校应往届的校园十佳歌手参赛；三是设置“原创类”比赛曲目，鼓励落实习近平总书记文艺工作座谈会讲话精神，坚持以人民为中心的创作导向。

（李宏钧　黄俏凤）

【“非非演出季”第9季】 4月22日至5月29日，第9季“非非演出季”在北京9剧场举办。其间由19个剧团演出27场戏剧，展演剧目除9剧社《婚，不昏》、三里屯隔壁剧社《跟我说句“对不起”！》之外，还有来自外省市剧社的3个剧目参演，分别是西安外国语大学中文学院话剧队原创话剧《光绪皇帝的女人》、浙江杭州歪样工作室原创话剧《戏剧性谋杀》、广东广州公艺坊剧团原创肢体剧《皮•相》。“非非演出季”由北京戏剧家协会、朝阳区文化馆、北京9剧场共同主办，9年来，一直坚持“非职业、非商业”初衷，为戏剧爱好者提供展示平台。

（张馨元　黄俏凤）

【第十二届潮流音乐节】 4月29日至5月1日，第十二届潮流音乐节在798艺术区玫瑰之名艺术中心举行。活动由朝阳区文化馆主办，音乐节以“音乐丝绸之路元年”为主题，设置丝路绿洲和丝路远航两大板块，涵盖电子、摇滚、民谣等多种风格，来自俄罗斯、墨西哥等8个国家的乐队与国内优秀乐队、歌手共同演出20场，接待观众约13500人次，“北京时间”网络直播点击率约380余万人次。

潮流音乐节是朝阳区多年的品牌文化活动，一直深受群众的喜爱与支持，也备受媒体关注。自2015年起，潮流音乐节转战798玫瑰之名艺术中心，开启室内音乐节风潮，吸引众多乐迷。

（张馨元　黄俏凤）

【领导调研】 5月2日，文化部公共文化司副司长陈彬斌、中国传媒大学经管学部学部长范周等一行8人，到朝阳进行公共文化服务融合发展与社会化运营专题调研，范周教授高度评价朝阳区公共文化建设在融合发展和社会化运营方面做出的创新尝试，并希望通过本次课题调研加强对朝阳区公共文化服务建设的研究，力争形成能够在全国推广和复制的研究成果。区委常委、副区长孙其军，区文化委党委书记、主任高春利等陪同调研。5月17日，市文化局演出艺术处一行6人到朝阳区调研公益演出情况，对朝阳区公益演出的一些特色做法给予高度肯定，也指出在全市范围内公益演出存在的一些共性问题，并强调，此阶段主要是在16个区县开展密集调研，下一步市文化局将针对调研情况，提出公益演出的一些具体改革措施。区文化委副主任马骏陪同调研。5月26日，市委常委、宣传部部长杜飞进到垡头地区文化中心调研文化工作，肯定垡头地区文化中心服务周边居民文化权益、探索文化治理的工作模式，并指出，垡头地区文化中心实践的“地区文化居委会”管理模式开创文化事业中群众自我管理、自我服务、自我教育、自我监督的创新模式，值得深入探索。区委书记吴桂英，区委副书记、区长王灏，区委常委、宣传部部长刘军胜，区委常委、副区长孙其军及区文化委党委书记、主任高春利等陪同调研。8月28日，市委书记蔡奇到朝阳区进行“抓好‘两贯彻一落实’、迎接党的十九大、建设公共文化服务体系示范区与文化创意产业引领区，推动全国文化中心建设发展”专题调研，召开全市公共文化服务体系建设现场推进会，并提出“希望朝阳区在全国文化中心建设，特别是‘两区’建设上求突破、树标杆、作示范”的工作要求。区委书记吴桂英，区文化委党委书记、主任高春利等陪同调研。

（李宏钧　黄俏凤）

【“一带一路”文化主题邮局】 5月11日，“一带一路”文化主题邮局在亚运村邮局内正式营业。邮局由区委宣传部、文化委与中国邮政朝阳区分公司合作举办，聘请著名歌唱家、国家一级演员戴玉强为名誉局长，通过策划各种形式主题活动，以各大驻京使馆为纽带，促进“一带一路”沿线国家文化交流。

（李宏钧　黄俏凤）

【群众文化干部队伍建设】 5月，朝阳区文化委和朝阳区人力资源和社会保障局在四川大学举办第四期公共文化建设高级研修班，43个街乡主管领导及区文化委系统文化管理干部参加培训。朝阳区继续开展“千场讲座下基层”基层文化辅导培训项目，课程包括声乐、舞蹈、戏曲、书画等，区内各街乡文艺骨干参加，全年培训1655课时，培训人员3万余人。与区京剧艺术中心合作举办3期京剧艺术培训班，培训人员400余名。开展品牌群众文艺团队认定，完成合唱、戏曲、民乐、模特4项认定比赛，共3200人参与。全区有各类群众文艺团队2844支，参与人数7.4万人。

（李宏钧）

【“为爱启航”惠民公益专场音乐会】 6月13日，区文联、区音乐家协会、垡头地区文化中心、区筑梦艺术团共同主办的“为爱启航”艺术家基层服务巡讲月惠民公益专场音乐会，在垡头地区文化中心开幕，中国音乐学院青年歌唱演员进行节目表演。朝阳区艺术家基层公益服务巡讲月“为爱启航”惠民专场音乐会活动，秉承为民服务、传播艺术、文化育民的理念传承发扬中国民族音乐，让社区百姓零距离的感受高雅艺术之魅力，并充分调动和利用社会力量参与其中。作为艺术家植根基层为民服务的创新项目，“为爱启航”惠民公益专场音乐会还将陆续走进工矿、部队、村镇、校园、企业为群众送去高雅艺术，丰富群众精神文化生活。

（李宏钧　黄俏凤）

【群众文化作品获奖】 7月17日，“纪念建军90周年”——第十五届北京舞蹈大赛颁奖晚会暨优秀作品展演在天桥剧场举行，区筑梦艺术团原创舞蹈《铁索战魂》获得“纪念建军90周年”剧目特别奖和优秀组织奖，并参加颁奖晚会的优秀作品展演。9月23日，第四届“我爱唱歌”2017年京津冀百姓歌手大赛在密云大剧院举办，朝阳区群众选手杨柳青《Rolling In The Deep》获青年组二等奖，刘思雨《军营飞来一只百灵》获青年组三等奖，曹建明《山歌唱出好兆头》获中年组优秀奖，赵绪岭《主人请听我说》获老年组二等奖。

（张馨元　黄俏凤）

【首届京津冀地区“生肖”邮票设计大赛】 8月2日，“最美生肖邮我做主”首届京津冀地区“生肖”邮票设计大赛启动仪式在区文化馆举行。活动由“京津冀公共文化服务示范走廊”发展联盟主办，区文化委、中国邮政集团公司朝阳区分公司承办。大赛设计主题为生肖狗，邀请京津冀三地居民参与，参赛者可登录“文化朝阳云平台”和“邮遍天下”APP平台参与作品评选，与专家评委一起选出当届最美“生肖票”，获奖作品将由中国邮政设计制作成个性化生肖邮票和明信片。活动最后评选出一等奖1名、二等奖7名、三等奖15名。

（李宏钧　黄俏凤）

【“喜迎十九大”区基层文化展演】 8月4日至26日，“北京朝阳森林演出季暨‘喜迎十九大’朝阳区基层文化展演”在朝阳公园和奥林匹克公园同时举行。活动由区文化委、区社会办和区农委联合主办，朝阳区文化馆承办，由全区43个街乡的文艺队伍参与演出，共有45场演出、40个现场展览、45部宣传片播放，现场参与观众10余万人。

（李宏钧　黄俏凤）

【第十六届金刺猬大学生戏剧节】 8月5日至20日，第十六届“金刺猬大学生戏剧节”展演在北京9剧场举办。活动由北京戏剧家协会、朝阳区文化馆、灵河文化传媒（上海）有限公司联合主办。其间，选自全国高校的14部优秀剧目参与演出。西安欧亚学院大学生艺术团话剧团改编话剧《妥瑞氏导师》荣获“最佳改编作品奖”；中央民族大学话剧团改编肢体剧《虎妞》荣获“最佳创意奖”；西安文理学院“冯从吾”话剧团原创话剧《冯从吾》荣获“评委会特别奖”；《冯从吾》中冯从吾的扮演者樊杰、《你好·青春》中郝美丽的扮演者曾钰婷和《虎妞》中祥子的扮演者丛乾共同获得“优秀表演奖”；中国戏曲学院他山剧社原创话剧《平庸之罪》与武汉大学艺术学院原创话剧《萝卜治》荣获“最佳演出奖”。包括上述提到的剧目在内，还有汕头大学思凡戏剧社《宫墙内的芭蕾》、四川大学艺术学院《死无葬身之地》、北京青年政治学院北青话剧团《伞下有情天》、唐山师范学院心侣剧社《谍•栈》、北京演艺专修学院梁伯龙戏剧工作室《水仙》、山西农业大学信息学院艺术教育中心《三多堂•春芽》、内蒙古大学满洲里学院聚逸话剧团《迎风鼓翼》及山西师范大学戏剧与影视学院《荒凉西部》，共同荣获“优秀剧目奖”。

（张馨元　黄俏凤）

【第三届“THE NEW”北京新舞蹈国际艺术节】 8月19日至27日，第三届“THE NEW”北京新舞蹈国际艺术节在北京9剧场举办。活动由朝阳区文化馆主办，其间展示来自西班牙、加拿大、斯洛伐克、以色列等7个国家40余位国内外艺术家的经典作品和最新力作，进行10场演出，开设9个主题工作坊和38次国内外艺术家专业课程，内容涵盖当代舞技术、接触即兴、自由落体、普拉提瑜伽等。

（张馨元　黄俏凤）

【参加“全国中小型图书馆联合会研讨会”】 9月13日，由全国中小型公共图书馆联合会、中国知网•中国知识资源总库编委会及《图书馆》杂志联合主办的“全国中小型图书馆联合会2017年研讨会”在湖南株洲举办。会议邀请全国中小型公共图书馆馆长、专家及政府有关部门负责人交流经验创意，共同促进图书馆发展。朝阳区图书馆馆长李凯受邀作大会发言，就朝阳区社会化参与公共图书馆运营实践情况向与会成员进行介绍。

（张文娟　黄俏凤）

【喜迎“十九大”书画家社区交流展】 9月21日，喜迎“十九大”书画家社区交流展在呼家楼举行开幕式。活动由区文化委、呼家楼街道办、北京文化发展基金会艺术惠民专项基金、北京电视台生活频道联合主办，中国美术家协会分党组书记徐里、中国国家画院常务副院长卢禹舜等22位书画名家与社区书画爱好者作品100幅参展。

（李宏钧　黄俏凤）

【北京798艺术节举办】 9月23日至10月22日，2017年北京798艺术节在798玫瑰之名艺术中心开幕。艺术节以“艺象•筑梦”为主题，共推出上百场当代艺术展和数场现场互动活动，在普及当代艺术知识，让公众感受文化、感受美的同时，亲身参与到艺术创作，体验不一样的当代艺术。

（张馨元　黄俏凤）

【参加文化部“春雨工程”文化志愿服务】 9月26日至10月7日，由北京市朝阳区文化委和贵州省贵阳市文广新局主办的中国民间佩饰（刺绣类）精品文物展在贵阳美术馆举行，共展出北京民俗博物馆122件（套）民间刺绣类佩饰藏品，包括袋、囊、盒、夹等。11月7日至8日，“朝阳·家风——朝阳区家风文化主题活动”在昆明市图书馆开幕，活动由朝阳区文化委与昆明市文化广播电视体育局共同主办，展出一批体现家风文化的老北京胡同门联写生和摄影作品；此外，朝阳区文化委还向云南省禄劝县则黑乡中心小学送出爱心图书2000余册。11月至12月，区文化委联合云南省昆明市和贵州省贵阳市两地组织开展2017年“春雨工程”系列文化活动。12月3日至25日，在北京民俗博物馆（东岳庙）举办“揭秘古滇国——滇文化文物展”，活动由朝阳区文化委、昆明市文化广播电视体育局主办，共展出昆明市博物馆48件套馆藏精品文物，包括造型奇特的青铜器，人形或动物装饰的铜扣饰，精雕的玉镯、玛瑙扣，陶纺轮，等等，向世人呈现古滇人生活场景。

（曹彦生　黄俏凤）

【城市书屋发布和授牌仪式暨郎园·良阅书房揭幕典礼】 11月25日，宸冰书坊馆、798尤伦斯馆、良阅书房馆、东亿产业园馆4家城市书屋发布和授牌仪式暨郎园•良阅书房揭幕典礼，在郎园vintage文创园举行，朝阳城市书屋·良阅书房馆正式开馆。区文化委党委书记、主任高春利参加典礼。截至年底，为持续推进全民阅读，区文化委完成朝阳城市书屋·良阅书房馆、三里屯馆、东区儿童医院馆等城市书屋的建设和对外开放，城市书屋建达8家。

（黄俏凤　张文娟）

【香河园地区文化中心对外开放】 12月23日，香河园地区文化中心正式对外开放。文化中心位于北三环，毗邻中国国际展览中心，占地面积约1050平方米，建筑面积约4036平方米，可同时容纳1200余人，首创“文艺工号”吸引地区资源交互共享，推出3D打印创意中心、多媒体影像室、多维剧场、图书馆、艺术教室等创意空间，中心辐射范围包括香河园、三里屯、安贞、左家庄、和平街等街道及太阳宫乡，覆盖服务人数达40万余人。文化中心从2015年6月30日开始改造，旨在满足周边群众日常文化需求，提升地区文艺团队艺术水平。

（张馨元　黄俏凤）

【图书馆服务】 年内，区图书馆办理借书证10067个。图书流通总量96万余册次，接待读者91万余人次。馆藏总量2575716册件，其中图书2504240册、期刊48312册、电子视听文献19972件。图书配送服务156次96374册。区图书馆全年举办活动352次，线上线下有3227643人参加，其中金台书院国学班授课74场、朝阳文化讲堂22场、展览17场、其他活动239场。区图书馆将传统的全民阅读活动方式与线上直播相结合，开展“阅读行走12小时”“阅读行走，爱心昆明行”等活动，创造单日活动220万人参与的纪录。

（曹京燕）

文化遗产保护

【概况】 年内，挖掘朝阳历史文脉，启动孙河古镇、萧太后河、坝河（东坝古镇）、朝阳门石道等民俗文脉研究课题，在全市启动“寻找工匠”非遗传习课堂，联合北京史研究会启动老工业遗址文化专项研究，完成《朝阳区文化风貌保护建设规划》初稿，开展全区范围街乡历史文脉课题研究。加大文物保护力度，召开全区文物安全专题会议，对全区文物保护单位安全巡查全覆盖，编制《朝阳区关于加强文物工作意见》和《朝阳区关于加强文物安全工作的意见》两部意见讨论稿。传承和保护文化遗产，广泛开展传统文化传承活动，开展“传习趣”——传统文化配送活动，全年配送113次。开展“家门口的博物馆——博物馆走进奥林匹森林公园”主题系列活动，以及各项青少年非遗项目体验95次。做好全国文化中心及大运河文化带重点保护工作，起草《朝阳区传统文化保护与传承行动计划（2017—2020）》，制定大运河沿岸重点文物修缮计划，完成神木厂历史景观保护工程期调研考察和修缮方案制定，启动永通桥、乐家花园、平津闸修缮方案制定工作，梳理完成大运河重点河流历史文脉研究。

（殷小鹏　黄俏凤）

【文化文物捐赠接收】 2月23日，书画家龙黔石向北京民俗博物馆捐赠《钟馗》画作一副。5月11日，民间收藏家张现峰向北京民俗博物馆捐赠陶瓷文物藏品6件套，分别为金代黑釉玉壶春瓶、金代耀州葵口六出筋盏托、金代山西窑嘟噜瓶、唐黄釉高装罐、南朝陶花浇及元代山西黑釉油滴尊瓶。12月25日，首都博物馆保管部原主任武俊玲及母亲高怀玉向北京民俗博物馆捐赠4件文物，分别为当代民俗文物铝制洗衣盆、铝制水桶、煤油灯、升。

（曹彦生　黄俏凤）

【第十一届“春分·朝阳”文化节】 3月19日至20日，由区文化委、朝外街道办事处主办的“春分•朝阳”文化节在日坛公园举行。文化节以“文化朝阳 活力朝外”为主题，内容包括开幕式文艺表演、“春分朝阳”朝阳区非遗展示活动、传统手工艺品展示和地区文化队伍文艺表演等。

（张馨元　黄俏凤）

【文化交流】 3月29日至31日，北京民俗博物馆受邀参加辽宁省葫芦岛市缸窑岭镇第二届民俗文化节暨明性寺第四届庙会。4月19日，北京民俗博物馆与北京妈祖文化交流协会联合举办纪念妈祖诞辰1057周年庆祝活动。9月8日，由越南驻华大使馆主办的魅力越南·中越文化交流活动在北京民俗博物馆举办开幕仪式，展览包括“魅力越南·越南绘画作品展”和越南国家风景摄影展。9月23日，区文化委联合外交部外交人员服务局、区政府外事办、区文联及北京东岳美术馆在北京民俗博物馆举办“共话中秋——‘一带一路’国际文化交流联谊会”，邀请60位“一带一路”沿线国家在华新闻记者、外交官以及人民网、北京电视台等国内6家主流媒体记者参加。

（曹彦生　黄俏凤）

【“我们的节日”系列文化活动】 3月31日至4月1日，朝阳区第五届“北京二闸清明踏青节”活动在庆丰公园举办，内容有非遗展演、清明习俗体验和清明节俗文化展览；5月25日至30日，“我们的节日·端午节”系列文化活动在北京民俗博物馆和高碑店村举办，有端午传统节俗体验、经典诵读、文化交流、精品文物展览、文艺展示、非遗项目展演等；8月28日，“我们的节日•浓情七夕”系列文化活动在北京民俗博物馆举办，有多种传统工艺体验及作品展示、特种邮票《喜鹊》首发仪式及爱情主题邮品的展卖等；9月30日，“我们的节日•中秋节系列文化活动”在北京民俗博物馆举办，以“花好月圆 团圆美满”为主题，开展中秋习俗体验、猜灯谜、“月圆中秋”邮票赏析展卖会等；10月26日至28日，在北京民俗博物馆、崔各庄乡及八里庄街道举办“我们的节日•重阳节”系列文化活动，开展重阳习俗体验、手工艺和书法绘画作品展示、非遗项目表演等内容。区文化委以“我国传统习俗和传统节日”为主题组织开展“我们的节日”系列活动，弘扬中国传统文化。

（曹彦生　黄俏凤）

【中国民俗学会中国民俗博物馆联盟筹组大会】 4月28日，由区文化委、中国民俗学会主办的中国民俗学会中国民俗博物馆联盟筹组大会在北京民俗博物馆召开。来自北京、天津、河北、江苏、内蒙古、广西、广东、重庆、福建、河南等10余个省市的30余名专家学者参加会议，讨论中国民俗博物馆联盟成立事宜，研讨民营博物馆的现状与发展趋势、如何加强国有博物馆与非国有博物馆的合作交流等问题。

（曹彦生　黄俏凤）

【国际博物馆日】 5月18日是第41个国际博物馆日，主题为“博物馆与有争议的历史：博物馆讲述难以言说的历史”。朝阳区在朝阳公园和北京民俗博物馆举办多项活动，包括博物馆知识有奖问答、博物馆寻宝、与最喜爱的文物合影、参观解读古建、“发现家门口的博物馆——5·18国际博物馆日”主题系列活动等，以及“降以瑞相 吾在其中——十二生肖文物展”“华衣冠佩”“阅旨”3个主题文物展览，让市民走近博物馆。

（殷小鹏　曹彦生）

【“端午国际文化季”系列活动】 5月27日至30日，北京民俗博物馆·东岳雅集在北京民俗博物馆举办“端午国际文化季”系列活动，包括端午情景复原陈列、端午节少年包粽子体验、斗百草知识竞答、端午经典诵读、舞龙舞狮表演、古琴体验、汉服展示、端午钟馗书画展、现代书法体验、拓片木刻体验、小鲁班木艺体验、传统射箭、投壶体验、民间手工艺非遗传承体验、馆藏陈列展览等几十种项目，来自拉美洲、亚洲、非洲地区的50个国家的记者参与，体验和了解中国传统文化。

（曹彦生　黄俏凤）

【“文化与自然遗产日”活动】 6月9日，在高碑店乡漕运广场举办“文蕴朝阳之朝阳漕运文化”为主题的“文化和自然遗产日”活动，包括文化表演、非遗项目展示、朝阳漕运文化展览及有奖问答等；6月9日至11日，在北京民俗博物馆开展“感受文化色彩，领悟遗产真谛”为主题的“文化与自然遗产日”系列活动，包括非遗项目展示和传统文化体验活动，让群众近距离感受文化遗产的魅力。区文化委通过组织举办2017年“文化和自然遗产日”主题系列活动，宣传区文化遗产保护项目及成果。

（殷小鹏　黄俏凤）

【领导调研】 7月7日，市委宣传部副部长余俊生调研神木厂，要求结合大运河文化带建设，加快推进神木厂历史景观建设工作，区文化委党委书记、主任高春利陪同调研。

（殷小鹏　黄俏凤）

【文化遗产保护及宣传】 年内，完成真武庙二期文物修缮工程。对朝阳区贞石园32块集中保护石刻完成修复、补配及重立。完成文物库房七幅字画修复工作。落实文物安全责任，检查文物保护单位160余处次。加大大运河文化带保护，启动神木厂历史景观保护工程，在永通桥加装监控探头，实现永通桥监控全覆盖。开展区域历史文脉研究，完成孙河古镇、坝河（东坝古镇）、朝阳门石道、萧太后河、永通桥、北小河、亮马河等历史、民俗文脉课题研究。

（殷小鹏）

【文物保护单位】

全国重点文物保护单位

名称	地址	电话
1. 东岳庙	朝外大街141号	65510151
2. 日坛	日坛北路6号（日坛公园内）	85614261
3. 清净化城塔院	黄寺大街11号	62018968
4. 元大都城墙遗址（朝阳段）	健安东路、健安西路北侧，东起土角楼西侧北京服装学院以东673米处，西至京藏高速路	84648252
5. 大运河（通惠河朝阳段）永通桥、平津闸	管庄乡八里桥村东南、高碑店乡高碑店村西北	85709886/85770796
6. 四九一电台旧址	豆各庄乡双桥街9号院	85363264

北京市文物保护单位

名称	地址	电话
1. 十方诸佛宝塔	王四营乡古塔公园内	67376310
2. 北顶娘娘庙	奥林匹克中心区国家游泳馆南侧	65510151
3. 顺承郡王府	朝阳公园南路19号	65940948

朝阳区文物保护单位

名称	地址	电话
1. 海阳义园（山东会馆）	呼家楼南里2号	85976279
2. 马骏烈士墓	日坛北路6号日坛公园内	85614261
3. 张翼祠堂	豆各庄乡豆各庄村西	65479035
4. 常营清真寺	常营乡民族家园东路西南侧	65484914
5. 肃慎亲王敬敏墓	王四营乡道口村西北（现柏阳景园小区西侧）	67376310
6. 显谨亲王衍璜墓	潘家园东里	87381835
7. 南下坡清真寺	朝外二条129号	85626316
8. 那桐墓	三间房乡双桥路西里6号	65420049

（殷小鹏）

文化市场管理

【概况】　年内，进一步加强行政审批规范化制度化建设，不断完善各项规章制度，依法进行各项行政许可事项的办理。共计办理行政审批事项1105件，年检初审印刷企业201家，年检出版物零售企业542家。以服务保障元旦节、春节、全国“两会”、“一带一路”国际合作高峰论坛和中共十九大为重点，落实“七个一”（各分队每周走访一街一乡、每周报送一篇工作信息、每月组织一次联合执法、每季度召开一次片区例会、每年上报一篇调研报告、每半年开展一次评价考核、每人每月立案至少一件）专项工作任务。全年行政执法队共出动车辆572次，执法人员1562人次，检查文化娱乐场所7953家，全程监管营业性演出67场次，上报信息53篇，查缴盗版光盘3720余张、非法出版物440册，立案113件，全力确保文化市场安全。

（杨　迪　崔晓彬）

【检查及调研】　2月21日，市文化市场行政执法总队综合处到区文化委调研“扫黄打非”进基层工作情况，充分肯定朝阳区“扫黄打非”工作成果，并提出工作要求。3月2日，全国“两会”印刷复制发行督导组一行4人，对王四营图书市场进行检查。3月7日，区委常委、宣传部部长刘军胜带队检查文化场所安全工作，在王四营图书批发市场要求有关部门盯住整改，市场管理部门要加强硬件投入，吸取其他单位火灾教训，落实安全责任，防止发生安全事故，同时要加强商户的安全教育，把好图书入口关，防止非法图书流入；在潘家园旧货市场，刘军胜强调，要不断细化安全预案，加强巡查，切实把安全工作落实到位。5月5日，市新闻出版广电局党组书记、局长杨烁带领检查组到朝阳区检查“一带一路”国际合作高峰论坛接待酒店境外卫视和有线电视保障工作，针对检查中的问题，检查组要求经营单位完善应急预案，加强信号线路检查，安排专人巡查，发现突发情况及时应对处理，切实保障“一带一路”国际合作高峰论坛期间播放安全，区文化委党委书记、主任高春利陪同检查。5月11日，区委常委、宣传部部长刘军胜一行到康莱德酒店，检查“一带一路”峰会驻地服务保障工作，对保障工作提出以下要求：一是高度重视，强化责任；二是明确需求，细化对接；三是全面排查，消除隐患；四是提升标准，加强培训；五是强化整治，营造环境；六是加强联动，确保落实。9月21日，全国新闻出版广电总局反违法和违禁出版物司副司长汤清淇一行对朝阳区文化市场管理和“扫黄打非”工作进行现场督导检查，在北京图书批发市场抽查经营书店6家、音像制品店2家，要求市场管理人员切实落实监管责任，加大出版物市场监管力度，为中共十九大胜利召开营造良好的文化环境。在将台地区实地考察“扫黄打非”进基层工作时，汤清淇认为将台地区“扫黄打非”进基层工作有以下特点：一是基础扎实，在机制建立、制度规范、人员配备、挂牌公示等方面落实到位。二是结合有力，紧密联合综治、城管等执法部门以及文化系统企业，结合地区实际落实主体及监管责任；并要求研究“扫黄打非”新特点，结合不同地域、不同场所的特征，探索有针对性的监管措施和机制，为进一步推进“扫黄打非”进基层工作积累经验。

（于甜恬　黄俏凤）

【主题宣传活动】 3月17日，区文化委行政执法队在朝阳区图书馆（新馆）开展“12318健康文化你我他”主题宣传活动，向市民介绍12318举报平台受理的范围，并宣传讲解保护知识产权、维护未成年人权益以及规范市场经营秩序等政策法规，倡导广大市民共同维护文化市场秩序、共同参与文化市场监督管理。4月15日，区文化委行政执法队参加在蓝色港湾举办的“全民国家安全教育日”宣传活动，制作印刷出版、网络文化及“扫黄打非”等展板进行文化安全宣传，并现场解答群众关于文化市场安全知识的提问，发放各类安全生产宣传资料2000余份，接受群众咨询200余人次。4月18日，在朝阳公园举行朝阳区“护苗2017 绿书签”系列宣传活动启动仪式，以“远离有害出版物，多读书读好书”为主题，以推荐优秀读物、讲解“扫黄打非”法律知识、发放宣传品等方式，在群众中大力倡导绿色阅读、文明上网的理念。6月16日，区文化委行政执法队参加在朝阳公园举行的2017年“安全生产月”宣传咨询日活动，以“强化监管，全面落实企业安全生产主体责任”为主题开展宣传，向群众发放宣传材料1600余份。

（杨　迪　黄俏凤）

【工作交流】 8月1日，新疆哈密市文体市场稽查支队、石河子市文化市场综合行政执法支队一行10人到朝阳区开展文化执法工作交流活动。9月2日，朝阳区文化委行政执法队前往新疆哈密、石河子开展文化执法工作交流。

（杨　迪　黄俏凤）

【获得荣誉】 12月，朝阳区六里屯街道、将台（地区）乡和798 艺术区等被评为全国300 家“扫黄打非”进基层示范单位，六里屯街道当选全国“扫黄打非”进基层示范标兵。

（杨　迪　黄俏凤）

【文化市场管理】 截至年底，全区有文化娱乐场所1959家，其中歌舞娱乐场所432家，互联网上网服务场所316家，电影放映场所59家，出版物经营单位1095家，营业性演出场所备案24家，公用天线33家。年内，区“扫黄打非”成员单位和各街乡共出动车辆4654台次，出动执法人员1.4万人次，检查文化娱乐场所16847家次，查封黑网吧8家，没收相关设备265台，取缔游商562起。受理举报98件，回复98件。立案调查113件，较上年同比增长24%。召开文化娱乐场所安全生产例会10次，上报各类信息53篇。

（于甜恬）

【文化娱乐场所安全生产会议】 年内，区文化委联合公安朝阳分局、区安监局、消防支队、区卫计委等部门在区文化馆召开10次文化娱乐场所安全生产会议。会议通报近期消防安全问题，开展消防安全培训，部署全区文化安全工作，由区内5000余家次文化经营单位负责人参会，发放安全宣传材料5万余份。

（杨　迪　黄俏凤）

【行政许可】 年内，办理行政审批事项1105件。其中，办理许可事项804件，包括举办营业性演出许可373件，歌舞娱乐场所设立6件，变更及延续换证23件，电子游艺变更及换证10件，网吧设立16件，变更及延续换证146件，表演团体设立4件，变更及换证21件，出版物零售企业设立及变更许可192件，共用天线变更2件，营业性电影放映单位设立及变更许可11件；办理备案项目301件，包括艺术品经营单位备案51件，演出场地经营单位变更换证9件，个体演员换证1件，市文化局审批演出备案240件。现场核查场所92家，184人次；审核剧本193件。根据《国务院关于取消一批行政许可事项的决定》通知要求，按照《北京市新闻出版广电局关于取消2项行政许可事项的通知》，朝阳区文化委取消“建立城市社区有线电视系统审批”审批项目，承接原北京市新闻出版广电局的“有线电视工程验收”审批事项。截至年底，朝阳区文化委有审批事项16项。其中，许可10项，分别是举办内地营业性演出审批，互联网上网服务营业场所筹建审批，设立互联网上网服务营业场所经营单位审批，设立娱乐场所审批，设立内资文艺表演团体，出版物零售单位设立变更，电影放映单位设立、变更、注销，有线电视站、共用天线设计安装，单位设立有线电视站、广播电视站初审，有线电视工程验收行政许可；备案6项，分别是出版物发行单位设立临时零售点开展出版物销售活动备案，设立出版物出租企业备案，演出场所经营单位备案，艺术品经营单位备案，个体演员备案，个体演出经纪人备案。

（白　静）

文化创意产业

【概况】 朝阳区文化创意产业领导小组办公室设在区委宣传部，是朝阳区文化创意产业领导小组的下设机构，负责统筹、协调全区文化创意产业发展，日常工作由区委宣传部所属全额拨款事业单位朝阳区文化创意产业发展中心（相当副处级）和文化创意产业发展科具体负责。年内，全区工商注册文化创意企业超过8.6万家，其中规模以上企业2597家。全年规模以上文化创意企业收入合计3754.4亿元，同比增长19.7%。

地址：日坛北街33号

邮编：100020

电话：65099215

（郭　琪）

【领导调研】 1月19日，国家工商总局广告监督管理司司长刘敏，副司长黄新民、胡国强调研位于国家文化产业创新实验区的国家广告产业园区。2月16日，文化部政策法规司副司长王建华、文化产业司副司长宋奇慧，国家新闻出版广电总局政策法制司副司长高思等到朝阳区开展文化产业促进法调研，并召开座谈会听取业界意见建议。2月16日，国家新闻出版广电总局版权管理司司长于慈珂，北京市新闻出版广电局党组成员、副局长，北京市版权局副局长王野霏到中国北京出版创意产业基地进行调研。3月8日，朝阳区委常委、宣传部长刘军胜调研东郎电影创意产业园区，参观艺恩咨询、东郎电影孵化中心、东郎剧场、时代光影等入驻园区企业，并与企业负责人座谈交流。3月29日，文化部文化产业司副司长宋奇慧一行到国家文化产业创新实验区座谈调研，就京津冀文化产业协同发展平台建设思路和进展情况、国家文化产业创新实验区建设发展情况、"营改增"政策对文化企业税负影响等工作进行交流沟通。4月20日，北京市社会科学院党组书记、院长王学勤一行到国家文化产业创新实验区调研，考察朝阳规划艺术馆、莱锦文化创意产业园、东亿国际传媒产业园和吉里（北京）国际艺术区，朝阳区委常委、宣传部长刘军胜陪同。7月10日，中组部、文化部、国家行政学院共同举办的省部级、厅局级干部加强文化自信与文化管理创新专题研讨班在国家文化产业创新实验区开展调研活动。北京市副市长王宁出席。8月17日，朝阳区政协主席陈涛，区委常委、副区长孙其军，区政协副主席王文元一行，调研位于国家文化产业创新实验区的齿轮场品牌创业文化园和铜牛电影产业园。8月26日，北京市委常委、宣传部部长杜飞进到朝阳区调研"两贯彻一落实"和宣传文化工作。8月28日，北京市委书记蔡奇，市委常委、宣传部部长杜飞进，市委常委、市委秘书长崔述强围绕"深入学习贯彻习近平总书记视察北京重要讲话精神，认真落实市第十二次党代会精神，推动国家文化产业创新实验区建设，打造中国特色社会主义先进文化之都"主题到朝阳区调研。9月1日，文化部党组成员、副部长张旭，北京市委常委、宣传部长杜飞进到朝阳区调研国家文化产业创新实验区建设情况。10月14日，北京市促进文化与科技融合发展现场推进会及实地调研活动举行。北京市委常委、副市长、北京推进科技创新中心建设办公室副主任阴和俊出席并带队参观考察莱锦文化创意产业园、郎园文化创意产业园。11月11日，北京市委书记蔡奇调研塞隆国际文化创意园。11月18日，北京市委常委、宣传部部长杜飞进调研塞隆国际文化创意园、吉里（北京）国际艺术区、华膳园传媒文化产业园。

（兰　坤）

【宣亚国际在创业板上市】 2月3日，国家文化产业创新实验区重点文创企业——宣亚国际品牌管理（北京）股份有限公司在深交所创业板上市（股票简称："宣亚国际"，股票代码：300612）。宣亚国际品牌管理(北京)股份有限公司成立于2007年，建立品牌全传播服务体系，包括品牌咨询、公关、广告、体育营销、数据化营销、娱乐营销等多个业务板块，是整合传播机构之一。

（刘　莹）

【北京文化产权交易中心影视产权交易平台上线】 2月24日，北京文化产权交易中心影视产权交易平台在位于国家文化产业创新实验区的北京电影学院影视文化产业创新园上线。北京文化产权交易中心影视产权交易平台是北京文化产权交易中心的核心板块之一，主要提供影视文化行业的公司股权、版权、各类收益权、影视IP衍生品授权等交易服务，已与众多的版权运作机构、影视公司、电视台及网络视频播放平台达成深层次合作关系，建立多元化产品体系和完整的交易制度。平台汇集市场上活跃的泛文化娱乐投资机构，与近200家投资机构建立起合作关系，相关机构管理的资金规模达9000亿元，其中年度内在北文中心影视产权交易平台的意向投资规模已达百亿元级别。

（何金翰）

【获得荣誉】 7月13日，以"创赢未来新无止境"为主题的"北京文投会杯"第二届北京市文化创意创新创业大赛落幕。朝阳区医视频、Instreet时尚内容播放平台2个项目获得一等奖，网络综艺《饭饭男友》获得二等奖，游戏《人类拯救计划》、自主订制出版编辑平台、快感飞车家庭建设智能场景系统、大脑天宫、文创人才孵化平台等5个项目获得三等奖。

（杨　光）

【京津冀文化产业协同发展研讨会】 8月28日，京津冀文化产业协同发展中心（以下简称中心）启动活动暨京津冀文化产业协同发展研讨会在国家文化产业创新实验区举办，文化部文化产业司、京津冀三地宣传文化部门及北京市朝阳区相关领导，中心协同合作机构代表、全国文化领域、投资领域、研究机构等近300人参加此次活动。京津冀文化产业协同发展中心由中国文化产业协会、国家文化产业创新实验区共同建设成立，是第一个依规设立的促进京津冀文化产业协同发展的全国性社会组织。启动活动上，由文化部文化产业司和京津冀三地政府相关领导、中国文化产业协会代表共同按下启动按钮，分别签署《中国文化产业协会与国家文化产业创新实验区管委会共建中心合作协议》《国家文化产业创新实验区与国家动漫产业综合示范园合作协议》。中心向协同合作机构的代表进行授牌，标志着京津冀文化产业协同发展中心正式落户国家文化产业创新实验区。

（冯　芳）

【参加第十二届中国北京国际文化创意产业博览会】 9月11日至13日，第十二届中国北京国际文化创意产业博览会在中国国际展览中心举办，朝阳展区主会场位于中国国际展览中心4号馆，展区面积636平方米。朝阳区以"北京朝阳—国家文化产业创新实验区"为主题，采取"1个主展区+21个分会场"模式，携百余个"文化+"精品项目亮相，全面展示朝阳区文化创意产业发展新亮点。市委书记蔡奇、代市长陈吉宁等市领导一行人参观朝阳展区。

（武　雯）

【国家文化产业创新实验区发展论坛】 9月16日，由北京CBD创新发展年会组委会、中国传媒大学主办，中国传媒大学经管学部文化发展研究院、北京朝阳国家文化产业创新实验区企业信用促进会、京津冀文化产业协同发展中心、北京市朝阳区对外文化交流协会承办的2017国家文化产业创新实验区发展论坛在凤凰中心举办，活动围绕"创新·融合·协同·共享"主题，聚焦首都全国文化中心建设、京津冀文化产业协同发展、大运河文化带建设、国家"一带一路"倡议和中华文化"走出去"、国家文化产业创新实验区规划建设进行研讨，助力首都全国文化中心建设。全国人大教科文卫委员会主任委员柳斌杰，文化部党组成员、副部长张旭，北京市委常委、宣传部部长杜飞进，国家发改委副秘书长范恒山，文化部文化产业司领导赵雯、宋奇慧，朝阳区委书记吴桂英、区长王灏等席活动。

（周　密）

【第一家数字阅读企业上市】 9月21日，国家文化产业创新实验区重点文创企业——掌阅科技在上海证券交易所主板成功上市（股票简称："掌阅科技"，股票代码：603533），成为国内第一家数字阅读上市企业。

（赵建杰）

【北京市保护利用老旧厂房拓展文化空间现场推进会】 9月23日，北京市委常委、宣传部部长杜飞进、王宁到朝阳区召开北京市保护利用老旧厂房拓展文化空间现场推进会，市有关部门领导、各区委宣传部、文化创意产业促进机构等领导近200人参加，区委书记吴桂英、区长王灏等陪同。会上提出，将抓紧制定出台保护利用老旧厂房、拓展文化空间的指导意见及配套实施细则，加大政策宣传，把现场推进会成果切实落到实处。

（侯　硕）

【文化创意产业高级经营管理培训班】 11月6日至10日，2017年朝阳区文化创意产业高级经营管理培训班在朝阳区委党校成功举办。区委常委、宣传部长刘军胜出席开班仪式并作动员讲话。培训邀请来自政府相关部门的专家型领导、科研院所及高等院校的专家学者、知名文创企业高级管理人员等8位老师授课，53名来自相关委办局、街乡主管领导，以及重点文化创意园区、企业的负责人参加培训学习。

（薛博雅）

【学习贯彻党的十九大精神宣讲团报告会召开】 11月23日，朝阳区学习贯彻党的十九大精神宣讲团报告会文创企业专场在朝阳规划艺术馆召开，区宣讲团成员、中国传媒大学经管学部部长范周以"全面领会党的十九大精神 努力做文化强国建设的排头兵"为题作辅导报告。30余个文创园区、150余家企业代表近200人参加。

（孟丽霞）

【文化创意产业人才工作】 年内，经评选，2017年文化创意产业人才分别获得区国际高端商务人才认定商务精英1人、青年英才1人；获得北京市2017年"四个一批"文创技术人才称号1人；引进18名应届毕业生。

（刘　敏）

798艺术区

【概况】 北京798艺术区位于朝阳区酒仙桥大山子地区、北京七星华电科技集团有限责任公司所属798厂院内，毗邻机场高速公路，核心区域占地面积近30万平方米，总建筑面积23万平方米。北京798艺术区管理委员会（简称798管委会）成立于2010年7月，是朝阳区政府派驻到798艺术区的行政管理机构，正处级单位，设有综合协调办公室，主要承担798艺术区的统筹协调、监督管理、产业促进和接待服务等工作。

地址：酒仙桥路2号院A04楼

邮编：100015

电话：57626177

网址：http://798.bjchy.gov.cn

（季　昕）

【"以艺术之名"关爱帮扶活动走进儿童希望之家】 4月20日，798管委会开展"以艺术之名"798艺术区关爱帮扶活动，管委会领导带队，组织部分党员、工作人员，与悦美术馆馆长、朝阳区政协委员、雕塑艺术家一起探访"儿童希望之家"。校长和老师们介绍 "儿童希望之家"及孩子们情况，798管委会为孩子们准备画笔、颜料，并与孤儿们一同绘画创作。"以艺术之名"798艺术区关爱帮扶活动是798管委会党支部组织发起的一项长期帮扶特殊儿童的公益活动，每年组织在798艺术区有爱心和励志做公益的艺术机构、艺术家、政协委员、志愿者到特殊儿童康复机构，用艺术的方式帮助他们，产出成果将在"六一"活动现场展示并义卖，义卖所得捐献给福利机构。

（季　昕）

【接待希腊总理参观】 5月16日，"一带一路"国际合作高峰论坛期间，798艺术区作为外交部备选参观点，接待希腊总理齐普拉斯和妻子佩里斯特拉·贝蒂·巴齐亚娜等一行人参观。访问团对中国当代艺术表现出浓厚兴趣，中国当代艺术作品及798艺术区良好秩序给贵宾们留下美好印象。

（季　昕）

【北京798国际儿童艺术周活动】 6月1日至7日，由区文明办、区教育委员会、区文化委员会、区残疾人联合会、798管委会主办，尤伦斯当代艺术中心、悦·美术馆等30多家儿童艺术教育机构联合协办的北京798国际儿童艺术周活动在798艺术区举办。通过丰富的艺术创意活动、展览、手作坊、亲子互动、国际舞蹈团互动表演、艺术巡游等形式，在"六一"儿童节为孩子们倾力打造一个艺术乐园和发现、探索及创作的空间，同时呼吁全社会关注和爱护儿童，尤其是特殊儿童。北京798国际儿童艺术周已经成功举办过六届，由798管委会集合社会力量，整合多方资源，经过多方协作共同打造，是798艺术区专为儿童打造的特色活动。

（季　昕）

【"北京798印象·立陶宛站"当代艺术展活动举办】 6月15日，"北京798印象"当代艺术展在立陶宛开幕，并举办中外文化交流论坛。本次展览由北京市贸促会与798管委会等相关部门共同策划发起，展览作品来自中国极具潜力的中青年艺术家。立陶宛当地政界、艺术界、媒体界及嘉宾100余人参观。此次798艺术区以整体面貌让中国的当代艺术进入立陶宛，促进中立两国最前沿文化艺术的互动和对话，通过两地文化及贸易带动，推动两国文化创意及相关产业的交流发展。

（季　昕）

【北京798艺术节活动举办】 9月23日至10月22日，历时一个月的"2017北京798艺术节"在北京798艺术区举办。活动以"艺象·筑梦"为主题，旨在贯彻"一带一路"倡议，繁荣中国文化，共筑中国梦的精神，展现中国文化底蕴、促进中外国际文化艺术交流与发展。共有主题系列展、同盟系列展、手机摄影大赛、推介展、798设计节、中荷艺术交流展、公共艺术邀请展、涂鸦互动等十大项近百小项艺术活动举办，数十万国内外艺术爱好者及游客到访参观。

（季　昕）

【荷兰艺术家摄影展】 10月12日至28日，由北京市贸促会、798管委会及荷中友好协会共同主办的"景观之上：荷兰艺术家沃特·范·布伦摄影艺术展"在798艺术区展出。展览开幕当天，通过中外文化交流论坛，两国艺术家和相关部门领导就文化创意产业发展进行交流。本次展览是2014"北京798印象·荷兰站"艺术展的回访活动。通过"合作互利"开展的中外艺术交流模式，既节省双方资金投入，又能充分调动各自所在国的宣传推广优势，是帮助中国文化走出去的一种行之有效的方式。北京市贸促会副会长林彬、荷兰驻华使馆新闻与文化处主管范怡兰、荷中协会副会长黄敦品等相关单位领导出席开幕式。

（季　昕）

【塞尔维亚文化中心签约活动举办】 12月6日，798艺术区与塞尔维亚大使馆正式签约，塞尔维亚文化中心于当日落户798艺术区。近年来中塞两国人文交流日趋密切，文化、教育、科技等领域合作良好，塞尔维亚总统在与习近平主席会晤时提到，为推动两国文化交流，拟在中国设立一处塞尔维亚文化中心，首选798艺术区。798管委会领导班子高度重视此项工作，积极与塞方代表对接。该项目不仅是落实双方国家领导人的会谈成果，推动中塞两国友谊，对798艺术区进一步迈向国际化也具有重要意义。

（季　昕）

北京潘家园国际民间文化发展有限公司

【概况】 北京潘家园国际民间文化发展有限公司（以下简称：潘家园文化公司）是由朝阳区国有资产监督管理委员会监管的区国有资本经营管理中心下属的国有独资企业，公司设董事会、监事会、经理层、党总支委员会、工会、妇女委员会和共青团组织，下设办公室、董事会办公室、党群工作部、财务部、规划运营部、人力资源部、安全生产部、项目开发部、合规部。年内，员工编制48人，实有36人。经营范围：销售工艺品及收藏品、字画、家具、日用杂品、珠宝首饰；组织文化艺术交流活动（不含演出）；承办展览展示活动；从事投资及投资管理等活动，并对经营管理的国有资产承担保值增值责任。子公司北京潘家园旧货市场有限公司（以下简称市场公司）员工编制79人、实有77人，主要经营潘家园旧货市场及潘家园自营商业品牌打造与经营。市场占地4.92万平方米，经营面积5.12万平方米，分为地摊区、古建房区、古典家具区、现代收藏区、石雕石刻区、餐饮服务区等6个经营区域，经营摊位3500余个。子公司北京潘家园古玩艺术品文化传媒有限公司（以下简称传媒公司）员工编制18人、实有18人，主要从事设计、制作、代理、广告发布，承办展览展示。组织文化艺术交流活动（演出除外）等生产经营活动。“潘家园”品牌被认定为中国驰名商标、北京市著名商标、北京市年度十大商业品牌，市场入选全国十大古玩市场、全球十大“跳蚤”市场、北京市朝阳区文化创意产业集聚区。年内，公司资产总额68899.70万元，负债总额7426.72万元，所有者权益61472.99元，利润总额4949.25万元，上缴税额3017.34万元。

地址：华威里18号
邮编：100021
电话：67765739
网址：http://www.panjiayuan.com

（赵　雅）

【第九届春节交易会举办】 1月29日，市场公司举办第九届春节交易会，集特色年货、非遗商品展销、民俗表演、专家鉴宝和互动游戏等于一体，将传统民俗与现代元素交融，展现中国特色文化内涵。

（赵　雅）

【潘家园旧货市场功能疏解调研】 2月14日，朝阳区副区长李俊杰率区政府办、发改委、商务委、国资委、社会办及潘家园街道主要领导，到潘家园文化公司就潘家园旧货市场功能疏解工作进行调研座谈。李俊杰强调，潘家园旧货市场作为全区文创产业支柱产业，疏解工作要充分利用现有资源和优势，开拓思路、主动作为，确保功能疏解和转型升级重要任务的完成。

（赵　雅）

【“3·15”法治宣传活动举办】 3月15日，市场公司开展“3•15”法治宣传活动。活动以“网络诚信 消费无忧”为主题，对网络购物、权益诉讼、惩罚性赔偿等有关消费者权益保护方面热点问题开展普法宣传，严厉打击以假充真、以次充好、价格欺骗、欺骗性销售等违法行为，大力宣传“诚信、公平、法治”文化。

（赵　雅）

【猛犸象牙专场精品展举办】 3月18日，市场公司举办第七届大千猛犸专场精品展，展会以远古化石猛犸象牙为主题，采用精品展和售卖相结合，同时呼吁社会大众保护野生动物，拒绝非法买卖现代象牙。

（赵　雅）

【全国核雕名家名作精品展销会举办】 4月6日，市场公司举办以“和善”为主题的第五届全国核雕名家名作精品展销会。通过展销谢才元、宋水官等六十多位核雕名家的代表性核雕作品，弘扬传统文化，展示核雕工艺。

（赵　雅）

【潘家园文化公司推自营文创品牌】 4月10日，首批沉香产品进行试售卖，旨在为消费者提供具有质量保障的高性价比产品，推动企业从单一古玩艺术品交易平台向特色文化品牌多元化经营转型。这是潘家园文化公司经过2年筹备推出自营品牌“潘家园督造”系列产品。龙泉青瓷、铁壶等产品将陆续推出。

（赵　雅）

【全国连环画交易会】 4月13日，市场公司主办的第二十二届全国连环画交易会开幕。本次交易会汇集不同年代、多种题材的连环画精品，连环画交易会以展览和展销相结合的形式开展。连环画以独特的艺术表现形式，弘扬民俗文化，传承民族精神。

（赵　雅）

【猛犸联合琥珀精品展】 4月29日，“千年之恋——当琥珀遇上猛犸联合展会”在潘家园旧货市场开幕，两类展品均历经千万年岁月的洗礼，具有较高的收藏价值，吸引千余收藏爱好者的光临。

（赵　雅）

【核雕精品展】 5月11日，市场公司举办“喜乐满收藏俱乐部文玩核雕精品展”，展会汇聚谢才元、周泉根、钟惠明、陈素林等多位名家的核雕作品，旨在促进文玩市场的繁荣与交流，加强对市场动态和市场需求的深度了解。

（赵　雅）

【接待科威特纳赛尔亲王一行】 5月13日，科威特宫廷事务大臣纳赛尔亲王及其夫人、科威特驻华大使馆工作人员一行8人莅临潘家园旧货市场参观购物，对市场内独具各种中国传统文化特色的民俗工艺品兴趣浓厚、爱不释手，购置老樟木版画、灯笼、柳编提篮、多宝阁等多件民俗工艺品。

（赵　雅）

【缅甸硬琥珀文化节举办】 5月18日，市场公司举办第二届缅甸硬琥珀文化节，文化节展出“天工奖”“百花奖”等各大奖项的获奖作品，陈焕升、干志锋、魏余基等诸位雕刻大师亲临现场，与爱好者面对面交流琥珀雕刻艺术，意在推广缅甸硬琥珀文化。

（赵　雅）

【参加京交会】 5月28日，潘家园文化公司应邀参加2017年中国(北京)国际服务贸易交易会，首次以独立文化展团身份参展。展区设计引入古典建筑元素，加强潘家园特色表达。展区内以“民间、民俗、民族”为主题，展示来自民间、体现民族特色、富有历史文化价值、工艺精湛的民俗展品，其中具有代表性的非物质文化遗产等，设独立区域进行现场演示，近距离呈现手工艺之美。

（赵　雅）

【参观景德镇陶瓷文化展】 6月5日，由江西省政协指导，中国政协文史馆、景德镇市政协主办的“国之瑰宝”——中国景德镇陶瓷文化展首展在北京中国政协文史馆开幕，潘家园文化公司受邀参观。通过讲座学习，展品观摩，了解陶瓷行业的最新技术、产品，为潘家园自营品牌“潘一念”正在打造的青瓷系列产品后续研发积累经验。

（赵　雅）

【猛犸象牙展览交易会】 7月1日，市场公司举办天工轩猛犸象牙展览交易会，藏品以西伯利亚猛犸牙雕为主。本届展会秉持“没有买卖就没有杀害”的原则，主张“做老百姓玩得起的牙雕”呼吁市场抵制象牙制品，旨在通过推广优质猛犸象牙艺术品的方式，传承中国具有悠久历史、列入非物质文化遗产的牙雕技艺。

（赵　雅）

【朝阳区红色收藏展】 7月20日，由区委宣传部、区文化委员会、区人民政府国有资产监督管理委员会、北京潘家园国际民间文化有限公司主办，北京潘家园旧货市场有限公司承办的“听党指挥铸军魂，光辉历程九十载”——朝阳区纪念中国人民解放军建军九十周年暨迎接党的十九大胜利召开全国红色收藏展览在区规划艺术馆开幕。此次展览是潘家园文化公司与红藏委员会第14次联合举办的全国性质红色收藏展览，也是历年来展览规格最高、展出实物最多的一次集中呈现。

（赵　雅）

【潘家园文化公司组团参展五台山佛博会】 7月27日，2017首届中国（五台山）国际佛事用品博览会在五台山风景区举办。潘家园文化公司作为本届博览会唯一特约协办单位，携工作人员13人及50余个优质商户组团参展，为展会注入民族民俗的文化血液，为观众带来全新高品质的文化体验。

（赵　雅）

【文玩核桃展】 9月2日，市场公司主办的首届“核桃杨”文玩核桃展在潘家园旧货市场二层展厅开幕。展会历时16天，以精品展、零售及批发多样方式展销，吸引众多收藏爱好者参观。

（赵　雅）

【第十四届全国红色收藏展】 9月22日，由北京潘家园国际民间文化发展有限公司和中国收藏家协会红色收藏委员会联合主办的北京潘家园第十四届全国红色收藏展交会——纪念中国人民解放军建军九十周年暨迎接党的十九大胜利召开红色收藏展览交易会在潘家园旧货市场开幕，同期在市场西地摊区举行红色收藏交易会。为更好的弘扬和传承红色文化，第十四届全国红色收藏展交会为垂杨柳中心小学学生们准备一场特色红色文化教育创新实践活动。通过学生讲解员讲解展品背后故事，带领同学们重温革命历程，体验革命情怀，缅怀革命先烈，教育引导广大青少年铭记历史，爱党、爱国、爱军，肩负使命，勤奋学习，树立赤诚报国的决心，为实现中华民族伟大复兴的中国梦贡献力量。

（赵　雅）

【潘家园文化公司受邀参加景德镇陶瓷博览会】 10月17日，潘家园文化公司展团受邀参加由商务部、中国国际贸易促进委员会、中国轻工联合会和江西省人民政府共同主办的2017第十四届中国景德镇国际陶瓷博览会。瓷博会上潘家园文化公司展团因产品文化地域差异性受到追捧。此次潘家园文化公司以展团形式走出去，旨在推动企业转型升级，促进国内同业交流，与一线匠人对接，互通有无，实现区域协同发展、优质资源互通和文化艺术的传承。

（赵　雅）

【非物质文化遗产博览会】 11月16日，市场公司举办的第十届非物质文化遗产手工艺品交易博览会在潘家园旧货市场甲排前开幕。展会展出的非物质文化遗产包含泥人、烙画、紫砂壶、苗绣、老北京传统毛猴等数十种工艺品，呈现出不同时代、不同民族、不同地域的经济文化发展脉络。

（赵　雅）

【潘家园文化公司推出吉祥物】 11月24日，潘家园文化公司积极探索转型升级，由11个可爱形象组成的吉祥物家族正式发布。吉祥物以“潘爷”为家长，并有“潘少”“潘小淘”“虎妞妞”“潘咚咚”等多名家族成员，具有浓厚的京味儿特色。潘家园旧货市场作为一个传承“民间、民族、民俗”文化的知名品牌，积极推进企业从文化企业到文创企业的转型升级之路，发掘潘家园文化特色，以打造时尚、年轻、趣味吉祥物的方式，探索文创企业原创IP开发、衍生品设计之路。

（赵　雅）

【三晋文化文艺演出】 12月9日，以宣传大同民间文化为主题的文艺演出在北京潘家园旧货市场东区举办，活动由中国·大同潘家园主办，大同叶茂传统文化置业有限公司承办。演出剧目由云海曲艺社的大同数来宝、晋剧、二人台等极具山西特色文化表演形式组成，旨在宣传大同民间文化、丰富百姓娱乐生活。演出同时，中国·大同潘家园为北京的朋友准备大同当地特产作为礼品免费送出，为中国·大同潘家园作推广宣传。

（赵　雅）

【潘家园文化公司首家文创店开业】 12月22日，潘家园文化公司自营品牌的第一家文创店“潘家园礼物”在潘家园旧货市场内正式开业。标志着潘家园旧货市场作为全国知名文化市场向文化创意产业进军。

（赵　雅）

朝阳规划艺术馆

【概况】 朝阳规划艺术馆(以下简称规划馆)于2010年3月16日正式开馆，是区委宣传部直属事业单位，下设综合办公室、社会教育部、文创中心、展陈技术部、活动策划部、媒体宣传部、运营保障部7个部门，正式员工52人。年内，规划馆创新体验式参观模式，用最新科技展示朝阳区发展理念、地域文化和人文精神，创建多元文化品牌，建设公共文化空间，通过打造“以建设国内首家3D体验中心为目标的文化创意活动、以承办CBD商务节为标志的政府活动、以群众文化活动为主体的公益活动、以新品发布为主题的时尚活动、以装置雕塑作品为特色的艺术策展活动”五大板块活动，成为科技与文化融合创新示范基地。全年接待参观2万余人，接待重要参观团体158个。被中宣部、全国文联、中央文化管理干部学院选定为干部培训定点参观学习基地，被授予北京市爱国主义教育基地、北京市红色旅游景点及北京市科普基地，是“北京地区百家社会单位旅游开放日”定点场馆和区级市民学习基地、爱国主义教育基地、朝阳区文化旅游示范单位和朝阳海外学人俱乐部活动基地。

地址：朝阳公园南路1号

邮编：100125

电话：65851500

网址：www.t-space.com.cn

（尤菁茁）

【公益活动】 1月14日，“京津冀2017北京国际中老年模特大赛”决赛在T空间举行。北京各区、天津、河北等地80余支队伍参赛，30支参赛队入围初赛，14支队伍进入决赛，西城区北京市夕阳红服饰表演队《多彩夕阳》、海淀区羊坊店新丝羽时装模特队《胡杨之舞》获一等奖；西城区银帆艺术团模特队《荷花颂》、朝阳区将台乡驼房营村金芙蓉艺术团《东方长河》获二等奖；朝阳凤祥阁时装表演艺术团《青莲》、朝阳区望京晨曦艺术团模特队《水墨兰亭》、朝阳区东方丽人时装队《异国风情》获三等奖。环球网、新华网、搜狐、腾讯、网易公益网等60余家媒体进行前期报道，爱奇艺对决赛全程直播。12月29日，“十三五”朝阳区百个基层文化品牌创建工程——2017年品牌团队认定暨北京国际中老年模特大赛朝阳专场在T空间举行，活动以“创享生活 创造未来”为主题，是面向朝阳区各街乡的一项公益性文化活动，区各街乡26支队伍报名参赛。呼家楼街道丝路之星《烟雨江南》获一等奖，南磨房地区文化中心《她从画中来》、和平街街道东方丽人时装队艺术团《天青瓷梦镌画台》获二等奖，常营地区万象新天模特队《禅心》、麦子店街道秋之韵艺术团《璀璨中华》、将台地区金芙蓉艺术团《东方长河》、安贞街道金色时光模特队《桑榆晓晴别样红》、大屯街道畅响启航老年模特队《中国风、中国梦》获三等奖。

（尤菁茁）

【展陈更新】 2月8日，区委宣传部组织的2017年规划馆展陈工作调度会在一层接待室召开，区委副书记甘靖中，区委常委、宣传部长刘军胜，发改委、文化委、市政市容委、社会办、财政局、民政局等10余家委办局负责人出席会议。刘军胜主持会议，馆长杨军就展陈更新工作阶段性情况进行汇报，甘靖中部署下阶段展陈更新工作安排，会议通过展陈更新“一期调整升级，二期全面推进”总体设想。9月，展陈更新二期工程“朝阳区发展成就”展区完工，更新展区进入试运营。10月8日，在水云间举行展陈更新验收工作会，区委宣传部常务副部长毕重伟主持，区委办、政府办、社工委、农工委、发改委等29个委办局参加会议，参展各委办局对展览内容进行审核，展览更新工作通过验收。此次展陈更新分为固定展陈和多媒体展陈两部分，主要实施内容包括历史长廊、发展成就展区、未来空间（“十三五”规划主题展）空间设计及布展内容更新，数字沙盘（朝阳·大数据展示中心）展示设备及内容更新，未来空间、发展成就展区多媒体互动项目及数字内容制作，VR/AR实验展示区空间设计及内容制作，4D影院设施及影片更新。改造后，规划馆完成市委书记蔡奇、市委副书记景俊海、市委组织部部长魏小东、市委宣传部部长杜飞进、市第一环保督察组等市领导的参观接待工作，全国各省市38名省部级领导和69名厅局级领导同时到规划馆进行参观。展陈更新得到媒体关注与报道，9月10日BTV新闻，9月12日CCTV13新闻直播间分别以“数字长卷《通惠河览春图》”为主题进行报道。新华网、人民网、中国网、中新社、央广网、《中国文化报》《中国经济时报》《中国经济导报》等媒体进行报道。

（尤菁茁）

【场地服务】 3月8日，在T空间举办由朝阳区政协主办的“知朝阳、爱朝阳、履职尽责在朝阳”国际劳动妇女节主题活动，区政协党组书记、主席陈涛，副主席张永新、战春燕，秘书长王玉华及朝阳区政协女委员一行50人参加活动。3月14日，在水云间举办由中国文化产业协会与英国大使馆文化教育处联合主办，北京中娱创想文化有限公司协办的“分享·共赢”中英游戏创意工作坊活动。5月9日，在3D大剧场举办由朝阳区委统战部组织的朝阳区少数民族代表人士、宗教代表人士“知朝阳爱朝阳贡献朝阳”活动。7月6日，在3D大剧场举行由区委宣传部主办的“学党章、知党史、守党纪”知识竞赛。7月10日，在水云间举行由中华全国青年联合会国际联络部指导，北京市人民政府外事办公室、北京市人民对外友好协会、北京市民间组织国际交流协会、山西省青年联合会等联合主办的“未来领袖，青春使者”——探寻文化传承与创新发展国际青年夏令营开营仪式暨“一带一路”传承与发展青年讲堂。8月18日至19日，在2号馆举行由北京朝阳海外学人中心、真格基金、飞马旅、欧美同学会、人力资源和社会保障部留学人员和专家服务中心、北京海外学人中心联合主办的“服务创新·筑梦朝阳”2017海外学人创业大会（OTEC）创新峰会开幕式、人工智能发展与创新（ABC）论坛、斯坦福商学院北京（GSB）论坛和OTEC创业大赛全球总决赛。11月23日，在3D大剧场举行朝阳区学习贯彻党的十九大精神宣讲团报告会朝阳区文化企业专场。11月29日，在3D大剧场举行由区精神文明建设委员会主办的精神文明建设点线展示暨朝阳文明指数发布启动仪式。

（尤菁茁）

【时尚活动】 3月23日，在2号馆举办美国电影《速度与激情8》中国发布会，导演F.加里·格雷，主演杰森·斯坦森、查理兹·塞隆等出席活动。6月6日，在三层水云间举办由中国电影家协会与上海电影(集团)有限公司联合主办，规划馆协办的上海电影集团出品电影《我是医生》北京观摩研讨会。12月19日，在2号馆、T空间举行“享me 瞰未来——2017梅赛德斯奔驰客户体验媒体科技日”活动，北京梅赛德斯-奔驰销售服务有限公司总裁兼首席执行官倪恺（Nicholas Speeks）、高级执行副总裁李宏鹏、执行副总裁南迪（Marc-Oliver Nandy）等出席活动。12月20日，在水云间举行“宝宝树——无央之界中国家庭产业创新论坛”活动，宝宝树首席执行官王怀南、好未来执行总裁王邦鑫、复星医药董事长陈启宇、易观执行总裁于扬等出席活动。

（尤菁茁）

【艺术展览】 6月17日至7月16日，在T空间举办由规划馆与艺术家刘若望共同策划的“若望苍生——刘若望个人作品展”。展览汇集《千足虫》《渡渡鸟》《东方红》《苍生》《狼来了》等雕塑及油画作品30余件。中新网、腾讯网、网易艺术、中国网、环球时尚、雅昌网、新华报业网等75家媒体对展览进行报道。7月20日至8月13日，在2号馆举办由区委宣传部、区文化委员会、区人民政府国有资产监督管理委员会、中国收藏家协会红色收藏委员会、北京潘家园国际民间文化发展有限公司主办，北京潘家园旧货市场有限公司、规划馆承办的“听党指挥铸军魂光辉历程九十载”——朝阳区纪念中国人民解放军建军九十周年暨迎接党的十九大胜利召开全国红色收藏展览。展览收集来自全国收藏家送展展品1500余件。中国收藏家协会常务副会长杨晋英，朝阳区委宣传部长刘军胜等领导出席开幕式。

（尤菁茁）

【参观接待】 8月28日，北京市委书记蔡奇到馆参观调研。北京市委常委、宣传部部长杜飞进，北京市委常委、秘书长崔述强，区领导吴桂英、王灏及相关领导陪同并随行汇报朝阳区立足于首都“全国文化中心”建设，探索改革创新文化产业发展的体制机制、政策环境、市场体系、金融服务、人才培养和发展模式，促进文化与科技融合发展，全力推进国家文化产业创新实验区提质增效升级发展等相关工作，蔡奇一行参观历史长廊、数字沙盘、未来空间等展区，在3D大剧场中观看《国家文化产业创新实验区宣传片》，国家文创实验区管委会主任丰春秋汇报国家文化产业创新实验区发展情况，馆长杨军介绍建馆以来的运营情况、展陈技术亮点和五大品牌活动等内容。9月1日，文化部副部长张旭到馆参观考察，北京市委常委、宣传部部长杜飞进，区领导吴桂英、王灏及相关领导陪同并随行汇报朝阳区立足于首都“全国文化中心”建设，探索改革创新文化产业发展的相关工作情况，国家文创实验区管委会主任丰春秋做补充汇报，馆长杨军介绍建馆以来的运营情况、展陈技术亮点、五大品牌活动等内容，参观结束后，在水云间召开专题座谈会，吴桂英汇报国家文化产业创新实验区发展及工作情况。9月13日，湖南省发展和改革委员会服务业处处长刘振晓等到馆参观，北京市发展和改革委员会产业处副处长王青，国家文创实验区管委会李强等相关领导陪同；北京故宫博物院院长单霁翔一行5人到馆参观，馆长杨军陪同。9月15日，台湾高雄市苓雅区基层参访团一行20人到馆参观。9月19日，市委组织部部长魏小东等到馆参观，区领导吴桂英、王灏、何明等陪同，国家文创实验区管委会主任丰春秋、馆长杨军随行汇报工作。12月13日，北京市纪委常委陈名杰、市纪委市监委宣传部部长王学锋及全市各区纪委监委宣传部部长到馆参观调研，区纪委宣传部部长魏巍、馆长杨军陪同。12月29日，重庆市文化委员会系统领导一行10人考察北京市特色文创园区之际到馆参观调研，文创实验区相关领导及馆长杨军陪同。全年接待参观2万余人，接待重要参观团体158个。

（尤菁茁）

【数字创意文创活动】 9月7日，在T空间举行第十二届北京文博会朝阳区新闻通气会。9月9日，在T空间举行主题为“开启数字创意产业的未来”2017中国3D技术与创意博览会开幕式暨数字创意产业论坛。活动由北京市贸促会、中国电子学会主办，规划馆、北京电影学院、中传华瀛（北京）文化传媒有限公司承办。北京市贸促会副巡视员王超英，北京电影学院副院长孙立军，中国电影家协会分党组副书记李景富，国家发改委国际合作中心“一带一路”研究院执行院长牛亮出席活动并致辞。国家信息中心、北京电影学院影视技术系、北京理工大学软件学院、中传华瀛（北京）文化传媒有限公司、北京电影学院数字媒体学院以及来自中国电影产业后期联盟、中国电子学会、北京电影学院、北京理工大学等300余位嘉宾参加活动。会上发布朝阳·大数据展示中心、数字文化遗产、3R技术、《通惠河览春图》数字交互长卷、城市IP电影《漫游朝阳》、倾斜摄影、3D版《印象·朝阳》、穿越秦晋觅桃源AR交互数字长卷、桃花源虚拟社区、高精度三维重建等10项数字创意产业创新应用。开幕式上，规划馆与中传华瀛（北京）文化传媒有限公司签署战略合作协议，联合打造朝阳·大数据展示中心，为展示朝阳规划建设成果、分享朝阳经验提供交互展示的公共服务平台；微软数字化卡通与动画北京电影学院实验室朝阳实验中心以及北京电影学院数字媒体学院教学实践基地在规划馆挂牌成立，该中心将为数字创意产业提供新产品新技术研发基地、混合现实技术创意应用及展示中心和人才实践中心，探索校企合作新模式、培养高水平的数字媒体研究人才。在T空间举行“如何搭建中国电影工业化协作平台”圆桌对话。人民网、千龙网、BTV新闻、《北京晚报》、CCTV13《新闻直播间》对博览会及展出的数字交互长卷《通惠河览春图》进行报道；人民网邀请规划馆品牌总监康燕雪做客直播间，以“数字创意产业的未来”为题对2017中国3D技术与创意博览会成果进行报道。中国网“帧像”栏目对国内首家3D体验中心、中国3D技术与创意博览会、科技融合创意立馆、用数字技术讲述朝阳故事等内容制作专题宣传片播出。11月16日，规划馆自主策划拍摄的3D版《印象·朝阳》获第六届中国先进影像作品奖立体（3D）电影类优秀作品奖、中国电影电视技术学会学会奖。11月22日，在3D大剧场举行由中国影视后期产业联盟（CPPA）、朝阳规划艺术馆联合主办的CPPA第三期行业沙龙——“特效制作流程分享”活动，国家新闻出版广电总局电影技术质量检测所党委书记栾国志，中国电影科学技术研究所高新技术研究部主任刘达，中国影视后期产业联盟副理事长谢宁、王璇，国内影视后期制作公司代表等出席活动，参会嘉宾围绕中国影视工业化的现状、影视制作流程分享、未来展望等方面展开讨论。

（尤菁茁）

【为北京CBD国际商务节提供场地服务】 9月13日，在水云间举行由国务院发展研究中心指导，中国发展出版社、北京市朝阳区人民政府与北京CBD创新发展年会组委会共同主办，国研智库与北京CBD管委会联合承办的2017北京CBD国际论坛。来自相关部委的领导与专家，北京市相关部门及其他地方政府代表，白俄罗斯明斯克、法国拉德芳斯及马来西亚等国际城市代表，中国商务区联盟成员单位代表、各级智库代表，相关国际组织与跨国机构代表，世界500强等企业代表及媒体界代表共计200余人参加论坛。9月14日，在水云间举行由国家金融与发展实验室、中国社会科学院金融研究所、北京CBD创新发展年会组委会主办的“新形势新挑战新金融”2017北京CBD国际金融圆桌会。中国社会科学院学部委员、国家金融与发展实验室理事长李扬主持，中国证监会、副主席姜洋，北京市委常委、常务副市长张工，美国Genworth金融集团总裁、首席执行官托马斯·麦金纳尼，纽交所集团副总裁、国际上市部总裁亚历山大·易卜拉欣，硅谷银行亚太区总裁、浦发硅谷银行行长蒋德，以及国内外金融机构高管、知名专家学者，金融监管部门、首都金融机构代表出席活动。9月15日，在水云间举行由朝阳区CBD管委会、区委组织部主办的“人才国际化助力朝阳创新发展”北京CBD创新发展年会暨人才国际化发展论坛，《中国组织人事报》、北京市委组织部相关领导，以及国家开发银行、阿里巴巴、惠普、罗盛咨询、光辉国际、中智公司、科锐国际、中国人民大学国家发展战略研究院、中国美国商会等企事业单位的专家学者、人力资源行业高级管理人员等参加活动。

（尤菁茁）

【新官网上线】 11月8日，规划馆官网历时1年完成改版升级，正式上线。首页涵盖场馆概况、品牌中心、数字创意展项、影像数据库、媒体中心等内容，PC端及移动端同步上线。

（尤菁茁）

【Doc+2017北京纪实影像周举办】 11月24日至28日，在3D大剧场举行由北京市新闻出版广电局、区政府主办，首都纪录片发展协会、国家文化产业创新实验区管理委员会、朝阳区广播电视新闻中心承办，规划馆协办的“Doc+2017北京纪实影像周”开幕式，国家新闻出版广电总局宣传司司长高长力，市新闻出版广电局局长杨烁，市委宣传部副巡视员梅松、区长助理左科华等领导出席活动并致辞。活动分别在2号馆、水云间、3D大剧场举行“用心记录新时代——纪实影像的使命担当”“纪录片的商业价值探索”“坚定文化自信，纪录片砥砺前行——纪实影像对中华优秀文化元素和历史故事的挖掘与弘扬”主题论坛；来自国家林业局、新华社CNC网络电视等内容丰富的纪实影像图片展览；北京“老字号”文化纪实直播；首都纪录片发展协会所属的新华网络电视、北京爱奇艺科技有限公司等60多家纪录片机构，及索尼、佳能等12家公司的设备展；纪实影像主题展映展播等活动。9家机构发布11项纪实影像项目，12家机构达成9项合作签约，项目总签约额近9000万元。光影深处文化传播有限公司出品的《二十二》，上海笃影文化传媒有限公司出品的《本草中国》，中央电视台出品的《航拍中国》《我们这5年》、和力辰光国际文化传媒等7家公司联合出品的《冈仁波齐》等11部纪录片参加展映。

（尤菁茁）

【教学培训基地】 年内，共接待培训参观团40个，2765人。文化部、朝阳区社工委、朝阳社区学院、朝阳区委党校、朝阳团区委、朝阳区人力资源公共服务中心、国家行政学院、民革中央、清华大学公共管理学院组织、北京大学、北京经济管理职业学院等机构分批次组织各地市文化厅局长、各省部级干部军转干部、地方党政领导干部、朝阳社区工作者、朝阳区初任公务员、青年团员、党员等先后到规划馆参加培训，培训内容包括朝阳基本区情、发展概况、未来规划，朝阳区文化事业、文化创意产业发展概况和经验、国家文化创新产业实验区概况等，馆长杨军作为培训主讲人以“一处老房子，用最新科技讲述朝阳故事”为题，从朝阳区文创产业的集聚、老厂房的转型再利用、科技融合创意角度介绍规划馆在数字创意领域的探索成果和成功经验。

（尤菁茁）

新闻传播

【概况】 朝阳区广播电视新闻中心隶属于朝阳区委、区政府，是区委宣传部直接领导的事业单位。主要负责朝阳区新闻宣传、舆情处置、应急处突、新媒体建设等工作，形成“一报、一台、一网、一端、两微”的全媒体宣传平台，即《朝阳报》、朝阳有线电视台、朝阳新闻网、“北京朝阳”APP、“朝闻道”政务微信公众号、“北京朝阳”政府微信公众号。中心设有办公室（保密科）、总编室、人事科、财务科、资料室、新闻科、报纸采访科、报纸编辑科、电视采编科、电视摄像科、电视编辑科、技术保障科12个科室；设朝阳传媒中心、朝阳传媒影视技术服务中心和三方广播电视技术服务公司3个下属单位。年内，中心围绕市、区各项决策部署以及全区中心工作，组织策划新闻发布与媒体采访活动180场次，全年媒体报道与重要网络转载达到3.5万余篇次。

地址：六里屯西里3号
邮编：100026
电话：65025172

（许　阳）

【《安全视界》栏目开设】 2月5日，《安全视界》栏目在朝阳有线电视台开播，每周日播出1次，时长10分钟。节目以“聚焦全区安全生产动态，普及安全生产政策法规，推广安全生产管理经验”为宗旨，通过动态信息报道，案例剖析、总结，宣传普及安全常识，发挥新闻媒体对安全生产的支持、宣传和监督作用，以服务群众和教育群众相结合，大力传播安全知识，提升市民安全综合素质。

（任艳华）

【《全民健身总动员》栏目开设】 2月26日开始，《全民健身总动员》栏目在朝阳有线电视台播出，每周一播出，时长10分钟。栏目定位为新闻综合类专题。通过群众喜闻乐见的电视表现形式，宣传政府体育工作，普及健身知识，展示健康的生活状态，搭建政府与百姓之间的沟通桥梁。内容贴近民生、贴近百姓、贴近生活。

（任艳华）

【市委书记对《朝阳报》刊发文章批示】 9月20日，《朝阳报》头版头条刊发《街乡吹哨 部门报到 联动机制保证环保转办件立行立改》文章，对朝阳区采取“街乡吹哨、部门报到”机制，针对居民向环保督察组反映的问题立行立改进行报道。词条报道受到市委书记蔡奇的关注，并于9月21日予以批示：“全市都应当做到街乡吹哨、部门报到”。

（彭文新）

【数字801频道公益宣传】 9月，有线电视数字801频道开播公益性自制栏目《话说朝阳群众》，围绕朝阳区区域中心工作和社会舆论关注热点，以“朝阳群众”为主角，以“榜样人物”为引领，用“朝阳群众”的故事宣传朝阳区域发展成果，为朝阳发展营造氛围，弘扬主旋律，传播正能量。此外，全年围绕生态环境、冬奥会、志愿服务、城市文明、禁毒工作、朝阳美景等内容，制作并播出公益广告6部；围绕“朝阳群众”品牌，制作系列动漫宣传片6部；围绕“学习宣传贯彻党的十九大精神”制作动漫宣传片2部；围绕“消防安全”制作系列动漫宣传片3部；围绕喜迎十九大、消防安全、雷锋纪念日、植树节、文明祭扫、医改工作、知识产权日、读书日、宪法日，对接制作并播出宣传标板43个。

（陈　婧）

【朝阳传媒社区行】 9月、11月，朝阳区广播电视新闻中心分别举办2次“朝阳传媒社区行”活动，以“朝阳传媒社区行　全民健身共参与”为主题，以定向运动的方式邀请广大朝阳群众参与，通过活动推广“朝阳传媒”各媒体平台，提升“朝阳传媒”传播力和影响力，增加与“朝阳群众”互动，让更多百姓关注、了解“朝阳传媒”，打造“朝阳传媒”文化品牌，传递健康向上的生活方式，传递社会正能量。《北京日报》《北京晨报》《北京青年报》以及相关新媒体平台等对活动进行报道。

（陈　婧）

【迎接和学习宣传贯彻中共十九大精神的宣传报道】 10月18日至10月24日，中共十九大召开。《朝阳报》分阶段策划，以专栏、专题、特刊多种形式开展迎接和学习宣传贯彻中共十九大精神的宣传报道。9月至中共十九大召开之前，在头版开设《喜迎十九大》《砥砺奋进的五年》专栏，从党的建设、文创发展、功能疏解、经济建设、社会治理、农村城市化、文化、卫生、教育、社会保障、城市管理、生态建设等方面，全面梳理五年来，朝阳区所取得的成就。会议期间，刊出《聚焦党的十九大》专题报道，对十九大精神进行解读。会后，转载《北京日报》的系列评论文章，开设《把习总书记重要思想在朝阳化成生动实践》《以习近平新时代中国特色社会主义思想为指引，进一步在朝阳形成生动实践，更加奋发有为地推动首都新发展》专栏，报道落实十九大精神新举措、重点工作新进展、为民办实事新成果；设立理论版和《把习总书记重要思想化成生动实践 朝阳新故事》专栏，刊登朝阳区委区政府、各委办局领导和基层党组织学习十九大体会，宣传“立足岗位创新功”涌现的典型人物事迹。

（彭文新）

【朝阳有线电视频道包装技术升级】 年内，完成朝阳有线电视频道包装技术升级项目，包括频道ID、频道宣传片、频道LOGO以及各栏目片头、角标、唱词、预告、片尾、人名条等各项设计共计152个，满足高清播出要求，提升频道整体品质。

（陈　婧）

【朝阳新闻网建设情况】 年内，朝阳新闻网充分挖掘原有网站资源、新闻媒体资源，升级部分网站功能，融合报纸、电视、新媒体各平台传播内容。全年朝阳新闻网各栏目更新内容1万余条、图片1000余幅，《朝阳报》电子版更新120余期，视频上传800余条。

（陈　婧）

【朝阳区宣传片制作】 年内，围绕朝阳区“十二五”工作成果和“十三五”规划整体情况，聚焦朝阳区构建“高精尖”经济结构、文化文明建设、城乡一体化推进、宜居环境提升、民生改善等发展目标，拍摄区域形象宣传片2部，在数字801频道、“北京朝阳”APP和微信公众号等平台进行传播，展示朝阳发展成果，营造良好氛围。

（陈　婧）

档案工作

【概况】 朝阳区档案局为区政府负责本区档案事业行政管理的主管部门，区档案馆负责本区档案和有关资料的收集、保管和开发利用等工作。区档案局与区档案馆合署办公，内设办公室、档案业务科、法规科、收集科、保管科、利用科、整理科、信息化科、编研指导科、区志业务科10个科室。年内，完成20家单位档案接收进馆任务，接收档案12758卷、52330件，接收名人档案60件；完成2017年度档案开放前的初审任务73100余件，档案开放鉴定工作进度及开放率位于全市各区档案馆前列。在2013—2016年度北京市档案系统先进集体和先进个人评比中，2家单位获评北京市档案系统先进集体，5名工作者获评北京市档案系统先进个人。

地址：日坛北街33号

邮编：100020

电话：65094976

网址：http://dangan.bjchy.gov.cn

（周佳琳）

【“兰台杯·朝阳符号”活动】 5月5日，组织专家评选第二届“兰台杯·朝阳符号”——城乡建设成就摄影征集大赛参赛作品127幅，评选出一等奖2组、二等奖5幅（组）、三等奖10幅（组）、优秀奖6幅。6月5日，举行第二届“兰台杯·朝阳符号”——城乡建设成就摄影征集大赛颁奖仪式。

（周佳琳）

【“一带一路”国际合作高峰论坛档案服务】 5月至7月，完成“一带一路”国际合作高峰论坛档案服务保障工作。建立“一带一路”国际合作高峰论坛服务保障工作档案管理网络，编制《“高峰论坛”服务保障工作档案归档范围》，组织开展各专项工作组档案人员业务培训和日常指导，完成综合协调组文件材料收集整理。7月18日，完成7个专项工作组形成的“一带一路”国际合作高峰论坛服务保障工作文书档案、实物档案等305件，向区档案馆移交工作。

（周佳琳）

【“档案馆日”活动】 6月5日至9日，举办以“档案——我们共同的记忆”为主题的第五届“国际档案日”暨第九届朝阳区“档案馆日”活动。开幕式上，市地方志办副主任张恒彬为荣誉馆员颁发证书，区文化委捐赠《朝阳区非物质文化遗产名录》《朝阳文物志》《朝阳文物精粹》《辽金经幢研究》及《非遗朝阳》影像资料。期间，接待参观群众800余人，发放宣传册3000余张。

（周佳琳）

【农村城市化记忆工程专题展览】 6月5日至9日，《朝阳区农村城市化记忆工程专题展览》在区档案馆、市方志馆、区规划艺术馆等巡展。展出反映19个乡农村城市化建设照片97幅。其间，接待参观者4000余人。

（周佳琳）

【业务培训】 9月20日至21日，举办2017年朝阳区档案业务综合培训暨档案法制业务培训，市档案局监督指导一处处长马忠魁、市档案局法规处副处长马秋影、区委党校副教授姜岩和北京隆安律师事务所律师韩羽枫等专家授课，课程包括《档案安全及提高档案工作的认识》《档案违法案例解析》《习近平总书记视察北京重要讲话精神宣贯》《图片版权解析》等。全区135人参加培训。

（周佳琳）

【档案安全隐患大排查大清理大整治】 11月23日，制发《北京市朝阳区档案局关于开展全区档案安全隐患大排查大清理大整治的紧急通知》，组织开展为期40天以消防安全为重点的档案安全隐患专项排查工作，排查、清理整治和总结巩固3个阶段。区档案局设立8个专项检查组实地检查145家立档单位，并跟踪安全隐患指导整改到位。

（周佳琳）

【档案安全体系建设】 年内，按照市局“七道防线”要求做好档案安全管理，制发《关于进一步加强朝阳区档案安全工作的实施意见》，加大十九大等重要时期的巡检力度。开展两次全区基层档案室和区档案馆档案安全自查并建立台账，开展档案安全隐患大排查大清理大整治。针对档案馆库房安全隐患及时上报区政府并全面加强区档案馆安全检查，建立应急响应机制。落实档案信息系统安全保护要求，建立信息安全应急响应机制和应急预案，及时应对5月12日全球勒索病毒爆发；建立24小时读网制度，确保数字档案信息安全。

（周佳琳）

【档案普法宣传】 年内，进一步贯彻档案“七五”普法规划，利用“12·4”等重要时间节点，创新宣传教育普及形式，制作视频短片和1万册漫画小册子，宣传《档案管理违法违纪行为处分规定》等内容。

（周佳琳）

【创新档案管理】 年内，完善档案室规范化分类管理工作机制，对全区立档单位实行精细化管理。全区139家认定类别的档案室中，一类档案室13家，占9%；二类档案室70家，占50%；规范保管期限表审核备案流程，履行好业务监督职能；加强对全区重点建设项目管理，及时登记重点工程项目和在建项目档案。

（周佳琳）

【档案利用】 年内，接收区属93家单位移送的主动公开类政府信息10947份；接待利用者16568人次，查阅档案3427卷件，出示证明9900件，接待利用者电话咨询12000余人次，公民个人查阅占比95.62%，档案利用接待人次位居全市各区首位。

（周佳琳）

【档案数字化】 年内，制定《朝阳区档案馆馆藏照片档案编目标准》，利用媒资系统完成照片档案整理编目6万余张、300余万字。贯彻《朝阳区示范数字档案室建设标准》，全力推进示范性数字档案室创建。完成数字化加工项目77个全宗、1324个目录、300万条数据筛选。接收14个立档单位1922卷7846条电子数据移交进馆，数字化加工9518卷、69841件，扫描1207494页，补录数据20064条，馆藏档案可数字化率达100%。

（周佳琳）

【课题研究】 年内，《档案整理实际操作规范化研究》课题获国家档案局档案优秀科技成果三等奖、北京市档案局档案优秀科技成果三等奖；国家档案局科研课题《国家综合档案馆馆藏档案资源共享模式研究》通过验收。《区县档案行政诉讼存在问题与对策研究》同时列入2017年度国家档案局科技项目计划和2018年度北京市档案科研项目计划。

（周佳琳）

地方志工作

【概况】 朝阳区地方志编纂委员会办公室（简称：区志办），是区政府主管朝阳区域地方志工作机构，为参照公务员管理的区直属事业单位。年内，区志办坚持依法修志、依法治志、依法用志、依法管志、依法研志，坚持以《朝阳区地方志工作事业发展规划(2016—2020年)》引领推动全区地方志事业均衡发展，深化朝阳志鉴体系建设。修改、补充、完善《北京市朝阳区志（1996—2010）》复审稿，形成第一稿终审稿。落实《中国年鉴精品工程实施方案》，细化《北京朝阳年鉴（2017）》编纂方案，调整朝阳年鉴的框架和内容设置，增设具有朝阳区年度特征的相关专题。制发2016年度《朝阳大事记汇编（季刊）》电子书1000余册。《高碑店村志》入选首批中国名村志丛书，也是此次北京市唯一一部入选的村志。编纂完成《难忘乡愁—朝阳乡村记忆》征求意见稿。成立朝阳区基层修志工作顾问团。《北京朝阳年鉴（2015）》获2015—2016年度年鉴编校质量检查评比二等奖。在第四届全国地方志优秀成果（年鉴类）质量评审中，《北京朝阳年鉴（2016）》被评为三等奖年鉴。区志办被市地方志办公室、北京年鉴社评为“2016年《北京年鉴》编纂工作先进集体”，被市地方志办公室评为“2016年北京市地方志资料年报工作先进集体”。

地址：日坛北街33号

邮编：100020

电话：65099572

（周　娟）

【年鉴业务培训】 3月，区志办对全区各年鉴承编单位主笔人开展业务培训。培训细化分解2017年度各单位年鉴供稿任务和要求，实现按系统收集年鉴资料工作，讲解年鉴框架结构、条目撰写、照片报送等内容。同时，表彰全区年鉴供稿工作先进单位125家。召开《朝阳大事记汇编》主笔人培训会，明确编纂大事记的工作定位，从体量、篇幅、报送时间等方面明确大事记条目撰写的具体要求。年内，继续加强对编辑人员的业务培训，组织编辑人员参加北京市精品年鉴工程启动会、北京市年鉴业务培训暨理论研讨会，内容包括编辑出版工作中的语言文字规范操作、编辑的语文知识基本功的培养、期刊编辑校对常见错误分析等。指导区统计局、区园林绿化局、区教委等单位专业年鉴编纂出版工作。

（周　娟）

【《北京年鉴》供稿】 4月，完成向《北京年鉴（2017）》供稿任务。供稿全文9000余字，内容为2016年朝阳区概况，包括政治、经济、文化和社会等各方面的发展变化及北京商务中心区的建设与发展情况。

（周　娟）

【地名志地名典编纂工作启动】 5月，启动为编纂《中华人民共和国标准地名词典》（简称《国典》）（北京部分）、《北京市地名志》《北京市标准地名词典》供稿和编纂《朝阳区地名志》工作。年内，上报《国典》词条9类455条，《北京市地名志》词条858条。完成《北京市地名志》词条释文样条6类8条。

（周　娟）

【二轮修志】 年内，组织召开二轮区志复审评议会，通过复审，形成终审稿（第一稿）。志书有正文32编152章565节，概述、大事记、专记和补遗各1篇，全书120万字。收集照片3000余张，挑选726张，并核对和增加图注。对区首轮志书开展志书补遗和勘误工作，补记“供销合作社”等内容。参加由市地方志办组织的《顺义区志》《丰台区志》《东城区志》初审稿评议会和《海淀区志》复审稿评议会，撰写审读意见10000余字。参加全国性地方志学术交流和业务培训2次。

（周　娟）

【基层修志】 年内，持续推进基层修志工作。制定《朝阳区基层修志单位培训指导方案》。举办9期“修志课堂”。面向全国和北京市邀请14名地方志专家授课，普及地方志知识，集中解决一批修志瓶颈问题，成为市地方志办授权朝阳区为全市培训地方志人才的平台，全年培训人员600余人次。有针对性进行业务指导服务。年内，为朝外街道启动修志，提供全程业务指导和支持，指定地方志专家为主总纂。指导高碑店乡、常营乡、金盏乡、水务局、京客隆集团等修志单位。为中信国安集团有限公司等企业提供方志业务服务。区水务局、金盏乡、常营乡召开志书初审评议会并全部通过初审。落实北京市关于地方志编修工作中聘用退休干部及聘用费标准精神。

（周　娟）

【年鉴赠阅】 年内，向有关领导、区属单位以及供稿的社会单位赠阅《北京朝阳年鉴（2016）》2000余册。年鉴的赠阅范围，实现全区各单位领导干部、相关部门、图书室、资料室、阅览室、档案室、学校、社区（村）以及区人大代表、区政协委员的全覆盖。

（周　娟）

【《高碑店村志》入选首批中国名村志文化工程】 年内，由区志办组织编纂的《高碑店村志》入选第一批“中国名村志丛书”，是全市唯一一部入选的村志。志书采用纲目体，设类目10个，分目50个，分目下设条目200余个。另设大事纪略、概述、后记等，全书30余万字，图照300余张。区志办全程组织和编纂，区志业务科人员为编纂人员，乡和村收集文字资料和图照资料、实地考察作业等一整套工作模式，用时近3个月完成出版发行工作，缩短编纂周期，节约人力物力。村志于12月29日参加中指办在人民大会堂举办的首届全国名村论坛和第一批中国名村志丛书首发式。

（周　娟）

【地方志宣传】 年内，编发《朝阳兰台》报12期，围绕朝阳档案方志事业发展进行全方位的报道。《朝阳兰台》报被中国社科院邀请加入“国家哲学社会科学学术期刊数据库”（NSSD）。被京网、“方志北京”微信公众号采用信息10余篇，区县修志动态采用信息20余篇，在《北京地方志》发表文章2篇。在“档案馆日”活动设置“方志角”。发放方志宣传折页、《朝阳兰台》报等1000余份，志书、年鉴1000余册。

（周　娟）

朝阳区文学艺术界联合会

【概况】 北京市朝阳区文学艺术界联合会（简称朝阳区文联）为区级社会团体机构，现有九个协会和一个艺术团：朝阳区书法家协会、朝阳区美术家协会、朝阳区民间文艺家协会、朝阳区舞蹈家协会、朝阳区文学创作协会、朝阳区摄影家协会、朝阳区音乐家协会、朝阳区油画家协会、朝阳区曲艺家协会和朝阳艺术团。行政编制6人，其中处级领导职数1正1副。负责所属文艺家协会的联络、协调、服务和管理工作，负责组织、开展地区文学艺术活动。9个协会及朝阳艺术团有会员、团员6700余人。直属单位有朝阳书画院，行政编制4人，院长1名，级别正科。年内召开文联第二次代表大会，调整、完善文联理事会组织机构，推进基层文联建设，开展各项文化活动，服务区域发展。举办庆祝中国共产党成立96周年“重温经典·名家名篇诗歌朗诵会”。朝阳艺术团圆满完成朝阳区双拥慰问2场演出活动，举办“旋舞朝阳”万人交谊舞展演活动、“旋舞朝阳”2017第二届国标舞大赛暨朝阳杯京津冀公开赛等多项活动，完成慰问基层、三下乡、星火工程等270场演出任务，与台湾地区开展“悦动高雄·悦动屏东”社区大舞台文化交流。通过活动，宣传朝阳，提升区域文化品质，推进朝阳文化繁荣发展。

地址：东大桥路8号尚都国际中心303房间

邮编：100020

电话：5870121058701235

邮箱：chaoyangquwenlian@163.com

（刘向菲）

【“迎新春 送祝福”活动】 1月，举办“迎新春、送祝福”慰问活动，组织书法、剪纸、中国结等方面的艺术家及艺人，到区人大机关、区政协机关、区委统战部机关、区人力社保局机关、区城管执法局机关、区环卫中心、区行政服务中心等7家单位，为一线职工、党员干部送春联及新春祝福。举办慰问活动7场，送出春联、福字、中国结、剪纸等艺术作品5000余份。

（刘向菲）

【文联第二届一次代表大会】 4月26日，召开第二届代表大会，选举产生新一届文联理事99人，其中理事会组织机构成员30人、主席1人、常务副主席1人、副主席28人、秘书长1人，推选名誉主席8人、艺术家顾问48人。区政协原主席谢莹当选新一届文联主席，文联第一届主席李光羲任名誉主席。这是朝阳区文联自成立以来的首次换届选举。

（刘向菲）

【获得荣誉】 5月11日，中国邮政成立“一带一路”文化主题邮局。朝阳区音乐家协会主席、著名歌唱家、国家一级演员戴玉强被聘为该邮局名誉局长，市邮政朝阳分公司领导向其颁发聘书。7月17日，由北京市文学艺术界联合会、北京市教育委员会主办，北京舞蹈家协会承办“纪念建军90周年”——第十五届北京舞蹈大赛颁奖晚会暨优秀作品展演在北京天桥剧场举办。朝阳区舞蹈家协会选送、朝阳区筑梦艺术团表演的以红军长征题材编创的原创舞蹈《铁索战魂》获特别奖，朝阳区舞蹈家协会获优秀组织奖，参加当晚颁奖晚会优秀作品展演。麦子店街道以中国梦为主题创作的舞蹈《向往》，获中老年组表演二等奖和创作二等奖；大屯街道以哈萨克女子头发故事为题材创作的舞蹈《穆拉》（汉语意为：传承）获中老年组表演二等奖和创作二等奖；安贞街道以藏民生活为素材创作的舞蹈《雪域之春》荣获中老年组表演三等奖和创作三等奖。

（刘向菲）

【名家名篇诗歌朗诵会活动】 6月6日至7日，与中国诗歌学会在朝阳剧场举办“重温经典·名家名篇诗歌朗诵会”。老一辈艺术家瞿弦和、虹云、张筠英、刘纪宏等用朗诵艺术呈现古今中外名篇名著。来自基层的朝阳文艺工作者朗诵《我是朝阳群众》，诠释朝阳人对朝阳区的热爱。这是朝阳区“高雅艺术进社区”系列活动之一，是区文联开展“艺术家下基层”活动的一部分，是在朝阳群众中兴起学习经典诗词、传承传统文化、提升文明素质的新风尚。来自朝阳区各社区的千名观众观看朗诵会。

（刘向菲）

【对台交流】 6月，举办北京朝阳“悦动高雄·悦动屏东”社区大舞台文化交流活动，由区文艺工作者组成的交流团赴台湾高雄、屏东，开展文化交流，活动包括文艺演出、传统艺术交流和朝阳主题摄影展三部分。期间进行3台文艺演出、2场摄影图片展和1次艺术交流，台湾同胞直接参与2万余人，活动展示朝阳形象、促进两岸文化交融、沟通同胞间的感情。

（刘向菲）

【双拥慰问演出】 7月26日，由区委宣传部、区双拥办、区文明办、区文联联合在首都机场街道北京出入境边防检查总站礼堂举办“致敬最可爱的人”“我是朝阳群众”巡演。现场的文化志愿者、地区群众与驻区部队携手，以舞蹈、快板、评书、相声、演唱等表演形式给驻区部队及武警官兵、公安干警、志愿者带来一场视听盛宴，近800余人参加活动。7月27日，与区双拥办联合开展双拥慰问活动，在解放军63961部队礼堂举行庆祝中国人民解放军建军90周年“军旗映朝阳”文艺演出。武警北京总队、武警特警学院等部队领导，市民政局副局长、市双拥办副主任陈卫东，区领导吴桂英、陈宏志、陈涛、王灏、张维刚、孙其军，驻区部队官兵、群众代表等500余人观看演出。

（刘向菲）

【“旋舞朝阳”交谊舞展演】 9月20日，在朝阳区体育中心进行“旋舞朝阳”交谊舞展演。全区43个街乡的43支队伍参与表演，超过100人的街乡队伍有19支。来自房山区、石景山区、密云区以及河北燕郊、河北泊头等市区的交谊舞队参与展演。活动展示京冀两地百姓的艺术文化精神氛围。万人交谊舞展演已举办五年，活动旨在“以舞健身、以舞强心、以舞会友”，提高群众文化艺术水平，弘扬社会主义核心价值观，展示百姓精气神。活动推广到京津冀地区、东北地区和内蒙古、山西、河南、江苏、安徽、广东等地，有6万余人参与。

（刘向菲）

【中共十九大学习宣传活动】 10月13日，区文联在六里屯街道举办“喜迎十九大·永远跟党走”朝阳群众书画笔会。著名书法家和画家与朝阳区书画爱好者共同创作书画作品，用笔墨表达爱党爱国爱家的真情实感，20位书法艺术家和500名群众同在一幅长19米、宽68厘米的长卷上书写对党和国家的美好寄语和希望。

（刘向菲）

【“旋舞朝阳”国标舞大赛】 10月，区文联在朝阳体育馆举办“旋舞朝阳”2017第二届国标舞大赛暨朝阳杯京津冀公开赛。来自北京、天津、上海、河南、河北、山东、江苏、安徽、内蒙古、甘肃等10省市区54支参赛队的1800对选手参赛，来自俄罗斯舞蹈学校的10对选手远道而来参加比赛。大赛组委会专门组建阵容强大的评审团队，包括英国、俄罗斯、丹麦、韩国、爱尔兰、苏格兰和中国等7个国家的44位资深专家担任评委。大赛是区文联结合朝阳区国际化、现代化的区域优势，精心策划、细心打造的专业化舞蹈赛事，活动受到广大群众和新闻媒体关注，北京电视台、人民网、千龙网等媒体对活动进行报道。

（刘向菲）

【22个街乡成立文联组织】 年内，全区22个街乡成立文联，分别是八里庄街道、团结湖街道、东湖街道、安贞街道、劲松街道、崔各庄乡、垡头街道、望京街道、呼家楼街道、香河园街道、豆各庄乡、左家庄街道、麦子店街道、潘家园街道、金盏地区、酒仙桥街道、六里屯街道、奥运村街道、首都机场街道、大屯街道、小关街道、三里屯街道。22个街乡在整合文艺资源、发挥文艺骨干作用、繁荣辖区文艺发展和为群众提供文艺服务等方面做大量工作，取得一定经验。在组建街乡文联过程中，区文联提供有针对性的指导和服务，把握“成熟一个建立一个”的原则，帮助和支持有条件的街乡成立文联组织，扎实推进区文联建设工作，使文艺工作最大限度的向基层辐射。

（刘向菲）

卫生　体育

卫生

【概况】 年内，全区有医疗机构1426个，其中营利性908个、非营利性518个。全区有卫计人员49997人，其中执业（助理）医师19774人、注册护士21544人。实有床位23176张。每千常住人口拥有床位数6.2张，卫技人员13.37人，执业（助理）医生5.29人，注册护士5.76人。常住人口373.9万人，其中户籍人口209.82万人。户籍育龄妇女528148人，其中已婚育龄妇女296368人，户籍人口出生上报17040人，计划生育率99.59%，出生人口男女性别比为108.29：100。全年办理户籍人口一孩生育登记13688例，二孩生育登记9272例，再生育确认（三孩及以上）334例。户籍人口出生24271人，其中男性12473人、女性11798人，出生率11.54‰；死亡15635人，死亡率7.43‰；人口自然增长率4.11‰。因病死亡15046人，占总死亡人数的96.23%；死因顺位前10位依次为：恶性肿瘤、心脏病、脑血管病、呼吸系统疾病、损伤和中毒、内分泌、营养和代谢性疾病、消化系统疾病、神经系统疾病、泌尿生殖系统疾病和传染病。户籍人口平均期望寿命82.57岁，男性80.25岁、女性85.14岁。年内，区卫生计生委被评为国家妇幼健康优质服务示范区，5家社区卫生服务中心被评为全国百强社区卫生服务中心，便民服务体系信息化建设项目在“全国基层卫生计生信息化应用创新大赛”中获二等奖。急救卫生应急队伍获市卫生应急技能团体一等奖，区卫生计生监督所获2017年度市卫生计生监督绩效考核第1名，区卫生计生委获基层预防艾滋病、梅毒和乙肝母婴传播工作优秀集体，小红门、望京等5家社区卫生服务中心被评为市基本医疗卫生制度建设工作先进集体。

地址：甜水园东里甲1号
邮编：100026
电话：65856777（值班）
网址：http://wsj.bjchy.gov.cn

（周翔飞　姚　雯）

【卫生改革】 4月8日起，370家医疗机构全面取消药品加成、设立医事服务费、实施药品阳光采购、调整规范医疗服务价格，实现医疗机构实现技术劳动收入、可分配收入、基层诊疗量、医保保障和医疗救助力度“五上升”，药费、药占比、二三级医院诊疗量、大型设备检查费和医保患者负担“五下降”。4月8日至12月31日，社区卫生机构平台药品采购1693个品种，其中基本药物5544个品规；总计金额18.57亿元，其中基本药物10.298亿元。优老政策减免490.4万人次，减免563.9万元。区社区卫生服务中心开具长处方651张，涉及291种长处方药品，药品金额30.3万元。实现紧密型医联体全域覆盖，区内公立三级综合医院纳入医联体体系。成立精神卫生、胸痛医联体；启用朝阳中医慢病分级诊疗平台；启动中医外科医联体。清华大学附属垂杨柳医院授牌。多部门联合制定《公立医院薪酬制度改革试点工作实施方案》获市级批复，完成《公立医院绩效工资管理办法》等4个配套文件，构建公立医院薪酬电子监管系统。8月，印发《关于推进朝阳区医疗卫生与养老服务相结合的实施方案》。4家医疗机构通过区级老年友善医院评审。南磨房、太阳宫社区卫生服务中心加挂康复医院牌子。孙河、安贞社区卫生服务中心被定为市级首批临终关怀试点单位。

（周翔飞　姚　雯）

【爱国卫生】 8月8日，启动朝阳区创建国家卫生区工作，制定实施方案，成立创卫领导小组；组织创卫标准培训10余次，培训1000余人；启动科技创卫信息平台建设。发布《创卫工作信息》，组织开展创建“卫生示范一条街”活动，完成43条卫生示范一条街的明察暗访，形成评估报告。

（周翔飞　姚　雯）

【社区卫生】 年内，朝阳区运行47个社区卫生服务中心、190个社区卫生服务站。新建建外第二社区卫生服务中心。完成门急诊11258525人次，出诊服务26358人次，医占比25.88%。家庭医生式服务签约1599752人，签约率42.79%。二、三级医院对口支援门诊服务47048人次，开展健康教育96次，组织专业讲座72次。双向转诊上转66968人次，下转7837人次。全区建立健康档案3176361份，建档率84.95%，其中电子健康档案3152519份、建档率84.31%。

（周翔飞　姚　雯）

【疾病控制】 年内，朝阳区加强传染病防治。报告传染病21种、26319例，报告发病率664.73/10万，比上年上升12.12%；报告死亡率1.11/10万，比上年上升41.78%。甲类传染病报告2例，为霍乱。乙类传染病报告发病率居前三位的依次为肺结核、梅毒、痢疾。报告性病5种4427例，其中梅毒、淋病、尖锐湿疣、生殖道沙眼衣原体感染和生殖器疱疹分别为1980例、700例、652例、1020例和75例。确诊肺结核1285例，登记管理结核病1090例，包括肺结核984例、结核性胸膜炎106例。报告性病5种4427例，其中梅毒1980例、淋病、700例、尖锐湿疣652例、生殖道沙眼衣原体感染1020例和生殖器疱疹75例。报告HIV/AIDS现住病例1003例，比上年减少8.9%。新发现病例以同性传播为主，占81.8%。报告并处置人感染H7N9输入性病例14例（其中外省9例，全市其他区县5例）。报告手足口病3157例，比上年降低46.83%，其中重症病例9例，无死亡病例。调查中东呼吸综合征（MERS）排查病例1例，经实验室检测排除。11月，对7处活禽摊位开展禽流感外环境监测，其中6处阳性。共采集47件外环境标本，26件外环境标本阳性，阳性率55.3%。接报、调查、处理本地狂犬病病例1例。通过国慢病综合防控示范区国家复审。完善疾控中心—街（乡）、社区卫生服务中心—居（村）委会、社区卫生服务站、二三级医院三级慢病防控网络。完成农村大肠癌和城市五癌（肺、肝、乳腺、上消、下消）临床筛查任务，分别为794人次和1951人次，肿瘤患者随访8805例。新建高血压、糖尿病患者及肥胖自我管理小组55个，培养组长80余人，开展小组活动500余次。开展实施全民健康生活方式活动，对已挂牌示范机构80余家进行督导，培训指导员220人、活动200余场。新建健康小屋、健康步道等支持性环境10余处，新确认市级健康生活方式示范机构42家。监测老年痴呆和帕金森1637人、双生子797对；开展慢性病及危险因素监测工作，完成2402人现场调查。开展脑卒中高危人群筛查及管理，对既往参加筛查的6832人进行随访干预，摸底筛查14308人，每季度末对高危人群进行随访，共随访2167人，随访率90.4%。

（周翔飞　姚　雯）

【精神卫生】　年内，朝阳区重性精神疾病患者建档15400人，其中6类严重精神障碍患者13267人，发现报告率3.44‰，在册管理95.26%，在册规范管理88.67%，病情稳定99.41%，规律服药78.73%。为6697名重性精神疾病患者免费体检。发放贫困诊疗费补助110.88万元，2145人次患者受益。6676人通过免费服药资格审核，投入免费服药经费524.05万元。为8940名严重精神障碍患者监护人发放看护管理补贴703.05万元。

（周翔飞　姚　雯）

【中小学生生长发育状况】　全区中小学生178916人，身高受检169030人，其中上等56689人、下等3011人；体重受检169030人，其中上等63461人、下等3182人；视力受检168976人，其中视力不良95488人；营养状况受检169028人，其中肥胖24442人、营养不良13455人；贫血受检168402人，其中贫血3914人；沙眼受检167486人，检出沙眼5人；龋齿受检168938人，其中龋齿患者26895人。

（周翔飞　姚　雯）

【计划免疫】　年内，全区常规免疫（不含应急接种）接种疫苗1211561针次。其中，基础免疫809380针次，加强免疫402181针次；户籍儿童接种696834针次，流动儿童接种514727针次。疫苗报告接种率均在99%以上。接报预防接种不良反应（AEFI）1399例，其中一般反应915例、异常反应269例、偶合症211例、心因性反应4例。水痘、麻疹、麻风、麻风腮、三联分别应急接种1846针次、587针次、2348针次、87针次和33针次。免费接种流感疫苗195352支。其中，学生113935支，接种率为69.16%；老人76848支，接种率为39.65%；保障人员4569支。

（周翔飞　姚　雯）

【职业卫生】　年内，完成国家重点职业病监测及风险评估工作。全区有毒有害工业企业321家，监测到职业病39例病例，其中石棉肺病例14例、矽肺病例9例、噪声聋病例7例、石棉所致肺癌2例、石棉所致间皮瘤2例、其余5例。完成职业病病例鉴定5例。完成设备性能检测及场所防护检测110台次，个人剂量监测391家、6776人次。完成建设项目评价报告95项。

（周翔飞　姚　雯）

【健康促进】　年内，开展“国家卫生区、健康促进区和健康城区”联创工作。在所有社区卫生服务中心及社区卫生服务站安装传媒电视330台；自制并发放健康传播材料6类、103种、754397份；组织健康教育知识讲座2528场，覆盖109765人次；公众咨询活动460场，覆盖4.5万人次。出版《朝阳健促工作信息》6期。举办健康教育大型宣传活动7场，覆盖人群2000余人次。建立健康教育信息化平台；完成8个街乡产妇健康素养监测和11个街乡居民健康素养监测。完成49家健康教育示范基地创建，完成健康科普讲师团聘用工作，讲师团增至471人，完成市级健康素养标准课件5个，完成3个市卫生乡镇创建评审工作。建立朝阳区控制吸烟联席会议制度，开展世界无烟日宣传主题活动。在东部医联体试点开展医者先行工作，开展控烟监督检查23827户次。受理举报投诉案件3625起，比上年下降14.5%。实施控烟专业卫生行政处罚案件602起，罚款577200元。其中，对控烟个人处罚378起、罚款19200元，对违法吸烟单位处罚224起、罚款558000元。在落实《北京市控烟条例》工作中全市排名第1，在组织管理和暗访检查中全市排名第1。

（周翔飞　姚　雯）

【病媒生物防制】　年内，审议通过《朝阳区爱国卫生运动委员会工作规则单位职责机构分工成员单位名单》，形成爱卫会工作机制。病媒防制实现公共区域全覆盖；制定《朝阳区病媒生物防制日常巡查与控制工作方案》，在街乡层面组建日常巡查7人团队，开展全区培训2次；聘请监测评估公司对全区6个公共区域专业消杀公司防制效果进行监测评估。

（周翔飞　姚　雯）

【卫生监督】　年内，公共场所卫生许可证监督5629户，比上年增加8.52%。其中，旅店业1072户，文化娱乐场所279户，公共浴室67户，理发店、美容店3773户，游泳场馆236户，展览馆、博物馆、美术馆、图书馆8户，商场、书店194户。监督12762户次，监督覆盖率100%。公共场所卫生行政处罚846件（不做处罚14件），其中一般程序657件、简易程序175件，罚款128万元。4968个单位量化分级，量化分级率91.85%，其中A级1821个、B级3070个、C级77个。医疗卫生机构监督检查1509户，覆盖率99.93%，合格率98.43%；处罚248件，罚没款207.1余万元，其中没收违法所得144.9余万元。取缔无证行医122户次，没收药品、器械等180包（件），行政处罚74件，罚没款49万元，移送公安部门处理2件。举报投诉案件受理5764件，处理率100%，完结率100%，查证属实率13.6%。

（周翔飞　姚　雯）

【医政工作】　年内，朝阳区颁发医疗机构设置批准书109户，医疗机构执业登记注册117户，医疗机构登记备案11户。完成医疗机构变更640件，注销28户。校验许可1490户。办理医师执业注册和变更3079人，其中医师首次注册981人、变更注册2098人。多点执业机构备案2552人，其中中医777人；多点执业机构取消备案120人。外国医师短期行医120人，其中新办35人、延续85人。外国医师学术交流31人。美容主诊备案91人。盲人医疗按摩备案2人。护士变更18416人次，延续2011人。

（周翔飞　姚　雯）

【妇幼保健】　年内，全区常住户口产妇41206人，户籍产妇23874人；常住活产41866人，户籍活产24271人，出生男女性别比为105.72：100。年度常住孕产妇死亡率4.78/10万，户籍孕产妇死亡率4.12/10万，常住孕产妇系统管理率97.09%，本市户籍孕产妇系统管理率98.39%。常住孕产妇住院分娩率100%。常住高危孕产妇管理率99.94%，本市户籍高危孕产妇管理率99.92%。剖宫产率37.75%。婚前检查3590人，婚检率7.35%。检出疾病274人，疾病检出率7.63%。7岁以下在册儿童数19.38万人，其中本市户籍在册儿童12.73万人，外地户籍在册儿童数6.65万人。0～6岁儿童健康管理率98.74%，0～6岁儿童系统管理率97.08%。常住5岁以下儿童死亡率2.89‰，户籍5岁以下儿童死亡率3.13‰。常住婴儿死亡率2.46‰，户籍婴儿死亡率2.68‰。新生儿疾病筛查率99.24%；新生儿听力筛查率95.78%。围产儿出生缺陷率33.86‰，孕期监测出生缺陷发生顺位前5位分别是先天性心脏病、外耳其他畸形、多指(趾)、唐氏综合征（21-三体）、肾脏畸形。

（周翔飞　姚　雯）

【计划生育】 年内，完成流动人口二孩以内生育服务登记18122例、流动人口再生育服务登记92例。流动儿童各类疫苗接种率均95%以上，流动人口免费计划生育手术53人。安装网络版安全套自助发放机，免费避孕药具发放网点2176个。完成四大类28个品种125余万元的免费避孕药具发放。免费孕前优生健康检查定点医院1家，孕前优生健康教育人次2703人次，咨询指导408人次、免费孕前优生健康检查定点医院朝阳区妇幼保健院1家。全区免费孕前优生健康检查1361对。符合计划生育奖励扶助政策57771人，发放5604.55万元。独生子女父母奖励44401人992.65万元。发放独生子女奖励扶助对象13051人、4292.90万元。开展“安欣计划”保险项目，投入500余万元为全区失独老人提供每人2000元综合服务保障，惠及2595人。为256户符合条件失独家庭兑付124.12万元“暖心计划”养老金。开展“幸福家庭”“关爱女孩”“暖心计划”等活动，举办健康知识宣传活动150场，参与群众28万人。

（周翔飞　姚　雯）

【医疗工作】 年内，区医疗机构总诊疗4104.3万人次，其中医院26668882人次、社区11312179人次、门诊部及以下3061822人次。出院68.7万人次，其中医院681623人次、社区5674人次，平均住院日9.36天。门诊38848061人次，急诊2126883人次，家庭卫生服务67939人次。区级医疗机构门诊2603222人次，急诊245780人次，家庭卫生服务1887人次，出院50736人次，平均住院日9.56天，床位使用率84.3%，床位周转32.95次，死亡率1.48%，住院手术17535人次。处理9例医疗事故争议。经区医学会组织医疗事故技术鉴定，确定医疗事故2例，其中1例为四级医疗事故、1例伤残等级不能确定。

（周翔飞　姚　雯）

【中医工作】 年内，启动第五批中医药专家下基层暨学术经验继承工程、第二批中药特色技术传承工程和中医医师砺剑工程。成立区名中医工作站，启动中医药薪火传承育星工程；开展第三批2014名老中医传承工作室传承建设，35名学术经验继承人参加考核全部达到出师要求。举办中医药服务贸易骨干人才基础知识培训班。北京国医汇中医诊所被市政府授予首批“服务业扩大开放示范单位”，成立“朝阳中医网校”。完成“朝阳区社区中医药工作管理平台”首期研发工作，实现社区卫生服务机构中医药指标信息化考核。

（周翔飞　姚　雯）

【急救工作】 年内，朝阳区以政府购买服务的方式配备60名担架员。落地实施区域协同胸痛救治网，全年转运病例180余例。与市红十字会紧急救援中心、国际SOS救援组织形成航空医疗救援合作机制。全网络市民急救救治转运工作52732件次，比上年增长3.4%。参与全区含3人以上和/或死亡1人以上各类突发事件102起。承担较大影响活动保障668件次，参与保障急救车组3180辆次、保障人员9540人次。

（周翔飞　姚　雯）

【对口支援】 年内，朝阳区对口支援工作覆盖8个省、自治区（河北、内蒙古、新疆、河南、云南、贵州、宁夏、西藏）和北京市怀柔、通州2个区。派出管理干部2人赴昆明开展帮扶、派出5名专业技术人员赴拉萨堆龙德庆开展为期1年的对口支援工作。接收对口支援地区卫生管理人员4名、专业技术人员121名到京进修，进修时限1～6个月。

（周翔飞　姚　雯）

【血液管理】 年内，采血点6个，采集自愿无偿献血64438单位（200毫升/单位），比上年提高12.3%。全年医疗用血96865单位，比上年下降9.4%。其中，成分输血96856单位，全血9单位，成分输血率100%；血浆90452单位，比上年下降6.8%；自体输血58016单位，自体输血率37.5%。

（周翔飞　姚　雯）

【科研工作】 年内，申报科研项目11项，批准经费190.7万元。其中，地方科技项目5项，批准经费136.6万元；其他科技项目6项，批准经费54.1万元。发表SCI文章10篇，出版论著1部。

（周翔飞　姚　雯）

【信息化建设】 年内，区信息化项目总投入4000万元。完成市医药分开综合改革信息化系统改造工作，支持启动创建国家卫生城区工作，启动“悦动朝阳”“家医签做评”等项目，实现专家、全科医师、患者线上互动交流。区便民服务体系信息化建设项目获全国2017年首届基层卫生信息化应用创新大赛三等奖。

（周翔飞　姚　雯）

【卫生基建】 年内，朝阳区新建、扩建卫生项目5个。其中，和平医院改扩建工程8965平方米，十八里店弘善社区服务中心1490平方米，常营社区卫生服务中心住院部2500平方米，垂杨柳医院改扩建109000平方米，麦子店社区卫生服务中心3500平方米。财政投资建设项目包括太阳宫等11个社区卫生服务中心（站）装修改造项目，投资17290万元，改造面积27600平方米；投资2075万元，维修维护20家社区卫生服务中心（站）。

（周翔飞　姚　雯）

【人才队伍建设】 年内，精选35名社区卫生科级骨干赴境外参加专业技术课程培训。开展中美全科医师联合培养。组织学习台湾社区卫生医疗管理模式。确定国医大师金世元教授中药特色技术传承谱系，成立区级中医药继续教育委员会。

（周翔飞　姚　雯）

【医疗卫生机构】

三级医院（21家）

	机构名称	地址	电话号码
1.	北京华信医院	朝阳区酒仙桥一街坊 6 号	64308020
2.	煤炭总医院	朝阳区西坝河南里 29 号	64667755
3.	首都医科大学附属北京安贞医院	北京市朝阳区安贞路 2 号	64456205
4.	卫生部中日友好医院	北京市朝阳区和平里樱花园东街 2 号	84206092
5.	航空总医院	北京市朝阳区安外北苑 3 号院	59520088
6.	民航总医院	北京朝外高井甲一号	85762244

	机构名称	地址	电话号码
7.	清华大学附属垂杨柳医院	北京市朝阳区垂杨柳南街 2 号； 北京市朝阳区三间房西村甲 479 号	67718822
8.	首都医科大学附属北京朝阳医院	北京市朝阳区工体南路 8 号	85231000
9.	北京市公安医院	北京市朝阳区豆各庄村甲 505 号	
10.	中国中医科学院望京医院	北京市朝阳区望京中环南路 6 号	84739000
11.	北京市第一中西医结合医院	北京市朝阳区金台路 13 号内 2 号、 朝阳区东坝乡东风大队二条	85993431—3905
12.	北京中医药大学第三附属医院	朝阳区安定门外小关街 51 号	52075555
13.	北京朝阳中西医结合急诊抢救中心	北京市朝阳区十八里店乡周家庄村 123 号	87929692
14.	中国医学科学院肿瘤医院	北京市朝阳区潘家园南里 17 号	87788208
15.	首都儿科研究所附属儿童医院	北京朝阳区雅宝路 2 号	85695555
16.	北京地坛医院	北京市朝阳区京顺路东街 8 号	84322009
17.	北京京城皮肤病医院	北京市朝阳区得胜门外双泉堡甲 4 号	64870888
18.	北京市红十字会急诊抢救中心	北京市朝阳区德外清河南镇	62922345
19.	武警北京市总队医院	东三里屯 1 号院	67570329
20.	解放军 306 医院	德胜门外安翔北里 9 号	66356238
21.	北京市妇产医院	姚家园路 251 号	52275417

二级医院（31家）

	机构名称	地址	电话号码
1.	北京市朝阳区三环肿瘤医院	北京市朝阳区十里河 352 号	67475557-816
2.	北京东苑中医医院	北京市朝阳区朝来绿色家园广华居 18 号、19 号底商	52320333
3.	北京市朝阳区桓兴肿瘤医院	朝阳区十八里店吕家营南里甲 1 号	87698688-0
4.	北京市朝阳区妇幼保健院	北京市朝阳区潘家园华威里 25 号	67719999—9188/87789960
5.	北京年轮中医骨科医院	北京市朝阳区八里庄北里 87-89 号	010-59101111
6.	北京市朝阳区中医医院	北京市朝阳区工体南路 6 号	65534914
7.	北京玛丽妇婴医院	北京朝阳区和平里北街 5 号	64273607
8.	中国藏学研究中心北京藏医院	北京市朝阳区小关北里 218 号	64972929
9.	北京嫣然天使儿童医院	北京市朝阳区望京东园 519 号楼	84781877
10.	北京五洲妇儿医院	北京市朝阳区西大望路 24 号	87769899
11.	北京凤凰妇科医院	北京市朝阳区将台西路 18 号	84308631
12.	北京朝阳急诊抢救中心	北京市朝阳区周庄嘉园东里 27 号	87156869
13.	北京和睦家医院	北京市朝阳区将台路 2 号	59277127
14.	北京光熙康复医院	北京市朝阳区光熙门北里 22 号北楼	64225588—1330
15.	北京弘和妇产医院	北京市朝阳区红松路 2 号院 1 号楼	56195555
16.	北京美中宜和妇儿医院	北京市朝阳区芳园西路 9 号， 朝阳区四得公园将台西路 9-9 号	52346517
17.	北京亚运村美中宜和妇儿医院	北京市朝阳区安慧北里逸园 5 号楼	52346881
18.	北京华府妇儿医院	北京市朝阳区百子湾南二路 18 号	50951111
19.	北京和美妇儿医院	北京市朝阳区安外小关北里甲 2 号	64990000
20.	北京市朝阳区双桥医院	北京市朝阳区双桥东路	85390910
21.	北京麦瑞骨科医院	北京市朝阳区北苑路 1 号	64479900
22.	北京俪婴妇产医院	北京市朝阳区朝阳北路雅成一里 16 号楼	85512009—8933
23.	北京首都国际机场医院	北京市首都机场南路东里 17 号楼	64591120—8303 医务部
24.	北京四惠中医医院	北京市朝阳区高碑店乡半壁店村惠河南街 1092 号	87832100—8686
25.	北京瑞程医院管理有限公司瑞泰口腔医院	北京市朝阳区天居园 1 号楼	84829498
26.	北京精诚博爱康复医院	北京市朝阳区崔各庄乡南皋路 188 号	53220461
27.	北京优联耳鼻喉医院	北京市朝阳区东四环南路 53 号院 7 号楼	59153556
28.	北京新世纪妇儿医院	北京市朝阳区望京北路 51 号院第 2 号楼、第 5 号楼	51783366—6015

	机构名称	地址	电话号码
29.	北京和睦家康复医院	北京市朝阳区东风乡将台洼村甲 168 号	85581800
30.	北京市朝阳区第三医院	北京市朝阳区双桥南路甲 8 号，朝阳区延静西里 12 号楼，朝阳区金盏乡金盏大街 2 号	52023406
31.	北京市老年病医院	北京市朝阳区华严北里小关西街甲 2 号	62027018

一级医院（108家）

	机构名称	地址	电话号码
1.	北京二十一世纪医院	北京市朝阳区亮马桥路 40 号二十一世纪大厦	84446168
2.	北京同春堂中医医院	北京市朝阳区管庄杨闸环岛西侧北角 P3 商业楼	87367190
3.	北京广慈中医药研究院广济中医医院	北京市朝阳区安华西里一区 12 号楼	64256931
4.	北京华德眼科医院	北京市朝阳区金台路甜水园东街 10 号	65865928
5.	北京化工实验厂华仁医院	北京市朝阳区垂杨柳中街甲 1 号	67755088
6.	北京永寿中医医院	北京市朝阳区十八里店乡横街子村 18 号	13932318449
7.	对外经济贸易大学医院	北京市朝阳区惠新东街 10 号	64492478
8.	北京新时代伊美尔幸福医学美容专科医院	北京市朝阳区东三环北路 3 号	64654266
9.	北京十里河医院	北京市朝阳区十八里店乡周庄村周家庄 136 号	87777999
10.	北京中海中医医院	北京市朝阳区松榆北路 5 号楼	59910899
11.	中电建建筑集团有限公司定福庄医院	朝阳区定福庄西街 21 号楼	65766175
12.	中国老龄事业发展基金会北京松堂关怀医院	朝阳区管庄 166 号	65756051
13.	北京万和颈椎病医院	北京市朝阳区立水桥北 8 号	010-84844800
14.	北京世华针刀中医医院	朝阳区十八里店乡十里河路 391 号	67306211
15.	北京苏亚美联臣医疗美容医院	北京市朝阳区东三环南路乙 52 楼 3、5、6、7、8 号	87728888—8201
16.	北京贵美汇医院	北京市朝阳区团结湖南里甲 12 号	85961888
17.	北京天伦医院	北京市朝阳区朝阳门南大街 12 号	85617849
18.	北京济民中医医院	北京市朝阳区八里庄西里 61 号楼 1-2 层 B 区	010-85863120
19.	北京七星华电科技集团有限责任公司医院	北京市朝阳区大山子北里 29 楼	64388395
20.	北京凯润婷医疗美容医院	北京市朝阳区广渠门外大街 1 号院 富力家园 A9 幢 6/19/20/21 号	010-58764769
21.	北京西直河仁安医院	北京市朝阳区十八里店乡西直河村村委会南院	67367115
22.	北京东大肛肠医院	北京市朝阳区东大桥路 5 号	010-85619280
23.	北京建国医院	北京市朝阳区西大望路 2 号	65850611
24.	路桥集团第一公路工程局周井医院	朝阳管庄周井大院周井医院	65761831
25.	北京玉林中医医院	北京市朝阳区八里庄北里 305 楼	85822318
26.	北京黄枢微创骨伤中医医院	北京市朝阳区金台路 25 号楼北侧	52012866
27.	北京中京苑医学科学研究院恒安中医院	北京市朝阳区西大望路甲 27 号	010-67331993
28.	北京国门医院	北京市朝阳区北皋村 1 号	84336045
29.	北京大黄庄医院	北京市朝阳区大黄庄南里 16 号楼	65434975
30.	北京金凤凰医院	北京市朝阳区成寿寺路 136 号院 2 号楼 101-102 商铺	67611215
31.	北京华大中医医院	北京市朝阳区劲松四区 405 号	67749242
32.	北京同仁福康眼科医院	朝阳区安立路 66 号安立花园 c 座七、八层、九层	64907722
33.	北京朝阳糖尿病医院	北京市朝阳区甜水园东街 1 号	65074638
34.	北京广仁中西医结合医院	北京市朝阳区农光里 112 号楼南综合楼	51399888
35.	北京朝阳凌和望京医院	北京市朝阳区宏昌路望京西园一区 120 楼	84710221
36.	北京爱尔英智眼科医院	北京市朝阳区潘家园南里 12 号潘家园大厦	67715558—537
37.	北京伊美尔医疗美容医院	北京市朝阳区水碓子北里 11 号	85963388
38.	中国建筑材料科学研究总院管庄东里医院	北京市朝阳区管庄东里 1 号	51167329
39.	北京华夏民众眼科医院	北京市朝阳区林萃西里 22 号楼	82726913
40.	北京颐康中医医院	朝阳区北苑路 172 号万兴苑 15．16 号楼裙房	84851886

41.	北京国奥心理医院	北京市朝阳区安外大街安定路 1 号国家奥林匹克体育中心院内	84375578
42.	北京京师中医医院	北京市朝阳区团结湖北三条甲 4 号	85984751
43.	北京天使望京妇儿医院	北京市朝阳区望京西园一区 117 楼	84710866
44.	北京长虹医院	北京市朝阳区东三环北路 15 号恒安大厦 B 座	65069996
45.	北京美雅枫医疗美容医院	北京市朝阳区望京西园三区 315 楼	64729926/64729920
46.	北京市第五建筑工程公司职工医院	朝阳区红庙柴家湾 5 号五建职工医院	65060104
47.	北京基恩医院	北京市朝阳区南湖东园 122 楼 2 层 S-05、S-08、S-09、3 层 T-03 号	84711123
48.	汉典中医医院	北京市朝阳区石佛营东里 133 号院 4 号楼	13701117755
49.	北京和谐康复医院	北京市朝阳区孙河乡顺黄路南侧 158 号	84914946
50.	北京东区口腔医院	朝阳区广渠路 33 号石韵浩庭 B 座 101、102 二层 201-204	87767117
51.	北京薇琳医疗美容医院	北京市朝阳区东直门外大街 12 号	65629999
52.	北京弘医堂中医医院	北京市朝阳区团结湖北路 2 号	65827961
53.	北京奥北中医医院	北京市朝阳区大屯路 36 号	64887911—806
54.	北京明德医院	北京市朝阳区酒仙桥北路 9 号（厂区）2、3、4 号楼	010-59850200
55.	慈铭健康体检管理集团有限公司北京奥亚医院	北京市朝阳区北苑路 91 号	59658610
56.	北京至微金诺医院	北京市朝阳区建国路 29 号兴隆家园 29 号楼	53207116
57.	北京十八里店老君堂中医医院	北京市朝阳区十八里店乡老君堂村村北（瑞兴隆综合市场西侧）君堂路 479 号	67292900
58.	北京凯尔医院	北京市朝阳区望京湖光中街 8 号 1 号楼西段第二、四层	84729642
59.	北京常春中医医院	北京市朝阳区高碑店乡高碑店村民俗文化街 1702 号	87765558—888
60.	北京圣嘉荣医疗美容医院	北京市朝阳区广渠路大街 28 号珠江帝景家园商铺甲 209 号	58631555—8018
61.	北京惠兰医院	北京市朝阳区望京北路 18 号 401 室	64390833
62.	北京善尔医院	北京市朝阳区望京西园四区 412 楼	64759911—财务
63.	北京玲珑梵宫医疗美容医院	北京市朝阳区民族园路 1 号 57 号楼	82993988/62053828
64.	北京伊莎雅轩医疗美容医院	北京市朝阳区来春园 28 号楼 1 层 101 内 AF101-1，2 层 201 内 AF201-1、AF202、AF202-1、AF202-2、AF202-4	59270100
65.	北京国华中医医院	北京市朝阳区世纪东方嘉园 212 号楼 01 号、02 号、03 号	87354432
66.	北京神笔马良医疗美容医院	北京市朝阳区广渠路 21 号 1-3 号楼 1 层 -06、2 层 -06、1 层 -07、2 层 -07	50950672
67.	北京英智康复医院	北京朝阳区八里庄南里 5 号楼	85813399
68.	北京丽都医疗美容医院	北京市朝阳区慧忠里 103 楼 D 座	58396888/58366889
69.	北京朝阳国医之家中医医院	北京市朝阳区酒仙桥路 26 号院 1 号楼 1 至 2 层 A08、1 层 A09、地下一层	52027955/52027956
70.	北京医科医疗美容医院	北京市朝阳区安立路甲 54 号（北座）1-4 层	64928699
71.	北京光大汇晨护理院	北京市朝阳区望京东园 511 号楼一层 101 东侧、四层 401	64139376
72.	慈铭健康体检管理集团有限公司北京亮马桥医院	朝阳区亮马桥路 39 号“第一上海中心”	84535177
73.	北京维特奥医院	北京市朝阳区东三环南路乙 52 楼 9-1	67727789
74.	北京中研北苑医院	北京市朝阳区育慧西里 23 号 01-04 层	84856156
75.	北京朝阳中西医结合医院	北京市朝阳区芍药居北里 315 楼 26-32 号	64030283
76.	北京圣马克医院	北京市朝阳区东四环南路 53 号院 5 号楼	50967626
77.	北京百汇京顺医院	北京市朝阳区京顺东街 6 号院 2 号楼一层 101、二层 201、三层 301 部分、四层部分	84102363

78. 北京芸众本草中医医院	北京市朝阳区望京北路 39 号 10 号楼	84770188
79. 北京民众护理院	北京市朝阳区王四营乡王四营村	67209131
80. 北京联合丽格第一医疗美容医院	北京市朝阳区广渠路 37 号院 1 号楼 106、206、216、三层、四层、五层	50879797
81. 北京世济医疗美容医院	北京市朝阳区高碑店乡半壁店村惠河南街 1100 号西栋	87796592
82. 北京优联医院	北京市朝阳区东四环南路 53 号院 1 号楼 1 层部分、3 至 11 层部分	63583232
83. 北京中研万康中医医院	北京市朝阳区西坝河南路 4 号	84497227
84. 北京善方医院	北京市朝阳区工人体育场北路 13 号院 4 号楼	64136688
85. 北京天使儿童医院	北京市朝阳区广渠东路大郊亭 2 号	61994412
86. 北京北亚中医医院	北京市朝阳区安定门外安苑里 1 号院 1 号楼	64758523
87. 北京南区口腔医院	北京市朝阳区华威北里 24 号楼	67784820
88. 北京华韩医疗美容医院	北京市朝阳区劲松东口农光里 109 号	67338888
89. 北京世纪晨光医院	北京朝阳区王四营乡观音惠园 1 号汇泰大厦	67639929
90. 北京维尔口腔医院	北京市朝阳区八里庄南里 3 2 号楼	85822858
91. 北京垡头大柳树医院	北京市朝阳区王四营路大柳树 153 号	67200300
92. 北京叶子整形美容医院	北京市朝阳区高碑店北路 5-3 号	85778199
93. 北京医圣堂中医医院	北京市朝阳区芍药居北里 305 号一层 24-29 室	84641810
94. 北京宜健三业医院	北京市朝阳区新源西里 111 号	53202600
95. 北京中山医院	北京市朝阳区南新园中路 112 号楼。	87321392
96. 北京艺星医疗美容医院	北京市朝阳区东三环中路（东环南路 22 号北侧 3 号楼）	87762998
97. 北京东方博大医院	北京市朝阳区华威西里 55 号	87789575
98. 北京工业大学医院	朝阳区平乐园 100 号	67391547
99. 北京伟达中医肿瘤医院	北京市朝阳区王四营乡官庄大队官庄路 100 号	67366120
100. 北京普祥医院	北京市朝阳区大山子南里甲 2 号	84573888
101. 北京保平中西医结合医院	北京市朝阳区华威北里甲 10 号	67752353
102. 北京东区儿童医院	北京市朝阳区广渠路南侧 44 号 (5-3)	52009999
103. 北京高新医院	北京市朝阳区左安门外饮马井 45 号	87677253
104. 北京国仁医院	北京市朝阳区成寿寺路威仪路 5 号	57319886
105. 北京康怀医院	北京市朝阳区孙河乡康营东路康营家园回迁安置房小区 E06 楼、E07 楼	57627333
106. 北京天轩脑病康复医院	北京市朝阳区西坝河东里 16 号	84486879
107. 北京国宗济世中医医院	北京市朝阳区望京西园二区京电底商综合楼 2	64709355
108. 北京美莱医疗美容医院	北京市朝阳区朝外大街 227 号	56935043

（周翔飞　姚　雯）

朝阳区红十字会

【概况】 朝阳区红十字会是区政府直接领导联系的社会救助团体。内设办公室和业务科，有工作人员9名。共有43个街道、地区（乡）红十字会，2个红十字工作委员会，5支专业红十字志愿服务队，红十字志愿者1.6万余人。年内获“红十字会法及防灾减灾知识答题竞赛”大赛组织竞赛一等奖；第四届全国红十字应急救护大赛北京赛区选拔赛三等奖和优秀技能单项奖；组织社区居民、中小学生3万余人参加《中国红十字报》举办的新修订《中华人民共和国红十字会法》暨应急救护知识竞赛获组织一等奖；有6个先进集体和5个先进个人在首届北京“人道奖”评选中获奖。

地址：团结湖北五条8号楼

邮编：100026

电话：65094673

邮箱：chaoyanghonghui@163.com

（孙宏娟）

【募捐活动】 年内，依托街道、地区红十字会、红十字工作委员会，创新募捐救助工作机制，通过会议、开展主题活动、义卖、文艺演出、张贴劝募书等形式，接收社会各界募捐款301.03万元，其中博爱捐款230.59万元，街乡博爱捐款228.92万元、救灾及专项捐款70.44万元、社会单位捐款0.34万元、爱心人士捐款0.21万元、博爱少儿大病捐款0.81万元、红十字工作委员会捐款0.31万元，北京市红十字会拨款55.85万元。

（孙宏娟）

【救助活动】 年内，发放博爱救助款414.06万元，惠及全区1667户困难家庭、生活困难的司法矫正对象、艾滋病患者、精神疾患、老年福利院、老年病医院和社会弃婴等不同阶层弱势群体，善款使用率121 %。其中博爱基层救助132.71万元、博爱助困83.50万元、博爱助急127.20万元、少儿大病救助28.92万元、

“非典”后遗症患者救助19.80万元、司法阳光救助10万元、博爱助医1.35万元、博爱助老5.28万元、对外救助5万元、艾滋病救助0.30万元。

（孙宏娟）

【宣传活动】 年内，以宣传新修订红十字会法、社会主义“核心价值观”为重点，利用“红十字会”网站、“博爱朝阳”红十字微信公众号等新媒体宣传“三救三献”工作，增强宣传的渗透力。以“5·8”世界红十字日为契机，拍摄制作《人道筑梦·与爱同行暨红十字青少年》专题片1部；设计制作宣传展板30块，活动宣传手册600份；在《北京日报》和《朝阳报》制作专版3期，宣传造血干细胞捐献者感人事迹，展示红十字事业发展成就。在《朝阳报》、朝阳有线等媒体播报新闻16条；中国红十字总会、北京市红十字会及其他报刊、网络媒体刊载信息60余条，形成全方位、多渠道的立体化宣传传播格局。

（孙宏娟）

【志愿服务】 年内，以开展造血干细胞宣传及捐献造血干细胞为重点，深入开展红十字志愿服务工作。组织造血干细胞专题讲座38场，完成造血干细胞血样采集118例，配型成功进行捐献志愿者7例。在朝外、管庄等街乡建立“红十字社区应急服务站”5个，并配备轮椅、单架、急救箱、血压仪等应急物品，依托服务站，把专业应急知识送到百姓身边。叶如陵、何美龙等红十字志愿者团队根植社区，针对各类弱势群体的不同需求，用专业技能服务群众，向市民传授应急救援知识和技能。“5·8”前夕，中国红十字总会副会长郭长江一行到叶如陵团队工作室慰问，向叶如棱颁发“最美志愿者”奖牌和证书。

（孙宏娟）

【应急救护教育培训】 年内，面向重点行业、重点岗位人员，对城管执法局一线骨干人员进行应急救护知识培训，为执法站点配发应急宣传手册及急救箱。与旅游委联合对“一带一路”国际合作高峰论坛服务保障人员进行急救知识培训，保障会议顺利召开。加强专业城市应急辅助队建设，在朝阳区“5·12”防灾减灾主题日活动中，应急救护志愿者为现场群众展示应急逃生器械，掌握逃生避险技能。开办新师资培训班，通过理论学习、实际操作、现场答辩等环节，20人取得北京市红十字会颁发的师资证。举办师资继续教育培训4期，培训师资120人次。通过请专家授课，交流经验等方式，提升师资的理论水平和授课技能。推进应急救护教育“五进”（进社区、进农村、进学校、进企业、进机关）工作。完成应急救护教育取证培训31477人，应急救护教育普及15.03万人。

（孙宏娟）

【红十字青少年】 年内，在北京翱翔园营地建立全市第一个红十字青少年实践基地，推出社区青少年假期总动员——“青少年应急避险安全防护课堂”、“校园总动员”——宝贝安全大本营进幼儿园系列活动，组织广大青少年参加具有红十字特色的实践活动，推进红十字“人道、博爱、奉献”精神进入德育课堂。依托实践基地，开展“暑期青少年夏令营”“探索人道法项目”等系列活动，通过情景模拟、案例分析与讨论等多种形式，从人道视角、国际人道法基本规则、国际人道法和人权法，强化青少年社会意识和公民意识，预防和减少校园欺凌等暴力事件发生。

（孙宏娟）

【交流与合作】 年内，协调爱心企业——蓝地集团到河北唐县开展“冬日送暖”帮扶活动。蓝地集团为唐县捐赠价值239.8万元的服装3857件。区红十字会为唐县富康养老公寓送去急救包、急救箱和棉被等物资，并为高昌小学学生们传授急救知识。为河南省淅川县孤老、孤儿捐助救助金5万元。接待黑龙江省七台河市勃利县红十字会到朝阳区考察，交流初级卫生救护培训、红十字社区工作站建设及红十字会青少年等方面工作。

（孙宏娟）

【关爱生命与健康温暖工程】 年内，推进“关爱生命与健康温暖工程”项目，各街乡红十字会通过博爱助老、助困、助医、助残及应急安全培训、健康知识普及、志愿服务等形式，为社区弱势群体谋福祉，为老百姓办实事、解难事。发放项目支持资金86万余元，健康讲座280余场，举办各类志愿活动210余次，发放宣传材料2000余份。

（孙宏娟）

朝阳区妇幼保健院

【概况】 年内，朝阳区妇幼保健院有卫生技术人员465人，其中正高级职称14人、副高级职称30人、中级职称95人、初级师182人、初级士144人。年底医疗设备总价值3963.09万元、1068台；年内新购置医用设备1430.50万元、220台。业务总收入16651.29万元，其中医疗总收入16621.59万元。4月26日，朝阳区妇幼保健院和朝阳区妇幼保健计划生育服务中心合并，成立北京市朝阳区妇幼保健计划生育服务中心，加挂北京市朝阳区妇幼保健院牌子，成立孕产保健科、妇女保健科、儿童保健科、健康教育与健康促进科、计划生育技术服务科5个科室。

地址：潘家园华威里25号

邮编：100021

电话：67719999

网址：http://www.beijingcych.com

（王　茜　王海燕）

【医疗改革】 1月24日，区妇幼保健院启动三级妇幼保健院建设项目。4月8日完成医药分开综合改革。取消挂号费，设立医事服务费；实施药品阳光采购，取消药品加成(中药饮片除外)，实行零差率销售；完善各项制度，设立医改政策咨询台，及时解答患者问题；调整专家出门诊次数，专家门诊就诊人次由调整前的47.3%，下降至27.7%。医改后门诊量、住院人次均基本持平，引进1名儿科领军人才。

（王　茜　王海燕）

【肺脏疾病超声诊断启用】 3月起，区妇幼保健院在新生儿科启用肺脏超声，替代X线检查，用于新生儿肺脏疾病的诊断和鉴别，为全国唯一一家能够常规开展肺脏疾病超声诊断的医院。

（王　茜　王海燕）

【信息化建设】 4月8日，顺利切换医药分开综合改革系统，取消药品批零差价、设立医事服务费、调整物价收费、监测改革运行数据；针对特殊患者人群，根据区精防信息平台进行系统全流程改造，实现“严重精神障碍患者免费服药一站式垫付”自动化闭环性管理。6月9日，开展“孕前优生信息交换接口”项目，上传466对孕前优生数据。全年区妇幼保健院信息化建设投入96.16万元，其中精防中心经费4.90万元。

（王　茜　王海燕）

【医疗工作】 年内，区妇幼保健院门急诊318964人次，开放床位129张，出院8152人次，床位周转67.02次，床位使用率87.65%，平均住院日4.74天。住院手术2535例。无孕产妇死亡。新生儿死亡率1.50‰，围产儿死亡率1.50‰。妇科、产科、儿科、乳腺科均实施临床路径管理，子宫腺肌病、输卵管妊娠、卵巢良性肿瘤、宫颈癌、计划性剖宫产、乳腺癌等入径902例。年内，新开展13项检测及诊疗项目。健康教育与健康促进科获首批北京市级妇幼保健专科示范单位。计划生育科通过北京市流产后关爱优质服务医院评审。

（王　茜　王海燕）

【社区卫生服务工作】　年内，潘家园社区卫生服务中心门诊93496人次，建立0~6岁儿童预防接种证和接种卡5153份，各类接种39231剂次，访视8475人次，儿童体检27420人次。高血压管理档案7276份，管理率40.14%，优档数量3206份。新开6项中医服务项目。

（王　茜　王海燕）

【医保工作】　年内，区妇幼保健院办理医保出院4807人次，次均费用5343元。医保门诊15.93万人次，次均费用409元。获北京市朝阳区医疗保险事务管理中心颁发的"朝阳区医疗保险医师管理先进单位奖"。

（王　茜　王海燕）

【对口支援】　年内，区妇幼保健院接受15位医护人员进修。选派1名妇产科主治医师赴西藏堆龙德庆区人民医院妇产科支援1年。

（王　茜　王海燕）

【护理工作】　年内，区妇幼保健院有护士218人，其中本科57人，医护比例1：1.13。床护比分别为：平均普通病床1：0.6，母婴同室1：0.5，新生儿监护床1：1.5。NICU床位20张，护理单元9个。开展优质护理服务新举措，年平均满意度为住院96.20%、出院96.40%、门诊90%。落实责任制整理护理，制定96项管理目标，完成73项。护理不良事件上报率100%，整改率100%。3月，组织护理技术操作竞赛，项目包括单人徒手心肺复苏、静脉输液。护理人员外出学习162人次。接收郑州卫生学校护士实习，完成5名助产专业护士10个月实习。培训院外专业人员卡介苗接种6人。

（王　茜　王海燕）

【科研工作】　年内，区妇幼保健院延续上年度区级科研项目3项，协同创新项目1项。申报市级继续教育培训获批2项，备案项目1项。发表核心期刊论文27篇，SCI收录论文3篇。

（王　茜　王海燕）

【医学教育】　年内，区妇幼保健院录取研究生6人，其中硕士研究生5人，博士研究生1人；医务人员外出进修学习357人次，投入资金34.61万元。选派13名医师到外院参加"住院医师规范化培训"，为期3年。

（王　茜　王海燕）

【学术交流】　年内，接待河北省张家口市康保县，云南省昆明市领导及专家组、五华区卫生计生局，贵州省贵阳市卫生计生委、疾控中心等组团到院参观交流妇幼公共卫生管理工作。8月4日，发展中国家妇幼保健专业人员一行40余人到院参观交流妇幼健康工作现状和工作方法。

（王　茜　王海燕）

【院区基本建设】　年内，区妇幼保健院北部院区——来广营地区148公顷1号地配建的38577平方米医疗用房改造工程正式开工。

（王　茜　王海燕）

垂杨柳医院

【概况】　北京市垂杨柳医院(又名北京微创医院)，为区卫生计生委直属三级综合性医院。医院处于新院建设改扩建阶段，开放本院区、东院区及管庄院区共3个院区。职工1101人（在编691人、合同制410人），其中专业技术人员885人（正高级职称34人、副高级职称81人、中级职称376人、初级师215人、初级士118人、见习期61人），行政及工勤人员177人。截至年底，固定资产总值67200元（医疗设备32806万元，新购医疗设备2833万元）。年内，部分科室设置调整：医院感染控制部与疾病控制科合并为医院感染与疾病控制部，医疗保险办公室与物价管理科合并为医疗保险与物价办公室，卫生经济管理部与统计科合并为经济管理与统计部。政策研究与宣传部更名为政法研究与宣传办公室。

地址：朝阳区垂杨柳南街2号（本院区）
　　　朝阳区东三环南路54号(东院区)
　　　朝阳区三间房西村甲479号（管庄院区）
邮编：100022
电话：67700622（总机）
网址：www.cylh.com

（高　雪　任龙喜）

【医疗改革】　4月8日，出台《贯彻落实医药分开综合改革工作方案》《关于进一步改善医疗服务的实施方案》等系列文件。优化服务设施及环境，发挥互联网+医疗优势，提升服务质量和就医感受；探索MDT等模式，成立多学科综合门诊、专病门诊，启用门诊疑难病会诊模式；聘请知名专家，增加门诊种类和出诊力量。年内，出院人数比上年上升1.48%，床位周转次数比上年上升1.47%；全年药品比比上年下降11.13%。在学科带头人和知名专家带领下，医院整体技术能力、学术水平和急危重症救治能力逐步提升，三四级手术量比上年上升8.48%，其中四级手术量比上年提升75%。10月10日，朝阳区政府与清华大学签署《朝阳区人民政府 清华大学全面合作框架协议》，清华大学附属垂杨柳医院授牌；以HIMSS6级为目标，全面推进医院信息化建设；扩充人才队伍，引进3名学科带头人、4名知名专家；借助医联体内部绩效考核和远程会诊，探索推进医联体分级诊疗新模式；强化技能培训，全院全员参与心肺复苏培训考核。

（高　雪　任龙喜）

【医疗支援】　7月，选派骨科医生王岩松、普外科医生吴畏对口支援西藏拉萨市堆龙德庆区人民医院，王岩松同时兼任该院副院长职务；接收该院14人到京进修。接收云南昆明、河南淅川等其他对口支援单位到京进修13人。全年派出126人次医务人员支援怀柔区第二医院、怀柔区怀北镇卫生院。

（高　雪　任龙喜）

【医疗工作】　年内，门诊793163人次，急诊110878次，急诊危重症抢救5992人次，抢救成功率99.03%。出院19069人次，床位周转38.06人/床，床位使用率80.51%，平均住院日7.75天，死亡率1.55%。开放床位501张，住院手术6502例。无孕产妇死亡及新生儿死亡，围产儿死亡5人（均为死胎）。推进临床路径工作。实施临床路径科室25个，涉及病种175个，全年入径12624人次，临床路径管理人数占出院患者67.09%，路径完成率84.9%。全年预约挂号140716人次，预约挂号率22.45%。院内开展新技术、新项目24项，涉及12个临床医技科室。医院感染发病率1.97%。开展围手术期预防用药监测、手术部位感染监控，重点科室重点监测。Ⅰ类切口手术抗菌药物预防使用率28.33%，术前30分钟～1小时用药率80.25%。

（高　雪　任龙喜）

【医保工作】　年内，办理医保出院9531人次，住院费用1.77亿元，住院次均费用

18640元。门诊就诊56.78万人次、2.36亿元，次均费用417元。

（高　雪　任龙喜）

【医疗纠纷处理】　年内，医院全员参加医疗责任保险。全年院内调解12例，结案12例；法院诉讼1例，已结案；赔付总额917858.2元。

（高　雪　任龙喜）

【护理工作】　年内，注册护士384人，其中合同护士222人。医护比例1：1。ICU床位13张。制定、修订相关制度标准、规范流程、应急预案152项。倡导开展延伸护理服务。全年未发生护理安全事件。开展分层分类培训，外请专家授课4项、主任护师讲座5项、副主任护师讲座8项、主管护师讲座18项，参加培训5897人次。送外院进修4人。参加市静脉治疗专科护士资格认证2人，接收外院进修护士7人。

（高　雪　任龙喜）

【科研工作】　年内，申报各类各级科研项目69项，立项8项，资助经费88万元。在研课题48项，中期评估与结题30项。全年发表科技论文110篇，其中SCI收录1篇，核心期刊91篇。

（高　雪　任龙喜）

【医学教育】　年内，接收来自华北理工大学临床医学专业61名本科实习生进行为期2年实习。获批国家级继教项目2项、市级18项、区级41项，全年脱产学习25人，外送进修24人。

（高　雪　任龙喜）

【学术交流】　年内，举办全科医师微创诊疗方法及诊疗思维培训、微创医学技术与管理高级研修班第二期等学术交流和培训活动6次。

（高　雪　任龙喜）

【信息化建设】　年内，医院信息化建设投入3680万元。信息平台、门户窗口及数据中心完成搭建并投入使用；完成整体医改信息系统改造及切换方案制定及维护；决策支持系统基础功能逐步开放；移动医护系统、自助导航系统及线上挂号、支付等工作上线；门诊增加全自动采血系统；互联互通评审工作通过初步文审及实验室测评。

（高　雪　任龙喜）

第一中西医结合医院

【概况】　北京市第一中西医结合医院为区卫生计生委直属三级甲等中西医结合医院，分本部（CBD）院区、东坝院区、中医院区、老年病院区。有卫生技术人员861人，包括正高级职称19人、副高级职称67人、中级职称273人、初级师335人、初级士167人。医疗设备总价值6012.94万元，其中乙类医用设备4台。年内，新购置医用设备总额292.67万元，无甲乙类医用设备。业务总收入63592.50万元，其中医疗总收入54533.21万元。

本部地址：金台路13号内2号

邮编：100026

电话：85993431

网址：www.bjcyey.com

东坝院区地址：东坝乡东风大队二条

邮编：100018

电话：84318600

（贺　蕾　李瑞杰）

【医疗改革】　8月29日，区卫生计生委公布北京市第一中西医结合医院、北京市朝阳区中医医院、原和平医院三院合并，组建新的北京市第一中西医结合医院。医院负责朝阳区中医外科疑难病会诊诊治工作，建立乳腺病治疗室并开展网络会诊；开展外科疾病中医诊疗、预防、保健和康复知识与技能培训。年内引进人才5人，包括中医脑病学专业副主任医师1名、外科副主任医师2名、副主任中药师1名、主管护师1名。年内，根据《北京市医药分开综合改革实施方案》要求，制定13个文件，完善医院内部制度、出台10项改善医疗服务行动措施，实现医保信息系统顺利切换。医改后实现“三升三降”，即门急诊人次下降，药品零差率、药占比下降，大型医疗设备检查费下降；门诊及病房医事服务费增加、医疗收入增加，护理费及中医适宜技术费用增加，住院病人略有增加。

（贺　蕾　李瑞杰）

【医疗工作】　年内，门急诊75.48万人次。开放床位390张，出院13718人次，床位周转60.38次，床位使用率70.1%，平均住院日8.37天。住院手术2734例，无孕产妇死亡，新生儿死亡率0.32%，无围产儿死亡。10个临床专业科室开展9个病种临床路径。挂号方式有“114”电话平台、网络平台预约，现场预约，诊间预约等方式，预约挂号13806人次，占门诊总人次1.83%。医院自行开展24项新技术、新项目，包括针刀闭合性手术、低温等离子射频消融术治疗腰椎间盘突出症、经皮椎体后凸成形术治疗胸腰椎压缩骨折等项目；市卫生计生委审批北京市重点医疗技术共2项：人工髋关节置换术和腹腔镜下子宫内膜癌分期手术、卵巢癌分期手术及子宫颈癌广泛切除术。门诊药占比50.83%，住院药占比28.82%。门诊患者抗菌药物处方比例9.35%，急诊患者抗菌药物处方比例35.02%，住院患者抗菌药物使用率50.21%。

（贺　蕾　李瑞杰）

【医保工作】　年内，医保出院患者7311人次，医保基金使用25325.52万元，使用率88.01 %；门诊次均费用475元，住院日均费用1541元。

（贺　蕾　李瑞杰）

【医疗支援】　年内，与怀柔2家社区卫生服务中心建立对口支援关系，派驻怀柔九渡河社区卫生服务中心主治以上医务人员10名，派驻怀柔镇社区卫生服务中心主治以上医务人员6名，接收2名医师来院进修。接收11名河南省淅川县及宁夏回族自治区银川市对口支援进修医师。派出1名超声科医师赴西藏对口支援，为期1年。

（贺　蕾　李瑞杰）

【医疗纠纷处理】　年内，参加医疗责任保险469人，费用32.73万元。发生医疗纠纷5件，调解5件。全年赔付医疗纠纷款24.77元，医院承担24.77万元。

（贺　蕾　李瑞杰）

【护理工作】　年内，护士383人，其中本科生132人。医护比1：1.2，床护比1：0.98。ICU 床位6张。护理单元22个。继续实施一院两区统一管理模式，开展优质护理服务，责任制整体护理落实率100%。护理不良事件上报率达到100%。全年组织护理继续教育讲课40次、中西医护理操作培训8次，护士长及护理骨干参加院外培训70人次，专科护士取证1人。接收海淀卫生学校、北大方正软件技术学院临床实习生7人，接收再注册护士临床实习7人。

（贺　蕾　李瑞杰）

【科研工作】　年内，申报并中标院级课题11项，获资助经费19万元。申报区级课题10项，中标1项，获资助经费16万元。申报市级课题13项，中标1项，获资助经费5万元，医院匹配经费1.5万元。在研课题18项，结题7项。

（贺　蕾　李瑞杰）

【医学教育】　年内，承担长春中医药大学本科生和中国中医科学院中医基础理论研究所研究生临床实习带教任务。教师49人，其中教授5人、副教授9人。全年脱产学习11人，院外进修9人，出国进修1人。

（贺 蕾 李瑞杰）

【学术交流】 年内，外科医生与美国德克萨斯大学麦戈文医学院健康科学中心荣誉主席、外科临床教授Bruce V. Mac Fadyen进行癌症患者跨学科诊疗和外科病人营养管理经验交流。派出妇产科、心内科等医务人员参加第25届北京国际宫腹腔镜及微创手术学术研讨会、第28届长城国际心脏病会议、2017国际糖尿病年会（IDF)和2017欧洲糖尿病年会（EASD)、京港感染论坛等学术活动。

（贺 蕾 李瑞杰）

【信息化建设】 年内，信息化建设投入133万元。安装防统方系统；建成网络版三维重建系统，辅助放射科医生诊断；新建病理工作站，支持病理科与临床交互患者信息与报告结果；PACS系统支持病人跨院区预约与核磁检查；远程会诊系统为主院区与各分院区以及对口社区站的远程会诊工作提供软硬件服务；接入朝阳区医联体影像会诊中心，为对口社区提供远程阅片支持；安装唱收唱付系统、药房排队系统，提高收费处、药房人员工作效率，减少医患矛盾；在病区部署床旁媒体宣传系统、门诊及住院楼安装科协健康科普服务平台；安装定时备份系统，完成PACS影像文件的定时备份。

（贺 蕾 李瑞杰）

【基本建设】 年内，医院改扩建项目7项，基建项目面积211平方米，改建房屋面积211平方米。实际完成投资额223.39万元，其中财政性投资73.28万元，单位自有资金150.11万元。

（贺 蕾 李瑞杰）

【获得荣誉】 9月28日，急诊科主治医师刘振参加的北京队团体队，获全国第二届“瑞医杯”中华中医药学会青年医师急救技能竞赛团体一等奖。

（贺 蕾 李瑞杰）

朝阳区第三医院

【概况】 年内，朝阳区第三医院有卫生技术人员223人，其中正高职称2人、副高职称7人、中级职称40人、初级师106人、初级士68人。截至年底，医疗设备总价值26068200元，医用设备646台；新购置医用设备总金额9033300元，医用设备20台。全年总收入11828.88万元，其中医疗收入6945万元。

双桥院区地址：双桥南路甲8号

邮编：100121

电话：52023406

金盏院区地址：金盏乡金盏大街2号

邮编：100018

电话：84333416

八里庄院区地址：八里庄延静西里12号

邮编：100025

电话：65913654

（陈 浩 朱庆生）

【医疗改革】 4月8日，朝阳区第三医院完成新医改系统切换和工作交割程序。医改后，患者门诊药费平均下降12.15%。执行精神病免费服药患者免收医事服务费政策。向患者及家属广泛宣传、告知医改政策，告知率97.7%，告知书签署率45%。制定《北京市朝阳区第三医院落实朝阳区精神卫生医联体工作实施方案》，与安定医院、回龙观医院签订专科医联体建设框架协议。根据《朝阳区精神卫生医联体分级诊疗工作管理规定》，24名医生分为AB角到21个社区进行分级诊疗服务，服务内容包括门诊治疗、社区排查健康宣教义诊等。医院医生在21个社区出诊283次，诊疗1565人次。

【医保工作】 4月8日起，对医保住院患者实行医保定额付费制度。全年出院201人次，总费用35672227元。门诊次均费用459元，住院次均费用17775元。

（陈 浩 朱庆生）

【医疗工作】 年内，朝阳区第三医院全年门诊33489人次。开放床位420张，出院338人次，床位周转次数0.93，床位使用率114.08%，平均住院216日。门诊药占比95.91%，住院药占比11.67%，门诊抗生素使用率0，住院抗生素使用率5%。

（陈 浩 朱庆生）

【医疗支援】 年内，接收云南省东川护士1名进行精神科护理培训，为期6个月。9月12日，到延庆县张山营镇精神卫生保健院及延庆县大榆树医院进行常见精神疾病的咨询及初筛，诊疗78人次。

（陈 浩 朱庆生）

【医疗纠纷处理】 年内，参加医疗责任保险211人，总费用38921.15元。全年未发生医疗纠纷。

（陈 浩 朱庆生）

【护理工作】 年内，有护理人员140名，其中主管护师15名、护师65名。医护比1：1.73，床护比1：0.24。全部开展优质护理服务。护理单元6个。基础护理合格率97.8%，精神科重症患者护理合格率96.1%，一级护理合格率96.7%，二级护理合格率98.4%， 三级护理合格率98%。不良事件上报106例，整改率100%。选派护理骨干及管理人员参加培训班29人次，选派护理骨干3名到朝阳区紧急医疗救助中心参加美国心脏协会急救培训班并获得资格证书，邀请上级专科医院护理专家来院指导工作及护理查房5人次。组织社区全科医生精神病学系统培训班，12人次参与教学；组织北大社工系研究生实习带教，6人参与带教；组织华夏心理咨询师带教，11人参与带教。

（陈 浩 朱庆生）

【科研工作】 年内，申报课题3项，中标区级课题1项，资助经费5万元。

（陈 浩 朱庆生）

【医学教育】 年内，7人参加为期1年的北京市精神科医师转岗培训并全部通过考核。5人参与北大社工系研究生实习带教130学时，10人参与华夏心理咨询师带教120学时。脱产学习5人、到院外进修1人。

（陈 浩 朱庆生）

【信息化建设】 年内，信息化建设投入287万元，分别是容灾项目、监控项目、分诊叫号项目。完成移动医疗及远程医疗项目申报书。软件模板与接口修改26次。定期升级维护局域网运维安全12次，信息系统数据处理与设备硬件排故维修2000多次。

（陈 浩 朱庆生）

朝阳区中医医院

【概况】 朝阳区中医医院是区卫生计生委直属二级甲等中医医院，占地6542.74平方米，建筑面积20295平方米，内设9个职能科室、5个临床医技科室。职工320人，编制人员209人，专业技术人员280人。有执业医师129人，其中中医类别执业医师90人，占69.76%；药学专业技术人员27人，其中中药专业技术人员22人，占81.48%。医疗设备总价值15498383.90元，其中100万元以上设备12台，固定资产总价值421018483.52元。

地址：工体南路6号

邮编：100020
电话：65534914
邮箱：cyqzyyy@163.com
网址：www.cyqzyyy.com

（刘　媛）

【医疗改革】 4月8日，凌晨医改系统切换成功，完成信息系统的维护、药品阳光采购工作、435种诊疗项目的维护和校对工作。医改后，医院总收入增长7.35%，其中医药品收入增长6.74%，医疗收入增长43.66%，药品收入降低13.37%。8月29日，朝阳区中医医院与北京市第一中西医结合医院、原和平医院合并。合并后，医院加强与总院区的协调工作，配合新领导熟悉中医院区各项工作情况，保证三院合并平稳顺利过渡。年内，贯彻北京市医药分开综合改革工作，制定《门诊纠纷投诉预案》《医药分开综合改革门诊退费问题应急预案》《门诊计算机HIS系统瘫痪、医保系统无法结算应急预案》《门诊预约挂号应急预案》等相关制度。

（刘　媛）

【医疗工作】 年内，区中医医院门诊265038人次，急诊14226人次。实有床位220张。出院3648人次，床位周转17人次，床位使用率77%，平均住院日16天。结合医药分开综合改革，加强医院医政管理体系建设，保证医疗安全。

（刘　媛）

【医保工作】 年内，区中医医院医保出院2325人次，总费用103533211元，住院次均费用15938元，门诊次均费用518元。成立医保异地结算领导小组，制定工作制度、流程及应急预案等，顺利实施异地结算。审核异地参保人员在本院就医申请800人次。

（刘　媛）

【护理工作】 年内，有护理人员102人，其中在编护士54人、合同护士48人；注册护士98人；中医护理人员63人、西医护理人员39人。新入科护士、实习护士、长休后回科护士参加护理安全岗前教育。开展季度护理业务查房，急诊满意度调查每月一次。落实与望京医院护理共建工作，邀请望京医院主任到院讲课2次。

（刘　媛）

【科研工作】 年内，获批市级科研项目“胸椎不定位板法联合中药治疗功能性消化不良中肝胃不和证的临床疗效研究”，资助金额2000元。获批区级科研项目“揿针疗法治疗癌性疼痛的临床研究”，资助金额10万元。

（刘　媛）

【医学教育】 年内，进行朝阳区第五批师承学术继承人员遴选工作。组织开展朝阳区砺剑工程学员出站考核工作。参加朝阳区砺剑工程阶段总结会暨弘医书苑第六次学术沙龙。参加名老中医学术经验挖掘与论文写作能力提高培训班。按期召开名医工作室群建设会。完成国家级金伯华名老中医工作室验收工作。开展中医病例讨论2次及主治医师经典查房2次，邀请专家教授临床指导。

（刘　媛）

【信息化建设】 年内，制定医院医药分开综合改革信息系统调整方案和应急预案，对医保业务系统进行23次升级，确保医药分开改革信息化系统顺利切换。完成新楼装修网络、电话部分走线及信息化硬件搭建设计工作。

（刘　媛）

【基本建设】 年内，对新购综合楼进行设计规划，为设计单位提供建筑图纸资料。对新购综合楼楼体情况进行勘察，针对发现诸多问题进行整改：配合物业公司对综合楼、门诊楼和病房楼楼体消防系统、中控系统进行检测。

（刘　媛）

朝阳区双桥医院

【概况】 年内，朝阳区双桥医院在岗职工403人（在编164人、合同制239人），其中卫生技术人员370人、正高职称5人、副高职称7人、中级职称96人、初级师181人、初级士81人。年底医疗设备总价值4140.61万元，其中乙类医用设备1台。年内购置医用设备总金额455.31万元，业务总收入26113.49万元，其中医疗总收入25954.06万元。医院编制床位236张，开放床位204张。内设27个临床科室、7个医技科室、4个辅助科室。

地址：双桥东路
邮编：100121
电话：85390908转6309　85390910
网址：http://www.bjsqyy.com.cn

（张冬梅　张雪华）

【医疗改革】 4月8日凌晨，双桥医院顺利完成信息化过渡，及时准确上报相关数据。4月8日医改后至12月31日，门诊患者399088人，比上年上升12.22%；急诊患者36969人，比上年略有下降；出院患者5922人，比上年上升6.51%；入院患者5935人，比上年增加7.79%。医院医改政策实施，完成“四个转变”（以门诊为主向病房为主转变、以疾病为中心向以健康为中心转变、粗放型管理向精细化管理转变、大型设备应用和资源消耗向服务和技术应用转变）、落实“五个同步”（医保、医药、医疗同步，同城同步，升降同步，改革与改善服务行动同步，改革和监管同步），保证患者、职工“两个获得感”的提升；进一步调整绩效考核方案，实行全方位三级体系考核，实现“防风险、调结构、提效率、控费用”目标。在全年北京市综合医院经济管理绩效评价总排序中位列第1，在北京市公立二级医院中排名第2，在朝阳区综合医院绩效评中排名第1。逐步开展全程健康管理，做好分级诊疗和双向转诊工作，全年接收上转病人247人。派出医、技专业技术骨干322人次到黑庄户社区进行健康大课堂讲座、出诊等活动，受益群众18000人次，覆盖黑庄户乡近90%居民。年内，开展多项微创诊断治疗技术项目，如经尿道输尿管肾盂镜碎石取石术等。经市卫生计生委、区卫生计生委审核，获许开设临床基因扩增检验（PCR）实验室，开展高危型人乳头瘤病毒（HPV）核酸检测。

（张冬梅　张雪华）

【人才培养】 年内，继续推进人才培养“飞鹰计划”，建立定向、按需、持续人才培养机制。针对医院专科建设，定岗、定编、定职责，选派人才到三级医院进修深造。人才培养课题“‘一体两翼’发展模式——医院骨干医师队伍建设的探索”获区人才培养优秀资助项目。

（张冬梅　张雪华）

【医疗工作】 年内，门急诊568827人次。编制床位236张，实际开放床位204张。出院7824人次，床位周转38.35次，床位使用率90.75%，平均住院日8.63天，住院手术2992例，孕产妇死亡率、新生儿死亡率、围产儿死亡率均为0。实施临床路径科室10个，病种57个。挂号方式有现场、电话、“114”挂号平台、诊间、网络等，开放号源100%，预约挂号212161人次，占门诊挂号比例41%。严格落实药品“零”差率、药品采购“两票制”。加强合理用药监管，认真落实处方点评制度，做好毒麻药品管理。医院药占比33.88%，其中门诊药占比38.98%，住院药占比24.52%。门诊抗菌药物使用9.36%、急诊抗菌药物使用36.64%、住院患者抗菌药物使用49.87%。完成全年流感防控及流感危重患者上报工作，制定流感应急措施。年内启动应急病房1次3个月。

（张冬梅 张雪华）

【医保工作】 年内，全年医保出院患者4473人次，总费用5770.6万元。医保基金使用10533万元，门诊次均费用376元，住院日均费用1224元。继续做好政府折子工程，新农合血液净化中心完成透析22720人次。

（张冬梅 张雪华）

【对口支援】 年内，选派3名科室骨干人员赴西藏、新疆对口支援。组织32名专家团队前往怀柔区喇叭沟门医院、渤海镇卫生院进行义诊活动。对河南省淅川县、云南省禄劝县进行精准扶贫，接收3批次19人到院进修。选派2名干部参加“千名干部下基层”活动。

（张冬梅 张雪华）

【护理工作】 年内，有护士138人，其中本科65人、大专及以下73人。医护比1∶1.35，床护比1∶0.87。护理单元9个，全部开展优质化护理服务。采取月培训、季考核、业务查房等方式强化“三基三严”训练。对出院患者实行电话回访制。不良事件上报率100%、整改率100%。全年派出护士长及科室骨干人员外出培训23人次。

（张冬梅 张雪华）

【医学教育】 年内，双桥医院参加住院医师规范化培训24人，北京市骨干医师培训5人、中医师承6人，承接中医师承砺剑工程首批轮在院轮转2人。年内，派出各级专业技术人才参加各类专业高级研修班、中短期培训班、论坛相关会议210人次。完成13个区级、27个自管项目的继续教育培训，参培率100%，达标率100%。

（张冬梅 张雪华）

【学术交流】 年内，接待清华大学继续教育学院医疗卫生高级研修班EMBA培训班等局级、院级领导到院参观学习3批次113人。选派骨科3名骨干参加中华医学会第十九届骨科学术会议暨第十二届COA国际学术大会进行学术交流。

（张冬梅 张雪华）

【信息化建设】 年内，完善护士移动工作站、药事管理、合理用药、处方点评等系统。增设自助挂号、收费一体机，实现微信、支付宝多种渠道缴费，在全院实行无线网络覆盖。

（张冬梅 张雪华）

【基本建设】 年内，加快改扩建项目前期手续办理工作，完成市卫生计生委500张床位批复、市规划和国土资源管理委员会规划批复、市发改委立项批复，取得市规划和国土资源管理委员会建设项目用地预审意见、建设项目选址意见书、钉桩成果报告书、建设项目用地规划许可证、交通影响评价审查意见函，编制完成可研性报告及改扩建方案初步设计任务。

（张冬梅 张雪华）

体 育

综述

【概况】 朝阳区体育局是区政府工作部门，主管全区体育工作，下设体育运动学校、第一少儿业余体校、第二少儿业余体校、第三少儿业余体校、体育产业管理中心、郡王府体育中心、朝阳体育馆、体育健身休闲公园、社会体育管理中心、体育总会、体育科研所11个事业单位。区体育局机关编制31人（含工勤编3人），事业单位编制236人。年内，围绕朝阳区“建设三区、建成小康”发展目标，各项工作纳入到筹办冬奥会、加快推进体育强国建设与京津冀协同发展大局中，以全民健身国家战略和“健康中国2030”规划纲要为引领，以备战2018年北京市运动会为重点，推进群众体育、竞技体育、体育产业和市场监管的融合发展。

地址：姚家园路10号

邮编：100026

电话：85971017

邮箱：tyj20062008@163.com

（胡 珩）

群众体育

【概况】 年内，在望京、东湖、崔各庄等地区规划、开展七项体育健身休闲环境优化工程。在朝阳公园、庆丰公园、京城梨园等地建设篮球场、棋苑、笼式多功能球场、乒乓球长廊等全民健身专项活动场地35片，初步实现东西南北中区域全覆盖。开展全区170套全民健身设施建设工作，为基层提供“三大球”“三小球”等13个体育项目26900余件器材。新建6家体质监测三级站，建立全民健身损伤康复研究中心，为全区群众科学健身奠定基础。

（胡 珩）

【群体活动品牌化】 年内，举办朝阳区第二届北京新年徒步大会暨朝阳区长走大会、朝阳区羽毛球联赛、朝阳区社区篮球联赛、朝阳区乒乓球联赛等区级品牌活动，承办北京国际风情节冬奥宣传展示项目，完成第十一届北京市全民健身体育节开幕式任务，全年组织基层健身活动2000余场次，130余万人次参与。首次利用新媒体在线直播朝阳区社区篮球联赛；通过政府购买服务方式，以京津冀一体化和非首都功能疏解为主题，打造首届2017年朝阳区全民健身金秋徒步系列活动。

（胡 珩）

【冰雪运动普及推广】 年内，区体育局开展“欢乐冬奥 冰雪家庭”系列活动。冬奥大讲堂活动邀请冬奥专家桂琳、佟健等在奥森尖峰旱雪场、水立方游泳馆等标志性场馆举办区级示范讲堂，在朝阳区43个街乡举办300场小讲堂，累计参与人数31500人。开展群众上冰场活动，在朝阳区7家冰场举办16场次群众上冰体验活动，带动5000余名群众近距离体验冰上运动。通过政府购买服务方式累计购买11000余张冰雪运动体验券，发放到全区中小学校、工会、共青团、街乡以及各社会体协，让广大群众参与冰雪运动、享受冰雪运动。开展冬奥知识巡展活动，制作冬奥知识展板1500余块，到全区各街乡进行巡展，让更多群众解到冬奥知识。编写并发放《健身知识300问》，为广大群众科学健身提供指导依据。

（胡 珩）

朝阳区大型体育场馆一览表

表 9

序号	所属街乡	单位名称	地址	联系人	电话
1	来广营	北京会议中心	北京市朝阳区来广营西路 88 号	李洪亮	13522652626
2	金盏	北京金郁金香文化发展有限公司(魔锐水世界)	北京市朝阳区东苇路郁金香花园内	王东海	13691391932
3	金盏	北京市蟹岛绿色生态农庄有限公司	北京市朝阳区金盏乡长店村北凌云 600 号	严勇	13381058997
4	金盏	北京市城市海景绿色生态农庄有限公司（城市海景）	北京市朝阳区金盏乡长店村北凌云 600 号	王家杰	13601159416
5	金盏	北京森禾源农业发展有限公司（蓝调庄园）	北京市朝阳区金盏乡楼梓庄村南	杨国强	13911851155
6	金盏	北京金港展览展示有限公司（金港汽车公园）	朝阳区金盏乡金港大道 1 号（办公室）	叶志成	84333990
7	奥运村	国家奥林匹克体育中心（英东游泳馆）	北京市朝阳区安定路 1 号	王磊	84375855
8	奥运村	北京欢乐水魔方水上乐园有限公司	北京市朝阳区天辰东路 11 号国家游泳中心水上乐园	黄永娜	13911947015
9	奥运村	北京水立方游泳俱乐部有限公司	北京市朝阳区天辰东路 11 号国家游泳中心北区办公楼三层	盛雅华	13661078777
10	崔各庄乡	北京宏昌竣投资有限公司	北京市朝阳区崔各庄乡善各庄村西	王勋刚	64306655
11	平房	朝阳区体育健身休闲公园	北京市朝阳区姚家园路 77 号	常建民	13501249706
12	三间房	北京第二外国语学院	朝阳区定福庄南里 1 号	李硕	13520527580
13	东湖	北京竞时天地体育发展有限公司	北京市朝阳区望京科技创业园第十九号至二十号地	冯帅	13811302062
14	六里屯	朝阳体育馆	北京市朝阳区姚家园路 10 号	杨小文（副馆长）	13511008759 85971016
15	朝外	北京市朝阳区陈经纶青少年体育俱乐部（陈经纶中学游泳馆）	北京市朝阳区朝外大街 38 号（陈经纶中学内）	王建国	13901119699
16	麦子店	中日青年交流中心银橄榄体育世界	北京市朝阳区亮马桥 40 号	张伟正	13501088568
17	麦子店	北京市朝阳区开发经营公司沙滩主题乐园	北京市朝阳区朝阳公园南路 1 号	李先生	13501006665
18	麦子店	北京郡王府游泳馆	北京市朝阳区朝阳公园南路 21 号	苗润国	13911339525
19	金盏	北京蓝调庄园发展有限公司	朝阳区金盏乡楼梓庄南蓝调庄园	付邵青 吴鹏	13910628267 18600017356
20	麦子店	北京嘉乐美时体育有限公司	朝阳区农展南路 1 号朝阳公园内万人广场	王世奎	18911188651
21	大屯	国家体育场有限责任公司	朝阳区国家体育场南路 1 号国家体育场有限责任公司	李质群 于云飞	84373068 13488720720
22	善各庄	北京宏昌竣投资有限公司	北京市朝阳区崔各庄乡善各庄村西	国安	13910069192
23	常营	精英假日（北京）体育发展有限公司朝阳分公司	朝阳区常通路 2 号院 1 号楼 4 层 4F-225	梁希磊	13911606628
24	平房	北京零度阳光体育文化有限公司	朝阳北路 101 号朝阳大悦城 7F	黄钢	18601942331
25	朝外	中国国际贸易中心股份有限公司二期物业中心	朝阳区建国门外大街 1 号国贸商城 B2	周力	13801234127
26	平房	小狼国际冰上中心	北京市朝阳区平房村 48 号	曹宝楠	15810166937

续表 9

序号	所属街乡	单位名称	地址	联系人	电话
27	大屯	北京世纪星滑冰俱乐部有限公司	北京市朝阳区北苑路甲 13 号	范军	13520628897
28	崔各庄	华星辉煌体育管理有限公司	朝阳区崔各庄奶东村黄港桥	战风祥	13693965407
29	十八里店	华星辉煌体育管理有限公司	朝阳区博大路 8 号润京会所	战风祥	13693965407
30	高碑店	远景浩泰体育发展有限公司	朝阳区兴隆公园内甲 8 号	于文生	13121645668
31	麦子店	精英假日（北京）体育发展有限公司	朝阳公园路 6 号蓝色港湾国际商区 2 号楼首层	郭晓然	18310076689
32	三里屯	工人体育场	朝阳区工人体育场北路	场地预定管理部	65525665

竞技体育

【获得荣誉】 年内，在第十三届全国运动会中，91名朝阳籍运动员代表北京队参赛，获2枚金牌、5枚银牌和2枚铜牌。张嘉雯代表北京队在全运会花样游泳比赛中拿下首金；王亚妮代表中国队获得亚洲U20橄榄球锦标赛冠军。在2017年北京市青少年锦标赛中，朝阳区参加28个项目比赛，其中排球项目获得男子甲组和男子丙组2个组别冠军，橄榄球项目获得女子组冠军。截至年底，各项目获得市级及以上奖牌589枚，其中金牌223枚、银牌197枚、铜牌169枚。全年注册确认运动员3595名，输送至北京队运动员47名。

（胡　珩）

【市运会备战工作】 年内，围绕2018年市运会金牌总数和团体总分双第一目标，完善参赛方案，依据《北京市第十五届运动会竞赛规程总则》，结合朝阳区运动员队伍现状和目标要求，完善参赛方案。落实备战责任，综合上届北京市运动会、2017年北京市青少年锦标赛各体育项目在各区县的奖牌分布情况，分解朝阳区市运会金牌任务，与各体校、教练员签订责任书。发挥科研促训功能，细化重点队员外训计划安排以及备战预案。

（胡　珩）

【竞技体育赛事】 年内，举办朝阳区春季运动会、朝阳区快乐体操公开课、大众蹦床通级赛、朝阳区阳光杯射箭比赛、中小学生田径秋季运动会、朝阳区第三届排球运动会以及冰雪项目挑战赛等覆盖多项目的赛事活动，推广青少年竞技项目、推进提升青少年体质健康工作。

（胡　珩）

【科研促训】 年内，从运动选材、机能监控、体能训练、康复理疗、营养供给五个方面全力保障业训工作。测试873名运动员，帮助教练员全面系统地 了解运动员身体状况和营养情况。完成237名运动员骨龄测算，结合项目特点，针对运动员身体素质，制定和执行体能训练计划。与体育医院合作，先后为排球、橄榄球、柔道、田径等项目运动员诊疗近100人次，运动损伤发病风险大大降低。全年涵盖15个运动项目，发放营养品13632件，为每名运动员建立“个人营养档案”系统，规范教练员和运动员营养品使用。

（胡　珩）

【冰雪竞技人才储备】 年内，根据《北京市人民政府关于加快冰雪运动发展的意见》和《北京市青少年冰雪运动发展规划》要求，在中小学校推广冬季项目课程，利用朝阳有线、健行朝阳微信公众号等载体普及冰雪项目比赛规程，引导和吸收更多青少年参与冰雪竞技比赛。组建男(女)短道速滑队、男(女)花样滑冰队、男(女)高山滑雪队、男(女)单板滑雪队和男子冰球队共9支冰雪运动队，并全部随队参加北京市青少年锦标赛。指导学校和体育俱乐部开展以冰雪项目为主的冬令营活动，为竞技体育储备和输送后备人才。注册冰雪运动员289人，向中国雪橇国家队输送运动员1名。

（胡　珩）

学校体育

【概况】 年内，广泛开展青少年体育比赛，推广青少年竞技项目、推进提升青少年体质健康工作。体教结合，提升体育传统校水平。与区教委共同对2016年新申请传统项目学校单位进行检查验收，新命名16所区级传统校，全区有国家级传统校1所、市级传统校14所、区级传统校53所。区体育局对教练员职称等方面进行全面梳理和查漏补缺，做好北京市体育局专家组对区业余训练进行考评验收工作。

（胡　珩）

【首届“快乐体操”活动】 5月19日，朝阳区体育局与北京市体操运动协会、北京市快乐体操推广委员会、朝阳区教育委员会共同主办的北京市首届快乐体操比赛暨北京市幼儿运动会在朝阳体育馆举行。来自全市10家单位的近300名小队员参加比赛，近1/5的参赛队员是幼儿园小班三岁多的小朋友。比赛设通关接力赛和快乐集体操2个项目。活动同时举行快乐体操授牌仪式，国家体育总局体操运动管理中心领导及各级领导为14家单位授予“北京市快乐体操突出贡献奖”。国家体育总局体操运动管理中心体操部、北京市快乐体操推广委员会、朝阳区体育局等领导以及奥运冠军教练出席活动。

（胡　珩）

【首届中小学生滑雪比赛】 12月21日，由朝阳区体育局主办的“2022我与冬奥同行”冰雪项目挑战赛系列赛事——“托起未来之星 相约2022”朝阳区首届中小学生滑雪比赛在雪乐山滑雪培训连锁机构城外诚店进行。参加比赛的几十名小选手们均来自朝阳区各中小在校学生，由区体育局组织在“欢乐冬奥 冰雪体验”系列活动中近千名青少年里挑选出来。

（胡　珩）

【体教结合】 年内，与区教委共同对2016年新申请传统项目学校的单位进行检查验收，新命名16所区级传统校，朝阳区有国家级传统校1所、市级传统校14所、区级传统校53所。根据《北京市青少年业余训练考评办法》要求，区体育局对教练员职称、学历、培训、论文、教案，以及训练常规管理、科学训练监控等方面，进行全面梳理和查漏补缺，做好北京市体育局专家组对朝阳区业余训练进行考评验收工作。从反馈结果看，2所学校排名进入全市前8名，1所学校进入15名。

（胡　珩）

体育产业

【概况】 年内，依托朝阳区体育产业促进会平台，组织促进会集体活动4次，走访体育产业单位60家，了解并梳理企业反映的政策资金支持、场馆大数据、未来发展等12类问题，协调相关部门逐步推进解决。创办《朝阳体育产业参考》，完成《朝阳区体育产业发展情况报告》和《朝阳区体育产业单位信息名录库》。聘请专家针对孙河体育特色小镇项目进行论证规划，推进“互联网+体育”，优化智慧体育服务平台。

（胡　珩）

【体育行业安全监管】 年内，检查体育经营单位1636家次，调集出动检查人员3300余人次，组织安监局、消防支队、公安分局等相关部门联合检查10次，下达责令限期整改通知书79份，约谈30家单位法定代表人，对7家存在违法行为体育经营单位做出行政处罚，为65家体育经营单位办理行政许可及注册登记手续。确保体育经营单位合规守法，安全稳定运营。体育局安全生产工作先后得到朝阳区护航百日攻坚行动第八督导组、北京市安全生产工作第一巡查组、国务院安全生产第一巡查组好评。朝阳区体育局获北京市2017年度安全生产月最佳实践活动奖，被推荐成为行业部门履行安全生产监管职责示范单位。

体育设施

【概况】 年内，以全民健身设施建设满足群众多元化健身需求为重点，注重利用全区疏解腾退空间，加强与园林的有机结合，统筹地区合理规划。对经营高危项目体育企业进行核查清理，组织开展体育设施规划建设促提升专项工作摸底调研，进一步调整完善朝阳区体育场地设施统计数据，确保行业监管到位。制定《2017年体育经营单位安全生产教育培训工作计划》，分层次部署安全生产教育培训工作。组织330家体育经营单位开展安全生产培训，印制《体育经营单位安全生产标准化工作手册》。

（胡　珩）

【领导调研旱雪场施工】 5月31日，市体育局局长孙学才一行到奥林匹克森林公园调研指导“旱雪”滑雪场施工搭建工作，副区长孙其军、区体育局局长吴晓军及世奥森林公园开发经营有限公司总经理田锦籼等陪同调研。孙学才强调滑雪场施工安全，要求广泛开展冰雪知识宣传和普及工作，营造全社会广泛参与北京2022年冬奥会的浓厚氛围。

（胡　珩）

【备战市运会倒计时1周年动员大会】 7月13日，区体育局在朝阳体育馆召开2017年朝阳区体育局夏训部署会暨备战市运会倒计时一周年动员大会。局长吴晓军、副局长冯长林出席会议，3所体校的领导和所有在职及外聘教练员参加大会。大会总结朝阳区体育局上半年的竞技体育工作，对下半年夏训工作提出要求。

（胡　珩）

体育社团

【概况】 年内，完善区体育工作片区制度，搭建体育局与基层街、乡、社区、村沟通联络的有效平台，通过信息化的手段实现体育局和健身群众的良性互动。区体育局拓宽培训渠道，实现专业化培训全覆盖。

（胡　珩）

【体育社团培训专业化】 年内，创编“丹凤朝阳”健身操在全区推广，全年培训裁判员和社会体育指导员共计898人，开展“健身指导进基层”系列活动400余场次，举办科学健身讲座300场次，配发科学健身书籍、光盘7000余套。全区全民健身晨晚练健身队数量达到630支，注册社会体育指导员达到9559人次，覆盖 43个街乡，促进全民健身公共服务体系的良性发展。

（胡　珩）

社会生活

2018
北京朝阳年鉴

民　政

【概况】 朝阳区民政局是负责全区民政事业管理工作的区政府职能部门，主要负责养老服务、低保救助、社会组织、婚登收养、民生工作、双拥共建、优待抚恤、接收安置、救助管理、征地超转、社区服务、基层政权、行政区划、慈善捐赠、防灾减灾、见义勇为、殡葬服务、孤残保障、福彩发行等民政事业发展的监督管理、服务保障和组织协调工作。行政编制50个、机关工勤编制3个，行政科室12个，事业单位34个。年内，区民政系统立足“民政为民、民政爱民”理念，扎实推进5项市、区政府工作报告重点工作、4项重要民生实事、50余项绩效任务落地见效。养老服务、社会救助、社会组织等工作创新发展，落实39项年度重点任务，为朝阳区“建设‘三区’、建成小康”做出贡献，增强人民群众的获得感、幸福感和安全感。

地址：磨房南里甲19号
邮编：100021
电话：67315765
邮箱：cymzj@chy.egov.cn

（田　磊）

【养老服务】 年内，朝阳区民政局重点推进居家养老，开展“十助”服务项目192个、惠及20.86万老人；新增养老驿站30家，全区建有130家，运营率达85%；保障困难老人需求，实施“五个一”服务，完成140户家庭适老化改造；推进医养结合，围绕模式创建、融合发展、辅具应用、人才培养深入探索，落实市级试点资金2500万元；扶持专业运营，推行“一址多点”模式，照料中心、驿站连锁化率分别达62%、71%。

（田　磊）

【城乡低保】 年内，落实低保救助政策，完成新一轮调标工作，低保标准调为900元/人·月、特困标准调为1410元/人·月，全区有低保7121户、12525人，特困供养62人。根据医改要求，调整朝阳区医疗救助标准，针对三大类7个救助项目的报销比例分别提10%至20%，实施医疗救助9075人次。升级朝阳区社会救助信息平台，实现低保身份二维码电子查询等数字化服务。

（田　磊）

【慈善捐赠】 年内，组织全区43个街乡、500多个社区（村）的慈善工作干部以及公益慈善组织人员600余人开展慈善普法培训。举办“爱在朝阳”优秀慈善摄影作品征集巡展活动，举办“慈善北京周，朝阳公益月”“养老机构开放周”“爱心点燃希望，慈善汇聚朝阳——寻找身边最美慈善人”等活动，参加“京津冀慈善展示会”。43个街乡全部建立慈善救助专项基金；街乡慈善救助专项基金总规模超2000万元；慈善组织开展慈善救助惠及11488人次，支出救助总金额910.61万元。发动全社会参与日常捐赠和主题月募捐活动，募集资金725781.5元、募集衣物197385件。在全市推进捐赠站点进楼宇进机关，完成CBD、奥管委、军休所等24个新站点的选址工作。朝阳区新增2个慈善超市，区民政局与区慈善协会联合设立“慈善朝阳”微信公众号。

（田　磊）

【防灾减灾】 年内，组织全区1200名灾害信息员业务培训。8个街乡400名社区应急救援员技能培训。举办225次防灾减灾大课堂，新建4个应急救援站，创建7个全国综合防灾减灾示范社区、1个北京市综合减灾示范乡，5个北京市综合减灾示范社区。制定社区应急救助预案，将8大类价值148.27万元的储备物资转移到新租赁的救灾备灾应急物资储备仓库，确保备灾物资安全。

（田　磊）

【救助管理】 年内，创新发挥“1+2+3”工作模式（1即以救助管理联席会为平台；2即依托救助小分队和社工街面外展救助巡视队的无缝衔接巡视作用；3即充分发挥区、街乡、社区三级救助管理作用），救助流浪乞讨人员2485人，分流2463人，协调街乡开展20920余次集中整治，帮助83名长期露宿街头人员告别流浪。

（田　磊）

【福利企业】 年内，朝阳区推进福利企业改革，取消福利企业资格认定，加强政策宣传解读和部门联动，顺利完成24家福利企业证书回收和登报公示，确保过渡期平稳有序。

（田　磊）

【福利彩票】 年内，朝阳区规范福彩管理，加强福利彩票销售业务培训，调整销售结构，全年销售福利彩票8.216亿元，销量稳居全市首位。

（田　磊）

【地退超转】 年内，朝阳区规范超转人员管理，聚焦超转人员医疗救助补齐服务短板，研究制定《朝阳区征地超转人员大病困难救助办法》，为全区2.22万名超转人员发放生活补助费6.10亿元。加强地退人员服务管理，支持街乡经常性开展走访慰问，846名地退人员待遇及时落实，年内核算发放地退人员退休工资及各类补贴5637.25万元。

（田　磊）

【孤儿保障】 年内，朝阳区加强困境儿童分类保障，建立区级困境儿童保障工作联席会制度，为46名困境儿童发放生活费95万元。朝阳区儿童福利院采取PPP模式正式运营，为68名在院孤儿有效提供养治教康服务。

（田　磊）

【双拥共建】 年内，落实军地党委议军议政、区领导挂钩联系部队、党政军群共商共治等各项制度，区四套班子领导走访慰问部队50余次。为部队开展办实事项目21项，安装6台“书香朝阳”24小时自助图书借阅机，聘请专业社工组织为部队开展厨艺培训、心理辅导等服务，开展“助力随军家属工程”，举办随军家属专场招聘会，协调保障150余名军人子女优先进入义务教育优质资源校。

（田　磊）

【优抚安置】 年内，为朝阳区4073名优抚对象发放20余类优抚资金1.70亿元，做好155名见义勇为人员服务管理，保障各类优抚人员权益。接收退役士兵583人，发放一次性经济补助3943.6万元，加大安置工作力度，设立奖励制度鼓励用人单位接收安置积极性。

（田　磊）

【军休服务】 年内，依法落实军休干部“两个待遇”，主动对接需求，组织开展健康体检、军工疗养、“乐龄杯”舞蹈大赛、诗书画展等多项活动，不断优化军休干部医疗和住房保障，加强军休服务与居家养老、社区养老、机构养老融合发展。依托《军休生活》报和“朝阳军休网”，加强军休工作动态、典型事迹宣传，推选14名军休干部参加“全市十大北京军休榜样”评选，接收军队退休干部226人。

（田　磊）

【社会组织】 年内，推进社会组织重点改革，扩大社会组织党建覆盖面，在社会组织联合会研究成立行业协会商会联合党委，依法做好社会组织登记审查，搭建民政、社会建设、街乡等部门关于政府购买社会组织服务项目平台，推动社会组织信息化平台建设，开发朝阳社会组织客户端。打造成网上受理、网上办理、网上反馈，建立健全社会组织综合监管体系，创新社会组织监管方式，做好社会组织第三方等级评估，实现社会组织动态监管。

（田　磊）

【社区服务】 年内，朝阳区推进社区服务工作，加强社区服务志愿者队伍建设，推动5家社区服务助老示范基地挂牌。探索社工监管和激励机制，完善专业社工人才资源库。

（田　磊）

【农村基层民主建设】 年内，加强农村基层民主建设，指导各乡组织推进监委会主任调整，开展摸底，为2019年村委会换届选举工作做好准备。强化农村村务公开和民主监督，指导全区19个乡开展农村基层“民主日”活动，按照“四议两公开”工作方法，提高村务公开透明度，增强民主监督实效。完成东坝乡驹子房村信息公开、将台乡驼房营村等村务公开申请答复，指导常营回族乡履行民主程序，开展村委会建制撤销工作，常营乡10个村民委员会已由区政府批复同意撤销，依法依规完成村委会撤销手续。

（田　磊）

【行政区划】 年内，优化“街乡级”行政区域界线，会同国土、规划、社会办、农委等部门形成界线调整总体工作方案，重新和核查全区349.98千米的106条街乡级行政界线和84个街乡级行政界线交会点。推进界线检查和平安边界建设，配合水务、环境办等部门处理行政界线争议20余次，为各部门工作提供有效保障。

（田　磊）

【殡葬服务】 年内，推进绿色殡葬宣传和“自然葬”等生态安葬模式。联合公安、工商等部门全面开展殡仪服务专项检查，对全区各医疗机构太平间进行逐一核查摸底。顺利完成2017年清明群众祭扫服务保障任务，朝阳区“一馆三园”高峰日共接待扫墓群众211602人次，疏导机动车36944辆。为1015名无社保群体发放丧葬补贴507.5万元。审批“遗体外运”8件。

（田　磊）

【婚姻收养】 年内，朝阳区推进档案电子信息化工作，初步实现2006至2009年婚姻登记档案电子化。推广登记颁证服务，组织“五四”“八一”专场集体颁证仪式。启动军人婚姻服务绿色通道，提供快速登记、婚前心理疏导等服务。年内，办理结婚登记23885对、离婚登记12265对、收养登记13件。

（田　磊）

社会建设管理

【概况】 中共朝阳区委社会工作委员会（简称区委社工委）、朝阳社会建设工作办公室（简称区社会办）是负责区社会建设管理及街道工作的主管部门。年内，朝阳社会领域把握首都“四个中心”城市战略定位，紧抓北京建设国际一流和谐宜居之都的战略机遇，完成社会建设主要目标任务，基层社会治理体系和治理能力现代化水平持续提升。精准对接居民需求，推进社区管理体制改革，完善社区基础设施和民生服务体系。全面动员社会力量参与城市治理，为城市精细化管理奠定基础；借鉴重大活动服务保障经验，持续提升城市精细化管理效能。围绕社会治理体系和治理能力现代化建设的总目标，主动回应民众关切，“五化协同”朝阳特色社会治理模式日益深化。坚持以党建引领社会治理创新，全面夯实基层党建基础保障，抓实党建主体责任落实，推动从严治党向纵深发展。出台《关于进一步加强城乡统筹提升社会治理水平的实施意见》、共商共治目录和协商指导手册，100个城乡社区手拉手共建，46个绿色智慧平安社区各具特色，城乡社区治理能力和水平稳步提升。全市领先的区级社会动员中心（创享空间）正式运营，推进“1710”计划，街乡社区社会组织联合会建设实现全覆盖，共支持1089个居民团队持续开展社区创享。投入5404万元，购买社会组织服务项目240个，社区公益基金会筹资784万元，支持服务项目52个，社会组织在社会共治、难题破解和行业发展中的协同作用得到充分发挥，社会各界参与热情和参与能力显著提升，“蓄水池”效应明显。广泛开展“金葵朝阳”“一抹蓝天助力计划”等主题志愿服务活动2323场，汇聚志愿者18.76万人次，为青年服务社会提供有效平台。

地址：日坛北街33号
邮编：100020
电话：65099333

（杨　旭）

【社会建设和农村城市化工作会】 2月16日，朝阳区召开2017年社会建设和农村城市化工作会，区委书记吴桂英强调，要强化问题导向、需求导向和目标导向，深刻把握做好社会主义建设和农村城市化的规律，抓紧核心关键，正确处理关系。区领导陈宏志、陈涛、甘靖中、何明、刘军胜、张维刚、席成坡、黄晓伟，区委、区政府各部委、办、局，各街道、地区办事处党政领导班子成员等700余人参会。

（杨　旭）

【社区建设工作会】 2月23日，朝阳区社会办、区农委召开2017年朝阳区社区建设工作会。会议发布《2017年朝阳区社区建设工作要点》《朝阳区关于确认第一批绿色智慧平安社区的通知》及《关于朝阳区城乡社区手拉手结对共建的决定》，并为第一批绿色智慧平安社区授牌。大屯街道新新家园社区、来广营地区绣菊园社区代表第一批绿色智慧平安社区作典型发言，建外街道北郎东社区与高碑店高井社区签订社区手拉手结对共建协议。各街乡主管领导、科长及绿色智慧平安样本社区负责人参加，区社会办主任宝月凤、副主任闫培文出席。

（杨　旭）

【社会建设专项资金购买社会组织服务（征集类）项目】 2月28日，在朝阳区社会动员中心（创享空间）召开2017年朝阳区政府社会建设专项资金购买社会组织服务（征集类）项目发包会。通报2016年购买服务工作相关情况，对2017年政府购买社会组织服务工作整体情况作说明。5月17日，在创享空间召开2017年使用市级资金购买社会组织服务工作部署会。采取专项项目与一般项目相结合，由街乡审批及委办局推荐等方式，确定市级资金购买社会组织服务项目107个。各街乡社会组织工作主管领导、科长100余人参会。

（杨　旭）

【街道系统党建】 3月2日，在小关街道组织召开2017年街道系统党建工作部署会，落实区委组织工作会及书记述党建专题会的工作部署和相关要求。会议由区委社工委副书记郑珍平主持，区委社工委书记赵年生、区委社工委纪委书记唐蔷及24个街道工委副书记、纪工委书记及部分科室负责人51人参加会议。

（杨　旭）

【第五届优秀社会志愿者风采展示活动】 3月8日，在北京青年政治学院礼堂召开“金葵朝阳百花齐放　志愿文化传承梦想”朝阳区第五届优秀社会志愿者风采展示活动。现场认定10106名星级志愿者，并对、表彰评选出的十大志愿之星、5个优秀街道分中心、10个优秀社区（商务楼宇）志愿服务站、5支优秀志愿服务队伍、6家优秀社会爱心单位。市委社工委委员、市社会办副主任王智玲，朝阳区委常委、宣传部长刘军胜，副区长刘海涛，区委社会工委书记赵年生及市志愿服务指导中心、市慈善义工联、朝阳区相关职能部门领导到会并为十大志愿之星、优秀街道分中心、优秀社区（商务楼宇）志愿服务站、优秀志愿服务队伍、优秀社会爱心单位颁奖。来自朝阳区各街道、社区、商务楼宇志愿服务站、各志愿服务组织、社会爱心单位的代表400余人参会。

（杨　旭）

【商务楼宇党建】 3月23日，在建外SOHO商务楼宇服务站召开商务楼宇服务站调研会，推进商务楼宇党建工作。会议由区委社工委书记赵年生主持，三里屯、建外、八里庄等街道副书记参加座谈会，研讨相关街道的商务楼宇服务站运行情况、特色做法、存在问题。

（杨　旭）

【互联网+社区服务推进会】 3月24日，朝阳区社会办召开朝阳区互联网+社区服务推进会，并举行区社会办、相关街道与国安社区战略合作签约仪式，区社会办、呼家楼街道、香河园街道、朝外街道与国安社区分别签订战略合作协议和项目落地协议。区委常委、宣传部部长刘军胜出席，强调要贴近社区找结合点，发挥政企优势，不断满足社区居民多样化需求；要创新服务找切入点，落实服务共济，不断提升服务的质量和效益；要融合发展找承载点，完善功能共承，不断丰富服务的内容和范围；要深化合作找拓展点，突出共建共享，不断延伸服务的深度和广度。区委社工委书记赵年生、区社会办主任宝月凤及24个街道主管领导及科长参加签约仪式。

（杨　旭）

【社区公共服务综合信息平台建设与应用推进会】 4月26日，在团结湖街道文化活动中心召开朝阳区社区公共服务综合信息平台建设与应用推进会，26个（24个街道、南磨房乡、三间房乡）街乡办事处平台建设主管领导和社保所所长参加会议。会上对二期建设需要注意问题作说明，并提出要求。区社会办副主任闫培文、区人社局马景惠副局长、区行政服务中心书记李晓静出席会议并讲话。

（杨　旭）

【第三届社会治理创新优秀项目展示会】 6月15日，在创享空间召开创享空间揭牌和中国社会工作联合会暨朝阳区社会领域第三届社会治理创新优秀项目展示会。中国社会工作联合会副会长王国英，市委社会工委副书记陈建领，朝阳区委书记吴桂英、区委常委、宣传部部长刘军胜、副区长刘海涛出席。相关委办局、各街道主要领导、科室负责人、相关社区代表等，共约300人参会。

（杨　旭）

【楼门文化巡礼交流会】 7月19日，“小楼门、大天地”朝阳区2017年楼门文化巡礼交流会在朝阳区社会动员中心（创享空间）一楼大报告厅举办。会上，播放楼门文化宣传短片，宣读《“小楼门、大天地”朝阳区楼门文化巡礼“传统文化季”百个特色楼门决定》，领导为获奖代表颁奖，潘家园街道、八里庄街道甘露园中里社区、小关街道搪瓷厂小区、麦子店街道农展南里社区、安贞街道安贞西里社区居委会代表发言。市社会办、市民政局，以及区文化委、区农委、区文明办、区民政局、区房管局等部门领导出席。各街道主要领导1人、主管领导及相关科长、街道各社区代表、楼门（院）代表参加会议。区委常委、宣传部部长刘军胜部长出席并讲话。

（杨　旭）

【社区工作者招考】 7月31日，完成朝阳区2017年社区工作者招录工作，计划招录社区工作者632名（含自主择业干部和随军家属50名），实际招录593名（含自主择业干部和随军家属24名），街道系统计划招录社区工作者277人，实际招录246人（其中自主择业干部和随军家属13名），农村地区系统计划招录社区工作者355人，实际招录347人（其中自主择业干部和随军家属11名）。

（杨　旭）

【朝阳社工基本功大赛】 8月29日，“社区有我”第三届朝阳社工基本功大赛复赛开赛，朝阳区43支代表队215名社工用才艺诠释社区工作的技巧、理论和方法。复赛环节持续4天，43支代表队分7个小组组分别比拼，每个小组胜出队伍晋级决赛。

（杨　旭）

【邮乐社区生活服务启动】 10月30日，邮政服务融入“一刻钟社区服务圈”。邮乐社区生活服务在呼家楼街道社区服务中心启动，首先介绍北京邮政融入“一刻钟社区服务圈”服务项目的内容。北京市社会建设工作办公室与中国邮政集团公司北京市分公司签署战略合作协议，呼家楼街道呼北社区书记殷金凤代表发言。与会人员参观水碓子邮局“邮政惠民生活驿站便民服务网点”、美猴王主题邮局和呼家楼北社区综合服务中心。在呼家楼北社区综合服务中心，观看社区维修大集、智能停车棚、邮政智能包裹柜功能展示，观摩社区普惠金融、报刊订阅、集藏文化等社区活动。市委社会工委、市社会办主任宋贵伦、市社会办副主任卢建出席，全市各区社会办主要领导、社区科负责人，各区邮政分公司主要领导、市场部、大客户中心负责人等100余人参加启动仪式。

（杨　旭）

【城市基层党建工作座谈会】 11月10日，全市城市基层党建工作座谈会在朝阳区三里屯街道办事处召开，市委书记蔡奇讲话，市委副书记景俊海参加。与会领导现场观摩“脏街”整治效果。三里屯街道基层党组织凭借“四千四万”理念，即“千难万难，有党的领导就不难；千苦万苦，有责任担当就不苦；千招万招，共商共治就是好招；千好万好，群众满意就是真好”，共同推进“脏街”变靓街，形成推动中共十九大精神落地生根的生动实践。

（杨　旭）

【绿色智慧平安样本社区评估】 11月14日至15日，对来自35个街乡66个绿色智慧平安样本社区开展为期两天的评估工作，邀请第三方的5名专家对66个样本社区进行现场评估打分，最终确认46个绿色智慧平安社区。

（杨　旭）

【街道系统基层党建督查】 11月27日至12月15日，社工委4个督导组对街道系统24个街道基层党建7类41项重点任务开展第二轮督查，通过个别访谈、查阅资料、实地查看三种方式，全面了解街道落实重点任务的基本情况、创新举措和主要成效、存在的主要问题和下一步工作考虑。各组根据督查情况对各街道做出综合评价及时反馈给各单位，督促做好整改提升。

（杨　旭）

【社会工作者联合会成立大会】 12月21日，北京市朝阳区社会工作者联合会成立大会暨第一届会员代表大会第一次会议在朝阳区创享空间隆重召开。大会选举产生朝阳区社会工作者联合会第一届理事会、常务理事会及监事会。区委社工委书记赵年生、区社会办副主任闫培文出席此次大会。来自朝阳区城乡社区、社工服务机构、枢纽型社会组织的社会工作者以及社会工作人才服务管理相关部门领导与街乡主管领导，约300人参加成立大会。

（杨　旭）

【社区服务】 年内，朝阳区社工委试点推行社区服务站改革，实践“全能社工+综合受理”模式，建成12个农村地区星级社区服务站；推动社区减负，清理社区挂牌，规范考核评比、印章使用管理，社区服务进一步提质增效。推进“互联网+社区服务”，引入各类便民智能终端1026处，逐步实现社区服务社会化运作。动员驻区社会单位开放内部服务设施，建成39个市级“社区之家”示范点。建设深化219个市级“一刻钟社区服务圈”示范点，社区服务更便民。

（杨　旭）

【基本公共服务】 年内，义务教育学区化改革深入推进，教师在义务教育学区内和集团化办学的学校校区间轮岗交流和资源共享机制日益完善，教育优质均衡发展水平稳步提升。全区高考一本上线率首次突破60%，位居全市领先水平。370家医疗机构完成医药分开综合改革，分级诊疗制度不断深化，紧密型医联体实现全区覆盖。社区卫生服务中心优质医疗服务能力持续提升，群众健康指标大幅提高。三级养老服务体系建设持续深化，特殊困难老年人基本养老服务得到重点保障，老年优待政策全面落实。加强文体服务设施建设，街乡文化中心、社区和行政村文化活动室实现全覆盖。

（杨　旭）

【社会保障事业】 年内，立足小康建设，兜底线、织密网、建机制，多层次社会保障体系不断完善。开展就业再就业服务，城市登记失业率稳定控制在1%以下。三大类七个医疗救助项目的报销比例分别提升10%~20%。落实低保救助政策，升级朝阳区社会救助信息平台，强化低保动态管理和复审预警功能，实现低保身份二维码电子查询等数字化服务。落实困难残疾人生活补贴和重度残疾人护理补贴制度。加强困境未成年人社会保护，实现市、区、街乡、社区四级联动。规范超转人员管理，完善超转人员医疗救助服务政策。加强地退人员服务管理，支持街乡经常性开展走访慰问。

（杨　旭）

【社区智慧治理】 年内，运用大数据、物联网、移动互联等技术手段，深化城市管理网、社会服务管理网和社会治安网“三网”融合。发挥“一格统筹”精细化管理优势，实施“网格化+”行动计划，完善网格化E通车系统。试点推进“厅网站”建设。试点开展智慧物业工作，初步实现试点商务楼宇和居民小区物业的信息化管理。社区公共服务综合信息平台建设取得初步成效。

（杨　旭）

【社区治理体系建设】 年内，出台《关于进一步加强城乡统筹提升社会治理水平的实施意见》、共商共治目录和协商指导手册，100个城乡社区手拉手共建，46个绿色智慧平安社区各具特色，城乡社区治理能力和水平稳步提升。全区446个社区已经全部建成居民议事厅，楼院（小区）议事厅、流动议事厅、网络议事厅建设得到推广，充分发挥其征集需求、凝聚共识、破解难题、协商共治的平台作用，支持解决楼道堆物堆料、老旧电梯更换、小广告治理等一批百姓身边事。推广“四有五好”标准，楼门文化阵地在全区1万多个楼门扎根，居民家园情怀得到逐步培养，邻里之间更加融合。

（杨　旭）

【基层难题破解】 年内，推进基层民主协商，深化党政群共商共治，用社会治理方法破瓶颈、解难题、促发展。街、社两级1195件实事全面落地，打造小微花园、立体停车楼等一批示范项目。出台《朝阳区老旧小区物业管理转型升级工作方案》，按照成熟一个转型一个的原则，在16个老旧小区试点引入专业物业，实现良性运转，朝阳区长效管理做法被纳入市级老旧小区综合整治文件。实施交通微循环，拆除私装地锁4191个，清理僵尸机动车、自行车2万余辆，打通54个社区、142条道路的交通“毛细血管”，缓解社区路和居民小区交通拥堵。

（杨　旭）

【区域化党建】 年内，发挥“一轴四网”统领作用，统筹推进十九大精神学习宣传贯彻工作，创新“五带五学”机制，成立宣讲团，将学习贯彻横向延伸到边、纵向压实到底。推进“两贯彻一落实”，开展“两学一做”常态化制度化建设，抓实“强党建、勇担当、重实效”作风建设年活动，深化“走清建树”主题实践，创新“朝阳承诺”动员载体，共有6.5万名党员群众在中心工作、重大服务保障中承诺践诺，有效凝聚基层社会治理合力。配备“两专一兼”党务工作者2643人，投入党建经费9460万元，完善“区级有中心、街道有阵地、社区有空间”的阵地建设布局，夯实社会领域党建工作保障。

（杨　旭）

【社会领域党建创新】 年内，加强社会组织党建整体统筹，成立朝阳区社会组织综合党委及行业性党组织，完善联席会定期例会制度，新建社会组织党组织75个，党组织覆盖率达71.2%；按照“B+T+X”的体系，在429个居民党支部开展规范化建设试点工作，形成一批可复制、可推广的规范化建设模式；深化服务型党组织建设，完善“十百千万”示范工程和“项目+品牌”的品牌培育机制，分层分类培育1020个党建品牌，实现支部有特色、社区有亮点、街道有品牌的目标。

（杨　旭）

人力资源管理

【概况】 朝阳区人力社保局是负责全区人力资源和社会保障工作的区政府工作部门。年内，加强人力资源服务体系建设，优化人才发展环境，深化机关事业单位人事制度改革，加强专业技术人员队伍建设。招录公务员359人，选派1000名机关干部，分两批下到43个街乡的154个村、446个社区，开展为期3个月的全脱产挂职锻炼。事业单位招聘2026人。选录“大学生村官”20人。接收非北京生源应届毕业生641人。接收安置军转干部79人。区内城镇登记失业人员实现就业2.31万人，城镇登记失业率为0.81%。其中，就业困难人员实现就业1.67万人。

地址:八里庄南里21号院

邮编:100025

电话:65099937

网址:http://cyrlsb.bjchy.gov.cn

（杨　旭）

【“就业援助月”专项活动】 2016年12月下旬至2017年1月下旬，全区组织开展“就业帮扶，真情相助”主题招聘日、“帮困助残，真情送暖”残疾人专场招聘会、综合招聘洽谈会等15场活动，帮扶5354人次，促进753人实现就业。

（展　佳）

【统一社会信用代码启动】 1月5日起，市工商注册登记系统与社保网上申报系统实现“五证合一”工商企业的数据对接。按日将社会保险登记所需的工商注册登记信息及变更注册信息推送至数据交互平台，由社保中心共享。10月1日，根据《关于做好“五证合一”社会保险登记工作的通知》，“北京市社会保险信息系统”与市工商局企业信息比对一致的企业，在“社保系统”中使用“18位统一社会信用代码”代替原“组织机构代码、社会保险登记证号码”（简称“翻牌”）。全区“翻牌”成功单位95823家。

（赵东辉）

【“春风行动”专项活动】 2月上旬至3月下旬，举办以“促进就业增收、助力精准扶贫”为主题的“春风行动”专项活动，活动期间发布岗位信息15691个，发放宣传材料21610份，为6510人提供各类指导和帮扶，联合区妇联、区总工会召开主题招聘日、妇女专场招聘会、农村劳动力专场招聘会等各类活动28场，帮扶1038人实现就业。

（展　佳）

【朝阳园博士后工作站成立】 2月28日，经全国博士后管理委员会办公室和市人力社保局批准，“北京望京科技孵化服务有限公司博士后工作站”正式更名为“中关村科技园区朝阳园管理委员会博士后科研工作站”（简称朝阳园博士后工作站）。朝阳园博士后工作站设在中关村科技园区朝阳园，由朝阳园工作站管理办公室负责管理，办公室设在朝阳园管委会。12月15日，经市人力社保局批准，北京兆维电子（集团）有限责任公司、北京奇安信科技有限公司、精进电动科技股份有限公司、北京时代凌宇科技股份有限公司4家朝阳园博士后工作站企业分站成立。

（唐心童）

【中小学教师职称评审】 6月，开展中小学教师职称评审工作。全区申报正高级教师26人，7人通过评审；申报高级教师449人，360人通过评审；一级教师709人，609人通过评审；初级教师381人，318人通过评审。其中，社会力量教师申报高级教师8人，7人通过评审；一级教师25人，19人通过评审；初级教师318人，318人通过评审。

（唐心童）

【外国人来华工作许可试点】 7月3日，朝阳区开展外国人来华工作许可试点工作。区人力社保局承担辖区内注册单位的外国人来华工作许可材料的受理、制证两个环节，服务窗口设在区人力资源公共服务中心。累计接待外国人来华工作许可3865人次，成功受理各项业务3079件，为外籍人才制作、发放外国人来华工作许可证1727张。

（唐心童）

【朝阳区博士后工作管理办法出台】 11月28日，朝阳区人力社保局、朝阳区财政局、中关村科技园区朝阳园管理委员会联合印发《中关村科技园区朝阳园管理委员会博士后科研工作站管理暂行办法》，对朝阳园博士后工作站的机构与职责、企业分站的设立、博士后研究人员的招收和管理等做出规定。区人力社保局、区财政局联合印发《朝阳区博士后工作经费资助管理办法》，对博士后资助的类别、标准，经费的管理与监督等做出规定。

（唐心童）

【亚投行农民工工资支付全国宣传启动仪式】 12月1日，人力资源和社会保障部在朝阳区亚投行基础建设项目部举行农民工工资支付宣传启动仪式。

（宋凤标）

【平时考核】 12月，召开全区平时考核工作部署动员会，印发《朝阳区公务员平时考核实施方案》，全面开启平时考核工作。

（刘胤睿）

【公务员管理】 年内，会同区委组织部、区编办、区财政局联合印发《朝阳区关于进一步加强公务员日常管理有关问题的通知》，提出加强和规范机关公务员日常管理的10条具体措施，从源头和机制上建立防治“吃空饷”问题长效机制。

（李雪玉）

【工作居住证办理】 年内，新办居住证8924人，完成各类信息变更11896人次。

（丁明圆）

【城管体制改革】 年内，会同区城管执法监察局等五部门联合印发《朝阳区城管执法队伍管理办法》，全区各城管执法队实行双重管理，以街乡管理为主，全面落实城市管理体制改革。

（王心全）

【公务员遴选】 年内，组织开展2017年区内公务员遴选工作，17家区级机关拿出32个职位面向基层遴选35岁以下年轻干部。

（刘胤睿）

【公务员考录】 年内，先后分两批为112家区属单位公开招录公务员359人，其中应届毕业生175人，具有基层工作经历的184人，硕士研究生及以上学历144人。

（徐丽妍）

【纳入规范管理事业单位招考】 年内，先后两次面向社会招录纳入规范管理事业单位工作人员，共为59家单位补充工作人员120名。

（徐丽妍）

【职务与职级并行制度】 年内，先后为89名干部办理职级晋升。其中，12人晋升为副科级，6人晋升为正科级，50人晋升为副处级，21人晋升为正处级。

（王心全）

【公务员交流】 年内，各类公务员干部交流232人次，151人充实到基层，81人充实到委办局机关。6月至12月，会同相关工委落实“千名干部下基层”，选派1000名机关干部，分两批下到43个街乡的154个村、446个社区，开展为期3个月的全脱产挂职锻炼。

（刘胤睿）

【在线学习】 年内，全区有7934名公务员及参照公务员法管理机关（单位）的工作人员参加在线学习，其中参加考核的人员共6556人，完成662686学时，完成率达100%。

（戴晓霏）

【干部培训】 年内，举办军转干部、公务员初任培训、正科、副科任职培训、事业单位管理岗新录用人员培训等各类培训32班次，共3376人次。

（戴晓霏）

【事业单位招聘】 年内，全区事业单位统一招聘公布岗位375个，6170名考生报考，实际聘用278人；教育系统事业单位公布招聘岗位2151个，7453名考生报考，实际聘用1609人；卫生系统事业单位公布招聘岗位632个，606名考生报考，实际聘用139人。

（唐心童）

【城镇失业登记】 年内，城镇登记失业率为0.81%，登记失业人员就业率70.40%。城镇登记失业人员实现就业2.31万人，其中就业困难人员实现就业1.67万人。全年开发就业岗位10.66万个。岗位开发总量连续十年突破10万。

（党志杰）

【人力资源行业协会成立】 年内，中智、北京外企、东方慧博等重点机构发起成立全市首家区级人力资源行业协会——朝阳区人力资源服务促进会，主要承担行业自律、搭建交流平台等职责，推动全区人力资源服务业健康发展。

（党志杰）

【就业绩效考核】 年内，修订区级就业工作绩效考核办法，新办法调整对促进就业人数的考核奖励标准，增加对就业指标完成情况的考核机制，加大对充分就业地区创建的支持力度，对创建成功的社区每年给予5000元工作经费，创建成功的街乡给予1万元工作经费，更加注重就业质量与数量、结果与过程的整体性考核。政策执行后，区级每年多投入200余万元考核资金，促进全区就业工作更上一个台阶。

（党志杰）

【低收入农户帮扶】 年内，朝阳区定向开发200个环卫作业驾驶员岗位，用于安置密云低收入农村劳动力，吸引345名密云农村劳动力参加实操考试和面试，近200名劳动力通过考核。

（党志杰）

【就业资金审批】 年内，审批拨付就业资金共计1.33亿元，执行全年预算94%。惠及742家用人单位1.8万人次。

（朱　琳）

【资金审批实施细则制定】 年内，制定《关于调整〈朝阳区社会公益性岗位补贴管理细则〉的通知》《关于印发〈朝阳区农村地区拆迁腾退上楼中的城镇登记失业人员及实行社区管理的退休人员申领住宅清洁能源分户自采暖补贴实施细则〉的通知》，进一步明确资金的申请、审批、使用、监管等具体事项。

（朱　琳）

【资金专项审计】 年内，委托第三方审计公司对2016年度社会公益性岗位补贴资金和街乡促进就业经费展开审计。重点审计各单位是否能按要求使用、管理资金，摸清各项资金结余状况。

（朱　琳）

【劳动监察执法】 年内，劳动监察部门检查用人单位17528家，立案7001件，其中巡查立案2032件；受理投诉举报5530件，妥善处置群体突发讨薪事件83起，做出行政处罚436件，送达处罚金25049万元，做出行政处理6件，各项处理金额452.07万元，组织重大案件听证11件次。申请法院强制执行案件71件。为1978名劳动者追讨被拖欠工资177697万元，为284名农民工追回拖欠的工资5948.41万元。全年共开展各类专项检查行动4次，内容涉及农民工工资支付、清理整顿人力资源市场秩序、工程建设领域政府投资项目联合执法、用人单位遵守劳动用工和社会保险法律法规情况、建筑施工工地联合专项检查等方面，共出动执法人员600余人次，检查用人单位3320家，涉及劳动者11.1万余人，为526名农民工补发工资5716.27万元。全年开具企业守法证明协查函1020份，审查合格后开具守法证明532份。协助市局及各区委办局、区统战部及本局就业科等总部审核审查企业981家。

（宋凤标）

【医保监察】 年内，立案调查案件1050件，日常巡查用人单位13家，结案714件，结案率68%。行政处罚案件13件，罚款金额48万余元，其中骗取社会保险金行政处罚案件2件，经责改拒不改正案8件，未按规定执行工时案3件，向公安部门移送案件1件。全年经责改追回被骗取的医保基金6万余元。对参保人社会保障卡进行锁卡处理100人，停卡16人。

（宋凤标）

【劳动用工审查】 年内，印制书面审查通知通告9200份，书面审查表15000份。审查用人单位2517家，涉及劳动者9.73万人，初审及复审合格总用人单位数2517家，合格率100%。参加书面审查的用人单位中，社会保险参保率97.7%，劳动合同签订率99.9%，持证上岗率100%。

（宋凤标）

【疏解整治行动】 年内，组织8个街道对23483家用人单位开展重点排查，涉及劳动者337773人，累计疏解人口9868人。

（宋凤标）

【劳动人事争议仲裁】 年内，接收劳动人事争议案件18727件，其中受理案件17176件（劳动争议案件17151件、人事争议案件25件），不予受理劳动人事争议案件1551件。

（张和平）

【仲裁案前调解工作】 年内，仲裁院案前调解成功2051件，比上年增长101.67%，成效显著。

（张和平）

【集体仲裁案件办理】 年内，受理乐视集体案件655人次，累计调解成功566件。坚持“四个及时”原则，即及时启动应急预案（启动绿色通道）、及时开展有效沟通（充分发挥“头羊效应”）、及时推进调解工作、及时处理后续问题。

(张和平)

【企业薪酬调查】 5月，完成579家企业人工成本监控、在岗职工工资调查工作，并从中推举8家小型企业参加中国人事科学研究院课题组于7月26日在市局举办的公务员和企业相当人员工资调查比较实证研究政府部门座谈会。

(傅　琼)

【流动庭走进街乡】 年内，朝阳区劳动人事争议仲裁院先后走进酒仙桥街道、望京为民服务中心等，通过开展流动庭，改变以往坐堂审案的方式，实现业务培训与普法宣传有机融合。

(张和平)

【行政许可】 年内，审批特殊工时行政许可案件716件，其中综合计算工时工作制涉及职工83702人，不定时工作制涉及职工35176人，有394家劳务派遣企业获得行政许可，111家企业进行申请事项变更，59家企业办理派遣证的延续，11家企业为其在异地的分支机构进行报告，10家异地劳务派遣企业分支机构在京备案。

(傅　琼)

【集体劳动合同制度推进】 年内，区人力社保局落实劳动法律法规，推进集体劳动合同制度。截至年底，备案集体劳动合同12972户，比上年增长12.02%，涉及人数424052人，比上年增长25.69%。

(傅　琼)

社会保障

【异地就医实时结算】 1月3日起，京冀两地开通异地就医直接结算，河北燕达医院作为试点医院于3月20日完成首笔异地就医住院费用实时结算。

(赵东辉)

【养老保险制度改革】 3月，开展编制内劳动合同制工人应缴未缴养老保险费的补缴工作，补缴人数为1131人，占年初统计补缴总人数的97.8%。

(张浩淼)

【医药分开综合改革启动】 4月8日，北京市正式实施医药分开综合改革工作。朝阳区对辖区全部定点医疗机构、非公医疗机构、社保所及医保中心工作人员开展政策培训6场，累计980余人次，发放政策宣传页5万册。

(何　京)

【企业特殊工种提前退休资格备案】 4月，开展辖区内企业特殊工种名录批件备案申报工作，将各参保企业申报的特殊工种资格认定材料与朝阳区现有数据库中的信息进行整合梳理，备案涉及特殊工种的企业224家，工种信息3362条。

【审核首笔跨省异地直接结算费用】 3月16日，朝阳医保中心接收首笔跨省异地就医住院费用纸介，该笔费用为一名来自河北省患者在朝阳区中国医学科学院肿瘤医院的住院费用，完成初审、复审、结算及支付的全部流程。该笔费用涉及总金额4045.25元，基金申报支付金额3821.25元。

(何　京)

【特困职工医疗救助】 5月18日，市人力社保局批复对2016年度参加城镇职工基本医疗保险的全市1712名特困职工予以一次性医疗救助，其中朝阳区306名特困职工得到救助，救助金额575万元。

(张一竹)

【外籍人参加社会保险】 7月1日起，根据国家外国专家局、人力资源社会保障部、外交部、公安部《关于全面实施外国人来华工作许可制度的通知》精神，对持有2017年7月1日前办理的外国人就业证、外国专家证，以及7月1日后持有中华人民共和国外国人工作许可证（简称外国人工作许可证）的人员，均可按流程为其办理相关社保业务。

(赵东辉)

【跨省异地就医调研】 9月21日，人力资源社会保障部社会保险事业管理中心副主任黄华波、北京市医保中心主任杜鑫等一行到朝阳区中日友好医院，开展北京市主要医院跨省异地就医直接结算蹲点工作，在医院的入院登记处、出院结算处、病房、医保办等区域，了解群众诉求，现场解答问题，有针对性提出解决方法，助力跨省异地就医顺利开展。

(何　京)

【全民参保登记】 10月，启动“全民参保登记”工作，为全区11.6万名未参保人员登记信息。

(赵东辉)

【城乡居民基本医疗保险】 12月22日，完成全区新型农村合作医疗保险和城镇居民基本医疗保险的合并工作。

(赵东辉)

【社会保险稽核】 12月25日，社会保险日常稽核业务外包工作启动。稽核参保单位1149户，涉及参保人员32200人，违法参保单位639户，补缴4297人，补缴金额 6170.42万元，整改率100%。清理当年欠费13267户，欠费金额13918.63万元，追回社保基金12032.40万元。

(赵东辉)

【养老行政审核管理】 年内，开发完成针对养老保险行政审批的管理模块，将所有的审批业务环节固化在软件系统中，审核业务采取随机分配，加强过程监管，将审核依据影像纳入审批过程管理，通过信息化手段进行保存。

(张浩淼)

【城镇职工社会保险】 年内，全区基本养老、失业、工伤、生育和医疗保险的参保单位数分别为12.2万户、12.05万户、12.39万户、12.01万户、11.97万户，同比分别增长15.64%、15.09%、14.51%、15.15%、15.32%。基本养老保险、失业保险、工伤保险、生育保险、医疗保险参保人数分别为326.92万人、249.75万人、229.95万人、219.22万人、346.41万人，同比分别增长4.60%、5.69%、7.55%、8.74%、5.74%。各项社会保险基金累计征缴7494712万元，累计支出3709017万元，分别完成全年征缴指标和支出预算的106.04%、97.90%。

(赵东辉)

【社会保险缴费工资申报】 年内，完成全区15.7万家参保单位社保缴费工资申报工作。

(赵东辉)

【城乡居民基本养老保险】 年内，全区城乡居民养老保险参保人数3.54万人，收缴保费25173万元；支出养老金4.42万人，支出金额33583万元。

(赵东辉)

【社会保险关系转移】 年内，全区养老保险关系跨省转入6391人，转入金额31314万元；转出14343人，转出养老保险金额50121万元。医疗保险关系跨省转入5009人，转入金额1058.37万元；转出9981人。

（赵东辉）

【社会保险个人权益】 年内，辖区内参保单位和个人通过业务前台查询下载或打印北京市社会保险个人权益记录60586人次，自助终端149725人次，网上服务平台466170人次。

（赵东辉）

【社会保险待遇资格认证】 年内，完成2017年度资格认证3861人，认证率97.6%，协助异地认证6452人。

（赵东辉）

【机关事业单位基本养老保险】 年内，机关事业单位养老保险参保人数 4.52 万人，基金累计收入12.88 亿元，职业年金累计收入4.42亿元；退休人数2.57万人，基金累计支出17.76亿元。

（赵东辉）

【医疗保险审核】 年内，审核结算医疗保险费用118.63亿元，比上年增长11.99%。基本医疗类费用审核结算112.48亿元，比上年增长11.34%。其中，门诊类审核结算62.79亿元，比上年增长9.48%；住院类审核结算47.83亿元，比上年增长13.62%；手工类审核结算1.85亿元，比上年增长18.25%；生育类医疗费用审核结算3.42亿元，比上年增长9.13%；工伤及其他类医疗费用审核结算2.17亿元，比上年增长45.15%；拒付、追回各类医疗费用741.84万元。

（何　京）

【医疗保险总额控制】 年内，医疗机构基金累计申报111.25亿元，占全年指标的99.48%，低于全市预付进度0.52%，同期指标使用率为99.48%。其中，总额预付医疗机构基金申报84.10亿元，占比75.60%；总量控制医疗机构基金申报27.15亿元，占比24.40%；总额预付基金同期指标使用率96.56%，比上年下降3.74%；总量控制基金同期指标使用率109.73%，比上年上升17.17%。

（何　京）

【医保医师管理】 年内，医保医师备案人数14973人，医保医师培训13次，涉及665人次；对医保医师进行考核13次，涉及2789人次，违规扣分医师2789人，中断协议1人，对在医保医师管理做出突出贡献的26家医疗机构 及207名医师进行表彰。

（何　京）

【新增定点医药机构】 年内，受理新增定点医疗机构材料共374家次，现场检查医药机构共计225家次。其中，提交申请的零售药店共231家，通过区级考察评估的68家；提交申请的医疗机构30家，通过区级考察评估的1家。

（何　京）

【跨省异地就医直接结算】 年内，朝阳区70家有住院床位的医疗机构全部开通跨省异地就医直接结算业务，审核结算跨省异地就医直接结算住院费用10256笔，涉及金额3.32亿元；开展现场核查2214笔，拒付150笔，追回1笔。朝阳区34家医疗机构通过审核结算，成功与30个省级行政区完成结算业务。

（何　京）

【民办职业技能培训机构审批管理】 年内，转发北京市人力资源和社会保障局《关于深化推进民办职业培训机构审批管理工作的通知》，自2017年1月24日起，举办国家职业资格三级（高级）及以上职业（工种）、新职业（工种）、国家统考职业（工种）的民办培训学校，由各区人力资源和社会保障行政管理部门负责审批，并抄送同级教育行政部门备案。年内批准新成立2家民办职业技能培训学校。

（张　丽）

【城乡劳动力职业培训】 年内，出台《北京市朝阳区创业定点培训机构认定方案》，明确朝阳区创业定点培训机构的认定范围、时间、标准和程序。认定10家定点技能培训机构和1家创业定点培训机构，承担本市城镇失业人员、农村转移就业劳动力和外省市来京务工人员等群体政策性培训任务。全区开展技能培训90988人。其中，在职职工培训58128人，失业人员培训6547人，农村劳动力培训9141人，其他人员培训17172人；初级工培训24021人，中级工培训6509人，高级工培训3051人，技师培训178人，高级技师培训72人；促进34270人实现就业。年内审批职业培训补贴4018人3954650元，其中本市城镇失业人员2256人，本市农村转移就业劳动力121人，外省市来京务工人员1641人；失业保险基金负担1565190元，财政就业专项资金负担2389460元。

（张　丽）

【高技能人才队伍建设】 年内，评出14名享受区政府首席技师特殊津贴人员和7名享受区政府首席员工特殊津贴人员，并给予每人3万元或2万元一次性资助，共资助56万元。出台《关于做好朝阳区高技能人才培训补贴管理有关工作的通知》，自2018年1月1日起，将朝阳区高技能人才培训补贴范围调整为技师（职业资格二级）和高级技师（职业资格一级），对高级工（职业资格三级）不再予以补贴，补贴标准不变，并结合辖区商务服务、金融、文化创意、高新技术等四大重点产业需要，对A类补贴目录进行调整，共涉及31个职业（工种），年内为6家用人单位74人拨付高技能人才培训补贴97700元。

（张　丽）

居民生活

【概况】 年内，国家统计局朝阳调查队按照国家统计局北京调查总队和朝阳区委区政府的工作要求和部署，推进统计管理体制改革工作，按照国家统计局《住户收支与生活状况调查方案》抽样调查方法，朝阳区抽中的调查户为1000户左右，既包括城镇住户，也包括农村住户。调查的主要内容包括住户成员及劳动力从业情况、住房和耐用消费品拥有情况、居民现金和实物收支情况、居民家庭食品和能源消费情况等。调查采用日记账和问卷相结合的方式采集基础数据。据调查数据显示，朝阳区居民收入增势稳健，消费支出增速回升。此外，推进住户调查大样本轮换工作，高质量完成ICP（国际比较项目）调查；顺利完成CPI（居民消费价格指数）、

PPI（生产价格指数）、房价统计以及疏解整治促提升专项行动实施效果民意调查、国有企业党风廉政建设民意调查、医药分开综合改革调查、食品安全公众满意度调查等系列调查工作，加强监测及分析研究，最大限度满足政府及社会的需求。

地址：雅宝里15号楼三至四层

邮编：100020

电话：85617691

网址：www.chystats.gov.cn

（徐大维　张彦妮）

【居民收入】 年内，朝阳区居民人均可支配收入64841元，比上年增加4785元、增长8.0%。在居民收入的四项构成中，人均工资性收入37688元，同比增长7.1%，占人均可支配收入的58.1%；人均经营净收入1700元，同比增长0.4%，占人均可支配收入的2.6%；人均财产净收入12916元，同比增长9.5%，占人均可支配收入的19.9%；人均转移净收入12537元，同比增长10.2%，占人均可支配收入的19.3%。

（杨　琪）

【居民消费支出】 年内，全区居民人均消费支出41579元，比上年增加1545元、增长3.9%。其中，食品烟酒支出8152元，占人均消费支出的19.6%；衣着支出2591元，占6.2%；居住支出15378元，占37.0%；生活用品及服务支出2909元，占7.0%；交通通信支出4780元，占11.5%；教育文化娱乐支出4155元，占10.0%；医疗保健支出2414元，占5.8%；其他用品和服务支出1200元，占2.9%。

（杨　琪）

【耐用消费品拥有量】 年内，每百户居民家庭拥有家用汽车47辆，摩托车2辆，助力车16辆，洗衣机99台，电冰箱102台，微波炉86台，彩色电视机132台，空调器176台，热水器90台，排油烟机88台，固定电话80部，移动电话222部，计算机104台，照相机71台，中高档乐器11件，健身器材13台。

（杨　琪）

民族　宗教

【概况】 朝阳区人民政府民族宗教办公室是主管全区民族宗教事务的政府职能部门，为正处级，在编行政人员13人，其中主任1名，副主任2名，下设综合科、民族科、宗教科3个职能科室。区内有汉族、回族、满族、蒙古族、朝鲜族、藏族等56个民族，少数民族人口近20万人（包括流动人口）。有民族工作重点街道、民族乡各1个，民族村4个；民族中、小学校4所；经批准生产经营清真食品单位130余家。区内佛教、道教、伊斯兰教、天主教、基督教五大宗教均有信徒，还有少数民间信仰者和犹太教、巴哈伊、摩门教等外国宗教信徒。有朝阳区伊斯兰教协会、天主教爱国会、基督教三自爱国运动委员会3个宗教团体。宗教活动场所18处，其中道教宫观1座、伊斯兰教清真寺9座、天主教堂1座、基督教堂1座、依法批准的基督教固定活动处所6处；外国人集体宗教活动临时地点2处。宗教教职人员49人，信教群众约11万人。

地址：团结湖北五条8号

邮编：100026

电话：65094091

邮箱：mzb@bjchy.gov.cn

（马　丽）

【区领导与宗教界代表人士团拜】 1月25日，区委常委、统战部部长黄晓伟，副区长李国红在朝阳区常营清真寺与全区宗教界代表人士见面团拜，区委统战部常务副部长胡杰华主持会议，区民宗办、常营地区办事处负责人参加活动。团拜会上，区佛教、道教、伊斯兰教、天主教、基督教界等11名代表人士人分别发言。黄晓伟讲话并表示，区委统战部门要为全区宗教工作的健康发展做好服务保障工作。

（马　丽）

【区伊斯兰教协会召开年度工作总结暨2017年工作部署会】 2月14日，区伊斯兰教协会（以下简称区伊协）召开五届九次全体委员会议暨年度工作总结、部署会。市伊斯兰教协会（以下简称市伊协）秘书长沙丽、区民宗办副主任马舍尔巴、区伊协会长丁清光、秘书长杨广亮及全体委员出席会议。会议听取并审议《关于区伊协2016年工作总结报告》和《2017年区伊协工作计划》。

（马　丽）

【东岳庙道教活动场所调研】 4月12日，市政协民宗委主任刘江平等领导一行调研东岳庙有关情况。区政协副主席张永新、区民宗办主任梅诗曙、副主任马舍尔巴和区文委副主任潘小俪参加调研会。市政协此次到朝阳调研东岳庙有关情况，是就市政协委员宋大川在市政协十二届五次会议提出“关于改善东岳庙宗教办公及生活条件的提案”开展实地调研。调研会上，区文委从文物修缮、保护方面介绍东岳庙的产权由来、投资修缮等情况，区民宗办汇报东岳庙的历史沿革、开展宗教活动和宗教自养等情况。刘江平肯定朝阳区在改善东岳庙办公和生活条件方面做出的努力，并就解决东岳庙问题提出意见：东岳庙的产权问题，要以2015年市民委主任池维生调研东岳庙后和朝阳区委、区政府共同形成的结论作为今后的工作原则；东岳庙作为华北地区最大的正一派庙观，要把改善东岳庙的宗教办公及生活条件作为支持传统宗教，弘扬中国宗教文化来大力支持；要制定推进计划，设立近期目标，尽快改善一部分，以回应宗教界的长期呼声，同时要制定中长期目标，以彻底解决东岳庙的实际困难。

（马　丽）

【民族宗教工作领导小组会议】 5月3日，召开2017年民族宗教工作领导小组会议，区领导甘靖中、黄晓伟、李国红出席。会议传达学习全国宗教工作会议精神和北京市城市民族工作会议精神，讨论《2017年朝阳区民族宗教工作要点》《朝阳区关于做好新形势下民族宗教工作的实施意见》（征求意见稿），《朝阳区关于迎接中央和市委对落实宗教工作重大决策部署进行检查的工作方案》《2017年朝阳区“民族情·中国梦”民族团结进步创建活动方案》。朝阳区56个民族齐全，少数民族群众近20万，其中，流动少数民族人口5万余人；区内佛教、道教、伊斯兰教、天主教、基督教五大宗教俱全，有依法批准的宗教寺观、教堂20个，信教群众超过10万人，位居全市前列。甘靖中分析当前民族宗教工作面临的形势，并对于如何做好新时期、新形势下的民族宗教工作提出意见。

（马　丽）

【穆斯林传统节日庆祝活动】 6月26日，区内8095名中外穆斯林（其中外宾391人）分别在八里庄、常营等9所清真寺参加庆祝“开斋（尔代）节”活动。区委常委、区委统战部部长黄晓伟及区委统战部、区民宗办、市公安局朝阳区分局有关领导分别到八里庄清真寺、南下坡清真寺、常营清真寺向穆斯林祝贺节日，并向清真寺送慰问金。各清真寺所在地的街、乡领导也分别到辖区清真寺向各地穆斯林表达节日祝贺。区属国保支队、安全局、消防等有关单位抽调骨干力量，加强各寺安全保卫工作，确保宗教节日活动顺利开展。9月1日，区内3922名中外穆斯林群众（其中外宾171人）分别在常营、八里庄等9所清真寺参加“古尔邦节”庆祝活动。区委统战部常务副部长胡杰华、区民宗办主任梅诗曙等领导到南下坡清真寺向穆斯林祝贺节日，并送去慰问金。各清真寺所在地的街、乡领导也分别到辖区清真寺向各地穆斯林祝贺节日。各清真寺所在的街乡，区公安分局国保支队等有关单位抽调骨干力量，检查各寺安全和准备工作，加强安全保卫工作，确保宗教节日活动顺利开展。

（马　丽）

【八里庄清真寺与开发商矛盾纠纷化解】 9月19日，朝阳区伊协、八里庄清真寺（简称清真寺）与北京方宏置业有限责任公司（简称方宏置业），在区民宗办会议室签署补偿纠纷和解三方协议，清真寺与开发商长达32年的土地使用纠纷问题得到妥善解决。长期以来，清真寺一直不能接受方宏置业在土地使用权归属和资金补偿问题上的解决方案，分歧较大。年初，在双方未达成协议的情况下，方宏置业以文物勘测为名动用机械设施擅自开工，引起清真寺和当地穆斯林不满，双方因此发生对峙。区民宗办领导深入清真寺实地调研座谈，会同六里屯办事处领导约谈方宏置业领导，本着尊重历史、面对现实、着眼未来、平等协商的原则，坚持依法依规，搭建对话平台，双方对最终达成共识。区民宗办主任梅诗曙在双方签约后就做好相关工作提出具体要求。区伊协、清真寺和方宏置业对签署补偿纠纷和解协议表示满意。民族宗教领域矛盾纠纷的有效化解取得经验做法：发挥政府部门职能作用，搭建沟通协商平台，沟通是成功解决矛盾纠纷的首要环节；坚持依法依规和专业律师有效介入，确保解决问题公开、公正、透明，保护双方合法权益；发挥少数民族干部优势，做好少数民族群众工作；区民宗办始终坚持站位公平，坚持问题导向，对问题矛盾不回避，保持极大的耐心，既讲法律法规，又讲民族感情，赢得清真寺和方宏置业认可。

（马　丽）

【民族宗教干部培训会】 9月25日至26日，区民宗办在中央民族干部学院举办全区民族宗教干部工作培训会。区委、区政府各部委、办、局，各人民团体，各街道、地区（乡），区属国有企业，等单位主管民族宗教工作的领导等120余人参加培训。培训邀请中央民族大学教授、国家民委决策委员会副秘书长严庆，对外经贸大学教授、中国中东学会理事丁隆分别讲解习近平关于民族工作的重要论述、“一带一路”与伊斯兰教在中国的传播与发展。区民宗办主任梅诗曙对如何做好新形势下区民族宗教工作解读，区民宗办副主任陆黎丽、马舍尔巴分别就做好当前民族、宗教工作具体部署。区委常委、区委统战部部长黄晓伟在会上发表讲话。

（马　丽）

【慰问少数民族贫困户活动】 国庆节、中秋节前，慰问全区45户少数民族贫困户和5名“内高班”少数民族贫困生，并送上慰问品。

（马　丽）

【少数民族经济发展专项资金（清真）征集管理工作会】 10月27日，区民宗办组织召开2018年少数民族经济发展专项资金（清真）征集管理工作会，区申报项目的清真特色餐饮企业负责人参加会议。会上，民宗办相关人员重点解读《北京市少数民族经济发展专项资金（清真）使用管理办法（试行）》，结合朝阳区实际情况，对申报条件、申报材料、申报流程、评审标准等方面详细说明。

（马　丽）

【领导调研】 11月20日，市委常委、统战部部长齐静到朝阳区调研宗教工作。齐静考察东岳庙，并开展座谈交流。会上，区委常委、统战部部长黄晓伟作朝阳区宗教工作情况汇报。齐静就朝阳区做好民族宗教工作提出要求：要做好专项任务调研工作，对基督教非法组织再摸底再调查，完善台账数据；管控非法聚集场所宗教活动规模；加强对基督教私设聚会点非法渗透的治理。市委副秘书长赵玉金，市宗教局副局长刘先传，朝阳区委副书记甘靖中，区委常委、统战部部长黄晓伟出席会议，市委统战部相关部门领导和朝阳区委相关部门领导参会。会议由朝阳区委副书记甘靖中主持。

（马　丽）

【中共十九大精神宣讲会】 11月21日，区宗教系统学习贯彻中共十九大精神宣讲会在区民宗办召开。区委统战部副部长、区民宗办主任梅诗曙主持宣讲活动，全区各宗教团体、宗教活动场所的管理人员和教职人员以及机关全体干部70余人参加学习。梅诗曙在宣讲中强调，中共十九大精神涉及国家政治、经济、文化、社会和生态等方方面面的内容，与人民生活息息相关，宗教团体和宗教活动场所要充分发挥宗教团体和教职人员的作用，以宗教团体和宗教活动场所为载体，通过各种形式面向信教群众广泛开展中共十九大精神宣传活动，引导广大信教群众全面了解和认识党在新时代的伟大成就和一系列改革部署，积极投身到社会主义新时代的现代化建设过程中去，为实现中华民族伟大复兴的中国梦努力奋斗。

（马　丽）

【新版宗教活动场所登记证换发】 11月21日，区民宗办召开会议颁发新版宗教活动场所登记证。区委统战部副部长、区民宗办主任梅诗曙讲话。换发宗教活动场所登记证是按照国家“多证合一”改革要求，合并宗教活动场所登记证和组织机构代码证等证，以统一社会信用代码为基础制发新版宗教活动场所登记证。

（马　丽）

【区天主教、基督教界欢度圣诞节】 12月25日，全区4200余名信徒分别在天主教平房教堂、基督朝阳教堂欢度圣诞节。市委常委、统战部部长齐静，市人大副主任杨艺文，市政府副市长王宁，市政协副主席李长友，市委统战部副部长、市宗教局局长池维生，市委统战部副部长赵宏生，市宗教局副局长刘先传等领导到朝阳教堂看望慰问宗教界代表人士，向信教群众表示节日祝贺。区委领导吴桂英、王灏、张维刚、黄晓伟、牟燕东、张永新、李国红等陪同慰问。圣诞节期间，全区各有关部门对基督教临时聚会点严格加强安全保障工作。区委统战部、区民宗办、市公安局朝阳区分局、东风乡、平房乡、麦子店街道领导及有关部门到各宗教活动场所检查指导，确保圣诞节活动安全有序开展。

（马　丽）

老龄事业

【概况】 朝阳区人民政府老龄工作办公室（简称区老龄办）是归口区民政局管理的全民所有制事业单位，机构规格正处级，编制21名，内设协调督查科、政策法规科、养老工作科。主要负责推动朝阳区老龄事业发展和老龄事务管理工作，同时承担朝阳区老龄工作委员会办公室职责。年内，加强老龄工作统筹，推进医养结合试点，创新实施居家养老“四进”工作，提升养老驿站服务水平，朝阳特色的“三级”养老服务体系不断完善。发放80周岁以上居家养老服务补贴113.5万人次约1.15亿元，核报90周岁以上高龄贴津8.99万人次，约851.19万元，核报95周岁以上高龄医疗补助443人次约95万元；办理老年优待证37256张（京籍25631张，外埠11625张）。

地址：朝阳区劲松中街405楼乙楼
邮编：100021
电话：61654152
邮箱：cyllb4470@126.com

（周长勇）

【养老助残卡正式启用】 1月1日，北京市社会服务通养老助残卡正式启用，年满65周岁及以上老年人可自行前往北京市农商行各营业网点办理。原北京市老年人优待卡同时废止。

（周长勇）

【救助慰问】 1月，朝阳区老龄办开展“温暖行动在朝阳”——真情关爱老年人活动，对全区2100名70岁以上生活在低保边缘的困难老年人以每人500元的标准实施一次性救助，投入105万元。10月27日，朝阳区民政局、老龄办和社区服务中心联合在朝阳区第二社会福利中心启动“孝暖朝阳，爱在重阳”朝阳区2017年庆重阳敬老主题系列活动。活动期间，区民政局、区老龄办领导先后走访和慰问敬老院，百岁、特困和空巢老年人代表。

（周长勇）

【老龄委全体会议】 5月18日，朝阳区老龄工作委员会在朝阳宾馆召开2017年第一次全体（扩大）会，区委常委、副区长、区老龄委主任孙其军出席会议并讲话，区老龄委领导、成员单位委员及43个街乡主管领导参加会议。会议总结2017年老龄工作进展情况，部署居家养老“四进”服务工作。孙其军就提高政治站位，加强创新，加强老龄队伍体系建设等提出下一阶段主要任务及今后工作要求。

（周长勇）

【“孝星”命名推荐】 7月，朝阳区“孝星”暨“孝星榜样”评选推荐工作全面启动，经层层推荐和审核公示，全区300人被命名为市级“孝星”，1人当选市“孝星榜样”。

（周长勇）

【130个养老驿站运营】 7月，全市首家医疗机构筹建的“互联网+医疗+居家养老”模式养老服务驿站——松榆里社区养老驿站开业，该驿站具备日间照料、文化娱乐、健康休闲、助餐助浴，同时借助远程“叮咚健康”平台实时进行医疗服务。12月，朝阳区老龄办采取重点抽查的形式，检查、走访20余个驿站。重点查看用火用电、食品卫生、应急处置等情况，及时纠正发现的问题。年内开工建设驿站51个，备案运营26个；全区驿站落地130个，备案运营111个。

（周长勇）

【养老驿站专题调研】 8月，朝阳区人大常委会副主任牟燕东带领区人大法制委等领导，先后走访调研1个养老照料中心、7个养老服务驿站，与街道领导、运营服务商调研日常运营、养老服务和养老工作推进情况。8月30日，市委副书记、代市长陈吉宁到朝阳区调研养老工作。实地查看朝阳区养老服务指导中心、劲松街道养老照料中心、朝阳松榆西里社区养老服务驿站、双桥恭和苑养老社区并提出工作要求。9月6日，朝阳区人大常委会组织区人大代表就《北京市居家养老服务条例》贯彻情况进行执法检查，人大代表听取区民政局关于养老服务重点工作的汇报并相互交换意见。11月14日，朝阳区委常委、副区长孙其军到八里庄街道珠江愉景养老服务驿站，对智慧养老社区驿站开展专题调研。12月23日，市老龄委常务副主任王小娥、朝阳区民政局局长老龄办主任李靓到太阳宫地区养老驿站现场指导。

（周长勇）

【养老驿站建设】 10月20日，区老龄办召开专题会议，组织社区养老驿站运营商学习贯彻十九大会议精神，并对养老服务驿站建设工作进行部署。11月27日，区民政局、区老龄办、区卫计委联合召开朝阳区养老工作专题部署会，就“医养结合”和能力评估、居家养老“四进”服务和“精准帮扶”需求调查相关工作进行培训。区民政局副局长、区老龄办副主任、区卫计委主任助理出席会议并讲话，相关部门工作人员，各街乡主管主任，民政、计生部门负责人和相关养老机构负责人等200余人参加会议。

（周长勇）

【接待外国友好交流团】 10月21日，近百余名外国媒体记者分两批先后到朝阳区养老指导中心和恭和苑养老社区，参观考察朝阳区养老服务工作。11月2日，区民政局、区老龄办接待东京都日中友协市民交流团，组织参观朝阳区社区文化及养老指导中心适老化设施，体验康复理疗、健康体检等服务工作。市人民对外友好协会副会长、业务二部部长，区老龄办副主任、区社区服务中心主等领导陪同参观。

（周长勇）

【适老化改造工程】 年内，针对特殊老年人家庭在生活照料、康复辅具等方面的需求，朝阳区老龄办在5个街道试点开展适老化改造工程，免费为140户高龄、低保等特殊老年人家庭的家中地面、墙体、卫生间等主要功能区域进行助行、助浴、助洁、紧急救援、康复辅助等设计和改造。

（周长勇）

【孝亲敬老园建设】 年内，建成5处孝亲敬老园（亚运村街道孝亲敬老主题公园、三里屯街道中纺里孝亲敬老主题公园、左家庄街道孝亲敬老主题公园、太阳宫地区孝亲敬老主题公园、来广营孝亲敬老园），截至年底，全区建成孝亲敬老园24处。

（周长勇）

残疾人事业

【概况】 朝阳区残疾人联合会（简称区残联），是经区委区政府批准成立的残疾人自身代表组织、社会福利团体和事业管理机构融为一体的残疾人事业团体。代表残疾人共同利益，维护残疾人合法权益，开展各项业务和活动，直接为残疾人服务。承担政府委托的部分行政职能，发展和管理残疾人事业。设康复部、教就部、组联部、宣文部、办公室、财务室6个科室，下辖北京市朝阳区残疾人综合活动中心、北京市朝阳区残疾人劳动就业服务所、北京市朝阳区就业保障金征缴审核中心3个事业单位。辖区43个街道、地区（乡政府）均设立残联，390个社区（村）成立残疾人协会，形成三级组织工作网络。年内完成残疾人基本状况和需求专项调查，举办“爱眼日”“爱耳日”和预防脊柱裂和脑积水疾病宣传活动，完成残疾人证办理、按比例安置残疾人就业审核，组织2225名贫困残疾人健康体检并建立康复档案。举办朝阳区第五届残疾人运动会，召开区残联第七届代表大会，选举产生新一届主席团。走访慰问残疾人和基层残疾人工作者24451人次，发放慰问金（品）1137.14万元。为1930户重度残疾人家庭实施无障碍改造。区残联许建林获北京市总工会和人力资源社保局颁发的“首都劳动奖章”。

地址：建国路29号高碑店兴隆家园5号楼102室

邮编：100123

电话：84552317

邮箱：cyclbgs@bjchy.gov.cn

（李　珍）

【残疾鉴定医院增加】 1月1日，区残联和区卫计委联合出台《关于加强和规范残疾鉴定工作的通知》及《关于成立朝阳区残疾评定委员会的通知》，加强和规范残疾鉴定工作。在原有7家医院的基础上新增民航医院、垂杨柳医院、爱尔英智眼科医院和北京航空总院4家鉴定定点医院。

（李　珍）

【残联代表大会代表选举】 1月13日，43个街道（地区）办事处全部完成残联换届工作，参加人数3828人。选举产生街道（地区）残联第七届代表大会代表2920人，主席团委员612人。选举产生区残联代表大会代表209名，其中残疾人及其亲友165人，占78.9%；委员候选人76名，其中残疾人及其亲友71人，占93.4%。

（李　珍）

【区第五届残疾人运动会】 5月21日，朝阳区第五届残疾人运动会在朝阳体育中心开幕，43个街乡的残疾人、残疾人工作者、助残志愿者等1200余人出席开幕式。运动会设田径、游泳、象棋、乒乓球、飞镖、趣味特奥6个大项近100个小项，43个街乡近800名残疾人参赛。

（李　珍）

【“敢跑”自闭症儿童爱心接力活动】 5月31日，由区残联主办，北京市朝阳区云水公益发展中心承办的“敢跑”自闭症儿童爱心接力活动在北京市东方德才学校举行。5组自闭症儿童家庭、200余名师生和家庭参加。活动旨在使自闭症儿童少年和健全儿童小学生结对，开展有趣而特殊的微型马拉松爱心接力活动，使自闭症儿童走出自闭，回归社会。

（李　珍）

【残疾人工作者培训】 6月7日至9日，举办残疾人工作者业务培训班，区残联、区残疾人劳动就业服务所、残疾人综合活动中心、残疾人就业保障金征缴审核中心近50名残疾人工作者参加。区残联各业务科室负责人讲解残疾人康复、组织联络、教育培训、就业、社会保障等相关政策及政府购买服务的发展趋势，区社保中心相关业务负责人详细讲解城乡居民养老保险和城镇居民医疗保险等相关政策，区人社局就业科副科长党志杰介绍朝阳区现行就业优惠政策及朝阳区就业发展趋势。中国残疾人就业指导中心职业测评处副处长王宁为残疾人工作者介绍职业测评系统及使用范围。19名从事残疾人就业服务的工作人员分别通过个人职业展示、职业指导情景模拟两个环节展示就业服务能力。

（李　珍）

【获2项体育奖】 7月24日至30日，在全国盲人柔道锦标赛中，朝阳区盲人柔道运动员袁艳萍获得女子78千克以上级冠军，为北京市代表队获得唯一一枚金牌。11月3日至6日，区残联组织聋人柔力球队代表北京市参加首届全国柔力球交流赛，获第一名。

（李　珍）

【雇主培训会】 7月31日，区残联、区地税局及区人力社保局举办2017年残疾人就业雇主培训会，朝阳区500余家安置残疾人就业单位的人力资源部门负责人参加培训。区地税局、区人力社保局、区残联相关业务负责人分别就2017年残疾人就业保障金征缴申报流程、朝阳区就业优惠政策、残疾人就业审核及相关政策介绍。安置残疾人就业典型单位代表介绍安置残疾人就业的经验及做法。

（李　珍）

【残疾人艺术团赴康保县交流】 8月9日至11日，区残疾人艺术团一行44人赴河北省张家口市康保县开展残疾人文化交流和公益演出。双方交流讨论残疾人文艺、体育、文化及2022年冬奥会残疾人冰雪项目工作开展情况。

（李　珍）

【法律援助联系点授牌】 9月18日，朝阳区召开示范残疾人温馨家园法律援助联系点授牌仪式暨业务培训会，43个街道（地区）残联理事长及法律服务工作站协作律师80余人参加。为52家区级示范残疾人温馨家园法律援助联系点授牌。

（李　珍）

【全国残疾人岗位精英赛获奖】 10月23日至26日，区残联残疾人工作者王林、张楠代表北京市参加2017年全国残疾人岗位精英职业技能竞赛暨残疾人就业服务机构工作人员职业指导竞赛，获“2017年全国残疾人就业服务机构工作人员职业指导竞赛职业指导模范”称号，为北京市赢得“就业服务成效奖”。

（李　珍）

【区残联六届主席团五次会议】 10月31日，召开第六届主席团第五次全体会议，区委常委、区政府副区长孙其军，区残联主席团委员120余人参加。会议审议通过区残联第六届主席团副主席、委员调整名单，听取区残联第七届代表大会筹备工作情况汇报，做出召开区残疾人联合会第七届代表大会的决定，审议通过工作报告，审议通过区残联第七届代表大会执行委员会和代表资格审查小组建议名单。

（李　珍）

【“劳动的价值——盲人就业”专题研讨会】 11月9日至10日，举办“劳动的价值——盲人就业”专题研讨会。中国残联就业服务指导中心盲人按摩管理处处长于滨、北京市按摩中心主任李雪梅、朝阳区盲人协会主席张骥良、区残联副理事长刘显威、盲人保健按摩机构负责人代表、企业人力资源负责人代表、朝阳区盲人协会委员以及盲人代表等50余人参加。北京市盲人按摩服务中心主任李雪梅作题为“经济发展新常态下探索盲人就业新渠道”的主旨发言，介绍北京市按摩中心的服务职能和工作范围，介绍全市盲人就业的现状，分析盲人就业存在的问题及困境，对新形势下拓展盲人多元化就业渠道提出建议，呼吁全社会紧紧围绕落实《北京市政府关于加快推进残疾人事业发展规划和残疾人就业的实施意见》，以精准服务为手段，提高盲人群众的幸福感和幸福指数。

（李　珍）

【残联第七届代表大会】 11月23日至24日，第七届代表大会召开。北京市残联理事长吴文彦，区委书记吴桂英，区委副书记、区长王灏，区人大常委会主任陈宏志，区政协主席陈涛等出席会议。区残联理事长赵玲代表第六届主席团做工作报告。会议一致通过聘请区委书记吴桂英，区委副书记、区长王灏为第七届主席团名誉主席，选举区委常委、副区长孙其军为第七届主席团主席，赵玲为第七届主席团执行理事会理事长，优秀残疾人代表李楠为兼职副理事长。选举产生第七届主席团副主席12人、委员91人，各专门协会名誉主席、主席、副主席24人，选举产生出席市残联第七届代表大会的代表21人及主席团委员候选人6人。

（李　珍）

【“劳动的价值——残疾人融合就业”研讨会】 11月30日，举办“劳动的价值——残疾人融合就业”研讨会。市残联教就部王岳南处长，区残联专门协会主席、副主席及委员，区安置残疾人就业典型企业代表等参加。区盲人协会主席曹军、中科院心理研究所副研究员王甦菁代表创业和就业残疾人发言。香河园、高碑店、亚运村、三间房等街乡残联理事长分别结合本地区的实际情况，阐述残疾人就业状况、面临的问题，提出应对办法及合理化建议。喜马拉雅FM公共事务总监孔德伟、北京融易咨询创始人兼CEO周海滨、北京乐土通农业有限责任公司副总经理王继芳等从多元化就业和支持性就业服务方面分别阐述。

（李　珍）

【残疾人创新创业训练营活动】 12月25日至28日，区残联开展残疾人创新创业训练营活动，30名有创业意愿的残疾人参加。训练营分为理论课程与实践课程两部分，理论课程由来自北京高校及专业服务机构的专家为学员讲解宏观与区域性经济发展趋势与政策、工商注册法规与流程、企业财务管理实务、企业运营与管理。实践课程由老师带领学员参观西城区残疾人双创基地“希联圆梦”与36氪创业孵化基地等。

（李　珍）

【BHG Care 社区关爱行动】 12月29日，“BHG Care 社区关爱行动”捐赠仪式在区残疾人职业康复中心举行。中国残疾人福利基金会联合北京华联商厦股份有限公司，向区贫困残疾人捐赠价值11.93万元的米、面、油1000份。中国残疾人福利基金会张雁华秘书长，北京市残疾人福利基金会张亮副理事长，华联商厦股份有限公司市场部高级经理韩晓侗，高碑店、三间房地区60余名残疾人代表出席仪式。

（李　珍）

【残联证卡办理】 年内，入户鉴定52人次，办理新证2430件，办理残疾人证事项10555余件，全区持证残疾人达52474名。

（李　珍）

【康复服务】 年内，为2000名新办证残疾人进行心理疏导，发放3000张心理康复救助卡，对30个自闭症残疾儿童家庭开展心理辅导专项工作。举办25期成年残疾预防大课堂，广泛宣传残疾预防和康复知识及政策法规。在25个条件成熟的街乡开展精神残疾人日间照料工作，对300名精神残疾人及450名监护人进行培训指导。

（李　珍）

【就业服务】 年内，安置残疾人就业1601人。举办3场残疾人专场招聘会，为147名残疾人建立就业服务档案，为100名残疾人开展职业能力测评及职业生涯规划。举办残疾人大学生职业指导座谈会，为2名大学毕业生推荐实习岗位。残疾人就业服务微信公众号发布残疾人求职招聘信息36期。

（李　珍）

【残疾人教育培训】 年内，为36名有学习能力的残疾学生提供“送教上门”服务，为11家机构57名残疾儿童申请中国残疾人事业专项彩票公益助学金。落实扶残助学及新生奖励政策，137名学生享受助学补助，19名学生享受中、高等院校新生奖励。8名残疾高中生考入普通高等院校，6名残疾人考入特教学院。慰问402名残疾儿童和200名特教老师。

（李　珍）

【残疾人就业保障金审核】 年内，完成2017年度残疾人就业审核工作，审核用人单位3306家，录入残疾人职工9349人。

（李　珍）

【社会保障】 年内，6045名残疾人享受生活补助，19145人享受护理补贴，9093人享受居家养老（助残）服务，2197人享受城镇个体就业社会保险补贴，4122人享受城乡居民养老保险补贴。217名困境家庭残疾人入住福利机构，落实市残联喘息式托养试点工作，15名残疾人享受喘息式托养服务。

（李　珍）

【政府购买助残服务】 年内，投入1987.64万元购买定向项目、申请购买项目、公益微创投项目等86个，涉及居家康复、心理疏导、就业培训、文化体育、法律维权等多个领域，受益残疾人及亲友36.9万人次。

（李　珍）

【残疾人基本状况和需求专项调查】 年内，完成残疾人基本需求和服务状况动态更新工作调查52168人，入户调查率91.37%，完成社区表614份，完成率100%。在残疾人需求响应方面，有21987名残疾人提出56299项需求，响应20666人，占需求人数的93.99 %；已响应52310项残疾人需求，响应率92.91% 。

（李　珍）

【残疾人维权】 年内，信访法援室接待残疾人来访200人次，接听解答及处置残疾人来电230人次，网上回复、处理残疾人政民互动245件、网信6件。受理残疾人法律救助案件9件，开展“庭院式”法律服务讲座活动45场，举办2场公证知识讲座。

（李　珍）

【助残志愿服务】 年内，建立57家温馨家园志愿服务联络站，43支助残志愿服务分队。整合爱心企业30余家，发布助残志愿服务项目27个，9000余名志愿者提供志愿服务8760小时，11800余人次残疾人受益。

（李　珍）

【温馨家园整体托管】 年内，在10家残疾人温馨家园试点整体托管，建立“专业机构+温馨家园评估指标体系+线上线下相结合考评方式”的工作机制，实现温馨家园周一至周五全日制开放，残疾人服务覆盖率达60%，每家温馨家园每月参加活动残疾人400余人次。

（李　珍）

【智慧移动服务平台建成】 年内，建设朝阳残联智慧移动服务平台，可提供实时信息发布、政策查询、活动报名、在线咨询、康复训练指导、教育培训、无障碍导航、远程手语翻译、心理疏导、法律咨询、辅助器具购买租用、志愿者报名、无障碍电影等14项个性化服务。

（李　珍）

慈善事业

【概况】 北京市朝阳区慈善协会成立于2005年，是非营利社会团体。其主要任务是广泛动员社会力量，多方筹措慈善资金，实施助医、助学、助老、助残、助困等慈善救助活动，在重大自然灾害、突发公共事件发生时实施紧急救助。内设办公室、捐助科、宣传科。年内，区慈善协会募集善款996.74万元，使用善款913.91万元，实施救助项目208个，惠及困难家庭12058户。

地址：朝阳区朝阳公园南路19号

邮编：100125

电话：65920669

邮箱：cycs@bjchy.gov.cn

（王东明）

【助医项目】 元旦、春节期间，区慈善协会实施“两节送温暖重大疾病慰问”项目，惠及7户因患重大疾病导致生活困难家庭，使用善款1.4万元。开展“对朝阳区重大疾病致困家庭实施慈善救助”项目，惠及39户家庭，使用市慈拨付善款52万元。

（王东明）

【助困项目】 1月3日，区委组织部联合区慈善协会开展“向朝阳区生活困难党员发放帮扶专项资金”项目，使用善款194.9万元，惠及1593名困难党员。4月24日，区慈善协会和朝阳区总工会联合开展“工会倾情——在册困难职工医疗救助”项目，惠及8名困难职工家庭，使用善款8630元。6月1日，区慈善协会开展“我爱我家之一辈子的爱”活动，惠及1089名青少年儿童，使用善款14.15万余元。6月1日，区慈善协会开展“我爱我家之双丝带行动”活动，惠及93户困难家庭，使用善款23064元。6月2日，区慈善协会实施“朝阳区‘温暖安康’慈善救助”项目，惠及11户家庭，使用善款11.89万元。6月26日，区委组织部联合区慈善协会开展“朝阳区生活困难党员帮扶”项目，惠及1882名困难党员，使用善款224.3万元。

（王东明）

【助学项目】 1月4日，区慈善协会实施北京市慈善协会“爱心成就未来——逐梦行动”助学项目，对41户持有低保、低收入证件的普通高中在读高三的学生进行助学帮扶，使用善款8.2万元。6月12日，区慈善协会联合团区委实施“‘阳光温暖回家路’——送大学生回家过年助学”项目，惠及 383名贫困大学生，使用善款96516元。7月18 日，区慈善协会与北京蟹岛绿色生态农庄有限公司、北京市朝阳区红黄蓝东坝幼儿园共同开展“爱心伴成长”慈善关爱苏某项目（第三年），使用善款2.76万元。7月27日，区慈善协会与环度生涯规划研究所帮助3户困难家庭的学生对职业生涯进行规划，使用公允价值1.08万元。8月1日，区慈善协会使用“学叶堂”冠名慈善捐助金5.4万元，为34名学生参加新东方教育科技集团秋季（第二届第二、三、四期）课程文化课支付助学费用。9月23日，区慈善协会开展第三届“学叶堂”开学典礼暨环度教育助学测试活动。对17名学生进行环度教育助学测试，使用公允价值6.12万元。11月28日，区慈善协会实施“爱心成就未来逐梦行动”助学项目（市慈），惠及32名低保、低收入家庭普通高中在读的高三学生，使用善款6.4万元。

（王东明）

【募捐活动】 1月16日至2月6日，区慈善协会通过腾讯公益平台，开展“百分情谊 万分爱”线上公益募捐活动，为朝阳东方博爱儿童福利院的90位孤残儿童募集新年礼物的善款，募集善款3135元。

（王东明）

【助老项目】 2月7日，区慈善协会开展2017年 “携手夕阳 关爱失能老人”项目——春节慰问项目，慰问60名失能老人，使用善款23880元。6月5日，区慈善协会实施“2016年度市慈医疗卡”项目，惠及326名老人，使用善款12.75万元。6月12日，区慈善协会开展“携手夕阳——关爱失能老人”项目，惠及18名老人，使用善款23888元。10月24日，区慈善协会开展“九九敬老情暖暖慈善爱”慰问活动，为1261名低保低收入和失能老人送去慰问品。11月14日，朝阳区慈善协会实施“九九敬老情 暖暖慈善爱”慰问困难家庭老人项目，惠及1250名低保、低收入老人，使用善款28.75万元。

（王东明）

【助残项目】 2月9日，区慈善协会开展“百分情意 万分爱”活动，为北京市朝阳区东方博爱儿童福利院的90名孤残儿童送去温暖的祝福及“新春福包”，使用善款3135元。

（王东明）

【志愿者关爱行动】 2月28日，区文明办、区慈善协会和区志愿者联盟共同举办“朝阳区志愿者关爱行动”启动仪式，全市首个志愿者关爱冠名慈善捐助金成立。

（王东明）

【慈善公益活动】 3月21日，区慈善协会第三届“朝阳最美慈善人”评选活动启动，3月21日，区慈善协会第三届“朝阳最美慈善人”评选活动启动，评出10名最美慈善人。4月21日，区慈善协会配合参与区民政局开展“爱在朝阳”优秀慈善摄影作品征集暨第四届“慈善北京”公益慈善图片巡展活动，选送照片123张。5月3日，区慈善协会在朝阳有线电视台开设《慈善暖朝阳》专版正式开播。9月4日至9月18日，开展“‘携手慈善 凝聚爱心’——‘中华慈善日 朝阳公益周’”活动。广泛地宣传《慈善法》，普及慈善意识和慈善理念。9月22日，区慈善协会在首都慈善联合会举办的“爱在朝阳”慈善图片展中获得“优秀组织奖”。在朝阳区民政局组织举办的摄影比赛中一幅作品荣获二等奖，三幅作品获得优秀奖。9月22日，朝阳区民政局和区慈善协会联合开展“寻找最美慈善人”主题活动。

（王东明）

【慰问烈士】 11月3日、17日，北京中复集团携手区慈善协会慰问安贞街道、垡头街道、高碑店地区将16户烈士家属，为每户烈士家庭送上木棉花、英雄丰碑共发放1.6万元慰问金，使用善款22320元。

（王东明）

街道　地区(乡)

2018
北京朝阳年鉴

街　道

安贞街道

【概况】 安贞街道成立于1989年12月，位于朝阳区西北部。东起安定路、安定门外大街，与和平街街道相邻，南至外馆斜街、外馆西街、黄寺大街，与东城区和平里街道接壤，西与海淀区花园路街道、西城区德胜街道相交，北与亚运村街道、奥林匹克公园公共区南部相接。辖区总面积3.6平方千米。下辖10个社区。年内有常住人口71002人，流动人口11755人，其中户籍人口18580户、45876人，新出生436人。有规模以上企业199家。有医院3所，社区卫生服务中心1个、社区卫生服务站3个。有大学1所，九年一贯制学校1所，职业学校1所，幼儿园7所，国际学校1所，特殊教育学校2所。途经辖区公交线路26条，有地铁8号线、10号线贯穿其中。有280平方米为民服务大厅、2000平方米地区文化中心、有4处文化广场和1处24小时自助图书馆。年内，安贞街道坚持党建统领，扎实推进疏解整治促提升专项行动、社区管理体制改革、民生服务等重点工作，完成地区财政收入9.46亿元，比上年增长16.5%。征收房产税4851118元，比上年减少36.31%。

地址：安华西里一区13号楼

邮编：100011

电话：64260018

邮箱：azxzb@sohu.com

（初鑫月）

【区域化党建工作机制形成】 3月30日，召开以“联盟聚力协同发展”为主题的2017年度党建协调委员会联席会。区委副书记甘靖中、区社工委书记赵年生及安贞街道“六大联盟”（健康联盟、平安联盟、公共服务联盟、法治联盟、文化联盟、公益联盟）87家单位党委负责人参加。会议对歌华开元大酒店、浙江大厦等12家做出突出贡献的联盟单位进行表彰。开启公益认领项目，由参会单位认领30个合作项目5个党员志愿服务岗，形成区域协同发展。

（初鑫月）

【安贞街道体育节】 4月15日，在五路居第一中学举办安贞地区第二届全民运动会暨安贞街道2017年体育节开幕式，来自辖区45家社会单位的762名运动员参与，运动会设置龟兔赛跑、跳大绳、接力赛、拔河、跳绳、踢毽子、平板支撑3等集体及个人项目。体育节举办包括第二届地区运动会、第十二届和谐杯乒乓球赛、全民棋牌赛和地区羽毛球赛等活动，单位53家、880人参加比赛，比上年增加100%，其中50岁以下的中青年人约占85%。

（初鑫月）

【社区管理体制改革工作启动】 6月29日，召开2017年社区管理体制改革工作启动大会。街道工委班子成员、机关干部和全体社区工作者以及地区人大代表、政协委员、媒体代表、部分社区居民代表和居民支部书记参加。会议宣布《安贞街道2017年社区管理体制改革工作方案》《安贞街道2017年社区管理体制改革工作指导小组名单、社区工作组名单》《社区党委任命名单》《安贞街道领导干部包社区制度》。

（初鑫月）

【全民学习周】 11月17日，由街道主办，朝阳区社区青少年教育培训中心承办“服务新北京建设支撑新业态发展——2017年安贞街道全民学习周主题活动”在安贞西里社区公园开幕。学习周设有节目表演、倡议书宣读、颁发学习之星奖，以及3D打印笔、3D眼镜制作、机床系列体验、VR冰雪项目体验、亲子体验等多个板块的互动体验环节。其间组织社区居民开展好书推荐、经典诵读、走近科技、亲子才艺、与作家谈阅读、书香家庭评选等活动。

（初鑫月）

【援建结对帮扶】 12月28日，深化朝阳区与新疆和田地区墨玉县“携手奔小康”结对帮扶工作，墨玉县委副书记张好生、招商局局长张辉与区援疆办主任马小勇一行三人莅临安贞进行互访交流。张好生介绍墨玉县及扎瓦镇基本情况、经济发展及潜在合作项目等内容，与安贞地区华联超市、京客隆超市就当地特色农副产品的销售进行讨论。办事处主任董健表示愿意大力促进在扎瓦镇开展捐物捐衣、师生互访交流等帮扶项目，依托地区“安和社区发展基金会”建立友好合作关系。

（初鑫月）

【疏解整治促提升】 年内，完成610户“开墙破洞”整治工作，全面建成无开墙破洞街道。完成群租房、“散乱污”企业和4处普通地下空间、3处人防地下空间清理整治。拆除违法建设6001平方米，完成指标任务的201%。利用疏解腾退空间，新建、恢复绿地143块3800平方米。建成新华金融大厦北侧、外馆斜街南侧2处停车场与“读聚时光”青少年阅读体验基地、灯彩展陈室、应急疏散中心、应急物资储备中心4处地下公共设施。

（初鑫月）

【社区调整】 年内，调整和优化社区规模，新建涌溪、五路居、安外、外馆4个社区，调整安贞里、安贞西里、安华里、安华西里4个社区的管辖范围，调整之后社区规模降至3000户左右。选举产生31名社区党委成员和35名社区居委会成员。招录31名社工，选拔8名服务站副站长。

（初鑫月）

【社区建设】 年内，推进社区服务站改革，形成“一站一居、一站多居、厅站合一”三种站居关系模式。梳理7大类28项行政事项，变“柜台式服务”为“客厅式服务”，实现“办公区域最小化、活动区域最大化、服务百姓精细化”。创新探索百事通办和暖心代办，打造“一社区一品牌、一区域一特色”的社区治理新格局。新增69路高清监控，开展智能门禁试点升级改造，推进24小时巡防，降低可防性案件发案率。完成6个社区微型消防站规范化建设。开展秋冬季安全守护和消防安全集中整治行动。为辖区1049户困难家庭安装燃气自闭阀和燃气报警器，3400户家庭安装独立烟感报警器。全面清理楼道、楼院等公共区域堆物堆料，消除火灾隐患。启动食品药品安全示范区创建工作，完成餐饮环节量化分级100%覆盖。

（初鑫月）

【养老服务工作】 年内，新建1家养老照料中心，1家养老驿站，形成“2+6”

（南北两家养老照料中心、6家养老驿站）的高密度养老服务网点格局。组建安享养老服务行业协会，开展以助餐、助医、助洁、助浴为主要内容的“四进”家庭服务6万人次。

（初鑫月）

【环境整治】 年内，健全绿化保洁、堆物堆料精细化管理机制，推行“三定一挂牌”（定岗、定责、定职；挂牌公示）制度，划片建区实行绿化保洁责任制，设立集中堆放、清运点位，确保堆放精准化、清运实时化。拓展地区交通微循环治理成果，建成安贞路交通慢行示范区，创新“一拆一清做减法，一增一升做加法”工作方法。经验成果被评为朝阳区街道系统社会治理创新优秀项目。

（初鑫月）

【安全消隐专项行动实施】 年内，实施安全消隐专项行动。健全“处级领导包社区、社区干部包网格”与“街区长、街长、巷长”责任体系，确保每条街道有人巡，每幢建筑有人看，每个单位有人管。开展“护航”“深耕”“金秋”专项行动，实施安全生产大清理大排查大整治，检查重点点位2258处，拆除违法建设27处1477平方米。200处市级挂账安全隐患和10处“三合一”（在同一场所内住宿、生产经营、仓储）高风险密集居住场所安全隐患全部消除。

（初鑫月）

【社区居委会】

社区名称	地址	电话
1. 安贞里社区居委会	安贞里二区20号楼	64454202
2. 涌溪社区居委会	安贞里二区20号楼	64454202
3. 安贞西里社区居委会	安贞里二区20号楼	64437232
4. 五路居社区居委会	安贞西里甲1号国学园内	64420391
5. 安华里社区居委会	安华里二区14号楼	64246378
6. 安外社区居委会	安华里二区14号楼东头	64248551
7. 安华西里社区居委会	安华西里一区21号平房	64268241
8. 外馆社区居委会	安华西里二区2号楼外	64260100
9. 黄寺社区居委会	黄寺大街28号院	82070950
10．裕民路居委会	中东里一号院	62353337

（初鑫月）

奥运村街道

【概况】 奥运村街道位于朝阳区西北部。东抵来广营，西接海淀区，南与亚运村街道和大屯街道接壤，北临昌平区，辖区面积19.6平方千米。下辖12个社区。年内有户籍人口25789户，65130人，流动人口30105人，外籍人口1091人，有汉族61890人，新出生1044人。奥运村街道地处奥运功能区核心区域，区域内有“鸟巢”“水立方”等7个奥运会竞赛场馆，600公顷的奥林匹克森林公园，中国科技馆、中科院感光所及天文台、国家动物博物馆、中国环境科学院等中央、部委企事业单位17家，三星级以上酒店5家。辖区拥有北顶娘娘庙、龙王庙、弥陀古寺等历史古迹，是集商业、文化、旅游、休闲为一体的发达区域。党政机关5个，军事单位5家，事业单位35家，规模以上企业272家，小学5所，中学4所，三乙医院1家，社区卫生服务中心1家，社区卫生服务站2家。途经辖区公交线路47条，有地铁5号线、8号线、15号线贯穿其中。有300平方米为民服务大厅、1100平方米地区文化中心、有6处24小时自助图书馆，绿化率为47.8%。年内，街道以党政群共商共治为抓手，求真务实、开拓创新，城市管理、社区建设与社会动员水平全面提升，完成控违拆违、人口调控、群租房整治等重点任务，“五环”国际社区建设取得新成果。街道实现地区财政收入8.8亿元，代征个人出租房屋税1300万元。街道荣获2017年度北京市健康示范单位、首都综治工作先进集体称号。

地址：安立路28号院3号楼
邮编：100107
电话：84945556
邮箱：aycdas@bjchy.gov.cn

（李 洋）

【“3·15”法制宣传活动】 3月15日，司法所开展以“品质消费美好生活”为主题的法制宣传活动。现场设立咨询台13处、宣传横幅13条、宣传板报15块、宣传橱窗12块，发放宣传资料1万余份。

（逯建斌）

【首届垂直马拉松举行】 3月28日，奥运村民间奥林匹克体育大赛——街道首届垂直马拉松赛（爬楼梯登塔）在奥林匹克塔举行。垂直马拉松活动由奥运村街道与北京世奥森林公园开发经营有限公司联合主办，吸引200余名马拉松爱好者参与。首届垂直马拉松冠军成绩8分02秒。

（白 颖）

【党建协调委员会暨企业公益联盟项目发布】 3月30日，召开党建协调委员会年会暨企业公益联盟项目发布会，街道领导班子、企业公益联盟成员、社区代表等150人参加。会议宣布党建协调委员会与企业公益联盟合并，聘请企业公益联盟成员为党建协调委员会成员单位。企业公益联盟代表单位做出年度公益项目承诺：红星美凯龙环球（北京）家具建材广场有限公司爱心汇聚能量温暖助力前行——亮居美屋志愿者关爱项目；洛娃科技实业集团有限公司“为爱而走”春季慈善健走大会；国家游泳中心“点亮蓝灯”——水立方关爱自闭症群体大型公益活动；中国航空技术北京有限公司中航国际“AVIC INTL”公益品牌——“点亮梦想”系列活动。

（李 兵）

【生产经营单位“安责险”投保完成】 7月至8月，完成辖区120余家生产经营单位“安责险”投保工作。其中35家生产经营单位完成续保，75家生产经营单位参加集中投保，10余家单位自行投保。

（程 晨）

【残疾预防日主题活动】 8月25日，全国第一个“残疾预防日”主题活动在百草园国医馆健康大讲堂举行。活动围绕

“奥之光”残障志愿者宣讲暨健康知识讲座展开，街道12个社区的残疾人工作者、宣讲团成员及残疾人代表70余人参加。

（刘全红）

【智慧养老服务试点工作】 9月，街道整合辖区资源，申请成为区级智慧养老服务试点，为12个社区600户高龄、特困老年人、空巢独居、残疾老人免费安装“一键呼叫”系统，尝试将互联网平台、信息通信技术与居家养老服务需求融合，提升居家养老服务管理水平。

（薛金秋）

【环境整治】 年内，对科学园南里西街沿街26户、关西街3户、科学园七区1户“开墙破洞”违规底商进行拆除，恢复楼体原貌，完成挂账任务。

（栗朝阳）

【志愿者活动】 年内，组织开展志愿者活动173项，实现“每月一主题、每周一活动”的志愿活动目标。6578人次志愿者参加活动，服务时长8655小时，比上年增加2290小时。街道注册志愿者人数达到14107人，新增志愿者359人。志愿者公益储蓄中心网站前台发布活动89项，上报每月一星26个，特色活动10个。

（段 雯）

【社区居委会】

名称	地址	电话
1. 总装社区居委会	安翔北里10号院	66355671
2. 南沙滩社区居委会	南沙滩66号院3号楼1单元	52071973
3. 科学院社区居委会	科学院南里东街2号楼2层	64841885
4. 风林绿洲社区居委会	科学院南里风林绿洲12号楼4单元	64874476
5. 绿色家园社区居委会	天居园5号楼1层	84916766
6. 大羊坊社区居委会	双营路11号院1号楼东北角	64528614
7. 龙祥社区居委会	清林路1号院世贸奥临7号楼	84940730
8. 万科星园社区居委会	万科星园北门	84924006
9. 北沙滩社区居委会	北沙滩8号院5号楼	64830145
10. 双泉社区居委会	域清街2号院5号楼	62925020
11. 林翠社区居委会	林翠路9号（京师园5楼18号）	58213290
12. 国奥村社区居委会	林翠东路2号院西门	84370050

（李 洋）

八里庄街道

【概况】 八里庄街道位于朝阳区中西部。东起青年路与平房乡接壤，南以京通快速路及电厂铁路线为界与高碑店地区相邻，西至大望路及金台路与建外、呼家楼街道相连，北临二道沟河与六里屯街道相望，辖域面积4平方千米，下辖14个社区。年内，地区有常住人口115807人，流动人口29520人，外籍人口2112人。其中，户籍人口31100户，84175人，新出生919人。驻地单位4079个，其中中央单位30个、市属单位56个、区属单位38个、私营及其他单位3955个。有医院7所，社区卫生服务中心2个、社区卫生服务站5个。有中学4所，小学5所，幼儿园9所。有养老机构7个。东四环路横跨南北，朝阳路贯穿东西。地铁1号线、6号线、14号线驶经辖域，53条公交途径地区。紧邻CBD核心区，中国纺织科学院、国华置业、北京SKP、西单商场、北京京棉集团有限责任公司、朝阳区青少年活动中心、莱锦文化创意产业园等单位坐落在本辖区。有350平方米为民服务大厅、3250平方米地区文化中心、1处文化广场和2处24小时自助图书馆。实现地区一般财政收入20.688亿元。

地址：柴家湾12号

邮编：100025

电话：65001062

邮箱：blzjd@bjchy.gov.cn

（尹建军）

【安全生产检查】 1月10日至4月，街道开展安全生产“护航”百日攻坚专项行动，对地区6000余家企业进行安全大检查。重点排查火灾等各类安全事故隐患。创新“四位一体”专项查改工作法。完善“互联网+安全生产”信息化体系，创建安全生产综合监管微信公众服务平台。年内开展安全执法检查8300余家次，整改和排除各类安全隐患7300余处，实施行政处罚59起，罚款55.5万元。签订消防安全责任书3500余份、预防煤气中毒责任书2690份。

（马思来）

【街道社区社会组织联合会成立】 5月18日，街道社区社会组织联合会成立，有174家会员单位。街道依托社区社会组织联合会，定期开展社区社会组织参与社会治理，以“平台保障 促进发展”为宗旨，挖掘培育草根组织成为社区社会组织，支持社区社会组织开展各类为民服务活动。年内，开展7次社区带头人培育课程，参与社区社会组织服务指导9次。

（于长河）

【八里庄老年科普体验厅开馆】 11月1日，八里庄老年科普体验厅在街道罗马嘉园社区开馆，是北京市第一家与老年驿站融为一体的科普体验厅，内设有监控中心，通过生命体征数据监测老人身体状况。委托医疗团队提供医疗服务，探索一对多居家健康监护模式，对350位老人身体状况进行实时监测。

（刘艾菁）

【“融合共享”型党建模式】 年内，以华贸中心社区为试点，携手辖区企业党组织，融合企业发展，共享资源优势；融合区域化党建，共享沟通优势；融合社会责任，共享宣传优势；实现社区党组织与商务楼宇、非公企业党组织相融，社区与社会单位之间联通，区域内各类资源共享，党建活动互动，被评为“区级十大品牌”。

（肖 潇）

【“双区融合共建”模式】 年内，围绕“建组织、建阵地、建体系、建机制”探索园区党建和社区党建工作模式，以莱锦文化创意产业园为试点，以莱锦园区党建服务站为载体，促进社区党建和园区党建优势互补、联动发展，实现社区和园区组织联建、资源联享、活动联动，激发党建活力，被评为“朝阳区街道系统社会治理创新优秀项目”。

（肖　潇）

【疏解整治促提升】 年内，疏解整治促提升专项行动拆除违建6316平方米。完成账外十里堡东里便民市场、八里庄路市场腾退和延静里1号、2号出租大院清退工作。整治开墙破洞105户，查处占道经营20处，清理无证照餐饮75家、其他无证照经营244处，整顿群租房22户。完成人口调控1977人。

（马思来）

【环境治理】 年内，推进居民煤改清洁能源，完成“无煤化”908户，整治“三烧”（秸秆焚烧、垃圾焚烧、露天烧烤），取缔露天烧烤；严查散煤禁运、禁售、禁存、禁燃情况，清理蜂窝煤3万余块，散煤150余袋，取缔燃煤小煤炉30个。落实“河长制”，配合相关单位做好通惠河、二道沟河流域的环境治理。实现生活垃圾分类处理与可再生资源回收“两网融合”。在八里庄西里和远洋天地社区开展交通安全示范社区创建工作，开展路侧私划停车线“黑收费”专项治理，处理“黑收费”人员10人次，清理“僵尸车”33辆。推进28条背街小巷治理，拆违4.6万余平方米，增加小微绿地1000余平方米。

（张　雪）

【社区建设】 年内，推广华贸社区体制改革经验，完成城市华庭、十里堡南里社区服务站融合办公。提升红庙、八里庄西里服务站服务效能。清理社区无序挂牌，完成社区工作准入，实现社区减负增效。完成八里庄西里、罗马嘉园、红庙社区办公用房新址装修装饰工程。实施社工“四力”（行动力、感知力、动员力、组织协调力）提升工程，举办“社工一口清”基本功大赛，助推社区队伍建设。完成八里庄东里社区的平安示范小区建设。华贸社区体制改革被民政部和中国社区工作联合会认可，作为案例在全国推广。

（于长河）

【社会治理创新】 年内，以八里庄西里社区为试点，通过党委带区域、支部带楼院、党员带街巷，突出家庭德治、小区自治、社区共治，坚持居民自治与物业管理相结合、志愿服务与专业服务相结合、小区治理与居民监督相结合，探索出“三带三治三结合”社区微治理模式，被中国社区工作联合会评为“全国城乡社区治理经典案例”。完成红庙北里三千米小区延区小院及八里庄东里北巷市级老旧小区自我服务管理试点建设，通过市社会办验收。建成红庙、远洋、甘露园社区 3 个绿色智慧平安社区。建立网上居民议事厅和社区人口库“数据”统筹机制，实现多方主体共享“互联网+政务服务”发展成果。完成135个楼门文化建设，打造小区精品文化楼门（楼院）。深化“一刻钟社区服务圈”建设。开展“智”“惠”养老特色示范项目和“罗马—青年汇—尚街”服务商公益联盟项目。完成53个社区层面的党政群共商共治项目。

（于长河）

【社会动员工作】 年内，以八里庄西里社区为试点，建立街巷委员会制度，构建层门楼院巷五级自治体系。下沉小区楼院收集130个金点子，其中69个项目获得资金支持。完成市、区政府购买社会组织服务项目7个。启动社区公益金项目20个。推广“一刻公益”志愿服务，会兰孝亲志愿服务队被中华志愿者协会评为优秀志愿者队伍。

（于长河）

【社会保障】 年内，春节、元旦慰问优抚对象150人次，发放慰问补助金近百万元，为地区449户低保家庭补发保障金809万余元。开展4次临时救助，发放救助金29万余元。为246户发放采暖补贴。投入经费75万余元，走访慰问地区2507名残疾人。依托康复机构，拓展残疾人居家—社区—医院三位一体康复项目。建立地区失业人员台账，实现失业动态管理和分类帮扶。组织大型招聘会3次，实现辖区城镇登记失业人员就业率72.34%。创业人数26人，带动就业人数105人。11个社区被评为北京市充分就业社区。完成919名儿童的出生上报，计划生育率达到考核要求。完成国家流动人口动态监测、全国生育状况抽样调查。为地区975名外来务工人员接种麻疹、流脑疫苗，为53对新婚夫妇开展免费孕前优生体检。

（刘艾菁）

【矛盾调处】 年内，处理信访事项126件，受理政民互动投诉件5119件，案件办结率100%。承办国家、市、区转送信访事项82批321人。

（田建国）

【社区居委会】

名称	地址	电话
1. 红庙北里社区居委会	红庙北里53号楼平房	65014186
2. 红庙社区居委会	慈云寺4号楼东侧平房	65046519
3. 八里庄西里社区居委会	慈云寺北里207号楼26号	65570478
4. 八里庄东里社区居委会	八里庄东里12号楼平房	65569064
5. 十里堡社区居委会	十里堡东里27号楼平房	65577555
6. 延静里社区居委会	延静里西里22号楼东平房	65014362
7. 甘露园社区居委会	甘露园南里18号楼后	85781756
8. 朝阳无限社区居委会	甘露园芳清苑西区4号楼	85739508
9. 城市华庭社区居委会	十里堡城市广场2号楼	85789902
10. 十里堡南里社区居委会	甘露园中里2号院12号楼	65577308
11. 罗马花园社区居委会	朝阳北路107号院19号楼	58627490
12. 华贸中心社区居委会	建国路89号15号楼	52036920
13. 远洋天地社区居委会	八里庄西里59号楼南配楼	85866626
14. 甘露园中里社区居委会	林翠东路2号院西门	84370050

（尹建军）

朝外街道

【概况】 朝外街道始建于1954年，位于朝阳区的西部。东起工体东路、东大桥路与呼家楼街道接壤，西至朝阳门南北大街与东城区朝阳门街道、东四街道相连，南至光华路与建外街道为界，北至吉市口八条、工体西路、工体南路与三里屯街道、东城区东直门街道相邻，面积2.2平方千米。下辖7个社区。年内，有常住人口52655人，流动人口9658人，外籍人口962人。其中，户籍居民12007户、42032人。新出生421人。外交部、司法部、民建中央、中石化，以及英国、朝鲜等13个国家的大使馆在域内。域内商务楼宇众多，商业服务业发达，是北京重要的商业繁华街区和CBD休闲消费功能区，有昆泰、蓝岛等大型商业企业和悠唐广场、侨福芳草地等众多消费娱乐场所。有医院2所，社区卫生服务中心1个、社区卫生服务站5个，社会管理中心1个、社区服务中心1个。有地铁2号线、6号线贯穿其中。有500平方米为民服务大厅、2000平方米地区文化中心、8处文化广场和7处社区文化活动室。年内开展“疏解整治促提升”工作，利用地区资源优势，引进金融服务、律师事务所、动漫游戏设计、现代教育等150余家服装研发及现代服务业，推动雅宝路地区功能疏解及产业升级工作。实现区级财政收入27.16亿元。2个集体获北京市先进集体，吉庆里社区人民调解委员会被评为北京市人民调解先进集体，朝外街道安全生产检查队被评为北京市2017年度乡镇街道（园区）安全生产检查队规范化建设示范检查队。

地址：朝外大街芳草地北巷5号院
邮编：100020
电话：85629992
网址：http://chwjd.bjchy.gov.cn/web/1054/index.html

（黄瑞玲）

【街道第五届归侨侨眷代表大会召开】 6月16日，召开第五届归侨侨眷代表大会。选举产生第五届侨联委员会成员7名，分别是主席尹惠平，副主席赵炎松，秘书长陈玲珍，委员王焕茹、张月华、赵金茂、黄榕洽。

（黄瑞玲）

【百姓宣讲活动举办】 7月12日，举办以“不忘初心跟党走 朝阳承诺我践行”为主题的百姓宣讲活动。朝外地区8名宣讲员以自身亲历、亲闻的故事展现朝外人积极向上的精神风貌，践行新时代“朝阳承诺”。朝阳区委社工委等部门、街道班子成员、朝外地区消防官兵、武警官兵、文明引导员、基层党支部负责人等100余人参加活动。

（黄瑞玲）

【疏解整治促提升】 年内，以疏解腾退、产业转型升级为目标，拆除违法建设9694.88平方米，完成全年任务的1250%；雅宝路市场疏解完成10栋楼宇44.36万平方米，腾退商户4835户，综合疏解率95%。整治群租房、无证无照经营、打包站、散摊乱点等问题，疏解2945人。完成3个社区56户“开墙破洞”治理，实现无开墙破洞街道目标。通过建立工作会商、联合执法、督查检查、信息共享四项机制，帮助500余户中小商户转移，引进金融服务、律师事务所、动漫游戏设计、现代教育等150余家服装研发及现代服务业进驻。

（黄瑞玲）

【环境整治】 年内，实施联合执法专项行动180余次。完成群租房整治40处，整治无证餐饮、商户76户，关闭人防工程60余间，消除普通地下室隐患10处，清理关停打包站83家。统筹利用腾退空间，美化绿化3500平方米，增加便民停车位70个，增设便民网点，地区综合性超市和便利店19家。优化改造提升4个小区的绿地3600平方米。

（黄瑞玲）

【社会保障】 年内，临时救助45人，发放救助金9.63万元；慈善救助17人，发放救助金2.05万元；医疗救助197人，发放救助金30.36万元；高等教育新生入学救助4人、2.92万元；普通高中生慈善助学项目1人2000元；“非典”亡者子女补助1人1.56万元。办理残疾人证67人，肢体残疾人康复治疗37人，盲人定向行走培训5人，为110户残疾人实施家庭无障碍改造。为地区老人安装救助“一按铃”扶手，配备e伴智能终端，推广一点孝心APP，办理老年证、老年优待卡，发放养老助残资金、高龄津贴、慈善医疗救助等民生资金，服务老人4万余人次。为159名老年人办理老年证，持证老人达8567人；为200名80岁以上老人申办居家养老服务，累计办理1824人；为8名95岁以上高龄老人报销医疗费3915.62元；为新增90岁以上的老人办理高龄津贴补助42人，累计达到173人，发放高龄津贴20余万元。

（黄瑞玲）

【平安建设】 年内，集中排查整治安全隐患，检查单位4725家次，下达责令改正书1443份，排查隐患4121处，立案44起，罚款18万余元。为494个居民楼门普及安装警民联系宣传标牌，为2000余户居民家庭安装火灾报警器。构建专群结合、部门联动、群防群治的安全管控机制，可防性案件发案数比上年下降20%。指挥中心处理各类网格案件32678件，较上年下降3%，其中处理政民互动案件1868件，较上年增长163%。

（黄瑞玲）

【垃圾分类】 年内，实施三丰里、雅宝里、天福园、芳草地4个社区的27个垃圾分类标准小区建设，完成94个分类站点改造，更新改造封闭式箱体分类站点58个，更换垃圾桶162个。开展垃圾分类培训、宣传活动4次。开展居民厨余垃圾分类和社会单位餐厨垃圾分类、废弃油脂垃圾分类工作。厨余垃圾分类指导员上岗20人，涉及居民33694户，平均月清运量近50吨。餐厨垃圾分类涉及餐饮单位100余家，平均月清运餐厨垃圾约1000桶（120升/桶）。

（黄瑞玲）

【党政群共商共治项目实施】 年内，投资320万元，实施党政群共商共治项目，完成11项街道级项目和4项社区级项目，受益人数2.8万人，服务涵盖社会安全、环境秩序、公共服务等领域。其中，吉庆里、工体西里小区环境改造项目，改善老旧小区环境。社区自行车库智能改造，消除安全隐患，提供便利存车服务。10月10日，召开2017—2018年党政群共商共治项目协商议事会。对2017年15项党政群共商共治项目总结评议，满意率达98.55%；表决通过2018年党政群共商共治10个街道级项目。

（黄瑞玲）

2017年朝外街道党政群共商共治项目一览表

表 10

	街道级（11 项）	社区级（4 项）
项目名称	社区门禁更换项目	天福园社区四社合一计划
	芳南小区道路铺装项目	三丰里社区畅行
	安全局宿舍院内道路铺装项目	天福园社区防水改造
	吉祥里东区楼道“靓窗”行动	雅宝里社区“我爱我家”邻里在行动
	体东社区安装监控探头	
	体东 1--9 号楼东侧路铺装	
	三丰里小区楼道照明设施更换	
	工体西里小区环境升级改造	
	吉庆里 8 号楼环境升级改造	
	南大街小区楼道靓丽工程	
	社区自行车库智能改造项目	

（黄瑞玲）

【社区居委会】

社区名称	地址	电话
1. 芳草地社区居委会	东大桥路23号院	85619525
2. 吉庆里社区居委会	工体西路4号楼南侧园内	65538102
3. 吉祥里社区居委会	朝外大街北侧112号楼旁	65514388
4. 三风里社区居委会	三风里14号楼南侧小楼	85612610
5. 体东社区居委会	工体南路甲1号平房院	85611495
6. 雅宝里社区居委会	朝外大街甲14号楼北侧	85628668

（黄瑞玲）

大屯街道

【概况】 大屯街道位于朝阳区西北部。东邻来广营乡、望京街道，南靠亚运村街道、小关街道、太阳宫乡，西北接奥运村街道，辖区面积10.013平方千米。下辖14个社区。大屯街道具有人口多、社会单位多、高档小区多的特点，年内常住人口约14.76万人，流动人口4.4万人，从业人员3.76万人。其中，户籍人口31618户，80967人，新出生1319人。有法人单位5804家，个体工商户1442个，产业活动单位980家，住宿餐饮类企业254家。辖区道路49条，其中市管道路8条、区管道路21条、社区道路20条。有大学3所，中学3所，小学8所，幼儿园19所。有医疗机构47个，养老机构4所。途径辖区公交线路10余条，有地铁5号线、15号线贯穿其中。有2处为民服务大厅、7处街道级文化活动中心、1处文化广场，绿化覆盖面积为395.92万平方米，绿化覆盖率为41.06%。年内通过“党建群”项目创新基层党建工作方法，189个“党建群”、242名骨干、7558名群成员，成为推动地区发展的中坚力量。开展中共十九大和“一带一路”国际合作高峰论坛服务保障工作，第一时间建立“1+9+14”（1个领导小组，9个工作组，14个社区）组织体系。推出“大屯智造”养老服务品牌，购买失独家庭、青少年、残疾人群体专业服务，新建3家养老服务驿站，服务2652人次。启动国家卫生城区创建和政务服务中心标准化建设，开展密云区大屯村和河北省张家口市邓家油坊镇的定点帮扶工作。成立街道文学艺术界联合会，发挥文明生活引领工程、大屯文化汇、体育嘉年华、北银极科普等品牌效应，举办大型文化活动12场、文化演出6场，被评为2015—2017年度全区精神文明创建先进单位。实现地区财政收入16.86亿元，完成指标的66%，比上年减少4.69亿元，下降21%。征收个人出租房屋税2158万元，比上年减收82万元，下降4%。获北京市2017年度开展“疏解整治促提升”工作先进单位、2017年度北京市无偿献血先进集体、北京市就业创业工作先进集体、首都绿化美化先进单位，2017年首都环境建设样板单位。

地址：安慧北里雅园1号

邮编：100101

电话：64917665

邮箱：dtxzb@aliyun.com

（刘语桐）

【养老服务驿站揭牌】 5月16日，由街道和颐佳（北京）养老服务有限公司共同筹建的大屯街道世纪村社区养老服务驿站揭牌启动。养老驿站六大服务功能：日间照料、呼叫服务、助餐服务、健康指导、文化娱乐、心理慰藉。每月助餐服务30余人次，为有需求的老人免费送餐到家，每月为服务范围内的老人提供1至2次健康指导和文化娱乐活动，每次服务约50人。

（刘语桐）

【“一带一路”保障工作】 5月，成立以工委书记、办事处主任为总指挥的“一带一路”国际合作高峰论坛主会场安保工作指挥部，构建“1+6+14”指挥体系即“1个领导小组综合协调调度，6个专项工作小组监督落实，14个社区重点看护”。组织动员辖区居民志愿者、社会单位保安、内保、停车管理员、楼门组长、和谐促进员等各类志愿者1812人参与“一带一路”国际合作高峰论坛社会面防控工作。辖区9个重点路口、16个制高点、7个保障路段、2处媒体及要人驻地全部实行实名化管理，对群防力量进行网格化实名部署，实现点、线、面的联动联防。

（刘语桐）

【物业联盟第一次会员大会召开】 6月20日，召开物业联盟第一次会员大会。会议宣读物业联盟章程，投票选举物业联盟理事会成员单位7家，选举理事长、副理事长单位7家。成员单位东方大学城物业公司代表物业联盟与第三方服务单位代表佳友恒泰电梯维保公司现场签订合作协议书。

（刘语桐）

【“法律援助助军行”活动开展】 7月17日至8月4日，街道组织各社区开展“法律援助助军行”军人军属法律援助专项维权服务活动。举办讲座7次，法律咨询14次，室外法律宣传活动14次，受众500余人。

（刘语桐）

【街道第二届妇女代表大会召开】 8月24日，召开第二届妇女代表大会，103名妇女代表参会。大会选举产生新一届妇联执委31人，选举熊颖为妇联主席，赵娜为妇联专职副主席。

（刘语桐）

【“京派宝贝”系列活动举办】 8月，开展 “京派宝贝 快乐夏令营”40场系列活动。内容以多类别、体验式、吸引力方面入手，开展创意文化、创客科技、传统文化、艺术赏析等活动，吸引800余人参加。

（刘语桐）

【街校共建活动】 9月7日，举办“深化街校共建 畅想美丽大屯”活动，北京联合大学、中华女子学院、朝阳外国语学校、陈经纶中学嘉铭分校、秀园幼儿园等28家学校、幼儿园负责人及街道14个社区的书记、主任参加活动，固化街校共建机制、建立校校联盟资源共享平台，携手再创地区教育事业辉煌。

（刘语桐）

【“志愿服务进社区”试点工作启动】 10月19日，召开“志愿服务进社区”试点工作启动会，团市委、大屯街道、团区委负责人、各社区团干部、社会单位代表参会。大屯街道工委书记吉旭初介绍街道志愿服务基本情况。团区委副书记郭勋介绍试点工作的推进计划与工作安排，团市委副书记李健为试点社区志愿服务队授旗，团市委国际部副部长崔竞介绍机关干部驻点工作的详细内容。

（刘语桐）

【企业公益联盟成立】 12月7日，成立企业公益联盟启动仪式在紫玉山庄举行。区委常委、常务副区长马继业，区发改委、奥管委、社会办、金融办、文创办、科委、商委、投促局、大屯街道领导班子成员，以及辖区50家成员单位负责人出席仪式。联盟致力于搭建地区企业公益平台、落实各项发展政策、探索企业践行社会责任和参与社会公益事业的新模式、提升地区社会治理能力、实现公益服务和志愿服务活动常态化。

（刘语桐）

【街道文学艺术界联合会成立】 12月25日，街道文学艺术界联合会成立。区文联、区文化委、区社会工作建设办、区文明办、街道负责人以及地区文化团队代表200余人参加成立仪式。大屯文学艺术界联合会特邀青年歌唱家、国家一级演员吕薇担任主席，国家一级演员李明启老师担任名誉顾问，关牧村、金珠、张太琪、王瑞璞、杨建平为名誉主席。街道文联下设书画协会、合唱协会、舞蹈协会、摄影协会、剪纸协会、模特协会、交谊舞协会、民乐协会、京剧协会、社区文体协会10个协会。

（刘语桐）

【环境整治】 年内，街道拆除违法建筑2378平方米，销账29处，累计拆除21528.89平方米，完成全年任务的905%。整治开墙破洞201处，消除账内40处，完成全年任务的502.5%。取缔无照经营和擅自摆摊设点900余起，暂扣物品1320余件。占道经营类处罚立案795卷，完成全年任务的147%。开展集中清理行动440余次，清理违规临窗广告、破损条幅550多处，拆除牌匾400余块。检查“门前三包”单位5000余家次，规范“门前三包”单位2000家次，清理店外堆物堆料630次，规范店外经营400余次。治理凯旋城南侧路交通拥堵、乱停车现象，在道路中心加装隔离护栏300米；对道尔泰市场南侧路进行交通设施综合整治，安装隔离护栏450米，热熔标线3700米，解决错时停车位60个；完成5个备案路侧停车场续备工作，备案车位323个，收缴占道费52.48万元。

（刘语桐）

【社区建设】 年内，街道征集“金点子”130个，形成提案项目94个，比上年增长29%，社会单位配比资金占比32%。重点在社区组织培育、协商民主建设、物业行业管理等方面加大与支持型社会组织的合作，确定合作项目6个，资金总额60余万元。

（刘语桐）

【治安管理】 年内，街道可防性案件发案90件，比上年下降64%。地区新登流动人口12979人，核销22047人；新登出租房屋475户，核销4320户。检查社会单位2178家次，检查安全隐患3569处，当场整改1958处，下发限期整改通知书2456家次，处理网格案件196件。完成卧龙小区和中灿苑小区第二阶段创建交通安全示范社区工作。

（刘语桐）

【社区居委会】

名称	地址	电话
1. 慧忠里第一社区居委会	慧忠里甲316楼北侧	64980308
2. 慧忠里第二社区居委会	慧忠里B区108楼东南侧	64959011
3. 慧忠北里第一社区居委会	慧忠北里411楼104号	64869360
4. 慧忠北里第二社区居委会	慧忠北里108号楼1层0106	64864019

名称	地址	电话
5. 安慧北里秀雅社区居委会	安慧北里秀园17号楼110室	64950058
6. 安慧北里安逸社区居委会	安慧北里安园6号楼104号	64951098
7. 大屯里社区居委会	大屯里115楼208号	84806303
8. 安慧东里社区居委会	北苑路178号光大名筑8号楼2单元01号	64826118
9. 欧陆经典社区居委会	北苑路172号万兴苑6号楼103室	84853151
10. 育慧西里社区居委会	育慧西里小区居委会办公楼	64979709
11. 嘉铭园社区居委会	嘉铭园A区5号楼2单元101、102号	84858717
12. 育慧里社区居委会	成慧路二号院1号楼1单元1层	84634647
13. 世纪村社区居委会	育慧北路8号三区1号楼101号	84633844
14. 亚运新新家园社区居委会	辛店路亚运新新家园物业一层	51737167

（刘语桐）

东湖街道

【概况】 东湖街道成立于2014年12月，位于朝阳区东北部。东至机场高速中心线，与崔各庄乡接壤；西至地铁13号线西侧，与来广营乡接壤；南至北小河北侧沿望京西路中心线至湖光北路、宏泰西街中心线及原崔各庄乡与望京街道界线至机场高速，与望京街道办事处接壤；北至五环路中心线，与来广营乡、崔各庄乡接壤，辖区总面积5.388平方千米。下辖7个社区。年内有常住人口73306人，流动人口19932人，外籍人口3461人。其中，户籍人口15214户、38020人，新出生564人。有中央单位14家、市属单位11家、区属单位40家、其他单位3089家，外商投资企业180家、港澳台商投资企业29家。有医院8所，社区卫生服务中心1个，社区卫生服务站1个。有中学5所，小学6所，幼儿园11所。有养老机构2所。途经辖区公交线路37条，有地铁13号线、14号线、15号线贯穿其中。有406平方米为民服务大厅、2054.87平方米地区文化中心、25处文化广场和3处24小时自助图书馆，绿化率为42%。东湖街道落实意识形态领域和党风廉政建设两个责任，开展疏功能、减人口、稳增长、治环境、惠民生、防风险等工作。实现地区财政收入79240.97万元，比上年增长7.45%；征收房产税1678.2万元，比上年增长4.8%。年内，获2017年度首都城市环境建设样板单位称号。

地址：宏昌路6号

邮编：100102

电话：64716674

邮箱：donghudzb@163.com

（王　妍）

【“掌上议事厅”上线】 3月，“掌上议事厅”平台在7个社区全面上线，吸引平台注册人数3003人，微信关注人数4837人。发布服务信息2956条，工作信息1058条，发动社区调查21次，解决居民后台留言问题191项。11月，建有掌上公益和掌上物业子系统的掌上议事厅二期上线，包括以楼宇房屋为载体的社区人口基础数据融合平台以及掌上办公系统APP掌上社区同步投入使用。收录49776名常住人口的基础信息，形成便于查询、检索、存储、导出的电子档案，实现社区人员信息、居民需求随访随录、实时保存、精准服务。社区为居民开具的15项证明所填写的信息可以随时录入、更新至系统中。

（张　红）

【花园式街道和单位创建】 3月至10月，完成首都绿化美化花园式社区和单位的创建工作。栽植景观月季5100平方米，增加绿化面积4.2万平方米，绿化覆盖率达39%。组织开展“市花月季进社区”“义务植树”“家庭花卉养殖培训”“阳台小菜园”“挂树牌、认树种”等活动。完成利泽西园一区社区1家社区及慧谷根源、锐创大厦、昆泰大厦3家单位首都绿化美化花园式单位创建工作。

（高　洁）

【“魅力东湖”文化节】 4月至12月，开展“魅力东湖”文化节系列活动。文化节包括诗“润”东湖系列活动、激越东湖·唱响初夏、“东湖记忆——我的珍藏”“七彩东湖 绚丽人生”东湖街道森林文化演出等10项文化活动，惠及居民2万人，获得区级以上奖励12项。

（张　皓）

【青年干部政策研究会区域研讨论坛】 6月9日，召开青年干部政策研究会，主题为“结合实际，谈谈青年干部如何在工作中行稳致远，磨炼意志，保持初心”。团中央统战部有关负责人，团区委、区文明办、区社会办、党建协调委员会、街道负责人及青年干部60人参加活动。街道成立青年干部政策研究会，是对年轻人的“牵引”和“介入”，为青年人搭建交流分享、自我展示、长远发展建设的平台。

（段艳青）

【社会领域党建】 年内，确定24个重点非公党建企业联系点，制定《东湖街道常态化制度化联系指导非公企业党建工作方案》，建立完善走访台账78个，摸排走访1128家楼宇企业。成立10个非公企业党支部，联系指导所属41家非公党组织。组织地区党员献爱心捐款67153元。开展“共度三八节”“青年联谊会”“普法进楼宇”等9场次党建活动。指导社区完善党建工作协调委员会分会建设，实现社区党组织“网格化”全覆盖。试点搭建2个社区—村级党组织共建对接。

（赵建刚）

【交通秩序整治】 年内，街道在主要干道雨水口、学校周边和公交车站施画禁停线；在科技园区、各小区出入口、公交车站的便道区域设立共享单车停放标识430处、施画标线6100延米，规范共享单车停放；在宏昌路、宏泰西街、广顺桥、屏翠东路等实施交通微循环工程；清理“僵尸车”40余辆。

（刘晶晶）

【疏减整治促提升】 年内，完成常住人口调减2779人。拆除违法建设7238.91平方米，涉及260人；整治开墙破洞15处，涉及51人；整治占道经营11处，涉及17人；整治无证照餐饮单位23处，涉及91人；整治其他无证无照经营22处，涉及66人；清理普通地下室3处，涉及368人；整治人防工程5处，涉及214人；整治群租房81处，涉及402人。

（刘晶晶）

【党政群共商共治项目实施】 年内，实施党政群共商共治项目22项，街道层面8项、社区层面14项，涉及公共服务、社区建设、环境秩序、社会安全、党群工作等领域。组织召开议事协商会、居民代表大会35次，公开征集意见建议161条。遵循“三商三议”原则，做到事前议、事中议、事后评。年底，22个项目全部完成。

（张 红）

【安全生产监督管理】 年内，开展有限空间、危险化学品、工业、餐饮、学校、重点行业领域隐患排查治理，检查生产经营单位5385家次，出动检查人员10770人次，排查安全隐患4248处，立案22起，行政处罚14.8万元。开展宣传日活动、教育培训会30余次，发放安全宣传材料1.35万份，悬挂宣传标语、条幅、张贴宣传海报300余条，摆放展板65余块，受教育群众2万余人。

（邢 君）

【“防汛三宝”工作法】 年内，街道自创“防汛三宝”工作法，即“雨水口”门前双包——与辖区主要道路两侧75家单位签订《东湖街道社会单位志愿参与雨水口门前双包协议书》，各单位履行区域主体责任，按照街道部署采取志愿方式承接外部雨水口双包工作，有效增加公共区域的防汛力量。汛期雨水口车辆禁停——在雨水口施画车辆禁停标识，结合停车管理公司引导、交通部门执法，解决雨水口车辆占压导致排水不畅、清理困难问题。配合水务局、排水集团推行雨箅子“平改立”创新项目，解决雨水口被树叶、垃圾覆盖阻碍排水问题发挥辅助协同作用。

（许秀强）

【“好管家”项目实施】 年内，实施“好管家”社区管理。项目包括满意度测评、公示监督、日常检查监督、专业评估指导、财务审计监督、动态事件监控、重要设备监管、使用变更备案、不良信用曝光、降级退出机制10项规范制约机制，以及表彰奖励、物业专业扶持、法律支持援助、物业准入推荐、物业人员队伍建设指导、业主（业委会）自治能力提升、社区指导能力提升、物业合法盈利能力提升机制8项引导扶持机制。指导组织2个小区选聘物业并顺利交接；规范推进6个小区召开业主大会；解决上京新航线小区地下停车费涨价纠纷；指导社区居委会严把物业服务企业启用专项维修资金关口，投入200余万元资金对小区环境设施进行改造。街道被区社会办、区房管局、区法制办分别确定为五方共治、商品房小区治理试点，品牌物业试点和法制物业的试点街道。

（张维超）

【社区建设】 年内，完成3条边界区域秩序提升和2个宜居小区环境提升，完成建筑物外立面粉饰20万平方米、道路修补2000平方米、渣土清运100立方米、绿化美化8000平方米、防粘贴小广告粉刷3万平方米。完成望京花园社区、利泽西园一区社区、南湖中园北社区、果岭里社区“五星级”智慧社区创建工作；完成望湖社区绿色、平安、智慧社区创建。各社区召开社区议事协商会29次，小区、楼院议事协商会37次，解决居民关注的热点难点问题59件，培养居民议事代表153人，形成《东湖街道小区议事厅社区工作者指南》《商品房小区议事厅操作手册（居民版）》，东湖街道社区议事协商文化形成。完成望湖社区、南湖中园北社区、望京西园、望京花园4个交通安全示范社区创建工作；完成南湖中园A区防爬刺安装工程，维修更换南湖东园、利泽西园一区、望京西园社区59套单元门禁。在小区出入口、警务工作站等安装警示灯80个，可防性案件高发社区案件数比上年下降45%。发动志愿者、治保积极分子、社区治安员、社会单位等群防群治力量8.6万余人次，加强重点时段、重要点位巡逻值守。

（王殿文 张 红 刘晶晶）

【社会组织建设】 年内，在辖区首倡创享计划“1+3”（街道引领，社区居民、社会单位以及社区社会组织等多方力量参与社区建设）工作模式。28个提案全部实现从自益到公益的转型，322场活动动员1315名居民参与提案实施，服务15737人次。培育、扶持社区社会组织28个。成立社区社会组织联合会，辖区118个社区社会组织，成员4760人，占地区居民总数6.4%，组织活动3000余次。社区组织各类活动百余场，参与人数1.5万人。

（张 红）

【残疾人事业】 年内，对411名持证残疾人开展需求核查，为20名残疾人办理“残疾人证”，为11名残疾儿童办理机构康复补贴18.57万元，为4名残疾学生申请扶残助学款1.05万元，为18名残疾人申请个体保险补贴款1.39万元，协助5名残疾人申请配发辅具，为141名重度残疾人复审护理补贴，新申请护理补贴3人，为54名重残无业残疾人复审生活补贴，其中含19名残疾儿童，新申请生活补贴3名。走访慰问残疾人家庭222户，发放慰问金10.75万元；为8户残疾人家庭实施无障碍改造；通过政府购买服务完成温馨家园项目托管；组织200余人次开展2次春秋季户外康复活动。组织10名残疾人参加朝阳区第五届残疾人运动会。

（范红仔）

【社会保障】 年内，办理城镇居民医疗保险1296人、城乡居民养老保险续保42人；为参保居民变更个人信息124人次，办理异地就医12人。办理申领卡127个、补换卡1391个、发卡1961人次。办理退休审批手续41人，接收转入退休关系61人，为31名退休人员申请自采暖补贴，为5名死亡退休人员办理丧葬补贴和一次性清算。完成异地养老认证工作471人次，对年龄过大、行动不便、卧病在床的老人采取上门服务、视频服务等25人次，为辖区内退休人员变更医院893人次、药费报销171笔234万余元。为伤残军人、老复员军人、军退职工等发放护理费、定期补助、抚恤金、奖励金、优待金、工资86万余元；为262名超转人员发放津贴632万余元。完成1909户入户登记调查工作。推出“承东湖之情 展夕阳风采”美术活动，组织书法、国画、油画、篆刻、彩绘、泥塑、摄影等活动。完成充分就业创建工作，街道创建充分就业街道，南湖中园北社区、南湖东园北社区、望湖社区、利泽西园一区社区、望京西园社区、望京花园社区创建充分就业社区，其中南湖中园北社区创建区级充分就业示范社区。失业人员实现就业206人，就业困难人员实现就业142人，开发就业岗位531个，失业人员免费技能培训33人。审核办理老年证231人，投入资金14.88万元，为街道65岁以上229名有需求的老年人提供免费健康体检服务，发放高龄津贴75人（新增28人），资金7.16万元。投入资金15.21万元，免费为辖区234户有需求的老人和残疾人家庭安装智能呼叫一键服务系统。

（赵红曦 范红仔）

【志愿服务】 年内，招募新注册志愿者83名，志愿服务单位及组织5个。以“邻里守望”为主题，每月第一周的周一开展“东湖公益日”活动，服务人数3600余人。建立定向帮扶机制，参与天使陪伴一加一全年项目，每月带领43名自闭儿童、残疾儿童及特困家庭儿童融入社区，协助家长建立互助朋友圈，学习当好特殊家庭的家长及导师。6月，开展“爱在高考进行时”主题志愿服务活动，医疗、心理、双闪车队等近10家爱心单位参与。7月至9月，申请街道创享计划项目，开展爱心闪捐活动及二手交易市场活动3次。为云南省西双版纳山区困难儿童及家庭捐助衣物及学习用品。街道志愿者协会全年组织志愿者培训2次、公益活动60余次，受益人群万余人。

（孙媛媛）

【“炫动东湖”体育节举办】 年内，开展贯穿全年的“炫动东湖”体育节，从1月的冰雪知识宣传月到12月的健身气功大赛，形成“月月有活动，四季有比赛，人人参与健身”的局面。体育节包括国际羽毛球邀请赛、第十一届“和谐东湖杯”乒乓球赛、第五届“东湖杯”国际业余围棋邀请赛暨首届望京国际人才业余围棋邀请赛等7项，获得区级以上奖项16项，惠及地区百姓2000人。

（张　皓）

【环境整治】 年内，街道投资7520万元完成区域整体环境整治提升项目。取缔无照经营961起；规范门前三包单位300余家，处罚社会单位及门前三包单位103家次，个人60人；非法小广告停机20个，立案查处施工工地4起、露天烧烤10起、非法停车场问题16起、餐厨垃圾问题23起，查处规范燃气安全问题3个，罚款23.98万元。

（王殿文　刘　扬）

【劳动保障】 年内，采集更新地区企业信息100家；劳动用工审查地区用人单位25家，劳动监察立案62件；清理地区已办理社保登记而未交费企业50家，完成地区新工商注册企业办理社保登记15家；调查重点企业薪酬17家。开展高技能人才宣传、劳动法律宣传和地区企业劳动保障知识大讲堂，培训发生劳动争议或被举报投诉企业19家。调解地区劳务纠纷68起，为60名劳动者协调解决劳动单位拖欠劳动报酬100余万元。

（殷康国）

【社区居委会】

名称	地址	电话
1. 望京花园社区居委会	望京花园130楼2层	64743804
2. 利泽西园一区社区居委会	一区104楼106	64758250
3. 望湖社区居委会	利泽西园二区209楼101室	647216704
4. 望京西园社区居委会	望京西园一区116楼东南侧黄色二层楼	64794570
5. 南湖东园北社区居委会	南湖东园一区临123号	64791990
6. 南湖中园北社区居委会	南湖中园117楼底商3单元102号	64709041
7. 果岭里社区居委会	望京广泽路6号院东门	84727412

（王　妍）

垡头街道

【概况】 垡头街道位于朝阳区东南部。东至北京炼焦化学厂东墙，与豆各庄地区办事处接壤；南至规划中翠城小区公共服务配套用房西南侧边线和化工路，与十八里店、王四营两个地区办事处接壤；西至厚金路和翠城小区规划区域西侧，与南磨房、十八里店两个地区办事处接壤；北至金蝉北里、垡头北里和北京染料厂、北京炼焦化学厂北墙，与王四营地区办事处接壤。辖域面积5.32平方千米。13个社区1个社区建设筹备组。年内，有常住人口85501人，流动人口6028人，外籍人口106人，其中户籍人口14148户、36379人，有汉族70812人，少数民族3024人，新出生443人。有社区卫生院1个、社区卫生服务站2个，有大中专院校2所、中小学7所、各类幼儿园7所，有养老机构3个。有化工路、垡头路等22条主要道路。商业楼宇2处，其中北控集团2017年入驻焦奥中心。13条公交线路途经辖区，地铁7号线贯穿其中。有2000平方米为民服务大厅、有3处文化广场和1处24小时自助图书馆，绿化率为32.54%。年内开展疏解整治促提升等多项重点工作，取得满意结果。实现地区财政收入8081.27万元，比上年增长17.93%，征收房产税79.85万元，比上年减少3.54%。垡头街道机关团支部获2017年北京市五四红旗团支部称号。

地址：金蝉北里20号
邮编：100023
电话：67383368
邮箱：ftjd2015@163.com

（陶炎鑫）

【街道第二届妇女代表大会召开】 8月18日，召开垡头街道第二届妇女代表大会，产生地区新一届妇女代表101名，采用差额选举办法选出垡头街道第二届妇联执委31名，主席郭成双，专职副主席蔡红梅，兼职副主席孙长虹、彦宪武、聂红梅，委员26名。会议审议通过上届街道妇联执委会工作报告及大会选举办法，介绍新一届街道妇联执委会委员候选人建议人选基本情况，通过监票人、计票人建议名单。

（蔡红梅）

【疏解整治促提升】 年内，清理整治北京易开元国际石材交易市场违法建设，拆除石材加工厂房19处，清理违法建设13000平方米；清除地铁7号线焦化厂站附近的非法废品回收转运站29900平方米，清理住人集装箱46个，疏解从业人员50余人。

（王　勇）

【科技创安工作】 年内，对地区320处监控探头开展普查工作，确保完好率始终达到95%以上，对居民反映的治安状况问题较为集中的地区，投入资金50余万元，完成20处电视监控探头的安装，接入地区城市综合管理指挥中心统一管理和日常监控，保持与前端巡逻队伍的密切联系，使指挥、通信、治理一体化。

（高　虹）

【社区居委会】

名称	地址	电话
1. 垡头一区社区居委会	垡头一区6号楼北侧	67382011
2. 垡头二区社区居委会	金蝉里19号楼1层11号	67367009
3. 垡头三区社区居委会	金蝉里16号楼北侧	67365471
4. 垡头东里社区居委会	垡头东里东院11排房南侧	67365570
5. 垡头西里社区居委会	垡头西里24楼北侧	67360853
6. 垡头北里社区居委会	垡头北里17号楼北侧	67374703
7. 翠城馨园社区居委会	翠城馨园34号楼南侧	67383900
8. 翠城雅园社区居委会	翠城馨园237号楼北侧	67202700
9. 翠城趣园社区居委会	翠城馨园103号楼	67363500
10. 翠城盛园社区居委会	翠城馨园143号楼	67376900
11. 翠城熙园社区居委会	翠城馨园420号楼1层	67371136
12. 翠城福园社区居委会	翠城馨园501号楼底商	87156463
13. 双合家园社区居委会	双合中路3号院c14楼2层	84727412

（陶炎鑫）

和平街街道

【概况】 和平街街道位于朝阳区西北部。东以城铁13号线为界，南起北二环路，西至安外大街，北至元大都公园。辖域面积4.54平方千米，辖区内有健安北路（北土城路）、樱花东街、樱花西街、和平东街、和平西街、青年沟路、和平北街东街、东土城路、北三环东路、兴化路10条主要大街。下辖9个社区。年内有户籍人口25465户、86411人，流动人口19982人，外籍人口984人，残疾人口1561人，新出生人口642人。有党支部96个，党员4015名。辖区内有中国计量科学研究院等14家科研院所，有中国特种设备检测中心等中央企业45个，有北京化工研究院等市属企业25个，有中国交响乐团、煤矿文工团2家文化艺术团体，文化经营单位20家，有北京化工大学、中医药大学、北京服装学院3所高等院校，1所成人教育学院，2所中学，2所小学，2所幼儿园，4所幼儿培训机构。有9个200平方米以上的社区文化活动室，1个820平方米的社区文化活动中心，1个社区图书馆。有1所三甲医院中日友好医院和1个专科医院玛丽妇婴医院，10个各具特色的医疗机构，6个社区卫生服务站，1个社区卫生服务中心。有1所寸草春晖养老院，占地2500平方米。51条公交线路途经辖区，地铁5号线和城铁13号线贯穿其中。绿化面积77.91公顷，绿化率34%。年内开展“十大专项行动”重点任务，已全面完成。实现地区财政收入6.15亿元，比上年增长9.5%。完成个人出租房产税收入1233万元，比上年增长0.93%。

地址：和平西街和平西苑10号楼
邮编：100029
电话：84280465
邮箱：hpjoff ce@bjchy.gov.cn
网址：http://hepingjie.bjchy.gov.cn

（王熙磊）

【社区创享计划实施】 4月13日，街道“社区创享计划”工作正式启动，项目包括：社区治理类、社区服务类、党组织服务类、培育发展组织类，由北京市朝阳区合福社会工作事务所与社区进行对接、调研，经过广泛的金点子征集活动形成“居民提案”60个，邀请专家对提案进行评审，评出社区创享计划“金点子”22个，形成项目书实施。

（董 静）

【社区建设与管理】 4月，街道制定社区服务站改革方案。6月完成和平家园社区服务站AB岗制度（将服务站人员分为AB岗，同一周期内，A岗人员负责社区服务站柜台业务，B岗人员承担社区居委会工作职责，开展社区居委会日常工作）试行工作。8月完成胜古庄社区、胜古北社区推行“一站多居”试点工作，将两社区服务站合并，成立胜古社区服务站，有效缓解两社区服务站服务力不均问题。开展楼门文化建设，覆盖2个社区、11个小区、40幢楼、157个楼门。完成樱花园社区交通微循环改造项目，解决樱花园社区停车难、管理混乱等问题。完成胜古北社区第三机床厂小区、煤炭科技苑南里小区交通安全示范社区创建。社区微网格由6个社区增加到9个，实现社区微网格工作全覆盖。

（董 静 王 彤）

【安全生产月宣传活动】 6月16日，在天丰利广场开展安全生产现场宣教活动。通过宣传展板、电子屏滚动播出、提供咨询服务等形式，向居民宣传各类安全生产常识，发放各类宣传资料5000余份，宣传礼包300个，参与群众3000余人。

（李冬梅）

【第十二届邻居文化节】 6月17日，街道第十二届邻居文化节“和•我们一起乐享生活”开幕式在北京服装学院礼堂举行。地区600余名居民参与活动。7月14日，街道各文体队伍到朝师附小、和平街一中、和平街中心小学、和平街幼儿园、樱花实验学校开展5场文化进校园活动，将传统文化带进校园。10月21日，校园文化节在北京服装学院礼堂举行，地区的各中小学展示他们优秀节目。11月11日、18日，在北京服装学院礼堂开展居民合唱和舞蹈展示活动。12月3日，开展地区群众文化展演暨邻居文化节闭幕式，各社区声乐、舞蹈团体近360人参与活动。

（赵瑞俊）

【“讲述百姓身边的孝廉故事”】 6月，街道纪工委组织9个社区分别开展“讲述百姓身边的孝廉故事”主题宣讲活动。9位宣讲人以“廉洁”为主题，以“故事”为载体，用百姓的视角讲述听到、看到、亲身感受到的辖区优秀党员和志愿者无私奉献、廉洁自律的先进典型；9场宣讲以贴近生活、容易接受的方式，倡导廉荣贪耻，弘扬清风正气，吸引500余名居民听众。

（刘 涵）

【健康公益大讲堂】 7月19日，街道工会在辖区企业赛达福出租汽车公司举办主题为“健康生活与现代文明病”的公益大讲堂活动，600余名出租车司机参加。讲堂邀请中日友好医院医生为司机师傅普及职业病预防常识，义务开展一对一问诊，提供有针对性的个性化健康咨询。

（廖玉珍）

【创建卫生城区工作】 8月29日，召开创建国家卫生城区工作会，启动地区创建国家卫生城区工作，机关处级领导、科长及相关部门负责人、9个社区书记主任参会。街道副主任常放宣读街道创建全国卫生城区工作方案，部署创建工作任务。组织开展集中灭鼠，设置鼠盒、鼠站138个，全年配发鼠药42箱，灭鼠投药率和到位率达到100%。配合全市夏季统一灭蚊蝇工作，发放宣传海报150份，配发灭蚊蝇药品11箱。开展禁烟督导检查，为地区13家写字楼配发控烟标识和宣传画。开展健康促进行动，组织座谈会4场、走访慰问流动人口健康示范企业2家。开展主题为“人口流动健康同行，计划生育倡导文明”活动，走访流动人口新生儿家庭30户，联合玛丽妇婴医院为地区写字楼流动育龄妇女100人进行免费体检。迎接国家慢性病综合防控示范区验收，对2012年至2016年期间慢性病工作中健康社区、健康教育宣传阵地等15类20项指标进行整理、补充和完善。

（单明媛）

【街道第八届妇女代表大会召开】 8月30日，街道召开第八届妇女代表大会。朝阳区妇联副主席董艳、街道工委书记秦涛、街道工委副书记张小洁、地区妇女代表等100余人参加会议。会议由街道纪工委书记裴晓波主持。街道工委副书记张小洁代表上届街道妇联执委会做工作报告。大会审议通过选举办法草案，选举产生第八届街道妇联执委会委员31名，选举张小洁为街道妇联主席，潘丽红为专职副主席，刘淼、张艳、宓琳为兼职副主席。

（潘丽红）

【“疏解整治促提升”】 年内，开展“疏解整治促提升”工作。拆除历史遗留违法建设103处、5865.97平方米，腾退土地5695.40平方米；阻止新增违法建设21处、730平方米。整治“开墙破洞”399处，其中封堵“开墙破洞”353处，规范门头拆除避风阁46处，拆除屋顶广告牌匾23块，整治占道经营950件，治理游商摊群63个，治理无证照餐饮单位32个，拆除违规底商160平方米；整治普通地下室和群租房56处，疏解人口1059人。清理人防工程4处；拆除私搭乱建37处、1351.87平方米；清理私装地锁400余个；铺设沥青路面2247平方米，透水砖铺装1275平方米，绿化补栽补种900平方米；完成天丰利小商品市场全面升级改造。投入资金308万元，完成功能疏解、治理开墙破洞等方面共商共治项目26个。完成社区环境优化、社区基础设施维修改造、社区便民服务设施安装改造三项党政群共商共治工程。

（陈璐 李蕊）

【区域化党建工作】 年内，街道工委建立“一轴四网三平台三载体”的区域化党建体系（做强一个党组织核心轴，织密组织、工作、服务、保障四张网，联动街道、社区、小区三级区域化党建和共商共治平台，丰富“党建、治理、服务”三个载体），深耕区域化党建工作。在街道、社区、小区层面分别建立党建协调委员会、党建协调委员会分会和党建网格三级议事平台，吸纳235家驻区单位到平台议事。成立5200余人参加的106家社会组织，涵盖治安、环境、文体、帮扶等十大类别，发挥党组织在城市治理、民生服务、安全维稳等方面的引领作用。新建206个工会组织、12个团组织、11个妇联组织。推进“一统六联”，完成街道妇联、街道侨联换届选举，强化“街道工委—社区党委—小区党支部—网格党小组”的轴心作用；在463家非公企业中建立91个党组织，为无党员的非公企业派驻350名党建联络员，建立功能型党组织40个，实现党组织在“两新组织”的全覆盖。举办社区党委书记、青年干部、机关干部、机关科长、党支部书记等五类15场培训。对35个党建项目和1100余名优秀党员、困难党员、党务工作者进行表彰慰问。依托“和平e家亲”微信公众号等40余个线上线下平台，宣传党建工作。实现组织、工作、服务和保障“四个全覆盖”；健全“三级平台全覆盖、党建主体全参与、民意诉求全收集、党建服务全享受”的区域化党建工作机制。组织协调辖区内社会性、群众性、公益性事务82项，打造“党建同心圆”。每月15日举办“邻里情”党员公益日，探索建立“红色爱心连锁服务超市”，全年提供服务1.8万次，服务时长3万余小时。开展“党员回家、共话初心”商务楼宇午间课堂、“党员践承诺、党旗耀家园”主题党日等活动。

（宋全刚）

【三环路沿线提升改造】 年内，实施三环路沿线提升改造工程。北三环东路南、北两侧环境整治工程，清洗粉饰16幢建筑物8.4万平方米，粉饰围栏及垛子1500平方米，更换广告牌匾2块，拆除广告牌匾1块，清洗广告牌225平方米，墙面及市政箱体、线杆防粘贴612平方米，油饰、修补铁艺围栏1780平方米，漆刷防盗窗栏杆900平方米，修复砖面20平方米，清洗公交站、垃圾箱、电话亭等公共设施7个。

（徐 子）

【社区环境“双提升”工程】 年内，实施社区环境“双提升”工程。在砖角楼社区（交林夹道）、小黄庄社区（小黄庄三条）、煤炭科技苑社区（社区西出口）、和平家园社区（十区、十一区）铺设沥青路面2247平方米，围墙粉饰1672平方米，围栏油饰680平方米，透水砖铺装1275平方米，路杆194平方米，修缮防汛仓库、管理站515平方米，绿化补栽补种900平方米。

（徐 子）

【普通地下室清理整治】 年内，街道采取约谈相关产权单位、物业管理单位自行清理的方式，对辖区80余处普通地下室进行普查、清理整治。清理地下室43处，清理面积29562平方米、673间，清退2600人。

（徐 子）

【社会保障】 年内，地区公租房申请223人次，公租房补贴申请57人次，市场租补贴申请22人次。为辖区448名居民办理60岁老年优待证，为90岁以上老年人办理高龄津贴，发放高龄津贴55.82万元。在和平东街社区、砖角楼社区新建2家养老驿站。居家养老新增人员1359人，享受居家养老服务人员5400人，服务项目30余项，费用约500万元。完成困难残疾人生活补贴和重度残疾人护理补贴941人次，其中重度残疾人护理补贴713人次，困难残疾人生活补贴228人次。地区740人实现再就业，登记失业人员就业率达76.92%。采集空岗信息2110人，建立企业用人需求档案102户。就业困难求职人员就业率92.46%；自主创业18人，带动就业137人；实现灵活就业544人。城乡劳动者职业技能培训137人。9个社区创建充分就业社区，其中和平东街创建朝阳区示范充分就业社区、十四区创建北京市示范充分就业社区；街道创建充分就业街道。审核发放最低生活保障金为527.15万元。补充医疗救助12人次，发放救助金额1.67万元。教育救助19人次，发放教育救助金7.72万元。临时救助7户，发放临时救助金2.75万元。走访慰问低保户、低收入困难家庭、孤老、空巢老人等711户，发放慰问金、慰问品17.6万元。为16位困难受助老人发放慈善医疗卡救助金7441.71元。为地区2026位残疾人发放残疾人生活补贴和护理补贴99.89万元。

（徐　子　郑学宁　张　铮　张雪峰）

【老旧小区管理】 年内，街道建立19个老旧小区自治管理委员会，以社区为单位，在7个社区成立社区联合管委会，将其纳入社区社会组织联合会作为核心会员单位统一管理。推进以项目化方式开展老旧小区自我服务管理工作，广泛筹措资金，开源节流，吸纳社会单位参与社区管理。

（董　静）

【社区居委会】

名称	地址	电话
1. 和平家园社区居委会	和平街11区甲12号	84291139
2. 砖角楼社区居委会	砖角楼北里5号院平房	64219740
3. 十四区社区居委会	和平街14区14楼北平房	84258576
4. 和平东街社区居委会	和平东街15区东门平房	84294800
5. 樱花园社区居委会	樱花园24号楼7单元	64443929
6. 胜古庄社区居委会	胜古中路皇姑坟	64452943
7. 小黄庄社区居委会	和平街西苑15号楼西平房	84270383
8. 胜古北社区居委会	安定路12号院2号楼	64437323
9. 煤炭科技园社区居委会	和平街13区34号楼	84264316

（王熙磊）

呼家楼街道

【概况】 呼家楼街道始建于1956年5月，位于朝阳区中心地带。东与八里庄街道交界，南与建外街道为邻，西与朝外街道接壤，北与团结湖街道、三里屯街道毗邻。辖区总面积2.8平方千米，占CBD区域的1/3。下辖10个社区。户籍人口21641户、64277人，外来人口25854人，年内新出生606人。有中央单位74家，市属单位203家，区属单位367家，社会单位5885家。有医院4所，社区卫生服务中心1个、社区卫生服务站5个，社区服务中心1个。有老年乐园1个，老年日间照料点10个，养老驿站5个。有科研院所4个，大学1所，中学1所，小学3所，幼儿园4所。有社区公园3处，健身园19处。三环路贯穿南北，朝阳路、朝阳北路横贯东西。有480平方米为民服务大厅、1处文化广场和1处24小时自助图书馆，绿化率为4%。年内，街道对接朝阳“建设‘三区’、建成小康”的规划目标，以建设“商务、文化、平安、宜居、幸福的呼家楼”为目标，完成各项任务。实现区级财政收入23.65亿元，获首都文明单位、北京市理论宣讲示范基地工作先进单位、北京市健康示范单位。

地址：呼家楼北街甲6号

邮编：100026

电话：65012264

邮箱：cyhjl@bjchy.gov.cn

（杨常有）

【便捷服务综合中心建立】 10月，在呼家楼北社区建立地区首家社区便捷服务综合中心。建筑面积300平方米，引进国安社区、邮政便民、海尔洗衣等服务商，实现“衣食住行+健康”的项目配置，为居民提供生鲜蔬菜、老年人用餐、低年级学生课后托管、衣物缝补清洗、家电维修、家政服务、智能存车、快递收发等生活需求服务。

（谭　瑞）

【疏减整治促提升】 年内，开展“疏减整治促提升”专项行动。拆除违建118处、2517平方米，新增绿地800平方米，新建便民综合服务设施10个，治理开墙破洞137处，实现无“开墙破洞”街道。开展治理群租房联合执法，治理违法群租房66户，劝退租住人员400余人。

（杨常有）

【“1+5+N”养老服务体系建设】 年内，街道着力打造以1个街道级养老照料服务中心为枢纽、5个社区养老驿站为支撑，将多项养老服务内容引入社区引入老年人家中的“1+5+N”养老服务体系，建成核桃园社区、东大桥社区、呼家楼北社区3个养老驿站。完成小庄社区、汉和居2个养老驿站改造，助医、助餐、助浴等服务3000人次。

（孟静心）

【河长制管理体系建立】 年内，建立“河长制”街道社区两级管理体系，实施河长制“1+6”方案（1个河长制方案，6个配套会议、督促、检查制度）。对二道沟河进行汛期清淤、排查污水口，河长制体系正式运行。

（刘若楠）

【环境整治】 内年，查处无照经营、烧烤排档、小广告、车辆非法运营等违法行为4000余起，处置黑车、黑摩的130辆。开展化石营地区“打、清、整”综合整治。拆除违规广告牌匾100余块，山寨指路牌26块。办理市环境保护督查督办件47个。围绕“三横、四纵、多周边”，完成光华路、针织路、三环路及朝外大街提升工程，创建8条优美大街、2个绿色智慧平安小区、3个优美小区，2个交通示范小区。开展35条背街小巷整治提升。打造金台西路景观大道，以呼家楼北社区为试点，打造全要素、全方位示范精品社区，建设呼家楼北街特色街区。

（杨常有）

【消防安全排查】 年内，以79家消防重点单位、560家门店为重点，开展排查整治专项行动，落实消防安全责任制。在各社区和化石营平房区建成微型消防站11个，配置社区消防巡逻车5辆。检修维护灭火器材454件，向老年人家庭发放灭火器1320件、独立式烟感报警器4200个。建立街道、社区、楼院三级防火网格，组织街道、社区干部包楼包户，走入居民户开展防火安全宣传。组织各社区开展可燃物清理工作。制作发放防火安全标识1万余张，发放防火宣传材料6万余张。联合呼家楼消防中队组织消防安全宣传和体验活动。

（孙 汉）

【社区建设】 年内，在10个社区的29栋楼76个楼门内开展楼门文化建设，楼门文化建设覆盖率达到80%，呼家楼南里社区14号楼西单元被评选为传统文化优秀楼门。推动关东店、关东店北街等6个社区开展智慧社区升星工作，实现五星级建设全覆盖。新增3家社区便捷服务综合中心。在呼家楼北里、核桃园等社区新建6个楼院议事厅。注册成立呼家楼街道社区社会组织联合会，打造殷金凤工作室，有效整合、协调社区资源，增强社会动员能力。

（谭 瑞）

【社区创享计划实施】 年内，在地区10个社区实施社区创享计划，实施提案项目48件，9.8万余人次直接受益。呈现参与率高、增长率高、覆盖面广、受益人次多的“两高一广一多”的工作成果。

（谭 瑞）

【区域化党建】 年内，打造“一轴两区三点四级五服务”区域化党建工作模式，深化由人民日报社、中央电视台等54家单位组成的街道党建工作协调委员会建设，健全“1+1+10+N”组织体系（街道工委+街道党建工作协调委员会+10个社区党建工作协调委员会+N个区域内的党政机关、企事业单位、非公企业和社会组织党组织），深化“一统领三导向六机制”特色党建工作法，与朝阳医院、中复集团等60余家单位签订“共建共享”协议书，实现组织联建、工作联动、队伍联合、服务联办、保障联享。新成立19家“两新”党支部，“两个覆盖”达到90%以上。健全非公企业和社会组织党建联系点制度，更新完善工作台账，发放“党建联络卡”2000余张。

（赵 堤）

【安全生产隐患排查】 年内，开展安全生产“护航”“深耕”“金秋”行动。开展全行业、全领域安全生产隐患大排查、大清理、大整治，检查单位6659家次，整改隐患4378条，立案65起，罚金30.8万元。完成财富中心三期高层楼宇风险评估，查找177项风险点，建设宣传阵地，设置标准化管理评定规范，形成商务楼宇安全防范样板。开具隐患整改单807张，建设10个社区消防站，火灾事故下降12%。

（杨常有）

【社会保障】 年内，帮扶324名失业人员实现再就业，9项指标超额完成。1400名未参保人员参加基本社会保险。日常劳动巡查262家，立案60件，处理劳资纠纷事件20余起。发放困难人群救助金451万余元，救助因病至困人员57名。帮助6名残疾人实现就业。

（杨常有）

【党政群共商共治项目】 年内，实施党政群共商共治工程，完成党群工作、公共安全、公共服务、社区建设、环境秩序、日常秩序6个方面提升，关东店北街周边环境提升、环境卫生整治、慈善助学、金台文化艺术节等实事项目60个，受益人群40万人次。

（杨常有）

【社区居委会】

名称	地址	电话
1．小庄社区居委会	金台里甲2号楼平房	85996939
2．新街社区居委会	光华路泰达时代中心4号楼	85885071
3．关东店社区居委会	向军南里5号楼北侧	65021910
4．关东店北街社区居委会	圣世一品28号院	65861972
5．东大桥社区居委会	东大桥路8号商都南塔一层	59003781
6．金台里社区居委会	金台北街甲1号	85996291
7．核桃园社区居委会	中纺街28号核桃园北里11号楼	65061163
8．呼家楼北里社区居委会	呼家楼北里平房甲1号	65950122
9．呼家楼南里社区居委会	呼家楼南里20号楼旁平房	65022156
10. 金台社区居委会	金台西路2号院（报社）	65369875

（杨常有）

建外街道

【概况】 建外街道成立于1976年，1977年7月1日正式对外办公，位于朝阳区西南部。东起西大望路，南起通惠河，西至建国门立交桥，北至光华路。辖区总面积4.4平方千米。下辖8个社区。有户籍人口13309户、38474人，流动人口12156人，外籍人口1448人，有汉族35328人，新出生377人。有法人单位11722个，包括国贸饭店、建国饭店、秀水街等单位。有40个外国驻华使馆、2个代办处，2个外交公寓群。有社区卫生服务站5个。有中学1所，小学2所，幼儿园5所。有养老机构1个。46条公交线路途经辖区，地铁1号线、2号线、10号线、14号线贯穿其中。有750平方米为民服务大厅、2400平方米地区文化中心、有4处文化广场和1处24小时自助图书馆。绿化率30%。年内，建外街道完成深化党建格局、疏解整治促提升、党风廉政建设、重大活动服务保障等工作。实现地区财政收入610000.52万元，比上年减少7.37%；征收小房产税2454.49万元，比上年减少31%。

地址：东三环中路39号建外SOHO西区18号楼

邮编：100022

电话：58789620

网址：http://jwjd.bjchy.gov.cn

（孙贞英）

【长安街延长线整治】 3月16日至5月20日，协调区管委、设计公司、施工单位、产权单位、物业公司，选聘专业队伍，完成建国门桥至大望桥全长3.7千米环境提升工程。铺装石材地面2.4万平方米，拆除广告牌匾及楼顶格栅0.9万平方米，制作安装牌匾底座1650平方米，制作安装牌匾750平方米；在公共设施上刷防粘贴涂料和粘贴反光膜2550平方米，外墙立面贴砖1300平方米，外墙粉饰及新作幕墙3000平方米。

（曹晓惠）

【地区第一届文化艺术节】 4月至10月，组织开展建外地区文化艺术节系列活动。内容涵盖“昂扬领尚·同心和悦”机关文化建设成果展、“魅力建外精彩有我”北京朝阳森林演出暨建外街道群众文化展演、“秋渡建外情 月映九州和”中外联谊活动和“百姓周末大舞台”等10余场活动，2000余人次参加。

（朱砚君）

【街道第六届妇女代表大会】 8月30日，召开第六届妇女代表大会，建外地区101名妇女代表参加。会议选举街道第六届妇联执委31名。第六届执委会第一次会议，选举产生李凤玲为第六届妇联主席、刘丽为专职副主席，钱晓瑾、赵宇、胡文莉为兼职副主席。大会审议通过建外街道第五届妇联执委会工作报告、审议通过建外街道第六次妇女代表大会选举办法。

（刘 丽）

【街道第五届归侨侨眷代表大会】 12月25日，召开第五届归侨侨眷代表大会，36名代表出席。大会选举产生建外街道第五届侨联委员5名，分别是主席武继英，副主席闫立宪，秘书长刘丽娜，委员付先芝、司宪军。

（郑长宏）

【地区社区社会组织联合会成立】 12月28日，地区社区社会组织联合会成立，有31家会员单位，由王德静、田杨、刘绯发起成立，经北京市朝阳区社会团体登记管理机关核准登记的非营利性社会团体。

（乔 池）

【党建工作】 年内，街道工委召开区域化党建协调委员会会议，会长、副会长单位与4个社区共同发起“非公党员志愿岗”“党建引领 融合联动”党建工作法，“园区党建+文化”“党建+社会责任”课题，探讨推动社区党建品牌。领航党员志愿服务基地获2017年朝阳区社会领域十大创新党建品牌。查找到失联党员107人，对处于失联状态的8人做出停止党籍处置。推进“两新组织”的组织覆盖和党的工作覆盖，党组织覆盖企业4283家，覆盖率达86.96%。

（王明冉）

【环境整治】 年内，修整光华里、永安里平房小区人行道路2500平方米；整修砖厂胡同雨水管线200米，整修光华东里污水管线100米，整修煤炭小区道路的雨水井4处，对建国路100号楼小区的围墙、路面整体进行翻修；封堵开墙破洞68家，封堵拆除21家商户。拆除违法建设14处、2512平方米。重点对长安街延长线、背街小巷街面秩序进行整治，开展执法1225次，联合执法416次，取缔无照经营2200起；查扣非法运营黑摩的、电三轮、人力三轮等非法运营车辆223辆；查处违法散发张贴小广告行为843起；拆除违规广告牌匾、电子显示屏342块。立案查处违法案件237起。组织联合执法，检查餐饮门店97家，整顿22处露天经营场所。查处夜间施工、违规施工9起。完成光华里豫王坟路的改造提升，铺装人行步道1100平方米，改造和铺设雨水管道和污水管道300米。完成光华东里5号楼南墙翻新，修建光华里文化墙300平方米。

（张金梅 曹晓惠）

【安全生产检查】 年内，安监科整合专职安全员、消防协管员、消防工作站三支队伍，围绕重点企业、六小单位开展全方位安全监管。出动检查人员11300余人次，检查各类生产经营单位20842家次，排查消除安全隐患31819处，立案40家、行政处罚11.9万元。

（石国良）

【社区建设】 年内，完成光辉里小区居民活动室、议事厅和建国里社区多功能活动室的修建工作。完成绿色平安智慧社区建设，北郎东社区被评为朝阳区“绿色平安智慧社区”。开展楼门文化建设，组织8个社区20个楼门文化参选区楼门文化评比。在日坛中学初中部联合建立社工之家。在华侨村小区进行全要素建设，包括文化建设、环境的绿化美化、运动设施、垃圾分类投放、旧衣回收、电子收发等。

（乔 池）

【社会保障】 年内，申报城市低保11户，低收入4户，复审低保家庭443户。对地区22户家庭实施临时救助、教育救助、补充医疗救助，发放救助金10.4万元。发放独生子女父母奖励费3.24万元。发放一次性经济帮助、一次性奖励、特别扶助金等奖励扶助金20余万元。开展“小红伞”失独老人帮扶工作。开发就业岗位1706个、召开1场再就业招聘会，帮助399名失业人员实现再就业。对427名新增失业人员进行基础职业指导，组织300名失业人员参加免费技能培训，67名失业人员取得技能证书。为307名失业人员办理就业保险补助审批手续，发放失业保险金147万元、低保金278万元。

（董惠玲 刘耀东 王军进）

【社区居委会】

名称	地址	电话
1. 建国里社区居委会	建国里三道街1号楼南平房	58783536
2. 永安里社区居委会	灵通观煤炭宿舍大院	58783636
3. 秀水社区居委会	东大桥路57号院平房	59006763
4. 永安里东社区居委会	东三环中路39号搜狗15	58783615
5. 光华里社区居委会	光华西里1号温莎大道a座	65005301
6 .北郎社区居委会	郎家园15号万达广场西侧	65831573
7. 东郎社区居委会	蓝堡国际公寓d座s215	85999344
8. 南郎社区居委会	东三环中路郎家园大北写字楼	85783660

（孙贞英）

劲松街道

【概况】 劲松街道成立于1981年1月，位于朝阳区西南部。东与南磨房地区相邻；南与潘家园街道、南磨房地区相邻；西与双井街道和东城区龙潭街道相邻；北与双井街道相邻。辖域面积5.2平方千米。下辖13个社区。年内，有常住人口17.8万人，流动人口31366人，外籍人口3670人，其中户籍人口31029户、75612人，有汉族70742人，新出生943人。有法人单位7759家，其中中央单位9家，市属单位69家，区属单位156家，其他单位7525家；有医疗机构27所，社区卫生服务中心1个，社区卫生服务站5个；有职业高中1所，中学2所，九年一贯制学校3所，小学1所，幼儿园11所；有养老机构3个。有1900平方米的为民服务大厅。49条公交线路途经辖区，地铁10号线、7号线、14号线贯穿其中。有2座电影院、2处文化广场、1处图书馆和13个社区图书阅览室。有3处街心公园，绿化率33.3%。年内，街道推进“两学一做”学习教育常态化、制度化，持续深化“七个劲松”（平安劲松、宜居劲松、和谐劲松、幸福劲松、文化劲松、活力劲松、廉洁劲松）建设。实现地区财政收入5.37亿元，比上年增长10.2%；完成小房产税税收531.22万元，比上年减少37.26%。劲松文体协会被评为2013—2016年度全国群众体育先进单位；街道摄影协会被评为2015—2016年度北京市优秀文化团队；劲松中社区被评为2017年度北京市先进社区居委会。

地址：东三环南路华腾园甲6号

邮编：100022

电话：87735209 87735210

网址：http://jsjd.bjchy.gov.cn

（沈丽娟 李 军）

【领导调研垃圾分类工作】 1月5日，住建部城建司副司长杨海英等领导，到劲松五区调研生活垃圾分类试点工作推进情况。4月12日，市人大常委会副主任、党组副书记牛有成到街道调研垃圾分类工作。6月2日，副市长隋振江调研街道垃圾分类工作，鼓励街道在精细化管理上下功夫，力争达到年底垃圾减量40%的目标。

（陈伟光）

【接待台湾参访团】 1月9日，由台湾省澎湖县马公市市长叶竹林率领的台湾基层干部参访团一行35人，到劲松街道参观交流。参观劲松老年家园、劲松文体活动中心并进行座谈。劲松西社区介绍社区停车管理、文化志愿服务、为老服务等自治工作经验，展示社区市民学校的书画、手工编织等作品。2月24日，由台湾高雄市议员、党团总召曾俊杰为团长的参访团，到劲松街道参观考察。参访团参观劲松西社区工作站、劲松老年家园、街道文体协会。参访团认为劲松西社区的管理理念和创新做法具有指导意义和参考价值，希望促进两岸交流，共同发展。

（沈丽娟）

【党建工作】 1月10日，召开社区党委书记述党建暨三委班子述职述德述廉会，街道所属13个社区进行党建工作述职。4月26日，召开基层党组织书记培训会。北京外国语大学党建研究专家管永前教授应邀为机关党支部、离退休党支部、社区党支部及非公党支部150余名书记，讲授“新形势下如何做好一名优秀党支部书记”专题课。4月，街道制发《关于推进劲松街道非公有制企业和社会组织党建工作的实施方案》，实现非公经济党组织覆盖率92%以上，登记注册社会组织党组织覆盖率100%。完成社区、机关、离退休、非公党支部127个支部换届工作，新建非公经济党支部2个。

（吴 萌 李晶楠）

【志愿服务联合会成立】 3月3日，召开志愿服务联合会成立大会，街道相关负责人、各社区书记及负责志愿服务的社工、志愿服务联合会成员单位及个人代表参加大会。街道工委副书记杜磊宣读《劲松街道工委关于成立劲松街道志愿服务联合会的决定》。街道志愿服务联合会，有社会成员单位24家，会员代表50余名，个人成员7000余名。年内，建立街道志愿服务联合会志愿者微信群、专项微信公共账号，定时发布志愿服务信息，开展志愿服务系列活动或专题宣传3次；开展各类专业技能培训7次；开展志愿文化建设、项目化专业服务。

（陈玉娜）

【领导调研地区养老工作】 3月14日，全国老龄办副主任吴玉韶、市民政局副局长李红兵、市人大常委会内务司办公室副主任李正斌、市老龄办常务副主任王小娥等领导，到街道老年家园调研居家养老服务工作，强调居家养老服务要结合辖区实际情况，针对居民需求，开展特色服务。6月29日，副市长王宁到街道和谐雅园社区养老服务驿站调研。8月30日，市委副书记、代市长陈吉宁到街道调研养老工作。指出养老服务要在专业化、精准化上下功夫，完善以居家为基础、社区为依托、机构为补充、医养相结合的养老服务体系，通过专业精准的服务，提高养老服务水平。

（孙大力）

【疏解整治促提升】 3月至10月，完成大众商贸菜市场升级改造、和众天成赏玩城升级转型、京东百汇海鲜市场拆除腾退工作，面积2.56万平方米，减少摊位538个，拆除面积1.4万平方米。收回农光里菜市场1个，面积200平方米；收回八棵杨简陋水果大棚1个，面积220平方米。撤销辖区在册的早餐车7部，修鞋、修车、配钥匙散摊车辆34部，收回出租房屋14间，面积1784平方米；整治百环家园普通地下室，疏解523人。全年拆除违法建设44237平方米，疏解人口3725人。制止新生违法建设32起，拆除15起、315平方米。拆除地区彩钢板板顶房屋、违法建筑1616平方米。实施广渠路、三环路、西大望路、劲松路、南磨房路5条优美大街环境提升工程；完成农光里中社区优美小区环境整治项目；完成90户开墙破洞整治任务；完成农光里17号楼南胡同、广渠路环卫东西侧路、首城国际路、百环西区前面路及广渠路48号楼东侧街道5条背街小巷整治工程。

（夏 琴 陈伟光 刘雄辉）

【安全生产监管】 4月至6月，街道协调区公共安全馆、燃气公司等单位，分别在百环社区、劲松北社区、大郊亭社区、沙板庄小学举办4次安全技能进社区、进学校体验活动，设置灭火器使用、火灾逃生、心肺复苏、地震逃生等体验项目。6月，开展安全生产月活动，组织39家社会单位举办“安康杯”知识竞赛。7月至9月，街道、社区联手北京市燃气公司，开展燃气安全入户检查，宣传燃气安全知识，为920户空巢、独居老人及低保残疾家庭安装燃气泄漏报警器、燃气管道自闭阀，更换长寿命燃气胶管。开展“百日护航”“深耕”“金秋”“安全隐患大排查大清理大整治”专项行动，出动检查人员5200人次，监督检查地区单位4589家，发现整改隐患3929项。约谈286家生产经营单位，立案46起，行政处罚13.9万元。指导152家企业签订安全生产责任险。组织58家单位开展安全标准化创建工作。建立“劲松安监”微信公众号和8个地区企业商户微信群，定期推送安全信息。协调3名安全生产专家开展服务式安全检查12家次。

（刘 友）

【社会保障】 5月11日，街道联合区人力资源公共服务中心与区工商联、区工会、垡头社保所，在街道为民服务中心举办以“帮人才精准就业，促民企创新发展”为主题的招聘洽谈会。北京红星美凯龙家居市场有限公司等近50家企业参会，提供就业岗位2000余个，吸引400余位求职人员参会。133人达成初步就业意向，为50名求职者开展职业指导、政策咨询及法律援助服务。街道社保所实现失业人员就业798人，登记失业人员就业率69.03%。对925名失业人员进行职业指导，组织97名失业人员参加免费技能培训，开发就业岗位2539个，走访跟踪服务用人单位199户，为426人办理城乡居民养老保险参保和续保手续。补办社保卡3305人次，为7388名“一老一小”、城镇无业人员提供大病医疗保险服务，为低保家庭541户、966人和高龄老人、困难人员，按时发放各类保障金、救助金2600万元；10个社区被评为“北京市充分就业社区”。对2190名持证残疾人进行调查摸底，掌握基础信息。落实残疾人生活补助315人，补贴总额130余万元；残疾人护理补贴998人，补贴总额268万余元；重残人、老年残疾人助残券411人、60余万元。为160户贫困肢体残疾人进行家庭无障碍设施改造，开展重度肢体残疾人居家康复、受益245人。为120名贫困残疾人免费体检。

（王丽丽 孙大力）

【党史知识竞赛举办】 7月4日，举办“共产党员+党史国史捍卫行动”暨庆祝建党96周年党史知识竞赛。机关、离退休老干部、社区、社会单位等18支代表队参赛。百环社区代表队获第1名，机关总支代表队、八棵杨社区代表队获第2名，劲松中社区代表队、农光里中社区代表队、劲松街道卫生服务中心代表队获第3名。

（吴 萌）

【街道第二届妇女代表大会召开】 8月30日，召开第二届妇女代表大会，101名妇女代表参会。街道工委副书记杜磊主持大会。会议审议通过上届街道妇联执委会主席王静媛做的工作报告，审议通过大会选举办法（草案）。选举产生由31名代表组成的新一届劲松妇联执委会委员。盖春燕当选为第二届妇联主席，柏紫葳当选为专职副主席，刘雪梅、高晶晶、吴丽敏当选为兼职副主席。

（柏紫葳）

【社区建设】 8月，完成60余家社会组织登记备案。社区楼门文化建设工作全面完成，覆盖181幢楼310个楼门，其中精品楼门12个。11月，对13个社区正副书记、主任及助理开展“开拓创新添活力，历练聚力促发展”为主题的增能培训。完成劲松东社区、农光里社区、农光里中社区、磨房北里社区、八棵杨社区5星级智慧社区创建工作。招聘25名社区工作者。第三届社区创享计划立项50个，投入资金67.8万元，比上年分别增长11.1%和7.8%，所有项目完成终期评审。评选出4个优秀社区、52名优秀社工、社区级“小蜜蜂”奖11名及街道级“银蜜蜂”奖2名。

（王爱军）

【环保督查治理】 9月，完成市环境保护督察组交办案件56件。城建、城管、综治、食药等职能部门加大环境、秩序督查整治力度，对环境违法行为“零容忍”，确保环保督察组交办案件第一时间处理、回复。年内，对大郊亭、农光里社区31户新增煤改电平房住户进行改造。联合相关科室加强非法使用小煤炉、小锅炉的检查力度。

（沈丽娟 李园园）

【安全隐患排查】 11月至12月，开展安全隐患大清理、大排查、大整治行动。对大郊亭平房区等人员密集场所开展执法检查15次，暂扣违规煤气罐95个，制止室内电瓶车充电行为25起。年内开展执法行动182次，取缔占道经营行为1132起，暂扣三轮车527辆，取缔店外经营600次，完成市、区级5处占道经营挂账点位销账工作。处罚占道经营案件860件，处罚金额13.42万元。开展消防安全专项检查90余次，开展消防宣传演练30余次，发放宣传材料10万份，安装烟感报警器4200个，深化60个微型消防工作站建设，出租房、平房院住户签订消防安全承诺书900份。

（刘雄辉 李园园）

【养老驿站开业】 12月6日，举行“协同养老平台”成立仪式暨劲松西社区养老服务驿站试营业开业仪式。市老龄办、区人大常委会、区民政局、街道办事处等单位负责人以及地区人大代表、养老机构、医疗机构、服务商、社会组织、社会单位代表、养老服务驿站员工100余人参加开业仪式。市、区领导为“劲松街道协同养老平台”揭牌，为专业服务小分队佩戴绶带。养老驿站可为老年人提供日间照料、呼叫服务、助餐服务、健康指导、文化娱乐、心理慰藉等六项服务。

（孙大力）

【街道第五届归侨侨眷代表大会召开】 12月27日，召开第五届归侨侨眷代表大会。区侨联党组书记主席曾旭、区侨联委员宋巍、街道主任孔钢城、街道第四届侨联主席杨宏祥、归侨侨眷代表及街道13个社区党委副书记参加会议。杨宏祥做第四届侨联委员会工作报告。大会选举产生第五届侨联委员5名，陶跃安当选为侨联主席，黄宗福当选侨联副主席，遇横滨当选侨联秘书长，李红、杜培心当选侨联委员。

（吴 萌）

【党政群共商共治项目实施】 年内，街道投入资金644.22万元，完成年度涉及社区建设、社会安全、环境秩序、日常生活方面的17个街道级、31个社区级党政群共商共治项目。安装晾衣竿261组、休闲座椅195个、安装桌凳20个、道路维修1392平方米、地胶铺装579平方米、安装绿地围挡5150米、粉刷楼道17000平方米、粉刷小广告6800平方米、围墙粉饰580平方米、安装扶手468米；完成凉亭翻新、减速带安装、树木保养等工程28项。

（李 军）

【平安建设】 年内，投入6.12万元，完成1个街道级综治中心、8个社区级综治中心规范化建设任务。投入110余万元，新安装监控探头47个、入地监控线2000米；完成劲松二区“平安示范”小区创建和1038个老旧小区门禁的日常维保工作。组织联合执法120余次，收缴黑摩的90辆，清理僵尸车60辆，拆除私装地锁200余个，清理机动车违法占道6000余辆。投入92万元，改造交通设施，新增停车位120个，交通标识牌50个，隔离栅栏2250延米。施画地面交通标识88个，施画各类标线2万余米、人行横道6处、禁停网格线340平方米。组织各类执法力量和群防群治队伍5万余人次，完成节假日期间社会秩序维护工作。

（胡永富 李 曦）

【群租房整治】 年内，街道开展群租房整治，创立“1213X”群租房网格式长效管理模式（1个群租房整治指挥部，负责统一协调组织联合整治。2支队伍，1支由流管、综治、公安、消防、工商、房管等专业力量组成的综合整治队伍，在日常及联合整治行动中负责执法工作；1支由物业、楼门组长、治安积极分子等组成的非专业队伍，负责日常监督，发现问题及时上报。13个社区居委会组成的社区群租房整治小分队，负责日常宣传、接访、监督、检查、劝导、上报工作。发动辖区居民群众，通过拨打举报电话、报警电话，到职能部门举报或提供相关信息等方式参与群租房整治）。全年整治群租房236套，张贴发放各类海报、通告等宣传材料3万余份。

（李　曦）

【文化建设】 年内，举办“欢欢喜喜做花灯，老少同乐猜灯谜”、“炫彩劲松”合唱比赛、百姓公益大舞台等文化活动187场次，惠民5.2万余人次。10月，举办第四届“炫彩劲松”金秋文体艺术节。联合劲松电影院，放映公益电影36场次。街道文联以及下辖的4个协会完成街道、社区组织的演出、培训、比赛、公益拍摄等300余场次。劲松文体协会获得“全国群众体育先进单位”称号；劲松摄影协会荣获“北京市优秀群众文化团队”称号。对辖区文化行业和体育经营性场所联合执法30余次，日常监管巡查76次。街道文化服务中心与中国人民大学公共管理学院合作，完成“劲松街道历史文脉研究”课题，获得朝阳区2017年度历史文脉研究一等奖。

（廖　欢）

【食品药品监管】 年内，开展专项检查75项。与工商、司法等部门联合开展“3·15消费者权益日”“食品安全宣传周”“安全用药月”“餐厨垃圾规范管理”等宣传活动。推进阳光餐饮工作，110余家餐饮单位完成“阳光餐饮”改造工作。食药所设立快速检测室，在市场、超市、药店建立社区监测点6家、社区食品药品监管基层联络站1家。食药所执法人员对监测点工作人员进行一对一培训指导。街道13个社区建立食品药品安全监督员队伍，定期开展业务培训。落实食品药品安全违法案件线索举报奖励制度，接投诉举报食品药品安全问题619件，办理一般程序案件32件，简易程序案件61件。建立联动协调机制，加大对无证无照、学生食堂、校园周边食品经营监督检查。

（沈丽娟　刘文利）

【社区居委会】

名称	地址	电话
1. 劲松北社区居委会	劲松二区218号楼	67790796
2. 劲松东社区居委会	劲松三区321号楼	67756254
3. 劲松中社区居委会	劲松五区507号楼	67794210
4. 劲松西社区居委会	劲松八区813号楼	87714607
5. 农光里社区居委会	农光里小区102号楼南侧	67354935
6. 农光里社区居委会	农光里212号楼	67364936
7. 农光里社区居委会	农光东里临甲9号	67356577
8. 南磨房北里社区居委会	磨北临甲120号	67313633
9. 八棵杨社区居委会	东三环南路54号乙七君楼	87735585
10. 大郊亭社区居委会	广渠路28号院208	58634292
11. 和谐雅园社区居委会	武圣北路6号院1号楼	67775535
12. 百环社区社区居委会	广渠路百环家园10号楼	87728617
13. 西大望路社区居委会	硬盘沟路9号院	67799895

（沈丽娟　李　军）

酒仙桥街道

【概况】 酒仙桥街道始建于1957年7月，位于朝阳区东北部。东至酒仙桥北路与崔各庄乡接壤，南至亮马河与东风乡毗连，西至酒仙桥路、将台路与将台地区相接，北到京顺路与东湖街道、望京街道相邻。街道下辖9个社区。年内有常住人口73570人，流动人口18818人，外籍人口489人。其中，户籍人口23702户，68160人，有汉族72023人，新出生676人。有法人单位3365个，其中中央单位37家、市属单位116家、区属单位104家、其他单位3108家。有医院2所，社区卫生服务中心1个，社区卫生服务站3个，科研院所3个，中学3所，小学4所，幼儿园5所，养老机构1所。32条公交线路途经辖区，地铁14号线贯穿其中。有400平方米为民服务大厅1处、3600平方米文化中心1个、文化广场17处和 24小时自助图书馆3处。绿化覆盖面积90.89万平方米，绿化率为18.13%。年内，以建设“绿色、民生、文化、平安、和谐”酒仙桥为工作目标，突出党建统领和功能提升，开展人口调控、功能疏解、环境治理等工作。实现区级财政收入16.08亿元，比上年增长26.69%；征收房产税416.4万元，比上年减少3.18%。街道获北京市交通安全先进单位称号。

地址：酒仙桥六街坊6号
邮编：100016
电话：64309100
邮箱：jxgxzb@163.com

（李满飞）

【百日攻坚专项部署会召开】 1月12日，召开安全生产委员会暨安全生产“护航”百日攻坚专项部署会。街道工委书记、办事处主任、副主任以及相关科室负责人100余人参会，传达区安委会《安全生产“护航”百日攻坚专项行动方案》部署地区落实方案。1月19日，街道召开生产经营单位安全生产“护航”专项行动部署会。街道主要领导、安监科、综治办、消防支队、派出所、各社区及辖区内工业企业、危化单位、物业、人员密集场所等重点单位负责人150余人参加会议。街道成立领导机构，制定《酒仙桥街道安全生产“护航”百日攻坚专项行动方案》，各职能科室、队、所，督促指导辖区（行业领域）内所有生产经营单位进行全面检查；安监科、综治办与各企业签订《酒仙桥街道2017年度安全生产责任书》《酒仙桥街道办事处2017年安全稳定工作责任书》《重点地区烟花爆竹安全管理工作责任明确书》。

（陈宏伟）

【应急避险培训举办】 1月15日至2月15日，街道在9个社区组织青少年举办应急避险培训讲座，有260余名青少年参加培训。授课老师通过播放PPT、现场演示等方式，让孩子们掌握基本的应急逃生技能。

（陈宏伟）

【环境整治】 2月13日至14日，街道城管队联合城建科、综治办、安监科、食药监和辖区派出所、消防队，对辖区一街坊开墙破洞的底商和住宅予以整治。12处拆墙破洞完成整改，恢复楼体原本结构。3月，城建、城管、综治、食药、安监、公安、工商等单位部门组成联合执法组，对酒仙桥十二街坊及一街坊沿街“住改商”38家门店集中整治，疏解人口110余人。5月19日，城管执法队对辖区酒仙桥路、酒仙桥中路、酒仙桥北路、酒仙桥南路、将台路等主要路段餐饮门店的露天烧烤、夜市大排档、侵街占道违法行为进行联合执法，教育整改15家商户。12月19日至22日，执法队协同城建科、安监科、综治办、食药所等相关科室对辖区55余家开墙破洞店铺进行联合执法检查封门店铺。

（陈宏伟）

【《前行的脚步》完成制作】 2月，宣传科制作完成片长10分钟的《前行的脚步》宣传片。该片以酒仙桥精神为主线，展示街道擦亮小红帽志愿服务品牌、实施五微工程、开展旧城改建等重点工作成效。

（陈宏伟）

【安全隐患排查】 3月1日至16日，为保障全国“两会”期间辖区安全，街道于每日22时至次日凌晨2时，组织检查人员对酒仙桥路、中北路、中路、北路、万红路等路段以及798艺术区、751艺术区、恒通商务园、京东方及兆维等工业园区，开展有限空间及室外作业巡查、检查，及时排除生产安全事故隐患11处，现场整改9处，限期整改2处，为“两会”保驾护航。

（陈宏伟）

【法律维权服务活动举办】 3月，街道妇联开展“助力妇女维权，推进法律援助”法律维权进社区的普法活动，采取知识讲座、上街宣传等方式，进行反家庭暴力、婚姻家庭等法治教育和宣传。有9个社区开展16场知识讲座，参加活动的巾帼志愿者及群众500多人，发放宣传手册150余份。

（陈宏伟）

【社区“创享计划”实施】 4月10日，召开2016年社区“创享计划”成果展示会，对9个先进项目、17个优秀项目、9名优秀协调员进行颁奖。启动2017年社区“创享计划”。2016年创享计划征集119条“金点子”，经过梳理、辅导、提案预赛，确定26个实施项目，涵盖社区服务、治安、文化等内容。

（陈宏伟）

【旧城区改建听证会】 4月18日，酒仙桥旧城区改建项目房屋征收补偿方案听证会在蓝调庄园召开，30名产权人、公房承租人代表和500余名被征收居民参会，区委宣传部、区发改委、区住建委、区法制办、区维稳办、区信访办、国土朝阳分局、规划朝阳分局、区财政局、酒仙桥街道办事处、电控集团产权单位等作为受邀单位代表列席听证会。辖区内人大代表、区政协委员作为公众代表参会。被征收产权人、公房承租人代表在会上就酒仙桥房屋征收补偿方案的相关事宜提出7个大类、15项意见和建议，涉及征收政策、项目实施、补偿标准、补助奖励、选房原则和安置房源等内容。

（陈宏伟）

【垃圾分类签约大会召开】 4月23日，街道召开餐厨垃圾收运签约大会，辖区100余家餐饮企业参加会议。100余家企业负责人现场签订《北京餐厨垃圾收集运输服务合同》。

（陈宏伟）

【全民阅读日读书活动】 4月25日，“世界阅读日”街道文化服务中心举办“文化润朝阳，书香满酒仙”街道全民阅读日读书活动。来自9个社区的12位居民代表分享读书心得，近120名辖区阅读爱好者参加活动。

（陈宏伟）

【背街小巷环境整治】 5月10日，完成华信医院周边三条背街小巷环境整治工作。整治工程有道路铺装3000平方米，绿化450平方米，牌匾整治50余块，拆除违建400余平方米，外墙粉饰10000余平方米，增设交通栏杆1000余延米，交通监控2处，梳理架空线200余米，清运垃圾80余车。

（陈宏伟）

【节约用水宣传周活动】 5月10日至14日，开展以“全民建设节水城市，修复城市水生态”为主题的节约用水宣传周活动，参与人数达800余人次，发放宣传材料600余份、宣传板报30块、宣传横幅9条、宣传品1200余件。

（陈宏伟）

【就业招聘会举行】 5月19日，由街道主办的“帮人才精准就业，促民企创新发展”大型招聘会在久隆百货广场举行。参会的40家企业提供岗位1000个，涉及交通协管员、辅警、工程技工、新媒体文案、办公室文员、车场管理员、销售助理、电工等。100余人达成就业意向。

（陈宏伟）

【安全示范社区创建】 6月14日，朝阳交通支队等部门对酒仙桥街道在驼房营西里社区、中北路社区开展“畅行街区共享共治交通安全示范社区”创建活动验收。创建工作于3月10日开始，在驼房营西里社区、中北路社区内的6个居民小区开展“畅行街区共享共治交通安全示范社区”创建活动。街道会同朝阳交通支队通过完善社区道路建设、规范社区停车管理、加强社区综合治理，形成“政府共商、部门共治，企业共建、居民共享”的局面。

（陈宏伟）

【首个社区流动美术馆成立】 6月27日，“社区流动美术馆”进驻高家园社区。街道文化服务中心通过前期与北京文化发展基金会共同对辖区13处公共文化活动场馆的空白墙、文化街、文化广场、文化公园进行实地考察，选取高家园小学外墙主路一侧近200米长的外墙作为首批社区流动美术馆建设点位，展出书画作品22幅，展览内容涉及书法、绘画、艺术等领域，既有反映中华传统文化的儒释道和孝文化相关题材，也有反映社会主义核心价值观，弘扬主旋律的作品，流动美术馆每幅作品的画签上都有一个二维码，只要用手机扫一扫，就能够看到和听到关于作品、作者更为详细的介绍，还能欣赏到作者更多的书画作品。

（陈宏伟）

【“煤改电”工作】 7月27日，召开煤改电工作会议——煤改电推进会暨蓄能式电暖气宣传销售对接会。电暖气销售公司、全过程监理单位、煤改电外线改造单位、主管领导及涉及煤改电工作7个社区主要负责人参会。年内地区更换电表697户，不需要更换电表（包括无此户、违建房、集中供暖）390户。

（陈宏伟）

【第九届妇女代表大会召开】 8月18日，召开酒仙桥街道第九届妇女代表大会，101名代表出席。大会听取审议街道妇联第八届执行委员会工作报告，讨论确定下个5年妇女工作任务，选举新一届执行委员会委员31人。投票选举王玮为主席，矫丽为专职副主席，蒋立红、金素霞、姜英为兼职副主席。

（陈宏伟）

【党组织书记培训班举办】 8月29日至30日，举办基层党组织书记培训班，对象包括机关各支部书记、各社区党委书记、副书记、支部书记、非公党组织支部书记69人。培训内容包括："一轴四网"区域化党建体系的内涵意义、框架思路以及推进的路径方法以及京津冀协同发展，习近平总书记系列重要讲话精神和中共十八大以来党和国家的重大方针政策，全面从严治党、反腐倡廉等内容。

（陈宏伟）

【市健康示范单位创建工作】 9月20日，街道完成创建北京市健康示范单位的区级验收工作。

（陈宏伟）

【"金秋护航"行动】 9月，开展厂房库房及仓储物流安全整治专项——"金秋护航"行动。排查厂房库房及仓储物流企业45家，主要排查经营单位的人员培训与教育管理、仓储布局、物料码放、消防设备设施、厂房库房的危险化学品存储、电动自行车集中充电等方面。排查隐患22处，现场立即整改13处，限期整改9处，对1家超量存储二氧化碳气瓶的啤酒经营企业进行约谈。

（陈宏伟）

【空气重污染应急措施检查】 10月15日，街道城建科、城管队对地区疑似"散乱污"企业、浴室浴池、在施工地、居民供暖锅炉房的空气重污染应急情况进行检查。检查疑似"散乱污"汽修企业9家，未发现喷漆烤漆现象。检查浴室浴池2家，均使用清洁能源，无燃煤使用。检查在施工地4家，全部按照应急响应措施落实，空气重污染公示牌、渣土运输管理公示牌齐全，扬尘管理6个百分之百落实良好。检查居民供暖锅炉房3家，发现一处少量维修管道裸露土地未苫盖，责令现场整改完毕。签署环保现场检查三方确认单18份，签订空气重污染应急责任书20份。

（陈宏伟）

【"红色直播间"开播】 11月16日，街道在UCP恒通国际创新园举办"红色直播间"开播仪式，邀请园区、企业和居民代表结合中共十九大精神畅谈学习体会。直播团队通过"一直播""映客"等8个直播平台实时传送，163.51万名观众在线观看。

（陈宏伟）

【房改售房工作启动】 11月16日，酒仙桥旧城区改建项目14家产权单位的房改售房工作正式启动。12月5日，区测绘所为测绘主体进行实地测绘工作，测绘内容包含房屋套内公用部位、居室内壁橱、阳台及扩大征收范围后增加的房屋等。年内，实地测绘工作基本完成。

（陈宏伟）

【街道第五届归侨侨眷代表大会召开】 11月29日，街道召开第五届归侨侨眷代表大会，区侨联领导和地区归侨侨眷代表40人参加，大会由街道工委副书记冻小林主持。街道第四届侨联主席做五年工作报告，回顾侨联五年来的主要工作。选举产生总监票人和监票人，总监票人宣读侨联委员会换届选举办法、候选人情况。选出街道侨联第五届委员会委员五名。主席吴敏、副主席林云、秘书长温淑英、委员王翠萍和李丽。

（陈宏伟）

【街道综治中心成立】 12月15日，成立酒仙桥街道综治中心，9个社区成立社区综治中心。

（陈宏伟）

【违建拆除】 年内，街道对180余户违规商户实施拆除，拆除232处，面积约26385平方米，疏解人口1505人。

（陈宏伟）

【"两个专项治理"工作】 年内，街道开展"两个专项治理"工作。召开"两个专项治理"工作部署会，制定工作方案，成立领导小组。通过实施廉政风险预警防控管理完善机制，强化专项监督，通过收集各科室、各社区自查报告开展自查自纠。

（陈宏伟）

【社区居委会】

名称	地址	电话
1. 高家园社区居委会	高家园小区118号楼	64309142
2. 大山子社区居委会	大山子北里小五楼	64309134
3. 电子球场路社区居委会	三街坊2号楼旁平房	64309151
4. 红霞路社区居委会	六街坊11号楼6单元	64909146
5. 中北路社区居委会	酒仙桥路11号院后平房	64309139
6. 酒仙桥东里社区居委会	驼房营南里兆维小区综合楼	64309168
7. 怡思苑社区居委会	南十里居15号院8号楼	64309129
8. 驼房营西里社区居委会	驼房营西里临甲8号	84707693

（陈宏伟）

六里屯街道

【概况】 六里屯街道成立于1987年11月，位于朝阳区的东部。东至京包铁路，与东风乡、平房乡接壤；南以二道沟河为界，与八里庄、呼家楼、高碑店地区相望；西至朝阳体育馆，与团结湖地区相邻；北以农展南路为界，与麦子店地区相邻。辖区面积4.4平方千米。下辖11个社区，年内有常住人口81508人，流动人口18791人，境外人员1415人。其中，户籍人口24933户、61304人，有汉族

56891人，满族2080人，回族1917人，蒙古族339人和其他少数民族，新出生697人。有法人单位1316个，包括中央单位15家、市属单位38家、区属单位85家、事业单位56家、其他单位1122家。有医疗卫生机构16个，其中医院9个、社区卫生服务中心1个、社区卫生服务站6个。大学1所，中学3所，小学3所，幼儿园9所（公办2所、民办2所）。有养老机构4个。30余条公交线路途经辖区，地铁6号线、14号线贯穿其中。有300平方米为民服务大厅、700平方米地区文化中心，有4处文化广场和2处24小时自助图书馆，绿化率为29.23%。年内开展7个大类60项重点工作，围绕疏解整治促提升工作，拆除违建7895平方米，完成全年任务193%；整治开墙破洞136处，完成全年任务290%；清理群租房7处，完成全年任务140%；取缔占道、店外经营行为261起，完成全年任务227%；取缔无证照餐饮50家，完成全年任务193%；清理人防地下空间18处，完成全年任务138%；整治普通地下室41处，其中住人25处、书库16处，疏解人口839人，完成全年任务240%；疏解区域性市场3个、人口5138人，核销流动人口11760人，人口调减完成100%。先后完成甜水园大街、朝阳公园南路两条优美大街建设；对辖区30条背街小巷按照“十有十无一创建”标准进行治理提升；新建1600平方米微小公园1处。实现地区财政收入3.31亿元，比上年增长5.74%，征收房产税360万元，比上年增长14.28%。街道获“2017年全国‘扫黄打非’基层示范点”，获2017年度首都绿化美化先进单位，碧水园社区获“首都花园式社区”。

地址：甜水园北里17号楼

邮编：100026

电话：65958641

邮箱：liulitunjiedao@163.com

（陶梦月）

【社区综治安全工作站成立】 3月1日，11 个社区综治安全工作站挂牌成立。各社区书记或主任任站长，社区民警、综治委员为副站长，城管员、安全员、流管员、消防员、巡防员、物业管理人员为工作站成员，初步形成社区内“矛盾联调、问题联治、安全联创、工作联动”的常态长效工作机制。

（陶梦月）

【非公党建服务联盟成立】 6月13日，召开非公党建服务联盟成立大会，首批30家成员单位参加。服务联盟为非营利性公益服务组织，工作任务是共同商讨地区发展对策，共同推进特色服务，共同解决发展难题。服务联盟采用理事会制，以行业为单位，理事会下设地产、传媒、餐饮、物业、教育、医疗、服务业7个专业工作委员会。

（陶梦月）

【志愿服务积分反哺试点工作开展】 8月1日，“六里屯街道志愿服务”平台web端和手机APP正式运营。采用“服务时长换积分，积分兑换服务”的积分反哺模式，明确志愿服务时长兑换积分的细则。通过“一小时一积分”的形式，对参加志愿活动的志愿者进行积分累计，志愿者可凭借积分享受爱心商家提供的回馈服务。志愿者实名注册和公益反哺工作在十里堡北里社区、八里庄南里社区、道家园社区3个社区开展试点推广。3个社区437名志愿者在平台上实名注册，完成已发布的12项志愿服务，志愿者得到相应的积分，完成积分兑换服务。

（陶梦月）

【街道第二届妇女代表大会召开】 8月23日，街道召开第二届妇女代表大会，101名妇女代表参会。会议通过上一届街道妇联执委会工作报告，通过总监票人、监票人建议名单，选举新一届街道妇联执委会，选举产生第二届妇联执委31人，选举周昀为主席，李宝荣为专职副主席，林萍、赵娟、赵晓宁为兼职副主席，委员26人。

（陶梦月）

【“领帮建”党建工作机制】 年内，街道工委在辖区非公单位开展“领帮建”（政治引领、帮助规范、共驻共建）工作。通过经常化培训、定期党建例会、规范制度流程、深入工作指导、多样化党建活动，建立277家非公企业和30余家社会组织党建工作台账。设有非公党组织62个，其中独立党组织29家，联合党组织33 家，党组织覆盖率达96.4%。“领帮建”工作机制获2017年度朝阳区社会领域党建工作十大品牌称号。

（陶梦月）

【党政群共商共治工程实施】 年内，实施党政群共商共治工程，实现11个社区议事厅全覆盖，设10个小区楼院议事会，初步形成楼院—社区—街道三级共商共治平台。投入1074万元，完成5个大类66项党政群共商共治项目，其中街道层面15项、社区层面51项。

（陶梦月）

【疏解整治促提升】 年内，疏解区域性市场八里庄南里、炫特家园2处，面积2986平方米，清理商户近300户978人；整治开墙破洞148处，调减人口210人；拆除违法建设48处7895平方米，调减人口176人；取缔占道、店外经营行为330处，疏解人口247人；取缔无证照餐饮35家，疏解人口131人；清理群租房15处，疏解人口84人；清理人防工程13处，疏解人口568人。完成甜水园大街、朝阳公园南路2条优美大街建设。

（陶梦月）

【社区建设】 年内，推进社区减负工作，集中清理11个社区办公场所内外的组织机构牌匾，清理各类机构牌匾122块。通过开展居民阳台种植、推广社区微信公众平台、建立橙光守望治安巡逻队等措施推进道家园绿色智慧平安社区建设。推进六里屯北里、八里庄北里等三星级智慧社区和五星级智慧社区升级工作。

（陶梦月）

【安全隐患排查】 年内，开展“护航”“深耕”“金秋”专项行动，把企业自查、社区普查、专项监察、包片督察、重点难点联合整治的“四查一整治”工作机制贯穿工作全过程。出动检查力量2.56万余人次，检查社会单位3.21万余家次，发现整改隐患3821处，整治群租房20处，关停生产经营企业42家、临时查封99处，罚款91.9万元。

（陶梦月）

【公共文化服务】 年内，街道组织开展各类文体活动和培训讲座近100场，包括开展12期国学班和传统文化传承品牌活动，参与居民万余人次；开展“迎新春，送春联”“喜迎十九大，永远跟党走”“全民健身健步走”“炫舞朝阳”“森林演出季”等惠民文化活动26场次；各社区利用春节、元宵节、端午节等传统节日开展文艺演出80场次。

（陶梦月）

【社会保障】 年内，为416人办理城镇居民社会养老保险，为5343人办理城镇居民医疗保险。接转社会化管理退休人员165人，现有社会化退休人员5839人。为483人次申报医药费153万余元。岗位开发2998个，回访用工单位454次，免费技能培训156人，职业指导42场560人次，624名失业人员实现就业；城镇登记失业人员就业率达66.38%。创建7个充分就业社区。为地区老年人办理养老助残卡近万张，通过政府购买服务为辖区75岁以上高龄、空巢、失能2623名老年人提供专业社区居家康复助老服务5995人次。走访慰问残疾家庭675户，发放慰问金29万余元。完成1089名残疾人两项补贴的审核工作，为重残无业残疾人发放护理补贴及生活补贴46万余元，通过政府购买服务为地区260户的残疾人提供基础居家生活照料服务。

（陶梦月）

【社区居委会】

名称	地址	电话
1. 秀水园社区居委会	水碓子北里4号楼西平房	85961850
2. 碧水园社区居委会	甜水园北里6号楼北侧平房	65060726
3. 甜水园社区居委会	甜水园东里甲8号	65024571
4. 道家园社区居委会	道家园甲4号北侧	65021629
5. 八里庄南里社区居委会	八里庄南里8号楼1层南侧	85831049
6. 八里庄北里社区居委会	公园1872小区215楼一层	85918762
7. 晨光社区居委会	晨光家园B区324楼	85842390
8. 十里堡北里社区居委会	十里堡北里11号楼西侧	85831774
9. 六里屯北里社区居委会	丽水嘉园1号楼	685070871
10. 炫特家园社区居委会	炫特家园1号楼B2座	85856772
11. 甜水西园社区居委会	甜水西园甲12号楼	88597219

（陶梦月）

麦子店街道

【概况】 麦子店街道始建于1987年9月，位于朝阳区中东部。东起东四环，西至东三环，南临朝阳公园南路、农展南路，北接机场高速。辖区面积6.5平方千米。下辖5个社区。地区常住人口10338户、51542人，流动人口为7373人，外籍人口9237人，其中户籍人口9002户、22361人，有汉族22596人，新出生270人。辖区有法人单位4386家，有美、法、日、韩等13个国家的大使馆，有上海合作组织秘书处、中国—东盟中心为代表的国际组织等涉外机构。有公立幼儿园、小学、中学各1所，各类民办学校和教育机构11所。社区卫生服务站3所，社区养老驿站3处。21条公交线路途经辖区，地铁10号线、14号线贯穿其中。社区服务中心、国际社区服务中心各1个。绿化覆盖率71.6%。年内开展疏减、提升、大气污染防控、宜居环境改造、背街小巷治理和打造国际文化亮点等重点工作，实现指标任务超额完成。地区财政收入33.66亿，比上年增长6%；征收房产税53065.15万元，比上年减少39.03%。街道获"首都劳动奖状"，北京市交通安全工作先进单位，劳动监察工作获市级表彰。

地址：朝阳公园西里南区6号楼

邮编：100125

电话：58260700

邮箱：mzdjd2016@126.com

（曹荣贵）

【交流学习】 4月22日，团市委国际联络部副部长崔竞、古巴驻华大使馆古巴共青盟秘书长文贝托•裴纳多带领50多名古巴在华留学生、对外经贸大学学生参观麦子店街道国际社区服务中心，在现场学习剪纸、学画京剧脸谱等。7月14日，重庆市九龙坡区委常委、政法委书记陈三惠带领九龙坡区建设局、园林局、规划局有关领导和重庆彩云湖板块国际社区建设工作组的成员到街道参观考察麦子店国际化社区建设。9月1日，以泰国社会发展与人类安全部、家庭发展与福利处处长泰帕万•波娜瓦莱为团长的泰国青少年工作者代表团一行6人到麦子店街道社区服务中心参观考察，了解街道国际化社区建设和有关青少年教育实践活动的开展情况。9月19日，台湾高雄、彰化地区近30位基层负责人到街道学习交流社区治理经验。10月14日，由旁遮普省青年部部长杰伊尔•汗扎达率领的巴基斯坦大学生参观团到街道社区服务中心参观，实地了解基层治理及社区便民服务等情况。

（戴德生）

【社区治理研究基地成立】 6月24日，街道与北京联合大学合作，成立麦子店社区治理研究基地。双方共同探索社区治理实践与高校理论研究深度结合的治理模式，提高社区治理基地的实践价值和社会影响力，推进共商共治深化发展。

（张　妍）

【街道第五届归侨侨眷代表大会召开】 7月6日，召开第五届归侨侨眷代表大会，38名归侨侨眷代表参会，第四届侨联主席贾粤力做侨联工作报告。大会选举产生第五届侨联委员7名，牟彤、张洁、张仲燕、张琳珠、袁怡、秦晓都、贾粤力。街道侨联第五届委员会第一次全体会议，选举贾粤力为侨联主席，牟彤、张仲燕为副主席，张洁为侨联秘书长，袁怡、张琳珠、秦晓都为侨联委员。

（唐　丽）

【街道文学艺术界联合会成立】 7月8日，街道文学艺术界联合会成立暨第七届"国际社区文化季"开幕式在凤凰国际中心举办。国家一级演员、著名评书表演艺术家、中国文学艺术界联合会第十届荣誉委员刘兰芳出任街道文联主席。街道文联成员单位、协会团体、文化名人表演各自带来的节目，同时发布本届文化季系列活动之原创文化作品——现代京剧《麦家人》的公演信息。

（李会应）

【街道第二届妇女代表大会召开】 8月23日，街道召开第二届妇女代表大会，98名妇女代表参会，街道群团办主任郭爱华代表街道妇联第一届执委会做工作报告。会议选举产生街道第二届妇联执委31人。街道妇联二届执委第一次全体会议，选举刘丹为主席，唐丽为专职副主席，马立文、杨丽欣、张冰为兼职副主席，有委员26人。

（唐　丽）

【“一带一路”主题文化活动】 12月6日，由街道和北京国际汉语学院联合承办“友来友往•丝路风情”主题文化活动在国际社区服务中心举行。活动通过文艺表演、老北京文化展示和实地体验等形式，打造新的文化交流品牌，深化“丝绸之路文化之旅”。文艺节目由社区居民与汉语学院学员共同演出，体验观光环节分为庙会体验区、国际化社区教育成果展、中国传统文化体验区、主题国家文化展示等。

（李会应　叶　超）

【环境整治】 年内，完成农展南路等3条优美大街建设项目，完成霞光里35号院优美小区建设和30号院雨水、污水分流项目，完成麦子店街8号院东侧路、亮马河滨路、碧湖居南路等7条背街小巷的治理。路平、坡道、绿化廊亭及隔离栏改造，以及楼道粉刷、社区大门改造等街道问政项目全部完工。三环路绿化改造、枣营北里海棠花园建设等6个项目增绿3000余平方米。完成枣营北里社区图书馆原拆原建项目土建、五个社区居民议事厅和农南养老服务驿站改造及东直门干渠（枣南社区东段）200米河湖沿岸整治。

（董建英　刘　丹）

【疏解整治促提升】 年内，拆除违法建设50处、面积2455平方米。治理开墙破洞74处、拆除违法设置广告牌匾68块，恢复绿地设施8处。核查辖区内1859家用人单位，调减1100人。完成20户违法群租房治理，疏解人口163人，完成流动人员注销1549人。更新维护190个标清视频监控摄像头。完善9条道路的交通设施，查处非法停车场9个。整治无照经营类占道经营63起，处理网格案件25148件。

（董建英　王　正　金哲浩）

【安全生产】 年内，编制印发1000册《麦子店街道安全生产典型案例选编》，组织辖区41家单位成立安全生产自律协会和工作站。检查发现安全隐患7400处，开具责令限期整改检查单1533份，消除安全隐患7300处，企业排查覆盖率达到100%。

（金捍东）

【劳动监察】 年内，对342家单位进行劳动监察检查，劳动监察立案78家。完成200家新增用工单位的网格化系统录入；完成系统内1800余家单位信息更新；完成地区13处在施工地及18家分包单位的排查；为170余名农民工协调发放工资58万余元。

（李　京）

【社区建设】 年内，修订《公益金使用管理制度》《常态问政金使用管理制度》，25个楼院中有17个楼院议事厅用房得到落实。社区创享计划28个提案，获26万元资金支持，解决一批社区老大难问题。开展智慧平安社区创建活动，启动132个楼门文化建设，覆盖率达90%。推进“家楼共治”“家社共育”，形成农展南里2号楼“立体四合院”为代表的楼门文化品牌。5个楼门被评为朝阳区“小楼门大天地”活动优秀项目，农展南里社区2号楼列为朝阳区楼门文化建设观摩点和社工培训基地。开展市级社区教育成果展示和“百姓书场”、中外居民过大年、古巴国家主题文化周及社区文化季等系列活动。

（尉全金　杨　靖　李会应　白广冀）

【社会保障】 年内，地区城镇登记失业人员就业率达78.31%，城镇登记就业困难人员就业率达71.9%，开发就业岗位680个，5个社区均被评为朝阳区充分就业社区。办理城乡居民养老保险新参保手续7人、续保66人，办理低保、重度残疾人减免手续31人。城镇居民医疗保险报销486人次，报销69万余元。为低保家庭62户110人办理最低生活保障金待遇受理业务。为80余名残疾人依照政策办理残疾证、无障碍家居环境改造，为100余人分别办理助残券、康复补贴、免费家政、白内障复明手术等。开展“爱心汇聚 春暖麦家”捐助活动，募集善款95270元、旧衣物968件，6户困难家庭实现精准帮扶。走访668户空巢、独居老人家庭。枣营北里社区养老服务驿站启动运行。

（余国柱　魏　东　刘　丹）

【食品药品监督管理】 年内，开展各种专项检查20余次，个体许可受理28户，食品流通现场核查176户，餐饮现场核查93户，巡查570户次，实现“阳光餐饮”企业154户。立案36件，接投诉举报401件，解决390件。

（马学军）

【法律服务与援助】 年内，在霞光里社区设立法律援助联系点，完善“一社区一法律顾问”制度，参与调处各类纠纷45件，提供法律援助15人次。调解矛盾纠纷489件，涉及当事人1178人，调解成功475件，成功率97.1%。

（杨　靖）

【双拥共建工作】 年内，打造“社区教育进兵营”品牌工作。以“贴心关怀进社区，技能服务送部队”为主线，培训官兵1200人次。将共商共治工作方法运用到优抚军休人员管理服务中，年初问需、年底问满意度，主动拓展和丰富服务活动内容。

（杜剑英）

【工会工作】 年内，出台《麦子店街道企业工会与社区联合工会联席会议制度》《麦子店街道总工会创建“精品一条街”实施方案》，建立微信公众账号、维护QQ群及APP服务等媒体互通互联，实现“线上宣传活动，线下开展活动”。开展“两节”送温暖、健步走、单身青年联谊、职工运动会、区域联席等系列活动，丰富地区广大职工的业余文化生活。

（郭爱华）

【党建工作引领】 年内，街道建立18项党建工作制度，编印《麦子店街道社会领域党建工作手册》，完善6个楼宇服务站，在非公企业建立5个党建活动阵地。向12个社会组织派出社区党委成员，聘用20名退休老党员担任非公企业党建工作指导员。针对非公企业特点，各服务站、非公企业党支部（含联合）建立微信群44个、QQ群3个。每季度组织楼宇专职工作者和党建指导员进行党务业务培训、开展经验交流。

（王建新）

【党风廉政建设】 年内，修改完善《党风廉政全程纪实内容清单》，排查78处风险点，签订责任书193份。聘请第三方专业机构开展明察暗访，采用电话访问和入户访问相结合的方式进行问卷调查，全面防控基层“微腐败”问题。出台《麦子店街道加强运用监督执纪“四种形态”八项工作机制》，按月统计上报“第一种形态”各类数据，全年组织开展约谈21人次、民主生活会2次、谈话函询3次。

（徐进华）

【社区居委会】

名称	地址	电话
1. 霞光里社区居委会	霞光里30号院5号楼二层	51302817
2. 枣营北里社区居委会	枣营北里30号楼	65928551
3. 枣营南里社区居委会	营南里21楼前平房	65089525
4. 朝阳公园社区居委会	朝阳公园西路9号北小楼	65383824
5. 农展南里社区居委会	农展南里3号楼	65915230

（曹荣贵）

潘家园街道

【概况】 潘家园街道成立于1984年，位于朝阳区东南部。东与南磨房乡、十八里店乡相接，南与丰台区相邻，西与东城区隔河相望，北与劲松街道相连。辖区面积3.4平方千米。下辖12个社区。年内，有常住人口约13万人，流动人口3万余人。其中，户籍人口32186户、79370人，新出生734人。有中国医学科学院肿瘤医院、肿瘤研究所、北京工业大学研究生院等不同隶属关系的企事业单位1400家。潘家园旧货市场、北京古玩城、天雅古玩城、河南大厦、陕西大厦、广西大厦坐落其间。有中、小学校和幼儿园11所。有老年公寓1处、夕阳红驿站4处、温馨家园2处。社区教育中心、文化中心、图书馆、老年大学各1所，居民活动站12处，社区文化广场2处。30余条公交线路途经辖区，地铁10号线、14号线贯穿其中。有762平方米为民服务大厅、1316.55平方米文体中心、2170平方米社区服务中心。辖区绿化覆盖率为20.6%。年内开展党建引领、疏减提升、环境治理、民生福祉、安全保障五项重点工作，自觉下“先手棋”、打“主动仗”，促进工作落实，完成多项疏解任务。实现区级收入22005万元。获北京市2017年献血先进单位、北京市2017年交通安全先进单位。

地址：松榆里43号楼

邮编：100021

电话：87381916

邮箱：pjybgs@bjchy.gov.cn

（高　辉）

【市领导调研街道养老服务工作】 6月29日，副市长王宁到华威西里社区养老服务驿站、松榆里社区养老服务驿站检查调研专业化运营养老工作，副区长王志勉陪同。驿站负责人就驿站前期投入、运营成本、预算、资金计划及运营情况、下一步发展方向和目标进行汇报。8月30日，市委副书记、代市长陈吉宁率领市相关职能部门负责人，到松榆里社区调研养老工作。陈吉宁强调，完善以居家为基础、社区为依托、机构为补充、医养相结合的养老服务体系，探索形成专业化运营新模式，通过更加专业精准的服务，不断提高养老服务水平。

（高　辉）

【疏解整治促提升】 年内，街道完成违法建设拆除、占道经营、无证无照经营和开墙破洞整治、城乡接合部整治改造、疏解区域性市场、地下空间和群租房整治任务，涉及人口11461人，完成任务519.3%。其中，完成4个市场的疏解升级工作，涉及人口4920人，完成任务166.7%；治理“散乱污”企业24家，涉及人口54人；治理区挂账群租房53户，涉及人口413人，完成任务530%；整治无证无照经营52户，涉及人口228人；关停住人工程83处，涉及人口3596人；拆除违建16180余平方米，涉及人口2250人。按照以房控人、以业控人原则，建立完善户籍人口、常住人口、流动人口3本人口台账，调控人口10080人，完成率为208.6%。

（高　辉）

【消防安全】 年内，检查社会单位7000余家次，消除整改安全隐患5500余处。组织社会单位、地区居民开展消防培训120余次，消防演练50余次；张贴宣传材料2万张，向居民发放消防安全一封信5万余份。

（高　辉）

【党建工作】 年内，街道工委签订党建工作责任书133份。查找失联党员315人，全部纳入组织管理。查找流动党员325人，纳入属地管理63人，参加组织生活的63人。开展培训3次，党员培训班78次，培训覆盖党员人数2544人。在社区教育中心（创享空间）建设区域化党建服务中心和社会治理研究中心，走访603次，解决问题65件。实施基层党组织服务群众项目38个。各社区签订党建共建协议40余份。“潘家园先锋党建”党建平台APP及“潘家园党建”微信公众号试运行。成立2家非公党支部，非公企业党组织覆盖率100%，60余个社会组织成立临时党支部。围绕“两学一做”学习教育，开展“走清建树”，加强支部建设和党员队伍建设。年内召开党员大会440余次，召开支委会1300余次，组织生活会110余次，7000余名党员参与民主评议，开展谈心谈话活动72次。

（高　辉）

【市区挂账任务专项整治】 年内，街道采取专项整治、联群联动、阵地控制等形式，开展联合执法1000余次，清理游商316人次，拘留“号贩子”11人，收缴黑摩的1600余辆，现场销毁600辆，1处市级、2处区级挂账乱点全部销账。

（高　辉）

【社区建设】 年内，推进潘家园社区服务站“减员增效”、松榆里和松榆东里社区服务站“一站多居”改革试点。项目化购买社区办公和物业服务。智能升级改造2个老旧车棚，升级改造社区服务中心硬件建设。成功创建华威北里和松榆里绿色智慧平安社区。新增持证社工8人。开展群众安全感入户走访3万余户，调查数据显示，全年群众安全感平均值为90.5%。完成北汽小区平安示范小区建设。对地区1703套门禁系统进行日常维保，安装防爬刺4975延米。在5个社区安装监控系统82个。

（高　辉）

【社会动员工作】 年内，街道社会动员中心揭牌投入运营，引入30余家社会组织、7家协会商会及联合会、2家基金会、2家研究所、5家社会企业入驻。在区民政局注册成立社会组织联合会，孵化培育自有社会组织128支，购买市、区社会组织服务项目6个，获批资金60万元；自购3个社会组织服务项目开展社区创享计划；新注册志愿者42人，开展志愿者服务项目24件，组织志愿者服务活动65次，受益人群3万余人。

（高 辉）

【居家安全整洁行动】 年内，深化“居家安全整洁”行动，有序进行安全生产和消防隐患大清理大排查大整治，清理楼道堆物堆料上万件，消除隐患5597处，改造、更换高危电梯24部，安装家庭燃气报警器和自闭阀200余套，微型消防站实现全覆盖，可防性案件比上年下降50%。

（高 辉）

【矛盾调处】 年内，开展矛盾纠纷排查12次(重点6次)，接待信访群众102批306人（集体访12批221人），办理网上政民互动案件3400件，受理北京市网上信访信息系统52件。悬挂宣传横幅28条，张贴海报30张，发放信访条例5000本、宣传折页2000份、宣传纪念品4000份，宣传活动全覆盖。

（高 辉）

【安全生产专项行动开展】 年内，开展“百日护航”“护航深耕”和“大排查、大整治、大清理”等安全生产专项行动。安全生产执法检查4244家，立案32起，处罚8.1万元，消除隐患1597处。完成安全生产责任保险110家、“一企一标准、一岗一清单”项目11家，创建安全生产标准化企业40家。

（高 辉）

【社会保障】 年内，开发就业岗位3000个，完成任务指标103%。城镇登记失业人员实现就业率62%，完成年度任务指标100%。完成115人的技能培训。为840名灵活就业人员按时办理审核上报存档手续，为720名灵活就业人员按时办理停险、减员等转出手续。办理灵活就业、失业人员退休审批211人；办理60岁以上老年人老年证（外埠）651人；申请审批发放90岁高龄津贴383人，100岁以上高龄津贴9人，发放高龄津贴44.12万元。发放北京通养老助残卡4184人。新建华西、武东和松榆里3个社区养老驿站，升级改造松西社区夕阳红驿站；完成磨房南里、潘家园南里2个社区养老驿站选址。通过政府购买爱侬、九龄丽湾、金太阳社会组织养老服务项目，为地区老年人开展日间照料、呼叫、助餐、健康指导、文化娱乐、心里慰藉6项服务功能。助学32名贫困大学生。解决劳资纠纷问题7批次，涉及43人次，涉及金额5.3万元。

（高 辉）

【环境整治】 年内，开展开墙破洞、违规牌匾、暴露垃圾等环境问题整治，提升青艺小路（华威北里U型路）、东南郊灌渠路、松榆南路北侧等道路两侧的综合品质。完成松榆东里老旧小区、武圣东里20号楼优美小区改造。开展“居家安全整洁”行动，清理462幢楼6990户居民楼道近万件堆物堆料。1月至12月，处理城市网格化管理案件30861件，结案率99.1%。环境问题立案处罚959起，罚款13.14万元；处理热线举报5602件、小广告停机108起；取缔大排档、露天烧烤点位43处。开展联合执法25次，行政立案102起，罚款54.05万元。无证照餐饮单位销账率达到100%；处理市环保组督查案件56件，举办环保宣传教育活动30余次。集中开展以散租式地下空间为重点的综合整治行动。按照“清空人员物品、拆除违章建筑、安装限电设施、实行封闭管理”的标准，关停住人工程83处，清退房间3098间，清退3596人，清退面积5.78万平方米。

（高 辉）

【社区居委会】

名称	地址	电话
1. 松榆里社区居委会	松榆里26楼104	87379160
2. 磨房南里社区居委会	磨房南里31号楼	67347090
3. 松榆西里社区居委会	松榆西里61号楼西侧	67303065
4. 武圣农光社区居委会	榆北路7号院9楼2层	87379079
5. 松榆东里社区居委会	榆东里15号楼014室	67358840
6. 武圣东里社区居委会	武圣东里社区居委会	67321802
7. 华威西里社区居委会	华威西里甲42号楼	87771754
8. 华威北里社区居委会	华威北里甲32号楼	67790170
9. 潘家园社区居委会	潘家园27楼2单元204	87783342
10. 华威里社区居委会	华威里翌景家园2号楼1A	87731033
11. 潘家园南里社区居委会	潘家园南里11号楼北侧平房	87715076
12. 潘家园东里社区居委会	潘家园东里1号楼北侧30米	67705015

（高 辉）

三里屯街道

【概况】 三里屯街道成立于1977年1月，地处朝阳区中西部。东起东三环北路，西至春秀路与东城区相接，南临工体南路，北濒亮马河，面积2.9平方千米。下辖7个社区。年内有常住人口5.8万人，外地人口1.8万人，境外人口2000人。其中，户籍人口13827户、37648人，汉族35215人，新出生366人。有社会单位5000余家（其中法人单位3925家），驻华使（领）馆97家，联合国驻华机构及国际组织驻华机构15家，涉外宾馆饭店5家，中央单位28家，市属单位47家，区属单位33家。有医院6家，托老中心1所、日间照料室10处，社区卫生服务中心2个、社区卫生服务站2个。有北京联合大学机电学院1所大学，2所中学，3所小学，2所幼儿园和2所涉外学校。途经辖区公交线路41条。有7000平方米为民服务大厅、2000平方米地区文化中心、有3处文化广场和1处24小时城市书屋，绿化率约为10%。三里屯街道地处CBD功能区的辐射区，是朝阳区经济文化发展最活跃的地带之一，也是朝阳区“时尚文化板块”的重要组成部分。培育并发展“三里屯国际时尚文化街区”品牌，打造“一街四圈”（三里屯酒吧街，三里屯SOHO商圈、机电院商圈、太古里商圈、工体商圈）特色功能区。作为朝阳区首批授牌的文化创意产业聚集区，地区形成集文化、休闲、娱乐、餐饮、体育、商贸等多种功能于一体的国际时尚文化街区。年内，街道围绕建设“美丽、幸福、人文、魅力”三里屯工作目标开展工作。实现地区财政收入16.95亿元，征收房产税1504万元，比上年减少18.5%。4个社区获市级文明单位称号，31个服务站获市级首都学雷锋志愿岗称号。

地址：幸福村1号

邮编：100027

电话：6416.5276

网址：http://sltjd.bjchy.gov.cn

（梁　悦）

【社区创享计划实施】 3月23日，召开2016年社区创享计划成果展示会暨2017年社区创享计划启动仪式。全年产生52个促进社区建设的提案申请书、49个涉及社区服务、社区安全、社区环保、社区文化等领域的优秀提案项目及团队、超过100位参与社区建设的居民带头人，发展500余位社区居民志愿者，开展活动近700场，项目完成率100%，服务受益超过1.5万人次。

（梁　悦）

【第十六届社区文化节举办】 4月23日至12月26日，举办三里屯第十六届社区文化节。内容包括乐跑、三里屯地区庆祝建军90周年合唱比赛、建党96周年文艺会演、炫酷之夜DJ邀请赛、重阳节诗书画雅集、朝阳森林演出季三里屯专场等系列活动。年内组织举办各类大型演出及文化活动21场，2万余人次参与。

（梁　悦）

【党政群共商共治工程】 9月，向地区人大代表、政协委员、社会单位与居民群众广泛征求意见建议，发放建议案征集表3000余份，征集各类意见建议400余条。采取项目说明、现场陈述、投票表决等形式，确定完成街道、社区层面党政群共商共治工程，涉及日常生活、环境秩序、公共服务、社会安全、社区建设等5个大类36项工程。

（梁　悦）

【市委书记调研】 11月21日，中央政治局委员、市委书记蔡奇带队到三里屯西街进行“疏解整治促提升”专题调研，就三里屯“脏街”整治及背街小巷环境全面提升工作提出要求，按照三里屯街区定位，把脏街打造成“净街”。保持街区干净整洁；合理规范街区业态，体现文化品位；保护好整个街区的生态；加大对整治工作及整治效果的宣传。区委书记吴桂英、区长王灏陪同调研。

（梁　悦）

【街道文联成立】 12月26日，街道文学艺术界联合会（简称三里屯街道文联）成立。街道文联以群众参与为主体，以地区文化资源共建共享为特征，是街道联系文化名人和文化工作者、联系社区文艺团队的桥梁和纽带。街道文联有成员39人，国家级文化艺术人才库戏曲专业委员会委员袁少海为名誉主席，北京电视台主持人高燕为主席。

（梁　悦）

【背街小巷治理】 年内，街道在“一横一纵一后街”（一横：雅秀北路；一纵：三里屯路；一后街：三里屯西街）建设中，完成1500米架空线入地，建筑外立面改造16幢楼、7万平方米，道路铺装4.5万平方米，新增绿化面积2万余平方米，治理8条背街小巷，建设小微公园4处、精品公园2处。

（梁　悦）

【疏解整治促提升】 年内，完成辖区164户“开墙破洞”集中整治，基本实现住宅楼无“开墙破洞”违法行为。拆除违法建设1.07万平方米，疏解1502人。清除建筑物屋顶广告牌匾142块，查处占道经营53处，整治无证无照餐饮单位74家，其他无证照经营75处，发放“门前三包责任书”327份，大气污染防治告知书357份，教育劝导商户37家73次，检查98个“三项整治”重点安全隐患点位。

（梁　悦）

【非公党建工作】 年内，围绕楼宇党建工作，拓展阵地建设，以提高楼宇党组织覆盖率为重点，建立独立党支部44个，选派楼宇党建指导员26名，非公企业党组织覆盖率达92.2%。对所属党员进行党组织关系排查，查找失联党员158名。

（梁　悦）

【志愿服务】 年内，创新服务形式、服务内容，围绕“志愿+”的模式，打造搭建关爱联盟“五个平台”，围绕“党建+志愿”的模式，打造推动区域化党建发展的平台；围绕“专业服务+志愿”的模式，打造鼓励企业践行社会责任的平台；围绕“随手公益+志愿”的模式，打造动员全民开展志愿服务的平台；围绕“回馈激励+志愿”的模式，打造创新回馈激励的平台；围绕“文化融合+志愿”的模式，打造文化带动社会建设的平台。推动非公企业参与社区建设，120家企业认领社区项目105个。

（梁　悦）

【安全生产检查】 年内，检查生产经营单位3100余家次，整改各类安全生产隐患2000余处。为100户低保家庭更换淘汰不合格燃气灶具，为252户独居老人安装燃气报警器和自闭阀，为3076户困难家庭发放安装独立式烟感报警器。配合消防部门查封存在较大安全隐患的场所34家，处理投诉举报13起，约谈企业负责人100余人次；立案处罚32起，罚金15.6万元。

（梁　悦）

【食品药品监管】 年内，对辖区2116户单位建立台账，开展专项整治30余次。抽检食品86批次255户次，立案96件，结案66件，罚没款120余万元。调查处理投诉举报、来信来访、政民互动、市长信箱、网格案件392件。

（梁　悦）

【城市管理】 年内，依托大数据管理，形成完备的城市运行管理指挥调度网。运用物联网、大数据和移动互联技术，建立视频监控智能应用平台和城市运行管理调度平台，街道职能科室、街长、巷长、重点社会单位配备装有管理平台的智能移动终端，确保及时发现、上传、解决各类问题。借鉴社会化管理思路，采用政府购买服务方式，由专业公司进行指挥调度中心的运营管理，确保24小时全天候运转。街道社会面防控、城市管理、安全生产、网格等逐步与指挥中心进行整合，提高发现问题与解决问题的效率。形成“六全四有”党建引领基层社会治理体系，构建“一轴四网”全统筹、基层组织全带动、管理力量全报到、共商共治全议程、社会各界全参与、百姓呼声全响应的“六全”工作格局。建立天上有网、地上有格、街巷有长、吹哨有响的“四有”工作机制，提升城市治理的精治、共治、法治。

（梁　悦）

【社会保障】 年内，开发就业岗位1697个。地区城乡登记失业人员就业率71.59%，城乡登记就业困难人员就业率75.56%。建立企业用人需求档案159户，城乡劳动者技能培训77人。申请创建充分就业社区6个。自主创业10人，带动就业43人。完成公租房84户、公租房补贴27户、市场补贴27户的备案工作。完成复核公租房207户、市场补贴复核45户签约57户、廉租补贴复核17户，公租房选房单发放122户。

（梁　悦）

【社区居委会】

名称	地址	电话
1. 幸福一村社区居委会	三里屯太平庄南里甲三号	64165638
2. 幸福二村社区居委会	三里屯幸福二村甲5楼一层	84604871
3. 北三里社区居委会	三里屯甲一号一层	64177960
4. 中三里社区居委会	东三里屯中三楼院	64162902
5. 东三里社区居委会	东三里屯中十一楼南侧平房	64173175
6. 中纺里社区居委会	中纺里九号楼北侧平房	65929071
7. 白家庄西里社区居委会	三里屯南路四号楼一层	65912776

（梁　悦）

首都机场街道

【概况】 首都机场街道成立于1960年2月，位于朝阳区东北部。东邻顺义界内的T3航站楼，南到天竺镇楼台村，西接顺义区天竺镇，北至顺义界内的空港保税区。辖区总面积12.23平方千米。下辖4个社区。年内有常住人口27605人，流动人口3933人，外籍人口43人。其中，户籍人口7693户、23084人，汉族22289人，新出生287人。有法人单位1658个，其中中央单位12家、市属单位11家、其他单位1628家。有医院1所，社区卫生服务站1个，社区服务中心1个，中学1所，小学1所，幼儿园4所。13条公交线路途经辖区，地铁机场线贯穿其中。有260平方米为民服务大厅、2300平方米地区文化中心、2处文化广场和2处24小时自助图书馆，绿化率为43%。年内开展人口调控、拆违控违、党政群共商共治工程、税源建设、疏解整治、安全消隐等重点工作，超额完成年度任务指标数。实现区级财政收入12346.92万元，比上年增长6.7%，征收房产税1619万元，比上年增长46%。获北京市2017年度市级交通安全先进单位。

地址：首都机场生活区西平街2号

邮编：100621

电话：64566971

邮箱：bjjcxzb@bjchy.gov.cn

（杨　征）

【党政群共商共治工程实施】 年内，街道党政群共商共治工程通过征集意见、建议、初选协商及问政会等渠道广泛听取地区群众意见、建议60余条，确定东平里小区道路改造工程、燕翔西里小区3幢楼宜居环境提升工程、居民文明养犬意识培育及实践项目和“正能量政出发”——整合新媒体资源搭建地区共商共治信息服务共享平台4个街道级项目，投入资金767万元。南平里社区邻里互助队项目、南平街加装座椅项目、南平里小区（45至47号楼）绿地环境维护项目、南路西里社区加装晾衣竿更换晾衣绳项目、西平街社区更换晾衣绳项目、南路西里社区绿地环境维护项目、西平街社区公益空间服务能力提升项目及南路东里社区公益空间服务能力提升8个社区级项目，投入资金12.17万元。

（杨　征）

【党建工作】 年内，研究制定《首都机场街道工委进一步加强基层党组织建设管理办法》，修改完善《机场街道基层党组织服务群众经费使用管理办法》。整改完成“两个专项治理”44项挂账问题，整改率100%。建立个性化责任清单50份，下发督办单77份，配套制定“周督办、月检查、季考评”制度。梳理基层党组织建设各项工作重点任务7个大类41项136条，接受区委组织部专项督查2次。完成28个党组织、632名自管党员、459名流动人口党员基本信息核查工作，完成率100%。走访地区64家非公企业，发放《非公企业与派驻党员联络卡》，完善非公党建信息管理系统，覆盖率达89%。社会组织益川社会工作服务中心和非公企业北京宏大天诚建筑工程有限公司成立党支部。

（杨　征）

【文化建设】 年内，完成《首都机场生活区文化发展回顾》约5万字文稿。开展“千场讲座进基层”活动，举办交谊舞、戏曲、声乐、书画4个类别40课时的培训，培训1800余人次。分别以蓝天飞鹰、特色传统、大美楼门、曼妙卡通为主题，设计、实施楼门文化建设，实现楼门文化全覆盖。结合中国传统二十四节气，打造南平里社区南平东里小区楼院文化墙。以政府购买服务的形式，请专业文化公司培训并组建合唱、交谊舞、戏曲、民乐4支品牌队伍，在2017年朝阳区品牌团队认定比赛中获得4项荣誉，戏曲队获得区级品牌团队称号。成立首都机场街道文学艺术界联合会，包括5位文艺名人、20余名社会单位人才参与。

（杨　征）

【疏解整治】 年内，整治“开墙破洞”点位130处，核减人口774人。签订2017年度《禁止和查处违法建设责任书》14份。拆除违法建设2300平方米，完成年度挂账拆违任务。

（杨　征）

【社区建设】 年内，3个区级政府购买服务项目（“掘金计划”——机场街道南平里社区居民参与式协商治理理念培育与实践项目、“自如行”计划——机场街道南平里社区区域便利出行网络构建项目、机场街道爱你就等于爱自己——爱在西里社区自治项目）、1个市级政府购买服务项目（首都机场街道“自如行”居民自治区域出行网络构建项目）在街道落地实施。“自如行”计划受到区领导关注，北京电视台和《北京晚报》《北京青年报》《都市新闻》等多家媒体进行报道。建设“社区之家”，开展青少年系列活动，丰富“第二课堂e书吧”品牌，打造“国门”专属“第二课堂”。申请并实施2个社区教育项目，获区教委资金支持10万余元。开展寒、暑假快乐营、科教进社区等活动20次。建立街道社会动员平台及APP，实现对志愿者、志愿服务队伍及志愿服务活动的规范化、动态化管理。对南路东里社区“阳光会客厅”、西平街社区西平里小区居民议事厅进行内部装修改造。创建3个交通安全示范社区，增加停车位344个

（杨　征）

【社会保障】 年内，完成就业九项重点指标。为2010年退休人员1人办理医疗补缴业务，办理社会化退休人员大额医疗救助1人，发放救助金1万元。为5250名退休人员报销药费17.47万余元；为2838人提供“一老一小”及无业人员参加医保手续；为1151人办理补换医保卡手续。为34户58人提供医疗救助、临时救助、丧葬补助服务，发放各类社会救助资金121.64万元。累计发放低保医疗救助、生活困难补助、城市特困人员生活补助等资金8.29万元；发放高龄老年人津贴5.14万元，“失智老人防走失手环”496个。对地区30户低保家庭开展调标复审，月低保金总额由45984.02元调整为47860.02元。开展“春风送暖”社会捐助活动，筹集善款9393元。为7名救助对象申请并实施慈善救助项目，使用慈善救助资金1.4万元。为3名去世伤残军人办理丧葬补贴1.54万元。发放定期抚恤金、伤残抚恤金、义务兵优待金、医疗减免、过节费等40余万元。为残疾人办理助残卡发放助残补助2.64万元，发放重残无业补助、特困残疾人补助、职康补贴、保险补贴等各项补贴15万余元，慰问金2万元，残疾人家庭无障碍改造8户。

（杨　征）

【人口计生】 年内，完成全国生育状况调查和7000余条流动人口管理系统（FIS）和户籍人口管理系统（PIS)核查工作；办理京籍和流动人口业务600余条；在人口宏观管理与决策信息系统（PADIS)中报送伤残特别扶助15户21人、失独特别扶助19户25人。开展“生育关怀慈善献爱”一元捐活动和“博爱在京城、博爱在朝阳”捐款活动，筹集善款2.34万元。“六爱暖心”系列活动发放慰问款、物10万元。推进“晨曦计划”，投入1万元为西平街社区的“宝宝屋”购买早教书籍、制作早教宣传册，与机场三幼携手开展早教活动。投入经费2.04万元在人口文化园更换5期宣传橱窗，投入4万元更换人口文化园地胶；16台自助发放机、67个药具发放网点发放计生药具12850盒。为1031名外来务工人员接种麻疹疫苗、流脑疫苗。

（杨　征）

【环境整治】 年内，完成10户“煤改电”工作，增容130千瓦变压器1处，安装电表10块，购买取暖设备40套，办理电卡10张，回收散煤3850块，炉具29套，清理居民私搭乱建4处。为地区100户特殊家庭（空巢老人、独居老人及残疾人家庭）免费上门安装家庭燃气报警器、燃气自闭阀，更新燃气软管。规范门前三包单位900余次；立案查处无照游商、黑摩的42起；非法小广告有效号码停机40起；拆除广告牌匾83处114块，拆除面积4593平方米。办理热线举报476件，督办、信访件67件，区监管通知单390件，网格单1869件。完成一般程序案件168件，简易程序案卷750个，罚款10.33万元。

（杨　征）

【矛盾调处】 年内，开展“护航”“深耕”行动，落实公共安全管理。解决历时5年的蓝天集贸市场腾退遗留问题；整改“三合一”及高危风险群租房台账17处，销账率100%。调处各类矛盾纠纷384件，调解成功率为100%，制作调解卷宗25份。诉前调解纠纷成功5件，未出现因纠纷调处不当而引发民转刑案件或群体性事件的情况。3个社区零发案、西平街社区连续7年零发案。

（杨　征）

【社区居委会】

名称	地址	电话
1. 南路西里社区居委会	燕翔西里2号楼北侧平房	64571565
2. 南路东里社区居委会	东平里5号楼北侧平房	64571579
3. 西平街社区居委会	西平街9号楼东侧平房	64579204
4. 南平里社区居委会	南平里23号楼西侧平房	64573848

（杨　征）

双井街道

【概况】 双井街道始建于1949年，位于朝阳区中西部。东起东四环，与南磨房乡相邻；南至劲松大街和广渠路，与劲松街道相邻；西至东二环，与东城区（原崇文区）相邻；北至通惠河，与建外大街相邻，辖区面积5.08平方千米。下辖12个社区。双井街道是CBD的服务保障区、居住人口高度密集区、老工业基地转型升级区、先锋文化聚集区，是连通首都功能核心区与市行政副中心的重要廊道。年内有户籍人口2830户、72506人，流动人口23712人，外籍人口3800余人，新出生856人。有企事业单位199家，幼儿园11所，小学5所，中学2所，老年大学1所，医院3所，社区卫生服务站5个。有养老机构6个。39条公交线路途经辖区，地铁7号线、10号线、14号线贯穿其中。有240平方米为民服务大厅、2700平方米地区文化中心、7处文化广场和3处24小时自助图书馆，绿化率为36%。年内开展“疏解整治促提升”专项行动、背街小巷环境整治提升、网格化精细管理、党政群共商共治工程等重点工作，取得较好成效。完成地区级财政收入5.71亿元，比上年增长近6%；完成小房产税征收2271万元。街道获得全国计划生育协会先进单位、全国法制社区建设示范街道、北京市献血工作先进单位等称号。

地址：百子湾南二路88号

邮编：100022

电话：87759533

邮箱：sjgxlb@163.com

网址：http://sjjd.bjchy.gov.cn

（杨丁虹）

【区域化党建】 年内，在“一轴四网”区域化党建框架下，夯实党建基础。105个社区党支部按时保质召开组织生活会。做活楼宇党建，打造益起成长、公益众筹项目。建立功能型非公党支部125个，覆盖地区非公企业830家，实现83.4%的覆盖率。成立双井街道非公企业党总支，成立23个社会组织党支部，

打造“爱心墙”“社区淘”等公益服务品牌。成立社区社会组织功能型联合党总支，实现社会组织党建全覆盖。做新党建平台，深化院街党建服务品牌，升级幸福双井社区卡，深化“六微模式”（微宣传、微学习、微服务、微管理、微活动、微发动），入驻商户205家，发卡量1万余张，举办“双井益起来”等数十场主题活动，增强社区卡知晓度、商户参与度和居民使用度。

（杨丁虹）

【疏解整治促提升】 年内，实施“疏解整治促提升”专项行动。拆除各类违法建设7445平方米，完成任务的338%。完成垂西便民市场、百子园8号楼北侧超市疏解工作。整治账外开墙打洞31处。巡查企业3212家，疏解211家，完成全年任务的196%。清理整治挂账“散乱污”企业1家。立案查处占道经营600起，整治无证无照餐饮单位21家、其他无证无照经营单位80家。清理群租房117处、普通地下室38处、人防工程8处，完成率198%。整治群租房、地下空间、无证照经营、开墙破洞、非法办学等违法违规行为，涉及6675人，完成任务的203.6%。《双井地区违法群租房治理工作经验》获得市级肯定。

（杨丁虹）

【环境整治】 年内，办结中央、北京市环保督察交办件57件。回收燃煤5000余块，完成33户“煤改电”工作，实现“无煤化”。落实“河长制”，改善地区河道生态水环境。开展“闭环式”垃圾分类源头减量试点工作，推广“互联网+垃圾分类”实践经验。整治“黑收费”乱象，组织30余次联合执法打击非法营运，收缴黑摩的51辆。开展集中整治无照游商、占道经营、环境脏乱等800余次，立案查处793起，清运无主垃圾800余吨，清除小广告13万余张，5处市级挂账乱点得到有效治理。

（杨丁虹）

【平安建设】 年内，开展安全生产“护航”“深耕”“金秋”专项行动，实施安全隐患大排查大清理大整治，清理可燃物800余吨，整改消除各类隐患6267处。通过国际安全社区复评，获得北京市安全生产先进单位称号。完成123家“阳光餐饮”工程建设任务，对299家餐饮经营单位和25家药品经营单位实施量化分级，重点经营场所食品药品抽验合格率达到100%。办理政民互动3300余件，人民调解委员会解决各类纠纷667件。完成街道层级应急预案体系编制工作。推进立体化社会治安防控体系，发动各类群防群治力量10余万人次。完成年度平安工程建设，为2527户居民家庭安装燃气切断阀和报警器。

（杨丁虹）

【共商共治工程实施】 年内，完善三级议事协商制度，推进党政群共商共治工程与政协委员进社区工作的融合度。投入资金1060余万元，完成ABC三级项目63项，融合类项目4项。垂西社区地下管线改造工程被列入区级项目。编写《党政群共商共治工程指导手册》和《美景与共——党政群共商共治工程案例集》，形成“共商共治双井模式”。

（杨丁虹）

【社区建设】 年内，深化社会治理体制改革，打造“理想国”社区之家示范点。制定《双井街道社区议事协商手册》，形成完整的居民议事制度。推进垂西社区市级自我服务管理试点建设，以“党建带社建”为中心构建微自治管理模式。完成3个智慧社区升星工作，建设九龙区级科普体验厅。对垂东等5个社区进行改造，打造九龙社区市级社区规范化试点，在4个社区开展社区“微家园”行动项目。完成214个楼门文化创建，建立“机关干部包路段”机制、“123”执法联队、青年干部突击队等，精细化治理向街巷楼门延伸。完成年度素质教育督导考核工作和社区未成年人、社区大课堂2个教育项目，开具就读证明192份。“向阳花坊”关爱失独老人品牌项目得到国家卫计委肯定。开展全国卫生区创建工作，通过市级健康示范单位验收。

（杨丁虹）

【社会动员工作】 年内，成立街道社区社会组织联合会，指导带动社区同类别社会组织健康发展。投入近300万元，实施政府购买社会组织服务24项、社区创享计划36个。推动社会志愿服务，青少年社会实践参与量8000余人次，“美井公益团”形成品牌效应；巧娘公益编织项目获评北京市2017年社会领域志愿服务示范项目。提质13个社区，完善全媒体动员平台。

（杨丁虹）

【社会保障】 年内，办理医疗救助、慈善救助、教育救助等3200人次、60余万元。走访慰问孤儿、高龄空巢老人等困难群众，发放物资60余万元。完成633名精神残疾人监护人护理补贴审核工作。深化“温馨家园”“残帮残”“居家助残”等品牌工程建设，为残疾人家庭提供服务2000余人次。投入资金近39万元，慰问困难残疾人1382人次，增加特殊人群就业116人。清华大学附属垂杨柳医院正式授牌，改扩建工程主体结构封顶。围绕居家养老服务构建“12345”为老服务体系，新增4家养老驿站，开展活动1000余场。全市首家PPP模式养老机构——恭和老年公寓投入运营。开发就业岗位2732个，发放各类资金补助805.78万元。审核保障类住房资格200余户。

（杨丁虹）

【文化建设】 年内，以“杨柳合和、富而好礼、九龙通惠、百望善行”为主题开展系列活动。组织完成清明踏青节、生肖设计大赛、社区微春晚等大型文化活动。挖掘地区历史文脉，“双井地区工业发展记忆”被朝阳区评为课题研究一等奖。开展文化惠民活动64场，开展合唱、舞蹈、音乐等服务7000余人次。老年大学新开班级4个，街道图书馆接待读者4500余人，“阅读悦美”等我爱读书系列活动受到居民欢迎。

（杨丁虹）

【社区居委会】

名称	地址	电话
1. 广和南里社区居委会	广和南里二条14号楼平房	67747556
2. 垂东社区社区居委会	垂杨柳北区14号楼西门	67754505
3. 垂西社区居委会	垂杨柳西里6号楼西平房	87772862
4. 广外南社区居委会	广渠门外大街22号楼平房	67751339
5. 广泉社区居委会	广渠门外大街甲28号楼15楼	87753405
6. 双花园社区居委会	双花园西里甲8号楼	67398192

名称	地址	电话
7. 光环社区居委会	双花园南里2区6号楼	87721692
8. 富力社区居委会	富力城天力街3号楼	58621739
9. 九龙社区居委会	百子湾路32号院南区5号楼	58263287
10. 九龙南社区居委会	百子湾南2路76号院5楼	87724721
11. 大望社区居委会	西大望路19号金港国际5号楼	87755016
12. 百子湾社区居委会	百子湾后现代城4号楼	87732860

（杨丁虹）

团结湖街道

【概况】 团结湖街道办事处位于朝阳区西部，成立于1979年12月，1981年1月1日起正式对外办公。东起水碓子东里、水碓子东路、朝阳体育馆西侧，南至呼家楼北街和二道沟北侧，西至东三环北路，北至农展馆南路。辖域面积约1.23平方千米。下辖6个社区。年内地区常住人口35418人，流动人口5498，外籍人口584人。其中户籍人口13657户、34652人，汉族32212人，新出生314人。域内团结湖路纵贯南北，与农展馆南路、团结湖北路、姚家园路、团结湖中路、团结湖南路、朝阳北路依次相交，各楼区间道路相互贯通，共同构成辖域交通网络。驻有中轻国际工程有限公司、国家烟草局培训中心等中央在京单位与北京青年报社等市属单位，有中专1所、中职1所、中学1所、小学2所、幼儿园2所、托老所1所、医院4所。绿化覆盖率37.24%。年内，疏解整治促提升成效显著，实现“零开墙破洞”街道，超额完成年度拆除违法建设任务20余倍，疏解关闭市场2个；推进老旧小区环境整治和25条背街小巷环境提升；安全环境大幅改善，消除各类安全和消防隐患1200余处，确保地区安全生产零事故；落实民生保障，完成驿站建设指标任务；交通微循环建设，有效缓解停车难、行车难问题，中路北等3个社区创建为交通安全示范社区；社区服务水平稳步提升，“彤馨工程”品牌建设进一步提升社区服务治理水平；坚持城市管理向街巷胡同延伸，实施“四长”管理机制；实现政府管理和社会自我调节与居民自治高度融合的新型社会治理模式。完成区级收入2.83亿元，比上年增长21.98%；个人出租房屋房产税征收1524万元，比上年增长26.74%。街道获“全国文明单位”“最具获得感的智慧社区先进单位”，以及“北京市就业创业工作先进集体”“2017年度北京市无偿献血先进单位”“2017年度北京市安全生产专职安全员队伍先进集体”“北京市工人先锋号”。

地址：团结湖北头条9号楼
邮编：100026
电话：85589999
网址：http://tjhjd.bjchy.gov.cn

（王艺漫）

【安全生产专项行动】 1月至4月，开展安全生产“护航”百日攻坚和“深耕”专项行动。组织检查组328个，发动社会力量和志愿者1550人次。检查社会单位3690家次；查出隐患836处，整改消除836处；取缔无照、非法经营摊商50个；拆除违法建设1108平方米；清理垃圾、堆物堆料及可燃物3000余吨；整治消除卫生死角190处；清理僵尸车近1000辆；封堵开墙破洞252户，疏解人口234人。

（王艺漫）

【同心统战工作室成立】 5月9日，团结湖街道一二条社区党委与民进朝阳区委签订《共建协议》，联合成立同心统战工作室，旨在发挥统战人士作用，同心同德、同心同向、同心同行，将统一战线工作纳入社区党委重要议事日程，支持和帮助统战团体搞好自身建设，发挥统战人士在社区建设中建言献策与民主监督的作用，开展扶贫济困、捐资助学、敬老助残等工作。

（王艺漫）

【信访宣传月活动】 5月26日至6月30日，开展“落实信访责任制，推动信访法制化”信访条例宣传月活动。设置宣传站点1个，悬挂信访宣传横幅6条，张贴信访宣传画2套，设置宣传板报2块，接受群众咨询9人次，现场解决矛盾2个，1000余名居民参与，发放《信访条例》《北京市信访条例》等宣传纪念品、宣传材料300余份，发放信访宣传袋2000个。

（王艺漫）

【“最美团结湖”艺术节】 5月至9月，主题为“乐享艺术，美好生活”的“最美团结湖”艺术节举办。活动由街道文化服务中心主办，包含“暮年童歌”朗诵大赛、“国色天香”戏曲比赛、“乐音缭绕”歌唱比赛、“湖音淙淙”音乐节、“翰墨淋漓”书画展示、“妙手生花”手工制作展示、“湖影随行”电影赏析嘉年华及“瑞彩蹁跹”舞蹈比赛8项内容，5000余名居民参与。

（王艺漫）

【“银丝港湾”成立】 6月21日，“银丝港湾”在三四条社区成立，有志愿者101人，服务老人50余户。“银丝港湾”为志愿服务（公益）组织，旨在为辖区高龄老人提供上门巡视探访等服务，解决开药困难、转诊治疗等问题。

（王艺漫）

【非物质文化遗产传承系列活动】 7月至10月，街道文化服务中心举办非物质文化遗产传承系列活动。开展传统书法、捏面人、画脸谱等专题活动20次，500余人次参与。

（王艺漫）

【街道第二届妇女代表大会召开】 8月25日，街道召开第二届妇女代表大会，100名代表出席。会议审议通过《团结湖街道妇联第一届执委会工作报告》《团结湖街道第二届妇女代表大会选举办法（草案）》，通过投票选举方式，选举产生第二届妇联执委会成员31人，其中主席1人、专职副主席1人、兼职副主席3人。

（王艺漫）

【街道社区社会组织联合会成立】 9月21日，街道成立社区社会组织联合会。有单位会员32个。社区社会组织联合会负责提供管理、指导、培训等支持，整合各类社会资源，健全“党委领导、政府负责、社会协同、公众参与”的社会管理平台。

（王艺漫）

【街道侨联第五届归侨侨眷代表大会召开】 10月11日，街道召开侨联第五届归侨侨眷代表大会，35名代表参会。第四届侨联主席做工作报告。选举产生第五届侨联委员5人，郑瑞美为侨联主席，陈丽娟为副主席，李晓锐为秘书长。

（王艺漫）

【工会建设】 年内，新增建会单位50家，新增会员500人。全年签订集体合同32份，覆盖企业292家，工资集体协商建制率达100%，百人以上企业建制率、已建立工资集体协商的企业续签率均达100%，职代会建制率和厂务公开建制率达100%。京卡办卡率96%，新增京卡办理673张。开展建会单位培训2次，覆盖会员200人。开展职工活动36场，服务职工万余人次。慰问困难职工37人，完成职工互助保险投保3.9万元，为7名患病职工赔付保险3.53万元。

（王艺漫）

【疏解整治促提升工作】 年内，拆除违法建设136处、7800平方米。完成团结湖路、姚家园路、团结湖中路、团结湖南路、团结湖北路及背街小巷300家“开墙破洞”商户封闭工作。完成团结湖北市场、北京盛煌天宇商品市场闭市疏解，升级改造北京金瀛农贸市场。检查人防工程2200次，发放人防工程安全检查整改通知单540份，排除安全隐患60起。清理群租房103户，消减流动人口2689人。

（王艺漫）

【环境整治】 年内，取缔无照经营460余起，暂扣经营商品千余件；暂扣“黑摩的”53辆；检查“门前三包”单位700余家次，规范“门前三包”单位364家，清理店外堆物堆料245次，规范店外经营225次；整治违规户外广告牌匾及LED显示屏116块；没收移动广告牌89块；没收街头散发广告3000余张，清除张贴、喷涂广告240余处，核录非法小广告160个；拆除地锁42个。组织各类治安志愿者1.5万余人次保障社会面防控，安装防爬刺1190.86米，改造监控探头23台，签订社会治安综合治理目标责任书1000余份，地区发生可防性案件30起，比上年下降46.4%。

（王艺漫）

【安全检查】 年内，街道与辖区353家生产经营单位签订安全生产责任书，对403家企业单位下达整改通知单，警告124起，查封11家，立案10起，罚款13.7万元。查处群众举报件81起。成立检查组57个，出动检查人员4778人次。开展联合检查9次，检查单位2772家。查处消防隐患323处，整改303处。开展消防培训36次，培训1685人。开展消防宣传活动36次，受教育人数1745人。发放宣传材料2202份，制作、安装消防宣传警示牌100块，发放张贴消防宣传提示13万余张。

（王艺漫）

【食品药品监管】 年内，联合执法30余次，查抄取缔无证照餐饮商户24家。调查处理食药投诉举报案件300件，行政处罚案件38件，罚款30余万元。完成食品药品安全监督巡查“四品一械”（食品、药品、保健食品、化妆品、医疗器械）1000余次；开展食药安全知识培训2次，参会者300人次；开展食品样品快速检测抽检100件，委托检验机构抽检监测96件，合格率100%。

（王艺漫）

【社会保障】 年内，开展34次健康大课堂、户外宣传、知识讲座活动，2200余人受益。学龄前流动儿童流脑、麻疹查漏补种552人，外来务工人员流脑疫苗接种205人、麻疹疫苗接种206人，老人流感疫苗接种3909人，核实死因漏报149人。完成对流动人口、娱乐场所、吸毒人员等高危人群的宣传干预工作。巡查劳动用工单位120家，专项执法检查3次，查处用工违法行为立案42件。查处拖欠工资事件8起，帮助11名来京务工人员解决劳动纠纷2万余元。辖区城乡劳动力实现就业352人，就业率为83.02%，其中就业困难人员实现就业239人，就业率为83.86%。职业技能培训49人，实现自主创业9人，带动就业39人，创建充分就业社区6个，采集空岗信息1405个，走访跟踪服务用人单位121户，就业困难求职人员实现就业比例84.05%。城镇居民医疗累计参续保2487人，办理社会保障卡补换卡业务3273笔，慰问社会化管理退休困难人员126户，受理自采暖补贴57人5.12万元。保障低保家庭108户181人，新申请低保4户7人，发放低保待遇金196.74万元。申请医疗救助194人次18.6万余元；核发丧葬补贴9人4.5万元；申请清洁能源补贴13人1.9万余元。发放优抚对象医疗减免0.72万元，伤残军人抚恤金68万元，定补资金21.5万元。

（王艺漫）

【矛盾排查化解】 年内，开展2次社会矛盾大排查，处理信访事项538件，信访件办结率96%；接待集体访4批、25人次；调解社区矛盾纠纷79件次；组织领导干部“接访月”活动2次，每天安排1名处级领导到信访接待室带班接待。接待群众信访13件次、21批次、30人次。

（王艺漫）

【居家养老服务项目实施】 年内，实施短期照料服务、助餐服务、助洁服务、助浴服务、精神关怀服务、拓展服务、志愿服务、教育培训服务、信息管理等10个辐射居家养老服务项目。完成送餐上门服务2043次、助医服务870次、助洁服务870小时、助行服务318次，“乐照料”2041人次，“乐无忧”200人次，“乐助浴”80次，“乐志愿”200次。老年心灵茶吧服务1200余人次。

（王艺漫）

【残疾人事业】 年内，走访慰问困难残疾人630人次，发放慰问金26万余元；为5名残疾儿童发放康复补助10.37万元；为2名成年智力残疾人办理康复补助；安置5名残疾人就业；为5名低保残疾人子女及残疾人学生申请“扶残助学”补贴；为57名残疾人办理城乡居民养老保险缴费补贴审核；为24户肢体残疾人进行家庭无障碍改造。

（王艺漫）

【社区居委会】

名称	地址	电话
1. 一二条社区居委会	团结湖北头条4号楼东侧	65824358
2. 三四条社区居委会	团结湖北三条16号楼	85971899
3. 中路北社区居委会	团结湖南一条8号楼	85982265
4. 水碓子社区居委会	团结湖水碓子24号楼	85986788
5. 南北里社区居委会	团结湖路21号楼1单元	85989524

（王艺漫）

望京街道

【概况】 望京街道成立于2000年6月，位于朝阳区东北部。东起机场高速路与酒仙桥街道、将台乡接壤，南起北四环路与太阳宫乡为界，西至京承高速路与来广营乡、大屯街道相望，北至湖光北街、宏泰西街与东湖街道、崔各庄乡相邻。辖域面积10.36平方千米。下辖22个社区(含1个坝北平房区、1个南湖渠三巷待拆迁区)。年内，有常住人口19.6万人，流动人口57376人，外籍人口1200人。其中，户籍人口35203户、91752人，新出生1397人。有法人单位5364个，其中中央单位35家，市属单位61家，区属单位541家，其他单位4667家。有医院3所，社区卫生服务中心1个，社区卫生服务站8个，科研院所2个，大学4所，中学7所，小学6所，幼儿园（托儿所）27个，养老机构1个。48条公交线路途经辖区，地铁13号线、14号线、15号线贯穿其中。有总面积3200平方米一体化的为民服务大厅、地区文化中心，有2处文化广场和7处24小时自助图书馆，绿化率为36%。年内，望京街道坚持党建引领、民生为本，突出治理惠民生。以疏整促为抓手，强化城市精细化管理水平，固化社会治理长效机制，以解决民生诉求为重点，力促提升群众安全感、满意度。实现地区财政收入37.34亿元，比上年增长27.3%；征收房产税3200万元，比上年增长17%。

地址：望京东园615楼。

邮编：100102

电话：64703102、84778841

邮箱：wjjd_xzb@126.com

微信：wangjingjiedao

（项　悦）

【“护航”百日攻坚专项行动】 1月16日，街道召开专职安全员工作会，部署安全生产“护航”百日攻坚专项行动工作。1月18日，召开地区“护航”行动工作会。建立以工委书记、办事处主任为双组长的领导小组，以危险化学品整治、建筑施工领域整治、烟花爆竹整治、消防领域整治等12个专项行动小组和22个社区参与“护航”工作机制。2月7日，召开“护航”百日攻坚工作推进会，在所有行业领域、生产经营单位，从“打、停、治、关、扶”五方面着手，以专项行动组为单位开展安全生产检查。年内，与辖区社会单位签订《安全生产责任书》7500份，出动检查组2037次，检查企业11956家次，排查隐患1988处，整改隐患1643余处，立案处罚44.497万元。

（项　悦）

【社区创享计划实施】 6月6日，召开2016年社区创享计划总结会暨2017年社区创享计划启动仪式。会议表彰2016年23个社区创享优秀项目和11位优秀协调员，宣布2017年社区创享计划正式启动。年内，通过居民参与、培育社区社会组织、链接外部社会资源、打造社区建设品牌，社区创享计划征集金点子139个，通过提案大赛支持各类型提案项目71个，其中社区服务类20个、社区融合类2个、社区文化类12个、社区环保类39个、社区治安类11个、社区管理类4个。支持项目从民生文化类向社会治理类倾斜。

（项　悦）

【街道第二届妇女代表大会召开】 9月4日，街道召开第二届妇女代表大会，来自地区金融、医疗、制造、教育、社区等行业和领域的90名妇女代表参会。会议听取和审议街道第一届妇联执委会工作报告，表决通过选举办法（草案）、总监票人、监票人、计票人建议名单。选举产生第二届妇联执委35人；办事处副主任李欣当选为主席，孔静怡当选为专职副主席，李楠、刘金花、宋颖当选为兼职副主席，有委员35人。新一届执委平均年龄43.9岁，中共党员25人，占71.4%；本科及以上学历24人，占68.4%。

（项　悦）

【街道第五届归侨侨眷代表大会召开】 9月18日，街道召开第五届归侨侨眷代表大会，40名望京侨界代表参会。第四届侨联主席杨桂香做第四届侨联委员会工作报告。会议选举产生望京街道第五届侨联委员会委员7名，贾琳当选主席，庞心田当选副主席，张云当选秘书长，陈香蕉、陈红、常金凤、魏秀华当选侨联委员。

（项　悦）

【社区图书漂流驿站成立】 11月1日，望京东园五区社区利用街道2017年创享计划专项资金，在宝星园102楼的亲子驿站、宝星园104楼的红色驿站建立2个社区图书漂流驿站。2个驿站藏书1200册，内容涉及亲子读物、健康教育、中外文学等。分别由退休教师陈幼珠和支部书记王宝泰提供无偿志愿活动。图书漂流驿站采取自助借阅的形式，免费向社区居民开放。

（项　悦）

【街道图书馆开馆】 12月25日，街道在望京为民服务中心举办望京街道图书馆开馆试运行开幕式。街道工委书记商建英、朝阳区文化委员会副主任马骏为图书馆揭牌，望京诗书画协会为图书馆开馆赠送书法作品。图书馆面积200余平方米，藏书约1万册，馆内设有藏书区、阅览区、亲子阅览区、数字阅览区4个服务区域，阅览座席62个，可提供无线网络。

（项　悦）

【社区建设】 年内，编制社区标准化建设手册，规范社区党委、居委会、服务站工作内容和关系。开展社工培训，培训全覆盖。完成大西洋和南湖西园二区绿色智慧平安建设和15个智慧社区建设，实现望京地区智慧社区建设全覆盖。建成望京西园三区、望京西园四区交通安全示范区和望京西园三区首都绿化美化花园式社区。开展111个楼门文化建设，建立志愿队定期维护机制，推动“微自治”品牌形成。花家地、花家地北里以社区整治提升为契机，探索自我服务管理模式，组建6支以社区居委会干部、党员、楼门长为主的违建排查队伍，拆除绿地内违建3万余平方米。花家地南里社区建成“智库议事厅”，阜荣街社区探索“建立微信群和网络议事厅，为社区15家大企业和上千家小企业”搭建互通有无、资源共享、互惠互利的工作平台“1+15+N”的非行政化区域自治模式。

（徐　罡）

【坝北平房区综合治理】 年内，街道在坝北平房区开展地毯式环境安全大湿化（洒水车洒水、降尘防火）、消隐环境大清理、房屋大清查、彩钢房大排查行动。对坝北9条主干道、18条人员主要通道及木板房消防安全妨碍逃生通道、无照经营堵塞消防通道进行整治；安装2处42组充电桩；挂牌11处垃圾站点；拆除240平方米违法建设，清退43号院所有租户。投资120万元，设置岗亭4个，配备小型消防车2辆，安装电动车充电桩200个。

（项　悦）

【环境综合治理】 年内，成立拆控违工作委员会和环境建设工作委员会，固化包片联系社区、网格监督、责任追究和周五清洁日、装修垃圾清运“六个一”等长效治理机制，健全“巡、盯、防、治”管理机制，坚持“五导”（强领导、勤引导、多疏导、善传导、严督导）工作法，出台实施“打击非法运营、取缔无证无照经营、举报拆除群租房”等奖惩办法。建立共享单车管理平台，形成信息反馈、现场管理、信息确认三级管理模式。取缔游商1500起、行政拘留140人。查处违章停车4.2万起，查处黑车、“摩的”530辆、行政拘留300人。开展秋冬季大气污染综合治理攻坚行动，完成540户煤改电工作，收缴散煤18.4吨、小煤炉100个。整改散乱污企业1处，查处违规企业13家，责令整改9家。清运社区内堆物堆料垃圾1200立方米。清退非农副商户，提升市场4家，完成任务133.3%。确定11条背街小巷整治和打造4条精品背街小巷的三年任务目标。构建涉及3条河道、5个社区的两级河长制管理体系。对花家地和花家地北里老旧小区实施拆违、绿化、平安、交通及自治的系列整治提升。实施望京体育文化休闲公园和京顺路、北四环、京承高速和广顺北大街“一点四线”城市景观提升工程。处级领导与包片社区居民组建10人以上的微信群，广泛收集居民对环境秩序意见142件。在10个老旧小区开展环境大整治行动。

（徐　罡）

【疏解整治促提升】 年内，街道结合望京国际人才社区和“四个望京”（文化望京、科技望京、和谐望京、宜居望京）建设标准，按照“精治、法治、共治”的要求，坚持“以房管人、以业控人、以拆减人”，完成市、区疏解整治挂账任务14项，疏解10061人；常住人口调控12913人。清理整治普通地下室10处，对5.3万间出租房屋实行动态监管，整治群租房38处。

（项　悦）

【安全生产工作】 年内，集中开展“护航”“深耕”“金秋”“圆冬”及“三大行动”，深化三本台账管理（基础台账、检查台账、隐患台账）和“体检”机制（A类企业月查，B类企业季查，C类企业年覆盖），实现“三个100%”（核查单位100%，宣传发动100%，责任书签订100%）。“三大行动”市级挂账任务完成97%，行政处罚200.4万元。其中，食药立案87件，处罚145万元；卫生处罚15.8万元；城管处罚23.5万元；安监处罚12.6万元；城建处罚3.5万元。

（徐　罡）

【矛盾调处】 年内，按照“化、控、处”原则，化解17件重点矛盾纠纷，处置嘉润小区居民与物业纠纷、大西洋社区居民与链家地产矛盾纠纷、中福百货与商户经济纠纷等10余起群体、金融、非法集资事件。全年接待信访106件298人次。

（徐　罡）

【社会保障】 年内，新装硬件设施涉及花家地北里、方舟苑等10个社区服务工作站，配置电子设备、便民设施15类。办理社会保险业务8502人次。新增失业人员摸查和指导率均达100%。发放救助、慰问、补贴22类，涉及42949人次、1383.29万元。委托第三方为地区3388名老人建立服务需求和健康档案。引进专业机构建设养老驿站4处，委托汇晨老年公寓开展居家养老服务。创建健康社区2个，为百户家庭制作健康档案。工会组建覆盖企业500家，涉及会员6001人，集体合同签订率达97%。20余种会员兴趣小组和文体关爱活动受益会员万余人次。

（项　悦）

【非公党建工作】 年内，以社区、楼宇、非公和社会组织四大板块为支撑，建设集党、工、青、妇、社会服务“五站合一”的商务楼宇党建服务平台5个。建立非公企业党组织联系点5个，新成立非公领域党组织12个，接收“两新”党员63人。完善基础台账1160家，派遣党建指导员1722名，覆盖率巩固在92%以上。

（徐　罡）

【社区居委会】

名称	地址	电话
1. 西园四区社区居委会	望京西园四区414号楼107	64706915
2. 西园三区社区居委会	西园三区304号楼2层	64716249
3. 望京花园东里社区居委会	望京中环南路11号院5号楼后	64735021
4. 望京花园西里社区居委会	望京花园西里9号楼2单元	84715085
5. 花家地社区居委会	花家地9号楼附属楼	84712125
6. 花家地北里社区居委会	花家地北里小区院内	64730512
7. 花家地南里社区居委会	花家地南里2号楼1单元	64733093
8. 花家地西里社区居委会	花家地西里109、115号	64716251
9. 花家地西里三区社区居委会	花家地三区平房	64719483
10. 南湖东园社区居委会	南湖东园210号楼1单元	64706917
11. 南湖中园社区居委会	南湖中园215号楼4单元	64706293
12. 南湖西园社区居委会	引领国际122号楼	64704359
13. 南湖西里社区居委会	南湖西里5号楼东侧	64709018
14. 方舟苑社区居委会	方舟苑小区5号楼	64780673
15. 大西洋新城社区居委会	大西洋529号楼	64720193
16. 爽秋路社区居委会	广顺南大街蓝色家园西门	64773107
17. 圣星社区居委会	圣馨大地（大厦）c座	64729766
18. 望京园社区居委会	望京东园503号楼	84781519
19. 南湖西园二区社区居委会	季景5号楼底商	52039158
20. 望京东园五区社区居委会	望京东园503号楼	84781519
21. 阜荣街社区居委会	佳美风尚小区1号楼2单元	84763124
22. 望京西路社区居委会	望京西路50号院7号楼	84784239

（项　悦）

香河园街道

【概况】 香河园街道成立于1987年11月，位于朝阳区西部。东与左家庄街道相邻；南与东城区接壤；西与和平街街道相望；北与太阳宫乡交界。辖域面积2.5平方千米。下辖9个社区。年内有常住人口46336人，流动人口10727人，外籍人口417人。其中，户籍人口14178户、33959人，汉族人口44931人，新出生人口361人。辖区有注册企业4801家，纳税企业3875家，规模以上企业单位50家。有煤炭总医院1个医疗机构，社区卫生服务中心1个，社区卫生服务站3个。有幼儿园9所，小学3所，中学2所。有北万怡园光熙长者公寓养老照料中心及各种为老服务机构5个。29条公交线路途经辖区，地铁13号线贯穿其中（12号线、17号线正在建设中）。有地区级文化中心1个，街道级文化中心1个，绿化覆盖率32.73%。年内，开展“疏解整治促提升”、党政群共商共治等重点工作，促进地区各项社会事业的发展。实现地区财政收入2.72亿元，比上年增长15.7%；征缴房产税7200万元，比上年增长116.73%。

地址：西坝河南里26号楼

邮编：100028

电话：64677044

网址：xhyjd.bjchy.gov.cn

（刘　颖）

【党建工作协调委员会召开】 4月12日，召开党建工作协调委员会大会。街道工委领导班子成员、地区人大代表、54家社会单位、社会组织主要负责人等80余人出席会议。街道工委副书记办事处主任、党建工作协调委员会副主任刘秀芹介绍2017年重点工作。与会人员就改善地区环境秩序的可行性措施和党建工作协调委员会如何助力地区发展等提出可行性意见建议。

（刘　颖）

【街道文学艺术界联合会成立】 5月18日，街道文联成立，文学艺术界名人和辖区文化骨干、社区居民600余人参加成立仪式。区文联主席谢莹、区文联常务副主席兼秘书长金童和街道工委书记董云增，为街道文联副主席和理事代表颁发聘书。李谷一当选主席，戴月琴等8人当选副主席，理事26名，下设香源艺术团、核心队伍16支，会员449名。

（刘　颖）

【街道第九届妇女代表大会召开】 9月5日，街道第九届妇女代表大会召开，90名妇女代表参会。会议听取和审议上一届妇联工作报告，选举产生第九届妇女联合会执行委员31名，妇联主席张秀云，副主席尹琦、白勇涛、许卫东、蒋学凤。

（刘　颖）

【党政群共商共治工程街道议事协商会】 9月28日，召开2018年度党政群共商共治工程街道议事协商会。街道主要领导、相关科室负责人、地区政协委员、人大代表、社会单位代表、居民代表50余人参加。会议收集社区层面议题11条。

（刘　颖）

【疏解整治促提升】 年内，街道“疏解整治促提升”专项行动涉及的8项任务全部完成。拆除违法建设3619平方米，整治开墙破洞18处，整治占道经营18处，清理整治人防工程5处，整治群租房20处，清理整治普通地下室28处，整治无证无照餐饮单位31起，整治其他无证无照经营单位58起，调减常住人口1894人。完成亚星园市场的改造提升，建成1300余平方米集农副产品经营、大型超市、主食厨房等生活服务为一体的大型综合市场；将光熙门北里北社区32号楼腾退的地下空间改造为集党建、学习、休闲为一体的党群活动服务中心。

（刘　颖）

【养老服务】 年内，整合地区4家优秀为老服务商，推出养老机构辐射社区居家养老服务项目，为地区老年人提供短期照料、信息管理、老年用品，及助医、助浴、助洁、助行项目，服务地区老年人2万余人次。提升养老助餐服务体系建设，街道在前期建立“独爱晚晴”老年人餐厅、设立社区用餐站点的基础上，柳芳北里社区用餐站点由“居民提前预订，餐厅送餐到站点”的用餐方式，升级成“餐厅送餐到站点，居民当场选餐”的用餐方式。堂食、外卖、送餐上门以及送餐到站点4种用餐方式，月均服务老年人5000人次。

（刘　颖）

【社区建设】 年内，完成街道、社区级共商共治项目64个，投入资金1121万元，解决环境秩序、便民设施、邻里情怀等民生热点问题。完成西坝河东里117号楼、西坝河南里28号楼、西坝河中里27号楼3个楼院议事厅的规范化建设。柳芳北里社区第三单元格进行老旧小区自我服务管理建设，实现居民自治。在北京中学建立市级“社区之家”示范点，在北京电视台推广。完成西坝河西里、柳芳南里社区“绿色智慧平安社区”建设。成立地区社区社会组织联合会。完成2个市区级政府采购项目，27个创享计划项目。深化“一刻钟社区服务圈”建设。依托光熙家园社区20个不同群体的微信交流群组，打造“俏妈帮的妙生活”特色品牌项目，线上形成团购群、烹饪群、笔会群等个性群组，线下组织爸爸讲科普、万圣节狂欢夜、读书分享会等主题活动。西坝河东里社区、西坝河南里社区试行服务站改革，设立2至3个综合受理窗口，梳理综合事务8个门类42项，绘制事务办理流程图3类，提高居民办事效率。7个社区完成“交通安全示范社区”创建工作。

（刘　颖）

【就业服务】 年内，通过四个对接（社保所与辖区单位对接、失业人员与单位双方需求对接、岗位要求与技能培训对接、素质提升与职业指导对接），促进就业。城乡登记失业人员实际就业率71.64%；城乡登记就业困难人员就业率69.12%；开发就业岗位1030个；登记失业人员技能培训50人。

（刘　颖）

【文化建设】 年内，举办“多彩文化季•魅力香河园”第十二届文化艺术节、喜迎十九大香河园街道朝阳公园专场等大型文化活动15场次，社区级文化活动164场次，参与群众2000余人。依托百姓周末大舞台、儿童话剧演出，为地区不同年龄层次的居民提供文化盛宴。云之鹤舞蹈队、金叶子舞蹈队参加北京市第十五届舞蹈大赛分获表演和创编二等奖、三等奖；国香京剧社、香缘合唱团参加朝阳区品牌团队认定比赛分别获得第1名和第2名；太极气功队伍获得区级比赛第1名，健身操队伍获得区级比赛第2名。

（刘　颖）

【消防隐患排查】 年内，召开消防协管员汇报会7次，社区党政负责人及综治工作主管人员、社区物业会商会10余次，出动检查人员580人次，对地区196栋居民楼进行逐楼逐层检查。发现较大隐患12077处，一般隐患976处，张贴自清告知书5300处，消除隐患980处，清理堆物堆料420车。检查六小单位550家，发现隐患480余件，处罚8家单位，清理“三合一”场所35家。完成615户困难家庭的燃气改造。

（刘　颖）

【环境整治】　年内，开展多项综合整治工作。区域内三环路沿线粉刷居民楼14栋、城市公共设施5650平方米，清洗墙体1.4万平方米，整治商户牌匾49块，实现沿线全见新、全整治、全规范。组织植绿护绿、节约用水、环境保护、垃圾分类、月末清洁日等宣传实践活动50余次，6000余人次参与，发放宣传册、宣传品6000余件。拆除社区私设停车地锁120余个，拆除西坝河东里小区违章机动车棚18处近200平方米，清理“僵尸车”47辆、“僵尸自行车”1120辆。实施“留白增绿”工程，建成光熙门北里北社区、南里中心花园、派出所西口、西坝河东里、光熙门北南社区等小微公园、口袋绿地23处；落实“河长制”，与区环保局、水务局进行工作对接，河清、岸绿、景美成为新常态。

（刘　颖）

【矛盾调处】　年内，排查调处矛盾纠纷11件。接收信访件91件，其中市长信箱、区信访网络信访件22件，办理完成22件。自接69件，办理完成69件，办结率100%。

（刘　颖）

【安全生产检查】　年内，开展“护航”“深耕”“金秋”“消防安全隐患排查整治”专项行动，在重大活动期间检查辖区生产经营单位2997家次，整改安全生产隐患3342处，其中立案32起，行政处罚10.3万元。

（刘　颖）

【社区居委会】

名称	地址	电话
1. 柳芳南里社区居委会	柳芳南里6号楼前平房	64607112
2. 柳芳北里社区居委会	柳芳北里甲14号楼	84514269
3. 西坝河南里社区居委会	西坝河南里20号楼前平房	64651709
4. 西坝河中里社区居委会	西坝河中里2号楼前平房	64676023
5. 西坝河西里社区居委会	西坝河西里4号楼	64296921
6. 西坝河东里社区居委会	西坝河东里107号楼东侧	64669324
7. 光熙门北里北社区居委会	光熙门北里甲6号楼平房	64272821
8. 光熙门北里南社区居委会	光熙门北里19号楼前甲20	64286009
9. 光熙家园社区居委会	光熙家园9号楼	59033492

（刘　颖）

小关街道

【概况】　小关街道始建于1976年，位于朝阳区西北部。东起育慧南路，与太阳宫地区接壤；南至元大都城垣遗址公园，与和平街街道交界；西邻北苑路，与亚运村街道毗邻；北至北四环东路，与大屯街道隔路相望。辖区面积2.58平方千米。下辖7个社区，包括53个居民工作组，63个居民小区，227栋楼房。地区常住人口6.8万人，流动人口10110人，外籍人口264人。其中，户籍人口14610户、47358人，新出生516人。有2756家机关企事业单位，高校5所，中学2所，小学2所，医院、社区卫生服务站5所。辖区内主要干道有北土城东路、惠新西街、惠新东街、安苑路、北四环路、安苑路，X条公交线路途经辖区，地铁5号线、10号线贯穿其中。地区有300平方米为民政务服务大厅、2800平方米地区文化中心、1个奥林匹克文化广场和3处24小时自助图书馆，绿化率为24.81%。年内开展治理开墙破洞、安全生产“金秋”百日护航、“一带一路”国际合作高峰论坛安全保障、人口抽样调查、创建全国卫生城区、中共十九大安全环境保障、全国文明城区复查等重点工作，各项工作落到到位、重大活动期间安全保障措施得力、各项工作取得显著成效。实现财政收入5.64亿元，比上年增长16.35%；征收房产税1098万元，比上年增长7.23%。年内，街道获全国精神文明先进单位、首都文明单位标兵、北京市人民调解工作先进集体称号。

地址：北四环东路13号楼108号院

邮编：100029

电话：64975980

邮箱：xgxzb@bjchy.gov.cn

（佟学艳）

【“护航”百日专项行动】　1月13日，街道开展安全生产“护航”百日专项行动。通过主要领导带队，处级领导带领分管科室包社区的方式，全员参与，地区未发生安全生产事故。年内，组织检查组967个，检查企业3037家次，处置非法、违法行为20起，整治违规违章行为2523起，排查一般隐患2586处，整改隐患2535处，整改率98%，安全生产处罚8.8万元。

（佟学艳）

【综治安全环境暨“两会”安保工作会】　3月1日，召开2017年小关地区综治维稳、安全生产、环境建设暨“两会”安保工作大会。街道、派出所、消防、交通大队、工商所、城管分队、食药所、各社区书记、主任及治保主任、环境主任和地区120余家社会单位负责人参加。会议总结2016年环境建设、综治维稳、安全生产工作，部署2017年重点工作。对北京天诺物业管理有限责任公司等20家社会单位、30名先进个人在安全保障工作中的突出表现提出表彰。

（徐凡伟）

【地区志愿者工作】　3月5日，街道在对外经济贸易大学图书馆报告厅举办小关地区首届“关之星”志愿者颁奖典礼。地区剪纸、民族舞、国标舞等文化能人进学校，自治骨干深入社区，“蓝马甲”“绿卫士”等志愿者队伍守护居民安全和环境卫生。区相关委办局领导、街道领导、辖区单位代表、地区人大代表、政协委员、社区工作者与地区500多位居民共同见证首批小关志愿明星的诞生。街道工委书记李钧代表街道工委、办事处以现场致辞的形式为志愿者点赞，为20名志愿者和15个集体获奖单位颁奖。

（佟学艳）

【督查两个专项治理落实情况】 6月10日，区委常委、纪委书记、监委主任席成坡带队到小关街道督导检查“两个专项治理”工作，纪检监察机关深化“为官不为”“为官乱为”问题专项治理和“严肃查处群众身边的不正之风和腐败问题”专项工作落实情况。街道工委书记李钧，办事处主任邢伟及领导班子成员陪同。席成坡强调“两个专项治理”工作要与街道各项工作同部署、同落实，街道主要领导要落实主体责任，结合区“疏减稳”工作目标，高标准做好背街小巷，开墙破洞等工作。

（佟学艳）

【疏解整治促提升】 7月13日，区委书记吴桂英到小关街道惠新北里调研千鹤三角地绿荫停车场建设项目，街道主要领导汇报2017年疏解整治促提升工作。街道在垃圾智慧分类取代人工废品回收、取缔无证无照经营、小关东街、惠新东街等社区将餐馆转型建立便民菜站、治理“开墙破洞”违法经营商户、城市环境秩序等实施全面提升。

（佟学艳）

【关爱文化节举办】 8月5日至10日，“喜迎十九大”街道基层文化展演启动，举办街道关爱文化节，坚持“贴近实际、贴近生活、贴近群众”的方针，以“小关大爱”为主题，以“关爱十万家”为活动主线，通过文化搭台，挖掘民间文化优秀作品，传播幸福生活理念，营造和谐家园文化，推动小关地区文化发展。街道精彩表演搬上奥林匹克公园棋苑广场大舞台。文化节期间开展文化主题活动5场、文艺演出3场，参与群众千余人。

（佟学艳）

【安全生产工作督导指导】 8月18日，北京市安全生产第一督察组对小关街道安全生产工作进行督察指导，工委书记李钧、办事处主任邢伟及班子成员10人参加。李钧书记从高度重视、周密部署，确保安全生产责任落实到位；注重日常安全监管，确保监督检查工作全面覆盖；深入开展排查整治，确保安全隐患及时整改到位三个方面向督察组就安全生产相关工作进行全面汇报。督察组由北京市安全生产监督管理局党组副书记、副局长唐明明带队，区安监局副局长袁裕中全程陪同，通过查阅资料、现场提问等方式对小关街道安全生产工作进行全面检查。

（佟学艳）

【第六届妇女代表大会召开】 8月30日，街道召开第六届妇女代表大会，84名地区妇女代表参加。会议由街道办事处主任邢伟主持并宣读上一届街道妇联工作报告。选举产生31名第六届妇联执委委员，徐霞当选妇联主席，钱世鑫当选专职副主席，辛昭瑞、陈园园、闫笑梅当选兼职副主席。

（佟学艳）

【创建国家卫生区启动】 8月31日，街道召开创建国家卫生区启动大会。副主任徐霞宣读《小关街道创建国家卫生区工作实施方案》，街道主要领导与创卫组负责人签订责任书。区卫计委副主任肖志峰参加会议并结合朝阳区实际，介绍创建国家卫生区工作背景，对重点、难点问题提出建设性意见。街道通过聘请病媒消杀公司老师讲课、专业知识培训、发放致居民的一封信、展板条幅显示屏宣传、社区入户宣传等形式呼吁居民齐动手，灭蚊蝇鼠蟑“四害”争创国家卫生区。

（佟学艳）

【流动人口示范单位创建启动】 9月26日，朝阳区流动人口健康促进示范单位创建启动仪式在北京西藏中学举行。国家卫计委、北京市卫计委、北京市教委、朝阳区卫计委、小关街道和西藏中学负责人参加启动仪式。来自全区43个街乡的计生干部、西藏中学学生800多人参加活动。西藏中学创建成为北京市唯一一家流动人口健康促进示范学校。创建包括青少年生理、心理健康，帮助树立正确的青少年恋爱、婚姻、生育、伦理观念等方面。

（佟学艳）

【程红检查“开墙破洞”治理工作】 11月13日，副市长程红到小关街道、和平街街道检查“开墙破洞”专项整治“断尾”行动落实情况。市有关部门、16个区主管副区长陪同检查。程红检查北四环东路内辅路、惠新东街、惠新西街、樱花东街、胜古东里、樱花园西街等路段“开墙破洞”专项整治点位，给予肯定。在小关街道召开市“开墙破洞”专项整治“断尾”行动现场会，各区县、各职能部门相关负责人参加。副区长王志勉介绍朝阳区各街道在推动“开墙破洞”方面探索和取得的经验。鼓励各街道要迎难而上，重拳出击消灭城市顽疾、打好攻坚战，圆满完成专项整治“断尾”工作。

（佟学艳）

【市宣讲团到地区宣讲】 11月14日，北京市宣讲团在小关街道举办“走进新时代，文明我先行”主题宣讲巡演活动。北京市公共文明协调办主任孙平出席并讲话，区公共文明协调办主任王峰主持，来自朝阳区10个街乡的500名公共文明引导员参加观看宣讲巡演。一线站台的公共文明引导员宣讲亲身经历和感人事迹，通过《暖暖柠檬黄》《大城小事》《不忘初心牢记使命》等故事，展示一批优秀文明引导员在工作中克服种种困难，勇于挑战、奉献自我的文明精神。

（佟学艳）

【惠新东街社区完成首届换届】 11月24日，惠新东街社区召开2017年居民代表大会。会议由惠新东街社区党委书记、惠新东街社区选举委员会主任梁开兵主持。选举产生首届社区居民委员会成员7名。依法选举产生惠新东街首届居委会主任、副主任和委员，柴清华当选为主任，汪杰、付莉莉当选为副主任，郜奥、马文艺、马霖、刘芳菲当选为社区居委会委员。惠新东街社区有65名居民代表参与投票选举。惠新东街是小关街道新成立的社区，依法完成选举首届居委会成员。

（佟学艳）

【政务服务中心正式启用】 12月18日，街道政务服务中心正式启用对外办公，街道政务服务大厅自5月开始升级改造，12月人员全部进驻，设施设备到位。大厅开放12个窗口，有8个综合性窗口，其中社保4个、住房1个、民生1个、计生1个、制证1个。有街道自设的2个税务窗口、2个社保卡窗口。大厅有社保、城建（住房）、民政、残联、计生、财务6个科室进驻。大厅设有窗口区、查询区、书写区、服务台、受理台、投诉台、后台办公区、档案室和等候区，配备意见箱、公示牌、应急药箱和饮水机方便居民取用。

（佟学艳）

【街道文联成立】 12月22日，街道文学艺术联合会成立。区文联负责人、街道有关负责人、驻区社会单位、地区文艺团体、7个社区负责人等100余人参加大会。聘任中国作协副主席李敬泽为顾问，聘任中国艺术研究院宗教艺术中心主任田青为名誉主席。选举计蕾为主席，李钧、邢伟为常务主席，温莉、张昱、李峰为副主席，9人为理事成员。

（佟学艳）

【细小微实出精品提升城市品位】 年内，街道以“细小微实出精品，精细化管理提升城市品位”为主题，将建设绿色生态停车场、垃圾智慧分类取代人工废品回收、改进环岛设计、雨箅子彩绘点靓城市环境、试点文明养犬、治理背街小巷结合起来，邀请市区媒体进行报道。其中，市区级报道31条、音频视频4条，北京电视台财经频道进行2分30秒的特别报道。

（佟学艳）

【社区居委会】

名称	地址	电话
1. 惠新苑社区居委会	惠新西街9号院1号楼1层	6481009
2. 惠新北里社区居委会	惠新北里8号楼（居委会）	64810092
3. 高原街社区居委会	高原街4号院门口二层楼	84626490
4. 小关社区居委会	小关北里204楼旁	64969797
5. 惠新里社区居委会	惠新西街18号南院惠新里居委会	64810091
6. 小关东街社区居委会	小关东街3号楼前社区居委会	64304909
7. 惠新东街社区居委会	惠新里226号楼南侧地下室	64921182

（佟学艳）

亚运村街道

【概况】 亚运村街道成立于1989年9月，位于朝阳区西北部，地处奥运主场馆核心区域。东起北苑西路与小关街道相接，西至京藏高速路与海淀区相邻，南至北土城公园与安贞街道为界、北抵安翔北路至炎黄艺术馆北侧路与奥运村街道、大屯街道相连。辖域面积5.13平方千米。四面环绕国家奥林匹克体育中心，三面环绕国家体育场（鸟巢）和国家游泳中心（水立方），是奥运功能区的重点区域。下辖10个社区。年内辖区常住人口78341人，流动人口11369户、31265人，境外人员320人。其中，北京市户籍人口17681户、47930人，本区户籍人口28488户、47076人，人户分离5410户，新出生548人。辖区有3481家单位，其中中央在京单位85家、市属单位120家、区属单位203家、非公单位3073家。有大学2所、中学3所、小学4所、幼儿园6所、成人教育学院1所，医院2家。有养老机构2家，有3000平方米的文体活动中心和1万平方米的全民健身园，10个社区文体活动室。70余条公交线路途经辖区，地铁8号线、10号线贯穿其中。年内街道以党建为引领，以疏解整治促提升为主线，以提高群众获得感、幸福感、安全感为目标，全面完成各项任务。实现地区收入10.92亿元，比上年增长6.7%；征收房产税66.8万元，比上年增长53%。亚运村街道被评为北京市文明标兵，获得北京市健康示范单位等称号。

地址：亚运村安苑里北里21号楼

邮编：100029

电话：64913007

邮箱：yycxzb@bjchy.gov.cn

（黄慧娟）

【区域化党建工作】 年内，做实“一轴四网”四级区域性党组织，上下联动形成领导核心轴。“四网”通过区域性党组织有效整合各领域党建要素，把基层党建工作与区域基层社会治理有机融合，促进区域联动，完成40余个服务群众项目、50余项非公企业活动，实现党建工作跨行业跨领域统筹。建立党组织（含功能型党支部）183家，两新组织覆盖率达87.3%。完成58个居民党支部换届工作。10个社区党建课题全部获得区级奖项。志愿服务活动1000余次，受益群众万余人次。完成260家单位建立工会和街道妇联换届工作。

（黄慧娟）

【疏解整治促提升】 年内，拆除违法建设32397平方米。疏解升级商品交易市场2家，治理“散乱污”企业2家，清理人防工程5处，清退违法群租房7处、普通地下室10处，整治“开墙破洞”46处、占道经营92处、其他无证无照经营30家和无证照餐饮单位107家。疏解4149人。

（黄慧娟）

【环境整治】 年内，建立10处环保监测微站点，绘制污染源地图，推出智慧大气APP，实现靶向管控。完成“四横六纵”14条主要道路及其周边环境提升工作。完成北苑路环境改造提升、安苑里小区雨污排水改造以及黄楼大院环境改造等民生工程。处理网格案件27063件，清理暴露垃圾200余吨，小广告1万余张。暂扣三轮车300余辆，查处露天烧烤100余起，规范店外经营800余次，拆除违规牌匾150余块，立案265件，处罚28万元。建立“街巷长制”“河长制”，完善议事规则，处理2起土城沟污染物排放事件。办结27件市级环保督办件。创建安慧里、安慧里南、京民和华严北里西4个交通安全示范社区，清理49辆僵尸车、新增352个停车位。为房龄60年的老楼引进物业公司，以“先尝后买”转型模式为安苑里小区试点引入物业公司。对华严北里、安翔西路北口、安翔南里家属院等多处私搭乱建以及9处小区菜摊等痼疾顽症整治拆除，用于新增停车位及便民服务设施。

（黄慧娟）

【社区建设】 年内，确立社区23项依法履行职责主要事项和13类28项依法协助政府主要事项，建立社区工作准入制度，开展“情绪管理ABC”个人心理成长与服务能力提升项目。完成安慧里试点社区服务站改革，推广“全能社工+综合受理”模式。成立“金蜜蜂”蜂巢工作室，选调有职业资格、有项目运作经验的社工组建团队，塑造社区品牌项目。63个党政群共商共治项目、30个创享计划取得实效。实现社区居民议事厅规范化建设全覆盖，建成楼（院）委员会146个，召开社区层面议事协商会53次，提出议案152个，解决问题47个。开展小楼道大社交“微自治”行动43次。新建222个楼门文化阵地。

（黄慧娟）

【社会保障】 年内，发放低保金、失业金、残疾慰问、医疗救助、独生子女奖励等2040余万元，精神病人补贴发放比例由38%上升到80%。建成“融合式”养老照料中心和养老驿站各2个、新增123张床位，在安苑北里5号楼北侧建成500平方米的“孝亲敬老园”。引入磨漆工艺、非遗传承手工课等职业康复项目，强化残疾人技能培训。深化居家为老助残“6+X”联动品牌服务项目，15户重度贫困残疾家庭持续享受专业助残服务，450户残疾人家庭享受一次专业居家照料服务。开展“幸福来敲门”活动，为40户高龄老人提供陪伴就医、上门体检和家政保洁等服务。开展爱心助老服务活动，为1150名60岁以上老人提供家政、餐饮、保健等服务项目。开发就业岗位963个，实现就业324人，城镇登记失业人员就业率70.99%，就业困难人员就业率71.16%。接待保障性住房咨询1800余人次、审核各类保障房材料450件。办理生育服务登记720人。

（黄慧娟）

【平安建设】 年内，落实三级消防网格化管理工作实名制，对六小门店、重点单位、居民楼院分门别类登记造册，检查4051家次，限期整改411家。完善立体化治安防控体系，新增81处监控探头。为231户困难居民更换高等级防盗锁芯，为3361户80岁以上老人安装独立式火灾探测报警器。全年地区发生可防性案件28起，比上年下降24.3%。

（黄慧娟）

【安全监管】 年内，推进2600余家单位安全风险分级管控体系建设，检查生产经营单位4934家次，整治隐患2054处，立案29起、罚款9.1万元。完成北京市食品药品监督管理示范所建设，实施“阳光餐饮”工程，160户餐饮单位完成“明厨亮灶”。对大型商超、药品、餐饮单位建立食药监管台账，食品药品抽检抽验合格率达90%以上。完成市级挂账28处彩钢板房和11处“三合一”场所（将人员住宿场所与加工、生产、仓储、经营等场所在同一建筑内混合设置的场所）治理。

（黄慧娟）

【矛盾调处】 年内，开展法律咨询、法治宣传百余次，调解各类矛盾纠纷1000余件，调解成功率98.3%。与25名公益律师签订“法律服务村居行”协议，启动“明法轩”多功能法律工作室。采取处级领导包案措施，协调相关单位妥善调处华严北里48号楼电改增容、安苑里4号楼污水管线改造、安苑里小区17套住房产权纠纷、北辰东路8号院热力管线改造等4个重点矛盾纠纷。协助做好“秀水2号”非法吸资案的稳控工作。妥善处理群体讨薪事件14起，按期答复6件市级信访、460批次群众来访、1735件政民互动案件。

（黄慧娟）

【社区居委会】

名称	地址	电话
1. 安慧里社区居委会	安慧里一区甲7号楼	64980228
2. 安慧里南社区居委会	安慧里三区3号楼	64932951
3. 北辰东路社区居委会	安慧北里1号楼	64978765
4. 安苑里社区居委会	安苑北里9号楼	64962829
5. 祁家豁子社区居委会	华严里16号楼前平房	62007530
6. 京民社区居委会	华严北里2号院	82070581
7. 华严北里社区居委会	华严北里45号楼	82841857
8. 华严北里西社区居委会	华严北里22号楼	82846462
9. 丝竹园社区居委会	丝竹园小区7号楼11门	64863722
10. 安翔里社区居委会	安翔里小区1号楼	64886323

（黄慧娟）

左家庄街道

【概况】 左家庄街道成立于1958年4月，位于朝阳区西部。东起东三环北路，邻麦子店街道；西与东城区接壤，邻香河园街道；南濒亮马河，邻三里屯街道；北抵静安西街，邻太阳宫地区办事处。辖域面积4.17平方千米，下辖新源里、三源里、顺源里、新源西里、左南里、左北里、左东里、静安里、曙光里9个社区居委会。年内有常住人口32000户、80249人，流动人口19035人。其中，户籍人口25090户、64158人，60岁以上老年人口达到22000余人，新出生677人。有法人单位2671个，驻街社会单位800余家，其中有国务院军转办、朝阳区国税局等重点社会单位75家，院校2所（北京市商业干部管理学院、朝阳区委党校），社区服务中心1所，社区卫生服务站4所，中学1所，职高1所，小学5所，幼儿园7所。地铁10号线贯穿其中。有300平方米为民服务大厅、2700平方米地区文化中心。年内恢复提升绿地30277平方米。实现无“开墙破洞”街道创建工作。实现区级财政收入315663.11万元，征收房产税35880.12万元。获北京市民政工作先进集体、北京市安全生产先进单位、2017年市级交通安全先进单位。

地址：新源里西18号

邮编：100027

电话：64643210

网址：http://zjzjd.bjchy.gov.cn

（付庆伟）

【无“开墙破洞”街道创建工作】 3月28日，街道完成无开墙破洞街道创建工作，实现临街无“开墙破洞”现象，治理开墙破洞523户（楼房431户、平房92户）。成立街道“开墙破洞”治理领导小组，统筹城管、城建、综治、公安、安监、工商、食药、社区等力量，与环保督察等工作相统筹，一举治理开墙破洞59户。采取成片、整街、连巷的方式实施组团式“会战”，最大限度扩大治理效应。整体安排治理工作10次，平均每次拆除50余户。采取发放一封信、宣传法律、解读政策、多举事例、包片包户、联合工作、反复沟通等方式，在地区形成良好氛围。建立“四巡查一监督”制度防反弹。4月13日，北京市工商局局长陈永一行到左家庄街道顺源街，就“开墙破洞”整治成果进行专题调研，副区长王志勉、区社会办主任宝月凤、区工商局局长以及办事处主任王海涛陪同调研。王海涛从主要做法、工作效果、工作体会方面汇报，调研人员提出相关意见和建议。在全市率先创建无“开墙破洞”街道，市“开墙破洞治理”联席办、《前线》杂志等转发推广经验做法，“左家庄街道四步联动促整治，创无‘开墙破洞’街道工作实践”获朝阳区社会领域十大优秀服务品牌项目。

（付庆伟）

【换届选举强化社区党委班子】　年内，9个社区通过开展竞争上岗、社区正副职后备干部选拔等方式，新提拔任用社区副职以上人员13名，调整轮岗社区副职以上人员14人。通过调整，将“一肩挑”（社区书记和主任由同一人担任）社区数量从44%下降到22%；9个社区均配备专职或兼职党委副书记和纪委书记。109个党支部完成换届，基层党组织的“三会一课”（定期召开支部委员会、党小组会、支部党员大会，按时上好党课）全部规范开展。

（付庆伟）

【党风廉政建设】　年内，开展党风廉政专题系列教育活动11次，制发党风廉政建设相关文件11份，打造左家庄廉政文化品牌3个，确保拧紧思想教育“总开关”。推进“两学一做”常态化制度化，民主生活会查找班子问题12项，班子成员问题95条，逐一制定整改措施，形成长效机制。开展工作纪律、工作效能、工作作风、制度执行和廉洁自律等情况明察暗访、重点检查60次。严格落实“一岗双责”，开展222次廉政提醒谈话，加强问责。配备专兼职纪检委员125人，完善财务合同、货物服务工程等制度。清理出租出借国有资产，对办事处、社保所、所属幼儿园开展内审。梳理街道制度汇编，合法性审查各类制度、合同200余次。

（付庆伟）

【党政群共商共治】　年内，发挥地区党建联席会作用，圆满完成52个共商共治项目，其中牛王庙南院老旧小区治理、左东里9号楼地下空间再利用项目纳入区级立项。完成左西街小区议事厅、静一小区议事厅和市政小区议事厅规范化建设任务。各社区召开议事会108次，社区层面议事厅持续深化和拓展。

（付庆伟）

【安全稳定】　年内，检查各类场所消防安全5141次，发现督促整改隐患1606处；与600家单位签订防火安全责任书和承诺书，发放安全隐患排查整治函450份，坚守辖区安全生产底线。实施“安全+”项目，开展群众安全感专项入户，逐户发放居家安全包3.5万个，新安装燃气阀792户、独立烟感报警器4680个，清理堆物堆料6315吨，整改隐患7900余处。9个社区实现微型消防站全覆盖。深化食品药品安全监管等工作，努力创建食品药品安全示范街道。深入开展安全隐患大排查大清理大整治专项行动，累计检查社会单位8143家，整改隐患6492处，依法责令停产停业2家。启动“七五”普法，开展专项矛盾排查12次，调处信访矛盾纠纷761件，人民调解、社区矫正和安置帮教责任落实。

（付庆伟）

【助老帮困】　年内，深化1家养老照料中心、5家养老驿站和1个孝亲敬老园建设，全力打造“无围墙”养老院。升级改造左家庄政务服务中心投入使用，接待办事人员2万余人次，主动公开政务信息110条。为地区低保家庭发放低保金704.13余万元，医疗救助130人次48.7万元，发放各类民政对象、优抚对象生活补助金1077万元，城乡登记失业人员就业率实现64.06%。

（付庆伟）

【环境建设】　年内，提升7条主要大街品质，改造18条背街小巷，建设绿地3万平方米、完成3个小区精品绿地改造，打造“管理有序、机制有长、标准有品、文化有韵”街道。协调社会单位投资4000万元形成亮马河治理新模式，全面推进“河长制”工作落地生根，《北京日报》对此做整版报道。拆除商干院等违法建设1180平方米，留空间给清华附中分校建成运动场，全年拆除违法建设8700余平方米，完成任务1344%，实现新增违法建设零增长。

（付庆伟）

【公共文化服务】　年内，实施“文化+治理”，开展街道文化脉络研究，成立街道文联，建成文化服务中心，实施20个文化惠民项目，开展课堂教育活动36次，举办文化展演活动197场次，文化队伍培训269场次，完成公益电影放映108场。围绕“健康朝阳”深耕细作，提升群众健康服务获得感，推进全国卫生城区及全国食品安全示范区创建工作。

（付庆伟）

【社区建设】　年内，打造静安里社区、顺源里两个智慧社区，推动左东里社区、新源里社区三星至五星的星级提升工作，对曙光里、左东里办公网进行升级改造，提高为民服务工作效率。推动社区微信公众号建设，在9个社区安装智能设备52个，改造智能车棚11个。推进社区创享计划，引导居民、社会单位参与社区治理。完善创享计划工作标准，落实“八步法”工作规则，形成金点子31个，实施项目29个，涵盖文体、环保、安全、社区治理等，发挥创享计划“集聚居民智慧、凝聚社会资源”的作用。

（付庆伟）

【社区居委会】

名称	地址	电话
1. 新源里社区居委会	新源街15号楼旁	84552609
2. 顺源里社区居委会	顺源里04号楼	64637571
3. 三源里社区居委会	三源里10号楼临1号	84541980
4. 新源西里社区居委会	新源西里东街甲11号	84551479
5. 左北里社区居委会	左家庄北里甲38号楼	64683979
6. 静安里社区居委会	静安里甲6号楼	84542961
7. 左南里社区居委会	香中里9号楼北侧	64656209
8. 曙光里社区居委会	曙光里39号楼	84515170
9. 左东里社区居委会	左东里小区14号楼	64656754

（付庆伟）

地 区（乡）

常营地区（回族乡）

【概况】 常营回族乡位于朝阳区东部。成立于1955年，1958年划归朝阳区，2003年2月，成立常营地区办事处，行使双重管理职能。东与通州区永顺镇接壤，南邻管庄乡，西靠平房乡，北接金盏乡和东坝乡。辖区总面积9.3平方千米。下辖12个社区居委会和1个北京像素治理中心。年内有常住人口151022人，流动人口40749人，外籍人口474人。其中，户籍人口15613户、33433人，有汉族24706人，少数民族8727人，新出生758人。辖区内法人单位2490家，其中市属及以上单位30家，区属单位46家，其他单位2414家（民营）。有社区卫生服务中心1个、社区卫生服务站4个，社区服务中心1个。有大学1所，职业高中1所，九年一贯制学校3所，中学1所，小学2所，幼儿园11所。养老机构2所。15条公交线路途经辖区，地铁6号线贯穿其中。有1804平方米为民服务大厅、1018平方米地区文化中心、4处文化广场和5处24小时自助图书馆。绿化率为37.41%。年内完成64项重点工作，实现经济总收入2.88亿元，比上年增长18%；利润633.8万元，比上年增长233.7%；税金1316.4万元，比上年增长213.3%；人均劳动所得30215元，比上年增长7.1%。地区获北京市安全生产先进单位、工人先锋号、首都环境建设样板单位、首都绿化美化先进单位、首都绿化美化花园式社区。

地址：常营中街甲1号

邮编：100024

电话：65481589

邮箱：cybangongshi@bichy.gov.cn

（杜晓梦）

【违建拆除】 1月1日，地区启动双桥农场出租大院腾退工作。大院占地85亩，出租房屋446间，25天腾退拆除违法建设近6万平方米，实现乡域内大型集中违法建设清零，清理厂房小企业24个，涉及外来人口1200余人。3月15日，地区规划科、城管队、安监科及常营绿化公司60人对马场部分违法建设实施拆除，拆除面积800平方米交由绿化公司进行整治和绿化。7月6日，拆除黄渠地铁站C口南侧约5000平方米的违法建设。

（杜晓梦）

【安全生产“护航”百日攻坚专项行动】 1月10日至5月20日，常营地区开展安全生产“护航”百日攻坚专项行动，组织检查组298个，检查生产经营单位835家次，发现安全隐患1159处，整改1159处。

（杜晓梦）

【领导调研】 4月19日，市委社会工委社区建设处处长孙先礼、市委社会工委社区建设处副处长闫纪青、区社会办副主任闫培文等9人到常营地区城乡接合部进行社区治理创新试点专题调研。6月14日，区委书记吴桂英、区长王灏及相关领导到地区调研，视察常营地区体育公园项目和“东大门”景观建设。地区工委书记刘大庆、办事处主任方泽随行。9月12日，区政法委书记张维刚、区政法委副书记赵红伟、区维稳办、综治办、信访办、农委等部门工作人员调研常营、管庄地区安保工作情况。

（杜晓梦）

【网络订餐平台行业自律联盟成立】 4月20日，北京市食品药品监督管理局在北京像素举行网络订餐平台行业自律联盟成立大会。市食药监局局长丛骆骆、市食药监局食品市场监管处处长李江等领导，四家会员单位美团点评、饿了么、百度外卖、到家美食会网络订餐平台负责人参加。网络订餐平台行业自律联盟从入网经营者准入前承诺、平台准入、健全入网经营者档案管理及信息公示等14个方面向社会郑重承诺：食品安全管理机构在平台首页向社会公开；定期向食药监管部门报送平台管理数据和信息；对入网商户进行在线宣传、培训，推动“阳光餐饮”工程。

（杜晓梦）

【乡社员代表大会召开】 4月26日，召开常营回族乡合作经济联合社第二届团体社员代表大会第三次会议。人大主席何文东宣读《有关常营回族乡关于集体经济组织成员节日油粮补助发放补充规定的建议》《常营一居原社员劳动年限进行调整的建议》《常营一居选举产生村级社员代表大会的说明》，全票表决通过。

（杜晓梦）

【妇女代表大会召开】 8月24日至25日，地区妇联召开第三届妇女代表大会，到会代表93人。会议由地区工委副书记李冠男主持，妇女代表审议通过上一届地区妇联执委会工作报告；审议通过《常营地区第三届妇女代表大会选举办法》，选举产生21名新一届妇联执行委员会委员，李冠男为新一届妇联主席。

（杜晓梦）

【专项督察】 9月6日，北京市环保督察组进驻常营，开展为期一个月的环保督察工作。其间，办理市督办件34件，做到件件有落实、有回复，督导组多次到现场复查，对办理结果表示肯定。9月至11月，区委第六巡察组对地区进行为期2个月的专项巡察和监督检查。巡察组指出常营乡党委在党的领导、党的建设、全面从严治党方面存在11类问题，涉及26项具体问题，提出相应的整改建议和要求。

（杜晓梦）

【乡人代会召开】 9月14日至15日，召开第十七届人民代表大会第二次会议，39名乡人大代表，3名区人大代表以及地区领导班子成员，机关科室负责人、社区领导等出席会议。经乡人大代表审议通过《常营回族乡政府工作报告》《人大主席团工作报告》等决议。

（杜晓梦）

【“趣动”嘉年华运动会】 9月28日，在北京忠德学校操场举办2017年常营地区全民“趣动”嘉年华。地区班子成员出席开幕式，各社区、辖区各单位22支代表队、600余名运动员参加比赛。

（杜晓梦）

【乡级产权制度改革全面开展】 年内，全面启动乡级产权制度改革工作。完成10个村委会撤销建制。召开乡联合社团体社员代表大会，完成常营一居社员代表选举、社员身份确认和劳动年限调整，全面梳理乡级资产账目，变更乡集体企业股东。研究制定乡集体资产清产核资工作意见，在广泛调研的基础上论证产权制度改革路径方案，完成乡级产权制度改革实施方案拟定工作。

（杜晓梦）

【产业项目建设】 年内，东方和瑞体育文化产业项目完成立项和规划办理条件并完成项目竣工招商，功能定位为商业、服务业。完成对320亩剩余建设用地开发路径的深入论证和研究，制定综合方案。落实“十三五”产业发展规划，统筹推进地区产业升级调整，成立乡文化体育公司，加快文化体育产业融合发展。

（杜晓梦）

【环境整治】 年内，完成朝阳东大门景观塑造，实施朝阳北路综合整治提升工程，绿化提升面积3.6万平方米。建设以旅游休闲为主的常营中路民族风情街（一期）项目，打造常营地区城市名片。完成朝阳北路树木灯带亮化美化，建成黄渠地铁口南侧围墙和常营公园东侧围墙2处体育文化墙1300余平方米。完成半程马拉松赛道一期建设工程，推进落实体育公园的建设进程。

（杜晓梦）

【人口调控】 年内，清理市级挂账群租房12处、人防工程1处、地下空间4处、打击非法办学办园2起，疏减人口1740人，完成区2017年度农村地区专项行动计划104%。

（杜晓梦）

【社会保障】 年内，发放低保金、超转人员生活补贴、医疗救助等20余项惠民费用2714万余元。岗位开发740个，实现就业373人，就业率62.48%。

（杜晓梦）

【文化建设】 年内，举办地区群众文化节、“活力之春”体育健身节、全民“趣动”嘉年华运动会、第一届老年人诗书画大赛，以金色常营、活力“半马”常营地区公园摄影比赛为契机，通过摄影展览、网络投票等方式对地区的新气象、新变化进行多方位宣传。实施“文化惠民、文化润民”工程，探索文化服务“互联网＋”，打造“文化常营”微信平台。

（杜晓梦）

【社区治理】 年内，成立地区级社区社会组织联合会，召开居民议事协商会66次，稳步开展“三社一体化”项目，成立鑫兆益家等6个社区枢纽型社会组织，探索推进社区民主自治体系。征集创享计划项目“金点子”309个，实施提案41个。

（杜晓梦）

【辖区划分】 年内，划分民族家园、连心园、鑫兆佳园、万象新天、荟万鸿、苹果派、畅心阳光、保利嘉园、住欣家园、常营福第、丽景园、东方华庭12个社区和北京像素治理中心。其中，民族家园社区为常营一村至七村及常营第一居委会回迁社区，连心园社区为五里桥村、草房村和十里堡村回迁社区，畅心阳光社区、保利嘉园社区、住欣家园社区、常营福第社区、丽景园社区为保障房社区。

（杜晓梦）

【社区居委会】

名称	地址	电话
1. 连心园社区居委会	常新路6号院	58240346
2. 常营民族家园社区居委会	常营民族家园59号楼底商	65738991
3. 万象新天社区居委会	万象新天115号楼二层	65436225
4. 鑫兆佳园社区居委会	常营乡三间房东路甲9-1号	65431083
5. 苹果派社区居委会	苹果派小区13号楼1单元	65465358
6. 荟万鸿社区居委会	荟康苑3号楼西侧平房	65472571
7. 常营保利社区居委会	常营中路3号院19-19	85074608
8. 住欣家园社区居委会	住欣家园西院215号楼	57914007
9. 畅心阳光社区居委会	五里桥一街3号院首开畅心园1号楼1层	59396208
10. 常营福第社区居委会	常营福第社区	57923997
11. 丽景园社区居委会	丽景园小区1号楼2单元206、207、208	57845068
12. 东方华庭社区居委会	常通路4号院1号楼3层305	65408501

（杜晓梦）

崔各庄地区（乡）

【概况】 崔各庄地区（乡）位于朝阳区东北部，东邻金盏乡，南邻将台乡，西邻来广营乡，北邻孙河乡。辖区面积31.7平方千米，其中集体土地19.1平方千米，约占总面积的60%；国有土地12.6平方千米，占总面积40%。下辖15个行政村、3个社区。年内，常住人口4万余人，流动人口约9.1万人，外籍人口2524人。其中，户籍人口13054户、24870人，以汉族人为主，新出生339人。有法人单位2549个，其中中央在京单位1家、市属单位10家、其他单位2538家。有公立医院2所，民营医院2所，社区卫生服务中心2个，社区卫生服务站8个。有中学2所，小学2所，民办学校1所，幼儿园8所，涉外基础教育学校4所。地区有养老机构3家。16条公交线路途经辖区，机场高速、京承高速、五环路、京顺路、机场轻轨、地铁14号线、15号线贯穿其中。居民公共文化活动场所包括村（社区）级文化活动室11个7878平方米、文化广场8个、乡级图书馆1个。年内，奶西村棚户区改造民宅腾退全部完成，南皋黑桥棚户区改造进入政策制定阶段。大望京商务中心、奶东村企业升级、电子城西区北扩5号地项目、南皋组团定向安置房、京沈客专项目腾退、东郊农场110千伏输变电工程、东苇110千伏输变电工程等产业项目有序推进。继续坚持“生态立乡、文化兴乡”发展理念，统筹北部区域生态发展，确立“一带两街六园”的生态空间布局，完成何各庄村“一区一街”、特色村庄示范区建筑、何里栖地自然湿地公园及黑桥公园景观的初步设计。辖区拥有中国电影博物馆、铁道博物馆、航天航空博物馆等国家级文化机构，草场地文化艺术区、何各庄一号地、费家村香格里拉、万荷艺术等文化旅游点和创意产业聚集区。实现集体收入5.18亿元，比上年增长6.8%；人均劳动所得36314元，比上年增长7.6%；完成区级财政收入4.39亿元，比上年减少22.3%。年内，获北京市安全生产先进集体、乡镇街道（园区）安全生产检查队规范化建设示范乡镇、街道（园区）安全生产检查队“最具影响力”微信公众号等荣誉称号。

地址：南皋路南

邮编：100015

电话：84307301

网址：http://cgzdq.bjchy.gov.cn

（张连星）

【“一区一街”项目合作签约】 1月6日，乡资源资产股份合作联社、何各庄村经济合作社、北京迪沃客文化创意有限公司举行崔各庄乡何各庄村“一街一区”项目合作签约仪式。项目名称为2017年城乡接合部地区环境提升工程——何各庄项目，由北京市朝阳田华建筑集团公司第十六分公司承建。建设内容包括：1~6号楼建筑外立面改造、建筑物粉饰、人行道铺装硬化、绿化、清运渣土、完善清单内公共服务设施等，项目总投资6241万元。

（张连星）

【“京旺向阳花”公益组织联盟成立】 4月28日，崔各庄乡京旺家园社区“京旺向阳花”公益组织联盟在东方养老院成立。“京旺向阳花”公益组织联盟由京旺家园社区内组建的公益团队、文体队伍组成的公益服务队、社区党员组建的公益服务队、社区居民代表组建的公益服务队、公益企业等组织组成。联盟设置理事长1名、副理事长2名、理事6名，定期组织召开理事会及各类公益活动，推进社区公益事业发展。

（张连星）

【地区“京津冀时装秀展演”】 5月20日，地区第五届文化艺术节之秀美生活共筑中国梦“京津冀时装秀展演”活动在京旺家园社区开幕。时装秀邀请崔各庄地区国门艺术团的金玫瑰时装队、舞蹈队、中标舞队，南磨房乡美景模特队，河北省张家口市诚信彩虹模特队等，来自京津冀地区的17支队伍参加。展演以走秀为主要表演形式，歌曲、舞蹈为辅助，表演者年龄在50~60岁之间。

（张连星）

【交通安全示范村建设】 7月11日，区综治办、公安分局、城管执法局等部门组成专家组，通过“全流程”实地检查和材料汇报相结合的方式，对东辛店村、何各庄村争创交通安全示范村实施验收。专家组对两村的交通引导标识整治和村内停车治理，东辛店村的“明渠改暗渠、渠上建停车场”的举措给予肯定。

（张连星）

【乡十七届人大二次会议召开】 8月2日，召开乡第十七届人民代表大会第二次会议。会议审议通过《2017年上半年乡政府工作报告》《乡人大主席团工作报告》《崔各庄乡2017年财政预算执行情况和2017年上半年主要工作情况的报告》和《北京市朝阳区崔各庄乡人民代表大会专项工作组工作规则》。

（张连星）

【黑桥村古桥出土】 8月5日，地处黑桥村北，埋于地下40余年的古桥——“黑桥”出土。该桥长约20米，桥面宽约6米，由多个形状不一的青石砌成。据村民回忆，该桥始建于明末清初，黑桥村以该桥命名。

（张连星）

【廉政文化书画作品展举办】 11月28日，由乡纪委、地区文联共同主办，地区文化服务中心承办的“学习贯彻十九大主题活动：回望历史的印记——崔各庄地区廉政文化书画作品展暨历史文化艺术联展”在京旺家园东广场活动大厅向社会开放。廉政书画展分“不忘初心，坚守正道”“勤政务实，风清气正”“肃贪惩腐，弘扬正气”和“廉洁齐家，修身养德”四个章节。回望历史印记展区，展出拆迁村的老照片、老物件儿、农耕实物等百余件，书画、摄影艺术作品300余幅。

（张连星）

【乡“红萃在线”微信公众号开通】 12月，崔各庄乡“红萃在线”微信公众号开通上线运行。微信公众号分为“红萃•资讯”和“红萃•故事”两部分，“红萃•资讯”主要推送乡党委、乡政府关于党建、民生等方面的工作动态，重大活动；“红萃•故事”主要发布“三进三民”活动中，各级党组织的感人故事，感人事迹等。

（张连星）

【村委会、社区居委会】

名称	地址	电话
1. 何各庄村委会	崔各庄乡何各庄村	64310510
2. 马泉营村委会	崔各庄乡马泉营村	64387484
3. 费家村村委会	崔各庄乡费家村	84701282
4. 奶东村村委会	崔各庄乡奶东村	84569998
5. 奶西村村委会	崔各庄乡京旺家园二区北门	84568522
6. 南皋村村委会	崔各庄乡南皋村	64368320
7. 黑桥村村委会	崔各庄乡黑桥村	64336747
8. 草场地村委会	崔各庄乡草场地村	84561509
9. 东辛店村委会	崔各庄乡东辛店村	64340686
10. 崔各庄村委会	京旺家园四区南门东侧	64313676
11. 善各庄村委会	京旺家园四区南门东侧	84560307
12. 索家庄村委会	京旺家园四区南门东侧	64340206
13. 望京村村委会	京旺家园一区北门东侧	64364634
14. 东营村村委会	京旺家园一区北门东侧	84160336
15. 北皋村村委会	京旺家园一区北门东侧	84160377
16. 马南里社区委会	来广营东路马南里社区居委会	84702160
17. 京旺家园社区居委会	京旺家园六区3号楼南门东	84102736
18. 大望京社区居委会	望京东园七区12-2	84164058

（张连星）

东坝地区（乡）

【概况】 东坝地区（乡）位于朝阳区东部，东邻金盏地区，北邻崔各庄地区，南与平房、常营地区接壤，西接将台地区，辖区总面积24.6平方千米，是北京市十大边缘集团之一。辖区9个行政村、21个社区。年内有户籍人口22945户、51235人，流动人口25317人，外籍人口190人，新出生1425人。有法人单位（经济、社会、教育、科研、卫生）1059个，其中中央在京单位3家、市属单位6家、区属单位8家、其他单位1042家。有三级医院1所，二级医院1所，社区卫生服务中心1个，社区卫生服务站7个，社区服务中心1个。有科研院所1个，大学2所，中学4所，小学7所，幼儿园12所。有养老机构1所。途经辖区公交线路21条。辖区内有1000平方米为民服务大厅，1700平方米地区文化中心，500平方米以上的文化广场6处，500平方米以下的文化广场20处，24小时自助图书机3台。绿化率29.5%。年内，完成北西棚改腾退、“一带一路”国际合作高峰论坛和中共十九大服务保障等多项重点工作。完成乡村经济总收入42000万元，比上年下降6.7%。完成区级财政收入24643万元，比上年增长15.9%。乡综治办获“首都治安综合治理2013—2016年度先进集体”称号，乡安全生产检查队获“2017年度乡镇街道（园区）安全生产检查队规范化建设示范检查队”称号。

地址：红松园16号

邮编：100018

电话：65491768

邮箱：cydb@chy.egov.cn

（武　悦）

【民俗文化节】 2月11日，地区第六届民俗文化节在东坝郊野公园启动，区农委副主任李兴泉、区文化委副主任马俊、中铁十六局党委副书记勾文青出席启动仪式。乡长于淑杰宣布东坝地区第六届民俗文化节开幕并致辞。文化节有金铃舞狮、小车会等文艺演出，有猜灯谜、开心足球、套圈、愤怒的小鸟等游戏，有捏面人、画脸谱、扎龙凤字花灯等传统工艺展示。

（武　悦）

【疏解整治促提升调研】 4月19日，区委书记吴桂英、区长王灏率队到东坝视察东五环汽配城疏解腾退情况，听取东坝乡党委书记黄宏春对一绿二批试点建设和疏解整治促提升十大专项行动情况汇报。

（武　悦）

【第十七届人民代表大会第二次会议召开】 7月11日至12日，东坝乡第十七届人民代表大会第二次会议在顺义中家鑫园会议中心召开，东坝乡领导班子、人大代表及列席代表110余人参加。会议审议通过《东坝北西区域项目住宅房屋腾退补偿安置办法》《东坝北西区域项目非住宅腾退补偿实施办法》和《东坝北西区域项目住宅房屋腾退补偿安置办法实施细则》。

（武　悦）

【北西区域项目入户调查工作完成】 8月16日至21日，东坝乡完成北西区域项目入户调查。入户2755处，其中住宅2517处、非宅238处，登记人口16780人。

（武　悦）

【北西区域项目棚改工作启动大会召开】 8月28日，东坝北西区域项目棚改工作启动大会在北京市计算机信息技术学院召开。副区长杨建海、区委农工委书记张克斌、区农委主任连文胜出席会议。乡党委书记黄宏春对北西区域项目工作进行全面部署。黄宏春强调做到“六个明确”（明确腾退工作目标、明确腾退工作任务、明确腾退工作进度、明确腾退工作职责、明确腾退工作原则、明确腾退政策规定），“五个到位”（群众工作要做到位、宣传工作要做到位、配合协作要到位、督查调度要到位、作用发挥要到位），坚持“三个原则”（坚持“公平、公正、公开”原则，坚持“群众合法利益最大化”原则，坚持“先交房、先选房”原则）。杨建海对东坝北西区域项目提出要求，提高认识，提高站位，增强历史责任感和紧迫感。党建引领，凝心聚力，发挥党组织战斗堡垒作用。坚持群众主体，依法依规，打造“阳光”民生工程。统筹联动，合力攻坚，全力推动住宅腾退工作。区监察委、区发改委、区住建委、区委农工委等10个委、办、局主管领导，东坝乡领导班子及机关科室、部门负责人，东坝各社区（村）负责人，腾退村党员、村民代表，京投公司、拆迁公司、评估公司、拆除公司负责人400余人参加会议。

（武　悦）

【北西区域项目腾退工作进展】 8月28日，东坝乡张贴东坝北西区域项目非住宅腾退公告，北西区域项目非住宅腾退工作开始。9月1日，张贴东坝北西区域项目住宅腾退公告，东坝北西区域项目住宅腾退工作开始。9月30日，东坝北西区域腾退项目奖励期结束，有2793个院落签署腾退协议，完成总量的98.03%。

（武　悦）

【北西区域腾退情况调研】 10月1日，区委书记吴桂英到东坝乡调研北西区域腾退项目，副区长杨建海、区委农工委书记张克斌、区农委主任连文胜陪同。吴桂英一行通过电子监控大屏查看各标段现场工作情况，了解被腾退人腾退后的居住、教育等问题。到西北门村腾退现场实地查看拆除情况，听取杨建海和东坝乡党委书记黄宏春就北三村整体拆除情况汇报。10月11日，副市长隋振江到东坝北西区域项目腾退指挥部，听取区委书记吴桂英、东坝乡党委书记黄宏春就北西区域项目进展情况的汇报，了解北西区域项目的签约选号情况，观看腾退工作展板。

（武　悦）

【“一绿”建设试点和北西区域项目腾退调研】 10月6日，区委副书记、区长王灏到东坝乡就“一绿”地区城市化建设试点和北西区域项目腾退工作调研，副区长杨建海、区农委主任连文胜陪同。王灏区长询问周转人口的主要去向和被腾退村民的安置情况，听取杨建海、东坝乡党委书记黄宏春对腾退情况的汇报。到西北门村，实地查看腾退现场的拆除情况，对拆除公司提出提高安全意识，注重环境保护，消除安全隐患的要求。

（武　悦）

【人大代表视察“疏解整治促提升”】 11月14日至15日，区百余名人大代表到东坝乡视察“疏解整治促提升”工作进展情况。人大代表们到东坝北西区域项目腾退指挥部，听取乡党委书记黄宏春汇报项目情况，到指挥部业务大厅，观看北西区域拆除情况宣传展板，了解东坝乡“疏解整治促提升”工作进展，到东风村察看拆除区域现状，实地察看乡“疏解整治促提升”工作成效，交流工作经验。

（武　悦）

【村委会】

名称	地址	电话
1. 七棵树村村委会	东坝家园综合4层	65413066
2. 单店村村委会	东坝家园综合楼4层	65497167
3. 西北门村村委会	东坝路41号附近	52056006
4. 后街村村委会	东坝乡后街村白菊电器公司南侧	84312840
5. 东风村村委会	东坝乡东风村大街卫生服务站北侧	84318341
6. 驹子房村村委会	东坝乡驹子房村近康各庄路	52070581
7. 三岔河村村委会	东苇路6号附近	84313874
8. 焦庄村村委会	焦庄国际酒店北侧	65780827
9. 东晓景村村委会	东坝乡晓景加油站北侧	65780870

（武　悦）

东风地区（乡）

【概况】 东风地区（乡）位于朝阳区中部。东与平房乡、东坝乡接壤，南与八里庄街道、六里屯街道相邻，西与六里屯街道、麦子店街道相接，北接将台乡和酒仙桥街道。辖域面积7.38平方千米。下辖4个行政村、10个社区。年内有常住人口76156人，流动人口26882人，外籍人口1397人。其中，户籍人口15369户、34062人，有汉族32393人，少数民族2534人，新出生552人。有法人单位1366个，其中中央单位1家——中国冶金地质总局，市属单位5家，区属单位16家。辖区有社区卫生服务中心2个、社区卫生服务站2个，中学2所、小学7所、幼儿园11所。有350平方米为民服务大厅、3300平方米地区文化中心、4处文化广场、10处图书馆和1处郊野公园。有养老机构1个。28条公交线路途经辖区，地铁3号线(在建)贯穿其中。绿化率为30.21%。实现财政收入29516万元，比上年减少37.47%；集体经济总收入15115.9万元，比上年增长10.2%。

地址：星火西路9号

邮编：100016

电话：85810712

邮箱：chy_df@163.com

（刘　杰）

【社会保障】 5月23日，东润枫景社区养老驿站启动。12月7日，212名农民实施整建制农转居。年内全乡开发就业岗位1002个，实现失业人员再就业282人。20个为民解忧办实事项目全部完成。

（刘　杰）

【东风地区第二届妇女代表大会】 8月25日，召开地区第二届妇女代表大会，105名妇女代表参会。大会审议通过上一届妇联执委会工作报告，审议通过大会选举办法（草案），介绍新一届东风地区妇联执委会委员候选人建议人选基本情况，通过总监票人、监票人建议名单，选举产生新一届地区妇联执委会执委21人，选举专职主席毕淑双，专职副主席刘婷婷，兼职副主席李艳玲、唐明英和刘赟超，委员16人。

（刘　杰）

【区人大代表补选】 9月26日，地区直属单位选区补选区人大代表，登记选民3686人，实际参加投票选民3664人，投票率达99.4%。郭君当选为区人大代表。

（刘　杰）

【党支部规范化建设试点】 9月29日，作为朝阳区第一批试点单位，地区召开党支部规范化建设部署会，8个社区党委，4个村党支部列入第一批试点。围绕“B+T+X”（标准+特色+先进）和“一规一表一册一网”使用管理，明确支部规范化建设要求，做到“三切实”（切实与地区重点工作相结；切实与党组织联系服务群众相衔接；切实使党员队伍“动”起来）。党日活动做到有内容、有亮点，年内达到区组织部的相关要求。

（刘　杰）

【“两新”组织党建品牌创立】 11月至12月，筹划建立“东风来了”非公党建品牌。12月8日开展党员形象照活动，组织地区非公企业党员与党旗合影。12月14日开展红色趣味运动会，非公企业员工及社会各界群众180余人参加。

（刘　杰）

【“两新”组织摸底调查】 年内，开展地区“两新”党组织摸底调查工作，建立企业台账和党员台账。完善14家非公企业，647名非公党员台账。

（刘　杰）

【经济组织清产核资】 年内，启动村级经济组织和集体企业清产核资工作，完成村级集体经济年度审计工作。完善地区三资管理平台上的经济合同61份，其中乡级20份、村级41份。

（刘　杰）

【疏解整治促提升】 年内，拆除东百发建材市场，建筑面积2.1万平方米，腾退土地2.4万平方米，疏解商户150余家。腾退78个院落，完成1326个院落，完成全部待腾退总量的92%。全年地区拆除违法建设32处3.84万平方米，调减流动人口20259人。

（刘　杰）

【平安建设】 年内，完成安全生产“护航”“深耕”“金秋”专项行动及安全隐患大排查大清理大整治专项行动，检查点位7500家次，排查隐患7200余处，全部完成整改。

（刘　杰）

【矛盾纠纷调处】 年内，调解纠纷178起，调解成功135起，诉前调解37起。制作简单纠纷调解协议32份，制作调解案卷21件，司法确认1份。

（刘　杰）

【文化活动】 年内，开展钢琴、书法、诗词、绘画、摄影、健身操小教员及交谊舞培训，参与培训人员8000人次。地区合唱团参加中央电视台文艺频道·九九艳阳天”重阳晚会录制，地区京剧团在北京市社区京剧票友大赛获得北京市“十大票房”称号。

（刘　杰）

【老旧小区改造】 年内，地区对老旧小区进行改造。石佛营东里社区拆除违建1647平方米，新建围栏742平方米，透水砖铺装约4398平方米，楼体粉饰20039平方米，增设景观雕塑、凉亭和健身器材。石佛营西里社区整治“开墙破洞”269处，拆除违法建设63户，新铺

2100平方米柏油路面，粉刷楼道2.3万平方米，绿化补种7987平方米，拆除私设地桩1251个，改造小区围栏1600米，新增监控设备15处，利用社区边角地块新增车位150个，成为地区无“开墙破洞”社区。

（刘　杰）

【村委会、社区居委会】

名称	地址	电话
1. 豆各庄村村委会	高庙村东北角	85811977
2. 辛庄村村委会	辛庄村甲1号	859846037
3. 将台洼村村委会	将台洼村	84315469
4. 六里屯村村委会	六里屯村	65862164
5. 石佛营东里社区居委会	石佛营东里小区113号楼东侧小红楼	85821433
6. 石佛营西里社区居委会	石佛营西里临乙1号	85814852
7. 石佛营南里社区居委会	八里庄北里129号院2号楼3层	85835729
8. 紫萝园社区居委会	石佛营东里136号院1号楼108号	85846204
9. 东润枫景社区居委会	东润枫景28号院6号楼2单元	64366261
10. 观湖国际社区居委会	东四环北路88号院7号楼1单元2层	59283908
11. 公园大道社区居委会	朝阳公园南路6号院4号楼	65306784
12. 泛海国际南社区居委会	星火西路17号泛海国际南社区服务站	85855887
13. 南十里居社区居委会	南十里居41号院5号楼3单元103室	58294239
14. 东风苑社区居委会	星火西路17号楼社区服务中心202室	85904182

（刘　杰）

豆各庄地区（乡）

【概况】 豆各庄地区（乡）位于朝阳区东南部。南邻通州区台湖镇，西靠王四营乡和十八里店乡，北接三间房乡，东邻黑庄户乡。辖区总面积14.16平方千米。下辖12个行政村、10个社区、1个社区筹备组。年内，有户籍人口7979户、15232人，流动人口11579人，外籍人口175人，有汉族16156人，新出生375人。有法人单位790个，其中国有单位32家。有社区卫生服务中心1个、社区卫生服务站4个。有中学2所、全日制小学4所、公立幼儿园1所、私立幼儿园5所。有养老机构2个。8条公交线路途经辖区。有200平方米为民服务大厅、6000平方米地区文化中心有6处文化广场和1处24小时自助图书馆。绿化率为43.6%。实现经济总收入18705.3万元，比上年减少16.1%；征收房产税160万元。年内，豆各庄地区获2016年度北京市交通安全先进单位称号。

地址：豆各庄乡西马各庄村
邮编：100121
电话：65479002
邮箱：dgzxck2013@126.com

（范单丹）

【社区第二次居民代表大会召开】 2016年12月28日至2017年1月9日，豆各庄地区8个社区组织召开2016年第二次居民代表大会。各社区的书记、主任汇报2016年在社区在综合治理、环境卫生、计划生育、劳动保障、党建、为民办实事、公益金使用等方面情况。居民代表听取社区工作者2016年述职报告，就社区事务提出意见和建议。

（范单丹）

【广渠路沿线环境治理工程竣工】 3月17日，2016年广渠路沿线豆各庄段环境整治项目建设开工，工程由田华集团第十八分公司（豆各庄乡建筑公司）承担，工程投资486万元。全长1200米，其中金田公园北侧建成630米铁艺围栏，491段至新发地批发市场建筑600米实心围墙，6月30日竣工。

（范单丹）

【萧太后河滨水绿色文化休闲廊道项目启动】 4月3日，豆各庄地区启动萧太后河滨水绿色文化休闲廊道（豆各庄段）周边环境整治和园林景观提升项目，建设规模约9万平方米，政府投资1300余万元。项目主要是提升原有绿化景观，打造景观节点，完善服务设施等建设，由北京天下绿色景观园林股份有限公司承建，北京中城建建设监理有限公司监理，9月28日竣工。

（范单丹）

【全市首个家风文化传承中心启用】 6月29日，地区启用全市首个家风文化传承中心，发布“传承好家风，助力城市化”项目。以“家风”工程为切入点，党员领导干部带头，机构跟进督导，推动形成共建共享的社会主义家庭文明新风尚，推进社会治理创新，增强地区软实力。机关党支部层面启动“修身齐家，勤廉为民”党员家庭助力地区发展“六个一”活动，引导广大党员干部重视家庭家风建设，服务地区发展。社区层面开展“家风大家谈”“家庭工作坊”“家风文明大讲堂/课堂”等各类活动30余场，服务党群1500余人次，覆盖青少年、中青年、老年各年龄段人群。家庭层面“共修、共乐”，共同秉承优良家风精髓、提升维系和谐家庭修养，享受家庭互动快乐，开展“家庭建设工作坊”及“社区家庭联谊”系列活动。家园层面“共议、共创、共享”共同讨论家园议题，共同参与家园建设，共同享受家园成果，开展“家园议事会”“家庭志愿服务”及“家园嘉年华”系列活动。

（范单丹）

【村级集体经济组织社员代表换届选举】 7月18日，豆各庄乡村级集体经济组织社员代表换届选举。12个村4012名集体经济组织成员参加社员代表投票，选举产生310名村集体经济组织成员代表。全乡12个村中有7个村的投票率达100%，整体投票率达95.66%。

（范单丹）

【10项为民办实事完成】 7月，地区完成年度10项为民办实事项目，涉及6个社区，投资279.8万元。项目涵盖社区居民出行不便、停车难、休闲场地建设等方面。

（范单丹）

2017年地区10项为民办事实一览表

表11

序号	事实项目名称	所属社区	投资额（万元）
1	社区单元门公示栏安装	绿丰家园社区	19.7
2	绿丰休闲公园篮球场修建	绿丰家园社区	48.8
3	楼顶及四周墙体维修工程	绿丰家园社区	57.8
4	下水道高压清洗工程	绿丰家园社区	19.6
5	道路更换安装减速带工程	绿丰家园社区	8.7
6	单元门门禁系统安装工程	朝丰家园社区	90.5
7	芳草地国际学校路口两侧临时信号灯安装项目	富力又一城第二社区	3
8	便民座椅安装工程	青青家园社区	7.9
9	社区文化设施维护保养工程	阳光家园社区	14.7
10	地面维修工程	明德园社区	9.1

（范单丹）

【市领导调研】 8月18日，市委副书记景俊海到豆各庄马家湾湿地公园调研，了解豆各庄地区加快区域功能疏解、环境整治、拆迁腾退、绿化建设及河道治理等工作。

（范单丹）

【茶家东路（豆各庄段）翻修完成】 8月30日，完成乡道茶家东路（豆各庄段）翻修。工程于7月1日开工，南起京哈辅路东马各庄出口，北至双桥路，全长1900余米。

（范单丹）

【红色经典诵读大赛举办】 10月17日，地区总工会、团委联合举办“不忘初心，砥砺前行”红色经典诵读大赛。大赛在地区领导班子成员参演的诵读作品《信仰的力量》中拉开序幕。经过预赛选拔35人进入决赛。评出一等奖1名、二等奖2名、三等奖3名、优秀奖7名。

（范单丹）

【社区工作者综合素质培训班】 10月30日至11月2日，由豆各庄地区办事处主办，北京市朝阳区智耘弘善社会工作事务所承办的社区工作者综合素质培训开班。培训班以“凝心聚力、运筹帷幄、决胜千里”为主题，116名社区工作者参加。培训由理论讲堂与素质拓展两部分组成。

（范单丹）

【年度住宅拆迁完成】 11月25日，完成豆各庄乡2017年住宅拆迁任务，包括南何家村、东马各庄村、于家围南村、于家围北村4个村103户，腾退总面积约3.2万平方米。

（范单丹）

【第十七届人民代表大会召开】 11月28日至29日，豆各庄乡召开第十七届人民代表大会第三次会议，补选乡人民政府副乡长一名。豆各庄乡人大代表，区域内市、区人大代表，村、社区正职干部等90余人参加。游红翠当选为豆各庄乡人民政府副乡长。

（范单丹）

【村委会、社区居委会】

名称	地址	电话
1. 豆各庄村村委会	朝丰家园8号院6号楼	67206225
2. 孟家屯村村委会	朝丰家园天达路6号楼	87391357
3. 黄厂村村委会	朝丰家园8号院6号楼	67206288
4. 孙家坡村村委会	朝丰家园天达路6号楼	67206232
5. 水牛房村村委会	朝丰家园8号院6号楼	67373802
6. 马家湾村村委会	朝丰家园天达路6号楼	67206230
7. 南何家村村委会	绿风家园小区院内	85308299
8. 于家围北村村委会	绿风西路绿风家园小区	85366353
9. 于家围南村村委会	绿风家园小区院内	85307431
10. 东马各庄村村委会	绿风家园小区院内	85307047
11. 西马各庄村村委会	朝丰家园8号院6号楼	67206181
12. 石槽村村委会	朝丰家园8号院6号楼	67206233
13. 青青家园社区居委会	豆各庄5号院131号楼	85303961
14. 京城雅居社区居委会	南豆各庄6号院	87391785

名称	地址	电话
15. 绿丰家园社区居委会	西马各庄路绿丰家园	85309162
16. 文化传播社区居委会	双桥路9号院	85366817
17. 阳光家园社区居委会	豆各庄1号院	87392814
18. 朝丰家园社区居委会	天达路8号院6号楼	67287807
19. 富力又一城一区社区居委会	豆各庄广祥街3号a	59644824
20. 富力又一城二区社区居委会	马家湾村萧太后河边	67287591

（范单丹）

高碑店地区（乡）

【概况】 高碑店乡位于朝阳区东部。东邻中国传媒大学，南接王四营乡，西邻北京商务中心区，北靠平房乡。辖域面积15.08平方千米。下辖5个村，28个社区。年内有常住人口约5.2万人，流动人口约5.2万人，外籍人口1667人。其中，户籍24781户、52245人，汉族人口49627人，新出生人口804人。辖区内有民航总医院、中国检验检疫科学研究院等20家中央在京单位，有法制晚报社、北京市建筑装饰设计院有限公司等50家市属单位，有北京惠通宏信文化产业中心、北京市朝阳区北花园苗圃等212家区属单位。有医院2所，社区卫生服务中心1个，社区卫生服务站7个。有中学4所，小学8所，幼儿园7所。有养老机构3个。地铁1号线、八通线贯穿其中。有400平方米为民服务大厅、3000平方米地区文化中心、4处文化广场和2处24小时自助图书馆。年内，高碑店地区（乡）围绕朝阳区“建设‘三区’建成小康”的发展目标，打造“空间布局合理、经济转型发展、产业高端聚集”的新高碑店，三大特色产业效应显著。完成地区财政收入6.4亿元，比上年增长14.38%；完成农村集体经济总收入2.6亿元，比上年增长10.4%；利润总额1711.9万元；上缴税金1050万元；人均所得4.19万元，比上年增长6.6%。高碑店地区高井（村）社区成为北京市第一批建设示范单位。

地址：高碑店北路甲1号
邮编：100123
电话：85778502
邮箱：gbdxbgs@126.com

（何　聪）

【老挝副总理参观高碑店】 5月14日，老挝副总理本通·吉玛尼一行到高碑店村参观新农村建设发展情况。本通·吉玛尼一行参观高碑店村村史博物馆，了解高碑店村从漕运时期到现在的发展巨变；到高碑店村居民家了解村民的生活现状。在座谈会上，与高碑店村交流新农村建设相关情况。本通·吉玛尼对改革开放给百姓带来的翻天覆地的变化给予高度评价，祝愿高碑店村在中国共产党的带领下发展越来越好。

（何　聪）

【领导调研】 6月6日，全国妇联副主席谭琳一行到高井村，就妇联改革工作进行督导调研。高井村党总支书记庄虔春，高井村党总支副书记、妇联主席果屹娜就妇代会改建、妇联工作、组织建设和家庭建设三个方面工作进行汇报。

（何　聪）

【高碑店村志编纂启动】 8月4日，《高碑店村志》编纂工作启动仪式在高碑店村委会举行，市地方志办公室副主任张恒彬、区档案局局长王春清、高碑店地区工委副书记关得志等领导出席会议。区档案局副局长王维成部署《高碑店中国名村志编纂工作实施方案》，高碑店地区副书记关得志以及高碑店村代表表态发言，立即启动名村志编纂工作，设立固定办公场所，配备办公设备，把村志征集编纂人员的工作纳入年度考核目标，多种措施把村志编纂工作落到实处。

（何　聪）

【乡十七届人大第三次会议召开】 12月2日至3日，高碑店乡召开第十七届人民代表大会第三次会议，40名乡人大代表参加会议，会议选举关得志为高碑店乡政府乡长。

（何　聪）

【党委意识形态监察工作】 年内，地区党委意识形态监察室成立。乡党委书记与班子成员签订《高碑店地区工委意识形态工作责任书》14份，与基层村党总支、社区党委、非公企业党组织主要负责人签订责任书35份，各社区（村）与辖区内企业签订意识形态责任书。党委意识形态监察室按照“一岗双责”要求，抓好意识形态工作，建立工作机制，为乡党委及时发现和处置舆情提供决策依据。

（何　聪）

【“三资”管理】 年内，健全农村集体资金、资产、资源管理制度，形成产权明晰、权责明确、经营高效、管理民主、监督到位的农村集体经济管理体制和运行机制。强化村级经济组织和经济合同的统一管理，强化第三方全托管的“三资”管理模式。全年大额资金审计监管356笔，送审金额2.9亿元；重大工程送审40笔，送审金额5266万元，审减710万元，审减率13.48%。审计单位37家，审定金额41.7亿元，527份农村经济合同纳入区监管平台。

（何　聪）

【疏解整治促提升】 年内，拆除区级挂账违法建设5处、24723平方米；拆除账外违法建设17处、32215平方米。疏解爱丽家市场、荔钢石材等商品交易市场、“散乱污”企业、一般制造业5家，清退公寓1843间。清理整治白领家园、都市经典家园区级挂账人防工程2处，清退面积1200平方米。完成甘露园南里一区、泰和园、电建小区等群租房整治35处，核减流动人口8455人。立案查处占道经营类违法行为915起，整治无证无照餐饮单位33家、其他无证无照经营23家，整治大望路道桥公司开墙破洞13处。

（何　聪）

【社会保障】 年内，完成古街民俗体验馆、兴隆家园篮羽中心2个市级“社区之家”建设，新增西店、太平庄等6个“一刻钟便民服务圈”。开展“就业援助月”“春风行动”等就业宣传，开发就业岗位2530个，实现失业再就业608人，新增灵活就业补贴460人，创建充分就业社区16个。依托社区建立乡级巧娘工作室，开展巧娘手工培训、电脑知识培训等2期，培训30余人。妇女创业培训2期，参与妇女招聘会3期，实现就业9人。完成全民参保登记入户调查和登记信息审核入库工作，新增参保1780余人，新增续保缴费8200人。

（何　聪）

【第八届妇女代表大会召开】 8月29日，地区召开第八届妇女代表大会，97

名妇女代表参会。会议听取并审议通过由李伟做的《高碑店地区第七届妇联执委会工作报告》，选举产生新一届妇联执委23人，刘红为专职主席，李伟为专职副主席，兼职副主席有王淑芳、杨焕、马秀丽3人，委员18人。

（何　聪）

【环境整治】 年内，拆改燃煤锅炉12台，完成“煤改电”住宅3133户。清除杂草5万平方米、无主垃圾2100余吨。完成道路保洁154万平方米。启动四建路、绿源小学路等16条背街小巷综合治理。清理占道游商57处，取缔露天烧烤大排档27家，处罚施工扬尘工地6家、渣土车13辆。拆除违规电子显示屏、牌匾灯箱、大型广告、楼顶单体字、山寨指路牌等5000余块。开展创建垃圾分类示范社区活动，建成18个垃圾分类小区，丽景馨居小区被区市政市容委评为2016年垃圾分类示范小区。

（何　聪）

【残疾人事业】 年内，3个温馨家园、职康站、康复站通过职康劳动、文体活动、心理咨询、技能培训、康复训练等形式，帮助残疾人康复。扶持地区残疾人合唱队，开设非遗项目——毛猴制作、书法和国画等兴趣小组。组织文体活动10余场，技能培训20余次，接待残疾人康复训练2600人次，辅助器具租赁52人次。开展法律咨询60余人次、免费提供代书2件，举办残疾人普法讲座27场。为残疾人提供免费上网450人次，加工职康产品2500余件。

（何　聪）

【法律服务】 年内，完成普法大讲堂61场次，与6家律师事务所签订合作协议，为各村和社区的法律服务室提供免费法律咨询服务。提供法律咨询服务近600人次，主办法律讲座41次，发放法律宣传资料2849份，代写法律文书63份，参与纠纷调解13次，服务律师对社区调解员培训81人次，提供法律援助3件，帮助社区修订完善村居民约3件，为村居提供法律意见和建议25条。

（何　聪）

【社区建设】 年内，完成社区建设任务，涉及14大项74小项，投资近800万元。其中，国家级、市级3个大项31小项（27个智慧社区建设、2个社区之家创建、2个全国农村社区建设试点创建）；区级项目8个大项40小项（11个社区三社一体化项目、7个社区农民市民化项目、2个社办公用房装修、3个星级服务站建设、办实事项目11项、新建1个社区、4个绿色平安智慧社区创建、1个地区级社区社会组织联合会注册成立）；地区层面3项（社区帮扶结对工作、社区主要领导接待日、社区规范化建设）。

（何　聪）

【村委会、社区居委会】

名称	地址	电话
1. 高碑店村村委会	高碑店村1358号院	87741569
2. 高井村村委会	朝阳路高井村甲6号院	85760437
3. 半壁店村村委会	半壁店村	87743221
4. 北花园村村委会	北花园村	65475898
5. 高碑店东社区居委会	高碑店村5区1号楼	85763010
6. 高碑店西社区居委会	高碑店西一区32号楼	85755601
7. 高井社区居委会	朝阳路高井村甲6号院	85772433
8. 西店社区居委会	西店村527号	67043885
9. 方家园社区居委会	方家园村	85768651
10. 半壁店社区居委会	半壁店村280号院	87741051
11. 北花园社区居委会	北花园村委会院内	65475881
12. 八里庄社区居委会	康家沟甲30号	65586729
13. 甘露园南里一区社区居委会	康家园23号楼I	85752957
14. 甘露园南里二区社区居委会	甘南二区19号楼东	85773316
15. 丽景馨居社区居委会	甘南三区丽景宾馆二层	85758506
16. 花北社区居委会	花园闸北里13号楼	65745746
17. 花北西社区居委会	大黄庄南里25号楼	65791272
18. 太平庄南社区居委会	朝阳路69号院临甲9号	51386093
19. 太平庄北社区居委会	南太平庄北巷8号	85501889
20. 康家园东社区居委会	高碑店北路甲6号院5楼	51316821
21. 康家园西社区居委会	康家园小区1号楼北院	52029080
22. 兴隆家园社区居委会	建国路兴隆家园29号楼	85768044
23. 通惠家园社区居委会	通惠家园润园4号楼	59679522
24. 大黄庄社区居委会	大黄庄村152号	85762616
25. 文化园社区居委会	高碑店民俗文化街1712	87739893
26. 力源里社区居委会	力源里北街金地名京6	85723210
27. 小郊亭社区居委会	小郊亭村268号	87741211
28. 花园闸社区居委会	花园闸村委会对面	65400766
29. 水南庄社区居委会	西店村1131号	87703699

（何　聪）

管庄地区（乡）

【概况】 管庄地区（乡）位于朝阳区东部。东邻通州区城关镇，南与豆各庄乡、黑庄户两乡毗邻，西接三间房乡，北与常营乡接壤，属CBD——定福庄国际传媒走廊的一部分。辖区面积10.15平方千米。下辖13个社区、12个村。年内有户籍人口24921户、62379人，农业人口6595人，流动人口70149人，外籍人口265人，以汉族和回族为主，回族约3000人，新出生1170人。有中央在京单位27家，有中国建筑材料科学研究总院、中交一公局、第五工程有限公司等市属单位14家，区属单位40家。有北工大实验学院培训中心、北京科技大学（管庄）校区2所大学，中学3所，小学2所（含7个校区），幼儿园10所。有社区卫生服务中心1个，社区卫生服务站5个，一级医院2个，门诊部以下医疗卫生机构1个。有养老机构1个。京通快速路、广渠路、朝阳路、地铁八通线、京秦铁路、通惠河贯穿全地区。途经辖区公交线路12条。有200平方米为民服务大厅、1700平方米地区文化服务中心、有1处12000平方米文化广场和3处24小时自助图书馆。地区绿化面积119万平方米，绿化率约为12%。实现集体经济总收入7.95亿元，比上年增长15.1%；实现农民人均劳动所得41325元，比上年增长6.5%。

地址：管庄乡1号
邮编：100024
电话：65762117　65790560
邮箱：zcmlzz@bichy.gov.cn

（张　伟）

【“两路一线”环境大整治】 1月14日至15日，管庄乡召开“两路一线”（广渠路、京秦铁路沿线和长安街延长线）环境整治工作会。部署环境整治的任务内容、时间节点，要求沿线各村落实各项工作任务。年内，完成塔铁宿舍等9个环境整治项目。

（张　伟）

【长安街东延长线环境整治】 2月18日，区委书记吴桂英、区长王灏带队调研管庄乡长安街东延长线环境整治工作，提出实施杨闸村拆迁腾退，高标准开展长安街延长线环境综合整治工作。5月，启动杨闸村拆迁腾退，12月完成全部非宅拆除。涉及15000余人，住宅拆迁完成90%，拆迁面积12.69万平方米。

（张　伟）

【社区社会组织联合会成立】 4月19日，在新天地社区召开管庄地区社区社会组织联合会成立大会，地区有关领导、31个社区社会组织负责人、33名个人会员、11个社区党政正职参加。会议通过社区社会组织联合会章程和选举办法，投票选举管庄地区社区社会组织理事会、监事会以及9名理事会成员。

（张　伟）

【第四届惠河体育节】 6月2日，地区第四届惠河体育节开幕。体育节以“弘扬一带一路 促进全民健康”为主题，设置太极扇、韵律操等14个节目，14支表演队参加。体育节历时4个月，各社区、村举办趣味运动会，拔河、乒乓球、广场舞比赛等系列活动百余场，吸引万余群众参加。

（张　伟）

【第十一届惠河文化节】 6月29日，地区举办主题为“凝聚在党旗下踏上管庄发展新征程”七一文艺晚会暨管庄地区第十一届惠河文化节开幕式。地区领导班子、优秀共产党员、机关干部、社区、村、企业正职及党员骨干等1000余人参加开幕式。第十一届惠河文化节系列活动以文艺演出、展览、体验为主的社区活动10余场，惠及10000余人，9月26日闭幕。

（张　伟）

【地区第一家养老驿站成立】 7月18日，管庄地区第一家养老服务驿站正式开业。养老服务驿站为周边老年人提供助餐、助洁等便民服务。

（张　伟）

【地区第九届妇女代表大会召开】 8月14日，地区召开第九届妇女代表大会，95名妇女代表出席会议。会议选举产生地区第九届妇联主席1人刘颖（地区组织委员），专职副主席1人韩燕涛，兼职副主席3人薛会芹、刘慧敏、刘颖（燕京中药饮片厂副厂长），执委会委员21人。

（张　伟）

【乡十七届人大二次会议召开】 8月16日至17日，召开第十七届人民代表大会第二次会议，50名乡人大代表参会，机关各科室科长（负责人）以及各社区书记和主任列席参加。大会组织乡人大代表和列席人员参观孙河乡“一绿”试点建设成果，听取各主管副职领导半年工作情况通报及下半年任务分解，乡长万小兵代表乡政府通报政府工作情况以及下半年工作安排，乡纪委书记陈诚部署党风廉政建设工作。

（张　伟）

【托幼场所安全专项检查】 11月至12月，对地区托幼场所开展安全隐患专项检查。查看各幼儿园消防安全隐患，了解各园区内监控数量及点位。对于存在的安全问题提出立即整改，发放约谈告知书、签订责任书。年内，各类托幼场所增加监控设备254处。

（张　伟）

【大排查大清理大整治】 11月19日，召开安全隐患大排查大清理大整治专项行动部署会。地区办事处主任万小兵部署安全整治工作。地区工委书记高永荣提出“强化认识和责任，强化工作细化落实，强化组织宣传到位，强化日巡和夜巡制度”的工作要求。全年出动检查人员5068人次，检查单位3615家次，消除各类安全隐患2448处。

（张　伟）

【完成服务保障任务】 年内，开展“护航”“深耕”“金秋”专项行动，重大活动的服务保障任务。其间，辖区400余名治安志愿者和300人组成的专兼职队伍在各固定点位轮流上岗，对辖区内各主要场所反复巡查，确保24小时巡逻值守。

（张　伟）

【新建两个社区】 年内，新建管庄北里、远洋一方润园社区成立筹备组。12月15日，管庄北里社区党委选举成功，产生新一届社区党委领导班子。

（张　伟）

【疏解整治促提升】 年内，落实“疏解整治促提升”专项行动，坚持“六拆六促”（以拆迁促疏解、以拆迁促整治、以拆迁促提升、以拆迁促控违、以拆迁促调控、以拆迁促增长）的工作思路，聚焦重点领域、重点项目和综合整治。拆除违法建设42.8万平方米，整治查扣街面占道经营、游街商贩1700余起。清理无证无照餐饮经营单位208家，疏解一般性制造企业6家、商品交易市场8家、其他非首都功能产业56家清理整治“散乱污”企业97家、违法群租房20户、地下空间2处。

（张　伟）

【环境整治】 年内，强化管庄路、双桥东路等重点街区的“门前六包”管控，实施联合执法150余次，出动7600余人次。查扣街面占道经营、店外经营1700余起。整治管庄西里、建东苑社区开墙破洞26处，查处堆物堆料96起，暂扣施工工具400余台，拆除不符合规定的牌匾

260余块，清理路牌、道旗500余处。办理市环保督察61件。

（张　伟）

【集体产权制度改革】 年内，制定《管庄乡村级集体产权制度改革实施方案》，聘请专业机构，依法依规完成12个村14417人，482名未成年人的身份界定、劳动年限统计和清产核资等工作。

（张　伟）

【社会保障】 年内，开发就业岗位2025个，530名登记失业人员实现再就业。完成新农合与城乡居民基本医疗保险并轨工作，完成2301人参保。投入299万元，完成15项为民解忧办实事项目。落实3091户煤改清洁能源工作，收缴燃煤500余吨，实现区域“无煤化”。在新天地社区增设公交线路（专39路）通车，解决居民出行难问题。发放通惠小区房产证，二十多年的历史遗留问题得到解决。

（张　伟）

【村委会、社区居委会】

名称	地址	电话
1. 八里桥村村委会	瑞祥里小区26号楼北侧原配电室	85707898　85708932
2. 东会村村委会	管庄乡瑞祥里小区4-1-103	65459097　65726067
3. 塔营村村委会	管庄乡瑞祥里小区29-1-103	85708430　85708148
4. 重兴寺村村委会	管庄新村D区1号楼1单元103室和104室	65730972　65739058
5. 管庄村村委会	管庄乡管庄村委会	65730972　65739058
6. 司辛庄村村委会	管庄乡司辛庄村委会	65486379
7. 西会村村委会	瑞祥里小区29-1-103	65739232　65486379
8. 小寺村村委会	塔营北街3号院1号楼1单元101号	65703627
9. 杨闸村村委会	杨闸环岛东南侧	65708652
10. 郭家场村村委会	郭家场村委会综合办公楼	85390172　85391679
11. 咸宁侯村村委会	管庄乡咸宁侯村414号	85365773　51273818
12. 果家店村村委会	瑞祥里小区4号楼4单元103室	85707698　85707645
13. 八里桥社区居委会	东军庄8号楼南平房	85701262
14. 管庄北里社区居委会	常意路3号院4号楼一层	65727639
15. 管庄东里社区居委会	管庄东里21号楼1层	51164080
16. 管庄西里社区居委会	管庄西里2号楼与3号楼之间平房	65740261
17. 惠和东里社区居委会	东一时区惠河东里	65485807
18. 惠和西里社区居委会	双柳北街一号院14号楼305室	65438728
19. 京通苑社区居委会	管庄京通苑10号楼东二层	65709460
20. 丽景苑社区居委会	管庄西里78号楼（尚东阁）小区东侧平房	65777481
21. 瑞祥里社区居委会	管庄第二卫生服务中心西侧（瑞祥里社区服务站）	65478541
22. 新天地社区居委会	双桥东路5号院1号楼201室	59121092
23. 远洋一方嘉园社区居委会	朝阳路5号院12号楼北侧二层	56649591
24. 建东苑社区居委会	管庄周家井建东苑社区1号楼东侧	65752017

（张　伟）

黑庄户地区（乡）

【概况】 黑庄户地区（乡）位于朝阳区东南部。西靠垡头边缘集团与豆各庄相邻，北靠定福庄边缘集团与管庄乡相邻，东与通州区台湖镇工业园区接壤，南与光机电产业基地相邻。辖区面积24.1平方千米。下辖16个行政村、6个社区、5个直属企业。年内户籍人口9800户、20765人，其中农业人口7479人、非农业人口1.3万余人，流动人口5.19万余人，外籍人口117人，汉族人口19602人，回族人口1026人，新出生人口287人。有法人单位1126个，其中中央在京单位7家，市属单位5家，区属单位1家。有医院2所，社区卫生服务中心1个，社区卫生服务站9个。有中学1所，小学4所，幼儿园3所。有养老机构2个。7条公交线路途经辖区。有600平方米为民服务大厅、9处文化广场和3处24小时自助图书机。绿化率为13.3%。实现经济总收入64500万元，比上年增长7%；农民人均所得26212元，比上年增长6.7%。

地址：黑庄户乡工商大街甲1号

邮编：100121

电话：85383651

邮箱：hzhxzxk@bjchy.gov.cn

（杨　冬）

【地区第三届群众文化体育节举行】 5月26日和6月29日，在乡农耕教育示范园举行第三届群众文化体育节暨“传播正能量·歌唱伴我行”合唱比赛和舞蹈比赛。地区40支队伍参赛，近千人参加比赛活动。

（杨　冬）

【公共安全培训体验活动】 8月10日，地区安委会在郎各庄村文化广场举办公共安全培训体验活动。活动设置逃生绳结训练、灭火器使用、火灾逃生体验、紧急救护、地震车等体验项目，地区近300名居民参加活动。

（杨　冬）

【领导调研】 11月9日，市规划国土委党委书记、主任魏成林率队到地区调研。魏成林一行到郎辛庄村东侧集体土地租赁住房建设地点，围绕“一绿”二批试点工作及集体土地租赁住房建设地点整体工作进展情况实地调研。在郎辛庄集体租赁房地块疏解整治现场，市、区领导听取黑庄户地区对该地块拆前整后成果对比介绍、新型农村社区建设进度、全乡域范围内疏解整治计划、农业生态公园的整体建设方案等规划思路和诉求建议。

（杨 冬）

【地区第九届妇女代表大会召开】 11月29日，召开妇联第九届代表大会。区妇联、地区办事处领导以及99名妇女代表参会。会议审议通过第八届乡妇联工作报告，审议通过《黑庄户地区妇女联合会第九届代表大会选举办法》、候选人名单、监票人和计票人名单。选举产生黑庄户地区第九届妇联执委21名。执委会第一次会议选举产生选举王晓玉为地区新一届妇联主席，王利娜为专职副主席，云红、安中岩和李朝惠为兼职副主席。

（杨 冬）

【疏解整治促提升】 年内，完成四合庄村、通马路沿线、苏坟村、黑庄户村、定东村、定西村等近120万平方米非住宅疏解，调减人口4197人。疏解一般制造业企业16家，疏解治理“散乱污”企业47家。全乡拆除违法建设31.3万平方米，宅基地二层加盖情况得到管控。新增绿化面积11.6万平方米。黑庄户乡鲜活农产品流通中心代征道路项目住宅腾退补偿协议全部签约。完成黑庄户村鲁店北路90户住宅拆迁。

（杨 冬）

【环境整治】 年内，完成万通路、双桥西路、政府街等道路整治工程。建立台账，推行“一村一图一表”，组建环境卫生管理委员会，落实环卫作业实名制。14个村近7000余户完成“煤改电”工作，实现“无煤化”。治理露天烧烤、工地扬尘、焚烧垃圾等违法行为。查处重点点位占道经营违法行为64起；整治市场2家、无证无照经营商户227家；市级挂账的燃气管线占压隐患8处全部销账；查抄非法经营诊所3家。

（杨 冬）

【非公党建】 年内，建立非公党组织28个，有28名党员，实现辖区内173家非公企业全覆盖。

（杨 冬）

【农村集体资产管理】 年内，召开36次集体资产管理委员会会议，按照合同联预审程序审核签订经济合同5份，坚持重大项目评审制度，乡村两级全面评审项目155项。

（杨 冬）

【社会保障】 年内，实施社区公益项目7项，农民市民化项目1项。完成为民办实事工程13项，主要涉及小区环境整治、道路改造及路面硬化、增加停车位等。完成双桥第三社区组建及双桥第二社区、双桥第三社区星级社区服务站建设，建成地区第一家养老驿站——郎各庄养老驿站。小鲁店村建成占地面积600余平方米的电动车集中充电车棚，配备15组充电桩，可供150辆电动车同时充电。

（杨 冬）

【文化活动】 年内，组织开展健康宣教进村（社区）12场。围绕“文化惠民、服务于民”，开展第三届群众文化体育节系列活动，公益放映电影195场，星火工程演出18场，组织文体队伍参加文化体育活动27场。举办“翰墨迎新春·光影颂祥和”书画摄影展活动，展出书画作品47幅，摄影作品118幅。

（杨 冬）

【安全隐患排查】 年内，开展安全生产“护航”“一带一路”“深耕”“金秋”专项行动，围绕中共十九大服务保障、安全隐患大清理大排查大整治，建立“1+22+10+12”（1个地区安全服务保障工作指挥部、22个分指挥部、10个职能工作组、12个包片督查组）指挥体系和“战时指挥部”工作模式，落实维稳工作责任制。整改隐患6751处，清理腾退公寓107家、无证幼儿园15所，关停仓储物流482家，安装独立性烟感报警器2万余个。

（杨 冬）

【村委会、社区居委会】

名称	地址	电话
1. 大鲁店一村村委会	大鲁店一村村委会	85386242
2. 双树南村村委会	双树南村村委会	85373302
3. 大鲁店二村村委会	大鲁店二村村委会	85385253
4. 双树北村村委会	双树北村村委会	85371154
5. 大鲁店三村村委会	大鲁店三村村委会	85383595
6. 定辛庄东村村委会	定辛庄东村村委会	85371426
7. 小鲁店村村委会	小鲁店村村委会	85386256
8. 定辛庄西村村委会	定辛庄西村村委会	85372393
9. 郎各庄村村委会	郎各庄村村委会	85387385
10. 苏坟村村委会	苏坟村村委会	85372287
11. 郎辛庄村村委会	郎辛庄村村委会	85382273
12. 幺铺村村委会	幺铺村村委会	85370621
13. 黑庄户村村委会	黑庄户村村委会	51235285
14. 四合庄村村委会	庄村村委会	85381261
15. 万子营东村村委会	万子营东村村委会	85381836
16. 万子营西村村委会	万子营西村村委会	85384093
17. 双桥第一社区居委会	黑庄户乡双桥农场五号井小区	85391807
18. 双桥第二社区居委会	黑庄户乡双桥农场六号井小区	85393238
19. 双桥第三社区居委会	双桥中路12号院燕保双桥家园2号楼一层双桥第三社区服务站	85308361

名称	地址	电话
20. 康城社区居委会	黑庄户乡双桥东路9号院康城花	85375049
21. 怡景城社区居委会	黑庄户乡郎辛庄北路58号院物业楼	85380351
22. 旭园社区居委会	黑庄户乡黑果宿舍旭园居委会	85384802

（杨　冬）

将台地区（乡）

【概况】 将台乡位于朝阳区中北部，横跨东四环、东五环路。东至东八间房北岗子村与东坝乡相邻，南至麦子店街与东风乡、麦子店办事处相接，西至京顺路与望京办事处、太阳宫乡相连，北至将府家园北窑地居民区与崔各庄乡接壤，地处朝阳区丽都、燕莎商圈，毗邻电子城科技园区。辖区面积11.45平方千米。地区下设3个村、6个社区。年内有常住人口50091人，流动人口23217人。其中，户籍人口13542户、27696人，新出生348人。有法人单位2195个，其中中央在京单位7家，市属单位2家，区属单位2家。有医院、诊所及医务室18家，社区卫生服务中心1个，社区卫生服务站3个，社区服务中心1个。有科研院所1个，大学1所，中学3所，小学6所，幼儿园8所。地区级养老机构1个，社区级养老服务站3个，私立养老机构1个。22条公交线路途经辖区，地铁14号线贯穿其中。有260平方米为民服务大厅、3000平方米地区文化中心、11处文化广场和3处24小时自助图书馆。绿化率达到46%。年内完成3个村的产权制度改革。完成地区收入7.53亿元，比上年增幅6.6%；完成经济总收入70.47亿元，增长6%；实现利润总额7.56亿元，增长6%；税金总额2.57亿元，增长6%；人均劳动所得3.77万元，增长6%。年内，被评为全国“扫黄打非”先进基层示范点、“百县千乡万村无邪教创建示范工程”活动创建无邪教示范社区、北京市健康示范单位、北京市2017年度参与无偿献血公益事业先进单位。

地址：酒仙桥村甲1号

邮编：100016

电话：64371688

邮箱：jtbgs__001@163.com

（耿　超）

【村级清产核资完成】 2月13日，东八间房村、驼房营村、安家楼村分别召开社员代表大会第一次、第二次会议，将台乡村级产权制度改革工作全面启动。完成社员身份界定和劳龄统计，登记社员11956人，劳龄26.9万年、人均22.5年。开展集体土地资源账务核查，形成审计和评估报告，经村级社员代表大会审议通过。东八间房、驼房营及安家楼3个村的产权制度改革完成。开展对北京市第一道绿化隔离地区建设以来乡村两级的历年征占地补偿、非宅腾退补偿的查账和权益分配等工作，涉及项目占地及开发权益12.94亿元、非宅腾退补偿7.33亿元、解决历史遗留问题补偿2.62亿元。年内，资产清查、评估工作，乡、村两级关于补偿、权益分配等重要经济事项经乡党委会、乡集体资产监督会和村级社员代表会审议通过，并按程序要求完成账务处理、报告审议、召开社员代表大会等，全乡村级产权制度改革的清产核资工作完成。

（张春波）

【领导调研】 3月25日、27日，市委副书记蔡奇一行、中央政治局委员栗战书一行分别到将台乡调研植树工作情况。6月11日，代市长陈吉宁，副市长隋振江、卢彦到将台乡调研第一道绿化隔离地区规划建设工作，察看将府公园四期项目建设情况，了解将台乡拆迁腾退、实现规划绿地、提升城市生态环境等工作情况。8月18日，市委副书记景俊海到将台调研“一绿”试点工作情况。10月20日，市委督查中片督查组到将台督查颐堤港消防设施、大众4S店喷漆车间和大成国际工地。12月27日，市政府“三大”行动督查组到将台督查东昌利华市场和环铁西门地块。

（耿　超）

【党和国家领导人到将台义务植树】 3月29日，党和国家领导人习近平、张德江、俞正声、刘云山、王岐山、张高丽等到将台乡雍家村植树点，同北京市、国家林业局负责人以及首都干部群众、志愿者、少先队员一起参加义务植树活动，种植白皮松、西府海棠、银杏、碧桃、榆叶梅等树苗。雍家坟村植树地块植树区面积208亩，为2015年10月将台乡雍家村整体拆迁后腾退出用于绿化建设土地，属于将府郊野公园规划四期范围。

（魏　萌）

【地区交通疏导队成立】 5月31日，地区交通疏导队正式成立上岗。交通疏导队有23名队员，由朝阳交通支队机场大队干警进行专业技术培训。队员依法协助交警，加强交通乱点整治和疏导，维护地区交通秩序。

（李　波）

【乡十七届人大二次会议召开】 7月20日至21日，召开第十七届人民代表大会第二次会议，区、乡人大代表、列席代表80余人参加。会议审议通过《将台乡政府半年工作报告》《将台乡人大主席团半年工作报告》，依法选举李玉民为将台乡副乡长。

（魏　萌）

【地区第二届妇女代表大会召开】 8月30日，召开地区第二届妇女代表大会，105名妇女代表参会。会议审议通过《将台地区第一届妇联执委会工作报告》《大会选举办法（草案）》及将台乡妇联执委会委员候选人名单，选举产生地区妇联主席刘颖、专职副主席宋玉婧等21名妇联执委委员。

（隗力辉）

【“一绿”试点民宅腾退】 9月5日，完成“一绿”试点民宅腾退工作。依法腾退驼房营一队、洼子村等地块6个滞留户，完成立新村、北窑地26户民宅搬迁腾退，全乡“一绿”范围内宅基地院落全部腾退完毕。将台乡“一绿”试点民宅腾退工作自2015年7月5日开始，分5期实施，涉及东八间房村、驼房营村村民。腾退宅基地1183个，拆除房屋约47万平方米，上楼安置村民6100余人，疏解外来流动人口4万余人。完成北窑地、环铁西门、东昌利华市场等18个集体租赁地块疏解腾退，腾退土地面积15.40公顷，拆除房屋13.17万平方米。

（郝智勇）

【安全隐患专项行动】 11月19日，将台乡开展40天的安全隐患大排查、大清理、大整治专项行动。至12月31日，出动执法检查人员4991人次，检查单位3603家次，发现安全隐患2496处，拆除违法建设120处、2294平方米，发放安全隐患告知函24份。

（赵仁信）

【乡域实现“无煤化”】 10月30日，落实大气污染防治措施，推进“无煤化”工作。完成更换电表698户、安装取暖设备787台，收缴散煤30余吨、蜂窝煤2万余块，拆除燃煤锅炉208台，全乡基本实现“无煤化”。

（赵仁信）

【环境整治】 年内，确立27个环境整治项目。对将台路、驼房营路、将台西路等4.85千米道路街景进行改造提升。对辖区老旧小区芳园南里西区、芳园南街等12条背街小巷及11个拆迁地块环境进行整治。

（李 婷）

【环境建设】 年内，利用疏解腾退空间，增绿34万平方米，绿化率达到46%。建设以将府公园四期为重点的东部生态环境提升工程，完成公园四期用地范围内的树木栽植及景观小品，公园整体初具规模。推进五环外生态湿地工程及驼房营公园建设，整体提升乡域生态环境。

（李 婷）

【“一绿”安置房项目】 年内，将台乡第一道绿隔安置房项目被列为北京市重点民生工程。项目位置：朝阳区将台乡东八间房村，东至东坝路，南至东八间房路，西至东八间房村中心幼儿园，北至中国铁道科学研究院用地。地处将府公园核心地带，总建设用地面积约11.89公顷，总建筑面积52.13万平方米。15栋住宅楼、规划总户数3960户，小区内配备机动车位约4430辆，非机动车停车位8148辆，商住分开，设有文化广场、小型商服等各类公共服务场所。2017年8月和10月荣获群体结构北京市建设工程质量最高荣誉奖“长城杯”金奖、朝阳区建设委员会“朝阳杯”金奖。

（耿 超）

【村委会、社区居委会】

名称	地址	电话
1. 东八间房村村委会	东八间房村	52053188
2. 驼房营村村委会	驼房营村	64372167
3. 安家楼社区居委会	安家楼村东林场	64372167
4. 丽都社区居委会	东四环北路6号上东	51303352
5. 梵谷水郡社区居委会	驼房营南路2号院14楼	84706491
6. 芳园里社区居委会	芳园里18号楼对面	64383088
7. 水岸家园社区居委会	酒仙桥路甲1号	64332726
8. 将府社区居委会	将府家园北里103号楼	51373060
9. 翰都家园社区居委会	东四环北路10号院2楼	84793471

（耿 超）

金盏地区（乡）

【概况】 金盏乡位于朝阳区东北部，温榆河畔。北部、东部以温榆河为界，与顺义区、通州区接壤，南部与常营地区、西部与崔各庄地区、东坝地区相衔接，乡域面积50.1平方千米。下辖13个行政村、4个社区。年内常住人口84276人，流动人口外来55440人，外籍人口286人。其中，户籍人口12801户、28836人，农业人口11100人，非农业人口17736人，汉族人口28318人，满族人口457人，新出生人口391人。驻地区社会单位共有16家，其中中央单位5家、市属单位4家、区属单位7家、乡级企业11家。有社区卫生服务中心1个、社区卫生服务站6个。有大学1所，中学8所（含国际学校5所），小学5所（含民办3所），幼儿园4所。有养老机构3个。17条公交线路途经辖区。有405平方米为民服务大厅、38.08平方米地区文化中心、10处文化广场和5处24小时自助图书馆，绿化率为24.48%。年内完成疏解整治任务指标。实现经济总收入81867.2万元，比上年下降0.8%；实现利润－815.10万元，比上年下降118.1%；实现税金2345.9万元，比上年下降12%；人均劳动所得30312.0元，比上年增长6.2%。年内，获北京市首都环境建设样板单位。

地址：金盏大街2号

邮编：100018

电话：84333130

邮箱：JZXZF@126.com

（王德铭）

【防灾减灾消防演练举行】 5月8日，在金盏（东坝）名贵木材市场举行“5•12防灾减灾消防应急演练”活动，通过展板、海报、现场演示、展示装备、提供咨询服务等形式宣传防灾减灾安全知识，发放防灾减灾、消防宣传材料1000余份。乡相关部门、消防支队、各村村主任、治保主任、消防协管员、消防重点单位、社会单位和学校负责人200余人现场参加演练观摩。

（王德铭）

【十七届乡人大二次会议召开】 7月27日至28日，召开第十七届人民代表大会第二次会议，50余名正式代表，60余名列席代表参加。乡长张晓宁做《政府上半年工作报告》，乡人大主席高建忠做《关于第十七届人民代表大会第一次会议代表议案建议办理进展情况的说明》。大会从推进城市化建设方面、保障改善民生方面、基础设施方面提出建议。

（王德铭）

【棚户区改造】 年内，完成马各庄村、沙窝村、雷庄村棚户区改造2017年秋至2018年冬临时周转，总体签约比例100%。截至12月25日，三村共交钥匙1503户，完成比例99.4%（马各庄村交钥匙947户，完成比例100%；沙窝村已交钥匙337户，完成比例100%；雷庄村已交钥匙221户，完成比例96.93%）。

（王德铭）

【党建工作】 年内，实施“强基聚力”书记项目，推进“两学一做”学习教育常态化制度化，落实党支部规范化建设试点工作，整顿皮村、黎各庄村两个软弱涣散基层党组织，持续巩固“两个全覆盖”，完成两次区级党建重点任务专项督查和市级党建“三级联创”检查验收。开展“四个红色”（红色头雁、红色先锋、红色力量、红色基因）教育培训18次，开展“七一”读书宣讲会、“忠诚”主题实践等活动20余次。组织“不忘初心跟党走，继续前进奔小康”主题宣讲比赛。

（王德铭）

【疏解整治促提升】 年内，拆除违法建设48万平方米，调减常住人口6195人。清退拆除市场6家、出租大院4家、废品回收场站15家、仓储物流企业2家；疏解一般性制造业企业7家，关停“散乱污”企业300余家；清理非法行医13处、无证无照餐饮单位138家、其他无证无照单位156家；清理整治占道经营游商摊贩720处；完成朝阳区建筑废弃物资源化利用中心项目的腾退工作，腾退非住宅18.4万平方米。

（王德铭）

【“三资”管理】 年内，执行金盏乡“三资”管理文件规定，召开合同预审联席会议3次，审核通过合同32份，审核金额986.9万元；调整规范合同22份，增加租金收入656.4万元，涉及合同面积1114.4亩（74.29公顷）；解除合同34份，涉及面积1611.6亩（107.44公顷）。完成13个村和16家乡级直属企业审计，涉及金额68.9亿元。

（王德铭）

【社会保障】 年内，开发就业岗位1062个，发放独生子女父母各类奖励和经济帮助56.1万元，发放红十字会救助款2万元。发放大学生新生奖励金22.4万元；启动社区教育“好学金盏123”（“1”为全乡一盘棋，在乡党委的统一领导下，注重教育发展，努力提升全乡的教育工作水平；“2”为全乡地域全覆盖、人员全覆盖，不断提高社区教育工作的认知度和参与度；“3”为老、中、青三代人，学校、社区、居民三主体共参与，努力构建学习共同体）。完成“两癌”筛查、农村长效体检、老年人体检6116人次。投资50余万元，建设室内外健身器材、音响、电子阅览室等公共文化体育硬件设施。

（王德铭）

【安全隐患排查】 年内，开展安全隐患排查2600余次，出动9600余人次。发现安全隐患2.4万余处，现场整改隐患1.9万余处；关停、查封企业3000余家，查封面积30万平方米；行政处罚立案33起，处罚金额18.53万元。投入1000余万元，改造升级高清监控探头71处、增加384处，实现盲区监控全覆盖。投入100余万元购置消防车辆和设备，建成2个小型消防站、8个微型消防站和5个义务消防队。

（王德铭）

【信访矛盾调解】 年内，调解民间纠纷332件，办理信访件202件、政务互动件2012件，接待群体访25批次1200人、个访60人次。

（王德铭）

【“无煤化”工作】 年内，小店村完成“煤改电”工作。东村、西村、东窑、黎各庄和皮村在实现“无煤化”基础上，安装近400套空气源热泵类电采暖设备，实现“无煤化”全覆盖。

（王德铭）

【村委会、社区居委会】

名称	地址	电话
1. 金盏东村村委会	金盏东村内	84343674
2. 金盏西村村委会	金盏西村内	84333599
3. 楼梓庄村委会	楼梓庄村	84393471
4. 曹各庄村委会	曹各庄村	84391615
5. 黎各庄村村委会	黎各庄村	84317601
6. 马各庄村村委会	马各庄村	65418506
7. 北马房村村委会	北马房村	84311013
8. 长店村村委会	长店村	84339965
9. 小店村村委会	长店村	84349120
10. 雷庄村村委会	雷庄村	84340179
11. 皮村村村委会	皮村	84331517
12. 沙窝村村委会	沙窝村	84317838
13. 金泽家园社区居委会	康各庄路金泽家园A区	56521073
14. 金泽家园北社区居委会	金泽家园B区318号楼	56521025
15. 金盏家园一社区居委会	金盏嘉园C区1号楼	64180101
16. 金盏家园二社区居委会	金盏嘉园C区1号楼	64180299

（王德铭）

来广营地区（乡）

【概况】 来广营地区位于朝阳区的西北部。成立于1983年10月。东邻孙河乡、崔各庄乡；西与奥运村街道、大屯街道接壤；南与望京街道、大屯街道相连；北与昌平区东小口镇、北七家镇毗邻。辖区面积总20.93平方千米。下辖24个社区、5个行政村。年内有常住人口176446人，流动人口111135人，外籍人口2134人。其中，户籍人口29448户、63895人，新出生1652人。有中央在京单位21家，市属单位25家，区属单位49家，乡属企业6家。有医院3所，社区卫生服务中心1个，社区卫生服务站3个。有大学1所，中学6所，小学8所，幼儿园18所。有养老机构7个。20条公交线路途经辖区，地铁13号线、5号线、14号线贯穿其中。有约110平方米为民服务大厅、3处文化广场和10处24小时自助图书馆。绿化覆盖率56.6%。年内实现集体经济总收入8亿元，比上年增长8.1%；利润总额0.68亿元；辖区税收26.6亿元；区级财政收入7.53亿元，比上年下降1.7%；人均劳动所得44142元，比上年增长6.5%；征收小房产税2062.8万元，比上年增长 8.1%。获北京市2017年度交通安全先进单位、北京市人民调解工作先进集体、北京市司法行政系统十九大维稳安保工作集体三等功。

地址：红军营南路甲1号

邮编：100012

电话：84953336

邮箱：cylgydzb@163.com

（魏烨繁）

【打造智慧社区】 1月1日起，辖区21个社区正式运行官方微信公众号。

（魏烨繁）

【社区后备干部选拔】 4月19日，对94名社区正、副职后备干部候选人进行选拔面试。其中报考正职后备37人，报考副职后备57人。

（魏烨繁）

【市区人大代表视察】 6月22日，区人大常委会副主任常树奇、教科文卫体委员会委员、市区人大代表等一行30余人到朝花幼儿园来广营园视察朝阳区政府学前教育工作情况，朝花幼儿园来广营园园长向大家介绍幼儿园的办学理念、师资配备以及日常教学开展等基本情况。常树奇与教科文卫体委员会委员、市区人大代表询问入园现状、硬件设施配备以及物业管理等情况，到教学活动室现场查看硬件设施。

（魏烨繁）

【拆除来广营海鲜市场】 6月，由朝阳区绿化局牵头，来广营乡政府、来广营城管执法队配合，将位于来广营北路与来广营西路交叉路口西北侧的海鲜市场近万平方米违法建设全部拆除。

（魏烨繁）

【第十七届人民代表大会第二次会议】 7月25日至26日，召开第十七届人民代表大会第二次会议。51名人大代表出席会议，乡机关科级及以上干部、社区党组织书记列席会议。乡长王刚代表第十七届乡人民政府做半年政府工作报告，乡人大主席韩潮通报乡人大上半年工作。乡政府围绕建设“新四乡”为主线，在疏功能、减人口、稳增长、治环境、保民生、强治理上用力，完成全年各项目标任务。

（魏烨繁）

【督查党风廉政建设】 7月27日，副区长杨建海到来广营乡督查党风廉政工作落实情况，乡党委书记左景全和乡纪委书记韩蓉蓉分别汇报上半年党风廉政建设主体责任落实情况、疏解整治促提升工作和上半年党风廉政建设监督责任落实情况。

（魏烨繁）

【“两会一中心成立”】 7月28日，来广营地区党的建设研究会、党建工作协调委员会和区域化党建服务指导中心（简称“两会一中心”）正式成立。党建研究会由10余名基层党建领域专家和老领导组成，是地区党建智力支撑平台；党建协调委员会成员单位包括地区20余家有影响力的机关部队、央企国企、教育医疗机构和非公企业，辖区单位代表通过党建议事协商平台与社区、村、直属企事业单位党组织负责人定期对话、互通经验、交流需求；党建服务指导中心是以上两会的日常办事机构，全面把握以上两会工作节奏、项目推进等。区农委副主任赵清志、来广营地区工委班子成员、13位党建研究会专家和辖区内22个党建协调委员会成员单位主要负责人，以及地区村、社区、直属企业党组织负责人参加成立大会。

（魏烨繁）

【市委督查组检查服务保障工作】 10月19日，市政府副秘书长刘印春带领市委第三督查组到来广营地区督查中共十九大服务保障工作。检查组一行到红星美凯龙北五环店，检查报警信号发出后，店内消防员能否第一时间到现场处置。查看消防中控室报警记录。在龙禹加油站，督查组听取加油站安全消防工作汇报，查看卸油口消防措施落实情况。在北卫家园社区，督查组听取来广营地区中共十九大服务保障工作汇报，询问社区安保工作部署情况。

（魏烨繁）

【环境整治】 11月3日，组织城管、综治、安监、食药监、消防、公安等部门，对奥北南区10处外接违建进行拆除。年内全乡增绿5.45公顷，绿地达到550公顷。实施街区美化工程，将17条背街小巷纳入整治范围，其中北苑二号路、奥北小区环形路等5条道路完成整治，打造红军营南路、辛店路北湖渠段两条优美大街。铺装路面3.5万平方米、粉刷围墙1.5万平方米、安装景观围栏1600米、装饰文化墙2段，规范沿街牌匾130处，沿线增绿5000米。

（魏烨繁）

【薛雨被评为朝阳农村十佳道德模范】 12月29日，地区文明引导员薛雨，被评为“朝阳区农村地区十佳道德模范”。

（魏烨繁）

【集体“三资”管理】 年内，发挥合同联预审、集体资产监督管理委员会审核把关、研究决策作用，主动邀请区审计局对社区、村、集体企事业单位开展专项审计，使资金监管更严谨。加强乡、村两级企事业单位资产管理，做到底数清、情况明。

（魏烨繁）

【村级产权制度改革】 年内，完成新生、来广营、清河营和北湖渠4个村集体资产股份量化工作，各村村级股份经济合作社登记成立，村级集体产权制度改革全面完成，实现“资产变股权、农民当股东”的目标。

（魏烨繁）

【村委会、社区居委会】

名称	地址	电话
1. 来广营村村委会	来广营村	84903775
2. 红军营村村委会	北苑中街8号	84923441
3. 清河营村村委会	清河营郊野公园	84945392
4. 新生村村委会	新生村	84913775
5. 北湖渠村村委会	来北家园东门c座3层	53015354
6. 北苑1号院社区居委会	北苑1号院10	84936317
7. 北苑2号院社区居委会	北苑2号院内	66749494

名称	地址	电话
8. 北苑3号院社区居委会	北卫新园小区6号楼西	84918952
9. 朝来绿色家园社区居委会	红军营东路蕴实园小区	84950419
10. 黄金苑社区居委会	旭珲奥都5号楼	84931521
11. 立城苑社区居委会	立水桥甲3号院5号楼	84813176
12. 立清路一社区居委会	立清路明天第一城5号院	84673960
13. 莲芭园社区居委会	北苑莲芭园小区西门	84925448
14. 莱黎园社区居委会	北苑莱黎园小区19号楼	84926067
15. 青年城社区居委会	红军营东路8号院2号楼	84954599
16. 青友园社区居委会	筑华年小区4号楼	84967852
17. 时代庄园社区居委会	红军营东路18号	84967984
18. 新街坊社区居委会	北苑5号院6区佳兴小区	84945426
19. 绣菊园社区居委会	北苑绣菊园5号楼	84966936
20. 紫绶园社区居委会	北苑家园紫绶园8号	84955849
21. 广达路社区居委会	广达路2号院5号楼	84364537
22. 清苑路一社区居委会	水岸庄园2区1010商业楼	84912960
23. 红军营社区居委会	来北家园4号楼4单元	53015222

（魏烨繁）

南磨房地区（乡）

【概况】 南磨房地区(乡)位于朝阳区东南部。东与高碑店乡、王四营乡、垡头街道相邻，南与十八里店乡交界，西临东三环与双井、劲松、潘家园三街道相接，北至通惠河。辖域9.43平方千米。下辖2个村、12个社区、7家集体所有制集团公司和1家合作公司。年内有常住人口15万人，流动人口3万余人，外籍人口650人。其中，户籍人口26227户、62193人，汉族人口58819人，新出生人口856人。有法人单位4686个，中央在京单位7家，市属单位49家，区属单位81家，其他单位4549家。有医院6所，社区卫生服务中心3个、社区卫生服务站5个。大学1所，中学6所，小学4所，幼儿园11所。有养老机构3个。地铁14号线、7号线贯穿其中。建有1000平方米为民服务大厅、3352平方米地区文化中心、15处文化广场和3处24小时自助图书馆。实现集体经济总收入37.24亿元，比上年增长4.7%；利润总额完成3.21亿元，比上年减少39.7%；上缴国家税金3.85亿元，比上年增长3.7%；辖区税收完成22.8亿元，区级财政收入完成6.35亿元。

地址：西大望路甲29号

邮编：100124

电话：67322223

网址：nanmofang.bjchy.gov.cn

（杨　婕）

【召开第七届残疾人代表大会】 1月13日，召开地区第七届残疾人代表大会，完成换届选举工作。乡党委书记郑勇、乡长张启顺、乡人大主席金亚静、副书记殷伟涛、组织委员陈琦、副乡长张雷等班子成员出席会议，63名代表参会。会议选举产生郑勇、张启顺、金亚静为名誉主席，张雷为残联主席，赵建民、安金辉、刘继光为副主席，赵建民（兼）理事长。

（赵建民）

【市区妇联慰问社区两癌妇女】 1月16日，市妇联发展部部长刘玲、区妇联主席蒋东燕、在地区妇联主席许芊、工会主席姬维杰的陪同下，到双龙社区了解辖区妇女情况及妇联工作需求，走访慰问2名生活困难“两癌”患者。

（许　芊）

【“文蕴朝阳·送福到家”新春民俗文化活动】 1月19日，“文蕴朝阳•送福到家”——南磨房地区“翰墨书香 福满磨房”新春民俗文化活动在成教中心风雨操场举行。地区班子相关领导、科室、各社区、村及企事业单位职工300余人参加活动。

（梁　靓）

【乡十三届党代会第二次会议】 2月25日，在地区成人教育中心召开第十三届党代会第二次会议，乡党委书记郑勇做题为《树立“四个意识”践行“两学一做”为率先全面建成南磨房小康社会不懈努力》的党委工作报告，回顾2016年工作，分析2017年工作形势，部署2017年全乡工作任务。乡长张启顺对全年经济指标进行说明。会上签订经济任务责任书和党风廉政建设责任书。乡十三届党代表以及乡属企业一把手、二级班子成员，机关科室负责人，社区、村主要负责人200余人参加大会。

（孔　锬）

【社区卫生服务中心通过区卫计委验收】 3月8日，社区卫生服务中心通过由区卫计委组织的“一院两址”执业现场验收。南磨房社区卫生服务中心向康复医院转型迈进一步。

（王　颖）

【召开社区社会组织联合会第一届会员大会】 3月9日，在地区成教中心召开社区社会组织联合会第一届第一次会员大会，联合会个人会员、单位会员72人参加会议，地区办事处副主任张雷出席会议。通过《南磨房地区社区社会组织联合会章程（草案）》《南磨房地区社区社会组织联合会选举办法（草案）》，并选举历建平为联合会第一届理事长，吴晓花、周军、郭艺欣、靳振福为联合会第一届副理事长，周斌为联合会秘书长。

（历建平）

【区领导调研萧太后河治理工程】 4月1日，区委书记吴桂英，区长王灏在乡党委书记郑勇、乡长张启顺陪同下，到萧太后河马家湾湿地翠城小区段、源头广场就萧太后河治理工程开展情况进行调研。实地查看这三个重要节点工程的建设情况，询问了解景观节点设计风格。年内，萧太后河治理工程全线开展景观微地形填筑、循环水管线铺设、河岸护坡建设，重要节点基本完工。

（王　华）

【区领导调研广渠路环境整治】 4月11日，区委书记吴桂英，区委副书记、区长王灏，副区长杨建海、刘海涛以及区各相关委办局领导一行到广渠路环境整治现场调研。乡党委书记郑勇、乡长张启顺现场汇报相关工作。介绍2016年“疏减稳”工作任务完成情况，汇报2017年工作任务推进情况及存在难题。现场展示广渠路集体土地腾退前后对比，区领导了解腾退工作推进中遇到的困难，与相关职能部门现场“会诊”，提出可行性解决方案。

（王　华）

【“三社一体化　绿健我行1+3”主题活动】 4月18日，地区“三社一体化 绿健我行1+3（1名志愿者带动3个人提高活动参与率）”主题活动在地区成人教育中心风雨操场启动。第一批约360名社区居民志愿者参加。通过培训指导居民家庭盆栽蔬菜种植、芽苗菜种植达到家庭阳台绿化，美化社区环境，倡导绿色健康生活方式，树立“我行动、我能行”的理念。

（历建平）

【第十三届“职工健步走”活动】 4月22日，在北京欢乐谷公园广场举办南磨房地区第十三届“职工健步走”活动。主题为“绿色出行迎奥运，建功磨房促发展”，有112个工会、628家企事业单位的2500余名健步走爱好者参加活动。

（汤　玲）

【第十一届全民健身体育节开幕】 5月19日，第十一届全民健身体育节开幕，地区领导及来自地区各社区、村、辖区委办局机关、社会单位的33支队伍900余人参加活动。来自欢乐健身俱乐部的20名踢毽爱好者表演花式踢毽，地区社会体育指导员分会的240名会员展示朝阳区老年健身操和丹凤朝阳健身操。趣味运动会，由地区的在职职工、老年人、儿童、残疾人、外来务工人员等组成的运动员们角逐9项趣味竞赛项目，以赛会友，拉近地区百姓之间的距离。

（梁　靓）

【乡第十七届人民代表大会第三次会议】 5月24日，召开乡第十七届人民代表大会第三次会议。大会听取《南磨房乡整建制农转非工作报告》，审议通过《关于加快推进南磨房乡重点环境整治区域内国有单位搬迁的专项报告》《北京市朝阳区南磨房乡人民代表大会代表视察办法（草案）》《北京市朝阳区南磨房乡人民代表大会代表联系选民办法（草案）》《北京市朝阳区南磨房乡人民代表大会代表议案、建议、批评和意见办理工作办法（草案）》三个文件。

（刘庆忠）

【全国人大常委会副委员长吉炳轩到地区视察】 6月15日，全国人大常委会副委员长吉炳轩，在国家新闻出版广电总局、市人大、市新闻出版广电局等相关领导陪同下，到地区中国出版创意产业基地先导区视察。地区工委书记郑勇现场汇报基地规划建设情况，红旗出版社、中国版权协会版权监测中心和全时在线的领导汇报音乐版权运营情况。

（赵晶晶）

【纪念建党96周年表彰大会】 6月29日，地区（乡）纪念中国共产党成立96周年表彰大会在成教中心风雨操场举行。地区班子领导、社区（村）、企事业单位主要领导及党员代表300余人参加。观看《砥砺奋进展风采　磨房先锋立新功》专题片，回顾一年来地区各项工作取得的成绩，表彰19个先进基层党组织、87名优秀党员。40名新党员进行入党宣誓。乡党委书记郑勇对下半年工作提出奋发有为、紧盯目标、主动出击、争创一流、再立新功的具体要求。

（孔　锬）

【市环保督察组督察乡环保工作】 9月5日，北京市环保督察组组长于建明带队对乡环保工作开展情况和环保任务落实情况进行现场督察。地区工委书记郑勇、办事处主任张启顺、副主任赵歌帆、章哲汇报地区大气污染防治、空气重污染应急、水污染防治、煤改电、散乱污治理等工作。

（王　华）

【市区领导调研社区文化建设】 9月9日，北京市委常委、宣传部长杜飞进、副市长王宁带领16区的区委宣传部长、主管区长，在区委书记吴桂英及区相关领导的陪同下，到地区欢乐谷社区文化活动中心调研基层文化建设情况。地区工委书记郑勇汇报地区的文化整体工作和欢乐谷社区文化活动中心建设情况。

（梁　靓）

【召开乡第十七届人民代表大会第四次会议】 9月30日，在地区成教中心风雨操场召开乡第十七届人民代表大会第四次会议。审议通过乡长张启顺代表乡政府所做《关于加快完成重点环境整治区域水南庄村搬迁，落实大气污染综合治理措施打好首都“蓝天保卫战”增设“无煤化环保”整体搬迁促进奖励的专项报告》。

（刘庆忠）

【消防安全知识宣传活动】 11月9日，开展“关注消防平安你我”主题消防安全知识宣传活动。地区、社区、企事业单位出动工作人员400余人，动用微型消防车10余辆，演习用消防设备设施百余件，制作悬挂横幅30余条，发放宣传材料近万份，部分大型企业请来消防支队专业力量为商户、群众进行专业讲解演示，提高群众的消防安全意识，为地区平安稳定奠定基础。

（刘长庚）

【区民政局领导调研乡敬老院】 11月21日，区民政局局长李靓带领民政局相关领导和科室工作人员到南磨房乡敬老院检查安全、调研乡敬老院改造相关事宜。李靓表示，南磨房乡敬老院作为朝阳区唯一一所完全公办公营的敬老院，朝阳区最早建成的养老院，区民政局要给予全力支持，重点督办，以促进朝阳区养老事业的发展。

（周梦新）

【乡人大代表集中视察】 12月13日，乡人大依法组织区、乡人大代表开展集中视察活动。在水南庄腾退拆迁现场，副乡长赵歌帆向代表们介绍深沟整体拆迁情况及下一步工作安排。在石门国企单位宿舍拆迁区域，赵歌帆向代表们介绍腾退拆迁情况及规划蓝图，通过整体腾退拆迁，提升地区整体城市化水平。

（刘庆忠）

【“翰墨丹心 书香磨房”书法创作活动】 12月14日，各社区启动“翰墨丹心书香磨房”主题书法创作活动，12月21日，在成教中心风雨操场举办地区主会场活动。地区工委书记、乡长张启顺，副书记殷伟涛，武装部部长陈鹏，地区办事处副主任张燕、赵歌帆等领导出席活动。地区百余名书法爱好者前往观摩学习。

（梁　靓）

【市“三大行动”督查组检查东郊社区】 12月26日，北京市“三大行动”督查组到东郊社区检查工作开展情况，地区人大主席金亚静和办事处副主任张雷带队，派出所、综治办、安监科、环境办、包片民警及协管员、社区等10余人陪同，集中检查东郊社区。对前期开展“大排查、大清理、大整治”检查的红星酒厂宿舍、豁达物业宿舍和铁西宿舍等国有单位进行复查。检查中发现个别出租户有反弹现象，社区工作人员及时和产权单位管理部门联系，责令立即整改到位，确保不反弹不新增。

（于树新）

【社区居委会】

名称	地址	电话
1. 平乐园社区	朝阳区南磨房乡窑洼村68号平乐园社区	87380265
2. 紫南家园社区	紫南家园小区207号楼	87351374
3. 双龙南里社区	双龙南里小区116楼东侧社区办公楼	87321990
4. 南新园社区	南新园小区26号楼二层	87322075
5. 百子湾西社区	金泰先锋小区426号楼一层	87715691
6. 东郊社区	深沟村甲168号(临)东郊社区办事大厅	87705760
7. 欢乐谷社区	金蝉西路南侧社区办公楼一层选民登记	67377070
8. 百子湾东社区	百子湾家园小区109号楼	87956922
9. 山水文园社区	弘燕路4号楼底商A25山水文园社区	87367539
10. 赛洛城社区	百子湾东里113-R楼	67713818
11. 百子湾北社区	朝阳区东四环中路80号大成国际3号楼底	59626002
12. 广百西路社区	广百西路18号院3号楼1单元101号广百西	87152502

（杨　婕）

平房地区（乡）

【概况】 平房地区（乡）位于朝阳区中部。东侧、北侧分别与常营乡和东坝乡接壤；南靠朝阳路，临高碑店乡、三间房乡；西接京包铁路，临六里屯街道、八里庄街道、东风乡。辖区面积15.18平方千米。下辖12个社区、1个社区筹备办、4个村。年内有常住人口122694人，流动人口102608人，外籍人口684人。其中，户籍人口18485户、39697人。常住人口中有汉族119474人，满族896人，回族760人，蒙古族412人和其他少数民族人口。户籍人口新出生730人。有规模以上法人单位140个。有幼儿园10所，小学6所，中学4所；一级医院1所，社区卫生服务中心1处，社区卫生服务站6处；体育中心1个，郊野公园4个，村级公园3个。养老驿站3家。地铁6号线贯穿其中。绿化覆盖率为53.07%。年内开展“疏解整治促提升”专项行动、“一绿”试点建设、城市治理、社会民生事业等重点工作。实现集体经济总收入31186.7万元，比上年增长6.7%；人均劳动所得37043元，比上年增长8.0%；地区财政收入实现3.87亿元，比上年增加4085.93万元，增长11.79%。获“全国文明村镇”和2013—2016年度全国群众体育先进单位称号。

地址：朝阳区黄杉木店路8号

邮编：100123

电话：85575823

邮箱：pingfangbangongshi@163.com

（赵　金）

【专场招聘会】 1月18日，举办“就业帮扶·真情相助”2017年专场招聘会。5家参会单位提供131个就业岗位，10人与用工单位达成初步就业意向，发放宣传材料189份。4月25日，社保所举办“平房地区2017年春季失业人员专场招聘会”，10家参会企业提供行政人员、技工、电工、保育员、招生顾问、保安、客服等29个工种220个岗位。发放《就业政策汇编》《求职地图》《就业服务》等宣传材料360份。有126人参加应聘，初步达成就业意向49人。

（赵　金）

【市领导调研】 2月6日，副市长林克庆一行到平房地区亮马厂调研“一绿”二批试点建设情况，听取地区工委书记寇晔关于平房“一绿”二批试点建设情况的汇报。3月27日，副市长张工调研亮马厂，视察非宅腾退工作。10月11日，副市长隋振江到地区黄杉木店平房区调研，研讨历史遗留问题。

（赵　金）

【便民服务大篷车活动】 3月15日，便民服务大篷车到华纺易城社区，为居民提供多元化的志愿服务活动。地区30余名社区志愿者及燃气五店、农商银行等10余家单位参加，涉及缝纫、中医、交通咨询等10余项服务，发放宣传材料200余份，受益居民200余人次。

（赵　金）

【市级重点挂牌督办整治工作部署会】 3月30日，召开市级重点挂牌督办整治工作部署会，区委政法委副书记、综治办主任倪东新、区综治办工作人员、地区班子成员、相关部门及科室负责人、各村、社区领导、直属单位、地区各物业公司及重点单位负责人150余人参会。乡党委副书记、乡长张志勇主持，观看东坝地区市级挂账重点地区整治工作汇报宣传片，区综治办通报整治工作情况，尹航副书记部署整治工作。平房村、国美社区、天鹅湾物业及朝阳大悦城作为代表汇报并表明态度。会议强调，市级挂账督办整治工作为平房乡的重点工作，各单位、各部门、各村、各社区要高度重视，按照统一工作部署，采取有效措施，确保实现年底前销账。

（赵　金）

【“三农”普查正式登记工作完成】 3月，完成“三农”普查登记工作，对3305户，10418人进行后期普查数据采集。“三农”普查工作于2017年1月1日正式启动，普查的标准时点为2016年12月31日，时期资料为2016年度。普查的对象为辖区内的农村住户，包括农村农业生产经营户和其他住户；城镇农业生产经营户；农业生产经营单位；村民委员会；乡镇人民政府。普查的行业范围包括:农作物种植业、林业、畜牧业、渔业和农林牧渔服务业。

（赵　金）

【环境整治】 4月13日，地区联合工商朝阳分局高碑店工商所、城管队、安监科、平房派出所等部门联合执法，取缔平房乡林泉街（老350路）、青年路沿线无证无照经营餐饮单位。5月23日，乡城管、食药所等部门联合执法，查扣黄渠村内一家私自制作粽子的黑作坊，暂扣原材料1500余千克，粽子1000余个，依法对制作人立案查处。6月26日至28日，平房城管队集中整治林泉街（姚家园旧路）商户占道经营、店外经营的行为，检查38家商户，暂扣违规广告牌12块。取缔石各庄村、平房村5个非法行医点。

（赵　金）

【“图书漂流”活动比赛举办】 4月18日，地区开展“图书漂流”活动初赛，由各村、社区、辖区学校分别派出一支代表队参加，内容为成语填空、你来比画我来猜等。4月20日，进行“图书漂流”活动决赛。活动期间，征集各类稿件80余篇，择优展出近50篇。地区掀起阅读高潮，开展包括演讲比赛、诗歌朗诵、成语大赛、故事会等形式多样的读书活动。12月16日，地区举办以“新时代牢记使命，新征程砥砺前行”为主题的“图书漂流”周年朗诵活动，15个单位的100余名居民参加，富华家园社区、国美社区、逸翠园社区获得一等奖。

（赵　金）

【劳龄统计工作】 5月8日，平房乡4个村村级集体经济产权制度改革劳龄统计工作启动。6月8日，劳龄统计工作登记完成。登记人员14491人，其中现有社员7039人，原有社员6623人，未成年人829人。

（赵　金）

【非公党建交流活动】 5月26日，举办非公党建交流活动，区委组织部、区农委、地区工委、乡人大以及各村、社区书记、党务工作者，非公企业党员200余人参与“同舟共益——V带动•益平房”非公党建交流活动，围绕党建引领、统筹服务、公益推动、文化凝聚等方面进行探讨，共同领略平房地区非公企业的风采，达成携手共建、助力地区发展的美好愿景。

（赵　金）

【历史文化保护和文化发展研究】 7月至9月，进行平房地区历史文化保护和文化发展研究。通过走访地区各村、社区，查阅现有文字资料，挖掘地区历史文化资源，对地区未来文化发展方向提出建议。完成11万字文字报告和100页的地区文化图册。

（赵　金）

【安全生产大检查】 8月8日，开展安全生产“护航”“深耕”“金秋”行动，深入落实安全隐患“三大”专项行动，全乡出动2.1万人次，检查商户9240家次，消除隐患2.8万处，其中重大安全隐患67处全部销账。年内，未发生重大安全生产事故，获2017年度北京市安全生产先进单位。

（赵　金）

【第九届妇女代表大会召开】 8月22日，召开第九届妇女代表大会，101名妇女代表参会。地区组织委员施丽立代表第八届妇联执委会做工作报告。大会选举产生平房地区妇女联合会第九届执行委员会委员21名，选举施丽立为地区妇联主席，韩秀娟为妇联专职副主席，张芳、张燕、高俊英为妇联兼职副主席。

（赵　金）

【人口抽样调查完成】 8月，平房乡完成朝阳区人口抽样调查工作，涉及9个居、村委会的18个调查小区，登记1434户、3253人。

（赵　金）

【社会服务项目创益大赛】 9月12日，平房地区社会服务项目创益大赛共创共享培训开课，地区社区办联合智耘弘善社会工作事务所，邀请专家为各社区项目负责人员进行项目策划管理培训。9月29日，平房地区社会服务项目创益大赛现场展示环节，来自12个社区的15个提案项目参加比赛，中国青年政治学院副教授孙立亚、中国社科院民间组织与公共治理研究中心副秘书长王世强、智耘弘善社会工作事务所主任马月琴三位评委从专业性、创意性、推广性、可持续性四个方面对提案进行现场打分。星河湾社区、天鹅湾社区和青年路社区获得一等奖。

（赵　金）

【“金点子”项目提案大赛举办】 11月15日，举办2017年平房地区“金点子”项目提案大赛。大赛以“点石成金，居民自治”为主题，围绕社区建设、居民自治展开，探索社区治理和服务创新。经过提案征集、完善、整合、优化、专家初选等环节，形成有特色、有水平的服务项目12个。最终由专家评审选出一等奖社区提案2个、二等奖社区提案4个、三等奖社区提案6个。

（赵　金）

【托幼场所安全隐患检查】 11月23日，对辖区内所有自办托幼场所开展安全隐患检查，关停存在隐患自办园10所。12月，为20家自办园新装摄像头544个。

（赵　金）

【“一绿”试点建设】 年内，完成平房乡城市化试点规划实施方案申报。全乡腾退收回51.12万平方米。完成黄渠村140个民房院落拆迁腾退，589人安置上楼。完成黄杉木店122个院落、黄渠村223个院落临时周转安置工作。完成原中兴市场拆除区域生态林绿化75亩，平房公园（亮马厂区域）设计方案上报市园林部门审批。

（赵　金）

【疏解整治促提升】 年内，平房乡拆除存量违法建设34.8万平方米，疏解商品交易市场5家；疏解一般制造业、“散乱污”企业、物流基地等33家；整治“开墙破洞”22处，拆除违规广告牌匾290余块；清理整治出租大院、出租公寓172个；清理整治人防工程、群租房106处；疏解人口38426人，超额完成功能疏解“硬指标”。打造休闲场所升级村级广场2处，将原姚家园综合市场升级改造为便民生活服务中心，提高宜居品质。

（赵　金）

【村委会、社区居委会】

名称	地址	电话
1. 平房村村委会	平房村	85575115
2. 姚家园村村委会	姚家园村	85577136
3. 石各庄村村委会	各庄村	65488436
4. 黄渠村村委会	黄渠村	65741178
5. 姚家园东社区居委会	姚家园8号院5号楼3单元104	85798985
6. 富华家园社区居委会	黄杉木店路186号院富华家园	85762215

7. 国美家园社区居委会	青年路西里国美第一城2号院6号楼一层	85561615
8. 青年路社区居委会	青年路西里5号院润枫水尚5号楼底商	85563188
9. 雅成里社区居委会	雅成一里青年路小区14号综合底商服务楼二层	85512305
10. 天鹅湾社区居委会	雅成二里 20号楼底商103	59075742
11. 逸翠园社区居委会	姚家园东里中路14号院1号楼2层	85515336
12. 平房社区居委会	平房乡平房村1780号	85573866
13. 华纺易城社区居委会	青年路29号院1号楼4单元201室	58777563
14. 姚家园西社区居委会	姚家园西里1号院1号楼4层居委会	85529268
15. 定福家园南社区居委会	三间房西里1号院（福盈家园1号院）1号楼1单元地下一层	58791563
16. 星河湾社区居委会	四季星河中街畅园一号楼二单元一层北门（126总站斜对面）	85561198
17. 泓鑫家园社区筹备处	东坝中路泓鑫家园11号楼物业二层	87141633

（赵　金）

三间房地区（乡）

【概况】 三间房地区（乡）位于朝阳区东部。东起管庄乡，南接豆各庄乡，西至高碑店乡，北临平房乡、常营乡。辖区面积8.75平方千米。设有11个行政村，15个社区。年内有常住人口104970人，流动人口38444人。其中，户籍人口23858户、66526人，农民1592人，新出生702人。有法人单位5337家，其中中央在京单位28家，有中国传媒大学、中国水利水电建设工程咨询北京有限公司、中国能源建设集团北京电力建设公司等；市属单位17家，有北京第二外国语学院、北京工艺懋隆贸易有限公司、北京卫仁中药饮片厂等；区属单位13家。有社区卫生服务中心1个，社区卫生服务站7个，大学2所，中学1所，中等专业学校1所，小学3所，幼儿园10所。有养老机构3个，养老驿站3家。地铁八通线贯穿其中。辖区建有900平方米为民服务大厅、3000平方米地区文化中心、4处文化广场和4处24小时自助图书馆。绿化率为33.69%。年内开展疏解整治、“一绿”二批试点腾退、安全检查等重点工作，有效改善辖区环境秩序，提升居民幸福感。实现地区财政收入3.1亿元，比上年增长33.1%；征收房产税5108万元，比上年增长98.3%。地区获首都文明乡镇、2016—2017年度首都无偿献血工作先进集体称号。

地址：朝阳区建国路22号

邮编：100024

电话：65420015

网址：http://sanjf.bjchy.gov.cn/

公众号：

（吴　迪）

【“七五”普法部署会】 3月22日，召开2017年“七五”普法大会暨2017年司法工作部署会。地区领导班子成员、机关各科室负责人，各村、社区、直属企业正职领导干部150余人参加。大会总结地区“六五”普法工作情况，部署“七五”普法宣传教育工作。

（吴　迪）

【产权制度改革】 4月13日，召开村级产权制度改革工作动员部署会，启动三间房乡村级产权制度改革工作。年内完成11个村集体经济组织成员身份界定和劳龄统计，登记劳龄总数7027人。

（吴　迪）

【乡十七届人大二次会议召开】 7月6日，召开第十七届人民代表大会第二次会议。审议通过《乡政府工作报告》《三间房乡绿化隔离地区集体土地腾退安置办法及实施细则调整建议》，书面审议《人大主席团工作报告》《乡政府办理议案情况报告》，选举王立新为乡长。

（吴　迪）

【领导调研】 7月17日，市农经办副主任吴志强、集体资产管理指导处处长胡登州等到地区调研指导产权制度改革工作，听取地区借助“一绿”二批试点契机实现地区全面城市化，通过乡级统筹有效化解乡域整体规划与村级独立核算之间的矛盾工作汇报。8月9日，市委组织部党员教育管理处副处长宗大勇率调研组到地区调研党建工作，了解失联党员规范管理、党组织和党员信息采集、流动党员管理及党费新政策贯彻落实情况。9月29日，市城乡建设办主任王广双、市规划国土委副主任谢俊奇一行到三间房乡调研“一绿”试点腾退工作，了解乡域发展形势，对“绿隔”试点建设情况提出指导意见。10月21日，市第三督查组组长刘汉卿带队到三间房地区督导检查中共十九大服务保障工作，重点查看消防安全、环境氛围、社会面防控等相关情况，实地检查北京外运三间房仓库和华润万东医疗装备股份有限公司消防安全设施、值班备勤及群防群治力量应急值守情况。

（吴　迪）

【“一绿”二批试点腾退完成】 8月1日，正式启动“一绿”（朝阳区第一道绿化隔离带建设）二批试点腾退工作。“一绿”二批试点腾退包括东柳村、西柳村、北双桥村、新房村、金家村865户。年内腾退住宅819户（46户未腾退），完成总任务95%，金家村实现100%腾退，其他4个村腾退比例超过90%；腾退非住宅约13万平方米。

（吴　迪）

【地区第二届妇女代表大会召开】 8月30日，召开第二届妇女代表大会。地区工委书记张小锋、区妇联党组书记蒋东燕、纪工委书记丁占良及地区妇女代表100余人参加。大会听取和审议《三间房地区第一届妇联执委会工作报告》，选举产生第二届妇联执委会委员21人，选举王荣荣为妇联主席，张爱云为专职副主席，单爱兰、张翠清、肖小平为兼职副主席。

（吴　迪）

【地区第三届归侨侨眷代表大会召开】 12月1日，召开第三届归侨侨眷代表大会。区侨联、地区办事处班子成员、归侨侨眷代表、各社区（村）书记及侨务干部100余人参会。大会听取和审议《第二届侨联工作报告》，审议通过《三间房地区第三届侨联选举办法》，选举产生第三届侨联委员会成员5名，侨联主席周用和，副主席程贯凤，秘书长姚珍，委员赵美丽、郭庆菊。

（吴　迪）

【疏解整治促提升】 年内，拆除违法建设15万余平方米，整治占道经营商户1071

户、无证无照经营商户239户。清理拆除出租大院、公寓1.2万平方米。清理“散乱污”企业6家、一般性制造业企业3家。整治地下空间近4万平方米，整治群租房62户，疏解人口2.1万人。拆除定福庄西街、中街违法建设5000余平方米，治理“开墙破洞”300余家，拆除建国路宾馆等3处阻碍交通违法建设。完成1350余户“煤改电”工作，全域基本实现“无煤化”。

（吴 迪）

【安全生产检查】 年内，开展“深耕”“金秋”“护航”“安全隐患大排查大清理大整治”“春晖”等专项行动，查封150余处违规彩钢板房、清理各类可燃物100余吨，检查生产经营单位和各类场所1795家次。为困难家庭安装烟感报警器2300余个，更换不合格灶具102套，为各社区、村灌装加压灭火器248具。严格食品药品安全管理，取缔无证餐饮201户，行政处罚80余件，罚金122万元。

（吴 迪）

【北部土储区域环境整治】 年内，成立土储区域环境整治指挥部，拆除违法建设37处，涉及房屋217间，面积4940平方米。完成13户滞留户腾退安置，涉及面积2397平方米。

（吴 迪）

【村委会、社区居委会】

名称	地址	电话
1. 东柳村村委会	三间房乡东柳村	65420301
2. 西柳村村委会	三间房乡西柳村	65400756
3. 北双桥村村委会	三间房乡北双桥村	65400913
4. 金家村村委会	三间房乡金家村	85362188
5. 新房村村委会	三间房乡新房村	65758174
6. 福怡苑社区居委会	福怡苑小区一期北门东侧	65406809
7. 美然动力社区居委会	朝阳北路50号院东侧	657698683
8. 双惠苑社区居委会	水郡长安家园1号院3号楼二层	65427426
9. 艺水芳园社区居委会	北花园街8号院西侧	65400351
10. 绿洲家园社区居委会	建国路18号院1号楼	65403552
11. 三里南社区居委会	三间房南里4号院	65756922
12. 定西南里社区居委会	定福庄西街定福园小区	65769657
13. 定西北里社区居委会	定福庄西里1号院	65715419
14. 定南里社区居委会	定福庄北里1号院	65757725
15. 定北里社区居委会	定福庄北街23号院东领鉴筑	465407714
16. 双桥路社区居委会	双桥路西大院12号	65366803
17. 双桥铁路社区居委会	东柳西里北一区14楼北	65758180
18. 双柳社区居委会	双柳巷1号楼北侧	65426384
19. 泰福苑社区居委会	渠村南侧三间房中街7号院	65407599
20. 聚福苑社区居委会	聚福苑小区1号楼底商7、8号	85301055

（吴 迪）

十八里店地区（乡）

【概况】 十八里店乡位于朝阳区东南部。西北与东城区接壤，北邻南磨房乡、王四营乡、垡头街道，西南接小红门乡，东南为通州区，南与亦庄经济开发区毗邻。横跨三环、四环、五环及京津塘高速路。乡域面积25.23平方千米。下辖8个村、4个社区、5个居委会。其中，户籍人口18201户、41958人，农民21369人、非农20589人，流动人口147594人，新出生598人。有法人单位4925个，其中中央在京单位21家，市属单位45家，区属单位157家，其他单位4702家。有社区卫生服务中心1个、社区卫生服务站8个。有中学2所，小学11所，幼儿园6所。有养老机构5个。19条公交线路途经辖区，地铁10号线、14号线贯穿其中。有520平方米为民服务大厅、3000平方米地区文化中心、11处文化广场和3处24小时自助图书馆。绿化率为18%。年内，开展疏解整治促提升工作，拆除460万平方米。实现集体经济总收入11.2亿元，税金总额3451.1万元，农民人均所得4万元。

地址：十八里店乡十八里店村18号

邮编：100122

电话：67473279

邮箱：sblddzb@163.com

（焦 健）

【功能疏解工作】 1月12日，召开功能疏解工作部署会，乡长李万军主持会议，乡领导班子全体成员，各村“两委”班子成员、经济合作社社长、党员代表，社区居委会书记、主任，乡属企事业单位主要负责人，乡机关副科以上干部参加。会议部署全乡围绕“疏功能、减人口、稳增长、治环境、保稳定”的目标开展各项工作，加快推进地区农村城市化建设。全年拆除违法建设460万平方米。

（焦 健）

【召开基层党建述职评议考核工作会】 3月28日，召开2016年基层党建述职评议考核工作会。乡领导班子成员、机关党支部负责人、各村、社区居委会和乡直属企业负责人及区乡党代表、人大代表80人参会。地区办事处主任姜金平结合各村发展特点集中点评工作开展情况。乡党委书记张宏明提出要求：牢记主责、履行主责，做到“六抓六带”（抓好自己，带动别人；抓班子、带好队伍；抓学习教育，带动宣传发动；抓思路，带动发展；抓制度，带动工作落实；抓廉政，巩固基层基础）。

（焦　健）

【“煤改电”工作】 5月2日，召开“煤改电”工作部署会。副乡长王征部署《十八里店乡2017年“煤改电”工作实施方案》。年内改造9000余户。

（焦　健）

【乡十七届人大三次会议召开】 8月7日至8日，召开第十七届人民代表大会第三次会议。48名乡人大代表参会，乡党政领导班子成员、区人大代表、乡机关科室负责人、村党总支书记、村委会主任、社区主任、居委会主任和乡属企事业单位负责人等列席会议。审议通过乡政府半年工作报告，选举姜金平为十八里店乡乡长。

（焦　健）

【乡第七届妇女代表大会召开】 8月28日，召开第七届妇女代表大会。全乡各行各业妇女代表101人参加。会议审议通过第六届乡妇联工作报告，选举产生第七届妇联执委会委员29名。崔洁当选妇联主席，刘景艳当选专职副主席，李晟杰、邱翠丽、韩春红当选兼职副主席。

（焦　健）

【村委会、社区居委会】

名称	地址	电话
1. 老君堂村村委会	十八里店乡老君堂村（海棠公园管理处）	87309866
2. 周家庄村村委会	十八里店乡周家庄村	67313703
3. 十里河村村委会	十八里店乡十里河村	67325610
4. 十八里店村村委会	十八里店乡十八里店村	67474039
5. 西直河村村委会	西直河村	67388090
6. 横街子村村委会	横街子村	87301239
7. 小武基村村委会	小武基村	67473450
8. 吕家营村村委会	吕家营村	87692485
9. 老君堂社区居委会	老君堂社区服务站（十八里店乡老君堂村君堂好园六号楼）	87308880
10. 弘善家园第一社区居委会	弘善家园一社区服务站（弘善家园409楼底商南侧）	67049499
11. 弘善家园第二社区居委会	弘善家园第二社区服务站（弘善家园315号楼东侧底商）	67049045
12. 弘善家园第三社区居委会	弘善家园第三社区服务站（弘善家园205号楼底商西）	87688292

（焦　健）

孙河地区（乡）

【概况】 孙河地区（乡）位于朝阳区东北部的温榆河畔，属北京市第二道绿化隔离带和温榆河绿色生态走廊规划控制地区。北临顺义天竺空港工业区，西与昌平区隔河相望，东靠顺义天竺镇，南与金盏和崔各庄乡接壤。辖区面积35.4平方千米。下辖14个行政村、5个社区居委会。年内有户籍人口11301户、22357人，外来人口8509人，外籍人口1394人，有市属单位6个、区属单位8个、乡属单位9个。有医院2所，社区卫生服务中心1个。小学3所，幼儿园3所。机场高速、机场南线、机场辅路、京承高速、京平高速、京密路、M15号线、来广营北路、康营东路、顺黄路等区域连接路横贯其中，405路、415路、538路、696路、854路、942路、857路等公交车在辖区设有总站，359路、641路、847路、915路、935路、988路等公交车途经辖区。有500平方米为民服务大厅、3000平方米地区文化中心、10处文化广场和1处24小时自助图书馆。绿化率39%。年内开展温榆河公园范围内住宅和非宅腾退、疏解整治促提升等重点工作，完成100%的住宅腾退签约和98%的非宅腾退工作。在孙河辖区规划占地18.1平方千米的温榆河公园，被列入《北京城市总体规划（2016年—2035年）》，成为市区重点工程。实现地区财政总收入5.13亿元，比上年增长8.9%；实现集体经济总收入2.28亿元，比上年增长50%；资产总量127亿元，比上年增长33.8%；人均劳动所得2.36万元，比上年增长6.4%。孙河乡被评为2017年度朝阳区社会治安综合治理优秀单位。沙子营村经济合作社获2017年度首都劳动奖状，沙子营村党支部副书记刘明利获首都劳动奖章。

地址：朝阳区顺白路6号

邮编：100103

电话：84595710

（朱　静）

【市领导调研】 3月18日，市委副书记、市长蔡奇到孙河乡调研温榆河公园建设情况，区委书记吴桂英、区长王灏等陪同。蔡奇提出，疏解整治是大势所趋，留白增绿是民心所向，要全力做好温榆河公园建设前期准备工作，拆迁腾退工作务必高标准按期完成。4月21日，市委书记郭金龙、市长蔡奇率东城、西城、朝阳、海淀、丰台、石景山等城六区书记、区长到孙河调研、交流，孙河乡党委书记李欣做随行汇报。市领导肯定孙河首创的“党建引领一线工作法”。6月5日至11日，市委副书记、代市长陈吉宁，市委副书记景俊海，市纪委书记张硕辅，市委组织部长魏小东等市区领导分别到孙河乡温榆河公园建设腾退指挥部调研，了解全乡发展情况。

（朱　静）

【第三次全国农业普查完成】 3月31日，完成全国第三次农业普查工作。普查工作于2016年10月启动，普查标准时间为2016年12月31日，时期资料为2016年度资料。孙河乡成立由乡长担任领导小组组长、相关科室负责人为成员的农业普查工作领导小组，建立由23名指导员、243名普查员组成的普查队伍。全乡设立普查区17个，普查小区131个，清查总户数25940户，清查人口64500人，其中本地户籍人口21922人，农业户籍4312人，非农业户籍17610人。

（朱　静）

【乡十七届人大二次会议召开】 8月8日，召开第十七届人民代表大会第二次会议。大会听取审议《孙河乡人民政府工作报告》《孙河乡人大主席团工作报告》，通过《孙河乡前苇沟组团棚户区改造项目住宅房屋腾退补偿安置办法》《孙河乡前苇沟组团棚户区改造项目住宅房屋腾退补偿安置办法实施细则》《孙河乡前苇沟组团棚户区改造项目非住宅腾退实施办法》《关于下辛堡村参照〈孙河乡前苇沟组团棚户区改造项目住宅房屋腾退补偿安置办法〉〈孙河乡前苇沟组团棚户区改造项目住宅房屋腾退补偿安置办法实施细则〉和〈孙河乡前苇沟组团棚户区改造项目非住宅腾退实施办法〉实施腾退的办法》。

（朱 静）

【乡第二届妇女代表大会召开】 8月16日，孙河乡召开第二届妇女代表大会。基层单位、非公企业、社会单位的96名妇女代表参会。大会审议通过第一届乡妇联工作报告，选举产生21名第二届乡妇联执委会委员，选出主席李国荣，专职副主席门立娟，兼职副主席3人王震、肖雪燕、吴伟娜。

（朱 静）

【温榆河公园建设腾退完成】 9月15日，温榆河公园建设涉及5个村住宅腾退开始签约，首日完成1510户。11月11日，2549个院、5600余户全部完成住宅腾退签约工作。

（朱 静）

【疏解整治促提升】 年内，孙河乡腾退企业254家，收回集体土地2440亩。调减人口19806人，拆除违法建设151万平方米，新增违法建设和国土卫片(卫星遥感图片)实现动态“零增长”。开展占道经营、店外经营、露天烧烤、广告牌匾等违法行为专项整治行动，集中清理小区楼道、公共绿地、道路两侧堆物堆料。完成绿化美化14.78万平方米。对乡域内13条排水沟进行清淤截污治理，建成截污管线8条、5505米，安装临时污水处理设备9台。

（朱 静）

【社区建设】 年内，推动党政群共商共治，完善社区议事厅建设，培养公益型、互助型、服务型社会组织。深化“三分治理”（分类明确职责、分层治理小区、分级处置问题）管理体系，推进“绿色社区创建”优美环境工程、“智慧社区创建”优质服务工程和“平安社区创建”安居保障工程。完成为民办实事21项。社区之家示范点项目被列入2017年市政府为民办实事工程。

（焦 健）

【村委会、社区居委会】

名称	地址	电话
1. 上辛堡村村委会	已拆迁处于周转期	
2. 下辛堡村村委会	已拆迁处于周转期	
3. 黄港村村委会	已拆迁处于周转期	
4. 沙子营村村委会	已拆迁处于周转期	
5. 前苇沟村村委会	已拆迁处于周转期	
6. 康营家园一社区居委会	康营家园D区	64316011
7. 康营家园二社区居委会	康营家园B区	84343782
8. 康营家园三社区居委会	康营家园24区	84354291
9. 康营家园四社区居委会	康营家园14区	84354330

（朱 静）

太阳宫地区（乡）

【概况】 太阳宫地区（乡）位于朝阳区中西部。东北与望京街道办事处、将台地区办事处接壤；东南与麦子店街道办事处接壤，与第三使馆区、燕莎商业区毗邻；南面与左家庄街道办事处接壤，西南与和平街街道办事处、香河园街道办事处相邻；与国展商业区相依托，西北与小关街道办事处、大屯街道办事处接壤。辖区面积5.9平方千米。下辖3个行政村、10个社区。年内有常住人口8.9万人，流动人口2.1万，外籍人口1563人。其中，户籍23573户、58330人，新出生1092人。有法人单位2010个，其中中央在京单位和市属单位规模以上单位176家，市属单位9家，区属单位6家。地区有中学2所，小学3所，幼儿园7所，医院1所，医疗卫生服务中心1所，社区卫生服务站3个，文化中心1所，图书馆1所，文化广场3处，文化活动室10处。20余条公交线路途经辖区，地铁10号线、13号线贯穿其中。有1860平方米为民服务大厅、3450平方米地区文化中心、3处文化广场和2处24小时自助图书馆。绿化率为40%。全年实现总收入14200万元，比上年减少1804.9万元；实现利润762.8万元，比上年下降9.41%；实现税金1814.7万元，与2016年持平。年内，获首都环境建设样板单位称号。

地址：太阳宫南街7号院7号楼

邮编：100028

电话：84158000

邮箱：tygbgsh@126.com

（杨 望）

【乡十七届人大二次会议召开】 2月7日，召开第十七届人民代表大会第二次会议，乡人大代表及列席人员90余人参加。会议审议通过《太阳宫乡人民政府2016年工作报告》《北京市第一道绿化隔离地区城市化建设试点太阳宫乡腾退补偿安置办法》《北京市第一道绿化隔离地区城市化建设试点太阳宫乡腾退补偿安置办法实施细则》。

（杨 望）

【一道绿隔试点乡建设】 2月24日，正式启动一道绿隔试点乡——太阳宫村腾退工作；3月，回迁安置房项目正式开工。3月10日，太阳宫科技文化创业大厦项目取得发改委立项批复。4月26日，太阳宫村115个院，建筑面积4.28万余平方米的住宅腾退完毕。11月1日取得市规划委规划条件。年内完成尚家楼院、圣馨北院、跃铭大院3处出租大院挂账任务及部分集体企业腾退，拆迁腾退非住宅1.7万平方米。完成“一绿”任务书捆绑绿地拆迁任务8.8公顷，完成30亩绿化用地拆迁腾退工作。

（杨　望）

【社区社会组织联合会成立】 3月1日，社区社会组织联合会成立，区农委、地区工委领导及社区书记代表、社会组织代表为社区社会组织联合会揭牌。芍药居二社区、夏家园社区代表签署首批自律公约，太阳宫社区、芍药居四社区、地区公共卫生工作委员会、社会福利工作委员会、人口计生工作委员会、文化共建工作委员会、人民调解工作委员会、治安综合治理工作委员会、老龄工作委员会等七大委员会代表分别与社区社会组织对接。

（杨　望）

【太阳宫第八届文化节举办】 3月3日，太阳宫第八届文化节在北京服装学院礼堂开幕，举办纪念“三八”国际劳动妇女节107周年庆祝大会暨太阳宫第七届“清风廉韵伴我行、文化文明太阳宫”文艺演出，地区领导班子成员、机关干部、地区党代表、人大代表、地区居民等800余人参加开幕式。

（杨　望）

【“无煤化”工作】 3月，完成太阳宫村、牛王庙村、牛王庙居委会、城管监察分队和绿化公司5家公共服务企业“煤改电”工程。完成芍药居三社区百键公司宿舍13户“无煤化”电改工程。

（杨　望）

【产权制度改革】 4月，完成已撤制小亮马桥和五路居村社员代表选举，通过村临时党支部提名和社员联名推荐两种方式，产生24名社员代表正式候选人。经过全体社员投票依法依规选举产生21名社员代表，社员参选率分别达到90.5%和69%。5月，太阳宫村、十字口村、牛王庙村3个建制村的村级产权制度改革启动；7月10日至8月10日，开展社员登记和劳动年限初步统计工作，3个村登记6600余人；10月30日至11月10日，3个村的4989名社员开展社员代表推荐及选举工作，分别选举产生正式社员代表21名、23名和21名。

（杨　望）

【党建协调委员会成立】 6月16日，地区党建协调委员会成立，地区工委书记李华、办事处主任贾恩松、工委副书记兰澎参加成立大会，辖区内国务院扶贫办、太阳宫燃气热电厂等60余家机关事业单位、非公企业、社会组织80余人参加。党建协调委员会旨在促进地区发展、提升基层党建水平，与成员单位共同服务群众、共建文化文明、共搭互动平台、共育人才成长。

（杨　望）

【地区第十三届妇女代表大会召开】 8月30日，召开地区第十三届妇女代表大会，全国妇联机关党委纪委书记何虹、全国妇联机关党委纪委办公室主任李德松、区妇联副主席董艳以及来自社区、非公企业、社会单位、基层企业的93名妇女代表参会。大会审议通过太阳宫地区第十三届妇女代表大会选举办法，选举贾小培为新一届妇联主席，文艳萍为专职副主席，董一咛、杨静、甄德静为兼职副主席。

（杨　望）

【乡十七届人大三次会议召开】 12月19日至20日，召开第十七届人民代表大会第三次会议，乡班子领导、正式代表、列席人员、旁听人员113人参加会议。大会审议通过《太阳宫乡人民政府2017年工作报告》，依法补选郝宝刚为太阳宫乡人民政府乡长、选举刘亚静为副乡长。

（杨　望）

【社会保障】 年内，完成“孝亲敬老”主题公园一期建设。10月，完成太阳宫社区养老服务驿站室内设计建筑方案、功能定位及服务分区。12月，完成太阳宫社区养老服务驿站室内改造。对1009名残疾人入户调查，更新基础服务状况和需求动态信息数据。为47名贫困残疾人免费体检；为39户肢体残疾人家庭实施无障碍改造；为30名重度残疾人赠送家庭康复训练器；对12名精神残疾人及14名智力残疾人进行日间照料服务。年内，为残疾人发放各类困难补助金230余万元。

（杨　望）

【疏解整治促提升工作】 年内，疏解北京南洋莱太时尚女人服装用品交易市场，关停太阳宫珠宝城（桑尼摩尔）。治理开墙破洞105户，涉及文学馆路、育慧南路、京承高速辅路、北土城东路、西坝河路和东土城路。拆除违法建设2.8万余平方米，其中账内拆除6884平方米，账外2225平方米，牛王庙地区1.9万平方米。拆除违法群租房81处，清理5处人防工程。

（杨　望）

【社区建设】 年内，完成新招20名社区工作者、22名社工师、助理社工师专业人才培训，举办社区建设研讨会、第三届社区工作者基本功大赛、社区治理能力培训。投入359.38万元，用于牛王庙社区办公用房、夏家园社区地下活动室、社会组织联合会装修改造，投入600万元，新建芍药居三社区办公用房。

（杨　望）

【社会动员试点工作】 年内，太阳宫地区被列为北京市2017年社会动员工作试点单位。建立太阳宫地区社会创客中心，建成10个社区yi空间试点建设。7月，围绕志愿公益、文化艺术、议事协商、服务交易等内容，完成9个yi空间建设方案。形成《太阳宫地区痛点调查汇总表》，其中环境治理类痛点66个，社区安全类痛点43个，社区共建类痛点16个，社区服务类痛点24个，社区文化类痛点17个，其他事物类痛点14个。

（杨　望）

【安全生产检查】 年内，开展消防安全、食品药品安全、公共安全等专项整治30余次，检查生产经营单位356家次，下达执法文书301份，行政处罚17家。下达各类文书129份，消除食品药品安全隐患56处，查处违法案件80件。

（杨　望）

【环境整治】 年内，粉刷京承沿线6幢楼和海航万豪酒店北侧临时建筑的外墙2.8万平方米，道路沿线平房和围墙的防粘粉刷1.45万平方米，围墙装饰花岗岩303平方米。在京承高速东侧建成长400米、宽10米的绿化景观带。拆除牛王庙村私搭乱建1万余平方米，硬化铺装五里沟区域边角余地1000平方米，修建围墙230延米，墙体粉饰1200平方米，新建封村防爬刺1600延米。牛王庙湿地公园项目正式进场施工。查处城市环境违法行为8600起，完成“开墙破洞”整治95家，整治无证无照单位143家，整治占道经营102处，拆除违规广告牌匾20块。清理地下空间1901间，清拖违章停车330辆、僵尸车和外地牌照农用车105辆，贴条处罚违章车辆4980辆，码放共享单车3500余辆。

（杨　望）

【文化建设】 年内，成立太阳宫地区传统文化传承基地完成《太阳宫地区历史文化研究》课题报告。开展10场“我们的节日”传统文化主题活动。开展芍药之花迎新春演出、第八届文化节、五月鲜花专场演出、全民阅读系列活动等文体活动20余场，参与人群2万余人次。新建室内健身活动室1处，改建太阳宫体育休闲公园乒乓球长廊1处，更新配置健身器材38件。

（杨　望）

【社会保障】 年内，开发就业岗位1235个，失业人员再就业409人，困难人员再就业298人，灵活就业人员291人。集中开展6次免费技能培训208人次。维修保养450个老旧小区门禁系统，完成芍药居四社区防爬刺安装。投资536.8万元，完成小区道路修缮、地面硬化、路灯安装等27项社区级为民办实事项目。完成285幢住宅楼房安全普查。完成22家单位企业薪酬调查，书面审查65家，立案14家，依法维护劳动者合法权益。

（杨　望）

【村委会、社区居委会】

名称	地址	电话
1. 太阳宫村村委会	太阳宫路临时519号	64460858
2. 十字口村村委会	太阳公公园南门东侧	64625662
3. 牛王庙村村委会	太阳宫乡牛王庙村	64365098
4. 芍药居一社区居委会	芍药居北里219号楼5层	84627464
5. 芍药居二社区居委会	芍药居北里203号楼	84628185
6. 芍药居三社区居委会	芍药居11号楼北侧	84645524
7. 芍药居四社区居委会	芍药居2号院	84612696
8. 太阳宫社区居委会	太阳宫南街7号院6号楼西侧2层	64220891
9. 夏家园社区居委会	新纪家园小区8号楼东侧服务中心楼内	52036309
10. 十字口社区居委会	太阳宫地区火星园8号楼8-9	64287853
11. 牛王庙社区居委会	新建办公用房和牛王庙村委会一起	64385869
12. 尚家楼社区居委会	尚家楼社区48号院内	52087718
13. 惠忠庵社区居委会	太阳宫1街1号院10号楼底商社区	64205711

（杨　望）

王四营地区（乡）

【概况】 王四营地区（乡）位于朝阳区东南部。东邻豆各庄乡，南邻十八里店乡，西邻南磨房乡，北与高碑店乡接壤。乡域面积15.58平方千米。下辖6个行政村，3个社区，实行村居合一的管理模式。全乡常住人口59144人，流动人口45142人。其中，户籍人口10693户、20307人（农业9102人，非农11245人），汉族43415人，新出生252人。有法人单位3500个，中央在京单位1家，市属单位2家。社区卫生服务中心1个，社区卫生服务站6个。有小学5所，幼儿园5所。有养老机构4个。17条公交线路途经辖区，地铁7号线贯穿其中。有200平方米为民服务大厅、5400平方米地区文化中心、6处文化广场和2处24小时自助图书馆。绿化率为56%。年内修建2万平方米王四营小公园，扩大周边百姓活动区域。实现集体经济总收入53888.2万元，比上年增长11.4%；利润总额3063万元，比上年增长476.3%；上缴税金完成3539.1万元，比上年（2662万元）增长7.7%；人均劳动所得实现35352元，比上年（30527元）增长11%。

地址：王四营乡王四营村1号

邮编：100023

电话：67365472

邮箱：597708620@qq.com

（晏　国）

【疏解整治促提升工作】 2月16日，综治办联合官庄村、地区第三方等执法部门取缔拆除辖区违法用地和建设。拆除简易房屋、棚户区19处，面积580余平方米，疏解人口百余人。4月20日，王四营地区城管队、综治办、巡防队、环境办、拆违办、食药所等职能部门，集中整治观音堂居民区中心街。清理临街存放各类垃圾杂物6车，拆除违规广告牌匾3块，拆除私装地锁9处。

（晏　国）

【“防灾减灾宣传周”系列活动】 5月11日，在王四营中心小学组织开展“防灾减灾知识技能进学校”活动。组织师生观看消防教育宣传课件视频，消防官兵现场给师生讲解 “防灾减灾”基本技能，发放“防灾减灾”的宣传册。消防官兵为师生讲解示范灭火器、消防车等防灾减灾器材工具的正确操作使用方法，提高师生“防灾减灾”技能。

（晏　国）

【乡十七届人大二次会议召开】 8月10日至11日，召开第十七届人民代表大会第二次会议。46名乡人大代表、55名列席代表参加会议。审议通过《王四营乡人民政府2017年上半年工作报告》；书面审议通过《王四营乡人大主席团半年工作报告（草案）》《北京市朝阳区王四营乡绿化隔离地区集体土地房屋腾退安置管理办法实施细则》相关条款的调整意见（草案）；书面审议乡人大2017年评议政府部门“拆违控违办公室”2017年上半年工作情况汇报；听取王四营乡人大主席团议案审查委员会关于第一次会议确定的代表建议办理情况报告；会议通报说明会议代表提出的17件建议的审查情况。

（晏　国）

【交通秩序整治】 9月1日至3日，城管队、巡防队、环境办等部门集中整治观音惠园西侧路停车乱象。粘贴违法停车告知书400余份，集中清理违法停车400余辆。在整治路段安装隔离护栏639米，施画停车泊位33个。

（晏　国）

【农民工工资支付专项检查】 12月19号，以工程建设领域和劳动密集型加工制造、餐饮服务等行业为重点，检查用人单位按时足额支付农民工工资情况、遵守最低工资规定情况、与农民工签订劳动合同情况等。及时发现和处置多起拖欠农民工工资事件，主要涉及建筑施工企业和“煤改电”项目工程。在处置过程中，地区劳动保障部门坚持劳动保障监察和劳动人事争议调解有机结合的方式，为用人单位和农民工之间搭建友好协商的沟通平台，使一批拖延时间较长、推诿扯皮纠缠不清、劳资双方矛盾深化、沟通不畅的拖欠工资案件得到解决，其中解决两起涉及农民工35人、金额37.95万元的欠薪案。

（晏　国）

【村委会、社区居委会】

名称	地址	电话
1. 王四营村村委会	王四营村	67389215
2. 南花园村村委会	南花园村	67366973
3. 孛罗营村村委会	孛罗营村	87390092
4. 官悦欣园社区居委会	官庄村	67366137
5. 观音堂社区居委会	观音堂村	51352902
6. 白露社区居委会	道口村	87399671

（晏　国）

小红门地区（乡）

【概况】 小红门地区（乡）位于朝阳区南部。东靠京津塘高速公路，南邻北京经济技术开发区，西与丰台区、大兴区接壤，北距南三环约1千米。辖区面积12.41平方千米。下辖4个行政村、7个社区。年内，有常住人口47300人，流动人口27743人，外籍人口89人。其中，户籍人口13972户、30614人，汉族31258人，新出生412人。有法人单位5191个，其中中央在京单位1家，区属单位6家。有社区卫生服务中心1个，社区卫生服务站2个。中学2所，小学2所，幼儿园3所。养老机构2个。11条公交线路途经辖区，地铁5号线、10号线、亦庄线贯穿其中。辖区建有1个150平方米为民服务大厅、500平方米地区文化服务中心和2处文化广场3900平方米、1个室内文化苑1000平方米、1个“地区秧歌文化大院”、4个篮球场、1个足球场，1处24小时自助图书机，1个图书馆，藏书2万余册。实现农村集体经济总收入11.5亿元，比上年增长14.9%；人均劳动所得28681元，比上年增长8%。实现区级财政收入1.85亿元，完成2017年总任务的118.4%。年内，获北京“人道奖”先进集体。

地址：博大路22号

邮编：100176

电话：87694869

邮箱：xiaohongmenxiang@126.com

（李媛博）

【疏解整治促提升】 年内，整治占道经营754个摊位、无证无照餐饮单位15家、开墙打洞1处、群租房30处。疏解一般制造业3家，清理整治“散乱污”企业7家。清退、拆除4处商品交易市场、3处出租公寓、10处出租大院、2处仓储物流基地和5处废品回收场站，拆除面积10万平方米。完成43处、20.43万平方米违法建设拆除销账工作。完成郭家庄路集体企业及国有企业腾退工作，腾退面积1.77万余平方米。全年调控人口4896人。区政府同意小红门乡纳入2017年棚户区改造和环境整治项目计划。完成46亩林地补植工作，补植苗木2300株。实施中海城社区周边绿化改造工程。完成1084户“煤改电”工程。

（李媛博）

【产业项目推进】 年内，推进各产业项目的手续办理及投资合作事宜。红门国际广场项目、国际风尚中心项目取得市发改委、规划、国土部门手续，处于办理占地批复和建设工程规划许可证阶段。城环城汽配城升级改造北一期、南二期项目地块内的民房、国企宿舍及农商银行腾退完毕。完成北京科利源工贸公司股权变更的民主程序。镇海寺游乐活动中心项目通过区农委联审会审议。

（李媛博）

【集体经济管理】 年内，深化村级财务“村账双托管”，完成大额资金审批40笔，金额4860.18万元。完成对10个集体经济组织和企业的经济审计工作，提出45条审计建议。

（李媛博）

【环境整治】 年内，整治小红门乡环境脏乱点位，处理市级督办案件10余件，区级督办问题131件，自查发现解决问题100余件。网格全模式平台接收案件9200余件，办结率87.84%。查处无照经营摊商1230余起，取缔露天烧烤、大排档300余起，规范店外经营900余家。拆除凉水河污水处理厂代征绿地内的违法建设1000平方米，清理渣土4万立方米。

（李媛博）

【安全隐患排查】 年内，开展“护航”“深耕”“金秋”行动，全乡未出现重大安全生产责任事故。加强对地区危险化学品、建筑工地、道路交通等重点行业的管控力度，开展检查1087家次，开具检查单4905张，排查隐患8178处。4个村和城外诚家居广场、城环城汽配城等大型企业单位建有11个自有消防。

（李媛博）

【黑臭水体治理】 年内，乡域内4.3万余米排水管线清淤，清运垃圾5900余立方米。完成横街子沟治理，增加泄洪能力。完善“河长制”管理体系，凉水河河段黑臭水体治理工程稳步推进。建设地区雨污分流管网。

（李媛博）

【社区建设】 年内，提高社区周边物防、技防措施。扩容城市管理指挥中心，确保新增监控设备全部接入指挥中心。在鸿博二社区创建地区首个地震安全示范社区。落实民警驻区制工作，提高居民见警率，可防性案件比上年下降46.1%。探索创新社区“农民市民化”形式，举办活动、培训54次，参与居民1470人次，受益人群3600人次。

（李媛博）

【社会保障】 年内，完成安装小区围墙防爬刺、安装儿童游乐设施、维修新建小区自行车棚等30个为民办实事项目。完成龙爪树村2374人整建制转工转居工作。小红门乡登记失业人员3035人，实现就业2674人。申请灵活就业社会保险补贴受理309人，自主创业12人，带动就业48人。

（李媛博）

【文化建设】 年内，以“仁、义、礼、智、信、廉”为主旨，在鸿博郊野公园“廉政文化教育基地——先锋园”打造85米长的“文化背景墙”。开展非遗进校园活动，在小红门中心小学开展非遗教学课程近30次，加强地区非遗文化的传承与保护。开展“乡土·厚植与深根”、十九大精神等百姓宣讲活动，地区群众300余人参加。完成小红门地区五年宣讲合集《非常使命》编纂工作，设置“缘起•逐梦”“铭记•责任”“忠诚•担当”“坚守•幸福”四个篇章，收录记述地区城市化发展的故事36篇。

（李媛博）

【工会联席会议制度建立】 年内，建立企业工会与社区（村）联合工会联席会议制度，推行区域性职代会建设，覆盖单位498家，建制率100%。完成新增建会45家。

（李媛博）

【区域化党建】 年内，深化“1.3.6.N红先锋”区域化党建项目（以乡党委为核心，建立地区党建工作协调委员会；构建三级议事协商平台，村、社区、企业层面建立党建工作协调委员会分会；组建健康生活指导队、家政义务服务队、军民亲情联谊队、扶老助残服务队、文体艺术活动队、城外诚之家6个服务队；组建N个党建品牌，构建村、社区、企业、社会单位等多元化党建项目），新增社区级“红先锋”服务阵地3处，乡级“红先锋”阵地1处。地区221家非公企业实现党的工作全覆盖。

（李媛博）

【村委会、社区居委会】

名称	地址	电话
1. 牌坊村村委会	小红门乡牌坊村	87602958
2. 肖村村委会	小红门乡肖村	67680412
3. 小红门村村委会	小红门乡小红门村委会	87602960
4. 龙爪树村村委会	小红门乡龙爪树村委会	87698014
5. 鸿博家园第一社区居委会	鸿博家园一区9号楼1单元底商	87554601
6. 鸿博家园第二社区居委会	鸿博家园二期B区8号楼底商	67698893
7. 鸿博家园第三社区居委会	鸿博家园二期C区2号楼1单元底商	87676882
8. 鸿博家园第四社区居委会	鸿博家园二期D区1号楼底商	67678366
9. 鸿博家园第五社区居委	鸿博家园二期F区15号楼	67678895
10. 中海城社区居委会	少角中街8号院5号楼底商	87656427
11. 恋日绿岛社区居委会	鸿博家园一区9号楼1单元底商	67693066
12. 三台山社区居委会	小红门乡三台山甲1号	87601375
13. 四道口社区居委	小红门乡四道口	87694800
14. 玉器厂社区居委会	小红门乡龙爪树街734号	87693193

（李媛博）

人物与荣誉

2018

北京朝阳年鉴

领导干部名录

中共朝阳区第十二届委员会

书　　记　吴桂英（女）
副 书 记　王　灏　甘靖中
常　　委　何　明（满）　马继业　刘军胜　张维刚
　　　　　席成坡　孙其军（12月免）黄晓伟（女）
委　　员（按姓氏笔画排列）
　　　　　马继业　王　毅　王　灏　王雪梅（女）　牛国泉
　　　　　孔钢城　甘靖中　田　峡（女，8月免）
　　　　　朱　晟　刘　勇　刘军胜　刘海涛　许嘉宁
　　　　　孙其军（12月免）苏　民（6月去世）
　　　　　李　靓（女）　李云飞　李国红（女）
　　　　　李俊杰　杨建海　辛燕琴（女）　吴　冰
　　　　　吴桂英（女）　何　明（满）　张　岩
　　　　　张士华　张玉鲲　张克斌　张宏明　张维刚
　　　　　陈　涛　陈宏志　邵水平　邵建云（女）
　　　　　欧晓勋（女）　周　炜　郑　勇　赵年生
　　　　　赵红伟　高春利　席成坡　唐行安（11月免）
　　　　　黄晓伟（女）　康志华　蒋东燕（女）　靳学军
　　　　　苏向东（12月增补）　殷金凤（女，12月增补）
　　　　　董会生（12月增补）　谭国忠（满，12月增补）
候补委员　孙玉辉　高智勇　田志刚　连文胜　刘福利

中共朝阳区委工作机构负责人

办公室（党建办）主任　张维刚（2月免）
　　许嘉宁（2月任）
巡察办主任　孙玉辉（8月任）
区委区政府研究室主任　陈庆华（女，土家族2月免）
　　李淑环（女，3月任）
组织部部长　何　明（满，兼）
组织部常务副部长　唐行安
宣传部部长　刘军胜（兼）
宣传部常务副部长　毕重伟
精神文明建设委员会办公室（挂靠宣传部）主任
　　张　爽（女）
统一战线工作部部长　黄晓伟（女，兼）
统一战线工作部常务副部长　胡杰华
台湾工作办公室（同时挂政府台湾事务办公室牌子，与统战部合署办公）主任
　　李　波
侨务办公室（与统战部合署办公）主任
　　李晓霞（女）
直属机关工作委员会书记　黄晓伟（女，兼）
直属机关工作委员会常务副书记　邵水平
社会工作委员会书记　赵年生
农村工作委员会书记　张克斌
政法委员会书记　张维刚（兼）
政法委员会常务副书记　赵红伟
社会治安综合治理委员会办公室（与政法委员会合署办公）主任　倪东新（8月免）
　　王春发（9月任）
防范和处理邪教问题领导小组办公室（同时挂政府防范和处理邪教问题办公室牌子，挂靠政法委员会）主任
　　于久翔
流动人口和出租房屋管委会办公室（与综治办合署办公）主任　顾洪涛（3月免）
　　尹　航（4月任）
教育工作委员会书记　周　炜
非公经济工作委员会书记　王素荣（女）
老干部局局长　蔺　红（女）
党史工作办公室主任　邓献云
党校校长　甘靖中（兼）
党校党委书记、常务副校长　董　伟
保密委员会办公室（挂区国家保密局牌子，由区委办公室管理）主任　金宏图（满）

朝阳区人民政府、人民团体党政分设工作机构党组织书记

科学技术委员会（知识产权局）党组书记
　　林广吉
住房和城乡建设委员会党组书记　孙　梅（女，9月免）
水务局党委书记　高永红（9月免）
卫生和计划生育委员会党委书记　苏　民（6月去世）
国有资产监督管理委员会党委书记　刘　勇
安全生产监督管理局党组书记　安永存（9月免）
文学艺术界联合会党组书记　高春利
体育局党委书记　李守民
统计局党组书记　施咸超
园林绿化局党委书记　王　健（9月免）
商务委员会党组书记　张仲凯（8月免）
信息化工作办公室党支部书记　苏建华
信访办公室党组书记　胡铁闽
工商业联合会党组书记　王素荣（女）
民政局党组书记　孙建强
北京商务中心区工作委员会常务副书记
　　张志国
北京奥林匹克公园管理委员会党委副书记
　　康志华（2月任）
中关村科技园区朝阳园(电子城科技园)工委常务副书记
　　齐建宗（11月免）
　　李贺清（11月任）
金盏金融商务区管理委员会党支部书记
　　赵建国（9月免）

城市管理综合行政执法监察局党委书记 良 彪（满，3月免）
城市管理监督指挥中心党组书记 杨汉安（1月任）
北京朝阳国家文化产业创新实验区管委会党支部书记 云建明（9月免）
北京市朝阳区行政服务中心党支部书记 李晓静（女）
北京市公安局朝阳分局党委书记 牛国泉
农村集体经济办公室（农村合作经济经营管理站）党组书记 周卫东（9月免）
种植业养殖业服务中心党委书记 辛 莉（女）
广播电视新闻中心党委书记 孙 帅
投资促进局党组书记 杨春雁（女）
循环经济产业园管理中心党总支书记 郭团会

中共朝阳区第十二届纪律检查委员会

书　　记 席成坡
常务副书记 田 峡（女，8月免） 高大中（8月任）
副 书 记 高大中（8月免） 于良佐（3月免）
秦 岳（3月任） 张颖辉（女，8月任）
马立众（9月任）
常　　委 张颖辉（女） 汪冬梅（女，蒙古族，9月免）
王建华（5月免） 燕海涛 李传永
尚利准（6月任） 刘 敏（9月任）
马立众（9月任）

朝阳区监察委员会

主　　任 席成坡（4月任）
副 主 任 田 峡（女，4月任，8月免）
高大中（4月任） 秦 岳（4月任）
张颖辉（女，8月任）
委　　员 张颖辉（女，4月任，8月免）
汪冬梅（女，蒙古族，4月任，9月免）
燕海涛（4月任） 刘 敏（4月任）
马立众（4月任） 李英辉（女，9月任）
唐 蔷（女，9月任）

朝阳区十六届人民代表大会常务委员会

主　　任 陈宏志
副 主 任 朱春霞（女） 常树奇 胡良森 牟燕东
叶 青
委　　员 （按姓氏笔画排列）
丁清光 于志刚 马金东 王左敏（女）
王 宁（女） 王志华（女）王利如（女）
王宝合 王春庆 王清友 韦 平
田树林（女） 付小贺 兰万秋（畲） 邢平芳
吕 铮 任敬东 刘显威（满） 刘 勇
孙 立（女） 孙 琦（女，回） 孙博洋
李革非（女） 李 洋 张明森 陈 岚（女）
陈春玖 郑 晶（女） 郝云峰 侯湘君（女）
徐福寿 殷 宁（满） 高 峰 姬文革（女）
黄 鹰 曹信红（女） 韩 峰 褚 昱
樊碧发

朝阳区人大工作机构负责人

办公室主任 郑 晶（女）
法制委员会主任 侯湘君（女）
财政经济工作委员会主任 兰万秋（畲，3月任）
城建环保工作委员会主任 邢平芳
教科文卫工作委员会主任 李 洋
代表联络室主任 孙 立（女）
农村工作委员会主任 于志刚
研究室主任 付小贺

朝阳区人民政府

区　　长 王 灏
常务副区长 马继业
副 区 长 孙其军（12月免） 王志勉 牛国泉 李俊杰
杨建海 李国红（女） 刘海涛

朝阳区人民政府工作机构负责人

办公室主任 杨建海（2月免）
赵海东（2月任）
发展和改革委员会主任 朱 晟
教育委员会主任 肖 汶
教育督导室主任 王世元
科学技术委员会主任 冯守华
监察局局长 田 峡（女，3月免）
民政局局长 张 岩（2月免）
李 靓（女，2月任）
司法局局长 王远捷
财政局局长 欧晓勋（女）
人力资源和社会保障局局长 牟燕东（2月免）
张 岩（2月任）
机构编制委员会办公室（与人力资源和社会保障局合署办公）主任 牟燕东（兼）（2月免）
张 岩（2月任）
环境保护局局长 马 龙
住房和城乡建设委员会主任 刘海涛（2月免）
张士华（2月任）
房屋管理局局长 吴熙盛
市政市容管理委员会主任 康志华（2月免）
刘炳起（2月任）
农村工作委员会主任 张克斌（2月免）
连文胜（2月任）
水务局局长 路 军
商务委员会主任 赵海东（2月免）
邵建云（女，2月任）

文化委员会主任　高春利
卫生和计划生育委员会主任　师　伟
审计局局长　战春燕（女，满，2月任）
社会建设工作办公室主任　宝月凤（女，满）
国有资产监督管理委员会主任　王春平（满）
安全生产监督管理局局长　刘炳起（2月免）
马海鹰（2月任）
体育局局长　马海鹰（2月免）
吴晓军（2月任）
统计局局长　邵建云（女，2月免）
陈庆华（女、土家族，2月任）
园林绿化局局长　李世喆
旅游发展委员会主任　兰学军
民防局局长　王　军
金融服务办公室主任　赵　捷
民族宗教办公室主任　梅诗曙
外事办公室主任　谭林坤
法制办公室主任　田志刚
信息化工作办公室主任　王　臻
信访办公室主任　宋少伟（2月免）
王春增（2月任）

政协朝阳区第十三届委员会

主　　席　陈　涛
副 主 席　杨树旗　张永新　王文远　连玉明　张兴凯
战春燕（女，满）
秘 书 长　王玉华（女）
常务委员　（以姓氏笔画为序）
于　欣　马立霜（女）　王　强　王　臻
王小龙　王幼君　王素荣（女）　王鲁宁
玉　红　叶　昊　冯　静（女）　司晓强
任炜东　刘元春　刘宁花（女）　刘苗苗（女）
刘敬疆　闫永红（女）　孙　刚　苏俊武
李　红（女）　李　明　李卫刚　李云燕（女）
李玉立　李冬军（女）　李树东　李秋玲（女）
李海作　吴景刚　杨征军　杨　扬　杨　杰
杨　科　邹　游　宋关福　张　硕　张　维
张　瑞（女）　张劲硕　张学军　张鸿声
陈　霞（女）　陈巴黎（女）　陈立华　所国有
金晓萍（女）　郑　铁　赵建萍（女）　胡杰华
钟　瑾（女）　侯惠荣（女）　袁　媛（女）
顾婷婷（女）　钱晓瑾（女）　徐　伟
徐京玲（女）　殷　峻　高　黎（女）　高吉喜
郭秀芬（女）　唐志辉　黄　征　黄　轶　黄金维
梅诗曙　盛国辉（女）　粱　丹　董　艳（女）
曾　旭（女）　阚存一　霍　超（女）

朝阳区政协工作机构负责人

办公室主任　李冬军（女）
研究室主任　陈　霞（女）
专委会工作一室主任　郭秀芬（女）
专委会工作二室主任　刘元春
专委会工作三室主任　李海作
专委会工作四室主任　李树东
专委会工作五室主任　盛国辉（女）

朝阳区政协专门委员会负责人

提案委员会主任　郭秀芬（女）
学习与文史委员会主任　盛国辉（女）
教育卫生与体育委员会主任　刘元春
文化委员会主任　徐　伟
经济科技委员会主任　李海作
城建环保委员会主任　李树东
社会法制与民族宗教委员会主任　梅诗曙
港澳台侨委员会主任　曾　旭（女）

朝阳区政法、军事机构负责人

人民检察院党组书记、检察长　张玉鲲
人民法院党组书记、院长　靳学军
人民武装部部长　汪建新
人民武装部政委　史连雪
交通支队队长　陈义成

朝阳区各民主党派负责人

民革朝阳区委主委　张兴凯
民盟朝阳区委主委　张鸿声
民建朝阳区委主委　王志勉
民进朝阳区委主委　战春燕（女，满）
农工党朝阳区委主委　马立霜
致公党朝阳区委主委　高吉喜
九三学社朝阳区委主委　张明森
台盟朝阳区工委主委　高　峰

朝阳区各团体负责人

总工会主席　王文军
共青团朝阳区委书记　孔钢城（3月免）
郭　勋（11月任）
妇女联合会主席　蒋东燕（女）
科学技术协会主席　杨绍磊（11月免）
齐建宗（11月任）
残疾人联合会理事长　赵　玲（女）
归国华侨联合会主席　曾　旭（女）
工商业联合会主席　叶　青
红十字会会长　孙其军（兼）
红十字会常务副会长　赵宁江
文学艺术界联合会秘书长　金　童（女，满）
慈善协会会长　屈亚凤（女，11月免）

朝阳区其他单位负责人

北京商务中心区管理委员会主任　李国红（女，兼）
北京商务中心区管理委员会常务副主任
郭　亮（2月任）
北京奥林匹克公园管理委员会主任
孙其军（兼）
北京奥林匹克公园管理委员会常务副主任
田巨清（6月免）
杨洪福（6月任）
中关村科技园区朝阳园（电子城科技园）
管理委员会主任　马继业（兼）
中关村科技园区朝阳园（电子城科技园）
管理委员会常务副主任　苏向东
金盏金融商务区管理委员会主任　张树宝
温榆河生态走廊建设管理委员会主任
荣学强（满）
城市管理综合行政执法监察局局长
聂宏伟
城市管理监督指挥中心主任　常敬武
北京朝阳国家文化产业创新实验区管委会主任
丰春秋
北京市朝阳区行政服务中心主任　吴景刚（回）
北京798艺术区管理委员会主任　桑小为（11月免）
王　毅（11月任）
北京市公安局朝阳分局局长　牛国泉
北京市规划委员会朝阳分局局长　王雪梅（女）
北京市国土资源管理局朝阳分局局长
李　燕（女）
国家统计局朝阳调查队队长　张建萍
北京市国家安全局朝阳分局局长　李炳宽
北京市工商行政管理局朝阳分局局长
于晓军
国家税务局局长　王炯东
地方税务局局长　张　翅
质量技术监督局局长　杨兆生
北京市朝阳区食品药品监督管理局局长
刘立新
北京市朝阳区气象局局长　张沛刚
农村集体经济办公室（农村合作经济经营管理站）主任（站长）　何志立
老龄工作办公室主任　张　岩（2月免）
李　靓（女，2月任）
档案局局长　王海军（2月免）
王春清（女，2月任）
种植业养殖业服务中心主任　马文虎
广播电视新闻中心主任　潘　竞
投资促进局局长　马英晖
循环经济产业园管理中心主任　皮　猛（达斡尔族）
环境卫生管理服务中心主任　陈万明
职工大学校长　白新睿（（蒙古，3月任）
农业综合执法大队队长　李杰民

朝阳区街道工委、办事处负责人

八里庄街道
工委书记　张福来
办事处主任　赵国章
左家庄街道
工委书记　苏　静（女）
办事处主任　王海涛
和平街街道
工委书记　秦　涛
办事处主任　韦小萍（女）
双井街道
工委书记　董　健（女）
办事处主任　时春岗
酒仙桥街道
工委书记　崔少飞
办事处主任　陈文刚
呼家楼街道
工委书记　王春清（女，3月免）　良　彪（满，3月任）
办事处主任　洪广欣
朝外街道
工委书记　董会生
办事处主任　孟凡森
劲松街道
工委书记　李　靓（女，3月免）　杨丙章（3月任）
办事处主任　杨丙章（3月免）　孔钢城（3月任）
安贞街道
工委书记　陈伟航
办事处主任　董　健
三里屯街道
工委书记　唐涌涛
办事处主任　刘晓玲（女）
建外街道
工委书记　田　华（女）
办事处主任　杨立亭
团结湖街道
工委书记　陈　伟
办事处主任　战春燕（女，满，2月免）　李亚珉（3月任）
潘家园街道
工委书记　王　毅（11月免）　张贵林（11月任）
办事处主任　张贵林（11月免）　杜　磊（11月任）
香河园街道
工委书记　董云增

办事处主任　刘秀芹（女）

六里屯街道

工委书记　谭国忠（满）

办事处主任　王　健

亚运村街道

工委书记　麻晓晖

办事处主任　历广权

小关街道

工委书记　李　钧（满）

办事处主任　邢　伟（女）

垡头街道

工委书记　高智勇（2月免）　石延刚（3月任）

办事处主任　石延刚（回，3月免）　关进国（4月任）

麦子店街道

工委书记　吴　冰

办事处主任　李燕梅（女）

机场街道

工委书记　李　琪

办事处主任　袁自斌

望京街道

工委书记　杨洪福（6月免）　商建英（8月任）

办事处主任　胡建东

大屯街道

工委书记　吉旭初

办事处主任　高敬茹（女，蒙古）

奥运村街道

工委书记　徐桂士（11月免）　郑　勇（11月任）

办事处主任　韩　军

东湖街道

工委书记　商建英（8月免）　倪东新（8月任）

办事处主任　徐继锋（满）

朝阳区地区（乡）工委（党委）、办事处（乡）负责人

南磨房地区（乡）

工委（党委）书记　郑　勇（11月免）　张启顺（11月任）

办事处主任（乡长）　张启顺

高碑店地区（乡）

工委（党委）书记　李云飞

办事处主任（乡长）　郭光辉（11月免）

关得志（满，11月任）

将台地区（乡）

工委（党委）书记　连文胜（2月免）　宋少伟（2月任）

办事处主任（乡长）　刘　涛

太阳宫地区（乡）

工委（党委）书记　李　华

办事处主任（乡长）　贾恩松（9月免）　郝宝钢（11月任）

十八里店地区（乡）

工委（党委）书记　张宏明

办事处主任（乡长）　李万军（1月免）　姜金平（3月任）

小红门地区（乡）

工委（党委）书记　李贺清（11月免）

王小红（女，11月任）

办事处主任（乡长）　王小红（女）

王四营地区（乡）

工委（党委）书记　张　奎

办事处主任（乡长）　邢志新（女）

平房地区（乡）

工委（党委）书记　寇　晔（女）

办事处主任（乡长）　张志勇

东坝地区（乡）

工委（党委）书记　黄宏春

办事处主任（乡长）　于淑杰（女）

金盏地区（乡）

工委（党委）书记　孙玉辉（8月免）　陈　杰（9月任）

办事处主任（乡长）　张晓宁（女）

来广营地区（乡）

工委（党委）书记　左景全

办事处主任（乡长）　王　刚

东风地区（乡）

工委（党委）书记　张士华（3月免）　郭　君（3月任）

办事处主任（乡长）　郭　君（3月免）

张军茹（女，3月任）

孙河地区（乡）

工委（党委）书记　李　欣

办事处主任（乡长）　易湘林

崔各庄地区（乡）

工委（党委）书记　吴选辉

办事处主任（乡长）　齐宝良

三间房地区（乡）

工委（党委）书记　张小锋

办事处主任（乡长）　张军茹（女，3月免）

王立新（4月任）

常营地区（乡）

工委（党委）书记　刘大庆

办事处主任（乡长）　方　泽

豆各庄地区（乡）

工委（党委）书记　陈　杰（9月免）　贾恩松（9月任）

办事处主任（乡长）　于建国

黑庄户地区（乡）

工委（党委）书记　秦　涛

办事处主任（乡长）　王春增（2月免）　顾洪涛（3月任）

管庄地区（乡）

工委（党委）书记　高永荣

办事处主任（乡长）　万小兵

先进人物

全国（含系统）先进个人

全国五一劳动奖章

叶　青

全国优秀团干部

顾　颀

全国优秀共青团员

赖斯雨

全国三八红旗奖章

刘　黎

全国最美家庭户主

李　楠　谢　然

全国道德模范

刘玉杰

全国司法办案标兵

于　洋

2017年度国家科学技术进步二等奖

杜修力　范少飞

民进全国机关工作先进个人

赵建萍

全国社会综合治理先进工作者

王春发

全国统计系统先进个人

刘　慧

北京市先进个人

首都劳动奖章

王　辰　解佳华　杨清海　杨碧君　吕　鑫　刘　薇　王宇轩　李自柱　陈新月　许建林　李金和　李明辉　何瑞娟　李　明　吴　婷　潘玉庆　高荣珍　姜伟和　张　健　刘明利　陈　明　赵乾林　张　炜　姚　新　孟　文　童志伟　刘东风　刘　峰　王亚志　郑卫国　杨　琪　郑彦霞　曹黄卫　郭靖楠　熊　英　王　静

北京市优秀工会工作者

宋慧青　李福清　张立华　杨　翠　朱京豫　刘　鼎　孙咪咪　李　宁　姬文革　汪　涛

北京市优秀共青团员

孟祥宇　张　冰

北京市优秀共青团干部

王凝宁　王　颖　顾　颀

北京市青年岗位能手

杜　凯

北京市三八红旗奖章

智　娟　王晓凤

首都精神文明建设奖

毕重伟

首都最美家庭户主

董蔚建　陈　昱　卢铁英　张　兵　严忠励　李　楠　彭俊周　崔巍巍　张　雁　张　明　娇　辰　李雅新　陆培芳　李　建　黄金山　刘　沛　马凤亭　张　媛　李　红　谢　然　兰海云　张默雅　张福义　王永孝　韩　栋　杨新兴　庞兆恒　赵丽明　陈同德

北京市特级教师

马卫华

先进集体

全国（含系统）先进集体

全国工人先锋号

朝阳区国税局第二税务所

全国巾帼文明岗

朝阳区卫生和计划生育委员会卫生监督所

朝阳区法院奥运村法庭

全国文明单位

朝阳区总工会

朝阳区呼家楼街道呼北社区居委会

全国优秀公安基层单位

北京市公安局朝阳分局刑侦支队技术队

全国群众体育先进单位

朝阳区总工会

朝阳区体育局

朝阳区劲松文体协会

全国未成年人思想道德建设工作先进单位

朝阳区文明办

全国综合减灾示范社区

朝阳区呼家楼街道小庄社区

朝阳区东风地区南十里居社区

朝阳区东风地区泛海国际南社区

北京市先进集体

北京市工人先锋号

北京宝嘉恒基础设施投资有限公司拆迁部

朝阳区十八里店小学体育教研组
北京市公安局朝阳分局刑侦支队技术队
朝阳区司法局法律援助中心
北京时代凌宇科技股份有限公司事业五部
北京海文资产经营管理有限公司监管局项目部
朝阳区来广营地区办事处社会保障事务所
朝阳区团结湖街道办事处社会保障事务所
朝阳区建外街道办事处永安里社区居委会
北京朝龙新兴五金交电有限公司市场管理部
朝阳区环保局环境执法监察大队
北京五洲妇儿医院妇科
朝阳区循环经济产业园管理中心规划建设科
朝阳区住房保障事务中心租金管理科
朝阳区地税局第二税务所
中信银行股份有限公司京城大厦支行

首都劳动奖状

北京市朝阳区安民学校
朝阳区水务局
北京淘宝科技公司
朝阳区孙河乡沙子营经济合作社
朝阳区麦子店街道办事处
朝阳区社会保险基金管理中心
北京握奇数据系统有限公司

北京市节能先进区

朝阳区

首都社会综合治理先进单位

朝阳区综治办
朝阳区安监局
朝阳区食药监局
朝阳区麦子店街道办事处综合治理办公室

首都绿化美化先进单位

朝阳区国税局
朝阳区六里屯街道办事处

首都文明单位标兵

朝阳区卫计委
朝阳区审计局
朝阳区统计局
朝阳区亚运村街道办事处
朝阳区小关街道办事处
朝阳区文化馆
朝阳区图书馆

首都文明单位

朝阳区环境办
朝阳区文化委
朝阳区气象局
朝阳区文化馆
朝阳区图书馆
朝阳区呼家楼街道办事处
朝阳区建外街道办事处
北京民俗博物馆
北京长空辰阳公司

第一届北京“人道奖”先进单位

朝阳区卫计委

北京市文化工作先进集体

朝阳区文化委

北京市先进人武部

朝阳区人民武装部

首都全民义务植树先进单位

朝阳区孙河地区办事处

首都文明社区

朝阳区东风地区紫萝园社区
朝阳区建外街道南郎社区
朝阳区建外街道建国里社区
朝阳区望京街道南湖中园社区
朝阳区望京街道南湖西园二区社区
朝阳区望京街道花家地北里社区
朝阳区亚运村街道安慧里社区
朝阳区亚运村街道安翔里社区
朝阳区亚运村街道安苑里社区
朝阳区亚运村街道华严北里社区
朝阳区亚运村街道丝竹园社区
朝阳区呼家楼街道小庄社区
朝阳区呼家楼街道呼北社区

北京市五四红旗团委

朝阳区大屯街道团委
朝阳区太阳宫地区团委
北京陈经纶中学团委

北京市五四红旗团支部

朝阳区垡头街道机关团支部
朝阳区呼家楼街道青创·社区青年汇团支部
北京市朝阳外国语学校（高三一班）团支部

统计资料

2018
北京朝阳年鉴

统 计 资 料

地区生产总值

表 12　　单位：万元

项 目	2017 年	构成（%）
地区生产总值	56354784	100.00
按产业分		
第一产业	12194	0.02
第二产业	4227232	7.50
第三产业	52115358	92.48
按国民经济行业分		
农、林、牧、渔业	13020	0.02
工业	3133125	5.56
建筑业	1374244	2.44
批发和零售业	10650537	18.90
交通运输、仓储和邮政业	2761289	4.90
住宿和餐饮业	1101674	1.95
信息传输、软件和信息技术服务业	4047157	7.18
金融业	7065294	12.54
房地产业	5118901	9.08
租赁和商务服务业	9372567	16.63
科学研究和技术服务业	5568162	9.88
水利、环境和公共设施管理业	471542	0.84
居民服务、修理和其他服务业	468055	0.83
教育	1976942	3.51
卫生和社会工作	1330930	2.36
文化、体育和娱乐业	798128	1.42
公共管理、社会保障和社会组织	1103217	1.96

注：产业划分依据国家统计局 2012 年制定的《三次产业划分规定》，行业划分依据《国民经济行业分类》（GB/T4754-2011）。

一般公共预算收支

表 13　　单位：万元

项 目	决算数	项 目	决算数
一般公共预算收入	**5081671**	**一般公共预算支出**	**5133787**
房产税	885398	一般公共服务支出	211184
车船税	55341	国防支出	8976
印花税	161199	公共安全支出	547845
资源税	778	教育支出	967975
耕地占用税	311	科学技术支出	100125
国内增值税（含改征增值税）	1548514	文化体育与传媒支出	125511
其中：改征增值税	851260	社会保障和就业支出	1468193
营业税	13523	医疗卫生与计划生育支出	434904
城镇土地使用税	25934	节能环保支出	181000
土地增值税	288255	城乡社区支出	572359
教育费附加收入	105785	农林水支出	394367
城市维护建设税	402353	资源勘探信息等支出	43365
企业所得税	1217975	商业服务业等支出	29625
国有资源（资产）有偿使用收入	119655	金融支出	37753
其他收入	3850	国土海洋气象等支出	1018
罚没收入	13036	粮油物资储备支出	7781
行政性事业性收费	23872	其他支出	1806
森林植被恢复费	20188		
捐赠收入	55		
政府住房基金收入	30636		
残疾人就业保障金收入	103975		
教育资金收入	61038		

户籍户数及人口数（按街、乡分）

表 14　　单位：人

项 目	年末总户数（户）	年末总人口	男	女	非农业人口	农业人口	出生人数	死亡人数
合计	835996	2098225	1043132	1055093	2005697	92528	28457	53408
街道小计	499433	1341595	667583	674012	1341573	22	15373	41594
建外	13309	38474	19353	19121	38474	0	337	1474
朝外	12007	42032	21697	20335	42032	0	421	977
呼家楼	21641	64277	31513	32764	64277	0	606	2180
三里屯	13827	37648	18218	19430	37648	0	366	1580
左家庄	25090	64158	31998	32160	64158	0	677	2584
香河园	14178	33959	16822	17137	33959	0	361	1112
和平街	25465	86411	42654	43757	86411	0	642	2423
安贞	18580	45876	22536	23340	45876	0	436	1962
亚运村	17681	47930	24064	23866	47930	0	548	1265
小关	14610	47358	22522	24836	47358	0	516	1134
酒仙桥	23702	68160	34594	33566	68160	0	676	2654
麦子店	9002	22361	11227	11134	22359	2	270	557
团结湖	13657	34652	17284	17368	34652	0	314	1354
六里屯	24933	61304	30415	30889	61302	2	697	2396
八里庄	31100	84175	41088	43087	84175	0	919	3777
双井	28301	72506	35947	36559	72504	2	856	3275
劲松	31029	75612	37678	37934	75608	4	943	2635
潘家园	32186	79370	39366	40004	79370	0	734	3028
垡头	14148	36379	18881	17498	36379	0	443	804
大屯	31618	80967	39929	41038	80967	0	1319	1383
望京	35203	91752	45720	46032	91752	0	1397	1284
奥运村	25789	65130	32522	32608	65118	12	1044	1001
东湖	15214	38020	19043	18977	38020	0	564	327
首都机场	7163	23084	12512	10572	23084	0	287	428
乡小计	336563	756630	375549	381081	664124	92506	13084	11814
南磨房	26227	62193	31526	30667	62145	48	856	1341
高碑店	24781	52245	25935	26310	50357	1888	804	918
将台	13542	27696	13537	14159	27659	37	348	605
太阳宫	23573	58330	29466	28864	58273	57	1092	923
小红门	13972	30614	14503	16111	18917	11697	412	376
十八里店	18201	41958	19774	22184	20589	21369	598	429
平房	18485	39697	19379	20318	31600	8097	730	450
东风	15369	34062	16735	17327	33852	210	552	757
来广营	29448	63895	32421	31474	63877	18	1652	470
常营	15613	33433	17043	16390	33312	121	758	281
三间房	23858	66526	31741	34785	64934	1592	702	1472
管庄	24921	62379	33163	29216	57657	4722	1170	1264
金盏	12801	28836	13870	14966	17735	11101	391	375
孙河	11301	22357	10746	11611	17914	4443	341	343
崔各庄	13054	24870	11950	12920	19301	5569	339	460
东坝	22945	51235	26325	24910	46376	4859	1425	531
黑庄户	9800	20765	10123	10642	13286	7479	287	311
豆各庄	7979	15232	7658	7574	15147	85	375	216
王四营	10693	20307	9654	10653	11193	9114	252	292

数据来源：北京市公安局朝阳分局

固定资产投资完成情况（项目在地）

表 15

项 目	单位个数（个）	项目个数（个）	本年完成投资（万元）	# 基础设施投资	本年新增固定资产（万元）	房屋建筑施工面积（平方米）	# 住宅	房屋建筑竣工面积（平方米）	# 住宅
合计	94	254	5358556	4554543	4668942	9038066	4049148	1323624	358865
按登记注册类型划分									
内资	87	243	3325802	2570753	2836143	8821121	4049148	1323624	358865
国有	38	101	1199545	861400	1190340	5709125	3672255	366869	68865
集体	2	2	0	0	8643	0	0	0	0
股份合作	—	—	—	—	—	—	—	—	—
国有联营	—	—	—	—	—	—	—	—	—
集体联营	—	—	—	—	—	—	—	—	—
国有与集体联营	—	—	—	—	—	—	—	—	—
其他联营	—	—	—	—	—	—	—	—	—
国有独资公司	12	90	1140390	1122172	305907	599962	86893	0	0
其他有限责任公司	26	39	959607	587181	955000	2096917	290000	687399	290000
股份有限公司	4	6	10092	0	364093	333956	0	269356	0
私营独资	—	—	—	—	—	—	—	—	—
私营合伙	—	—	—	—	—	—	—	—	—
私营有限责任公司	4	4	12835	0	12160	53161	0	0	0
私营股份有限公司	—	—	—	—	—	—	—	—	—
其他	1	1	3333	0	0	28000	0	0	0
港澳台商投资	4	8	1960989	1960989	1832799	0	0	0	0
与港澳台商合资经营	1	2	128074	128074	0	0	0	0	0
与港澳台商合作经营	—	—	—	—	—	—	—	—	—
港澳台商独资	1	4	116	116	0	0	0	0	0
港澳台商投资股份有限公司	2	2	1832799	1832799	1832799	0	0	0	0
其他港澳台商投资	—	—	—	—	—	—	—	—	—
外商投资	3	3	71765	22801	0	216945	0	0	0
中外合资经营	3	3	71765	22801	0	216945	0	0	0
中外合作经营	—	—	—	—	—	—	—	—	—
外资企业	—	—	—	—	—	—	—	—	—
外商投资股份有限公司	—	—	—	—	—	—	—	—	—
其他外商投资	—	—	—	—	—	—	—	—	—
个体经营	—	—	—	—	—	—	—	—	—
个体户	—	—	—	—	—	—	—	—	—
个人合伙	—	—	—	—	—	—	—	—	—
按隶属关系划分									
中央单位	23	28	2146568	1966426	2271850	4703837	2674343	388896	0
市属单位	30	133	1445312	1262083	865152	2158283	1084805	213284	68865
区属单位	15	63	904169	799324	851438	357285	0	34949	0
其他单位	26	30	862507	526710	680502	1818661	290000	686495	290000

续表 15

项 目	项目个数（个）	本年完成投资（万元）	# 基础设施投资	本年新增固定资产（万元）	房屋建筑施工面积（平方米）	# 住宅	房屋建筑竣工面积（平方米）	# 住宅
按项目所在地域分								
街道	109	3661072	3393099	3311072	3619629	695913	901519	290000
建外	7	23587	1570	389365	365557	0	225231	0
朝外	1	757	0	0	0	0	0	0
呼家楼	7	59783	29477	5519	660248	0	0	0
三里屯	1	1500	1500	0	0	0	0	0
左家庄	4	173705	152100	3885	229107	0	0	0
香河园								
和平街	3	34916	34916	0	0	0	0	0
安贞	1	100	0	0	18340	0	0	0
亚运村	8	11551	6710	26618	102028	0	39942	0
小关	2	15932	0	0	84452	0	0	0
酒仙桥	7	73784	24365	14725	154719	0	14850	0
麦子店	2	381901	374574	0	510669	0	0	0
团结湖	12	329951	329951	199708	0	0	0	0
六里屯	7	109287	102371	106028	0	0	0	0
八里庄	2	16000	16000	0	0	0	0	0
双井	7	107576	68096	9767	190961	0	0	0
劲松	2	2858	2858	0	0	0	0	0
潘家园	3	7496	0	0	0	0	0	0
垡头	2	34055	2928	2928	539875	405913	0	0
奥运村	9	63895	33809	253924	745957	290000	608100	290000
大屯	7	16151	16151	108029	0	0	0	0
望京	8	355113	354549	357777	17716	0	13396	0
首都机场	4	1834369	1834369	1832799	0	0	0	0
东湖	3	6805	6805	0	0	0	0	0
乡	145	1697484	1161444	1357870	5418437	3353235	422105	68865
南磨房	15	268355	13819	41262	3819788	3197477	0	0
高碑店	18	88153	71669	156062	65816	0	65816	0
将台	3	10289	0	33650	58734	0	57907	0
太 阳 宫	3	9794	9794	7395	0	0	0	0
小 红 门	7	50833	50730	75473	0	0	0	0
十八里店	3	16194	16194	3500	0	0	0	0
平房	4	63983	681	0	266108	0	0	0
东风	8	24286	17662	92181	58243	0	58243	0
来广营	15	220686	209955	579603	346013	0	29275	0
常营	8	98654	61039	86586	226520	68865	99715	68865
三间房	3	25200	249	53048	76200	0	76200	0
管庄	4	40447	37543	0	0	0	0	0
金盏	15	119999	41694	0	280000	0	0	0
孙河	4	106997	106997	10084	0	0	0	0
崔各庄	10	153447	148056	11629	25342	0	4770	0
东坝	10	95474	88730	154228	76201	0	0	0
黑庄户	4	65078	65078	0	0	0	0	0
豆各庄	2	10724	66	0	89293	86893	0	0
王四营	9	228891	221488	53169	30179	0	30179	0

房地产开发完成情况（项目在地）

表 16

项目	单位个数（个）	本年完成投资（万元）	#基础设施投资	#住宅	房屋施工面积（平方米）	#住宅	房屋竣工面积（平方米）	#住宅	本年新增固定资产（万元）	商品房销售面积（平方米）	商品房销售额（万元）	待售面积（平方米）	#住宅	#一年以上住宅
合计	225	8158286	153900	3146551	21580068	8503966	2365197	736626	1546572	1024693	3792099	5453705	2245458	1759353
按登记注册类型划分														
内资	174	7446780	152435	2902061	19082906	7809556	1772261	736626	1063657	999770	3637913	4162789	1704754	1261163
国有	5	62948	0	31605	578087	428459	31714	23211	18698	85508	102554	523836	163057	163057
集体	1	13259	—	—	373707	—	104392	—	64915	—	—	—	—	—
股份合作	—	—	—	—	—	—	—	—	—	—	—	—	—	—
国有联营	—	—	—	—	—	—	—	—	—	—	—	—	—	—
集体联营	—	—	—	—	—	—	—	—	—	—	—	—	—	—
国有与集体联营	—	—	—	—	—	—	—	—	—	—	—	—	—	—
其他联营	—	—	—	—	—	—	—	—	—	—	—	—	—	—
国有独资公司	7	143697	106557	0	256022	0	0	0	0	22064	26202	157104	88555	88555
其他有限责任公司	137	6759928	44268	2488904	16306403	6548963	1437422	545339	885204	783341	3240526	3229549	1343056	936631
股份有限公司	7	400501	0	356671	556483	314054	66647	40854	81148	32687	154487	145639	49942	30143
私营独资	—	—	—	—	—	—	—	—	—	—	—	—	—	—
私营合伙	—	—	—	—	—	—	—	—	—	—	—	—	—	—
私营有限责任公司	16	58387	1610	18566	754203	303499	127222	127222	12722	36237	94437	65780	21047	20164
私营股份有限公司	1	8060	0	6315	258001	214581	4864	0	970	39933	19707	40881	39097	22613
其他	—	—	—	—	—	—	—	—	—	—	—	—	—	—
港澳台商投资	37	490284	0	240432	2005518	688531	592936	0	482915	23342	151352	1016889	461260	441562
与港澳台商合资经营	6	11170	0	4694	258646	104079	0	0	0	2952	20760	208727	9332	9332
与港澳台商合作经营	15	317641	0	215229	701180	306843	0	0	0	6247	34473	277871	68112	48414
港澳台商独资	16	161473	0	20509	1045692	277609	592936	0	482915	14143	96119	530291	383816	383816
港澳台商投资股份有限公司	—	—	—	—	—	—	—	—	—	—	—	—	—	—
其他港澳台投资	—	—	—	—	—	—	—	—	—	—	—	—	—	—
外商投资	14	221222	1465	4058	491644	5879	0	0	0	1581	2834	274027	79444	56628
中外合资经营	3	126270	1465	0	316000	0	0	0	0	0	0	54626	17932	17932
中外合作经营	6	11099	0	4058	8129	5879	0	0	0	0	0	152700	32122	32122
外资企业	5	83853	0	0	167515	0	0	0	0	1581	2834	66701	29390	6574
外商投资股份有限公司	—	—	—	—	—	—	—	—	—	—	—	—	—	—
其他外商投资	—	—	—	—	—	—	—	—	—	—	—	—	—	—
按隶属关系划分														
中央	8	276844	0	6461	631083	23211	31714	23211	18698	29351	68452	40118	23395	22373
市属	28	1780229	25440	360252	3461114	1368979	561244	366379	315386	267067	753917	305218	121525	101726
区及区以下	189	6101213	58183	2697940	15829239	6467530	1771600	1044181	2017908	1292665	5818810	5559694	2059595	1397319
按资质等级划分														
一级	24	435017	1138	203967	1642153	1124312	343293	212661	158884	328081	794673	1152647	368982	332547
二级	23	1467977	25427	362928	3656848	766269	427074	42351	184023	152791	145258	1020737	137207	137207
三级	25	697296	3651	384138	2259212	1037393	488244	127369	294057	110095	344234	691305	227683	222101
四级	87	2458097	5996	1205662	6040619	2364803	917599	315805	822864	157102	828288	2030944	1223692	976358
暂定	42	2442397	115079	913604	4909091	1542976	188987	38440	86744	269509	1672019	165963	62037	54503
其他	24	657502	2609	76252	3072145	1668213	0	0	0	7115	7627	392109	225857	36637

续表 16

项　目	项目个数（个）	本年完成投资（万元）	#基础设施投资	#住宅	房屋施工面积（平方米）	#住宅	房屋竣工面积（平方米）	#住宅	本年新增固定资产（万元）	商品房销售面积（平方米）	商品房销售额（万元）	待售面积（平方米）	#住宅	#一年以上住宅
按项目所在地域分														
街道小计	133	2808717	40109	210452	7449498	634725	1077194	0	749977	266042	1645851	2182725	445747	389796
建外	17	1040544	7076	0	2320433	0	98669	0	174452	0	0	9416	2770	2770
朝外	7	12286	0	0	139772	0	0	0	0	2600	19304	200647	11793	11793
呼家楼	12	47307	0	0	293055	0	0	0	0	168	503	272628	33879	28714
三里屯	4	8440	0	1586	0	0	0	0	0	8662	15509	34700	30831	30831
左家庄	4	0	0	0	0	0	0	0	0	0	0	37633	256	256
香河园	—	—	—	—	—	—	—	—	—	—	—	—	—	—
和平街	—	—	—	—	—	—	—	—	—	—	—	—	—	—
安贞	—	—	—	—	—	—	—	—	—	—	—	—	—	—
亚运村	7	477169	25427	46357	840821	73846	0	0	0	0	0	214845	106509	106509
小关	2	0	0	0	0	0	0	0	0	0	0	17730	11000	0
酒仙桥	4	77844	0	8890	494323	95570	232092	0	82197	3710	16468	276587	4699	0
麦子店	9	150297	0	93357	117785	15000	0	0	0	58674	905711	152565	20142	12967
团结湖	—	—	—	—	—	—	—	—	—	—	—	—	—	—
六里屯	2	50473	5996	5147	223009	22745	176378	0	169182	10372	111371	10558	4861	4861
八里庄	11	26596	0	8787	385125	220460	4864	0	970	52258	58247	112854	43314	26830
双井	4	6921	0	0	84897	0	0	0	0	0	0	24382	3136	3136
劲松	5	82537	0	0	410206	0	308168	0	180000	337	382	34722	3288	240
潘家园	—	—	—	—	—	—	—	—	—	—	—	—	—	—
垡头	—	—	—	—	—	—	—	—	—	—	—	—	—	—
大屯	17	32038	0	18201	890034	77519	104392	0	64915	3847	37060	321416	62264	54906
望京	14	85838	0	17407	368245	92345	152631	0	78261	104024	323334	298493	85988	85988
首都机场		0	0	0	0	0	0	0	0	0	0	0	0	0
东湖	4	73328	1610	10720	216786	37240	0	0	0	10814	116774	21151	0	0
奥运村	10	637099	0	0	665007	0	0	0	0	10576	41188	142398	21017	19995
乡	159	5349569	113791	2936099	14130570	7869241	1288003	736626	796595	758651	2146248	3270980	1799711	1369557
南磨房	11	41427	0	22843	328856	178815	74453	49560	62113	11837	58295	137626	53462	30798
高碑店	5	120541	11179	40321	435064	231448	180076	127369	114057	816	4931	11225	309	309
将台	7	383950	2609	313012	844906	525847	0	0	0	167	781	29138	4850	4850
太阳宫	11	188999	0	17364	620395	320109	197412	0	79531	11975	100550	616589	562650	381660
小红门	7	262564	0	219295	1060760	797726	0	0	0	16712	103882	40039	39939	39939
十八里店	8	197791	0	117664	548966	421279	150813	98773	34000	171352	345344	545269	135066	135066
平房	12	287837	12996	179968	687065	401134	0	0	0	20827	42455	80264	16075	16075
东风	4	1655735	0	980007	606527	419214	38090	38090	223846	2353	19299	131977	131977	131977
来广营	13	203408	1125	107699	1251755	607347	0	0	0	52392	145522	407180	195690	195514
常营	8	200265	80435	115623	155914	105532	0	0	0	2982	4355	419256	19726	19726
三间房	3	16028	0	6461	85781	23211	31714	23211	18698	16437	24043	8968	6633	6633
管庄	1	0	0	0	0	0	0	0	0	0	0	0	0	0
金盏	7	116141	0	17663	1616919	946309	0	0	0	0	0	1578	1578	1578
孙河	10	624251	0	318716	620276	420661	140532	114689	110502	92578	653897	218937	201759	163769
崔各庄	10	404524	2251	228270	1350075	547729	117441	0	55999	24470	126729	98714	0	0
东坝	27	237649	3196	168899	1521226	960908	357472	284934	97849	258875	400672	131276	76622	76622
黑庄户	4	282015	0	35459	967803	280570	0	0	0	4341	19524	13138	10644	9761
豆各庄	8	105812	0	34290	1286356	595102	0	0	0	60500	87630	24111	21320	21320
王四营	3	20632	0	12545	141926	86300	0	0	0	10037	8339	355695	321411	133960

房地产开发企业主要财务指标

表 17 单位：千元

项　目	单位个数（个）	固定资产合计	累计折旧	本年折旧	资产总计	负债合计	营业收入	# 主营业务收入	主营业务成本	主营业务税金及附加	营业利润	利润总额	所得税费用	应付职工薪酬
合 计	584	47934670	19392919	2533142	1519089846	1194902678	93390529	92142819	57571531	6595599	16784709	15859196	3006734	5634248
按登记注册类型划分														
内资	472	27688557	10731624	1388494	1087574060	861545102	78947621	78043214	53417082	4883103	11546503	10755486	2334099	4228014
国有	8	137363	82527	8533	8983086	8584716	84689	78728	28788	4154	-110788	192	6358	39018
集体	1	***	***	***	***	***	***	***	***	***	***	***	***	***
股份合作	—	—	—	—	—	—	—	—	—	—	—	—	—	—
国有联营	—	—	—	—	—	—	—	—	—	—	—	—	—	—
集体联营	—	—	—	—	—	—	—	—	—	—	—	—	—	—
国有与集体联营	—	—	—	—	—	—	—	—	—	—	—	—	—	—
其他联营	—	—	—	—	—	—	—	—	—	—	—	—	—	—
国有独资公司	10	591744	170387	23749	105276631	61996578	23283919	23212591	22267193	135804	967380	950405	179091	178318
其他有限责任公司	374	21937547	8830147	1053823	900250103	730151532	51502536	50717258	29160034	4430436	9838323	9242965	2067125	3672441
股份有限公司	8	602775	50408	10371	10952207	8027262	113539	104207	20931	17331	-11993	-28681	1162	41045
私营独资	—	—	—	—	—	—	—	—	—	—	—	—	—	—
私营合伙	—	—	—	—	—	—	—	—	—	—	—	—	—	—
私营有限责任公司	67	3296439	888332	226090	55697839	47743042	3489945	3466583	1787817	138948	782220	502038	45745	275810
私营股份有限公司	4	179822	128499	8406	1700814	637406	277781	268635	151161	128309	-47369	-48507	5551	8770
其他	—	—	—	—	—	—	—	—	—	—	—	—	—	—
港澳台商投资	68	17043379	6973708	946291	248560135	194524743	10815083	10548239	3119087	1386131	3040580	2931628	466572	993899
与港澳台商合资经营	15	3126487	1863203	192551	27042830	12399263	2931743	2870207	791933	185396	880635	873500	137372	131460
与港澳台商合作经营	28	4866733	1575783	217979	46902797	37305095	4207270	4068805	1243463	649141	987020	998285	239954	333900
港澳台商独资	25	9050159	3534722	535761	174614508	144820385	3676070	3609227	1083691	551594	1172925	1059843	89246	528539
港澳台商投资股份有限公司	—	—	—	—	—	—	—	—	—	—	—	—	—	—
外商投资	44	3202734	1687587	198357	182955651	138832833	3627825	3551366	1035362	326365	2197626	2172082	206063	412335
中外合资经营	15	1003552	728634	65175	41190103	30086278	918258	897310	131150	64624	2697593	2695606	83352	103369
中外合作经营	16	1663802	595717	102879	32217353	21013866	1239410	1191655	348450	99022	-146712	-150885	25471	154696
外资企业	13	535380	363236	30303	109548195	87732689	1470157	1462401	555762	162719	-353255	-372639	97240	154270
外商投资股份有限公司	—	—	—	—	—	—	—	—	—	—	—	—	—	—
其他外商投资	—	—	—	—	—	—	—	—	—	—	—	—	—	—
按隶属关系划分														
中央	12	301432	147436	23746	30637355	24686089	492288	482996	170673	76864	729068	728023	60289	137238
市属	53	2467991	667333	83054	221395393	155774600	32223955	32077220	28191295	1271632	2021500	2055529	464216	758351
区及区以下	519	45165247	18578150	2426342	1267057098	1014441989	60674286	59582603	29209563	5247103	14034141	13075644	2482229	4738659
按资质等级划分														
一级	21	2543237	1356888	132433	336755674	283010399	8244224	8148096	3680708	821614	4421372	4436862	234439	615509
二级	33	5248989	2545070	312428	228936828	174740422	30164347	30006488	26081980	1029100	2130657	2109446	453684	693007
三级	54	2332276	1098412	123722	201306681	164053682	11050532	10996174	7386945	1102437	-261719	-323951	432710	1070640
四级	253	26783687	7368441	1140676	461939433	356964322	25857566	25068687	11176344	2353056	6400474	6005316	1028934	1817389
暂定	95	5831563	2184514	383311	166763336	119977798	13115559	13065024	7370982	854165	1575078	1284888	474599	943919
其他	128	5194918	4839594	440572	123387894	96156055	4958301	4858350	1874572	435227	2518847	2346635	382368	493784

说明：*** 表示为使个体数据得以保密，该数据不予公布

社会消费品零售总额（按行业结构分）

表 18

单位：万元

项 目	2017 年	2016 年	增长速度（%）
合计	27622672	26545102	4.1
# 限额以上	22819471	22151618	3.0
# 批发和零售业	20757009	20218995	2.7
# 汽车及配件销售	7404577	7363562	0.6
综合零售	3804576	3603405	5.6
石油及制品销售	1082533	1039880	4.1
家用电器及电子产品销售	4679761	3882338	20.5
医药及医疗器材销售	695635	181901	282.4
互联网零售	727260	1569865	-53.7
五金、建材、家装销售	685755	589708	16.3
服装、鞋帽、纺织品销售	528658	508557	4.0
日用品销售	371622	387521	-4.1
文化、体育用品销售	398104	389686	2.2

注：本表数据口径为“产业经营地”口径

城乡个体工商业基本情况

表 19

项 目	户数（户）		从业人员（人）		注册资金（万元）	
		# 城镇		# 城镇		# 城镇
合计	72428	49982	118331	82803	254131	162474
农、林、牧、渔业	196	44	301	62	1773	318
采矿业	2	2	3	3	20	20
制造业	521	247	1249	511	1938	835
建筑业	152	103	303	198	489	349
批发和零售业	59736	41180	89294	61788	208831	131326
交通运输、仓储和邮政业	561	230	786	344	3379	1482
住宿和餐饮业	2077	1655	9264	7443	12204	10245
信息传输、软件和信息技术服务业	90	66	145	106	261	208
房地产业	14	10	21	16	43	33
租赁和商务服务业	2977	2285	4248	3275	6232	4335
科学研究和技术服务业	1109	686	1764	1151	3145	2013
水利、环境和公共设施管理业	15	4	35	10	57	7
居民服务、修理和其他服务业	3944	2730	8827	6346	11330	7855
教育	145	97	276	186	465	280
卫生和社会工作	33	31	67	62	558	523
文化、体育和娱乐业	856	612	1748	1302	3406	2645

对外及中国港澳台经济基本情况

表 20　　单位：亿美元

项目	2017 年	增长速度 (%)
新设外商及中国港澳台投资企业（个）	631	25.0
合同外资及港澳台资金额	47.2	-3.7
实际利用外资及港澳台资额	58.8	-21.1
对外及中国港澳台贸易额	141.2	-7.6

外商及中国港澳台投资企业新设立情况

表 21　　单位：个

项目	企业数	
	2017 年	2016 年
合计	631	505
按登记注册类型分		
合资经营	152	86
合作经营	2	1
独资经营	476	417
其他	1	1
按三次产业分		
第一产业	1	—
第二产业	7	2
第三产业	623	503
按客商国别（地区）分		
日本	17	12
美国	59	35
中国香港	248	194
澳大利亚	11	8
法国	10	8
新加坡	31	21
加拿大	15	9
德国	15	15
西班牙	2	2
中国台湾	47	35
瑞典	2	3
泰国	2	1
比利时	1	1
丹麦	—	1
韩国	43	77
俄罗斯	4	4
其他	124	79

中资银行人民币月末存款余额

表 22　　单位：万元

月份	各项存款	# 单位存款	# 个人存款	# 储蓄存款
1 月	231539643	110920130	57638380	49787947
2 月	234594916	110218243	57925684	49726146
3 月	233302825	112967905	58507339	49822585
4 月	231689560	111531866	57521816	49306085
5 月	233838186	110018413	57854569	49553723
6 月	244200612	114768167	59123652	49723729
7 月	237585056	109810324	57992995	49100310
8 月	231223614	112251356	57843810	48784217
9 月	230559789	116264880	58455974	49240298
10 月	233388563	114253349	58485647	48663470
11 月	240097590	118617938	59187619	48617393
12 月	237702460	123404224	59468404	48359129

中资银行人民币月末贷款余额

表 23　　单位：万元

月份	各项贷款	# 境内短期贷款	# 境内中长期贷款
1 月	80377376	24998829	54670229
2 月	82482910	26078706	55413325
3 月	81447553	26738856	53661612
4 月	81956998	27395828	53843749
5 月	84748092	29418484	54444748
6 月	86529092	29987069	55615198
7 月	86349965	29571403	55941523
8 月	87463507	30146678	56467133
9 月	88423002	30364910	57172032
10 月	88590656	30474210	57388293
11 月	87797955	29542125	57547520
12 月	87711649	27473451	59488732

主要统计指标解释

一、地区生产总值

是按市场价格计算的地区生产总值的简称。它是一个地区所有常住单位在一定时期内生产活动的最终成果。地区生产总值有三种表现形式，即价值形态、收入形态和产品形态。在实际核算中，地区生产总值的三种表现形态表现为三种计算方法，即生产法、收入法和支出法。三种方法分别从不同的方面反映地区生产总值及其构成。

二、固定资产投资

本年完成投资：指从本年1月1日起至本年最后一天止完成的全部用于房屋建设工程和土地开发工程的投资额以及公益性建筑和土地购置费等的投资。

基础设施投资：是指能够为企业提供作为中间投入用于生产的基本需求；能够为消费者提供所需的基本消费服务；能够为社区提供用于改善不利的外部环境的服务等建设的投资，包括固定资产投资中用于市政工程、电信工程、公共设施和水利环保等建设的投资。具体包括：电力、燃气和水的生产和供应业；交通运输业；邮政业；信息传输业；水利、环境和公共设施管理业等（该指标是指规划红线以外的市政道路及地下管线煤、水、电、气、热的施工）。

本年新增固定资产：指已经完成建造和购置过程，并已交付生产或使用单位的固定资产投资的价值，包括已经建成投入生产或交付使用的工程投资和达到固定资产标准的设备、工具、器具的投资及有关应摊入的费用。

三、房地产开发

房屋施工面积：指报告期内施工的全部房屋建筑面积。包括本期新开工的面积和上年开工跨入本期继续施工房屋面积，以及上期已停建在本期恢复施工的房屋面积。本期竣工和本期施工后又停建、缓建的房屋面积仍包括在施工面积中，多层建筑应填各层建筑面积之和也就是整栋楼的面积（该指标数据取自施工许可证或规划许可证中的面积数）。

房屋竣工面积：指报告期内房屋建筑按照设计要求已全部完工，达到住人和使用条件，经验收鉴定合格，可正式移交使用的各栋房屋建筑面积的总和（该指标数据取自该项目的甲方、乙方、监理、设计四方竣工验收记录单或竣工验收备案表）。

商品房销售面积：指在报告期内出售商品房屋的合同总面积（即双方签署的正式买卖合同中所确定的建筑面积）。由现房销售建筑面积和期房销售建筑面积两部分组成。

商品房销售额：指报告期内出售商品房屋的合同总价款（即双方签署的正式买卖合同中所确定的合同总价）。该指标与商品房销售面积同口径，由现房销售额和期房销售额两部分组成。

待售面积：指报告期末已竣工的可供销售或出租的商品房屋建筑面积中，尚未销售或出租的商品房屋建筑面积，包括以前年度竣工和本期竣工的房屋面积，但不包括报告期已竣工的拆迁还建，统建代建，公共配套建筑、房地产公司自用及周转房等不可销售或出租的房屋面积。

四、社会消费品零售总额

指企业（单位、个体户）通过交易直接售给个人、社会集团非生产、非经营用的实物商品金额，以及提供餐饮服务所取得的收入金额。个人包括城乡居民和入境人员，社会集团包括机关、社会团体、部队、学校、企事业单位、居委会或村委会等。

五、实际利用外资及中国港澳台资额

指批准的合同外资及中国港澳台资金额的实际执行数，外国及中国港澳台投资者根据批准外商及中国港澳台商投资企业的合同(章程)的规定实际缴付的出资额和企业投资总额内外国及中国港澳台投资者以自己的境外自有资金实际直接向企业提供的贷款。

六、存款、贷款

存款：企业、机关、团体或居民根据可以收回的原则，把货币资金存入银行或其他信用机构保管并取得一定利息的一种信用活动形式。根据存款对象的不同可划分为企业存款、财政存款、机关团体存款、储蓄存款、农业存款等科目。它是银行信贷资金的主要来源。

贷款：银行或其他信用机构根据必须归还的原则，按一定利率，为企业、个人等提供资金的一种信用活动形式。我国银行贷款分为短期贷款、中长期贷款、委托及信托类贷款、其他类贷款等。

附　录

2018
北京朝阳年鉴

朝阳区委、区政府主要文件

中共朝阳区委文件目录

京朝发〔2017〕1号：关于印发朝阳区第十二次党代会报告和区纪委工作报告的通知
京朝发〔2017〕2号：关于做好2016年军队转业干部安置工作的通知
京朝发〔2017〕3号：关于印发《中共北京市朝阳区委员会工作规则》等四项制度的通知
京朝发〔2017〕4号：关于加强和改进新形势下党校工作的实施意见
京朝发〔2017〕5号：关于朝阳区推进供给侧结构性改革的实施意见
京朝发〔2017〕6号：关于印发《朝阳区深化监察体制改革试点实施方案》的通知
京朝发〔2017〕7号：关于印发《区委2017年工作要点》的通知
京朝发〔2017〕8号：关于在全区开展“强党建、勇担当、重实效”作风建设年活动的通知
京朝发〔2017〕9号：关于开展巡察工作的实施意见
京朝发〔2017〕10号：关于印发《朝阳区创建国家卫生区工作实施方案》的通知
京朝发〔2017〕11号：关于印发《中共北京市朝阳区委常委会带头落实全面从严治党主体责任的实施意见》的通知
京朝发〔2017〕12号：关于加强和改进新形势下朝阳区民族宗教工作的实施意见
京朝发〔2017〕13号：关于认真学习宣传贯彻党的十九大精神的实施意见
京朝发〔2017〕14号：印发《中共北京市朝阳区委关于维护党中央集中统一领导的规定》的通知
京朝发〔2017〕15号：关于设立朝阳区推进全国文化中心建设领导小组的通知
京朝发〔2017〕16号：关于率先打造一流营商环境的意见
京朝发〔2017〕17号：关于全面推进朝阳区法治建设的实施意见

中共朝阳区委办公室文件目录

京朝办发〔2017〕1号：关于区委书记、副书记、区委常委工作分工的通知
京朝办发〔2017〕2号：关于印发《区政协2017年度政治协商议题》的通知
京朝办发〔2017〕3号：关于印发《朝阳区安全生产“护航”百日攻坚专项行动督查工作方案》的通知
京朝办发〔2017〕4号：关于印发《区委常委会2017年议题计划》的通知
京朝办发〔2017〕5号：关于在全国“两会”期间开展全区党政领导干部“接访月”活动的通知
京朝办发〔2017〕6号：关于印发《“一带一路”国际合作高峰论坛朝阳区服务保障工作方案》的通知
京朝办发〔2017〕7号：关于印发《朝阳区推进城乡发展“六个一百”工程2017年度工作方案》的通知
京朝办发〔2017〕8号：关于印发《朝阳区推进“一廊”地区“五大提升工程”2017年度工作方案》的通知
京朝办发〔2017〕9号：印发《关于在深化区属国有企业改革中坚持党的领导加强党的建设的若干意见》的通知
京朝办发〔2017〕10号：关于在“一带一路”国际合作高峰论坛期间开展全区党政领导干部“大接访”活动的通知
京朝办发〔2017〕11号：关于转发《中共北京市朝阳区委党的建设工作领导小组2017年工作要点》的通知
京朝办发〔2017〕12号：关于印发《中共北京市朝阳区委党建工作例会制度（修订）》《中共北京市朝阳区委常委会委员党建工作基层联系点制度》的通知
京朝办发〔2017〕13号：关于印发《区委区政府2017年工作重点任务书》的通知
京朝办发〔2017〕14号：印发《关于加强朝阳区纪委区监委派驻机构建设的实施意见》的通知
京朝办发〔2017〕15号：关于做好党组（党委）规范性文件备案审查工作的通知
京朝办发〔2017〕16号：印发《关于推进“两学一做”学习教育常态化制度化的实施方案》的通知
京朝办发〔2017〕17号：关于印发《深入学习贯彻习近平总书记系列重要讲话精神和治国理政新理念新思想新战略、深入学习贯彻习近平总书记两次视察北京重要讲话精神、学习宣传落实市第十二次党代会精神的工作方案》的通知
京朝办发〔2017〕18号：关于印发《朝阳区进一步全面推进河长制工作方案》的通知
京朝办发〔2017〕19号：印发《关于深化养老服务改革的实施意见》的通知
京朝办发〔2017〕20号：关于中共北京市朝阳区委常委分工的通知
京朝办发〔2017〕21号：关于印发《朝阳区迎接北京市环境保护督察工作方案》的通知
京朝办发〔2017〕22号：关于印发《朝阳区关于运用监督执纪“四种形态”实施办法（试行）》《朝阳区关于运用监督执纪“第一种形态”实施细则（试行）》的通知
京朝办发〔2017〕23号：关于印发《朝阳区2017年随军家属安置指标分配表》的通知
京朝办发〔2017〕24号：印发《关于加强政协民主监督工作的实施意见》的通知
京朝办发〔2017〕25号：关于2017年国庆中秋期间进一步强化廉洁自律做好公共安全和应急管理工作的通知
京朝办发〔2017〕26号：关于在党的十九大期间开展全区党政领导干部“大接访”活动的通知
京朝办发〔2017〕27号：关于印发《朝阳区服务保障中国共产党第十九次全国代表大会的工作方案》的通知

京朝办发〔2017〕28号：关于印发《朝阳区落实北京市党的十九大安全服务保障驻区督查组保障工作方案、朝阳区党的十九大安全服务保障督查工作方案》

京朝办发〔2017〕29号：印发《关于贯彻落实〈健全落实社会治安综合治理领导责任制规定〉的意见》的通知

京朝办发〔2017〕30号：关于印发《朝阳区离退休干部工作领导责任制》的通知

京朝办发〔2017〕31号：关于印发《朝阳区学习贯彻党的十九大精神宣讲活动实施方案》的通知

京朝办发〔2017〕32号：关于印发《朝阳区消防安全、生产安全和预防煤气中毒等公共安全专项清查整治行动方案》的通知

京朝办发〔2017〕33号：关于印发《中共北京市朝阳区委进一步贯彻落实中央八项规定精神实施办法》的通知

京朝办发〔2017〕34号：关于印发《北京市朝阳区总工会改革方案》的通知

京朝办发〔2017〕35号：转发《中共北京市委北京市人民政府安全生产第一督察组关于朝阳区安全生产工作的督察反馈意见》的通知

京朝办发〔2017〕36号：关于认真学习贯彻落实《中国共产党工作机关条例（试行）》的通知

京朝办发〔2017〕37号：关于印发《北京市朝阳区城市管理委员会（北京市朝阳区城乡环境建设管理委员会办公室、北京市朝阳区交通委员会）主要职责、内设机构和人员编制规定》的通知

京朝办发〔2017〕38号：印发《朝阳区关于中共北京市委北京市人民政府安全生产第一督察组督察反馈意见的整改方案》的通知

京朝办发〔2017〕39号：关于做好2018年元旦春节期间有关工作的通知

朝阳区人民政府文件目录

朝政发〔2017〕1号：关于印发《政府工作报告》的通知

朝政发〔2017〕2号：关于印发《朝阳区全民健身实施计划（2016—2020年）》的通知

朝政发〔2017〕3号：关于印发朝阳区土壤污染防治工作方案的通知

朝政发〔2017〕4号：关于印发《朝阳区城市管理体制改革工作实施方案》的通知

朝政发〔2017〕6号：关于进一步加强新时期爱国卫生工作的实施意见

朝政发〔2017〕7号：关于加快推进残疾人小康进程的实施意见

朝政发〔2017〕8号：关于印发《朝阳区空气重污染应急预案（2017年修订）》的通知

朝政发〔2017〕9号：关于印发行政规范性文件清理结果的通知

朝政发〔2017〕11号：关于在市场体系建设中建立公平竞争审查制度的实施意见

朝政发〔2017〕12号：关于印发《朝阳区节能减碳专项资金管理办法》的通知

朝阳区人民政府办公室文件目录

朝政办发〔2017〕2号：关于印发《朝阳区落实北京市2013—2017年清洁空气行动计划重点任务分解2017年工作措施》的通知

朝政办发〔2017〕3号：关于印发《朝阳区2017年办好重要民生实事项目分工方案》的通知

朝政办发〔2017〕4号：转发区教委关于2017年非本市户籍适龄儿童少年在朝阳区接受义务教育证明证件材料审核实施细则的通知

朝政办发〔2017〕5号：关于印发《朝阳区水污染防治工作方案2017年重点任务分解》的通知

朝政办发〔2017〕7号：关于印发《北京市朝阳区水环境区域补偿办法（试行）》的通知

朝政办发〔2017〕8号：转发区卫生计生委等部门《关于推进朝阳区医疗卫生与养老服务相结合的实施方案》的通知

朝政办发〔2017〕9号：关于组建北京市朝阳区城市管理委员会的通知

朝政办发〔2017〕10号：关于印发《朝阳区2017年政务公开工作要点》的通知

朝政办发〔2017〕11号：关于印发《北京市朝阳区公共资源交易平台整合建设工作方案》的通知

朝政办函〔2017〕11号：关于2016年挂牌重大（突出）及区域性火灾隐患销账的通知

朝政办函〔2017〕12号：关于认真做好2017年重大（突出）及区域性火灾隐患挂牌督办工作的通知

朝政办函〔2017〕26号：关于2017年挂牌重大（突出）及区域性火灾隐患销账的通知

索 引

2018

北京朝阳年鉴

索 引

说 明

本索引为主题索引，又称内容分析索引，主题词（标目）以《北京朝阳年鉴》（2018）正文中出现的专业名词、名词词组、机构名称为主。

本索引共三部分。第一部分为汉语拼音索引，以音序排列，音序相同时，以第二字排序，以此类推；第二、第三部分为数字索引和英文字母索引。

本索引的文字部分为主题词，主题词之后的阿拉伯数字表示所在正文中的页码（地址项），数字之后的小写英文字母（a、b、c）分别表示该页的左、中、右栏。主题词后有多个页码的，表示该主题词均在这些位置出现。

区情概览、特载、专文、大事记、人物与荣誉、统计资料、附录、勘误及正文中的表格、图片等内容不在索引范围内。

汉语拼音索引

A

B

C

D

G

H

J

M

N

P

Q

R

S

X

Y

数字索引

英文字母索引

勘误

勘　　误

《北京朝阳年鉴（2017）》发现7处错误，特此更正，并向读者致歉。

1.第61页左栏第42行第2字“坤”应为“昆”。

2.第61页左栏第33行第17字“中”应为“仲”。

3.第89页左栏第22行应删除第11字“委”。

4.第484页左栏第51行第3字前应加“石”。

5.第485页中栏第7行第6字“果”应为“国”。

6.第485页中栏第11行第11字后应加“尚5号楼底商”。

7.第485页中栏第12行第2字“城”应为“成”。

感谢以下人员为本刊提供图片

（按姓氏笔画排列）

丁　鑫　于水香　于爱华　万建刚　马　力　马　珂　马　恒　马　楠

马艺鸣　马维超　王　冉　王　齐　王　利　王　峥　王　晖　王　倩

王　朔　王　瑜　王　静　王永志　王酉辰　王连顺　王欣慰　王海君

王雷雷　王静茹　牛伊滕　牛保华　方　圆　牛雨辰　尹　聪　尹晓月

邓治远　邓洪涛　艾　磊　左　振　石　莹　卢世龙　申巍然　田可可

田丽华　田京京　田景文　史　策　史超齐　付　娜　付仕忠　代　兴

白　衫　白　璞　冯　超　冯龙杰　邢　杰　邢建楠　巩殿武　成　华

朱伊滕　朱美英　刘　丹　刘　军　刘　杨　刘　妍　刘　杰　刘　金

刘　倩　刘　敏　刘　辉　刘　新　刘　磊　刘佳易　刘彦堂　刘梦蓓

刘德祥　齐济萍　齐海霞　孙　翀　孙　超　孙玉芳　孙庆林　孙贤婷

赤　红　苏　杨　苏军峰　李　业　李　伟　李　旭　李　多　李　杨

李　佳　李　珍　李　洋　李　莹　李　娟　李　蒙　李　颖　李　黎

李文恒　李东旭　李伟巍　李兴茂　李泽宾　李孟杰　李珊珊　李俊俏

李洪东　李海林　李媛博　杨　冬　杨　光　杨　旭　杨　树　杨　雪

杨　燕　杨丁宏　杨卫东　杨威威　杨晓甜　杨雪巍　杨琳琳　杨博琦

肖　杰　时　彬　吴　迪　吴玉明　吴永瑞　吴俊杰　何　丽　何金翰

何建文　谷少松　邹月　汪晓霏　沈汀　沈逸　宋雨　张伟

张军　张兵　张纯　张宠　张彦　张洋　张晖　张峰

张烨　张琳　张婷　张鹏　张瑾　张玉磊　张正晔　张守晨

张宏娟　张春玲　张春黛子　张津博　张晓菲　张鸿艳　陈功

陈澳　陈水清　陈双迎　陈红卫　陈鸣飞　陈跃平　武卫华　范佳

林鹏　季昕　所辰宇　周长勇　周玉洁　周宇翔　周晓彦　郑希智

单明媛　屈伯藏　孟丽霞　孟媛媛　赵云　赵炎　赵雷　赵匀暄

赵河轮　赵建杰　赵韩秋　郝维龙　胡娜　胡志红　胡波涛　胡海明

侯翔　侯明霞　姜艳　洪峰　姚德文　耿宁　贾胜萍　夏春玲

顾义　顾克非　顾剑昊　徐勤　徐婉利　高山　高杰　高欣

高峰　高翀　高丽萍　高宪龙　郭鹏　郭士明　郭林丰　郭思衍

郭曈曈　唐海生　陶兆鑫　陶涌伟　黄俏　黄洁　黄桂俊　曹红艳

康文涛　隗力辉　董元元　董文辉　韩娇　韩琦　韩颖　谢江

谢宾　谢天泉　谢雯雯　靳为　靳珩　靳自强　裘娇　蔡宁

蔺娣　翟萌　翟冰菲　樊荣荣　黎佳　潘蔚然　薛博雅　霍超

冀古月　戴高菊　魏娜　魏烨繁　魏新顺　籍达心